"十三五"国家重点出版物出版规划项目

经济科学译丛

计量经济学基础

上

第五版·中国版

Basic Econometrics

Fifth Edition

Damodar N. Gujarati
达摩达尔·N. 古扎拉蒂

Dawn C. Porter / 著
唐·C. 波特

叶阿忠

中国人民大学出版社
·北京·

费剑平 / 译

自新中国成立尤其是改革开放 40 多年来，中国经济的发展创造了人类经济史上不曾有过的奇迹。中国由传统落后的农业国变成世界第一大工业国、第二大经济体，中华民族伟大复兴目标的实现将是人类文明史上由盛而衰再由衰而盛的旷世奇迹之一。新的理论来自新的社会经济现象，显然，中国的发展奇迹已经不能用现有理论很好地加以解释，这为创新中国经济学理论、构建具有中国特色的经济学创造了一次难得的机遇，为当代学人带来了从事哲学社会科学研究的丰沃土壤与最佳原料，为我们提供了观察和分析这一伟大"试验田"的难得机会，更为进一步繁荣我国哲学社会科学创造了绝佳的历史机遇，从而必将有助于我们建构中国特色哲学社会科学自主知识体系，彰显中国之路、中国之治、中国之理。

中国经济学理论的创新需要坚持兼容并蓄、开放包容、相互借鉴的原则。纵观人类历史的漫长进程，各民族创造了具有自身特点和标识的文明，这些文明共同构成了人类文明绚丽多彩的百花园。各种文明是各民族历史探索和开拓的丰厚积累，深入了解和把握各种文明的悠久历史和丰富内容，让一切文明的精华造福当今、造福人类，也是今天各民族生存和发展的深层指引。

"经济科学译丛"于 1995 年春由中国人民大学出版社发起筹备，其入选书目是国内较早引进的国外经济类教材。本套丛书一经推出就立即受到了国内经济学界和读者们的一致好评和普遍欢迎，并持续畅销多年。许多著名经济学家都对本套丛书给予了很高的评价，认为"经济科学译丛"的出版为国内关于经济理论和经济政策的讨论打下了共同研究的基础。近三十年来，"经济科学译丛"共出版了百余种全球范围内经典的经济学图书，为我国经济学教育事业的发展和学术研究的繁荣做出了积极的贡献。近年来，随着我国经济学教育事业的快速发展，国内经济学类引进版图书的品种越来越多，出版和更新的周期也在明显加快。为此，本套丛书也适时更新版本，增加新的内容，以顺应经济学教育发展的大趋势。

"经济科学译丛"的入选书目都是世界知名出版机构畅销全球的权威经济学教材，被世界各国和地区的著名大学普遍选用，很多都一版再版，盛行不衰，是紧扣时代脉搏、论述精辟、视野开阔、资料丰富的经典之作。本套丛书的作者皆为经济学界享有盛誉的著名教授，他们对于西方经济学的前沿课题都有透彻的把握和理解，在各自的研究领域都做出了突出的贡献。本套丛书的译者大多是国内著名经济学者和优秀中青年学术骨干，他们不仅在长期的教学研究和社会实践中积累了丰富的经验，而且具有较高的翻译水平。

本套丛书从筹备至今，已经过去近三十年，在此，对曾经对本套丛书做出贡献的单位和个人表示衷心感谢：中国留美经济学会的许多学者参与了原著的推荐工作；北京大学、中国人民大学、复旦大学以及中国社会科学院的许多专家教授参与了翻译工作；前任策划编辑梁晶女士为本套丛书的出版做出了重要贡献。

愿本套丛书为中国经济学教育事业的发展继续做出应有的贡献。

中国人民大学出版社

本书的编写目的

四十多年前《计量经济学基础》的第一版出版了。这么多年过去了，计量经济理论与实践又取得了一些重要进展。在第一版随后的各个版本中，我们都试图把该领域的主要进展涵盖进来。第五版·中国版也继承了这一传统。

不过，这些年来，一直没有变的是我们坚定的信念：无须使用初级以上的线性代数、微积分和统计学知识，就能够向一个初学者讲授计量经济学。有些专题内容本身就有些技术性，在这种情况下，我们就把相应的内容放在适当的附录中，或者让读者参考适当的资料。即便如此，我们仍尽可能简化这些技术性材料，以便读者能对这种材料形成直觉上的理解。

令我们分外惊喜的是，本书不仅生命力极强，而且除了被经济学与金融学专业的学生广泛使用外，还被政治学、国际关系学、农学和健康科学领域的研究者所钟爱。所有学生都将发现，这个新版本增加了一些非常有用的专题及其具体应用。我们在本版中还特别注意书中所用现实数据的适用性和及时性。

尽管本书第一作者已是九十几岁的高龄，但仍没有丧失对计量经济学的喜爱，而且我们还竭力跟上该领域的主要进展。为了实现这一目的，很高兴南加州大学马歇尔商学院信息与运筹管理系的助理教授唐·C. 波特和福州大学经济与管理学院叶阿忠教授愿意成为合作者。我们为《计量经济学基础》（第五版·中国版）的完成付出了艰辛的努力。对于第五版·中国版新增内容的软件实现，我们都提供了软件操作过程。

第五版·中国版的新增内容

1. 在引言第 I. 6 节增加了 Stata 操作指南。

2. 第 15 章介绍两种非线性回归模型，即门限回归模型和转换回归模型。

3. 第 16 章介绍两种因果关系未知的模型，即非参数回归模型和半参数回归模型。

4. 第 20 章介绍应用于微观数据的分位数回归模型。

5. 第 21 章主要介绍空间滞后模型、空间误差模型和空间杜宾模型。

6. 第 27 章主要介绍格兰杰因果关系检验、向量自回归模型和门限向量自回归模型。

第五版·中国版部分章的调整

1. 将第五版的第 15 章"定性响应回归模型"调整为第五版·中国版的第 17 章。

2. 将第五版的第 16 章"面板数据回归模型"调整为第五版·中国版的第 18 章。

3. 将第五版的第 17 章"动态计量经济模型：自回归与分布滞后模型"调整为第五版·中国版的第 19 章。

4. 将第五版的第 18 章"联立方程模型"调整为第五版·中国版的第 22 章。

5. 将第五版的第 19 章"识别问题"调整为第五版·中国版的第 23 章。

6. 将第五版的第 20 章"联立方程方法"调整为第五版·中国版的第 24 章。

7. 将第五版的第 21 章"时间序列计量经济学：一些基本概念"调整为第五版·中国版的第 25 章。

8. 将第五版的第 22 章"时间序列计量经济学：预测"调整为第五版·中国版的第 26 章。

课程安排和内容选择

此版更广泛的覆盖面使得教师在选择适合其教学对象的专题方面有充分的灵活性。这里给出关于如何使用本书的一些建议。

非专业人员一学期的课程：主要学习附录 A 和第 1～9 章，对第 10～12 章进行简单了解（略去全部证明）。

经济学专业一学期的课程：主要学习附录 A 和第 1～13 章。

经济学专业两学期的课程：可学习附录 A、B、C 和第 1～27 章，其中，第 14、16、18 和 27 章可以有选择性地学习。某些技术性附录可以略去。

硕士生、博士生和研究者：将本书作为计量经济学主题方面必备的参考书。

补　充

一个综合性的网站包含以下补充材料：

（1）来自文本的数据，以及在书中引用的其他大型集合数据，这些数据由作者定期更新；

（2）解决方案手册，由唐·C. 波特撰写，提供主要相关问题及其答案；

（3）一个数字化图表库，包含书中的大部分图表。

欲了解更多信息，请访问 www. mhhe. com/gujarati5e。

采用该书作教材的教师可向 McGraw-Hill 公司北京代表处联系索取教学课件资料，传真：（010）62790292，电子邮件：instructorchina@mcgraw-hill. com。

达摩达尔·N. 古扎拉蒂

唐·C. 波特

叶阿忠

2024 年 1 月 22 日

第 4 篇　联立方程模型时间序列经济学

目　录

第1篇　单方程回归模型

第1章　回归分析的性质　　25

第2章　双变量回归分析:一些基本思想　　45

第 6 章　双变量线性回归模型的延伸　156

第 7 章　多元回归分析：估计问题　197

第8章 多元回归分析：推断问题   240

第9章 虚拟变量回归模型   280

第 2 篇　放松经典模型的假定

第 10 章　多重共线性：回归元相关会怎么样？ 　**323**

第 11 章　异方差性：误差方差不是常数会怎么样？ 　**368**

引 言

I.1 什么是计量经济学?

从字面上解释,计量经济学(econometrics)意谓"经济测量"。虽然测量是计量经济学的一个重要部分,但计量经济学涉及的范围要广泛得多,这可以从下面的一些文献摘录看出:

> 计量经济学是对经济学的作用存在某种期待的结果,它把数理统计学应用于经济数据,以使数理经济学构造出来的模型得到经验上的支持,并获得数值结果。[①]

> 计量经济学可定义为实际经济现象的数量分析。这种分析基于理论与观测的并行发展,而理论与观测又通过适当的推断方法得以联系。[②]

> 计量经济学可定义为这样的社会科学:它把经济理论、数学和统计推断作为工具,应用于经济现象的分析。[③]

> 计量经济学研究经济定律的经验判定。[④]

> 计量经济学家的艺术就在于找出一组足够具体且足够现实的假定,使他尽可能最好地利用他所获得的数据。[⑤]

> 计量经济学有助于在积极意义上驱散公众对经济学科(数量的或非数量的)的如下不良印象:这门学科犹如一个空箱子,即使有打开它的钥匙,对其

---

① Gerhard Tintner, *Methodology of Mathematical Economics and Econometrics*, The University of Chicago Press, Chicago, 1968, p. 74.

② P. A. Samuelson, T. C. Koopmans, and J. R. N. Stone, "Report of the Evaluative Committee for Econometrica," *Econometrica*, vol. 22, no. 2, April, 1954, pp. 141 – 146.

③ Arthur S. Goldberger, *Econometric Theory*, John Wiley & Sons, New York, 1964, p. 1.

④ H. Theil, *Principles of Econometrics*, John Wiley & Sons, New York, 1971, p. 1.

⑤ E. Malinvaud, *Statistical Methods of Econometrics*, Rand McNally, Chicago, 1966, p. 514.

空洞的内容，任何十位经济学家都会做出十一种解释。[1]

本质上，计量经济学的研究方法是将统计推断的理论和技术作为桥头堡，以达到经济理论和实际测算相衔接的目的。[2]

I.2 为什么它是一门单独的学科？

上述各种定义表明，计量经济学是经济理论、数理经济学、经济统计学和数理统计学的混合物。然而，这门学科值得作为一门独立的学科来研究，理由如下。

经济理论所做的陈述或假说大多数是定性的。例如，微观经济理论声称，在其他条件不变的情况下，一种商品的价格下降可望增加对该种商品的需求量，即经济理论设想商品价格与其需求量之间存在负向或逆向关系。但此理论并没有对两者的关系提供任何数值度量，也就是说，它没有说出随着商品价格的某一变化，需求量将会增加或减少多少。计量经济学家的工作就是要提供这一数值的估计值。换言之，计量经济学对大多数的经济理论赋予经验内容。

数理经济学的主要问题是要用数学形式（方程式）来表述经济理论，而不管该理论是否可以量化或是否能够得到实证支持。如前所示，计量经济学的主要兴趣在于经济理论的经验论证。我们将看到，计量经济学家常常使用数理经济学家所提供的数学方程式，但要把这些方程式改造成适合经验检验的形式。这种从数学方程到计量经济方程的转换需要有许多的创造性和实际技巧。

经济统计学的问题主要是搜集、加工并通过图表的形式来展现经济数据。这正是经济统计学家的工作。他们是国民生产总值（GNP）、就业率、失业率、价格等数据的主要负责人。这些数据构成了计量经济工作的原始资料。但是，经济统计学家的工作到此为止。他们不考虑怎样利用这些数据检验经济理论。当然，如果他们考虑的话，他们就变成计量经济学家了。

虽然数理统计学提供了这一行业中使用的许多工具，但由于大多数经济数据的独特性，即数据并非受控实验的结果，计量经济学家常常需要有特殊的方法。如同气象学家那样，计量经济学家通常依赖于不能由他们直接控制的数据。如斯班诺斯（Spanos）所正确地观察到的那样：

> 在计量经济学中，建模者通常面对的是观测（observational）数据而非实验（experimental）数据。这对计量经济学中的经验建模有两方面的重要含义。首先，要求建模者掌握与分析实验数据极为不同的技巧……其次，数据搜集者

---

[1] Adrian C. Darnell and J. Lynne Evans, *The Limits of Econometrics*, Edward Elgar Publishing, Hants, England, 1990, p. 54.

[2] T. Haavelmo, "The Probability Approach in Econometrics," Supplement to *Econometrica*, vol. 12, 1944, preface p. iii.

与分析者的分离要求建模者十分熟悉所用数据的性质和结构。[1]

I.3　计量经济学方法论

对一个经济问题，计量经济学家是怎样进行分析的呢？他们的方法论是什么？尽管计量经济学方法论有若干学派，但我们这里讲述的主要是至今仍在经济学及其他社会和行为科学领域的经验研究中占统治地位的传统的（traditional）或经典的（classical）计量经济学方法论。[2]

大致来说，传统的计量经济学方法论主要遵循如下路线：

（1）理论或假说的陈述；

（2）理论的数学模型设定；

（3）统计或计量经济模型设定；

（4）获取数据；

（5）计量经济模型的参数估计；

（6）假设检验；

（7）预报或预测；

（8）利用模型进行控制或制定政策。

为了说明以上步骤，我们考虑如下著名的凯恩斯消费理论。

1. 理论或假说的陈述

凯恩斯说：

> 基本的心理定律是通常或平均而言，人们倾向于随着他们收入的增加而增加其消费，但消费不如收入增加得多。[3]

简言之，凯恩斯设想，边际消费倾向（marginal propensity to consume, MPC），即收入每变化一个单位的消费变化率，大于零而小于1。

2. 消费的数学模型设定

虽然凯恩斯假设消费与收入之间存在正向关系，但他并没有明确指出二者之间准确的函数关系。为简单起见，数理经济学家也许建议采用如下形式的凯恩斯消费

---

[1]　Aris Spanos，*Probability Theory and Statistical Inference*：*Econometric Modeling with Observational Data*，Cambridge University Press，United Kingdom，1999，p. 21.

[2]　关于对计量经济学方法论更完善、更高级的讨论，参见 David F. Hendry，*Dynamic Econometrics*，Oxford University Press，New York，1995；也可参见上述斯班诺斯的文献。

[3]　John Maynard Keynes，*The General Theory of Employment*，*Interest and Money*，Harcourt Brace Jovanovich，New York，1936，p. 96.

函数：

$$Y = \beta_1 + \beta_2 X \quad 0 < \beta_2 < 1 \tag{I.3.1}$$

其中，Y=消费支出，X=收入，而被称为模型参数（parameter）的 β_1 和 β_2 分别代表截距（intercept）和斜率（slope）系数。

斜率系数度量了边际消费倾向，为说明其几何意义，将方程（I.3.1）表示在图 I-1 中。该方程表明消费支出与收入有线性关系。这种关系仅是消费支出与收入关系即经济学中所称的消费函数（consumption function）数学模型的一个例子。所谓数学模型，无非一组数学方程而已。如果模型只有一个方程，像上例那样，就称之为单方程模型（single-equation model）；如果模型有不止一个方程，就称之为多方程模型（multiple-equation model）（后者将在以后讨论）。

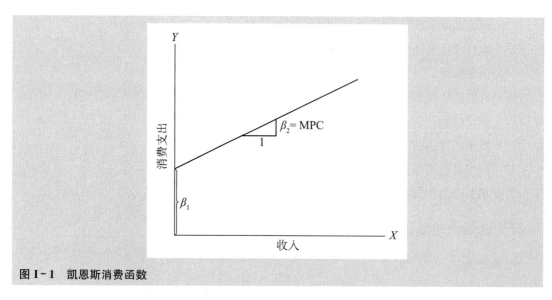

图 I-1　凯恩斯消费函数

出现在方程（I.3.1）等号左边的变量称为因变量（dependent variable），而出现在右边的变量（一个或多个）则称为自变量（independent variable）或解释变量（explanatory variable）。这样，在代表凯恩斯消费函数的方程（I.3.1）中，消费（支出）是因变量，而收入是解释变量。

3. 消费的计量经济模型设定

由方程（I.3.1）给出的消费函数的纯数学模型假定消费与收入之间有一个准确的或确定性的关系，因此它对计量经济学家的用处是有限的。一般地说，经济变量之间的关系是非准确的。例如，我们获得了 500 个美国家庭的消费支出和可支配收入的样本数据，并把这些数据画在以消费支出为纵坐标、以可支配收入为横坐标的图纸上。我们不能指望所有的观测值都恰好落在方程（I.3.1）表示的这条直线上，因为除了收入外，还有其他变量影响着消费支出。比方说，家庭规模、家庭成员的年龄、家庭的宗教信仰等，都会对消费有一定的影响。

考虑到经济变量之间的非准确关系，计量经济学家会把确定性的消费函数（I.3.1）修改为：

$$Y = \beta_1 + \beta_2 X + u \tag{I.3.2}$$

其中，u 被称为干扰项（disturbance term）或误差项（error term），是一个随机变量（random variable, stochastic variable）[①]，它有良好定义的概率性质。干扰项 u 可用来代表所有未经指明的对消费有所影响的那些因素。

方程（I.3.2）是计量经济模型（econometric model）之一例。更技术地讲，它是本书主要论述的线性回归模型（linear regression model）之一例。该计量经济消费函数假设了因变量 Y（消费）与解释变量 X（收入）之间存在线性关系。然而两者的关系不是准确的，它随着家庭的变化而有所变化。

可把消费函数的计量经济模型描绘成图 I-2 那样。

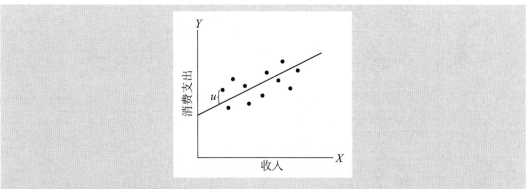

图 I-2 凯恩斯消费函数的计量经济模型

4. 获取数据

为了估计方程（I.3.2）所给的计量经济模型，也就是为了得到 β_1 和 β_2 的数值，需要有数据。虽然我们在下一章将更详细地讨论数据对经济分析的根本重要性，但现在不妨先看一下美国经济在 1960—2005 年间的数据，如表 I-1 所示。该表中的 Y 变量是（整个国家）个人消费支出（PCE）的加总，而 X 变量是国内生产总值（GDP），度量了美国的总收入，它们均以 2000 年十亿美元为单位。因此，所列数据代表以 2000 年不变价格计算的"真实"消费和"真实"收入。现将这些数据描绘在图 I-3 上（与图 I-2 相比较）。暂不考虑图中所画的直线。

表 I-1　　　　　1960—2005 年间美国的 Y（个人消费支出）和 X（国内生产总值）数据

单位：2000 年十亿美元

年份	PCE（Y）	GDP（X）	年份	PCE（Y）	GDP（X）
1960	1 597.4	2 501.8	1961	1 630.3	2 560.0

① "stochastic"（随机）一词源自希腊字 stokhos，含义为"公牛的眼睛"。向飞镖盘上投掷飞镖的结果是一个随机过程，即一个充满失误的过程。

续表

年份	PCE（Y）	GDP（X）	年份	PCE（Y）	GDP（X）
1962	1 711.1	2 715.2	1984	3 863.3	5 813.6
1963	1 781.6	2 834.0	1985	4 064.0	6 053.7
1964	1 888.4	2 998.6	1986	4 228.9	6 263.6
1965	2 007.7	3 191.1	1987	4 369.8	6 475.1
1966	2 121.8	3 399.1	1988	4 546.9	6 742.7
1967	2 185.0	3 484.6	1989	4 675.0	6 981.4
1968	2 310.5	3 652.7	1990	4 770.3	7 112.5
1969	2 396.4	3 765.4	1991	4 778.4	7 100.5
1970	2 451.9	3 771.9	1992	4 934.8	7 336.6
1971	2 545.5	3 898.6	1993	5 099.8	7 532.7
1972	2 701.3	4 105.0	1994	5 290.7	7 835.5
1973	2 833.8	4 341.5	1995	5 433.5	8 031.7
1974	2 812.3	4 319.6	1996	5 619.4	8 328.9
1975	2 876.9	4 311.2	1997	5 831.8	8 703.5
1976	3 035.5	4 540.9	1998	6 125.8	9 066.9
1977	3 164.1	4 750.5	1999	6 438.6	9 470.3
1978	3 303.1	5 015.0	2000	6 739.4	9 817.0
1979	3 383.4	5 173.4	2001	6 910.4	9 890.7
1980	3 374.1	5 161.7	2002	7 099.3	10 048.8
1981	3 422.2	5 291.7	2003	7 295.3	10 301.0
1982	3 470.3	5 189.3	2004	7 577.1	10 703.5
1983	3 668.6	5 423.8	2005	7 841.2	11 048.6

资料来源：*Economic Report of the President*，*2007*，Table B‐2，p. 230.

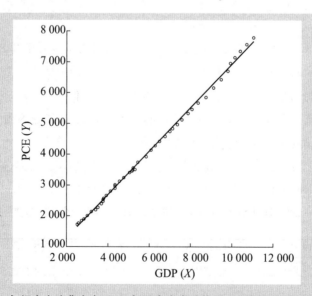

图 I‐3 1960—2005 年间个人消费支出（Y）与国内生产总值（X）的关系（均以 2000 年十亿美元为单位）

5. 计量经济模型的参数估计

有了数据之后，下一步的任务就是估计消费函数中的参数。参数的数值估计将对消费函数赋予经验内容。估计参数的具体步骤将在第 3 章中说明。这里仅指出，回归分析（regression analysis）的统计学方法是获得估计值的主要手段。利用这种方法以及表 I-1 所给的数据，我们便得到 β_1 和 β_2 的估计值为 -299.591 3 和 0.721 8。于是所估计的消费函数是

$$\hat{Y}_t = -299.591\ 3 + 0.721\ 8X_t \tag{I.3.3}$$

Y 顶上的尖帽符号表示它是估计值。[①] 图 I-3 给出了估计的消费函数线（即回归线）。

如图 I-3 所示，因为数据点很靠近回归线，所以回归线对数据拟合得相当好。从图 I-3 中我们发现，在 1960—2005 年期间，斜率系数（即 MPC）约为 0.72，表明在此样本期间，真实收入每增加 1 美元，平均而言，真实消费将增加约 72 美分。[②] 我们说平均而言，是因为消费和收入之间没有准确的关系。这一点可以从图 I-3 看出：并非所有数据点都恰好位于回归线上。我们可以简单地说，根据我们的数据，真实收入每增加 1 美元，平均消费支出或消费支出均值会增加约 72 美分。

6. 假设检验

假定所拟合的模型是现实的一个较好的近似，还必须制定适当的准则，借以判断如方程（I.3.3）中的估计值是否与待检验的理论预期值相一致。根据米尔顿·弗里德曼（Milton Friedman）这样的"实证"经济学家的意见，凡是不能通过经验证据来证实的理论或假设，都不可作为科学探索的一部分。[③]

如前所述，凯恩斯曾预期 MPC 是正的，但小于 1。在我们的例子中，我们求得 MPC 约为 0.72。但在把这一发现看作对凯恩斯消费理论的认可之前，还要追问这一估计值是否充分地低于 1，以使我们不再怀疑这个估计值仅是由一次偶然的机会得来的，或者怀疑我们用的数据太特殊了。换言之，0.72 是不是在统计意义上小于 1？如果是，就可用它来支持凯恩斯消费理论。

以样本证据为依据去肯定或否定经济理论，是以所谓的统计推断［statistical inference，即假设检验（hypothesis testing）］这个统计理论分支为基础的。在本书中，我们会处处看到这种推断过程实际上是如何进行的。

---

① 在一个变量或参数的上方画一个尖帽符号以表示它是一个估计值已成为惯例。

② 第 3 章将表明，最小二乘统计方法给出了这些估计值。这里暂且不去管它们是怎样得来的，而且也不必问为什么截距是负值。

③ 参看 Milton Friedman，"The Methodology of Positive Economics，" *Essays in Positive Economics*，University of Chicago Press，Chicago，1953。

7. 预报或预测

如果所选的模型肯定了我们所考虑的假说或理论，就可以根据解释变量或预测变量（predictor variable）X 的已知或预期未来值来预测因变量或预报变量（forecast variable）Y 的未来值。

为便于说明，假设我们想预测 2006 年的平均消费支出。2006 年 GDP 的值为 113 194 亿美元。[1] 将 GDP 的这个数字代入方程（I.3.3）的右边，我们得到：

$$\hat{Y}_{2006} = -299.591\,3 + 0.721\,8 \times 11\,319.4 = 7\,870.751\,6 \qquad (I.3.4)^*$$

即约 78 700 亿美元。因此，给定 GDP 的值，预测的平均消费支出或消费支出均值约为 78 700 亿美元。2006 年报告的实际消费支出值为 80 440 亿美元。于是估计模型（I.3.3）低估了（underpredicted）实际消费支出约 1 740 亿美元。我们可以说预测误差（forecast error）约为 1 740 亿美元，占 2006 年实际 GDP 值的 1.5%。我们在以后章节详尽讨论线性（回归）模型之后，会发现这样的误差是"小"还是"大"。但目前重要的是要注意，鉴于这种分析的统计性质，这种预测误差无法避免。

估计模型（I.3.3）还有另外一个用处。假设总统决定减少所得税。这种政策对收入及消费支出和最终就业会有什么影响呢？

假如政策改变的结果是投资有所下降，其对经济的影响将如何？宏观经济理论告诉我们，投资支出每改变 1 美元，收入的改变由收入乘数（income multiplier, M）：

$$M = \frac{1}{1 - MPC} \qquad (I.3.5)$$

给出。如利用由方程（I.3.3）得到的 MPC=0.72，此乘数就变成 $M=3.57$。也就是说，投资增加 1 美元，将最终导致收入增加其 3 倍以上；反之亦然。注意，乘数的实现需要时间。

在这一计算中，MPC 是一个关键值，因为乘数的大小取决于它。但 MPC 的估计来自诸如方程（I.3.3）的回归模型。所以，MPC 的数量估计为政策的制定提供了有价值的信息。一旦获知 MPC，即可跟踪政府财政政策的改变，预测收入和消费支出的未来变化过程。

8. 利用模型进行控制或制定政策

若我们已估计出由方程（I.3.3）给出的凯恩斯消费函数，而且政府认为 87 500 亿美元（以 2 000 年美元计）的（消费）支出水平即可维持当前（2006 年初）约 4.2% 的失业率，那么，什么样的收入水平将保证消费支出达到这个目标水平呢？

---

[1] 有 2006 年 PCE 和 GDP 的数据可用于建模，但我们在说明本节所讨论的专题时故意不用。如同我们在以后章节中将讨论的那样，留下一部分数据来检查拟合模型对样本外观测的预测力如何是一个很好的主意。

* 公式中的单位均为十亿美元，后同。——译者注

引言

如果消费函数（I.3.3）是合理的，则简单的数学运算如下：

$$8\,750 = -299.591\,3 + 0.721\,8 \times GDP_{2006} \qquad (I.3.6)$$

解得 $GDP_{2006} \approx 12\,537$。也就是说，给定 MPC 约为 0.72，125 370 亿美元的收入水平将导致约 87 500 亿美元的消费支出。

上述计算提示我们，一个已估计出来的模型可服务于制定政策的目的。通过适当的财政与货币政策的配合，政府可操纵控制变量（control variable）X 以实现目标变量（target variable）Y 的某个理想水平。

图 I-4 概括了经典的计量经济学的建模方法。

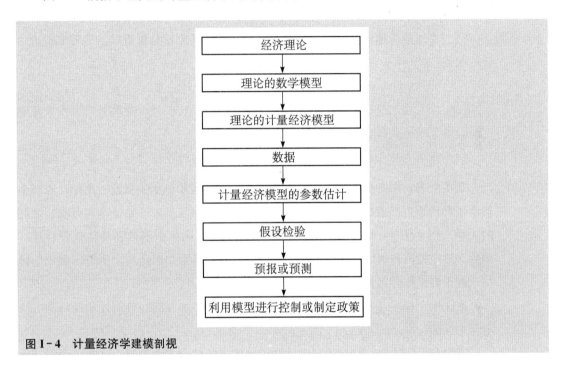

图 I-4　计量经济学建模剖视

在竞争的模型之间进行选择

当一家政府机构（如美国商务部）搜集经济数据（如表 I-1 所示）时，它不一定要有什么经济理论。人们是如何知道这些数据实际上是支持凯恩斯消费理论的呢？是因为图 I-3 所示的凯恩斯消费函数线（即回归线）与实际数据点极为接近吗？还有其他的消费模型（理论）能同样好地拟合这些数据吗？比如，米尔顿·弗里德曼提出了一个被称为持久收入假说（permanent income hypothesis）[1] 的消费模型。罗伯特·霍尔（Robert Hall）也提出了一个被称为生命周期持久收入假说（life cycle permanent income hypothesis）[2] 的消费模型。这些模型中有没有一两个

---

[1]　Milton Friedman，*A Theory of Consumption Function*，Princeton University Press，Princeton，NJ，1957.

[2]　R. Hall，"Stochastic Implications of the Life Cycle Permanent Income Hypothesis：Theory and Evidence，" *Journal of Political Economy*，vol. 86，1978，pp. 971–987.

也能拟合表 I-1 中的数据呢？

简言之，实践中的研究者面临的问题是，给定一种现象，如消费-收入关系，如何在几个竞争的假设或模型之间做出选择。如米勒（Miller）所据理力争的那样：

> 除非假设比某些自然的对手在处理数据上有更好的表现，否则不针对具体数据就不可能真正证实原假设……这里，正是原假设的胜利，同时也是貌似可信的对立假设的失败强化了假设。[①]

那么，人们如何在竞争的模型或假设中进行选择呢？这里要记住克莱夫·格兰杰（Clive Granger）的建议[②]：

> 我想给的建议是，在你提出一种新理论或新的经验模型时，你要考虑这些问题：
>
> (i) 它的用途是什么？它有助于什么样的经济决策？
>
> (ii) 在已经提出的证据中，有没有某个证据让我能将这种新理论或新模型与其他理论或模型做比较？
>
> 我认为关注这样的问题将会加强经济研究或讨论。

通览全书，在解释各种经济现象时，我们将遇到几个竞争假设。比如，经济学的学生都熟悉生产函数的概念，它基本上就是指产出与投入（如资本和劳动）之间的关系。在文献中，最有名的两个就是柯布-道格拉斯生产函数和常替代弹性生产函数。给定投入和产出数据，如果可能的话，我们需要知道这两个生产函数中的哪一个能很好地拟合数据。

在能用于检验这些竞争假设的意义上，上述八个步骤的经典的计量经济学方法论是中性的。

有没有可能提出一种足以包含这些竞争假设的综合方法论呢？这是一个复杂而又有争议的问题。我们将在掌握了必要的计量经济理论之后，在第 13 章来讨论这个问题。

I.4　计量经济学的类型

如图 I-5 中的分类框架所示，计量经济学可划分为两大类：理论计量经济学（theoretical econometrics）和应用计量经济学（applied econometrics）。在每一大类中均可按经典（classical）方法或贝叶斯（Bayesian）方法进行研究。本书的重点在于经典方法。至于贝叶斯方法，读者可参阅本章末所提及的参考文献。

[①] R. W. Miller, *Fact and Method：Explanation，Confirmation，and Reality in the Natural and Social Sciences*，Princeton University Press，Princeton，NJ，1978，p. 176.

[②] Clive W. J. Granger, *Empirical Modeling in Economics*，Cambridge University Press，U. K.，1999，p. 58.

理论计量经济学是要找出适当的方法去测度由计量经济模型设定的经济关系。为此，计量经济学家非常依赖数理统计。例如，本书中广泛使用的方法之一是最小二乘法（least squares）。理论计量经济学家必须明确这一方法所涉及的假定、这一方法的性质，以及当某些假定不成立时，这些性质将会受到什么样的影响。

在应用计量经济学中，我们利用理论计量经济学工具去研究经济学或管理学中的某些特殊领域，如生产函数、投资函数、供求函数和证券组合理论等。

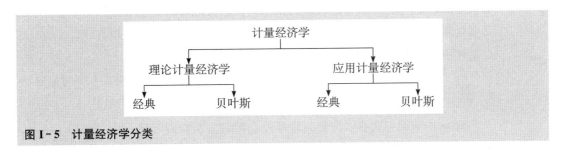

图 I-5　计量经济学分类

本书主要讨论计量经济学方法的发展、假定、用途及其局限性，并引用经济学和管理学各个领域的例子来加以说明。然而，这不是一本应用计量经济学的书，它并不深入研究任何一个特殊的经济应用领域。这种工作最好留给那些致力于专门研究的著作，本书末尾的文献提供了一些这样的著作。

I.5　数学与统计学预备知识

虽然本书是按照初等水平写作的，但作者仍假定读者熟悉一些统计估计和假设检验的基本概念。不过，为了便于读者重新复习有关内容，对于本书中所使用的基本统计概念，附录 A 提供了一个宽泛而又不太深入的概述。至于数学方面，希望读者对微积分的概念并不陌生，虽然这也不是必要的。许多研究生用的计量经济学书中大量使用了矩阵代数，作者在这里声明，本书并非如此。作者坚信，讲授计量经济学的基本思想并不需要使用矩阵代数。然而，为了顾及喜欢数学的学生，附录 C 仍然摘要地给出了基本回归理论的矩阵表述。对于这些学生，附录 B 还简明扼要地总结了矩阵代数的一些主要结论。

I.6　计算机的作用

现如今，回归分析已是计量经济学的家常便饭，若没有计算机和某些统计软件，这是难以想象的。（但请相信我，我本人是在计算尺时代成长起来的！）幸亏，现在已有很多优秀的商用回归软件，对于大型计算机和个人微型计算机都适用，并且与日俱增。例如，ET、LIMDEP、SHAZAM、MicroTSP、MINITAB、EViews、SAS、SPSS、Stata、MICROFIT、PC-GIVE 和 BMD 等回归软件都包含了本书所讨论的大多数计量经济学方法和检验。

　　本书有时要求读者用一种或多种统计软件做蒙特卡洛（Monte Carlo）实验。蒙特卡洛实验是一些"有趣"的练习，它能使读者很好地体会本书所讲的几种统计方法的性质。在适当的地方，我们还将详细讨论蒙特卡洛实验。

　　下面对 Stata 进行简单介绍。Stata 软件以其易操作、运算速度快等特点，成为目前最为流行的统计与经济计量软件之一。Stata 不仅包含一套事先编制好的数据分析功能，还留有"用户接口"，允许用户根据自己的需要编写程序和命令。本书主要是基于 2019 年更新的 Stata16 版本，对基本窗口、变量与数据管理以及基础的计量经济学中的应用等进行简要介绍。

1. Stata 的启动方式

　　Stata 的启动方式有很多种。可通过直接双击桌面的 Stata 图标启动程序。图 I-6 所示的为 Stata16 版本的图标，早先版本的图标除了数字不同外，其余的外观均相同。在 Win8 以上的系统中，也可以通过搜索栏进入，路径为："搜索栏" > 输入 "Stata" > 回车键。

I-6　图标

　　另外，可直接在 Stata 安装文件夹里找到扩展名为 "dta" 的文件，双击打开即可。

2. Stata 基本窗口介绍

　　启动 Stata16 后，会打开如图 I-7 所示的包含不同标题窗口的操作主界面。

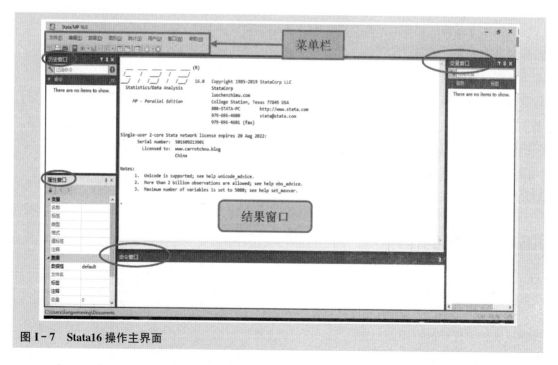

图 I-7　Stata16 操作主界面

　　由于 Stata 从第 16 版开始有了汉化版，因此对于初学者来说，这为其使用菜单栏进行操作提供了便利。Stata16 一共包含 5 个窗口，分别为：Command——命令窗口，在进行命令式操作时，主要在该区域输入命令；Results——结果窗口，一般在该区域展现命令式或菜单式操作输出的结果，包括报错信息等；Review——历史窗口，记录最近执行的命令清单，一般对于相似的命令，可以在历史命令基础上修改一下；Variables——变量窗口，列示了数据变量名称；Properties——属性窗口，显示变量和数据的属性。

菜单栏如图 I-7 所示，一些操作可以通过内置的菜单完成，而不必编写命令。菜单栏的第 2 行的图标从左侧起依次为打开、保存、打印等操作，便于迅速操作。

3. Stata 的基本操作

我们通过一个实例学习 Stata 的基本操作。表 I-2 中列出了 2000—2014 年 GDP 增长率以及第三产业增长率的数据。

表 I-2　　　　　　　　　　2000—2014 年 GDP 增长率以及第三产业增长率

年度	GDP 增长率（%）	第三产业增长率（%）
2000	8.4	9.75
2001	8.3	10.26
2002	9.1	10.44
2003	10.0	9.5
2004	10.1	10.06
2005	11.3	12.2
2006	12.7	14.1
2007	14.2	16
2008	9.6	10.4
2009	9.2	9.6
2010	10.6	9.5
2011	9.5	9.5
2012	7.7	8
2013	7.7	8.3
2014	7.4	8.1

（1）导入数据。

我们所获取的数据大多储存在 Excel 文件中，一般常用三种方法将数据转移到 Stata 数据编辑器中。第一种方法是逐个输入数据，该种方法简单易懂但最为烦琐，不适用于数据量较大的数据文件。第二种方法是通过复制和粘贴功能进行转移，具体操作步骤如下。在菜单栏中选择"数据"＞"数据编辑器"＞"数据编辑器（编辑）"，或者直接点击数据编辑图标（见图 I-8），会弹出如图 I-9 所示的对话框。

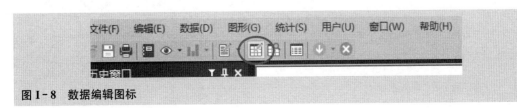

图 I-8　数据编辑图标

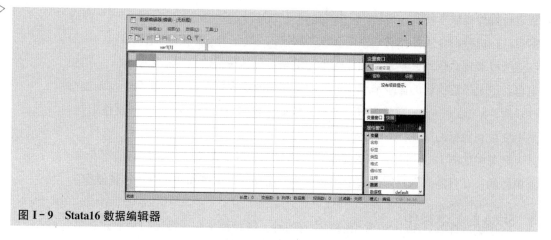

图 I-9　Stata16 数据编辑器

将 Excel 文件中的数据复制和粘贴至数据编辑器中，结果如图 I-10 所示。

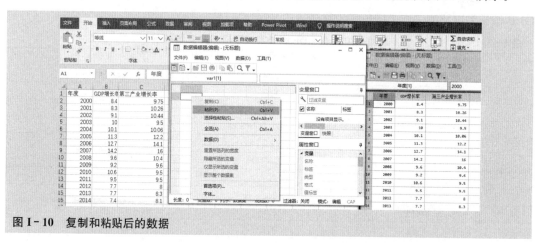

图 I-10　复制和粘贴后的数据

第三种方法是通过菜单栏选项卡中的导入选项卡，导入各种格式的数据。这种方法一般适用于数据量较大的数据文件。具体操作步骤为"文件"＞"导入"＞"Excel 电子表格（*.xls；*.xlsx）"，如图 I-11 所示。

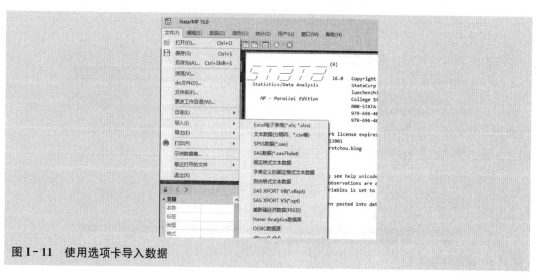

图 I-11　使用选项卡导入数据

　　数据导入完毕后，通过点击左上角的保存按钮进行保存，操作方法与常用的办公软件一样。保存文件的类型为"dta"格式，下一次使用时可直接点击该文件。

　　使用 Stata16 打开在目录"D：\shuju\yinyan"中的"0101.dta"数据文件，命令如下：

use "D:\shuju\yinyan\0101.dta",clear

　　后面加"clear"意味着在打开该文件之前，清空之前的所有数据集。也可以在打开该文件之前输入"clear"命令，清空之前的所有数据集。注意："use"后面必须是空格，双引号必须使用英文输入的双引号，中文输入的双引号将不可识别。

　　（2）更改标签。

　　对于更改标签，Stata 中常用的方法有两种。第一种是在属性窗口中更改标签，如图 I-12 所示。第二种是通过菜单栏的选项卡进行更改。这里重点说一下通过菜单栏的选项卡进行更改的路径。在 Stata 下拉菜单里选择"数据"＞"数据实用程序"＞"标签实用程序"＞"给数据集添加标签"／"给变量添加标签"，如图 I-13 所示。

图 I-12　在属性窗口中更改标签

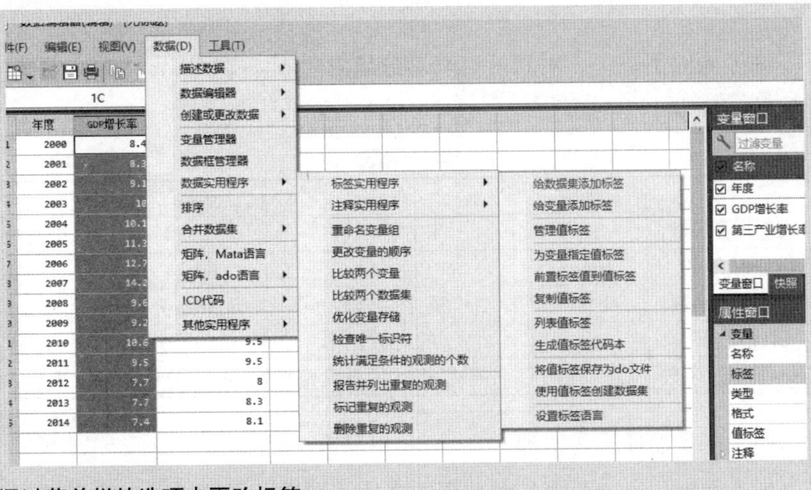

图 I-13　通过菜单栏的选项卡更改标签

一般更改标签的原因是，有时候导入变量时变量名为中文，但在命令窗口无法识别，可将变量名更改为英文或者拼音，而将中文放在标签中，起到解释说明的作用。

（3）变量的创建。

重新命名 GDP 增长率为"Y"，第三产业增长率为"X"，命令如下：

rename GDP 增长率 Y

rename 第三产业增长率 X

以常用的操作取对数为例，创建新的变量。

generate lnY = log(Y)/* 通过 generate 命令，生成 lnY 变量，通过修改变量名和标签，Y 为上述表中的 GDP 增长率 */

生成的数据如图 I-14 所示。

1C	2.1282318

	年度	Y	X	lnY
1	2000	8.4	9.75	2.128232
2	2001	8.3	10.26	2.116256
3	2002	9.1	10.44	2.208274
4	2003	10	9.5	2.302585
5	2004	10.1	10.06	2.312536
6	2005	11.3	12.2	2.424803
7	2006	12.7	14.1	2.541602
8	2007	14.2	16	2.653242
9	2008	9.6	10.4	2.261763
10	2009	9.2	9.6	2.219203
11	2010	10.6	9.5	2.360854
12	2011	9.5	9.5	2.251292
13	2012	7.7	8	2.04122
14	2013	7.7	8.3	2.04122
15	2014	7.4	8.1	2.00148

图 I-14 生成的"lnY"

在上面的例子中，用到了自然对数函数"ln"。在 Stata16 中，还有一些其他常用函数，如表 I-3 所示。

表 I-3 常用函数

函数	含义	函数	含义	函数	含义
$abs(x)$	绝对值函数	sqrt	平方根函数	$exp(x)$	指数函数
$sin(x)$	正弦函数	$cos(x)$	余弦函数	$tan(x)$	正切函数
$asin(x)$	反正弦函数	$acos(x)$	反余弦函数	$atan(x)$	反正切函数
$trunk(x)$	取整数部分	$logit(x)$	x 的对数比率	$total(x)$	x 的移动合计
$mod(x, y)$	x 除 y 的余数	$floor(x)$	小于等于 x 的最大整数	$ceil(x)$	大于等于 x 的最小整数

（4）变量的描述与整理。

导入数据后，一般会先对数据的整体情况进行了解，并对数据进行筛选。常用的数据描述命令为：

describe/＊介绍数据集的信息，包括变量名、标签等＊/

得到的数据信息如图 I - 15 所示。

```
Contains data
  obs:              15
  vars:              4

                  storage    display    value
variable name     type       format     label      variable label

年度              int        %8.0g
Y                 float      %8.0g                  GDP增长率
X                 float      %8.0g                  第三产业增长率
lnY               float      %9.0g
```

图 I - 15　数据信息

还有一个命令如下所示，它也是统计命令，主要报告一些概要统计量（见图 I - 16）。

summarize /＊主要报告数据的平均值、标准差、最大值、最小值等＊/

Variable	Obs	Mean	Std. Dev.	Min	Max
年度	15	2007	4.472136	2000	2014
Y	15	9.72	1.898571	7.4	14.2
X	15	10.38067	2.19372	8	16
lnY	15	2.257637	.1853117	2.00148	2.653242

图 I - 16　数据统计信息

有时需要对数据进行整理，这里以数据排序和筛选为例。排序命令为：

sort Y

排序后的数据如图 I - 17 所示。

	年度	Y	X	lnY
1	2014	7.4	8.1	2.00148
2	2013	7.7	8.3	2.04122
3	2012	7.7	8	2.04122
4	2001	8.3	10.26	2.116256
5	2000	8.4	9.75	2.128232
6	2002	9.1	10.44	2.208274
7	2009	9.2	9.6	2.219203
8	2011	9.5	9.5	2.251292
9	2008	9.6	10.4	2.261763
10	2003	10	9.5	2.302585
11	2004	10.1	10.06	2.312536
12	2010	10.6	9.5	2.360854
13	2005	11.3	12.2	2.424803
14	2006	12.7	14.1	2.541602
15	2007	14.2	16	2.653242

图 I - 17　以 "Y" 进行排序后的数据

筛选命令为：

list Y in 1/8 /＊表示筛选 Y 系列数据的前 8 个，1/n 表示 1 到 n 个数据＊/

筛选后的数据见图 I-18。

	Y
1.	7.4
2.	7.7
3.	7.7
4.	8.3
5.	8.4
6.	9.1
7.	9.2
8.	9.5

图 I-18 筛选后的数据

（5）画图。

了解数据概况的最直观的方法就是观察数据的图形。比如，若想看样本中第三产业增长率"X"的分布情况，则可以输入以下命令画直方图（见图 I-19）。

histogram X,width(1) frequency

在上述命令中，"histogram"表示直方图，width(1) 表示将组宽设为 1，frequency 表示将纵坐标定为频数。

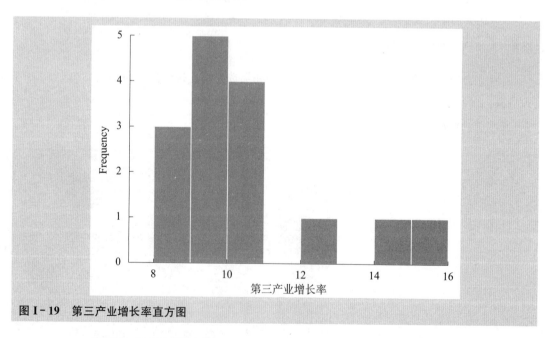

图 I-19 第三产业增长率直方图

不过，在观察数据之间的分布时，大多数使用的还是散点图（见图 I-20），输入的命令为：

scatter Y X

引言

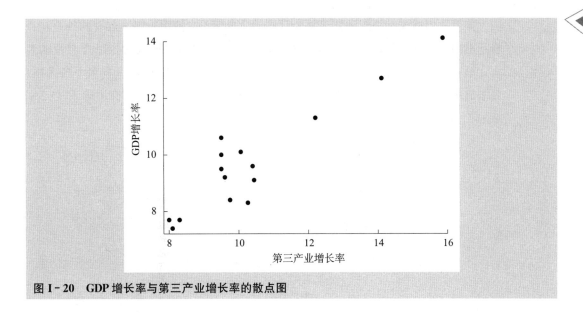

图 I‑20　GDP 增长率与第三产业增长率的散点图

4. Stata 的帮助系统

　　Stata 的帮助系统是该软件的一个重要特色。若初学者能够看懂"help"命令，则对于学习 Stata 具有极大的帮助。点击菜单栏中的"帮助"按钮，然后选择"内容"，在弹出的对话框中（见图 I‑21），可以点击各个链接，查看对应的更进一步的内容。

图 I‑21　帮助内容

如果我们通过网络资源知道某个具体的命令但不会使用，则一般有两种方法查看帮助内容：一是可以进行关键词搜索；二是在命令窗口输入命令以查看帮助内容。第一种方法的路径为"帮助"＞"搜索"，在弹出的对话框里有多个备选项，只需简单输入想要的短语即可，比如对于数据统计，可在关键词框中输入"summary"，见图 I-22。

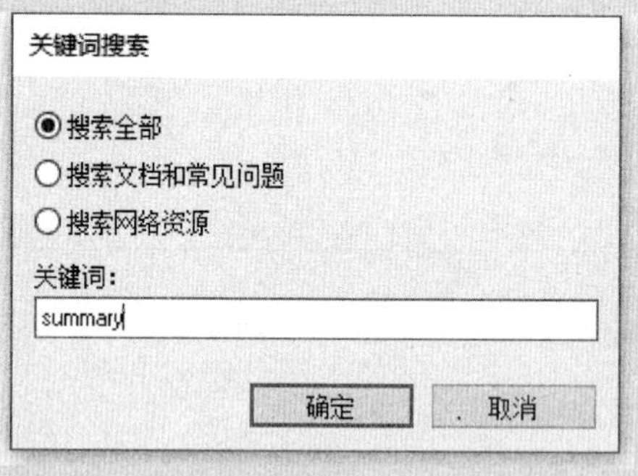

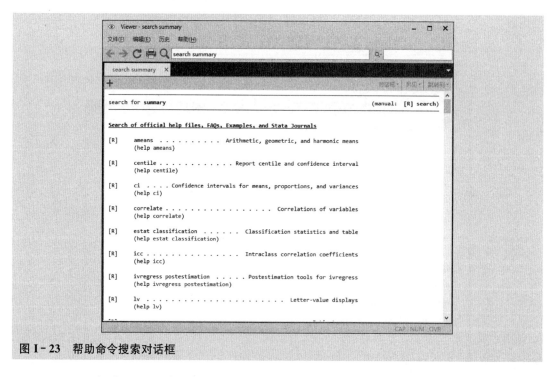

图 I-22　help 关键词搜索

第二种方法是在命令窗口输入命令，以数据统计为例，命令为：

help summary

帮助命令搜索对话框见图 I-23。

图 I-23　帮助命令搜索对话框

有时，Stata 中可能没有我们需要的一些命令，我们需要安装外置命令，常用的操作命令为：

ssc install [...] / * 括号内为需要安装的外置命令 * /

尽管已出版的有关 Stata 的学习资料有很多，但是最好的学习资料还是 Stata 的帮助文件中的 PDF 手册，这个手册对于每个 Stata 命令都有着非常详细的解释说明。

I.7　进一步阅读建议

计量经济学方法论是一个非常广泛且富有争议的论题。对有兴趣的读者，我建议阅读以下几本书：

Neil de Marchi and Christopher Gilbert，eds.，*History and Methodology of Econometrics*，Oxford University Press，New York，1989. 这本书搜集了早期的一些关于计量经济学方法论的资料，对关于时间序列数据（即对同一个研究对象在不同时期搜集的数据）的英式计量经济学方法有广泛的讨论。

Wojciech W. Charemza and Derek F. Deadman，*New Directions in Econometric Practice：General to Specific Modelling，Cointegration and Vector Autoregression*，2d ed.，Edward Elgar Publishing Ltd.，Hants，England，1997. 作者们批判了传统的计量经济学方法，并详细阐释了计量经济学方法论的新动向。

Adrian C. Darnell and J. Lynne Evans，*The Limits of Econometrics*，Edward Elgar Publishing Ltd.，Hants，England，1990. 该书对计量经济学的各种方法论做了一个较为不偏不倚的论述，并表示要重新加盟到传统的计量经济学方法论阵营中去。

Mary S. Morgan，*The History of Econometric Ideas*，Cambridge University Press，New York，1990. 作者对计量经济学的理论和实践做了出色的历史剖析，还对哈维尔莫（Haavelmo，1989 年诺贝尔经济学奖得主）对计量经济学的早期贡献做了深入的讨论。出于同样的想法，David F. Hendry and Mary S. Morgan，*The Foundation of Econometric Analysis*，Cambridge University Press，U. K.，1995 一书搜集了计量经济学研讨会上的作品，以说明计量经济思想随着时间的演进过程。

David Colander and Reuven Brenner，eds.，*Educating Economists*，University of Michigan Press，Ann Arbor，Michigan，1992. 该书对经济学教学和实践提出了尖锐的，有时是不可知论的看法。

关于贝叶斯统计学和贝叶斯计量经济学，如下书目很有用处：John H. Dey，*Data in Doubt*，Basil Blackwell Ltd.，Oxford University Press，England，1985；Peter M. Lee，*Bayesian Statistics：An Introduction*，Oxford University Press，England，1989；Dale J. Porier，*Intermediate Statistics and Econometrics：A Comparative Approach*，MIT Press，Cambridge，Massachusetts，1995。一本高深的

参考书是 Arnold Zellner，*An Introduction to Bayesian Inference in Econometrics*，John Wiley & Sons，New York，1971。另一本比较高深的参考书是 *Palgrave Handbook of Econometrics：Volume 1：Econometric Theory*，edited by Terence C. Mills and Kerry Patterson，Palgrave Macmillan，New York，2007。

单方程回归模型

本书的第 1 篇介绍各种单方程回归模型。在这些模型中，一个因变量被表达为一个或多个所谓解释变量的线性函数。在这样的模型中有如下隐含的假定：如果在因变量与解释变量之间存在某种因果关系的话，这个关系只有一个流向，那就是从解释变量到因变量。

在第 1 章中，我们讨论回归的历史和现代含义，并用几个取自经济学和其他学科的例子来说明这两种含义的区别。

在第 2 章中，我们借助于双变量线性回归模型来介绍回归分析的一些基本概念。双变量线性回归模型是指其中的因变量被表达成仅仅一个解释变量的线性函数。

在第 3 章中，我们继续同双变量回归模型打交道，并引进以经典线性回归模型为名的一种涉及若干简化假定的模型。有了这些假定，我们随即介绍普通最小二乘法（ordinary least squares, OLS），用以估计双变量回归模型中的参数。OLS 易于应用，且有一些非常良好的统计性质。

在第 4 章中，我们介绍（双变量）经典正态线性回归模型。它假定随机因变量遵循正态概率分布。有了这一假定，在第 3 章中得到的 OLS 估计量就有了一些比非正态经典线性回归模型更强的统计性质，使我们能进行统计推断即假设检验。

第 5 章专门讨论区间估计与假设检验。这里，我们试图分辨回归系数的估计值是否与它们的假设值相符（无矛盾），假设值是指由理论或先前的经验工作提出来的值。

第 6 章考虑由双变量线性回归模型延伸出来的一些细节问题。具体地说，这一章主要讨论如下问题：（1）过原点回归；（2）尺度与测量单位；（3）回归模型的函数形式，如双对数模型、半对数模型和倒数模型等。

在第 7 章中，我们考虑含有不止一个解释变量的多元回归或多变量回归模型，并说明怎样能把 OLS 推广应用到这种模型的参数估计上。

第 8 章把第 5 章介绍的概念推广到多元回归模型上，并指出了由多个解释变量的引入而诱发的若干复杂性。

第 1 篇以讨论虚拟或定性解释变量的第 9 章作为结束。这一章强调，并不是所有的解释变量都必须是定量的（即比率尺度）。虽然性别、种族、宗教、国籍和居住地等变量都不容易量化，但它们在解释许多经济现象时却起到了重要作用。

第 1 章　回归分析的性质

回归是计量经济学的主要工具。在本章中，我们将扼要地考虑这一工具的性质。

1.1　"回归"一词的历史渊源

"回归"一词最先由弗朗西斯·高尔顿（Francis Galton）引入。在一篇著名的论文中，高尔顿发现，虽然有一个趋势，父母高，儿女也高，父母矮，儿女也矮，但给定父母的身高，儿女的平均身高趋向于或者"回归"到全体人口的平均身高。[①]换言之，尽管父母都异常高或异常矮，但是儿女的身高有走向人口总体平均身高的趋势。高尔顿的普遍回归定律（law of universal regression）还被他的朋友卡尔·皮尔逊（Karl Pearson）证实：皮尔逊曾搜集过一些家庭群体的一千多名成员的身高记录。[②] 他发现，对于一个父辈高的家庭群体，儿辈的平均身高低于其父辈的身高，而对于一个父辈矮的家庭群体，儿辈的平均身高高于其父辈的身高。这样就把高的和矮的儿辈一同"回归"到所有男子的平均身高。用高尔顿的话说，这是"回归到中等"（regression to mediocrity）。

1.2　回归的现代含义

然而，对回归的现代解释却非常不同，大致上，我们可以这样说：

> 回归分析是关于研究一个所谓的因变量对另一个或多个所谓的解释变量的依赖关系的，其用意在于通过后者（在重复抽样中）的已知或给定值，去估计和（或）预测前者的（总体）均值。

[①]　Francis Galton, "Family Likeness in Stature," *Proceedings of the Royal Society of London*，vol. 40，1886，pp. 42 - 72.

[②]　K. Pearson and A. Lee, "On the Laws of Inheritance," *Biometrika*，vol. 2，1903，pp. 357 - 462.

对回归分析的这种看法的全部含义，将随着本书的内容推进而渐明，但是用少数几个简单的例子，就能把回归的基本概念弄得一清二楚。

例 子

（1）再次考虑高尔顿的普遍回归定律。高尔顿的兴趣在于发现为什么人口的身高分布有一种稳定性。但从现代观点考虑，我们并不关心这种解释，我们关心的是，例如在给定父亲身高的情形下找出儿子平均身高的变化。换言之，我们关心一旦知道了父亲的身高，怎样预测儿子的平均身高。为了看清楚怎样能做到这一点，考虑图 1-1 这个散点图。该图展示了对应于设定的父亲身高，儿子身高在一个假想人口总体中的分布。注意，对应于任一给定的父亲身高，都有着儿子身高的一个（分布）范围。然而，值得注意的是，随着父亲身高的增加，儿子的平均身高尽管有所波动，但总体上是增加的。为了看得明白无误，图中加圈的叉号表示对应于给定父亲身高的儿子的平均身高。连接这些平均身高，我们就得到了图中所示的直线。我们以后会知道，这条线就叫做回归线（regression line）。它表明了儿子的平均身高是怎样随父亲身高的增加而增加的。[①]

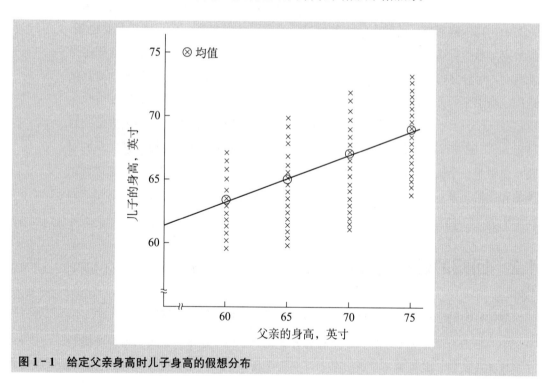

图 1-1　给定父亲身高时儿子身高的假想分布

———————————

　① 在此主题讨论的现阶段，我们干脆把这条回归线称为对应于给定解释变量（父亲的身高）值，因变量（儿子的身高）的均值（mean）或平均值（average）连线。注意，此线有一个正的斜率；但此斜率小于1，这和高尔顿的"回归到中等"相一致。（为什么？）

（2）考虑图1-2中的散点图。这是在不同的固定年龄处测度的一个假想的男孩身高总体的分布。注意，对应于任一给定年龄，都有一个身高的范围。显然，同一个给定年龄的男孩不会完全一样高，但身高随年龄的增加而增加（当然，只到一定的年龄为止）。如果我们通过表示给定年龄下平均身高的圆圈画一条线（回归线），就可以清楚地看出这一点。于是，知道了年龄，就能预测这个年龄的平均身高。

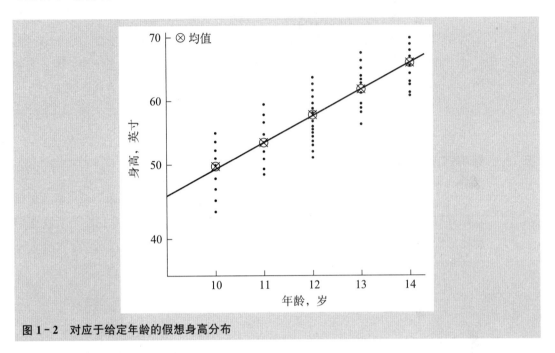

图1-2 对应于给定年龄的假想身高分布

（3）转到经济学中的例子。经济学家也许想研究个人消费支出对税后或可支配的个人真实收入的依赖关系。这种分析有助于估计边际消费倾向，即真实收入改变1美元导致消费支出的平均变化。

（4）一位能设定价格或产出（但不能同时设定两者）的垄断商也许想知道产品需求对价格变化的反应，通过这种定价实验，也许能估计出产品需求的价格弹性（price elasticity，即对价格做出反应的敏感程度），从而有助于确定最有利可图的价格。

（5）一位劳动经济学家也许要研究货币工资变化率与失业率的关系。图1-3给出了历史数据所表现的散点图。图中的曲线是把货币工资变化率同失业率联系起来的著名的菲利普斯曲线（Phillips curve）之一例。这样的散点图能使劳动经济学家在给定失业率的情况下预测货币工资的平均变化率。这种知识还有助于认识一个国家范围内的通货膨胀过程，因为货币工资的增长很可能在上涨的物价中得到反映。

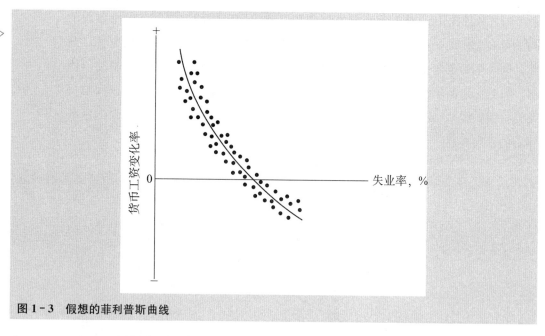

图 1－3　假想的菲利普斯曲线

（6）根据货币经济学，其他条件不变，通货膨胀率 π 越高，人们愿意以货币形式持有的收入比例 k 越低，如图 1－4 所示。这条线的斜率就表示给定通货膨胀率变化的情况下 k 的变化率。对这种关系进行数量分析，将使货币经济学家能够在不同通货膨胀率下预测人们愿意以货币形式持有的收入比例。

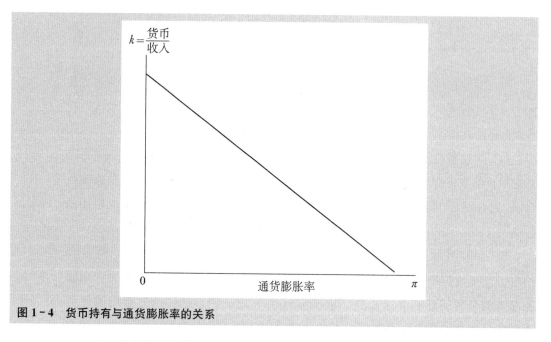

图 1－4　货币持有与通货膨胀率的关系

（7）公司的销售部经理想知道人们对公司产品的需求与（比方说）广告支出的关系。这种研究在很大程度上有助于算出相对于广告支出的需求弹性（elasticity of demand），即广告支出每变化百分之一导致需求变化的百分数。这种知识有助于制定"最优"的广告费预算。

(8) 最后，也许农业经济学家想研究农作物（比方说小麦）收成对气温、降雨量、阳光和施肥量的依赖关系。这种依赖关系使他们能在给定解释变量信息的情况下预测或预报农作物的平均收成。

相信读者能提供关于一个变量依赖于另一个或多个变量的大量事例。本书讨论的回归分析方法，就是要用来研究变量之间的这种依赖关系。

1.3　统计关系与确定性关系

读者能从 1.2 节所举的例子中看到，不像经典物理学中考虑的那种变量之间的函数或确定性依赖关系，在回归分析中，我们考虑的是一种统计依赖关系。在变量之间的统计关系式中，我们主要处理的是随机变量，也就是有着概率分布的变量。但是在函数或确定性依赖关系中，我们要处理的变量不是随机的。

例如，农作物收成对气温、降雨量、阳光和施肥量的依赖关系是统计性质的。这个性质的意义在于：这些解释变量固然重要，但并不能使农业经济学家准确地预测农作物的收成。一是因为对这些变量的测量有误差；二是因为还有一大堆整体影响收成的因素（变量），却难以一一辨认出来。因此，无论我们考虑了多少个解释变量，都无法完全地解释农作物收成这个因变量。它的一些内在的或随机的变异是注定存在的。

另外，在确定性现象中，我们处理这样一类关系式，比如说，牛顿的万有引力定律所表示的关系式：宇宙间的每个粒子都相互吸引，其引力与它们的质量乘积成正比，而与它们之间距离的平方成反比，用符号表示就是 $F = k(m_1 m_2 / r^2)$，其中 F＝引力，m_1 和 m_2 为两个粒子的质量，r＝距离，而 k＝比例常数。另一个例子是欧姆定律。对于金属导体，在有限的温度范围内，电流 C 正比于电压 V，即 $C = V/k$，其中 $1/k$ 是比例常数。这类确定性现象的其他例子包括玻意耳（Boyle）定律、基尔霍夫（Kirchhoff）电流定律和牛顿运动定律等。

在本书中，我们不去研究这类确定性现象。当然，如果比方说，在牛顿的万有引力定律中，k 的测量有误差，则原来的确定性关系就变成了一个统计关系式。这时，只能按给定的 k 值（还有 m_1，m_2 和 r）近似地预测引力。于是，变量 F 就变成了一个随机变量。

1.4　回归与因果关系

虽然回归分析研究一个变量对另一（些）变量的依赖关系，但它并不一定意味着因果关系。用肯德尔（Kendall）和斯图亚特（Stuart）的话说就是："一个统计关系式，不管多强，也不管多么有启发性，永远不能确立因果方面的联系：因果关系理念必须来自统计学以外，最终来自这种或那种理论。"[1]

在前面所引的农作物收成一例中，没有任何统计上的理由可以认为降雨量不依赖于农作物收成。我们把农作物收成看作依赖于降雨量等变量，并非出于统计上的考虑。普通常识提示了我们不能把这种关系倒转过来，因为我们不能用改变农作物收成的方法来控制降雨量。

所有 1.2 节引用的例子都指出了一个要点：从逻辑上说，统计关系式本身不可能意味着任何因果关系。要谈因果律，必须诉诸先验的或理论上的思考。例如，在上面所引的第三个例子中，我们说消费支出依赖于真实收入，是引用了经济理论的。[2]

1.5 回归与相关

与回归分析密切相关而在概念上明显不同的是以测度两个变量之间的线性关联程度为主要目的的相关分析（correlation analysis）。在第 3 章中我们将详细讨论的相关系数（correlation coefficient）就是用来测度这种（线性）关联强度的。例如，我们也许有兴趣去求吸烟与肺癌之间、统计学考分与数学考分之间、中学成绩与大学成绩之间等的相关系数。而在回归分析中，如前所述，我们并不主要对这种度量感兴趣。我们感兴趣的是根据其他变量的给定值来估计或预测某一变量的平均值。例如，我们也许想知道能否从一个学生的已知数学考分去预测他的统计学平均考分。

回归和相关有一些值得提出的基本分歧。在回归分析中，对因变量和解释变量的处理方法存在着不对称性。因变量被当作是统计的、随机的，也就是它有一个概率分布，而解释变量则被看作是（在重复抽样中）取固定值的。[3] 这点在 1.2 节所给的回归的现代含义中已说明白。因此，在图 1-2 中，我们假定年龄变量被固定在给定的水平上，而身高则是在这些水平上度量的。但在相关分析中，我们对称地对待任何（两个）变量；因变量和解释变量之间不加区别。毕竟，数学考分与统计学考分之间的相关系数就是统计学考分与数学考分之间的相关系数。此外，两个变量都被看作是随机的，如我们将会看到的，大部分相关理论都建立在变量的随机性假定之上。但是，本书要阐述的回归理论大部分以下述假定为条件：因变量是随机的，而解释变量是固定的或非随机的。[4]

---

[1] M. G. Kendall and A. Stuart, *The Advanced Theory of Statistics*, Charles Griffin Publishers, New York, vol. 2, 1961, chap. 26, p. 279.

[2] 但在第 3 章中我们将看到，经典回归分析中假定了用于分析的模型是正确的。因此，因果关系的方向可能隐含在所假定的模型中。

[3] 解释变量可能本来是随机的，但出于回归分析的目的，我们假定它们的值在重复抽样中是固定的（即 X 在不同的样本中取同样的一组值），从而把它们转化成非随机的。对此，第 3 章 3.2 节有更多的讨论。

[4] 在高级计量经济学教材中，解释变量非随机的这一假定可以去掉（见第 2 篇）。

1.6　术语与符号

在对回归理论进行正式的分析之前，我们先来斟酌一下有关术语与符号的问题。因变量和解释变量两个名词在文献中都有过种种其他描述，一个有代表性的清单如下：

因变量（dependent variable）	解释变量（explanatory variable）
⇕	⇕
被解释变量（explained variable）	自变量（independent variable）
⇕	⇕
预测子（predictand）	预测元（predictor）
⇕	⇕
回归子（regressand）	回归元（regressor）
⇕	⇕
响应（response）变量	刺激（stimulus）变量
⇕	⇕
内生（endogenous）变量	外生（exogenous）变量
⇕	⇕
结果（outcome）变量	协变量（covariate）
⇕	⇕
被控制变量（controlled variable）	控制变量（control variable）

虽然采用什么名词术语是一个个人爱好和传统习惯问题，但在本书中我们采用的术语是因变量/解释变量或更中性的回归子和回归元。

如果我们在研究一个因变量对仅仅一个解释变量的依赖关系，如消费支出对真实收入的依赖关系，则称这种研究为简单或双变量回归分析（two-variable regression analysis）。但是，如果我们在研究一个因变量对多个解释变量的依赖关系，如农作物收成依赖于气温、降雨量、阳光和施肥量等，则称之为多元回归分析（multiple regression analysis）。换句话说，在双变量回归中只有一个解释变量，而在多元回归中则有不止一个解释变量。

"random" 和 "stochastic" 这两个单词是同义语，都是随机的意思。如前所述，一个随机变量是指这样的一个变量：它以给定的概率取任一特定数值，可正可负。[①]

除非另作声明，否则字母 Y 一律指因变量，而 X（X_1，X_2，$\cdots$，X_k）一律指解释变量。其中 X_k 代表第 k 个解释变量。下标 i 或 t 则指第 i 次或第 t 次观测。这样，X_{ki}（或 X_{kt}）就指对变量 X_k 的第 i（或 t）个（次）观测。N（或 T）指总体

---

① 正式定义和更多的细节见附录 A。

中的观测总个（次）数，而 n（或 t）则指样本中的观测总个（次）数。作为一种惯例，观测值下标 i 将用于横截面数据（cross-sectional data）（即在一个时间点上收集的数据），而下标 t 将用于时间序列数据（time series data）（即对同一个研究对象在不同时期收集的数据）。关于经济分析所用数据的性质与来源等重要议题，将在下节讨论。

1.7　经济分析所用数据的性质与来源①

任何计量经济分析的成功最终都有赖于适当数据的获得。因此，我们有必要花点时间来讨论一下经济分析中所遇到的数据的性质、来源及其局限性。

数据类型

用于经济分析的数据有三类：时间序列数据（time series）、横截面数据（cross-section）以及混合（pooled）数据（时间序列数据与横截面数据合并）。

时间序列数据。引言的表 I-1 所展示的就是时间序列数据。一个时间序列是对一个变量在不同时间取值的一组观测结果。这些数据可以是在有规则的时间间隔收集的，譬如每日（daily，如股票价格和天气预报）、每周（weekly，如货币供给数字）、每月［monthly，如失业率和消费者价格指数（CPI）］、每季度（quarterly，如 GDP）、每年（annually，如政府预算）、每 5 年（quinquennially，如制造业普查资料）、每 10 年（decennially，如人口普查资料）等。有些数据每季度和每年都公布，如 GDP 和消费者支出数据。随着高速计算机的出现，可以搜集极短的时间区间内的数据，如股票价格数据，几乎可以得到其连续数据（所谓的实时牌价）。

虽然许多计量经济研究都使用时间序列数据，但它们的使用给计量经济学家提出了特殊的问题。如我们在主要介绍时间序列计量经济学（time series econometrics）的篇章中所讨论的，基于时间序列数据的经验研究大多假定所依据的时间序列是平稳的（stationary）。虽然要介绍平稳性准确的技术含义为时尚早，但粗略地说，如果一个时间序列的均值和方差不随时间的推移而系统地变化，那它就是平稳的。为了看出其含义，考虑图 1-5，它描绘的是美国的 M1 货币供给。如你从图中所见，随着时间的推移，M1 货币供给表现出稳定上升的趋势（trend）和逐年波动的特征，这就表明 M1 不是时间序列平稳的。我们在第 25 章将详尽讨论这一点。

---

① 更多信息参见 Michael D. Intriligator，*Econometric Models*，*Techniques*，*and Applications*，Prentice Hall，Englewood Cliffs，NJ，1978，chap. 3。

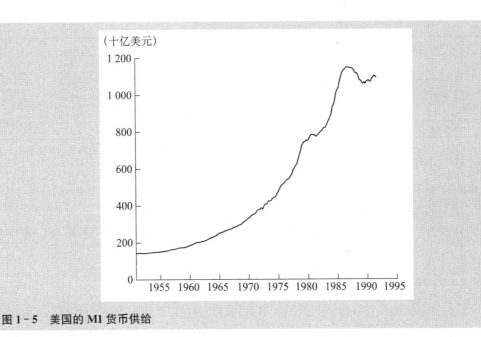

图 1-5　美国的 M1 货币供给

横截面数据。 横截面数据是指对一个或多个变量在同一时间点上收集的数据，例如人口普查局每 10 年进行一次的人口普查、密歇根大学举办的消费者支出普查。当然，由盖洛普（Gallup）和其他机构主导的一类民意调查更是属于这类数据。表 1-1 给出了横截面数据的一个实例。该表给出了 1990 年和 1991 年美国 50 个州的鸡蛋产量和鸡蛋价格。每一年份 50 个州的数据就构成一个横截面数据样本。这样，表 1-1 中就有两个横截面样本。

表 1-1　　　　　　　　　　　　　　　　美国蛋类生产

州	Y_1	Y_2	X_1	X_2	州	Y_1	Y_2	X_1	X_2
AL	2 206	2 186	92.7	91.4	MT	172	164	68.0	66.0
AK	0.7	0.7	151.0	149.0	NE	1 202	1 400	50.3	48.9
AZ	73	74	61.0	56.0	NV	2.2	1.8	53.9	52.7
AR	3 620	3 737	86.3	91.8	NH	43	49	109.0	104.0
CA	7 472	7 444	63.4	58.4	NJ	442	491	85.0	83.0
CO	788	873	77.8	73.0	NM	283	302	74.0	70.0
CT	1 029	948	106.0	104.0	NY	975	987	68.1	64.0
DE	168	164	117.0	113.0	NC	3 033	3 045	82.8	78.7
FL	2 586	2 537	62.0	57.2	ND	51	45	55.2	48.0
GA	4 302	4 301	80.6	80.8	OH	4 667	4 637	59.1	54.7
HI	227.5	224.5	85.0	85.5	OK	869	830	101.0	100.0
ID	187	203	79.1	72.9	OR	652	686	77.0	74.6
IL	793	809	65.0	70.5	PA	4 976	5 130	61.0	52.0
IN	5 445	5 290	62.7	60.1	RI	53	50	102.0	99.0
IA	2 151	2 247	56.5	53.0	SC	1 422	1 420	70.1	65.9
KS	404	389	54.5	47.8	SD	435	602	48.0	45.8
KY	412	483	67.7	73.5	TN	277	279	71.0	80.7
LA	273	254	115.0	115.0	TX	3 317	3 356	76.7	72.6
ME	1 069	1 070	101.0	97.0	UT	456	486	64.0	59.0
MD	885	898	76.6	75.4	VT	31	30	106.0	102.0

续表

州	Y_1	Y_2	X_1	X_2	州	Y_1	Y_2	X_1	X_2
MA	235	237	105.0	102.0	VA	943	988	86.3	81.2
MI	1 406	1 396	58.0	53.8	WA	1 287	1 313	74.1	71.5
MN	2 499	2 697	57.7	54.0	WV	136	174	104.0	109.0
MS	1 434	1 468	87.8	86.7	WI	910	873	60.1	54.0
MO	1 580	1 622	55.4	51.5	WY	1.7	1.7	83.0	83.0

注：Y_1＝1990年鸡蛋产量（百万个），Y_2＝1991年鸡蛋产量（百万个），X_1＝1990年每打鸡蛋的价格（美分），X_2＝1991年每打鸡蛋的价格（美分）。

AL＝亚拉巴马州，AK＝阿拉斯加州，AZ＝亚利桑那州，AR＝阿肯色州，CA＝加利福尼亚州，CO＝科罗拉多州，CT＝康涅狄格州，DE＝特拉华州，FL＝佛罗里达州，GA＝佐治亚州，HI＝夏威夷州，ID＝爱达荷州，IL＝伊利诺伊州，IN＝印第安纳州，IA＝艾奥瓦州，KS＝堪萨斯州，KY＝肯塔基州，LA＝路易斯安那州，ME＝缅因州，MD＝马里兰州，MA＝马萨诸塞州，MI＝密歇根州，MN＝明尼苏达州，MS＝密西西比州，MO＝密苏里州，MT＝蒙大拿州，NE＝内布拉斯加州，NV＝内华达州，NH＝新罕布什尔州，NJ＝新泽西州，NM＝新墨西哥州，NY＝纽约州，NC＝北卡罗来纳州，ND＝北达科他州，OH＝俄亥俄州，OK＝俄克拉何马州，OR＝俄勒冈州，PA＝宾夕法尼亚州，RI＝罗得岛州，SC＝南卡罗来纳州，SD＝南达科他州，TN＝田纳西州，TX＝得克萨斯州，UT＝犹他州，VT＝佛蒙特州，VA＝弗吉尼亚州，WA＝华盛顿州，WV＝西弗吉尼亚州，WI＝威斯康星州，WY＝怀俄明州。

资料来源：*World Almanac*，1993，p.119. 数据来自美国农业部经济研究服务部门。

正如时间序列数据由于平稳性问题而面临它独有的问题，横截面数据也有其自身的问题，特别是异质性（heterogeneity）问题。我们从表1-1中给出的数据可以看出，有些州鸡蛋产量巨大（如宾夕法尼亚州），而有些州则产量甚少（如阿拉斯加州）。当我们的统计分析包含有异质的单位时，我们必须考虑尺度（size）或规模效应（scale effect）以避免造成混乱。为了清楚地看出这一点，我们将美国1990年50个州的鸡蛋产量及其价格数据描绘在图1-6上。这张图显示了观测结果的分散程度。在第11章中我们将看到，在评价经济变量之间的关系时，规模效应何以成为一个重要的因素。

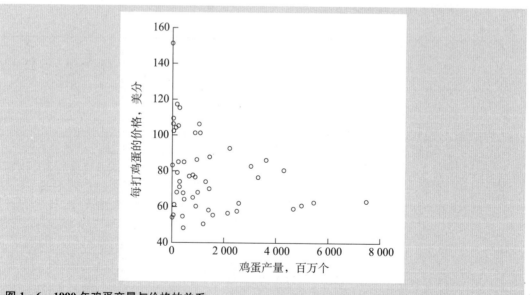

图1-6 1990年鸡蛋产量与价格的关系

混合数据。 在混合（或组合）数据中兼有时间序列数据和横截面数据的成分。表1-1中的数据即混合数据之一例。对每一个年份我们有50个横截面观测，而对每一个州我们有鸡蛋产量和价格的两个时期的观测序列，总共100个混合（或组合）观测。类似地，习题 1.1 给出的数据也是混合数据，因为 1980—2005 年每个国家的 CPI 构成一个时间序列，而对某一年来说，7 个国家的 CPI 又构成一个横截面样本。在此混合数据中，我们有 182 个观测——对 7 个国家中的每一个，都有 26 个年观测值。

面板、纵列或微观面板数据。 这是混合数据的一种特殊类型，指对相同的横截面单位（比如家庭或厂家）在时间轴上进行跟踪调查的数据。例如，美国商务部定期举行的一种住房普查，每一次普查都对同样的住户（或对住在同样地址的人们）进行采访，以便发现自上次普查以来该户的住房和财务状况是否有所变化。通过对相同住户的定期采访，面板数据对住户行为的动态特性提供了非常有用的信息，我们将在第 18 章看到这一点。

作为一个具体的例子，考虑表 1-2 中给出的数据。由格伦费尔德（Y. Grunfeld）搜集的表中数据包括通用电气（GE）、美国钢铁（US）、通用汽车（GM）和西屋电气（WEST）美国四大公司的真实投资、真实企业价值和真实资本存量。[①] 因为对几家公司搜集了数年的数据，所以这是面板数据的一个典型例子。在这个表中，每个公司的观测次数都相同，但也并非总这样。如果所有公司都具有相同的观测次数，我们便得到所谓的平衡面板（balanced panel）。如果每个公司的观测次数不尽相同，我们便得到一个非平衡面板（unbalanced panel）。我们在第 18 章面板数据回归模型中将分析这种数据并说明如何估计这种模型。

表 1-2　　　　　　　　1935—1954 年美国四大公司的部分数据

年份	I	F_{-1}	C_{-1}	年份	I	F_{-1}	C_{-1}
GE				US			
1935	33.1	1 170.6	97.8	1935	209.9	1 362.4	53.8
1936	45.0	2 015.8	104.4	1936	355.3	1 807.1	50.5
1937	77.2	2 803.3	118.0	1937	469.9	2 673.3	118.1
1938	44.6	2 039.7	156.2	1938	262.3	1 801.9	260.2
1939	48.1	2 256.2	172.6	1939	230.4	1 957.3	312.7
1940	74.4	2 132.2	186.6	1940	361.6	2 202.9	254.2
1941	113.0	1 834.1	220.9	1941	472.8	2 380.5	261.4
1942	91.9	1 588.0	287.8	1942	445.6	2 168.6	298.7
1943	61.3	1 749.4	319.9	1943	361.6	1 985.1	301.8
1944	56.8	1 687.2	321.3	1944	288.2	1 813.9	279.1
1945	93.6	2 007.7	319.6	1945	258.7	1 850.2	213.8
1946	159.9	2 208.3	346.0	1946	420.3	2 067.7	232.6
1947	147.2	1 656.7	456.4	1947	420.5	1 796.7	264.8
1948	146.3	1 604.4	543.4	1948	494.5	1 625.8	306.9
1949	98.3	1 431.8	618.3	1949	405.1	1 667.0	351.1
1950	93.5	1 610.5	647.4	1950	418.8	1 677.4	357.8
1951	135.2	1 819.4	671.3	1951	588.2	2 289.5	341.1
1952	157.3	2 079.7	726.1	1952	645.2	2 159.4	444.2
1953	179.5	2 371.6	800.3	1953	641.0	2 031.3	623.6
1954	189.6	2 759.9	888.9	1954	459.3	2 115.5	669.7

[①]　Y. Grunfeld, "The Determinants of Corporate Investment," unpublished PhD thesis, Department of Economics, University of Chicago, 1958. 这些数据已成为说明面板数据回归模型的驱动力量。

续表

年份	I	F_{-1}	C_{-1}	年份	I	F_{-1}	C_{-1}
GM				WEST			
1935	317.6	3 078.5	2.8	1935	12.93	191.5	1.8
1936	391.8	4 661.7	52.6	1936	25.90	516.0	0.8
1937	410.6	5 387.1	156.9	1937	35.05	729.0	7.4
1938	257.7	2 792.2	209.2	1938	22.89	560.4	18.1
1939	330.8	4 313.2	203.4	1939	18.84	519.9	23.5
1940	461.2	4 643.9	207.2	1940	28.57	628.5	26.5
1941	512.0	4 551.2	255.2	1941	48.51	537.1	36.2
1942	448.0	3 244.1	303.7	1942	43.34	561.2	60.8
1943	499.6	4 053.7	264.1	1943	37.02	617.2	84.4
1944	547.5	4 379.3	201.6	1944	37.81	626.7	91.2
1945	561.2	4 840.9	265.0	1945	39.27	737.2	92.4
1946	688.1	4 900.0	402.2	1946	53.46	760.5	86.0
1947	568.9	3 526.5	761.5	1947	55.56	581.4	111.1
1948	529.2	3 245.7	922.4	1948	49.56	662.3	130.6
1949	555.1	3 700.2	1 020.1	1949	32.04	583.8	141.8
1950	642.9	3 755.6	1 099.0	1950	32.24	635.2	136.7
1951	755.9	4 833.0	1 207.7	1951	54.38	732.8	129.7
1952	891.2	4 924.9	1 430.5	1952	71.78	864.1	145.5
1953	1 304.4	6 241.7	1 777.3	1953	90.08	1 193.5	174.8
1954	1 486.7	5 593.6	2 226.3	1954	68.60	1 188.9	213.5

注：$Y=I=$真实投资$=$厂房与设备的增加以及维修支出，经 P_1 折算并以百万美元为单位。

$X_2=F=$真实企业价值$=$12 月 31 日普通股和优先股的价格（或本年 12 月 31 日与次年 1 月 31 日股价的平均值）乘以流通中的普通股和优先股数量，再加上 12 月 31 日总债务的账面价值，经 P_2 折算并以百万美元为单位。

$X_3=C=$真实资本存量$=$净增加厂房与设备经 P_1 折算后的累计总和减去经 P_3 折算后的折旧金。

$P_1=$生产者耐用设备的暗含价格折算指数（1947 年$=$100）。

$P_2=$暗含的 GNP 折算指数（1947 年$=$100）。

$P_3=$折旧费的折算指数$=$金属及金属产品零售价格指数的 10 年移动平均（1947 年$=$100）。

资料来源：H. D. Vinod and Aman Ullah, *Recent Advances in Regression Methods*，Marcel Dekker, New York, 1981，pp. 259 – 261.

格伦费尔德搜集这些数据的目的是弄清楚真实投资与一年前的真实企业价值和一年前的真实资本存量之间的关系。由于样本中所包含的公司都在同一个资本市场上运作，所以通过把它们放在一起来研究，格伦费尔德希望弄明白它们是否具有相似的投资函数。

数据来源[①]

用于经济分析的数据可以由一个政府机构（如商务部）、一个国际机构〔如国际货币基金组织（IMF）、世界银行（World Bank)〕、一个私人组织（如标准普尔公司）或某一个人来搜集。从表面上看，有成千上万的这种机构在搜集着具有各种

[①] 要想看到一种明确的叙述，可参考 Albert T. Somers, *The U. S. Economy Demystified：What the Major Economic Statistics Mean and Their Significance for Business*，D. C. Heath, Lexington, Mass. ，1985。

用途的数据。

互联网。互联网简直使数据搜集发生了革命性的变化。如果只是用键盘"在网上冲浪",那么你将淹没在各种各样的数据来源之中。我们在附录 F 中提供了一些被频繁访问的网址,它们能提供各类经济和金融数据。许多数据都无须太多费用就能下载。你可能想把那些能为你提供有用的经济数据的各种网址设为书签。

这些机构所收集的数据可以是实验(experimental)或非实验(nonexperimental)性质的。在自然科学中,经常收集的是实验数据。这时,研究者希望在保持一些因素不变的情况下收集数据,以便评价另一些因素对某一现象的影响。例如,在评价肥胖对血压的影响时,研究者要在人们饮食、烟酒习惯都不变的情况下收集数据,以便尽可能减少这些变量对血压的影响。

在社会科学中,人们通常获得的数据是非实验性质的,也就是说,这些数据不受研究者的控制。[①] 例如,GNP、失业率、股票价格等数据并不受研究者的直接控制。如我们将要看到的那样,对数据缺乏控制常常给研究者在寻觅某种事态的准确原因时造成特别的困难。例如,究竟是货币供给决定(名义)GNP 呢,还是反过来 GNP 决定货币供给呢?

数据的准确性[②]

虽然有大量的数据可供经济研究之用,但是数据的质量常常不那么好,理由如下:

(1) 如上所说,大部分社会科学数据是非实验性质的,有可能出现观测误差,可能是出于疏漏(omission),或出于委托(commission)。

(2) 即使是实验得来的数据,测量误差可由近似计算或进位而产生。

(3) 在问卷调查中,无应答(nonresponse)的问题也可能相当严重;有 40% 的应答者就算幸运。根据这样的部分答卷进行的分析未必真正反映 60% 无应答者的行为。这导致了所谓的(样本)选择偏误(selectivity bias)。不但如此,回答问卷的人不一定回答所有的问题,特别是那些财务上敏感的问题,从而导致更多的选择偏误。

(4) 获取数据的抽样方法可能变化很大,要比较不同样本得来的结果常常非常困难。

(5) 通常获得的经济数据都是高度加总的。例如,大多数宏观数据(如 GNP、就业率、通货膨胀率、失业率)都是对整个国家或者至少是对一些很大的地(理)区(域)给出的。这种高度加总数据未必能告诉我们多少有关个人或微观单位的情

---

① 人们在社会科学中有时也能进行控制试验,习题 1.6 就给出了一个这样的例子。

② O. Morgenstern, *The Accuracy of Economic Observations*, 2d ed., Princeton University Press, Princeton, NJ, 1963. 该书提出了尖锐的意见。

况，而后者才是研究的最终目标。

（6）由于保密性质，某些数据只能以高度加总的形式公布。例如，法律不允许美国国税局公开个人税收回执数据；它只能透露一些高度概括性的数据。因此，尽管你想知道某一收入水平的个人在卫生保健方面花了多少钱，但是你是无法进行这种分析的，除非在高度加总的水平上，然而，这样的宏观分析往往揭示不了微观单位的行为动态。类似地，商务部每 5 年进行一次企业普查，但法律却不允许它公布关于任何厂家的生产、人员雇佣、能源消耗、研究与开发费用等方面的信息。因此，要在企业层次上研究在这些项目上的厂际差异是很困难的。

因为有这些和许多其他问题，研究者应时刻记住：研究结果不可能比数据的质量更好。如果在一定情况下，研究者发现研究结果"不能令人满意"的话，原因不一定是误用模型，而是数据的质量不好。遗憾的是，由于大多数社会科学研究所用的数据都是非实验性质的，所以研究者常常别无选择，唯有依赖其所能获得的数据。但研究者还应时刻记住：所用的数据未必是最好的。因此，不要过于教条地对待研究结果，尤其当数据的质量受到怀疑时。

对变量测量尺度的注解[①]

我们通常遇到的变量测量尺度分为如下四大类：比率尺度（ratio scale）、区间尺度（interval scale）、序数尺度（ordinal scale）和名义尺度（nominal scale）。理解其中的每一类对我们都很重要。

比率尺度。 对于一个变量 X，取其两个值 X_1 和 X_2，比率 X_1/X_2 和距离 (X_2-X_1) 都是有意义的量。此外，这些值在这种尺度下存在着一种自然顺序（上升或下降）。因此，诸如 $X_1 \leqslant X_2$ 或 $X_2 \geqslant X_1$ 之类的比较也是有意义的。大多数经济变量都属于这一类。问今年的 GDP 与去年的 GDP 相比有多大是有意义的。以美元为单位度量的个人收入是一个比率变量；挣 10 万美元的人的收入就是挣 5 万美元的人的收入的 2 倍（当然是税前）。

区间尺度。 一个区间尺度变量满足比率尺度变量的后面两个性质，但不满足第一个性质。两个时期的距离（如 2000 年－1995 年）是有意义的，但两个时期的比率（2000 年/1995 年）就没有什么意义。2007 年 8 月 11 日上午 11 时天气预报说俄勒冈州波特兰市的温度是华氏 60 度，而佛罗里达州塔拉哈西市达到华氏 90 度。说塔拉哈西市比波特兰市暖和 50％没有意义，所以温度不属于比率尺度。

序数尺度。 只要一个变量满足比率尺度的第三个性质（即自然顺序），那它就属于这一类变量。例子有考试分数体系（A、B、C）或收入阶层（高、中、低）等。对于这些变量，自然顺序存在，但不同类别之间的差别不能量化。经济

---

① 以下讨论很大程度上依据 Aris Spanos, *Probability Theory and Statistical Inference：Econometric Modeling with Observational Data*，Cambridge University Press，New York，1999，p. 24。

学的学生可能会想起两种商品之间的无差异曲线，虽然每条更高的无差异曲线标志着更高的效用水平，但不能量化一条无差异曲线比另一条无差异曲线到底高多少。

名义尺度。 此类变量不具备比率尺度变量的任何一个特征。诸如性别（男、女）和婚姻状况（已婚、未婚、离婚、分居）之类的变量只表示了不同的类别。问题：这种变量不能用比率尺度、区间尺度或序数尺度表示的原因是什么？

以后将会看到，适合比率尺度变量的计量经济方法可能不适合名义尺度变量。因此，记住上面讨论的四类变量测量尺度之间的区别就很重要。

要点与结论

1. 回归分析的主要用意是分析一个所谓因变量对另一个或多个所谓解释变量的统计依赖关系。

2. 这种分析的目的是要在解释变量的已知或固定值的基础上，估计和（或）预测因变量的均值。

3. 实际上，回归分析的成功有赖于适用数据的获得。本章讨论了研究者通常能获得的（特别是在社会科学中）数据的性质、来源及其局限性。

4. 在任何一项研究中，研究者都应清楚地说明分析中所用数据的来源、定义、搜集方法、任何差错或疏漏，以及对数据进行的任何改动。须知，政府公布的宏观经济数据是常有修改的。

5. 因为读者未必有这种时间、精力和资源去跟踪数据，所以他有权利假定研究者所用的数据是适当采集的，并且计算和分析也都是正确的。

习 题

1.1 表 1-3 给出了 7 个工业化国家的消费者价格指数（CPI）数据，以 1982—1984 年为该指数的基期并令 1982—1984 年＝100。

表 1-3　　　1980—2005 年 7 个工业化国家的 CPI（1982—1984 年＝100）

年份	美国	加拿大	日本	法国	德国	意大利	英国
1980	82.4	76.1	91.0	72.2	86.7	63.9	78.5
1981	90.9	85.6	95.3	81.8	92.2	75.5	87.9
1982	96.5	94.9	98.1	91.7	97.0	87.8	95.4
1983	99.6	100.4	99.8	100.3	100.3	100.8	99.8
1984	103.9	104.7	102.1	108.0	102.7	111.4	104.8
1985	107.6	109.0	104.2	114.3	104.8	121.7	111.1

续表

年份	美国	加拿大	日本	法国	德国	意大利	英国
1986	109.6	113.5	104.9	117.2	104.6	128.9	114.9
1987	113.6	118.4	104.9	121.1	104.9	135.1	119.7
1988	118.3	123.2	105.6	124.3	106.3	141.9	125.6
1989	124.0	129.3	108.0	128.7	109.2	150.7	135.4
1990	130.7	135.5	111.4	132.9	112.2	160.4	148.2
1991	136.2	143.1	115.0	137.2	116.3	170.5	156.9
1992	140.3	145.3	117.0	140.4	122.2	179.5	162.7
1993	144.5	147.9	118.5	143.4	127.6	187.7	165.3
1994	148.2	148.2	119.3	145.8	131.1	195.3	169.3
1995	152.4	151.4	119.2	148.4	133.3	205.6	175.2
1996	156.9	153.8	119.3	151.4	135.3	213.8	179.4
1997	160.5	156.3	121.5	153.2	137.8	218.2	185.1
1998	163.0	157.8	122.2	154.2	139.1	222.5	191.4
1999	166.6	160.5	121.8	155.0	140.0	226.2	194.3
2000	172.2	164.9	121.0	157.6	142.0	231.9	200.1
2001	177.1	169.1	120.1	160.2	144.8	238.3	203.6
2002	179.9	172.9	119.0	163.3	146.7	244.3	207.0
2003	184.0	177.7	118.7	166.7	148.3	250.8	213.0
2004	188.9	181.0	118.7	170.3	150.8	256.3	219.4
2005	195.3	184.9	118.3	173.2	153.7	261.3	225.6

资料来源：*Economic Report of the President*，*2007*，Table 108，p. 354.

a. 利用所给数据计算每个国家的通货膨胀率。[①]

b. 绘制每个国家的通货膨胀率相对时间的散点图（以时间为横轴，并以通货膨胀率为纵轴）。

c. 你从这 7 个国家的通货膨胀经历中能得出什么宽泛的结论？

d. 哪个国家的通货膨胀率波动最大？你能给出什么样的解释呢？

1.2 a. 利用表 1-3，绘制加拿大、法国、德国、意大利、日本和英国的通货膨胀率相对美国通货膨胀率的散点图。

b. 一般性地评论这 6 个国家的通货膨胀率相对美国通货膨胀率的表现。

c. 如果你发现这 6 个国家的通货膨胀率与美国的通货膨胀率同向变化，那是否表明美国的通货膨胀导致了其他国家的通货膨胀？为什么？

1.3 表 1-4 给出了 9 个国家 1985—2006 年的外汇汇率数据。除英国外，汇率都定义为一美元兑换外币的数量；而英国的汇率定义为一英镑兑换美元的数量。

a. 画出这些汇率相对时间的散点图，并评论汇率在给定期间内的一般表现。

b. 如果一美元能买到更多的外币，则称之为美元升值；相反，如果一美元能购买更少的外币，则称之为美元贬值。在 1985—2006 年，美元的一般表现如何？顺便查阅一本宏观经济学或国际经济学教科书，以探明是哪些因素决定了货币的升值或贬值。

---

① 将当年的 CPI 减去上一年度的 CPI 后，再除以上一年度的 CPI，然后乘以 100 即可得到通货膨胀率。例如，加拿大 1981 年的通货膨胀率就是 $[(85.6-76.1)/76.1] \times 100 = 12.48\%$（近似）。

表 1-4　　　　　　　　　　9 国外汇汇率：1985—2006 年

年份	澳大利亚	加拿大	中国	日本	墨西哥	韩国	瑞典	瑞士	英国
1985	0.700 3	1.365 9	2.943 4	238.47	0.257	872.45	8.603 2	2.455 2	1.297 4
1986	0.670 9	1.389 6	3.461 6	168.35	0.612	884.60	7.127 3	1.797 9	1.467 7
1987	0.701 4	1.325 9	3.731 4	144.60	1.378	826.16	6.346 9	1.491 8	1.639 8
1988	0.784 1	1.230 6	3.731 4	128.17	2.273	734.52	6.137 0	1.464 3	1.781 3
1989	0.791 9	1.184 2	3.767 3	138.07	2.461	674.13	6.455 9	1.636 9	1.638 2
1990	0.780 7	1.166 8	4.792 1	145.00	2.813	710.64	5.923 1	1.390 1	1.784 1
1991	0.778 7	1.146 0	5.333 7	134.59	3.018	736.73	6.052 1	1.435 6	1.767 4
1992	0.735 2	1.208 5	5.520 6	126.78	3.095	784.66	5.825 8	1.406 4	1.766 3
1993	0.679 9	1.290 2	5.779 5	111.08	3.116	805.75	7.795 6	1.478 1	1.501 6
1994	0.731 6	1.366 4	8.639 7	102.18	3.385	806.93	7.716 1	1.366 7	1.531 9
1995	0.740 7	1.372 5	8.370 0	93.96	6.447	772.69	7.140 6	1.181 2	1.578 5
1996	0.782 8	1.363 5	8.338 9	108.78	7.600	805.00	6.708 2	1.236 1	1.560 7
1997	0.743 7	1.384 9	8.319 3	121.06	7.918	953.19	7.644 6	1.451 4	1.637 6
1998	0.629 1	1.483 6	8.300 8	130.99	9.152	1 400.40	7.952 2	1.450 6	1.657 3
1999	0.645 4	1.485 8	8.278 3	113.73	9.553	1 189.84	8.274 0	1.504 5	1.617 2
2000	0.581 5	1.485 5	8.278 4	107.80	9.459	1 130.90	9.173 5	1.690 0	1.515 6
2001	0.516 9	1.548 7	8.277 0	121.57	9.337	1 292.02	10.342 5	1.689 1	1.439 6
2002	0.543 7	1.570 4	8.277 1	125.22	9.663	1 250.31	9.723 3	1.556 7	1.502 5
2003	0.652 4	1.400 8	8.277 2	115.94	10.793	1 192.08	8.078 7	1.345 0	1.634 7
2004	0.736 5	1.301 7	8.276 8	108.15	11.290	1 145.24	7.348 0	1.242 8	1.833 0
2005	0.762 7	1.211 5	8.193 6	110.11	10.894	1 023.75	7.471 0	1.245 9	1.820 4
2006	0.753 5	1.134 0	7.972 3	116.31	10.906	1 954.32	7.371 8	1.253 2	1.843 4

资料来源：*Economic Report of the President*，*2007*，Table B-110，p. 356.

1.4　美国的货币供给 Ml 数据由表 1-5 给出。你能给出货币供给在表中所示时期呈上升趋势的原因吗？

表 1-5　　　　　　　　经季节调整的 Ml：1959 年 1 月—1999 年 9 月　　　　　　单位：十亿美元

1959 年 1 月	138.890 0	139.390 0	139.740 0	139.690 0	140.680 0	141.170 0
1959 年 7 月	141.700 0	141.900 0	141.010 0	140.470 0	140.380 0	139.950 0
1960 年 1 月	139.980 0	139.870 0	139.750 0	139.560 0	139.610 0	139.580 0
1960 年 7 月	140.180 0	141.310 0	141.180 0	140.920 0	140.860 0	140.690 0
1961 年 1 月	141.060 0	141.600 0	141.870 0	142.130 0	142.660 0	142.880 0
1961 年 7 月	142.920 0	143.490 0	143.780 0	144.140 0	144.760 0	145.200 0
1962 年 1 月	145.240 0	145.660 0	145.960 0	146.400 0	146.840 0	146.580 0
1962 年 7 月	146.460 0	146.570 0	146.300 0	146.710 0	147.290 0	147.820 0
1963 年 1 月	148.260 0	148.900 0	149.170 0	149.700 0	150.390 0	150.430 0
1963 年 7 月	151.340 0	151.780 0	151.980 0	152.550 0	153.650 0	153.290 0
1964 年 1 月	153.740 0	154.310 0	154.480 0	154.770 0	155.330 0	155.620 0
1964 年 7 月	156.800 0	157.820 0	158.750 0	159.240 0	159.960 0	160.300 0
1965 年 1 月	160.710 0	160.940 0	161.470 0	162.030 0	161.700 0	162.190 0
1965 年 7 月	163.050 0	163.680 0	164.850 0	165.970 0	166.710 0	167.850 0

续表

1966 年 1 月	169.080 0	169.620 0	170.510 0	171.810 0	171.330 0	171.570 0
1966 年 7 月	170.310 0	170.810 0	171.970 0	171.160 0	171.380 0	172.030 0
1967 年 1 月	171.860 0	172.990 0	174.810 0	174.170 0	175.680 0	177.020 0
1967 年 7 月	178.130 0	179.710 0	180.680 0	181.640 0	182.380 0	183.260 0
1968 年 1 月	184.330 0	184.710 0	185.470 0	186.600 0	187.990 0	189.420 0
1968 年 7 月	190.490 0	191.840 0	192.740 0	194.020 0	196.020 0	197.410 0
1969 年 1 月	198.690 0	199.350 0	200.020 0	200.710 0	200.810 0	201.270 0
1969 年 7 月	201.660 0	201.730 0	202.100 0	202.900 0	203.570 0	203.880 0
1970 年 1 月	206.220 0	205.000 0	205.750 0	206.720 0	207.220 0	207.540 0
1970 年 7 月	207.980 0	209.930 0	211.800 0	212.880 0	213.660 0	214.410 0
1971 年 1 月	215.540 0	217.420 0	218.770 0	220.000 0	222.020 0	223.450 0
1971 年 7 月	224.850 0	225.580 0	226.470 0	227.160 0	227.760 0	228.320 0
1972 年 1 月	230.090 0	232.320 0	234.300 0	235.580 0	235.890 0	236.620 0
1972 年 7 月	238.790 0	240.930 0	243.180 0	245.020 0	246.410 0	249.250 0
1973 年 1 月	251.470 0	252.150 0	251.670 0	252.740 0	254.890 0	256.690 0
1973 年 7 月	257.540 0	257.760 0	257.860 0	259.040 0	260.980 0	262.880 0
1974 年 1 月	263.760 0	265.310 0	266.680 0	267.200 0	267.560 0	268.440 0
1974 年 7 月	269.270 0	270.120 0	271.050 0	272.350 0	273.710 0	274.200 0
1975 年 1 月	273.900 0	275.000 0	276.420 0	276.170 0	279.200 0	282.430 0
1975 年 7 月	283.680 0	284.150 0	285.690 0	285.390 0	286.830 0	287.070 0
1976 年 1 月	288.420 0	290.760 0	292.700 0	294.660 0	295.930 0	296.160 0
1976 年 7 月	297.200 0	299.050 0	299.670 0	302.040 0	303.590 0	306.250 0
1977 年 1 月	308.260 0	311.540 0	313.940 0	316.020 0	317.190 0	318.710 0
1977 年 7 月	320.190 0	322.270 0	324.480 0	326.400 0	328.640 0	330.870 0
1978 年 1 月	334.400 0	335.300 0	336.960 0	339.920 0	344.860 0	346.800 0
1978 年 7 月	347.630 0	349.660 0	352.260 0	353.350 0	355.410 0	357.280 0
1979 年 1 月	358.600 0	359.910 0	362.450 0	368.050 0	368.590 0	373.340 0
1979 年 7 月	377.210 0	378.820 0	378.280 0	379.870 0	380.810 0	380.770 0
1980 年 1 月	385.850 0	389.700 0	388.130 0	383.440 0	384.600 0	389.460 0
1980 年 7 月	394.910 0	400.060 0	405.360 0	409.060 0	410.370 0	408.060 0
1981 年 1 月	410.830 0	414.380 0	418.690 0	427.060 0	424.430 0	425.500 0
1981 年 7 月	427.900 0	427.850 0	427.460 0	428.450 0	430.880 0	436.170 0
1982 年 1 月	442.130 0	441.490 0	442.370 0	446.780 0	446.530 0	447.890 0
1982 年 7 月	449.090 0	452.490 0	457.500 0	464.570 0	471.120 0	474.300 0
1983 年 1 月	476.680 0	483.850 0	490.180 0	492.770 0	499.780 0	504.350 0
1983 年 7 月	508.960 0	511.600 0	513.410 0	517.210 0	518.530 0	520.790 0
1984 年 1 月	524.400 0	526.990 0	530.780 0	534.030 0	536.590 0	540.540 0
1984 年 7 月	542.130 0	542.390 0	542.860 0	542.870 0	547.320 0	551.190 0
1985 年 1 月	555.660 0	562.480 0	565.740 0	569.550 0	575.070 0	583.170 0
1985 年 7 月	590.820 0	598.060 0	604.470 0	607.910 0	611.830 0	619.360 0
1986 年 1 月	620.400 0	624.140 0	632.810 0	640.350 0	652.010 0	661.520 0
1986 年 7 月	672.200 0	680.770 0	688.510 0	695.260 0	705.240 0	724.280 0
1987 年 1 月	729.340 0	729.840 0	733.010 0	743.390 0	746.000 0	743.720 0
1987 年 7 月	744.960 0	746.960 0	748.660 0	756.500 0	752.830 0	749.680 0
1988 年 1 月	755.550 0	757.700 0	761.180 0	767.570 0	771.680 0	779.100 0

续表

1988 年 7 月	783.400 0	784.080 0	783.820 0	782.630 0	784.450 0	786.260 0
1989 年 1 月	748.920 0	783.400 0	781.740 0	778.820 0	774.790 0	774.220 0
1989 年 7 月	779.710 0	781.140 0	782.200 0	787.050 0	787.950 0	792.570 0
1990 年 1 月	794.930 0	797.650 0	801.250 0	806.240 0	804.360 0	810.330 0
1990 年 7 月	811.800 0	817.850 0	821.830 0	820.300 0	821.060 0	824.560 0
1991 年 1 月	826.730 0	832.400 0	838.620 0	842.730 0	848.960 0	858.330 0
1991 年 7 月	862.950 0	868.650 0	871.560 0	878.400 0	887.950 0	896.700 0
1992 年 1 月	910.490 0	925.130 0	936.000 0	943.890 0	950.780 0	954.710 0
1992 年 7 月	964.600 0	975.710 0	988.840 0	1 004.340	1 016.040	1 024.450
1993 年 1 月	1 030.900	1 033.150	1 037.990	1 047.470	1 066.220	1 075.610
1993 年 7 月	1 085.880	1 095.560	1 105.430	1 113.800	1 123.900	1 129.310
1994 年 1 月	1 132.200	1 136.130	1 139.910	1 141.420	1 142.850	1 145.650
1994 年 7 月	1 151.490	1 151.390	1 152.440	1 150.410	1 150.440	1 149.750
1995 年 1 月	1 150.640	1 146.740	1 146.520	1 149.480	1 144.650	1 144.240
1995 年 7 月	1 146.500	1 146.100	1 142.270	1 136.430	1 133.550	1 126.730
1996 年 1 月	1 122.580	1 117.530	1 122.590	1 124.520	1 116.300	1 115.470
1996 年 7 月	1 112.340	1 102.180	1 095.610	1 082.560	1 080.490	1 081.340
1997 年 1 月	1 080.520	1 076.200	1 072.420	1 067.450	1 063.370	1 065.990
1997 年 7 月	1 067.570	1 072.080	1 064.820	1 062.060	1 067.530	1 074.870
1998 年 1 月	1 073.810	1 076.020	1 080.650	1 082.090	1 078.170	1 077.780
1998 年 7 月	1 075.370	1 072.210	1 074.650	1 080.040	1 088.960	1 093.350
1999 年 1 月	1 091.000	1 092.650	1 102.010	1 108.400	1 104.750	1 101.110
1999 年 7 月	1 099.530	1 102.400	1 093.460			

资料来源：Board of Governors, Federal Reserve Bank, USA.

1.5 假设你要做一个有关犯罪行为的经济学模型，比方说研究花在犯罪活动（如非法贩卖毒品）上的小时数。在做这样的模型时，你要考虑哪些变量？看一下你的模型能否与诺贝尔奖得主加里·贝克尔（Gary Becker）的模型相媲美。①

1.6 经济学中的控制试验。2000 年 4 月 7 日，克林顿（Clinton）总统签署了一项参众两院通过的法案，取消对社会保障金领取者的收入限制。此前，年龄介于 65 岁和 69 岁之间的受济者，年收入超过 1.7 万美元者，超出部分的每 3 美元减少 1 美元的社会保障救济金。你如何设计一个研究方案来分析这种法律修订的影响？注：原有法律对 70 岁以上的受济者没有设定收入限制。

1.7 表 1-6 中的数据发表在 1984 年 3 月 1 日的《华尔街日报》（The Wall Street Journal）

上。它将 1983 年 21 家企业的广告支出（以百万美元计）与广告观众每周对这些企业产品保留的印象相联系。这些数据基于对 4 000 个成人的调查，在调查中，广告观众被要求列出一条在过去的一周里见过的该类产品的商业广告。

a. 以印象为纵轴、以广告支出为横轴画散点图。

b. 你认为这两个变量之间的关系具有什么样的性质？

c. 看一下你的图，你认为做广告值得吗？想想那些出现在星期天的超级碗比赛或世界棒球锦标赛中的商业广告。

注：我们在以后的章节中将进一步探讨表 1-6 中给出的数据。

---

① G. S. Becker, "Crime and Punishment: An Economic Approach," *Journal of Political Economy*, vol. 76, 1968, pp. 169－217.

表 1-6　　广告支出的影响

企业	印象	广告支出（百万美元）
1. 米勒	32.1	50.1
2. 百事	99.6	74.1
3. 斯特罗	11.7	19.3
4. 联邦快递	21.9	22.9
5. 汉堡王	60.8	82.4
6. 可口可乐	78.6	40.1
7. 麦当劳	92.4	185.9
8. 世通	50.7	26.9
9. 健怡	21.4	20.4
10. 福特	40.1	166.2

续表

企业	印象	广告支出（百万美元）
11. 李维斯	40.8	27.0
12. 百威	10.4	45.6
13. 贝尔	88.9	154.9
14. 卡尔文·克莱恩（CK）	12.0	5.0
15. 温迪快餐	29.2	49.7
16. 宝丽来	38.0	26.9
17. 沙士达房车	10.0	5.7
18. 咪咪乐猫粮	12.3	7.6
19. 卡夫食品	23.4	9.2
20. 佳洁士	71.1	32.4
21. 基波斯狗粮	4.4	6.1

第2章 双变量回归分析：一些基本思想

我们在第 1 章中概括地讨论了回归的概念。在本章中我们将比较正式地继续探讨这一主题。具体地说，在本章和随后的三章中，我们将向读者介绍最为简单的双变量回归分析所依据的理论，其中因变量（回归子）仅与唯一的解释变量（回归元）相关。我们首先考虑双变量情形，不是因为它在实践中足够用了，而是因为它能使回归分析的基本概念的表述尽可能简单，而且某些概念还能借助于二维图形进行说明。不仅如此，我们还将看到更为一般的多元回归分析在许多方面都是双变量情形的逻辑推广。

2.1 一个假设的例子[①]

如 1.2 节所指出的，回归分析大体上说是要根据解释变量的已知或给定值去估计和（或）预测因变量的（总体）均值。[②] 为了理解如何能做到这一点，考虑表 2-1 中的数据。表中的数据是在一个假想的经济社会中，构成总体（population）的 60 个家庭的周收入（X）和周消费支出（Y）的美元数量。这 60 个家庭被分成 10 个收入组（从 80 美元到 260 美元），各组中每个家庭的周消费支出都被列在表中。因此，我们就有 10 个固定的 X 值及与每个 X 值对应的 Y 值；可以说，有 10 个 Y 的子总体。

表 2-1　　　　　　　　　　周收入与周消费支出概况　　　　　　　　　　单位：美元

X	80	100	120	140	160	180	200	220	240	260
周消费支出 Y	55	65	79	80	102	110	120	135	137	150
	60	70	84	93	107	115	136	137	145	152
	65	74	90	95	110	120	140	140	155	175

[①] 在阅读本章之前，对统计学知识有些生疏的读者可能愿意先读统计学附录即附录 A，以达到温故而知新的效果。

[②] 一个随机变量 Y 的预期值或期望值或总体均值可记为 $E(Y)$。另外，从 Y 的总体的一个样本中计算出来的均值记为 $\bar{Y}$，读作"Y 横"。

续表

X	80	100	120	140	160	180	200	220	240	260
周消费支出 Y	70	80	94	103	116	130	144	152	165	178
	75	85	98	108	118	135	145	157	175	180
	—	88	—	113	125	140	—	160	189	185
	—	—	—	115	—	—	—	162	—	191
共计	325	462	445	707	678	750	685	1 043	966	1 211
Y 的条件均值 $E(Y\mid X)$	65	77	89	101	113	125	137	149	161	173

从图 2-1 可以清楚地看出，每个收入组的周消费支出都有可观的变化。但人们一般得到的图表明，尽管每个收入组中的周消费支出可以变化，但平均来讲，周消费支出随着收入的上升而增加。为了清楚地看出这一点，我们在表 2-1 中已经给出了与 10 个收入水平分别对应的平均周消费支出或周消费支出均值。于是，对应于 80 美元的周收入水平，平均周消费支出是 65 美元，而对应于 200 美元的周收入水平，平均周消费支出则是 137 美元。对 Y 的 10 个子总体，我们共有 10 个均值。我们称这些均值为条件期望（值）（conditional expected values）或条件均值，因为它们取决于（条件）变量 X 的给定值。我们用符号表示为 $E(Y\mid X)$，即"给定 X 值时 Y 的期望值"。表 2-2 列出了与表 2-1 的数据相对应的条件概率。

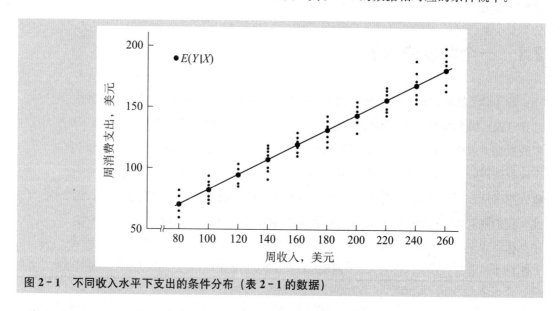

图 2-1　不同收入水平下支出的条件分布（表 2-1 的数据）

表 2-2　　　　　　　　　　　与表 2-1 的数据相对应的条件概率 $p(Y\mid X_i)$

X（美元）	80	100	120	140	160	180	200	220	240	260
条件概率 $p(Y\mid X_i)$	1/5	1/6	1/5	1/7	1/6	1/6	1/5	1/7	1/6	1/7
	1/5	1/6	1/5	1/7	1/6	1/6	1/5	1/7	1/6	1/7
	1/5	1/6	1/5	1/7	1/6	1/6	1/5	1/7	1/6	1/7
	1/5	1/6	1/5	1/7	1/6	1/6	1/5	1/7	1/6	1/7

续表

X（美元）	80	100	120	140	160	180	200	220	240	260
条件概率 $p(Y \mid X_i)$	1/5	1/6	1/5	1/7	1/6	1/6	1/5	1/7	1/6	1/7
	—	1/6	—	1/7	1/6	1/6	—	1/7	1/6	1/7
	—	—	—	1/7	—	—	—	1/7	—	1/7
Y 的条件均值（美元）	65	77	89	101	113	125	137	149	161	173

将周消费支出的这些条件期望值与无条件期望值（unconditional expected value）$E(Y)$ 区别开来至关重要。如果我们将总体中所有 60 个家庭的周消费支出都加起来，再将这个和除以 60，则得到的数字 121.20（＝7 272/60）美元就是周消费支出的无条件均值或期望值 $E(Y)$；我们在得到这个数字时无视各个家庭的收入水平，从这个意义上讲，它是无条件的。[①] 显然，表 2-1 中给出的 Y 的各个条件期望值都不同于 Y 的无条件期望值 121.20 美元。当我们问"一个家庭周消费支出的期望值是多少"时，我们得到的回答是 121.20 美元（无条件均值）。但如果我们问"一个月收入为 140 美元的家庭的周消费支出的期望值是多少"时，我们得到的回答是 101 美元（条件均值）。换言之，如果我们问"对一个周收入 140 美元家庭的周消费的最佳（均值）预测是多少"，回答将是 101 美元。因此，对周收入水平的了解使我们能比在不了解这些时更好地预测周消费支出的均值。[②] 如我们将在整本书中讨论的那样，这可能正是回归分析的本质。

图 2-1 中较大的黑点表示了不同 X 值下 Y 的条件均值。将这些条件均值连起来，就得到所谓的总体回归线（population regression line，PRL）或更一般地称之为总体回归曲线（population regression curve）。[③] 更简单地说，它是 Y 对 X 的回归（regression of Y on X）。形容词"总体"源于如下事实：我们一直在用 60 个家庭整个总体来讨论这个例子。当然，在现实中，一个总体可能包含许多个家庭。

于是，在几何意义上，总体回归曲线就是当解释变量取给定值时因变量的条件均值或期望值的轨迹。更简单地说，对应于回归元 X 的每个给定值都有 Y 的一个子总体，连接这些子总体的均值就得到总体回归曲线。它可以画成图 2-2 的形状。

此图表明，对于每个 X（即周收入水平），都有 Y 值（周消费支出）的一个子总体，这些 Y 值分散在其（条件）均值的左右。为简便起见，我们假定这些 Y 值对称地分布在其相应（条件）均值周围，而回归线（或曲线）穿过这些（条件）均值。

以此为背景，读者可能发现重温 1.2 节中对回归的定义有所裨益。

---

① 条件均值和无条件均值通常是不同的。

② 十分感激戴维森（James Davidson）的这一见解。参见 James Davidson, *Econometric Theory*, Blackwell Publishers, Oxford, U. K., 2000, p. 11.

③ 虽然在本例中总体回归线是一条直线，但它也可以是一条曲线（见图 2-3）。

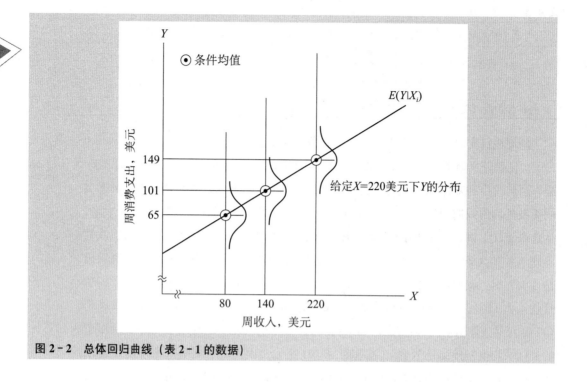

图 2-2 总体回归曲线（表 2-1 的数据）

2.2 总体回归函数的概念

根据上述讨论和图 2-1 与图 2-2，我们清楚地看到，每一条件均值 $E(Y \mid X_i)$ 都是 X_i 的一个函数，其中 X_i 是 X 的某个给定值，可用符号表示为：

$$E(Y \mid X_i) = f(X_i) \tag{2.2.1}$$

其中 $f(X_i)$ 表示解释变量 X 的某个函数。在我们假设的例子中，$E(Y \mid X_i)$ 是 X_i 的一个线性函数。方程（2.2.1）被称为条件期望函数（conditional expectation function，CEF）或总体回归函数（population regression function，PRF），或简称为总体回归（population regression，PR）。它仅仅表明在给定 X_i 下 Y 的（总体）均值与 X_i 有函数关系。简言之，它说出了 Y 的均值或平均响应是如何随 X_i 的变化而变化的。

函数 $f(X_i)$ 采取什么形式？这是一个重要的问题，因为在实际情况中我们不会对整个总体进行分析。因此，尽管对于一些特殊情形，理论也许能告诉我们一点什么，但是 PRF 的函数形式是一个经验方面的问题。例如，一位经济学家可能提出消费支出与收入存在线性关系。作为一个初次尝试或暂行假设，我们假定总体回归函数 $E(Y \mid X_i)$ 是 X_i 的线性函数，其形式是：

$$E(Y \mid X_i) = \beta_1 + \beta_2 X_i \tag{2.2.2}$$

其中，β_1 和 β_2 为未知但却固定的参数，称为回归系数（regression coefficient）；β_1 和 β_2 也分别称为截距（intercept）和斜率系数（slope coefficient）。方程（2.2.2）

本身则称为线性总体回归函数（linear population regression function），或简称线性总体回归、线性回归模型。一些文献中曾用过其他术语，例如线性总体回归模型、线性总体回归方程等。在本书中，名词回归（regression）、回归方程（regression equation）和回归模型（regression model）将不加区别地当作同义词使用。

在回归分析中，我们的兴趣在于估计像方程（2.2.2）那样的 PRF。也就是说，根据对 Y 和 X 的观测估计未知数 β_1 和 β_2 的值。这个问题将在第 3 章中详细研究。

2.3 "线性"一词的含义

由于本书主要讨论像方程（2.2.2）那样的线性模型，所以我们必须知道"线性"一词的真正含义，因为对它可作两种解释。

对变量为线性

对线性的第一种并且也许是更"自然"的一种解释是，Y 的条件期望值是 X_i 的线性函数，比如说，方程（2.2.2）。[1] 从几何意义上说，这时回归曲线是一条直线。按照这种解释，对于回归函数 $E(Y \mid X_i) = \beta_1 + \beta_2 X_i^2$，由于变量 X 以幂或指数 2 出现，因此它就不是线性的。

对参数为线性

对线性的第二种解释是，Y 的条件期望 $E(Y \mid X_i)$ 是参数 β 的一个线性函数；它可以是或不是变量 X 的线性函数。[2] 对于这种解释，$E(Y \mid X_i) = \beta_1 + \beta_2 X_i^2$ 对参数来说就是一个线性回归模型。为了看出这一点，让我们假设 X 取值为 3。因此，$E(Y \mid X = 3) = \beta_1 + 9\beta_2$，显然它是 β_1 和 β_2 的线性函数。图 2-3 中所示的所有模型因此也都是线性回归模型，即对参数为线性的模型（也称线性于参数的模型）。

现在考虑模型 $E(Y \mid X_i) = \beta_1 + \beta_2^2 X_i$。现在假设 $X = 3$，则我们得到 $E(Y \mid X_i) = \beta_1 + 3\beta_2^2$，它显然不是 β_2 的线性函数。上述模型就是非线性（于参数）回归模型 [nonlinear (in the parameter) regression model]。我们将在第 14 章讨论这种模型。

---

① 如果 X 仅以幂或指数 1 出现（即不包括 X^2 或 $\sqrt{X}$ 等项），并且它与其他变量也没有相乘或相除关系（比如 XZ 或 X/Z，其中 Z 为另一变量），那么我们就说函数 $Y = f(X)$ 是 X 的线性函数。如果 Y 仅取决于 X，那么 Y 与 X 有线性关系的另一说法是，Y 对 X 的变化率（即 Y 对 X 的斜率）或导数（$\mathrm{d}Y/\mathrm{d}X$）与 X 值无关。例如，若 $Y = 4X$，则 $\mathrm{d}Y/\mathrm{d}X = 4$，这就与 X 值无关。但若 $Y = 4X^2$，则 $\mathrm{d}Y/\mathrm{d}X = 8X$，这就不是与 X 值无关了，从而它就不是 X 的线性函数。

② 如果在一个函数中，β_1 仅以一次方出现，而且不乘以或除以任何其他参数（例如，$\beta_1\beta_2$ 和 β_1/β_2 等），那么我们就说这个函数是参数 β_1 的线性函数。

2

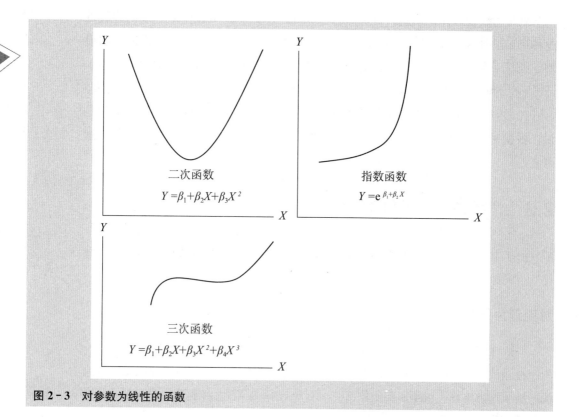

图 2-3　对参数为线性的函数

在对线性的两种解释中，对于下面即将展开讨论的回归理论来说，主要考虑的是对参数为线性的情形。因此，从现在起，"线性回归"一词总是指对参数 β 为线性的一种回归（即参数只以它的一次方出现）；解释变量 X 则可以是或不是线性的。把上述讨论排成表格的形式，我们得到表 2-3。这样，$E(Y \mid X_i) = \beta_1 + \beta_2 X_i$ 对参数和变量都为线性，是一个线性回归模型，而对参数为线性但对变量 X 为非线性的 $E(Y \mid X_i) = \beta_1 + \beta_2 X_i^2$ 也是一个线性回归模型。

表 2-3　　　　　　　　　　　　　　　　线性回归模型

模型对参数为线性？	模型对变量为线性？	
	是	不是
是	LRM	LRM
不是	NLRM	NLRM

注：LRM＝线性回归模型；NLRM＝非线性回归模型。

2.4　PRF 的随机设定

从图 2-1 可清楚地看到，随着家庭周收入的增加，家庭周消费支出平均地说也在增加。但是，对某一特定家庭来说，周消费支出与其收入水平的关系怎样？从表 2-1 和图 2-1 可明显看出，某一特定家庭的周消费支出不一定随周收入水平的增加而增加。例如，从表 2-1 我们观察到，对应于每周 100 美元的周收入水平，有一个家庭的周消费支出是 65 美元，少于周收入仅为 80 美元的两个家庭的周消费支出（70 美元和 75 美元）。但应看到，周收入为 100 美元的家庭平均周消费支出比周收入为 80 美元的家庭平均周消费支出大（77 美元对 65 美元）。

那么，特定家庭的周消费支出与给定周收入水平之间能有什么关系呢？我们从图 2-1 看到，给定周收入水平 X_i 的特定家庭的周消费支出聚集在收入为 X_i 的所有家庭的平均周消费支出的周围，也就是围绕着它的条件均值而分布。因此，我们可以把个别的 Y_i 与条件均值的离差（deviation）表述如下：

$$u_i = Y_i - E(Y \mid X_i)$$

或者

$$Y_i = E(Y \mid X_i) + u_i \tag{2.4.1}$$

其中离差 u_i 是一个不可观测的可正可负的随机变量，在专业术语中，u_i 被称为随机干扰项（stochastic disturbance term）或随机误差项（stochastic error term）。

我们该怎样解释方程（2.4.1）呢？我们可以说，给定 X 水平，特定家庭的周消费支出可表示为两个成分之和：(1) $E(Y \mid X_i)$ 代表相同周收入水平的所有家庭的平均周消费支出，这一成分被称为系统性（systematic）或确定性（deterministic）成分；(2) u_i 为随机或非系统性（nonsystematic）成分。我们很快就要分析这个随机误差项的性质。但现在假定它是所有可能影响 Y 但又未能包括到回归模型中或被忽略的变量的替代或代理变量。

假定 $E(Y \mid X_i)$ 对 X_i 为线性的，好比方程（2.2.2）那样，方程（2.4.1）可写为：

$$Y_i = E(Y \mid X_i) + u_i = \beta_1 + \beta_2 X_i + u_i \tag{2.4.2}$$

方程（2.4.2）假定，一个家庭的周消费支出线性地依赖于它的周收入另加随机干扰项。例如，给定 $X=80$ 美元（见表 2-1），各家庭的周消费支出可表达为：

$$Y_1 = 55 = \beta_1 + \beta_2(80) + u_1$$
$$Y_2 = 60 = \beta_1 + \beta_2(80) + u_2$$
$$Y_3 = 65 = \beta_1 + \beta_2(80) + u_3 \tag{2.4.3}$$
$$Y_4 = 70 = \beta_1 + \beta_2(80) + u_4$$
$$Y_5 = 75 = \beta_1 + \beta_2(80) + u_5$$

现在，如果在方程（2.4.1）的两边取期望，就得到

$$E(Y_i \mid X_i) = E[E(Y \mid X_i)] + E(u_i \mid X_i) = E(Y \mid X_i) + E(u_i \mid X_i) \tag{2.4.4}$$

这里我们利用了常数的期望值就是它本身这一事实。[①] 要仔细看清，在方程（2.4.4）中我们取的是以给定的 X 值为条件的条件期望。

———————————

① 关于期望运算子 E 的性质的一个简要讨论，参见附录 A。请注意，一旦 X_i 值被固定，则 $E(Y \mid X_i)$ 就是一个常数。

因为 $E(Y_i \mid X_i)$ 就是 $E(Y \mid X_i)$，故可从方程（2.4.4）推出：

$$E(u_i \mid X_i) = 0 \qquad (2.4.5)$$

因此，假定回归线通过 Y 的条件均值（见图 2-2），意味着 u_i 的条件均值（以给定的 X_i 为条件）就是零。

从前面的讨论易见，如果 $E(u_i \mid X_i)=0$，则方程（2.2.2）和方程（2.4.2）是等价的。[①] 但是方程（2.4.2）有它的优点，因为它清楚地表明，除周收入外，还有影响周消费支出的其他变量，因此不能单凭回归模型中包含的（一个或多个）变量完全解释特定家庭的周消费支出。

2.5 随机干扰项的意义

如 2.4 节所指出的，随机干扰项是模型遗漏的而又一起影响着 Y 的全部变量的替代变量。明显的问题是：为什么不把这些变量清晰地引入模型中？换句话说，为什么不构造一个含有尽可能多个变量的多元回归模型？理由是多方面的。

（1）理论的含糊性。即使有决定 Y 的行为理论，它常常也是不完备的。我们可以肯定周收入 X 影响周消费支出 Y。但还有什么影响 Y 的其他变量呢，我们不是一无所知，就是不太确定。因此不妨用 u_i 作为模型所排除或忽略的全部变量的替代变量。

（2）数据的欠缺。即使我们明知被忽略变量中的一些变量，并因而考虑用一个多元回归而不是一个简单回归，我们也不一定能得到关于这些变量的数量信息。在经验研究中，人们得不到他们最想要的数据是司空见惯的事。例如，在原理上，除收入外，我们还可引进财富作为家庭周消费支出的解释变量。但遗憾的是，一般得不到关于家庭财富的信息。因此，我们不得不把财富变量从我们的模型中割舍掉，哪怕它在解释周消费支出方面有很强的理论重要性。

（3）核心变量与周边变量。假定在我们的消费-收入例子中，除了周收入 X_1 以外，家庭的子女数 X_2、性别 X_3、宗教 X_4、教育 X_5 和地区 X_6 也影响周消费支出，但很可能这些变量的全部或其中的一些合起来的影响是如此之小，充其量是一种非系统的或随机的影响。从实际考虑以及从成本上计算，把它们一一引入模型划不来。人们希望把它们的共同影响当作一个随机变量 u_i 来看待。[②]

（4）人类行为的内在随机性。即使我们成功地把所有有关的变量都引入模型中，在个别的 Y 中仍不免有一些"内在"的随机性，无论我们花了多少力气都解释不了。随机干扰项 u_i 也许能很好地反映这种随机性。

（5）糟糕的替代变量。虽然经典回归模型（将在第 3 章中讨论）假定变量 Y 和

[①] 事实上，在第 3 章所讲的最小二乘法中，明显地假定了 $E(u_i \mid X_i)=0$，见 3.2 节。

[②] 还有一个困难，即性别、教育、宗教等变量难以量化。

X 能准确地观测，但实际上数据会受到测量误差的干扰。试看弗里德曼的著名的消费函数理论。[①] 他把持久消费（Y^p）看作持久收入（X^p）的函数。但由于这些变量不可直接观测，故实际上我们采用替代变量，如可观测的当前消费（Y）和当前收入（X）。而由于所观测的 Y 和 X 未必等于 Y^p 和 X^p，这里就有一个测量误差的问题。这时随机干扰项 u_i 又可用来代表测量误差。我们在后面的一章中将会看到，如果有这种误差，回归系数 β 的估计会受到严重的影响。

（6）节省原则。仿效简单性原则[②]，我们想保持一个尽可能简单的回归模型。如果我们用两个或三个变量就能"基本上"解释了 Y 的行为，并且如果我们的理论完善或扎实的程度还没有达到足以提出可包含进来的其他变量，那么为什么要引进更多的变量呢？让 u_i 代表所有的其他变量好了。当然，我们不应该只为了保持回归模型简单而排除有关的和重要的变量。

（7）错误的函数形式。即使我们有了在理论上解释某种现象的正确变量，并且我们能够获得这些变量的数据，但我们常常不知道回归子和回归元之间的函数关系式是什么形式。消费支出是收入的线性函数还是非线性函数？如果属于前者，$Y_i = \beta_1 + \beta_2 X_i + u_i$ 就是 Y 和 X 之间的适当函数关系式；但如果属于后者，$Y_i = \beta_1 + \beta_2 X_i + \beta_3 X_i^2 + u_i$ 也许才是正确的函数形式。在双变量回归模型中，人们往往能通过散点图来判断二者关系的函数形式。而在多变量回归模型中，由于无法从图形上想象一个多维的散点图，因此要决定适当的函数形式就更不容易。

由于所有这些理由，我们随后将看到，随机干扰项在回归分析中扮演着极为重要的角色。

2.6　样本回归函数

我们有意把至今的讨论局限于与固定 X 值相对应的 Y 值总体，以避免考虑抽样的问题。（注意表 2-1 的数据代表总体，而不是一个样本。）但在大多数实际情况中，我们仅有对应于某些固定 X 值的 Y 值的一个样本。现在是面对抽样问题的时候了。我们现在的任务是要在样本信息的基础上估计 PRF。

作为一个说明，假设我们不知道表 2-1 的总体数据，我们仅有的信息是表 2-4 给出的对应于固定 X 值的 Y 值的一个随机（抽取的）样本。它和表 2-1 不同，对应于给定的每个 X 值，只有一个 Y 值。表 2-4 中的每个 Y 值都是从表 2-1 的总体中对应于同一 X_i 的同组 Y 值中随机抽取的。

---

① Milton Friedman，*A Theory of the Consumption Function*，Princeton University Press，Princeton，NJ，1957.

② "That descriptions be kept as simple as possible until proved inadequate," *The World of Mathematics*，vol. 2，J. R. Newman（ed.），Simon & Schuster，New York，1956，p. 1247；"Entities should not be multiplied beyond necessity," Donald F. Morrison，*Applied Linear Statistical Methods*，Prentice Hall，Englewood Cliffs，NJ，1983，p. 58.

2

问题是：我们能从表 2-4 的样本预测整个总体中对应于固定 X 的平均周消费支出 Y 吗？换句话说，我们能用这些样本数据估计 PRF 吗？读者一定怀疑，由于抽样波动，我们未必能"准确"估计 PRF。为说明这点，设想我们从表 2-1 的总体中抽取另一个随机样本，如表 2-5 所示。

<table>
<tr><td colspan="2">表 2-4 表 2-1 中总体的一个随机样本
单位：美元</td><td colspan="2">表 2-5 表 2-1 中总体的另一个随机样本
单位：美元</td></tr>
<tr><td>Y</td><td>X</td><td>Y</td><td>X</td></tr>
<tr><td>70</td><td>80</td><td>55</td><td>80</td></tr>
<tr><td>65</td><td>100</td><td>88</td><td>100</td></tr>
<tr><td>90</td><td>120</td><td>90</td><td>120</td></tr>
<tr><td>95</td><td>140</td><td>80</td><td>140</td></tr>
<tr><td>110</td><td>160</td><td>118</td><td>160</td></tr>
<tr><td>115</td><td>180</td><td>120</td><td>180</td></tr>
<tr><td>120</td><td>200</td><td>145</td><td>200</td></tr>
<tr><td>140</td><td>220</td><td>135</td><td>220</td></tr>
<tr><td>155</td><td>240</td><td>145</td><td>240</td></tr>
<tr><td>150</td><td>260</td><td>175</td><td>260</td></tr>
</table>

将表 2-4 和表 2-5 的数据描点，得到图 2-4 中的散点图。在这个散点图中画两条样本回归线以尽可能好地拟合这些散点：SRF_1 是根据第一个样本画的；SRF_2 是根据第二个样本画的。两条回归线中的哪一条代表"真实"的总体回归线呢？如果我们避免偷看表现出总体回归线的图 2-1 的诱惑，我们就不可能有绝对的把握知道图 2-4 中的哪一条回归线代表真实的总体回归线。图 2-4 中的回归线称为样本回归线（sample regression line），姑且假定它们都代表总体回归线，但因抽样波动它们最多也不过是真实总体回归线的一个近似而已。一般地说，从 N 个不同的样本会得到 N 个不同的样本回归线，并且这些样本回归线不太可能是一样的。

类比于总体回归线有一个 PRF 作为其基础，现在我们能够写出一个代表样本回归线的样本回归函数（sample regression function，SRF）概念。对应于方程 (2.2.2) 的样本关系式可写为：

$$\hat{Y}_i = \hat{\beta}_1 + \hat{\beta}_2 X_i \qquad (2.6.1)$$

其中，$\hat{Y}_i$ 读作"Y 帽"，$\hat{Y}_i = E(Y \mid X_i)$ 的估计量；$\hat{\beta}_1 = \beta_1$ 的估计量；$\hat{\beta}_2 = \beta_2$ 的估计量。

注意，一个估计量（estimator），又称（样本）统计量（statistic），是指一个规则或公式或方法，它告诉人们怎样用手中样本所提供的信息去估计总体参数。在一项应用中，由估计量算出的一个具体的数值被称为估计值（estimate）。[①] 应该指

---

① 引言中曾经指出，在一个变量的上方加一个尖帽符号表示有关总体值的一个估计值。

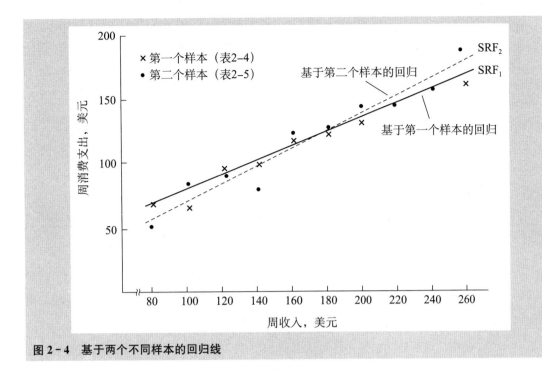

图 2-4 基于两个不同样本的回归线

出，估计量是随机的，而估计量算出的一个具体数值则是非随机的。（为什么?）

正如我们把 PRF 表达成方程（2.2.2）和方程（2.4.2）两种等价形式，我们也能把 SRF 的方程（2.6.1）表达成它的随机形式：

$$Y_i = \hat{\beta}_1 + \hat{\beta}_2 X_i + \hat{u}_i \qquad (2.6.2)$$

其中，除已定义过的记号外，$\hat{u}_i$ 表示（样本）残差（residual）项。在概念上，$\hat{u}_i$ 类似于 u_i 并可把它当作 u_i 的估计值，把它引入 SRF 中和把 u_i 引入 PRF 中是出于同一理由。

至此，总的说来，由于我们的分析仅仅依据某总体单个样本的时候要比不是这样的时候多，我们看到，我们在回归分析中的主要目的是根据 SRF 的方程：

$$Y_i = \hat{\beta}_1 + \hat{\beta}_2 X_i + \hat{u}_i$$

来估计 PRF 的方程：

$$Y_i = \beta_1 + \beta_2 X_i + u_i$$

然而，由于抽样的波动，我们根据 SRF 估计出来的 PRF 充其量也不过是一个近似结果，图 2-5 对这种近似做了解析。

对 $X = X_i$，我们有一个观测值 $Y = Y_i$。利用 SRF 的方程，可将所观测的 Y_i 表达为：

$$Y_i = \hat{Y}_i + \hat{u}_i \qquad (2.6.3)$$

而通过 PRF，又可把它表达为：

$$Y_i = E(Y \mid X_i) + u_i \qquad (2.6.4)$$

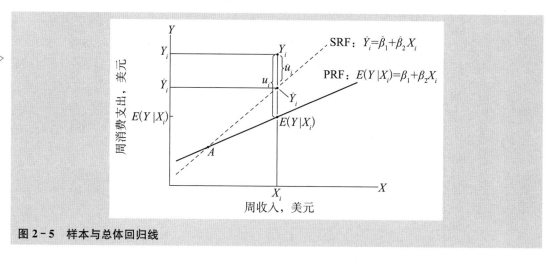

图 2-5 样本与总体回归线

现在，对于图 2-5 中所示的 X_i，$\hat{Y}_i$ 明显过高地估计了真实的 $E(Y \mid X_i)$。对 A 点以左的任何 X_i，SRF 都过低地估计了真实的 PRF。但读者能容易地看到，由于抽样的波动，这种过高或过低的估计是不可避免的。

现在，重要的问题是：既然认识到 SRF 只不过是 PRF 的一个近似，能不能设计一种规则或方法，使得这种近似是一种尽可能"接近"的近似？换一种说法，怎样构造 SRF 使得 $\hat{\beta}_1$ 尽可能"接近"真实的 β_1，$\hat{\beta}_2$ 尽可能地"接近"真实的 β_2？尽管真实的 β_1 和 β_2 永远都无法知道。

对这些问题的回答，需要我们在第 3 章倾注大量的注意力。这里仅仅指出，我们能够给出这样一种程序，它告诉我们怎样构造 SRF，以尽可能忠实地反映 PRF。试想一想，我们从来没有真正地确定过 PRF，要做到尽可能忠实地反映 PRF 是多么不可思议。

2.7 说明性例子

我们以两个例子来结束本章。

例 2.1 不同受教育程度的平均小时工资

表 2-6 给出了受教育程度（以读书年数来度量）、每个受教育程度中人们的平均小时工资及各种受教育程度的人数三类数据。伯恩特（Berndt）最早获得表中列出的数据，他是从 1985 年 5 月的人口普查中推导出这些数据的。[①] 我们在下一章还将解释这些数据（及其他的解释变量）。

---

① Ernst R. Berndt, *The Practice of Econometrics : Classic and Contemporary*, Addison Wesley, Reading, Mass., 1991. 顺便提一句，这是一本读者能从中发现如何应用计量经济学做研究的优秀教材。

表 2 - 6 不同受教育程度的平均小时工资

读书年数（年）	平均小时工资（美元）	人数（人）
6	4.456 7	3
7	5.770 0	5
8	5.978 7	15
9	7.331 7	12
10	7.318 2	17
11	6.584 4	27
12	7.818 2	218
13	7.835 1	37
14	11.022 3	56
15	10.673 8	13
16	10.836 1	70
17	13.615 0	24
18	13.531 0	31
		总计 528

资料来源：Arthur S. Goldberger, *Introductory Econometrics*, Harvard University Press, Cambridge, Mass., 1998，Table 1.1，p. 5 (adapted).

以受教育程度为横轴、以（条件）平均小时工资为纵轴画图，可得到图 2 - 6。图中的曲线表明了平均小时工资如何随受教育程度的变化而变化；它们通常随着受教育程度的提高而增加，这是一个不足为奇的结论。我们在下一章将研究其他变量何以影响平均小时工资。

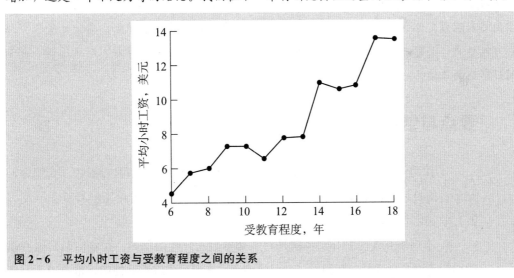

图 2 - 6 平均小时工资与受教育程度之间的关系

例 2.2 美国高中毕业生学术能力水平考试（SAT）数学平均成绩与家庭平均收入

习题 2.17 中的表 2 - 10 根据 2007 年参加 SAT 的 947 347 名考生，给出了他们在阅读、数学和写作方面的平均成绩数据。将数学平均成绩对家庭平均收入进行描点，我们得到图 2 - 7 所示的图形。

注意，由于表 2 - 10 中家庭平均收入的第一个类别和最后一个类别没有明确的区间限制，因此我们假定最低的家庭平均收入为 5 000 美元，而最高的家庭平均收入为 150 000 美元。

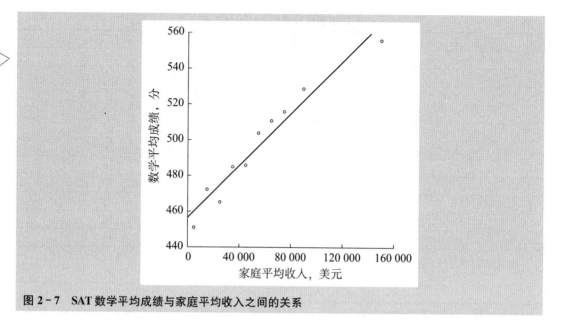

图 2-7 SAT 数学平均成绩与家庭平均收入之间的关系

如图 2-7 所示，数学平均成绩随着家庭平均收入的提高而提高。由于参加 SAT 的学生人数众多，因此它可能代表了参加 SAT 的考生总体。因此，图 2-7 中勾勒的回归线就可能表示了总体回归线。

这两个变量之间的正相关关系可能是有一些原因的。比如，有人认为家庭平均收入越高的学生越有能力支付 SAT 的辅导费用。此外，家庭平均收入越高的学生，其父母受教育程度也可能越高。还有一种可能，数学平均成绩更高的学生来自更好的学校。对于这两个变量之间观察到的正相关关系，读者也可以给出其他解释。

要点与结论

1. 作为回归分析基础的主要概念是条件期望函数或总体回归函数。我们做回归分析的目标就是要发现因变量（回归子）的均值如何随着给定解释变量（回归元）的变化而变化。

2. 本书研究线性 PRF，也就是对未知参数为线性的回归。这些回归对因变量或回归子以及自变量或回归元（一个或多个）来说，可以是线性的，也可以不是线性的。

3. 出于经验研究的目的，重要的是随机的 PRF。在 PRF 的估计中，随机干扰项起着关键性作用。

4. PRF 是一个理想化的概念。实际上，人们很少得知他们所研究的整个总体，通常他们只拥有对这个总体的一个观测样本，因此要用随机样本回归函数去估计 PRF。第 3 章考虑怎样实现这一点。

习　题

问答题

2.1　什么是条件期望函数或总体回归函数？

2.2　总体回归函数和样本回归函数之间的差别是什么？这是不是人为的区别？

2.3　回归分析中的随机误差项 u_i 有什么作用？它与残差 $\hat{u}_i$ 有何区别？

2.4　我们为什么需要回归分析？我们为什么不简单地将回归子的均值作为最优值？

2.5　线性回归模型的含义是什么？

2.6　判别如下模型是对参数线性、对变量线性，还是同时对参数和变量线性。哪些模型是线性回归模型？

模型	描述性名称
a. $Y_i = \beta_1 + \beta_2 \left(\dfrac{1}{X_i}\right) + u_i$	倒数
b. $Y_i = \beta_1 + \beta_2 \ln X_i + u_i$	半对数
c. $\ln Y_i = \beta_1 + \beta_2 X_i + u_i$	反半对数
d. $\ln Y_i = \ln \beta_1 + \beta_2 \ln X_i + u_i$	对数或双对数
e. $\ln Y_i = \beta_1 - \beta_2 \left(\dfrac{1}{X_i}\right) + u_i$	对数倒数

注：ln 表示自然对数（即对数的底为 e）；u_i 为随机干扰项。我们将在第 6 章研究这些模型。

2.7　如下模型是线性回归模型吗？为什么？

a. $Y_i = e^{\beta_1 + \beta_2 \ln X_i + u_i}$

b. $Y_i = \dfrac{1}{1 + e^{\beta_1 + \beta_2 \ln X_i + u_i}}$

c. $\ln Y_i = \beta_1 + \beta_2 \left(\dfrac{1}{X_i}\right) + u_i$

d. $Y_i = \beta_1 + (0.75 - \beta_1) e^{-\beta_2 (X_i - 2)} + u_i$

e. $Y_i = \beta_1 + \beta_2^3 X_i + u_i$

2.8　内在线性回归模型的含义是什么？如果习题 2.7d 中的 β_2 为 0.8，那它是一个线性回归模型，还是非线性回归模型？

2.9　考虑如下非随机模型（即不含随机误差项的模型）。它们是线性回归模型吗？若不是，可以通过适当的代数变换使之转化为线性回归模型吗？

a. $Y_i = \dfrac{1}{\beta_1 + \beta_2 X_i}$

b. $Y_i = \dfrac{X_i}{\beta_1 + \beta_2 X_i}$

c. $Y_i = \dfrac{1}{1 + \exp(-\beta_1 - \beta_2 X_i)}$

2.10　图 2-8 描绘了一个散点图及其回归线。你从此图能得出什么一般性结论？图中勾画出的回归线是总体回归线还是样本回归线？

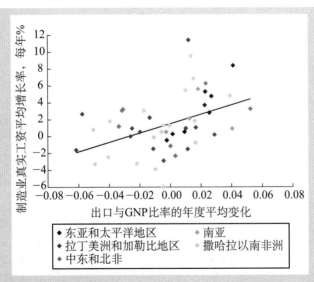

图 2-8　1970—1990 年不同地区发展中国家的制造业真实工资平均增长率与出口相关数据

资料来源：World Bank, *World Development Report 1995*, p. 55.

2.11 你能从图 2-9 的散点图中得出什么一般性结论？其背后有什么经济理论？〔提示：查一本国际经济学教科书并阅读关于贸易的赫克歇尔-俄林（Heckscher-Ohlin）模型。〕

2.12 图 2-10 中的散点图揭示了什么关系？基于此图，你认为最低工资法有利于经济福利吗？

2.13 引言中图 I-3 所示的回归线是 PRF 还是 SRF？为什么？你如何解释回归线周围的散点？除 GDP 外，还会有什么其他的因素或变量决定个人消费支出？

实证分析题

2.14 表 2-7 给出了美国 1980—2006 年的一些数据。

a. 将城市男性劳动力劳动参与率相对城市男性失业率描点。目测一条穿过散点的回归线。推测二者之间的关系，其背后的经济理论是什么？这个散点图支持该理论吗？

b. 对女性重做 a 部分的练习。

c. 现在同时将男性和女性的劳动参与率相对平均小时工资（以 1982 年美元度量）描点。（你可以分开画图。）现在你又有何发现？你又将如何解释你的发现？

d. 你可以将劳动参与率同时对失业率和平均小时工资描点吗？若不能，请说明这三个变量之间的关系。

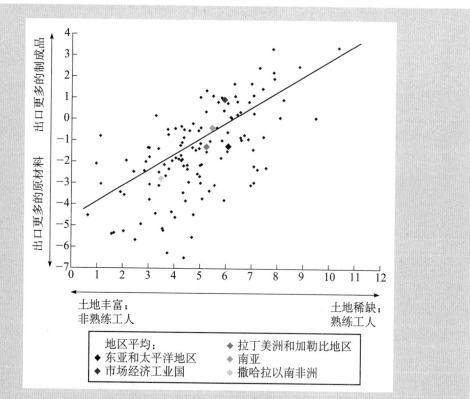

图 2-9 1985 年 126 个工业国和发展中国家的出口技术密集性和土地、人力资本情况

注：横轴数据为一个国家平均受教育年限与其土地面积之比的对数；纵轴数据为制成品出口与初级产品（原材料）出口之比的对数。

资料来源：World Bank，*World Development Report 1995*，p. 59.

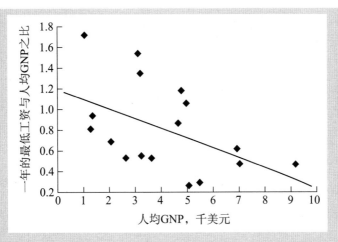

图 2 - 10　最低工资与人均 GNP

注：样本由 17 个发展中国家构成。各国数据采集的年份从 1988 年到 1992 年不等。数据以国际价格度量。

资料来源：World Bank，*World Development Report 1995*，p. 75.

表 2 - 7			1980—2006 年美国劳动参与率数据			
年份	CLFPRM[1]	CLFPRF[2]	UNRM[3]	UNRF[4]	AHE82[5]	AHE[6]
1980	77. 400 00	51. 500 00	6. 900 000	7. 400 000	7. 990 000	6. 840 000
1981	77. 000 00	52. 100 00	7. 400 000	7. 900 000	7. 880 000	7. 430 000
1982	76. 600 00	52. 600 00	9. 900 000	9. 400 000	7. 860 000	7. 860 000
1983	76. 400 00	52. 900 00	9. 900 000	9. 200 000	7. 950 000	8. 190 000
1984	76. 400 00	53. 600 00	7. 400 000	7. 600 000	7. 950 000	8. 480 000
1985	76. 300 00	54. 500 00	7. 000 000	7. 400 000	7. 910 000	8. 730 000
1986	76. 300 00	55. 300 00	6. 900 000	7. 100 000	7. 960 000	8. 920 000
1987	76. 200 00	56. 000 00	6. 200 000	6. 200 000	7. 860 000	9. 130 000
1988	76. 200 00	56. 600 00	5. 500 000	5. 600 000	7. 810 000	9. 430 000
1989	76. 400 00	57. 400 00	5. 200 000	5. 400 000	7. 750 000	9. 800 000
1990	76. 400 00	57. 500 00	5. 700 000	5. 500 000	7. 660 000	10. 190 000
1991	75. 800 00	57. 400 00	7. 200 000	6. 400 000	7. 580 000	10. 500 000
1992	75. 800 00	57. 800 00	7. 900 000	7. 000 000	7. 550 000	10. 760 000
1993	75. 400 00	57. 900 00	7. 200 000	6. 600 000	7. 520 000	11. 030 000
1994	75. 100 00	58. 800 00	6. 200 000	6. 000 000	7. 530 000	11. 320 000
1995	75. 000 00	58. 900 00	5. 600 000	5. 600 000	7. 530 000	11. 640 000
1996	74. 900 00	59. 300 00	5. 400 000	5. 400 000	7. 570 000	12. 030 000
1997	75. 000 00	59. 800 00	4. 900 000	5. 000 000	7. 680 000	12. 490 000
1998	74. 900 00	59. 800 00	4. 400 000	4. 600 000	7. 890 000	13. 000 000
1999	74. 700 00	60. 000 00	4. 100 000	4. 300 000	8. 000 000	13. 470 000
2000	74. 800 00	59. 900 00	3. 900 000	4. 100 000	8. 030 000	14. 000 000
2001	74. 400 00	59. 800 00	4. 800 000	4. 700 000	8. 110 000	14. 530 000
2002	74. 100 00	59. 600 00	5. 900 000	5. 600 000	8. 240 000	14. 950 000
2003	73. 500 00	59. 500 00	6. 300 000	5. 700 000	8. 270 000	15. 350 000
2004	73. 300 00	59. 200 00	5. 600 000	5. 400 000	8. 230 000	15. 670 000

续表

年份	CLFPRM[1]	CLFPRF[2]	UNRM[3]	UNRF[4]	AHE82[5]	AHE[6]
2005	73.300 00	59.300 00	5.100 000	5.100 000	8.170 000	16.110 000
2006	73.500 00	59.400 00	4.600 000	4.600 000	8.230 000	16.730 000

注：表中变量的定义及其在文献中的位置如下所示。

[1]CLFPRM，城市男性劳动力劳动参与率（%），Table B-39，p.277.
[2]CLFPRF，城市女性劳动力劳动参与率（%），Table B-39，p.277.
[3]UNRM，城市男性失业率（%），Table B-42，p.280.
[4]UNRF，城市女性失业率（%），Table B-42，p.280.
[5]AHE82，平均小时工资（以1982年美元度量），Table B-47，p.286.
[6]AHE，平均小时工资（以当前价格度量），Table B-47，p.286.
资料来源：*Economic Report of the President*，2007.

2.15 表2-8给出的是以卢比度量的食物支出和总支出数据，样本是印度的55个农户。（在 2000年初，1美元约兑换40卢比。）

表2-8 <center>食物支出与总支出</center> 单位：卢比

观测	食物支出	总支出	观测	食物支出	总支出
1	217.000 0	382.000 0	29	390.000 0	655.000 0
2	196.000 0	388.000 0	30	385.000 0	662.000 0
3	303.000 0	391.000 0	31	470.000 0	663.000 0
4	270.000 0	415.000 0	32	322.000 0	677.000 0
5	325.000 0	456.000 0	33	540.000 0	680.000 0
6	260.000 0	460.000 0	34	433.000 0	690.000 0
7	300.000 0	472.000 0	35	295.000 0	695.000 0
8	325.000 0	478.000 0	36	340.000 0	695.000 0
9	336.000 0	494.000 0	37	500.000 0	695.000 0
10	345.000 0	516.000 0	38	450.000 0	720.000 0
11	325.000 0	525.000 0	39	415.000 0	721.000 0
12	362.000 0	554.000 0	40	540.000 0	730.000 0
13	315.000 0	575.000 0	41	360.000 0	731.000 0
14	355.000 0	579.000 0	42	450.000 0	733.000 0
15	325.000 0	585.000 0	43	395.000 0	745.000 0
16	370.000 0	586.000 0	44	430.000 0	751.000 0
17	390.000 0	590.000 0	45	332.000 0	752.000 0
18	420.000 0	608.000 0	46	397.000 0	752.000 0
19	410.000 0	610.000 0	47	446.000 0	769.000 0
20	383.000 0	616.000 0	48	480.000 0	773.000 0
21	315.000 0	618.000 0	49	352.000 0	773.000 0
22	267.000 0	623.000 0	50	410.000 0	775.000 0
23	420.000 0	627.000 0	51	380.000 0	785.000 0
24	300.000 0	630.000 0	52	610.000 0	788.000 0
25	410.000 0	635.000 0	53	530.000 0	790.000 0
26	220.000 0	640.000 0	54	360.000 0	795.000 0
27	403.000 0	648.000 0	55	305.000 0	801.000 0
28	350.000 0	650.000 0			

资料来源：Chandan Mukherjee，Howard White，and Marc Wuyts，*Econometrics and Data Analysis for Developing Countries*，Routledge，London，1998，p.457.

a. 以总支出为横轴、食物支出为纵轴将数据描点，并画出一条穿过散点的回归线。

b. 你从此例中能得出什么一般性的结论？

c. 据经验，你会预测无论总支出水平如何，食物支出总是随总支出线性地增加吗？为什么？你可以用总支出作为总收入的一个代理变量。

2.16 表 2-9 给出了 1972—2007 年应届高中毕业生在 SAT 中的分组平均成绩。这些数据包括男生和女生在阅读和数学方面的成绩。

a. 用横轴代表年度、纵轴代表平均成绩，分别对男生和女生描绘阅读和数学平均成绩。

b. 你从这些图形中能得出什么一般性的结论？

表 2-9   **1972—2007 年应届高中毕业生在 SAT 中的分组平均成绩**

年份	阅读（分）			数学（分）		
	男生	女生	总平均	男生	女生	总平均
1972	531	529	530	527	489	509
1973	523	521	523	525	489	506
1974	524	520	521	524	488	505
1975	515	509	512	518	479	498
1976	511	508	509	520	475	497
1977	509	505	507	520	474	496
1978	511	503	507	517	474	494
1979	509	501	505	516	473	493
1980	506	498	502	515	473	492
1981	508	496	502	516	473	492
1982	509	499	504	516	473	493
1983	508	498	503	516	474	494
1984	511	498	504	518	478	497
1985	514	503	509	522	480	500
1986	515	504	509	523	479	500
1987	512	502	507	523	481	501
1988	512	499	505	521	483	501
1989	510	498	504	523	482	502
1990	505	496	500	521	483	501
1991	503	495	499	520	482	500
1992	504	496	500	521	484	501
1993	504	497	500	524	484	503
1994	501	497	499	523	487	504
1995	505	502	504	525	490	506
1996	507	503	505	527	492	508
1997	507	503	505	530	494	511
1998	509	502	505	531	496	512
1999	509	502	505	531	495	511
2000	507	504	505	533	498	514
2001	509	502	506	533	498	514
2002	507	502	504	534	500	516
2003	512	503	507	537	503	519

续表

年份	阅读（分）			数学（分）		
	男生	女生	总平均	男生	女生	总平均
2004	512	504	508	537	501	518
2005	513	505	508	538	504	520
2006	505	502	503	536	502	518
2007	504	502	502	533	499	515

注：1972—1986 年，用一个公式把原始均值转化成标准分的均值。1987—1995 年，把各个学生的成绩转化成标准分再计算均值。1996—1999 年，几乎所有学生的成绩是标准分。2000—2007 年，所有成绩都是用标准分报告。
资料来源：College Board，2007.

c. 知道了男（女）生的阅读平均成绩，你会怎样预测相应的数学平均成绩？

d. 将女生总的数学平均成绩对男生的数学平均成绩描点。你看到了什么？

2.17 表 2-10 根据家庭平均收入给出了阅读、数学和写作三项 SAT 逻辑部分的平均成绩。我们在例 2.2 中给出了图 2-7，即数学平均成绩对家庭平均收入的描点图。

表 2-10　　　　根据家庭平均收入分组的 SAT 逻辑部分的平均成绩

家庭平均收入（美元）	应试人数（人）	阅读（分）		数学（分）		写作（分）	
		均值	标准差	均值	标准差	均值	标准差
<10 000	40 610	427	107	451	122	423	104
10 000～20 000	72 745	453	106	472	113	446	102
20 000～30 000	61 244	454	102	465	107	444	97
30 000～40 000	83 685	476	103	485	106	466	98
40 000～50 000	75 836	489	103	486	105	477	99
50 000～60 000	80 060	497	102	504	104	486	98
60 000～70 000	75 763	504	102	511	103	493	98
70 000～80 000	81 627	508	101	516	103	498	98
80 000～100 000	130 752	520	102	529	104	510	100
>100 000	245 025	544	105	556	107	537	103

资料来源：College Board，2007 College-Bound Seniors，Table 11.

a. 参照图 2-7 画出阅读平均成绩与家庭平均收入之间的类似图形。将你的结论与图 2-7 中所示的图形进行比较。

b. 再画出写作平均成绩与家庭平均收入之间的图形，并与上述两个图形进行比较。

c. 根据这三个图形，你能得出什么一般性的结论？

 **第 3 章** 双变量回归模型：估计问题

第 2 章中曾经指出，我们的首要任务是根据样本回归函数尽可能准确地估计总体回归函数。在附录 A 中，我们讨论了一般常用的两种估计方法：（1）普通最小二乘法（OLS）和（2）极大似然法（maximum likelihood，ML）。一般来说，普通最小二乘法在回归分析中应用得很广泛，主要是因为它颇具直觉吸引力，并且在数学上也比极大似然法简单得多。除此之外，就像我们将要说明的那样，在线性回归的背景中，这两种方法通常都会得到相同的结果。

3.1 普通最小二乘法

普通最小二乘法由德国数学家高斯（Gauss）提出。在一定的假定条件下（见 3.2 节），最小二乘法有一些非常有吸引力的统计性质，从而使之成为回归分析中最有功效和最为流行的方法之一。为了说明这个方法，我们先解释最小二乘原理。

回顾双变量 PRF：

$$Y_i = \beta_1 + \beta_2 X_i + u_i \tag{2.4.2}$$

然而，如在第 2 章所提到的那样，这个 PRF 是无法直接观测的。我们通过 SRF 去估计它：

$$Y_i = \hat{\beta}_1 + \hat{\beta}_2 X_i + \hat{u}_i \tag{2.6.2}$$
$$= \hat{Y}_i + \hat{u}_i \tag{2.6.3}$$

其中 $\hat{Y}_i$ 是 Y 的估计值（条件均值）。

但 SRF 又是怎样决定的呢？为了看清楚这个问题，我们一步步解说如下。首先把方程（2.6.3）写成：

$$\hat{u}_i = Y_i - \hat{Y}_i$$
$$= Y_i - \hat{\beta}_1 - \hat{\beta}_2 X_i \tag{3.1.1}$$

这表明 $\hat{u}_i$（即残差）不过是 Y 的实际值与估计值之差。

对于给定的 Y 和 X 的 n 对观测值，我们希望这样决定 SRF，使得它尽可能靠

近实际的 Y。为此，我们可以采用如下准则：选择这样的 SRF，使得残差和 $\sum \hat{u}_i = \sum (Y_i - \hat{Y}_i)$ 尽可能小。这看起来尽管有直观上的说服力，却不是一个很好的准则。这可以从图 3-1 中一个假想的散点图看出。

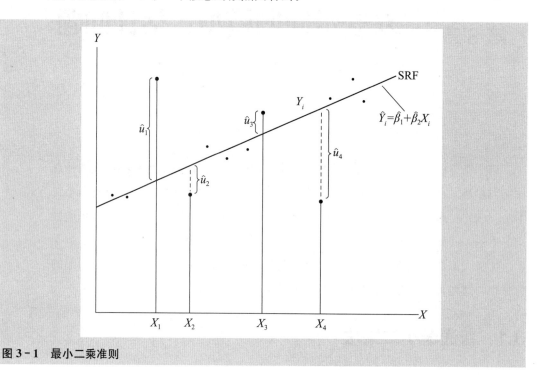

图 3-1 最小二乘准则

如果采用 $\sum \hat{u}_i$ 最小化的准则，那么在总和（$\hat{u}_1 + \hat{u}_2 + \hat{u}_3 + \hat{u}_4$）中残差 $\hat{u}_2$ 及 $\hat{u}_3$ 得到的权重和 $\hat{u}_1$ 及 $\hat{u}_4$ 得到的权重一样多，尽管前两个残差比后两个残差更加靠近 SRF。换言之，不管各个观测点离 SRF 有多远，所有残差都受到同样的重视。因此，很可能 $\hat{u}_i$ 均偏离 SRF 且散布得很远，但 $\hat{u}_i$ 的代数和很小（甚至是零）。为了看清楚这一点，假定图 3-1 中的 $\hat{u}_1$、$\hat{u}_2$、$\hat{u}_3$ 和 $\hat{u}_4$ 分别取值 10、-2、$+2$、-10，虽然 $\hat{u}_1$ 和 $\hat{u}_4$ 比 $\hat{u}_2$ 和 $\hat{u}_3$ 偏离 SRF 更多，但这些残差的代数和是零。如果我们采用最小二乘准则，就可避免这种问题。最小二乘准则是要定出 SRF，使得下式尽可能地小：

$$
\begin{aligned}
\sum \hat{u}_i^2 &= \sum (Y_i - \hat{Y}_i)^2 \\
&= \sum (Y_i - \hat{\beta}_1 - \hat{\beta}_2 X_i)^2
\end{aligned}
\tag{3.1.2}
$$

其中 $\hat{u}_i^2$ 是残差的平方。该方法通过对 $\hat{u}_i$ 平方而赋予诸如图 3-1 中的 $\hat{u}_1$ 和 $\hat{u}_4$ 比 $\hat{u}_2$ 和 $\hat{u}_3$ 更大的权重。如前所述，在 $\sum \hat{u}_i$ 最小化的准则下，虽然 $\hat{u}_i$ 在 SRF 周围散布得很远，但其总和可能很小。而在最小二乘法中，这是不可能的，因为 $\hat{u}_i$（在绝对值上）越大，$\sum \hat{u}_i^2$ 也越大。采用最小二乘法的理由如我们即将看到的那样，还在于由它得出的估计量有一些很好的统计性质。

由方程（3.1.2）可明显地看到：

$$\sum \hat{u}_i^2 = f(\hat{\beta}_1, \hat{\beta}_2) \tag{3.1.3}$$

也就是说，残差平方和是估计量 $\hat{\beta}_1$ 和 $\hat{\beta}_2$ 的某个函数。对任意给定的一组数据，选择不同的 $\hat{\beta}_1$ 和 $\hat{\beta}_2$ 值将得到不同的 $\hat{u}_i$，从而 $\sum \hat{u}_i^2$ 有不同的值。为了清楚地看到这一点，考虑由表 3-1 前两列给出的 Y 和 X 的一些假想数据。现在做两个实验。在第 1 个实验中，取 $\hat{\beta}_1 = 1.572$ 和 $\hat{\beta}_2 = 1.357$（暂不必问这两个数值是怎样得来的，就算是一种猜测好了）。[1] 利用这些 $\hat{\beta}$ 值和表 3-1 第（2）列的 X 值，便容易算得该表第（3）列对 Y_i 的估计值，记作 $\hat{Y}_{1i}$（下标 1 表示第 1 个实验）。然后再做一个实验，但这回利用 $\hat{\beta}_1 = 3$ 和 $\hat{\beta}_2 = 1$ 这两个值。把 Y_i 的估计值记为 $\hat{Y}_{2i}$，列在表 3-1 的第（6）列。如表 3-1 所示，由于两个实验的 $\hat{\beta}$ 值有所不同，所估计的残差也有所不同。$\hat{u}_{1i}$ 是得自第 1 个实验的残差，而 $\hat{u}_{2i}$ 是得自第 2 个实验的残差，其平方分别列于第（5）列和第（8）列。显然，可从方程（3.1.3）预料到，由于所依据的 $\hat{\beta}$ 值不同，因此这些残差的平方和也不相同。

表 3-1　　　　　　　　　　　　　　　　通过实验确定 SRF

Y_i (1)	X_t (2)	$\hat{Y}_{1i}$ (3)	$\hat{u}_{1i}$ (4)	$\hat{u}_{1i}^2$ (5)	$\hat{Y}_{2i}$ (6)	$\hat{u}_{2i}$ (7)	$\hat{u}_{2i}^2$ (8)
4	1	2.929	1.071	1.147	4	0	0
5	4	7.000	-2.000	4.000	7	-2	4
7	5	8.357	-1.357	1.841	8	-1	1
12	6	9.714	2.286	5.226	9	3	9
总和：28	16		0.0	12.214		0	14

注：$\hat{Y}_{1i} = 1.572 + 1.357 X_i$（即 $\hat{\beta}_1 = 1.572$ 和 $\hat{\beta}_2 = 1.357$）；
　　$\hat{Y}_{2i} = 3.0 + 1.0 X_i$（即 $\hat{\beta}_1 = 3$ 和 $\hat{\beta}_2 = 1$）；
　　$\hat{u}_{1i} = (Y_i - \hat{Y}_{1i})$；
　　$\hat{u}_{2i} = (Y_i - \hat{Y}_{2i})$。

那么，我们应选取哪一组 $\hat{\beta}$ 值呢？因为第 1 个实验的 $\hat{\beta}$ 值比第 2 个实验的 $\hat{\beta}$ 值给出了一个更低的 $\sum \hat{u}_i^2$（12.214 小于 14），所以说第 1 个实验的 $\hat{\beta}$ 值是"最优"值。但怎样知道是最优呢？如果我们的时间和耐心都是无限的，我们就能做许多类似的实验，每次选择不同的 $\hat{\beta}$ 值，然后比较所得到的 $\sum \hat{u}_i^2$，并从中选择给出可能最小的 $\sum \hat{u}_i^2$ 值的那组 $\hat{\beta}$ 值。当然，这里假定我们已经考虑过所有可想象到的 $\hat{\beta}_1$ 和 $\hat{\beta}_2$ 值。但由于时间和耐心无疑是有限的，所以我们必须考虑这种试错法的某种捷径。幸运的是，最小二乘法为我们提供了这一捷径。由最小二乘法选出的 $\hat{\beta}_1$ 和 $\hat{\beta}_2$ 将使得对于给定样本或一组数据，$\sum \hat{u}_i^2$ 尽可能最小。换言之，对于一个给定样本，最小二乘法为我们提供了使得 $\sum \hat{u}_i^2$ 达到最小可能值的 β_1 和 β_2 估计值。怎样做到这一点呢？这是微积分学的一个直接运算，如附录 3A 的 3A.1 节所示。用于估计 β_1 和 β_2 的方程如下：

---

[1] 对好奇的读者补充一句，这两个数值是由下面即将讨论的最小二乘法得到的。见方程（3.1.6）和（3.1.7）。

$$\sum Y_i = n\hat{\beta}_1 + \hat{\beta}_2 \sum X_i \tag{3.1.4}$$

$$\sum Y_i X_i = \hat{\beta}_1 \sum X_i + \hat{\beta}_2 \sum X_i^2 \tag{3.1.5}$$

其中 n 是样本容量。这组联立方程被称为正规方程（normal equations）。

解此联立方程得：

$$\begin{aligned}
\hat{\beta}_2 &= \frac{n \sum X_i Y_i - \sum X_i \sum Y_i}{n \sum X_i^2 - (\sum X_i)^2} \\
&= \frac{\sum (X_i - \bar{X})(Y_i - \bar{Y})}{\sum (X_i - \bar{X})^2} \\
&= \frac{\sum x_i y_i}{\sum x_i^2}
\end{aligned} \tag{3.1.6}$$

其中 $\bar{X}$ 和 $\bar{Y}$ 是 X 和 Y 的样本均值，并且定义 $x_i = (X_i - \bar{X})$ 和 $y_i = (Y_i - \bar{Y})$。从此以后，我们将遵循一个惯例：用小写字母表示一个变量与其均值的离差。

$$\begin{aligned}
\hat{\beta}_1 &= \frac{\sum X_i^2 \sum Y_i - \sum X_i \sum X_i Y_i}{n \sum X_i^2 - (\sum X_i)^2} \\
&= \bar{Y} - \hat{\beta}_2 \bar{X}
\end{aligned} \tag{3.1.7}$$

方程（3.1.7）中的最后一步是通过简单的代数运算而直接从方程（3.1.4）得到的。

顺便指出，利用简单的代数恒等式，用于估计 β_2 的公式（3.1.6）可另表述为：

$$\begin{aligned}
\hat{\beta}_2 &= \frac{\sum x_i y_i}{\sum x_i^2} \\
&= \frac{\sum x_i Y_i}{\sum X_i^2 - n\bar{X}^2} \\
&= \frac{\sum X_i y_i}{\sum X_i^2 - n\bar{X}^2}
\end{aligned} \tag{3.1.8}[1]$$

前面得到的估计量是从最小二乘原理推导出来的，所以叫做最小二乘估计量

---

[1] 注1：由于 X 为一个常数，所以 $\sum x_i^2 = \sum (X_i - \bar{X})^2 = \sum X_i^2 - 2 \sum X_i \bar{X} + \sum \bar{X}^2 = \sum X_i^2 - 2\bar{X} \sum X_i + \sum \bar{X}^2$，而且注意到 $\sum X_i = n\bar{X}$ 和 $\sum \bar{X}^2 = n\bar{X}^2$，最后便得到 $\sum x_i^2 = \sum X_i^2 - n\bar{X}^2$。

注2：由于 $\bar{Y}$ 为一个常数，并且一个变量与其均值的离差的总和恒为零 [例如 $\sum (X_i - \bar{X}) = 0$]，故有 $\sum x_i y_i = \sum x_i (Y_i - \bar{Y}) = \sum x_i Y_i - \bar{Y} \sum x_i = \sum x_i Y_i - \bar{Y} \sum (X_i - \bar{X}) = \sum x_i Y_i$，类似地，有 $\sum y_i = \sum (Y_i - \bar{Y}) = 0$。

(least-squares estimator)。注意由普通最小二乘法得到的估计量的数值性质（numerical property）。数值性质是指由于运用普通最小二乘法而得以成立的那些性质，而不管数据是怎样生成的。[①] 稍后，我们还将考虑 OLS 估计量的统计性质（statistical property），也就是"仅在数据生成的方式满足一定假设条件下才得以成立"的性质。[②]（参看 3.2 节中的经典线性回归模型。）

Ⅰ．OLS 估计量是纯粹由可观测的（即样本）量（指 X 和 Y）表达的，因此它们很容易计算。

Ⅱ．它们是点估计量（point estimator），即对于给定样本，每个估计量仅提供有关总体参数的一个（点）值。［在第 5 章，我们将考虑所谓区间估计量（interval estimator），后者对未知总体参数的可能值提供一个区间。］

Ⅲ．一旦从样本数据得到 OLS 估计值，便容易画出样本回归线（见图 3-1）。这样得到的回归线具有如下性质：

（1）如图 3-2 所示，它穿过 Y 和 X 的样本均值点。这是从方程（3.1.7）得出的显而易见的事实，因为该方程可写为 $\bar{Y} = \hat{\beta}_1 + \hat{\beta}_2 \bar{X}$。

（2）Y 的估计值的均值等于实际 Y 值的均值，因为

$$
\begin{aligned}
\hat{Y}_i &= \hat{\beta}_1 + \hat{\beta}_2 X_i \\
&= (\bar{Y} - \hat{\beta}_2 \bar{X}) + \hat{\beta}_2 X_i \\
&= \bar{Y} + \hat{\beta}_2 (X_i - \bar{X})
\end{aligned}
\tag{3.1.9}
$$

将最后一个等式两边对样本值求和并同时除以样本容量 n，即得：

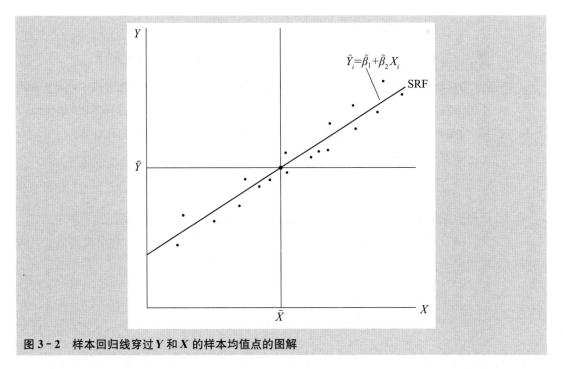

图 3-2　样本回归线穿过 Y 和 X 的样本均值点的图解

①② Russell Davidson and James G. MacKinnon，*Estimation and Inference in Econometrics*，Oxford University Press，New York，1993，p. 3.

$$\bar{Y} = \bar{Y} \tag{3.1.10}[1]$$

这里利用了等式 $\sum(X_i - \bar{X}) = 0$。（为什么?）

（3）残差 $\hat{u}_i$ 的均值为零。由附录 3A 的 3A.1 节，有：

$$-2\sum(Y_i - \hat{\beta}_1 - \hat{\beta}_2 X_i) = 0$$

但由于 $\hat{u}_i = Y_i - \hat{\beta}_1 - \hat{\beta}_2 X_i$，故上述方程可转化为 $-2\sum \hat{u}_i = 0$，从而 $\bar{u} = 0$。[2]

作为上述性质的一个结果，样本回归

$$Y_i = \hat{\beta}_1 + \hat{\beta}_2 X_i + \hat{u}_i \tag{2.6.2}$$

可表达为另一种形式，其中 Y 和 X 都改为对其均值的离差。为了看清楚这一点，由于 $\sum \hat{u}_i = 0$，因此对方程（2.6.2）两边求和，得到：

$$\begin{aligned}\sum Y_i &= n\hat{\beta}_1 + \hat{\beta}_2 \sum X_i + \sum \hat{u}_i \\ &= n\hat{\beta}_1 + \hat{\beta}_2 \sum X_i \end{aligned} \tag{3.1.11}$$

方程（3.1.11）两边同时除以 n，得到：

$$\bar{Y} = \hat{\beta}_1 + \hat{\beta}_2 \bar{X} \tag{3.1.12}$$

这无异于方程（3.1.7）。用方程（2.6.2）减去方程（3.1.12），得到：

$$Y_i - \bar{Y} = \hat{\beta}_2(X_i - \bar{X}) + \hat{u}_i$$

或者

$$y_i = \hat{\beta}_2 x_i + \hat{u}_i \tag{3.1.13}$$

其中，按照惯例，y_i 和 x_i 分别是 Y 和 X 与其（样本）均值的离差。

方程（3.1.13）被称为离差形式（deviation form）。注意，在此形式中，截距项 $\hat{\beta}_1$ 不再出现。然而截距项总可以从方程（3.1.7）估计出来，也就是从样本回归线通过 Y 和 X 的样本均值这一事实估计出来。离差形式的好处是常常能够简化计算。

顺便指出，按照离差形式，SRF 可被写成：

$$\hat{y}_i = \hat{\beta}_2 x_i \tag{3.1.14}$$

而按照原来的测量单位则是 $\hat{Y}_i = \hat{\beta}_1 + \hat{\beta}_2 X_i$，如方程（2.6.1）所示。

（4）残差 $\hat{u}_i$ 和 Y_i 的预测值不相关。这一命题可验证如下，利用离差形式，可推出：

$$\begin{aligned}\sum \hat{y}_i \hat{u}_i &= \hat{\beta}_2 \sum x_i \hat{u}_i \\ &= \hat{\beta}_2 \sum x_i(y_i - \hat{\beta}_2 x_i) \end{aligned} \tag{3.1.15}$$

---

[1] 注意，这个结果仅当回归模型含有截距项 $\hat{\beta}_1$ 时才是正确的。如附录 6A 的 6A.1 节所示，当模型不含有 $\hat{\beta}_1$ 时，这个结果不一定成立。

[2] 这一结果也要求截距项 $\hat{\beta}_1$ 必须在模型中出现（参看附录 6A 的 6A.1 节）。

$$= \hat{\beta}_2 \sum x_i y_i - \hat{\beta}_2^2 \sum x_i^2$$

$$= \hat{\beta}_2^2 \sum x_i^2 - \hat{\beta}_2^2 \sum x_i^2$$

$$= 0$$

其中我们利用了 $\hat{\beta}_2 = \sum x_i y_i / \sum x_i^2$ 这一事实。

（5）残差 $\hat{u}_i$ 和 X_i 不相关，$\sum \hat{u}_i X_i = 0$ 这一事实可从附录 3A 的 3A.1 节的方程（2）推知。

3.2 经典线性回归模型：最小二乘法的基本假定

如果我们的目的仅是估计 β_1 和 β_2，那么上一节所讨论的 OLS 就足够用了。但回顾一下第 2 章，在回归分析中我们的目的不仅仅是获得 $\hat{\beta}_1$ 和 $\hat{\beta}_2$，而且要对真实的 β_1 和 β_2 做出推断。例如，我们想知道 $\hat{\beta}_1$ 和 $\hat{\beta}_2$ 与它们相应的总体值有多接近，或者 $\hat{Y}_i$ 与其真实的 $E(Y \mid X_i)$ 有多接近。为达到这一目的，我们不仅要如同方程（2.4.2）那样设定模型的函数形式，还要对 Y_i 的生成方式做出一些假定。为了看清楚为什么需要做出这种要求，让我们看一下 PRF：$Y_i = \beta_1 + \beta_2 X_i + u_i$，它表明 Y_i 依赖于 X_i 和 u_i。因此，除非我们明确 X_i 和 u_i 是怎样生成的，否则我们将无法对 Y_i 进行任何统计推断，而且我们将会看到，也无法对 β_1 和 β_2 做出任何统计推断。也就是说，要对回归估计值做出可靠的解释，对 X_i 变量（一个或多个）和误差项做出假定是极其重要的。

经典（又称高斯或标准）线性回归模型（classical linear regression model, CLRM）。 这一模型已成为大部分计量经济学理论的基石，它有 7 个假定。[①] 我们先从双变量回归模型的框架来讨论这些假定；等到第 7 章我们再把这些假定推广到多变量回归模型，即含有不止一个回归元的多元回归模型。

假定 1：线性回归模型。 回归模型尽管对变量而言不一定是线性的，但它对于参数而言是线性的，也就是说，回归模型如方程（2.4.2）所示：

$$Y_i = \beta_1 + \beta_2 X_i + u_i \tag{2.4.2}$$

就像在第 7 章将要讨论的那样，这个模型可以扩展到不止一个解释变量的情形。

我们已在第 2 章中讨论过模型（2.4.2）。因为对于参数而言线性的回归模型是 CLRM 的出发点，所以我们在本书中将始终维持这一假定。[②] 如第 2 章所讨论的那

[①] 经典的意义在于，它于 1821 年由高斯首创，此后它都被作为范式或标准，与那些不满足高斯假定的回归模型进行比较。

[②] 第 14 章将对非线性回归模型做简要讨论。

样，回归子 Y 和回归元 X 本身可以是非线性的。

假定 2：X 值是固定的或独立于误差项。 在重复样本中，回归元 X 所取的值被认为是固定的（固定回归元情形），或者与因变量 Y 被同时抽取（随机回归元情形）。在后面的情形中，假定 X 变量与误差项是独立的，即 $\mathrm{cov}(X_i, u_i) = 0$。

这一点可用表 2-1 中给出的例子来解释。考虑与表中所示周收入水平相对应的各个 Y 总体，比如说，把周收入 X 值固定在 80 美元的水平上，我们随机地抽取一个家庭，并观测到它的周消费支出 Y 值，比方说为 60 美元；仍然把 X 值固定在 80 美元，而随机地抽取一个家庭并观测到它的 Y 值是 75 美元。在每次抽取（即重复抽样）中，X 值都固定在 80 美元。我们可以对表中的全部 X 值重复这一过程。事实上，表 2-4 和表 2-5 中的样本数据就是这样抽取得来的。

我们为什么假定 X 值是非随机的呢？既然在大多数社会科学中，数据通常都是对 Y 和 X 变量同时随机抽取的，那么做相反的假定是很自然的——X 变量与 Y 变量一样也是随机的，但出于以下原因，我们最初还是假定 X 变量是非随机的。

第一，最初这样做是为了简化分析，并引导读者逐步深入地理解回归分析的复杂内容。第二，在实验环境中，X 值固定不变的假定可能是不太现实的。比如，一位农民可能把他的土地分成几块，并对这些实验田施加不同数量的肥料，然后看肥料对农作物收成的影响。类似地，商店可以用不同的折扣率来分析它对消费者的影响。有时为了某种特殊的目的，我们也能固定 X 值。假设我们正试图弄清楚工人平均小时工资（Y）与各种受教育程度（X）之间的关系，如表 2-6 所给出的数据那样。在这种情形中，X 变量可被视为固定的或非随机的。第三，就像我们在第 13 章中将看到的那样，在一定的条件下，即使 X 是随机的，基于固定回归元的线性回归的统计结果也是可靠的。条件之一是回归元 X 与误差项 u_i 是独立的。正如戴维森所指出的那样："这个模型（即随机回归元）'模拟'了固定回归元模型，而且最小二乘法在固定回归元模型中具有的许多统计性质仍然成立。"[1]

出于这些原因，我们首先尽可能详尽地讨论（固定回归元）CLRM。不过，我们在第 13 章将较详尽地讨论随机回归元情形，并指出我们偶尔需要考虑随机回归元模型的情形。顺便指出，如果 X 变量是随机的，由此得到的模型被称为新古典线性回归模型（neo-classical linear regression model，NLRM）[2]，与 X 被处理成固定回归元或非随机回归元的 CLRM 形成对照。为便于讨论，我们称前者为随机回归元模型（stochastic regressor model），称后者为固定回归元模型（fixed regressor model）。

---

[1] James Davidson, *Econometric Theory*, Blackwell Publishers, U.K., 2000, p. 10.

[2] 这个术语来自 Arthur S. Goldberger, *A Course in Econometrics*, Harvard University Press, Cambridge, MA, 1991, p. 264.

假定 3：干扰项 u_i 的均值为零。 对给定的 X_i 值，随机干扰项 u_i 的均值或期望值为零，记为：

$$E(u_i \mid X_i) = 0 \qquad\qquad (3.2.1)$$

或者在 X 是非随机的情形下记为：

$$E(u_i) = 0$$

假定 3 是说，以给定的 X_i 为条件，u_i 的均值为零，其几何意义可由图 3-3 描绘出来。图中显示了变量 X 的几个值以及与每个 X 值相对应的一个 Y 总体。如图所示，对应于给定的 X，每一个 Y 总体都是围绕其均值（由 PRF 上打上圆圈的点来表示）而分布的；一些 Y 值位于均值之上，另一些则位于均值之下。偏离均值上方和下方的距离不是别的，正是 u_i。方程（3.2.1）要求，对于任一给定的 X，这些离差的均值应等于零。

鉴于 2.4 节［参看方程（2.4.5）］的讨论，这一假定应是不难理解的。这一假定无非说，凡是模型中没有明显包含并因而归于 u_i 之中的因素，对 Y 的均值都没有系统的影响；换句话说，正的 u_i 值抵消了负的 u_i 值，以致它们对 Y 的平均影响为零。[1]

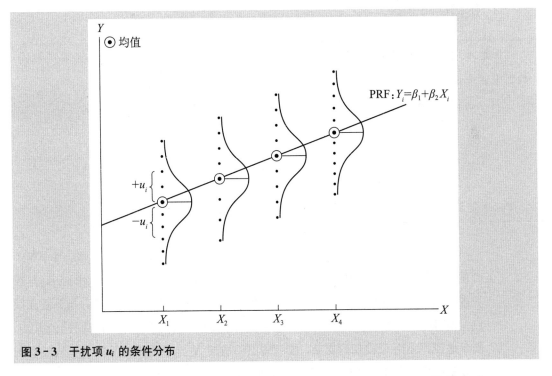

图 3-3 干扰项 u_i 的条件分布

顺便指出，假定 $E(u_i \mid X_i) = 0$ 意味着假定 $E(Y_i \mid X_i) = \beta_1 + \beta_2 X_i$。（为什么？）因此，这两个假定是等价的。

---

① 关于假定 3 为什么是必要的，还有一个更为技术性的理由，可参看 E. Malinvaud，*Statistical Methods of Econometrics*，Rand McNally，Chicago，1966，p. 75。还可参看本书习题 3.3。

假定 3 意味着，实证分析所用的模型中不存在设定偏误（specification bias）或设定误差（specification error），指出这一点很重要。换句话说，回归模型设定是正确的。遗漏重要解释变量，包含一些不必要的变量，或对 Y 和 X 变量之间的关系选择了错误的函数形式，这些都是设定误差的例子。我们在第 13 章将详尽地讨论这个专题。

还要注意到，如果在给定一个随机变量的情况下另一个随机变量的条件均值为 0，那么这两个变量之间的协方差就是 0，因而这两个变量是无关的。因此，假定 3 意味着 X_i 和 u_i 是不相关的。[①]

假定干扰项 u 和解释变量 X 不相关的原因很简单，当我们像方程（2.4.2）那样表述 PRF 时，我们假定 X 和 u（代表所有被遗漏变量的影响）对 Y 具有独立（和加式）的影响。如果 X 和 u 相关，就无法确定它们对 Y 的各自影响。因此，如果 X 和 u 正相关，那么 X 便随着 u 的增减而增减。类似地，如果 X 和 u 负相关，X 便随着 u 的增加而减小。在这类情形中，误差项很可能实际上包含了已经包含在模型中的一些变量。这就是假定 3 为什么是所选回归模型中不存在设定误差的另一种表述的原因。

假定 4：同方差性或 u_i 的方差相等。给定 X 值，对所有的观测，u_i 的方差都是相同的。也就是说，u_i 的条件方差是恒定的。用符号表示为：

$$\text{var}(u_i) = E[u_i - E(u_i \mid X_i)]^2$$
$$= E(u_i^2 \mid X_i) \quad \text{由于假定 3}$$
$$= E(u_i^2) \quad \text{如果 } X_i \text{ 是非随机的}$$
$$= \sigma^2 \qquad\qquad\qquad\qquad\qquad (3.2.2)$$

其中 var 表示方差。

方程（3.2.2）表明，对每个 X_i，u_i 的方差（即 u_i 的条件方差）都是某个等于 σ^2 的正常数，用专业术语说，方程（3.2.2）代表同方差性（homoscedasticity）或者说相同的散布或相等的方差。这一术语来自希腊词汇 "skedanime"，指分散或散点。换言之，方程（3.2.2）意味着，对应于不同 X 值的 Y 总体均有同样的方差。简单地说，无论 X 值如何变动，围绕着回归线即 X 与 Y 之间的平均关系线波动的方差是一样。图 3-4 用图形解释了这种情形。

[①] 不过，反之并不成立，因为相关系数只是度量了线性关联度。也就是说，即使 X_i 和 u_i 无关，给定 X_i，u_i 的条件均值也可能不等于 0。然而，如果 X_i 和 u_i 相关，$E(u_i \mid X_i)$ 就一定不等于 0，这就违背了假定 3。我们是从斯托克和沃森那里得到这种观点的，参见 James H. Stock and Mark W. Wason, *Introduction to Econometrics*, Addison-Wesley, Boston, 2003, pp. 104-105。

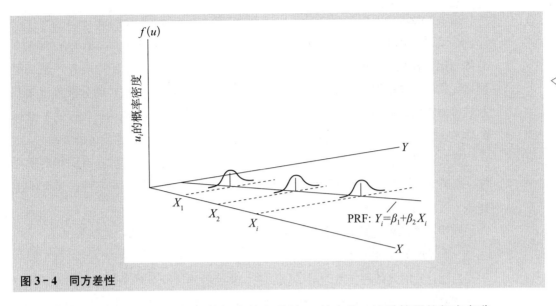

图 3-4 同方差性

与此相比，图 3-5 表示 Y 总体的条件方差随 X 的变化。这种情形的相应名称是异方差性（heteroscedasticity）或者说非相同的散布或非相等的方差。用符号表示，这时方程（3.2.2）可写为：

$$\operatorname{var}(u_i \mid X_i) = \sigma_i^2 \qquad\qquad (3.2.3)$$

注意方程（3.2.3）中 σ^2 的下标，它表示 Y 总体的方差不再恒定不变。

为了清楚地区分这两种情形，令 Y 代表周消费支出而 X 代表周收入。图 3-4 和图 3-5 都表示随着周收入的增加，平均周消费支出也增加，但在图 3-4 中，周消费支出的方差在所有的周收入水平上都保持不变，而在图 3-5 中，这个方差随周收入的增加而增加，换句话说，富有的家庭平均比贫穷的家庭消费更多，但前者的周消费支出也有更大的差异。

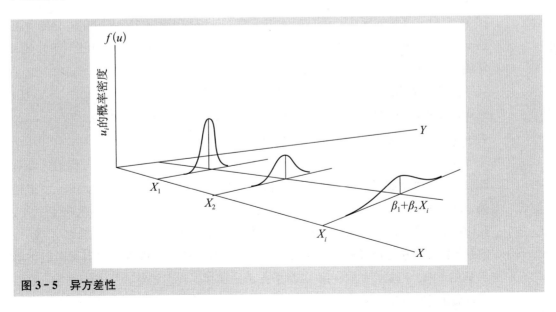

图 3-5 异方差性

为了了解其中的道理，请看图 3-5。如该图所示，$\text{var}(u \mid X_1) < \text{var}(u \mid X_2)，\cdots，<$ $\text{var}(u \mid X_i)$。因此，很有可能来自 $X = X_1$ 的 Y 总体与来自 $X = X_2$，$X = X_3$ 等的 Y 总体相比，其观测值更靠近 PRF。简言之，并不是对应于不同 X 的所有 Y 值都是同样可靠的。要根据 Y 值的分布与其均值（也就是 PRF 上的点）的分散程度来判断其可靠程度。如果这种想法符合实际，难道我们不认为那些离均值较近的 Y 总体的样本比较为分散的 Y 总体的样本更为可取吗？但这样做会限制 X 值的变动。

现在，借助假定 4，我们说，对应于不同 X 值的全部 Y 值都具有同样的重要性。在第 11 章中，我们将看到如果情况不是这样，即存在异方差性，又会发生什么。

顺便提请注意，假定 4 意味着 Y_i 的条件方差也是同方差的，也就是说：

$$\text{var}(Y_i \mid X_i) = \sigma^2 \tag{3.2.4}$$

当然，Y 的无条件方差为 σ_Y^2。以后我们将会看到区分 Y 的条件方差和无条件方差的重要性。（关于条件方差和无条件方差的详细讨论，可参看附录 A。）

假定 5：各个干扰项之间无自相关。 给定任意两个 X 值——X_i 和 X_j（$i \neq j$），u_i 和 u_j 的相关系数为零。简单地说，观测是相互独立的。用符号表示为：

$$\text{cov}(u_i, u_j \mid X_i, X_j) = 0 \tag{3.2.5}$$

$$\text{cov}(u_i, u_j) = 0 \quad \text{若 } X \text{ 是非随机的}$$

其中 i 和 j 为两次不同的观测，而 cov 表示协方差。

从字面上说，方程（3.2.5）设定干扰项 u_i 和 u_j 不相关。用专业术语来说，这是无序列相关（no serial correlation）或无自相关（no autocorrelation）假定。这就意味着，给定 X_i，任意两个 Y 值与其均值的离差都不会表现出如图 3-6（a）和图 3-6（b）那样的模式。在图 3-6（a）中的 u 值是正相关的，即正的 u 伴随着正的 u，或负的 u 伴随着负的 u。图 3-6（b）的 u 值则是负相关的，即正（负）的 u 伴随着负（正）的 u。

如果这些干扰项（离差）展现出某种系统性模式，如图 3-6（a）和图 3-6（b）那样，就表明它们有自相关或序列相关。假定 5 要求不要有这种相关。图 3-6（c）表示 u 之间没有这种系统性模式，即零相关。

在第 12 章，我们将透彻地解释这一假定的全部含义。但直观上，我们可以对此假定进行如下解释：设想在我们的 PRF（$Y_t = \beta_1 + \beta_2 X_t + u_t$）中，$u_t$ 和 u_{t-1} 正相关，那么 Y_t 不仅依赖于 X_t，而且依赖于 u_{t-1}，因为 u_{t-1} 在一定程度上决定了 u_t。在讨论这一主题的现阶段，我们要利用假定 5，也就是说，我们将只考虑 X_t 对 Y_t 的系统性影响和是否有影响，而不去担心由 u 之间可能的相关造成的其他可能作用于 Y 的影响。但是，如同在第 12 章中指出的那样，我们能对这些干扰项之间的相关性做出分析并察看其后果。

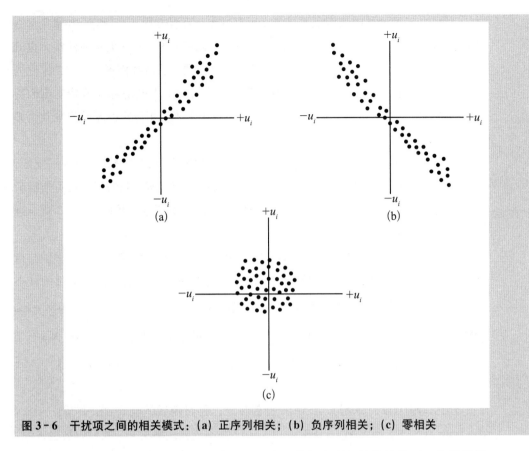

图 3 - 6　干扰项之间的相关模式：(a) 正序列相关；(b) 负序列相关；(c) 零相关

　　但这里应该补充说明，此假定的合理性取决于分析中所用数据的类型，如果是横截面数据，又是取自一个相关总体的随机样本，那么这个假定通常是合理的。不过，如果是时间序列数据，那么由于 GDP 这类时间序列数据的连续观测之间高度相关，因此独立性假定难以成立，本书后面讲时间序列计量经济学时会处理这种情形。

　　假定 6：观测次数 n 必须大于待估计的参数个数。 另一种说法是，观测次数 n 必须大于解释变量的个数。

　　这一假定并非可有可无。在表 3 - 1 假设的例子中，不妨设想我们只有对 Y 和 X 的第一对观测值（4 和 1），这样就无法由单一的观测去估计两个未知数 β_1 和 β_2。我们至少需要两对观测值来估计两个未知数。在下一章里，我们将会认识到这一假定的关键作用。

　　假定 7：X 变量的性质。 在一个给定的样本中，X 值不可以全部相同。用专业术语来说，$\mathrm{var}(X)$ 是有限的正数，而且 X 变量的取值没有异常（outlier），即没有一个 X 值相对其余观测值而言过大或过小。

3

这一关于 X 变量的假定也不是那么可有可无。且看方程（3.1.6）。如果全部 X 值都相同，则 $X_i = \bar{X}$。（为什么？）该方程的分母就变为零，从而无法估计 β_2，也就无法估计 β_1。凭直觉我们就能看出此假定为什么重要。看看我们第 2 章中的家庭周消费支出的例子，如果家庭周收入很少变动，我们就不太能解释周消费支出的变化。读者应该记住，要把回归分析作为一种研究工具来使用，Y 和 X 均有变化是必不可少的。简言之，变量必须在变！

X 变量的取值没有异常的要求是为了避免回归结果受到这种异常观测的支配。如果有少数 X 值是 X 均值的 20 倍，使用这些观测与否，所得到的回归线可能极为不同。这种异常常常是计算错误或混淆不同总体的样本所致。我们在第 13 章会进一步讨论这个问题。

现在我们对经典线性回归模型背后的假定已经讨论得足够充分了。这里强调指出，所有这些假定都是针对 PRF 而非 SRF。有意思的是，我们前面讨论过的最小二乘法，其某些性质类似于我们对 PRF 所做的假定。比如，$\sum \hat{u}_i = 0$，因而 $\bar{\hat{u}} = 0$ 就类似于假定 $E(u_i \mid X_i) = 0$，同样，$\sum \hat{u}_i X_i = 0$ 的结论也类似于 $\text{cov}(u_i, X_i) = 0$ 的假定。注意到最小二乘法试图"复制"我们对 PRF 所做的一些假定，这令人欣喜不已。

当然，SRF 没有复制 CLRM 的所有假定，我们稍后将会看到，尽管 $\text{cov}(u_i, u_j) = 0 (i \neq j)$，但 $\text{cov}(\hat{u}_i, \hat{u}_j) = 0 (i \neq j)$ 并不成立。事实上，我们以后会说明，残差不仅自相关，而且还是异方差的（见第 12 章）。

对这些假定的讨论

一个非常有价值的问题是：所有这些假定有多真实？这个"假定现实性"的问题是科学哲学中的一个古老问题。有些人称假定是否真实无关紧要，重要的是基于这些假定的预测。以"假定无关紧要论"著称的有弗里德曼，对他来说，假定的非真实性有着积极的意义。[1]

我们可以不完全赞同这一观点，但回想一下在任何科学研究中我们做某些假定都是因为它们便于逐步开展我们的主题研究，并不是因为它们在准确地复制现实的意义上必然是真实的。正如一位作者所说："如果简单性是好的理论所盼望的一个准则，那么所有好的理论都将毫无禁忌地理想化和简单化。"[2]

我们的计划是先透彻地研究 CLRM 的性质，然后在以后的篇章里深入分析如果 CLRM 的一个或多个假定不成立会出现什么情况。我们在本章表 3-4 中给出了一个指南，告诉读者到哪里去查看当某一特定的假定不被满足时所发生的情况。

---

[1] Milton Friedman，*Essays in Positive Economics*，University of Chicago Press，Chicago，1953，p. 14.

[2] Mark Blaug，*The Methodology of Economics：Or How Economists Explain*，2d ed.，Cambridge University Press，New York，1992，p. 92.

正如一位同僚向我指出的那样，当我们评阅他人的研究工作时，我们需要考虑研究者的假定是否切合他的数据和问题。经常出现的情况是，已发表的研究论文有赖于对问题和数据所做的隐含假定。这些假定可能不正确，而所做出的估计却以它们为依据。显然，有见识的读者看到这种问题应对研究工作持有怀疑态度。表 3-4 中所列的情况对于指导我们自己的研究和评价别人的研究都是一份检查目录。

有了这些背景，我们现在就可以开始研究 CLRM 了。具体而言，我们想比较 OLS 的统计性质（statistical properties）和先前讲的纯数值性质（numerical prop-erties），OLS 的统计性质以 CLRM 的假定为依据，并且在著名的高斯-马尔可夫定理（Gauss-Markov theorem）中被奉若神明。但在我们转到这个定理（为 OLS 广为应用提供理论解释的定理）之前，我们需要先考虑最小二乘估计的精度（preci-sion）或标准误（standard error）。

3.3　最小二乘估计的精度或标准误

根据方程（3.1.6）和（3.1.7），显然最小二乘估计值是样本数据的函数。但因数据会随样本的变化而变化，所以估计值也必定随之改变。因此需要有关于估计量 $\hat{\beta}_1$ 和 $\hat{\beta}_2$ 的"可靠性"或精度的某种度量。在统计学中，一个估计量的精度由它的标准误（se）来衡量。[①] 附录 3A 的 3A.3 节证明，在高斯的假定下，OLS 估计量的标准误可表示如下：

$$\operatorname{var}(\hat{\beta}_2) = \frac{\sigma^2}{\sum x_i^2} \tag{3.3.1}$$

$$\operatorname{se}(\hat{\beta}_2) = \frac{\sigma}{\sqrt{\sum x_i^2}} \tag{3.3.2}$$

$$\operatorname{var}(\hat{\beta}_1) = \frac{\sum X_i^2}{n \sum x_i^2} \sigma^2 \tag{3.3.3}$$

$$\operatorname{se}(\hat{\beta}_1) = \sqrt{\frac{\sum X_i^2}{n \sum x_i^2}} \sigma \tag{3.3.4}$$

其中 var 是方差而 se 是标准误，并且 σ^2 为常数或假定 4 中 u_i 的共同方差。

除 σ^2 以外，上述方程中的一切变量均可从数据中估计出来。如附录 3A 的

---

① 标准误无非估计量的抽样分布的标准差，而一个估计量的抽样分布无非该估计量的概率或频率分布，也就是得自给定总体的容量相同的所有可能样本的估计值的一个分布。抽样分布的使用是为了能根据从一个或多个样本计算出来的估计值去推断总体的参数值。（详见附录 A。）

3A. 5 节所推导的那样，σ^2 由如下公式来估计：

$$\hat{\sigma}^2 = \frac{\sum \hat{u}_i^2}{n-2} \tag{3.3.5}$$

其中 $\hat{\sigma}^2$ 是真正的但未知的 σ^2 的 OLS 估计量，表达式 $n-2$ 被称为自由度（degree of freedom，df），$\sum \hat{u}_i^2$ 则表示残差平方和或剩（残）余平方和（residual sum of squares，RSS）。[①]

一旦获知 $\sum \hat{u}_i^2$，σ^2 就很容易计算。$\sum \hat{u}_i^2$ 既可由方程（3.1.2）算出，也可由下面的表达式（证明见 3.5 节）计算：

$$\sum \hat{u}_i^2 = \sum y_i^2 - \hat{\beta}_2^2 \sum x_i^2 \tag{3.3.6}$$

和方程（3.1.2）相比，方程（3.3.6）易于使用，后者并不要求计算每次观测的 $\hat{u}_i$，尽管这种计算本身有它的用处（在第 11 和 12 章中我们将看到这一点）。

因为

$$\hat{\beta}_2 = \frac{\sum x_i y_i}{\sum x_i^2}$$

所以计算 $\sum \hat{u}_i^2$ 的另一表达式是：

$$\sum \hat{u}_i^2 = \sum y_i^2 - \frac{\left(\sum x_i y_i\right)^2}{\sum x_i^2} \tag{3.3.7}$$

顺便提一下，$\hat{\sigma}^2$ 的正平方根

$$\hat{\sigma} = \sqrt{\frac{\sum \hat{u}_i^2}{n-2}} \tag{3.3.8}$$

被称为估计值的标准误（standard error of estimate）或回归标准误（standard error of the regression）。它无非 Y 值围绕估计回归线波动的标准差，并常用于衡量所估计的回归线的拟合优度（goodness of fit），这是 3.5 节要讨论的专题。

我们在前面曾经指出，对于给定的 X_i，σ^2 同时代表 u_i 和 Y_i 的（条件）方差。因此，估计值的标准误也可叫做 u_i 和 Y_i 的（条件）标准差。当然，和平常一样，σ_Y^2 和 σ_Y 分别代表 Y 的无条件方差和无条件标准差。

注意 $\hat{\beta}_1$ 和 $\hat{\beta}_2$ 的方差（并因而它们的标准误）有如下特点：

（1）$\hat{\beta}_2$ 的方差与 σ^2 成正比，而与 $\sum x_i^2$ 成反比。也就是说，对于给定的 σ^2，X

---

① "自由度"一词指样本中观测值的总数（$=n$）减去相互独立的（线性）约束或限制的个数。换句话说，它是观测值的总个数中独立的观测值个数。例如，在计算出 RSS（3.1.2）之前必须先算出 $\hat{\beta}_1$ 和 $\hat{\beta}_2$。这两个估计值就是附加给 RSS 的两个约束。因此，在计算 RSS 时，就只有 $n-2$ 而不是 n 个独立观测值。按照这一逻辑，在三变量回归中 RSS 将有 $n-3$ 个自由度。至于 k 变量模型，它就有 $n-k$ 个自由度。一般的规律是：自由度个数 $=n-$ 待估参数的个数。

值的变化越大，$\hat{\beta}_2$ 的方差越小，从而 β_2 得以用更大的精度加以估计。简言之，给定 σ^2，X 值有大的变化时比没有大的变化时 β_2 的测算更为准确。另外，给定 $\sum x_i^2$，方差 σ^2 越大，$\hat{\beta}_2$ 的方差也越大。注意，随着样本容量 n 的增加，总和 $\sum x_i^2$ 中的项数将增加。β_2 的估计精度可随 n 的增加而增加。（为什么？）

（2）$\hat{\beta}_1$ 的方差与 σ^2 和 $\sum X_i^2$ 成正比，而与 $\sum x_i^2$ 和样本容量 n 成反比。

（3）由于 $\hat{\beta}_1$ 和 $\hat{\beta}_2$ 是估计量，所以它们不仅随着样本的变化而变化，而且对于一个给定样本，它们还可能是互相依赖的。这种依赖性将由它们之间的协方差来衡量。在附录 3A 的 3A.4 节中，我们证明：

$$
\begin{aligned}
\text{cov}(\hat{\beta}_1, \hat{\beta}_2) &= -\overline{X}\text{var}(\hat{\beta}_2) \\
&= -\overline{X}\left(\frac{\sigma^2}{\sum x_i^2}\right)
\end{aligned}
\tag{3.3.9}
$$

因为和任何变量的方差一样，$\text{var}(\hat{\beta}_2)$ 总是正的，所以 $\hat{\beta}_1$ 和 $\hat{\beta}_2$ 之间的协方差是正是负与 $\overline{X}$ 的符号有关。如果 $\overline{X}$ 是正的，那么从公式可以看出，协方差将是负的。这时，如果斜率系数 β_2 被过高估计，则截距项 β_1 将被过低估计。以后（特别是在讨论多重共线性的一章即第 10 章里）我们将看到，研究所估计的回归系数之间的协方差是有用的。

回归系数估计量（$\hat{\beta}_1$ 和 $\hat{\beta}_2$）的方差又怎样能够用来判断这些估计的可靠性呢？这是一个统计推断问题，将在第 4 章和第 5 章里继续讨论。

3.4　最小二乘估计量的性质：高斯-马尔可夫定理[①]

前面曾指出，在给定经典线性回归模型的假定条件下，最小二乘估计具有一些理想的或最优的性质。这些性质包含在著名的高斯-马尔可夫定理之中。为阐明此定理，需要考虑一个估计量的最优线性无偏性质（best linear unbiasedness property）。[②] 如在附录 A 中所解释的那样，一个估计量，比方说，OLS 估计量 $\hat{\beta}_2$，要成为 β_2 的最优线性无偏估计量（BLUE），就必须满足下列条件：

（1）它是线性的（linear），即它是诸如回归模型中的因变量 Y 这种随机变量的线性函数。

（2）它是无偏的（unbiased），即它的均值或期望值 $E(\hat{\beta}_2)$ 等于真值 β_2。

（3）它在所有这样的线性无偏估计量中有最小方差；有最小方差的无偏估计量叫做有效估计量（efficient estimator）。

---

① 虽然该方法最终以高斯-马尔可夫定理命名，但高斯的最小二乘法（1821）要早于马尔可夫的最小方差方法（1900）。

② 关于线性估计量的重要意义以及关于统计估计量的优良性质的一般讨论，读者可参考附录 A。

在回归的背景中，可以证明，OLS 估计量是 BLUE。这就是著名的高斯-马尔可夫定理的精髓，可叙述为：

高斯-马尔可夫定理

在给定经典线性回归模型的假定下，最小二乘估计量在所有线性无偏估计量中具有最小方差，也就是说，它们是最优线性无偏估计量。

附录 3A 的 3A.6 节给出了这一定理的证明。随着本书内容的推进，高斯-马尔可夫定理的全部含义将逐渐分明。这里只需指出，该定理在理论上和实践上都是重要的。[①]

所有这些含义都可以通过图 3-7 加以解释。

在图 3-7（a）中我们给出了 OLS 估计量 $\hat{\beta}_2$ 的抽样分布（sampling distribution），即在重复抽样中 $\hat{\beta}_2$ 取值的分布。为方便起见，我们假定 $\hat{\beta}_2$ 是对称分布的（进一步的讨论见第 4 章）。如图所示，$\hat{\beta}_2$ 的均值 $E(\hat{\beta}_2)$ 等于 β_2。这时我们说 $\hat{\beta}_2$ 是 β_2 的一个无偏估计量。在图 3-7（b）中我们展示了使用另一种方法（不是 OLS）得到的 β_2 的一个无偏估计量 β_2^* 的抽样分布。为方便起见，仍假定 β_2^* 和 $\hat{\beta}_2$ 一样是无偏

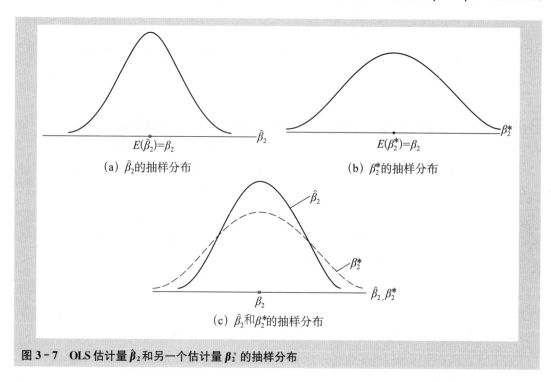

(a) $\hat{\beta}_2$ 的抽样分布

(b) β_2^* 的抽样分布

(c) $\hat{\beta}_2$ 和 β_2^* 的抽样分布

图 3-7　OLS 估计量 $\hat{\beta}_2$ 和另一个估计量 β_2^* 的抽样分布

[①] 例如，可以证明 β 的任意线性组合如 $(\beta_1-2\beta_2)$ 可由 $(\hat{\beta}_1-2\hat{\beta}_2)$ 来估计，并且这一估计是 BLUE。详见 Henri Theil, *Introduction to Econometrics*, Prentice-Hall, Englewood Cliffs, NJ, 1978, pp. 401-402。注意对高斯-马尔可夫定理的一个技术性观点，即它只为 OLS 的有效性提供了一个充分（但不必要）条件。感谢西澳大利亚大学的迈克尔·麦卡利尔（Michael McAleer）让我注意到这个观点。

的，即其均值或期望值等于 β_2。再假定 β_2^* 和 $\hat{\beta}_2$ 都是线性估计量，即它们都是 Y 的线性函数。试问你会选取哪一个估计量，β_2^* 还是 $\hat{\beta}_2$？

要回答这一问题，可以把两个图形重叠起来，如图 3 - 7（c）那样。显然，尽管 $\hat{\beta}_2$ 和 β_2^* 两者都是无偏的，但 β_2^* 的分布比 $\hat{\beta}_2$ 的分布围绕均值扩散得更广。换句话说，β_2^* 的方差比 $\hat{\beta}_2$ 的方差要大。既然两个估计量都是线性和无偏的，人们就会选择有较小方差的估计量，因为它比另一个估计量更可能接近 β_2。简单地说，人们会选择最优线性无偏估计量。

关于高斯-马尔可夫定理，值得一提的是，它并没有假定随机干扰项 u_i 的概率分布，对 Y_i 也一样（我们在下一章中将考虑这一点）。只要满足 CLRM 假定，定理结论就成立。这样，我们就无须寻找其他的线性无偏估计量了，因为我们将不会找到比 OLS 估计量的方差更小的估计量。当然，如果一个或多个假定条件不被满足，则定理结论不成立。例如，如果考虑对参数非线性的回归模型（我们将在第 14 章中讨论），我们能够得到比 OLS 估计量更好的估计量。同样，如同我们将在主要介绍异方差性的一章中所讲的那样，如果不满足同方差性，那么此时 OLS 估计量仍然是无偏的和一致的，但是即使在线性估计量中，OLS 估计量也不是方差最小的。

刚才讨论的统计性质被称为有限样本性质（finite sample properties）：这些性质的成立与估计量所依据的样本容量无关。以后我们还有机会考虑渐近性质（asymptotic properties），即仅当样本非常大（从技术上讲，无穷大）时才会成立的性质。附录 A 对估计量的有限样本性质和大样本的渐近性质有一个一般性的讨论。

3.5　判定系数 r^2："拟合优度"的一个度量

直到现在为止，我们考虑的是估计回归系数的问题、它们的标准误以及它们的一些性质。现在我们来考虑对一组数据所拟合的回归线的拟合优度。也就是说，我们要说出这条样本回归线对数据拟合得有多好。由图 3 - 1 可以看出，如果全部观测点都落在样本回归线上，我们就得到了一个"完美"的拟合。但是这种情形很少发生。一般的情形是，总有一些正的 $\hat{u}_i$ 和一些负的 $\hat{u}_i$。我们所能希望的仅是这些围绕着样本回归线的残差尽可能小。判定系数（coefficient of determination）r^2（双变量情形）或 R^2（多变量情形）就是对这条样本回归线对数据拟合效果的一个总度量。

在我们说明怎样计算 r^2 之前，先通过维恩图（Venn diagram）或百龄坛图（Ballentine）对 r^2 做一个直观的解释，如图 3 - 8 所示。[1]

---

[1]　参阅 Peter Kennedy，"Ballentine：A Graphical Aid for Econometrics," *Australian Economics Papers*，vol. 20，1981，pp. 414 - 416。名字百龄坛来自著名的百龄坛酒的徽标。

3

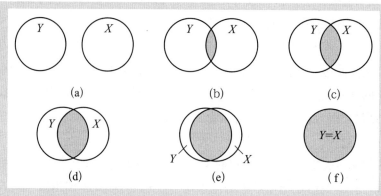

图 3-8　通过百龄坛图看 r^2：(a) $r^2=0$；(f) $r^2=1$

　　在此图中，圆圈 Y 代表因变量 Y 的变异，圆圈 X 代表解释变量 X 的变异。[1] 两圆的重叠部分代表 Y 的变异可由 X 的变异（比如说，通过 OLS 回归）解释的程度。重叠程度越大，Y 的变异被 X 的变异解释得越多。r^2 无非这一重叠部分的一个数值度量。在此图中，从左到右，重叠部分渐增，即 Y 的变异被 X 的变异解释的部分依次变大，也就是说，越来越多的 Y 的变异被 X 的变异所解释。简单地说，r^2 在增加。在无重叠时，r^2 显然为零，但若全部重叠，则 r^2 为 1，此时 Y 的变异百分之百地由 X 的变异所解释。下面我们很快看到，r^2 落在 0 和 1 之间。

　　计算 r^2 的步骤如下：回顾

$$Y_i = \hat{Y}_i + \hat{u}_i \tag{2.6.3}$$

或利用方程（3.1.13）和（3.1.14）写成离差形式：

$$y_i = \hat{y}_i + \hat{u}_i \tag{3.5.1}$$

两边取平方并对样本求和，因为 $\sum \hat{y}_i \hat{u}_i = 0$（为什么？）且 $\hat{y}_i = \hat{\beta}_2 x_i$，便得到：

$$
\begin{aligned}
\sum y_i^2 &= \sum \hat{y}_i^2 + \sum \hat{u}_i^2 + 2\sum \hat{y}_i \hat{u}_i \\
&= \sum \hat{y}_i^2 + \sum \hat{u}_i^2 \\
&= \hat{\beta}_2^2 \sum x_i^2 + \sum \hat{u}_i^2
\end{aligned} \tag{3.5.2}
$$

　　出现在方程（3.5.2）中的各项平方和可描述为 $\sum y_i^2 = \sum (Y_i - \bar{Y})^2 =$ 实际 Y 值围绕其均值的总变异，可称为总平方和（total sum of squares，TSS）。$\sum \hat{y}_i^2 = \sum (\hat{Y}_i - \bar{\hat{Y}})^2 = \sum (\hat{Y}_i - \bar{Y})^2 = \hat{\beta}_2^2 \sum x_i^2 =$ 估计的 Y 值围绕其均值（$\bar{\hat{Y}} = \bar{Y}$）的变异，可适当地称其为回归（即来自解释变量的）平方和，或者说，由回归解释的平方和，或简称解释平方和（explained sum of squares，ESS）。$\sum \hat{u}_i^2 =$ 估计的 Y 值围

---

　　[1] 变异一词和方差有所不同。变异指一个变量对其均值的离差平方和，而方差指此平方和除以适当的自由度。简言之，方差＝变异/自由度。

绕回归线的变异未被解释的（unexplained）或残差（或剩余）部分，或简称残差平方和（residual sum of squares，RSS）。因此，方程（3.5.2）就是：

$$TSS = ESS + RSS \tag{3.5.3}$$

这说明 Y 的观测值围绕其均值的总变异可分解为两部分，一部分来自回归线，而另一部分则来自随机因素，因为 Y 的所有实际观测值并非都落在拟合线上。从几何意义上看，可画出图 3-9。

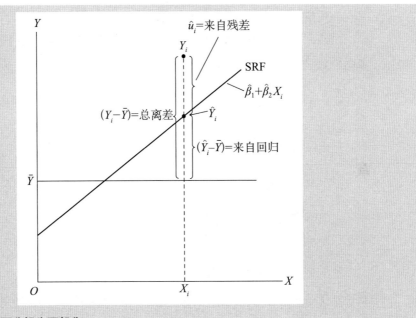

图 3-9 Y_i 的变异可分解为两部分

现用 TSS 除方程（3.5.3）的两边得：

$$1 = \frac{ESS}{TSS} + \frac{RSS}{TSS}$$

$$= \frac{\sum (\hat{Y}_i - \bar{Y})^2}{\sum (Y_i - \bar{Y})^2} + \frac{\sum \hat{u}_i^2}{\sum (Y_i - \bar{Y})^2} \tag{3.5.4}$$

我们定义 r^2 为：

$$r^2 = \frac{\sum (\hat{Y}_i - \bar{Y})^2}{\sum (Y_i - \bar{Y})^2} = \frac{ESS}{TSS} \tag{3.5.5}$$

或者可写成另一种形式：

$$r^2 = 1 - \frac{\sum \hat{u}_i^2}{\sum (Y_i - \bar{Y})^2} \tag{3.5.5a}$$

$$= 1 - \frac{RSS}{TSS}$$

如上定义的数量 r^2 被称为（样本）判定系数，它是对回归线拟合优度的最为常用的度量，字面上讲，r^2 测度了在 Y 的总变异中由回归模型解释的那个部分所占的比例或百分比。

注意 r^2 的两个性质：

（1）它是一个非负量。（为什么?）

（2）它的界限为 $0 \leqslant r^2 \leqslant 1$。等于 1 的 r^2 意味着一个完美的拟合，即对每个 i 都有 $\hat{Y}_i = Y_i$。另外，等于 0 的 r^2 意味着回归值与回归元之间无任何关系（即 $\hat{\beta}_2 = 0$）。这时，如方程（3.1.9）所示，$\hat{Y}_i = \hat{\beta}_1 = \bar{Y}$，也就是说，对任一 Y 值的最优预测值都是它的均值，从而回归线平行于 X 轴。

虽然 r^2 可按方程（3.5.5）所给的定义直接计算，但利用下面的公式能更快捷地求得：

$$
\begin{aligned}
r^2 &= \frac{\text{ESS}}{\text{TSS}} \\
&= \frac{\sum \hat{y}_i^2}{\sum y_i^2} \\
&= \frac{\hat{\beta}_2^2 \sum x_i^2}{\sum y_i^2} \\
&= \hat{\beta}_2^2 \left[\frac{\sum x_i^2}{\sum y_i^2} \right]
\end{aligned} \tag{3.5.6}
$$

若将方程（3.5.6）中的分子与分母同时除以样本容量 n（或者对小样本用 $n-1$），就有：

$$
r^2 = \hat{\beta}_2^2 \left(\frac{S_x^2}{S_y^2} \right) \tag{3.5.7}
$$

其中 S_y^2 和 S_x^2 分别是 Y 和 X 的样本方差。

由于 $\hat{\beta}_2 = \sum x_i y_i / \sum x_i^2$，方程（3.5.6）还可表达成：

$$
r^2 = \frac{\left(\sum x_i y_i \right)^2}{\sum x_i^2 \sum y_i^2} \tag{3.5.8}
$$

这是一个容易计算的表达式。

给定 r^2 的定义，可将上面讨论过的 ESS 和 RSS 表达如下：

$$
\begin{aligned}
\text{ESS} &= r^2 \cdot \text{TSS} \\
&= r^2 \sum y_i^2
\end{aligned} \tag{3.5.9}
$$

$$
\begin{aligned}
\text{RSS} &= \text{TSS} - \text{ESS} \\
&= \text{TSS}(1 - \text{ESS}/\text{TSS}) \\
&= \sum y_i^2 \cdot (1 - r^2)
\end{aligned} \tag{3.5.10}
$$

由此可以写成：

$$TSS = ESS + RSS$$
$$\sum y_i^2 = r^2 \sum y_i^2 + (1 - r^2) \sum y_i^2 \tag{3.5.11}$$

我们以后会看到，这是非常有用的表达式。

与 r^2 关系紧密但概念上与 r^2 很不相同的一个数量是相关系数，如第 1 章所述，它测度两个变量之间的关联度。它既可由下式算出：

$$r = \pm \sqrt{r^2} \tag{3.5.12}$$

也可从它的定义算出：

$$r = \frac{\sum x_i y_i}{\sqrt{\left(\sum x_i^2\right)\left(\sum y_i^2\right)}}$$
$$= \frac{n \sum X_i Y_i - \left(\sum X_i\right)\left(\sum Y_i\right)}{\sqrt{\left[n \sum X_i^2 - \left(\sum X_i\right)^2\right]\left[n \sum Y_i^2 - \left(\sum Y_i\right)^2\right]}} \tag{3.5.13}$$

该定义被称为样本相关系数（sample correlation coefficient）。[①]

r 具有如下性质（见图 3-10）：

（1）它可正可负，其符号与方程（3.5.13）的分子即两变量的协变异（covariation）符号相同。

（2）它落在极限 -1 和 $+1$ 之间，即 $-1 \leqslant r \leqslant 1$。

（3）它具有对称性，即 X 与 Y 之间的相关系数（r_{XY}）和 Y 与 X 之间的相关系数（r_{YX}）相同。

（4）它与原点和尺度都无关，即如果定义 $X_i^* = aX_i + c$ 和 $Y_i^* = bY_i + d$，其中 $a > 0$，$b > 0$，且 c 和 d 都是常数，则 X^* 和 Y^* 之间的 r 无异于原始变量 X 与 Y 之间的 r。

（5）如果 X 与 Y 统计上独立（参看附录 A 中的定义），则它们之间的相关系数为零；但反过来 $r = 0$ 不等于说两个变量是独立的。换句话说，零相关并不一定意味着独立性。［见图 3-10（h）。］

（6）它仅是线性关联或线性相依的一个度量，它不能用于描述非线性关系。例如，在图 3-10（h）中 $Y = X^2$ 是一个准确的关系式，然而 r 为零。（为什么？）

（7）如第 1 章中所指出的那样，虽然它是两个变量之间线性关联的一个度量，却不一定有因果关系的含义。

在回归分析中，r^2 是一个比 r 更有意义的度量，因为前者告诉我们在因变量的变异中由解释变量解释的部分所占的比例，它对一个变量的变异在多大程度上决定

---

① 总体相关系数记为 ρ，其定义见附录 A。

另一个变量的变异提供了一个总的度量。而后者则没有这种价值。[1] 此外，如下面我们将会看到的，在一个多元回归模型中，对 $r(=R)$ 做的解释有多大的价值是一个疑问。不管怎样，在第 7 章，我们还要进一步讨论 r^2。

顺便指出，前面定义的 r^2 还可作为实际 Y_i 与 Y_i 的估计值（即 $\hat{Y}_i$）之间的相关系数的平方来计算。也就是可利用方程（3.5.13）把它写为：

$$r^2 = \frac{\left[\sum (Y_i - \overline{Y})(\hat{Y}_i - \overline{Y}) \right]^2}{\sum (Y_i - \overline{Y})^2 \sum (\hat{Y}_i - \overline{Y})^2}$$

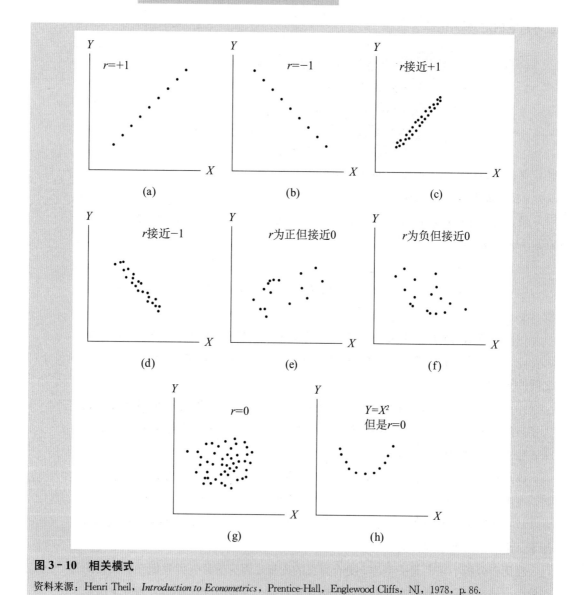

图 3-10　相关模式

资料来源：Henri Theil，*Introduction to Econometrics*，Prentice-Hall，Englewood Cliffs，NJ，1978，p. 86.

---

[1]　回归模型所依据的基础理论表明，Y 与 X 之间的因果方向在简单回归中一般地说是从 X 到 Y 的。

也即：

$$r^2 = \frac{\left(\sum y_i \hat{y}_i\right)^2}{\left(\sum y_i^2\right)\left(\sum \hat{y}_i^2\right)} \qquad (3.5.14)$$

其中 $Y_i = Y$ 的实际值，$\hat{Y}_i = Y$ 的估计值，而 $\overline{Y} = \overline{\hat{Y}} = Y$ 的均值。有关证明见习题 3.15。表达式（3.5.14）解释了为什么把 r^2 描述成拟合优度的一个度量，这是因为它告诉我们 Y 的估计值和它的真实值靠得有多近。

3.6 一个数值例子

我们将通过考虑表 2-6 中给出的数据来解释到目前为止所介绍的计量经济理论，这些数据反映了平均小时工资（Y）与受教育程度（X）之间的关系。基本的劳动经济理论告诉我们，在各种变量中，受教育程度是平均小时工资的一个重要决定因素。

为了估计教育对工资的影响，我们在表 3-2 中给出了必要的原始数据。

表 3-2　　　　　　　　　　　基于表 2-6 计算的原始数据

观测	Y	X	x	y	x_i^2	$x_i y_i$
1	4.456 7	6	−6	−4.218	36	25.308
2	5.77	7	−5	−2.904 7	25	14.523 5
3	5.978 7	8	−4	−2.696	16	10.784
4	7.331 7	9	−3	−1.343	9	4.029
5	7.318 2	10	−2	−1.356 5	4	2.713
6	6.584 4	11	−1	−2.090 3	1	2.090 3
7	7.818 2	12	0	−0.856 5	0	0
8	7.835 1	13	1	−0.839 6	1	−0.839 6
9	11.022 3	14	2	2.347 6	4	4.695 2
10	10.673 8	15	3	1.999 1	9	5.997 3
11	10.836 1	16	4	2.161 4	16	8.645 6
12	13.615	17	5	4.940 3	25	24.701 5
13	13.531	18	6	4.856 3	36	29.137 8
总计	112.771 2	156	0	0	182	131.785 6

观测	Y_i^2	X_i^2	$\hat{Y}_i$	$\hat{u}_i = Y_i - \hat{Y}$	$\hat{u}_i^2$
1	19.862 17	36	4.165 294	0.291 406	0.084 917
2	33.292 9	49	4.916 863	0.853 137	0.727 843
3	35.744 85	64	5.668 432	0.310 268	0.096 266
4	53.753 82	81	6.420 001	0.911 699	0.831 195
5	53.556 05	100	7.171 57	0.146 63	0.021 5
6	43.354 32	121	7.923 139	−1.338 74	1.792 222
7	61.124 25	144	8.674 708	−0.856 51	0.733 606
8	61.388 79	169	9.426 277	−1.591 18	2.531 844
9	121.491 1	196	10.177 85	0.844 454	0.713 103
10	113.93	225	10.929 41	−0.255 62	0.065 339
11	117.421 1	256	11.680 98	−0.844 88	0.713 829

续表

观测	Y_i^2	X_i^2	$\hat{Y}_i$	$\hat{u}_i = Y_i - \hat{Y}$	$\hat{u}_i^2$
12	185.368 2	289	12.432 55	1.182 447	1.398 181
13	183.088	324	13.184 12	0.346 878	0.120 324
总计	1 083.376	2 054	112.771 2	0	9.830 17

注：$x_i = X_i - \overline{X}$；$y_i = Y_i - \overline{Y}$；

$$\hat{\beta}_2 = \frac{\sum x_i y_i}{\sum x_i^2} = \frac{131.785\,6}{182} = 0.724\,096\,7;$$

$$\hat{\beta}_1 = \overline{Y} - \hat{\beta}_2 \overline{X} = 8.674\,708 - 0.724\,096\,7 \times 12 = -0.014\,45;$$

$$\hat{\sigma}^2 = \frac{\sum \hat{u}_i^2}{n-2} = \frac{9.830\,17}{11} = 0.893\,652;\ \hat{\sigma} = 0.945\,332;$$

$$\mathrm{var}\,(\hat{\beta}_2) = \frac{\hat{\sigma}^2}{\sum x_i^2} = \frac{0.893\,652}{182} = 0.004\,910;\ \mathrm{se}(\hat{\beta}_2) = 0.070\,072;$$

$$r^2 = 1 - \frac{\sum \hat{u}_i^2}{\sum (Y_i - \overline{Y})^2} = 1 - \frac{9.830\,17}{105.118\,8} = 0.906\,5;\ r = \sqrt{r^2} = 0.952\,1;$$

$$\mathrm{var}\,(\hat{\beta}_1) = \frac{\sum X_i^2 \hat{\sigma}^2}{n \sum x_i^2} = \frac{2\,054 \times 0.893\,652}{13 \times 182} = 0.775\,808;\ \mathrm{se}(\hat{\beta}_1) = \sqrt{0.775\,808} = 0.880\,800。^*$$

根据表中数据，我们得到的回归线如下：

$$\hat{Y}_i = -0.014\,4 + 0.724\,0 X_i \tag{3.6.1}$$

这条估计的回归线如图 3-11 所示。

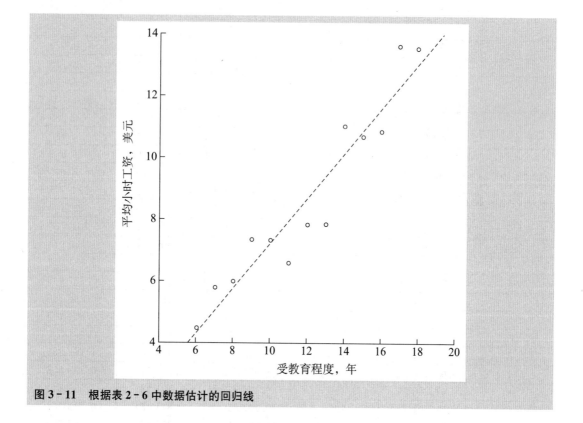

图 3-11　根据表 2-6 中数据估计的回归线

＊ 注意，对于最后两个公式的计算原书有错误，此处已修改。——译者注

正如我们所知道的那样，回归线上的每个点都给出了在给定所选 X 值的情况下对 Y 均值的一个估计，也就是说，$\hat{Y}_i$ 是对 $E(Y \mid X_i)$ 的一个估计。$\hat{\beta}_2 = 0.724\,0$ 度量了这条回归线的斜率，在 X 介于 $6 \sim 18$ 年受教育程度的样本区间内，X 每增加 1 年，估计平均小时工资约提高 72 美分。也就是说，多接受 1 年教育，平均而言，每小时挣的工资将提高约 72 美分。

回归线的截距项 $\hat{\beta}_1 = -0.014\,4$ 表示受教育程度为零时的平均工资水平。在目前的情况下，对截距项做这种字面解释没有意义。工资怎么可能为负呢？正如我们在全书中将看到的那样，截距项经常没有可靠的实际意义。而且，受教育程度为零也不是我们的样本中观测的受教育程度水平。正如我们在第 5 章将看到的那样，截距项的观测值在统计上与零没有差异。

约等于 0.90 的 r^2 值表明，受教育程度解释了平均小时工资变异的约 90%。考虑到 r^2 充其量也只能等于 1，所以我们的回归线对数据的拟合相当不错。相关系数 $r = 0.952\,1$ 表明，工资与受教育程度高度正相关。

在我们结束本例之前，注意我们的模型是极其简单的。劳动经济理论告诉我们，除了受教育程度之外，性别、种族、居住地、是否加入工会以及语言等也是决定小时工资的重要因素。在我们学习了第 7 章和第 8 章的多元回归之后，我们会考虑工资决定的一个更大的模型。

3.7　说明性例子

例 3.1　美国消费-收入关系：1960—2005 年

让我们回到引言的表 I-1 中给出的消费和收入数据。我们已经在图 I-3 及估计的回归线方程（I.3.3）中展示了这些数据。记 Y 表示个人消费支出（PCE），X 表示国内生产总值（GDP），均以 2000 年十亿美元计。此例中的数据是时间序列数据。

$$\hat{Y}_t = -299.591\,3 + 0.721\,8 X_t \tag{3.7.1}$$

$$\text{var}(\hat{\beta}_1) = 827.419\,5 \qquad \text{se}(\hat{\beta}_1) = 28.764\,9$$

$$\text{var}(\hat{\beta}_2) = 0.000\,019\,5 \qquad \text{se}(\hat{\beta}_2) = 0.004\,416$$

$$r^2 = 0.998\,3 \qquad \hat{\sigma}^2 = 73.566\,89$$

方程（3.7.1）是总量（即对整个国家而言）凯恩斯消费函数。如该方程所示，边际消费倾向（MPC）约为 0.72，它表明如果收入增加 1 美元，平均个人消费支出约上升 72 美分。根据凯恩斯理论，MPC 介于 0 与 1 之间。

本例中的截距项为负，也没有任何经济意义。从字面解释，它意味着，如果 GDP 的值为零，则个人消费支出的平均水平约为 $-2\,990$ 亿美元。

r^2 的值为 $0.998\,3$ 意味着 PCE 变异的 99% 都可由 GDP 的变异来解释。考虑到 r^2 最高等于 1，所以这个值相当高。如我们将在本书中所见到的那样，对时间序列数据的回归通常都

能得到很高的 r^2 值。在自相关和有关时间序列的章节中，我们将看到这一现象背后的原因。

例 3.2 印度的食物支出

查阅习题 2.15 中表 2-8 所给出的数据。数据涉及一个包含印度 55 个农户的样本。本例中的回归子是食物支出，而回归元则是收入的代理变量——总支出，都以卢比为单位。因此本例中的数据为横截面数据。

$$\widehat{FoodExp}_i = 94.208\,7 + 0.436\,8 TotalExp_i \tag{3.7.2}$$

$$\text{var}(\hat{\beta}_1) = 2\,560.940\,1 \qquad \text{se}(\hat{\beta}_1) = 50.856\,3$$

$$\text{var}(\hat{\beta}_2) = 0.006\,1 \qquad \text{se}(\hat{\beta}_2) = 0.078\,3$$

$$r^2 = 0.369\,8 \qquad \hat{\sigma}^2 = 4\,469.691\,3$$

我们从方程（3.7.2）可见，如果总支出增加 1 卢比，那么平均食物支出将增加约 44 派沙（1 卢比＝100 派沙）。如果总支出为零，则平均食物支出约为 94 卢比。同样，对截距项的这种机械解释可能没有意义。但在本例中，人们可以认为，即使总支出为零（如因为失业），但人们仍可能通过借贷或动用储蓄将食物支出维持在某个最低水平。

约为 0.37 的 r^2 值表明，食物支出变动中的 37% 由总支出来解释。看上去这是一个相当低的值，但如我们从全书所见，在横截面数据中，通常获得低 r^2 值都可能是由样本单位的分散性所致。我们将在异方差性一章（第 11 章）中讨论这一专题。

例 3.3 手机和个人计算机需求与人均收入的关系

表 3-3 给出了 34 个样本国家的如下数据：每百人手机用户人数、每百人个人计算机用户人数，以及经购买力平价调整后的人均收入（以美元计）。我们的数据是横截面数据。这些数据是 2003 年的数据，摘自《2006 年美国统计摘要》（*Statistical Abstract of the United States*，2006）。

表 3-3 2003 年样本国家每百人手机用户人数、每百人个人计算机用户人数与人均收入数据

	每百人手机用户人数	每百人个人计算机用户人数	人均收入（美元）
阿根廷	17.76	8.2	11 410
澳大利亚	71.95	60.18	28 780
比利时	79.28	31.81	28 920
巴西	26.36	7.48	7 510
保加利亚	46.64	5.19	75.4
加拿大	41.9	48.7	30 040
中国	21.48	2.76	4 980
哥伦比亚	14.13	4.93	6 410
捷克	96.46	17.74	15 600
厄瓜多尔	18.92	3.24	3 940
埃及	8.45	2.91	3 940

续表

	每百人手机用户人数	每百人个人计算机用户人数	人均收入（美元）
法国	69.59	34.71	27 640
德国	78.52	48.47	27 610
希腊	90.23	8.17	19 900
危地马拉	13.15	1.44	4 090
匈牙利	76.88	10.84	13 840
印度	2.47	0.72	2 880
印度尼西亚	8.74	1.19	3 210
意大利	101.76	23.07	26 830
日本	67.9	38.22	28 450
墨西哥	29.47	8.3	8 980
荷兰	76.76	46.66	28 560
巴基斯坦	1.75	0.42	2 040
波兰	45.09	14.2	11 210
俄罗斯	24.93	8.87	8 950
沙特阿拉伯	32.11	13.67	13 230
南非	36.36	7.26	10 130
西班牙	91.61	19.6	22 150
瑞典	98.05	62.13	26 710
瑞士	84.34	70.87	32 220
泰国	39.42	3.98	7 450
英国	91.17	40.57	27 690
美国	54.58	65.98	37 750
委内瑞拉	27.3	6.09	4 750

资料来源：*Statistical Abstract of the United States*，2006. 表 1364 为每百人手机用户人数和每百人个人计算机用户人数数据，表 1327 为经购买力平价调整后的人均收入数据。

　　为了看出人均收入是否影响手机和个人计算机使用数量，我们利用这 34 个样本国家将这些通信工具数据对人均收入进行回归。

　　手机需求。令 Y＝每百人手机用户人数，X＝经购买力平价调整后的人均收入，我们得到如下回归结果：

$$\hat{Y}_i = 14.477\ 3 + 0.002\ 2X_i \tag{3.7.3}$$

$$\text{se}(\hat{\beta}_1) = 6.152\ 3 \qquad \text{se}(\hat{\beta}_2) = 0.000\ 32$$

$$r^2 = 0.602\ 3$$

斜率系数表明，如果人均收入提高 1 000 美元，则每百人手机用户人数将平均增加约 2 人。截距项表明，就算人均收入为零，每百人手机用户人数平均也能达到约 14 人。同样，这个截距项没有多大意义，因为在我们的样本中没有一个国家的人均收入为零。r^2 值比较高。注意，我们的样本包含了人均收入水平千差万别的一系列国家，在如此分散的样本中，我们不能指望 r^2 值能高到哪里去。

　　在我们学习了第 5 章之后，我们将知道如何用方程（3.7.3）中报告的估计标准误评价系数估计值的统计显著性。

　　个人计算机需求。个人计算机需求的一个重要决定因素就是个人收入。另一个决定因素是价格，但对于我们的样本国家，我们没有可以比较的个人计算机价格数据。

令 Y 表示每百人个人计算机用户人数，X 表示人均收入，我们得到对个人计算机的如下"局部需求"（之所以说是局部需求，是因为我们没有比较价格数据或其他可能影响个人计算机需求的变量数据）：

$$\hat{Y}_i = -6.583\,3 + 0.001\,8X_i \tag{3.7.4}$$

$$\text{se}(\hat{\beta}_1) = 2.743\,7 \qquad\qquad \text{se}(\hat{\beta}_2) = 0.000\,14$$

$$r^2 = 0.829\,0$$

正如这些结果所示，人均收入与个人计算机需求有正相关关系。我们在学习了第 5 章之后将看到，从统计上看，人均收入是个人计算机需求的一个重要决定因素，在目前的情况下，截距项为负没有实际含义。尽管我们的样本很分散，但估计的 r^2 值还是相当高。对斜率系数的解释是，如果人均收入提高 1 000 美元，则平均而言，每百人个人计算机用户人数会增加约 2 人。

3.8 关于蒙特卡洛实验的一个注记

本章说过，在 CLRM 的假定下，最小二乘估计量有一些优良的统计性质，可概括为 BLUE 性质。在本章的附录中，我们更规范地给出了性质证明。但实际上，我们怎样才能知道 BLUE 性质是否成立？比如，怎样知道 OLS 估计量是否无偏？所谓的蒙特卡洛（Monte Carlo）实验能提供这一答案，它本质上就是一种计算机模拟或抽样实验。

为了介绍其基本思想，考虑我们的双变量 PRF：

$$Y_i = \beta_1 + \beta_2 X_i + u_i \tag{3.8.1}$$

蒙特卡洛实验的程序如下：

（1）假定参数有如下的真实值：$\beta_1 = 20$ 和 $\beta_2 = 0.6$。

（2）选定样本容量，比方说 $n = 25$。

（3）每次观测固定一个 X 值，因此共有 25 个 X 值。

（4）从一张随机数表中选出 25 个数值，且称它们为 u_i（如今的统计软件多数都包含随机数发生器）。[①]

（5）由于 β_1，β_2，X_i 和 u_i 已知，便可利用方程（3.8.1）得到 25 个 Y_i 值。

（6）现在利用如此生成的 25 个 Y_i 值，对在第（3）步中所选的 25 个 X 值做回

---

① 在实践中，假定 u_i 服从给定参数（如均值和方差）的某一概率分布，如正态分布。一旦设定了参数，就容易用统计包生成 u_i。

归，求得最小二乘估计量 $\hat{\beta}_1$ 和 $\hat{\beta}_2$。

（7）假使重复这一实验 99 次，每次都用相同的 β_1，β_2 和 X 值。当然，u_i 在每次实验中有所变化，因而在总共 100 次实验中，就产生了 β_1 和 β_2 的各 100 个值。（实际上，人们做过许多这样的实验，有时重复 1 000～2 000 次。）

（8）取这 100 个估计值的均值，并称它们为 $\bar{\beta}_1$ 和 $\bar{\beta}_2$。

（9）如果这些均值和在第（1）步中所假定的 β_1 和 β_2 的真实值（20，0.6）相差不多，那么蒙特卡洛法就"证实"了最小二乘估计量确实是无偏的。回想在 CLRM 假定下，$E(\hat{\beta}_1) = \beta_1$ 和 $E(\hat{\beta}_2) = \beta_2$。

以上步骤刻画了蒙特卡洛实验的一般性质。这种实验常被用来研究各种估计总体参数的方法的统计性质。它们在研究小样本或有限样本的估计量的性态时尤其有用。这些实验对于彻底掌握重复抽样的概念也是绝好的手段。重复抽样的概念，如在第 5 章中我们将会看到的那样，是大部分经典统计推断的基础。我们将通过习题提供蒙特卡洛实验的若干例子。（见习题 3.27。）

要点与结论

1. 回归分析的基本构架是 CLRM。

2. CLRM 是以一组假定为基础的。

3. 基于这些假定，最小二乘估计量便具有一些可概括为高斯-马尔可夫定理的性质。该定理认为，在所有线性无偏估计量中，最小二乘估计量有最小的方差。简单地说，这些估计量是 BLUE。

4. OLS 估计量的精度由其标准误来衡量。在第 4 章和第 5 章中，我们将看到这些标准误如何用来推断总体参数——系数 β。

5. 回归模型的总拟合优度由判定系数 r^2 来衡量。它表明在因变量或回归子的变异中，由解释变量或回归元解释的部分所占的比例。r^2 在 0 与 1 之间；它越靠近 1，回归拟合得越好。

6. 与判定系数相关的一个概念是相关系数 r。它是两个变量之间线性关联的一个度量，并位于 -1 与 $+1$ 之间。

7. CLRM 仅是一个理论上的构想或抽象，因为它是以一组严谨的或者说"不真实"的假定作为依据的。但是这种抽象不管在哪个研究领域中，在其初始阶段常常都是必需的。一旦掌握了 CLRM，就能研究如果某一或某些假定不成立，将会出现什么情况。本书的第 1 篇专门讨论 CLRM。其他几篇则考虑 CLRM 的引申。表 3-4 给出了一张本书的学习表。

表 3 - 4   违反 CLRM 假定的种种后果

假定编号	违反类型	在何处研究
1	对参数非线性	第 14 章
2	随机回归元（一个或多个）	第 13 章
3	u_i 有非零均值	第 2 篇导论
4	异方差性	第 11 章
5	干扰项自相关	第 12 章
6	样本观测次数小于回归元个数	第 10 章
7	回归元缺乏变异	第 10 章
8	多重共线性*	第 10 章
9	设定偏误*	第 13、14 章
10**	干扰项的非正态性	第 13 章

注：* 这些假定将在第 7 章讨论多元回归模型时介绍。

** 干扰项 u_i 为正态分布的假定不属于 CLRM。进一步的讨论见第 4 章。

习　题

问答题

3.1　给定下表第（1）列中的假定，证明第（2）列中的假定与之等价。

关于经典模型的假定

(1)	(2)
$E(u_i \mid X_i) = 0$	$E(Y_i \mid X_i) = \beta_1 + \beta_2 X$
$\text{cov}(u_i, u_j) = 0 (i \neq j)$	$\text{cov}(Y_i, Y_j) = 0 (i \neq j)$
$\text{var}(u_i \mid X_i) = \sigma^2$	$\text{var}(Y_i \mid X_i) = \sigma^2$

3.2　证明表 3－1 中的第 1 个实验所用的估计值 $\hat{\beta}_1 = 1.572$ 和 $\hat{\beta}_2 = 1.357$ 事实上是 OLS 估计量。

3.3　按照马林伍得（Malinvaud）（参看 3.2 节有关假定 3 的注释）的意见，假定 $E(u_i \mid X_i) = 0$ 非常重要。为了看到这一点，考虑 PRF：$Y = \beta_1 + \beta_2 X_i + u_i$。现区分两种情形：(i) $\beta_1 = 0$，$\beta_2 = 1$ 及 $E(u_i) = 0$；(ii) $\beta_1 = 1$，$\beta_2 = 0$ 及 $E(u_i) = X_i - 1$。然后在这两种情形中以 X 为条件求 PRF 的数学期望，并看你是否同意马林伍得的观点，即假定 $E(u_i \mid X_i) = 0$ 非常重要。

3.4　考虑样本回归：

$$Y_i = \hat{\beta}_1 + \hat{\beta}_2 X_i + \hat{u}_i$$

在约束条件 (i) $\sum \hat{u}_i = 0$ 和 (ii) $\sum \hat{u}_i X_i = 0$ 下，求估计量 $\hat{\beta}_1$ 和 $\hat{\beta}_2$，并证明它们无异于方程（3.1.6）和方程（3.1.7）中所给出的最小二乘估计量。这种求估计量的方法叫做类比原理（analogy principle），试述施加约束条件 (i) 和 (ii) 的直觉理由。（提示：回顾关于 u_i 的 CLRM 假定。）顺便指出，估计未知参数的类比原理又叫做矩法（method of moments），即用样本矩（如样本均值）去估计总体矩（如总体均值）。如在附录 A 中所指出的那样，矩是概率分布的一个摘要统计量，比如期望和方差。

3.5　证明由方程（3.5.5）定义的 r^2 落在 0 与 1 之间。你可以利用柯西-施瓦茨（Cauchy-Schwarz）不等式，即对任意随机变量 X 和 Y，下列关系式总是成立的：

$$[E(XY)]^2 \leqslant E(X^2) E(Y^2)$$

3.6　令 $\hat{\beta}_{YX}$ 和 $\hat{\beta}_{XY}$ 分别为 Y 对 X 回归和 X 对 Y 回归中的斜率。证明：

$$\hat{\beta}_{YX} \hat{\beta}_{XY} = r^2$$

其中 r 为 X 与 Y 之间的相关系数。

3.7　假设在习题 3.6 中 $\hat{\beta}_{YX} \hat{\beta}_{XY} = 1$，那么求 Y 对 X 的回归和求 X 对 Y 的回归有什么差别？请解释。

3.8　斯皮尔曼（Spearman）等级相关系数 r_s 的定义如下：

$$r_s = 1 - \frac{6 \sum d^2}{n(n^2 - 1)}$$

其中 d＝编排给同一单元或现象的等级差，n＝参与等级编排的单元或现象个数。试从方程（3.5.13）中定义的 r 推出 r_s。提示：从 1 到 n 将 X 和 Y 编排等级。注意 X 和 Y 的等级和为 $n(n+1)/2$，因而它们的均值都是 $(n+1)/2$。

3.9　考虑如下双变量 PRF 表达式：

模型 Ⅰ：$Y_i = \beta_1 + \beta_2 X_i + u_i$

模型 Ⅱ：$Y_i = \alpha_1 + \alpha_2(X_i - \overline{X}) + u_i$

a. 求 β_1 和 α_1 的估计量。它们是否相同？它们的方差是否相同？

b. 求 β_2 和 α_2 的估计量，它们是否相同？它们的方差是否相同？

c. 如果模型 Ⅱ 比模型 Ⅰ 好，好在哪里？

3.10　假设你做了如下回归：

$$\hat{y}_i = \hat{\beta}_1 + \hat{\beta}_2 x_i + \hat{u}_i$$

其中 y_i 和 x_i 是样本值与其各自均值的离差，问 $\hat{\beta}_1$ 将取何值？为什么？$\hat{\beta}_2$ 会不会和方程（3.1.6）的 $\hat{\beta}_2$ 一样？为什么？

3.11　令 r_1 为 n 对 (X_i, Y_i) 值的相关系数，而 r_2 为 n 对 (aX_i+b, cY_i+d) 值的相关系数，其中 a, b, c 和 d 为常数。证明 $r_1 = r_2$，从而证实相关系数对测量单位和原点的改变保持不变的性质。

提示：应用方程（3.5.13）中所给的 r 定义。

注：运算 aX_i，X_i+b 和 aX_i+b 分别叫做尺度变换、原点变换和尺度与原点同时变换。

3.12　如果 n 对 (X_i, Y_i) 值的相关系数是正的，试判断以下各个命题的对错：

a. $(-X_i, -Y_i)$ 之间的 r 可正可负。

b. $(-X_i, Y_i)$ 之间以及 $(X_i, -Y_i)$ 之间的 r 可正可负。

c. 斜率系数 β_{yx} 和 β_{xy} 都是正的，其中 β_{yx} 为 Y 对 X 回归的斜率系数，而 β_{xy} 为 X 对 Y 回归的斜率系数。

3.13　如果 X_1，X_2 和 X_3 是有相同方差但互不相关的变量，试证明 X_1+X_2 和 X_2+X_3 之间的相关系数等于 1/2。为什么这个相关系数不是零？

3.14　假设在回归 $Y_i = \beta_1 + \beta_2 X_i + u_i$ 中，我们将每个 X 值都乘以 2，这会不会改变 Y 的残差及拟合值？为什么？如果我们给每个 X 值都加上一个常数 2，又会怎样？

3.15　证明方程（3.5.14）事实上就是判定系数。

提示：应用方程（3.5.13）中所给 r 的定义，并回忆 $\sum y_i \hat{y}_i = \sum (\hat{y}_i + \hat{u}_i)\hat{y}_i = \sum \hat{y}_i^2$ 和方程（3.5.6）。

3.16　判断以下命题的对错，并给出原因。

a. 由于两个变量 Y 和 X 之间的相关系数取值范围为 $[-1, 1]$，所以这意味着 $\mathrm{cov}(Y, X)$ 也在此范围内。

b. 如果两个变量之间的相关系数为零，那就意味着这两个变量之间不存在相关关系。

C. 如果你将 Y_i 对 $\hat{Y}_i$ 回归（即实际的 Y 对估计的 Y 回归），那么截距和斜率的值分别为 0 和 1。

3.17　不含回归元的回归。假如给你一个模型 $Y_i = \beta_1 + u_i$，利用 OLS 求出 β_1 的估计量，其方差和 RSS 是多少？估计的 β_1 有直觉上的意义吗？现在考虑双变量模型 $Y_i = \beta_1 + \beta_2 X_i + u_i$。值得在此模型中增加 X_i 吗？如果不值得，为什么要进行回归分析呢？

实证分析题

3.18　表 3-5 给出了 10 名学生在统计学期中和期末考试中的名次。计算斯皮尔曼等级相关系数并加以解释。

表 3-5

等级	学生									
	A	B	C	D	E	F	G	H	I	J
期中	1	3	7	10	9	5	4	8	2	6
期末	3	2	8	7	9	6	5	10	1	4

3.19　名义汇率与相对价格之间的关系。根据 1985—2005 年的年度观测，可得到如下回归结果：

$$\hat{Y}_t = -0.912 + 2.250 X_t \quad r^2 = 0.440$$
$$\mathrm{se} = \qquad 0.096$$

其中 Y 表示加拿大元与美元的汇率（CD/\$），X 表示美国 CPI 与加拿大 CPI 之比，即 X 代表了这两个国家的相对价格。

  a. 解释这个回归。你如何解释 r^2？

  b. X_t 的系数为正有经济意义吗？其背后的经济理论是什么？

  c. 假如我们将 X 定义为加拿大 CPI 与美国

CPI 之比，X 的符号会改变吗？为什么？

  3.20 表 3-6 给出了美国 1960—2005 年的小时产出指数（X）和真实小时工资（Y）的数据。基年（1992 年）指数为 100.0，且指数经过了季节性调整。

表 3-6   **1960—2005 年美国生产力相关数据**   1992 年指数＝100.0

年份	小时产出指数[1]		真实小时工资[2,3]	
	商业部门	非农商业部门	商业部门	非农商业部门
1960	48.9	51.9	60.8	63.3
1961	50.6	53.5	62.5	64.8
1962	52.9	55.9	64.6	66.7
1963	55.0	57.8	66.1	68.1
1964	56.8	59.6	67.7	69.3
1965	58.8	61.4	69.1	70.5
1966	61.2	63.6	71.7	72.6
1967	62.5	64.7	73.5	74.5
1968	64.7	66.9	76.2	77.1
1969	65.0	67.0	77.3	78.1
1970	66.3	68.0	78.8	79.2
1971	69.0	70.7	80.2	80.7
1972	71.2	73.1	82.6	83.2
1973	73.4	75.3	84.3	84.7
1974	72.3	74.2	83.3	83.8
1975	74.8	76.2	84.1	84.5
1976	77.1	78.7	86.4	86.6
1977	78.5	80.0	87.6	88.0
1978	79.3	81.0	89.1	89.6
1979	79.3	80.7	89.3	89.7
1980	79.2	80.6	89.1	89.6
1981	80.8	81.7	89.3	89.8
1982	80.1	80.8	90.4	90.8
1983	83.0	84.5	90.3	90.9
1984	85.2	86.1	90.7	91.1
1985	87.1	87.5	92.0	92.2
1986	89.7	90.2	94.9	95.2
1987	90.1	90.6	95.2	95.5
1988	91.5	92.1	96.5	96.7
1989	92.4	92.8	95.0	95.1
1990	94.4	94.5	96.2	96.1
1991	95.5	96.1	97.4	97.4
1992	100.0	100.0	100.0	100.0
1993	100.4	100.4	99.7	99.5
1994	101.3	101.5	99.0	99.1

续表

年份	小时产出指数[1]		真实小时工资[2,3]	
	商业部门	非农商业部门	商业部门	非农商业部门
1995	101.5	102.0	98.7	98.8
1996	104.5	104.7	99.4	99.4
1997	106.5	106.4	100.5	100.3
1998	109.5	109.4	105.2	104.9
1999	112.8	112.5	108.0	107.5
2000	116.1	115.7	112.0	111.5
2001	119.1	118.6	113.5	112.8
2002	124.0	123.5	115.7	115.1
2003	128.7	128.0	117.7	117.1
2004	132.7	131.8	119.0	118.2
2005	135.7	134.9	120.2	119.3

[1] 产出指该部门的真实 GDP。

[2] 雇员的工资和薪金加上雇主对社会保障和私人福利方案的支付。

[3] 对于城市消费者，应以近几个季度的小时工资除以消费者价格指数。

资料来源：*Economic Report of the President*，2007，Table 49.

a. 分别对两个部门进行 Y 对 X 的描点。

b. 这两个变量之间关系的背后有什么经济理论？散点图支持该理论吗？

c. 估计 Y 对 X 的 OLS 回归，在学完第 5 章后，再回头看一下你的结果。

3.21　根据一个包含 10 次观测的样本，得到如下结果：

$$\sum Y_i = 1\ 110 \quad \sum X_i = 1\ 700$$

$$\sum X_i Y_i = 205\ 500 \quad \sum X_i^2 = 322\ 000$$

$$\sum Y_i^2 = 132\ 100$$

并且相关系数 $r = 0.975\ 8$。但在重新核对这些计算时，发现有两组观测的记录是

Y	X
90	120
140	220

而不是

Y	X
80	110
150	210

问这一错误对 r 有何影响？求正确的 r。

3.22　表 3-7 给出了 1974—2006 年美国的黄金价格、纽约证券交易所（NYSE）指数和消费者价格指数（CPI）数据。NYSE 指数包括在 NYSE 上市的 1 500 多种股票中的大多数。

表 3-7　　　　1974—2006 年美国的黄金价格、NYSE 指数和 CPI 数据

年份	黄金价格	NYSE 指数	CPI
1974	159.260 0	463.540 0	49.300 00
1975	161.020 0	483.550 0	53.800 00
1976	124.840 0	575.850 0	56.900 00
1977	157.710 0	567.660 0	60.600 00
1978	193.220 0	567.810 0	65.200 00
1979	306.680 0	616.680 0	72.600 00
1980	612.560 0	720.150 0	82.400 00
1981	460.030 0	782.620 0	90.900 00
1982	375.670 0	728.840 0	96.500 00

续表

年份	黄金价格	NYSE 指数	CPI
1983	424.350 0	979.520 0	99.600 00
1984	360.480 0	977.330 0	103.900 0
1985	317.260 0	1 142.970	107.600 0
1986	367.660 0	1 438.020	109.600 0
1987	446.460 0	1 709.790	113.600 0
1988	436.940 0	1 585.140	118.300 0
1989	381.440 0	1 903.360	124.000 0
1990	383.510 0	1 939.470	130.700 0
1991	362.110 0	2 181.720	136.200 0
1992	343.820 0	2 421.510	140.300 0
1993	359.770 0	2 638.960	144.500 0
1994	384.000 0	2 687.020	148.200 0
1995	384.170 0	3 078.560	152.400 0
1996	387.770 0	3 787.200	156.900 0
1997	331.020 0	4 827.350	160.500 0
1998	294.240 0	5 818.260	163.000 0
1999	278.880 0	6 546.810	166.600 0
2000	279.110 0	6 805.890	172.200 0
2001	274.040 0	6 397.850	177.100 0
2002	309.730 0	5 578.890	179.900 0
2003	363.380 0	5 447.460	184.000 0
2004	409.720 0	6 612.620	188.900 0
2005	444.740 0	7 349.000	195.300 0
2006	603.460 0	8 357.990	201.600 0

a. 在同一散点图中描绘黄金价格、NYSE 指数和 CPI。

b. 如果一项投资的价格和（或）回报率至少跟得上通货膨胀，就认为它是保值（能抵御通货膨胀）的。为检验这一假设，拟合如下模型，假定在（a）中的散点图表明这是合适的：

$$\text{Gold price}_t = \beta_1 + \beta_2 \text{CPI}_t + u_t$$

$$\text{NYSE Index}_t = \beta_1 + \beta_2 \text{CPI}_t + u_t$$

你对 β_2 的值有什么样的期望？

3.23 表 3-8 给出了 1959—2005 年美国名义和真实国内生产总值（GDP）数据。

表 3-8　　　　　　　　　　1959—2005 年美国名义和真实 GDP 数据

年份	NGDP	RGDP	年份	NGDP	RGDP
1959	506.6	2 441.3	1967	832.6	3 484.6
1960	526.4	2 501.8	1968	910.0	3 652.7
1961	544.7	2 560.0	1969	984.6	3 765.4
1962	585.6	2 715.2	1970	1 038.5	3 771.9
1963	617.7	2 834.0	1971	1 127.1	3 898.6
1964	663.6	2 998.6	1972	1 238.3	4 105.0
1965	719.1	3 191.1	1973	1 382.7	4 341.5
1966	787.8	3 399.1	1974	1 500.0	4 319.6

续表

年份	NGDP	RGDP	年份	NGDP	RGDP
1975	1 638.3	4 311.2	1991	5 995.9	7 100.5
1976	1 825.3	4 540.9	1992	6 337.7	7 336.6
1977	2 030.9	4 750.5	1993	6 657.4	7 532.7
1978	2 294.7	5 015.0	1994	7 072.2	7 835.5
1979	2 563.3	5 173.4	1995	7 397.7	8 031.7
1980	2 789.5	5 161.7	1996	7 816.9	8 328.9
1981	3 128.4	5 291.7	1997	8 304.3	8 703.5
1982	3 255.1	5 189.3	1998	8 747.0	9 066.9
1983	3 536.7	5 423.8	1999	9 268.4	9 470.3
1984	3 933.2	5 813.6	2000	9 817.0	9 817.0
1985	4 220.3	6 053.7	2001	10 128.0	9 890.7
1986	4 462.8	6 263.6	2002	10 469.6	10 048.8
1987	4 739.5	6 475.1	2003	10 960.8	10 301.0
1988	5 103.8	6 742.7	2004	11 712.5	10 703.5
1989	5 484.4	6 981.4	2005	12 455.8	11 048.6
1990	5 803.1	7 112.5			

注：除非特别说明，均以十亿美元为单位；季度数据经季节性调整改为年度数据；NGDP 为名义 GDP，RGDP 为真实 GDP，RGDP 以 2000 年不变价格十亿美元计算。

资料来源：*Economic Report of the President*，2007，Tables B-l and B-2.

a. 将当年美元和不变（即 2000 年）美元数据对时间描点。

b. 用 Y 表示 GDP，X 表示时间（按年从 1 代表 1959 年，2 代表 1960 年开始，直至 47 代表 2005 年）。看以下模型是否适合 GDP 数据：

$$Y_t = \beta_1 + \beta_2 X_t + u_t$$

试用当年美元和不变美元两种数据分别估计此模型。

c. 你会怎样解释 β_2？

d. 如果用当年美元 GDP 估计的 β_2 和用不变美元 GDP 估计的 β_2 有所不同，怎样解释这个差异？

e. 从你的计算结果，你能对样本时期美国通货膨胀的性质得出什么结论？

3.24　利用引言中表 I-1 所给数据，验证方程（3.7.1）。

3.25　对习题 2.16 中 SAT 一例做以下练习：

a. 将女生阅读成绩对男生阅读成绩描点。

b. 如果散点图表明两者似有线性关系，试求女生阅读成绩对男生阅读成绩的回归。

c. 如果这两个阅读成绩之间有某种关系，它是不是因果关系？

3.26　用数学成绩代替阅读成绩，重做习题 3.25。

3.27　蒙特卡洛研究课堂作业：回到表 2-4 中所列的 10 个 X 值，令 $\beta_1 = 25$ 和 $\beta_2 = 0.5$。假定 $u_i \sim N(0, 9)$，即 u_i 服从均值为 0、方差为 9 的正态分布。用这两个参数值生成 100 个样本，求出 β_1 和 β_2 的 100 个估计值，然后对这些估计值描点。从这一蒙特卡洛研究中，你能得出什么结论？注：当今大多数统计软件都能从一些最熟悉的概率分布中生成随机数。如果你在生成这些随机数时遇到困难，请向你的老师求助。

3.28　利用表 3-3 中给出的数据，将每百人手机用户人数对每百人个人计算机用户人数进行描点。二者之间有明显的关系吗？如果有，请你对这种关系给出合理的解释。

附录 3A

3A.1 最小二乘估计的推导

将方程（3.1.2）对 $\hat{\beta}_1$ 和 $\hat{\beta}_2$ 求偏导数，我们得到：

$$\frac{\partial\left(\sum\hat{u}_i^2\right)}{\partial\hat{\beta}_1}=-2\sum\left(Y_i-\hat{\beta}_1-\hat{\beta}_2X_i\right)=-2\sum\hat{u}_i \tag{1}$$

$$\frac{\partial\left(\sum\hat{u}_i^2\right)}{\partial\hat{\beta}_2}=-2\sum\left(Y_i-\hat{\beta}_1-\hat{\beta}_2X_i\right)X_i=-2\sum\hat{u}_iX_i \tag{2}$$

令这些导数为零。经过代数上的简化和运算，便得到方程（3.1.6）和（3.1.7）所给的估计量。

3A.2 最小二乘估计量的线性和无偏性质

由方程（3.1.8）得：

$$\hat{\beta}_2=\frac{\sum x_iY_i}{\sum x_i^2}=\sum k_iY_i \tag{3}$$

其中

$$k_i=\frac{x_i}{\sum x_i^2}$$

这说明 $\hat{\beta}_2$ 是 Y 的一个线性函数；它是 Y_i 的一个加权平均，以 k_i 为权数，从而它是一个线性估计量。同理，$\hat{\beta}_1$ 也是一个线性估计量。

顺便指出权数 k_i 的一些性质：

（1）因为 X_i 被假定为是非随机的，故 k_i 也是非随机的。

（2）$\sum k_i=0$。

（3）$\sum k_i^2=1/\sum x_i^2$。

（4）$\sum k_ix_i=\sum k_iX_i=1$。这些性质均可直接从 k_i 的定义中验证。

例如，

$$\sum k_i=\sum\left[\frac{x_i}{\sum x_i^2}\right]=\frac{1}{\sum x_i^2}\sum x_i \quad \text{因为对于一个给定样本，} \sum x_i^2 \text{是已知的}$$

$$=0 \qquad\qquad\qquad \text{因为与均值的离差之和} \sum x_i \text{恒为} 0$$

现将 PRF 即 $Y_i=\beta_1+\beta_2X_i+u_i$ 代入方程（3）得：

$$\hat{\beta}_2=\sum k_i(\beta_1+\beta_2X_i+u_i)$$

$$=\beta_1\sum k_i+\beta_2\sum k_iX_i+\sum k_iu_i \tag{4}$$

$$= \beta_2 + \sum k_i u_i$$

其中利用了前面提到的 k_i 的性质。

对方程（4）两边求数学期望并注意到 k_i 是非随机的，即可视同常数，于是得到:

$$E(\hat{\beta}_2) = \beta_2 + \sum k_i E(u_i) = \beta_2 \qquad (5)$$

这是因为，根据假定，$E(u_i) = 0$。因此，$\hat{\beta}_2$ 是 β_2 的一个无偏估计量。同理可证，$\hat{\beta}_1$ 也是 β_1 的一个无偏估计量。

3A. 3 最小二乘估计量的方差和标准误

根据方差的定义，可得:

$$
\begin{aligned}
\text{var}(\hat{\beta}_2) &= E[\hat{\beta}_2 - E(\hat{\beta}_2)]^2 \\
&= E(\hat{\beta}_2 - \beta_2)^2 \qquad \text{因为 } E(\hat{\beta}_2) = \beta_2 \\
&= E\left(\sum k_i u_i\right)^2 \qquad \text{利用上面的方程(4)} \qquad (6) \\
&= E(k_1^2 u_1^2 + k_2^2 u_2^2 + \cdots + k_n^2 u_n^2 + 2k_1 k_2 u_1 u_2 + \cdots + 2k_{n-1} k_n u_{n-1} u_n)
\end{aligned}
$$

因为根据假定，对每个 i 都有 $E(u_i^2) = \sigma^2$，而且 $E(u_i u_j) = 0 (i \neq j)$，所以有:

$$
\begin{aligned}
\text{var}(\hat{\beta}_2) &= \sigma^2 \sum k_i^2 \\
&= \frac{\sigma^2}{\sum x_i^2} \qquad \text{利用 } k_i^2 \text{ 的定义} \qquad (7) \\
&= \text{方程 (3.3.1)}
\end{aligned}
$$

按照同样的思路可求得 $\hat{\beta}_1$ 的方差。一旦得到 $\hat{\beta}_1$ 和 $\hat{\beta}_2$ 的方差，取其正的平方根就得到相应的标准误。

3A. 4 $\hat{\beta}_1$ 和 $\hat{\beta}_2$ 的协方差

根据定义有:

$$
\begin{aligned}
\text{cov}(\hat{\beta}_1, \hat{\beta}_2) &= E\{[\hat{\beta}_1 - E(\hat{\beta}_1)][\hat{\beta}_2 - E(\hat{\beta}_2)]\} \\
&= E(\hat{\beta}_1 - \beta_1)(\hat{\beta}_2 - \beta_2) \qquad \text{为什么?} \\
&= -\overline{X} E(\hat{\beta}_2 - \beta_2)^2 \qquad\qquad (8) \\
&= -\overline{X} \text{var}(\hat{\beta}_2) \\
&= \text{方程 (3.3.9)}
\end{aligned}
$$

这里用到关系式 $\hat{\beta}_1 = \overline{Y} - \hat{\beta}_2 \overline{X}$ 及 $E(\hat{\beta}_1) = \overline{Y} - \beta_2 \overline{X}$，并由此给出 $\hat{\beta}_1 - E(\hat{\beta}_1) = -\overline{X}(\hat{\beta}_2 - \beta_2)$。注: $\text{var}(\hat{\beta}_2)$ 由方程（3.3.1）给出。

3A. 5 σ^2 的最小二乘估计量

回顾:

$$Y_i = \beta_1 + \beta_2 X_i + u_i \qquad (9)$$

因此

$$\overline{Y} = \beta_1 + \beta_2 \overline{X} + \overline{u} \tag{10}$$

方程（9）减去方程（10）得：

$$y_i = \beta_2 x_i + (u_i - \overline{u}) \tag{11}$$

再想到

$$\hat{u}_i = y_i - \hat{\beta}_2 x_i \tag{12}$$

从而把方程（11）代入方程（12）便得到：

$$\hat{u}_i = \beta_2 x_i + (u_i - \overline{u}) - \hat{\beta}_2 x_i \tag{13}$$

合并同类项、取平方并对两边同时求和则得到：

$$\sum \hat{u}_i^2 = (\hat{\beta}_2 - \beta_2)^2 \sum x_i^2 + \sum (u_i - \overline{u})^2 - 2(\hat{\beta}_2 - \beta_2) \sum x_i (u_i - \overline{u}) \tag{14}$$

两边取数学期望得到：

$$\begin{aligned} E\left(\sum \hat{u}_i^2\right) &= \sum x_i^2 E(\hat{\beta}_2 - \beta_2)^2 + E\left[\sum (u_i - \overline{u})^2\right] \\ &\quad - 2E\left[(\hat{\beta}_2 - \beta_2) \sum x_i (u_i - \overline{u})\right] \\ &= \sum x_i^2 \mathrm{var}(\hat{\beta}_2) + (n-1)\mathrm{var}(u_i) - 2E\left[\sum k_i u_i (x_i u_i)\right] \\ &= \sigma^2 + (n-1)\sigma^2 - 2E\left(\sum k_i x_i u_i^2\right) \\ &= \sigma^2 + (n-1)\sigma^2 - 2\sigma^2 \\ &= (n-2)\sigma^2 \end{aligned} \tag{15}$$

上式用到方程（3）对 k_i 的定义和方程（4）给出的关系。注意

$$\begin{aligned} E\left[\sum (u_i - \overline{u})^2\right] &= E\left(\sum u_i^2 - n\overline{u}^2\right) \\ &= E\left[\sum u_i^2 - n\left(\frac{\sum u_i}{n}\right)^2\right] \\ &= E\left(\sum u_i^2 - \frac{1}{n}\sum u_i^2\right) \\ &= n\sigma^2 - n\sigma^2/n = (n-1)\sigma^2 \end{aligned}$$

其中用到 u_i 互不相关及每个 u_i 的方差都是 σ^2 的事实。

因此，我们得到：

$$E\left(\sum \hat{u}_i^2\right) = (n-2)\sigma^2 \tag{16}$$

于是，若定义：

$$\hat{\sigma}^2 = \frac{\sum \hat{u}_i^2}{n-2} \tag{17}$$

那么，利用方程（16），它的期望值就是：

$$E(\hat{\sigma}^2) = \frac{1}{n-2} E(\hat{u}_i^2) = \sigma^2 \tag{18}$$

这就表明 $\hat{\sigma}^2$ 是真实 σ^2 的一个无偏估计量。

3A. 6　最小二乘估计量的最小方差性质

附录 3A 的 3A. 2 节曾证明最小二乘估计量 $\hat{\beta}_2$ 是线性和无偏的（而且 $\hat{\beta}_1$ 也如此）。为了证明这些估计量在所有线性无偏估计量中有最小方差，考虑最小二乘估计量 $\hat{\beta}_2$：

$$\hat{\beta}_2 = \sum k_i Y_i$$

其中

$$k_i = \frac{X_i - \overline{X}}{\sum (X_i - \overline{X})^2} = \frac{x_i}{\sum x_i^2} \quad \text{见附录 3A. 2} \tag{19}$$

这表明 $\hat{\beta}_2$ 是 Y_i 的加权平均，以 k_i 为权重。

让我们定义 β_2 的另一线性估计量 β_2^* 如下：

$$\beta_2^* = \sum \omega_i Y_i \tag{20}$$

其中权重 ω_i 不一定等于 k_i，于是：

$$\begin{aligned} E(\beta_2^*) &= \sum \omega_i E(Y_i) \\ &= \sum \omega_i (\beta_1 + \beta_2 X_i) \\ &= \beta_1 \sum \omega_i + \beta_2 \sum \omega_i X_i \end{aligned} \tag{21}$$

欲使 β_2^* 无偏，必须有

$$\sum \omega_i = 0 \tag{22}$$

以及

$$\sum \omega_i X_i = 1 \tag{23}$$

而且，我们可以将其方差写成：

$$\begin{aligned} \text{var}(\beta_2^*) &= \text{var} \sum \omega_i Y_i \\ &= \sum \omega_i^2 \text{var}(Y_i) && \text{注：} \text{var}(Y_i) = \text{var}(u_i) = \sigma^2 \\ &= \sigma^2 \sum \omega_i^2 && \text{注：} \text{cov}(Y_i, Y_j) = 0 (i \neq j) \\ &= \sigma^2 \sum \left[\omega_i - \frac{x_i}{\sum x_i^2} + \frac{x_i}{\sum x_i^2} \right]^2 && \text{注意其中的数学技巧} \tag{24} \\ &= \sigma^2 \sum \left[\omega_i - \frac{x_i}{\sum x_i^2} \right]^2 + \sigma^2 \frac{\sum x_i^2}{\left(\sum x_i^2 \right)^2} \\ & \quad + 2\sigma^2 \sum \left[\omega_i - \frac{x_i}{\sum x_i^2} \right] \left[\frac{x_i}{\sum x_i^2} \right] \\ &= \sigma^2 \sum \left[\omega_i - \frac{x_i}{\sum x_i^2} \right]^2 + \sigma^2 \left(\frac{1}{\sum x_i^2} \right) \end{aligned}$$

倒数第二步的最后一项消失了。（为什么？）

3

由于方程（24）中的最后一项是常数，所以 β_2^* 的方差只能通过对第一项的处理使之最小化。若令

$$\omega_i = \frac{x_i}{\sum x_i^2}$$

则方程（24）可以简化为：

$$\mathrm{var}(\beta_2^*) = \frac{\sigma^2}{\sum x_i^2} = \mathrm{var}(\hat{\beta}_2) \tag{25}$$

一般来说，当权重 $\omega_i =$ 最小二乘的权重 k_i 时，线性估计量 β_2^* 的方差等于最小二乘估计量 $\hat{\beta}_2$ 的方差；否则，$\mathrm{var}(\beta_2^*) > \mathrm{var}(\hat{\beta}_2)$。也就是说，如果存在 β_2 的一个最小方差线性无偏估计量，那么，它必定是最小二乘估计量。同理，可以证明 $\hat{\beta}_1$ 是 β_1 的最小方差线性无偏估计量。

3A.7 最小二乘估计量的一致性

我们在经典线性回归模型的框架中已经证明，最小二乘估计量在无论大样本还是小样本的情况下都是无偏的（和有效的）。但如附录 A 中所讲到的那样，一个估计量有时候可能不满足一个或多个优良的小样本统计性质。但随着样本容量无限扩大，这些估计量就具有一些优良的统计性质。这些性质被称为大样本性质或渐近性质。在此附录中，我们将讨论一个大样本性质即一致性（consistency），在附录 A 中我们将更充分地对此展开讨论。对双变量模型，我们已经证明了 OLS 估计量 $\hat{\beta}_2$ 是真实 β_2 的一个无偏估计量。现在我们来证明 $\hat{\beta}_2$ 也是 β_2 的一个一致估计量。如附录 A 中证明的那样，一致性的一个充分条件是，$\hat{\beta}_2$ 是无偏的，且随着样本容量趋于无穷，其方差趋于零。

既然我们已经证明了无偏性，现在就只需要证明 $\hat{\beta}_2$ 的方差在 n 无限增加时趋于零。我们知道

$$\mathrm{var}(\hat{\beta}_2) = \frac{\sigma^2}{\sum x_i^2} = \frac{\sigma^2/n}{\sum x_i^2/n} \tag{26}$$

将分子和分母同时除以 n 不会改变这个等式的值。

现在

$$\underbrace{\lim \mathrm{var}(\hat{\beta}_2)}_{n \to \infty} = \underbrace{\lim \left(\frac{\sigma^2/n}{\sum x_i^2/n} \right)}_{n \to \infty} = 0 \tag{27}$$

其中用到如下事实：（1）比率的极限等于分子的极限与分母的极限之比（参考任何一本微积分方面的书）；（2）随着 n 趋于无穷大，由于 σ^2 是一个有限的数，因此 σ^2/n 趋于零；而由 CLRM 的假定 7，X 的方差是一个有限的正数，所以 $(\sum x_i^2)/n \neq 0$。

上述讨论的结果是，OLS 估计量 $\hat{\beta}_2$ 是真实 β_2 的一个一致估计量。与此相仿，我们可以证明，$\hat{\beta}_1$ 也是一个一致估计量。因此，在重复（或小）样本下 OLS 估计量是无偏的，而随着样本容量无限增加，OLS 估计量是一致的。如以后所见，即使 CLRM 的某些假定不被满足，我们在某几种情况下也能得到回归系数的一致估计量。

第 4 章　经典正态线性回归模型

所谓统计推断的经典理论（classical theory of statistical inference）由两个分支构成，即估计（estimation）和假设检验（hypothesis testing）。我们到目前为止已讨论了（双变量）线性回归模型的参数估计问题。用 OLS，我们能估计参数 β_1、β_2 和 σ^2。在经典线性回归模型的假定下，我们可以证明，$\hat{\beta}_1$、$\hat{\beta}_2$ 和 $\hat{\sigma}^2$ 这些参数的估计量都满足一些理想的统计性质，如无偏性和最小方差等。（回顾 BLUE 性质。）注意，因为它们都是估计量，所以它们的值将随样本的变化而变化。因此，这些估计量都是随机变量。

但估计是成功的一半，假设检验是另一半。我们在回归分析中的目标不仅是估计样本回归函数（SRF），而且是像第 2 章所强调的那样，我们要用估计来对总体回归函数（PRF）进行推断。于是，我们想知道，$\hat{\beta}_1$ 和 $\hat{\sigma}^2$ 与真实的 β_1 和 σ^2 到底有多接近。比如，在例 3.2 中，我们在方程（3.7.2）中估计了 SRF。但这个回归只是基于一个由 55 个农户构成的样本，我们怎么知道估计的 MPC 即 0.436 8 代表了整个总体（真实）的 MPC 呢？

由于 $\hat{\beta}_1$、$\hat{\beta}_2$ 和 $\hat{\sigma}^2$ 是随机变量，因此我们需要清楚它们的概率分布，若不知其概率分布，那么我们就无法将它们与其真实值相联系。

4.1　干扰项 u_i 的概率分布

为得到 OLS 估计量的概率分布，我们将进行如下操作。具体地，考虑 $\hat{\beta}_2$。如我们在附录 3A 的 3A.2 节中证明的那样，

$$\hat{\beta}_2 = \sum k_i Y_i \tag{4.1.1}$$

其中 $k_i = x_i / \sum x_i^2$。但由于假定 X 为固定或非随机的，因此我们的条件回归分析就以 X_i 的固定值为条件。方程（4.1.1）表明，$\hat{\beta}_2$ 是 Y_i 的一个线性函数，根据假定，Y_i 也是随机的。但由于 $Y_i = \beta_1 + \beta_2 X_i + u_i$，因此我们可以把方程（4.1.1）写成

$$\hat{\beta}_2 = \sum k_i(\beta_1 + \beta_2 X_i + u_i) \qquad (4.1.2)$$

由于 k_i、β 系数和 X_i 都是固定的，因此 $\hat{\beta}_2$ 最终是 u_i 的一个线性函数，而根据假定，u_i 是随机变量。因此，$\hat{\beta}_2$（及 $\hat{\beta}_1$）的概率分布将取决于对 u_i 的概率分布所做的假定。由于对 OLS 估计量的概率分布知识足以对其总体值做出推断，因此 u_i 概率分布的性质在假设检验中就起到极为重要的作用。

由于在最小二乘法中我们并没有对干扰项 u_i 的概率性质做任何假定，因此尽管有了高斯-马尔可夫定理，但仍无助于从 SRF 去推断 PRF。如果我们愿意假定 u 服从某种概率分布的话，就可弥补这一缺憾。在回归分析中，人们常常假定 u 服从正态分布，其原因稍后即明。在第 3 章中讨论的经典线性回归模型的假定中增加 u_i 的正态性假定，我们就得到了所谓的经典正态线性回归模型（classical normal linear regression model，CNLRM）。

4.2 关于 u_i 的正态性假定

经典正态线性回归模型假定每个 u_i 都是正态分布的，且其

均值：$E(u_i) = 0$ \qquad (4.2.1)

方差：$E[u_i - E(u_i)]^2 = E(u_i^2) = \sigma^2$ \qquad (4.2.2)

协方差 $\mathrm{cov}(u_i, u_j)$：$E\{[u_i - E(u_i)][u_j - E(u_j)]\} = E(u_i u_j) = 0 (i \neq j)$

\qquad (4.2.3)

这些假定可更简洁地叙述为：

$$u_i \sim N(0, \sigma^2) \qquad (4.2.4)$$

其中"$\sim$"表示"其分布为"，而"N"代表"正态分布"，括号中的项代表正态分布的两个参数：均值和方差。

对两个正态分布变量来说，零协方差或零相关就意味着两个变量互相独立。因此，在正态性假定下，式（4.2.4）不仅意味着 u_i 与 u_j 不相关，而且意味着它们是独立分布的。

于是，可将式（4.2.4）写为：

$$u_i \sim \mathrm{NID}(0, \sigma^2) \qquad (4.2.5)$$

其中 NID 表示"正态且独立分布"。

为什么要采用正态性假定？

我们为什么采用正态性假定呢？有如下几个理由：

（1）如 2.5 节所指出的，u_i 代表回归模型中未明显引进的许多自变量（对因变量）的总影响。如同已指出的那样，我们希望这些被忽略的变量所起的作用是微小的，而且充其量是随机的。于是，利用统计学中著名的中心极限定理（central limit theorem，CLT）就能证明（详见附录 A），如果存在大量独立且相同分布的随机变量，那么，除了少数例外情形，随着这些变量的个数无限地增加，它们的总和将趋向服从正态分布。[①] 正是这个中心极限定理为 u_i 的正态性假定提供了理论基础。

（2）中心极限定理的另一个说法是，即使变量的数量并不是很多或这些变量并不是严格独立的，但它们的总和仍可能是正态分布的。[②]

（3）如附录 A 中所言，正态分布的一个性质是，正态分布变量的线性组合都是正态分布的。因此，在正态性假定下，OLS 估计量的概率分布很容易推导。前面曾讨论过，OLS 估计量 $\hat{\beta}_1$ 和 $\hat{\beta}_2$ 是 u_i 的线性函数。因此，若 u_i 是正态分布的，则 $\hat{\beta}_1$ 和 $\hat{\beta}_2$ 也是正态分布的，这就使得我们的假设检验工作十分简单。

（4）正态分布是一个比较简单的、仅涉及两个参数（均值和方差）的分布；它为人们所熟知，它的理论性质在数理统计学中被广泛研究，而且看上去许多现象都服从正态分布。

（5）如果我们在处理小样本或有限样本，比方说数据少于 100 次观测，那么正态性假定就起到关键作用。它不仅有助于我们推导出 OLS 估计量精确的概率分布，而且使我们能用 t 检验、F 检验和 χ^2（卡方）检验来对回归模型进行统计检验。附录 A 讨论了 t 分布、F 分布和 χ^2 分布的统计性质。如我们稍后所见，如果样本容量大到合理的程度，我们或许能放宽正态性假定。

（6）最后，在大样本中，t 和 F 统计量近似服从 t 分布和 F 分布，因此基于误差项正态分布这一假定的 t 检验和 F 检验仍能可靠地使用。[③] 如今有许多包含大量观测的横截面数据和时间序列数据。在大样本数据集中，正态性假定也许不是非常关键。

一句忠告：既然我们"施加"了正态性假定，那我们就有必要在一些涉及小样本容量数据的实际应用中分析正态性假定是否适当。稍后，我们将对此进行检验。此外，我们以后还会偶尔遇到一些正态性假定不适当的情况。出于前面讨论的原因，我们仍继续采用正态性假定，除非我们看到这个假定并不适当。

4.3　在正态性假定下 OLS 估计量的性质

在式（4.2.5）中 u_i 服从正态分布的假定下，OLS 估计量有如下统计性质（附

---

① 对此定理的一个简单直接的讨论，见 Sheldon M. Ross，*Introduction to Probability and Statistics for Engineers and Scientists*，2d ed.，Harcourt Academic Press，New York，2000，pp. 193 - 194。此定理的一个例外情形是柯西分布，见 M. G. Kendall and A. Stuart，*The Advanced Theory of Statistics*，Charles Griffin & Co.，London，1960，vol. 1，pp. 248 - 249。

② 关于中心极限定理的各种形式，可参见 Harald Cramer，*Mathematical Methods of Statistics*，Princeton University Press，Princeton，NJ，1946，Chap. 17。

③ 对这一论点的技术性讨论，参见 Christiaan Heij et al.，*Econometric Methods with Applications in Business and Economics*，Oxford University Press，Oxford，2004，p. 197。

录 A 对估计量的统计性质做了一个一般性的讨论）：

(1) 它们是无偏的。

(2) 它们有最小方差。结合性质（1）就意味着它们是最小方差无偏的或者说它们是有效估计量。

(3) 一致性。随着样本容量无限增大，估计量将收敛于它们的真值。

(4) $\hat{\beta}_1$（u_i 的线性函数）是正态分布的，且

$$\text{均值：} E(\hat{\beta}_1) = \beta_1 \tag{4.3.1}$$

$$\text{方差 var}(\hat{\beta}_1)\text{：} \sigma_{\hat{\beta}_1}^2 = \frac{\sum X_i^2}{n \sum x_i^2}\sigma^2 \qquad = (3.3.3) \tag{4.3.2}$$

或更简洁地写成：

$$\hat{\beta}_1 \sim N(\beta_1, \sigma_{\hat{\beta}_1}^2)$$

然后，利用正态分布的性质，定义：

$$Z = \frac{\hat{\beta}_1 - \beta_1}{\sigma_{\hat{\beta}_1}} \tag{4.3.3}$$

可知变量 Z 服从标准正态分布（standard normal distribution），即零均值和单位（=1）方差的正态分布，或写成：

$$Z \sim N(0, 1)$$

(5) $\hat{\beta}_2$（u_i 的线性函数）是正态分布的，且

$$\text{均值：} E(\hat{\beta}_2) = \beta_2 \tag{4.3.4}$$

$$\text{方差 var}(\hat{\beta}_2)\text{：} \sigma_{\hat{\beta}_2}^2 = \frac{\sigma^2}{\sum x_i^2} \qquad = (3.3.1) \tag{4.3.5}$$

或更简洁地写成：

$$\hat{\beta}_2 \sim N(\beta_2, \sigma_{\hat{\beta}_2}^2)$$

然后如同方程（4.3.3）那样，

$$Z = \frac{\hat{\beta}_2 - \beta_2}{\sigma_{\hat{\beta}_2}} \tag{4.3.6}$$

也服从标准正态分布。

图 4-1 从几何图形上描绘了 $\hat{\beta}_1$ 和 $\hat{\beta}_2$ 的概率分布。

(6) $(n-2)(\hat{\sigma}^2/\sigma^2)$ 服从 $n-2$ 个自由度的 χ^2 分布。[①] 如我们在第 5 章将看到的那样，这一点有助于我们从估计的 σ^2 中对真实的 σ^2 进行推断。（关于 χ^2 分布及其性质的讨论见附录 A。）

(7) $(\hat{\beta}_1, \hat{\beta}_2)$ 的分布独立于 $\hat{\sigma}^2$。这一重要性质将在下一章进行解释。

---

① 对这个命题的证明略显复杂，一个比较容易理解的证明可参见 Robert V. Hogg and Allen T. Craig, *Introduction to Mathematical Statistics*, 2d ed., Macmillan, New York, 1965, p. 144.

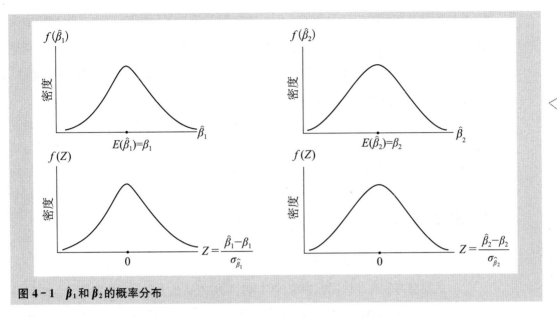

图 4-1 $\hat{\beta}_1$ 和 $\hat{\beta}_2$ 的概率分布

(8) $\hat{\beta}_1$ 和 $\hat{\beta}_2$ 在所有的无偏估计中，无论是线性的还是非线性的，都有最小方差。饶（Rao）给出的这一结论是非常有力的。它与高斯-马尔可夫定理不同，它的成立不仅限于线性估计量。[1] 因此，我们可以说最小二乘估计量是最优无偏估计量（best unbiased estimator，BUE），即在所有无偏估计量中，这些估计量具有最小方差。

总结：重要的是要看到，正态性假定使我们能够推导出 $\hat{\beta}_1$、$\hat{\beta}_2$（都是正态的）以及 $\hat{\sigma}^2$（与 χ^2 相关）的概率或抽样分布。在下一章中我们将看到，这将简化构造置信区间和（统计）假设检验的工作。

顺便指出，如果假定 u_i 服从以 0 为均值、σ^2 为方差的正态分布，则 Y_i 作为 u_i 的线性函数，本身也服从正态分布，其均值和方差依次为：

$$E(Y_i) = \beta_1 + \beta_2 X_i \tag{4.3.7}$$

$$\mathrm{var}(Y_i) = \sigma^2 \tag{4.3.8}$$

或更简洁地写为：

$$Y_i \sim N(\beta_1 + \beta_2 X_i, \sigma^2) \tag{4.3.9}$$

4.4 极大似然法

和 OLS 相比，极大似然法（ML）是一种具有更强的理论特征的点估计方法。由于此法较复杂，故放在本章的附录中讨论。对一般读者来说，只需要知道：如果假定 u_i 是正态分布的（假定的理由已在前面讨论），则回归系数 β 的 ML 估计量和

---

[1] C. R. Rao, *Linear Statistical Inference and Its Applications*, John Wiley & Sons, New York, 1965, p. 258.

OLS 估计量是相同的，无论所考虑的是简单回归还是多元回归。但 σ^2 的 ML 估计量是 $\sum \hat{u}_i^2/n$，这是一个有偏误的估计量，而 σ^2 的 OLS 估计量 $\sum \hat{u}_i^2/(n-2)$ 则是无偏的。比较 σ^2 的这两种估计量，可知随着样本容量 n 的变大，两者趋于相等。因此，σ^2 的 ML 估计量是渐近（即随着 n 无限增大）无偏的。

既然补充了 u_i 的正态性假定，最小二乘法便为我们提供了对线性回归模型进行估计和假设检验的全部必备工具。即使读者由于极大似然法在数学上略为复杂而不愿意探讨它，也不致蒙受什么损失。

要点与结论

1. 本章讨论了经典正态线性回归模型。

2. 此模型与经典线性回归模型（CLRM）的差异在于它特意假定了进入回归模型的干扰项 u_i 是正态分布的，而 CLRM 则不要求对 u_i 的概率分布进行任何假定，仅要求 u_i 的均值为零以及方差为一个有限常数。

3. 正态性假定的理论依据是中心极限定理。

4. 在没有正态性假定的情况下，在第 3 章所讨论的其他假定下，高斯-马尔可夫定理表明，OLS 估计量是最优线性无偏估计量。

5. 由于正态性假定，OLS 估计量就不仅是最优无偏估计量，而且服从我们熟知的概率分布。截距和斜率的 OLS 估计量本身是正态分布的，并且 u_i 的方差的 OLS 估计量（$=\hat{\sigma}^2$）与 χ^2 分布有关。

6. 在第 5 章和第 8 章中，我们将说明怎样把这些知识用于推断总体参数的真值。

7. 取代最小二乘法的一个方法是极大似然法。然而，为了使用此法，必须对干扰项的概率分布设一假定。在回归分析中，最常用的假定就是 u_i 服从正态分布。

8. 在正态性假定下，截距和斜率参数的 ML 估计量和 OLS 估计量是完全相同的。但是，u_i 的方差的 OLS 估计量和 ML 估计量有差别。然而，在大样本中，这两个估计量趋于一致。

9. 通常称 ML 为大样本方法。ML 有更为广泛的应用。也就是说，它可应用于对参数非线性的回归模型。对非线性情形，一般都不用 OLS，对此更多的讨论内容见第 14 章。

10. 在本书中，我们基本上依靠的是 OLS，具体理由如下：（a）相对于 ML 来说，OLS 易于应用；（b）β_1 和 β_2 的 ML 估计量和 OLS 估计量是相同的（对多元回归也是如此）；（c）即使样本数量不是很大，σ^2 的 OLS 估计量和 ML 估计量也相差无几。

然而，为了方便爱好数学的读者，本章附录以及附录 A 中附有 ML 的简要介绍。

附录 4A

4A.1 双变量回归模型的极大似然估计

假定在双变量回归模型 $Y_i = \beta_1 + \beta_2 X_i + u_i$ 中，Y_i 是正态且独立分布的，其均值 $= \beta_1 + \beta_2 X_i$，方差 $= \sigma^2$。［参看式（4.3.9）。］给定上述均值和方差，Y_1，Y_2，…，Y_n 的联合概率密度函数就可以写为：

$$f(Y_1, Y_2, \cdots, Y_n \mid \beta_1 + \beta_2 X_i, \sigma^2)$$

但由于各个 Y_i 的独立性，此联合概率密度函数可写为 n 个单个密度函数之积：

$$f(Y_1, Y_2, \cdots, Y_n \mid \beta_1 + \beta_2 X_i, \sigma^2)$$
$$= f(Y_1 \mid \beta_1 + \beta_2 X_i, \sigma^2) f(Y_2 \mid \beta_1 + \beta_2 X_i, \sigma^2) \cdots f(Y_n \mid \beta_1 + \beta_2 X_i, \sigma^2) \quad (1)$$

其中

$$f(Y_i) = \frac{1}{\sigma\sqrt{2\pi}} \exp\left\{-\frac{1}{2} \frac{(Y_i - \beta_1 - \beta_2 X_i)^2}{\sigma^2}\right\} \quad (2)$$

这是给定均值和方差的一个正态分布变量的密度函数。（注：exp 指 ｛ ｝ 中的表达式为 e 的幂。）

将每个 Y_i 的方程（2）代入方程（1）便得到：

$$f(Y_1, Y_2, \cdots, Y_n \mid \beta_1 + \beta_2 X_i, \sigma^2) = \frac{1}{\sigma^n(\sqrt{2\pi})^n} \exp\left\{-\frac{1}{2} \sum \frac{(Y_i - \beta_1 - \beta_2 X_i)^2}{\sigma^2}\right\} \quad (3)$$

若 Y_1，Y_2，…，Y_n 已知或给定，而 β_1，β_2 和 σ^2 未知，则称（3）为似然函数（likelihood function），记为 LF $(\beta_1, \beta_2, \sigma^2)$ 并写为[①]：

$$\text{LF}(\beta_1, \beta_2, \sigma^2) = \frac{1}{\sigma^n(\sqrt{2\pi})^n} \exp\left\{-\frac{1}{2} \sum \frac{(Y_i - \beta_1 - \beta_2 X_i)^2}{\sigma^2}\right\} \quad (4)$$

极大似然法，顾名思义，就是要在估计未知参数时使观测到给定的这些 Y_i 的概率尽可能大。因此，有必要求方程（4）的最大值。这不过是微分运算中的一个简单练习。为了求微分，将方程（4）表达成如下对数形式更为容易。[②]（注：ln 表示自然对数。）

$$\ln \text{LF} = -n \ln \sigma - \frac{n}{2} \ln(2\pi) - \frac{1}{2} \sum \frac{(Y_i - \beta_1 - \beta_2 X_i)^2}{\sigma^2}$$
$$= -\frac{n}{2} \ln \sigma^2 - \frac{n}{2} \ln(2\pi) - \frac{1}{2} \sum \frac{(Y_i - \beta_1 - \beta_2 X_i)^2}{\sigma^2} \quad (5)$$

---

① 当然，若 β_1，β_2 和 σ^2 已知而 Y_i 未知，则方程（4）代表联合概率密度函数，即联合观测 Y_i 的概率。

② 由于对数函数是单调函数，故 ln LF 和 LF 在同一点上达到最大。

将方程（5）对 β_1，β_2，σ^2 求偏导数得：

$$\frac{\partial \ln \mathrm{LF}}{\partial \beta_1} = -\frac{1}{\sigma^2} \sum (Y_i - \beta_1 - \beta_2 X_i)(-1) \tag{6}$$

$$\frac{\partial \ln \mathrm{LF}}{\partial \beta_2} = -\frac{1}{\sigma^2} \sum (Y_i - \beta_1 - \beta_2 X_i)(-X_i) \tag{7}$$

$$\frac{\partial \ln \mathrm{LF}}{\partial \sigma^2} = -\frac{n}{2\sigma^2} + \frac{1}{2\sigma^4} \sum (Y_i - \beta_1 - \beta_2 X_i)^2 \tag{8}$$

令这些方程为零（最优化的一阶条件），并记 ML 估计量为 $\tilde{\beta}_1$，$\tilde{\beta}_2$，$\tilde{\sigma}^2$，便得到[①]：

$$\frac{1}{\tilde{\sigma}^2} \sum (Y_i - \tilde{\beta}_1 - \tilde{\beta}_2 X_i) = 0 \tag{9}$$

$$\frac{1}{\tilde{\sigma}^2} \sum (Y_i - \tilde{\beta}_1 - \tilde{\beta}_2 X_i) X_i = 0 \tag{10}$$

$$-\frac{n}{2\tilde{\sigma}^2} + \frac{1}{2\tilde{\sigma}^4} \sum (Y_i - \tilde{\beta}_1 - \tilde{\beta}_2 X_i)^2 = 0 \tag{11}$$

经过简化，方程（9）和（10）给出：

$$\sum Y_i = n\tilde{\beta}_1 + \tilde{\beta}_2 \sum X_i \tag{12}$$

$$\sum Y_i X_i = \tilde{\beta}_1 \sum X_i + \tilde{\beta}_2 \sum X_i^2 \tag{13}$$

这正是在方程（3.1.4）和（3.1.5）中得到的最小二乘理论的正规方程。由此可见，ML 估计量 $\tilde{\beta}$ 无异于由方程（3.1.6）和（3.1.7）给出的 OLS 估计量 $\hat{\beta}$，这个等同的结果并非偶然。分析一下似然函数（5），我们看到最后一项是带有负号的，因此方程（5）的最大化就是这一项的最小化，而后者如同我们能从方程（3.1.2）中看到的那样，正是最小二乘法所采取的路线。

将 ML（＝OLS）估计量代入方程（11）并加以简化，就得到 $\tilde{\sigma}^2$ 的 ML 估计量为：

$$\begin{aligned} \tilde{\sigma}^2 &= \frac{1}{n} \sum (Y_i - \tilde{\beta}_1 - \tilde{\beta}_2 X_i)^2 \\ &= \frac{1}{n} \sum (Y_i - \hat{\beta}_1 - \hat{\beta}_2 X_i)^2 \\ &= \frac{1}{n} \sum \hat{u}_i^2 \end{aligned} \tag{14}$$

从方程（14）可以看出，ML 估计量 $\tilde{\sigma}^2$ 不同于 OLS 估计量 $\hat{\sigma}^2 = [1/(n-2)] \sum \hat{u}_i^2$，后者在附录 3A 的 3A.5 节中已被证明是 σ^2 的一个无偏估计量，因此，σ^2 的 ML 估计量是有偏误的。偏误的程度也很容易确定。

对方程（14）两边取数学期望得：

---

① 我们用"～"（波浪号）表示 ML 估计量；用"ˆ"（尖帽符号）表示 OLS 估计量。

$$E(\hat{\sigma}^2) = \frac{1}{n}E(\sum \hat{u}_i^2)$$

$$= \left(\frac{n-2}{n}\right)\sigma^2 \quad \text{利用附录 3A 的 3A.5 节的方程(16)} \qquad (15)$$

$$= \sigma^2 - \frac{2}{n}\sigma^2$$

这表明，在小样本中，$\hat{\sigma}^2$ 偏小（即低估了真实的 σ^2）。但应看到，随着样本容量 n 无限增大，方程（15）中的第二项即偏误因子将趋于零。因此 $\hat{\sigma}^2$ 是渐近（即在很大的样本中）无偏的，也就是说，当 $n\to\infty$ 时，$\lim E(\hat{\sigma}^2) = \sigma^2$。还可进一步证明，$\hat{\sigma}^2$ 也是一致估计量。[①] 当 n 无限增大时，$\hat{\sigma}^2$ 收敛于真值 σ^2。

4A.2 印度食物支出的极大似然估计

回到例 3.2 和方程（3.7.2），那里利用印度 55 个农户的数据将食物支出对总支出做回归。由于在正态性假定下，回归系数的 OLS 估计量和 ML 估计量相同，因此我们得到 ML 估计量为 $\tilde{\beta}_1 = \hat{\beta}_1 = 94.2087$ 和 $\tilde{\beta}_2 = \hat{\beta}_2 = 0.4368$。$\sigma^2$ 的 OLS 估计量为 $\hat{\sigma}^2 = 4469.6913$，但 ML 估计量 $\tilde{\sigma}^2 = 4407.1563$，小于 OLS 估计量。ML 估计量在小样本情形下有向下的偏误，即它总体上低估了真实方差 σ^2。当然，如你所料，随着样本容量的增加，这两个估计量之间的差别将越来越小。将估计量的值放到似然函数中，我们得到似然函数值为 -308.1625。若需要 LF 的极大值，只需取 -308.1625 的反对数即可。没有其他任何参数值能以更高的概率得到你用以分析的样本。

附录 4A 习题

4.1 "若两个随机变量在统计上独立，则两者的相关系数为零，但反之未必成立。也就是说，零相关不意味着统计独立性。然而，如果两个变量都是正态分布的，则零相关必然意味着统计独立性。"试利用下面的两个正态分布变量 Y_1 和 Y_2 的联合概率密度函数（又称双变量正态概率密度函数，bivariate normal probability density function）来证明这一命题。

$$f(Y_1, Y_2) = \frac{1}{2\pi\sigma_1\sigma_2\sqrt{1-\rho^2}}\exp\left\{-\frac{1}{2(1-\rho^2)}\times\left[\left(\frac{Y_1-\mu_1}{\sigma_1}\right)^2 - 2\rho\frac{(Y_1-\mu_1)(Y_2-\mu_2)}{\sigma_1\sigma_2} + \left(\frac{Y_2-\mu_2}{\sigma_2}\right)^2\right]\right\}$$

其中，$\mu_1 = Y_1$ 的均值；

$\mu_2 = Y_2$ 的均值；

$\sigma_1 = Y_1$ 的标准差；

$\sigma_2 = Y_2$ 的标准差；

$\rho = Y_1$ 与 Y_2 之间的相关系数。

4.2 试用取极值的二阶条件（即二阶导数检

[①] 关于极大似然估计量性质的一般讨论，以及渐近无偏性与一致性之间的差别所在，参见附录 A。粗略地说，对于渐近无偏性，我们要设法求当 n 趋于无穷大时的 $\lim E(\hat{\sigma}_n^2)$，其中 n 代表估计量所依据的样本容量。而对于一致性，我们要设法求当 n 无限增大时 $\hat{\sigma}_n^2$ 的变化过程。注意，无偏性是指在给定样本容量的情况下，一个估计量的重复抽样性质，而一致性是一个估计量在样本容量无限增大过程中所表现出来的性质。

验），证明通过解方程（9）、方程（10）和方程（11）得到的 β_1，β_2 和 σ^2 的 ML 估计量确实可使方程（4）中的似然函数取极大值。

4.3 随机变量 X 服从指数分布（exponential distribution），它有如下的概率密度函数：

$$f(X) = (1/\theta)\mathrm{e}^{-X/\theta} \qquad 当 X > 0 时$$
$$= 0 \qquad\qquad 当 X \leqslant 0 时$$

其中 $\theta > 0$ 是此分布的参数。试用 ML 证明 θ 的 ML 估计量是 $\tilde{\theta} = \sum X_i/n$，其中 n 为样本容量。也就是说，证明 θ 的 ML 估计量是样本均值 $\overline{X}$。

4.4 假设一项实验的结果要么成功，要么失败。在实验结果成功时令 $X=1$，在实验结果失败时令 $X=0$，X 的概率密度函数如下

$$p(X = 0) = 1 - p$$
$$p(X = 1) = p, \ 0 \leqslant p \leqslant 1$$

成功概率 p 的极大似然估计量是什么？

第5章 双变量回归：区间估计与假设检验

> 警惕过多地检验假设；你对数据越苛求，数据会越多地向你供认，但在威逼下得到的供词，在科学研究的法庭上是不容许的。[①]

如在第 4 章中指出的那样，估计与假设检验构成经典统计学的两个主要分支。估计理论由两部分组成：点估计与区间估计。在前面两章中我们介绍 OLS 和 ML 估计方法时已透彻地讨论过点估计。在本章中，我们先考虑区间估计，然后再讨论假设检验的问题。后面这个问题与区间估计有着紧密的关系。

5.1　统计学的预备知识

在讲解构造置信区间与检验统计假设的具体步骤之前，我们假定读者已熟悉了概率与统计学的基本概念。附录 A 虽然不能代替一门统计学的基础课程，却具备了读者所必须掌握的统计学要义。一些基本概念如概率（probability）、概率分布（probability distributions）、第 I 类错误（Type I error）和第 II 类错误（Type II error）、显著（性）水平（level of significance）、统计检验（statistical test）的功效以及置信区间（confidence interval）等，对于理解本章和以后各章的内容都起着关键作用。

5.2　区间估计：一些基本思想

为了集中注意力，不妨考虑第 3 章的平均小时工资-受教育程度的例子。方程（3.6.1）表明，受教育程度增加 1 年，估计平均小时工资将提高约 0.724 0（$\hat{\beta}_2$），这是对未知总体参数 β_2 的一个数字（点）估计值。这个估计值的可靠度如何呢？就像在第 3 章曾指出的那样，由于抽样波动，单个估计值很可能与真实值不同，尽管

---

① Stephen M. Stigler, "Testing Hypothesis or Fitting Models? Another Look at Mass Extinctions," in Matthew H. Nitecki and Antoni Hoffman, eds., *Neutral Models in Biology*, Oxford University Press, Oxford, 1987, p. 148.

在重复抽样的过程中，预计它的均值会等于真实值。［注：$E(\hat{\beta}_2) = \beta_2$。］在统计学中，一个点估计量的可靠性由它的标准误来衡量。因此，我们不能完全信赖点估计量，而是要围绕点估计量构造一个区间，比方说，一个在点估计量的两旁各宽 2 个或 3 个标准误的区间，使它有 95% 的概率包含真实的参数值。这就是区间估计（interval estimation）的粗略概念。

说得更确切些，假定我们想知道究竟 $\hat{\beta}_2$ 距离 β_2 有多"近"。为此，我们试求两个正数 δ 和 α，α 位于 0 与 1 之间，使得随机区间（random interval）$(\hat{\beta}_2 - \delta, \hat{\beta}_2 + \delta)$ 包含真实 β_2 的概率为 $1 - \alpha$。用符号表示为：

$$\Pr(\hat{\beta}_2 - \delta \leqslant \beta_2 \leqslant \hat{\beta}_2 + \delta) = 1 - \alpha \tag{5.2.1}$$

这样的区间如果存在，就被称为置信区间；$1 - \alpha$ 被称为置信系数（confidence coefficient）；而 α（$0 < \alpha < 1$）则被称为显著（性）水平。[1] 置信区间的端点被称为置信限（confidence limits）或临界值（critical values）。$\hat{\beta}_2 - \delta$ 被称为置信下限（lower confidence limit），而 $\hat{\beta}_2 + \delta$ 被称为置信上限（upper confidence limit）。顺便指出，在实践中，α 和 $1 - \alpha$ 常用百分数表示成 $100\alpha\%$ 和 $100(1 - \alpha)\%$ 的形式。

式（5.2.1）表明，和点估计量相对应，区间估计量（interval estimator）是一个构造出来的区间，要使它以一个特定的概率 $1 - \alpha$ 把参数的真实值包括在区间的界限内。比方说，如果 $\alpha = 0.05$ 或 5%，那么式（5.2.1）就可读为：式中的（随机）区间包含真实 β_2 的概率为 0.95 或 95%。区间估计量给出了一个真实 β_2 可能会落入其中的数值范围。

理解区间估计的下列特征是非常重要的：

（1）式（5.2.1）并没有说 β_2 落入给定界限内的概率是 $1 - \alpha$，因为 β_2 虽然未知，但被假定为某个定数，或者落在区间内，或者落在区间外。式（5.2.1）所表述的是，使用本章所描述的方法构造出来的一个区间包含 β_2 的概率为 $1 - \alpha$。

（2）式（5.2.1）中的区间是一个随机区间；它随样本的变化而变化，因为它是根据 $\hat{\beta}_2$ 来构造的，而 $\hat{\beta}_2$ 是随机的。（为什么?）

（3）既然置信区间是随机的，与之相关的概率命题就应从长远的意义上或从重复抽样的意义上加以理解。说得更具体些，式（5.2.1）表明，如果在重复抽样中，像式（5.2.1）那样基于概率 $1 - \alpha$ 而构造许多置信区间，那么，从长期看，平均来说，这些区间中将有 $1 - \alpha$ 的比例包含着参数的真实值。

（4）如在（2）中提到的那样，只要 $\hat{\beta}_2$ 尚未知，式（5.2.1）中的区间就是随机的。但是，一旦我们有了一个特定的样本并获得 $\hat{\beta}_2$ 的一个特定数值，式（5.2.1）中的区间就不再是随机的，而是固定的了。这时我们不可做如同式（5.2.1）那样

---

[1] α 又称犯第 I 类错误的概率（probability of committing a Type I error）。第 I 类错误是指拒绝一个正确假设的错误，而第 II 类错误则是指接受一个错误假设的错误。（对这个问题，附录 A 中有充分的讨论。）符号 α 又被称为（统计）检验的尺度［size of the（statistical）test］。

的表述；也就是说，我们不能说一个给定了的固定区间包含真实 β_2 的概率是 $1-\alpha$。在这种情况下，β_2 或者落入这个固定区间内，或者落在固定区间之外，从而概率只能是 1 或 0。因此，在我们的平均小时工资－受教育程度的例子中，如果我们求得的 95% 置信区间是 $0.570\,0 \leqslant \beta_2 \leqslant 0.878\,0$，如同我们在式 (5.3.9) 中很快就要看到的那样，我们就不可以说这个区间包含真实 β_2 的概率是 95%。这个概率不是 1 就是 0。

怎样构造置信区间？从上面的讨论，读者也许预想到，如果估计量的抽样 (sampling) 或概率分布 (probability distribution) 已知，就可以做出如同式 (5.2.1) 那样的置信区间的表达式。在第 4 章中，我们曾看到，在干扰项 u_i 的正态性假定下，OLS 估计量 $\hat{\beta}_1$ 和 $\hat{\beta}_2$ 本身是正态分布的，而 OLS 估计量 $\hat{\sigma}^2$ 与 χ^2 分布有关。这样看来，构造置信区间是一桩简单的事情。确实如此！

5.3　回归系数 β_1 和 β_2 的置信区间

β_2 的置信区间

第 4 章 4.3 节已表明，在 u_i 的正态性假定下，OLS 估计量 $\hat{\beta}_1$ 和 $\hat{\beta}_2$ 本身就是正态分布的，其均值和方差已随之列出。因此，如在式 (4.3.6) 中所指出的那样，变量

$$Z = \frac{\hat{\beta}_2 - \beta_2}{\mathrm{se}(\hat{\beta}_2)} = \frac{(\hat{\beta}_2 - \beta_2)\sqrt{\sum x_i^2}}{\sigma} \tag{5.3.1}$$

是一个标准正态变量。因此，如果真实的总体方差 σ^2 已知，就可利用正态分布对 β_2 作概率判断。当 σ^2 已知时，以 μ 为均值和 σ^2 为方差的正态分布变量有一个重要性质，就是正态曲线下在 $\mu \pm \sigma$ 之间的面积约为 68%；在 $\mu \pm 2\sigma$ 之间的面积约为 95%；在 $\mu \pm 3\sigma$ 之间的面积约为 99.7%。

但是我们很少知道 σ^2，在实践中是用无偏估计量 $\hat{\sigma}^2$ 来测定的。如果我们用 $\hat{\sigma}$ 代替 σ，式 (5.3.1) 就可写为：

$$t = \frac{\hat{\beta}_2 - \beta_2}{\mathrm{se}(\hat{\beta}_2)} = \frac{\text{估计量} - \text{参数}}{\text{对估计量的标准误的估计}}$$

$$= \frac{(\hat{\beta}_2 - \beta_2)\sqrt{\sum x_i^2}}{\hat{\sigma}} \tag{5.3.2}$$

其中 $\mathrm{se}(\hat{\beta}_2)$ 在这里用来表示估计量的标准误。可以证明（见附录 5A 的 5A.2 节），这样定义的 t 变量服从自由度为 $n-2$ 的 t 分布。[注意式 (5.3.1) 与式 (5.3.2) 之间的区别。] 因此，我们不用正态分布，而是要用 t 分布来构造 β_2 的置信区间：

$$\Pr(-t_{\alpha/2} \leqslant t \leqslant t_{\alpha/2}) = 1 - \alpha \tag{5.3.3}$$

其中位于两个不等号中间的 t 值就是由式 (5.3.2) 给出的 t 值，而 $t_{\alpha/2}$ 是由显著水

平为 $\alpha/2$ 和自由度为 $n-2$ 的 t 分布给出的 t 变量值，常常被称为在 $\alpha/2$ 显著性水平上的临界值。将式（5.3.2）代入式（5.3.3）得：

$$\Pr\left[-t_{\alpha/2} \leqslant \frac{\hat{\beta}_2-\beta_2}{\mathrm{se}(\hat{\beta}_2)} \leqslant t_{\alpha/2}\right] = 1-\alpha \tag{5.3.4}$$

重新整理式（5.3.4）得：

$$\Pr[\hat{\beta}_2-t_{\alpha/2}\,\mathrm{se}(\hat{\beta}_2) \leqslant \beta_2 \leqslant \hat{\beta}_2+t_{\alpha/2}\,\mathrm{se}(\hat{\beta}_2)] = 1-\alpha \tag{5.3.5①}$$

式（5.3.5）给出了 β_2 的一个 $100(1-\alpha)\%$ 置信区间，可更简洁地把它写成：

β_2 的 $100(1-\alpha)\%$ 置信区间：

$$\hat{\beta}_2 \pm t_{\alpha/2}\,\mathrm{se}(\hat{\beta}_2) \tag{5.3.6}$$

利用与式（4.3.1）和式（4.3.2）类似的推理，就能写出：

$$\Pr[\hat{\beta}_1-t_{\alpha/2}\,\mathrm{se}(\hat{\beta}_1) \leqslant \beta_1 \leqslant \hat{\beta}+t_{\alpha/2}\,\mathrm{se}(\hat{\beta}_1)] = 1-\alpha \tag{5.3.7}$$

或更简洁地写为：

β_1 的 $100(1-\alpha)\%$ 置信区间：

$$\hat{\beta}_1 \pm t_{\alpha/2}\,\mathrm{se}(\hat{\beta}_1) \tag{5.3.8}$$

注意，由式（5.3.6）和式（5.3.8）给出的置信区间有一个重要的特点：在这两个式中，置信区间的宽度都与估计量的标准误成比例。也就是说，标准误越大，置信区间越宽。换句话说，估计量的标准误越大，对未知参数的真值进行估计的不确定性越大。因此，估计量的标准误常被喻为估计量的精度，即用估计量去测定真实的总体值有多精确。

回到在第3章中（3.6节）将平均小时工资（Y）对受教育程度（X）进行回归的例子。回想我们在表3-2中的发现：$\hat{\beta}_2 = 0.7240$；$\mathrm{se}(\hat{\beta}_2) = 0.0700$。由于只有13个观测，所以自由度就是11。如果我们假定 $\alpha=5\%$，构造一个 95% 的置信区间，那么，自由度为11的临界值 $t_{\alpha/2}=2.201$。将这些值代入式（5.3.5），即可证实 β_2 的 95% 置信区间为[②]：

$$0.5700 \leqslant \beta_2 \leqslant 0.8780 \tag{5.3.9}$$

或者，按照式（5.3.6）的形式把它写为：

$$0.7240 \pm 2.201 \times 0.0700$$

即：

$$0.7240 \pm 0.1540 \tag{5.3.10}$$

对这个置信区间的解释是：给定置信系数为 95%，每100个像式（5.3.9）这样的区间中，将有95个包含真实的 β_2，但就像前面曾告诫的那样，我们不可以说式（5.3.9）这个特定区间有 95% 的概率包含着真实的 β_2，因为这个区间已经固定而

---

① 一些作者喜欢在式（5.3.5）中把自由度显示出来，从而把式（5.3.5）写为：
$\Pr[\hat{\beta}_2 - t_{(n-2),\,\alpha/2}\mathrm{se}(\hat{\beta}_2) \leqslant \beta_2 \leqslant \hat{\beta}_2 + t_{(n-2),\,\alpha/2}\mathrm{se}(\hat{\beta}_2)] = 1-\alpha$
但为简单起见，我们将保持我们的记号；有关的自由度在行文中加以澄清。

② 由于表3-2中的四舍五入误差，以下给出的答案与统计软件给出的答案可能不完全一致。

不再是随机的了；因此，β_2要么落入其中，要么落在其外，这个特定的固定区间包含着真实β_2的概率不是 1 就是 0。

根据式（5.3.7）和表 3-2 中的数据，读者应很容易验证，本例中β_1的 95％置信区间是

$$-1.887\,1 \leqslant \beta_1 \leqslant 1.858\,3 \tag{5.3.11}$$

同样，在解释这个置信区间时，你应该格外小心。在 100 个像式（5.3.11）这样的区间中，将有 95 个包含真实的β_1；这个特定区间包含真实β_1的概率不是 1 就是 0。

β_1 和 β_2 的联合置信区间

有时我们需要构造β_1和β_2的联合置信区间（joint confidence interval），使得β_1和β_2同时落在其中的置信系数（$1-\alpha$）等于，比方说，95％。这个问题比较复杂，有兴趣的读者可参考有关文献。[①] 我们将在第 8 章和第 10 章简要地提到这个主题。

5.4　σ^2的置信区间

如在第 4 章 4.3 节中所指出的那样，在正态性假定下，变量

$$\chi^2 = (n-2)\frac{\hat{\sigma}^2}{\sigma^2} \tag{5.4.1}$$

服从自由度为$n-2$的χ^2分布。[②] 可利用χ^2分布来构造σ^2的置信区间：

$$\Pr(\chi^2_{1-\alpha/2} \leqslant \chi^2 \leqslant \chi^2_{\alpha/2}) = 1-\alpha \tag{5.4.2}$$

其中两个不等号中间的χ^2值由式（5.4.1）给出，而$\chi^2_{1-\alpha/2}$和$\chi^2_{\alpha/2}$是得自χ^2表中自由度为$n-2$的两个χ^2值（χ^2临界值），它们各自切去χ^2分布尾部$100(\alpha/2)$％的面积，如图 5-1 所示。

将式（5.4.1）的χ^2代入式（5.4.2），并加以整理便得到

$$\Pr\left[(n-2)\frac{\hat{\sigma}^2}{\chi^2_{\alpha/2}} \leqslant \sigma^2 \leqslant (n-2)\frac{\hat{\sigma}^2}{\chi^2_{1-\alpha/2}}\right] = 1-\alpha \tag{5.4.3}$$

这就给出了σ^2的$100(1-\alpha)$％置信区间。

继续我们前面有关平均小时工资-受教育程度的例子，我们在表 3-2 中发现，对于我们的数据，有$\hat{\sigma}^2 = 0.893\,6$。如果取$\alpha$为 5％，则对于自由度为 11 的$\chi^2$表可

[①] 一个简明的讨论，见 John Neter，William Wasserman，and Michael H. Kutner，*Applied Linear Regression Models*，Richard D. Irwin，Homewood，Ill.，1983，Chap. 5。

[②] 证明见 Robert V. Hogg and Allen T. Craig，*Introduction to Mathematical Statistics*，2d ed.，Macmillan，New York，1965，p. 144。

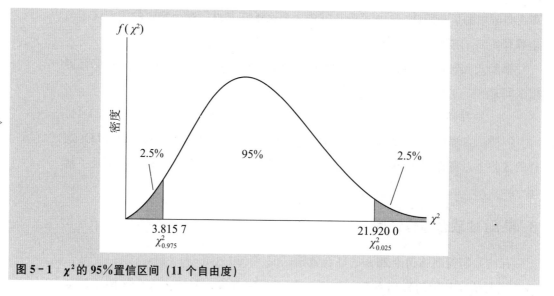

图5-1 χ^2的95%置信区间（11个自由度）

得下列临界值：$\chi^2_{0.025}=21.9200$和$\chi^2_{0.975}=3.8157$。这些值表示χ^2值超过21.9200的概率是2.5%，超过3.8157的概率是97.5%。因此，两值之间的区间构成x^2的一个95%置信区间，如图5-1所示。（注意χ^2分布的偏态。）

读者将此例的数据代入式（5.4.3），便能证实σ^2的95%置信区间为：

$$0.4484 \leqslant \sigma^2 \leqslant 2.5760 \tag{5.4.4}$$

对这个区间的解释是：如果我们确定了σ^2的95%置信（界）限，并且事先声称这些界限将包含真实的σ^2，那么从长远看，我们将有95%的概率是正确的。

5.5 假设检验：概述

我们已经讨论了点估计和区间估计的问题，现在考虑假设检验的问题。在本节中我们只对这个问题进行一个简要的概述，更多的细节见附录A。

统计假设检验的问题可简单地叙述如下：某一给定的观测或发现与某声称的假设是否相符？这里用"相符"（compatible）一词表示与假设的值"足够接近"，因而我们不拒绝所声称的假设。例如，如果某种理论或先前经验使我们相信平均小时工资-受教育程度一例的真实斜率系数β_2等于1，那么从表3-2的样本得到的观测值$\hat{\beta}_2=0.7240$是否与声称的假设值1相一致呢？如果是，我们不拒绝该假设，否则就可拒绝它。

用统计学的语言说，这个声称的假设叫做虚拟假设（null hypothesis）[通常代表一种信以为真或意在维护的所谓维持假设（maintained hypothesis）]，并用符号H_0来表示。通常在检验虚拟假设时要有一个对立假设（alternative hypothesis），常用符号H_1来表示。比如，H_1表示真实的β_2不等于1。对立假设可以是简单的或复合的。[①] 例如，$H_1 : \beta_2 = 1.5$ 是一个简单假设，但 $H_1 : \beta_2 \neq 1.5$ 则是一个复合假设。

假设检验理论是要提出一个观测或程序，以便决定拒绝抑或不拒绝一个虚拟假设。为了设计这样的规则，有两种互为补充的方法，就是置信区间和显著性检验。这两种方法都宣称所考虑的变量（统计量或估计量）服从某个概率分布，并且做假设检验就在于对这个分布的参数值发表意见或做出判断。例如，我们知道在正态性假定下，$\hat{\beta}_2$ 是正态分布的，其均值等于 β_2；其方差由式（4.3.5）给出。当我们假设 $\beta_2 = 1$ 时，我们就是在对这个正态分布的两参数之一即均值做出判断。本书中所遇到的统计假设大多数都属于这种类型，都是对某些假定的概率分布诸如正态分布、F 分布、t 分布或 χ^2 分布中的一个或多个参数的值做出判断。这些判断是怎样做出的将在下面两节讨论。

5.6 假设检验：置信区间方法

双侧或双尾检验

为了说明置信区间方法，再次回到平均小时工资-受教育程度一例。我们从式（3.6.1）中所给的回归结果得知，斜率系数是 0.724 0。假使我们假设：

$$H_0 : \beta_2 = 0.5$$
$$H_1 : \beta_2 \neq 0.5$$

也就是说，真实斜率系数在虚拟假设下是 0.5，而在对立假设下不等于 0.5。虚拟假设是一个简单假设，而对立假设则是一个复合假设；实际上这就是所谓的双侧假设（two-sided hypothesis）。这样的双侧假设常常反映我们对于对立假设偏离虚拟假设的方向没有一个强有力的先验或理论的期望。

所观测的 $\hat{\beta}_2$ 是否与 H_0 相符呢？为了回答这个问题，不妨引用式（5.3.9）中的置信区间。我们知道，从长期看，像（0.570 0, 0.878 0）这样的许多区间将有 95% 的概率包含真实的 β_2。因此，在长期（即重复抽样）的意义上，这样的区间以（比方说）95% 的置信系数给出真实的 β_2 落入其中的一个范围或界限，从而置信区间给出了一个可信的虚拟假设集合。因此，如果虚拟假设 H_0 下的 β_2 落入这个 $100(1-\alpha)$% 置信区间，我们就不拒绝虚拟假设；如果它落在区间之外，我们就可

---

① 一个统计假设如果规定了一个概率分布参数的准确值，就叫做简单假设（simple hypothesis）；否则就叫做复合假设（composite hypothesis）。例如，在正态概率密度函数 $[1/(\sigma\sqrt{2\pi})]\exp\left\{-\dfrac{1}{2}[(X-\mu)/\sigma]^2\right\}$ 中，如果我们断言 $H_1 : \mu = 15$ 和 $\sigma = 2$，它就是一个简单假设；但如果 $H_1 : \mu = 15$ 和 $\sigma > 15$，由于标准差没有一个准确值，它就是一个复合假设。

拒绝它。[1] 在图 5-2 中，我们勾画了这一区间范围。

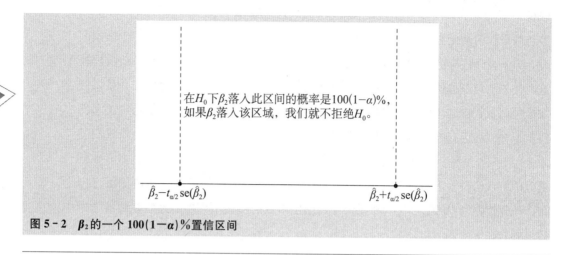

在 H_0 下 β_2 落入此区间的概率是 $100(1-\alpha)\%$，如果 β_2 落入该区域，我们就不拒绝 H_0。

$\hat{\beta}_2 - t_{\alpha/2}\, se(\hat{\beta}_2)$　　　　　　　$\hat{\beta}_2 + t_{\alpha/2}\, se(\hat{\beta}_2)$

图 5-2　β_2 的一个 $100(1-\alpha)\%$ 置信区间

决策规则

构造一个 β_2 的 $100(1-\alpha)\%$ 置信区间。如果在假设 H_0 下 β_2 落入此区间，就不拒绝 H_0；但如果它落在此区间之外，就要拒绝 H_0。

遵照此规则，拿我们假设的例子来说，H_0：$\beta_2 = 0.5$ 显然落在由式（5.3.9）给出的 95% 置信区间之外，因此我们能以 95% 的置信度拒绝真实斜率为 0.5 的假设。令虚拟假设是真实的，我们得到一个大到 0.724 0 的斜率值最多也只有 5% 的机会，这是一个小概率。

在统计学中，当我们拒绝虚拟假设时，我们说我们的发现是统计（上）显著的（statistically significant）。反之，当我们不拒绝虚拟假设时，我们说我们的发现不是统计上显著的（not statistically significant）。

一些作者使用"统计上高度显著"的说法，该说法通常是指，当他们拒绝虚拟假设时，犯第 I 类错误的概率（即 α）是一个小数，通常指 1%。但在 5.8 节中，我们对 p 值的讨论将表明，较好的做法是让研究者自己去决定一个统计上的发现究竟是"显著的""中度显著的"，还是"高度显著的"。

单侧或单尾检验

有时，我们有一种强烈的先验预期或理论预期（或基于前人的一些经验研究），认定对立假设是单侧或单向的，而不是刚才讨论过的双侧假设。比如，就拿我们的平均小时工资-受教育程度的例子来说，我们可以假设：

$$H_0 : \beta_2 \leqslant 0.5 \quad H_1 : \beta_2 > 0.5$$

---

[1]　请牢记，即使假设 H_0 正确，在 H_0 下仍有 $100\alpha\%$ 的机会，这个区间不包含 β_2。简单地说，有 $100\alpha\%$ 的机会犯第 I 类错误。比方说，如果 $\alpha = 0.05$，就会有 5% 的机会我们拒绝了一个正确的虚拟假设。

也许是经济理论或以前的经验研究提示了边际消费倾向大于 0.5。尽管检验上述假设的程序容易从式（5.3.5）推导出来，而实际的步骤最好通过下面即将讨论的显著性检验方法予以说明。[①]

5.7　假设检验：显著性检验方法

检验回归系数的显著性：t 检验

作为对置信区间方法的一种补充，检验统计假设的另一种方法是分别由费希尔（R. A. Fisher）以及由内曼（Neyman）和皮尔逊（Pearson）提出的显著性检验方法（test-of-significance approach）。[②] 概括地说，显著性检验是一种利用样本结果来证实一个虚拟假设真伪的检验程序。显著性检验背后的关键思想在于一个检验统计量（test statistic）及其在虚拟假设下的抽样分布。根据手头数据算出的检验统计量值决定是否接受 H_0。

作为一个说明，回忆在正态性假定下，变量

$$t = \frac{\hat{\beta}_2 - \beta_2}{\text{se}(\hat{\beta}_2)} = \frac{(\hat{\beta}_2 - \beta_2)\sqrt{\sum x_i^2}}{\hat{\sigma}} \tag{5.3.2}$$

服从自由度为 $n-2$ 的 t 分布。如果在虚拟假设下 β_2 的真值被设定，则容易从现有样本计算出式（5.3.2）中的 t 值。因此，这个 t 变量就可作为一个统计量。由于这个统计量服从 t 分布，故可做出如下置信区间表述：

$$\Pr\left(-t_{\alpha/2} \leqslant \frac{\hat{\beta}_2 - \beta_2^*}{\text{se}(\hat{\beta}_2)} \leqslant t_{\alpha/2}\right) = 1 - \alpha \tag{5.7.1}$$

其中 β_2^* 是在 H_0 下的 β 值，而 $-t_{\alpha/2}$ 和 $t_{\alpha/2}$ 是得自 t 表中相对于 $\alpha/2$ 显著性水平和 $n-2$ 个自由度的 t 值（t 临界值）［参见式（5.3.4）］。t 表见于附录 D。

整理式（5.7.1）得：

$$\Pr[\beta_2^* - t_{\alpha/2}\,\text{se}(\hat{\beta}_2) \leqslant \hat{\beta}_2 \leqslant \beta_2^* + t_{\alpha/2}\,\text{se}(\hat{\beta}_2)] = 1 - \alpha \tag{5.7.2}$$

此式给出在给定 $\beta_2 = \beta_2^*$ 时，$\hat{\beta}_2$ 以概率 $1-\alpha$ 落入其中的区间。用假设检验的语言说，式（5.7.2）中建立的 $100(1-\alpha)\%$ 置信区间叫做（虚拟假设的）接受域（region of acceptance），而置信区间以外的（一个或多个）区域叫做（虚拟假设的）拒绝域（region of rejection）或临界域（critical region）。如前所说，置信限，即置信区间的端点，又叫做临界值。

现在，通过比较式（5.3.5）和式（5.7.2），就能看清假设检验的置信区间方法和显著性检验方法之间的密切联系。在置信区间程序中，我们试图建立一个以某种概

[①] 如果你想采用置信区间方法，就要构造 β_2 的一个 $100(1-\alpha)\%$ 单侧或单尾置信区间。为什么？

[②] 详见 E. L. Lehman，*Testing Statistical Hypotheses*，John Wiley & Sons，New York，1959。

率包含有真实但未知的 β_2 的一个范围或区间，而在显著性检验步骤中，我们假设 β_2 为某值，然后来看所计算的 $\hat{\beta}_2$ 是否位于该假设值周围的某个合理（置信）范围之内。

让我们再次回到平均小时工资-受教育程度一例。我们知道 $\hat{\beta}_2 = 0.724\,0$，$\mathrm{se}(\hat{\beta}_2) = 0.070\,0$ 和 $\mathrm{df}=11$。若取 $\alpha=5\%$，则 $t_{\alpha/2}=2.201$。

若令 H_0：$\beta_2 = \beta_2^* = 0.5$ 和 H_1：$\beta_2 \neq 0.5$，则式（5.7.2）为：

$$\Pr(0.346\,0 \leqslant \hat{\beta}_2 \leqslant 0.654\,0) \tag{5.7.3}①$$

如图 5-3 所示。因所测 $\hat{\beta}_2$ 的值落在临界域中，故拒绝真实 $\beta_2 = 0.5$ 的虚拟假设。

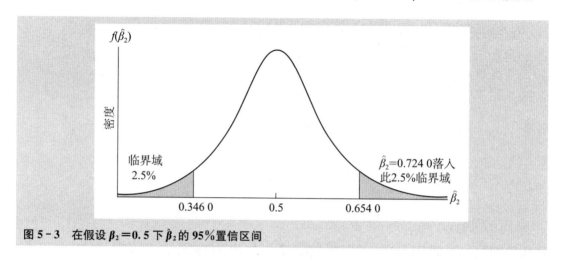

图 5-3 在假设 $\beta_2=0.5$ 下 $\hat{\beta}_2$ 的 95% 置信区间

在实践中，并不需要明确地估计式（5.7.2），而是按照式（5.7.1）给出的双重不等式计算居中的 t 值，然后看它是落在两个 t 临界值之间还是之外。对于我们的例子，有

$$t = \frac{0.724\,0 - 0.5}{0.070\,0} = 3.2 \tag{5.7.4}$$

它明显落在图 5-4 的临界域内。结论仍然是一样的：我们拒绝 H_0。

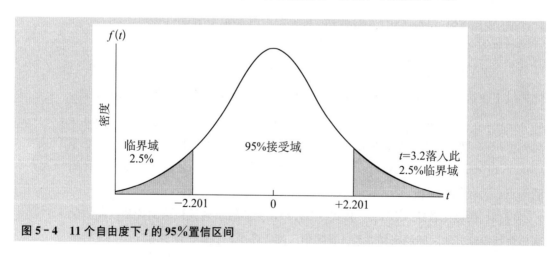

图 5-4 11 个自由度下 t 的 95% 置信区间

---

① 5.2 节第（4）点曾表明，我们不可以说固定了的区间（0.570 0，0.878 0）包含真实 β_2 的概率是 95%。但是作为估计量的 $\hat{\beta}_2$ 是一个随机变量，所以我们就可以给出式（5.7.3）中的概率表述。

　　注意，如果估计的 $\beta_2(=\hat{\beta}_2)$ 等于假设的 β_2，式（5.7.4）中的 t 将为零。然而，随着估计的 β_2 值远离假设的 β_2 值，$|t|$（即 t 的绝对值；注意 t 可正可负）将越来越大。因此，一个"大"的 $|t|$ 值便是与虚拟假设相抵触的迹象。当然，我们总可以利用 t 表来决定一个特定的 t 值是大还是小；我们知道，这个答案依赖于自由度的个数和我们愿意接受的第 I 类错误的概率。如果你翻阅一下附录 D 中的 t 表，你将察觉，对给定的自由度，得到的 $|t|$ 值越大，其概率越小。比如，对 20 个自由度来说，得到一个 1.725 或更大的 $|t|$ 值的概率是 0.10 或 10%。但对于同样的自由度，得到一个 3.552 或更大的 $|t|$ 值的概率仅为 0.002 或 0.2%。

　　因为我们利用了 t 分布，所以上述检验程序适合称为 t 检验。用显著性检验的语言说，如果一个统计量的值落在临界域内，那么这个统计量就是统计上显著的。这时我们拒绝虚拟假设。同理，如果一个检验统计量的值落在接受域中，那么它就是统计上不显著的，这时我们不拒绝虚拟假设。在我们的例子中 t 是显著的，从而我们拒绝虚拟假设。

　　在结束我们对假设检验的讨论前，请注意我们刚才描述的检验程序是一种双侧或双尾显著性检验程序，因为我们把有关概率分布的两个尾端当作拒绝域；如果虚拟假设值落入任一尾端，就拒绝该假设，这样做的原因是我们的 H_1 是一个双侧复合假设；$\beta_2 \neq 0.5$ 表示 β_2 或者大于 0.5，或者小于 0.5。但是，假设先前的经验提示我们，预计斜率要比 0.5 大，这样，我们就有 $H_0: \beta_2 \leqslant 0.5$ 和 $H_1: \beta_2 > 0.5$。虽然仍是一个复合假设，但它是单侧的。为了检验此假设，我们利用单尾检验（one-tail test，右尾部），如图 5-5 所示。（参见 5.6 节的讨论。）

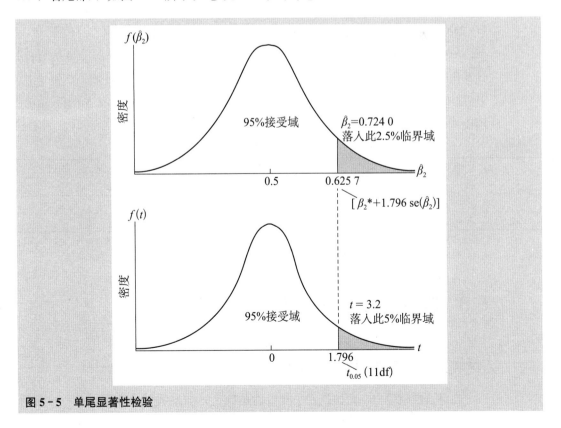

图 5-5　单尾显著性检验

除了置信上限或临界值现在是 $t_\alpha = t_{0.05}$ 即 5% 的水平外，检验的程序同前。如图 5-5 所示，在此情形中，我们并不需要考虑 t 分布的左尾端。究竟使用双尾还是单尾显著性检验，要看对立假设是怎样构成的。而后者又有赖于某种先验思考或先前的实际经验。（进一步的讨论见 5.8 节。）

假设检验的显著性 t 检验方法可概括为表 5-1。

表 5-1 　　　　　　　　　　　　**显著性 t 检验：决策规则**

假设类型	H_0：虚拟假设	H_1：对立假设	决策规则：拒绝 H_0，如果
双尾	$\beta_2 = \beta_2^*$	$\beta_2 \neq \beta_2^*$	$\mid t \mid > t_{\alpha/2,\,df}$
右尾	$\beta_2 \leq \beta_2^*$	$\beta_2 > \beta_2^*$	$t > t_{\alpha,\,df}$
左尾	$\beta_2 \geq \beta_2^*$	$\beta_2 < \beta_2^*$	$t < -t_{\alpha,\,df}$

注：β_2^* 是 β_2 的假设数值。

$\mid t \mid$ 指 t 的绝对值。

t_α 或 $t_{\alpha/2}$ 指在 α 或 $\alpha/2$ 显著性水平上的 t 临界值。

df 指自由度，对双变量模型是 $(n-2)$，对三变量模型是 $(n-3)$。以此类推，同样的程序适用于 β_1 的假设检验。

检验 σ^2 的显著性：χ^2 检验

作为显著性检验方法的另一说明，考虑以下变量：

$$\chi^2 = (n-2)\frac{\hat{\sigma}^2}{\sigma^2} \tag{5.4.1}$$

前面已指出，这个变量服从自由度为 $n-2$ 的 χ^2 分布。对于我们的例子，$\hat{\sigma}^2 = 0.893\,7$ 并且 df=11。如果假设 H_0：$\sigma^2 = 0.6$ 和 H_1：$\sigma^2 \neq 0.6$，式 (5.4.1) 便给出了关于 H_0 的检验统计量。把相应的数值代入方程 (5.4.1)，就能求出在 H_0 下 $\chi^2 = 16.384\,5$。如果我们取 $\alpha = 5\%$，χ^2 的两个临界值便是 3.815 75 和 21.920 0。由于计算出来的 χ^2 落在这两个界限之间，表明数据支持虚拟假设，因此我们不拒绝它。（见图 5-1。）这一检验程序叫做 χ^2 显著性检验（chi-square test of significance）。假设检验的 χ^2 显著性检验方法可概括为表 5-2。

表 5-2 　　　　　　　　　　　　**χ^2 检验概要**

H_0：虚拟假设	H_1：对立假设	临界域：拒绝 H_0，如果
$\sigma^2 = \sigma_0^2$	$\sigma^2 > \sigma_0^2$	$df(\hat{\sigma}^2)/\sigma_0^2 > \chi_{\alpha,\,df}^2$
$\sigma^2 = \sigma_0^2$	$\sigma^2 < \sigma_0^2$	$df(\hat{\sigma}^2)/\sigma_0^2 < \chi_{(1-\alpha),\,df}^2$
$\sigma^2 = \sigma_0^2$	$\sigma^2 \neq \sigma_0^2$	$df(\hat{\sigma}^2)/\sigma_0^2 > \chi_{\alpha/2,\,df}^2$ 或 $< \chi_{(1-\alpha/2),\,df}^2$

注：σ_0^2 是在虚拟假设下的 σ^2 值。最后一列中 χ^2 的第一个下标指显著性水平，而第二个下标指自由度。这些 χ^2 均是临界值。注意，对双变量回归模型，自由度为 $(n-2)$，对三变量回归模型，自由度为 $(n-3)$，以此类推。

5.8　假设检验：一些实际操作问题

"接受"或"拒绝"假设的含义

在显著性检验中，比如说在 t 检验的基础上，如果我们决定"接受"虚拟假

设，我们不过是说，根据样本证据，我们还没有理由拒绝它；而不是说，虚拟假设
毫无疑问是真的。为什么？为了回答此问题，让我们回到平均小时工资-受教育程度
的例子中，并假定 H_0：$\beta_2 = 0.70$。既然斜率的估计值是 $\hat{\beta}_2 = 0.724\ 0$，并且 $\text{se}(\hat{\beta}_2) =$
$0.070\ 0$，那么，根据 t 检验，我们求得 $t = (0.724\ 0 - 0.70)/0.070\ 0 = 0.342\ 9$，这
在 $\alpha = 5\%$ 的水平上是不显著的。因此，我们"接受"H_0。但是，让我们再假定
H_0：$\beta_2 = 0.60$，应用 t 检验，我们又得到 $t = (0.724\ 0 - 0.6)/0.070\ 0 = 1.771\ 4$，
这仍然是统计上不显著的。于是，再"接受"此 H_0。但这两个虚拟假设哪一个
"真实"呢？我们不知道。所以，在"接受"一个虚拟假设时，应时刻警觉到另一
个虚拟假设也可能会同样地与数据相符。有鉴于此，我们宁可说可以接受一个虚拟
假设，也不说我们（确实）接受它。更好的说法是：

　　……正如一个法庭宣告某一判决为"无罪"而不为"清白"，统计检验的
结论也应为"不拒绝"而不为"接受"。[1]

"零"虚拟假设与"2-t"经验法则

在经验工作中经常检验的一个虚拟假设是 H_0：$\beta_2 = 0$，即斜率系数是零。这个
"零"虚拟假设像是一种在论点中容易被驳斥的虚构对手，目的是要明确 Y 是否与
解释变量 X 有某种关系。如果要从 Y 和 X 之间无任何关系开始，那么检验诸如 $\beta_2 =$
0.3 或任何其他值的虚拟假设就没有意义。

可以容易地用前几节所讨论的置信区间方法或 t 检验方法来检验这个虚拟假
设。但常常可采用"2-t"经验法则将这类按部就班的检验方法简化如下：

"2-t"经验法则（"2-t" Rule of Thumb）

如果自由度为 20 或更大且显著性水平定在 0.05，那么，从式（5.3.2）算得 t 值
$[=\hat{\beta}_2/\text{se}(\hat{\beta}_2)]$ 在绝对值上超过 2 时，就可拒绝虚拟假设 $\beta_2 = 0$。

此准则的合理性不难领会。由式（5.7.1）知，对于适当的自由度，如果

$$t = \hat{\beta}_2/\text{se}(\hat{\beta}_2) > t_{\alpha/2} \qquad \text{当 } \hat{\beta}_2 > 0 \text{ 时}$$

或者

$$t = \hat{\beta}_2/\text{se}(\hat{\beta}_2) < -t_{\alpha/2} \qquad \text{当 } \hat{\beta}_2 < 0 \text{ 时}$$

我们将拒绝 H_0：$\beta_2 = 0$。也可以说，如果满足

$$|t| = \left|\frac{\hat{\beta}_2}{\text{se}(\hat{\beta}_2)}\right| > t_{\alpha/2} \tag{5.8.1}$$

我们将拒绝 H_0：$\beta_2 = 0$。

---

[1]　Jan Kmenta，*Elements of Econometrics*，Macmillan，New York，1971，p. 114.

5

检查一下附录 D 中的 t 表便看到，当自由度约为 20 或更大时，计算的 t 值在绝对值上超过 2，比方说 2.1，在 5% 的水平上是统计显著的，即意味着对虚拟假设的拒绝。因此，对于 20 或更大的自由度，如果计算的 t 值是 2.5 或 3，我们就不需要查阅 t 表以评定所估斜率系数的显著性。当然，为了得知准确的显著性水平，我们可随时查阅 t 表，而当自由度小于 20 时，我们一定要查阅 t 表。

顺便指出，如果我们相对 $\beta_2 > 0$ 或 $\beta_2 < 0$ 检验单侧假设 $\beta_2 = 0$，则当下式成立时，应拒绝虚拟假设：

$$| t | = \left| \frac{\hat{\beta}_2}{\text{se}(\hat{\beta}_2)} \right| > t_a \tag{5.8.2}$$

如果把 α 定在 0.05，则从 t 表我们看到，对于 20 或更多的自由度，一个超过 1.73 的 t 值在 5% 的显著性水平上是（单尾）统计显著的。因而，每当 t 值超过比方说 1.8（在绝对值上）且自由度为 20 或更大，就不需要查阅 t 表以评定所测系数的统计显著性。当然，如果 α 选定在 0.01 或任何其他水平上，则还必须决定适当的 t 值作为临界参考点。至此，读者该知道怎么去做了。

构造虚拟假设和对立假设[①]

给定了虚拟假设和对立假设，如何检验它们的统计显著性就不再是什么神秘的事了。但是怎样构造这些假设并没有一成不变的规则。常常是我们所研究的现象会提示我们虚拟假设和对立假设的性质。例如，考虑证券组合理论中的资本市场线，该理论假设 $E_i = \beta_1 + \beta_2 \sigma_i$，其中 $E=$ 组合证券的期望回报，而 $\sigma_i =$ 回报的标准差。后者是风险的一种度量。因为人们预期回报与风险存在正相关关系——回报越高，风险越大，因此相对于虚拟假设 $\beta_2 = 0$，自然的对立假设便是 $\beta_2 > 0$。也就是说，人们不会做出考虑 β 为负值的选择。

然而，试看对货币的需求问题。以后我们将说明，货币需求的重要决定因素之一是收入。先前关于货币需求函数的研究曾表明，货币需求的收入弹性（指收入变化一单位时货币需求变化的大小）典型地位于 0.7 和 1.3 之间。因此，如果在一项新的货币需求研究中假设收入弹性系数 β_2 为 1，则对立假设可取为 $\beta_2 \neq 1$，即双侧对立假设。

可见，理论预期或经验工作或两者同时可作为构造假设的依据，但不管怎样构造这些假设，一件极为重要的事是研究者要在进行经验调查研究之前构造这些假设，否则他就犯了迂回推理或自欺欺人的错误；也就是说，如果先分析经验结果再进行假设的话，就不免受到一种诱惑，要构造一种假设来袒护自己所得到的结果。要不惜一切代价去避免这种做法，至少为了科学事业要如此，请牢记本章一开头就

[①] 关于如何建立假设的一个饶有趣味的讨论，见 J. Bradford De Long and Kevin Lang, "Are All Economic Hypotheses False?" *Journal of Political Economy*，vol. 100，no. 6，1992，pp. 1257 - 1272。

引用的施蒂格勒（Stigler）的话！

选择显著性水平 α

讨论至此，我们应该清楚，拒绝或不拒绝虚拟假设，关键在于 α 这个显著性水平或犯第Ⅰ类错误的概率——拒绝了真实假设的概率。在附录 A 中我们充分地讨论了第Ⅰ类错误的性质，它和第Ⅱ类错误（接受了错误的假设）的关系，以及为什么经典统计学通常都集中于讨论第Ⅰ类错误。但是，即使我们讨论了这些问题，人们仍会问：为什么 α 通常都固定在 1%、5%，也许还有 10% 的水平上？其实，这些值并不是神圣不可侵犯的；任何其他值都是可以的。

在像本书这样的一本介绍性的书中，不可能深入地讨论为什么人们选择 1%、5% 或 10% 的显著性水平。这样做会把我们引入本身就是一个学科分支的统计决策领域。然而，这里可以进行一个简短的概括。如同在附录 A 中所讨论的那样，对于给定的样本容量，如果我们要减少犯第Ⅰ类错误的概率，犯第Ⅱ类错误的概率就要增加；反之亦然。也就是说，给定样本容量，如果我们企图减少拒绝真实假设的概率，我们就同时增加了接受错误假设的概率，因此，对于给定的样本容量，这两种错误类型之间有一种替代关系。解决这一替代关系的唯一途径，就是找出两类错误的相对代价。

> 如果错误地拒绝一个其实是真实的虚拟假设（第Ⅰ类错误）的代价比起错误地未拒绝一个其实是错误的虚拟假设（第Ⅱ类错误）的代价相对高昂，那么把第Ⅰ类错误的概率定得低些将是合理的。反之，如果犯第Ⅰ类错误的代价比犯第Ⅱ类错误的代价相对低廉，就值得把第Ⅰ类错误的概率定得高些（从而使犯第Ⅱ类错误的概率低些）。[①]

当然，困难在于我们很少知道犯这两类错误的代价。因此，应用计量经济学家一般看来都是把 α 定在 1%、5% 甚至 10% 的水平上，然后选择一个能使犯第Ⅱ类错误的概率尽可能小的检验统计量。由于 1 减去犯第Ⅱ类错误的概率被称为检验功效（power of the test），因此这一程序相当于求检验功效的最大化。（关于检验功效的讨论，参见附录 A。）

但是，如果我们采用下一节将讨论的检验统计量的 p 值，则所有有关选择适当 α 值的问题均可避免。

精确的显著性水平：p 值

如方才指出的那样，经典假设检验方法的痛处在于选择 α 时的武断性。当我们对给定的样本算出一个检验统计量（如 t 统计量）的值时，为什么不干脆查阅适当

---

① Jan Kmenta, *Elements of Econometrics*, Macmillan, New York, 1971, pp. 126-127.

的统计表，看看得到一个和从样本得到的检验统计量那样大或者更大的数值的确切概率？这个概率就叫做 p 值（p value），即概率值（probability value），也叫做观测或精确显著性水平（observed or exact level of significance），或犯第 I 类错误的精确概率（exact probability of committing a Type I error）。用更专业化的语言说，p 值被定义为一个虚拟假设可被拒绝的最低显著性水平。

作为说明，仍回到平均小时工资-受教育程度一例。给定虚拟假设：受教育程度的真实系数是 0.5，我们得到式（5.7.4）中的 t 值为 3.2。得到一个大到 3.2 或更大的 t 值的 p 值是什么？查阅附录 D 中的 t 表，我们看到，对于 11 个自由度，得到这样的 t 值的概率一定小于 0.005（单尾）或 0.010（双尾）。

如果利用 Stata 或 EViews 等统计软件，你将发现得到 3.2 或更大的 t 值的概率约为 0.000 01，即非常小。这就是我们所测到这个 t 统计量的 p 值。这一精确的 t 统计量显著性水平，比起常用并任意固定的任何一个显著性水平如 1%、5% 或 10% 等，都要小得多。事实上，如果我们真的使用刚才算的 p 值来拒绝"受教育程度的真实系数是 0.5"的虚拟假设，那么我们犯第 I 类错误的概率只有十万分之一！

我们在前面曾指出，如果数据不支持虚拟假设，则在虚拟假设下得到的 $|t|$ 值将会很"大"，得到这样一个 $|t|$ 值的 p 值因而就很"小"。换言之，对于给定的样本容量，随着 $|t|$ 的增加，p 值会不断下降，我们也就越来越有信心拒绝虚拟假设。

p 值和显著性水平 α 是怎样一种关系呢？如果我们养成一种习惯，把 α 固定在一个检验统计量（如 t 统计量）的 p 值上，这两个值就没有任何矛盾。换句话说，与其人为地把 α 固定在某一水平，不如干脆选取检验统计量的 p 值。让读者自己决定是否在给定的 p 值水平上拒绝虚拟假设好了。如果在一项应用中，检验统计量的 p 值正好是 0.145 或 14.5%，并且如果读者想要在这一精确显著性水平上拒绝虚拟假设，就让他这样做好了。采用一个 14.5% 犯（第 I 类）错误（犯拒绝了真实的虚拟假设的错误）的概率并没有任何过错。同样，在我们的平均小时工资-受教育程度的例子中，研究者如要采用一个约为 0.02% 的 p 值，而不愿接受比万分之二更大的犯错误的概率，也没有什么过错。毕竟有一些研究者是风险偏好者，而另一些则是风险厌恶者！

在本书的其余部分，我们一般都标出给定统计量的 p 值。读者可以把 α 固定在某一水平上，并在 p 值小于 α 时拒绝虚拟假设。这是他们的选择自由。

统计显著性与实际显著性

回到我们的例 3.1，看式（3.7.1）给出的回归结果。这个回归将美国 1960—2005 年的个人消费支出与国内生产总值相联系，这两个变量都是以 2000 年的十亿美元为单位度量的。

我们从这个回归中看到，边际消费倾向（MPC）即收入（用 GDP 度量）每增加 1 美元导致消费增加的数量约为 0.72 美元或 72 美分。利用式（3.7.1）中的数据，读者很容易验证 MPC 的 95％置信区间为（0.712 9，0.730 6）。（注意：因为在这个问题中自由度为 44，所以我们得不到这一自由度下的精确 t 值，因此，你可以利用 $2-t$ 经验法则来计算这个 95％置信区间。）

假设有人坚持认为真正的 MPC 是 0.74，这个假设与 0.72 不同吗？如果我们严格地使用上述构造的置信区间，二者的确是不同的。

但是我们的这一发现有什么实际或实质显著性呢？也就是说，如果我们把 MPC 当作 0.74 而不是 0.72，会有什么差别呢？两个 MPC 之间 0.02 的差别有什么实际重要意义？

对该问题的回答有赖于我们要用这些估计值来做什么。例如，从宏观经济学中我们得知，收入乘数是 $1/(1-\text{MPC})$。因此，如果 MPC 是 0.72，这个乘数就是 3.57；但如果 MPC 是 0.74，这个乘数就是 3.85。这就是说，如果政府打算增加 1 美元的开支以拯救经济萧条，如果 MPC 是 0.72，则收入将最终增加 3.57 美元；而如果 MPC 是 0.74，则收入将最终增加 3.85 美元。这一差异对于经济的复苏也许很重要。

全部讨论的要点在于：不要把统计上的显著性和实际上或经济上的显著性混同起来，正如戈德伯格（Goldberger）所说：

> 当人们设定一个虚拟假设，比方说 H_0：$\beta_j=1$ 时，其用意很可能是说 β_j 接近 1，且接近到这样一个程度，以致为了一切实际目的，都可以把它看作就是 1。然而，1.1 是否"实际上无异于"1.0？这是一个经济学问题，而不是统计学问题。我们不能依靠假设检验来解决这个问题。因为检验统计量 $\left[t=\right](b_j-1)/\hat{\sigma}_{bj}$ 用标准误做单位来衡量所估计的系数，而标准误并不是衡量经济参数 β_j-1 的一个有意义的单位。一个好的办法也许是把显著性一词当作统计学概念，而在经济学概念中使用"重要性"一词。[1]

戈德伯格的论点是重要的。当样本容量变得非常大时，统计显著性的问题会变得黯然失色，而经济显著性的问题会变得至关重要。的确，在样本非常大的情况下，几乎任何虚拟假设都一定会被拒绝，点估计就成为唯一可研究的问题。

假设检验的置信区间方法和显著性检验方法的选择

在大多数应用性的经济分析中，虚拟假设的建立犹如一个稻草人的竖立。经验

---

① 参见 Arthur S. Goldberger，*A Course in Econometrics*，Harvard University Press，Cambridge，Massachusetts，1991，p. 240。注意 b_j 是 β_j 的 OLS 估计量，而 $\hat{\sigma}_{bj}$ 是它的标准误。赞同的观点还见于 D. N. McCloskey，"The Loss Function Has Been Mislaid：The Rhetoric of Significance Tests，"*American Economic Review*，vol. 75，1985，pp. 201 - 205。也可参见 D. N. McCloskey and S. T. Ziliak，"The Standard Error of Regression，"*Journal of Economic Literature*，vol. 37，1996，pp. 97 - 114。

研究工作的目的是要把它打倒，即拒绝这个虚拟假设。以我们的消费-收入关系为例，虚拟假设 MPC 即 $\beta_2 = 0$ 显然是荒谬的，可是我们却常用它来把经验研究的结果写得更引人入胜。现在著名期刊的编辑都发觉发表一篇不拒绝虚拟假设的经验性文章是不足以激动人心的。发现 MPC 在统计上异于零，多少要比发现它等于 0.7 更值得作为新闻报道！

因此，J. 布拉德福德·德朗（J. Bradford De Long）和凯文·兰（Kevin Lang）辩称，对经济学家而言，较好的做法是：

> 集中讨论系数的大小并报告其置信水平，而不去提显著性检验。如果全部或几乎全部虚拟假设都是错误的，那么讨论一个估计值是否无异于它在虚拟假设下的预测值就是无意义的，相反，我们也许想探明什么模型是较好的近似，这就需要知道为经验估计所排除的参数值域。[1]

简言之，这些作者认为，置信区间方法优于显著性检验方法。读者不妨把这一忠告铭记在心。[2]

5.9 回归分析与方差分析

本节我们从方差分析的视角来研究回归分析，从而向读者介绍一种对统计推断问题更有启发意义和补充作用的方法。

在第 3 章 3.5 节中，我们曾导出如下恒等式：

$$\sum y_i^2 = \sum \hat{y}_i^2 + \sum \hat{u}_i^2 = \hat{\beta}_2^2 \sum x_i^2 + \sum \hat{u}_i^2 \qquad (3.5.2)$$

即 TSS=ESS+RSS，它把总平方和（TSS）分解为两个构成部分：解释平方和（ESS）与剩余平方和（RSS）。对 TSS 的这些构成部分的研究从回归的角度来看就叫做方差分析（analysis of variance，ANOVA）。

同任一个平方和联系在一起的是它所依据的自由度，即独立观测值的个数。因为在计算样本均值 $\bar{Y}$ 时，我们失去了 1 个自由度，故 TSS 有 $n-1$ 个自由度。RSS 有 $n-2$ 个自由度。（为什么？）（注：这仅对有截距 β_1 的双变量回归模型才是对的。）ESS 有 1 个自由度（也仅对双变量情形才正确），这是因为当 $\sum x_i^2$ 已知时，ESS$=\hat{\beta}_2^2 \sum x_i^2$ 仅是 $\hat{\beta}_2$ 的函数。

把各项平方和及其相应的自由度在表 5-3 中列出，就形成了 AOV 表的标准形式，有时又称其为 ANOVA 表。给定表 5-3 中的条目，现考虑以下变量：

---

① 见第 130 页注释①所引的他们的论文（p. 1271）。

② 至于多少有些不同的观点，参见 Carter Hill, William Griffiths, and George Judge, *Undergraduate Econometrics*, Wiley & Sons, New York, 2001, p. 108。

$$F = \frac{\text{ESS 的 MSS}}{\text{RSS 的 MSS}} = \frac{\hat{\beta}_2^2 \sum x_i^2}{\sum \hat{u}_i^2 / (n-2)} = \frac{\hat{\beta}_2^2 \sum x_i^2}{\hat{\sigma}^2} \tag{5.9.1}$$

表 5 - 3　　　　　　　　　　　双变量回归模型的 ANOVA 表

变异来源	SS*	df	MSS†
回归部分（ESS）	$\sum \hat{y}_i^2 = \hat{\beta}_2^2 \sum x_i^2$	1	$\hat{\beta}_2^2 \sum x_i^2$
剩余部分（RSS）	$\sum \hat{u}_i^2$	$n-2$	$\dfrac{\sum \hat{u}_i^2}{n-2} = \hat{\sigma}^2$
TSS	$\sum y_i^2$	$n-1$	

注：* SS 指平方和。
　　†MSS 指均方和，得自 SS 除以其自由度。

如同我们在 CNLRM 所做的一样，假定干扰项 u_i 是正态分布的且虚拟假设 H_0：$\beta_2 = 0$，就可证明式（5.9.1）中的 F 服从自由度为 1 和 $n-2$ 的 F 分布。（证明见附录 5A 的 5A.3 节。有关 F 分布性质的讨论见附录 A。）

上述 F 有什么用处呢？可以证明[1]：

$$E(\hat{\beta}_2^2 \sum x_i^2) = \sigma^2 + \beta_2^2 \sum x_i^2 \tag{5.9.2}$$

以及

$$E\left(\frac{\sum \hat{u}_i^2}{n-2}\right) = E(\hat{\sigma}^2) = \sigma^2 \tag{5.9.3}$$

（注意出现在这些方程右端的 β_2 和 σ^2 是真实的参数。）一方面，若 β_2 确实是零，式（5.9.2）和式（5.9.3）两者都给出了相同的真实 σ^2 的估计，这时解释变量 X 与 Y 没有任何线性影响，Y 的全部变异均由随机干扰项 u_i 来解释。另一方面，若 β_2 不是零，则式（5.9.2）和式（5.9.3）将有所不同，从而 Y 的部分变异将归因于 X。于是，式（5.9.1）的 F 提供了对虚拟假设 H_0：$\beta_2 = 0$ 的一个检验。由于此式中的每一个量都可从已有的样本算得，所以这个 F 就为检验虚拟假设 $\beta_2 = 0$ 提供了一个检验统计量。我们所需做的无非就是算出 F，再用它同从 F 表在选定显著性水平上读出的 F 临界值相比较，或者是查找所算 F 统计量的 p 值。

为便于说明，继续使用上述说明性例子。此例的 ANOVA 表见表 5 - 4。我们看到计算的 F 值为 108.302 6。这个 F 值对应于 1 和 11 个自由度的 p 值不能从附录 D 给出的 F 表读出，但电子统计表显示值是 0.000 000 1，确实是一个极小的概率。如果你决定选择假设检验的显著性水平方法，并把 α 固定在 0.01 或 1％ 的水平上，你便能看到所算的 108.302 6 这一 F 值在此水平上明显是显著的。所以，如果我们

---

[1]　证明见 K. A. Brownlee, *Statistical Theory and Methodology in Science and Engineering*，John Wiley & Sons, New York，1960，pp. 278 - 280。

拒绝虚拟假设 $\beta_2 = 0$。犯第 I 类错误的概率就非常小。从一切实际意义来考虑，我们的样本都不可能来自一个 β_2 为零的总体，从而我们能够很有信心地做出受教育程度 X 对平均小时工资 Y 有影响的结论。

表 5-4　　　　　　　　平均小时工资-受教育程度一例的 ANOVA 表

变异来源	SS	df	MSS	
回归部分（ESS）	95.425 5	1	95.425 5	$F = \dfrac{95.425\ 5}{0.881\ 1}$
剩余部分（RSS）	9.692 8	11	0.881 1	$= 108.302\ 6$
TSS	105.118 3	12		

翻到附录 5A 的定理 5.7，该定理指出，自由度为 k 的 t 值的平方是一个分子自由度为 1 和分母自由度为 k 的 F 值。对本例来说，如果假设 $H_0: \beta_2 = 0$，则由式（5.3.2）容易验证，估计 t 值是 10.41，这个 t 值有 11 个自由度。在同样的虚拟假设下，F 值曾被算出是 108.302 6 且有自由度 1 和 11。因此，在不计四舍五入误差的情况下，应该有 $(10.342\ 8)^2$ 等于这个 F 值。

因此，t 检验和 F 检验是检验虚拟假设 $\beta_2 = 0$ 的两个互为补充的备选方法。若果真如此，为什么不仅仅使用 t 检验就够了，还要麻烦到用 F 检验及伴随的方差分析呢？对于双变量模型，确实不需要用 F 检验。但当我们考虑多元回归问题时，我们将看到 F 的一些有趣的应用，使得它成为检验统计假设的非常有用和有效的方法。

5.10　回归分析的应用：预测问题

根据表 3-2 的样本数据，我们曾得到如下样本回归：

$$\hat{Y}_i = -0.014\ 4 + 0.724\ 0 X_i \qquad (3.6.1)$$

其中 $\hat{Y}_i$ 是给定 X_i 下真实 $E(Y_i)$ 的估计量。这种历史回归（historical regression）有什么用呢？其一个用途是"预测"或"预报"给定受教育程度 X 下未来的平均小时工资 Y。现有两种预测：（1）对应于选定的 X，比方说 X_0，预测 Y 的条件均值，也就是预测总体回归曲线本身的点（见图 2-2）；（2）预测对应于 X_0 的 Y 的个别值。我们将把这两种预测分别称为均值预测（mean prediction）和个值预测（individual prediction）。

均值预测

为便于说明，假定 $X_0 = 20$，我们要预测 $E(Y_0 \mid X_0 = 20)$。历史回归式（3.6.1）给出这个均值预测的点估计如下：

$$\hat{Y}_0 = \hat{\beta}_1 + \hat{\beta}_2 X_0$$
$$= -0.014\ 4 + 0.724\ 0 \times 20 \tag{5.10.1}$$
$$= 14.465\ 6$$

其中 $\hat{Y}_0$ 为 $E(Y \mid X_0)$ 的估计量。可以证明，这个点预测量是一个最优线性无偏估计量。

既然 $\hat{Y}_0$ 是一个估计量，就可能不同于它的真值。二者之差将大致给出预测或预报的误差。为了评估这个误差，我们需要求出 $\hat{Y}_0$ 的抽样分布。附录 5A 的 5A.4 节表明，式（5.10.1）中的 $\hat{Y}_0$ 是正态分布的，其均值为 $(\beta_1 + \beta_2 X_0)$，而方差由下式给出：

$$\mathrm{var}(\hat{Y}_0) = \sigma^2 \left[\frac{1}{n} + \frac{(X_0 - \bar{X})^2}{\sum x_i^2} \right] \tag{5.10.2}$$

将未知的 σ^2 代以它的无偏估计量 $\hat{\sigma}^2$ 就可推知，变量

$$t = \frac{Y_0 - (\beta_1 + \beta_2 X_0)}{\mathrm{se}(\hat{Y}_0)} \tag{5.10.3}$$

服从 $n-2$ 个自由度的 t 分布。因而 t 分布可用来推导真实 $E(Y_0 \mid X_0)$ 的置信区间，并且用惯常的方式去检验关于它的假设，即：

$$\Pr[\hat{\beta}_1 + \hat{\beta}_2 X_0 - t_{\alpha/2}\,\mathrm{se}(\hat{Y}_0) \leqslant \beta_1 + \beta_2 X_0 \leqslant \hat{\beta}_1 + \hat{\beta}_2 X_0 + t_{\alpha/2}\,\mathrm{se}(\hat{Y}_0)] = 1 - \alpha \tag{5.10.4}$$

其中 $\mathrm{se}(\hat{Y}_0)$ 由式（5.10.2）求得。

对于我们的数据（见表 3-2），有

$$\mathrm{var}(\hat{Y}_0) = 0.893\ 6 \times \left[\frac{1}{13} + \frac{(20 - 12)^2}{182} \right]$$
$$= 0.382\ 6$$

以及

$$\mathrm{se}(\hat{Y}_0) = 0.618\ 5$$

因此，真实 $E(Y_0 \mid X_0) = \beta_1 + \beta_2 X_0$ 的 95% 置信区间由下式给出：

$$14.465\ 6 - 2.201 \times 0.618\ 5 \leqslant E(Y_0 \mid X_0 = 20) \leqslant 14.465\ 6 + 2.201 \times 0.618\ 5$$

即

$$13.104\ 3 \leqslant E(Y_0 \mid X_0 = 20) \leqslant 15.826\ 9 \tag{5.10.5}$$

这就是说，给定 $X_0 = 20$，在重复抽样中，每 100 个类似于式（5.10.5）的区间中，将有 95 个包含着真实的均值；真实均值的单个最优估计当然是点估计值 14.465 6。

如果我们对表 3-2 中的每一个 X 值都求出类似式（5.10.5）的 95% 置信区间，把这些区间的端点连起来，我们就得到如图 5-6 所示的一个关于总体回归函数的所谓置信带（confidence interval）或置信域（confidence band）。

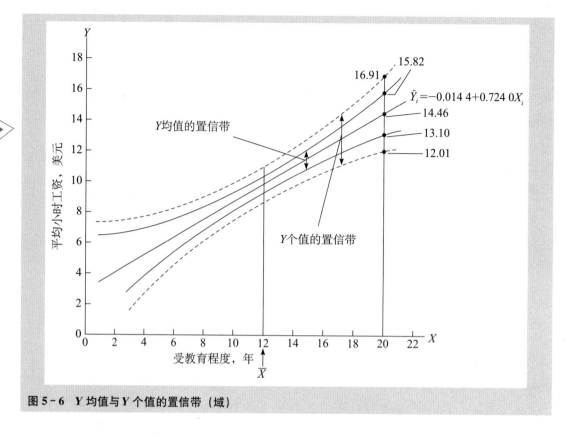

图 5-6 Y 均值与 Y 个值的置信带（域）

个值预测

如果我们的兴趣在于预测对应给定 X 值（比方说 X_0）的单个 Y 值（Y_0），那么，如附录 5A 的 5A.4 节所示，Y_0 的一个最优线性无偏估计量仍由式（5.10.1）给出，但是它的方差如下

$$\mathrm{var}(Y_0 - \hat{Y}_0) = E(Y_0 - \hat{Y}_0)^2 = \sigma^2 \left[1 + \frac{1}{n} + \frac{(X_0 - \overline{X})^2}{\sum x_i^2} \right] \tag{5.10.6}$$

可以进一步证明 Y_0 也服从正态分布，其均值和方差分别由式（5.10.1）和式（5.10.6）给出。用 $\hat{\sigma}^2$ 来代替 σ^2，即推出下式也服从 t 分布：

$$t = \frac{Y_0 - \hat{Y}_0}{\mathrm{se}(Y_0 - \hat{Y}_0)}$$

因此 t 分布可用来对真实 Y_0 进行推断。继续上述例子，我们看到，Y_0 的点预测和 $\hat{Y}_0$ 的点预测一样，都是 14.465 6，但它的方差是 1.235 7（读者可自行验证这一计算）。由此可见，对应于 $X_0 = 20$ 的 Y_0 的 95% 置信区间是：

$$12.019\ 0 \leqslant Y_0 \mid X_0 = 20 \leqslant 16.912\ 2 \tag{5.10.7}$$

拿此区间同式（5.10.5）相比，即看出 Y_0 的置信区间比 Y_0 均值的置信区间要宽。（为什么？）以表 3-2 所给的 X 值为条件计算类似于式（5.10.7）的诸多置信区间，就得到对应于这些 X 值的单个 Y 值的 95% 置信带。图 5-6 同时展示了对应于同样

X 值的 Y 个值和 Y 均值的置信带。

注意图 5-6 展示的置信带的一个重要特点。当 $X_0 = \overline{X}$ 时，这些置信带的宽度达到最小。（为什么？）随着 X_0 远离 $\overline{X}$，宽度急剧地变大。（为什么？）这种变化说明历史样本回归线的预测能力随着 X_0 越来越远离 $\overline{X}$ 而显著下降。因此，当 X_0 远离 $\overline{X}$ 时，人们凭借"外推"历史回归线来预测对应于给定 X_0 的 $E(Y_0 \mid X_0)$ 或 Y_0 时，必须保持高度警觉。

5.11 报告回归分析的结果

报告回归分析的结果有许多方式，本书将采用以下方式，这里仍然用第 3 章的平均小时工资-受教育程度的例子进行说明：

$$\hat{Y}_i = -0.014\,4 + 0.724\,0X_i$$

$$
\begin{aligned}
&\text{se} = (0.931\,7) \quad (0.070\,0) \qquad\qquad r^2 = 0.906\,5 \\
&t = (-0.015\,4) \quad (10.342\,8) \qquad\quad \text{df} = 11 \qquad\qquad\qquad (5.11.1)\\
&p = (0.987) \qquad\quad (0.000) \qquad\qquad F_{1,11} = 108.30
\end{aligned}
$$

式（5.11.1）中第一组括号内的数字代表回归系数的估计标准误，第二组括号内的数字代表在每个回归系数的真实总体值为零的虚拟假设下由式（5.3.2）计算出来的 t 估计值（例如 $10.342\,8 = 0.724\,0/0.070\,0$），而第三组括号内的数字代表估计的 p 值。比如，当自由度为 11 时，得到一个等于 10.342 8 或更大的 t 值的概率是 0.000 09，它在实践中可被视为 0。

把这些 p 值显示出来，我们就能马上看到每一个 t 估计值的精确的显著性水平。例如，在受教育程度对平均小时工资没有影响的虚拟假设下，得到一个大到 10.342 8 或更大 t 值的精确概率（即 p 值）在实践中几乎为 0。记得 p 值越小，我们犯拒绝正确虚拟假设的错误的概率就越低。

我们在前面曾指出，F 和 t 这两个统计量之间有一种内在联系，即 $F_{1,k} = t_k^2$。在真实 $\beta_2 = 0$ 的虚拟假设下，式（5.11.1）表明，F 值为 108.30（对于 1 个分子自由度和 11 个分母自由度），而 t 值约为 10.34（有 11 个自由度）；如同预料，在不考虑进位误差的情况下，前一数值正好是后一数值的平方。这个问题的 ANOVA 表已经在前面讨论过。

5.12 评价回归分析的结果

在引言的图 I-4 中，我们对计量经济学建模做过一个简要的剖析。现在，我们又在式（5.11.1）中给出了我们的平均小时工资-受教育程度一例的回归分析结果，我们不免要问：这个模型的拟合效果如何？这个拟合的模型有多"好"？为了回答这个问题，需要有一些准则。

第一，所估系数的符号是否与理论或事前预期相一致？先验地说，平均小时工资-受教育程度一例中的 β_2 理应为正。在本例中的确如此。第二，如果理论上认为这个关系式不仅是正的，而且是统计上显著的，那么在本例中是这样的吗？如 5.11 节中所讨论的那样，受教育程度的系数不仅是正的，而且统计上显著地异于零，t 估计值的 p 值极小。第三，回归模型在多大的程度上解释了平均工资的变异？可以用 r^2 来回答此问题。本例中的 r^2 约为 0.90，考虑到 r^2 最多只能大到 1，这个值也算很高了。

如此看来，为了解释平均小时工资，我们选用的模型算是够好的了。但在我们结束讨论之前，我们还想看看我们的模型是否满足 CNLRM 的假定。因为模型明显如此简单，所以我们现在不去审查这些假定。但有一个假定是我们想要检验的，就是干扰项 u_i 的正态性。回想一下，前面所用的 t 检验和 F 检验都要求误差项服从正态分布，否则在小样本或有限样本中，检验的程序将是无效的。

正态性检验

虽然文献中有多种正态性检验，但我们只想讨论三种：（1）残差直方图；（2）正态概率图（normal probability plot，NPP）；（3）雅克-贝拉检验（Jarque-Bera test）。

残差直方图。 残差直方图是用于了解随机变量概率密度函数（PDF）形状的一个简单图示。在横轴上，我们将所关注变量的值（比如 OLS 残差）分成适当的区间，在每个区间里，我们做垂直的矩形，并让矩形的高等于落在该区间内的观测次数（即频数）。如果你在心里在直方图上估画一条钟形的正态分布曲线，那么你就对正态 PDF 近似是否适当有些认识。对于平均小时工资-受教育程度的回归，残差直方图如图 5-7 所示。

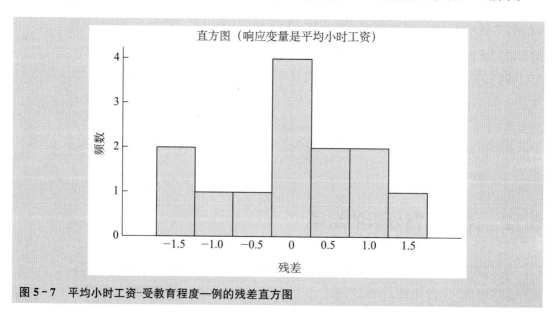

图 5-7 平均小时工资-受教育程度一例的残差直方图

此图表明，残差分布不是完美的正态分布；对于一个正态分布变量，其偏态值（对称性的一个度量指标）应该为 0，而峰态值（它度量了一个正态分布的高矮）应该为 3。

但作为检验正态性假定的一个简易方法，绘制回归的残差直方图总是一个好的做法。

正态概率图。要研究随机变量的 PDF 的形状，一个相对简单的图示法就是，利用正态概率纸（一种专门设计的坐标纸）做出正态概率图。在横轴或 X 轴上，我们描绘所关注变量的值（如 OLS 残差 $\hat{u}_i$），而在纵轴或 Y 轴上，我们标出这个变量服从正态分布时的期望值。因此，如果这个变量实际上来自正态总体，那么 NPP 将近似为一条直线。平均小时工资-受教育程度回归所得到残差的 NPP 如图 5-8 所示，它是从 MINITAB 软件（15 版）得到的。如前所述，如果 NPP 的拟合线近似为一条直线，那么人们就可以断定这个变量是正态分布的。在图 5-8 中，由于一条直线相当好地拟合了这些数据，因此我们说明性例子中的残差是渐近正态分布的。

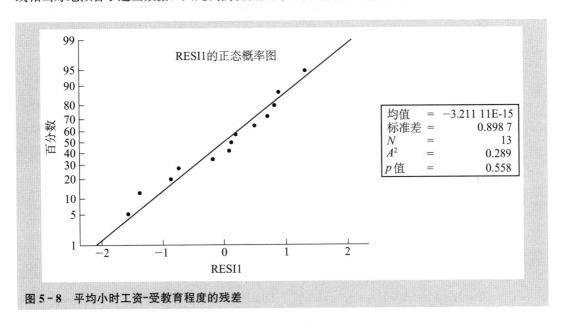

图 5-8　平均小时工资-受教育程度的残差

MINITAB 还给出了安德森-达林正态性检验（Anderson-Darling normality test）中的 A^2 统计量（A^2 statistic）。其背后的虚拟假设是所考虑的变量是正态分布的。如图 5-8 所示，就我们的例子而言，计算出来的 A^2 统计量为 0.289。得到这样一个 A^2 值的 p 值为 0.558，这是相当高的。因此，我们不能拒绝此例中残差为正态分布的假设。顺便提一句，图 5-8 表明，此（正态）分布的参数均值近似为 0，标准差约为 0.898 7。

正态性的雅克-贝拉（JB）检验。[1] 正态性的 JB 检验是一项渐近或大样本检验。

---

[1]　C. M. Jarque and A. K. Bera, "A Test for Normality of Observations and Regression Residuals," *International Statistical Review*, vol. 55, 1987, pp. 163-172.

它仍以 OLS 残差为依据。此检验先计算 OLS 残差的偏态和峰态（附录 A 中有所描述），再使用下列检验统计量：

$$\mathrm{JB} = n\left[\frac{S^2}{6} + \frac{(K-3)^2}{24}\right] \tag{5.12.1}$$

其中 n＝样本容量，S＝偏态系数，K＝峰态系数。对于一个正态分布变量，$S=0$，而 $K=3$。因此，正态性的 JB 检验是对 $S=0$ 和 $K=3$ 这一联合假设进行检验。

在残差为正态分布的虚拟假设下，雅克和贝拉证明了式（5.12.1）所给的 JB 统计量渐近地（即在大样本中）服从自由度为 2 的 χ^2 分布。如果在一项应用中算出来的 JB 统计量的 p 值充分地小，就可拒绝残差为正态分布的假设。但如果 p 值合理地高，就不要拒绝正态性假定。

再看我们的例子，平均小时工资-受教育程度回归中 JB 统计量的估计值为 0.828 6。得到 JB 统计量高达 0.828 6 的 p 值约为 0.66 或 66%，所以，我们不能拒绝本例中残差为正态分布的虚拟假设。这个概率相当高。注意，尽管我们的回归有 13 个观测，但这些观测得自由 528 个观测构成的样本，这个样本容量已经足够大了。

模型适宜性的其他检验

除了误差项的正态性假定之外，记得 CNLRM 还做了许多其他假定。随着我们进一步分析我们的计量经济理论，我们还将考虑模型适宜性的若干其他检验（见第 13 章）。在这之前，请记住，我们的回归模型是建立在一些不一定总是成立的简化假定之上的。

一个总结性的例子

让我们回到关于印度食物支出的例 3.2。利用式（3.7.2）中给出的数据并参照式（5.11.1），我们得到如下支出方程：

$$\widehat{\mathrm{FoodExp}}_i = 94.208\ 7 + 0.436\ 8\ \mathrm{TotalExp}_i$$

$$
\begin{aligned}
\mathrm{se} &= (50.856\ 3) \quad (0.078\ 3) \\
t &= (1.852\ 4) \quad (5.577\ 0) \\
p &= (0.069\ 5) \quad (0.000\ 0)^* \\
r^2 &= 0.369\ 8 \qquad \mathrm{df} = 53 \\
F_{1.53} &= 31.103\ 4 \quad (p\ 值 = 0.000\ 0)^*
\end{aligned}
\tag{5.12.2}
$$

其中＊表示极小。

我们先来解释这个回归，食物支出与总支出之间存在着预期的正相关。如果总支出增加 1 卢比，那么食物支出平均增加约 44 派沙。如果总支出为零，食物支出约为 94 卢比。当然，对截距的这种机械解释可能没有多大经济意义。约为 0.37 的 r^2 意味着食物支出的变异中有 37％可由收入的代理变量总支出来解释。

假设我们想检验食物支出与总支出之间没有关系的虚拟假设，即真正的斜率系数 $\beta_2=$ 0。β_2 的估计值为 0.436 8。如果虚拟假设正确，那么得到 0.436 8 这样一个值的概率是多大？在这个虚拟假设下，我们从式（5.12.2）中观测到 t 值为 5.577 0，得到这样一个 t 值的 p 值实际上为零。换句话说，我们完全可以拒绝这个虚拟假设。但若虚拟假设是 $\beta_2=$ 0.5，情况又怎样呢？利用 t 检验，我们得到

$$t = \frac{0.436\ 8 - 0.5}{0.078\ 3} = -0.807\ 1$$

得到 $|t|=0.807\ 1$ 的概率大于 20％。因此我们不能拒绝真正的 β_2 为 0.5 的假设。注意，在真正的斜率系数为零的虚拟假设下，F 值如式（5.12.2）所示为 31.103 4。在同样的假设下，我们得到的 t 值为 5.577 0。它的平方就是 31.102 9，约等于 F 值，这又再次表明了 t 统计量与 F 统计量之间的密切关系。（注：F 统计量的分子自由度必须为 1，这里正是如此。）

利用回归的估计残差，我们对误差项的概率分布有何见解？图 5-9 给出了这方面的信息。如图 5-9 所示，食物支出回归的残差看起来是对称分布的。雅克-贝拉检验表明，JB 统计量约为 0.257 6，在正态性假定下，得到这样一个统计量的概率约为 88％，因此我们不能拒绝误差项为正态分布的假定。但要记住，55 个观测的样本容量可能不算太大。

至于构造回归系数的置信区间并得出正态概率图，以及进行均值和个值预测，则留给读者自己完成。

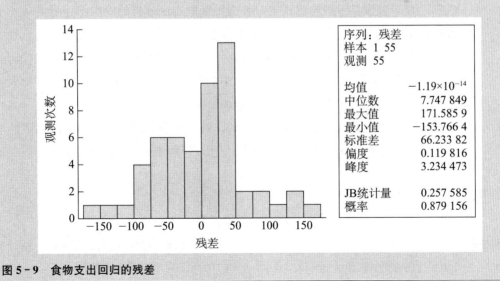

图 5-9　食物支出回归的残差

要点与结论

1. 估计与假设检验是经典统计学的两个主要分支。在第 3 章和第 4 章讨论了估

计问题之后，本章讨论假设检验的问题。

2. 假设检验要回答这样的问题：一个给定的发现是否与声称的假设相符？

3. 为回答上述问题，有两个互为补充的方法：置信区间方法与显著性检验方法。

4. 置信区间方法建立在区间估计的概念之上。一个区间估计量是指一个区间或变化域的构造，要使它以预定的概率把未知参数的真值包含在其界限内。如此构造的区间被称为置信区间，这个区间常用百分数比如说 90% 或 95% 的形式来表述。置信区间对未知参数的取值提供了一个可信假设集。如果虚拟假设值落入置信区间，就不拒绝假设；如果它落在此区间之外，就可拒绝虚拟假设。

5. 在显著性检验程序中，我们找出一个检验统计量，并研究它在虚拟假设下的抽样分布。通常这个检验统计量都服从一个明确定义的概率分布，比如正态、t、F 或 χ^2 分布。一旦从现有的数据算出某个检验统计量（如 t 统计量），就容易求出它的 p 值。这个 p 值给出在虚拟假设下得到所估算的检验统计量的精确概率。如果 p 值小，就可拒绝虚拟假设；但如果 p 值大，就不可拒绝。什么才算小的或大的 p 值应由研究者来决定。在选择 p 值时，研究者要切实考虑犯第 I 类错误和第 II 类错误的概率。

6. 在实践中，犯第 I 类错误的概率 α 被任意选定为 1%、5% 或 10%，要仔细考虑。较好的做法是引用检验统计量的 p 值。不要把统计显著性和实际显著性相混淆。

7. 当然，假设检验事先就认定，若选用来做实证分析的模型不违背经典正态线性回归模型中的任一个或多个假定，则模型是适宜的。因此，应把模型适宜性的检验放在假设检验之前进行。本章介绍的一个模型适宜性检验就是正态性检验，借以发现误差项是否服从正态分布。因为在小的或有限的样本中，t、F 和 χ^2 检验都需要有正态性假定，所以对此假定正式地加以核实就至关重要。

8. 如果模型在实践中被认为是适宜的，就可用于预测，但在预测回归子的未来值时，切勿超出回归元的样本取值范围太远，否则预测误差会急剧增大。

习 题

问答题

5.1 判断下述命题的正误，并给出具体的理由，切勿含糊其词。

a. 本章所讨论的显著性 t 检验要求估计量 $\hat{\beta}_1$ 和 $\hat{\beta}_2$ 的抽样分布是正态分布。

b. 即使 CLRM 中的干扰项不是正态分布的，OLS 估计量仍然是无偏的。

c. 如果回归模型中没有截距项，u_i 估计值（$=\hat{u}_i$）的总和将不为零。

d. p 值和检验统计量的尺度指的是一回事。

e. 在一个含有截距的回归模型中，残差的总和必定为零。

f. 如果一个虚拟假设不被拒绝，它就是真实的。

g. σ^2 的值越大，式（3.3.1）所给的 $\hat{\beta}_2$ 的方差也越大。

h. 一个随机变量的条件均值和无条件均值是一样的。

i. 在双变量 PRF 中，如果斜率系数 β_2 是零，则截距 β_1 由样本均值 $\bar{Y}$ 来估计。

j. 如果 X 对 Y 无影响，条件方差 $\text{var}(Y_i \mid X_i) = \sigma^2$ 和 Y 的无条件方差 $\text{var}(Y) = \sigma_Y^2$ 将是一样的。

5.2 对式（3.7.2）所给的回归模型建立像表 5-4 那样的 ANOVA 表，并检验印度的食物支出与总支出无关的假设。

5.3 参考式（3.7.3）所给出的回归模型。

a. 在 5% 的显著性水平上，截距系数估计值显著吗？你进行检验的虚拟假设是什么？

b. 在 5% 的显著性水平上，斜率系数估计值显著吗？其背后的虚拟假设是什么？

c. 构造真实斜率系数的 95% 置信区间。

d. 如果人均收入是 9 000 美元，手机需求的平均预测值是多少？这个预测值的 95% 置信区间是什么？

5.4 令 ρ^2 代表真实的总体判定系数，假定你想检验假设 $\rho^2 = 0$，用文字说明你会怎样检验此假设。提示：利用式（3.5.11），也可参看习题 5.7。

5.5 现代投资分析中所谓的特征线（characteristic line）就是得自以下模型的回归线：

$$r_{it} = \alpha_i + \beta_i r_{mt} + u_t$$

其中 $r_{it} =$ 第 i 种证券在时间 t 的回报率；

$r_{mt} =$ 市场组合证券在时间 t 的回报率；

$u_t =$ 随机干扰项。

在此模型中，β_i 被称为第 i 种证券的 β 系数（beta coefficient），是对证券的市场（或系统）风险的一种度量。[1]

福格勒（Fogler）和加纳帕赛（Ganapathy）根据 1956—1976 年的 240 个月回报率数据算得 IBM 股票相对于芝加哥大学研制的市场组合证券指数的特征线如下[2]：

$$\hat{r}_{it} = 0.726\,4 + 1.059\,8 r_{mt}$$
$$se = (0.300\,1)(0.072\,8)$$
$$r^2 = 0.471\,0 \qquad df = 238$$
$$F_{1,238} = 211.896$$

a. β 系数大于 1 的证券被称为易波动或进攻型证券。在此研究期 IBM 是易波动证券吗？

b. 截距系数是否显著地异于零？如果是，它的实际意义何在？

5.6 式（5.3.5）还可写为：

$$\Pr[\hat{\beta}_2 - t_{\alpha/2} se(\hat{\beta}_2) < \beta_2 < \hat{\beta}_2 + t_{\alpha/2} se(\hat{\beta}_2)]$$
$$= 1 - \alpha$$

也就是说，弱不等式（$\leqslant$）可代之以强不等式（$<$）。为什么？

5.7 费希尔曾推导出由式（3.5.13）定义的相关系数的抽样分布，如果假定变量 X 和 Y 是联合正态分布的，即如果它们来自双变量正态分布（见附录 4A 习题 4.1），则在总体相关系数 ρ 为零的假定下，可以证明 $t = r\sqrt{n-2}/\sqrt{1-r^2}$ 服从自由度为 $n-2$ 的 t 分布。[3] 试说明这个 t 值等同于在虚拟假设 $\beta_2 = 0$ 下由式（5.3.2）给出的 t 值，进而证明在相同的虚拟假设下 $F = t^2$。（见 5.9 节。）

5.8 考虑如下回归输出结果[4]：

$$\hat{Y}_i = 0.203\,3 + 0.656\,0 X_i$$
$$se = (0.097\,6)(0.196\,1)$$

---

[1] 参见 Haim Levy and Marshall Sarnat，*Portfolio and Investment Selection：Theory and Practice*，Prentice-Hall International，Englewood Cliffs，NJ，1984，Chap. 14。

[2] H. Russell Fogler and Sundaram Ganapathy，*Financial Econometrics*，Prentice Hall，Englewood Cliffs，NJ，1982，p. 13。

[3] 若 ρ 确实是零，费希尔曾证明，只要 X 或 Y 服从正态分布，则 r 便服从同样的 t 分布。但若 ρ 不等于零，则两个变量必须都是正态分布的。参见 R. L. Anderson and T. A. Bancroft，*Statistical Theory in Research*，McGraw-Hill，New York，1952，pp. 87-88。

[4] 节选自 Samprit Chatterjee，Ali S. Hadi，and Bertram Price，*Regression Analysis by Example*，3d ed.，Wiley Interscience，New York，2000，pp. 46-47。

$r^2 = 0.397 \quad \text{RSS} = 0.054\ 4$

$\text{ESS} = 0.035\ 8$

其中 Y＝1972 年妇女的劳动参与率（LFPR），X＝1968 年妇女的劳动参与率。这个回归结果得自美国 19 个城市构成的一个数据样本。

a. 你如何解释这个回归结果？

b. 在对立假设为 $H_1: \beta_2 > 1$ 的前提下，检验 $H_0: \beta_2 = 1$ 的虚拟假设。你使用什么检验？为什么？你使用的检验所依据的假定有哪些？

c. 假设 1968 年的 LFPR 为 0.58（或 58%）。基于上述回归结果，1972 年 LFPR 的均值是多少？构造这一均值预测的一个 95% 置信区间。

d. 你如何检验总体回归中误差项服从正态分布的虚拟假设？给出必要的计算。

实证分析题

5.9 表 5-5 给出了 1985 年 50 个州和哥伦比亚特区公立学校中教师工资（以美元计的年薪）和每个学生的支出（美元）方面的数据。

为了探明公立学校中教师工资与每个学生的支出之间是否存在某种关系，有人提出如下模型：$\text{Pay}_i = \beta_1 + \beta_2 \text{Spend}_i + u_i$，其中 Pay 表示教师工资，Spend 表示每个学生的支出。

表 5-5　1985 年的教师工资与每个学生的支出

单位：美元

观测	工资	支出	观测	工资	支出
1	19 583	3 346	15	27 360	3 982
2	20 263	3 114	16	21 690	3 568
3	20 325	3 554	17	21 974	3 155
4	26 800	4 642	18	20 816	3 059
5	29 470	4 669	19	18 095	2 967
6	26 610	4 888	20	20 939	3 285
7	30 678	5 710	21	22 644	3 914
8	27 170	5 536	22	24 624	4 517
9	25 853	4 168	23	27 186	4 349
10	24 500	3 547	24	33 990	5 020
11	24 274	3 159	25	23 382	3 594
12	27 170	3 621	26	20 627	2 821
13	30 168	3 782	27	22 795	3 366
14	26 525	4 247	28	21 570	2 920

续表

观测	工资	支出	观测	工资	支出
29	22 080	2 980	41	27 224	5 440
30	22 250	3 731	42	25 892	4 042
31	20 940	2 853	43	22 644	3 402
32	21 800	2 533	44	24 640	2 829
33	22 934	2 729	45	22 341	2 297
34	18 443	2 305	46	25 610	2 932
35	19 538	2 642	47	26 015	3 705
36	20 460	3 124	48	25 788	4 123
37	21 419	2 752	49	29 132	3 608
38	25 160	3 429	50	41 480	8 349
39	22 482	3 947	51	25 845	3 766
40	20 969	2 509			

资料来源：National Education Association，as reported by *Albuquerque Tribune*，Nov. 7，1986.

a. 描出这些数据点并目测一条回归线。

b. 假设你想根据（a）估计上述回归模型。求参数估计值及其标准误、r^2、RSS 和 ESS。

c. 解释这个回归。它有经济意义吗？

d. 构造 β_2 的一个 95% 置信区间。你会拒绝真正的斜率系数为 3.0 的假设吗？

e. 若每个学生的支出为 5 000 美元，求 Pay 的均值和个值预测值。同样分别构造它们的 95% 置信区间。

f. 你如何检验误差项的正态性假定？说明你所用的检验。

5.10 根据习题 3.20 中的数据，构造 ANOVA 表，以检验小时产出指数与真实小时工资之间没有关系的虚拟假设。对商业部门和非农商业部门分别做这个检验。

5.11 根据习题 1.7 中的数据完成以下任务。

a. 以印象为纵轴和广告支出为横轴描点。你观察到哪种关系？

b. 对数据拟合一个双变量线性回归模型合适吗？为什么？若不合适，你将用哪种类型的回归模型来拟合数据？我们有拟合这种模型的必要工具吗？

c. 假设你不描点而简单地对数据拟合一个双变量回归模型。给出通常的回归结果。留存结果，等以后再回过头来看这个问题。

5.12　根据习题 1.1 中的数据完成以下任务。

a. 将美国的 CPI 相对加拿大的 CPI 描图，这个图说明了什么？

b. 假设你想基于加拿大的 CPI 来预测美国的 CPI，给出一个适当的模型。

c. 检验这两个 CPI 之间没有关系的假设（$\alpha=5\%$）。如果拒绝了虚拟假设，是否意味着加拿大的 CPI "导致" 了美国的 CPI？为什么？

5.13　根据习题 3.22 中的数据完成以下任务。

a. 估计那里的两个回归，以获得通常的输出（结果），如标准误等。

b. 检验两个回归模型的干扰项都服从正态分布的假设。

c. 在黄金价格回归中，检验假设 $\beta_2=1$ 即黄金价格和 CPI 之间有 1：1 的关系（也就是说，黄金是一种完美的保值工具）。所估计的检验统计量的 p 值是多少？

d. 对 NYSE 指数回归重做（c）题。投资于股票市场是防范通货膨胀的完美保值手段吗？你检验的虚拟假设是什么？它的 p 值是多少？

e. 在黄金与股票之间，你会选择哪一种投资？你的决策依据是什么？

5.14　表 5-6 给出了 1970—1983 年美国的 GNP 和四种不同定义的货币存量。将 GNP 对各种定义的货币存量做回归分析，并将所得结果列入表 5-7。

表 5-6　GNP 和货币存量的四种定义

年份	GNP，十亿美元	货币存量，十亿美元			
		M1	M2	M3	L
1970	992.70	216.6	628.2	677.5	816.3

续表

年份	GNP，十亿美元	货币存量，十亿美元			
		M1	M2	M3	L
1971	1 077.6	230.8	712.8	776.2	903.1
1972	1 185.9	252.0	805.2	886.0	1 023.0
1973	1 326.4	265.9	861.0	985.0	1 141.7
1974	1 434.2	277.6	908.5	1 070.5	1 249.3
1975	1 549.2	291.2	1 023.3	1 174.2	1 367.9
1976	1 718.0	310.4	1 163.6	1 311.9	1 516.6
1977	1 918.3	335.4	1 286.7	1 472.9	1 704.7
1978	2 163.9	363.1	1 389.1	1 647.1	1 910.6
1979	2 417.8	389.1	1 498.5	1 804.8	2 117.1
1980	2 631.7	414.9	1 632.6	1 990.0	2 326.2
1981	2 957.8	441.9	1 796.6	2 238.2	2 599.8
1982	3 069.3	480.5	1 965.4	2 462.5	2 870.8
1983	3 304.8	525.4	2 196.3	2 710.4	3 183.1

注：M1＝现金＋活期存款＋旅行支票＋其他支票存款。

M2＝M1＋隔日回购及欧洲美元＋货币市场共同基金（MMMF）余额＋货币市场存款账户＋储蓄及小额存款。

M3＝M2＋大额定期存款＋定期回购＋机构 MMMF。

L＝M3＋其他流动资产。

资料来源：*Economic Report of the President*，*1985*，GNP 数据见 Table B-1，p. 232；货币存量数据见 Table B-61，p. 303。

货币主义者或货币数量理论家声称，名义收入（即表中的 GNP）主要由货币存量的数量变化决定，虽然人们对货币的 "合适" 定义尚无一致意见。给定上表中的结果，考虑如下问题：

a. 哪一种货币存量定义看似与 GNP 有密切关系？

b. 既然 r^2 项都很高，这是否意味着怎样选择货币存量定义关系不大？

c. 如果美联储想控制货币供给，那么这些货币存量定义中的哪一种可作为较好的目标？你能从这些回归结果中看出来吗？

表 5-7　　　　　GNP-货币存量回归：1970—1983 年

1)	$\widehat{\text{GNP}}_t=-787.472\ 3+8.086\ 3\text{M1}_t$ $\qquad(77.966\ 4)\qquad(0.219\ 7)$	$r^2=0.991\ 2$
2)	$\widehat{\text{GNP}}_t=-44.062\ 6+1.587\ 5\text{M2}_t$ $\qquad(61.013\ 4)\qquad(0.044\ 8)$	$r^2=0.990\ 5$

续表

3)	$\widehat{GNP}_t = 159.136\ 6 + 1.203\ 4M3_t$ 　　　　　$(42.988\ 2)$　$(0.026\ 2)$	$r^2 = 0.994\ 3$
4)	$\widehat{GNP}_t = 164.207\ 1 + 1.029\ 0L_t$ 　　　　　$(44.765\ 8)(0.023\ 4)$	$r^2 = 0.993\ 8$

注：括号中的数字是标准误（差）。

5.15 假设两种物品的无差异曲线方程是：

$$X_i Y_i = \beta_1 + \beta_2 X_i$$

你会怎样估计此模型的参数？应用表 5-8 中的数据进行估计并评述你所得到的结果。

表 5-8

消费品 X	1	2	3	4	5
消费品 Y	4	3.5	2.8	1.9	0.8

5.16 《经济学家》（*Economist*）杂志从 1986 年开始发布巨无霸指数，该指数是一种粗略地评价各经济体货币的汇率是否"正确"地确定在购买力平价（purchasing power parity，PPP）的理论水平上的指标。PPP 认为，一单位货币能在所有经济体购买到同样的商品组合。PPP 的支持者声称，从长远看，各经济体货币都向其 PPP 移动。《经济学家》把麦当劳餐厅的巨无霸当作代表性商品并给出了表 5-9 中的信息。

表 5-9　　　　　　　　　　　　　　汉堡包标准

	巨无霸价格		美元的隐含 PPP*	实际美元汇率，1月31日	当地货币相对美元定价过低（－）/过高（＋），%
	以当地货币计	以美元计			
美国[†]	3.22 美元	3.22	—	—	—
阿根廷	8.25 阿根廷比索	2.65	2.56	3.11	－18
澳大利亚	3.45 澳大利亚元	2.67	1.07	1.29	－17
巴西	6.4 雷亚尔	3.01	1.99	2.13	－6
英国	1.99 英镑	3.90	1.62[††]	1.96[††]	＋21
加拿大	3.63 加拿大元	3.08	1.13	1.18	－4
智利	1 670 智利比索	3.07	519	544	－5
中国	11.0 元	1.41	3.42	7.77	－56
哥伦比亚	6 900 哥伦比亚比索	3.06	2 143	2 254	－5
哥斯达黎加	1 130 哥斯达黎加科朗	2.18	351	519	－32
捷克	52.1 捷克克朗	2.41	16.2	21.6	－25
丹麦	27.75 丹麦克朗	4.84	8.62	5.74	＋50
埃及	9.09 埃及磅	1.60	2.82	5.70	－50
爱沙尼亚	30 爱沙尼亚克朗	2.49	9.32	12.0	－23
欧元区[§]	2.94 欧元	3.82	1.10**	1.30**	＋19
中国香港	12.0 港元	1.54	3.73	7.81	－52
匈牙利	590 匈牙利福林	3.00	183	197	－7
冰岛	509 冰岛克朗	7.44	158	68.4	＋131
印度尼西亚	15 900 印度尼西亚盾	1.75	4 938	9 100	－46
日本	280 日元	2.31	87.0	121	－28
拉脱维亚	1.35 拉脱维亚拉特	2.52	0.42	0.54	－22

续表

	巨无霸价格		美元的隐含 PPP*	实际美元汇率， 1 月 31 日	当地货币相对美元 定价过低（－）/ 过高（＋），%
	以当地货币计	以美元计			
立陶宛	6.50 立陶宛立特	2.45	2.02	2.66	－24
马来西亚	5.50 林吉特	1.57	1.71	3.50	－51
墨西哥	29.0 墨西哥比索	2.66	9.01	10.9	－17
新西兰	4.60 新西兰元	3.16	1.43	1.45	－2
挪威	41.5 挪威克朗	6.63	12.9	6.26	＋106
巴基斯坦	140 巴基斯坦卢比	2.31	43.5	60.7	－28
巴拉圭	10 000 瓜拉尼	1.90	3 106	5 250	－41
秘鲁	9.50 新索尔	2.97	2.95	3.20	－8
菲律宾	85.0 菲律宾比索	1.74	26.4	48.9	－46
波兰	6.90 兹罗提	2.29	2.14	3.01	－29
俄罗斯	49.0 俄罗斯卢布	1.85	15.2	26.5	－43
沙特阿拉伯	9.00 沙特里亚尔	2.40	2.80	3.75	－25
新加坡	3.60 新加坡元	2.34	1.12	1.54	－27
斯洛伐克	57.98 斯洛伐克克朗	2.13	18.0	27.2	－34
南非	15.5 南非兰特	2.14	4.81	7.25	－34
韩国	2 900 韩元	3.08	901	942	－4
斯里兰卡	190 斯里兰卡卢比	1.75	59.0	109	－46
瑞典	32.0 瑞典克朗	4.59	9.94	6.97	＋43
瑞士	6.30 瑞士法郎	5.05	1.96	1.25	＋57
中国台湾	75.0 新台币	2.28	23.3	32.9	－29
泰国	62.0 泰铢	1.78	19.3	34.7	－45
土耳其	4.55 里拉	3.22	1.41	1.41	－
阿拉伯联合酋长国	10.0 迪拉姆	2.72	3.11	3.67	－15
乌克兰	9.00 格里夫纳	1.71	2.80	5.27	－47
乌拉圭	55.0 乌拉圭比索	2.17	17.1	25.3	－33
委内瑞拉	6 800 玻利瓦尔	1.58	2 112	4 307	－51

注：* PPP：当地价格除以美国价格。

　　** 每欧元兑换美元数。

　　† 取纽约、芝加哥、旧金山和亚特兰大的平均值。

　　†† 每英镑兑换美元数。

　　§ 欧元区的加权平均价格。

资料来源：McDonald's；*The Economist*，February 1，2007.

考虑如下回归模型：

$$Y_i = \beta_1 + \beta_2 X_i + u_i$$

其中 Y＝实际美元汇率，X＝美元的隐含 PPP。

a. 若 PPP 成立，你会先验地预期 β_1 和 β_2 取什么值？

b. 回归的结果是否支持你的预期？你用什么形式的检验去检验你的假设？

c.《经济学家》是否应继续发布巨无霸指数？为什么？

5.17　参照习题 2.16 中所给的 SAT 数据。假设你想根据女生的数学成绩（X），通过做如下回归去预测男生的数学成绩（Y）：

$$Y_i = \beta_1 + \beta_2 X_i + u_i$$

a. 估计上述模型。

b. 从所估计的残差看，正态性假定是否可以维系？

c. 检验假设：$\beta_2 = 1$，即男生和女生的数学成绩有一个 1：1 的对应关系。

d. 建立对此问题的 ANOVA 表。

5.18 重做上一题，但这回令 Y 和 X 分别代表男生和女生的阅读成绩。

5.19 表 5-10 给出了美国 1980—2006 年的 CPI 和生产者价格指数（PPI）。

表 5-10 1980—2006 年美国的 CPI 和 PPI

年份	CPI	PPI	年份	CPI	PPI
1980	82.4	88.0	1994	148.2	125.5
1981	90.9	96.1	1995	152.4	127.9
1982	96.5	100.0	1996	156.9	131.3
1983	99.6	101.6	1997	160.5	131.8
1984	103.9	103.7	1998	163.0	130.7
1985	107.6	104.7	1999	166.6	133.0
1986	109.6	103.2	2000	172.2	138.0
1987	113.6	105.4	2001	177.1	140.7
1988	118.3	108.0	2002	179.9	138.9
1989	124.0	113.6	2003	184.0	143.3
1990	130.7	119.2	2004	188.9	148.5
1991	136.2	121.7	2005	195.3	155.7
1992	140.3	123.2	2006	201.6	160.3
1993	144.5	124.7			

资料来源：*Economic Report of the President*，2007，Tables B-62 and B-65.

a. 以 PPI 为横轴、CPI 为纵轴描点。根据经验，你预期这两个指数之间有何种关系？为什么？

b. 假设你想基于一个指数预测另一个指数，你会用哪个指数作为回归元，哪个指数作为回归子？为什么？

c. 做（b）部分你确定的回归。给出标准的结果，检验这两个指数有 1：1 变化关系的假设。

d. 从（c）部分回归所得到的残差来看，你能接受真实误差项服从正态分布的假设吗？说明你所用的检验。

5.20 表 5-11 给出了 25 类职业人群的肺癌死亡指数（100＝平均水平）和抽烟指数（100＝平均水平）。

表 5-11 不同职业人群的抽烟指数与肺癌死亡指数

职业人群	抽烟指数	肺癌死亡指数
农业、林业、渔业工人	77	84
挖掘和采石工人	137	116
天然气、焦炭和化工生产者	117	123
玻璃与陶器制造者	94	128
锻造锻压工人	116	155
电气电子工人	102	101
工程及相关行业工人	111	118
木工业工人	93	113
皮革业工人	88	104
纺织业工人	102	88
服装业工人	91	104
食物、饮料及烟草行业工人	104	129
造纸印刷业工人	107	86
其他产品制造者	112	96
建筑工人	113	144
油漆工和装潢工人	110	139
发动机、起重机等的操作员	125	113
其他劳动力	113	146
交通运输业工人	115	128
库房仓库保管员等	105	115
文书办事员	87	79
销售员	91	85
服务业、体育和休闲场所工人	100	120
行政人员和经理人员	76	60
艺术家、科学家及技术工人	66	51

a. 将肺癌死亡指数相对抽烟指数做描点图，你能观察到什么形式的关系？

b. 令 Y＝肺癌死亡指数，X＝抽烟指数，估计一个线性回归模型，并得到常用的回归统计量。

c. 在 $\alpha = 5\%$ 的水平上，检验抽烟对肺癌死亡没有影响的假设。

d. 从肺癌死亡指数来看，哪个行业的风险较高？你能给出理由吗？

e. 有把职业人群分类明确引进回归分析的办法吗？

附录 5A

5A.1 与正态分布有关的概率分布

附录 A 中讨论了 t、χ^2 和 F 概率分布，它们与正态分布都有内在的联系。由于我们在后面的章节中要大量使用这些概率分布，因此我们在下面的一些定理中归纳出它们与正态分布之间的关系；至于定理的证明则超出了本书的范围，可以在参考书目中查找。[①]

定理 5.1 若 Z_1，Z_2，$\cdots$，Z_n 都是满足 $Z_i \sim N(\mu_i, \sigma_i^2)$ 的独立正态分布变量，那么它们的线性和 $Z = \sum k_i Z_i$ 也服从均值为 $\sum k_i \mu_i$ 和方差为 $\sum k_i^2 \sigma_i^2$ 的正态分布，即 $Z \sim N(\sum k_i \mu_i, \sum k_i^2 \sigma_i^2)$，其中 k_i 是不全为零的常数。注：μ 表示均值。

简言之，正态变量的线性组合本身还是正态分布的。比如 Z_1 和 Z_2 是独立分布的正态变量，$Z_1 \sim N(10, 2)$，$Z_2 \sim N(8, 1.5)$，那么线性组合 $Z = 0.8Z_1 + 0.2Z_2$ 也是正态分布的，均值为 $0.8 \times 10 + 0.2 \times 8 = 9.6$，方差为 $0.64 \times 2 + 0.04 \times 1.5 = 1.34$，即 $Z \sim (9.6, 1.34)$。

定理 5.2 若 Z_1，Z_2，$\cdots$，Z_n 服从正态分布但不独立，则 $Z = \sum k_i Z_i$ 也服从均值为 $\sum k_i \mu_i$ 和方差为 $[\sum k_i^2 \sigma_i^2 + 2 \sum k_i k_j \text{cov}(Z_i, Z_j), i \neq j]$ 的正态分布，其中 k_i 是不全为零的常数。

因此，若 $Z_1 \sim N(6, 2)$，$Z_2 \sim N(7, 3)$ 和 $\text{cov}(Z_1, Z_2) = 0.8$，则线性组合 $0.6Z_1 + 0.4Z_2$ 也是正态分布的，均值为 $0.6 \times 6 + 0.4 \times 7 = 6.4$，方差为 1.584。

定理 5.3 若 Z_1，Z_2，$\cdots$，Z_n 相互独立且 $Z_i \sim N(0, 1)$，即标准正态分布，则 $\sum Z_i^2 = Z_1^2 + Z_2^2 + \cdots + Z_n^2$ 服从自由度为 n 的 χ^2 分布。用符号表示即 $\sum Z_i^2 \sim \chi_n^2$，其中 n 表示自由度。

[①] 各个定理的证明见 Alexander M. Mood，Franklin A. Graybill，and Duane C. Bose，*Introduction to the Theory of Statistics*，3d ed.，McGraw-Hill，New York，1974，pp. 239 - 249。

简言之，独立标准正态变量的平方和服从自由度等于正态变量个数的 χ^2 分布。[1]

定理 5.4 若 Z_1，Z_2，$\cdots$，Z_n 为服从自由度为 k_i 的 χ^2 分布的独立变量，则 $\sum Z_i = Z_1 + Z_2 + \cdots + Z_n$ 也服从自由度为 $\sum k_i$ 的 χ^2 分布。

若 Z_1 和 Z_2 为服从自由度分别为 k_1 和 k_2 的 χ^2 分布的独立变量，则 $Z = Z_1 + Z_2$ 服从自由度为 $(k_1 + k_2)$ 的 χ^2 分布。此即 χ^2 分布的再生性质（reproductive property）。

定理 5.5 若 Z_1 是一个标准化的正态变量 $[Z_1 \sim N(0, 1)]$，另一变量 Z_2 服从自由度为 k 的 χ^2 分布并独立于 Z_1，则变量

$$t = \frac{Z_1}{\sqrt{Z_2}/\sqrt{k}} = \frac{Z_1\sqrt{k}}{\sqrt{Z_2}} = \frac{\text{标准正态变量}}{\sqrt{\text{独立} \chi^2 \text{分布变量}/\text{df}}} \sim t_k$$

服从 $df = k$ 的 t 分布。注：此分布在附录 A 中讨论，并在第 5 章加以说明。

顺便一提，注意随着自由度 k 无限增大（即 $k \to \infty$），t 分布趋近于标准正态分布。[2] 作为惯例，记号 t_k 表示自由度为 k 的 t 分布或变量。

定理 5.6 若 Z_1 和 Z_2 分别是自由度为 k_1 和 k_2 的 χ^2 分布独立变量，则变量

$$F = \frac{Z_1/k_1}{Z_2/k_2} \sim F_{k_1,k_2}$$

服从自由度为 k_1 和 k_2 的 F 分布，其中 k_1 表示分子自由度，k_2 表示分母自由度。

同样，出于习惯，记号 F_{k_1,k_2} 表示自由度为 k_1 和 k_2 的 F 变量，分子自由度放在前面。换言之，定理 5.6 说明，F 变量无非就是两个 χ^2 分布独立变量分别除以其自由度后的比率。

定理 5.7 自由度为 k 的 t 变量的平方服从分子自由度 $k_1 = 1$ 和分母自由度 $k_2 = k$ 的 F 分布[3]，即

$$F_{1,k} = t_k^2$$

---

[1] 证明参见 Alexander M. Mood，Franklin A. Graybill, and Duane C. Bose，*Introduction to the Theory of Statistics*，3d ed.，McGraw-Hill，New York，1974，p. 243。

[2] 证明参见 Henri Theil，*Introduction to Econometrics*，Prentice Hall，Englewood Cliffs，NJ，1978，pp. 237 - 245。

[3] 证明参见式（5.3.2）和式（5.9.1）。

注意，欲使此等式成立，F 变量的分子自由度必须为 1，于是 $F_{1,4}=t_4^2$，$F_{1,23}=t_{23}^2$ 等。我们以后将逐渐看到前面这些定理的实际用处。

定理 5.8 对很大的分母自由度，分子自由度乘以 F 值就近似等于具有分子自由度的 χ^2 值，即

$$mF_{m,n}=\chi_m^2 \qquad \text{当 } n\to\infty \text{ 时}$$

定理 5.9 在自由度充分大时，χ^2 分布可由标准正态分布近似如下：

$$Z=\sqrt{2\chi^2}-\sqrt{2k-1}\sim N(0,1)$$

其中 k 表示自由度。

5A.2 式 (5.3.2) 的推导

假设

$$Z_1=\frac{\hat{\beta}_2-\beta_2}{\text{se}(\hat{\beta}_2)}=\frac{(\hat{\beta}_2-\beta_2)\sqrt{\sum x_i^2}}{\sigma} \tag{1}$$

以及

$$Z_2=(n-2)\frac{\hat{\sigma}^2}{\sigma^2} \tag{2}$$

如果 σ 已知，则 Z_1 服从标准正态分布；也就是说，$Z_1\sim N(0,1)$。（为什么？）Z_2 服从 $n-2$ 个自由度的 χ^2 分布。[1] 可以证明 Z_2 的分布独立于 Z_1。[2] 因此，借助定理 5.5，变量

$$t=\frac{Z_1\sqrt{n-2}}{\sqrt{Z_2}} \tag{3}$$

服从 $n-2$ 个自由度的 t 分布。将方程 (1) 和 (2) 代入方程 (3) 即得出式 (5.3.2)。

5A.3 式 (5.9.1) 的推导

方程 (1) 表明 $Z_1\sim N(0,1)$。因此，由定理 5.3 可知，这个量的平方

$$Z_1^2=\frac{(\hat{\beta}_2-\beta_2)^2\sum x_i^2}{\sigma^2}$$

服从 1 个自由度的 χ^2 分布。根据 5A.1 节，

---

[1] 证明参见 Robert V. Hogg and Allen T. Craig, *Introduction to Mathematical Statistics*, 2d ed., Macmillan, New York, 1965, p. 144。

[2] 证明参见 J. Johnston, *Econometric Methods*, 3d ed., McGraw-Hill, New York, 1984, pp. 181-182（但要读懂它，需要具备矩阵代数的知识）。

$$Z_2 = (n-2)\frac{\hat{\sigma}^2}{\sigma^2} = \frac{\sum \hat{u}_i^2}{\sigma^2}$$

服从 $n-2$ 个自由度的 χ^2 分布。此外，Z_2 的分布独立于 Z_1。应用定理 5.6 可推出：

$$F = \frac{Z_1^2/1}{Z_2/(n-2)} = \frac{(\hat{\beta}_2 - \beta_2)^2 \sum x_i^2}{\sum \hat{u}_i^2/(n-2)}$$

服从自由度分别是 1 和 $n-2$ 的 F 分布。在虚拟假设 $H_0: \beta_2 = 0$ 下，上述 F 比率简化为式（5.9.1）。

5A. 4 式（5.10.2）和式（5.10.6）的推导

均值预测的方差

给定 $X_i = X_0$，对真实均值的预测 $E(Y_0 \mid X_0)$ 由下式给出：

$$E(Y_0 \mid X_0) = \beta_1 + \beta_2 X_0 \tag{1}$$

我们用

$$\hat{Y}_0 = \hat{\beta}_1 + \hat{\beta}_2 X_0 \tag{2}$$

来估计方程（1）。给定 X_0，因为 $\hat{\beta}_1$ 和 $\hat{\beta}_2$ 都是无偏估计量，取方程（2）的数学期望得：

$$\begin{aligned} E(\hat{Y}_0) &= E(\hat{\beta}_1) + E(\hat{\beta}_2)X_0 \\ &= \beta_1 + \beta_2 X_0 \end{aligned}$$

因此，

$$E(\hat{Y}_0) = E(Y_0 \mid X_0) = \beta_1 + \beta_2 X_0 \tag{3}$$

也就是说，$\hat{Y}_0$ 是 $E(Y_0 \mid X_0)$ 的一个无偏误预测元。

现利用性质

$$\mathrm{var}(a+b) = \mathrm{var}(a) + \mathrm{var}(b) + 2\mathrm{cov}(a, b)$$

我们得到：

$$\mathrm{var}(\hat{Y}_0) = \mathrm{var}(\hat{\beta}_1) + \mathrm{var}(\hat{\beta}_2)X_0^2 + 2\mathrm{cov}(\hat{\beta}_1, \hat{\beta}_2)X_0 \tag{4}$$

利用式（3.3.1）、式（3.3.3）和式（3.3.9）中所给 $\hat{\beta}_1$ 和 $\hat{\beta}_2$ 的方差与协方差公式，将各项合并整理即得：

$$\mathrm{var}(\hat{Y}_0) = \sigma^2\left[\frac{1}{n} + \frac{(X_0 - \overline{X})^2}{\sum x_i^2}\right] \qquad = (5.10.2)$$

个值预测的方差

我们要预测对应于 $X = X_0$ 的个值 Y，也就是，我们要得到：

$$Y_0 = \beta_1 + \beta_2 X_0 + u_0 \tag{5}$$

我们把 Y_0 预测为：

$$\hat{Y}_0 = \hat{\beta}_1 + \hat{\beta}_2 X_0 \tag{6}$$

预测误差 $Y_0 - \hat{Y}_0$ 是：

$$Y_0 - \hat{Y}_0 = \beta_1 + \beta_2 X_0 + u_0 - (\hat{\beta}_1 + \hat{\beta}_2 X_0)$$
$$= (\beta_1 - \hat{\beta}_1) + (\beta_2 - \hat{\beta}_2)X_0 + u_0 \tag{7}$$

因此，

$$E(Y_0 - \hat{Y}_0) = E(\beta_1 - \hat{\beta}_1) + E(\beta_2 - \hat{\beta}_2)X_0 - E(u_0)$$
$$= 0$$

这是因为 $\hat{\beta}_1$，$\hat{\beta}_2$ 是无偏的，X_0 是固定数，而 $E(u_0)$ 根据假定为零。

将方程（7）两边同时取平方再取期望值，就得到：

$$\mathrm{var}(Y_0 - \hat{Y}_0) = \mathrm{var}(\hat{\beta}_1) + X_0^2 \mathrm{var}(\hat{\beta}_2) + 2X_0 \mathrm{cov}(\hat{\beta}_1, \hat{\beta}_2) + \mathrm{var}(u_0)$$

利用先前给出的 $\hat{\beta}_1$ 和 $\hat{\beta}_2$ 的方差公式并注意到 $\mathrm{var}(u_0) = \sigma^2$，得到：

$$\mathrm{var}(Y_0 - \hat{Y}_0) = \sigma^2 \left[1 + \frac{1}{n} + \frac{(X_0 - \overline{X})^2}{\sum x_i^2} \right] \qquad = (5.10.6)$$

第6章 双变量线性回归模型的延伸

线性回归分析的某些特征能够很容易地在我们迄今为止已讨论过的双变量线性回归模型的框架之中引入。首先，我们考虑过原点的回归情形，也就是模型中不存在截距项 β_1。然后，我们考虑测量单位（units of measurement）的问题，即 Y 和 X 变量用什么单位来度量，测量单位的变化会不会影响回归的结果。最后，我们考虑线性回归模型的函数形式（functional form）问题。至今我们所考虑的模型既是参数的线性函数，又是变量的线性函数。但请回顾前面各章所讲的回归理论，这些理论仅要求模型是参数的线性函数；对进入模型的变量，模型可以是线性的，也可以不是线性的。在本章中我们将表明，考虑对参数为线性而对变量不一定为线性的模型能处理一些有意思的实际问题。

我们一旦掌握好本章所介绍的思想，当在第7章和第8章中看到这些思想被推广到多元回归模型中时，就了如指掌了。

6.1 过原点回归

有时双变量 PRF 采取如下形式：

$$Y_i = \beta_2 X_i + u_i \tag{6.1.1}$$

在此模型中截距项不出现或者为零，因此取名为过原点回归（regression through the origin）。

作为一个说明性例子，考虑现代证券组合理论中的资本资产定价模型（capital asset pricing model，CAPM）。可用风险溢价或升水（risk premium）的形式把它表述为[①]：

$$ER_i - r_f = \beta_i(ER_m - r_f) \tag{6.1.2}$$

其中 ER_i 为证券 i 的期望回报率；ER_m 为比方说，由标准普尔（S&P）500 指数所

---

① Haim Levy and Marshall Sarnat，*Portfolio and Investment Selection：Theory and Practice*，Prentice-Hall International，Englewood Cliffs，NJ，1984，Chap.14.

代表的市场证券组合的期望回报率；r_f 为无风险回报率，比方说，90 天期美国国债的回报率；β_i 为贝塔系数，指不能通过分散投资而消除的系统风险的一种度量，又指第 i 种证券回报率与市场互动程度的一种度量。一个大于 1 的 β_i 意味着证券 i 是一种易波动或进攻型证券，而一个小于 1 的 β_i 则意味着证券 i 是一种防御型证券。（注：不要把这个 β_i 和双变量回归的斜率系数 β_2 混同起来。）

如果资本市场有效运行，则 CAPM 要求证券 i 的期望风险溢价（$=\mathrm{ER}_i-r_f$）等于期望市场风险溢价（$=\mathrm{ER}_m-r_f$）乘以该证券的 β 系数。如果 CAPM 成立，我们就得到图 6-1 所描述的情形。图中所展示的直线叫做证券市场线（security market line，SML）。

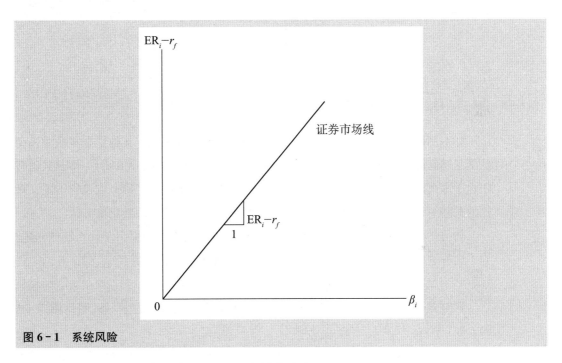

图 6-1　系统风险

为便于进行经验研究，式（6.1.2）常被表达为：

$$R_i-r_f=\beta_i(R_m-r_f)+u_i \tag{6.1.3}$$

或者

$$R_i-r_f=\alpha_i+\beta_i(R_m-r_f)+u_i \tag{6.1.4}$$

后一个式子叫做市场模型（market model）。[1] 如果 CAPM 成立，则预期 α_i 为零。（见图 6-2。）

顺便指出，方程（6.1.4）中的因变量 Y 是（R_i-r_f），但解释变量 X 是波动性系数 β_i 而不是（R_m-r_f）。因此，为了做回归方程（6.1.4），必须先估计 β_i。如同习题 5.5 所描述的，β_2 通常要从特征线导出。（更多细节参见习题 8.28。）

---

[1]　例如，参见 Diana R. Harrington，*Modern Portfolio Theory and the Capital Asset Pricing Model：A User's Guide*，Prentice Hall，Englewood Cliffs，NJ，1983，p. 71。

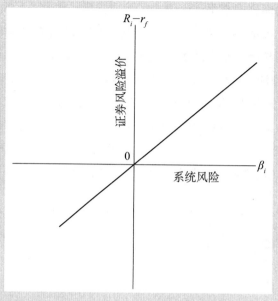

图 6-2 证券组合理论的市场模型（假定 $\alpha_i = 0$）

如本例所示，有时基本理论能断定某个模型没有截距项。其他适合零截距模型的例子还有弗里德曼的永久收入假说（permanent income hypothesis），即永久消费正比于永久收入；成本分析理论，即生产的可变成本正比于产出；以及货币主义理论的某些解说，如价格变化率（即通货膨胀率）正比于货币供给变化率。

如何估计类似于方程（6.1.1）这样的模型呢？这类模型提出了什么特殊问题？为了回答这些问题，可先把方程（6.1.1）的样本回归函数写成：

$$Y_i = \hat{\beta}_2 X_i + \hat{u}_i \tag{6.1.5}$$

现对方程（6.1.5）应用 OLS，得到 $\hat{\beta}_2$ 的如下公式及其方差（证明见附录 6A 的 6A.1 节）：

$$\hat{\beta}_2 = \frac{\sum X_i Y_i}{\sum X_i^2} \tag{6.1.6}$$

$$\mathrm{var}(\hat{\beta}_2) = \frac{\sigma^2}{\sum X_i^2} \tag{6.1.7}$$

其中 σ^2 被估计为：

$$\hat{\sigma}^2 = \frac{\sum \hat{u}_i^2}{n-1} \tag{6.1.8}$$

将这些公式同含有截距项的模型的公式相比是有趣的，后者是：

$$\hat{\beta}_2 = \frac{\sum x_i y_i}{\sum x_i^2} \tag{3.1.6}$$

$$\mathrm{var}(\hat{\beta}_2) = \frac{\sigma^2}{\sum x_i^2} \tag{3.3.1}$$

$$\hat{\sigma}^2 = \frac{\sum \hat{u}_i^2}{n-2} \tag{3.3.5}$$

两组公式之间的差异应是明显的：首先，在没有截距项的模型中，我们使用原始（raw）变量的平方和及其交叉乘积和，而在有截距项的模型中，我们使用变量偏离其均值的离差平方和及其交叉乘积和；其次，在计算 $\hat{\sigma}^2$ 时，前者的自由度是 $(n-1)$，而后者的自由度是 $(n-2)$。（为什么？）

虽然无截距或零截距模型在某些情况下是适宜的，但要注意这种模型的一些特点。第一，对有截距项的模型（惯用的模型）来说，$\sum \hat{u}_i = 0$ 总是成立的。但当截距项不出现时，$\sum \hat{u}_i = 0$ 就不一定成立。简言之，在过原点回归中，$\sum \hat{u}_i$ 不一定是零。第二，第 3 章所介绍的判定系数 r^2 对惯用的模型来说总是非负的。但对无截距模型来说，有时可能出现负值！这些异常结果的出现是因为第 3 章中所介绍的 r^2 明确地假定模型有截距项。因此，按习惯计算的 r^2 未必适合于过原点回归模型。[①]

过原点回归模型的 r^2

如刚才所指出并在附录 6A 的 6A.1 节中进一步讨论的那样，第 3 章给出的惯用的 r^2 并不适合于不含截距项的回归。但是我们可以对这类模型计算定义如下的 raw r^2：

$$\text{raw } r^2 = \frac{(\sum X_i Y_i)^2}{\sum X_i^2 \sum Y_i^2} \tag{6.1.9}$$

注：这里涉及原始（而不是经过均值校正的）平方和及交叉乘积和。

虽然 raw r^2 满足关系 $0 < \text{raw } r^2 < 1$，却不能直接同惯用的 r^2 值相比。因此，一些作者并不对零截距回归模型报告 r^2 值。

由于此模型的这些异常特性，在使用零截距回归模型时须特别小心。除非有非常强的先验预期，否则以采取习惯的含有截距项的模型为好。这样做有两方面的好处：第一，尽管模型含有截距项，但若该项的出现是统计上不显著的（即统计上等于零），则从任何实际方面考虑，都可认为这个结果是一个过原点回归模型。[②] 第二，更为重要的是，如果在模型中确实有截距，而我们却执意拟合一个过原点回归模型，我们就产生了设定偏误（又称设定误差）。我们在第 7 章将进一步深入讨论这个问题。

---

① 更多的讨论见 Dennis J. Aigner，*Basic Econometrics*，Prentice Hall，Englewood Cliffs，NJ，1971，pp. 85 - 88。

② 亨利·瑟尔（Henri Theil）指出，如果确实没有截距项，那么斜率系数的估计精度要比硬放进一个截距项估计好，见 *Introduction to Econometrics*，Prentice Hall，Englewood Cliffs，NJ，1978，p. 76。还可参见他随之给出的数值例子。

例 6.1

表 6-1 给出了 1980—1999 年同周期消费品部门中 104 种股票构成的一个指数的超额回报率 Y_t（％）和英国总体股票指数（市场）超额回报率 X_t（％）的月度数据，共 240 个观测。[①] 超额回报率指的是超过无风险资产回报率的部分（参见 CAPM）。

表 6-1 超额回报率（％）

时间	Y_t	X_t	时间	Y_t	X_t
1980 年 1 月	6.080 228 52	7.263 448 404	1982 年 12 月	−2.372 829 861	−0.921 675 55
1980 年 2 月	−0.924 185 461	6.339 895 504	1983 年 1 月	17.523 749 36	3.394 682 577
1980 年 3 月	−3.286 174 252	−9.285 216 834	1983 年 2 月	1.354 655 809	0.758 714 353
1980 年 4 月	5.211 976 571	0.793 290 771	1983 年 3 月	16.268 610 49	1.862 073 664
1980 年 5 月	−16.164 211 11	−2.902 420 985	1983 年 4 月	−6.074 547 158	6.797 751 341
1980 年 6 月	−1.054 703 649	8.613 150 875	1983 年 5 月	−0.826 650 702	−1.699 253 628
1980 年 7 月	11.172 376 99	3.982 062 848	1983 年 6 月	3.807 881 996	4.092 592 402
1980 年 8 月	−11.063 275 51	−1.150 170 907	1983 年 7 月	0.575 700 91	−2.926 299 262
1980 年 9 月	−16.776 996 09	3.486 125 868	1983 年 8 月	3.755 563 441	1.773 424 306
1980 年 10 月	−7.021 834 032	4.329 850 278	1983 年 9 月	−5.365 927 271	−2.800 815 667
1980 年 11 月	−9.716 846 68	0.936 875 279	1983 年 10 月	−3.750 302 815	−1.505 394 995
1980 年 12 月	5.215 705 717	−5.202 455 846	1983 年 11 月	4.898 751 703	4.186 962 84
1981 年 1 月	−6.612 000 956	−2.082 757 509	1983 年 12 月	4.379 256 151	1.201 416 981
1981 年 2 月	4.264 498 443	2.728 522 893	1984 年 1 月	16.560 161 88	6.769 320 788
1981 年 3 月	4.916 710 821	0.653 397 106	1984 年 2 月	1.523 127 464	−1.686 027 417
1981 年 4 月	22.204 959 46	6.436 071 962	1984 年 3 月	1.020 607 8	5.245 806 105
1981 年 5 月	−11.298 685 24	−4.259 197 932	1984 年 4 月	−3.899 307 684	1.728 710 264
1981 年 6 月	−5.770 507 783	0.543 909 707	1984 年 5 月	−14.325 016 15	−7.279 075 595
1981 年 7 月	−5.217 764 717	−0.486 845 933	1984 年 6 月	3.056 627 177	−0.779 470 67
1981 年 8 月	16.196 201 75	2.843 999 508	1984 年 7 月	−0.021 535 92	−2.439 634 487
1981 年 9 月	−17.169 953 95	−16.457 214 2	1984 年 8 月	3.355 102 212	8.445 977 813
1981 年 10 月	1.105 334 728	4.468 938 171	1984 年 9 月	0.100 006 778	1.221 080 129
1981 年 11 月	11.685 336 7	5.885 519 658	1984 年 10 月	1.691 250 318	2.733 386 772
1981 年 12 月	−2.301 451 728	−0.390 698 164	1984 年 11 月	8.200 753 01	5.127 533 29
1982 年 1 月	8.643 728 679	2.499 567 896	1984 年 12 月	3.527 866 16	3.191 554 763
1982 年 2 月	−11.129 075 03	−4.033 607 075	1985 年 1 月	4.554 587 707	3.907 838 688
1982 年 3 月	1.724 627 956	3.042 525 777	1985 年 2 月	5.365 478 677	−1.708 567 484
1982 年 4 月	0.157 879 967	0.734 564 665	1985 年 3 月	4.525 231 564	0.435 218 492
1982 年 5 月	−1.875 202 616	2.779 732 288	1985 年 4 月	2.944 654 344	0.958 067 845
1982 年 6 月	−10.624 817 67	−5.900 116 576	1985 年 5 月	−0.268 599 528	1.095 477 375
1982 年 7 月	−5.761 135 416	3.005 344 385	1985 年 6 月	−3.661 040 481	−6.816 108 909
1982 年 8 月	5.481 432 596	3.954 990 619	1985 年 7 月	−4.540 505 062	2.785 054 354
1982 年 9 月	−17.022 074 59	2.547 127 067	1985 年 8 月	9.195 292 816	3.900 209 023
1982 年 10 月	7.625 420 708	4.329 008 106	1985 年 9 月	−1.894 817 019	−4.203 004 414
1982 年 11 月	−6.575 721 646	0.191 940 594	1985 年 10 月	12.006 612 74	5.601 798 02

① 这些数据源自 Datastream 数据库，这里直接复制于 Christiaan Heij et al.，*Econometrics Methods with Applications in Business and Economics*，Oxford University Press，Oxford，U. K.，2004。

续表

时间	Y_t	X_t	时间	Y_t	X_t
1985 年 11 月	1.233 987 382	1.570 093 976	1989 年 7 月	5.262 902 744	4.637 026 116
1985 年 12 月	−1.446 329 607	−1.084 427 121	1989 年 8 月	4.845 013 219	2.680 874 116
1986 年 1 月	6.023 618 851	0.778 669 473	1989 年 9 月	−5.069 564 838	−5.303 858 035
1986 年 2 月	10.512 357 56	6.470 651 262	1989 年 10 月	−13.579 635 26	−7.210 655 599
1986 年 3 月	13.400 710 24	8.953 781 192	1989 年 11 月	1.100 607 603	5.350 185 944
1986 年 4 月	−7.796 262 998	−2.387 761 685	1989 年 12 月	4.925 083 189	4.106 245 855
1986 年 5 月	0.211 540 446	−2.873 838 588	1990 年 1 月	−2.532 068 851	−3.629 547 374
1986 年 6 月	6.471 111 064	3.440 269 098	1990 年 2 月	−6.601 872 876	−5.205 804 299
1986 年 7 月	−9.037 475 168	−5.891 053 375	1990 年 3 月	−1.023 768 943	−2.183 244 863
1986 年 8 月	−5.478 380 91	6.375 582 004	1990 年 4 月	−7.097 917 266	−5.408 563 794
1986 年 9 月	−6.756 881 852	−5.734 839 396	1990 年 5 月	6.376 626 925	10.575 991 69
1986 年 10 月	−2.564 960 223	3.630 884 08	1990 年 6 月	1.861 974 711	−0.338 612 099
1986 年 11 月	2.456 599 468	−1.316 066 87	1990 年 7 月	−5.591 527 585	−2.213 162 02
1986 年 12 月	1.476 421 303	3.521 601 216	1990 年 8 月	−15.317 589 75	−8.476 177 427
1987 年 1 月	17.069 400 4	8.673 412 896	1990 年 9 月	−10.172 273 58	−7.459 414 71
1987 年 2 月	7.565 726 727	6.914 361 923	1990 年 10 月	−2.217 396 045	−0.085 887 763
1987 年 3 月	−3.239 325 817	−0.460 660 854	1990 年 11 月	5.974 205 798	5.034 770 534
1987 年 4 月	3.662 578 335	4.295 976 077	1990 年 12 月	−0.857 289 036	−1.767 714 908
1987 年 5 月	7.157 455 113	7.719 692 529	1991 年 1 月	−3.780 184 589	0.189 108 456
1987 年 6 月	4.774 901 623	3.039 887 622	1991 年 2 月	20.647 214 37	10.387 415 04
1987 年 7 月	4.237 701 66	2.510 223 804	1991 年 3 月	10.940 680 18	2.921 913 827
1987 年 8 月	−0.881 352 219	−3.039 443 563	1991 年 4 月	−3.145 639 589	0.971 720 188
1987 年 9 月	11.496 884 16	3.787 092 018	1991 年 5 月	−3.142 887 645	−0.431 781 9
1987 年 10 月	−35.566 176 24	−27.869 693 11	1991 年 6 月	−1.960 866 141	−3.342 924 986
1987 年 11 月	−14.591 373 69	−9.956 367 094	1991 年 7 月	7.330 964 031	5.242 811 509
1987 年 12 月	14.872 716 64	7.975 865 948	1991 年 8 月	7.854 387 926	2.880 654 691
1988 年 1 月	1.748 599 294	3.936 938 398	1991 年 9 月	2.539 177 843	−1.121 472 224
1988 年 2 月	−0.606 016 446	−0.327 970 64	1991 年 10 月	−1.233 244 642	−3.969 577 956
1988 年 3 月	−6.078 095 523	−2.161 544 202	1991 年 11 月	−11.746 040 4	−5.707 995 062
1988 年 4 月	3.976 153 828	2.721 787 842	1991 年 12 月	1.078 226 286	1.502 567 049
1988 年 5 月	−1.050 910 058	−0.514 825 422	1992 年 1 月	5.937 904 622	2.599 565 094
1988 年 6 月	3.317 856 956	3.128 796 482	1992 年 2 月	4.113 184 542	0.135 881 087
1988 年 7 月	0.407 100 105	0.181 502 075	1992 年 3 月	−0.655 199 392	−6.146 138 064
1988 年 8 月	−11.879 325 24	−7.892 363 786	1992 年 4 月	15.284 302 78	10.457 368 31
1988 年 9 月	8.801 026 046	3.347 081 899	1992 年 5 月	3.994 517 585	1.415 987 046
1988 年 10 月	6.784 211 277	3.158 592 144	1992 年 6 月	−11.944 509 98	−8.261 109 424
1988 年 11 月	−10.205 781 19	−4.816 470 363	1992 年 7 月	−2.530 701 327	−3.778 812 167
1988 年 12 月	−6.738 053 81	−0.008 549 997	1992 年 8 月	−9.842 366 221	−5.386 818 488
1989 年 1 月	12.839 036 43	13.460 982 19	1992 年 9 月	18.115 737 24	11.194 363 72
1989 年 2 月	3.302 860 922	−0.764 474 692	1992 年 10 月	0.200 950 206	3.999 870 038
1989 年 3 月	−0.155 918 301	2.298 491 097	1992 年 11 月	1.125 853 097	3.620 674 752
1989 年 4 月	3.623 090 767	0.762 074 588	1992 年 12 月	7.639 180 786	2.887 222 251
1989 年 5 月	−1.167 680 873	−0.495 796 117	1993 年 1 月	2.919 569 408	1.336 746 091
1989 年 6 月	−1.221 603 303	1.206 636 013	1993 年 2 月	−1.062 404 105	1.240 273 846

续表

时间	Y_t	X_t	时间	Y_t	X_t
1993 年 3 月	1.292 641 409	0.407 144 312	1996 年 8 月	2.556 816 005	3.863 737 088
1993 年 4 月	0.420 241 384	−1.734 930 047	1996 年 9 月	3.131 830 038	2.118 254 897
1993 年 5 月	−2.514 080 553	1.111 533 687	1996 年 10 月	−0.020 947 358	−0.853 553 262
1993 年 6 月	0.419 362 276	1.354 127 742	1996 年 11 月	−5.312 287 782	1.770 340 939
1993 年 7 月	4.374 024 535	1.943 061 568	1996 年 12 月	−5.196 176 326	1.702 551 635
1993 年 8 月	1.733 528 075	4.961 979 827	1997 年 1 月	−0.753 247 124	3.465 753 348
1993 年 9 月	−3.659 808 969	−1.618 729 936	1997 年 2 月	−2.474 343 938	1.115 253 221
1993 年 10 月	5.856 907 64	4.215 408 608	1997 年 3 月	2.476 478 02	−2.057 818 461
1993 年 11 月	−1.365 550 294	1.880 360 165	1997 年 4 月	−1.119 104 196	3.570 899 55
1993 年 12 月	−1.346 979 017	5.826 352 413	1997 年 5 月	3.352 076 269	1.953 480 438
1994 年 1 月	12.895 787 58	2.973 540 693	1997 年 6 月	−1.910 172 239	2.458 700 404
1994 年 2 月	−5.346 700 561	−5.479 858 563	1997 年 7 月	0.142 814 607	2.992 341 297
1994 年 3 月	−7.614 726 564	−5.784 547 088	1997 年 8 月	10.501 992 63	−0.457 968 038
1994 年 4 月	10.220 429 23	1.157 083 438	1997 年 9 月	12.985 019 43	8.111 278 967
1994 年 5 月	−6.928 422 261	−6.356 199 493	1997 年 10 月	−4.134 761 655	−6.967 124 504
1994 年 6 月	−5.065 919 037	−0.843 583 888	1997 年 11 月	−4.148 579 856	−0.155 924 791
1994 年 7 月	7.483 498 556	5.779 953 224	1997 年 12 月	−1.752 478 236	3.853 283 433
1994 年 8 月	1.828 762 662	3.298 130 184	1998 年 1 月	−3.349 121 498	7.379 466 014
1994 年 9 月	−5.692 932 79	−7.110 010 085	1998 年 2 月	14.074 713 04	4.299 097 886
1994 年 10 月	−2.426 962 489	2.968 005 597	1998 年 3 月	7.791 650 968	3.410 780 517
1994 年 11 月	2.125 100 668	−1.531 245 158	1998 年 4 月	5.154 679 109	−0.081 494 993
1994 年 12 月	−4.225 370 964	0.264 280 259	1998 年 5 月	3.293 686 179	−1.613 131 159
1995 年 1 月	−6.302 392 617	−2.420 388 431	1998 年 6 月	−13.254 618 02	−0.397 288 954
1995 年 2 月	1.278 676 37	0.138 795 213	1998 年 7 月	−7.714 205 916	−2.237 365 283
1995 年 3 月	10.908 905 16	3.231 656 585	1998 年 8 月	−15.263 404 83	−12.463 199 3
1995 年 4 月	2.497 849 434	2.215 804 682	1998 年 9 月	−15.228 651 41	−5.170 734 985
1995 年 5 月	2.891 526 594	3.856 813 589	1998 年 10 月	15.962 180 38	11.705 447 88
1995 年 6 月	−3.773 000 069	−0.952 204 306	1998 年 11 月	−8.684 089 113	−0.380 200 223
1995 年 7 月	8.776 288 715	4.020 036 363	1998 年 12 月	17.138 423 69	4.986 705 187
1995 年 8 月	2.882 560 97	1.423 600 345	1999 年 1 月	−1.468 448 611	2.493 727 994
1995 年 9 月	2.146 913 33	−0.037 912 571	1999 年 2 月	8.503 6	0.937 105 259
1995 年 10 月	−4.590 104 662	−1.176 553 29	1999 年 3 月	10.894 307 3	4.280 082 506
1995 年 11 月	−1.293 255 187	3.760 277 356	1999 年 4 月	13.034 973 94	3.960 824 402
1995 年 12 月	−4.244 101 531	0.434 626 357	1999 年 5 月	−5.654 671 597	−4.499 198 079
1996 年 1 月	6.647 088 904	1.906 345 103	1999 年 6 月	8.321 969 316	3.656 745 699
1996 年 2 月	1.635 900 742	0.301 898 961	1999 年 7 月	0.507 652 273	−2.503 971 473
1996 年 3 月	7.858 189 9	−0.314 132 324	1999 年 8 月	−5.022 980 561	−0.121 901 923
1996 年 4 月	0.789 544 896	3.034 331 741	1999 年 9 月	−2.305 448 839	−5.388 032 432
1996 年 5 月	−0.907 725 397	−1.497 346 299	1999 年 10 月	−1.876 879 466	4.010 989 716
1996 年 6 月	−0.392 246 948	−0.894 676 854	1999 年 11 月	1.348 824 769	6.265 312 975
1996 年 7 月	−1.035 896 351	−0.532 816 274	1999 年 12 月	−2.641 649 38	4.045 658 427

我们首先对这些数据拟合模型（6.1.3）。利用 EViews 软件，我们得到标准的 EViews

回归结果如下：

	Coefficient	Std. Error	t-Statistic	Prob.
X	1.155512	0.074396	15.53200	0.0000

Dependent Variable: Y
Method: Least Squares
Sample: 1980M01 1999M12
Included observations: 240

R-squared	0.500309	Mean dependent var.	0.499826
Adjusted R-squared[†]	0.500309	S.D. dependent var.	7.849594
S.E. of regression	5.548786	Durbin-Watson stat.*	1.972853
Sum squared resid.	7358.578		

注：* 我们将在第 12 章讨论这个统计量。

　　　† 见第 7 章。

如这些结论所示，斜率系数即 β 系数是高度显著的，因为它的 p 值极小。这里所做的解释是，如果市场超额回报率提高 1 个百分点，那么同周期消费品部门的这个指数的超额回报率将提高约 1.15 个百分点。斜率系数不仅统计显著，而且明显大于 1。（你能验证这个结论吗？）如果 β 系数大于 1，那么这个证券组合（这里指 104 种股票的投资组合）就是易波动的；它的波动超过了整个股指的波动。但这个结论不足为奇，因为在本例中，我们所考虑的股票来自家庭耐用品、汽车、纺织和运动设备等同周期消费品部门。

如果我们拟合模型（6.1.4），便得到如下结论：

Dependent Variable: Y
Method: Least Squares
Sample: 1980M01 1999M12
Included observations: 240

	Coefficient	Std. Error	t-Statistic	Prob.
C	−0.447481	0.362943	−1.232924	0.2188
X	1.171128	0.075386	15.53500	0.0000

R-squared	0.503480	Mean dependent var.	0.499826
Adjusted R-squared	0.501394	S.D. dependent var.	7.849594
S.E. of regression	5.542759	Durbin-Watson stat.	1.984746
Sum squared resid.	7311.877	Prob. (F-statistic)	0.000000
F-statistic	241.3363		

我们从这些结论中看到，尽管斜率系数（β 系数）是高度统计显著的，但截距并非显著异于 0。这就表明，过原点回归对这些数据的拟合效果更好。此外，从统计上讲，这两个模型中的斜率系数值没有差别。注意，过原点回归模型中斜率系数的标准误略低于含截距模型中斜率系数的标准误，这就支持了之前我们介绍过的瑟尔所做的论断。即便如此，斜率系数在统计上仍大于 1，这就再次肯定了同周期消费品部门的股票具有较大的波动性。

同时还应注意到，因为在过原点回归模型中，常用的 r^2 表达式不再适用，所以应该有所保留地看待这种模型给出的 r^2 值。不过，即便是这样的模型，EViews 仍例行给出标准的 r^2 值。

6.2 尺度与测量单位

为领会本节所介绍的思想，考虑表 6-2 中的数据。表中数据是以 2000 年美元（按链式法则）计算的美国国内私人总投资（GPDI）和国内生产总值（GDP），分别以十亿美元和百万美元为单位。

表 6-2

1990—2005 年美国 GPDI 与 GDP
（除非特别指出，都是以 2000 年美元按链式法则计算；季度数据按季节调整折算）

年份	GPDIBL	GPDIM	GDPB	GDPM
1990	886.6	886 600.0	7 112.5	7 112 500.0
1991	829.1	829 100.0	7 100.5	7 100 500.0
1992	878.3	878 300.0	7 336.6	7 336 600.0
1993	953.5	953 500.0	7 532.7	7 532 700.0
1994	1 042.3	1 042 300.0	7 835.5	7 835 500.0
1995	1 109.6	1 109 600.0	8 031.7	8 031 700.0
1996	1 209.2	1 209 200.0	8 328.9	8 328 900.0
1997	1 320.6	1 320 600.0	8 703.5	8 703 500.0
1998	1 455.0	1 455 000.0	9 066.9	9 066 900.0
1999	1 576.3	1 576 300.0	9 470.3	9 470 300.0
2000	1 679.0	1 679 000.0	9 817.0	9 817 000.0
2001	1 629.4	1 629 400.0	9 890.7	9 890 700.0
2002	1 544.6	1 544 600.0	10 048.8	10 048 800.0
2003	1 596.9	1 596 900.0	10 301.0	10 301 000.0
2004	1 713.9	1 713 900.0	10 703.5	10 703 500.0
2005	1 842.0	1 842 000.0	11 048.6	11 048 600.0

注：GPDIBL=以 2000 年十亿美元计国内私人总投资。

GPDIM=以 2000 年百万美元计国内私人总投资。

GDPB=以 2000 年十亿美元计国内生产总值。

GDPM=以 2000 年百万美元计国内生产总值。

资料来源：*Economic Report of the President*，2007，Table B-2，p. 328.

假设在 GPDI 对 GDP 的回归中某一研究者使用以十亿美元计的数据，而另一研究者使用以百万美元计的同样变量的数据。这两种情形的回归结果会不会是一样的？如果不一样，哪一种结果应被采用？简言之，Y 和 X 的测量单位会造成回归结果的差异吗？如果存在差异，在选择回归分析的测量单位时要采取哪些合理的途径？为了回答这些问题，让我们系统地进行分析。令

$$Y_i = \hat{\beta}_1 + \hat{\beta}_2 X_i + \hat{u}_i \tag{6.2.1}$$

其中 $Y=$GPDI，$X=$GDP。定义

$$Y_i^* = \omega_1 Y_i \tag{6.2.2}$$

$$X_i^* = \omega_2 X_i \tag{6.2.3}$$

其中 ω_1 和 ω_2 为常数，称作尺度因子；ω_1 和 ω_2 可以相等或相异。

由方程（6.2.2）和（6.2.3）显见，Y_i^* 和 X_i^* 是重新测量的 Y_i 和 X_i。例如，Y_i 和 X_i 是以十亿美元测量的而某人想改用百万美元去表达它们，于是有 $Y_i^* = 1\,000Y_i$，$X_i^* = 1\,000X_i$；这里 $\omega_1 = \omega_2 = 1\,000$。

现考虑使用变量 Y_i^* 和 X_i^* 的回归：

$$Y_i^* = \hat{\beta}_1^* + \hat{\beta}_2^* X_i^* + \hat{u}_i^* \tag{6.2.4}$$

其中 $Y_i^* = \omega_1 Y_i$，$X_i^* = \omega_2 X_i$，并且 $\hat{u}_i^* = \omega_1 \hat{u}_i$。（为什么？）

我们要找出以下两两变量之间的关系式：

(1) $\hat{\beta}_1$ 和 $\hat{\beta}_1^*$；

(2) $\hat{\beta}_2$ 和 $\hat{\beta}_2^*$；

(3) $\text{var}(\hat{\beta}_1)$ 和 $\text{var}(\hat{\beta}_1^*)$；

(4) $\text{var}(\hat{\beta}_2)$ 和 $\text{var}(\hat{\beta}_2^*)$；

(5) $\hat{\sigma}^2$ 和 $\hat{\sigma}^{*2}$；

(6) r_{xy}^2 和 $r_{x^*y^*}^2$。

由最小二乘理论，我们知道（见第 3 章）：

$$\hat{\beta}_1 = \bar{Y} - \hat{\beta}_2 \bar{X} \tag{6.2.5}$$

$$\hat{\beta}_2 = \frac{\sum x_i y_i}{\sum x_i^2} \tag{6.2.6}$$

$$\text{var}(\hat{\beta}_1) = \frac{\sum X_i^2}{n \sum x_i^2} \cdot \sigma^2 \tag{6.2.7}$$

$$\text{var}(\hat{\beta}_2) = \frac{\sigma^2}{\sum x_i^2} \tag{6.2.8}$$

$$\hat{\sigma}^2 = \frac{\sum \hat{u}_i^2}{n-2} \tag{6.2.9}$$

类似地，把 OLS 应用于方程（6.2.4），我们得到：

$$\hat{\beta}_1^* = \bar{Y}^* - \hat{\beta}_2^* \bar{X}^* \tag{6.2.10}$$

$$\hat{\beta}_2^* = \frac{\sum x_i^* y_i^*}{\sum x_i^{*2}} \tag{6.2.11}$$

$$\text{var}(\hat{\beta}_1^*) = \frac{\sum X_i^{*2}}{n \sum x_i^{*2}} \cdot \sigma^{*2} \tag{6.2.12}$$

$$\text{var}(\hat{\beta}_2^*) = \frac{\sigma^{*2}}{\sum x_i^{*2}} \tag{6.2.13}$$

$$\hat{\sigma}^{*2} = \frac{\sum \hat{u}_i^{*2}}{n-2} \tag{6.2.14}$$

根据这些结果，很容易证明这两组参数估计值之间的关系。所要做的仅是回忆如下定义的关系式：$Y_i^* = \omega_1 Y_i$（或 $y_i^* = \omega_1 y_i$）；$X_i^* = \omega_2 X_i$（或 $x_i^* = \omega_2 x_i$）；$\hat{u}_i^* =$

$\omega_1\hat{u}_i$；$\overline{Y}^* = \omega_1\overline{Y}$；$\overline{X}^* = \omega_2\overline{X}$。读者利用这些定义很容易就能证明：

$$\hat{\beta}_2^* = \left(\frac{w_1}{w_2}\right)\hat{\beta}_2 \tag{6.2.15}$$

$$\hat{\beta}_1^* = w_1\hat{\beta}_1 \tag{6.2.16}$$

$$\hat{\sigma}^{*2} = w_1^2\hat{\sigma}^2 \tag{6.2.17}$$

$$\text{var}(\hat{\beta}_1^*) = w_1^2\text{var}(\hat{\beta}_1) \tag{6.2.18}$$

$$\text{var}(\hat{\beta}_2^*) = \left(\frac{w_1}{w_2}\right)^2\text{var}(\hat{\beta}_2) \tag{6.2.19}$$

$$r_{xy}^2 = r_{x'y'}^2 \tag{6.2.20}$$

由上述结果显见，一旦尺度因子 ω 已知，给定了一种测量尺度的回归结果，便可导出另一种测量尺度的回归结果。在实践中，我们应该合理地选择测量单位，用许多零表达百万或十亿数量级的数字是没有多少意义的。

通过方程（6.2.15）到（6.2.20），这些结果很容易推导出一些特例。例如，当 $\omega_1 = \omega_2$，即尺度因子相同时，斜率系数及其标准误不受尺度从 $(Y_i，X_i)$ 变到 $(Y_i^*，X_i^*)$ 的影响。这一点是显而易见的。然而，截距及其标准误却放大或缩小了 ω_1 倍。但若 X 尺度不变（即 $\omega_2 = 1$），而 Y 尺度按因子 ω_1 改变，则斜率和截距系数以及它们各自的标准误都要乘以相同的因子 ω_1。最后，如果 Y 尺度不变（即 $\omega_1 = 1$），而 X 尺度按因子 ω_2 改变，则斜率系数及其标准误要乘以因子 $(1/\omega_2)$，但截距系数及其标准误不变。

然而，应该知道从 $(Y_i，X_i)$ 到 $(Y_i^*，X_i^*)$ 的尺度变换并不影响前面各章所讨论的 OLS 估计量的性质。

例 6.2　1990—2005 年美国 GPDI 与 GDP 之间的关系

为了证实上述理论结果，让我们回到表 6-2 给出的数据，并分析下述回归结果（括号中的数字为估计标准误）。

GPDI 和 GDP 都以十亿美元计算，则有：

$$\widehat{\text{GPDI}}_t = -926.090 + 0.2535\,\text{GDP}_t$$
$$\text{se} = (116.358)\quad(0.0129)\qquad r^2 = 0.9648 \tag{6.2.21}$$

GPDI 和 GDP 都以百万美元计算，则有：

$$\widehat{\text{GDPI}}_t = -926\,090 + 0.2535\text{GDP}_t$$
$$\text{se} = (116\,358)\quad(0.0129)\qquad r^2 = 0.9648 \tag{6.2.22}$$

注意，如理论所示，回归（6.2.22）的截距及其标准误都是回归（6.2.21）中相应值的 1 000 倍（即从十亿美元变到百万美元，$\omega_1 = 1\,000$），但斜率系数及其标准误均不变。

GPDI 以十亿美元计算而 GDP 以百万美元计算，则有：

$$\widehat{\text{GPDI}}_t = -926.090 + 0.0002535\text{GDP}_t$$

$$se = (116.358) (0.000\ 012\ 9) \qquad r^2 = 0.964\ 8 \qquad\qquad (6.2.23)$$

如同所料，因为相对于方程（6.2.21），仅仅 X 即 GDP 改变了尺度，所以斜率系数及其标准误都是它们在方程（6.2.21）中对应值的 1/1 000 倍。

GPDI 以百万美元计算而 GDP 以十亿美元计算，则有：

$$\widehat{GPDI}_t = -926\ 090 + 253.524 GDP_t$$

$$se = (116\ 358.7)(12.946\ 5) \qquad r^2 = 0.964\ 8 \qquad\qquad (6.2.24)$$

再次看到如理论结果所示，截距和斜率系数以及它们各自的标准误都是它们在方程（6.2.21）中对应值的 1 000 倍。

注意，上面给出的所有回归的 r^2 值都保持不变。因为 r^2 值是一个纯数字或没有维度，所以它不随测量单位的变化而变化。

为结果的解释进一言

斜率系数 β_2 无非就是变化率，它的单位就是如下比率的单位：

$$\frac{\text{因变量 } Y \text{ 的单位}}{\text{解释变量 } X \text{ 的单位}}$$

例如，在回归（6.2.21）中，斜率系数 0.253 5 的意义是，GDP 每改变一个单位，即 10 亿美元，GPDI 平均改变 2.535 亿美元。在回归（6.2.23）中，GDP 的一个单位即 100 万美元的变化，平均导致 GPDI 变化 0.002 535 亿美元。当然，这两个结果从它们的 GDP 对 GPDI 的影响看是完全相同的；只不过用不同的测量单位来表达而已。

6.3 标准化变量的回归

我们在上一节看到，回归子和回归元的单位会影响到回归系数的截距。如果我们愿意把回归子和回归元表示成标准化变量，这种影响就得以避免。如果将一个变量在减去其均值后再除以其标准差，我们就说把这个变量标准化了。

于是，在 Y 对 X 的回归中，如果我们把这些变量重新定义为

$$Y_i^* = \frac{Y_i - \bar{Y}}{S_Y} \qquad\qquad (6.3.1)$$

$$X_i^* = \frac{X_i - \bar{X}}{S_X} \qquad\qquad (6.3.2)$$

其中 $\bar{Y}$ 为 Y 的样本均值，S_Y 为 Y 的样本标准差，$\bar{X}$ 为 X 的样本均值，S_X 为 X 的样本标准差，那么变量 Y_i^* 和 X_i^* 被称为标准化变量（standardized variables）。

标准化变量的有趣特征是，其均值总是 0，标准差总是 1。（证明见附录 6A 的 6A.2 节。）

因此，回归子和回归元是如何测量的就无所谓了。于是，不再做标准（双变

量）回归：

$$Y_i = \beta_1 + \beta_2 X_i + u_i \tag{6.3.3}$$

我们对标准化变量做回归

$$Y_i^* = \beta_1^* + \beta_2^* X_i^* + u_i^* \tag{6.3.4}$$

$$= \beta_2^* X_i^* + u_i^* \tag{6.3.5}$$

由于对标准化的回归子和回归元做回归，所以截距项总是零。[①] 标准化变量的回归系数（由 β_1^* 和 β_2^* 表示）在文献中被称为 β 系数。[②] 顺便指出，方程（6.3.5）是一个过原点回归。

如何解释这些 β 系数呢？其解释是，如果（标准化）回归元增加一个单位的标准差，则（标准化）回归子平均增加 β_2^* 单位个标准差。于是，与方程（6.3.3）中的传统模型不同，我们研究的变量影响不再使用原来的 Y 和 X 的单位，而是用其标准差作为单位。

为说明方程（6.3.3）与（6.3.5）之间的差别，我们回到上一节中讨论的 GPDI 和 GDP 一例。为便于讨论，再次给出上一节得到的结果：

$$\widehat{\text{GPDI}}_t = -926.090 + 0.253\,5\,\text{GDP}_t$$

$$\text{se} = (116.358) \quad (0.012\,9) \qquad r^2 = 0.964\,8 \tag{6.3.6}$$

其中 GPDI 和 GDP 均以十亿美元计算。

对应于方程（6.3.5）的结果如下，其中带星号的变量为标准化变量：

$$\widehat{\text{GPDI}}_t^* = 0.982\,2\,\text{GDP}_t^*$$

$$\text{se} = (0.048\,5) \tag{6.3.7}$$

我们知道如何解释方程（6.3.6）：若 GDP 提高 1 美元，则 GPDI 平均提高 25 美分。方程（6.3.7）又该如何解释呢？这里的解释是，若（标准化）GDP 增加一个标准差，则（标准化）GPDI 平均增加约 0.98 个标准差。

标准化回归模型与传统模型相比有什么优势呢？若不止一个回归元，则优势更加明显，我们在第 7 章将讨论这个论题。通过将回归元标准化，我们就能将它们放到同等地位并直接进行比较。如果一个标准化回归元的系数比模型中另一个标准化回归元的系数大，那么前者就能比后者更多地解释回归子。换言之，我们可以用 β 系数作为各个回归元相对解释力的一种度量。在接下来的两章将有更多的说明。

在结束本论题之前，须注意两点。第一，由于标准化回归（6.3.7）是一个过原点回归，而我们在 6.1 节已经指出通常的 r^2 值不能使用，所以我们就没有给出

---

① 回顾方程（3.1.7），截距＝因变量的均值－斜率×回归元的均值。但对标准化变量而言，因变量和回归元的均值都是零，所以截距值为零。

② 不要将这些 β 系数与金融理论中的 β 系数相混淆。

其 r^2 值。第二，传统模型的 β 系数与这里的 β 系数之间存在一种有趣的关系。在双变量情形中，这种关系如下：

$$\hat{\beta}_2^* = \hat{\beta}_2\left(\frac{S_x}{S_y}\right) \tag{6.3.8}$$

其中 S_x 为回归元 X 的样本标准差，S_y 为回归子 Y 的样本标准差。因此，若我们知道回归元和回归子的（样本）标准差，则可以将两个系数相互转换。我们在下一章中会看到，在多元回归分析中，这一关系仍然成立。利用我们的说明性例子验证方程（6.3.8）成立这一任务则留给读者作为一个练习。

6.4　回归模型的函数形式

如在第 2 章中所指出的那样，本书主要考虑对参数线性的模型；对变量则可以是也可以不是线性的。在下面几节中，我们考虑一些常用的回归模型，它们也许对变量是非线性的，但对参数则是线性的，或者可通过适当的变量代换而变为对参数线性的函数。具体地说，我们讨论如下回归模型：

（1）对数线性模型；

（2）半对数模型；

（3）倒数模型；

（4）对数倒数模型。

我们讨论每一种模型的特点，这些模型在什么场合适用，以及怎样估计它们。每一种模型都用适当的例子加以说明。

6.5　怎样度量弹性：对数线性模型

考虑以指数回归模型（exponential regression model）命名的如下模型：

$$Y_i = \beta_1 X_i^{\beta_2} e^{u_i} \tag{6.5.1}$$

它又可表达为[①]

$$\ln Y_i = \ln \beta_1 + \beta_2 \ln X_i + u_i \tag{6.5.2}$$

其中 ln 为自然对数（即以 e 为底的对数，e＝2.718）。[②]

如果将方程（6.5.2）写成：

$$\ln Y_i = \alpha + \beta_2 \ln X_i + u_i \tag{6.5.3}$$

其中 $\alpha = \ln \beta_1$，这个模型就是参数 α 和 β_2 的线性函数，并且是变量 Y 和 X 的对数

---

①　须知对数的这些性质：(1) $\ln (AB) = \ln A + \ln B$；(2) $\ln (A/B) = \ln A - \ln B$；(3) $\ln (A^k) = k \ln A$，这里假定 A 和 B 是正数而且 k 是某常数。

②　在实践中可以用常用对数，即以 10 为底的对数。自然对数与常用对数的关系是 $\ln_e X = 2.3026 \log_{10} X$。按惯例，ln 指自然对数，而 log 指以 10 为底的对数，从而没有必要写明下标 e 和 10。

的线性函数，从而可用 OLS 回归来估计。由于这种线性性质，该模型被称为对数-对数（log-log）、双对数（double-log）或对数线性（log-linear）模型。对数的性质参见附录 6A 的 6A.3 节。

如果经典线性回归模型的假定均得到满足，则可用 OLS 估计方程（6.5.3）中的参数。令

$$Y_i^* = \alpha + \beta_2 \ln X_i^* + u_i \tag{6.5.4}$$

其中 $Y_i^* = \ln Y_i$，而 $X_i^* = \ln X_i$。所得的 OLS 估计量 $\hat{\alpha}$ 和 $\hat{\beta}_2$ 将分别是 α 和 β_2 的最优线性无偏估计量。

对数-对数模型的一个诱人且致使它获得普遍应用的特点就是斜率系数 β_2 测度了 Y 对 X 的弹性（elasticity），也就是给定 X 变化的百分数引起的 Y 变化的百分数。[①] 比如说，Y 代表对某一商品的需求量，X 代表其单位价格，则 β_2 度量了需求的价格弹性，这是一个颇具经济含义的参数。如果需求量与价格的关系如图 6-3（a）所示，则由图 6-3（b）显示的双对数变换将给出价格弹性的估计值。

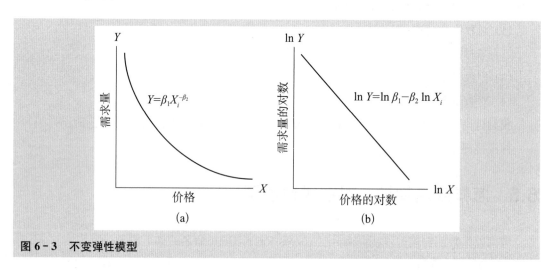

图 6-3　不变弹性模型

可以指出对数线性模型的两个特点。该模型假定 Y 与 X 之间的弹性系数 β_2 在整个研究范围内保持不变（为什么？），因此又名不变弹性模型（constant elasticity

---

　　[①] 用微积分符号，弹性系数被定义为 $(\mathrm{d}Y/Y)/(\mathrm{d}X/X) = [(\mathrm{d}Y/\mathrm{d}X)(X/Y)]$。熟悉微分学的读者容易看出，$\beta_2$ 确实是弹性系数。

　　一个技术性的注解：习惯于微分表达的读者将看到 $\mathrm{d}(\ln X)/\mathrm{d}X = 1/X$ 或 $\mathrm{d}(\ln X) = \mathrm{d}X/X$，即 $\ln X$ 的无穷小变化（注意微分算子 d）等于 X 的相对或比例变化。在实践中，对于 X 的较小变化，可将此关系式写成 $\ln X$ 的变化 $\doteq X$ 的相对变化，这里"$\doteq$"表示近似等于。因此，对于小的变化，有：

$$(\ln X_t - \ln X_{t-1}) \doteq (X_t - X_{t-1})/X_{t-1} = X \text{ 的相对变化}$$

顺便指出，读者应留意这些常常出现的名词：（1）绝对变化（absolute change）；（2）相对或比例变化（relative or proportional change）；（3）百分比变化（percentage change）或百分数增长率（percent growth rate）。比如 $(X_t - X_{t-1})$ 表示绝对变化，$(X_t - X_{t-1})/X_{t-1} = X_t/X_{t-1} - 1$ 为相对或比例变化，而 $[(X_t - X_{t-1})/X_{t-1}] \times 100$ 为百分比变化或百分数增长率。X_t 和 X_{t-1} 分别是变量 X 的现期和前期值。

model)。① 换言之，如图 6-3（b）所示，不管在 $\ln X$ 的哪一处测度弹性 β_2，$\ln X$ 每变化一个单位所引起的 $\ln Y$ 的变化都是一样的。该模型的另一个特点是，虽然 $\hat\alpha$ 和 $\hat\beta_2$ 是 α 和 β_2 的无偏估计量，（进入原始模型的参数）β_1 的估计值 $\hat\beta_1$（即 $\hat\alpha$ 的反对数）本身却是一个有偏误的估计量。② 然而在大多数实际问题中，截距项都居于次要地位，我们没有必要为得到一个无偏估计值而发愁。②

在双变量模型中，决定对数线性模型能否拟合好数据的最简单方法是描绘出 $\ln Y_i$ 对 $\ln X_i$ 的散点图，看看这些散点是否差不多落在一条如图 6-3（b）所示的那样的直线上。

例 6.3 耐用品支出与个人消费总支出之间的关系

表 6-3 给出了个人消费总支出（PCEXP）、耐用品支出（EXPDUR）、非耐用品支出（EXPNONDUR）和劳务支出（EXPSERVICES）方面的数据，均以 2000 年十亿美元按链式法则计算。③

表 6-3　　　　　　　个人消费总支出及其分类

（均以 2000 年十亿美元按链式法则计算，季度数据按季节调整折算）

年份与季度	EXPSERVICES	EXPDUR	EXPNONDUR	PCEXP
2003-I	4 143.3	971.4	2 072.5	7 184.9
2003-II	4 161.3	1 009.8	2 084.2	7 249.3
2003-III	4 190.7	1 049.6	2 123.0	7 352.9
2003-IV	4 220.2	1 051.4	2 132.5	7 394.3
2004-I	4 268.2	1 067.0	2 155.3	7 479.8
2004-II	4 308.4	1 071.4	2 164.3	7 534.4
2004-III	4 341.5	1 093.9	2 184.0	7 607.1
2004-IV	4 377.4	1 110.3	2 213.1	7 687.1
2005-I	4 395.3	1 116.8	2 241.5	7 739.4
2005-II	4 420.0	1 150.8	2 268.4	7 819.8
2005-III	4 454.5	1 175.9	2 287.6	7 895.3
2005-IV	4 476.7	1 137.9	2 309.6	7 910.2
2006-I	4 494.5	1 190.5	2 342.8	8 003.8
2006-II	4 535.4	1 190.3	2 351.1	8 055.0
2006-III	4 566.6	1 208.8	2 360.1	8 111.2

注：EXPSERVICES=劳务支出，以 2000 年十亿美元为单位。
EXPDUR=耐用品支出，以 2000 年十亿美元为单位。
EXPNONDUR=非耐用品支出，以 2000 年十亿美元为单位。
PCEXP=个人消费总支出，以 2000 年十亿美元为单位。

资料来源：Department of Commerce, Bureau of Economic Analysis. *Economic Report of the President*, 2007, Table B-17, p.347.

---

① 对于给定的价格百分比变化，不管价格的绝对水平是什么，一个不变弹性模型将给出一个不变的总收入变化。读者可将此结果同一个简单的线性需求函数 $Y_i = \beta_1 + \beta_2 X_i + u_i$ 所蕴含的弹性情形相比较。然而，简单的线性函数却给出了价格每单位变化导致的需求量的恒定变化量。再将此情形同价格改变 1 美元时对数线性模型所给出的变化相比较。

② 关于偏误的性质以及怎样对付这种偏误，参见 Arthur S. Goldberger, *Topics in Regression Analysis*, Macmillan, New York, 1978, p.120.

③ 耐用品包括机动车辆及其部件、家具和住房设施；非耐用品包括食物、衣物、汽油、石油、燃油和煤炭；劳务包括家务、交通和医疗等。

假设我们想求出耐用品支出对个人消费总支出的弹性。将耐用品支出的对数相对个人消费总支出的对数描点，你将看到二者之间存在线性关系。因此，双对数模型适用。回归结果如下：

$$\widehat{\ln EXPDUR_t} = -7.541\ 7 \quad + \quad 1.626\ 6\ln PCEXP_t$$

$$se = (0.716\ 1) \qquad\quad (0.080\ 0)$$

$$t = (-10.530\ 9)^* \quad (20.315\ 2)^* \qquad r^2 = 0.969\ 5 \tag{6.5.5}$$

其中 $*$ 表示 p 值极小。

这些结果表明，EXPDUR 对 PCEXP 的弹性约为 1.63，这就意味着，如果个人消费总支出提高 1‰，则耐用品支出平均提高约 1.63%。因此，耐用品支出对个人消费总支出的变化非常敏感。这正是耐用品生产厂商为什么总是对个人收入和个人消费支出保持警觉的原因之一。习题 6.18 要求读者对非耐用品做一个类似的练习。

6.6 半对数模型：对数–线性模型与线性–对数模型

怎样测量增长率：对数–线性模型

经济学家、企业人员与政府常常对于求出某些经济变量的增长率感兴趣，如人口、GNP、货币供给、就业、生产力、贸易赤字等。

假设我们想用表 6-3 中的数据求出劳务支出的增长率。令 Y_t 表示在 t 时期真实的劳务支出，Y_0 表示劳务支出的初始值。回忆你在经济学入门课程中学到的如下著名的复利公式：

$$Y_t = Y_0(1+r)^t \tag{6.6.1}$$

其中 r 是 Y 的复合增长率。取方程（6.6.1）的自然对数，得：

$$\ln Y_t = \ln Y_0 + t\ln(1+r) \tag{6.6.2}$$

现假设：

$$\beta_1 = \ln Y_0 \tag{6.6.3}$$

$$\beta_2 = \ln(1+r) \tag{6.6.4}$$

就可把方程（6.6.2）写为：

$$\ln Y_t = \beta_1 + \beta_2 t \tag{6.6.5}$$

在方程（6.6.5）中加入一个干扰项便得到[①]：

$$\ln Y_t = \beta_1 + \beta_2 t + u_t \tag{6.6.6}$$

此模型和任何其他线性模型一样，也是参数 β_1 和 β_2 的线性函数。唯一的区别在于回归子是 Y 的对数，而回归元是"时间"，取值为 1、2、3 等。

---

① 我们增加这个误差项是因为复利公式并不准确地成立，至于为什么要在对数变换之后才加进这个误差项，将在 6.8 节中加以解释。

像方程（6.6.6）那样的模型叫做半对数模型（semilog models），因为只有一个变量（在本例中为回归子）以对数形式出现。为了便于叙述，只是回归子取对数的模型叫做对数-线性模型（log-lin model）。稍后我们将考虑回归子是线性的而回归元取对数的另一种模型，即线性-对数模型（lin-log model）。在我们列出回归结果之前，先来检查模型（6.6.6）的一些性质。在此模型中，斜率系数度量了给定回归元（在本例中为时间变量 t）取值的绝对改变量时 Y 的恒定改变比例或相对改变量，也就是[1]：

$$\beta_2 = \frac{\text{回归子的相对改变量}}{\text{回归元的绝对改变量}} \tag{6.6.7}$$

如果将 Y 的相对改变量乘以 100，则方程（6.6.7）将给出相对于回归元 X 的绝对改变量的 Y 的百分比变化或增长率（growth rate），即 100 乘以 β_2 给出 Y 的增长率。100 乘以 β_2 在文献中被称为 Y 对 X 的半弹性（semielasticity）。（提问：要得到弹性，我们该怎么做？）[2]

例 6.4　劳务支出的增长率

为了说明增长模型（6.6.6），考虑表 6-3 中给出的劳务支出数据。对时间 t 的回归结果如下：

$$\widehat{\ln \text{EXS}_t} = 8.322\,6 \quad + \quad 0.007\,05t \tag{6.6.8}$$
$$\text{se} = (0.001\,6) \qquad (0.000\,18) \qquad r^2 = 0.991\,9$$
$$t = (5\,201.625)^* \quad (39.166\,7)^*$$

注：EXS 表示劳务支出，而 * 表示 p 值极小。

对方程（6.6.8）的解释是，在 2003 年第一季度到 2006 年第三季度期间，劳务支出以（每季度）0.705% 的速度增加。粗略地讲，这等于 2.82% 的年增长率。图 6-4 勾勒了方程（6.6.8）中得到的回归线。

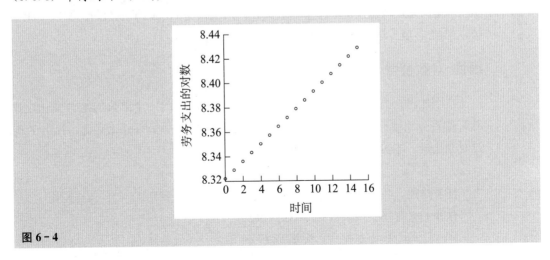

图 6-4

---

[1]　由微分学可以推出 $\beta_2 = d(\ln Y)/dX = (1/Y)(dY/dX) = (dY/Y)/dX$，而这就是方程（6.6.7）。对于 Y 和 X 的微小变化，这个关系式可近似地写为 $\dfrac{(Y_t - Y_{t-1})/Y_{t-1}}{X_t - X_{t-1}}$。注意其中 $X = t$。

[2]　至于各种增长表达式，参见附录 6A 的 6A.4 节。

瞬时与复合增长率。增长模型（6.6.6）中趋势变量的系数 β_2 给出了瞬时（instantaneous）（指一个时点）增长率而不是复合（compound）（指一个时期）增长率，然而后者很容易由方程（6.6.4）求出：只需取 β_2 估计值的反对数，再从中减去 1，然后用 100 乘以这个差值即可。于是，对于我们的说明性例子，估计的斜率系数为 0.007 05，因此 $[\text{antilog}(0.007\ 05)-1]=0.007\ 08$ 或 0.708%。因此，在说明性例子中，劳务支出的复合增长率约为每季度 0.708%，略高于 0.705% 的瞬时增长率。这当然是由复合效应所致。

线性趋势模型。有时研究者不去估计模型（6.6.6），而代之以如下模型：

$$Y_t = \beta_1 + \beta_2 t + u_t \tag{6.6.9}$$

即不做 $\ln Y$ 对时间的回归，而是做 Y 对时间的回归。这样的模型叫做线性趋势模型（linear trend model），并且把时间变量 t 称为趋势变量。趋势的意思是一个变量的行为中的一种持续上升或下降运动。如果方程（6.6.9）中的斜率系数是正的，则 Y 中存在上升趋势（upward trend）；反之，如果它是负的，则 Y 中存在下降趋势（downward trend）。

对于我们前面考虑的劳务支出数据，拟合线性趋势模型（6.6.9）的结果如下：

$$\widehat{\text{EXS}}_t = 4\ 111.545 \quad + \quad 30.674t$$
$$t = (655.562\ 8) \quad\quad (44.467\ 1) \quad r^2 = 0.993\ 5 \tag{6.6.10}$$

对照方程（6.6.8），对方程（6.6.10）的解释如下：在 2003 年第一季度至 2006 年第三季度期间，劳务支出以每季度约 300 亿美元的绝对速度（注意不是相对速度）增加，即劳务支出有上涨的趋势。

增长模型（6.6.8）与线性趋势模型（6.6.10）之间的取舍有赖于人们对实际 GDP 的相对或绝对变化的兴趣。尽管对许多研究目的来说，相对变化是更为重要的。顺便提请注意，因为（6.6.8）和（6.6.10）两个模型的回归子不相同，所以不能比较它们的 r^2 值。第 7 章将说明该如何比较它们的 r^2 值。

线性-对数模型

在刚才讨论的增长模型中，我们感兴趣的是对 X 的一个单位的绝对变化，找出 Y 的百分比增长率。但现在我们感兴趣的是对 X 的一个百分比变化，找出 Y 的绝对变化量。能实现这一目的的模型可写为：

$$Y_i = \beta_1 + \beta_2 \ln X_i + u_i \tag{6.6.11}$$

为了便于描述，我们把这个模型叫做线性-对数模型。

让我们来解释斜率系数 β_2。① 如同平常，

$$\beta_2 = \frac{Y\ 的变化}{\ln X\ 的变化} = \frac{Y\ 的变化}{X\ 的相对变化}$$

上面第二步是因为一个数字的对数变化就是它的相对变化。

---

① 仍然利用微分学，我们得到 $\mathrm{d}Y/\mathrm{d}X = \beta_2(1/X)$，因此，$\beta_2 = \mathrm{d}Y/(\mathrm{d}X/X) = $ （6.6.12）。

用符号表示，我们有：

$$\beta_2 = \frac{\Delta Y}{\Delta X / X} \tag{6.6.12}$$

其中，Δ 照例表示一个微小的变化。方程（6.6.12）又可等价地写为：

$$\Delta Y = \beta_2 (\Delta X / X) \tag{6.6.13}$$

这个方程说明，Y 的绝对变化（ΔY）等于 β_2 乘以 X 的相对变化。如果后者乘以 100，则方程（6.6.13）给出了 X 变化 1% 时 Y 的绝对变化。例如，$\Delta X / X$ 改变 0.01 单位（或 1%）时，Y 的绝对变化是 $0.01\beta_2$。如果人们在某一应用中求得 $\beta_2 = 500$，那么 Y 的绝对变化就是 $0.01 \times 500 = 5.0$。因此，当人们用 OLS 来估计类似于方程（6.6.11）的回归时，要将斜率系数 β_2 的估计值乘以 0.01，或者除以 100 也是一样的。如果不牢记这一点，你在应用中的解释将具有高度的误导性。

实际的问题是，像方程（6.6.11）这样的一个线性-对数模型什么时候有用？一个有趣的应用在于所谓的恩格尔支出（Engel expenditure）模型——以德国统计学家恩斯特·恩格尔（Ernst Engel，1821—1896）的名字命名。（见习题 6.10。）恩格尔写道："用于食物的总支出以算术级数增加，而总支出以几何级数增加。"[1]

例 6.5

作为对线性-对数模型的一个说明，回顾有关印度食物支出的例 3.2。我们在那里拟合了一个对变量线性的模型作为初步近似。但若描点，则得到图 6-5 中的散点图。如此图所示，食物支出比总支出增加得更缓慢，这可能印证了恩格尔法则。对数据拟合线性-对数模型的结果如下：

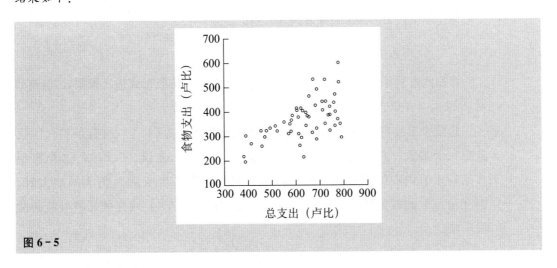

图 6-5

---

[1]　Chandan Mukherjee, Howard White, and Marc Wuyts, *Econometrics and Data Analysis for Developing Countries*, Routledge, London, 1998, p. 158; H. Working, "Statistical Laws of Family Expenditure," *Journal of the American Statistical Association*, vol. 38, 1943, pp. 43-56.

$$\widehat{\text{FoodExp}}_i = -1\,283.912 + 257.270\,0 \ln \text{TotalExp}_i \qquad (6.6.14)$$

$$t = (-4.384\,8)^* \quad (5.662\,5)^* \qquad r^2 = 0.376\,9$$

注：* 号表示 p 值极小。

按前面描述的方法来解释，约等于 257 的斜率系数意味着总支出每提高 1%，导致样本中包含的 55 个农户的食物支出平均增加约 2.57 卢比。（注：我们已将估计系数除以 100。）

在进一步说明之前，注意，如果你想计算对数-线性模型或线性-对数模型的弹性系数，你可以通过前面给出的弹性定义来计算，即

$$弹性 = \frac{\mathrm{d}Y}{\mathrm{d}X} \cdot \frac{X}{Y}$$

事实上，一旦一个模型的函数形式已知，就能利用上述定义来计算弹性。（表 6-6 对各种模型总结了弹性系数的计算方法。）

或许应该指出，对数变换有时被用来解决异方差性和偏态问题。（见第 11 章。）许多经济变量的一个共同特征就是它们是正偏的〔比如企业的规模分布或收入（财富）的分布〕。对这种变量进行对数变换就能够降低偏斜程度和减弱异方差性。这正是劳动经济学家在平均小时工资对受教育程度（用受教育年限度量）的回归中将平均小时工资取对数的原因。

6.7 倒数模型

属于以下类型的模型均称为倒数模型：

$$Y_i = \beta_1 + \beta_2 \left(\frac{1}{X_i}\right) + u_i \qquad (6.7.1)$$

虽然此模型对变量 X 而言是非线性的（因为它以倒数形式进入模型），但模型对 β_1 和 β_2 而言却是线性的，因此它是一个线性回归模型。[1]

此模型有这样一些特点：随着 X 无限地增大，$\beta_2(1/X)$ 项趋于零（注意 β_2 是一个常数）而 Y 趋于极限或渐近值 β_1。因此，方程（6.7.1）这类模型在结构上有内在的渐近线（asymptote）或极限值。当变量 X 值无限增大时，因变量将取此极限值。[2] 图 6-6 给出了与方程（6.7.1）对应的几种可能的曲线形状。

---

[1] 若令 $X_i^* = (1/X_i)$，则方程（6.7.1）既是参数又是变量 Y 和 X^* 的线性函数。

[2] 方程（6.7.1）的斜率是 $\mathrm{d}Y/\mathrm{d}X = -\beta_2(1/X^2)$，其含义是，如果 β_2 是正的，则斜率就一直是负的，而如果 β_2 是负的，则斜率就总是正的，分别见图 6-6（a）和图 6-6（c）。

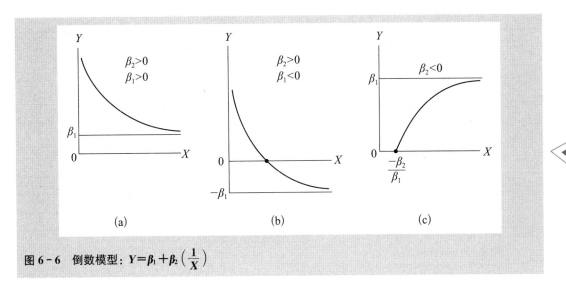

图 6 - 6 倒数模型: $Y = \beta_1 + \beta_2 \left(\dfrac{1}{X} \right)$

例 6.6

作为对图 6 - 6(a)的一个说明,考虑表 6 - 4 中给出的数据。这是 64 个国家的儿童死亡率(CM)及其他变量数据。目前主要考虑儿童死亡率和人均 GNP 这两个变量,并在图 6 - 7 中描出相应的点。

表 6 - 4　　　　　　　　　　　64 个国家的儿童死亡率及其他变量数据

观测	CM	FLR	PGNP	TFR	观测	CM	FLR	PGNP	TFR
1	128	37	1 870	6.66	23	126	58	560	6.16
2	204	22	130	6.15	24	12	81	4 240	1.80
3	202	16	310	7.00	25	167	29	240	4.75
4	197	65	570	6.25	26	135	65	430	4.10
5	96	76	2 050	3.81	27	107	87	3 020	6.66
6	209	26	200	6.44	28	72	63	1 420	7.28
7	170	45	670	6.19	29	128	49	420	8.12
8	240	29	300	5.89	30	27	63	19 830	5.23
9	241	11	120	5.89	31	152	84	420	5.79
10	55	55	290	2.36	32	224	23	530	6.50
11	75	87	1 180	3.93	33	142	50	8 640	7.17
12	129	55	900	5.99	34	104	62	350	6.60
13	24	93	1 730	3.50	35	287	31	230	7.00
14	165	31	1 150	7.41	36	41	66	1 620	3.91
15	94	77	1 160	4.21	37	312	11	190	6.70
16	96	80	1 270	5.00	38	77	88	2 090	4.20
17	148	30	580	5.27	39	142	22	900	5.43
18	98	69	660	5.21	40	262	22	230	6.50
19	161	43	420	6.50	41	215	12	140	6.25
20	118	47	1 080	6.12	42	246	9	330	7.10
21	269	17	290	6.19	43	191	31	1 010	7.10
22	189	35	270	5.05	44	182	19	300	7.00

续表

观测	CM	FLR	PGNP	TFR	观测	CM	FLR	PGNP	TFR
45	37	88	1 730	3.46	55	79	43	1 340	7.17
46	103	35	780	5.66	56	61	88	670	3.52
47	67	85	1 300	4.82	57	168	28	410	6.09
48	143	78	930	5.00	58	28	95	4 370	2.86
49	83	85	690	4.74	59	121	41	1 310	4.88
50	223	33	200	8.49	60	115	62	1 470	3.89
51	240	19	450	6.50	61	186	45	300	6.90
52	312	21	280	6.50	62	47	85	3 630	4.10
53	12	79	4 430	1.69	63	178	45	220	6.09
54	52	83	270	3.25	64	142	67	560	7.20

注：CM＝儿童死亡率，即每千名儿童中每年不足 5 岁便死亡的儿童人数。

FLR＝妇女识字率，%。

PGNP＝1980 年的人均 GNP，美元。

TFR＝1980—1985 年的总生育率，即一位妇女平均生育的子女数，使用特定年份的特定年龄的生育率表示。

资料来源：Chandan Mukherjee，Howard White，and Marc Wuyts，*Econometrics and Data Analysis for Developing Countries*，Routledge，London，1998，p. 456.

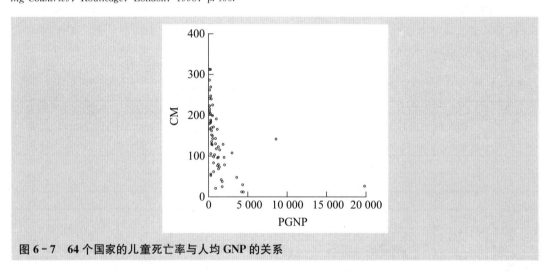

图 6-7 64 个国家的儿童死亡率与人均 GNP 的关系

如你所见，此图与图 6-6（a）相似：假定所有其他变量保持不变，随着人均 GNP 的提高，预计儿童死亡率会因人们能承担更多的健康医疗费用而下降。但这种关系不是一条直线：随着人均 GNP 的增加，CM 首先有明显下降，但随着人均 GNP 继续增加，CM 的下降趋势逐渐减弱。

如果我们试图拟合倒数模型，将得到如下回归结果：

$$\widehat{CM}_i = 81.794\ 36 + 27\ 237.17\ (1/PGNP_i)$$

$$se = (10.832\ 1)\ (3\ 759.999) \tag{6.7.2}$$

$$t = (7.551\ 1)\ (7.253\ 5)\quad r^2 = 0.459\ 0$$

随着人均 GNP 无限增加，儿童死亡率趋近其渐近值，每千人中死亡 82 人。（$1/PGNP_i$）的正系数意味着 CM 随着 PGNP 负向变化。

图 6-6（b）的重要应用之一是宏观经济学中著名的菲利普斯曲线。根据 1861—1957 年英国货币工资的百分比变化（Y）和失业率（X）数据，菲利普斯得到一条在一般形状上类似于图 6-6（b）的曲线（见图 6-8）。[1]

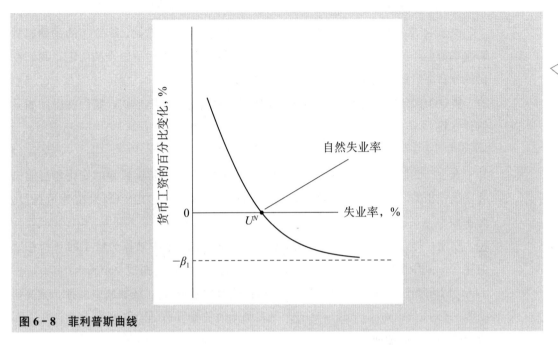

图 6-8 菲利普斯曲线

图 6-8 表明在工资对失业率水平的反应中存在不对称性：当失业率低于经济学家所称的自然失业率［被定义为保持（工资）通货膨胀率不变所需的失业率］U^N 时，由失业率的单位变化引起的工资变化要快于当失业率高于自然失业率水平时由失业率的同样变化引起的工资变化。$-\beta_1$ 表示工资变化的渐近下限。菲利普斯曲线的这一具体特征可能缘于工会的讨价还价能力、最低工资规定和失业补贴等制度因素。

自从菲利普斯的论文发表以来，从理论和经验上对菲利普斯曲线的研究十分广泛。本书篇幅有限，不容许我们详细介绍围绕着菲利普斯曲线而展开的争辩。菲利普斯曲线本身也几经演变。一个相对近期的表述由奥利维尔·布兰查德（Olivier Blanchard）提供。[2] 如果我们令 π_t 表示 t 时期的通货膨胀率，其定义是价格水平（由一个有代表性的价格来度量，如消费者价格指数）的百分比变化，令 UN_t 表示 t 时期的失业率，那么现代版本的菲利普斯曲线可表示为如下格式：

$$\pi_t - \pi_t^e = \beta_2 (UN_t - U^N) + u_t \tag{6.7.3}$$

其中 π_t＝第 t 年的实际通货膨胀率；

① A. W. Phillips, "The Relationship between Unemployment and the Rate of Change of Money Wages in the United Kingdom，1861—1957"，*Economica*，November 1958，vol. 15，pp. 283 - 299. 注意，原始曲线并没有穿过失业率轴，图 6-8 代表菲利普斯曲线的后来版本。

② 参见 Olivier Blanchard，*Macroeconomics*，Prentice Hall，Englewood Cliffs，NJ，1997，Chap. 17。

$\pi_t^e=$在第 $t-1$ 年对第 t 年通货膨胀率的预期；

$UN_t=$第 t 年的实际失业率；

$U^N=$第 t 年的自然失业率；

$u_t=$随机误差项。[①]

由于 π_t^e 不能直接观测，所以可以从简化假定 $\pi_t^e=\pi_{t-1}$ 开始，即今年的预期通货膨胀率为去年的通货膨胀率；当然，在形成预期时也可以做更复杂的假定，我们在讨论分布滞后模型的第 19 章中讨论这个问题。

将这个假定代入方程（6.7.3），并将回归模型写成标准形式，我们就得到如下估计方程：

$$\pi_t-\pi_{t-1}=\beta_1+\beta_2 UN_t+u_t \tag{6.7.4}$$

其中 $\beta_1=-\beta_2 U^N$。方程（6.7.4）说明，两个时期之间通货膨胀率的变化与当前失业率线性相关。根据经验，预计 β_2 为负（为什么？），而 β_1 为正（因为 β_2 为负且 U^N 为正）。

顺便一提，方程（6.7.3）中的菲利普斯曲线在文献中被称为修正的菲利普斯曲线（modified Phillips curve），或附加预期的菲利普斯曲线（expectations-augmented Phillips curve）（意味着 π_{t-1} 表示预期通货膨胀率），或加速主义者菲利普斯曲线（accelerationist Phillips curve）（表明低失业率导致通货膨胀率上升，并因而成为价格水平的加速器）。

例 6.7

作为对修正的菲利普斯曲线的一个说明，我们在表 6-5 中给出了 1960—2006 年美国通货膨胀率和失业率数据，其中通货膨胀率由 CPI 的年百分比变化来度量，失业率指城镇失业率。我们由这些数据可以得到通货膨胀率的变化（$\pi_t-\pi_{t-1}$），并相对城市失业率描点（见图 6-9）；我们用 CPI 计算通货膨胀率。

恰如所料，通货膨胀率的变化和失业率之间存在负向关系，低失业率导致通货膨胀率上升，并因此使价格水平加速上升，加速主义者菲利普斯曲线由此得名。

表 6-5   1960—2006 年美国通货膨胀率与失业率

（对所有城市消费者；除非特别指出，否则令 1982—1984 年=100）

观测	通货膨胀率	失业率	观测	通货膨胀率	失业率
1960	1.718	5.5	1965	1.613	4.5
1961	1.014	6.7	1966	2.857	3.8
1962	1.003	5.5	1967	3.086	3.8
1963	1.325	5.7	1968	4.192	3.6
1964	1.307	5.2	1969	5.460	3.5

---

① 经济学家相信这个误差项代表某种供给冲击，如石油输出国组织（OPEC）1973 年和 1979 年的石油禁运。

续表

观测	通货膨胀率	失业率	观测	通货膨胀率	失业率
1970	5.722	4.9	1989	4.818	5.3
1971	4.381	5.9	1990	5.403	5.6
1972	3.210	5.6	1991	4.208	6.8
1973	6.220	4.9	1992	3.010	7.5
1974	11.036	5.6	1993	2.994	6.9
1975	9.128	8.5	1994	2.561	6.1
1976	5.762	7.7	1995	2.834	5.6
1977	6.503	7.1	1996	2.953	5.4
1978	7.591	6.1	1997	2.294	4.9
1979	11.350	5.8	1998	1.558	4.5
1980	13.499	7.1	1999	2.209	4.2
1981	10.316	7.6	2000	3.361	4.0
1982	6.161	9.7	2001	2.846	4.7
1983	3.212	9.6	2002	1.581	5.8
1984	4.317	7.5	2003	2.279	6.0
1985	3.561	7.2	2004	2.663	5.5
1986	1.859	7.0	2005	3.388	5.1
1987	3.650	6.2	2006	3.226	4.6
1988	4.137	5.5			

注：通货膨胀率为 CPI 的年百分比变化。失业率为城镇失业率。

资料来源：*Economic Report of the President*，*2007*，CPI 变动数据见 Table B-60，p. 399，失业率数据见 Table B-42，p. 376。

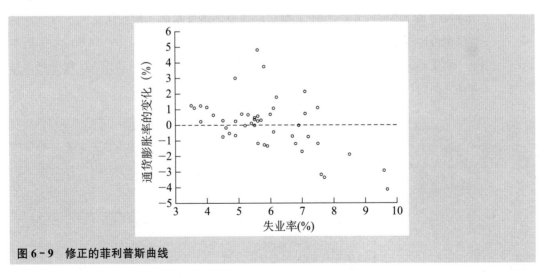

图 6-9　修正的菲利普斯曲线

从图 6-9 来看，对于模型应是一个线性（直线）回归模型还是一个倒数模型，拟合数据的表现并不明显；这两个变量之间也可能存在曲线关系。我们基于这两个模型给出如下回归。但记住，倒数模型的截距项预计为负，斜率为正。

线性回归模型：

$$\widehat{(\pi_t - \pi_{t-1})} = 3.784\,4 - 0.638\,5\mathrm{UN}_t$$

$$t = (4.191\,2)\ (-4.275\,6) \quad r^2 = 0.293\,5 \tag{6.7.5}$$

倒数模型：

$$\widehat{(\pi_t - \pi_{t-1})} = -3.068\,4 + 17.207\,7\left(\frac{1}{\mathrm{UN}_t}\right)$$

$$t = (-3.163\,5)\ (3.288\,6) \quad r^2 = 0.197\,3 \tag{6.7.6}$$

这两个模型的所有估计系数都是个别统计显著的，所有的 p 值都低于 0.005 的水平。

模型 (6.7.5) 表明，若失业率下降 1 个百分点，则通货膨胀率平均上升约 0.64 个百分点，反之亦然。模型 (6.7.6) 表明，即便失业率无限增加，通货膨胀率的最大变化也就是下降约 3.07 个百分点。顺便提一句，我们从方程 (6.7.5) 可以计算出其背后的自然失业率为

$$U^N = \frac{\hat{\beta}_1}{-\hat{\beta}_2} = \frac{3.784\,4}{0.638\,5} = 5.927\,0 \tag{6.7.7}$$

即自然失业率约为 5.93%。经济学家认为自然失业率介于 5% 与 6% 之间，尽管美国的实际失业率常低于这个数字。

对数双曲线或对数倒数模型

通过考虑对数倒数模型

$$\ln Y_i = \beta_1 - \beta_2\left(\frac{1}{X_i}\right) + u_i \tag{6.7.8}$$

我们结束对倒数模型的讨论。其形状如图 6-10 所示。如此图所示，Y 首先以递增的速度增加（即曲线先是凸的），然后以递减的速度增加（即曲线变成凹的）。[1] 这类模型可能因此适合于短期生产函数模型。回想在微观经济学中，如果劳动和资本是一个生产函数的投入，而且我们保持资本投入不变但增加劳动投入，那么产出与劳动之间的短期关系就类似图 6-10。（见第 7 章例 7.3。）

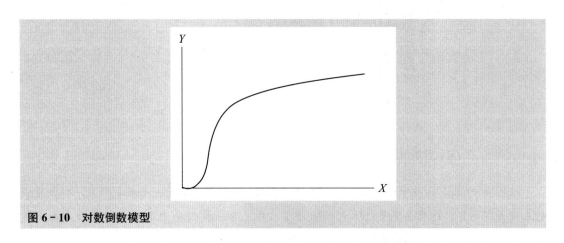

图 6-10　对数倒数模型

---

[1] 由微分学可以得到 $\dfrac{\mathrm{d}}{\mathrm{d}X}(\ln Y) = -\beta_2\left(-\dfrac{1}{X^2}\right) = \beta_2\left(\dfrac{1}{X^2}\right)$，但是 $\dfrac{\mathrm{d}}{\mathrm{d}X}(\ln Y) = \dfrac{1}{Y}\dfrac{\mathrm{d}Y}{\mathrm{d}X}$，替换后得到 $\dfrac{\mathrm{d}Y}{\mathrm{d}X} = \beta_2\dfrac{Y}{X^2}$，这就是 Y 对 X 回归的斜率。

6.8　函数形式的选择

我们在本章讨论了经验模型可以利用的几种函数形式（它们都是参数的线性回归模型）。在双变量情形中，因为通过对变量描点就能基本知道哪个模型合适，所以特定函数形式的选择就相对容易。当我们考虑涉及不止一个回归元的多元回归模型时，这种选择将困难得多，我们在之后的两章中讨论这个问题时将会认识到这一点。不可否认，在对经验估计选择适当模型时，需要大量的技巧和经验，但仍有一些指导原则可以参考：

（1）模型背后的理论（如菲利普斯曲线）可能给出了一个特定的函数形式。

（2）最好能求出回归子相对回归元的变化率（即斜率）和回归子对回归元的弹性。我们在表 6-6 中针对本章考虑的各种模型列出了其斜率和弹性系数的公式。了解这些公式将有助于我们比较各种不同的模型。

表 6-6

模型	方程	斜率 $\left(=\dfrac{\mathrm{d}Y}{\mathrm{d}X}\right)$	弹性系数 $\left(=\dfrac{\mathrm{d}Y}{\mathrm{d}X}\cdot\dfrac{X}{Y}\right)$
线性	$Y=\beta_1+\beta_2 X$	β_2	$\beta_2\left(\dfrac{X}{Y}\right)^*$
对数-对数	$\ln Y=\beta_1+\beta_2\ln X$	$\beta_2\left(\dfrac{Y}{X}\right)$	β_2
对数-线性	$\ln Y=\beta_1+\beta_2 X$	$\beta_2(Y)$	$\beta_2(X)^*$
线性-对数	$Y=\beta_1+\beta_2\ln X$	$\beta_2\left(\dfrac{1}{X}\right)$	$\beta_2\left(\dfrac{1}{Y}\right)^*$
倒数	$Y=\beta_1+\beta_2\left(\dfrac{1}{X}\right)$	$-\beta_2\left(\dfrac{1}{X^2}\right)$	$-\beta_2\left(\dfrac{1}{XY}\right)^*$
对数倒数	$\ln Y=\beta_1-\beta_2\left(\dfrac{1}{X}\right)$	$\beta_2\left(\dfrac{Y}{X^2}\right)$	$\beta_2\left(\dfrac{1}{X}\right)^*$

注：* 表示弹性系数是可变的，它依赖于 X 或 Y 或二者的取值。在 X 和 Y 未给定时，实践中常常在均值 $\bar{X}$ 和 $\bar{Y}$ 处测度这些弹性。

（3）所选模型的系数应该满足一定的先验预期。比如，如果我们考虑对汽车的需求是价格和其他变量的函数，那么我们应该预期价格变量的系数为负。

（4）有时不止一个模型能相当不错地拟合一个给定的数据集。在修正的菲利普斯曲线中，我们对同样的数据拟合了一个线性回归模型和一个倒数模型。在这两种情况下，系数都与先验预期相一致，也都是统计显著的。一个重要的区别在于，线性回归模型的 r^2 值比倒数模型的 r^2 值大。因此人们略微倾向于使用线性回归模型。但一定要注意，在比较两个 r^2 值时，两个模型的因变量或回归子必须相同；回归元则可以采取任何形式。我们在下一章将解释其原因。

（5）通常不应该过分强调 r^2 这个指标，也就是说，并非模型的 r^2 值越大越好。

如我们在下一章中将讨论的那样，当我们在模型中添加更多的回归元时，r^2 会不断地提高。更重要的地方在于所选模型的理论基础、估计系数的符号及其统计显著性。如果一个模型从这些准则来看不错，那么较低的 r^2 值也是完全可以接受的。我们将在第 13 章更深入地讨论这个重要问题。

（6）在有些情形中，确定一个特定的函数形式不是那么容易，此时，我们或许可以使用所谓的博克斯-考克斯变换（Box-Cox transformations）。因为这个专题相当技术化，所以我们在附录 6A 的 6A.5 节中予以讨论。

6.9 关于随机误差项性质的一个注记：加式与乘式随机误差项

考虑如下回归模型

$$Y_i = \beta_1 X_i^{\beta_2} \tag{6.9.1}$$

这是一个与方程（6.5.1）相似但没有误差项的模型。为便于估计，可把此模型表达成三种不同的形式：

$$Y_i = \beta_1 X_i^{\beta_2} u_i \tag{6.9.2}$$

$$Y_i = \beta_1 X_i^{\beta_2} e^{u_i} \tag{6.9.3}$$

$$Y_i = \beta_1 X_i^{\beta_2} + u_i \tag{6.9.4}$$

对这些方程两边取对数得：

$$\ln Y_i = \alpha + \beta_2 \ln X_i + \ln u_i \tag{6.9.2a}$$

$$\ln Y_i = \alpha + \beta_2 \ln X_i + u_i \tag{6.9.3a}$$

$$\ln Y_i = \ln(\beta_1 X_i^{\beta_2} + u_i) \tag{6.9.4a}$$

其中 $\alpha = \ln \beta_1$。

像方程（6.9.2）这样的模型是本质上对参数而言线性的回归模型，因为通过适当的（对数）变换即可将该模型变成参数 α 和 β_2 的线性函数。（注：这些模型对 β_1 而言是非线性的。）但模型（6.9.4）在本质上对参数而言是非线性的。因为 $\ln(A + B) \neq \ln A + \ln B$，所以没有对方程（6.9.4）取对数的简单方法。

虽然方程（6.9.2）和（6.9.3）同是线性回归模型，并且都可用 OLS 或 ML 加以估计，但我们必须注意进入模型的随机误差项的性质。记得 OLS 的 BLUE 性质要求 u_i 有零均值、恒定方差和无自相关特点。对于假设检验，我们还假定 u_i 是正态分布的，并有方才所说的均值和方差。简言之，我们假定 $u_i \sim N(0, \sigma^2)$。

现在来考虑模型（6.9.2）及其统计上的对应方程（6.9.2a）。为了利用经典正态线性回归模型，我们必须假定：

$$\ln u_i \sim N(0, \sigma^2) \tag{6.9.5}$$

因此，当我们做回归（6.9.2a）时，必须把第 5 章讨论的正态性检验应用到从这个回归得到的残差中。顺便指出，如果服从零均值和恒定方差的正态分布，则统计学理论证明方程（6.9.2）中的 u_i 必然服从均值为 $e^{\sigma^2/2}$ 且方差为 $e^{\sigma^2} \cdot (e^{\sigma^2} - 1)$ 的对数正态分布（log-normal distribution）。

上述分析表明，为了进行回归分析，我们必须十分留意变换一个模型时的误差项。至于方程（6.9.4），这个本质上对参数而言非线性的回归模型，还必须用某种计算机迭代程序来求解。模型（6.9.3）理应没有什么估计上的问题。

总之，当你为回归分析而变换一个模型时，要非常注意干扰项，否则对变换后的模型盲目地应用 OLS 将不会得到一个统计性质优良的模型。

要点与结论

本章介绍了经典线性回归模型中的若干更为细致的问题。

1. 有时一个回归模型并不明显包含截距项。这样的模型被称为过原点回归。虽然估计这种模型的代数方法很简单，但应小心使用这种模型。对于这种模型，残差和 $\sum \hat{u}_i$ 是非零的；此外，通常计算的 r^2 不一定有意义。除非有很强的理论原因，否则还是在模型中明显地引入一个截距项为好。

2. 因为单位和尺度是回归系数赖以解释的关键，所以用什么单位和尺度来表达回归子和回归元是很重要的。在经验研究中，研究者不仅要注明数据的来源，还要声明变量是怎样测量的。

3. 同样重要的是回归子与回归元之间的函数关系式。本章讨论的一些重要的函数形式是：（a）对数线性或不变弹性模型；（b）半对数模型；（c）倒数模型。

4. 在对数线性模型中，回归子和回归元都用对数形式来表达。附着于对数回归元的回归系数被解释为回归子对回归元的弹性。

5. 在半对数模型中，或者是回归子或者是回归元以对数形式出现。在回归子为对数形式且回归元为时间的半对数模型中，所估计的斜率系数（乘以 100）度量着回归子的（瞬时）增长率。这样的模型常被用来度量许多经济现象的增长率。在半对数模型中，如果回归元是对数形式，它的系数就测出回归元取值的给定百分比变化所引起的回归子的绝对变化率。

6. 在倒数模型中，或者将回归子或者将回归元表达为倒数或反比形式，以刻画经济变量之间的非线性关系，如同著名的菲利普斯曲线那样。

7. 在选择各种函数形式时，须对随机干扰项 u_i 给予高度关注。如在第 5 章中所指出的那样，CLRM 明确地假定了干扰项有零均值和恒定方差（同方差性）特点，并且它与回归元不相关。在这种假定下 OLS 估计量才是 BLUE。此外，在 CNLRM 下，OLS 估计量还是正态分布的。因此，在选择函数形式进行实证分析时，需要查一下这些假定是否成立。在算完一个回归之后，还应做诊断性检验，如第 5 章中讨论的正态性检验。这一点再三强调也不为过，因为经典的假设检验，诸

如 t 检验、F 检验和 χ^2 检验都是以干扰项的正态分布为依据的。这对小样本情形尤为重要。

8. 虽然直到现在为止的讨论都限于双变量回归模型，但是随后各章将表明，在许多情况下，把我们的讨论推广到多元回归模型上也不过涉及更多的代数，而无须引进更多的基本概念。这说明读者牢牢掌握双变量回归模型是非常重要的。

习　题

6.1 考虑回归模型：

$$y_i = \beta_1 + \beta_2 x_i + u_i$$

其中 $y_i = (Y_i - \bar{Y})$，$x_i = (X_i - \bar{X})$。这时回归线必定经过原点。该观点正确还是错误？给出你的计算。

6.2 根据 1978 年 1 月至 1987 年 12 月每月数据获得以下回归结果：

$$\hat{Y}_t = 0.006\,81 + 0.758\,15X_t$$
$$se = (0.025\,96)\ (0.270\,09)$$
$$t = (0.262\,29)\ (2.807\,00)$$
$$p\ \text{值} = (0.798\,4)\ (0.018\,6)\quad r^2 = 0.440\,6$$
$$\hat{Y}_t = 0.762\,14X_t$$
$$se = (0.265\,799)$$
$$t = (2.954\,08)$$
$$p\ \text{值} = (0.013\,1)\quad r^2 = 0.436\,84$$

其中 $Y =$ 德士古（Texaco）普通股的月回报率（%），$X =$ 市场回报率（%）。[①]

a. 这两个回归模型有什么区别？

b. 给定上述结果，你会在第一个模型中保留截距项吗？为什么？

c. 你怎样解释这两个模型的斜率系数？

d. 两个模型所依据的理论是什么？

e. 你能不能比较两个模型的 r^2 值？为什么？

f. 在此问题中第一个模型的雅克-贝拉正态性检验统计量是 1.116 7，而第二个模型的是 1.117 0。你能从这些统计量中得出什么结论？

g. 在零截距的模型中斜率系数的 t 值约为 2.95，而在有截距的模型中则约为 2.81。你能对这一结果做出合理的解释吗？

6.3 考虑如下回归模型：

$$\frac{1}{Y_i} = \beta_1 + \beta_2 \left(\frac{1}{X_i}\right) + u_i$$

注：Y 和 X 都不为零。

a. 这是一个线性回归模型吗？

b. 你怎样估计这个模型？

c. 随着 x 趋于无穷大，y 有怎样的行为？

d. 你能给出该模型可能适用的一个例子吗？

6.4 考虑对数线性模型

$$\ln Y_i = \beta_1 + \beta_2 \ln X_i + u_i$$

把 Y 画在纵轴上，并把 X 画在横轴上。分别描绘出 $\beta_2 = 1$，$\beta_2 > 1$ 和 $\beta_2 < 1$ 时表现 Y 与 X 之间关系的曲线。

6.5 考虑下列模型：

模型 Ⅰ：$Y_i = \beta_1 + \beta_2 X_i + u_i$

模型 Ⅱ：$Y_i^* = \alpha_1 + \alpha_2 X_i^* + u_i$

其中 Y^* 和 X^* 是标准化变量。试说明 $\hat{\alpha}_2 = \hat{\beta}_2 (S_x / S_y)$ 并证明如下命题：虽然回归的斜率系数与原点的变化无关，但与尺度的变化有关。

6.6 考虑下列模型：

$$\ln Y_i^* = \alpha_1 + \alpha_2 \ln X_i^* + u_i^*$$
$$\ln Y_i = \beta_1 + \beta_2 \ln X_i + u_i$$

其中 $Y_i^* = \omega_1 Y_i$，$X_i^* = \omega_2 X_i$，这里 ω 是常数。

a. 构造这两组回归系数与其标准误之间的

---

① 所用数据得自如下教材：Ernst R. Berndt, *The Practice of Econometrics: Classic and Contemporary*, Addison-Wesley, Reading, Mass., 1991。

关系。

b. 两个模型的 r^2 有所不同吗？

6.7　在回归（6.6.8）和（6.6.10）之间，你觉得哪个模型好？为什么？

6.8　对回归（6.6.8）检验假设：斜率系数与 0.005 无显著差异。

6.9　能否从方程（6.7.3）所给的菲利普斯曲线估计出自然失业率？如何估计？

6.10　恩格尔支出曲线把一个消费者在某一商品上的支出同他的总收入联系起来。令 $Y=$ 对某一商品的消费支出，$X=$ 消费者收入，考虑下列模型：

$$Y_i = \beta_1 + \beta_2 X_i + u_i$$
$$Y_i = \beta_1 + \beta_2 \left(\frac{1}{X_i}\right) + u_i$$
$$\ln Y_i = \ln \beta_1 + \beta_2 \ln X_i + u_i$$
$$\ln Y_i = \ln \beta_1 + \beta_2 (1/X_i) + u_i$$
$$Y_i = \beta_1 + \beta_2 \ln X_i + u_i$$

你会选择哪个（些）模型作为恩格尔支出曲线，为什么？（提示：解释各种斜率系数，求出支出的收入弹性，等等。）

6.11　考虑如下模型

$$Y_i = \frac{e^{\beta_1 + \beta_2 X_i}}{1 + e^{\beta_1 + \beta_2 X_i}}$$

它表示一个线性回归模型吗？若否，你能用什么"技巧"使它成为一个线性回归模型？你如何解释由此得到的模型？在什么情况下，这种模型比较合适？

6.12　画出如下模型（为便于说明，我们省略了观测下标 i）：

a. $Y = \beta_1 X^{\beta_2}$，对 $\beta_2 > 1$，$\beta_2 = 1$，$0 < \beta_2 < 1$，…

b. $Y = \beta_1 e^{\beta_2 X}$，对 $\beta_2 > 0$，$\beta_2 < 0$。

讨论何时这些模型比较适合。

6.13　考虑如下回归[1]：

$$SPI_i = -17.8 + 33.2 Gini_i$$
$$se = (4.9)\ (11.8) \qquad r^2 = 0.16$$

其中 SPI 表示 1960—1985 年平均社会政治不稳定程度的一个指标，Gini 表示 1975 年或 1970—1980 年的基尼系数。样本由 40 个国家组成。

基尼系数度量了收入不均等程度，并介于 0 与 1 之间。它越接近 0，收入就越均等；它越接近 1，收入就越不均等。

a. 你如何解释这个回归？

b. 假设基尼系数从 0.25 提高到 0.55。SPI 上升多少？这在实践中有何含义？

c. 在 5% 的显著性水平上，斜率系数估计值是统计显著的吗？给出必要的计算。

d. 基于上述回归，你能认为收入越不平均的国家政治也越不稳定吗？

实证分析题

6.14　给定表 6 - 7 中的数据。[2] 用这些数据拟合以下模型，求出通常的回归统计量并解释结果。

$$\frac{100}{100 - Y_i} = \beta_1 + \beta_2 \left(\frac{1}{X_i}\right)$$

表 6 - 7

Y_i	86	79	76	69	65	62	52	51	51	48
X_i	3	7	12	17	25	35	45	55	70	120

6.15　为了研究投资率（投资占 GDP 的比重）与储蓄率（储蓄占 GDP 的比重）之间的关系，费尔德斯坦（Feldstein）和堀冈（Horioka）得到 21 个国家的样本数据。（见表 6 - 8。）每个国家的投资率是 1960—1974 年的平均投资率，储蓄率是同期的平均储蓄率。变量 INVRATE 表示投资率，变量 SAVRATE 表示储蓄率。[3]

---

[1]　David N. Weil, *Economic Growth*, Addison Wesley, Boston, 2005, p. 392.

[2]　节选自 J. Johnston, *Econometric Methods*, 3d ed., McGraw-Hill, New York, 1984, p. 87, 实际上取自牛津大学 1975 年的计量经济学考试题目。

[3]　Martin Feldstein and Charles Horioka, "Domestic Saving and International Capital Flows," *Economic Journal*, vol. 90, June 1980, pp. 314 - 329. 数据复制于 Michael P. Murray, *Econometrics：A Modern Introduction*, Addison-Wesley, Boston, 2006。

表6-8

	SAVRATE	INVRATE
澳大利亚	0.250	0.270
奥地利	0.285	0.282
比利时	0.235	0.224
加拿大	0.219	0.231
丹麦	0.202	0.224
芬兰	0.288	0.305
法国	0.254	0.260
德国	0.271	0.264
希腊	0.219	0.248
爱尔兰	0.190	0.218
意大利	0.235	0.224
日本	0.372	0.368
卢森堡	0.313	0.277
荷兰	0.273	0.266
新西兰	0.232	0.249
挪威	0.278	0.299
西班牙	0.235	0.241
瑞典	0.241	0.242
瑞士	0.297	0.297
英国	0.184	0.192
美国	0.186	0.186

注：SAVRATE＝储蓄占 GDP 的比重。INVRATE＝投资占 GDP 的比重。

a. 将投资率对储蓄率描点。

b. 基于这个描点图，你认为如下模型对这些数据的拟合效果同样好吗？

$$INVRATE_i = \beta_1 + \beta_2 SAVRATE_i + u_i$$

$$\ln INVRATE_i = \alpha_1 + \alpha_2 \ln SAVRATE_i + u_i$$

c. 估计这两个模型并求出常用的统计量。

d. 你如何解释线性回归模型中的斜率系数？又如何解释对数线性模型中的斜率系数？对这些系数的解释有何差异？

e. 你如何解释这两个模型的截距？二者的解释有何差异？

f. 你会比较这两个模型中的 r^2 吗？为什么？

g. 假设你想计算投资率对储蓄率的弹性，你如何在线性回归模型中求这个弹性，又如何在对数线性模型中求这个弹性？注意这个弹性被定义

为储蓄率改变 1% 导致投资率改变的百分比。

h. 给定这两个回归模型的结果，你更喜欢哪个模型？为什么？

6.16 表6-9[①] 给出了各变量的定义，样本取自 1980—1982 年英国家庭支出调查中的 1 519 个家庭。样本只包括住在伦敦市区和市郊有 1～2 个子女的家庭。样本不包括个体户和退休家庭。

表6-9

变量列表
$wfood$＝食物支出预算份额
$wfuel$＝汽油支出预算份额
$wcloth$＝服装支出预算份额
$walc$＝酒类支出预算份额
$wtrans$＝交通支出预算份额
$wother$＝其他支出预算份额
$totexp$＝总支出
$income$＝家庭总的净收入
age＝家长年龄
nk＝子女数
预算份额的定义（以食物为例）是
$wfood$＝食物支出/总支出

a. 利用食物支出与总支出数据，判断表6-6 概括的模型中哪一个能够较好地拟合这些数据？

b. 基于（a）中得到的回归结果，哪个模型看来在这里比较适当？

注：保留这些数据，以便在下一章讨论多元回归时进一步分析使用。

6.17 参见表6-3。求出耐用品支出增长率。半弹性估计值是多少？解释你的结果。以耐用品支出为回归子和时间为回归元做一个双对数回归说得过去吗？你如何解释此时的斜率系数？

6.18 根据表6-3给出的数据求出非耐用品支出的增长率，并将得到的结论与习题6.17中的结论相比较。

6.19 表6-10给出了英国 29 类商品的总消费支出 CONEXP（百万英镑）和广告支出 ADEXP

---

① 数据来自 Richard Blundell and Krishna Pendakur, "Semiparametric Estimation and Consumer Demand," *Journal of Applied Econometrics*, vol. 13, no. 5, 1998, pp. 435–462。数据复制于 R. Carter Hill, William E. Griffiths, and George G. Judge, *Undergraduate Econometrics*, 2d ed., John Wiley&Sons, New York, 2001。

（百万英镑）数据。[①]

a. 考虑我们在本章所讨论的各种函数形式，哪个函数形式能够拟合表 6-10 中的数据？

b. 估计所选回归模型的参数，并解释你的结果。

c. 如果研究广告支出与总消费支出的比率 RATIO，你将有何发现？有哪种商品的这一比率看上去异常高吗？对于广告支出异常高的商品，有什么特别原因能够解释这些商品的广告支出相对较高？

表 6-10 英国 29 类商品的广告支出与总消费支出及其比率 单位：百万英镑

观测	ADEXP	CONEXP	RATIO
1	87 957.00	13 599.00	0.006 468
2	23 578.00	4 699.000	0.005 018
3	16 345.00	5 473.000	0.002 986
4	6 550.000	6 119.000	0.001 070
5	10 230.00	8 811.000	0.001 161
6	9 127.000	1 142.000	0.007 992
7	1 675.000	143.000 0	0.011 713
8	1 110.000	138.000 0	0.008 043
9	3 351.000	85.000 00	0.039 424
10	1 140.000	108.000 0	0.010 556
11	6 376.000	307.000 0	0.020 769
12	4 500.000	1 545.000	0.002 913
13	1 899.000	943.000 0	0.002 014
14	10 101.00	369.000 0	0.027 374
15	3 831.000	285.000 0	0.013 442
16	99 528.00	1 052.000	0.094 608
17	15 855.00	862.000 0	0.018 393
18	8 827.000	84.000 00	0.105 083
19	54 517.00	1 174.000	0.046 437
20	49 593.00	2 531.000	0.019 594
21	39 664.00	408.000 0	0.097 216
22	327.000 0	295.000 0	0.001 108
23	22 549.00	488.000 0	0.046 207
24	416 422.0	19 200.00	0.021 689
25	14 212.00	94.000 00	0.151 191
26	54 174.00	5 320.000	0.010 183
27	20 218.00	357.000 0	0.056 633
28	11 041.00	159.000 0	0.069 440
29	22 542.00	244.000 0	0.092 385

注：ADEXP=广告支出；CONEXP=总消费支出。

---

① 这些数据来自 *Advertising Statistics Year Book*，1996。

6.20 参考第 3 章例 3.3，回答如下问题。

a. 将每百人手机用户人数相对经购买力平价调整后的人均收入描点。

b. 将每百人手机用户人数的对数相对经购买力平价调整后的人均收入的对数描点。

c. 这两个图有何差异？

d. 根据这两个图，你认为双对数模型比线性回归模型能够更好地拟合这些数据吗？估计双对数模型。

e. 你如何解释双对数模型中的斜率系数？

f. 在 5% 的显著性水平上，双对数模型中的斜率系数估计值是统计显著的吗？

g. 在方程（3.7.3）给出的线性回归模型中，你如何估计每百人手机用户人数对经购买力平价调整后的人均收入的弹性？如果你还需要其他信息，是什么样的信息呢？如此估计的弹性被称为收入弹性。

h. 双对数模型和线性回归模型估计的收入弹性有差别吗？如果有，你将选择哪个模型？

6.21 参考方程（3.7.4）中给出的个人计算机需求模型，重新回答习题 6.20 中的问题。手机和个人计算机的估计收入弹性有差别吗？如果有，哪些因素可以解释这种差别？

6.22 参考表 3-3 中的数据。为了弄清楚拥有个人计算机的人是否也拥有手机，做如下回归：

$$\text{CellPhone}_i = \beta_1 + \beta_2 \text{PC}_{s_i} + u_i$$

a. 估计此回归的参数。

b. 斜率系数估计值是统计显著的吗？

c. 如果你做如下回归也没有关系吗？

$$\text{PC}_{s_i} = \alpha_1 + \alpha_2 \text{CellPhone}_i + u_i$$

d. 估计上述回归并检验斜率系数估计值的统计显著性。

e. 你在这两个回归之间如何选择？

附录 6A

6A.1 过原点回归的最小二乘估计量的推导

我们想选择 $\hat{\beta}_2$ 以使下式尽可能最小化：

$$\sum \hat{u}_i^2 = \sum (Y_i - \hat{\beta}_2 X_i)^2 \tag{1}$$

求（1）对 $\hat{\beta}_2$ 的导数得：

$$\frac{\mathrm{d}\sum \hat{u}_i^2}{\mathrm{d}\hat{\beta}_2} = 2\sum (Y_i - \hat{\beta}_2 X_i)(-X_i) \tag{2}$$

令方程（2）等于零并化简得：

$$\hat{\beta}_2 = \frac{\sum X_i Y_i}{\sum X_i^2} \tag{6.1.6} = (3)$$

将 PRF 即 $Y_i = \beta_2 X_i + u_i$ 代入此方程得：

$$\hat{\beta}_2 = \frac{\sum X_i(\beta_2 X_i + u_i)}{\sum X_i^2} = \beta_2 + \frac{\sum X_i u_i}{\sum X_i^2} \tag{4}$$

［注：$E(\hat{\beta}_2) = \beta_2$。］因此，

$$E(\hat{\beta}_2 - \beta_2)^2 = E\left[\frac{\sum X_i u_i}{\sum X_i^2}\right]^2 \tag{5}$$

将方程（5）的右端展开，并注意到 X_i 是非随机的以及 u_i 具有同方差性且无自相关，故得：

$$\mathrm{var}(\hat{\beta}_2) = E(\hat{\beta}_2 - \beta_2)^2 = \frac{\sigma^2}{\sum X_i^2} \tag{6.1.7} = (6)$$

顺便指出，令方程（2）等于零即有：

$$\sum \hat{u}_i X_i = 0 \tag{7}$$

从附录 3A 的 3A.1 节我们看到，当截距项在模型中出现时，除了方程（7）以外，还可以得到条件 $\sum \hat{u}_i = 0$。根据刚才所学的数学推导，应该很容易明白为什么过原点回归模型的误差总和 $\sum \hat{u}_i = 0$ 不一定为零。

假设我们要增加 $\sum \hat{u}_i = 0$ 这个条件，那么我们便得到：

$$\sum Y_i = \hat{\beta}_2 \sum X_i + \sum \hat{u}_i$$
$$= \hat{\beta}_2 \sum X_i \quad \text{因为根据假定有} \sum \hat{u}_i = 0 \tag{8}$$

于是这一表达式给出：

$$\hat{\beta}_2 = \frac{\sum Y_i}{\sum X_i} = \frac{\overline{Y}}{\overline{X}} = \frac{Y \text{ 的均值}}{X \text{ 的均值}} \tag{9}$$

但是这个估计量和方程（3）或（6.1.6）并不一样。因为方程（3）中的 $\hat{\beta}_2$ 是无偏的（为什么？），所以方程（9）中的 $\hat{\beta}_2$ 不可能是无偏的。

要点在于：在过原点回归中，我们不可能像惯用的模型那样，同时令 $\sum \hat{u}_i X_i$ 和 $\sum \hat{u}_i$ 都等于零。得到满足的唯一条件是 $\sum \hat{u}_i X_i$ 等于零。

回忆：

$$Y_i = \hat{Y}_i + \hat{u} \tag{2.6.3}$$

两边求和再除以样本容量便得到：

$$\bar{Y} = \bar{\hat{Y}} + \bar{u} \tag{10}$$

因为对零截距模型来说 $\sum \hat{u}_i$ 从而 $\bar{u}$ 不一定为零，所以：

$$\bar{Y} \neq \bar{\hat{Y}} \tag{11}$$

也就是说，实际的 Y 均值不一定等于估计的 Y 均值；但对于有截距的模型而言，这两个均值是等同的，这可从方程（3.1.10）看出。

前面说过，对零截距模型来说，r^2 可能是负的，而对惯用的模型来说，它永远不会是负的。下面说明这一情况。

利用方程（3.5.5a），有：

$$r^2 = 1 - \frac{\text{RSS}}{\text{TSS}} = 1 - \frac{\sum \hat{u}_i^2}{\sum y_i^2} \tag{12}$$

对于惯用的或含有截距的模型，方程（3.3.6）表明，除非 $\hat{\beta}_2$ 是零（即 X 对 Y 无任何影响），否则总有

$$\text{RSS} = \sum \hat{u}_i^2 = \sum y_i^2 - \hat{\beta}_2^2 \sum x_i^2 \leqslant \sum y_i^2 \tag{13}$$

也就是说，对于惯用的模型，RSS≤TSS，或者说，r^2 不可能是负的。

对于无截距模型，可以类似地证明：

$$\text{RSS} = \sum \hat{u}_i^2 = \sum Y_i^2 - \hat{\beta}_2^2 \sum X_i^2 \tag{14}$$

［注：Y 和 X 的平方和并未经过均值调整。］现在并不能保证 RSS 一定小于 $\sum y_i^2 = \sum Y_i^2 - N\bar{Y}^2$（即 TSS）。这就表明，RSS 可能大于 TSS，也就意味着惯用的定义 r^2 可能是负的。其实不难看出，如果 $\hat{\beta}_2^2 \sum X_i^2 < N\bar{Y}^2$，RSS 将大于 TSS。

6A.2　证明标准化变量的均值为零、方差为 1

考虑随机变量 Y，其（样本）均值为 $\bar{Y}$，（样本）标准差为 S_y。定义

$$Y_i^* = \frac{Y_i - \bar{Y}}{S_y} \tag{15}$$

因此，Y_i^* 就是一个标准化变量。注意标准化涉及双重变化：（1）原点即方程（15）的分子发生变化；（2）分母所代表的尺度也发生了变化。因此，标准化同时涉及原

点和尺度的变化。

现在，由于一个变量与其均值的离差之和恒等于零，所以

$$\overline{Y}_i^* = \frac{1}{S_y} \frac{\sum (Y_i - \overline{Y})}{n} = 0 \tag{16}$$

因此标准化变量的均值为零。（注：我们之所以能把 S_y 项放到求和符号之外，是因为它的值是已知的。）

于是

$$S_{y\cdot}^2 = \sum \frac{(Y_i - \overline{Y})^2/(n-1)}{S_y^2}$$

$$= \frac{1}{(n-1)S_y^2} \sum (Y_i - \overline{Y})^2 \tag{17}$$

$$= \frac{(n-1)S_y^2}{(n-1)S_y^2} = 1$$

注意

$$S_y^2 = \frac{\sum (Y_i - \overline{Y})^2}{n-1}$$

是 Y 的样本方差。

6A. 3　对数

考虑数字 5 和 25。我们知道

$$25 = 5^2 \tag{18}$$

我们说指数 2 是 25 以 5 为底的对数。更规范地，一个数字（如 25）以给定底为底的对数就是要得到这个数字（25）而必须给底（5）赋予的指数（2）。

更一般地，如果

$$Y = b^X \quad (b > 0) \tag{19}$$

那么

$$\log_b Y = X \tag{20}$$

在数学上，函数（19）被称为指数函数，而函数（20）被称为对数函数。从方程（19）和（20）显然可见，这两个函数互为反函数。

尽管任何一个（正）底都可以使用，但实践中两个常用的底是 10 和数字 $e \approx$ 2.718 28。

以 10 为底的对数被称为常用对数。

$$\log_{10} 100 = 2 \qquad \log_{10} 30 \approx 1.48$$

也就是说，在第一种情形中有 $100 = 10^2$，而在第二种情形中有 $30 \approx 10^{1.48}$。

以 e 为底的对数被称为自然对数。

$$\log_e 100 \approx 4.605\ 2 \qquad \log_e 30 \approx 3.401\ 2$$

所有这些计算都可用一个计算器来完成。

根据惯例，以 10 为底的对数用字母 log 表示，而以 e 为底的对数用 ln 表示。因此，在上例中，我们可以把它们分别写成 log 100、log 30、ln 100 和 ln 30。

常用对数与自然对数之间有一个固定关系，即

$$\ln X = 2.302\,6\log X \tag{21}$$

也就是说，X 的自然对数等于 2.302 6 乘以 X 以 10 为底的常用对数。于是有：

$$\ln 30 = 2.302\,6\log 30 \approx 3.401\,2 \text{（近似）}$$

因此，使用常用对数还是自然对数没有实质性的影响，但数学上通常喜欢使用以 e 为底的对数，即自然对数。因此，在本书中，除非明确说明，否则，所有对数都是自然对数。当然，利用方程（21），使用这两个底的对数可相互转换。

记住，负数的对数没有定义。因此，log（-5）或 ln（-5）都没有意义。

对数有如下性质：如果 A 和 B 是任意正数，那么可以证明：

（1）　　　$\ln (A \times B) = \ln A + \ln B$　　　　　　　　　　　　　　　（22）

也就是说，两个（正）数 A 和 B 乘积的对数等于它们的对数之和。

（2）　　　$\ln (A/B) = \ln A - \ln B$　　　　　　　　　　　　　　　　（23）

也就是说，A 和 B 之比的对数等于它们的对数之差。

（3）　　　$\ln (A \pm B) \neq \ln A \pm \ln B$　　　　　　　　　　　　　　（24）

也就是说，A 和 B 之和或差的对数不等于它们的对数之和或差。

（4）　　　$\ln (A^k) = k\ln A$　　　　　　　　　　　　　　　　　　（25）

也就是说，A 的 k 次幂的对数等于 k 乘以 A 的对数。

（5）　　　$\ln e = 1$　　　　　　　　　　　　　　　　　　　　　　（26）

也就是说，e 以它自己为底的对数等于 1（就像 10 的常用对数等于 1 一样）。

（6）　　　$\ln 1 = 0$　　　　　　　　　　　　　　　　　　　　　　（27）

也就是说，1 的自然对数等于 0（就像 1 的常用对数等于 0 一样）。

（7）若 $Y = \ln X$，则

$$dY/dX = 1/X \tag{28}$$

也就是说，Y 相对 X 的变化率（即导数）就是 X 分之一。图 6A-1 给出了指数函数和（自然）对数函数的图示。

尽管只有正数才能取对数，但对数值可正可负。很容易证明

若 $0 < Y < 1$，则 $\ln Y < 0$

若 $Y = 1$，则 $\ln Y = 0$

若 $Y > 1$，则 $\ln Y > 0$

注意，尽管图 6A-1（b）中所示的对数曲线斜率为正，即越大的数字，对数值也越大，但该曲线的增加速度越来越慢（从数学上讲，此函数的二阶导数为负）。$\ln 10 \approx 2.302\,6$（近似），而 $\ln 20 \approx 2.995\,7$（近似）。也就是说，一个数字加倍后，其对数值不会加倍。

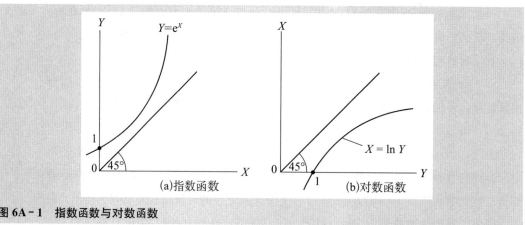

图 6A-1　指数函数与对数函数

这就是对数变换为什么被称为非线性变换的原因所在。由方程（28）也能看出这一点，即若 $Y = \ln X$，则 $dY/dX = 1/X$。这就意味着对数函数的斜率取决于 X 值，当然就不是常数（回忆变量的线性定义）。

对数与百分比变化。因为 $d(\ln X)/dX = 1/X$，或 $d(\ln X) = dX/X$，所以对于 X 的一个很小变化，$\ln X$ 的变化就等于 X 的相对变化或比例变化。在实践中，如果 X 的变化足够小，上述关系式表明：$\ln X$ 的变化近似等于 X 的相对变化。

于是，对于 X 的一个较小变化，有

$$\ln X_t - \ln X_{t-1} \approx (X_t - X_{t-1})/X_{t-1} = X \text{ 的相对变化}$$

6A.4　增长率表达式

令变量 Y 表示时间的一个函数，即 $Y = f(t)$，其中 t 表示时间。Y 的瞬时（即在一个时点上的）增长率 g_Y 必被定义为

$$g_Y = \frac{\dfrac{dY}{dt}}{Y} = \frac{1}{Y}\frac{dY}{dt} \tag{29}$$

注意，如果我们把 g_Y 乘以 100，就得到增长百分数，其中 dY/dt 表示 Y 相对时间的变化率。

现在，如果我们令 $\ln Y = \ln f(t)$，其中 $\ln$ 表示自然对数，那么

$$\frac{d\ln Y}{dt} = \frac{1}{Y}\frac{dY}{dt} \tag{30}$$

它正好与方程（29）相同。

因此，对数变换在计算增长率时非常有用，特别是在 Y 是某些与时间有关的变量的函数时，下面的例子就是一个很好的说明。令

$$Y = X \cdot Z \tag{31}$$

其中 Y 表示名义 GDP，X 表示真实 GDP，而 Z 表示（GDP）价格缩减指数。用文字表述，就是名义 GDP 等于真实 GDP 乘以（GDP）价格缩减指数。所有这些变量都是时间的函数，并随着时间的变化而变化。

现在将方程（31）的两边取对数，我们得到

$$\ln Y = \ln X + \ln Z \tag{32}$$

将方程（32）的两边同时对时间求导，我们得到

$$\frac{1}{Y}\frac{dY}{dt} = \frac{1}{X}\frac{dX}{dt} + \frac{1}{Z}\frac{dZ}{dt} \tag{33}$$

即 $g_Y = g_X + g_Z$，其中 g 表示增长率。

用文字表述，即 Y 的瞬时增长率等于 X 的瞬时增长率和 Z 的瞬时增长率之和。在本例中，就是名义 GDP 的瞬时增长率等于真实 GDP 的瞬时增长率与 GDP 价格缩减指数的瞬时增长率之和。

更一般地，乘积的瞬时增长率等于各个部分的瞬时增长率之和。这个结论可推广到多于两个变量的乘积。

类似地，如果我们有

$$Y = X/Z \tag{34}$$

那么

$$\frac{1}{Y}\frac{dY}{dt} = \frac{1}{X}\frac{dX}{dt} - \frac{1}{Z}\frac{dZ}{dt} \tag{35}$$

即 $g_Y = g_X - g_Z$。换言之，Y 的瞬时增长率等于 X 的瞬时增长率和 Z 的瞬时增长率之差。于是，如果 Y 表示人均收入，X 表示 GDP，Z 表示人口，则人均收入的瞬时增长率就等于 GDP 的瞬时增长率与人口的瞬时增长率之差。

现在令 $Y = X + Z$。Y 的增长率是多少呢？假设 Y 表示总就业量，X 表示蓝领就业量，Z 表示白领就业量。由于

$$\ln(X+Z) \neq \ln X + \ln Z$$

所以不太容易计算 Y 的增长率，但在数学上可以证明

$$g_Y = \frac{X}{X+Z}g_X + \frac{Z}{X+Z}g_Z \tag{36}$$

即和的增长率等于其各个加数的增长率的加权平均。对于我们的例子而言，总就业量的增长率等于白领就业量增长率与蓝领就业量增长率的加权平均，权重是两种就业量在总就业量中所占的比重。

6A.5　博克斯-考克斯回归模型

考虑如下回归模型：

$$Y_i^\lambda = \beta_1 + \beta_2 X_i + u_i, \quad Y > 0 \tag{37}$$

其中 λ 是一个可正可负亦可为零的参数。由于 Y 的幂指数为 λ，所以根据 λ 值的不同，我们对 Y 有不同的变换。

方程（37）被称为博克斯-考克斯回归模型（又称博克斯-考克斯变换），因统计学家博克斯和考克斯而得名。[①] 根据 λ 值的不同，我们得到下表所示的各种回归模型：

λ 值	模型
1	$Y_i = \beta_1 + \beta_2 X_i + u_i$
2	$Y_i^2 = \beta_1 + \beta_2 X_i + u_i$
0.5	$\sqrt{Y_i} = \beta_1 + \beta_2 X_i + u_i$
0	$\ln Y_i = \beta_1 + \beta_2 X_i + u_i$
-0.5	$1/\sqrt{Y_i} = \beta_1 + \beta_2 X_i + u_i$
-1	$1/Y_i = \beta_1 + \beta_2 X_i + u_i$

你可以看到，线性和对数-线性模型是博克斯-考克斯回归模型中的两个特殊情形而已。

当然，我们也可以对 X 变量进行这种变换。注意到，有意思的是，当 λ 为零时，我们得到 Y 的对数变换。证明略显复杂，最好留给读者查阅相关文献。［擅长微积分的读者在证明时注意要援引洛必达法则。］

但在一个给定情形中，我们实际上该如何确定适当的 λ 值呢？我们不能直接估计方程（37），因为这个方程不仅包含参数 β_1 和 β_2，还包含参数 λ，而且参数 λ 是以非线性形式进入方程的。不过可以证明，我们可以利用极大似然法估计所有参数。有回归软件专门进行这种估计。

由于估计程序多少有些复杂，我们在此不再深究。

然而，我们也可以利用试错法进行估计。选择几个 λ 值，并相应地对 Y 进行变换，拟合回归方程（37）便得到变换后每个回归的残差平方和。选择得到最小残差平方和的 λ 值即可。[②]

[①] G. E P. Box and D. R. Cox, "An Analysis of Transformations," *Journal of the Royal Statistical Society*，B26，1964，pp. 211 - 243.

[②] 一个容易接受的讨论参见 John Neter，Michael Kutner，Christopher Nachtsheim，and William Wasserman，*Applied Linear Regression Models*，3rd ed.，Richard D. Irwin，Chicago，1996。

第7章 多元回归分析：估计问题

前面各章所广泛讨论的双变量模型在实践中往往是不适宜的。比如，在消费-收入一例（例3.1）中，我们无形地假定只有收入 X 影响着消费 Y。但经济理论少见有这般简单的情形，因为除了收入，还有许多其他变量会影响消费支出。一个显然的变量是消费者的财富。作为另一个例子，对某商品的需求很可能不仅依赖于其价格本身，而且依赖于其他替代品或互补品的价格、消费者的收入和社会地位等。因此，我们需要把这个简单的双变量模型推广到包含多于两个变量的模型。加入更多的变量，就把我们引到了多元（多变量）回归模型的讨论中。也就是说，要讨论因变量或回归子 Y，依赖于有两个或更多个解释变量或回归元的模型。

最为简单的多元回归模型是含有一个因变量和两个解释变量的三变量回归模型。在本章和下一章中，我们将研究这种模型，而在第9章中，我们将把它推广到多于三个变量的情形。通观全书，我们考虑的是多元线性回归模型，即对参数线性的模型；对变量而言，它们可以是线性的，也可以是非线性的。

7.1 三变量模型：符号与假定

将双变量的总体回归函数方程（2.4.2）进行推广，便可写出三变量PRF为：
$$Y_i = \beta_1 + \beta_2 X_{2i} + \beta_3 X_{3i} + u_i \tag{7.1.1}$$
其中 Y 是因变量，X_2 和 X_3 是解释变量（或回归元），u 是随机干扰项，而 i 指第 i 次观测。当数据为时间序列时，下标 t 指第 t 次观测。[①]

在方程（7.1.1）中 β_1 是截距项。虽然机械的解释是它代表 X_2 和 X_3 均为零时 Y 的均值，但像通常所描述的那样，它给出了所有未包含到模型中的变量对 Y 的平均影响。系数 β_2 和 β_3 被称为偏回归系数（partial regression coefficients），其含义稍后解释。

---

① 出于符号上的对称性，方程（7.1.1）也可写成：
$$Y_i = \beta_1 X_{1i} + \beta_2 X_{2i} + \beta_3 X_{3i} + u_i$$

我们继续在最初在第 3 章介绍的经典线性回归模型框架中进行讨论。具体地说，我们做如下假定：

(1) 线性回归模型，或模型是参数的线性函数。 (7.1.2)

(2) X 值固定或独立于误差项。这里，这个假定意味着 u_i 和每个 X 变量之间的协方差为 0：

$$\text{cov}(u_i, X_{2i}) = \text{cov}(u_i, X_{3i}) = 0 \tag{7.1.3}①$$

(3) 干扰项 u_i 均值为零，或对每一个 i，都有：

$$E(u_i \mid X_{2i}, X_{3i}) = 0 \tag{7.1.4}$$

(4) 同方差性，或 u_i 的方差保持不变：

$$\text{var}(u_i) = \sigma^2 \tag{7.1.5}$$

(5) 干扰项之间无自相关或序列相关：

$$\text{cov}(u_i, u_j) = 0, i \neq j \tag{7.1.6}$$

(6) 观测次数 n 必须大于待估计参数个数，这里有 3 个参数。 (7.1.7)

(7) X 变量的值必须存在变异。 (7.1.8)

此外，我们还提出另外两个要求。

(8) X 变量之间不存在完全共线性：

X_2 和 X_3 之间无精确的线性关系 (7.1.9)

(9) 无设定偏误，即：

模型被正确地设定 (7.1.10)

从假定 (7.1.2) 到假定 (7.1.10) 的合理性都无异于 3.2 节的讨论。假定 (7.1.9) 是说，X_2 与 X_3 之间没有一个精确的线性关系，或者涉及不止一个精确的线性关系，专业上称为无共线性或无多重共线性。

非正式地说，无共线性是指没有一个解释变量可以被写成模型中其余解释变量的线性组合。正式地说，无共线性的含义是不存在一组不全为零的数 λ_2 和 λ_3 使得

$$\lambda_2 X_{2i} + \lambda_3 X_{3i} = 0 \tag{7.1.11}$$

如果这一关系式存在，则说 X_2 和 X_3 是共线的（collinear）或线性相关。另外，如果假定 (7.1.8) 仅当 $\lambda_2 = \lambda_3 = 0$ 时才成立，则说 X_2 和 X_3 线性独立。

因此，如果

$$X_{2i} = -4X_{3i} \quad \text{或} \quad X_{2i} + 4X_{3i} = 0 \tag{7.1.12}$$

则这两个变量就是线性相关的。如果这样两个变量在同一个回归模型中，我们就遇到一种完全共线性，即两回归元之间存在一个精确的线性关系。

虽然我们将在第 10 章中详细讨论多重共线性的问题，但不难从直观上去掌握无多重共线性假定的道理。假设方程 (7.1.1) 中的 Y、X_2 和 X_3 分别代表消费者的

---

① 若 X_2 和 X_3 是非随机的，且方程 (7.1.4) 成立，则这个假定自动得到满足。

消费、收入和财富。在消费与收入和财富有线性关系的假设中，经济理论设想财富和收入也许对消费各有一些独立的影响，否则把收入和财富两个变量都包括到模型中来就是没有意义的。在极端的情形中，如果收入与财富之间存在准确的线性关系，我们就只有一个独立变量而不是两个，也就无从区分收入和财富对消费的各自影响了。为了看清楚这点，在消费-收入-财富的表达式中，令 $X_{3i} = 2X_{2i}$，于是回归（7.1.1）就变成：

$$Y_i = \beta_1 + \beta_2 X_{2i} + \beta_3 (2X_{2i}) + u_i$$
$$= \beta_1 + (\beta_2 + 2\beta_3) X_{2i} + u_i$$
$$= \beta_1 + \alpha X_{2i} + u_i \tag{7.1.13}$$

其中 $\alpha = (\beta_2 + 2\beta_3)$。也就是说，事实上我们有一个双变量而不是三变量的回归。而且，如果我们做回归（7.1.13）并得到 α，那么，α 给出的是 X_2 和 X_3 对 Y 的联合影响，并且没有什么方法能分别估计出 X_2 的单独影响（β_2）和 X_3 的单独影响（β_3）。总之，无多重共线性假定要求我们在 PRF 中仅仅把那些不是模型中其他变量的线性函数的变量包括进来。对此我们将在第 10 章中进行广泛探讨，但这里有两点值得注意：

首先，无多重共线性的假定是对我们的理论（即 PRF）模型而言。实际上，当我们为实证分析搜集数据时，不能保证回归元之间不存在相关性。事实上，我们在本章稍后的说明性例子中将会发现，在多数应用研究中，几乎不可能找到两个或多个在某种程度上不相关的（经济）变量。我们只是要求不存在像方程（7.1.12）中那样精确的线性关系。

其次，记住我们只是在讨论两个或多个变量之间的完全线性关系。多重共线性并不排除变量之间的非线性关系。假设 $X_{3i} = X_{2i}^2$，这就不违背不存在完全共线性的假定，因为变量之间的关系不是线性的。

7.2　对多元回归方程的解释

给定经典回归模型的假定，在方程（7.1.1）的两边对 Y 求条件期望便得到：

$$E(Y_i \mid X_{2i}, X_{3i}) = \beta_1 + \beta_2 X_{2i} + \beta_3 X_{3i} \tag{7.2.1}$$

方程（7.2.1）给出了以变量 X_2 和 X_3 的固定值为条件的 Y 的条件均值或期望值。因此，如同双变量情形那样，多元回归分析是以多个解释变量的固定值为条件的回归分析，并且我们所得到的是给定回归元值时 Y 的平均值或 Y 的平均响应。

7.3　偏回归系数的含义

前面曾指出，回归系数 β_2 和 β_3 被称为偏回归（partial regression）或偏斜率系

数（partial slope coefficients）。偏回归系数的含义如下：β_2 度量着在 X_3 保持不变的情况下 X_2 每变化 1 单位时 Y 的均值 $E(Y)$ 的变化。换句话说，它给出了 X_2 的单位变化对 Y 的均值的"直接"或"净"影响，"净"在于不存在 X_3 的影响。[①] 类似地，β_3 度量着在保持 X_2 不变的情况下 X_3 每变化 1 单位时 Y 的均值的变化。它给出了 X_3 的单位变化对 Y 的均值的"直接"或"净"影响，即在没有 X_2 的影响下 X_3 对 Y 的均值的影响。

我们实际上应如何理解保持一个回归元的影响不变呢？为了解释这一点，让我们回到关于儿童死亡率的例 6.6。在那个例子中，$Y=$ 儿童死亡率（CM），$X_2=$ 人均 GNP（PGNP），$X_3=$ 妇女识字率（FLR）。假设我们想保持 FLR 的影响不变。由于在任何一个给定的具体数据中，FLR 对 CM 和 PGNP 都有影响，我们所能做的是，通过分别做 CM 对 FLR 和 PGNP 对 FLR 的回归，看一下从这些回归中得到的残差，从而消除 CM 和 PGNP 中 FLR 的（线性）影响。利用表 6-4 中的数据，我们得到如下回归：

$$\mathrm{CM}_i = 263.863\,5 - 2.390\,5\mathrm{FLR}_i + \hat{u}_{1i}$$
$$\mathrm{se} = (12.224\,9) \quad (0.213\,3) \qquad r^2 = 0.669\,5 \qquad (7.3.1)$$

其中 $\hat{u}_{1i}$ 表示此回归的残差项。

$$\mathrm{PGNP}_i = -39.303\,3 + 28.142\,7\mathrm{FLR}_i + \hat{u}_{2i}$$
$$\mathrm{se} = (734.952\,6) \quad (12.821\,1) \quad r^2 = 0.072\,1 \qquad (7.3.2)$$

其中 $\hat{u}_{2i}$ 表示此回归的残差项。

现在

$$\hat{u}_{1i} = \mathrm{CM}_i - 263.863\,5 + 2.390\,5\mathrm{FLR}_i \qquad (7.3.3)$$

表示 CM 中除去 FLR（线性）影响余下的部分。类似地

$$\hat{u}_{2i} = \mathrm{PGNP}_i + 39.303\,3 - 28.142\,7\mathrm{FLR}_i \qquad (7.3.4)$$

表示 PGNP 中除去 FLR（线性）影响余下的部分。

因此，如果我们现在做 $\hat{u}_{1i}$ 对 $\hat{u}_{2i}$（即去除 FLR 影响后净的 CM 和 PGNP）的如下回归，我们不就得到 PGNP 对 CM 的净影响了吗？实际上确实如此（见附录 7A 的 7A.2 节）。回归结果如下：

$$\hat{\hat{u}}_{1i} = -0.005\,6\hat{u}_{2i} \qquad (7.3.5)$$
$$\mathrm{se} = (0.001\,9) \quad r^2 = 0.115\,2$$

注：此回归没有截距项，因为 OLS 残差项 $\hat{u}_{1i}$ 和 $\hat{u}_{2i}$ 的均值都为零。（为什么？）

现在的斜率系数 $-0.005\,6$ 就给出了 PGNP 的单位变化对 CM 的真实影响或净影响，或者说 CM 对 PGNP 的真实斜率，即 CM 对 PGNP 的偏回归系数 β_2。

想得到 CM 对 FLR 的偏回归系数的读者，将 CM 对 PGNP 回归得到残差 $\hat{u}_{1i}$，

---

① 习惯于用微积分思考的读者会立即看出 β_2 和 β_3 是 $E(Y \mid X_2, X_3)$ 对 X_2 和 X_3 的偏导数。

再将 FLR 对 PGNP 回归得到残差 $\hat{u}_{2i}$，再将 $\hat{u}_{1i}$ 对 $\hat{u}_{2i}$ 回归即可。我确信读者明白了这一点。

我们每次要求出真实的偏回归系数都必须经过这个多步骤的程序吗？幸运的是，不必如此，通过下一节讨论的 OLS 程序，我们可以相当迅速地做到这一切。刚才概括的多步骤程序只是出于教学目的，让读者明白"偏"回归系数的含义。

7.4 偏回归系数的 OLS 和 ML 估计

为了估计三变量回归模型（7.1.1）的参数，我们先考虑第 3 章介绍的 OLS，然后再扼要地考虑第 4 章讨论的 ML。

OLS 估计量

为了求 OLS 估计量，我们先写出与方程（7.1.1）的 PRF 相对应的样本回归函数：

$$Y_i = \hat{\beta}_1 + \hat{\beta}_2 X_{2i} + \hat{\beta}_3 X_{3i} + \hat{u}_i \tag{7.4.1}$$

其中 $\hat{u}_i$ 是残差项，为随机干扰项 u_i 的样本对应部分。

如第 3 章所看到的，OLS 是要选择未知参数的值，以使残差平方和（RSS）$\sum \hat{u}_i^2$ 尽可能小，用符号表示为：

$$\min \sum \hat{u}_i^2 = \sum (Y_i - \hat{\beta}_1 - \hat{\beta}_2 X_{2i} - \hat{\beta}_3 X_{3i})^2 \tag{7.4.2}$$

其中 RSS 的表达式得自方程（7.4.1）的简单代数运算。

为了求方程（7.4.2）最小化的估计量，最直接的方法是将它对未知数求微分，令所得的表达式为零，然后解联立方程。如同附录 7A 的 7A.1 节证明的那样，此方法给出了如下正规方程［比较方程（3.1.4）和（3.1.5）］：

$$\bar{Y} = \hat{\beta}_1 + \hat{\beta}_2 \bar{X}_2 + \hat{\beta}_3 \bar{X}_3 \tag{7.4.3}$$

$$\sum Y_i X_{2i} = \hat{\beta}_1 \sum X_{2i} + \hat{\beta}_2 \sum X_{2i}^2 + \hat{\beta}_3 \sum X_{2i} X_{3i} \tag{7.4.4}$$

$$\sum Y_i X_{3i} = \hat{\beta}_1 \sum X_{3i} + \hat{\beta}_2 \sum X_{2i} X_{3i} + \hat{\beta}_3 \sum X_{3i}^2 \tag{7.4.5}$$

由方程（7.4.3）我们立即得到：

$$\hat{\beta}_1 = \bar{Y} - \hat{\beta}_2 \bar{X}_2 - \hat{\beta}_3 \bar{X}_3 \tag{7.4.6}$$

这就是总体截距 β_1 的 OLS 估计量。

按照用小写字母表示对样本均值离差的惯例，我们从正规方程（7.4.3）至（7.4.5）导出以下公式：

$$\hat{\beta}_2 = \frac{(\sum y_i x_{2i})(\sum x_{3i}^2) - (\sum y_i x_{3i})(\sum x_{2i} x_{3i})}{(\sum x_{2i}^2)(\sum x_{3i}^2) - (\sum x_{2i} x_{3i})^2} \tag{7.4.7}[1]$$

---

[1] 这个估计量等于方程（7.3.5）中的估计量，参见附录 7A 的 7A.2 节。

$$\hat{\beta}_3 = \frac{(\sum y_i x_{3i})(\sum x_{2i}^2) - (\sum y_i x_{2i})(\sum x_{2i} x_{3i})}{(\sum x_{2i}^2)(\sum x_{3i}^2) - (\sum x_{2i} x_{3i})^2} \qquad (7.4.8)$$

它们分别给出了总体偏回归系数 β_2 和 β_3 的 OLS 估计量。

顺便指出以下性质：（1）可以从方程（7.4.7）和（7.4.8）中的一个方程通过对调 x_2 和 x_3 的位置而得到另一个方程，它们本质上是对称的；（2）两个方程的分母完全相同；（3）三变量情形是双变量情形的自然推广。

OLS 估计量的方差和标准误

得到了偏回归系数的 OLS 估计量，就可按照附录 3A 的 3A.3 节所指示的方法推出这些估计量的方差和标准误。如同双变量情形，我们计算标准误有两个主要目的：建立置信区间和检验统计假设。有关的公式如下[1]：

$$\mathrm{var}(\hat{\beta}_1) = \left[\frac{1}{n} + \frac{\overline{X}_2^2 \sum x_{3i}^2 + \overline{X}_3^2 \sum x_{2i}^2 - 2\overline{X}_2 \overline{X}_3 \sum x_{2i} x_{3i}}{\sum x_{2i}^2 \sum x_{3i}^2 - (\sum x_{2i} x_{3i})^2} \right] \cdot \sigma^2 \qquad (7.4.9)$$

$$\mathrm{se}(\hat{\beta}_1) = \sqrt{\mathrm{var}(\hat{\beta}_1)} \qquad (7.4.10)$$

$$\mathrm{var}(\hat{\beta}_2) = \frac{\sum x_{3i}^2}{(\sum x_{2i}^2)(\sum x_{3i}^2) - (\sum x_{2i} x_{3i})^2} \sigma^2 \qquad (7.4.11)$$

或等价地，

$$\mathrm{var}(\hat{\beta}_2) = \frac{\sigma^2}{\sum x_{2i}^2 (1 - r_{23}^2)} \qquad (7.4.12)$$

其中 r_{23} 是在第 3 章中定义的 X_2 和 X_3 的样本相关系数。[2]

$$\mathrm{se}(\hat{\beta}_2) = \sqrt{\mathrm{var}(\hat{\beta}_2)} \qquad (7.4.13)$$

$$\mathrm{var}(\hat{\beta}_3) = \frac{\sum x_{2i}^2}{(\sum x_{2i}^2)(\sum x_{3i}^2) - (\sum x_{2i} x_{3i})^2} \sigma^2 \qquad (7.4.14)$$

或等价地，

$$\mathrm{var}(\hat{\beta}_3) = \frac{\sigma^2}{\sum x_{3i}^2 (1 - r_{23}^2)} \qquad (7.4.15)$$

$$\mathrm{se}(\hat{\beta}_3) = \sqrt{\mathrm{var}(\hat{\beta}_3)} \qquad (7.4.16)$$

---

① 这些公式的推导利用矩阵符号较为容易，有基础的读者可参见附录 C。

② 由第 3 章给出的 r 的定义，我们有：

$$r_{23}^2 = \frac{(\sum x_{2i} x_{3i})^2}{\sum x_{2i}^2 \sum x_{3i}^2}$$

$$\text{cov}(\hat{\beta}_2, \hat{\beta}_3) = \frac{-r_{23}\sigma^2}{(1-r_{23}^2)\sqrt{\sum x_{2i}^2}\sqrt{\sum x_{3i}^2}} \tag{7.4.17}$$

在所有的这些公式中，σ^2 是总体干扰项 u_i 的（同方差性）方差。

参照附录 3A 的 3A.5 节的证明，读者能证明 σ^2 的一个无偏估计量是：

$$\hat{\sigma}^2 = \frac{\sum \hat{u}_i^2}{n-3} \tag{7.4.18}$$

注意 σ^2 的这一估计量与双变量模型中的对应估计量 $\left[\hat{\sigma}^2 = (\sum \hat{u}_i^2)/(n-2)\right]$ 之间的相似性。现在的自由度是 $n-3$，这是因为在估计 $\sum \hat{u}_i^2$ 之前，我们必须先估计 β_1，β_2 和 β_3，从而消耗了 3 个自由度。（这种证明很具有一般性，例如，在四变量的情形中，自由度就是 $n-4$。）

一旦算出残差 u_i，就能从方程（7.4.18）算出估计量 $\hat{\sigma}^2$。但更容易算出 $\hat{\sigma}^2$ 的方法是利用下述关系式（证明见附录 7A 的 7A.3 节）：

$$\sum \hat{u}_i^2 = \sum y_i^2 - \hat{\beta}_2 \sum y_i x_{2i} - \hat{\beta}_3 \sum y_i x_{3i} \tag{7.4.19}$$

这是方程（3.3.6）所给的关系式在三变量模型中的对应方程。

OLS 估计量的性质

多元回归模型的 OLS 估计量和双变量模型的 OLS 估计量有着平行的性质。具体地说：

（1）三变量回归线（面）通过均值 $\overline{Y}$，$\overline{X}_2$ 和 $\overline{X}_3$。方程（7.4.3）说明了这一点 [与双变量模型的方程（3.1.7）进行比较]。这个性质可以推广到一般情形。例如，在 k 变量线性回归模型 [一个回归子和 $(k-1)$ 个回归元] 中，有：

$$Y_i = \beta_1 + \beta_2 X_{2i} + \beta_3 X_{3i} + \cdots + \beta_k X_{ki} + u_i \tag{7.4.20}$$

我们有：

$$\hat{\beta}_1 = \overline{Y} - \beta_2 \overline{X}_2 - \beta_3 \overline{X}_3 - \cdots - \beta_k \overline{X}_k \tag{7.4.21}$$

（2）估计的 Y_i（$= \hat{Y}_i$）的均值等于真实 Y_i 的均值，这很容易证明：

$$\begin{aligned}
\overline{Y}_i &= \hat{\beta}_1 + \hat{\beta}_2 X_{2i} + \hat{\beta}_3 X_{3i} \\
&= (\overline{Y} - \hat{\beta}_2 \overline{X}_2 - \hat{\beta}_3 \overline{X}_3) + \hat{\beta}_2 X_{2i} + \hat{\beta}_3 X_{3i} \qquad （为什么？）\\
&= \overline{Y} + \hat{\beta}_2 (X_{2i} - \overline{X}_2) + \hat{\beta}_3 (X_{3i} - \overline{X}_3) \\
&= \overline{Y} + \hat{\beta}_2 X_{2i} + \hat{\beta}_3 X_{3i}
\end{aligned} \tag{7.4.22}$$

其中，和平常一样，小写字母表示有关变量对各自均值的离差。

将方程（7.4.22）两边对所有样本值求和并除以样本容量 n 即得 $\overline{\hat{Y}} = \overline{Y}$。（注：$\sum x_{2i} = \sum x_{3i} = 0$。为什么？）注意，利用方程（7.4.22），我们有：

$$\hat{y}_i = \hat{\beta}_2 x_{2i} + \hat{\beta}_3 x_{3i} \tag{7.4.23}$$

其中 $\hat{y}_i = \hat{Y}_i - \overline{Y}$。

204 | 计量经济学基础（第五版·中国版）

因此，SRF 方程 (7.4.1) 可用离差形式表达为：

$$y_i = \hat{y}_i + \hat{u}_i = \hat{\beta}_2 x_{2i} + \hat{\beta}_3 x_{3i} + \hat{u}_i \tag{7.4.24}$$

(3) $\sum \hat{u}_i = \bar{u} = 0$，这可从方程 (7.4.24) 得到证实。〔提示：方程 (7.4.24) 两边对样本值求和。〕

(4) 残差 $\hat{u}_i$ 与 X_{2i} 和 X_{3i} 都不相关，即 $\sum \hat{u}_i X_{2i} = \sum \hat{u}_i X_{3i} = 0$。（其证明见附录 7A 的 7A.1 节。）

(5) 残差 $\hat{u}_i$ 与 $\hat{Y}_i$ 不相关，即 $\sum \hat{u}_i \hat{Y}_i = 0$。为什么？〔提示：方程 (7.4.23) 两边同时乘以 $\hat{u}_i$，然后对样本值求和。〕

(6) 根据方程 (7.4.12) 和 (7.4.15)，显然随着 X_2 和 X_3 的相关系数 r_{23} 朝着 1 增大，对给定的 σ^2 和 $\sum x_{2i}^2$ 或 $\sum x_{3i}^2$ 来说，$\hat{\beta}_2$ 和 $\hat{\beta}_3$ 的方差也不断增大。在 $r_{23} = 1$ 即完全共线性的极限情形中，这些方差变成无穷大。这种情形的含义将在第 10 章中充分探讨，但直觉上读者能看出，随着 r_{23} 的增加，要知道 β_2 和 β_3 的真值所在将变得越来越困难。〔参见方程 (7.1.13)，但下一章将做更多的讨论。〕

(7) 由方程 (7.4.12) 和 (7.4.15) 还可明显看到，对给定的 r_{23} 和 $\sum x_{2i}^2$ 或 $\sum x_{3i}^2$ 值，OLS 估计值的方差正比于 σ^2，即这些方差随 σ^2 的增加而增加。类似地，对给定的 σ^2 和 r_{23} 值，$\hat{\beta}_2$ 的方差反比于 $\sum x_{2i}^2$，即 X_2 的样本值变化越大，$\hat{\beta}_2$ 的方差越小，从而能更精确地估计 β_2。关于 $\hat{\beta}_3$ 的方差，也可进行类似的叙述。

(8) 在 7.1 节详细说明的经典线性模型假定下，可以证明偏回归系数的 OLS 估计量不仅是线性的和无偏的，而且在所有线性无偏估计量中具有最小方差。简单地说，它们是 BLUE；换一种方式说，它们满足高斯-马尔可夫定理。（其证明完全类似于附录 3A 的 3A.6 节所证明的双变量情形，而我们将在第 9 章中用矩阵符号更简洁地给出这个证明。）

ML 估计量

在第 4 章中我们曾指出，在总体干扰项 u_i 服从零均值和常数方差 σ^2 的正态分布的假定下，双变量模型回归系数的 ML 估计量和 OLS 估计量是相等的。这种关系可推广到包含任意多个变量的模型中。（证明见附录 7A 的 7A.4 节。）然而，对 σ^2 的估计量而言则不然。可以证明，不管模型中有多少个变量，σ^2 的 ML 估计量都是 $\sum \hat{u}_i^2/n$，而 σ^2 的 OLS 估计量则对双变量情形为 $\sum \hat{u}_i^2/(n-2)$，对三变量情形为 $\sum \hat{u}_i^2/(n-3)$，对 k 变量模型 (7.4.20) 情形为 $\sum \hat{u}_i^2/(n-k)$。总之，σ^2 的 OLS 估计量考虑了自由度的个数，而 ML 估计量无此考虑。当然，如果 n 很大，σ^2 的 ML 和 OLS 估计量将趋于一致。（为什么？）

7.5 多元判定系数 R^2 与多元相关系数 R

在双变量的情形中我们曾看到，由方程（3.5.5）定义的 r^2 是回归方程拟合优度的一个指标，即它给出了在因变量 Y 的总变异中由（单个）解释变量 X 解释的比例或百分比。容易把 r^2 这个符号推广应用到含有多于两个变量的回归模型中。因此，在三变量模型中，我们也许想知道 Y 的变异由变量 X_2 和 X_3 联合解释的比例。提供这一信息的数量被称为多元判定系数（multiple coefficient of determination），记为 R^2；概念上 R^2 近似于 r^2。

可仿照 3.5 节推导 r^2 的方法来推导 R^2。回忆：

$$\begin{aligned} Y_i &= \hat{\beta}_1 + \hat{\beta}_2 X_{2i} + \hat{\beta}_3 X_{3i} + \hat{u}_i \\ &= \hat{Y}_i + \hat{u}_i \end{aligned} \tag{7.5.1}$$

其中 $\hat{Y}_i$ 是从所拟合的回归线估计出来的 Y_i 值，它是真实 $E(Y_i \mid X_{2i}, X_{3i})$ 的一个估计量。把它换成小写字母，用以表示对均值的离差，方程（7.5.1）就可写为：

$$\begin{aligned} y_i &= \hat{\beta}_2 x_{2i} + \hat{\beta}_3 x_{3i} + \hat{u}_i \\ &= \hat{y}_i + \hat{u}_i \end{aligned} \tag{7.5.2}$$

将方程（7.5.2）两边平方，再对样本值求和，便得到：

$$\begin{aligned} \sum y_i^2 &= \sum \hat{y}_i^2 + \sum \hat{u}_i^2 + 2 \sum \hat{y}_i \hat{u}_i \\ &= \sum \hat{y}_i^2 + \sum \hat{u}_i^2 \quad （为什么？） \end{aligned} \tag{7.5.3}$$

用文字表述，方程（7.5.3）是说，总平方和等于解释平方和加上残差平方和。用方程（7.4.19）代替 $\sum \hat{u}_i^2$，则得到：

$$\sum y_i^2 = \sum \hat{y}_i^2 + \sum y_i^2 - \hat{\beta}_2 \sum y_i x_{2i} - \hat{\beta}_3 \sum y_i x_{3i}$$

整理后得到：

$$\mathrm{ESS} = \sum \hat{y}_i^2 = \hat{\beta}_2 \sum y_i x_{2i} + \hat{\beta}_3 \sum y_i x_{3i} \tag{7.5.4}$$

于是，按定义有：

$$\begin{aligned} R^2 &= \frac{\mathrm{ESS}}{\mathrm{TSS}} \\ &= \frac{\hat{\beta}_2 \sum y_i x_{2i} + \hat{\beta}_3 \sum y_i x_{3i}}{\sum y_i^2} \end{aligned} \tag{7.5.5}①$$

[比较方程（7.5.5）和（3.5.6）。]

因为方程（7.5.5）的各项通常已按既定程序算出，故 R^2 很容易计算。R^2 和 r^2

---

① 注意，R^2 还可以计算为 $R^2 = 1 - \dfrac{\mathrm{RSS}}{\mathrm{TSS}} = 1 - \dfrac{\sum \hat{u}_i^2}{\sum y_i^2} = 1 - \dfrac{(n-3)\hat{\sigma}^2}{(n-1)S_y^2}$。

一样，介于 0 与 1 之间。如果是 1，则所拟合的回归线 100% 地解释了 Y 的变异；如果是 0，则模型无法解释 Y 的任何变异。典型的情形是 R^2 位于这两个极端值之间。R^2 越靠近 1，我们就说模型"拟合"得越好。

回顾双变量情形，我们把 r 这个量定义为相关系数，它度量着两个变量之间的（线性）相关程度。类似于 r 的三变量或多变量指标是多元相关（multiple correlation）系数，记为 R。它度量着 Y 和所有解释变量的共同相关程度。虽然 r 可正可负，但 R 永远取正值。实际上，R 没有多大重要性，更有意义的量是 R^2。

在继续讨论之前，让我们指出 R^2 与 k 变量多元回归模型（7.4.20）中的一个偏回归系数的方差 $\mathrm{var}(\hat{\beta}_j)$ 之间的下述关系：

$$\mathrm{var}(\hat{\beta}_j) = \frac{\sigma^2}{\sum x_j^2}\left(\frac{1}{1-R_j^2}\right) \tag{7.5.6}$$

其中 $\hat{\beta}_j$ 是回归元 X_j 的偏回归系数，而 R_j^2 是 X_j 对其余 $k-2$ 个回归元进行回归的 R^2。（注：k 变量回归模型中有 $k-1$ 个回归元。）虽然方程（7.5.6）的用途要等到第 10 章讲多重共线性时才变得明显，但应看到此方程不过是公式（7.4.12）或（7.4.15）的推广。后面这两个公式适用于三变量回归模型，即一个回归子和两个回归元的模型。

7.6 一个说明性的例子

例 7.1 儿童死亡率与人均 GNP 和妇女识字率的关系

我们在第 6 章中考虑了儿童死亡率（CM）与人均 GNP（PGNP）之间的关系。在那里，我们发现 PGNP 如预期般对 CM 有负影响。现在让我们引入由妇女识字率（FLR）度量的妇女文化程度变量。根据经验，预计 FLR 对 CM 也具有负影响。在模型中同时引入这两个变量之后，我们就不需要专门净化每个回归元的净影响。我们将要估计每个回归元的（偏）回归系数。我们的模型为：

$$\mathrm{CM}_i = \beta_1 + \beta_2\,\mathrm{PGNP}_i + \beta_3\,\mathrm{FLR}_i + u_i \tag{7.6.1}$$

所需数据由表 6-4 给出。记住，CM 为每千名儿童中不足 5 岁便死亡的人数，PGNP 为 1980 年的人均 GNP，而 FLR 以百分比度量。我们的样本由 64 个国家构成。

使用 EViews 6 统计软件，我们得到如下结果：

$$\widehat{\mathrm{CM}}_i = 263.641\,6 - 0.005\,6\,\mathrm{PGNP}_i - 2.231\,6\,\mathrm{FLR}_i \tag{7.6.2}$$

$$\mathrm{se} = (11.593\,2)\,(0.001\,9) \qquad (0.209\,9) \qquad R^2 = 0.707\,7$$

$$\bar{R}^2 = 0.698\,1\,①$$

---

① 对 $\bar{R}^2$，可参见 7.8 节。

括号中的数字为估计的标准误。在我们解释这个回归之前，先观察 PGNP 的偏回归系数－0.005 6。它与我们之前用三步法所得到的结果 [见方程 (7.3.5)] 不是完全一样吗？你对此感到惊讶吗？不仅如此，两个标准误也完全相同，这些都不足为奇。但我们没有使用麻烦的三步法也得到了这些结果。

　　现在让我们来解释这些回归系数：－0.005 6 是 PGNP 的偏回归系数，它告诉我们，保持 FLR 的影响不变，PGNP 每提高 1 美元，儿童死亡率平均下降 0.005 6 个单位。在经济上更容易理解的解释是：若人均 GNP 提高 1 000 美元，则每千名儿童中不足 5 岁便死亡的儿童数平均下降约 5.6 人。系数－2.231 6 告诉我们，保持 PGNP 的影响不变，妇女识字率每提高 1%，每千名儿童中不足 5 岁便死亡的儿童数平均减少约 2.23 人。约等于 263 的截距值的机械解释就是，若 PGNP 和 FLR 固定为零，则每千名儿童中不足 5 岁便死亡的儿童数的均值为 263 人。当然，对这种解释应该有所保留。从实际情况可以推断出来的是，若这两个回归元都固定为零，则儿童死亡率应该相当高。约为 0.71 的 R^2 值意味着，儿童死亡率变异中约有 71% 可由 PGNP 和 FLR 来解释，考虑到 R^2 的最大值充其量为 1，这个值已相当高了。所有这些都说明回归结果讲得通。

　　估计系数的统计显著性如何？我们将在第 8 章讨论这个问题。我们在那里会看到，本章在许多方面都是对讨论双变量模型的第 5 章的一个推广。我们还将证明，双变量和多变量回归模型在统计推断（即假设检验）方面有一些重要的差别。

标准化变量的回归

　　在上一章中，我们介绍了对标准化变量进行回归的问题，并说过这种分析可推广至多元回归的情况。记住，如果将一个变量用它与其均值的离差除以其标准差的形式来表示，就称之为标准化变量或以标准差为单位表示的变量。

　　对儿童死亡率一例，结果如下：

$$\widehat{CM^*} = -0.202\,6PGNP_i^* - 0.763\,9FLR_i^*$$
$$se = (0.071\,3) \qquad (0.071\,3) \qquad r^2 = 0.707\,7 \qquad (7.6.3)$$

注：加星号的变量都是标准化变量。还要注意，出于上一章已经讨论过的原因，此模型中不包含截距项。

　　你从这个回归中可以看到，保持 FLR 不变，PGNP 提高一个标准差，导致 CM 平均下降 0.202 6 个标准差。类似地，保持 PGNP 不变，FLR 提高一个标准差，导致 CM 平均下降 0.763 9 个标准差。相对而言，妇女识字率比人均 GNP 对儿童死亡率的影响更大。这里你将看到使用标准化变量的好处，由于所有标准化变量的均值都是零，方差都是 1，因此标准化使所有变量都处在同一个标准之下。

不止一个回归元的单位变化对因变量的影响

　　在进一步讨论之前，假设我们想知道以下问题：如果 PGNP 和 FLR 同时提高，儿童死亡率会如何变化？假设人均 GNP 提高 1 美元，同时妇女识字率也提高 1%。这种同时变化对儿童死亡率有何影响？为了弄清楚这一点，我们所要做的无非就是把 PGNP 和 FLR 的系数乘以各自的变化，再把二者加总起来。在本例中，我们得到

$$-0.005\,6 \times 1 - 2.231\,6 \times 1 = -2.237\,2$$

即 PGNP 和 FLR 这种同时改变的结果是，每千名儿童中不足 5 岁便死亡的儿童数约减少 2.24 人。

更一般地，如果我们想得到不止一个回归元的单位变化对因变量的影响，我们所要做的无非就是把对应变量的系数相加。注意截距项没有在这些计算中出现。（为什么？）

7.7 从多元回归的角度看简单回归：设定偏误初探

记得经典线性回归模型的假定（7.1.10）声称，分析中所用的回归模型是正确设定的，也就是说，不存在设定偏误或误差（对此第 3 章曾有过一些初步的评论）。虽然第 13 章将对设定误差问题进行更透彻的讨论，但上一节的说明性例子给我们提供了机会去深入认识假定（7.1.10）的重要性，不仅如此，还启发我们更好地去认识偏回归系数的含义，从而比较正式地把我们引导到设定偏误的问题上来。

假定方程（7.6.1）是解释儿童死亡率与人均 GNP 和妇女识字率（FLR）之间关系的"真实"模型，但假设我们去掉 FLR 而估计如下简单回归：

$$Y_i = \alpha_1 + \alpha_2 X_{2i} + u_{1i} \tag{7.7.1}$$

其中 $Y = CM$，$X_2 = PGNP$。

因为方程（7.6.1）是真实模型，所以估计方程（7.7.1）将构成设定误差；这里的误差因省略妇女识字率变量 X_3 而形成。注意，我们在方程（7.7.1）中使用了不同的参数符号（α），以有别于真实模型（7.6.1）中的参数（β）。

现在 α_2 能给出模型（7.6.1）中 β_2 所表示的 PGNP 的真实影响的一个无偏估计吗？换言之，$E(\hat{\alpha}_2) = \beta_2$ 吗？其中 $\hat{\alpha}_2$ 是 α_2 的估计值。换句话说，知道我们从模型中省略了变量 X_3（即 FLR）后，方程（7.7.1）中 PGNP 的系数 α_2 是 PGNP 对 CM 真实影响的无偏估计吗？恰如所料，α_2 通常不是 β_2 的无偏估计。为粗略地了解一下偏误，我们做回归（7.7.1），并得到如下结论：

$$\widehat{CM}_i = 157.424\,4 - 0.011\,4\,PGNP_i \tag{7.7.2}$$

$$se = (9.845\,5)\quad (0.003\,2)\qquad r^2 = 0.166\,2$$

与"真实"多元回归（7.6.1）相比，从此回归中可观察到如下几点：

（1）从绝对值看（即去掉符号），PGNP 系数从 0.005 6 增加到 0.011 4，几乎

扩大了一倍。

（2）标准误不同。

（3）截距值不同。

（4）r^2 值明显不同，而随着模型中回归元个数的增加，r^2 值通常都会提高。

现在假设你将儿童死亡率对妇女识字率进行回归，而无视 PGNP 的影响，并得到如下结果：

$$\widehat{CM}_i = 263.863\,5 - 2.390\,5\,FLR_i \tag{7.7.3}$$
$$se = (21.224\,9) \quad (0.213\,3) \qquad r^2 = 0.669\,6$$

同样，如果将此（误设）回归的结果与"真实"多元回归的结果相比较，你会看出其差别，只是这里的差别没有回归（7.7.2）中的那么明显。

要指出的重要一点是，错误拟合一个模型会导致一个严重后果。我们在有关设定误差的第 13 章将更全面地讨论这个专题。

7.8 R^2 及调整 R^2

R^2 的一个重要性质是，它是出现在模型中的解释变量或回归元的个数的非减函数；随着回归元个数的增加，R^2 几乎必然增加并永不减小。换一种说法，增加一个 X 变量必不会减少 R^2。比如，将回归（7.7.2）或（7.7.3）与（7.6.2）相比较。为了看清楚这点，回忆一下判定系数的定义：

$$R^2 = \frac{ESS}{TSS}$$
$$= 1 - \frac{ESS}{TSS}$$
$$= 1 - \frac{\sum \hat{u}_i^2}{\sum y_i^2} \tag{7.8.1}$$

这里，$\sum y_i^2$ 就是 $\sum (Y_i - \overline{Y})^2$，与模型中 X 变量的个数无关。但 RSS，即 $\sum \hat{u}_i^2$，却与模型中出现的回归元个数相关。直观上，显而易见，随着 X 变量个数的增加，$\sum \hat{u}_i^2$ 很可能减小（至少不会增加）；方程（7.8.1）所定义的 R^2 也将随之增加。有鉴于此，在比较有相同因变量但有不同个数的 X 变量的回归时，选择有最高 R^2 值的模型时必须当心。

要比较两个 R^2 项，必须考虑到模型中出现的 X 变量的个数。如果我们考虑如下的另一种判定系数，这个问题就很容易解决：

$$\overline{R}^2 = 1 - \frac{\sum \hat{u}_i^2/(n-k)}{\sum y_i^2/(n-1)} \tag{7.8.2}$$

其中 $k=$ 模型中包括截距项在内的参数个数。（在三变量回归中 $k=3$。为什么？）如此定义的 R^2，称调整 R^2（adjusted R^2），记为 $\bar{R}^2$。"调整"一词指对方程（7.8.1）中的平方和所涉及的自由度进行调整：在一个包含 k 个参数（包括截距项）的模型中，$\sum \hat{u}_i^2$ 有 $n-k$ 个自由度，而 $\sum y_i^2$ 有 $n-1$ 个自由度。（为什么？）对于三变量情形，我们知道 $\sum \hat{u}_i^2$ 有 $n-3$ 个自由度。

方程（7.8.2）又可写为：

$$\bar{R}^2 = 1 - \frac{\hat{\sigma}^2}{S_Y^2} \tag{7.8.3}$$

其中 $\hat{\sigma}^2$ 是残差方差，是真实 σ^2 的一个无偏估计，而 S_Y^2 是 Y 的样本方差。

容易看出 $\bar{R}^2$ 和 R^2 有一定关系；将方程（7.8.1）代入方程（7.8.2）即得：

$$\bar{R}^2 = 1 - (1 - R^2)\frac{n-1}{n-k} \tag{7.8.4}$$

从方程（7.8.4）可立即看出：（1）对于 $k > 1$，$\bar{R}^2 < R^2$。这意味着，随着 X 变量的个数增加，调整 R^2 比未调整的 R^2 增加得慢些。（2）虽然 R^2 必定是非负的，但 $\bar{R}^2$ 可以是负的。[1] 在应用中，如果遇到 $\bar{R}^2$ 出现负的情形，就把它的值取为零。

实践中应选用哪一个 R^2？如瑟尔所指出的那样：

> R^2 对回归拟合的描述，特别是当解释变量的个数相对于观测次数来说不算很少的时候，明显地偏向于乐观，因此，用 $\bar{R}^2$ 而不用 R^2 是一种好的实践。[2]

但瑟尔的观点并没有被人们一致接受，因为他未曾为 $\bar{R}^2$ 的"优越性"提出任何一般理论性的论点。例如，戈德伯格称修正 R^2（modified R^2）也是同样好的[3]，其公式为：

$$\text{修正 } R^2 = (1 - k/n)R^2 \tag{7.8.5}$$

他建议把 R^2、n 和 k 一起报告出来，让读者决定怎样为说明 n 和 k 的作用而调整 R^2。

不管这个建议怎样，大多数统计软件都是把方程（7.8.4）所给的调整 R^2 连同惯用的 R^2 一起报告。读者完全可以把 $\bar{R}^2$ 当作另一个摘要统计量来看待。

顺便提一句，对于儿童死亡率回归（7.6.2），读者可以验证，$\bar{R}^2$ 为 0.698 1，记住在此例中，$(n-1)=63$，$(n-k)=60$。恰如所料，$\bar{R}^2$ 小于 R^2。

除了用 R^2 和调整 R^2 作为拟合优度的度量方法之外，还有其他准则（或判据）

① 然而，要注意，若 $R^2=1$，则 $\bar{R}^2=R^2=1$。当 $R^2=0$ 时，$\bar{R}^2=(1-k)/(n-k)$。此时，如果 $k>1$，$\bar{R}^2$ 就是负的。

② Henri Theil, *Introduction to Econometrics*, Prentice Hall, Englewood Cliffs, NJ, 1978, p. 135.

③ Arthur S. Goldberger, *A Course in Econometrics*, Harvard University Press, Cambridge, Mass., 1991, p. 178. 关于 R^2 更多的批判性意见，见 S. Cameron, "Why Is the R Squared Adjusted Reported?" *Journal of Quantitative Economics*, vol. 9, no. 1, January 1993, pp. 183-186. 作者称："R^2 不是一个检验统计量，而且没有任何清晰直观的理由把它当作描述统计量。最后，我们应该明白，它并非防止数据挖掘的有效手段。"

也常被用来判断一个回归模型的适用性。其中的两个是赤池信息量准则（Akaike information criterion，AIC）和雨宫预测准则（Amemiya's prediction criteria），用以挑选相互媲美的模型。当在第 13 章考虑模型选择问题时，我们将详细讨论这些准则。

比较两个 R^2 值

根据判定系数，不管是用调整的还是未经调整的判定系数来评价两个模型，一定要注意样本容量 n 和因变量都必须相同，而解释变量则可取任何形式。因此，对模型：

$$\ln Y_i = \beta_1 + \beta_2 X_{2i} + \beta_3 X_{3i} + u_i \tag{7.8.6}$$

$$Y_i = \alpha_1 + \alpha_2 X_{2i} + \alpha_3 X_{3i} + u_i \tag{7.8.7}$$

计算的两个 R^2 是不可比较的。理由如下：按定义，R^2 度量着因变量的变异被（诸）解释变量解释的部分（占 Y 总变异的比重）。因此，在方程（7.8.6）中，R^2 度量着由 X_2 和 X_3 解释的 $\ln Y$ 的变异部分，而在方程（7.8.7）中，R^2 则度量着被解释的 Y 的变异部分，两者不是同一回事。如第 6 章中所指出的，$\ln Y$ 的变化给出了 Y 的相对变化或比例变化，而 Y 的变化则指 Y 的绝对变化。$\mathrm{var}\hat{Y}_i/\mathrm{var}Y_i$ 不等于 $\mathrm{var}(\widehat{\ln Y_i})/\mathrm{var}(\ln Y_i)$。也就是说，两个判定系数是不同的。[①]

在回归子的形式不同的两个模型中，如何比较其 R^2 呢？为回答这个问题，让我们首先考虑一个数字例子。

例 7.2　1970—1980 年美国的咖啡消费

考虑表 7-1 中的数据。表中是有关美国 1970—1980 年人均日均咖啡消费量（Y）和真实零售价格（X）的数据。对这些数据应用 OLS，我们得到如下回归结果：

$$\hat{Y}_t = 2.6911 - 0.4795 X_t \tag{7.8.8}$$

$$\text{se} = (0.1216)(0.1140) \qquad \text{RSS} = 0.1491 \quad r^2 = 0.6628$$

这个结果的经济含义是：随着咖啡价格上涨 1 单位，人均日均咖啡消费量平均下降约半杯。约等于 0.66 的 r^2 值意味着，咖啡价格变化大约能解释咖啡消费量变化的 66%。读者很容易验证，

---

① 由 R^2 的定义可知，对于线性模型，有：

$$1 - R^2 = \frac{\text{RSS}}{\text{TSS}} = \frac{\sum \hat{u}_t^2}{\sum (Y_i - \overline{Y})^2}$$

对于对数模型，有：

$$1 - R^2 = \frac{\sum \hat{u}_t^2}{\sum (\ln Y_i - \overline{\ln Y})^2}$$

由于这两个表达式右端的分母各不相同，因此我们不能直接比较其 R^2 项。如例 7.2 所示，对于线性形式，RSS=0.1491（咖啡消费的残差平方和），而对于对数线性形式，RSS=0.0226（对数咖啡消费的残差平方和）。这两种残差属于不同的数量级，因而不可直接比较。

这个方程的斜率系数是统计显著的。

表 7-1　　　　　　　　　　　　1970—1980 年美国咖啡消费量与价格* 的关系

年份	Y（杯）	X（美元）
1970	2.57	0.77
1971	2.50	0.74
1972	2.35	0.72
1973	2.30	0.73
1974	2.25	0.76
1975	2.20	0.75
1976	2.11	1.08
1977	1.94	1.81
1978	1.97	1.39
1979	2.06	1.20
1980	2.02	1.17

注：* 名义价格除以食品与饮料的消费者价格指数（1967 年＝100）。

资料来源：Y 取自 *Summary of National Coffee Drinking Study*，Data Group，Elkins Park，Penn.，1981；名义 X（即以当前价格表示的 X）取自 *Nielsen Food Index*，A. C. Nielsen，New York，1981。

感谢斯科特·E. 桑德伯格（Scott E. Sandberg）为收集数据所做的工作。

利用同样的数据，也可以估计出如下双对数或不变弹性模型：

$$\widehat{\ln Y_t} = 0.777\,4 - 0.253\,0 \ln X_t$$

$$\text{se} = (0.015\,2)(0.049\,4) \quad \text{RSS} = 0.022\,6 \quad r^2 = 0.744\,8 \tag{7.8.9}$$

因为这是一个双对数模型，所以斜率系数直接给出了价格弹性系数的一个估计值。在目前的例子中，它告诉我们，若咖啡的价格上涨 1％，则人均日均咖啡消费量平均下降约 0.25 个百分点，记住，在线性回归模型（7.8.8）中，斜率系数只给出了咖啡消费量相对价格的变化率。（你如何在线性回归模型中估计价格弹性呢？）约等于 0.74 的 r^2 值意味着咖啡价格的对数变化大约能解释咖啡消费量对数变化的 74％。读者很容易验证，这个方程的斜率系数是统计显著的。

既然线性回归模型的 r^2 值 0.662 8 比对数线性模型的 r^2 值 0.744 8 小，那你可能禁不住要选择 r^2 值高的后一个模型。但出于前面提到的原因，我们不能这么做。若要对这两个 r^2 值进行比较，你可以采取如下步骤：

（1）从方程（7.8.9）中计算出每个观测的 $\widehat{\ln Y_t}$，即从此模型中得到每个观测的对数估计值。取其反对数，然后按照方程（3.5.14）所指明的方法计算这些反对数与实际 Y_t 值之间的 r^2。这个 r^2 值和得自方程（7.8.8）的 r^2 值便是可比的。

（2）或者，假设所有的 Y 值都为正，则取其对数便得到 ln Y。从线性回归模型（7.8.8）中得到 Y_t 的估计值（即 $\hat{Y}_t$），然后取这些估计值的对数（即得到 $\ln \hat{Y}_t$），并按照方程（3.5.14）所指明的方法计算 $\ln Y_t$ 与 $\ln \hat{Y}_t$ 之间的 r^2 值。这个 r^2 值与从方程（7.8.9）得到的 r^2 值便是可比的。

对我们的咖啡消费一例而言，我们在表7-2中给出了计算这些可比较的 r^2 值所必需的原始数据。为了将线性回归模型（7.8.8）中的 r^2 值与对数线性模型（7.8.9）中的 r^2 值相比较，我们首先得到 $\hat{Y}_t$ 的对数值 $\ln \hat{Y}_t$［在表7-2中第（6）列给出］，然后得到 Y 实际值的对数［在表7-2中第（5）列给出］，再利用方程（3.5.14）计算这两组数值之间的 r^2 值。计算出来的 r^2 值为 0.677 9，现在便可与对数线性模型的 r^2 值 0.744 8 相比较了。这两个 r^2 值之间的差别约为 0.07。

表7-2   **用于比较两个 R^2 值的原始数据**

年份	Y_t （1）	$\hat{Y}_t$ （2）	$\widehat{\ln Y_t}$ （3）	$\widehat{\ln Y_t}$ 的反对数 （4）	$\ln Y_t$ （5）	$\ln \hat{Y}_t$ （6）
1970	2.57	2.321 887	0.843 555	2.324 616	0.943 906	0.842 380
1971	2.50	2.336 272	0.853 611	2.348 111	0.916 291	0.848 557
1972	2.35	2.345 863	0.860 544	2.364 447	0.854 415	0.852 653
1973	2.30	2.341 068	0.857 054	2.356 209	0.832 909	0.850 607
1974	2.25	2.326 682	0.846 863	2.332 318	0.810 930	0.844 443
1975	2.20	2.331 477	0.850 214	2.340 149	0.788 457	0.846 502
1976	2.11	2.173 233	0.757 943	2.133 882	0.746 688	0.776 216
1977	1.94	1.823 176	0.627 279	1.872 508	0.662 688	0.600 580
1978	1.97	2.024 579	0.694 089	2.001 884	0.678 034	0.705 362
1979	2.06	2.115 689	0.731 282	2.077 742	0.722 706	0.749 381
1980	2.02	2.130 075	0.737 688	2.091 096	0.703 098	0.756 157

注：第（1）列为来自表7-1的 Y 实际值。
　　第（2）列为来自线性回归模型（7.8.8）的 Y 估计值。
　　第（3）列为来自对数线性模型（7.8.9）的 $\ln Y$ 估计值。
　　第（4）列为第（3）列中数值的反对数。
　　第（5）列为第（1）列中 Y 的对数值。
　　第（6）列为第（2）列中 $\hat{Y}$ 的对数值。

如果我们想将对数线性模型的 r^2 值与线性模型中的 r^2 值相比较，那么我们首先从方程（7.8.9）计算出每个观测的 $\widehat{\ln Y_t}$［在表7-2中第（3）列给出］，再求出其反对数值［在表7-2中第（4）列给出］，然后按照公式（3.5.14）计算这些反对数值与 Y 实际值之间的 r^2 值。计算出来的 r^2 值为 0.718 7，比从线性回归模型（7.8.8）中所得到的 r^2 值 0.662 8 略高一些。

如此看来，无论用哪一种方法，对数线性模型拟合得总是略好一些。

在回归元之间分配 R^2

让我们回到儿童死亡率一例。一方面，我们在方程（7.6.2）中看到，PGNP 和 FLR 两个回归元解释了儿童死亡率变异中的 0.707 7 或 70.77%。但现在我们再考虑去掉 FLR 变量的回归（7.7.2），r^2 值下降到 0.166 2。这是否意味着 r^2 值的差值 0.541 5（=0.707 7−0.166 2）都是去掉的变量 FLR 所能解释的部分呢？另一方面，如果考虑去掉 PGNP 变量的回归（7.7.3），r^2 值下降到 0.669 6。这是否又意味着 r^2 值的差值 0.038 1（=0.707 7−0.669 6）是去掉的变量 PGNP 所能解释的部分呢？

于是问题是：我们能否如此将多元回归的 R^2 值 0.707 7 在 PGNP 和 FLR 这两个回归元之间分配？遗憾的是，我们不能这么做，因为正如我们刚才说明的那样，这种分配取决于我们引入回归元的顺序。这里的部分问题在于这两个回归元的相关关系，其相关系数为 0.268 5（用表 6-4 中的数据来验证）。在大多数包含几个回归元的应用研究中，回归元之间的相关都是一个常见问题。当然，若回归元之间存在完全共线性，那么问题就很严重了。

最好的实践忠告就是，试图将 R^2 值在其包含的回归元中进行分配没有什么意义。

关于 $\bar{R}^2$ 最大化的"游戏"

在结束本节的讨论时，提出一个警告是合适的：有时一些研究者会玩 $\bar{R}^2$ 最大化的游戏。也就是说，要选择有最高 $\bar{R}^2$ 值的模型。但这样做可能是危险的。因为在回归分析中，我们的目的并不是为了得到一个高的 $\bar{R}^2$，而是要得到真实总体回归系数的可靠估计并做出有关的统计推断。在实证分析中，在得到一个很高 $\bar{R}^2$ 的同时发现某些回归系数统计上不显著或与先验预期的符号相反的情形屡见不鲜，故研究者应更关心解释变量与因变量的逻辑或理论关系及统计显著性。如果在这一研究过程中，我们得到了一个高的 $\bar{R}^2$ 自然很好，但如果 $\bar{R}^2$ 偏低，模型也未必是坏的。[1]

实际上，戈德伯格曾对 R^2 的作用有过告诫：

在我们看来，在回归分析中，R^2 作为从一堆数据里拟合一个样本最小二乘回归的优度，只起到一种很平常的作用。在经典回归（经典线性回归）模型中，没有哪一点要求 R^2 必须很高。因而，一个高的 R^2 不是肯定模型的证据，而一个低的 R^2 也不是否定模型的证据。

事实上，关于 R^2 的最重要的事情是，它在经典回归模型中是不重要的。经典回归模型是用来研究一个总体中的参数的，它不关心在一个样本中拟合的好坏……如果人们坚持要对预测成功（而不是失败）有一个度量，那么有 σ^2 也许足够了。毕竟，如果用总体回归函数作为预测元，参数 σ^2 就是期望预测误差的平方。换句话说，预测的标准误的平方……也许对适当取定的 X（回归元）值来说是富有信息的。[2]

---

[1] 一些作者意在抵消对 R^2 用于衡量拟合优度以及比较两个或多个 R^2 值的过分重视。参见 Christopher H. Achen, *Interpreting and Using Regression*, Sage Publications, Beverly Hills, Calif., 1982, pp. 58-67; C. Granger and P. Newbold, "R^2 and the Transformation of Regression Variables," *Journal of Econometrics*, vol. 4, 1976, pp. 205-210。值得一提的是，根据最高的 R^2 挑选模型的做法属于一种数据挖掘，导致了所谓的预检偏误（pretest bias）。这种偏误可能破坏了经典线性回归模型 OLS 估计量的某些性质。关于这一论题，读者可参见 George G. Judge, Carter R. Hill, William E. Griffiths, Helmut Lütkepohl, and Tsoung-Chao Lee, *Introduction to the Theory and Practice of Econometrics*, John Wiley, New York, 1982, Chapter 21.

[2] Arther S. Goldberger, op. cit., pp. 177-178.

7.9 柯布-道格拉斯生产函数：函数形式再议

在 6.4 节中，我们说明了怎样通过适当的变量代换把非线性关系式转换为线性的，以便在经典线性回归模型的框架内考虑问题。当时相对于双变量情形而讨论的各种变换是能够容易地推广应用到多元回归模型上来的。本节拟通过双变量对数线性模型的多变量推广来讲解变量代换；其他的函数形式则散见于习题以及本书其余部分所讨论的说明性例子中。我们即将讨论的特殊例子是生产理论中著名的柯布-道格拉斯生产函数（Cobb-Douglas production function）。

柯布-道格拉斯生产函数的随机形式可表达为：

$$Y_i = \beta_1 X_{2i}^{\beta_2} X_{3i}^{\beta_3} e^{u_i} \tag{7.9.1}$$

其中Y＝产出；

X_2＝劳动投入；

X_3＝资本投入；

u＝随机干扰项；

e＝自然对数的底。

显然，方程（7.9.1）给出的产出与两种投入之间的关系式是非线性的。然而，通过模型的对数变换，可得到：

$$\begin{aligned} \ln Y_i &= \ln \beta_1 + \beta_2 \ln X_{2i} + \beta_3 \ln X_{3i} + u_i \\ &= \beta_0 + \beta_2 \ln X_{2i} + \beta_3 \ln X_{3i} + u_i \end{aligned} \tag{7.9.2}$$

其中$\beta_0 = \ln \beta_1$。

这种形式的模型对参数β_0，β_2和β_3是线性的，因而是一个线性回归模型。注意，虽然如此，它对变量Y和X为非线性的而对这些变量的对数为线性的。简言之，方程（7.9.2）是一个对数-对数、双对数或对数线性模型。它是双变量对数线性模型（6.5.3）在多元回归中的对应形式。

柯布-道格拉斯生产函数的性质是众所周知的：

（1）β_2是产出对劳动投入的（偏）弹性，即它度量着在保持资本投入不变的情况下劳动投入变化 1% 时的产出百分比变化（见习题 7.9）。

（2）类似地，β_3是在保持劳动投入不变情况下产出对资本投入的（偏）弹性。

（3）总和（$\beta_2 + \beta_3$）给出了关于规模报酬（returns to scale）的信息，即产出对投入的比例变化的反应。如果此总和为 1，则规模报酬不变（constant returns to scale），即 2 倍的投入将带来 2 倍的产出，3 倍的投入将带来 3 倍的产出，等等。如果总和小于 1，则规模报酬递减（decreasing returns to scale），即 2 倍的投入将带来少于 2 倍的产出。最后，如果总和大于 1，则规模报酬递增（increasing returns to scale），即 2 倍的投入将带来多于 2 倍的产出。

在继续讨论之前，应看到无论你的对数线性模型涉及多少个 X 变量，每个 X 变量的系数都代表因变量对该变量的（偏）弹性。例如，如果你有一个 k 变量对数线性模型

$$\ln Y_i = \beta_0 + \beta_2 \ln X_{2i} + \beta_3 \ln X_{3i} + \cdots + \beta_k \ln X_{ki} + u_i \qquad (7.9.3)$$

则从 β_2 到 β_k 的每个（偏）回归系数都是 Y 对从 X_2 到 X_k 变量的（偏）弹性。[①]

例 7.3　美国制造业部门的产出、劳动投入和资本投入

为了说明柯布-道格拉斯生产函数，我们收集了表 7-3 中的数据，这些数据反映了 2005 年美国 50 个州和华盛顿特区的制造业部门数据。

表 7-3　　　　2005 年美国制造业部门的产出、劳动投入和资本投入

地区	产出 （千美元） Y	劳动投入 （千小时） X_2	资本投入 （千美元） X_3
亚拉巴马	38 372 840	424 471	2 689 076
阿拉斯加	1 805 427	19 895	57 997
亚利桑那	23 736 129	206 893	2 308 272
阿肯色	26 981 983	304 055	1 376 235
加利福尼亚	217 546 032	1 809 756	13 554 116
科罗拉多	19 462 751	180 366	1 790 751
康涅狄格	28 972 772	224 267	1 210 229
特拉华	14 313 157	54 455	421 064
哥伦比亚特区	159 921	2 029	7 188
佛罗里达	47 289 846	471 211	2 761 281
佐治亚	63 015 125	659 379	3 540 475
夏威夷	1 809 052	17 528	146 371
爱达荷	10 511 786	75 414	848 220
伊利诺伊	105 324 866	963 156	5 870 409
印第安纳	90 120 459	835 083	5 832 503
艾奥瓦	39 079 550	336 159	1 795 976
堪萨斯	22 826 760	246 144	1 595 118
肯塔基	38 686 340	384 484	2 503 693
路易斯安那	69 910 555	216 149	4 726 625

---

① 为了看到这一点，将方程（7.9.3）对每个 X 变量的对数求偏微分，于是就有 $\partial \ln Y / \partial \ln X_2 = (\partial Y / \partial X_2)(X_2/Y) = \beta_2$，根据定义，这就是 Y 对 X_2 的弹性；同样，$\partial \ln Y / \partial \ln X_3 = (\partial Y / \partial X_3)(X_3/Y) = \beta_3$，这就是 Y 对 X_3 的弹性，等等。

续表

地区	产出（千美元）Y	劳动投入（千小时）X_2	资本投入（千美元）X_3
缅因	7 856 947	82 021	415 131
马里兰	21 352 966	174 855	1 729 116
马萨诸塞	46 044 292	355 701	2 706 065
密歇根	92 335 528	943 298	5 294 356
明尼苏达	48 304 274	456 553	2 833 525
密西西比	17 207 903	267 806	1 212 281
密苏里	47 340 157	439 427	2 404 122
蒙大拿	2 644 567	24 167	334 008
内布拉斯加	14 650 080	163 637	627 806
内华达	7 290 360	59 737	522 335
新罕布什尔	9 188 322	96 106	507 488
新泽西	51 298 516	407 076	3 295 056
新墨西哥	20 401 410	43 079	404 749
纽约	87 756 129	727 177	4 260 353
北卡罗来纳	101 268 432	820 013	4 086 558
北达科他	3 556 025	34 723	184 700
俄亥俄	124 986 166	1 174 540	6 301 421
俄克拉何马	20 451 196	201 284	1 327 353
俄勒冈	34 808 109	257 820	1 456 683
宾夕法尼亚	104 858 322	944 998	5 896 392
罗得岛	6 541 356	68 987	297 618
南卡罗来纳	37 668 126	400 317	2 500 071
南达科他	4 988 905	56 524	311 251
田纳西	62 828 100	582 241	4 126 465
得克萨斯	172 960 157	1 120 382	11 588 283
犹他	15 702 637	150 030	762 671
佛蒙特	5 418 786	48 134	276 293
弗吉尼亚	49 166 991	425 346	2 731 669
华盛顿	46 164 427	313 279	1 945 860
西弗吉尼亚	9 185 967	89 639	685 587
威斯康星	66 964 978	694 628	3 902 823
怀俄明	2 979 475	15 221	361 536

资料来源：*2005 Annual Survey of Manufacturers*，Sector 31：Supplemental Statistics for U. S.。

假定模型（7.9.2）满足经典线性回归模型的假定。[①] 用 OLS 得到如下回归（计算机输出结果见附录 7A 的 7A.5 节）：

$$\widehat{\ln Y_i} = 3.887\,6 + 0.468\,3 \ln X_{2i} + 0.521\,3 \ln X_{3i} \qquad (7.9.4)$$
$$\qquad\quad (0.396\,2)\quad (0.098\,9)\qquad\quad (0.096\,9)$$
$$t = (9.811\,5)\quad (4.734\,2)\qquad\quad (5.380\,3)$$

$$R^2 = 0.964\,2 \qquad df = 48$$
$$\overline{R}^2 = 0.962\,7$$

从方程（7.9.4）我们看到 2005 年美国制造业产出的劳动和资本弹性分别是 0.468 3 和 0.521 3。换言之，在研究期间，保持资本投入不变，劳动投入增加 1 个百分点，平均导致产出增加约 0.47 个百分点。类似地，保持劳动投入不变，资本投入增加 1 个百分点，平均导致产出增加约 0.52 个百分点。把两个产出弹性相加，得到 0.99，即规模报酬参数的取值。由此可以看出，在此研究期间，美国 50 个州和哥伦比亚特区的制造业具有规模报酬不变的特征。

从纯粹的统计观点看，所估计的回归线对数据的拟合相当良好。R^2 取值为 0.964 2，表示产出（的对数）的变异 96％都可由劳动和资本（的对数）来解释。在第 8 章中，我们将看到怎样用估计的标准误去检验有关美国制造业的柯布-道格拉斯生产函数中参数"真"值的假设。

7.10 多项式回归模型

作为本章的最后一部分，我们现在考虑一类多元回归模型，即多项式回归模型（polynomial regression models）。这类模型在有关成本和生产函数的计量经济研究中有广泛的用途。在介绍这些模型的同时，我们进一步扩大了经典线性回归模型的适用范围。

为便于分析，考虑图 7-1。该图描述了生产一种商品的边际成本（Y）与它的产出（X）水平之间的关系。图中随手画出的教科书般的 U 形 MC 曲线表明了边际成本和产出之间的关系是非线性的。如果我们要把这种得自给定散点图的关系加以量化，应怎么办？换句话说，什么类型的计量经济模型能给出边际成本先降后升的性质？

从图形上看，图 7-1 描绘的 MC 曲线代表一条抛物线。在数学上，抛物线的表达式是

$$Y = \beta_0 + \beta_1 X + \beta_2 X^2 \qquad (7.10.1)$$

[①] 注意在柯布-道格拉斯生产函数（7.9.1）中，我们以特殊方式引进随机误差项，以使对数变换后得到通常的线性形式。参见 6.9 节。

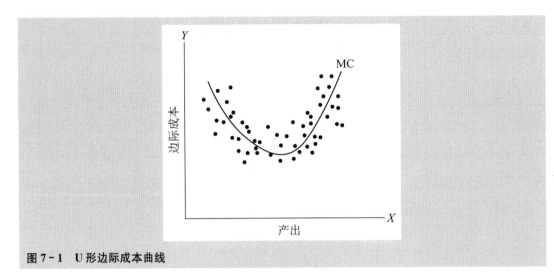

图 7-1　U 形边际成本曲线

它被称为二次函数或更一般地被称为变量 X 的二次多项式——X 的最高次方代表多项式的次数。（如果在上述函数中加进 X^3 项，就得到三次多项式，如此类推。）

方程（7.10.1）的随机形式可写为：

$$Y_i = \beta_0 + \beta_1 X_i + \beta_2 X_i^2 + u_i \qquad (7.10.2)$$

此即二阶多项式回归。

k 阶多项式回归可写为：

$$Y_i = \beta_0 + \beta_1 X_i + \beta_2 X_i^2 + \cdots + \beta_k X_i^k + u_i \qquad (7.10.3)$$

注意，在这类多项式回归中，方程右边只有一个解释变量，但以不同的乘方出现，从而使方程成为多元回归模型。顺便提一下，如果 X 被假定为固定的或非随机的，那么带有乘方的各 X_i 项也成为固定的或非随机的。

这种模型会带来特殊的估计问题吗？由于二次多项式（7.10.2）或 k 次多项式（7.10.3）对参数 β 而言都是线性的，故可用普通最小二乘法或极大似然法来估计。但会有什么共线性问题吗？既然各个 X 项都是 X 的幂函数，它们会不会高度相关？是的，但应记住，X^2、X^3、X^4 等项都是 X 的非线性函数，所以严格地说，这并不违反无多重共线性的假定。总之，多项式回归模型没有提出任何新的估计问题，可用本章讲过的方法去估计它们。

例 7.4　估计总成本函数

作为多项式回归的一个例子，考虑表 7-4 给出的短期内某商品的产出及总成本数据。什么类型的回归模型能拟合这些数据呢？为此，我们先画出散点图，如图 7-2 所示。

由此图显而易见，总成本与产出之间的关系像一条拉长的 S 曲线；注意这条总成本曲线先是缓慢上升，然后急剧上升，如同著名的边际报酬递减定律所描述的。总成本曲线的 S 形状可以由下面的立方或三次多项式来刻画：

表 7 - 4   产出（X）与总成本（Y）

产出	总成本（美元）
1	193
2	226
3	240
4	244
5	257
6	260
7	274
8	297
9	350
10	420

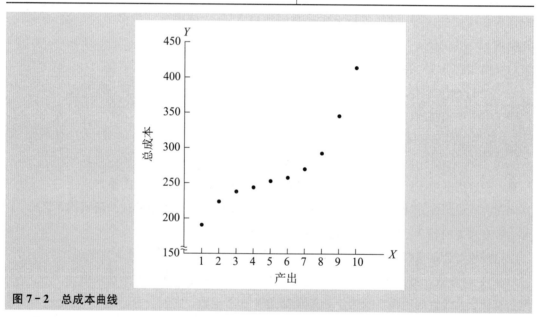

图 7 - 2　总成本曲线

$$Y_i = \beta_0 + \beta_1 X_i + \beta_2 X_i^2 + \beta_3 X_i^3 + u_i \tag{7.10.4}$$

其中 Y＝总成本，X＝产出。

　　给定表 7 - 4 的数据，可用 OLS 估计方程（7.10.4）中的参数。在估计之前，先看看经济理论对短期的立方总成本函数（7.10.4）是如何描述的。基本价格理论表明，在短期，典型地说，生产的边际成本（MC）和平均成本（AC）都是 U 形的——最初，随着产出增加，MC 和 AC 都下降，但到了一定产出水平之后，两者均转而升高，再次显示了边际报酬递减定律的后果。这可以从图 7 - 3（及图 7 - 1）看出。而由于 MC 和 AC 曲线可以由总成本曲线推导出来，故这些曲线的 U 形性质给总成本曲线（7.10.4）的参数添加了一些约束。事实上，可以证明，如果短期边际成本曲线和平均成本曲线遵循 U 形，方程（7.10.4）的参数必须满足如下约束条件[①]：

(1) β_0，β_1 和 $\beta_3 > 0$；

(2) $\beta_2 < 0$，

(3) $\beta_2^2 < 3\beta_1\beta_3$。

(7.10.5)

所有这些理论探讨也许看来有些令人厌烦，但这种知识在我们分析经验结果时非常有用，如果经验结果与事先的理论预期不符，那么假定我们的模型没有设定误差（即没有选用错误的模型），我们就必须修改我们的理论或寻求新的理论，然后重新开始我们的经验研究。但如同引言中所提到的那样，这是任何经验研究的共性。

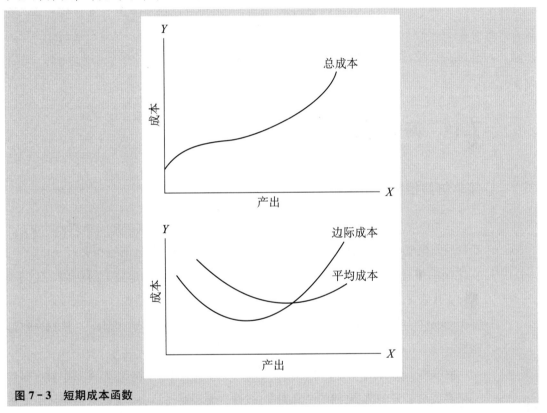

图 7-3 短期成本函数

实证结果。 用三次多项式拟合表 7-4 的数据，得到如下结果：

$$\hat{Y}_i = 141.766\ 7 + 63.477\ 6\ X_i - 12.961\ 5\ X_i^2 + 0.939\ 6 X_i^3$$

$$(6.375\ 3) \quad (4.778\ 6) \qquad (0.985\ 7) \qquad (0.059\ 1) \quad R^2 = 0.998\ 3$$

(7.10.6)

（注：括号中的数字是估计的标准误。）在下一章中我们将分析这些结果的统计显著性。读者能证实它们和方程（7.10.5）所列举的理论预期是一致的。至于怎样解释回归（7.10.6），我们把它作为习题留给读者。

---

① 参见 Alpha C. Chiang，*Fundamental Methods of Mathematical Economics*，3d ed.，McGraw-Hill，New York，1984，pp. 250-252。

例 7.5 **2007 年 190 个国家的 GDP 增长率与相对人均 GDP（以 2000 年十亿美元计）**

作为多项式回归模型的另外一个经济例子，考虑如下回归结果：

$$\widehat{GDPG}_i = 5.534\ 7 - 5.578\ 8\ RGDP + 2.837\ 8\ RGDP^2$$

$$se = (0.243\ 5)(1.599\ 5) \qquad (1.439\ 1) \tag{7.10.7}$$

$$R^2 = 0.109\ 2 \qquad \overline{R}^2 = 0.099\ 6$$

其中 GDPG 表示 2007 年的 GDP 增长率，RGDP 表示 2007 年的相对人均 GDP（即占美国 2007 年人均 GDP 的百分比）。$\overline{R}^2$ 告诉我们，在考虑了回归元的个数之后，该模型也只解释了 GDPG 变动的 9.96%。即便从未经调整的 R^2 来看，0.109 2 也很小。这个值听起来让人气馁，但我们在下一章将会看到，在一个含有大量观测的横截面数据中，经常会遇到这么低的 R^2 值。而且，我们在下一章将会证明，即便一个明显很低的 R^2 值也可能是统计显著的（即异于零）。

7.11 偏相关系数

简单与偏相关系数的释义

在第 3 章中，我们介绍了度量两变量之间线性关联程度的相关系数 r。对于三变量回归模型，我们可以算出三个相关系数：r_{12}（Y 与 X_2 之间的相关），r_{13}（Y 与 X_3 之间的相关）和 r_{23}（X_2 与 X_3 之间的相关）。注意，出于记号上的便利，我们令下标 1 代表 Y。这些相关系数可称毛（gross）或简单相关系数（simple correlation coefficient），或称零阶相关系数（correlation coefficient of zero order）。这些系数都能按方程（3.5.13）所给相关系数的定义计算出来。

但考虑下述问题：比方说，如果有第三个变量 X_3 同 Y 和 X_2 都可能相关，那么 r_{12} 果真度量了 Y 与 X_2 之间的"真实"（线性）关联度吗？这个问题又可类比于下述问题：假设真实的回归模型是（7.1.1），但我们从模型中略去了变量 X_3，仅做了 Y 对 X_2 的回归，并得到斜率系数 b_{12}。这个系数是否等于我们一开始就要估计的模型（7.1.1）的真实系数 β_2 呢？从我们在 7.7 节中的讨论看，答案是明显的。一般来说，r_{12} 在 X_3 出现的情形下不大可能反映 Y 和 X_2 之间的真实关联度。事实上，我们即将看到，它容易给出 Y 与 X_2 之间相关性质的一个错误印象。因此，我们还需要有一个不依赖于 X_3 对 X_2 和 Y 影响（如果这个影响存在的话）的一种相关系数。我们最好把这种系数称为偏相关系数（partial correlation coefficient），并且它可以被计算出来。它类似于偏回归系数。让我们定义：

$$R_{12.3} = X_3 \text{ 保持不变下的 } Y \text{ 和 } X_2 \text{ 的偏相关系数}$$

$$R_{13.2} = X_2 \text{ 保持不变下的 } Y \text{ 和 } X_3 \text{ 的偏相关系数}$$

$R_{23.1}=Y$ 保持不变下的 X_2 和 X_3 的偏相关系数

从简单或零阶相关系数很容易就能计算出这些偏相关系数（证明见习题）[①]：

$$r_{12.3} = \frac{r_{12} - r_{13}r_{23}}{\sqrt{(1-r_{13}^2)(1-r_{23}^2)}} \tag{7.11.1}$$

$$r_{13.2} = \frac{r_{13} - r_{12}r_{23}}{\sqrt{(1-r_{12}^2)(1-r_{23}^2)}} \tag{7.11.2}$$

$$r_{23.1} = \frac{r_{23} - r_{12}r_{13}}{\sqrt{(1-r_{12}^2)(1-r_{13}^2)}} \tag{7.11.3}$$

由方程（7.11.1）到（7.11.3）给出的偏相关系数被称为一阶相关系数（first-order correlation coefficient），这里所说的阶是指次段下标的个数。例如，$r_{12.34}$ 是二阶相关系数，$r_{12.345}$ 是三阶相关系数，等等。前面曾指出，r_{12}、r_{13} 等被称为简单或零阶相关系数。$R_{12.34}$（比方说）的含义是在保持 X_3 和 X_4 不变的情况下，Y 和 X_2 之间的相关系数。

简单与偏相关系数的解说

在双变量情形中，简单相关系数 r 有明显的含义：它度量着因变量 Y 与单个解释变量 X 之间的（线性）关联程度（而非因果关系）。可一旦超出双变量情形，我们对简单相关系数的解释就需要细心。例如，从方程（7.11.1）我们观察到：

（1）即使 $r_{12}=0$，$r_{12.3}$ 并不为零，除非 r_{13} 或 r_{23} 或两者都为零。

（2）如果 $r_{12}=0$，而 r_{13} 和 r_{23} 均不为零且有相同的符号，则 $r_{12.3}$ 为负的，而如果 r_{13} 和 r_{23} 符号相反，则 $r_{12.3}$ 为正的。举一个例子将能说明这一点。令 $Y=$ 农作物收成，$X_2=$ 雨量，$X_3=$ 气温。假定 $r_{12}=0$，即农作物收成和雨量没有关系。再假定 r_{13} 是正的，而 r_{23} 是负的。这时方程（7.11.1）表明 $r_{12.3}$ 将是正的；也就是说，在保持气温不变的情况下，收成和雨量有正的相关关系。然而这种看起来似乎矛盾的结论并不令人惊奇。因为气温 X_3 同时影响收成 Y 和雨量 X_2。要找出农作物收成与雨量之间的净关系，需要去除"讨厌"变量气温的影响。本例表明了人们是怎样被简单相关系数所误导的。

（3）$r_{12.3}$ 项和 r_{12} 项（及类似项的比较）不一定同号。

（4）在双变量情形中，r^2 介于 0 与 1 之间。偏相关系数的平方也有同样的性质。利用这一事实，读者应能证实从方程（7.11.1）可推出下列表达式：

$$0 \leqslant r_{12}^2 + r_{13}^2 + r_{23}^2 - 2r_{12}r_{13}r_{23} \leqslant 1 \tag{7.11.4}$$

这给出了三个零阶相关系数的相互关系。同样的表达式可从方程（7.11.2）和（7.11.3）推导出来。

---

① 绝大多数多元回归分析软件都例行计算简单相关系数，因此很容易计算偏相关系数。

（5）假设 $r_{13} = r_{23} = 0$，这是否意味着 r_{12} 也等于零？答案可从方程（7.11.4）明显看出。Y 与 X_3 以及 X_2 与 X_3 不相关，并不意味着 Y 与 X_2 不相关。

顺便提一下，表达式 $r_{12.3}^2$ 可称为偏判定系数（coefficient of partial determination），并可解释为未被 X_3 解释的 Y 的变异部分由于 X_2 被引进到模型中来而得到解释的比例（参见习题 7.5）。它在概念上类似于 R^2。

在继续讨论之前，请注意 R^2、简单相关系数以及偏相关系数之间存在如下关系：

$$R^2 = \frac{r_{12}^2 + r_{13}^2 - 2r_{12}r_{13}r_{23}}{1 - r_{23}^2} \tag{7.11.5}$$

$$R^2 = r_{12}^2 + (1 - r_{12}^2)r_{13.2}^2 \tag{7.11.6}$$

$$R^2 = r_{13}^2 + (1 - r_{13}^2)r_{12.3}^2 \tag{7.11.7}$$

在结束本节讨论之际，请考虑：前面我们说过，如果在模型中多引进一个解释变量，R^2 必不会减小。这点可由方程（7.11.6）明显看出。该方程指出，由 X_2 和 X_3 联合解释的 Y 的变异部分（比例）是两个部分之和：由 X_2 单独解释的部分（r_{12}^2），以及未被 X_2 解释的部分（$= 1 - r_{12}^2$）乘以在保持 X_2 的影响不变下由 X_3 解释的比例。现在，只要 $r_{13.2}^2 > 0$，就有 $R^2 > r_{12}^2$。$r_{13.2}^2$ 最小不过是零，这时 $R^2 = r_{12}^2$。

要点与结论

1. 本章介绍最简单的多元（多变量）线性回归模型，即三变量回归模型。我们默认"线性"一词指对参数为线性，对变量不一定为线性。

2. 虽然三变量（回归）模型在多个方面都是双变量（回归）模型的推广，却涉及一些新的概念，如偏回归系数、偏相关系数、多元相关系数、调整与未调整（对自由度）R^2、多重共线性和设定偏误等。

3. 本章还考虑多元回归模型的函数形式，如柯布-道格拉斯生产函数和多项式回归模型。

4. 虽然 R^2 和调整 R^2 是对所选模型对给定数据集拟合好坏的总度量，但它们的重要性不可过分夸大，最为关键的是对进入模型的变量的系数应假定什么先验性符号，从而对这个模型有一个基本的理论预期，以及下一章要讲的关于这些系数的统计显著性。

5. 本章所给出的结果很容易就能推广至涉及任意多个回归元的多元线性回归模型中，但代数运算会变得非常烦琐。使用矩阵代数就可避免这种烦琐性。对于感兴趣的读者，在作为选读内容的附录 C 中，我们用矩阵代数做出了对 k 变量回归模型的推广。一般读者可继续阅读本书的其余部分。

习 题

问答题

7.1 考虑表 7-5 中的数据：

表 7-5

Y	X_2	X_3
1	1	2
3	2	1
8	3	−3

根据这些数据估计以下回归：

$$Y_i = \alpha_1 + \alpha_2 X_{2i} + u_{1i} \tag{1}$$

$$Y_i = \lambda_1 + \lambda_3 X_{3i} + u_{2i} \tag{2}$$

$$Y_i = \beta_1 + \beta_2 X_{2i} + \beta_3 X_{3i} + u_i \tag{3}$$

注：只估计系数，不用估计标准误。

a. $\alpha_2 = \beta_2$ 吗？为什么？

b. $\lambda_3 = \beta_3$ 吗？为什么？

你能从这道题得出什么重要的结论？

7.2 利用以下数据，估计偏回归系数和其标准误，以及调整和未调整的 R^2 值：

$$\overline{Y} = 367.693 \qquad \overline{X}_2 = 402.762$$

$$\overline{X}_3 = 8.0$$

$$\sum (Y_i - \overline{Y})^2 = 66\,042.296$$

$$\sum (X_{2i} - \overline{X}_2)^2 = 84\,855.096$$

$$\sum (X_{3i} - \overline{X}_3)^2 = 280.000$$

$$\sum (Y_i - \overline{Y})(X_{2i} - \overline{X}_2) = 74\,778.346$$

$$\sum (Y_i - \overline{Y})(X_{3i} - \overline{X}_3) = 4\,250.900$$

$$\sum (X_{2i} - \overline{X}_2)(X_{3i} - \overline{X}_3) = 4\,796.000$$

$$n = 15$$

7.3 证明方程（7.4.7）还可表达为：

$$\hat{\beta}_2 = \frac{\sum y_i (x_{2i} - b_{23} x_{3i})}{\sum (x_{2i} - b_{23} x_{3i})^2}$$

$$= \frac{y\,\text{与}\,x_2\,\text{的净（除去}\,x_3\text{）协方差}}{x_2\,\text{的净（除去}\,x_3\text{）变异}}$$

其中 b_{23} 是 X_2 对 X_3 回归的斜率系数。（提示：回忆

$b_{23} = \sum x_{2i} x_{3i} / \sum x_{3i}^2$。）

7.4 在一个多元回归模型中，误差项 $u_i \sim N(0, 4)$。你将如何构造一个蒙特卡洛实验来验证真实方差为 4？

7.5 证明 $r_{12.3}^2 = (R^2 - r_{13}^2)/(1 - r_{13}^2)$，并解释该方程。

7.6 如果关系式 $\alpha_1 X_1 + \alpha_2 X_2 + \alpha_3 X_3 = 0$ 对 X_1，X_2 和 X_3 的所有值都成立，试求三个偏相关系数的值。

7.7 你能从一组数据得到以下结果吗？

a. $r_{23} = 0.9$，$r_{13} = -0.2$，$r_{12} = 0.8$。

b. $r_{12} = 0.6$，$r_{23} = -0.9$，$r_{31} = -0.5$。

c. $r_{21} = 0.01$，$r_{13} = 0.66$，$r_{23} = -0.7$。

7.8 考虑如下模型

$$Y_i = \beta_1 + \beta_2 X_{2i} + \beta_3 X_{3i} + u_i$$

其中 X_2 表示教育变量，X_3 表示工作年限变量。假设你漏掉了工作年限变量，预计会出现什么类型的问题或偏误？

7.9 证明方程（7.9.2）中的 β_2 和 β_3 确实给出了产出的劳动和资本弹性。（不用微积分也能回答此问题；只要回忆弹性系数的定义，并记住如果变化比较小，一个变量的对数变化就是一种相对变化。）

7.10 考虑本章讨论的三变量线性回归模型。

a. 假设你将所有的 X_2 值都乘以 2。这种度量单位的改变对参数估计值及其标准误有什么影响（如果有的话）？

b. 现在假设与（a）不同，你将所有的 Y 值都乘以 2，这对所估计的参数及其标准误又将有何影响（如果有的话）？

7.11 一般地说，$R^2 \neq r_{12}^2 + r_{13}^2$，当且仅当 $r_{23} = 0$ 时，等式成立。试评论这一结论的意义。［提示：参见方程（7.11.5）。］

7.12 考虑以下模型[①]：

模型 A：$Y_t = \alpha_1 + \alpha_2 X_{2t} + \alpha_3 X_{3t} + u_{1t}$

模型 B：$(Y_t - X_{2t}) = \beta_1 + \beta_2 X_{2t} + \beta_3 X_{3t} + u_{2t}$

a. α_1 和 β_1 的 OLS 估计是否一样？为什么？

b. α_3 和 β_3 的 OLS 估计是否一样？为什么？

c. α_2 和 β_2 有什么关系？

d. 你能比较两个模型的 R^2 吗？为什么？

7.13 假设你估计消费函数和储蓄函数如下[②]：

$$Y_i = \alpha_1 + \alpha_2 X_i + u_{1i}$$

$$Z_i = \beta_1 + \beta_2 X_i + u_{2i}$$

其中 Y＝消费，Z＝储蓄，X＝收入，并且 $X = Y + Z$，即收入等于消费加储蓄。

a. α_2 和 β_2 存在什么关系（如果有的话）？给出你的计算。

b. 两个模型的残差平方和 RSS 是否一样？做出解释。

c. 你能比较两个模型的 R^2 吗？为什么？

7.14 假设你把方程（7.9.1）中给出的柯布-道格拉斯生产函数表达成如下形式：

$$Y_i = \beta_1 X_{2i}^{\beta_2} X_{3i}^{\beta_3} u_i$$

如果你做这个模型的对数变换，你将在等式右边得到 $\ln u_i$ 作为干扰项。

a. 为了能应用经典正态线性回归模型的性质，你需要对 $\ln u_i$ 做什么概率假设？你会怎样利用表 7-3 中的数据去检验这个假设？

b. 同样的假设也适用于 u_i 吗？为什么？

7.15 过原点回归。考虑以下过原点回归：

$$Y_i = \hat{\beta}_2 X_{2i} + \hat{\beta}_3 X_{3i} + \hat{u}_i$$

a. 你打算怎样估计这些未知数？

b. 对这个模型而言 $\sum \hat{u}_i$ 会是零吗？为什么？

c. 对这个模型会不会有 $\sum \hat{u}_i X_{2i} = \sum \hat{u}_i X_{3i} = 0$？

d. 什么时候你会使用这样的模型？

e. 你能把你的结果推广到 k 变量模型吗？

（提示：参见第 6 章对双变量情形的讨论。）

实证分析题

7.16 玫瑰的需求。[③] 表 7-6 给出了如下变量的季度数据：

Y＝售出的玫瑰数量，打；

X_2＝玫瑰的平均批发价格，美元/打；

X_3＝石竹的平均批发价格，美元/打；

X_4＝每周家庭平均可支配收入，美元/周；

X_5＝底特律市区从 1971 年第 Ⅲ 季度到 1975 年第 Ⅱ 季度的趋势变量，取值 1，2，…。

表 7-6   1971 年第 Ⅲ 季度至 1975 年第 Ⅱ 季度底特律市区的季度数据

年份与季度	Y	X_2	X_3	X_4	X_5
1971—Ⅲ	11 484	2.26	3.49	158.11	1
Ⅳ	9 348	2.54	2.85	173.36	2
1972—Ⅰ	8 429	3.07	4.06	165.26	3
—Ⅱ	10 079	2.91	3.64	172.92	4
—Ⅲ	9 240	2.73	3.21	178.46	5
—Ⅳ	8 862	2.77	3.66	198.62	6
1973—Ⅰ	6 216	3.59	3.76	186.28	7
—Ⅱ	8 253	3.23	3.49	188.98	8

① 改编自 Wojciech W. Charemza and Derek F. Deadman，*Econometric Practice：General to Specific Modelling，Cointegration and Vector Autoregression*，Edward Elgar，Brookfield，Vermont，1992，p. 18。

② 改编自 Peter Kennedy，*A Guide to Econometrics*，3d ed.，MIT Press，Cambridge，Massachusetts，1992，p. 308，Question #9。

③ 感谢乔・沃尔什（Joe Walsh）从底特律市区的一个大批发商那里搜集到这些数据并进行了加工。

续表

年份与季度	Y	X_2	X_3	X_4	X_5
—Ⅲ	8 038	2.60	3.13	180.49	9
—Ⅳ	7 476	2.89	3.20	183.33	10
1974—Ⅰ	5 911	3.77	3.65	181.87	11
—Ⅱ	7 950	3.64	3.60	185.00	12
—Ⅲ	6 134	2.82	2.94	184.00	13
—Ⅳ	5 868	2.96	3.12	188.20	14
1975—Ⅰ	3 160	4.24	3.58	175.67	15
—Ⅱ	5 872	3.69	3.53	188.00	16

请考虑如下需求函数：

$$Y_t = \alpha_1 + \alpha_2 X_{2t} + \alpha_3 X_{3t} + \alpha_4 X_{4t} + \alpha_5 X_{5t} + u_t$$

$$\ln Y_t = \beta_1 + \beta_2 \ln X_{2t} + \beta_3 \ln X_{3t} + \beta_4 \ln X_{4t} + \beta_5 X_{5t} + u_t$$

a. 估计线性回归模型的参数并解释所得结果。

b. 估计对数线性模型的参数并解释计算结果。

c. β_2，β_3 和 β_4 分别给出了需求的自价格弹性、交叉价格弹性和收入弹性。它们的先验符号是什么？你的结果同先验预期相符吗？

d. 你应怎样对线性回归模型计算自价格弹性、交叉价格弹性和收入弹性？

e. 根据你的分析，你会选择哪个模型（如果可选）？为什么？

7.17 野猫活动（wildcat activity）。"野猫"是指为了在一个开发区发现和生产石油或天然气，或者为了在一个已发现的油田里寻找新的产油或产气池，或者为了提高一个已知的产油或产气池的最大产量而冒险钻探的井口。表 7-7 给出了相关数据。[①]

表 7-7   野猫活动

以千计的 野猫数 （Y）	每桶价格 （不变美元） （X_2）	国内产量 （每天百万桶） （X_3）	GNP （十亿不变美元） （X_4）	时间 （X_5）
8.01	4.89	5.52	487.67	1948＝1
9.06	4.83	5.05	490.59	1949＝2
10.31	4.68	5.41	533.55	1950＝3
11.76	4.42	6.16	576.57	1951＝4
12.43	4.36	6.26	598.62	1952＝5
13.31	4.55	6.34	621.77	1953＝6
13.10	4.66	6.81	613.67	1954＝7
14.94	4.54	7.15	654.80	1955＝8
16.17	4.44	7.17	668.84	1956＝9
14.71	4.75	6.71	681.02	1957＝10
13.20	4.56	7.05	679.53	1958＝11
13.19	4.29	7.04	720.53	1959＝12
11.70	4.19	7.18	736.86	1960＝13
10.99	4.17	7.33	755.34	1961＝14

---

① 感谢雷蒙德·萨文诺（Raymond Savino）搜集并加工了这些数据。

续表

以千计的 野猫数 (Y)	每桶价格 （不变美元） (X_2)	国内产量 （每天百万桶） (X_3)	GNP （十亿不变美元） (X_4)	时间 (X_5)
10.80	4.11	7.54	799.15	1962＝15
10.66	4.04	7.61	830.70	1963＝16
10.75	3.96	7.80	874.29	1964＝17
9.47	3.85	8.30	925.86	1965＝18
10.31	3.75	8.81	980.98	1966＝19
8.88	3.69	8.66	1 007.72	1967＝20
8.88	3.56	8.78	1 051.83	1968＝21
9.70	3.56	9.18	1 078.76	1969＝22
7.69	3.48	9.03	1 075.31	1970＝23
6.92	3.53	9.00	1 107.48	1971＝24
7.54	3.39	8.78	1 171.10	1972＝25
7.47	3.68	8.38	1 234.97	1973＝26
8.63	5.92	8.01	1 217.81	1974＝27
9.21	6.03	7.78	1 202.36	1975＝28
9.23	6.12	7.88	1 271.01	1976＝29
9.96	6.05	7.88	1 332.67	1977＝30
10.78	5.89	8.67	1 385.10	1978＝31

资料来源：Energy Information Administration，1978 Report to Congress.

其中 Y＝钻打（探）的井口（野猫）数；

X_2＝每桶价格（1972 年不变美元）；

X_3＝国内产量；

X_4＝GNP（1972 年不变美元）；

X_5＝趋势变量，1948＝1，1949＝2，…，1978＝31。

看看下面的模型对数据拟合得如何：

$$Y_t = \beta_1 + \beta_2 X_{2t} + \beta_3 \ln X_{3t} + \beta_4 X_{4t} + \beta_5 X_{5t} + u_t$$

a. 你能对此模型做些合理的先验预期吗？

b. 假定模型可以接受，估计模型的参数及其标准误，并求 R^2 和 $\bar{R}^2$。

c. 按照先验预期的观点评论你的结果。

d. 为了解释野猫活动，你能给出其他的模型吗？理由是什么？

7.18 1962—1981 年美国国防预算支出。为了说明美国的国防预算，请你考虑如下模型：

$$Y_t = \beta_1 + \beta_2 X_{2t} + \beta_3 X_{3t} + \beta_4 X_{4t} + \beta_5 X_{5t} + u_t$$

其中 Y_t＝年度 t 的国防预算支出，以十亿美元计。

X_{2t}＝年度 t 的 GNP，以十亿美元计。

X_{3t}＝年度 t 的美国军事销售/援助，以十亿美元计。

X_{4t}＝太空工业销售，以十亿美元计。

X_{5t}＝100 000 人及以上的军事冲突。当军队人数为 100 000 人或多于 100 000 人时，此变量取值 1；当军队人数小于 100 000 人时，它取值零。

为了检验此模型，现在为你提供表 7-8 中的数据。

a. 估计此模型的参数及其标准误并求 R^2、修正 R^2 和 $\bar{R}^2$。

b. 评论所得的结果，同时考虑你对 Y 与各 X 变量之间关系的任何先验预期。

c. 你还想把其他变量包括在这个模型中吗？理由是什么？

表 7 - 8　　　　　　　1962—1981 年美国国防预算支出及其他相关数据

年份	国防预算支出 Y	GNP X_2	美国军事销售/援助 X_3	太空工业销售 X_4	100 000 人及以上的军事冲突 X_5
1962	51.1	560.3	0.6	16.0	0
1963	52.3	590.5	0.9	16.4	0
1964	53.6	632.4	1.1	16.7	0
1965	49.6	684.9	1.4	17.0	1
1966	56.8	749.9	1.6	20.2	1
1967	70.1	793.9	1.0	23.4	1
1968	80.5	865.0	0.8	25.6	1
1969	81.2	931.4	1.5	24.6	1
1970	80.3	992.7	1.0	24.6	1
1971	77.7	1 077.6	1.5	21.7	1
1972	78.3	1 185.9	2.95	21.5	1
1973	74.5	1 326.4	4.8	24.3	0
1974	77.8	1 434.2	10.3	26.8	0
1975	85.6	1 549.2	16.0	29.5	0
1976	89.4	1 718.0	14.7	30.4	0
1977	97.5	1 918.3	8.3	33.3	0
1978	105.2	2 163.9	11.0	38.0	0
1979	117.7	2 417.8	13.0	46.2	0
1980	135.9	2 633.1	15.3	57.6	0
1981	162.1	2 937.7	18.0	68.9	0

资料来源：数据由艾伯特·卢基诺（Albert Lucchino）从各种政府出版物中搜集。

7.19　1960—1982 年美国对鸡肉的需求。为了研究美国人均鸡肉消费量，我们提供了表 7 - 9 中的数据。

表 7 - 9　　　　　　　1960—1982 年美国对鸡肉的需求相关数据

年份	Y	X_2	X_3	X_4	X_5	X_6
1960	27.8	397.5	42.2	50.7	78.3	65.8
1961	29.9	413.3	38.1	52.0	79.2	66.9
1962	29.8	439.2	40.3	54.0	79.2	67.8
1963	30.8	459.7	39.5	55.3	79.2	69.6
1964	31.2	492.9	37.3	54.7	77.4	68.7
1965	33.3	528.6	38.1	63.7	80.2	73.6
1966	35.6	560.3	39.3	69.8	80.4	76.3
1967	36.4	624.6	37.8	65.9	83.9	77.2
1968	36.7	666.4	38.4	64.5	85.5	78.1

续表

年份	Y	X_2	X_3	X_4	X_5	X_6
1969	38.4	717.8	40.1	70.0	93.7	84.7
1970	40.4	768.2	38.6	73.2	106.1	93.3
1971	40.3	843.3	39.8	67.8	104.8	89.7
1972	41.8	911.6	39.7	79.1	114.0	100.7
1973	40.4	931.1	52.1	95.4	124.1	113.5
1974	40.7	1 021.5	48.9	94.2	127.6	115.3
1975	40.1	1 165.9	58.3	123.5	142.9	136.7
1976	42.7	1 349.6	57.9	129.9	143.6	139.2
1977	44.1	1 449.4	56.5	117.6	139.2	132.0
1978	46.7	1 575.5	63.7	130.9	165.5	132.1
1979	50.6	1 759.1	61.6	129.8	203.3	154.4
1980	50.1	1 994.2	58.9	128.0	219.6	174.9
1981	51.7	2 258.1	66.4	141.0	221.6	180.8
1982	52.9	2 478.7	70.4	168.2	232.6	189.4

注：实际价格是用食品的消费者价格指数去除名义价格得到的。

资料来源：Y 的数据来自 Citibase，X_2 至 X_6 的数据来自美国农业部。感谢罗伯特·J. 费希尔（Robert J. Fisher）收集数据并进行统计分析。

其中 $Y=$ 人均鸡肉消费量，磅。

$X_2=$ 人均真实可支配收入，美元。

$X_3=$ 每磅鸡肉的真实零售价格，美分。

$X_4=$ 每磅猪肉的真实零售价格，美分。

$X_5=$ 每磅牛肉的真实零售价格，美分。

$X_6=$ 每磅鸡肉替代品的综合真实价格，美分。这是每磅猪肉和牛肉真实零售价格的加权平均。其权数是猪肉和牛肉的总消费量中两者各自的相对消费量。

现考虑下面的需求函数：

$$\ln Y_t = \alpha_1 + \alpha_2 \ln X_{2t} + \alpha_3 \ln X_{3t} + u_t \quad (1)$$

$$\ln Y_t = \gamma_1 + \gamma_2 \ln X_{2t} + \gamma_3 \ln X_{3t} + \gamma_4 \ln X_{4t} + u_t \quad (2)$$

$$\ln Y_t = \lambda_1 + \lambda_2 \ln X_{2t} + \lambda_3 \ln X_{3t} + \lambda_4 \ln X_{5t} + u_t \quad (3)$$

$$\ln Y_t = \theta_1 + \theta_2 \ln X_{2t} + \theta_3 \ln X_{3t} + \theta_4 \ln X_{4t} + \theta_5 \ln X_{5t} + u_t \quad (4)$$

$$\ln Y_t = \beta_1 + \beta_2 \ln X_{2t} + \beta_3 \ln X_{3t} + \beta_4 \ln X_{6t} + u_t \quad (5)$$

由微观经济学可知，对一种商品的需求通常都依赖于消费者的真实收入、该商品的真实价格，以及替代品或互补品的真实价格。按照这些思路，回答以下问题。

a. 在这里所列举的需求函数中你会选择哪一个？为什么？

b. 你怎样解释这些模型中的 $\ln X_2$ 和 $\ln X_3$ 的系数？

c. 模型（2）和（4）的设定有什么不同？

d. 如果你采用设定（4），你会预见到什么问题？（提示：猪肉和牛肉价格与鸡肉价格一道被引进模型。）

e. 因为设定（5）包含牛肉和猪肉的综合真实价格，所以你会认为需求函数（5）优于（4）吗？为什么？

f. 猪肉和（或）牛肉是鸡肉的竞争或替代品吗？你是怎样知道的？

g. 假定函数（5）是"正确"的需求函数，估计此模型的参数。计算它们的标准误，以及 R^2、$\bar{R}^2$ 和修正 R^2。解释你的结果。

k. 假如你使用"不正确"的模型（2）。通过考虑 γ_2 和 γ_3 值分别同 β_2 和 β_3 的关系，评估这一错误设定的后果。（提示：注意 7.7 节的讨论。）

7.20 在一项关于劳动市场的人员周转研究中，詹姆斯·F.拉根（James F. Ragan）对 1950 年第 I 季度至 1979 年第 IV 季度期间的美国经济获得了如下结果。[①] （括号中的数字是估计的 t 统计量。）

$$\widehat{\ln Y_t} = 4.47 - 0.34 \ln X_{2t} + 1.22 \ln X_{3t} + 1.22 \ln X_{4t} + 0.80 \ln X_{5t} - 0.005\,5\,X_{6t}$$

$$(4.28) \quad (-5.31) \quad (3.64) \qquad (3.10) \qquad (1.10) \qquad (-3.09) \qquad \overline{R}^2 = 0.537\,0$$

注：我们将在下一章讨论 t 统计量。

$Y=$ 制造业中的辞职率，定义为每 100 个雇员中自愿离职的人数；

$X_2=$ 成年男性失业率的工具变量或代理变量；

$X_3=$ 年龄小于 25 岁的雇员百分比；

$X_4 = N_{t-1}/N_{t-4} = t-1$ 季度与 $t-4$ 季度的制造业就业比率；

$X_5=$ 妇女雇员百分比；

$X_6=$ 时间趋势（1950 年第 I 季度 $=1$）。

a. 解释上面列出的结果。

b. Y 的对数和 X_2 的对数之间呈负相关关系在先验上是否说得过去？

c. 为什么 $\ln X_3$ 的系数是正的？

d. 既然趋势系数是负的，那么辞职率的百分比就存在一个长期下降趋势，为什么出现这样一种下降趋势呢？

e. $\overline{R}^2$ 是否"太"低？

f. 你能从所给数据估计回归系数的标准误吗？为什么？

7.21 下面考虑美国 1980—1998 年的货币需求函数：

$$M_t = \beta_1 Y_t^{\beta_2} r_t^{\beta_3} e^{u_t}$$

其中 $M=$ 真实货币需求，利用货币的 M2 定义；

$Y=$ 真实 GDP；

$r=$ 利率。

为了估计上述货币需求函数，此处为你提供了表 7-10 中的数据。

表 7-10　　　　　　　　　　1980—1998 年美国的货币需求相关数据

观测	GDP	M2	CPI	LTRATE	TBRATE
1980	2 795.6	1 600.4	82.4	11.27	11.506
1981	3 131.3	1 756.1	90.9	13.45	14.029
1982	3 259.2	1 911.2	96.5	12.76	10.686
1983	3 534.9	2 127.8	99.6	11.18	8.630
1984	3 932.7	2 311.7	103.9	12.41	9.580
1985	4 213.0	2 497.4	107.6	10.79	7.480
1986	4 452.9	2 734.0	109.6	7.78	5.980
1987	4 742.5	2 832.8	113.6	8.59	5.820
1988	5 108.3	2 995.8	118.5	8.96	6.690
1989	5 489.1	3 159.9	124.0	8.45	8.120
1990	5 803.2	3 279.1	130.7	8.61	7.510
1991	5 986.2	3 379.8	136.2	8.14	5.420
1992	6 318.9	3 434.1	140.3	7.67	3.450

---

① Ragan, "Turnover in the Labor Market: A Study of Quit and Layoff Rates," *Economic Review*, Federal Reserve Bank of Kansas City, May 1981, pp. 13-22.

续表

观测	GDP	M2	CPI	LTRATE	TBRATE
1993	6 642.3	3 478.5	144.5	6.59	3.020
1994	7 054.3	3 502.2	148.2	7.37	4.290
1995	7 400.5	3 649.3	152.4	6.88	5.510
1996	7 813.2	3 824.2	156.9	6.71	5.020
1997	8 300.8	4 046.7	160.5	6.61	5.070
1998	8 759.9	4 401.4	163.0	5.58	4.810

注：GDP＝国内生产总值（十亿美元计）；
　　M2＝M2 货币供给；
　　CPI＝消费者价格指数（1982—1984 年＝100）；
　　LTRATE＝长期利率（30 年期国债收益率）；
　　TBRATE＝3 月期国债利率（年百分比）。
资料来源：*Economic Report of the President*，2000，Tables B-1，B-58，B-67，B-71.

注：为了把名义变量转换为真实变量，将 M2 和 GDP 除以 CPI。利率变量则不必除以 CPI。另外还要注意，这里给出了两个利率。一个是以 3 月期国债利率度量的短期利率，另一个是以 30 年期国债收益率度量的长期利率，前面的经验研究已经使用过这两个利率。

a. 给定这些数据，估计真实货币需求对收入和利率的弹性。

b. 如果你不拟合上述需求函数，而代之以对模型 $(M/Y)_t = \alpha_1 r_t^{\alpha_2} e^{u_t}$ 的拟合，你会怎样解释所得到的结果？说明必需的计算。

c. 你如何决定哪个设定更好？（注：第 8 章将给出一个规范的统计检验。）

7.22　表 7-11 给出了希腊 1961—1987 年制造业的相关数据。

表 7-11　　　　　　　　　　希腊工业部门

观测	产出*	资本*	劳动**	资本劳动比
1961	35.858	59.600	637.0	0.093 6
1962	37.504	64.200	643.2	0.099 8
1963	40.378	68.800	651.0	0.105 7
1964	46.147	75.500	685.7	0.110 1
1965	51.047	84.400	710.7	0.118 8
1966	53.871	91.800	724.3	0.126 7
1967	56.834	99.900	735.2	0.135 9
1968	65.439	109.100	760.3	0.143 5
1969	74.939	120.700	777.6	0.155 2
1970	80.976	132.000	780.8	0.169 1
1971	90.802	146.600	825.8	0.177 5
1972	101.955	162.700	864.1	0.188 3
1973	114.367	180.600	894.2	0.202 0
1974	101.823	197.100	891.2	0.221 2
1975	107.572	209.600	887.5	0.236 2
1976	117.600	221.900	892.3	0.248 7
1977	123.224	232.500	930.1	0.250 0

续表

观测	产出*	资本*	劳动**	资本劳动比
1978	130.971	243.500	969.9	0.251 1
1979	138.842	257.700	1 006.9	0.255 9
1980	135.486	274.400	1 020.9	0.268 8
1981	133.441	289.500	1 017.1	0.284 6
1982	130.388	301.900	1 016.1	0.297 1
1983	130.615	314.900	1 008.1	0.312 4
1984	132.244	327.700	985.1	0.332 7
1985	137.318	339.400	977.1	0.347 4
1986	137.468	349.492	1 007.2	0.347 0
1987	135.750	358.231	1 000.0	0.358 2

注：* 以 1970 年不变价格的十亿德拉克马计。

　　** 以千人计。

资料来源：感谢克里斯托弗纽波特大学乔治·K. 泽斯托斯（George K. Zestos）搜集数据。

a. 看看柯布-道格拉斯生产函数能否拟合表中给出的数据，并解释得到的结果。你能得到什么一般性结论？

b. 现考虑如下模型：

$$产出 / 劳动 = A(K/L)^\beta e^u$$

其中回归子代表劳动生产率，回归元代表资本劳动比，这种关系有什么经济含义（如果有的话）？估计此模型并解释其结果。

7.23　蒙特卡洛实验。考虑如下模型：

$$Y_i = \beta_1 + \beta_2 X_{2i} + \beta_3 X_{3i} + u_i$$

假设告诉你 $\beta_1 = 262$，$\beta_2 = -0.06$，$\beta_3 = -2.4$，$\sigma^2 = 42$，$u_i \sim N(0, 42)$。从给定正态分布中生成有 64 个观测的 u_i 的 10 组集合，并利用表 6-4 中给出的 64 个观测（其中 $Y = CM$，$X_2 = PGNP$，$X_3 = FLR$）生成 10 个 β 系数的估计值集（每个集合都有 3 个估计系数）。求出每个 β 系数估计值的平均值，并将其与上面给出的这些系数的真实值相联系，你能得到什么总体性结论？

7.24　表 7-12 给出了 1947—2000 年美国真实消费支出、真实收入、真实财富和真实利率的数据。这些数据还将被用于习题 8.35。

表 7-12　　1947—2000 年美国真实消费支出、真实收入、真实财富和真实利率的数据

年份	C	Yd	Wealth	Interest Rate	年份	C	Yd	Wealth	Interest Rate
1947	976.4	1 035.2	5 166.8	−10.351	1958	1 393.0	1 553.7	7 870.0	−0.575
1948	998.1	1 090.0	5 280.8	−4.720	1959	1 470.7	1 623.8	8 188.1	2.296
1949	1 025.3	1 095.6	5 607.4	1.044	1960	1 510.8	1 664.8	8 351.8	1.511
1950	1 090.9	1 192.7	5 759.5	0.407	1961	1 541.2	1 720.0	8 971.9	1.296
1951	1 107.1	1 227.0	6 086.1	−5.283	1962	1 617.3	1 803.5	9 091.5	1.396
1952	1 142.4	1 266.8	6 243.9	−0.277	1963	1 684.0	1 871.5	9 436.1	2.058
1953	1 197.2	1 327.5	6 355.6	0.561	1964	1 784.8	2 006.9	10 003.4	2.027
1954	1 221.9	1 344.0	6 797.0	−0.138	1965	1 897.6	2 131.0	10 562.8	2.112
1955	1 310.4	1 433.8	7 172.5	0.262	1966	2 006.1	2 244.6	10 522.0	2.020
1956	1 348.8	1 502.3	7 375.2	−0.736	1967	2 066.2	2 340.5	11 312.1	1.213
1957	1 381.8	1 539.5	7 315.3	−0.261	1968	2 184.2	2 448.2	12 145.4	1.055

续表

年份	C	Yd	Wealth	Interest Rate	年份	C	Yd	Wealth	Interest Rate
1969	2 264.8	2 524.3	11 672.3	1.732	1985	3 820.9	4 347.8	19 068.3	4.331
1970	2 314.5	2 630.0	11 650.0	1.166	1986	3 981.2	4 486.6	20 530.0	3.768
1971	2 405.2	2 745.3	12 312.9	−0.712	1987	4 113.4	4 582.5	21 235.7	2.819
1972	2 550.5	2 874.3	13 499.9	−0.156	1988	4 279.5	4 784.1	22 332.0	3.287
1973	2 675.9	3 072.3	13 081.0	1.414	1989	4 393.7	4 906.5	23 659.8	4.318
1974	2 653.7	3 051.9	11 868.8	−1.043	1990	4 474.5	5 014.2	23 105.1	3.595
1975	2 710.9	3 108.5	12 634.4	−3.534	1991	4 466.6	5 033.0	24 050.2	1.803
1976	2 868.9	3 243.5	13 456.5	−0.657	1992	4 594.5	5 189.3	24 418.2	1.007
1977	2 992.1	3 360.7	13 786.3	−1.190	1993	4 748.9	5 261.3	25 092.3	0.625
1978	3 124.7	3 527.5	14 450.5	0.113	1994	4 928.1	5 397.2	25 218.3	2.206
1979	3 203.2	3 628.6	15 340.0	1.704	1995	5 075.6	5 339.1	27 439.7	3.333
1980	3 193.0	3 658.0	15 965.0	2.298	1996	5 237.5	5 677.7	29 448.2	3.083
1981	3 236.0	3 741.1	15 965.0	4.704	1997	5 423.9	5 854.5	32 664.1	3.120
1982	3 275.5	3 791.7	16 312.5	4.449	1998	5 683.7	6 168.6	35 587.0	3.584
1983	3 454.3	3 906.9	16 944.8	4.691	1999	5 968.4	6 320.0	39 591.3	3.245
1984	3 640.6	4 207.6	17 526.7	5.848	2000	6 257.8	6 539.2	38 167.7	3.576

注：C=真实消费支出，按链式法则以 1996 年十亿美元计算。

Yd=真实收入，按链式法则以 1996 年十亿美元计算。

Wealth=真实财富，按链式法则以 1996 年十亿美元计算。

Interest Rate=真实利率，即 3 月期国债名义收益率−通货膨胀率（用价格指数按链式法则计算的年百分比变化率度量）。

名义和真实财富变量是利用美联储对家庭和非营利组织的资金账户流度量的年末净值数据生成的。而把名义财富变量转换成真实财富变量的价格指数是当年第四季度与次年第四季度按链式法则计算的价格指数的平均。

C，Yd 以及季度和年度链式价格指数（1996 年＝100）资料来源：Bureau of Economic Analysis, U. S. Department of Commerce.

3 月期国债名义收益率资料来源：*Economic Report of the President*，*2002*.

名义财富=家庭和非营利组织年末名义净财富（来自美联储）。

a. 给定表中数据，利用真实收入、真实财富和真实利率估计线性消费函数，拟合的方程是什么？

b. 系数估计值说明各个变量与真实消费支出有什么关系？

7.25 估计高通公司的股票价格。作为多元回归的一个例子，考虑 1995—2000 年高通公司（无线数字通信的设计者和制造商）的周股票价格数据。在 20 世纪 90 年代末期，技术股的利润特别高，但什么样的回归模型能够最好地拟合这些数据呢？图 7-4 给出了这些数据的一个基本散点图。

这个散点图显示股票价格先略有上升，后在图的最右边急剧上升。随着对专业电话需求的急剧增加和技术革命的兴起，股票价格继续以更快的速度上升。

a. 估计一个线性模型，基于时间预测股票价格。这个模型对数据拟合得很好吗？

b. 现在利用时间和时间的平方拟合一个二次模型。这个模型的拟合效果比（a）好吗？

c. 最后，拟合如下立方或三次多项式模型：

$$Y_i = \beta_0 + \beta_1 X_i + \beta_2 X_i^2 + \beta_3 X_i^3 + u_i$$

其中 Y=股票价格，X=时间。哪个模型看来是股票价格最好的估计？

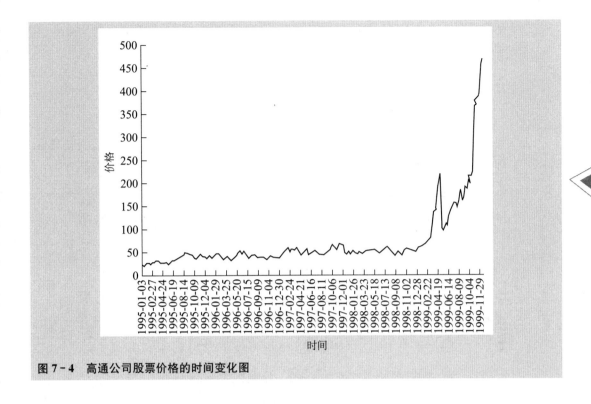

图 7 - 4 高通公司股票价格的时间变化图

附录 7A

7A.1 方程（7.4.3）至（7.4.5）给出的 OLS 估计量的推导

将方程

$$\sum \hat{u}_i^2 = \sum (Y_i - \hat{\beta}_1 - \hat{\beta}_2 X_{2i} - \hat{\beta}_3 X_{3i})^2$$

对三个未知数求偏导，并令所得结果为零，得：

$$\frac{\partial \sum \hat{u}_i^2}{\partial \hat{\beta}_1} = 2 \sum (Y_i - \hat{\beta}_1 - \hat{\beta}_2 X_{2i} - \hat{\beta}_3 X_{3i})(-1) = 0$$

$$\frac{\partial \sum \hat{u}_i^2}{\partial \hat{\beta}_2} = 2 \sum (Y_i - \hat{\beta}_1 - \hat{\beta}_2 X_{2i} - \hat{\beta}_3 X_{3i})(-X_{2i}) = 0$$

$$\frac{\partial \sum \hat{u}_i^2}{\partial \hat{\beta}_3} = 2 \sum (Y_i - \hat{\beta}_1 - \hat{\beta}_2 X_{2i} - \hat{\beta}_3 X_{3i})(-X_{3i}) = 0$$

化简后即得方程（7.4.3）至（7.4.5）。

顺便指出，以上三个方程又可写为：

$$\sum \hat{u}_i = 0$$

$$\sum \hat{u}_i X_{2i} = 0 \quad （为什么？）$$

$$\sum \hat{u}_i X_{3i} = 0$$

从而表明了最小二乘拟合的一些性质，即残差和为零，以及残差和解释变量 X_2 与 X_3 均不相关。

还容易看到，按照类似方法可以得到 k 变量线性回归模型（7.4.20）的 OLS 估计量。因此，先写出：

$$\sum \hat{u}_i^2 = \sum (Y_i - \hat{\beta}_1 - \hat{\beta}_2 X_{2i} - \cdots - \hat{\beta}_k X_{ki})^2$$

将此表达式对 k 个未知数的每一个求偏微分并令其结果等式为零，经适当整理后，即得 k 个未知数的 k 个正规方程如下：

$$\sum Y_i = n\hat{\beta}_1 + \hat{\beta}_2 \sum X_{2i} + \hat{\beta}_3 \sum X_{3i} + \cdots + \hat{\beta}_k \sum X_{ki}$$

$$\sum Y_i X_{2i} = \hat{\beta}_1 \sum X_{2i} + \hat{\beta}_2 \sum X_{2i}^2 + \hat{\beta}_3 \sum X_{2i} X_{3i} + \cdots + \hat{\beta}_k \sum X_{2i} X_{ki}$$

$$\sum Y_i X_{3i} = \hat{\beta}_1 \sum X_{3i} + \hat{\beta}_2 \sum X_{2i} X_{3i} + \hat{\beta}_3 \sum X_{3i}^2 + \cdots + \hat{\beta}_k \sum X_{3i} X_{ki}$$

$$\vdots \qquad \vdots \qquad \vdots \qquad \vdots \qquad \vdots$$

$$\sum Y_i X_{ki} = \hat{\beta}_1 \sum X_{ki} + \hat{\beta}_2 \sum X_{2i} X_{ki} + \hat{\beta}_3 \sum X_{3i} X_{ki} + \cdots + \hat{\beta}_k \sum X_{ki}^2$$

或者，变为小写字母，将这些方程表达为：

$$\sum y_i x_{2i} = \hat{\beta}_2 \sum x_{2i}^2 + \hat{\beta}_3 \sum x_{2i} x_{3i} + \cdots + \hat{\beta}_k \sum x_{2i} x_{ki}$$

$$\sum y_i x_{3i} = \hat{\beta}_2 \sum x_{2i} x_{3i} + \hat{\beta}_3 \sum x_{3i}^2 + \cdots + \hat{\beta}_k \sum x_{3i} x_{ki}$$

$$\vdots \qquad \vdots \qquad \vdots \qquad \vdots$$

$$\sum y_i x_{ki} = \hat{\beta}_2 \sum x_{2i} x_{ki} + \hat{\beta}_3 \sum x_{3i} x_{ki} + \cdots + \hat{\beta}_k \sum x_{ki}^2$$

还应看到，k 变量模型也满足如下方程：

$$\sum \hat{u}_i = 0$$

$$\sum \hat{u}_i X_{2i} = \sum \hat{u}_i X_{3i} = \cdots = \sum \hat{u}_i X_{ki} = 0$$

7A.2 方程（7.3.5）和（7.6.2）中 PGNP 系数的相等性质

令 $Y = CM$，$X_2 = PGNP$，$X_3 = FLR$，并用离差的形式写成：

$$y_i = b_{13} x_{3i} + \hat{u}_{1i} \tag{1}$$

$$x_{2i} = b_{23} x_{3i} + \hat{u}_{2i} \tag{2}$$

现在将 $\hat{u}_1$ 对 $\hat{u}_2$ 回归得到：

$$a_1 = \frac{\sum \hat{u}_{1i} \hat{u}_{2i}}{\hat{u}_{2i}^2} = -0.005\ 6 \qquad （对本例） \tag{3}$$

注意，由于 $\hat{u}$ 是残差，因此它们的均值都为零。利用方程（1）和（2），我们可以把方程（3）写成：

$$a_1 = \frac{\sum (y_i - b_{13} x_{3i})(x_{2i} - b_{23} x_{3i})}{\sum (x_{2i} - b_{23} x_{3i})^2} \tag{4}$$

展开上述表达式，并注意到：

$$b_{23} = \frac{\sum x_{2i} x_{3i}}{\sum x_{3i}^2} \tag{5}$$

以及

$$b_{13} = \frac{\sum y_i x_{3i}}{\sum x_{3i}^2} \tag{6}$$

把它们代入方程（4）即得到：

$$\hat{\beta}_2 = \frac{(\sum y_i x_{2i})(\sum x_{3i}^2) - (\sum y_i x_{3i})(\sum x_{2i} x_{3i})}{(\sum x_{2i}^2)(\sum x_{3i}^2) - (\sum x_{2i} x_{3i})^2}$$

$$= -0.005\ 6 \quad （对本例） \tag{7.4.7}$$

7A.3　方程（7.4.19）的推导

回忆：

$$\hat{u}_i = Y_i - \hat{\beta}_1 - \hat{\beta}_2 X_{2i} - \hat{\beta}_3 X_{3i}$$

又可写为：

$$\hat{u}_i = y_i - \hat{\beta}_2 x_{2i} - \hat{\beta}_3 x_{3i}$$

其中小写字母指对均值的离差。

但是

$$\sum \hat{u}_i^2 = \sum (\hat{u}_i \hat{u}_i)$$

$$= \sum \hat{u}_i (y_i - \hat{\beta}_2 x_{2i} - \hat{\beta}_3 x_{3i})$$

$$= \sum \hat{u}_i y_i$$

这里利用了关系式 $\sum \hat{u}_i x_{2i} = \sum \hat{u}_i x_{3i} = 0$ 。（为什么？）又因为：

$$\sum \hat{u}_i y_i = \sum y_i \hat{u}_i = \sum y_i (y_i - \hat{\beta}_2 x_{2i} - \hat{\beta}_3 x_{3i})$$

即有：

$$\sum \hat{u}_i^2 = \sum y_i^2 - \hat{\beta}_2 \sum y_i x_{2i} - \hat{\beta}_3 \sum y_i x_{3i}$$

7A.4　多元回归模型的极大似然估计法

将第 4 章附录 4A 中的概念加以推广，即可写出 k 变量线性回归模型（7.4.20）的对数似然函数为：

$$\ln L = -\frac{n}{2} \ln \sigma^2 - \frac{n}{2} \ln (2\pi) - \frac{1}{2} \sum \frac{(Y_i - \beta_1 - \beta_2 X_{2i} - \cdots - \beta_k X_{ki})^2}{\sigma^2}$$

将此函数分别对 β_1，β_2，$\cdots$，β_k 和 σ^2 求偏微分，便得到以下 $k+1$ 个方程：

$$\frac{\partial \ln L}{\partial \beta_1} = -\frac{1}{\sigma^2} \sum (Y_i - \beta_1 - \beta_2 X_{2i} - \cdots - \beta_k X_{ki})(-1) \tag{1}$$

$$\frac{\partial \ln L}{\partial \beta_2} = -\frac{1}{\sigma^2} \sum (Y_i - \beta_1 - \beta_2 X_{2i} - \cdots - \beta_k X_{ki})(-X_{2i}) \tag{2}$$

$$\vdots \qquad\qquad\qquad \vdots \qquad\qquad\qquad \vdots$$

$$\frac{\partial \ln L}{\partial \beta_k} = -\frac{1}{\sigma^2} \sum (Y_i - \beta_1 - \beta_2 X_{2i} - \cdots - \beta_k X_{ki})(-X_{ki}) \tag{k}$$

$$\frac{\partial \ln L}{\partial \sigma^2} = -\frac{n}{2\sigma^2} + \frac{1}{2\sigma^4} \sum (Y_i - \beta_1 - \beta_2 X_{2i} - \cdots - \beta_k X_{ki})^2 \qquad (k+1)$$

令这些偏导数为零（最优化的一阶条件），并用 $\tilde{\beta}_1$，$\tilde{\beta}_2$，$\cdots$，$\tilde{\beta}_k$ 和 $\tilde{\sigma}^2$ 表示 ML 估计量，经代数化简后可得（前 k 个方程）：

$$\sum Y_i = n\tilde{\beta}_1 + \tilde{\beta}_2 \sum X_{2i} + \cdots + \tilde{\beta}_k X_{ki}$$

$$\sum Y_i X_{2i} = \tilde{\beta}_1 \sum X_{2i} + \tilde{\beta}_2 \sum X_{2i}^2 + \cdots + \tilde{\beta}_k \sum X_{2i} X_{ki}$$

$$\vdots \qquad \qquad \vdots$$

$$\sum Y_i X_{ki} = \tilde{\beta}_1 \sum X_{ki} + \tilde{\beta}_2 \sum X_{2i} X_{ki} + \cdots + \tilde{\beta}_k \sum X_{ki}^2$$

如同我们在附录 7A 的 7A.1 节所看到的那样，这正是最小二乘理论所导出的正规方程。因此，ML 估计量 $\tilde{\beta}$ 就是前面已给出的 OLS 估计量 $\hat{\beta}$。如第 4 章附录 4A 所指出的，两者的相等并非偶然。

把 ML（＝OLS）估计量代入刚才推出的第 $k+1$ 个方程，经过化简，便得到 σ^2 的 ML 估计量为：

$$\tilde{\sigma}^2 = \frac{1}{n} \sum (Y_i - \tilde{\beta}_1 - \tilde{\beta}_2 X_{2i} - \cdots - \tilde{\beta}_k X_{ki})^2$$

$$= \frac{1}{n} \sum \hat{u}_i^2$$

如本书已指出的，此估计量不同于 OLS 估计量 $\hat{\sigma}^2 = \sum \hat{u}_i^2 / (n-k)$，而由于后者是 σ^2 的无偏估计，故引出结论：ML 估计量 $\tilde{\sigma}^2$ 是一个有偏估计量。然而，容易验证，$\tilde{\sigma}^2$ 是渐近无偏的。

7A.5 柯布-道格拉斯生产函数方程（7.9.4）的 EViews 输出结果

Dependent Variable: Y1
Method: Least Squares
Included observations: 51

	Coefficient	Std. Error	t-Statistic	Prob.
C	3.887600	0.396228	9.811514	0.0000
Y2	0.468332	0.098926	4.734170	0.0000
Y3	0.521279	0.096887	5.380274	0.0000
R-squared	0.964175	Mean dependent var.	16.94139	
Adjusted R-squared	0.962683	S.D. dependent var.	1.380870	
S.E. of regression	0.266752	Akaike info criterion	0.252028	
Sum squared resid.	3.415520	Schwarz criterion	0.365665	
Log likelihood	−3.426721	Hannan-Quinn criterion	0.295452	
F-statistic	645.9311	Durbin-Watson stat.	1.946387	
Prob. (F-statistic)	0.000000			

Covariance of Estimates

	C	Y2	Y3
C	0.156997	0.010364	−0.020014
Y2	0.010364	0.009786	−0.009205
Y3	−0.020014	−0.009205	0.009387

Y	X2	X3	Y1	Y2	Y3	Y1HAT	Y1RESID
38,372,840	424,471	2,689,076	17.4629	12.9586	14.8047	17.6739	−0.2110
1,805,427	19,895	57,997	14.4063	9.8982	10.9681	14.2407	0.1656
23,736,129	206,893	2,308,272	16.9825	12.2400	14.6520	17.2577	−0.2752
26,981,983	304,055	1,376,235	17.1107	12.6250	14.1349	17.1685	−0.0578
217,546,032	1,809,756	13,554,116	19.1979	14.4087	16.4222	19.1962	0.0017
19,462,751	180,366	1,790,751	16.7840	12.1027	14.3981	17.0612	−0.2771
28,972,772	224,267	1,210,229	17.1819	12.3206	14.0063	16.9589	0.2229
14,313,157	54,455	421,064	16.4767	10.9051	12.9505	15.7457	0.7310
159,921	2,029	7,188	11.9824	7.6153	8.8802	12.0831	−0.1007
47,289,846	471,211	2,761,281	17.6718	13.0631	14.8312	17.7366	−0.0648
63,015,125	659,379	3,540,475	17.9589	13.3991	15.0798	18.0236	−0.0647
1,809,052	17,528	146,371	14.4083	9.7716	11.8939	14.6640	−0.2557
10,511,786	75,414	848,220	16.1680	11.2307	13.6509	16.2632	−0.0952
105,324,866	963,156	5,870,409	18.4726	13.7780	15.5854	18.4646	0.0079
90,120,459	835,083	5,832,503	18.3167	13.6353	15.5790	18.3944	−0.0778
39,079,550	336,159	1,795,976	17.4811	12.7253	14.4011	17.3543	0.1269
22,826,760	246,144	1,595,118	16.9434	12.4137	14.2825	17.1465	−0.2030
38,686,340	384,484	2,503,693	17.4710	12.8597	14.7333	17.5903	−0.1193
69,910,555	216,149	4,726,625	18.0627	12.2837	15.3687	17.6519	0.4109
7,856,947	82,021	415,131	15.8769	11.3147	12.9363	15.9301	−0.0532
21,352,966	174,855	1,729,116	16.8767	12.0717	14.3631	17.0284	−0.1517
46,044,292	355,701	2,706,065	17.6451	12.7818	14.8110	17.5944	0.0507
92,335,528	943,298	5,294,356	18.3409	13.7571	15.4822	18.4010	−0.0601
48,304,274	456,553	2,833,525	17.6930	13.0315	14.8570	17.7353	−0.0423
17,207,903	267,806	1,212,281	16.6609	12.4980	14.0080	17.0429	−0.3820
47,340,157	439,427	2,404,122	17.6729	12.9932	14.6927	17.6317	0.0411
2,644,567	24,167	334,008	14.7880	10.0927	12.7189	15.2445	−0.4564
14,650,080	163,637	627,806	16.5000	12.0054	13.3500	16.4692	0.0308
7,290,360	59,737	522,335	15.8021	10.9977	13.1661	15.9014	−0.0993
9,188,322	96,106	507,488	16.0334	11.4732	13.1372	16.1090	−0.0756
51,298,516	407,076	3,295,056	17.7532	12.9168	15.0079	17.7603	−0.0071
20,401,410	43,079	404,749	16.8311	10.6708	12.9110	15.6153	1.2158
87,756,129	727,177	4,260,353	18.2901	13.4969	15.2649	18.1659	0.1242
101,268,432	820,013	4,086,558	18.4333	13.6171	15.2232	18.2005	0.2328
3,556,025	34,723	184,700	15.0842	10.4552	12.1265	15.1054	−0.0212
124,986,166	1,174,540	6,301,421	18.6437	13.9764	15.6563	18.5945	0.0492
20,451,196	201,284	1,327,353	16.8336	12.2125	14.0987	16.9564	−0.1229
34,808,109	257,820	1,456,683	17.3654	12.4600	14.1917	17.1208	0.2445
104,858,322	944,998	5,896,392	18.4681	13.7589	15.5899	18.4580	0.0101
6,541,356	68,987	297,618	15.6937	11.1417	12.6036	15.6756	0.0181
37,668,126	400,317	2,500,071	17.4443	12.9000	14.7318	17.6085	−0.1642
4,988,905	56,524	311,251	15.4227	10.9424	12.6484	15.6056	−0.1829
62,828,100	582,241	4,126,465	17.9559	13.2746	15.2329	18.0451	−0.0892
172,960,157	1,120,382	11,588,283	18.9686	13.9292	16.2655	18.8899	0.0786
15,702,637	150,030	762,671	16.5693	11.9186	13.5446	16.5300	0.0394
5,418,786	48,134	276,293	15.5054	10.7817	12.5292	15.4683	0.0371
49,166,991	425,346	2,731,669	17.7107	12.9607	14.8204	17.6831	0.0277
46,164,427	313,279	1,945,860	17.6477	12.6548	14.4812	17.3630	0.2847
9,185,967	89,639	685,587	16.0332	11.4035	13.4380	16.2332	−0.2000
66,964,978	694,628	3,902,823	18.0197	13.4511	15.1772	18.0988	−0.0791
2,979,475	15,221	361,536	14.9073	9.6304	12.7981	15.0692	−0.1620

注：Y1＝ln Y；Y2＝ln X2；Y3＝ln X3。

本征值为 3.786 和 187.526 9，将在第 10 章介绍。

第8章　多元回归分析：推断问题

本章为第 5 章的续篇。本章把第 5 章所讲的区间估计与假设检验的思想扩展到了涉及三个或多个变量的模型。虽然第 5 章所论述的概念在许多方面都可直截了当地应用于多元回归，但有少数特点则为多元回归模型所特有。而正是这些特点在本章中受到了更多的关注。

8.1　再议正态性假定

至此我们知道，如果我们唯一的目的是对回归模型的参数进行点估计，则普通最小二乘法将足够使用，并不需要对干扰项 u_i 的概率分布做任何假定。但若我们的目的在于估计和推断两个方面，则如同第 4 章和第 5 章所述，我们还需要假定 u_i 服从某个概率分布。

由于已明确说明过的一些理由，我们曾假定 u_i 服从均值为零、方差 σ^2 为常数的正态分布。我们对于多元回归模型继续做同样的假定。有了正态性假定，并参照第 4 章和第 7 章的讨论，我们发现，偏回归系数的 OLS 估计量无异于 ML 估计量，是最优线性无偏估计量（BLUE）。[①] 此外，估计量 $\hat{\beta}_2$、$\hat{\beta}_3$ 和 $\hat{\beta}_1$ 本身也是正态分布的，其均值等于 β_2、β_3 和 β_1，而方差在第 7 章给出了。$(n-3)\hat{\sigma}^2/\sigma^2$ 服从自由度为 $n-3$ 的 χ^2 分布，并且三个 OLS 估计量均独立于 $\hat{\sigma}^2$ 而分布，其证明类似于附录 3A 所讨论的双变量情形。因此，再参照第 5 章，即可证明，在标准误的计算中，若 σ^2 由其无偏估计量 $\hat{\sigma}^2$ 代替，则：

$$t = \frac{\hat{\beta}_1 - \beta_1}{\text{se}(\hat{\beta}_1)} \tag{8.1.1}$$

$$t = \frac{\hat{\beta}_2 - \beta_2}{\text{se}(\hat{\beta}_2)} \tag{8.1.2}$$

---

① 有了正态性假定，OLS 估计量 $\hat{\beta}_1$、$\hat{\beta}_2$ 和 $\hat{\beta}_3$ 就是在整个无偏估计类中的最小方差估计量，不管它是不是线性估计量。简言之，它们是 BUE（最优无偏估计量）。参见 C. R. Rao, *Linear Statistical Inference and Its Applications*, John Wiley & Sons, New York, 1965, p. 258。

$$t = \frac{\hat{\beta}_3 - \beta_3}{\text{se}(\hat{\beta}_3)} \tag{8.1.3}$$

均服从自由度为 $n-3$ 的 t 分布。

注意自由度为 $n-3$ 是因为在计算 $\sum \hat{u}_i^2$ 并因此计算 $\hat{\sigma}^2$ 之前，我们要先估计三个偏回归系数，从而给残差平方和的计算加上三个约束。（按照这个逻辑，在四变量情形中将有 $n-4$ 个自由度，以此类推。）于是，t 分布可用于构造关于真实总体偏回归系数的置信区间并检验统计假设。同理，χ^2 分布可用于检验关于真实 σ^2 的假设。我们用下面的说明性例子来阐明具体的操作步骤。

例 8.1 修正儿童死亡率例子

在第 7 章，我们用一个由 64 个国家构成的样本将儿童死亡率（CM）对人均 GNP（即 PGNP）和妇女识字率（FLR）进行回归。将方程（7.6.2）中给出的回归结果增加某些信息后复制如下：

$$\widehat{CM}_i = 263.641\,6 - 0.005\,6\,PGNP_i - 2.231\,6FLR_i$$
$$\text{se} = (11.593\,2) \quad (0.001\,9) \qquad (0.209\,9)$$
$$t = (22.741\,1) \quad (-2.818\,7) \qquad (-10.629\,3) \tag{8.1.4}$$
$$p\ 值 = (0.000\,0)^* \quad (0.006\,5) \qquad (0.000\,0)^*$$
$$R^2 = 0.707\,7 \qquad \overline{R}^2 = 0.698\,1$$

其中*表示极小值。

在方程（8.1.4）中，我们沿袭了方程（5.11.1）中首次引入的格式，其中第一行括号中的数字是估计标准误，第二行表示在相关总体系数为零的虚拟假设下的 t 值，第三行表示估计的 p 值，还给出了 R^2 和调整 R^2 值。我们已在例 7.1 中解释过这个回归。

所观察到的这些结果的统计显著性如何？比如，考虑 PGNP 的系数 $-0.005\,6$。这个系数是统计显著的吗？它统计显著地异于零吗？类似地，FLR 的系数 $-2.231\,6$ 是统计显著的吗？这两个系数都是统计显著的吗？为回答这个问题及与此相关的问题，让我们首先考虑在多元回归模型中可能会遇到的假设检验类型。

8.2 多元回归中的假设检验：总评

一旦我们走出简单的双变量线性回归模型的范围，假设检验就会以多种有趣的形式出现，例如：

（1）检验关于个别偏回归系数的假设（8.3 节）。

（2）检验所估计的多元回归模型的总显著性，也就是要判别是否全部偏斜率系数同时为零（8.4 节）。

（3）检验两个或多个系数是否相等（8.5 节）。

（4）检验偏回归系数是否满足某种约束条件（8.6 节）。

（5）检验所估计的回归模型在时间上或在不同横截面单元上的稳定性（8.7 节）。

（6）检验回归的函数形式（8.10 节）。

因为在实证分析中常常出现这些类型的一种或多种检验，所以我们将分节讨论每一种类型的检验。

8.3 检验关于个别偏回归系数的假设

如在 8.1 节中指出的，引用假定 $u_i \sim N(0, \sigma^2)$，便可用 t 检验统计量对任一个别的偏回归系数的假设进行检验。为了说明操作步骤，考虑我们的数值例子，假设：

$$H_0: \beta_2 = 0 \qquad H_1: \beta_2 \neq 0$$

虚拟假设是说，保持 X_3（妇女识字率）不变，X_2（人均 GNP）对 Y（儿童死亡率）无（线性）影响。[①] 为了检验这个虚拟假设，我们利用方程（8.1.2）中给出的 t 检验。参照第 5 章的做法，如果计算的 t 值超过选定显著性水平的临界 t 值，便拒绝假设；否则，就不拒绝它。对于我们的例子，利用方程（8.1.2）并注意到在虚拟假设下 $\beta_2 = 0$，我们得到：

$$t = \frac{-0.005\ 6}{0.002\ 0} \approx -2.818\ 7 \qquad (8.3.1)$$

如方程（8.1.4）所示。

注意我们有 64 个观测，因此本例中的自由度为 61。（为什么？）你若查阅附录 D 中的 t 表，没有与自由度 61 相对应的数据。与之最接近的自由度是 60。若使用自由度 60，并假设显著性水平（即犯第 I 类错误的概率）α 为 5%，则双尾检验的临界 t 值为 2.0（自由度为 60 的 $t_{\alpha/2}$），而单尾检验的临界 t 值为 1.671（自由度为 60 的 t_α）。

对于本例，对立假设是双侧的，因此我们使用双尾 t 值。既然计算出来的 t 值 2.818 7（绝对值）超过了临界 t 值 2，我们就可以拒绝人均 GNP 对儿童死亡率没有影响的虚拟假设。更明确地讲，保持妇女识字率不变，人均 GNP 对儿童死亡率具有显著的（负面）影响，这与先验预期完全一致。图 8-1 从图形上说明了这一情形。

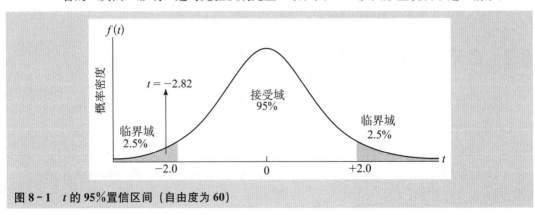

图 8-1 t 的 95% 置信区间（自由度为 60）

[①] 在大多数经验研究中，虚拟假设都被叙述成这种形式，即采取如下的极端立场（一种稻草人策略）：因变量与所考虑的解释变量之间无任何关系。其用意是要从判明两变量之间是否存在一个无关紧要的关系开始。

在实践中，人们不必假定一个特定的 α 值来进行假设检验，仅使用方程 (8.1.4) 中的 p 值即可。本例中的 p 值就是 0.006 5。对这个 p 值（即精确的显著性水平）的解释是，如果虚拟假设正确，得到一个大于等于 2.818 7（在绝对值上）的 t 值的概率仅为 0.006 5 或 0.65%，这确实是一个相当小的概率，比人为选定的 $\alpha = 5\%$ 小得多。

本例还为我们提供了一个决定是用单尾还是用双尾 t 检验的机会。既然推测儿童死亡率与人均 GNP 负相关（为什么?），那我们就应该使用单尾检验。虚拟假设和对立假设应该是：

$$H_0: \beta_2 < 0 \qquad H_1: \beta_2 \geqslant 0$$

读者已经知道，我们在本例中能基于单尾 t 检验拒绝虚拟假设。如果我们在一个双尾检验中拒绝一个虚拟假设，那么，由于在单尾检验中仅在一个方向上使用这个统计量进行判断，因此我们就有足够的证据拒绝这个假设。

在第 5 章中，我们曾看到假设检验和置信区间估计之间的密切关系。用我们的例子来说，β_2 的 95% 置信区间是：

$$\hat{\beta}_2 - t_{\alpha/2}\,\text{se}(\hat{\beta}_2) \leqslant \beta_2 \leqslant \hat{\beta}_2 + t_{\alpha/2}\,\text{se}(\hat{\beta}_2)$$

具体到我们的例子就变成：

$$-0.005\,6 - 2 \times 0.002\,0 \leqslant \beta_2 \leqslant -0.005\,6 + 2 \times 0.002\,0$$

即：

$$-0.009\,6 \leqslant \beta_2 \leqslant -0.001\,6 \tag{8.3.2}$$

也就是说，β_2 以 95% 的置信系数落在 $-0.009\,6$ 与 $-0.001\,6$ 之间。因此，如果选取了容量同样为 64 的 100 个样本并构造像方程 (8.3.2) 这样的 100 个置信区间，则我们预期其中的 95 个包含着真实总体参数 β_2。由于虚拟假设的零值不落在区间 (8.3.2) 内，故能以 95% 的置信系数拒绝虚拟假设即真实 $\beta_2 = 0$。

由此，无论我们用方程 (8.3.1) 中的 t 显著性检验还是用方程 (8.3.2) 的置信区间估计，我们都得到同样的结论。但鉴于置信区间估计与假设检验之间的密切关系，这也不足为奇。

按照上述方法，我们可以利用方程 (8.1.4) 提供的数据，检验关于儿童死亡率回归模型中的其他参数假设。例如，假设我们想检验的假设是保持人均 GNP 的影响不变，妇女识字率对儿童死亡率没有什么影响。我们确信能拒绝该假设，因为在此假设下，得到一个绝对值大于等于 10.6 的 t 值的 p 值实际上是 0。

在继续讨论之前，记住 t 检验的程序是基于误差项 u_i 服从正态分布的假定。尽管我们不能直接观测 u_i，但我们能够观测到它们的代理变量 $\hat{u}_i$，即残差。对儿童死亡率一例而言，残差直方图如图 8-2 所示。

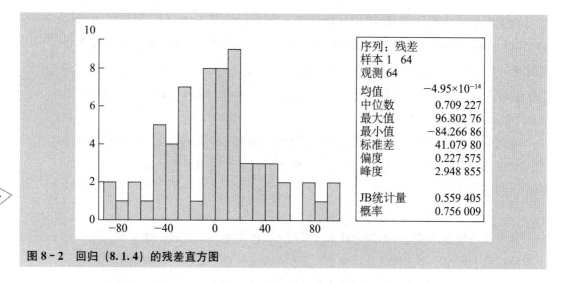

图 8-2　回归（8.1.4）的残差直方图

从直方图来看，残差是正态分布的。我们也可以进行方程（5.12.1）所示的雅克-贝拉（JB）正态性检验。这里的 JB 统计量为 0.559 4，p 值为 0.76。[1] 因此，本例中的误差项看来服从正态分布。当然也要记住，JB 正态性检验是一个大样本检验，我们在这个例子中只有 64 次观测可能不够多。

8.4　检验样本回归的总显著性

在整个上一节中，我们都只是在每一真实偏回归系数为零的单个假设下讨论偏回归系数估计值的个别显著性的检验问题，而现在我们考虑如下假设：

$$H_0: \beta_2 = \beta_3 = 0 \tag{8.4.1}$$

这个虚拟假设是关于 β_2 和 β_3 联合地或同时地等于零的一个联合假设。对这样一个假设的检验被称作对所观测到的或所估计回归线的总显著性（overall significance）检验，也就是检验 Y 是否与 X_2 和 X_3 存在线性关系。

能不能像 8.3 节那样，通过逐一检验 $\hat{\beta}_2$ 和 $\hat{\beta}_3$ 的显著性来检验式（8.4.1）中的联合假设呢？答案是否定的，理由如下。

在 8.3 节检验一个所观测到的偏回归系数的个别显著性时，我们隐含地假定每一个显著性检验都是根据一个不同的（即独立的）样本进行的。这样，在假设 $\beta_2 = 0$ 下检验 $\hat{\beta}_2$ 的显著性时，我们无形地假定了用于这一检验的样本不同于在假设 $\beta_3 = 0$ 下用来检验 $\hat{\beta}_3$ 的显著性的那个样本。但是，如果我们用同一样本数据去检验式（8.4.1）中的联合假设，我们就违反了检验方法所依据的基本假定。[2] 这一问题可另行表述如下：在式（8.3.2）中我们对 β_2 构造了一个 95% 置信区间。如果我们

---

　① 对我们的例子而言，偏态值（偏度）为 0.227 6，峰态值（峰度）为 2.948 9。而对一个正态分布变量而言，偏态值和峰态值分别为 0 和 3。

　② 在任一给定样本中，协方差 $\text{cov}(\hat{\beta}_2, \hat{\beta}_3)$ 未必是零，即 $\hat{\beta}_2$ 和 $\hat{\beta}_3$ 可能相关。见方程（7.4.17）。

仍按 95％的置信系数用同样的样本数据构造 β_3 的一个置信区间，我们就不能断言 β_2 和 β_3 同时落在其各自置信区间上的（置信）概率是 $(1-\alpha)(1-\alpha)=0.95 \times 0.95$。

换言之，虽然下面两个命题

$$\Pr[\hat{\beta}_2 - t_{\alpha/2}\,\mathrm{se}(\hat{\beta}_2) \leqslant \beta_2 \leqslant \hat{\beta}_2 + t_{\alpha/2}\,\mathrm{se}(\hat{\beta}_2)] = 1-\alpha$$
$$\Pr[\hat{\beta}_3 - t_{\alpha/2}\,\mathrm{se}(\hat{\beta}_3) \leqslant \beta_3 \leqslant \hat{\beta}_3 + t_{\alpha/2}\,\mathrm{se}(\hat{\beta}_3)] = 1-\alpha$$

个别地看是正确的，但认为 β_2 和 β_3 同时落入这两个区间的概率是 $(1-\alpha)^2$ 就不对。因为如果用同样的数据去推导这些区间，这些区间就不会是独立的。换句话说：

> 检验一系列单个假设，不等于联合地检验同样的这些假设。其直观上的理由是，在对几个假设的一个联合检验中，任何一个单个假设都受其他假设所含信息的"影响"。[1]

以上论证的要点在于：对于一个给定的实例（样本），只能得到一个置信区间或者只能做出一个显著性检验。我们怎样来检验联立的虚拟假设 $\beta_2 = \beta_3 = 0$ 呢？

答案如下所示。

检验所观测到的多元回归的总显著性的方差分析法：F 检验

这个理由刚才解释过了，我们不能用通常的 t 检验去检验多个真实偏斜率系数同时为零的联合假设。然而，这个联合假设可以用在 5.9 节曾介绍的方差分析（ANOVA）去检验。现说明如下。

回忆恒等式：

$$\sum y_i^2 = \hat{\beta}_2 \sum y_i x_{2i} + \hat{\beta}_3 \sum y_i x_{3i} + \sum \hat{u}_i^2 \qquad (8.4.2)$$
$$\text{TSS} = \qquad\qquad \text{ESS} \qquad\quad + \text{RSS}$$

和平常一样，TSS 有 $n-1$ 个自由度，而 RSS 有 $n-3$ 个自由度。ESS 因为是 $\hat{\beta}_2$ 和 $\hat{\beta}_3$ 的函数所以有 2 个自由度。因此，按照 5.9 节讨论的 ANOVA 程序，我们可以列出表 8-1。

表 8-1　　　　　　　　　　　　三变量回归的 ANOVA 表

变量来源	SS	df	MSS
来自回归（ESS）	$\hat{\beta}_2 \sum y_i x_{2i} + \hat{\beta}_3 \sum y_i x_{3i}$	2	$\dfrac{\hat{\beta}_2 \sum y_i x_{2i} + \hat{\beta}_3 \sum y_i x_{3i}}{2}$
来自残差（RSS）	$\sum \hat{u}_i^2$	$n-3$	$\hat{\sigma}^2 = \dfrac{\sum \hat{u}_i^2}{n-3}$
总计	$\sum y_i^2$	$n-1$	

---

[1]　Thomas B. Fomby, R. Carter Hill, and Stanley R. Johnson, *Advanced Econometric Methods*, Springer-Verlag, New York, 1984, p. 37.

现在可以证明[①]，在 u_i 的正态分布假定下以及在虚拟假设 $\beta_2 = \beta_3 = 0$ 下，变量

$$F = \frac{(\hat{\beta}_2 \sum y_i x_{2i} + \hat{\beta}_3 \sum y_i x_{3i})/2}{\sum \hat{u}_i^2/(n-3)} = \frac{\text{ESS/df}}{\text{RSS/df}} \tag{8.4.3}$$

服从自由度为 2 和 $n-3$ 的 F 分布。

上述 F 有什么用？可以证明[②]，在 $u_i \sim N(0, \sigma^2)$ 的假定下，

$$E \frac{\sum \hat{u}_i^2}{n-3} = E(\hat{\sigma}^2) = \sigma^2 \tag{8.4.4}$$

再加上假定 $\beta_2 = \beta_3 = 0$，便能证明：

$$\frac{E(\hat{\beta}_2 \sum y_i x_{2i} + \hat{\beta}_3 \sum y_i x_{3i})}{2} = \sigma^2 \tag{8.4.5}$$

因此，如果虚拟假设是真实的，方程（8.4.4）和（8.4.5）都将对真实 σ^2 给出同样的估计。这一命题不足为奇。因为如果 Y 与 X_2 和 X_3 的关系微不足道，则 Y 变异的唯一来源是 u_i 所代表的随机势力。然而，如果虚拟假设错误，即 X_2 和 X_3 确实影响 Y，则不能在方程（8.4.4）和（8.4.5）之间画等号。这时，在适当考虑自由度之后，ESS 要相对大于 RSS。从而，方程（8.4.3）的 F 值对真实斜率系数同时为零这一虚拟假设提供了一种检验。如果从方程（8.4.3）算出的 F 值大于 α 显著性水平的 F 表中的 F 临界值，我们就拒绝 H_0；否则就不拒绝它。另一种方法是，如果所观测到的 F 的 p 值足够低，则可拒绝 H_0。

表 8-2 对 F 检验进行了总结。回到我们的例子，我们得出表 8-3。

利用方程（8.4.3）即得：

$$F = \frac{128\ 681.2}{1\ 742.88} = 73.832\ 5 \tag{8.4.6}$$

表 8-2 F 统计量小结

虚拟假设 H_0	对立假设 H_1	拒绝 H_0 的临界域
$\sigma_1^2 = \sigma_2^2$	$\sigma_1^2 > \sigma_2^2$	$\dfrac{S_1^2}{S_2^2} > F_{\alpha, n\,df, d\,df}$
$\sigma_1^2 = \sigma_2^2$	$\sigma_1^2 \neq \sigma_2^2$	$\dfrac{S_1^2}{S_2^2} > F_{\alpha/2, n\,df, d\,df}$ 或 $< F_{(1-\alpha/2), n\,df, d\,df}$

注：1. σ_1^2 和 σ_2^2 为两个总体方差。

2. s_1^2 和 s_2^2 为两个样本方差。

3. n df 和 d df 分别为分子自由度和分母自由度。

4. 在计算 F 比率时，将较大的 S^2 值放在分子上。

5. F 临界值在最后一列给出，F 的第一个下标是显著性水平，后两个下标为分子和分母自由度。

6. 注意 $F_{(1-\alpha/2), n\,df, d\,df} = 1/F_{\alpha/2, d\,df, n\,df}$。

[①] 参见 K. A. Brownlee, *Statistical Theory and Methodology in Science and Engineering*, John Wiley & Sons, New York, 1960, pp. 278-280。

[②] 同上。

表 8 - 3　　　　　　　　　　　　　　儿童死亡率一例的 ANOVA 表

变异来源	SS	df	MSS
来自回归	257 362.4	2	128 681.2
来自残差	106 315.6	61	1 724.88
总计	363 678	63	

得到一个大于或等于 73.832 5 的 F 值的 p 值几乎是 0，从而拒绝 PGNP 和 FLR 同时对儿童死亡率没有影响的假设。如果使用惯常的 5% 的显著性水平，分子自由度为 2 和分母自由度为 60（实际自由度为 61）的 F 临界值约为 3.15，若用 1% 的显著性水平，F 临界值则约为 4.98。显然，观察到约为 74 的 F 值比这些 F 临界值中的任何一个都大得多。

我们可将上述 F 检验方法推广到一般情形。

检验多元回归的总显著性：F 检验

决策规则

给定 k 变量回归模型：

$$Y_i = \beta_1 + \beta_2 X_{2i} + \beta_3 X_{3i} + \cdots + \beta_k X_{ki} + u_i$$

检验假设：

$$H_0: \beta_2 = \beta_3 = \cdots = \beta_k = 0$$

（即全部斜率系数同时为零），相对于

$$H_1：并非全部斜率系数同时为零$$

计算

$$F = \frac{\text{ESS/df}}{\text{RSS/df}} = \frac{\text{ESS}/(k-1)}{\text{RSS}/(n-k)} \tag{8.4.7}$$

如果 $F > F_a(k-1, n-k)$，则拒绝 H_0；否则不拒绝它，其中 $F_a(k-1, n-k)$ 是显著性水平为 α、分子自由度为 $k-1$ 和分母自由度为 $n-k$ 时的 F 临界值。换言之，如果由方程（8.4.7）得到的 F 值的 p 值足够低，即可拒绝 H_0。

毋庸赘言，在三变量情形 (Y, X_2, X_3) 中 $k=3$，在四变量情形中 $k=4$，如此类推。

顺便一提，大多数回归软件都例行把（由方差分析表给出的）F 值连同通常的回归结果诸如系数估计值及其标准误（差）和 t 值等一起算出。在 t 值的计算中，通常都把虚拟假设取为 $\beta_i = 0$。

个别与联合假设检验的对比。 在 8.3 节中，我们讨论了个别偏回归系数的显著性检验，在 8.4 节中我们又讨论了整个回归（即全部系数同时为零）的总显著性检验。**我们要重申这两类检验是不相同的。** 因此，有可能根据 t 检验或（8.3 节的）置信区间而接受某一系数 β_k 为零的假设，但却拒绝全部系数为零的联合假设。

应吸取的经验教训是，个别的（多个）置信区间所提供的联合"信息"不能代替假设的联合检验和联合置信命题中所蕴涵的联合置信区域（蕴涵于 F 检验中）。[1]

R^2 和 F 之间的一个重要关系式

判定系数 R^2 与方差分析中所用的 F 检验之间存在密切关系。假定干扰项 u_i 为正态分布，并且虚拟假设 $\beta_2 = \beta_3 = 0$ 成立，我们曾看到：

$$F = \frac{\text{ESS}/2}{\text{RSS}/(n-3)} \tag{8.4.8}$$

服从自由度为 2 和 $n-3$ 的 F 分布。

推广到 k 变量情形（包括截距项），如果假定干扰项是正态分布的，而且有虚拟假设

$$H_0: \beta_2 = \beta_3 = \cdots = \beta_k = 0 \tag{8.4.9}$$

则随之有：

$$F = \frac{\text{ESS}/(k-1)}{\text{RSS}/(n-k)} \qquad (8.4.7) = (8.4.10)$$

服从自由度为 $k-1$ 和 $n-k$ 的 F 分布。（注：待估计的参数个数是 k，其中之一为截距项。）

我们对方程（8.4.10）进行如下推导：

$$
\begin{aligned}
F &= \frac{n-k}{k-1} \cdot \frac{\text{ESS}}{\text{RSS}} \\
&= \frac{n-k}{k-1} \cdot \frac{\text{ESS}}{\text{TSS} - \text{ESS}} \\
&= \frac{n-k}{k-1} \cdot \frac{\text{ESS}/\text{TSS}}{1 - (\text{ESS}/\text{TSS})} \\
&= \frac{n-k}{k-1} \cdot \frac{R^2}{1-R^2} \\
&= \frac{R^2/(k-1)}{(1-R^2)/(n-k)}
\end{aligned}
\tag{8.4.11}
$$

其中我们用到了定义 $R^2 = \text{ESS}/\text{TSS}$。方程（8.4.11）表明了 F 和 R^2 是何种关系。两者是同向变化的。当 $R^2 = 0$ 时，F 随之等于零。R^2 越大，F 值也越大。在极限处，当 $R^2 = 1$ 时，F 无限大。因此，F 检验既是所估计的回归的总显著性的一个度量，也是 R^2 的一个显著性检验。换句话说，检验虚拟假设（8.4.9）等价于检验（总体）R^2 等于零的虚拟假设。

对于三变量情形，方程（8.4.11）变为：

$$F = \frac{R^2/2}{(1-R^2)/(n-3)} \tag{8.4.12}$$

利用 F 与 R^2 之间的紧密联系，可把表 8-1 重新设计成表 8-4。

---

① Fomby et al., op. cit., p. 42.

表 8 - 4 　　　　　　　　　　　　用 R^2 表示的 ANOVA 表

变异来源	SS	df	MSS*
来自回归	$R^2(\sum y_i^2)$	2	$R^2(\sum y_i^2)/2$
来自残差	$(1-R^2)(\sum y_i^2)$	$n-3$	$(1-R^2)(\sum y_i^2)/(n-3)$
总计	$\sum y_i^2$	$n-1$	

注：* 在计算 F 值时无须用 $\sum y_i^2$ 乘以 R^2 和 $1-R^2$，因为如方程（8.4.12）所示，它将被消掉。

对于我们的说明性例子，利用方程（8.4.12）得到：

$$F = \frac{0.707\ 7/2}{(1-0.707\ 7)/61} \approx 73.872\ 6$$

除四舍五入的误差外，这个 F 值与前面得到的 F 值相同。

用 R^2 来表示 F 检验的一个优点在于计算上的便利：所需要知道的仅仅是 R^2 值而已。因此，方程（8.4.7）所给的总显著性 F 检验可重新用 R^2 表达，如表 8 - 4 所示。

用 R^2 表述的多元回归总显著性检验

决策规则

用 R^2 表述的多元回归总显著性检验：另一个等价于方程（8.4.7）的检验。

给定 k 变量回归模型：

$$Y_i = \beta_1 + \beta_2 X_{2i} + \beta_3 X_{3i} + \cdots + \beta_k X_{ki} + u_i$$

为了检验假设

$$H_0: \beta_2 = \beta_3 = \cdots = \beta_k = 0$$

相对于

$$H_1: \text{非全部斜率系数同时为零}$$

计算：

$$F = \frac{R^2/(k-1)}{(1-R^2)/(n-k)} \tag{8.4.13}$$

如果 $F > F_\alpha(k-1, n-k)$，则拒绝 H_0；否则可接受 H_0，其中 $F_\alpha(k-1, n-k)$ 是显著性水平为 α、分子自由度为 $k-1$ 和分母自由度为 $n-k$ 时的 F 临界值。换言之，如果由方程（8.4.13）所得到的 F 值的 p 值足够低，即可拒绝 H_0。

在继续讨论之前，回头看一下第 7 章的例 7.5。我们从方程（7.10.7）看到，RGDP（相对人均 GDP）和 RGDP 的平方只解释了 190 个国家构成的样本中 GDPG（GDP 增长率）变异的 10.92%。$R^2 = 0.109\ 2$ 看起来是一个"低"值。它真的在统计上异于零吗？我们如何说明？

我们在前面的 "R^2 和 F 之间的一个重要关系式" 专题中，对方程（8.4.11）或两个回归元特殊情形下的方程（8.4.12）给出的 R^2 和 F 值之间的关系展开了讨论。前面曾指出，若 R^2 为零，则 F 因此为零，若回归元对回归子没有影响便是如此。因此，若我们将 $R^2 = 0.109\ 2$ 代入公式（8.4.12），便得到

$$F = \frac{0.109\ 2/2}{(1-0.109\ 2)/187} = 11.461\ 8$$

在虚拟假设 $R^2 = 0$ 下，上述 F 值服从自由度为 2 和 187 的 F 分布。（注意，有 190 个观测和 2 个回归元。）我们从 F 表看出，这个 F 值在 5% 的显著性水平上仍是显著的，p 值实际上是 0.000 02。因此，尽管 R^2 只有 0.109 2，但我们仍能拒绝两个回归元对回归子没有影响的虚拟假设。

本例引申出的一个重要的经验是，在涉及几个变量观测值的横截面数据中，由于横截面单元的多样性，因此得到的 R^2 一般都很低。对横截面回归中得到低 R^2 值不用感到吃惊或着急。重要的是，正确地设定模型，回归元具有正确（即理论预期）的符号，以及统计显著（希望如此）的回归系数。读者应该在 5% 或更好（即低于 5%）的显著性水平上验证方程（7.10.7）中的两个回归元都是个别统计显著的。

一个解释变量的"增量"或"边际"贡献

在第 7 章中我们说过，一般不能将 R^2 值在各个回归元之间分配。在儿童死亡率的例子中，我们发现 R^2 为 0.707 7，但由于这两个回归元在我们手头的样本中可能相关，因此我们不知道哪些属于回归元 PGNP 的功劳，哪些又属于 FLR 的功劳。利用方差分析，我们可以对此有更深入的了解。

对我们的说明性例子而言，我们发现 X_2（即 PGNP）和 X_3（即 FLR）基于（单独进行的）t 检验都是个别统计显著的。我们还发现，基于总体的 F 检验，这两个回归元共同对回归子 Y（儿童死亡率）产生了明显影响。

现在假设我们单独引入 PGNP 和 FLR，即首先将儿童死亡率对 PGNP 回归并评价其显著性，然后在模型中增加 FLR，以判明它是否有贡献（当然，可以对调 X_2 和 X_3 进入的次序）。所谓贡献，我们意指在模型中增加一个变量，是否相对于 RSS"显著"地增加了 ESS（从而影响 R^2）。把这一贡献称作一个解释变量的增量（incremental）或边际（marginal）贡献也许是适当的。

在实践中，增量贡献的问题是一个重要的论题。在大多数经验研究工作中，研究者对一个已含有若干个变量的模型是否值得再添加一个新的 X 变量是没有足够把握的。研究者不愿意加入那些对 ESS 贡献很少的变量。同样的道理，研究者不愿意排除一些能实质上增加 ESS 的变量。但怎样决定一个 X 变量的引进能否显著地减少 RSS 呢？容易通过方差分析的应用来回答这个问题。

假设我们先做儿童死亡率对 PGNP 的回归，并得到下述结果：

$$\widehat{CM}_i = 157.424\ 4 - 0.011\ 4\ \text{PGNP} \tag{8.4.14}$$

$$t \quad = (15.989\ 4)\ (-3.515\ 6) \qquad r^2 = 0.166\ 2$$

$$p\ \text{值} = (0.000\ 0)\ (0.000\ 8) \qquad \text{调整}\ r^2 = 0.152\ 8$$

如这些结论所示，PGNP 对 CM 具有明显影响。表 8-5 给出了上述回归的 ANOVA 表。

表 8-5　　　　　　　　　　回归方程 (8.4.14) 的 ANOVA 表

变异来源	SS	df	MSS
ESS（来自 PGNP）	60 449.5	1	60 449.5
RSS	303 228.5	62	4 890.782 2
总计	363 678	63	

假定干扰项 u_i 是正态分布的，并且在 PGNP 对 CM 没有影响的虚拟假设下，我们知道

$$F = \frac{60\ 449.5}{4\ 890.782\ 2} = 12.359\ 8 \tag{8.4.15}$$

服从自由度为 1 和 62 的 F 分布。因为计算出来的 p 值为 0.000 8，所以这个 F 值是高度显著的。因此，和前面一样，我们拒绝 PGNP 对 CM 没有影响的假设。顺带指出，$t^2 = (-3.515\ 6)^2 = 12.359\ 4$。这近似等于方程 (8.4.15) 中的 F 值，其中 t 值是从方程 (8.4.14) 中得到的。但这个结果也不足为奇，因为如第 5 章第一次证明的那样，在同样的虚拟假设和显著性水平下，自由度为 n 的 t 统计量等于自由度为 1 和 n 的 F 值。在本例中，$n=64$。

假设在做完回归 (8.4.14) 之后，我们决定把 X_3（即 FLR）增加到模型中来，并得到多元回归 (8.1.4)。我们需要回答的问题是：

(1) 知道 PGNP 位于模型中并且和 CM 有显著关系，FLR 的边际或增量贡献是什么？

(2) FLR 的增量贡献在统计上显著吗？

(3) 根据什么准则把变量加入模型？

可通过 ANOVA 技术来回答上述问题。为了说明这一点，构造表 8-6。此表中的 X_2 表示 PGNP，X_3 表示 FLR。

表 8-6　　　　　　　用于评价变量增量贡献的 ANOVA 表

变异来源	SS	df	MSS
仅由于 X_2 的 ESS	$Q_1 = \hat{\beta}_{12}^2 \sum x_2^2$	1	$\dfrac{Q_1}{1}$
仅由于增加的 X_3 的 ESS	$Q_2 = Q_3 - Q_1$	1	$\dfrac{Q_2}{1}$
X_2 和 X_3 共同的 ESS	$Q_3 = \hat{\beta}_2 \sum y_i x_{2i} + \hat{\beta}_3 \sum y_i x_{3i}$	2	$\dfrac{Q_3}{2}$
RSS	$Q_4 = Q_5 - Q_3$	$n-3$	$\dfrac{Q_4}{n-3}$
总计	$Q_5 = \sum y_i^2$	$n-1$	

为了评估扣除 X_2 的贡献后 X_3 的增量贡献，我们构造：

$$F = \frac{Q_2/\mathrm{df}}{Q_4/\mathrm{df}}$$

$$= \frac{(\mathrm{ESS}_{new} - \mathrm{ESS}_{old})/\text{新增回归元个数}}{\mathrm{RSS}_{new}/\mathrm{df}(= n - \text{新模型中的参数个数})} \qquad (8.4.16)$$

$$= \frac{Q_2/1}{Q_4/61} \qquad （对于本例）$$

其中 $\mathrm{ESS}_{new} =$ 新模型的 ESS（指增加新回归元后的 Q_3），$\mathrm{ESS}_{old} =$ 原有模型的 ESS（$= Q_1$），$\mathrm{RSS}_{new} =$ 新模型的 RSS（指扣除所有回归元的贡献后的 Q_4）。对于我们的说明性例子，结果如表 8-7 所示。

表 8-7 说明性例子的 ANOVA 表：增量分析

变异来源	SS	df	MSS
仅由于 PGNP 的 ESS	60 449.5	1	60 449.5
仅由于增加的 FLR 的 ESS	196 912.9	1	196 912.9
PGNP 和 FLR 共同的 ESS	257 362.4	2	128 681.2
RSS	106 315.6	61	1 742.878 6
总计	363 678	63	

现在应用方程（8.4.16），我们得到：

$$F = \frac{196\ 912.9}{1\ 742.878\ 6} = 112.981\ 4 \qquad (8.4.17)$$

在 u_i 的通常的假定下，这个 F 值服从自由度为 1 和 62 的 F 分布。读者应该能够验证，这个 F 值是高度显著的，表明模型中增加 FLR 明显提高了 ESS 并因此提高了 R^2 值。因此，模型中应该增加 FLR。同样注意到，如果你将多元回归（8.1.4）中的 FLR 系数的 t 值取平方，即 $(-10.629\ 3)^2$，在允许存在四舍五入误差的情况下，你将得到方程（8.4.17）中的 F 值。

另外，如同我们在方程（8.4.13）中所做的那样，方程（8.4.16）的 F 比率还可仅用 R^2 值重新表示出来。如习题 8.2 所表明的那样，方程（8.4.16）的 F 比率等价于如下 F 比率[①]：

$$F = \frac{(R^2_{new} - R^2_{old})/\mathrm{df}}{(1 - R^2_{new})/\mathrm{df}}$$

$$= \frac{(R^2_{new} - R^2_{old})/\text{新回归元个数}}{(1 - R^2_{new})/\mathrm{df}(= n - \text{新模型中的参数个数})} \qquad (8.4.18)$$

此 F 比率服从有适当分子和分母自由度（在我们的例子中分别是 1 和 61）的 F 分布。

---

① 此处的 F 比率是 8.6 节中方程（8.6.9）或（8.6.10）所给的更为一般的 F 检验的一个特殊情形。

对我们的例子而言，$R_{new}^2 = 0.707\ 7$［由方程（8.1.4）得知］，$R_{old}^2 = 0.166\ 2$［由方程（8.4.14）得知］。因此，

$$F = \frac{(0.707\ 7 - 0.166\ 2)/1}{(1 - 0.707\ 7)/61} = 113.005 \tag{8.4.19}$$

除近似计算中的误差外，它和方程（8.4.17）中的 F 值差不多。这个 F 值高度显著，强化了变量 FLR 应当位于此模型中的早期结论。

提醒注意：你若使用方程（8.4.11）中给出的 R^2 型 F 检验，要保证新老模型中的因变量是相同的。如果它们不同，则使用方程（8.4.16）中给出的 F 检验。

何时加进一个新变量？ 刚才描述的 F 检验程序为决定是否增加一个变量到回归模型中提供了一个程式化方法。研究者常常遇到从几个不相上下的模型中挑选一个模型的问题，这些模型有**同一因变量**但有不同的解释变量。作为一种见机行事的选择（因为分析的理论基础薄弱），研究者常常选择有最高 $\bar{R}^2$ 值的模型。这样一来，只要增加一个变量能增加 $\bar{R}^2$ 的值，就把它保留在模型中，即使它在统计意义上并不显著地减少 RSS。于是问题变为：$\bar{R}^2$ 值在什么情况下增加？可以证明，如果新增变量的系数的 t 值在绝对值上大于 1，$\bar{R}^2$ 就会增加。这里的 t 值是在所指系数的总体值为零的假设下计算的［即在真实 β 值为零的假设下由方程（5.3.2）计算出来的 t 值］。[1] 上述准则又可用不同的方式叙述为：仅当一个新增解释变量的 F（$= t^2$）值大于 1 时，它的引进才使 $\bar{R}^2$ 增大。

不管用哪一准则，儿童死亡率一例中 FLR 变量的 t 值为 $-10.629\ 3$ 或 F 值为 $112.981\ 4$，均表明 $\bar{R}^2$ 将增大。的确，当 FLR 加入模型时，$\bar{R}^2$ 从 $0.152\ 8$ 增加到 $0.698\ 1$。

何时加进一组变量？ 能不能找到类似的规则，以决定是否值得把一组变量加入模型中（或从模型中剔除）？从方程（8.4.18）应能看到答案：如果一组变量的加入（剔除）给出一个大（小）于 1 的 F 值，则 $\bar{R}^2$ 将增加（减小）。当然，从方程（8.4.18）容易看出，一组变量的加入（剔除）是否显著地增加（减少）了回归模型的解释能力。

8.5 检验两个回归系数是否相等

假如在多元回归

$$Y_i = \beta_1 + \beta_2 X_{2i} + \beta_3 X_{3i} + \beta_4 X_{4i} + u_i \tag{8.5.1}$$

中，我们要检验假设

$$H_0: \beta_3 = \beta_4 \text{ 或 } \beta_3 - \beta_4 = 0$$
$$H_1: \beta_3 \neq \beta_4 \text{ 或 } \beta_3 - \beta_4 \neq 0 \tag{8.5.2}$$

---

[1] 证明见 Dennis J. Aigner，*Basic Econometrics*，Prentice Hall，Englewood Cliffs，NJ，1971，pp. 91-92。

即两个斜率系数 β_3 和 β_4 相等。

这样的虚拟假设具有实际意义。例如，令方程（8.5.1）代表对某商品的需求函数，其中 Y＝某商品的需求量，X_2＝该商品的价格，X_3＝消费者的收入，X_4＝消费者的财富。这时，虚拟假设意味着，收入系数与财富系数相等。或者，如果把 Y 和 X 表达为对数形式，则方程（8.5.2）中的虚拟假设意味着消费的收入弹性与财富弹性相同。（为什么？）

怎样检验这种虚拟假设呢？在经典假设下，可以证明：

$$t = \frac{(\hat{\beta}_3 - \hat{\beta}_4) - (\beta_3 - \beta_4)}{\mathrm{se}(\hat{\beta}_3 - \hat{\beta}_4)} \tag{8.5.3}$$

服从自由度为 $n-4$ 的 t 分布，因为方程（8.5.1）是四变量模型，或更一般地，自由度为 $n-k$ 的模型，其中 k 为包括截距项在内待估计参数的总个数。标准误 $\mathrm{se}(\hat{\beta}_3 - \hat{\beta}_4)$ 则可以从以下熟知的公式得到（详见本书附录A）：

$$\mathrm{se}(\hat{\beta}_3 - \hat{\beta}_4) = \sqrt{\mathrm{var}(\hat{\beta}_3) + \mathrm{var}(\hat{\beta}_4) - 2\mathrm{cov}(\hat{\beta}_3, \hat{\beta}_4)} \tag{8.5.4}$$

如果将虚拟假设和 $\mathrm{se}(\hat{\beta}_3 - \hat{\beta}_4)$ 的表达式代入方程（8.5.3），那么我们的检验统计量就变为：

$$t = \frac{\hat{\beta}_3 - \hat{\beta}_4}{\sqrt{\mathrm{var}(\hat{\beta}_3) + \mathrm{var}(\hat{\beta}_4) - 2\mathrm{cov}(\hat{\beta}_3, \hat{\beta}_4)}} \tag{8.5.5}$$

于是，检验方法包括如下步骤：

（1）估计 $\hat{\beta}_3$ 和 $\hat{\beta}_4$。任何标准计算机软件都能做到。

（2）大多数标准计算机软件都照常算出所估计参数的方差与协方差。[1] 从这些（方差与协方差）估计值很容易算得方程（8.5.5）分母中的标准误。

（3）从方程（8.5.5）算出 t 比率。注意本例中的虚拟假设是 $\beta_3 - \beta_4 = 0$。

（4）如果从方程（8.5.5）计算出来的 t 变量超过给定自由度下在指定显著性水平上的 t 临界值，则可拒绝虚拟假设；否则不拒绝。换言之，如果得自方程（8.5.5）的 t 统计量的 p 值足够低，就可拒绝虚拟假设。注意，p 值越低，拒绝虚拟假设的证据就越强。因此，当我们说一个 p 值低或足够低，就意味着它低于显著性水平 10%、5% 或 1%。在此决策中包含个人判断。

例 8.2　总成本函数再议

回顾 7.10 节例 7.4 所估计的总成本函数，为方便起见，将其重新写为：

$$\hat{Y}_i = 141.766\,7 + 63.477\,6X_i - 12.961\,5X_i^2 + 0.939\,6X_i^3$$
$$\mathrm{se} = (6.375\,3) \quad (4.778\,6) \quad (0.985\,7) \quad (0.059\,1)$$
$$\mathrm{cov}(\hat{\beta}_3, \hat{\beta}_4) = -0.057\,6 \qquad R^2 = 0.998\,3 \tag{7.10.6}$$

其中 Y 为总成本，而 X 为产出。括号中的数字代表估计标准误。

---

[1]　协方差公式的代数表达式颇为复杂。用矩阵符号可简洁地描述其表达式，见附录C。

我们要检验以下假设：总成本函数中的 X^2 和 X^3 项的系数相等，即 $\beta_3 = \beta_4$ 或 $(\beta_3 - \beta_4) = 0$。在回归（7.10.6）中，我们已具备用于方程（8.5.5）中的 t 检验所需的全部数字结果。具体的演算步骤如下：

$$
\begin{aligned}
t &= \frac{\hat{\beta}_3 - \hat{\beta}_4}{\sqrt{\text{var}(\hat{\beta}_3) + \text{var}(\hat{\beta}_4) - 2\text{cov}(\hat{\beta}_3, \hat{\beta}_4)}} \\
&= \frac{-12.961\,5 - 0.939\,6}{\sqrt{(0.985\,7)^2 + (0.059\,1)^2 - 2 \times (-0.057\,6)}} \\
&\approx -12.749\,8
\end{aligned}
\tag{8.5.6}
$$

读者可以验证，对于 6 个自由度（为什么？），即使在 0.002（或 0.2%）的显著性水平上（双尾检验），所观测到的 t 值也超过了 t 临界值；p 值极小，仅为 0.000 006。我们拒绝假设总成本函数中的 X^2 和 X^3 有相同的系数。

8.6 受约束的最小二乘法：检验线性等式约束条件

经济理论有时会提出某一回归模型中的系数满足一些线性等式约束条件。例如，考虑柯布-道格拉斯生产函数：

$$
Y_i = \beta_1 X_{2i}^{\beta_2} X_{3i}^{\beta_3} e^{u_i}
\tag{7.9.1} = (8.6.1)
$$

其中 $Y =$ 产出，$X_2 =$ 劳动投入，$X_3 =$ 资本投入。写成对数形式，方程就变为：

$$
\ln Y_i = \beta_0 + \beta_2 \ln X_{2i} + \beta_3 \ln X_{3i} + u_i
\tag{8.6.2}
$$

其中 $\beta_0 = \ln \beta_1$。

现在如果规模报酬不变（投入的同比例变化导致产出也同比例变化），经济理论将提出：

$$
\beta_2 + \beta_3 = 1
\tag{8.6.3}
$$

这就是线性等式约束条件之一例。[1]

怎样判知规模报酬是否不变，即约束条件（8.6.3）是否正确？有两种方法回答这个问题。

t 检验方法

最简单的程序是先不明显考虑约束条件（8.6.3），而是按照通常的方式估计方程（8.6.2），即做所谓的无约束或无限制回归（unrestricted or unconstrained regression）。一旦估计了 β_2 和 β_3（比方说，用 OLS），就可通过方程（8.5.3）的 t 检验来检验假设或约束条件（8.6.3），即：

$$
\begin{aligned}
t &= \frac{(\hat{\beta}_2 + \hat{\beta}_3) - (\beta_2 + \beta_3)}{\text{se}(\hat{\beta}_2 + \hat{\beta}_3)} \\
&= \frac{(\hat{\beta}_2 + \hat{\beta}_3) - 1}{\sqrt{\text{var}(\hat{\beta}_2) + \text{var}(\hat{\beta}_3) + 2\text{cov}(\hat{\beta}_2, \hat{\beta}_3)}}
\end{aligned}
\tag{8.6.4}
$$

---

[1] 如果 $\beta_2 + \beta_3 < 1$，此关系式将构成线性不等式约束条件。为处理这种约束条件，需要用到数学规划技术。

其中在虚拟假设下，$\beta_2+\beta_3=1$，而分母是 $\hat{\beta}_2+\hat{\beta}_3$ 的标准误。然后参照 8.5 节，如果从方程（8.6.4）计算的 t 值超过在选定显著性水平上的 t 临界值，则拒绝规模报酬不变假设；否则不拒绝。

F 检验法：受约束最小二乘法

前述 t 检验是一种静观后效法，因为我们是在估计"无约束"回归之后再分析线性约束是否得到满足。一种直接方法则是一开始便把约束条件（8.6.3）纳入估计过程中。在本例中，这种过程不难实现。由方程（8.6.3）可得：

$$\beta_2 = 1-\beta_3 \tag{8.6.5}$$

或

$$\beta_3 = 1-\beta_2 \tag{8.6.6}$$

因此，利用两等式之一便可消去方程（8.6.2）中的一个系数，然后估计所得的方程。于是，我们利用方程（8.6.5）把柯布-道格拉斯生产函数写为：

$$\ln Y_i = \beta_0 + (1-\beta_3) \ln X_{2i} + \beta_3 \ln X_{3i} + u_i$$
$$= \beta_0 + \ln X_{2i} + \beta_3 (\ln X_{3i} - \ln X_{2i}) + u_i$$

或

$$\ln Y_i - \ln X_{2i} = \beta_0 + \beta_3 (\ln X_{3i} - \ln X_{2i}) + u_i \tag{8.6.7}$$

或

$$\ln (Y_i/X_{2i}) = \beta_0 + \beta_3 \ln (X_{3i}/X_{2i}) + u_i \tag{8.6.8}$$

其中 $Y_i/X_{2i}=$ 产出/劳动，$X_{3i}/X_{2i}=$ 资本/劳动，两者都是有重大经济意义的数量。

留意原始方程（8.6.2）经过了何种变换。一旦我们从方程（8.6.7）或（8.6.8）估计出 β_3，β_2 就容易从关系式（8.6.5）算出。不言而喻，这种估计程序保证了所估计的两个投入系数之和必然等于 1。方程（8.6.7）或（8.6.8）所描述的程序被称为受约束最小二乘（法）（restricted least squares，RLS）。此程序可推广到含有任意多个解释变量，以及包含多于一个线性等式约束条件的模型。推广方法见瑟尔（1971）。[1]（还可参见下面的一般 F 检验法。）

怎样比较无约束和受约束的两个最小二乘回归呢？换句话说，我们怎么知道，比方说，约束条件（8.6.3）是否站得住脚呢？这个问题可通过应用如下 F 检验来回答。令

$\sum \hat{u}_{UR}^2 =$ 无约束回归（8.6.2）的 RSS；

$\sum \hat{u}_R^2 =$ 受约束回归（8.6.7）的 RSS；

$m=$ 线性等式约束条件的个数（本例中是 1）；

---

[1] Henri Theil，*Principles of Econometrics*，John Wiley & Sons，New York，1971，pp. 43–45.

k＝无约束回归中的参数个数；

n＝观测次（个）数。

于是，

$$F = \frac{(\mathrm{RSS_R} - \mathrm{RSS_{UR}})/m}{\mathrm{RSS_{UR}}/(n-k)} = \frac{(\sum \hat{u}_R^2 - \sum \hat{u}_{UR}^2)/m}{\sum \hat{u}_{UR}^2/(n-k)} \tag{8.6.9}$$

服从自由度为 m 和 $n-k$ 的 F 分布。（注：UR 和 R 分别表示无约束和受约束。）

上述 F 检验还可通过 R^2 表达如下：

$$F = \frac{(R_{UR}^2 - R_R^2)/m}{(1 - R_{UR}^2)/(n-k)} \tag{8.6.10}$$

其中 R_{UR}^2 和 R_R^2 分别是得自无约束和受约束回归的 R^2 值，即得自回归（8.6.2）和
（8.6.7）的 R^2 值。应注意到：

$$R_{UR}^2 \geqslant R_R^2 \tag{8.6.11}$$

以及

$$\sum \hat{u}_{UR}^2 \leqslant \sum \hat{u}_R^2 \tag{8.6.12}$$

习题 8.4 要求你对这些命题做出解释。

提醒注意：在使用方程（8.6.10）时，要记住，如果在受约束和无约束两个模型中因变量不相同，则 R_{UR}^2 和 R_R^2 不可直接比较，此时，可用第 7 章介绍的程序把两个 R^2 值转化成可比的（参见例 8.3），或使用方程（8.6.9）给出的 F 检验。

例 8.3　1955—1974 年墨西哥经济的柯布-道格拉斯生产函数

为了说明上述讨论，我们考虑表 8-8 中给出的数据。尝试对这些数据拟合柯布-道格拉斯生产函数，得到如下结果：

$$\widehat{\ln \mathrm{GDP}_t} = -1.652\,4 + 0.339\,7 \ln \mathrm{Labor}_t + 0.846\,0 \ln \mathrm{Capital}_t$$

$$t = (-2.725\,9)(1.829\,5) \qquad (9.062\,5)$$

$$p\ \text{值} = (0.014\,4) \quad (0.084\,9) \qquad (0.000\,0) \tag{8.6.13}$$

$$R^2 = 0.995\,1$$

$$\mathrm{RSS_{UR}} = 0.013\,6$$

其中 $\mathrm{RSS_{UR}}$ 因我们在估计方程（8.6.13）时没有施加限制而成为无约束的 RSS。

表 8-8　　　　　　　　　墨西哥的真实 GDP、就业和真实固定资本

年份	真实 GDP（1960 年百万比索）	就业（千人）	真实固定资本（1960 年百万比索）
1955	114 043	8 310	182 113
1956	120 410	8 529	193 749
1957	129 187	8 738	205 192
1958	134 705	8 952	215 130

续表

年份	真实 GDP（1960 年百万比索）	就业（千人）	真实固定资本（1960 年百万比索）
1959	139 960	9 171	225 021
1960	150 511	9 569	237 026
1961	157 897	9 527	248 897
1962	165 286	9 662	260 661
1963	178 491	10 334	275 466
1964	199 457	10 981	295 378
1965	212 323	11 746	315 715
1966	226 977	11 521	337 642
1967	241 194	11 540	363 599
1968	260 881	12 066	391 847
1969	277 498	12 297	422 382
1970	296 530	12 955	455 049
1971	306 712	13 338	484 677
1972	329 030	13 738	520 553
1973	354 057	15 924	561 531
1974	374 977	14 154	609 825

资料来源：Victor J. Elias, *Sources of Growth*：*A Study of Seven Latin American Economies*，International Center for Economic Growth，ICS Press，San Francisco，1992. Data from Tables E5，E12，and E14.

我们在第 7 章已经看到如何解释柯布-道格拉斯生产函数的系数。如你所见，产出/劳动弹性约为 0.34，而产出/资本弹性约为 0.85。如果我们把这些系数相加则得到 1.19，表明考察期内墨西哥经济可能正经历着规模报酬递增的阶段。当然我们不知道 1.19 是否显著异于 1。

为了看出是否如此，我们施加规模报酬不变的约束，并给出如下回归：

$$\ln \widehat{(\text{GDP}/\text{Labor})}_t = -0.494\ 7 + 1.015\ 3 \ln (\text{Capital}/\text{Labor})_t$$

$$t = (-4.061\ 2)\ (28.105\ 6) \tag{8.6.14}$$

$$p\ \text{值} = (0.000\ 7)\quad (0.000\ 0)$$

$$R_{\text{R}}^2 = 0.977\ 7 \qquad \text{RSS}_{\text{R}} = 0.016\ 6$$

因为我们已经施加了规模报酬不变的约束，所以 RSS_{R} 为受约束回归的 RSS。

由于上面两个回归的因变量不同，因此我们必须使用方程（8.6.9）中给出的 F 检验，我们有得到 F 值所需要的数据。

$$
\begin{aligned}
F &= \frac{(\text{RSS}_{\text{R}} - \text{RSS}_{\text{UR}})/m}{\text{RSS}_{\text{UR}}/(n-k)} \\
&= \frac{(0.016\ 6 - 0.013\ 6)/1}{(0.013\ 6)/(20-3)} \\
&= 3.75
\end{aligned}
$$

注意，因为我们只施加了一个约束，所以 $m=1$；而因为我们有 20 个观测，且在无约束回归中有 3 个参数，所以 $n-k=17$。

此 F 值服从分子自由度为 1 和分母自由度为 17 的 F 分布。读者很容易验证，即使在 5% 的显著性水平上，这个 F 值仍不显著。（见附录 D。）

于是结论就是，墨西哥经济在样本期内可能仍具有规模报酬不变的特征，因此采用方程 (8.6.14) 中给出的受约束回归没有坏处。此回归表明，若资本/劳动提高 1%，则劳动生产率也平均上升 1%。

一般的 F 检验方法[①]

方程 (8.6.10) 中的 F 检验或与它等价的方程 (8.6.9)，为检验有关 k 变量回归模型

$$Y_i = \beta_1 + \beta_2 X_{2i} + \beta_3 X_{3i} + \cdots + \beta_k X_{ki} + u_i \tag{8.6.15}$$

中的一个或多个参数的假设提供了一般方法。方程 (8.4.16) 中的 F 检验或方程 (8.5.3) 中的 t 检验不过是方程 (8.6.10) 的一个应用特例。例如，如同

$$H_0: \beta_2 = \beta_3 \tag{8.6.16}$$

$$H_0: \beta_3 + \beta_4 + \beta_5 = 3 \tag{8.6.17}$$

这种涉及 k 变量模型参数的一些线性等式约束条件的假设，或者如同

$$H_0: \beta_3 = \beta_4 = \beta_5 = \beta_6 = 0 \tag{8.6.18}$$

从而意味着某些回归元在模型中并不出现的假设，都可通过方程 (8.6.10) 中的 F 检验方法来检验。

从 8.4 节和 8.6 节的讨论，读者一定已察知 F 检验方法的一般策略是：首先有一个较大的模型，如无约束模型 (8.6.15)，然后通过从中删除某些变量〔如式 (8.6.18) 所示〕，或通过对较大模型中的一个或多个参数施加某种线性等式约束条件〔如式 (8.6.16) 或 (8.6.17)〕，而有一个较小的受约束或受限制模型。

然后，分别用无约束和受约束模型拟合数据，以获得判定系数 R^2_{UR} 和 R^2_{R}。注意，无约束模型的自由度为 $n-k$，而对受约束模型，自由度为 m，其中 m 为线性等式约束条件〔如式 (8.6.16) 或 (8.6.17)〕个数，或为从模型中省略的回归元个数〔例如，如果式 (8.6.18) 成立，则 $m=4$，因为该式假定 4 个回归元不在模型中出现〕。

然后按照方程 (8.6.9) 或 (8.6.10) 计算 F，并使用决策规则：如果计算的 F 超过 $F_a(m, n-k)$，其中 $F_a(m, n-k)$ 是显著性水平为 α 的 F 临界值，我们就拒绝虚拟假设；否则不拒绝。

让我们进行说明。

例 8.4 1960—1982 年美国的鸡肉需求

习题 7.19 中的一问是要求读者考虑以下对鸡肉的需求函数：

---

① 如果是用极大似然法进行估计，则一个类似的即将讨论的方法是似然比检验，因它较复杂，故放在本章附录中讨论。进一步的讨论，参见 Theil, op. cit., pp. 179 - 184。

$$\ln Y_t = \beta_1 + \beta_2 \ln X_{2t} + \beta_3 \ln X_{3t} + \beta_4 \ln X_{4t} + \beta_5 \ln X_{5t} + u_t \tag{8.6.19}$$

其中 Y＝人均鸡肉消费量（磅），X_2＝人均真实可支配收入（美元），X_3＝每磅鸡肉的真实零售价格（美分），X_4＝每磅猪肉的真实零售价格（美分），X_5＝每磅牛肉的真实零售价格（美分）。

在此模型中，β_2，β_3，β_4 和 β_5 分别是收入弹性、自价格弹性、与猪肉的交叉价格弹性和与牛肉的交叉价格弹性。（为什么？）根据经济理论，我们预期：

$$\beta_2 > 0$$
$$\beta_3 < 0$$

$\beta_4 > 0$，如果鸡肉和猪肉是替代品
　　< 0，如果鸡肉和猪肉是互补品　　　　　　　　　　　　　　(8.6.20)
　　$= 0$，如果鸡肉和猪肉是无关产品

$\beta_5 > 0$，如果鸡肉和牛肉是替代品
　　< 0，如果鸡肉和牛肉是互补品
　　$= 0$，如果鸡肉和牛肉是无关产品

假设某人执意认为鸡肉与猪肉和牛肉为无关产品，即鸡肉的消费不受猪肉和牛肉价格的影响。简单地表示，即：

$$H_0 : \beta_4 = \beta_5 = 0 \tag{8.6.21}$$

从而有受约束回归：

$$\ln Y_t = \beta_1 + \beta_2 \ln X_{2t} + \beta_3 \ln X_{3t} + u_t \tag{8.6.22}$$

当然，方程（8.6.19）是无约束回归。

利用习题 7.19 中的数据，我们得到以下方程：

无约束回归：

$$\widehat{\ln Y_t} = 2.189\,8 + 0.342\,5 \ln X_{2t} - 0.504\,6 \ln X_{3t} + 0.148\,5 \ln X_{4t} + 0.091\,1 \ln X_{5t}$$
$$(0.155\,7)(0.083\,3) \qquad (0.110\,9) \qquad (0.099\,7) \qquad (0.100\,7)$$
$$R_{\text{UR}}^2 = 0.982\,3 \tag{8.6.23}$$

受约束回归：

$$\widehat{\ln Y_t} = 2.032\,8 + 0.451\,5 \ln X_{2t} - 0.377\,2 \ln X_{3t} \tag{8.6.24}$$
$$(0.116\,2) \quad (0.024\,7) \qquad (0.063\,5)$$
$$R_{\text{R}}^2 = 0.980\,1$$

其中括号内的数字是估计的标准误。注：因两模型有相同的因变量，故方程（8.6.23）和（8.6.24）中的两个 R^2 值是可比的。

现在检验假设（8.6.21）的 F 比率是：

$$F = \frac{(R_{\text{UR}}^2 - R_{\text{R}}^2)/m}{(1 - R_{\text{UR}}^2)/(n-k)} \tag{8.6.10}$$

因为在本例中涉及两个约束条件，即 $\beta_4 = 0$ 和 $\beta_5 = 0$，故 m 值为 2，而由于 $n = 23$ 和 $k = 5$（5 个 β 系数），分母自由度 $n-k$ 为 18，因此 F 比率是：

$$F = \frac{(0.982\ 3 - 0.980\ 1)/2}{(1 - 0.982\ 3)/18} = 1.122\ 4 \qquad (8.6.25)$$

它服从自由度为 2 和 18 的 F 分布。

显然，在 5% 的显著性水平上，这个 F 值不是统计显著的 $[F_{0.5}(2, 18) = 3.55]$。p 值是 0.347 2。因此没有理由拒绝虚拟假设，即对鸡肉的需求不依赖于猪肉和牛肉价格。简言之，我们可以接受受约束回归（8.6.24）作为鸡肉需求函数的表达式。

注意，在自价格弹性为负和收入弹性为正的意义上，需求函数符合先验的经济预期。然而，估计的价格弹性的绝对值在统计上小于 1，这意味着鸡肉需求是缺乏价格弹性的。（为什么？）而且，收入弹性虽是正数，但在统计上仍然小于 1。这表明鸡肉不是奢侈品；按照惯例，如果一种商品的收入弹性大于 1，它就被称作奢侈品。

8.7 检验回归模型的结构或参数稳定性：邹至庄检验

在我们使用一个涉及时间序列数据的回归时，回归子 Y 和回归元之间的关系可能会出现结构变动（structural change）。结构变动意味着，模型中的参数值在整个期间内不能保持相同。结构变动有时源于外部力量（如 1973 年和 1979 年 OPEC 石油卡特尔提出的石油涨价或 1990—1991 年的海湾战争），或源于政策变化（如 1973 年从固定汇率制向浮动汇率制的转换），或国会所采取的行动（如在里根总统两任任期内的税收变化或最小工资率变化），或一系列其他原因。

我们如何发现结构变动确实存在呢？具体而言，考虑表 8-9 中给出的数据。此表给出了美国 1970—1995 年个人可支配收入和储蓄的数据（以十亿美元计）。假设我们想估计储蓄（Y）与个人可支配收入（X）之间的简单储蓄函数。既然我们有数据，就能得到 Y 对 X 的 OLS 回归。但如果我们那么做，我们就认为储蓄和个人可支配收入（disposable personal income，DPI）的关系在 26 年间没有多大变化。这是一个难以置信的假定。比如，众所周知，美国 1982 年遭受了其和平时期最大的衰退。城市失业率当年达到了自 1948 年以来的最高水平 9.7%。这种事件可能会破坏储蓄和 DPI 之间的关系。为看出是否如此，我们把样本数据分为两个时期：1970—1981 年的衰退前时期和 1982—1995 年的衰退后时期。

我们现在有三个可能的回归：

$$\text{时期 } 1970\text{—}1981 \text{ 年：} Y_t = \lambda_1 + \lambda_2 X_t + u_{1t} \quad n_1 = 12 \qquad (8.7.1)$$

$$\text{时期 } 1982\text{—}1995 \text{ 年：} Y_t = \gamma_1 + \gamma_2 X_t + u_{2t} \quad n_2 = 14 \qquad (8.7.2)$$

$$\text{时期 } 1970\text{—}1995 \text{ 年：} Y_t = \alpha_1 + \alpha_2 X_t + u_t \quad n = n_1 + n_2 = 26 \qquad (8.7.3)$$

回归（8.7.3）假定这两个时期之间没有区别，因此对 26 个观测构成的整个时期估计储蓄和 DPI 之间的关系。换言之，此回归假定截距和斜率系数在整个期间保持不变，即不存在结构变动。若确实如此，则 $\alpha_1 = \lambda_1 = \gamma_1$，$\alpha_2 = \lambda_2 = \gamma_2$。

表 8-9　　　　　　　　　　1970—1995 年美国储蓄和个人可支配收入　　　　单位：十亿美元

观测	储蓄	收入	观测	储蓄	收入
1970	61.0	727.1	1983	167.0	2 522.4
1971	68.6	790.2	1984	235.7	2 810.0
1972	63.6	855.3	1985	206.2	3 002.0
1973	89.6	965.0	1986	196.5	3 187.6
1974	97.6	1 054.2	1987	168.4	3 363.1
1975	104.4	1 159.2	1988	189.1	3 640.8
1976	96.4	1 273.0	1989	187.8	3 894.5
1977	92.5	1 401.4	1990	208.7	4 166.8
1978	112.6	1 580.1	1991	246.4	4 343.7
1979	130.1	1 769.5	1992	272.6	4 613.7
1980	161.8	1 973.3	1993	214.4	4 790.2
1981	199.1	2 200.2	1994	189.4	5 021.7
1982	205.5	2 347.3	1995	249.3	5 320.8

资料来源：*Economic Report of the President*，1997，Table B-28，p.332.

回归（8.7.1）和（8.7.2）假定这两个时期的回归不同，即截距和斜率参数如带下标的参数所示都不相同。在上述回归中，u 表示误差项，n 表示观测次数。

针对表 8-9 中给出的数据，上述三个回归的经验结果如下：

$$\hat{Y}_t = 1.016\ 1 + 0.080\ 3\ X_t$$

$$t = (0.087\ 3)\ (9.601\ 5)$$

$$R^2 = 0.902\ 1 \quad RSS_1 = 1\ 785.032 \quad df = 10 \tag{8.7.1a}$$

$$\hat{Y}_t = 153.494\ 7 + 0.014\ 8 X_t$$

$$t = (4.692\ 2)\ (1.770\ 7)$$

$$R^2 = 0.297\ 1 \quad RSS_2 = 10\ 005.22 \quad df = 12 \tag{8.7.2a}$$

$$\hat{Y}_t = 62.422\ 6 + 0.037\ 6 X_t$$

$$t = (4.891\ 7)\ (8.893\ 7)$$

$$R_2 = 0.767\ 2 \quad RSS_3 = 23\ 248.30 \quad df = 24 \tag{8.7.3a}$$

在上述回归中，RSS 表示残差平方和，括号中的数字都是估计的 t 值。

粗看之下，所估计的回归表明储蓄和 DPI 之间的关系在这两个子时期并不相同。上述储蓄-收入回归中的斜率表示边际储蓄倾向（marginal propensity to save，MPS），即个人可支配收入增加一美元导致的储蓄的（平均）变化。在 1970—1981 年期间，MPS 约为 0.08，但在 1982—1995 年期间，MPS 约为 0.02。这种变化是否源于里根总统所追求的经济政策很难说。这进一步表明，无视两个时期的差异而将 26 个观测放在一起做一个通常的回归即混合回归（pooled regression）（8.7.3a）

可能不适当。当然，上述判断仍需要由适当的统计检验来支持。顺便指出，散点图
和估计的回归线如图 8-3 所示。

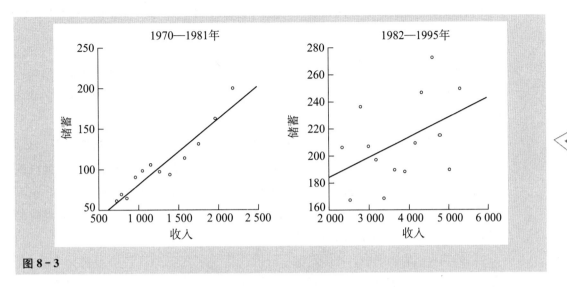

图 8-3

现在可能的区别即结构变动可能由截距或斜率或二者共同所致。我们如何找出
其差别呢？从图 8-3 中可得到对此的直觉，但规范的检验会更有帮助。

邹至庄检验（Chow test）适逢所需。[①] 该检验假定：

（1）$u_{1t} \sim N(0, \sigma^2)$ 和 $u_{2t} \sim N(0, \sigma^2)$，也就是说，两个子期间回归的误差项是
有相同方差 σ^2 的（同方差性）正态分布变量。

（2）两个误差项 u_{1t} 和 u_{2t} 是独立分布的。

邹至庄检验的机制如下：

（1）估计回归（8.7.3），若无参数不稳定性，则为适当估计，并得到 RSS_3，df $=$
$n_1 + n_2 - k$，其中 k 为所估计的参数个数，在本例中为 2。对我们的例子而言，$RSS_3 =$
23 248.30，我们称 RSS_3 为约束残差平方和（restricted residual sum of squares，RSS_R），
因为它是通过施加 $\lambda_1 = \gamma_1$ 和 $\lambda_2 = \gamma_2$（即子期间回归没有不同）的约束后得到的。

（2）估计方程（8.7.1）并在 df $= n_1 - k$ 下得到其残差平方和 RSS_1。本例中 $RSS_1 =$
1 785.032，df $= 10$。

（3）估计方程（8.7.2）并在 df $= n_2 - k$ 下得到其残差平方和 RSS_2。本例中 $RSS_2 =$
10 005.22，df $= 12$。

（4）既然这两个样本集被视为独立，我们就能把 RSS_1 和 RSS_2 相加，得到所谓
无约束残差平方和（unrestricted residual sum of squares，RSS_{UR}），即

$$RSS_{UR} = RSS_1 + RSS_2 \qquad df = n_1 + n_2 - 2k$$

在本例中，

---

① Gregory C. Chow，"Tests of Equality between Sets of Coefficients in Two Linear Regressions," *Econometrica*，vol. 28，no. 3，1960，pp. 591 - 605.

$$\text{RSS}_{UR} = 1\,785.032 + 10\,005.22 = 11\,790.252$$

（5）藏在邹至庄检验背后的思想是，若不存在结构变动［即回归（8.7.1）和（8.7.2）实质相同］，则 RSS_R 和 RSS_{UR} 在统计上不应该不同。因此，我们构造如下 F 比率

$$F = \frac{(\text{RSS}_R - \text{RSS}_{UR})/k}{\text{RSS}_{UR}/(n_1 + n_2 - 2k)} \sim F_{(k, n_1 + n_2 - 2k)} \tag{8.7.4}$$

邹至庄已经证明，在回归（8.7.1）和（8.7.2）（在统计上）相同（即没有结构变动或转折）的虚拟假设下，以上给出的 F 比率服从分子和分母自由度分别为 k 和 $n_1 + n_2 - 2k$ 的 F 分布。

（6）因此，若在应用中计算出的 F 值没有超过 F 表中在选定显著性水平（或 p 值）上的 F 临界值，则不能拒绝参数稳定（即没有结构变动）的虚拟假设。此时使用混合（约束?）回归（8.7.3）就是合理的。相反，若计算出的 F 值超过了 F 临界值，则拒绝参数稳定的假设，并断定回归（8.7.1）和（8.7.2）是不同的，此时混合回归（8.7.3）至少是没有把握的。

回到我们的例子中，我们发现

$$F = \frac{(23\,248.30 - 11\,790.252)/2}{11\,790.252/22} = 10.69 \tag{8.7.5}$$

我们在 F 表中发现，自由度为 2 和 22 的 1% 的 F 临界值为 5.72。因此，得到一个大于等于 10.69 的 F 值的概率远小于 1%；实际的 p 值只有 0.000 57。

因此，邹至庄检验看起来支持我们前面的预感，假设该检验背后的假定都满足，美国 1970—1995 年期间的储蓄-收入关系已经历了一次结构变动。稍后我们对此还有补充。

顺便一提，注意邹至庄检验可轻而易举地推广到不止一次结构变动的情形。比如，若我们相信，储蓄-收入关系在克林顿总统 1992 年 1 月入主白宫后发生了变化，那我们就会把样本分为三个时期：1970—1981 年，1982—1991 年，1992—1995 年，并进行邹至庄检验。当然，我们将有 4 个 RSS 项，每个子期间一个，混合数据一个，但检验的逻辑仍然是一样的。1995 年之后的数据现在都可以利用，所以样本可以进行延伸。

必须牢记关于邹至庄检验的一些警告：

（1）必须满足该检验背后的假定。比如，必须弄清楚回归（8.7.1）和（8.7.2）中的误差方差是否相同。这点我们稍后再谈。

（2）邹至庄检验只是告诉我们回归（8.7.1）和（8.7.2）是否有差别，并没有告诉我们差别是来自截距、斜率还是二者都有。但在讨论虚拟变量的第 9 章，我们将看到如何回答这个问题。

（3）邹至庄检验假定我们知道结构转折点。在我们的例子中，假定是 1982 年。但若不能确定结构变动何时发生，我们就必须使用其他方法。[1]

---

[1] 至于详尽的讨论，参见 William H. Greene, *Econometric Analysis*, 4th ed., Prentice Hall, Englewood Cliffs, NJ, 2000, pp. 293-297。

在结束对邹至庄检验和储蓄-收入回归的讨论之前，让我们考查邹至庄检验背后的一个假定，即两个时期的误差方差相同。虽然我们不能观测到真实的误差方差，但是我们能从回归（8.7.1a）和（8.7.2a）中给出的 RSS 得到它们的估计值，即

$$\hat{\sigma}_1^2 = \frac{RSS_1}{n_1 - 2} = \frac{1\,785.032}{10} = 178.503\,2 \tag{8.7.6}$$

$$\hat{\sigma}_2^2 = \frac{RSS_2}{n_2 - 2} = \frac{10\,005.22}{14 - 2} = 833.768\,3 \tag{8.7.7}$$

注意，由于每个方程中都有两个估计参数，因此我们从观测数中减去 2 得到自由度。给定邹至庄检验背后的假定，则 $\hat{\sigma}_1^2$ 和 $\hat{\sigma}_2^2$ 为两个子期间真实方差的无偏估计量。因此，可以证明，若 $\hat{\sigma}_1^2 = \hat{\sigma}_2^2$（即两个子总体的方差相同，如邹至庄检验所假定的那样），则

$$\frac{\hat{\sigma}_1^2/\sigma_1^2}{\hat{\sigma}_2^2/\sigma_2^2} \sim F_{(n_1-k, n_2-k)} \tag{8.7.8}$$

服从分子和分母自由度分别为 $n_1 - k$ 和 $n_2 - k$ 的 F 分布，在我们的例子中，由于在每个子回归中都只有两个参数，所以 $k = 2$。

当然，$\sigma_1^2 = \sigma_2^2$ 使上述 F 检验简化为计算

$$F = \frac{\hat{\sigma}_1^2}{\hat{\sigma}_2^2} \tag{8.7.9}$$

注：按惯例，我们把两个估计方差中较大的一个放在分子中。（关于 F 检验和其他概率分布的详细知识，可参见附录 A。）

在应用中，计算这个 F 值并与适当自由度的 F 临界值相比较，就能决定是否拒绝两个子总体的方差相同的虚拟假设。若虚拟假设未被拒绝，则可以使用邹至庄检验。

回到我们的储蓄-收入回归，我们得到如下结果

$$F = \frac{833.768\,3}{178.503\,2} = 4.670\,1 \tag{8.7.10}$$

在两个子总体的方差相等的虚拟假设下，此 F 值服从分子和分母自由度分别是 12 和 10 的 F 分布。（注：我们已经将较大的估计方差放在分子上。）从附录 D 中的表 D-3 可以看到，自由度为 12 和 10 的 5% 和 1% F 临界值分别是 2.91 和 4.71。计算出来的 F 值在 5% 的显著性水平上是显著的，在 1% 的显著性水平上也几乎是显著的。于是，我们的结论将是两个子总体方差并不相同，因此，严格地讲，我们不应该使用邹至庄检验。

我们在这里的目的是要说明应用研究中经常用到的邹至庄检验的机制。若两个子总体的误差方差不同，则邹至庄检验可进行修正。但这一程序超出了本书的范围。[①]

---

① 在异方差条件下对邹至庄检验的讨论，参见 William H. Greene, *Econometric Analysis*, 4th ed., Prentice Hall, Englewood Cliffs, NJ, 2000, pp. 292-293；Adrian C. Darnell, *A Dictionary of Econometrics*, Edward Elgar, U. K., 1994, p. 51。

我们前面提到的另外一点是，邹至庄检验对回归参数可能发生变化的时间的选择十分敏感。我们在例子中假定变化可能发生在出现衰退的 1982 年。如果我们当时假定它是里根开始执政的 1981 年，那么我们可能会发现，计算出来的 F 值并不相同。事实上，习题 8.34 要求读者验证这一点。

如果我们不想选择结构关系可能出现转折的时点，那么我们可以选用其他方法，如递归残差检验（recursive residual test）。在有关模型设定分析的第 13 章，我们将讨论这个问题。

8.8 用多元回归做预测

在 5.10 节我们曾说明了如何用双变量回归模型做（1）均值预测（mean prediction），即预测总体回归函数（或总体回归线）上的点，以及做（2）个值预测（individual prediction），即对回归元 X 的特定值 $X = X_0$ 预测 Y 的个值。

多元回归的估计结果也可用于同样的目的，并且预测程序明显地是双变量情形的一个直接推广，只不过用于估计预测值的方差或标准误的公式［与方程（5.10.2）和（5.10.6）相比］更为复杂，故宜放到描述矩阵方法的附录 C 中处理。当然，大多数标准回归软件可例行做到这一点，所以没有必要查找矩阵表述。附录 C 对喜欢数学的学生有好处，并给出了一个完整的示例。

8.9 假设检验三联体：似然比、瓦尔德与拉格朗日乘数检验[①]

大体上说，在本章和前面的章节中，我们曾用 t、F 和 χ^2 检验对线性（对参数而言）回归范围内的各种假设进行了检验。但是一旦跳出线性回归模型的这个多少还算理想的背景，我们就还需要检验关于线性或非线性回归模型的假设检验方法。

著名的假设检验三联体：似然比（likelihood ratio，LR）、瓦尔德（Wald，W）和拉格朗日乘数（Lagrange multiplier，LM）检验的使用能达到此目的。值得注意的是，这三种检验在渐近（即大样本）意义上都是等价的，因为每一种检验的检验统计量都服从 χ^2 分布。

虽然我们将在本章附录中讨论似然比检验，但出于实用方面的原因，本书将不使用这些检验，因为大多数研究者遇到的样本都是小样本或有限样本，而对于小样本，我们至今一直在使用的 F 检验已经足够了。且看戴维森（Davidson）和麦金农

[①] 一篇易读的论文见 A. Buse, "The Likelihood Ratio, Wald and Lagrange Multiplier Tests: An Expository Note," *American Statistician*, vol. 36, 1982, pp. 153–157。该节为选读内容。

（MacKinnon）是怎样说的：

> 对于线性回归模型，不管它的误差是不是正态分布的，都不需要过问 LM、W 和 LR 检验，因为我们不能从这些统计量中得到任何不为 F 检验所包含的信息。[1]

8.10 检验回归的函数形式：在线性回归与对数线性模型之间进行选择

线性回归模型（回归子是回归元的线性函数）或对数线性模型（回归子的对数是回归元的对数的线性函数）之间的选择，是实证分析中由来已久的一个问题。我们可用麦金农、怀特（White）和戴维森提出的一种检验，简称为 MWD 检验（MWD test），在上述两个模型之间进行选择。[2]

为说明这种检验，假定：

H_0：线性回归模型，Y 是回归元 X 的线性函数。

H_1：对数线性模型，$\ln Y$ 是回归元 X 的对数（即 $\ln X$）的线性函数。

其中，和平常一样，H_0 和 H_1 分别指虚拟假设和对立假设。

MWD 检验可分为以下几个步骤[3]：

步骤 1 估计线性回归模型并获得 Y 的估计值，且记为 Yf（即 $\hat{Y}$）。

步骤 2 估计对数线性模型并获得 $\ln Y$ 的估计值，且记为 $\ln f$（即 $\widehat{\ln Y}$）。

步骤 3 计算 $Z_1 = \ln Yf - \ln f$。

步骤 4 做 Y 对 X 和得自步骤 3 的 Z_1 的回归。如果按照通常的 t 检验，Z_1 的系数是统计显著的，就拒绝 H_0。

步骤 5 计算 $Z_2 = \ln f$ 的反对数 $- Yf$。

步骤 6 做 Y 的对数对 X 的对数和 Z_2 的回归。如果按照通常的 t 检验，Z_2 的系数是统计显著的，就拒绝 H_1。

MWD 检验虽然看似复杂，但其实这个检验的逻辑很简单，如果线性回归模型确实是正确的模型，步骤 4 中的构造变量就不会是统计显著的，因为这时从线性回归模型估计出的 Y 值和从对数线性模型估计出来的（为了比较而取反对数之后的）

---

[1] Russell Davidson and James G. MacKinnon, *Estimation and Inference in Econometrics*, Oxford University Press, New York，1993，p. 456.

[2] J. MacKinnon, H. White, and R. Davidson, "Tests for Model Specification in the Presence of Alternative Hypotheses：Some Further Results," *Journal of Econometrics*, vol. 21，1983，pp. 53-70. 相似的检验文献有 A. K. Bera and C. M. Jarque, "Model Specification Tests：A Simultaneous Approach," *Journal of Econometrics*, vol. 20，1982，pp. 59-82。

[3] William H. Greene, *ET：The Econometrics Toolkit（Version 3）*, Econometric Software, Bellport, New York，1992，pp. 245-246.

Y 值不会有什么差别。同样的评语也适用于对立假设 H_1。

例8.5 玫瑰的需求

参照习题 7.16 所给的 1971 年第Ⅲ季度至 1975 年第Ⅱ季度底特律市区对玫瑰的需求的季度数据，为便于说明，我们将把对玫瑰的需求仅看作玫瑰和石竹价格两种价格的函数，而且暂不考虑收入变量。现在考虑以下模型：

$$线性回归模型：Y_t = \alpha_1 + \alpha_2 X_{2t} + \alpha_3 X_{3t} + u_t \tag{8.10.1}$$

$$对数线性模型：\ln Y_t = \beta_1 + \beta_2 \ln X_{2t} + \beta_3 \ln X_{3t} + u_t \tag{8.10.2}$$

其中 Y 是玫瑰需求量（打），X_2 是玫瑰平均批发价格（美元/打），而 X_3 是石竹平均批发价格（美元/打）。先验地，预期 α_2 和 β_2 为负（为什么？），而 α_3 和 β_3 为正（为什么？）。我们知道，对数线性模型中的斜率系数是弹性系数。

回归的结果如下：

$$\hat{Y}_t = 9\,734.217\,6 - 3\,782.195\,6\, X_{2t} + 2\,815.251\,5\, X_{3t}$$
$$t = (3.370\,5) \quad (-6.606\,9) \quad (2.971\,2) \tag{8.10.3}$$
$$F = 21.84 \quad R^2 = 0.770\,96$$

$$\widehat{\ln Y_t} = 9.227\,8 - 1.760\,7 \ln X_{2t} + 1.339\,8 \ln X_{3t}$$
$$t = (16.234\,9)\,(-5.904\,4)\quad (2.540\,7) \tag{8.10.4}$$
$$F = 17.50 \quad R^2 = 0.729\,2$$

这些结果表明，似乎线性回归模型和对数线性模型均对数据拟合良好：参数有预期符号且 t 值和 R^2 值均统计显著。

为了根据 MWD 检验在两个模型之间做出选择，我们先检验真实模型是线性回归模型的假设，然后按照检验的步骤 4，算得以下回归：

$$\hat{Y}_t = 9\,727.568\,5 - 3\,783.062\,3\, X_{2t} + 2\,817.715\,7\, X_{3t} + 85.231\,9\, Z_{1t}$$
$$t = (3.217\,8) \quad (-6.333\,7) \quad (2.836\,6) \quad (0.020\,7) \tag{8.10.5}$$
$$F = 13.44 \quad R^2 = 0.770\,7$$

由于 Z_1 的系数在统计上不显著（p 值是 0.98），故我们不拒绝真实模型是线性回归模型的假设。

我们调换一下假设。假设真实模型是对数线性模型。按照 MWD 检验的步骤 6，得到以下回归结果：

$$\widehat{\ln Y_t} = 9.148\,6 - 1.969\,9 \ln X_t + 1.589\,1 \ln X_{2t} - 0.001\,3\, Z_{2t}$$
$$t = (17.082\,5)\,(-6.418\,9) \quad (3.072\,8) \quad (-1.661\,2) \tag{8.10.6}$$
$$F = 14.17 \quad R^2 = 0.779\,8$$

Z_2 的系数约在 12% 的水平上统计显著（p 值 0.122 5），因此可在这一显著性水平上拒绝真实模型是对数线性模型的假设。当然，如果我们要墨守成规地引用 1% 或 5% 的显著性水平，则还不能拒绝真实模型是对数线性模型的假设。本例表明，在一定情况下，有可能对任一模型都不能拒绝。

要点与结论

1. 本章推广并细致地分析了最先在第 5 章中对双变量线性回归模型引进的区间估计与假设检验的思想。

2. 在一个多元回归中，检验一个偏回归系数的个别显著性（用 t 检验）和检验回归的总显著性（即 H_0：全部偏斜率系数为零或 $R^2=0$）是不相同的。

3. 特别地，在个别 t 检验的基础上发现了一个或多个偏回归系数在统计上不显著并不意味着全部偏回归系数在统计上也是（集体地）不显著的。后一假设只能用 F 统计量加以检验。

4. F 检验是丰富多彩的。它可用于检验各种各样的假设。例如：（1）个别的回归系数是否统计显著；（2）是否全部偏斜率系数都为零；（3）两个或多个系数是否统计上相等；（4）一些系数是否满足某些线性等式约束条件；（5）回归模型是不是结构稳定的。

5. 和双变量情形一样，多元回归模型可用于均值和/或个值预测的目的。

习　题

问答题

8.1　假如你要研究某产品，比如说汽车，在某些年里的销售情况，有人建议你试用下面的模型：

$$Y_t = \beta_0 + \beta_1 t$$
$$Y_t = \alpha_0 + \alpha_1 t + \alpha_2 t^2$$

其中 Y_t＝时间 t 的销售量，t＝时间（以年计）。第一个模型假设销售量是时间的线性函数，而第二个模型把它表述为时间的二次函数。

a. 讨论这些模型的性质。

b. 你会如何在这两个模型之间做出选择？

c. 在什么情况下二次模型是有用的？

d. 试找到美国在过去 20 年里的汽车销售量数据，并看哪个模型对数据的拟合较好。

8.2　证明方程（8.4.16）中的 F 比率等于方程（8.4.18）中的 F 比率。（提示：ESS/TSS＝R^2。）

8.3　证明方程（8.4.18）和（8.6.10）中的

F 检验是等价的。

8.4　证明命题（8.6.11）和（8.6.12）。

8.5　考虑柯布-道格拉斯生产函数：

$$Y = \beta_1 L^{\beta_2} K^{\beta_3} \tag{1}$$

其中 Y＝产出，L＝劳动投入，K＝资本投入。把方程（1）的两边同时除以 K 得到：

$$(Y/K) = \beta_1 (L/K)^{\beta_2} K^{\beta_2+\beta_3-1} \tag{2}$$

取（2）的自然对数得：

$$\ln(Y/K) = \beta_0 + \beta_2 \ln(L/K)$$
$$+ (\beta_2+\beta_3-1)\ln K + u_i \tag{3}$$

其中 $\beta_0 = \ln \beta_1$。

a. 假如你有做回归（3）的数据，你会怎样检验规模报酬不变即 $\beta_2+\beta_3=1$ 这个假设？

b. 如果有规模报酬不变情形，你会怎样解释回归（3）？

c. 用 L 而不用 K 去除方程（1），会有什么不同吗？

8.6 当 $R^2 = 0$ 时的 R^2 临界值。方程（8.4.11）给出了在全部偏斜率系数同时为零（即 $R^2 = 0$）的假设下 F 与 R^2 的关系。正如我们能从 F 表求出在显著性水平 α 上的 F 临界值，我们能通过以下关系式求出 R^2 临界值：

$$R^2 = \frac{(k-1)F}{(k-1)F + (n-k)}$$

其中 k 是回归模型中包括截距在内的参数个数，而 F 是在显著性水平 α 上的 F 临界值。如果所测的 R^2 超过从上述公式计算出来的临界 R^2 值，就可拒绝真实 R^2 为零的假设。

证明上述公式并求出（在 $\alpha = 5\%$ 处）回归（8.1.4）的 R^2 临界值。

8.7 根据 1968—1987 年年度数据得到如下回归结果：

$$\hat{Y}_t = -859.92 + 0.647\,0X_{2t} - 23.195X_{3t}$$
$$R^2 = 0.977\,6 \tag{1}$$
$$\hat{Y}_t = -261.09 + 0.245\,2X_{2t}$$
$$R^2 = 0.938\,8 \tag{2}$$

其中 Y = 美国进口商品支出（1982 年十亿美元），X_2 = 个人可支配收入（1982 年十亿美元），X_3 = 趋势变量。判断方程（1）中 X_3 的标准误是否为 4.275 0。说明你的计算。（提示：利用 R^2、F 与 t 的关系。）

8.8 假设回归

$$\ln(Y_i/X_{2i}) = \alpha_1 + \alpha_2 \ln X_{2i} + \alpha_3 \ln X_{3i} + u_i$$

中的回归系数及其标准误均已知[1]，你如何估计以下回归模型参数及其标准误？

$$\ln Y_i = \beta_1 + \beta_2 \ln X_{2i} + \beta_3 \ln X_{3i} + u_i$$

8.9 假定：

$$Y_i = \beta_1 + \beta_2 X_{2i} + \beta_3 X_{3i} + \beta_4 X_{2i}X_{3i} + u_i$$

其中 Y 是个人消费支出，X_2 是个人收入，X_3 是个人财富。[2] X_2X_3 被称为交互作用项（interaction term）。此表达式的含义是什么？你会怎样检验边际消费倾向（即 β_2）独立于消费者财富的假设？

8.10 给定如下回归结果：

$$\hat{Y}_t = 16\,899 - 2\,978.5\,X_{2t}$$
$$t = (8.515\,2)\,(-4.728\,0)$$
$$R^2 = 0.614\,9$$
$$\hat{Y}_t = 9\,734.2 - 3\,782.2X_{2t} + 2\,815X_{3t}$$
$$t = (3.370\,5)\,(-6.607\,0)\,(2.971\,2)$$
$$R^2 = 0.770\,6$$

你能求出这些结果所依据的样本容量吗？（提示：利用 R^2、F 与 t 值的关系。）

8.11 根据我们对分别以 t 和 F 检验为基础的个别检验和联合检验的讨论，以下哪些情况看来比较可能？

a. 拒绝基于 F 统计量的联合虚拟假设，但不拒绝基于个别 t 检验的每个独立的虚拟假设。

b. 拒绝基于 F 统计量的联合虚拟假设，且拒绝基于 t 检验的一个个别假设，而不拒绝基于 t 检验的其他个别假设。

c. 拒绝基于 F 统计量的联合虚拟假设，并且拒绝基于个别 t 检验的每个独立的虚拟假设。

d. 不拒绝基于 F 统计量的联合虚拟假设，并且不拒绝基于个别 t 检验的每个独立的虚拟假设。

e. 不拒绝基于 F 统计量的联合虚拟假设，拒绝基于 t 检验的一个个别假设，而不拒绝基于 t 检验的其他个别假设。

f. 不拒绝基于 F 统计量的联合虚拟假设，但拒绝基于个别 t 检验的每个独立的虚拟假设。[3]

实证分析题

8.12 参照习题 7.21。

a. 真实货币需求的收入弹性和利率弹性是什么？

b. 上述弹性是个别统计显著的吗？

---

① Peter Kennedy, *A Guide to Econometrics*, MIT Press, 3d ed., Cambridge, Mass., 1992, p. 310.

② Ibid., p. 327.

③ 取自 Ernst R. Berndt, *The Practice of Econometrics*：*Classic and Contemporary*, Addison-Wesley, Reading, Mass., 1991, p. 79。

c. 检验所估计回归的总显著性。

d. 真实货币需求的收入弹性显著地异于 1 吗？

e. 应该把利率变量留在模型中吗？为什么？

8.13 根据美国 1992 年 46 个州的数据，巴尔塔泽（Baltagi）得到如下回归结果[1]：

$$\widehat{\log C} = 4.30 - 1.34 \log P + 0.17 \log Y$$
$$\text{se} = (0.91) \ (0.32) \qquad (0.20)$$
$$\bar{R}^2 = 0.27$$

其中 C＝香烟消费（以每年的包数计）；

P＝每包香烟的真实价格；

Y＝实际人均可支配收入。

a. 香烟需求的价格弹性是多少？它统计显著吗？若显著，它在统计上异于 1 吗？

b. 香烟需求的收入弹性是多少？它显著吗？若不显著，其原因是什么？

c. 你如何根据上面给出的调整 R^2 来得到 R^2？

8.14 伍德里奇从 209 个企业的样本得到如下回归结果[2]：

$$\widehat{\log(\text{salary})} = 4.32 + 0.280 \log(\text{sales})$$
$$\text{se} = (0.32) \ (0.035)$$
$$+ 0.017\,4 \ \text{roe} + 0.000\,24 \ \text{ros}$$
$$(0.004\,1) \ (0.000\,54)$$
$$R^2 = 0.283$$

其中 salary＝CEO 薪水；

sales＝企业年销售额；

roe＝股权百分比收益；

ros＝企业股票回报。

log 表示自然对数。括号中的数字为估计的标准误。

a. 根据你对各个系数符号的先验预期，解释上述回归。

b. 哪个系数在 5％ 的显著性水平上是个别统计显著的？

c. 回归的总显著性如何？你使用何种检验方式？为什么？

d. 你能把 roe 和 ros 的系数解释成弹性系数吗？为什么？

8.15 假定 Y 和 X_2，X_3，…，X_k 是联合正态分布的，并假定虚拟假设为各个总体偏相关系数等于零，费希尔（R. A. Fisher）曾证明

$$t = \frac{r_{12.34\cdots k} \sqrt{n-k-2}}{\sqrt{1 - r_{12.34\cdots k}^2}}$$

服从 $n-k-2$ 个自由度的 t 分布，其中 k 指第 k 阶偏相关系数，而 n 是观测值的总个数。（注：$R_{12.3}$ 是一阶偏相关系数，$r_{12.34}$ 是二阶偏相关系数，如此类推。）参照习题 7.2。假定 Y，X_2 和 X_3 是联合正态分布的，计算三个偏相关系数 $r_{12.3}$、$r_{13.2}$ 和 $r_{23.1}$，并在相应的总体相关系数为零的假设下检验它们的显著性。

8.16 在研究 1921—1941 年和 1948—1957 年两时期美国对农用拖拉机的需求中，格里利谢斯（Griliches）[3] 得到如下结果：

$$\widehat{\log Y_t} = C - 0.519 \log X_{2t} - 4.933 \log X_{3t}$$
$$(0.231) \qquad (0.477)$$
$$R^2 = 0.793$$

其中 Y_t＝每年 1 月 1 日农场拥有拖拉机存量的价值，以 1935—1939 年的美元价值度量；X_2＝时间 $t-1$ 的拖拉机支付价格指数除以全部农作物价格指数；X_3＝第 $t-1$ 年的利率；C＝常数。log 表示自然对数。括号中的数字是估计的标准误。

a. 解释上述回归。

b. 所估计的斜率系数个别地看在统计上显著吗？它们显著地异于 1 吗？

c. 使用方差分析方法检验整个回归的显著性。提示：利用 ANOVA 方法的 R^2 形式。

① 参见 Badi H. Baltagi, *Econometrics*, Springer-Verlag, New York, 1998, p. 111.

② 参见 Jeffrey M. Wooldridge, *Introductory Econometrics*, South-Western Publishing Co., 2000, pp. 154 - 155.

③ Z. Griliches, "The Demand for a Durable Input: Farm Tractors in the United States, 1921—1957," in *The Demand for Durable Goods*, Arnold C. Harberger (ed.), The University of Chicago Press, Chicago, 1960, Table 1, p. 192.

d. 如何计算农用拖拉机需求的利率弹性？

e. 如何检验所估计的 R^2 的显著性？

8.17 考虑 1951—1969 年英国经济[①]的如下工资决定方程：

$$\hat{W}_t = 8.582 + 0.364(PF)_t + 0.004(PF)_{t-1} - 2.560U_t$$
$$(1.129)\quad(0.080)\qquad(0.072)\qquad(0.658)$$
$$R^2 = 0.873\qquad df = 15$$

其中 W＝平均每个雇员的工资和薪水；

PF＝最终产品的要素成本价格；

U＝表示英国失业人数占雇员总人数的百分比；

t＝时间。

（括号内的数字是估计的标准误。）

a. 解释上述方程。

b. 所估计的系数个别地看在统计上显著吗？

c. 引进（PF）$_{t-1}$ 的合理性何在？

d. 是否应把变量（PF）$_{t-1}$ 从模型中删去？为什么？

e. 怎样计算雇员的工资和薪水对失业率的弹性？

8.18 习题 8.17 所给的工资决定方程的一个变体如下[②]：

$$\hat{W}_t = 1.073 + 5.288V_t - 0.116X_t + 0.054M_t + 0.046M_{t-1}$$
$$(0.797)\quad(0.812)\quad(0.111)\quad(0.022)\quad(0.019)$$
$$R^2 = 0.934\qquad df = 14$$

其中 W＝平均每个雇员的工资和薪水；

V＝英国岗位空缺占英国雇员总人数的百分比；

X＝平均每个就业人员的国内生产总值；

M＝进口价格；

M_{t-1}＝上（或滞后）年的进口价格。

（括号内的数字是估计的标准误。）

a. 解释上述方程。

b. 哪些估计系数是个别统计显著的？

c. 引进 X 变量的合理性何在？在先验预期上，

X 的预期符号应为负吗？

d. 在模型中同时引进 M_t 和 M_{t-1} 用意何在？

e. 哪些变量可从模型中删去？

f. 检验所观测回归的总显著性。

8.19 对于方程（8.6.24）中估计的鸡肉需求函数，所估计的收入弹性等于 1 吗？价格弹性等于 −1 吗？

8.20 对于需求函数（8.6.24），你怎样检验收入弹性与价格弹性数值相同而符号相反的假设？说明必要的计算过程。[注：$cov(\hat{\beta}_2, \hat{\beta}_3) = -0.001\,42$。]

8.21 参照习题 7.16 的玫瑰的需求函数。仅考虑对数设定形式。

a. 所估计的需求自价格弹性（即对玫瑰价格的弹性）是什么？

b. 它是统计显著的吗？

c. 如果是，它是否在统计上异于 1？

d. 在先验预期上，X_3（石竹价格）和 X_4（收入）的预期符号是什么？经验结果和这些预期相符吗？

e. 如果 X_3 和 X_4 的系数在统计意义上不显著，可能是什么原因？

8.22 参照关于野猫活动的习题 7.17。

a. 所估计的每个斜率系数在 5％的显著性水平上都是个别统计显著的吗？

b. 你会拒绝假设 $R^2 = 0$ 吗？

c. 1948—1978 年期间野猫的瞬时增长率是什么？相应的复合增长率呢？

8.23 参照习题 7.18 所估计的美国国防预算支出回归。

a. 对所估计的回归结果进行一般性评论。

b. 构造 ANOVA 表并检验全部斜率系数为零的假设。

8.24 下面列出的所谓超越生产函数（transcendental production function，TPF）是著名的柯

---

① 取自 *Prices and Earnings in 1951−1969：An Econometric Assessment*，Dept. of Employment，HMSO，1971，Eq.（19），p.35。

② Ibid，Eq.（67），p.37.

布-道格拉斯生产函数的一个推广：

$$Y = \beta_1 L^{\beta_2} K^{\beta_3} e^{\beta_4 L + \beta_5 K}$$

其中 Y＝产出，L＝劳动投入，K＝资本投入。

取对数并加入随机干扰项便得到随机的 TPF：

$$\ln Y_i = \beta_0 + \beta_2 \ln L_i + \beta_3 \ln K_i + \beta_4 L_i + \beta_5 K_i + u_i$$

其中 $\beta_0 = \ln \beta_1$。

a. 此函数具有什么性质？

b. 要使 TPF 化为柯布-道格拉斯生产函数，β_4 和 β_5 的值必须是什么？

c. 如果你拥有数据，你会怎样判明 TPF 是否可简化为柯布-道格拉斯生产函数？你会用什么检验方法？

d. TPF 对表 8-8 中的数据拟合得怎样？说明你的计算过程。

8.25 1948—1978 年美国能源价格与资本形成。为了检验假设——相对于产出的能源价格上升，现有资本与劳动资源的生产力下降，塔托姆（Tatom）估计了 1948 年第 I 季度至 1978 年第 II 季度的美国生产函数。[1]

$$\widehat{\ln (y/k)} = 1.549\,2 + 0.713\,5\ln (h/k)$$
$$\qquad\qquad\quad (16.33) \quad (21.69)$$

$$-0.108\,1 \ln (P_e/P) + 0.004\,5\,t$$
$$\quad (-6.42) \qquad\qquad (15.86)$$
$$R^2 = 0.98$$

其中 y＝私有企业部门的真实产出；

k＝资本服务流量的一种度量；

h＝私有企业部门的工时（人员小时）；

P_e＝燃料及相关产品的生产者价格；

P＝私有企业部门价格缩减因子；

t＝时间。

括号中的数字是 t 统计量。

a. 这些结果是否支持了作者的假设？

b. 在 1972—1977 年间，能源相对价格 P_e/P 提高了 60％。按照估算的回归，生产力损失了多少？

c. 除去 h/k 和 P_e/P 的变化后，在样本期间生产力的趋势增长率如何？

d. 你会怎样解释系数 0.713 5？

e. 每个偏斜率系数估计值都是个别统计显著的这一事实（为什么？）意味着我们可以拒绝假设 $R^2 = 0$ 吗？为什么？

8.26 电缆需求。表 8-10 给出了一个电缆制造商用来预测 1968—1983 年间向主要用户销售的销售量的数据。[2]

表 8-10　　　　　　　　　　　　　回归变量

年份	X_2 GNP（十亿美元）	X_3 新房动工数（千套）	X_4 失业率（%）	X_5 滞后 6 个月的最惠利率（%）	X_6 用户用线增量（%）	Y 年销售量（MPF）
1968	1 051.8	1 503.6	3.6	5.8	5.9	5 873
1969	1 078.8	1 486.7	3.5	6.7	4.5	7 852
1970	1 075.3	1 434.8	5.0	8.4	4.2	8 189
1971	1 107.5	2 035.6	6.0	6.2	4.2	7 497
1972	1 171.1	2 360.8	5.6	5.4	4.9	8 534
1973	1 235.0	2 043.9	4.9	5.9	5.0	8 688
1974	1 217.8	1 331.9	5.6	9.4	4.1	7 270
1975	1 202.3	1 160.0	8.5	9.4	3.4	5 020

---

① 见 "Energy Prices and Capital Formation：1972—1977," *Review*，Federal Reserve Bank of St. Louis，vol. 61，no. 5，May 1979，p. 4。

② 感谢丹尼尔·J. 里尔登（Daniel J. Reardon）收集并加工了这些数据。

续表

年份	X_2 GNP （十亿美元）	X_3 新房动工数 （千套）	X_4 失业率 （%）	X_5 滞后6个月 的最惠利率 （%）	X_6 用户用线增量 （%）	Y 年销售量 （MPF）
1976	1 271.0	1 535.0	7.7	7.2	4.2	6 035
1977	1 332.7	1 961.8	7.0	6.6	4.5	7 425
1978	1 399.2	2 009.3	6.0	7.6	3.9	9 400
1979	1 431.6	1 721.9	6.0	10.6	4.4	9 350
1980	1 480.7	1 298.0	7.2	14.9	3.9	6 540
1981	1 510.3	1 100.0	7.6	16.6	3.1	7 675
1982	1 492.2	1 039.0	9.2	17.5	0.6	7 419
1983	1 535.4	1 200.0	8.8	16.0	1.5	7 923

表中变量定义如下：

Y＝年销售量，百万英尺双线（million paired feet，MPF）；

X_2＝国民生产总值（GNP），十亿美元；

X_3＝新房动工数，千套；

X_4＝失业率，%；

X_5＝滞后6个月的最惠利率，%；

X_6＝用户用线增量，%。

考虑以下模型：

$$Y_i = \beta_1 + \beta_2 X_{2t} + \beta_3 X_{3t} + \beta_4 X_{4t} + \beta_5 X_{5t} + \beta_6 X_{6t} + u_t$$

a. 估计以上回归。

b. 此模型中各系数的预期符号是什么？

c. 经验结果与先验预期一致吗？

d. 这些估计的偏回归系数个别地看在5%的显著性水平上是统计显著的吗？

e. 假设你先做Y对X_2、X_3和X_4的回归，然后决定是否再加进变量X_5和X_6。你如何知道值不值得把X_5和X_6加进来呢？你应用哪一种检验？说明必要的计算过程。

8.27 纳洛夫（Nerlove）曾估计如下的电力生产的成本函数[1]：

$$Y = AX^\beta P_1^{\alpha_1} P_2^{\alpha_2} P_3^{\alpha_3} u \tag{1}$$

其中Y＝总生产成本；

X＝千瓦小时产出；

P_1＝劳动投入价格；

P_2＝资本投入价格；

P_3＝燃料价格；

u＝干扰项。

理论上，预期价格弹性之和为1，即$\alpha_1 + \alpha_2 + \alpha_3 = 1$。引进这一约束，上述成本函数就可写为：

$$(Y/P_3) = AX^\beta (P_1/P_3)^{\alpha_1} (P_2/P_3)^{\alpha_2} u \tag{2}$$

换言之，（1）是无约束成本函数，而（2）是受约束成本函数。

根据一个包含29个中等厂家的样本，通过对数变换，纳洛夫得到如下回归结果：

$$\widehat{\ln Y_i} = -4.93 + 0.94 \ln X_i + 0.31 \ln P_1$$
$$se = (1.96) \quad (0.11) \quad\quad (0.23)$$
$$- 0.26 \ln P_2 + 0.44 \ln P_3$$
$$(0.29) \quad\quad (0.07)$$
$$RSS = 0.336 \tag{3}$$

$$\widehat{\ln (Y/P_3)} = -6.55 + 0.91 \ln X$$
$$se = (0.16) (0.11)$$
$$+ 0.51 \ln (P_1/P_3)$$
$$(0.19)$$
$$+ 0.09 \ln (P_2/P_3)$$
$$(0.16)$$

---

[1] Marc Nerlove，"Returns to Scale in Electric Supply," in Carl Christ，ed.，*Measurement in Economics*，Standford University Press，Palo Alto，Calif.，1963. 符号有所变化。

RSS= 0.364　　　　　　　　(4)

a. 解释方程（3）和（4）。

b. 你怎样判断约束 $\alpha_1 + \alpha_2 + \alpha_3 = 1$ 是否正确？说明你的计算。

8.28　估计资本资产定价模型（CAPM）。在 6.1 节中我们简要地叙述了现代证券组合理论中著名的资本资产定价模型。在实证分析中，CAPM 的估计分为两阶段：

阶段 I（时间序列回归）。对样本所含 N 种证券中的每一种，做如下一个时间回归：

$$R_{it} = \hat{a}_i + \hat{\beta}_i R_{mt} + e_{it} \qquad (1)$$

其中 R_{it} 和 R_{mt} 是年度 t 第 i 种证券和市场证券组合（比如，S&P 500）的回报率；β_i，如本书其他地方讲过的，是第 i 种证券的 β 或市场波动系数，而 e_{it} 是干扰项。一共有 N 个这种回归（每一种证券有一个），从而给出 β_i 的 N 个估计值。

阶段 II（横截面回归）。在这一阶段，我们在 N 种证券上做以下回归：

$$\bar{R}_i = \hat{\gamma}_1 + \hat{\gamma}_2 \hat{\beta}_i + u_i \qquad (2)$$

其中 $\bar{R}_i$ 是在阶段 I 所覆盖的样本时期内算出的第 i 种证券的平均或均值回报率，$\hat{\beta}_i$ 是从阶段 I 回归估计出来的系数，而 u_i 是干扰项。

将阶段 II 的回归（2）和 CAPM 方程（6.1.2）相比，写成：

$$ER_i = r_f + \beta_i(ER_m - r_f) \qquad (3)$$

其中 r_f 代表无风险回报率，我们即看到 $\hat{\gamma}_1$ 是 r_f 的一个估计值，$\hat{\gamma}_2$ 是市场风险溢价 $ER_m - r_f$ 的一个估计值。

因此，在 CAPM 的经验检验中，$\bar{R}_i$ 和 $\hat{\beta}_i$ 被分别用作 ER_i 和 β_i 的估计量。现在，如果 CAPM 成立，则在统计意义上：

$$\hat{\gamma}_1 = r_f$$

$$\hat{\gamma}_2 = R_m - r_f，ER_m - r_f \text{ 的估计量}$$

考虑另一可选择模型：

$$\bar{R}_i = \hat{\gamma}_1 + \hat{\gamma}_2 \hat{\beta}_i + \hat{\gamma}_3 s_{e_i}^2 + u_i \qquad (4)$$

其中 $s_{e_i}^2$ 是得自阶段 I 的第 i 种证券的残差方差。如果 CAPM 正确，那么 $\hat{\gamma}_3$ 就不会显著地异于零。

为了检验 CAPM，利维（Levy）根据 1948—1968 年 101 种股票的一个样本，做回归（2）和（4），并得到如下结果[①]：

$$\hat{R}_i = 0.109 + 0.037\beta_i$$
$$\quad (0.009)\ (0.008) \qquad\qquad (2)'$$
$$t = (12.0)\quad (5.1)\qquad R^2 = 0.21$$

$$\hat{R}_i = 0.106 + 0.002\ 4\hat{\beta}_i + 0.201\ s_{e_i}^2$$
$$\quad (0.008)\ (0.007)\qquad (0.038)\quad (4)'$$
$$t = (13.2)\quad (3.3)\qquad (5.3)$$
$$R^2 = 0.39$$

a. 这些结果支持了 CAPM 吗？

b. 是否值得把变量 $s_{e_i}^2$ 加进模型中来？你怎样判断？

c. 如果 CAPM 成立，方程（2）′中的 $\hat{\gamma}_1$ 应接近无风险回报率 r_f 的均值。这个估计值是 10.9%。此值是不是观测期间（1948—1968 年）无风险回报率的一个合理估计呢？（不妨考虑国债或类似的较无风险的资产的回报率。）

d. 如果 CAPM 成立，由方程（2）′得到的市场风险溢价（$\bar{R}_m - r_f$）将是 3.7%。如果假定 r_f 为 10.9%，则意味着在样本期间 $\bar{R}_m$ 约为 14.6%。这是不是一个合理的估计呢？

e. 你对 CAPM 能做什么一般性评论吗？

8.29　参照习题 7.21c。现在，你有了必要的工具，你将用哪种检验来在两个模型之间做出选择？给出必要的计算。注意，两个模型的因变量不同。

8.30　参照例 8.3。利用方程（8.6.4）中所给出的 t 检验，说明墨西哥经济在研究期内是否存在规模报酬不变的情况。

8.31　回到我们曾几次讨论的儿童死亡率一例。在回归（7.6.2）中，我们将儿童死亡率（CM）对人均 GNP（即 PGNP）和妇女识字率（FLR）进行回归。现在我们通过增加总生育率

---

① H. Levy, "Equilibrium in an Imperfect Market: A Constraint on the Number of Securities in the Portfolio," *American Economic Review*, vol. 68, no. 4, September 1978, pp. 643–658.

（TFR）来扩展模型。表 6-4 中包含所有这些数据。重做回归（7.6.2）并给出扩展模型的回归结果如下：

1. $$\widehat{CM}_i = 263.641\ 6 - 0.005\ 6\ PGNP_i$$
   $$se = (11.593\ 2) \quad (0.001\ 9)$$
   $$-2.231\ 6\ FLR_i \quad\quad (7.6.2)$$
   $$(0.209\ 9)$$
   $$R^2 = 0.707\ 7$$

2. $$\widehat{CM}_i = 168.306\ 7 - 0.005\ 5\ PGNP_i$$
   $$se = (32.891\ 6) \quad (0.001\ 8)$$
   $$-1.768\ 0\ FLR_i + 12.868\ 6\ TFR_i$$
   $$(0.248\ 0) \quad\quad\quad (?)$$
   $$R^2 = 0.747\ 4$$

a. 你如何解释 TFR 的系数？根据经验，预期 CM 和 TFR 之间的关系是正还是负？给出你回答的理由。

b. 在这两个方程之间 PGNP 和 FLR 的系数有变化吗？若有，变化的原因是什么？所观测的差别是统计显著的吗？你使用哪个检验？为什么？

c. 你如何在模型 1 和 2 之间做出选择？你用哪个检验来回答这个问题？给出必要的计算。

d. 我们没有给出 TFR 系数的标准误。你能求出它吗？（提示：回忆 t 和 F 分布之间的关系。）

8.32 回到习题 1.7，它给出了 21 家企业在印象和广告支出方面的数据。习题 5.11 要你对这些数据描点，并决定描述二者关系的适当模型。令 Y 表示印象，X 为广告支出，则得到如下回归：

模型 I：$\hat{Y}_i = 22.163 + 0.363\ 1\ X_i$
$$se = (7.089)(0.097\ 1)$$
$$R^2 = 0.424$$

模型 II：$\hat{Y}_i = 7.059 + 1.084\ 7\ X_i - 0.004\ 0\ X_i^2$
$$se = (9.986)(0.369\ 9)(0.001\ 9)$$
$$R^2 = 0.53$$

a. 解释这两个模型。

b. 哪个模型更好？为什么？

c. 你用哪个或哪些检验来选择模型？

d. 广告支出存在"收益递减"吗，即在达到一定的广告支出水平（饱和水平）后就不应再支出广告费吗？你能求出这个支出水平吗？给出必要的计算。

8.33 在回归（7.9.4）中，我们给出用柯布-道格拉斯生产函数来拟合 2005 年美国 50 个州和华盛顿特区制造业部门数据的结果。基于此回归，说明是否存在规模报酬不变的情况。

a. 使用方程（8.6.4）中给出的 t 检验来说明。两个斜率估计量之间的协方差为 $-0.038\ 43$。

b. 使用方程（8.6.9）中给出的 F 检验来说明。

c. 这两种检验结果是否不同？对于 50 个州和华盛顿特区制造业部门在样本期内的规模报酬，你能得出什么结论？

8.34 重新考虑 8.7 节中的储蓄-收入回归。假设我们把样本分为 1970—1980 年和 1981—1995 年两个时期，利用邹至庄检验判断储蓄-收入回归在两个时期是否有结构变动。将你的结论与 8.7 节中给出的结论相比较，对邹至庄检验将样本分成两（或多）期转折点的敏感性，你能得出什么总体结论？

8.35 参考习题 7.24 和表 7-12 中美国 1947—2000 年四个经济变量的数据。

a. 基于真实消费支出对真实收入、真实财富和真实利率的回归，看哪些回归系数在 5% 的显著性水平上是个别统计显著的。估计系数的符号与经济理论一致吗？

b. 基于（a）中的结论，你如何估计收入弹性、财富弹性和利率弹性？你还需要哪些额外信息来计算这些弹性？

c. 你如何检验收入弹性与财富弹性相同的假设？给出必要的计算。

d. 假设不再使用（a）中估计的线性消费函数，你把真实消费支出的对数对真实收入的对数、真实财富的对数和真实利率进行回归。给出回归结果。你如何解释这些结果？

e. （d）中估计的收入弹性和财富弹性是多少？你如何解释（d）中估计的真实利率系数？

f. 在（d）的回归中，你能使用真实利率的对数而不是真实利率本身吗？为什么？

g. 你如何比较（b）和（d）中估计的弹性？

h. 在（a）和（d）估计的回归模型之间，你更喜欢哪一个？为什么？

i. 假设不是估计（d）中给出的模型，你只是将真实消费支出的对数对真实收入的对数进行回归。你如何确定是否值得在模型中增加真实财富的对数？你又如何确定是否值得在模型中同时增加真实财富的对数和真实利率？给出必要的计算。

8.36 参考 8.7 节的内容和表 8-9 中有关 1970—1995 年个人可支配收入和储蓄的数据。在该节中，我们引入邹至庄检验来分析数据在两个时期之间是否发生了结构变化。表 8-11 给出了 1970—2005 年的更新数据。根据美国国民经济研究局（National Bureau of Economic Research）的看法，美国在此期间最近一次的经济衰退期在 2001 年底结束。把这些数据分成三个时期：（1）1970—1981 年；（2）1982—2001 年；（3）2002—2005 年。

表 8-11 **1970—2005 年美国储蓄和个人可支配收入** 单位：十亿美元

观测	储蓄	收入	观测	储蓄	收入
1970	69.5	735.7	1988	272.9	3 748.7
1971	80.6	801.8	1989	287.1	4 021.7
1972	77.2	869.1	1990	299.4	4 285.8
1973	102.7	978.3	1991	324.2	4 464.3
1974	113.6	1 071.6	1992	366.0	4 751.4
1975	125.6	1 187.4	1993	284.0	4 911.9
1976	122.2	1 302.5	1994	249.5	5 151.8
1977	125.3	1 435.7	1995	250.9	5 408.2
1978	142.5	1 608.3	1996	228.4	5 688.5
1979	159.1	1 793.5	1997	218.3	5 988.8
1980	201.4	2 009.0	1998	276.8	6 395.9
1981	244.3	2 246.1	1999	158.6	6 695.0
1982	270.8	2 421.2	2000	168.5	7 194.0
1983	233.6	2 608.4	2001	132.3	7 486.8
1984	314.8	2 912.0	2002	184.7	7 830.1
1985	280.0	3 109.3	2003	174.9	8 162.5
1986	268.4	3 285.1	2004	174.3	8 681.6
1987	241.4	3 458.3	2005	34.8	9 036.1

资料来源：Department of Commerce，Bureau of Economic Analysis.

a. 估计整个数据期（1970—2005 年）和第三个时期（2002—2005 年）的模型。利用邹至庄检验判断第三个时期与整个数据期之间是否存在明显的变化？

b. 利用表 8-11 中的数据判断第一个时期（1970—1981 年）与整个数据期之间在有更多观测可以使用的情况下是否存在显著差异。

c. 对第二个时期（1982—2001 年）与整个数据期进行邹至庄检验，看这个时期的数据与其余数据之间是否有明显不同。

*附录 8A

似然比检验

在附录 4A 中我们讨论极大似然法原理时，说明了怎样获得双变量回归模型的

---

* 选读内容。

ML 估计量；似然比（LR）检验是以此 ML 原理为根据的。该原理可直接推广应用到多元回归模型中。在干扰项 u_i 为正态分布的假定下，我们证明对双变量模型而言，回归系数的 OLS 和 ML 估计量是相同的。但所估计的误差方差却不相同。σ^2 的 OLS 估计量是 $\sum \hat{u}_i^2/(n-2)$，而 ML 估计量是 $\sum \hat{u}_i^2/n$。前者是无偏的，但后者有偏误，尽管这种偏误在大样本中将消失。

这些对多元回归而言也是正确的，为便于说明，考虑三变量回归模型

$$Y_i = \beta_1 + \beta_2 X_{2i} + \beta_3 X_{3i} + u_i \tag{1}$$

对应于附录 4A 中的方程（5），模型（1）的对数似然函数可写成

$$\ln LF = -\frac{n}{2}\ln \sigma^2 - \frac{n}{2}\ln (2\pi) - \frac{1}{2\sigma^2}\sum (Y_i - \beta_1 - \beta_2 X_{2i} - \beta_3 X_{3i})^2 \tag{2}$$

如附录 4A 所示，将此函数对 β_1、β_2、β_3 和 σ^2 微分并令其结果表达式为零，解方程组即得到这些参数的 ML 估计量；β_1、β_2 和 β_3 的 ML 估计量将无异于 OLS 估计量 [后者已见于方程（7.4.6）至（7.4.8）]，而误差方差则有所不同，因为残差平方和将被除以 n，而不是 OLS 情形中的 $(n-3)$。

现假定虚拟假设 H_0 是变量 X_3 的系数 β_3 为零。这时，由方程（2）给出的对数似然函数变为：

$$\ln LF = -\frac{n}{2}\ln \sigma^2 - \frac{n}{2}\ln (2\pi) - \frac{1}{2\sigma^2}\sum (Y_i - \beta_1 - \beta_2 X_{2i})^2 \tag{3}$$

由于方程（3）是在先验约束 $\beta_3 = 0$ 下估计的，故称受约束对数似然函数（restricted log-likelihood function，RLLF），而方程（1）则无参数方面的先验约束，故可称无约束对数似然函数（unrestricted log-likelihood function，ULLF）。为了检验先验约束 β_3 为零的真实性，LR 检验使用如下的检验统计量：

$$\lambda = 2(ULLF - RLLF) \tag{4}①$$

其中 ULLF 和 RLLF 分别是无约束对数似然函数 [方程（2）] 和受约束对数似然函数 [方程（3）]。可以证明，在大样本中，由方程（4）给出的检验统计量 λ 服从自由度等于虚拟假设中所加约束个数的 χ^2 分布。本例中此个数为 1。

LR 检验的基本思想是简单的：如果先验约束真实，则受约束与无约束（对数）LF 不应有差异。这时方程（4）中的 λ 将是零。但如果先验约束不真实，则两个 LF 必定有差异。而我们知道，在大样本中 λ 服从 χ^2 分布，于是能找出这个差异在（比方说）1% 或 5% 显著性水平上是否统计显著的答案。此外，我们还能找出 λ 估计值的 p 值。

现在让我们用儿童死亡率的例子来说明 LR 检验。如果我们像在方程（8.1.4）中那样将儿童死亡率对人均 GNP 和妇女识字率进行回归，我们就得到 ULLF 为 -328.1012，但如果我们只将 CM 对 PGNP 进行回归，则得到 RLLF 为 -361.6396。

---

① 此式又可表达为 $-2(RLLF - ULLF)$ 或 $-2\ln (RLF/ULF)$。

从绝对值看（即不考虑符号），前者较小。因为我们在前面一个模型中增加了一个变量，所以这也讲得通。

现在的问题是，是否值得增加 FLR 变量？若不值得，则受约束和无约束 LLF 就不应该有大的差别，但若值得，二者就会有所差别。为了看出这个差别在统计上是否显著，我们现在利用方程（4）给出的 LR 检验：

$$\lambda = 2 \times [-328.101\ 2 - (-361.639\ 6)] = 67.076\ 8$$

此值在渐近意义上服从 1 个自由度（因从完整模型中去掉变量 FLR 从而只有 1 个约束）的 χ^2 分布。得到这样一个 χ^2 值的 p 值几乎为 0，从而得到变量 FLR 不应该从模型中去掉的结论。换言之，受约束回归在目前的情况下不能成立。

令 RRSS 和 URSS 分别表示受约束残差平方和与无约束残差平方和，方程（4）也可以表示成

$$-2\ln \lambda = n(\ln \text{RRSS} - \ln \text{URSS}) \tag{5}$$

它服从自由度为 r 的 χ^2 分布，其中 r 表示对模型施加的约束个数（即从原模型中去掉的系数个数 r）。

尽管我们不会深入探讨 W 检验和 LM 检验，但这些检验可以实施如下：

$$\text{瓦尔德统计量（W）} = \frac{(n-k)(\text{RRSS} - \text{URSS})}{\text{URSS}} \sim \chi^2_r$$

$$\text{拉格朗日乘数统计量（LM）} = \frac{(n-k+r)(\text{RRSS} - \text{URSS})}{\text{RRSS}} \sim \chi^2_r$$

其中 k 表示无约束模型中回归元的个数，而 r 表示约束个数。

你由上述方程可以看到，所有这三个检验都是渐近（即在大样本中）等价的，也就是说，它们给出了类似的答案。不过，在小样本中，它们的答案可能有所不同。这些统计量之间一个有意思的关系是，可以证明：

$$\text{W} \geqslant \text{LR} \geqslant \text{LM}$$

因此，在小样本中，一个假设可能被 W 统计量拒绝但不被 LM 统计量拒绝。[1]

书中曾指出，对我们的大多数目的而言，t 检验和 F 检验就足够了。但由于上述讨论的三个检验可用于检验线性模型的非线性假设，或用于检验对方差-协方差矩阵的约束，因此它们具有更广泛的适用性。它们还可用于误差正态分布的假定站不住脚的情形。

由于 W 检验和 LM 检验的数学复杂性，我们在此不予深究。但像刚刚指出的那样，渐近地看，LR 检验、W 检验和 LM 检验给出了一致的结果，所以对检验方法的选择完全取决于计算上的便利性。

---

[1]　对此的解释，参见 G. S. Maddala, *Introduction to Econometrics*, 3d ed., John Wiley & Sons, New York, 2001，p. 177。

第 9 章　虚拟变量回归模型

我们在第 1 章简单讨论了经济分析中通常会遇到的四种变量类型：比率尺度、区间尺度、序数尺度和名义尺度。我们在前面几章曾遇到的变量类型基本上都是比率尺度。但这不应该给我们留下回归模型只能处理比率尺度变量的印象。回归模型也可以处理前面提到的其他几种数据类型。我们在本章不仅要考虑涉及比率尺度变量的模型，而且要考虑涉及名义尺度变量的模型。这种变量也被称为指标变量（indicator variables）、分类变量（categorical variables）、定性变量（qualitative variables）或虚拟变量（dummy variables）。[1]

9.1　虚拟变量的性质

在回归分析中，因变量或回归子不仅经常受到比率尺度变量（如收入、产出、价格、成本、身高、温度）的影响，还会受到定性变量或名义尺度变量的影响，如性别、种族、肤色、宗教、国籍、地区、政治动乱和党派等。例如，保持所有其他因素不变，我们发现女性工人比相应的男性工人挣得少，而白人比非白人挣得多。[2] 这种情况可能是性别或种族歧视所致，但不论如何，诸如性别和种族之类的定性变量看来都能影响回归子，而且明显应该包含在解释变量或回归元之中。

由于这种变量通常都标志着出现或不出现某种"品质"或属性，如男性或女性、黑人或白人、天主教或非天主教、民主党或共和党等，因此它们基本上都是名义尺度变量。我们量化这种属性的途径之一，就是构造一个取值 1 或 0 的人为变量，1 表示出现（或具备）那种属性，0 表示没有那种属性。比如，1 可能标志着一个人是女性，而 0 则标志着男性；或者 1 标志着一个人是大学毕业生，而 0 则标

---

[1] 我们将在第 17 章讨论序数尺度变量。

[2] 对这方面证据的一个综述，可参见 Bruce E. Kaufman and Julie L. Hotchkiss, *The Economics of Labor Markets*, 5th ed., Dryden Press, New York, 2000。

志着不是，等等。假定这种取值 0 和 1 的变量被称为虚拟变量。[1] 这种变量实质上就是一个将数据区分为相互排斥类别（如男性或女性）的工具。

虚拟变量也可以像定量变量那样轻而易举地放到回归模型中。事实上，一个回归模型所包含的回归元可以都是虚拟或定性变量。这种模型被称为方差分析（ANOVA）模型。[2]

9.2 ANOVA 模型

为说明 ANOVA 模型，考虑如下例子。

例 9.1 不同地区公立学校教师的薪水

表 9-1 给出了 2005—2006 年 50 个州和哥伦比亚特区公立学校教师的平均薪水（美元）数据。这 51 个地区被分为三个地理区域：（1）东北和中北部（共 21 个地区）；（2）南部（共 17 个地区）；（3）西部（共 13 个地区）。目前，暂不考虑表的格式及其中的其他数据。

假设我们想知道，公立学校教师的平均薪水在这个国家的三个地区之间是否有所不同。如果你仅对这三个地区中教师的平均薪水进行简单的算术平均，那么这三个地区的平均值分别是 49 538.71 美元（东北和中北部）、46 293.59 美元（南部）和 48 104.62 美元（西部）。这些数字看起来不同，但它们在统计上也彼此不同吗？有各种统计方法来比较两个和多个均值，通常是进行方差分析（analysis of variance）。[3] 但在回归分析的框架下也能做到这一点。

为看出这一点，考虑如下模型

$$Y_i = \beta_1 + \beta_2 D_{2i} + \beta_3 D_{3i} + u_i \qquad (9.2.1)$$

其中 Y_i＝第 i 个州公立学校教师的平均薪水；

D_{2i}＝1，若该州位于东北和中北部；

＝0，若该州位于美国其他地区；

D_{3i}＝1，若该州位于南部；

＝0，若该州位于美国其他地区。

应看到，除了不是定量回归元而是定性或虚拟回归元（若观测值属于某特定组则取值为 1，若它不属于那一组则取值为 0）之外，方程（9.2.1）与前面考虑的任何一个多元回归模型都是一样的。此后，我们所有的虚拟变量都用字母 D 表示。表 9-1 中的虚拟变量就是这

---

① 虚拟变量取值 0 和 1 绝非必须。通过一个诸如 $Z=a+bD$（其中 $b\neq0$）之类的线性函数，就可以把数对（0，1）转换成任意一个其他的数对，这里 a 和 b 都是常数，而且 $D=1$ 或 0。当 $D=1$ 时，$Z=a+b$，而当 $D=0$ 时，$Z=a$，于是数对（0，1）就变成了数对（a，$a+b$）。比如 $a=1$ 和 $b=2$，虚拟变量就变成了（1，3）。这个表达式表明，定性或虚拟变量不具有一个自然度量尺度。这就是把它们描述成名义尺度变量的原因。

② ANOVA 模型被用于评价定量回归子和定性或虚拟回归元的关系的统计显著性。它们通常可以用于比较两组或多组（或类别）均值的差别，因此比只用于比较两组均值的 t 检验更一般。

③ 至于应用方面的讨论，可参见 John Fox, *Applied Regression Analysis*，*Linear Models*，*and Related Methods*，Sage Publications，1997，Chapter 8。

样构造的。

表 9 - 1   **2005—2006 年公立学校教师的平均薪水**

	薪水（美元）	支出（美元）	D_2	D_3		薪水（美元）	支出（美元）	D_2	D_3
康涅狄格	60 822	12 436	1	0	佐治亚	49 905	8 534	0	1
伊利诺伊	58 246	9 275	1	0	肯塔基	43 646	8 300	0	1
印第安纳	47 831	8 935	1	0	路易斯安那	42 816	8 519	0	1
艾奥瓦	43 130	7 807	1	0	马里兰	56 927	9 771	0	1
堪萨斯	43 334	8 373	1	0	密西西比	40 182	7 215	0	1
缅因	41 596	11 285	1	0	北卡罗来纳	46 410	7 675	0	1
马萨诸塞	58 624	12 596	1	0	俄克拉何马	42 379	6 944	0	1
密歇根	54 895	9 880	1	0	南卡罗来纳	44 133	8 377	0	1
明尼苏达	49 634	9 675	1	0	田纳西	43 816	6 979	0	1
密苏里	41 839	7 840	1	0	得克萨斯	44 897	7 547	0	1
内布拉斯加	42 044	7 900	1	0	弗吉尼亚	44 727	9 275	0	1
新罕布什尔	46 527	10 206	1	0	西弗吉尼亚	40 531	9 886	0	1
新泽西	59 920	13 781	1	0	阿拉斯加	54 658	10 171	0	0
纽约	58 537	13 551	1	0	亚利桑那	45 941	5 585	0	0
北达科他	38 822	7 807	1	0	加利福尼亚	63 640	8 486	0	0
俄亥俄	51 937	10 034	1	0	科罗拉多	45 833	8 861	0	0
宾夕法尼亚	54 970	10 711	1	0	夏威夷	51 922	9 879	0	0
罗得岛	55 956	11 089	1	0	爱达荷	42 798	7 042	0	0
南达科他	35 378	7 911	1	0	蒙大拿	41 225	8 361	0	0
佛蒙特	48 370	12 475	1	0	内华达	45 342	6 755	0	0
威斯康星	47 901	9 965	1	0	新墨西哥	42 780	8 622	0	0
阿拉巴马	43 389	7 706	0	1	俄勒冈	50 911	8 649	0	0
阿肯色	44 245	8 402	0	1	犹他	40 566	5 347	0	0
特拉华	54 680	12 036	0	1	华盛顿特区	47 882	7 958	0	0
哥伦比亚特区	59 000	15 508	0	1	怀俄明	50 692	11 596	0	0
佛罗里达	45 308	7 762	0	1					

注：$D_2=1$ 表示该州位于美国东北或中北部；$D_2=0$ 表示位于其他地区。

      $D_3=1$ 表示该州位于美国南部；$D_3=0$ 表示位于其他地区。

资料来源：National Educational Association，as reported in 2007.

模型（9.2.1）告诉了我们什么呢？假定误差项满足通常的 OLS 假定，通过对方程（9.2.1）的两边同时取期望，我们得到：

东北和中北部公立学校教师的平均薪水的均值为：

$$E(Y_i|D_{2i}=1, D_{3i}=0)=\beta_1+\beta_2 \qquad (9.2.2)$$

南部公立学校教师的平均薪水的均值为:

$$E(Y_i|D_{2i}=0, D_{3i}=1)=\beta_1+\beta_3 \qquad (9.2.3)$$

你可能想知道,我们如何求西部公立学校教师的平均薪水的均值。若你猜测它等于 β_1,那就完全正确,因为

$$E(Y_i|D_{2i}=0, D_{3i}=0)=\beta_1 \qquad (9.2.4)$$

换句话说,西部公立学校教师的平均薪水的均值由多元回归(9.2.1)中的截距 β_1 给出,而"斜率"系数 β_2 和 β_3 则告诉我们,东北和中北部及南部公立学校教师的平均薪水的均值与西部相比有多大的差别。但我们如何才能知道这种差别在统计上是否显著呢?在回答这个问题之前,我们先给出回归(9.2.1)的结果。利用表 9-1 中给出的数据,我们得到如下结果:

$$\hat{Y}_i=48\,014.615+1\,524.099D_{2i}-1\,721.027D_{3i} \qquad (9.2.5)$$

$$se=(1\,857.024) \quad (2\,363.139) \quad (2\,467.151)$$

$$t=(25.853) \quad (0.645) \quad (-0.698)$$

$$(0.000\,0)^* \quad (0.522\,0)^* \quad (0.488\,8)^* \quad R^2=0.044\,0$$

其中 * 表示 p 值。

如这些回归结果所示,西部公立学校教师的平均薪水的均值约为 48 015 美元,而东北和中北部公立学校教师的平均薪水的均值则约高 1 524 美元,南部公立学校教师的平均薪水的均值则约低 1 721 美元。如方程(9.2.3)和(9.2.4)所示,将西部公立学校教师的平均薪水的均值加上这些地区之间的薪水差异,很容易就能得到后两个地区实际的平均薪水的均值。我们如此可以得到后两个地区的平均薪水的均值约为 49 539 美元和 46 294 美元。

但我们如何才能知道,这些平均薪水的均值是否与参照组西部公立学校教师的平均薪水的均值在统计上有所差异?这相当容易,我们需要做的只是辨别方程(9.2.5)中的每一个斜率系数是否统计显著。从这个回归中可以看出,东北和中北部的估计系数在统计上是不显著的,因为其 p 值为 52%,而南部的估计系数也不是统计显著的,因为其 p 值约为 49%。因此总体结论便是,西部与东北和中北部以及南部公立学校教师的平均薪水的均值大致相同。从图上看,这种情形如图 9-1 所示。

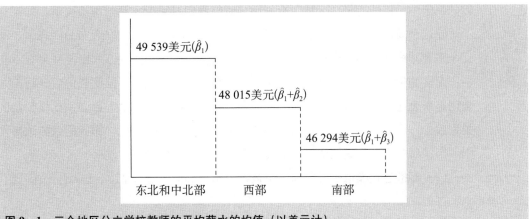

图 9-1 三个地区公立学校教师的平均薪水的均值(以美元计)

在解释这些差异时，我们必须给予警告。这些虚拟变量只是简单地指出了可能存在的这些差异，但不能给出导致这些差异的原因。受教育水平、生活成本指数、性别和种族上的差异都可能对所观测到的差异具有某种影响。因此，除非我们能考虑所有其他可能影响教师平均薪水的变量，否则我们就不能确定导致这些差异的原因。

从上述讨论明显可见，我们所要做的只是看附属于各个虚拟变量的系数是不是个别统计显著的。此例还表明，在回归模型中包含定性或虚拟回归元是多么容易。

对使用虚拟变量的告诫

尽管在回归模型中包含虚拟变量很容易，但在使用它们时仍必须小心。具体而言，需考虑如下方面：

（1）我们在例 9.1 中为区分三个区域只使用了两个虚拟变量 D_2 和 D_3。我们为什么不用三个虚拟变量来区分这三个区域呢？假设我们这样做并将模型（9.2.1）写成：

$$Y_i = \alpha + \beta_1 D_{1i} + \beta_2 D_{2i} + \beta_3 D_{3i} + u_i \tag{9.2.6}$$

其中 D_{1i} 对西部的观测取值 1，对其他观测取值 0。于是我们现在对每个地理区域都有了一个虚拟变量。利用表 9 - 1 中的数据，如果你做回归（9.2.6），计算机将"拒绝"做这个回归（不妨试试看）。[①] 为什么呢？原因在于，在方程（9.2.6）的背景下，你既有每个类别或组的虚拟变量，又有一个截距，这样你就遇到了完全共线性（perfect collinearity）的情况，即变量之间存在完全线性关系。为什么？回到表 9-1，设想我们现在增加了 D_1 列：如果该州处于西部就取值 1，否则取值 0。现在，如果你将这三个 D 列水平相加，就得到由 51 个 1 构成的一列。但由于截距 α 对每个观测都（隐含地）为 1，所以你又得到一个由 51 个 1 构成的一列。换言之，这三个 D 列之和再次生成了截距列，由此导致了完全共线性。在这种情况下，估计模型（9.2.6）是不可能的。

这里的信息是：若定性变量有 m 个类别，则只需引入 $m-1$ 个虚拟变量。在我们的例子中，定性变量"区域"有三类，所以我们只需引入两个虚拟变量。如果你不遵守这个规则，那你就会陷入所谓的虚拟变量陷阱（dummy variable trap），即完全多重共线性情形（变量之间可能存在不止一个精确的关系）。在模型中有不止一个定性变量时，这个规则依然适用，稍后会给出一个例子。因此我们应该将前述规则重新表述为：对每个定性回归元而言，所引入的虚拟变量个数必须比该变量的类别数少一个。因此，如果我们在例 9.1 中有教师性别的信息，那我们就应该再使用一个（而非两个）虚拟变量，对女性取值 1 和对男性取值 0 或相反。

（2）不指定其虚拟变量的那一组被称为基（base）组、基准（benchmark）组、

---

① 实际上你将得到数据矩阵退化的提示信息。

控制（control）组、比较（comparison）组、参照（reference）组或省略（omitted）组。所有其他的组都与基准组进行比较。

（3）截距（β_1）代表了基准组的均值。在例 9.1 中基准组为西部地区。因此，在回归（9.2.5）中约为 48 015 的截距值代表着西部公立学校教师的平均薪水的均值。

（4）附属于方程（9.2.1）中虚拟变量的系数被称为级差截距系数（differential intercept coefficient），因为它们告诉了我们，取值为 1 的地区的截距系数与基准组的截距系数之间的差别。比如在方程（9.2.5）中，约为 1 524 的系数值意味着，与作为基准组的西部公立学校教师的平均薪水的均值 48 015 美元相比，东北和中北部公立学校教师的平均薪水的均值约高 1 524 美元。

（5）如果像在我们的说明性例子中那样定性变量不止一类，那么，基准组的选择完全取决于研究者。基准组的选择有时候受所研究的特殊问题的支配。在我们的说明性例子中，我们可以选择南部作为基准组。在那种情况下，方程（9.2.5）中的回归结果将有所变化，因为现在都是与南部做比较。当然，这不会改变此例中的总体结论。（为什么？）此时，截距将是南部公立学校教师的平均薪水的均值，约为 46 294 美元。

（6）我们前面对虚拟变量陷阱做过警告。如果我们在这种模型中不使用截距项，那么引入与变量的类别相同数量的虚拟变量就能够回避虚拟变量陷阱的问题。因此，如果我们从方程（9.2.6）中去掉截距项，并考虑如下模型

$$Y_i = \beta_1 D_{1i} + \beta_2 D_{2i} + \beta_3 D_{3i} + u_i \tag{9.2.7}$$

由于此时没有完全共线性，因此就不会陷入虚拟变量陷阱。但要确定当你做这个回归时，一定要使用回归软件中的无截距选项。

我们如何解释回归（9.2.7）呢？如果你对方程（9.2.7）求期望，你将会发现：

β_1＝西部公立学校教师平均薪水的均值

β_2＝东北和中北部公立学校教师平均薪水的均值

β_3＝南部公立学校教师平均薪水的均值

换言之，去掉截距项并容许每一类别都有一个虚拟变量，我们就直接得到不同群组的均值。在我们说明性的例子中，方程（9.2.7）的结果如下：

$$\hat{Y}_i = 48\,014.62 D_{1i} + 49\,538.71 D_{2i} + 46\,293.59 D_{3i}$$
$$se = (1\,857.204) \quad (1\,461.240) \quad (1\,624.077)$$
$$t = (25.853)^* \quad (33.902)^* \quad (28.505)^* \quad R^2 = 0.044 \tag{9.2.8}$$

其中 * 表示这些 t 比率的 p 值很小。

如你所见，虚拟变量的系数直接给出了西部、东北和中北部及南部三个地区的（薪水）均值。

（7）如下引入虚拟变量的方法中哪种更好呢：1）为每个类别都引入一个虚拟

变量并省略截距项；2）引入截距项和 $m-1$ 个虚拟变量，其中 m 为虚拟变量的类别数？如肯尼迪（Kennedy）所指出的：

> 大多数研究者认为，在一个含有截距的方程中，他们能更容易地处理他们通常最感兴趣的问题：是否有某个组与基准组有所不同以及有多大的不同？所以在方程中包括截距更方便。为了检查分组是否得当，也可通过将虚拟变量的系数相对 0 做 t 检验（或者更一般地，对适当的虚拟变量系数集做一个 F 检验），就可以检验分类是否适当。*[1]

9.3 含有两个定性变量的 ANOVA 模型

我们在上一节考虑了含有一个三类别定性变量的 ANOVA 模型。我们在本节将考虑含有两个定性变量的 ANOVA 模型，并揭示虚拟变量的某些其他特点。

例 9.2 小时工资与婚姻状况和居住地的关系

从 1985 年 5 月的一个 528 人的样本中得到如下回归结果[2]：

$$\hat{Y}_i = 8.814\ 8 + 1.099\ 7D_{2i} - 1.672\ 9D_{3i}$$
$$\text{se} = (0.401\ 5) \quad (0.464\ 2) \quad (0.485\ 4)$$
$$t = (21.952\ 8) \quad (2.368\ 8) \quad (-3.446\ 2)$$
$$(0.000\ 0)^* \quad (0.018\ 2)^* \quad (0.000\ 6)^* \quad R^2 = 0.032\ 2 \tag{9.3.1}$$

其中 $Y=$ 小时工资，美元；

$D_2=$ 婚姻状况，1＝已婚，0＝其他；

$D_3=$ 居住地，1＝南部，0＝其他。

*表示 p 值。

在此例中，我们有两个定性回归元，且每个回归元分为两个类别。因此，我们为每个定性回归元都指定一个虚拟变量。

这里的基准组是什么呢？显然是未婚的非南部居民组。换句话说，不住在南部的未婚人士属于被省略组。于是所有的组都与这个组进行比较。此基准组的小时工资均值约为 8.81 美元。与其相比，已婚者的小时工资均值约高 1.10 美元，即实际的小时工资均值为 9.91 （＝8.81＋1.10）美元。相比之下，那些住在南部的人的小时工资均值约低 1.67 美元，即实际的小时工资均值为 7.14 美元。

上述小时工资均值与基准组相比在统计上有差异吗？是的，因为所有的级差截距都是统

---

① Peter Kennedy, *A Guide to Econometrics*, 4th ed., MIT Press, Cambridge, Mass., 1998, p. 233.

② 数据得自下书的数据盘：Arthur S. Goldberger, *Introductory Econometrics*, Harvard University Press, Cambridge, Mass., 1998. 我们已经在第 2 章考虑过这些数据。

* 因为分组的人可能预料在基准组与其他组之间存在统计上的显著差异。——译者注

计显著的，且 p 值都相当小。

在此例中值得注意的一点是：一旦遇到多于一个定性变量，你就必须密切注意基准组，因为所有其他组都是与基准组进行比较。在有几个定性回归元，而且每个回归元又有几个类别时，这一点就特别重要。但现在怎样操作几个定性变量应该清楚了。

9.4　同时含有定性和定量回归元的回归：ANCOVA 模型

前面两节讨论的那种 ANOVA 模型，尽管在社会学、心理学、教育学和市场研究等领域很常见，但在经济学中并不普遍。在多数典型的经济研究中，回归模型的解释变量既有一些定性的，又有一些定量的。同时包含定性和定量变量的回归模型被称为协方差分析（analysis of covariance，ANCOVA）模型。ANCOVA 模型是对 ANOVA 模型的推广，在一个同时包括定量和定性（或虚拟）回归元的模型中，这种模型提供了一种方法，能在统计上控制定量回归元［被称为协变量（covariates）或控制变量（control variables）］的影响。我们现在就来说明 ANCOVA 模型。

例 9.3　教师薪水与地区及对公立学校每个学生的支出的关系

为了说明为什么要进行这种分析，让我们重新考虑例 9.1，并设想三个地区公立学校教师的平均薪水可能本来就没有什么不同，因为我们应考虑到有些变量无法在不同地区使之标准化，比如考虑地方政府对公立学校的支出这种变量（因为公共教育基本上是地方和州政府的事情）。为了看出是否如此，我们提出如下模型：

$$Y_i = \beta_1 + \beta_2 D_{2i} + \beta_3 D_{3i} + \beta_4 X_i + u_i \tag{9.4.1}$$

其中 Y_i＝公立学校教师的平均薪水，美元；

X_i＝对公立学校每个学生的支出（公共教育支出），美元；

D_{2i}＝1，若该州位于东北和中北部；

＝0，其他；

D_{3i}＝1，若该州位于南部；

＝0，其他。

X 的数据在表 9-1 中给出。记住我们把西部作为基准组。除了两个定性回归元之外，我们还有一个定量变量 X，前面曾提到，在 ANCOVA 模型的背景下，X 被称为协变量。

从表 9-1 中的数据得到模型（9.4.1）的结论如下：

$$\hat{Y}_i = 28\ 694.918 - 2\ 954.127 D_{2i} - 3\ 112.194 D_{3i} + 2.340\ 4 X_i$$

$$\text{se} = (3\ 262.521)\ (1\ 862.576)\quad (1\ 819.873)\quad (0.359\ 2)$$

$$t = \quad (8.795)^*\quad (-1.586)^{**}\quad (-1.710)^{**}\quad (6.515)^*\quad R^2 = 0.497\ 7$$

其中 * 表示 p 值低于 5%，** 表示 p 值高于 5%。

如这些结论所示，在其他条件不变的情况下：公共教育支出每增加 1 美元，公立学校教师的平均薪水约上升 2.34 美元。控制公共教育支出后，我们现在看到，东北和中北部以及南部的级差截距系数都不显著。这些结论与方程（9.2.5）中的结论不同。但这不足为奇，因为我们在方程（9.2.5）中没有包含公共教育支出这个协变量。公立学校教师的平均薪水与公共教育支出的关系如图 9-2 所示。

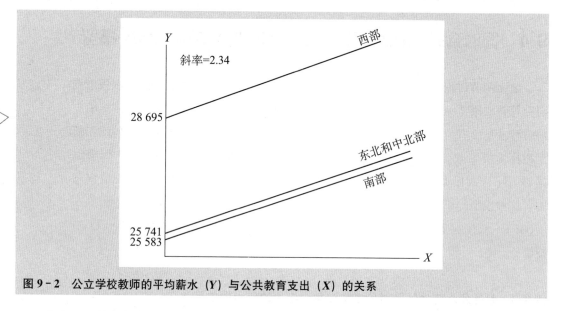

图 9-2　公立学校教师的平均薪水（Y）与公共教育支出（X）的关系

注意，尽管我们对三个地区给出了三条回归线，但从统计上看，西部和南部的回归线是一样的。还可以注意到，这三条回归线是平行的。（为什么？）

9.5　邹至庄检验的虚拟变量方法[①]

我们在第 8 章讨论过邹至庄检验，以考察一个回归模型的结构稳定性。我们在那里讨论的例子涉及美国 1970—1995 年间储蓄-收入之间的关系。我们将样本期间一分为二，即 1970—1981 年和 1982—1995 年，邹至庄检验表明，储蓄对收入的回归在这两个区间存在着差异。

然而，我们不知道这两个回归的差异是源于截距项、斜率系数还是二者兼而有之。这种知识本身常常是十分有用的。

参照方程（8.7.1）和（8.7.2），我们看到四种可能性，如图 9-3 所示。

（1）两个回归的截距和斜率都相同。这种重合回归（coincident regressions）的情形如图 9-3（a）所示。

（2）两个回归的斜率相同但截距不同。这种平行回归（parallel regressions）

① 本节内容取自作者的如下论文："Use of Dummy Variables on Testing for Equality between Sets of Coefficients in Two Linear Regressions：A Note" 和 "Use of Dummy Variables… A Generalization"，发表在 *American Statistician*，vol. 24，nos. 1 and 5，1970，pp. 50-52 and 18-21.

的情形如图 9 - 3（b）所示。

（3）两个回归的截距相同但斜率不同。这种同截距回归（concurrent regressions）的情形如图 9 - 3（c）所示。

（4）两个回归的截距和斜率都不同。这种非相似回归（dissimilar regressions）的情形如图 9 - 3（d）所示。

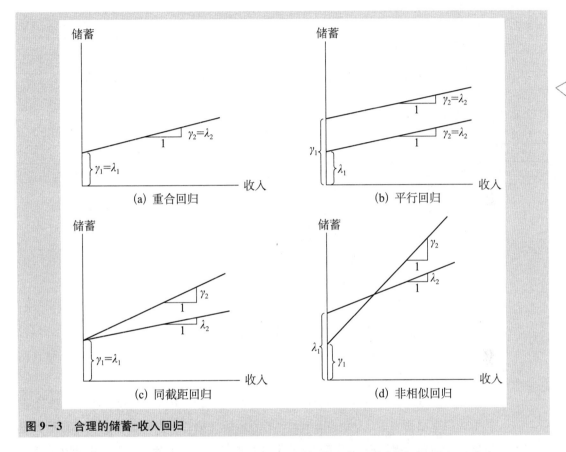

图 9 - 3　合理的储蓄-收入回归

前面提到，8.7 节中所讨论的多步骤邹至庄检验程序只告诉我们两个（或多个）回归是否不同，但没有告诉我们这种不同来自哪里。通过将所有观测（共 26 个）混合起来，如果存在着差异，只需做如下多元回归便能探明这种差异的根源[①]：

$$Y_t = \alpha_1 + \alpha_2 D_t + \beta_1 X_t + \beta_2 (D_t X_t) + u_t \tag{9.5.1}$$

其中 Y＝储蓄；

　　X＝收入；

　　t＝时间；

　　D＝1，1982—1995 年的观测；

　　＝0，其他（即 1970—1981 年的观测）。

表 9 - 2 说明了数据矩阵的结构。

---

① 如在邹至庄检验中一样，混合法假定同方差性，即 $\sigma_1^2 = \sigma_2^2 = \sigma^2$。

表 9 - 2   **1970—1995 年美国的储蓄与收入数据**

观测	储蓄	收入	虚拟变量	观测	储蓄	收入	虚拟变量
1970	61	727.1	0	1983	167	2 522.4	1
1971	68.6	790.2	0	1984	235.7	2 810	1
1972	63.6	855.3	0	1985	206.2	3 002	1
1973	89.6	965	0	1986	196.5	3 187.6	1
1974	97.6	1 054.2	0	1987	168.4	3 363.1	1
1975	104.4	1 159.2	0	1988	189.1	3 640.8	1
1976	96.4	1 273	0	1989	187.8	3 894.5	1
1977	92.5	1 401.4	0	1990	208.7	4 166.8	1
1978	112.6	1 580.1	0	1991	246.4	4 343.7	1
1979	130.1	1 769.5	0	1992	272.6	4 613.7	1
1980	161.8	1 973.3	0	1993	214.4	4 790.2	1
1981	199.1	2 200.2	0	1994	189.4	5 021.7	1
1982	205.5	2 347.3	1	1995	249.3	5 320.8	1

注：虚拟变量取值 1 表示 1982—1995 年的观测；取值 0 表示其他观测。收入和储蓄数据都以十亿美元计。
资料来源：*Economic Report of the President*，1997，Table B-28，p. 332.

为了看出方程（9.5.1）的含义，像通常一样假定 $E(u_i)=0$，我们得到：

1970—1981 年的平均储蓄函数为：

$$E(Y_t|D_t=0, X_t)=\alpha_1+\beta_1 X_t \qquad (9.5.2)$$

1982—1995 年的平均储蓄函数为：

$$E(Y_t|D_t=1, X_t)=(\alpha_1+\alpha_2)+(\beta_1+\beta_2)X_t \qquad (9.5.3)$$

读者将会注意到，它们是与方程（8.7.1）和（8.7.2）相似的函数，其中 $\lambda_1=\alpha_1$，$\lambda_2=\beta_1$，$\gamma_1=\alpha_1+\alpha_2$ 和 $\gamma_2=\beta_1+\beta_2$。因此，估计方程（9.5.1）就等同于逐一估计两个储蓄函数（8.7.1）和（8.7.2）。

在方程（9.5.1）中，和前面一样，α_2 是级差截距系数，而级差斜率系数 β_2 也被称为斜率漂移因子（slope drifter），β_2 表示的是第二个期间储蓄函数（虚拟变量取值为 1 的那一组）的斜率与第一个期间相比有多大的差异。注意，以交互或相乘形式（interactive or multiplicative form）引入虚拟变量 D（即 D 乘以 X），从而使我们能区分两个期间的斜率系数，与我们以相加形式（additive form）引入虚拟变量来区分两个期间的截距殊途同归。

例 9.4 美国储蓄-收入回归中的结构差异：虚拟变量方法

在继续讨论之前，我们先给出应用美国储蓄-收入数据估计模型（9.5.1）得到的回归结果：

$$\hat{Y}_t=1.016\ 1+152.478\ 6D_t+0.080\ 3X_t-0.065\ 5(D_tX_t) \qquad (9.5.4)$$

$$\text{se}=(20.164\ 8)(33.082\ 4)\quad(0.014\ 4)\quad\ \ (0.015\ 9)$$

$$t=(0.050\ 4)^{**}(4.609\ 0)^*\quad(5.541\ 3)^*\quad(-4.096\ 3)^*\quad R^2=0.881\ 9$$

其中，* 表示 p 值低于 5%，而 ** 表示 p 值高于 5%。

如这些回归结果所示，级差截距和斜率系数都是统计显著的，这强烈地表明，两个期间的储蓄-收入回归是如图 9-3 (d) 那样的。

从方程 (9.5.4) 我们可以推导出方程 (9.5.2) 和 (9.5.3)，也就是说：

1970—1981 年的储蓄-收入函数为：

$$\hat{Y}_t = 1.016\ 1 + 0.080\ 3X_t \tag{9.5.5}$$

1982—1995 年的储蓄-收入函数为：

$$\hat{Y}_t = (1.016\ 1 + 152.478\ 6) + (0.080\ 3 - 0.065\ 5)X_t$$
$$= 153.494\ 7 + 0.014\ 8X_t \tag{9.5.6}$$

它们正是我们在方程 (8.7.1a) 和 (8.7.2a) 中所得到的结果，这不足为奇。这些回归已如图 8-3 所示。

现在很容易看出，虚拟变量方法 [即估计方程 (9.5.1)] 相对邹至庄检验 [即估计方程 (8.7.1)、(8.7.2) 和 (8.7.3) 三个回归] 具有如下优势：

(1) 我们只需要做一个回归，因为单个回归很容易就能以方程 (9.5.2) 和 (9.5.3) 所示的方式推导出来。

(2) 单一回归 (9.5.1) 可用于检验各种假设。因此，如果级差截距系数 α_2 不是统计显著的，那我们或许可以接受这两个回归具有相同截距的同截距假设 [见图 9-3 (c)]。类似地，如果级差斜率系数 β_2 不是统计显著而 α_2 是统计显著的，那我们或许就不能拒绝这两个回归具有相同斜率的平行回归假设 [比较图 9-3 (b)]。用通常的 F 检验（回想受约束最小二乘 F 检验）能对整个回归的稳定性（即 α_2 和 β_2 同时为零）进行检验。如果不能拒绝这个假设，那么回归线将像图 9-3 (a) 那样重合。

(3) 邹至庄检验不能明确告诉我们截距和斜率系数中到底是哪个不同，还是都不相同。也就是说，只是截距不同、只是斜率不同或二者都不同皆可得到一个显著的邹至庄检验。换言之，我们不能从邹至庄检验中得知，在给定情形中，图 9-3 中的四种可能性到底存在哪一种。就此看来，虚拟变量方法具有明显的优势，因为它不仅能告诉我们两个回归是否不同，而且还能确定这种差别的来源——是源于截距、斜率还是二者皆有。在实践中，了解两个回归到底是哪个系数不同，其重要性绝不亚于对这两个回归不同的了解。

(4) 最后，由于数据混合（即在一个回归中包括所有的观测）增加了自由度，因此这可能会提高估计系数的相对精度。当然，要记住的是，每增加一个虚拟变量都会消耗一个自由度。

9.6　使用虚拟变量的交互效应

虚拟变量是一个能处理一系列有趣问题的灵活工具。为看出这一点，考虑如下模型：

$$Y_i = \alpha_1 + \alpha_2 D_{2i} + \alpha_3 D_{3i} + \beta X_i + u_i \tag{9.6.1}$$

其中 Y = 以美元计的小时工资；

X＝受教育水平（读书年数）；

D_2＝1，若为女性；

　＝0，其他；

D_3＝1，若既非白人又非西班牙裔人；

　＝0，其他。

在这个模型中，性别和种族为定性回归元，而受教育水平为定量变量。[①] 这个模型中的暗含假定是，性别虚拟变量 D_2 的差别影响对两个种族类别而言是一样的，而种族虚拟变量 D_3 的差别影响对两个性别而言也是一样的。这就是说，若男性小时工资均值比女性高，则不论是对哪一个种族来讲都是如此。同理，若既非白人又非西班牙裔人的小时工资均值较低，则不论他们是男性还是女性都是如此。

在许多应用中，这种假定是不能成立的。在既非白人又非西班牙裔人的种族中，女性可能比男性挣得少。换句话说，两个定性变量 D_2 和 D_3 之间可能会相互影响（interaction）。因此，它们对 Y 均值的影响可能不像方程（9.6.1）那样单纯是相加形式的，还有可能像如下模型一样是乘积形式的：

$$Y_i = \alpha_1 + \alpha_2 D_{2i} + \alpha_3 D_{3i} + \alpha_4 (D_{2i} D_{3i}) + \beta X_i + u_i \qquad (9.6.2)$$

其中变量的定义与模型（9.6.1）相同。

我们从方程（9.6.2）得到：

$$E(Y_i | D_{2i}=1, \ D_{3i}=1, \ X_i) = (\alpha_1 + \alpha_2 + \alpha_3 + \alpha_4) + \beta X_i \qquad (9.6.3)$$

这就是既非白人又非西班牙裔人的女性的小时工资均值。可观察到：

α_2＝作为女性的级差效应

α_3＝作为既非白人又非西班牙裔人的级差效应

α_4＝作为既非白人又非西班牙裔人女性的级差效应

它表明，既非白人又非西班牙裔人女性的小时工资均值与女性或既非白人又非西班牙裔人有所不同（差别为 α_4）。例如，如果所有三个级差截距系数都为负，那就意味着，在与基准组（在本例中即男性白人或男性西班牙裔人组）相比时，既非白人又非西班牙裔人女性比女性或既非白人又非西班牙裔人挣得更少。

读者现在可以看出，交互虚拟变量（interaction dummy，即两个定性或虚拟变量之积）如何能改变两个单独考虑的影响因素的作用（即将它们的影响相加）。

例 9.5　平均小时工资与受教育水平、性别和种族的关系

我们首先给出基于模型（9.6.1）的回归结论。利用用于估计回归（9.3.1）的数据，我们得到如下结果：

$$\hat{Y}_i = -0.261\,0 \ - \ 2.360\,5 D_{2i} \ - \ 1.732\,7 D_{3i} + 0.802\,8 X_i$$

[①] 如果我们用高中以下学历、高中文化和高中以上学历来表示受教育程度，那我们就只需要两个虚拟变量来表示这三个类别。

$$t = (-0.235\ 7)^{**}\ (-5.487\ 3)^{*}\ (-2.180\ 3)^{*}(9.909\ 4)^{*} \qquad (9.6.4)$$
$$R^2 = 0.203\ 2 \quad n = 528$$

其中 $*$ 表示 p 值低于 5%，$**$ 表示 p 值高于 5%。

　　读者可以验证，级差截距系数都是统计显著的，并具有预期的符号（为什么？），而且作为一个不足为奇的结论，受教育水平对小时工资有很大的影响。

　　如方程（9.6.4）所示，在其他条件不变的情况下，女性的平均小时工资（即小时工资均值）约低 2.36 美元，既非白人又非西班牙裔人的平均小时工资也约低 1.73 美元。

　　我们现在来考虑包括交互虚拟变量的模型（9.6.2）的结论。

$$\hat{Y}_i = -0.261\ 0\ -\ 2.360\ 5D_{2i} - 1.732\ 7D_{3i} + 2.128\ 9D_{2i}D_{3i} + 0.802\ 8X_i$$
$$t = (-0.235\ 7)^{**}\ (-5.487\ 3)^{*}\ (-2.180\ 3)^{*}\ (1.742\ 0)^{**}\quad (9.909\ 5)^{**}\quad (9.6.5)$$
$$R^2 = 0.203\ 2 \quad n = 528$$

其中 $*$ 表示 p 值低于 5%，$**$ 表示 p 值高于 5%。

　　如你所见，相加的两个虚拟变量仍是统计显著的，但交互虚拟变量在通常 5% 的显著性水平上不是统计显著的；其实际的 p 值为 8%。若你认为这是一个足够低的概率，那么方程（9.6.5）中的结论就可做如下解释：保持受教育水平不变，若将三个虚拟系数相加则得到 $-1.964 (=-2.360\ 5-1.732\ 7+2.128\ 9)$，这意味着，既非白人又非西班牙裔人女性的平均小时工资约低 1.96 美元，这个数字介于 $-2.360\ 5$（单纯性别差异）和 $-1.732\ 7$（单纯种族不同）之间。

　　上例明显地揭示了模型中包含两个或多个虚拟变量时交互虚拟变量的作用。重要的是要注意到，我们在模型（9.6.5）中假定，平均小时工资相对受教育水平增长率（多受一年教育平均小时工资约增加 80 美分）对不同性别和不同种族而言没有什么不同。但情况可能并非如此，若你想对此加以检验，则必须引入级差斜率系数（见习题 9.25）。

9.7　季节分析中虚拟变量的使用

　　许多基于月度或季度数据的经济时间序列都表现出季节特征（规则地摆动），比如在圣诞节或其他重大的节假日期间百货公司的销售额、节假日家庭对货币（或现金余额）的需求、夏天对冰激凌和软饮料的需求、谷物在收割季节过后的价格、搭乘飞机旅行的需求等。从一个时间序列中去掉季节因素或成分，使我们能专注于诸如趋势之类的其他因素，通常都是好事情。[1] 从时间序列中去除季节成分的过程被称为除季节性（deseasonalization）或季节调整（seasonal adjustment），由此得到的时间序列被称为除季节性（deseasonalized）或季节调整后的（seasonally ad-

---

[1]　一个时间序列可以包含四个成分：季节性（seasonal）、周期性（cyclical）、趋势（trend）和严格的随机部分。

justed）时间序列。失业率、消费者价格指数（CPI）、生产者价格指数（PPI）和工业生产指数等重要的经济时间序列通常都以季节调整后的形式公布。

虽然有几种方法能用于去除一个时间序列中的季节性，但我们只考虑这些方法中的一种，即虚拟变量方法。① 为了说明如何用虚拟变量去除经济时间序列中的季节性，考虑表 9-3 中给出的数据。此表给出了 1978—1985 年四种主要家电的销售量的季度数据，这四种家电是洗碗机、厨余粉碎机、冰箱和洗衣机，均以千台计。此表还给出了以 1982 年十亿美元计的耐用品支出的季度数据。

表 9-3   **1978—1985 年电器销售量和耐用品支出的季度数据**

DISH	DISP	FRIG	WASH	DUR	DISH	DISP	FRIG	WASH	DUR
841	798	1 317	1 271	252.6	480	706	943	1 036	247.7
957	837	1 615	1 295	272.4	530	582	1 175	1 019	249.1
999	821	1 662	1 313	270.9	557	659	1 269	1 047	251.8
960	858	1 295	1 150	273.9	602	837	973	918	262.0
894	837	1 271	1 289	268.9	658	867	1 102	1 137	263.3
851	838	1 555	1 245	262.9	749	860	1 344	1 167	280.0
863	832	1 639	1 270	270.9	827	918	1 641	1 230	288.5
878	818	1 238	1 103	263.4	858	1 017	1 225	1 081	300.5
792	868	1 277	1 273	260.6	808	1 063	1 429	1 326	312.6
589	623	1 258	1 031	231.9	840	955	1 699	1 228	322.5
657	662	1 417	1 143	242.7	893	973	1 749	1 297	324.3
699	822	1 185	1 101	248.6	950	1 096	1 117	1 198	333.1
675	871	1 196	1 181	258.7	838	1 086	1 242	1 292	344.8
652	791	1 410	1 116	248.4	884	990	1 684	1 342	350.3
628	759	1 417	1 190	255.5	905	1 028	1 764	1 323	369.1
529	734	919	1 125	240.4	909	1 003	1 328	1 274	356.4

注：DISH＝洗碗机，DISP＝厨余粉碎机，FRIG＝冰箱，WASH＝洗衣机，这四个数据以千台计；DUR＝耐用品支出，以 1982 年十亿美元计。

资料来源：*Business Statistics and Survey of Current Business*，Department of Commerce（various issues）。

为了说明虚拟变量方法，我们将只考虑样本期内冰箱的销售数据。我们首先看一下数据，如图 9-4 所示。这个数据表明，数据中可能存在与各个季节相联系的季节性。为了解是否如此，考虑如下模型：

$$Y_t = \alpha_1 D_{1t} + \alpha_2 D_{2t} + \alpha_3 D_{3t} + \alpha_4 D_{4t} + u_t \tag{9.7.1}$$

其中 Y_t＝冰箱销售量（以千台计），D 是虚拟变量，分别在相应季节取值 1，在其他季节取值 0。注意，为避免虚拟变量陷阱，我们为一年中的每个季度都指定一个

---

① 关于季节调整的各种类型，参见 Francis X. Diebold，*Elements of Forecasting*，2d ed.，South-Western Publishing，2001，Chapter 5。

虚拟变量，但不要截距项。若某给定季度中存在某种季节效应，则将会由该季度虚拟变量系数的统计显著的 t 值表现出来。[①]

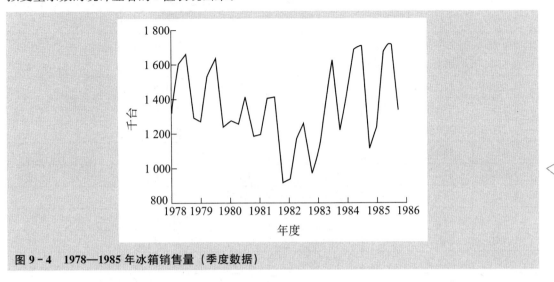

图 9-4 1978—1985 年冰箱销售量（季度数据）

注意，我们在方程（9.7.1）中实际上将 Y 对一个截距进行了回归，不同之处在于，我们容许不同的季节（即季度）有不同的截距。结果，每个虚拟变量的系数都将给出相应季度或季节里冰箱销售量的均值。（为什么?）

例 9.6 冰箱销售中的季节性

从表 9-4 中给出的冰箱销售量数据，我们得到如下回归结果：

$$\hat{Y}_t = 1\,222.125 D_{1t} + 1\,467.500 D_{2t} + 1\,569.750 D_{3t} + 1\,160.000 D_{4t}$$

$$t = (20.372\,0) \qquad (24.462\,2) \qquad (26.166\,6) \qquad (19.336\,4) \qquad\qquad (9.7.2)$$

$$R^2 = 0.531\,7$$

注：我们没有给出估计系数的标准误，因为所有的虚拟变量都只取值 1 或 0，所以每个标准误都等于 59.990 4。

方程（9.7.2）中 α 的系数估计值表示了每个季节（即季度）冰箱销售量（以千台计）的平均数量或均值。于是，第一季度冰箱的平均销售量约为 1 222 千台，第二季度约为 1 468 千台，第三季度约为 1 570 千台，第四季度约为 1 160 千台。

顺便指出，为避免虚拟变量陷阱，我们曾为每个季度指定一个虚拟变量并省略截距项，我们也可以在包括截距项的同时只指定三个虚拟变量。假设我们把第一季度作为参照季度，并为第二、三和四季度指定虚拟变量，就得到如下回归结果（见表 9-4 中的数据背景）：

$$\hat{Y}_t = 1\,222.125\,0 + 245.375\,0 D_{2t} + 347.625\,0 D_{3t} - 62.125\,0 D_{4t}$$

$$t = (20.372\,0)^* \ (2.892\,2)^* \qquad (4.097\,4)^* \quad (-0.732\,2)^{**} \qquad\qquad (9.7.3)$$

$$R^2 = 0.531\,8$$

[①] 注意一个技术上的问题。为每个季度指定一个虚拟变量的方法假定季节因素（若存在的话）是确定的而非随机的。当我们讨论时间序列计量经济学时还会重新回到这个问题上来。

其中 * 表示 p 值低于 5%，** 表示 p 值高于 5%。

表 9 - 4　　　　　　　　　1978—1985 年美国各季度冰箱销售量数据

FRIG	DUR	D_2	D_3	D_4	FRIG	DUR	D_2	D_3	D_4
1 317	252.6	0	0	0	943	247.7	0	0	0
1 615	272.4	1	0	0	1 175	249.1	1	0	0
1 662	270.9	0	1	0	1 269	251.8	0	1	0
1 295	273.9	0	0	1	973	262.0	0	0	1
1 271	268.9	0	0	0	1 102	263.3	0	0	0
1 555	262.9	1	0	0	1 344	280.0	1	0	0
1 639	270.9	0	1	0	1 641	288.5	0	1	0
1 238	263.4	0	0	1	1 225	300.5	0	0	1
1 277	260.6	0	0	0	1 429	312.6	0	0	0
1 258	231.9	1	0	0	1 699	322.5	1	0	0
1 417	242.7	0	1	0	1 749	324.3	0	1	0
1 185	248.6	0	0	1	1 117	333.1	0	0	1
1 196	258.7	0	0	0	1 242	344.8	0	0	0
1 410	248.4	1	0	0	1 684	350.3	1	0	0
1 417	255.5	0	1	0	1 764	369.1	0	1	0
919	240.4	0	0	1	1 328	356.4	0	0	1

注：FRIG＝冰箱销售量，以千台计；DUR＝耐用品支出，以 1982 年十亿美元计；D_2取值 1 表示第二季度，否则取值 0；D_3取值 1 表示第三季度，否则取值 0；D_4取值 1 表示第四季度，否则取值 0。

资料来源：*Business Statistics and Survey of Current Business*，Department of Commerce（various issues）.

因为我们把第一季度视为基准组，所以各季度虚拟变量的系数现在就是级差截距，表示在虚拟变量取值为 1 的那个季度里，Y 的平均值与基准季度相比有多大的差异。换言之，季度虚拟变量的系数将给出 Y 的平均值相对基准季度的增加或减少。如果你将各个级差截距值与基准平均值 1 222.125 相加，你会得到各个季度的平均值。如此一来，除了四舍五入的误差外，你将恰好重新得到方程（9.7.2）。

但现在你将看到将一个季度作为基准季度的价值，方程（9.7.3）表明第四季度 Y 的平均值并非统计上异于第一季度的平均值，因为第四季度的虚拟变量系数并非统计显著。当然，你的结论将随着哪一组作为基准组而变化，但总体结论将不会改变。

我们如何能得到冰箱销售的除季节性时间序列呢？这很容易做到。用模型（9.7.2）［或（9.7.3）］对每个观测估计 Y 值，然后用每个实际 Y 值减去 Y 的估计值便得到回归（9.7.2）的残差 $(Y_t - \hat{Y}_t)$。我们在表 9 - 5 中给出这些残差。[①]

---

① 当然，这假定了虚拟变量方法是除去时间序列中季节性的适当方法，而且假定时间序列（TS）又能表示成 TS＝$s+c+t+u$，其中 s 表示季节性，c 表示周期性，t 表示趋势，u 表示随机部分。但如果时间序列的形式是 TS＝$(s)(c)(t)(u)$，即四个成分是相乘的关系，则上述除季节性的方法就不适用，因为上述方法假定时间序列的四个成分是相加的关系。我们在时间序列计量经济学的章节中还会对此谈得更多。

表 9-5 冰箱销售量回归：实际值、拟合值和残差［方程（9.7.3）］

	实际值	拟合值	残差	残差图 0
1978-Ⅰ	1 317	1 222.12	94.875	. *
1978-Ⅱ	1 615	1 467.50	147.500	. *
1978-Ⅲ	1 662	1 569.75	92.250	. *
1978-Ⅳ	1 295	1 160.00	135.000	. *
1979-Ⅰ	1 271	1 222.12	48.875	. *
1979-Ⅱ	1 555	1 467.50	87.500	. *
1979-Ⅲ	1 639	1 569.75	69.250	. *
1979-Ⅳ	1 238	1 160.00	78.000	. *
1980-Ⅰ	1 277	1 222.12	54.875	. *
1980-Ⅱ	1 258	1 467.50	−209.500	* .
1980-Ⅲ	1 417	1 569.75	−152.750	* .
1980-Ⅳ	1 185	1 160.00	25.000	. *
1981-Ⅰ	1 196	1 222.12	−26.125	. *
1981-Ⅱ	1 410	1 467.50	−57.500	. *
1981-Ⅲ	1 417	1 569.75	−152.750	.*
1981-Ⅳ	919	1 160.00	−241.000	* .
1982-Ⅰ	943	1 222.12	−279.125	* .
1982-Ⅱ	1 175	1 467.50	−292.500	* .
1982-Ⅲ	1 269	1 569.75	−300.750	* .
1982-Ⅳ	973	1 160.00	−187.000	*.
1983-Ⅰ	1 102	1 222.12	−120.125	. *
1983-Ⅱ	1 344	1 467.50	−123.500	.*
1983-Ⅲ	1 641	1 569.75	71.250	. * .
1983-Ⅳ	1 225	1 160.00	65.000	. * .
1984-Ⅰ	1 429	1 222.12	206.875	.*
1984-Ⅱ	1 699	1 467.50	231.500	. *
1984-Ⅲ	1 749	1 569.75	179.250	. *
1984-Ⅳ	1 117	1 160.00	−43.000	. *
1985-Ⅰ	1 242	1 222.12	19.875	. * .
1985-Ⅱ	1 684	1 467.50	216.500	. *
1985-Ⅲ	1 764	1 569.75	194.250	. *
1985-Ⅳ	1 328	1 160.00	168.000	. *
				− 0 +

这些残差代表着什么呢？它们代表着冰箱销售量时间序列中除去季节因素后剩余的成分，即趋势、周期和随机几种成分（但参见上页脚注①中的忠告）。

模型（9.7.2）和（9.7.3）都没有包含任何协变量，我们在模型中引入定量回归元会改变这种情况吗？因为耐用品支出对冰箱需求有重要影响，所以我们通过引入这个变量来扩展我们的模型（9.7.3）。以1982年十亿美元计的耐用品支出数据已经在表9-3中给出。这就是我们模型中的（定量）X 变量。回归结果如下：

$$\hat{Y}_t = 456.244\ 0 + 242.497\ 6D_{2t} + 325.264\ 3D_{3t} - 86.080\ 4D_{4t} + 2.773\ 4X_t$$
$$t = (2.559\ 3)^* \quad (3.695\ 1)^* \quad\quad (4.942\ 1)^* \quad (-1.307\ 3)^{**} \quad (4.449\ 6)^* \quad (9.7.4)$$
$$R^2 = 0.729\ 8$$

其中 * 表示 p 值低于 5%，** 表示 p 值高于 5%。

同样记住，我们仍把第一季度作为基准组。与在方程（9.7.3）中一样，我们看到第二季度和第三季度的级差截距系数都统计显著地异于第一季度，但第四季度的截距与第一季度的截距在统计上大致相同。约为 2.77 的 X（耐用品支出）系数告诉我们，在考虑季节效应的情况下，若耐用品支出增加 1 个单位，则冰箱销售量平均上升约 2.77 个单位，近似为 3 个单位；记住冰箱销售量以千台计，而 X 则以 1982 年十亿美元计。

这里一个有趣的问题是：正如冰箱销售量所表现出来的季节性类型一样，耐用品支出不也表现出季节性类型吗？那我们如何考虑 X 的季节性呢？方程（9.7.4）中有趣的是，模型中的虚拟变量不仅去掉了 Y 中的季节性，还去掉了 X 中的季节性（若存在的话）。[这来自统计学中的一个著名定理，即弗里希-沃夫定理（Frisch-Waugh theorem）。[1]] 真可谓是一石（虚拟变量方法）二鸟（除去两个时间序列中的季节性）！

若你想得到上述命题的非正式证明，则只需按如下步骤进行：（1）如方程（9.7.2）或（9.7.3）那样将 Y 对虚拟变量回归并保留残差 S_1，这些残差代表除趋势后的 Y。（2）对 X 做一个类似的回归并得到此回归的残差 S_2；这些残差代表除趋势后的 X。（3）将 S_1 对 S_2 回归。你将发现此回归中的斜率系数恰好就是回归（9.7.4）中 X 的系数。

9.8 分段线性回归

为了说明虚拟变量的另一种用处，考虑图 9-5，它表明一个假想的公司是如何犒劳其销售代表的。其支付佣金的方式取决于销售量的一个目标或临界值 X^*，低于那个值，就使用一种（随机）佣金结构，高于那个值，就使用另一种佣金结构。（注：除销售量外，还有其他因素影响销售佣金。假定所有这些其他因素都由随机干扰项表示。）更具体而言，假定销售佣金在临界值 X^* 之前随销售量线性地增加，在这个临界值之后仍线性地增加，只是斜率更大。于是，我们得到一个由两段或两部分构成的分段线性回归（piecewise linear regression），在图 9-5 中用 I 和 II 表示这两段，而且销售佣金是在临界值处改变斜率的。给定销售佣金、销售量和临界值 X^* 的数据，就能用虚拟变量的方法估计图 9-5 中所示的分段线性回归两个线段的（不同）斜率。我们可以进行如下回归：

$$Y_i = \alpha_1 + \beta_1 X_i + \beta_2 (X_i - X^*) D_i + u_i \tag{9.8.1}$$

其中 Y_i＝销售佣金；

---

[1] 其证明可参见 Adrian C. Darnell, *A Dictionary of Econometrics*, Edward Elgar, Lyme, U.K., 1995, pp. 150-152。

X_i＝销售员带来的销售量；

X^*＝销售临界值，也被称为结点（knot）（事先已知）[①]；

D_i＝1，若 $X_i > X^*$ ；

　　＝0，若 $X_i < X^*$ 。

假定 $E(u_i)=0$，我们立即就看到

$$E(Y_i | D_i=0,\ X_i,\ X^*)=\alpha_1+\beta_1 X_i \tag{9.8.2}$$

它给出了目标销售量 X^* 之前销售佣金的均值，而

$$E(Y_i | D_i=1,\ X_i,\ X^*)=\alpha_1-\beta_2 X^*+(\beta_1+\beta_2)X_i \tag{9.8.3}$$

则给出了目标销售量 X^* 之后销售佣金的均值。

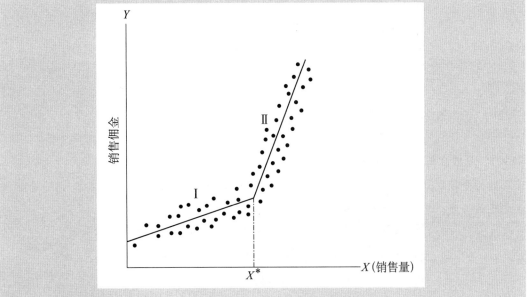

图 9-5　假想销售佣金与销售量之间的关系

注：Y 轴上的截距表示确保的最低佣金。

于是，对图 9-5 中的分段线性回归而言，β_1 就给出了线段 Ⅰ 中回归线的斜率，而 $\beta_1+\beta_2$ 则给出了线段 Ⅱ 中回归线的斜率。要检验回归在临界值 X^* 处没有转折的假设，通过了解所估计的级差斜率系数 $\hat{\beta}_2$ 的统计显著性很容易就能做到（见图 9-6）。

顺便指出，我们刚才所讨论的分段线性回归只是间断函数（spline functions）这种更一般函数类型中的一个例子。[②]

---

① 可临界值并不总是那么明显。作为权宜之计，可以将因变量相对解释变量描点，并观察二者之间的关系是否在 X 的某给定值（即 X^*）前后有明显的变化。发现转折点的分析方法在所谓转换回归模型（switching regression models）中可以见到。但这是一个高深的专题，对此进行讨论的教材可参见 Thomas Fomby, R. Carter Hill, and Stanley Johnson, *Advanced Econometric Methods*, Springer-Verlag, New York, 1984, Chapter 14。

② 对间断回归的一个容易切入的讨论可参见 Douglas C. Montgomery, Elizabeth A. Peck, and G. Geoffrey Vining, *Introduction to Linear Regression Analysis*, John Wiley & Sons, 3d ed., New York, 2001, pp. 228-230。

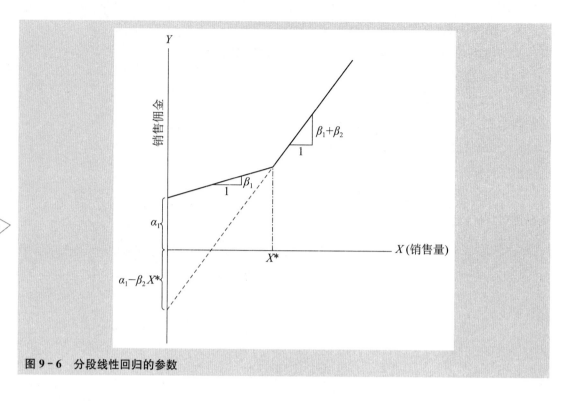

图9-6 分段线性回归的参数

例9.7 总成本与总产出之间的关系

作为分段线性回归的一个应用例子，考虑表9-6中所给出的假想的总成本-总产出数据。我们还被告知，总成本在总产出为5 500单位时可能会改变其斜率。

在方程（9.8.4）中以Y表示总成本，以X表示总产出，我们得到如下结果：

$$\hat{Y}_i = -145.72 + 0.279\,1X_i + 0.094\,5(X_i - X_i^*)D_i$$
$$t = (-0.824\,5)\,(6.066\,9) \quad (1.144\,7) \tag{9.8.4}$$
$$R^2 = 0.973\,7 \quad X^* = 5\,500$$

如这些结论所示，生产的边际成本约为每单位产出28美分，而在总产出高于5 500单位后，边际成本则约为37（=28+9）美分，由于虚拟变量在例如5%的显著性水平上仍不显著，所以这两个斜率之间的差别不是统计显著的。于是，在所有的实践中，都可以去掉虚拟变量而将总成本直接对总产出进行回归。

表9-6 总产出与总成本的假想数据

总成本（美元）	总产出（单位）
256	1 000
414	2 000
634	3 000
778	4 000
1 003	5 000
1 839	6 000
2 081	7 000

续表

总成本（美元）	总产出（单位）
2 423	8 000
2 734	9 000
2 914	10 000

9.9 面板数据回归模型

我们在第 1 章曾讨论过一系列可用于经济分析的数据，如横截面数据、时间序列数据、混合数据（时间序列数据与横截面数据的综合）和面板数据等。虚拟变量方法很容易就能扩展应用到混合数据和面板数据。由于面板数据的使用在应用研究中日益常见，所以我们将在第 18 章更详尽地讨论这个专题。

9.10 虚拟变量方法的某些技术问题

在半对数回归中对虚拟变量的解释

我们在第 6 章讨论对数-线性模型，其中的回归子为对数形式，而回归元为线性形式。在这样的模型中，回归元的斜率系数给出了半弹性的解释，即回归元的单位变化导致了回归子的百分比变化。这只在回归元为定量变量时如此。如果回归元是一个虚拟变量又会怎么样？为明确起见，考虑如下模型

$$\ln Y_i = \beta_1 + \beta_2 D_i + u_i \tag{9.10.1}$$

其中 Y 表示小时工资（美元），D 取值 1 表示女性，取值 0 表示男性。

我们如何解释这一模型呢？假定 $E(u_i)=0$，我们得到：

男性工人的工资函数为：

$$E(\ln Y_i | D_i = 0) = \beta_1 \tag{9.10.2}$$

女性工人的工资函数为：

$$E(\ln Y_i | D_i = 1) = \beta_1 + \beta_2 \tag{9.10.3}$$

因此，截距 β_1 给出了男性工人小时工资对数的均值，而"斜率"系数则给出了男女之间小时工资对数均值的差别。这是一种相当笨拙的表述方法。但如果我们对 β_1 取反对数，所得到的就不是男性工人小时工资的均值，而是他们工资的中位数（median）。如你所知，均值、中位数和众数是度量一个随机变量中心趋势的三种方法。如果我们对 $\beta_1 + \beta_2$ 取反对数，则得到女性工人小时工资的中位数。

例 9.8 小时工资的对数与性别的关系

为了说明方程（9.10.1），我们使用例 9.2 背后的数据，基于 528 个观测所得到的回归结果如下：

$$\widehat{\ln Y_i} = 2.176\ 3 \quad - \quad 0.243\ 7D_i \tag{9.10.4}$$
$$t = (72.294\ 3)^* \quad (-5.504\ 8)^*$$
$$R^2 = 0.054\ 4$$

其中 $*$ 表示 p 值实际上是零。

取 $2.176\ 3$ 的反对数便得到男性工人小时工资的中位数 $8.813\ 6$ 美元，而取 $[(2.176\ 3-0.243\ 7)=1.932\ 6]$ 的反对数则得到女性工人小时工资的中位数 $6.907\ 4$ 美元。因此，与男性工人相比，女性工人小时工资的中位数约低 $21.63\%[=(8.813\ 6-6.907\ 4)/8.813\ 6]$。

有趣的是，按照哈沃森（Halvorsen）和帕姆奎斯特（Palmquist）所建议的方法，我们可直接得到一个虚拟回归元的半弹性。[1] 对所估计的虚拟系数取反对数（以 e 为底）并减去 1，再将差值乘以 100 即可。（至于其背后的原因，可参见附录 9A。）因此，取 $-0.243\ 7$ 的反对数得到 $0.783\ 66$，减去 1 后得到 $-0.216\ 3$，再乘以 100 便得到 -21.63%。这就表明一个女性工人（$D=1$）薪水的中位数比同等男性工人薪水的中位数低约 21.63%，与我们前面所得到的结论相同。

虚拟变量与异方差性

让我们重新回到例子 1970—1981 年期间和 1982—1995 年期间及整个 1970—1995 年期间的美国储蓄-收入回归。在用虚拟变量方法检验结构稳定性时，我们假定误差 $\mathrm{var}(u_{1i})=\mathrm{var}(u_{2i})=\sigma^2$，即两个期间的误差方差相同。这也是邹至庄检验所需要的一个假定。如果这个假定不成立——两个子期间的误差方差不同，那就很有可能得到具有误导性的结论。因此，必须首先利用合适的统计方法来验证两个子期间方差的相等性。尽管我们在异方差性那一章中将更全面地讨论这个专题，但我们在第 8 章还是看到了如何用 F 检验来解决这个问题。[2] （参见我们在第 8 章中对邹至庄检验的讨论。）我们在那里曾指出，两个期间的误差方差看似有所不同。因此，前面给出的邹至庄检验和虚拟变量方法的结论可能都不是那么可靠。当然，我们这里只是说明可以用于解决一个问题（如结构稳定性的问题）的各种方法。在某个特定的研究中，这些方法可能站不住脚，但大多数统计方法都是如此。当然，我们在稍后有关异方差性的一章中将会看到，也可以采用一些适当的补救措施来解决这个问题（参见习题 9.28）。

虚拟变量与自相关

除异方差性外，经典线性回归模型还假定回归模型中的误差项不相关。但若这些误差项（特别是涉及虚拟回归元的模型）相关，结果会怎么样呢？由于我们在关

---

[1] Robert Halvorsen and Raymond Palmquist，"The Interpretation of Dummy Variables in Semilogarithmic Equations," *American Economic Review*，vol. 70，no. 3，pp. 474—475.

[2] 即便在出现异方差性的情况下，也能使用邹至庄检验程序，但那必须使用瓦尔德检验（Wald test）。此检验背后涉及的数学多少有些复杂。在有关异方差性的章节中，我们会再次讨论这个问题。

于自相关的一章中将深入讨论自相关这个专题，因此我们把对这个问题的回答留到
那个时候。

若因变量是一个虚拟变量会怎么样？

在我们到目前为止所讨论的模型中，回归子都是定量的，而回归元可以是定性
的，也可以是定量的，也可以二者都有。但回归子偶尔也可能是定性或虚拟变量。比
如，考虑一个工人是否参与劳动市场的决策。参与的决策是一个是否命题，如果决定
参与则回答是，决定不参与则回答否。当然，参与劳动市场的决策还取决于其他几
个因素，如起始工资率、受教育水平和劳动市场状况（由失业率度量）等。

我们还能用 OLS 估计回归子是虚拟变量的回归模型吗？是的，我们仍可机械地
这么做。但在这种模型中会遇到几个统计问题。既然还有一些不同于 OLS 估计的方
法不存在这些问题，那我们就把这个专题留到稍后章节中讨论（见关于 logit 和 probit
模型的第 17 章）。我们在那一章中还将讨论回归子不止两种类型的模型，比如，是自
己开车、乘公共汽车还是坐地铁去上班的决策，或者选择兼职工作、全职工作还是
根本就不工作的决策。与因变量只有两种类型的二值因变量模型（dichotomous de-
pendent variable models）相比，这种模型被称为多值因变量模型（polytomous de-
pendent variable models）。

9.11 进一步研究的专题

文献中讨论的几个与虚拟变量相关的专题相当高深，包括（1）随机或变参数
模型（random or varying parameters models），（2）转换回归模型（switching re-
gression models），及（3）非均衡模型（disequilibrium models）。

在本书所讨论的回归模型中，假定参数 β 都是未知但固定的。随机参数模型及
其几个变体则假定 β 也可以是随机的。此领域一个重要的参考文献就是斯瓦迷
（Swamy）的一本书。[1]

同时使用级差截距与级差斜率的虚拟变量模型暗含地假定了我们知道转折点。
在 1970—1995 年的储蓄-收入例子中，我们深信 1982 年的衰退改变了储蓄与收入
之间的关系，将期间分为 1970—1981 年和 1982—1995 年两个（衰退前和衰退后）
子区间。有时候不容易确定转折什么时候发生。转换回归模型就是在这种情况下提
出的方法。转换回归模型将转折点视为一个随机变量，并通过一个迭代过程来决定
转折实际上在什么时候发生。此领域的开山之作当属戈德菲尔德（Goldfeld）和匡

---

[1] P. A. V. B. Swamy, *Statistical Inference in Random Coefficient Regression Models*, Springer-Verlag, Berlin, 1971.

特（Quandt）的那本书。[1]

若欲处理市场未出清（即需求不等于供给）的非均衡状态（disequilibrium situations），则需要一些特殊的估计方法。经典的例子是一种商品的供给与需求。对一种商品的需求是其价格和其他一些变量的函数，而对一种商品的供给也是其价格和其他一些变量的函数，但这些变量与进入需求函数的变量不完全相同。现在，实际购买和卖出的商品数量并不一定等于供求相等时的数量，因此导致了非均衡。对非均衡模型的全面讨论，读者可参见匡特的著作。[2]

9.12 一个结束性例子

我们用一个例子来结束本章的讨论，用以说明本章得到的一些论点。表 9 - 7 提供了 1990 年印度南部一个工业小镇中 261 个工人的样本数据。

表 9 - 7　　　　　　　　　　1990 年的一个印度工人样本（节选）

WI	AGE	DE_2	DE_3	DE_4	DPT	D_{SEX}	WI	AGE	DE_2	DE_3	DE_4	DPT	D_{SEX}
120	57	0	0	0	0	0	120	21	0	0	0	0	0
224	48	0	0	1	1	0	25	18	0	0	0	0	1
132	38	0	0	0	0	0	25	11	0	0	0	0	1
75	27	0	1	0	0	0	30	38	0	0	0	1	1
111	23	0	1	0	0	1	30	17	0	0	0	1	1
127	22	0	1	0	0	0	122	20	0	0	0	0	0
30	18	0	0	0	0	0	288	50	0	1	0	1	0
24	12	0	0	0	0	0	75	45	0	0	0	0	1
119	38	0	0	0	1	0	79	60	0	0	0	0	0
75	55	0	0	0	0	0	85.3	26	1	0	0	0	1
324	26	0	1	0	0	0	350	42	0	1	0	1	0
42	18	0	0	0	0	0	54	62	0	0	0	1	0
100	32	0	0	0	0	0	110	23	0	0	0	0	0
136	41	0	0	0	0	0	342	56	0	0	0	1	0
107	48	0	0	0	0	0	77.5	19	0	0	0	1	0
50	16	1	0	0	0	1	370	46	0	0	0	0	0
90	45	0	0	0	0	0	156	26	0	0	0	1	0
377	46	0	0	0	1	0	261	23	0	0	0	0	0
150	30	0	1	0	0	0	54	16	0	1	0	0	0
162	40	0	0	0	0	0	130	33	0	0	0	0	0
18	19	1	0	0	0	0	112	27	1	0	0	0	0
128	25	1	0	0	0	0	82	22	1	0	0	0	0
47.5	46	0	0	0	0	1	385	30	0	1	0	1	0
135	25	0	1	0	0	0	94.3	22	0	0	1	1	1
400	57	0	0	0	1	0	350	57	0	0	0	1	0
91.8	35	0	0	1	1	0	108	26	0	0	0	0	0

---

[1] S. Goldfeld and R. Quandt, *Nonlinear Methods in Econometrics*, North Holland, Amsterdam, 1972.

[2] Richard E. Quandt, *The Econometrics of Disequilibrium*, Basil Blackwell, New York, 1988.

续表

WI	AGE	DE_2	DE_3	DE_4	DPT	D_{SEX}	WI	AGE	DE_2	DE_3	DE_4	DPT	D_{SEX}
140	44	0	0	0	1	0	20	14	0	0	0	0	0
49.2	22	0	0	0	0	0	53.8	14	0	0	0	0	1
30	19	1	0	0	0	0	427	55	0	0	0	1	0
40.5	37	0	0	0	0	1	18	12	0	0	0	0	0
81	20	0	0	0	0	0	120	38	0	0	0	0	0
105	40	0	0	0	0	0	40.5	17	0	0	0	0	0
200	30	0	0	0	0	0	375	42	1	0	0	1	0
140	30	0	0	0	1	0	120	34	0	0	0	0	0
80	26	0	0	0	0	0	175	33	1	0	0	1	0
47	41	0	0	0	0	1	50	26	0	0	0	0	1
125	22	0	0	0	0	0	100	33	1	0	0	1	0
500	21	0	0	0	0	0	25	22	0	0	0	1	1
100	19	0	0	0	0	0	40	15	0	0	0	1	0
105	35	0	0	0	0	0	65	14	0	0	0	1	0
300	35	0	1	0	1	0	47.5	25	0	0	0	1	1
115	33	0	1	0	1	1	163	25	0	0	0	1	0
103	27	0	0	1	1	1	175	50	0	0	0	1	1
190	62	1	0	0	0	0	150	24	0	0	0	1	1
62.5	18	0	1	0	0	0	163	28	0	0	0	1	0
50	25	1	0	0	0	0	163	30	1	0	0	1	0
273	43	0	0	1	1	1	50	25	0	0	0	1	1
175	40	0	1	0	1	0	395	45	0	1	0	1	0
117	26	1	0	0	1	0	175	40	0	0	0	1	1
950	47	0	0	1	0	0	87.5	25	1	0	0	1	0
100	30	0	0	0	0	0	75	18	0	0	0	1	0
140	30	0	0	0	0	0	163	24	0	0	0	1	0
97	25	0	1	0	0	0	325	55	0	0	0	1	0
150	36	0	0	0	0	0	121	27	0	1	0	1	0
25	28	0	0	0	0	1	600	35	1	0	0	0	0
15	13	0	0	0	0	1	52	19	0	0	0	1	0
131	55	0	0	0	0	0	117	28	1	0	0	1	0

变量定义如下：

WI＝以卢比度量的周收入；

Age＝年龄；

D_{SEX}＝1，表示男性工人；

　　　＝0，表示女性工人；

DE_2＝1，表示一个工人最高受过初等教育；

DE_3＝1，表示一个工人最高受过中等教育；

DE_4＝1，表示一个工人最高受过高等教育；

DPT＝1，表示一个工人拥有一份永久性工作；

　　　＝0，表示工作是暂时性的。

参照组是没接受过初等教育并拥有暂时性工作的男性工人。我们想弄清楚周收入与年龄、性别、受教育程度和工作性质之间的关系。为此，我们估计如下回归模型：

$$\ln WI_i = \beta_1 + \beta_2 AGE_i + \beta_3 D_{SEX} + \beta_4 DE_2 + \beta_5 DE_3 + \beta_6 DE_4 + \beta_7 DPT + u_i$$

根据劳动经济学文献，我们把工资对数表示成解释变量的函数。在第6章曾提到，像工资这种变量的密度分布倾向于偏斜；对这种变量进行对数变换既能降低其偏斜程度，又能减小其异方差性。

利用 EViews 6，我们得到如下回归结果。

```
Dependent Variable: Ln(WI)
Method: Least Squares
Sample: 1 261
Included observations: 261
```

	Coefficient	Std. Error	t-Statistic	Prob.
C	3.706872	0.113845	32.56055	0.0000
AGE	0.026549	0.003117	8.516848	0.0000
D_{SEX}	-0.656338	0.088796	-7.391529	0.0000
DE_2	0.113862	0.098542	1.155473	0.2490
DE_3	0.412589	0.096383	4.280732	0.0000
DE_4	0.554129	0.155224	3.569862	0.0004
DPT	0.558348	0.079990	6.980248	0.0000

R-squared	0.534969	Mean dependent var.	4.793390
Adjusted R-squared	0.523984	S.D. dependent var.	0.834277
S.E. of regression	0.575600	Akaike info criterion	1.759648
Sum squared resid.	84.15421	Schwarz criterion	1.855248
Log likelihood	-222.6340	Hannan-Quinn criter.	1.798076
F-statistic	48.70008	Durbin-Watson stat.	1.853361
Prob(F-statistic)	0.000000		

这些结论表明，周收入的对数与年龄、受教育程度和工作性质正相关，但与性别负相关，这是一个不足为奇的结论。尽管受过初等教育的工人与没有受过初等教育的工人相比，周收入看似没有实质性差异，但受过中等教育的工人的周收入却更高一些，而且受过高等教育的工人的周收入还要高出更多。

虚拟变量的系数可解释为与参照组的差值。因此，DPT 变量的系数表明，那些拥有永久性工作的工人比那些拥有暂时性工作的工人平均而言要挣更多的钱。

我们从第6章知道，在一个对数-线性模型（因变量是对数形式，解释变量是线性形式）中，解释变量的系数代表着半弹性，即给出了这个解释变量值的单位变化导致的因变量的相对变化或百分比变化。但正如文中提到的那样，当解释变量是虚拟变量时，我们必须非常小心。这里我们必须取虚拟变量系数估计值的反对数并减去1，再将结果乘以100。因此，为了得到正式工人的周收入相对临时工人的周收入的百分比变化，我们要将 DPT 的系数 0.558 348 取反对数并减去1，然后乘以 100。在本例中，结果是 $(e^{0.558\,348} - 1) = 1.747\,78 - 1 = 0.747\,78$，或约 75%。建议读者对模型中包含的其他虚拟变量计算这种百分比变化。

其结果表明，性别和受教育程度对周收入具有明显影响。性别与受教育程度之间有可能存在交互影响吗？受过高等教育的男性工人比受过高等教育的女性工人挣的周收入更高吗？为了考察这种可能性，我们可以把上述工资回归方程加以扩展，引进性别与受教育程度的交互项。回归结果如下：

```
Dependent Variable: Ln(WI)
Method: Least Squares
Sample: 1 261
Included observations: 261
```

	Coefficient	Std. Error	t-Statistic	Prob.
C	3.717540	0.114536	32.45734	0.0000
AGE	0.027051	0.003133	8.634553	0.0000
D_{SEX}	-0.758975	0.110410	-6.874148	0.0000
DE_2	0.088923	0.106827	0.832402	0.4060
DE_3	0.350574	0.104309	3.360913	0.0009
DE_4	0.438673	0.186996	2.345898	0.0198
$D_{SEX}*DE_2$	0.114908	0.275039	0.417788	0.6765
$D_{SEX}*DE_3$	0.391052	0.259261	1.508337	0.1327
$D_{SEX}*DE_4$	0.369520	0.313503	1.178681	0.2396
DPT	0.551658	0.080076	6.889198	0.0000

R-squared	0.540810	Mean dependent var.	4.793390
Adjusted R-squared	0.524345	S.D. dependent var.	0.834277
S.E. of regression	0.575382	Akaike info criterion	1.769997
Sum squared resid.	83.09731	Schwarz criterion	1.906569
Log likelihood	-220.9847	Hannan-Quinn criter.	1.824895
F-statistic	32.84603	Durbin-Watson stat.	1.856488
Prob (F-statistic)	0.000000		

尽管虚拟变量的交互项表明，性别与受教育程度之间存在一定的交互影响，但这种影响在统计上并不显著，因为所有交互项的系数都不是个别统计显著的。

有意思的是，如果我们去掉受教育程度虚拟变量，而保留这些虚拟变量交互项，我们得到如下结果：

```
Dependent Variable: LOG(WI)
Method: Least Squares
Sample: 1 261
Included observations: 261
```

	Coefficient	Std. Error	t-Statistic	Prob.
C	3.836483	0.106785	35.92725	0.0000
AGE	0.025990	0.003170	8.197991	0.0000
D_{SEX}	-0.868617	0.106429	-8.161508	0.0000
$D_{SEX}*DE_2$	0.200823	0.259511	0.773851	0.4397
$D_{SEX}*DE_3$	0.716722	0.245021	2.925140	0.0038
$D_{SEX}*DE_4$	0.752652	0.265975	2.829789	0.0050
DPT	0.627272	0.078869	7.953332	0.0000

R-squared	0.514449	Mean dependent var.	4.793390
Adjusted R-squared	0.502979	S.D. dependent var.	0.834277
S.E. of regression	0.588163	Akaike info criterion	1.802828
Sum squared resid.	87.86766	Schwarz criterion	1.898429
Log likelihood	-228.2691	Hannan-Quinn criter.	1.841257
F-statistic	44.85284	Durbin-Watson stat.	1.873421
Prob (F-statistic)	0.000000		

现在看上去受教育程度本身对工人的周收入没有影响，但却以交互形式产生影响。

这表明我们在使用虚拟变量时必须小心。要弄清楚受教育程度与 DPT 是否存在交互影响，作为一个练习留给读者。

要点与结论

1. 利用取值 1 或 0（或其线性变换）的虚拟变量是在回归模型中引入定性回归元的一种手段。

2. 虚拟变量是一种基于性质或属性（性别、婚姻状况、种族和宗教信仰等）而将一个样本分为不同子群的数据分类方法，并暗含地容许对每个子群分别进行回归。如果回归子对各子群中定性变量的变化有不同的响应，那就由各子群回归的截距或斜率或二者的差别反映出来。

3. 尽管虚拟变量方法是一种通用方法，但仍需仔细处理。首先，如果回归中包含了截距项，那么，虚拟变量的个数就必须比每个定性变量的类别数少一个。其次，附属于虚拟变量的系数必须总是相对基准组或参照组（即虚拟变量取值为 0 的组）来解释。基准组的选择取决于所进行研究的目的。最后，如果一个模型含有几个均可分为几类的定性变量，那么，引入虚拟变量就会占用很大的自由度。因此，总是要根据分析中可供使用的观测数来决定要引入的虚拟变量数。

4. 在虚拟变量的诸多应用中，本章仅考虑了如下为数不多的几种：（1）将两个或多个回归进行比较，（2）除去时间序列数据中的季节性，（3）交互虚拟变量，（4）在半对数模型中解释虚拟变量，及（5）分段线性回归。

5. 我们对在异方差性和自相关情形下使用虚拟变量提出了郑重警告。但因为我们在以后的章节中将会详尽讨论这些专题，所以还是留待以后再探个究竟。

习 题

问答题

9.1 如果你有连续几年的月度数据，为检验如下假设，需要引入多少个虚拟变量：

a. 一年中所有 12 个月份都表现出季节类型。

b. 只有 2、4、6、8、10、12 月表现出季节类型。

9.2 考虑如下回归结果（t 比率放在括号内）[1]：

$$\hat{Y}_i = 1\ 286 + 104.97X_{2i} - 0.026X_{3i} + 1.20X_{4i} + 0.69X_{5i}$$
$$t = (4.67)\quad(3.70)\quad(-3.80)\quad(0.24)\quad(0.08)$$
$$-19.47X_{6i} + 266.06X_{7i} - 118.64X_{8i} - 110.61X_{9i}$$
$$(-0.40)\quad(6.94)\quad(-3.04)\quad(-6.14)$$

---

[1] Jane Leuthold，"The Effect of Taxation on the Hours Worked by Married Women," *Industrial and Labor Relations Review*，no. 4，July 1978，pp. 520 - 526.（为适合我们的格式，符号有所变化。）

$$R^2 = 0.383 \quad n = 1\,543$$

其中 Y = 妻子希望每年花在工作上的小时数,以每年工作的小时数加上花在找工作上的时间之和计算;

X_2 = 妻子税后真实小时收入;

X_3 = 丈夫在上一年度的税后真实收入;

X_4 = 妻子的年龄;

X_5 = 妻子的受教育程度;

X_6 = 态度变量,若被调查者愿意工作而且她丈夫也同意她工作则取值 1,否则取值 0;

X_7 = 态度变量,若被调查者的丈夫支持她工作则取值 1,否则取值 0;

X_8 = 年龄低于 6 岁的子女数;

X_9 = 年龄在 6~13 岁之间的子女数。

a. 各非虚拟回归元系数的符号有经济含义吗?说明你的观点。

b. 你如何解释虚拟变量 X_6 和 X_7?这些虚拟变量统计显著吗?由于样本相当大,你可以 "2 - t" 经验法则来回答问题。

c. 在这项研究中,一位妇女的年龄和受教育程度不是影响其参与劳动市场决策的显著因素,你认为这是为什么?

9.3 考虑如下回归结果。[①](实际数据在表 9 - 8 中。)

$$\widehat{UN}_t = 2.749\,1 + 1.150\,7D_t - 1.529\,4V_t - 0.851\,1(D_tV_t)$$

$$t = (26.896)\,(3.628\,8)\,(-12.555\,2)\,(-1.981\,9)$$

$$R^2 = 0.912\,8$$

其中 UN = 失业率,%;

V = 岗位空缺率,%;

$D = 1$,对 1966 年第 IV 季度及其之后的期间;

$= 0$,对 1966 年第 IV 季度之前的期间;

t = 时间,以季度度量。

注:1966 年第 IV 季度,当时英国政府放松了对《国民保险法》的限制,以定额年金和根据收入确定补贴的混合体制取代了短期失业救济金的定额年金制,从而提高了失业救济金水平。

表 9 - 8　　　　　　　　　习题 9.3 中所做回归的数据矩阵

年份和季度	失业率 UN, %	岗位空缺率 V, %	D	DV	年份和季度	失业率 UN, %	岗位空缺率 V, %	D	DV
1958 — IV	1.915	0.510	0	0	1962 — I	1.411	0.748	0	0
1959 — I	1.876	0.541	0	0	— II	1.600	0.658	0	0
— II	1.842	0.541	0	0	— III	1.780	0.562	0	0
— III	1.750	0.690	0	0	— IV	1.941	0.510	0	0
— IV	1.648	0.771	0	0	1963 — I	2.178	0.510	0	0
1960 — I	1.450	0.836	0	0	— II	2.067	0.544	0	0
— II	1.393	0.908	0	0	— III	1.942	0.568	0	0
— III	1.322	0.968	0	0	— IV	1.764	0.677	0	0
— IV	1.260	0.998	0	0	1964 — I	1.532	0.794	0	0
1961 — I	1.171	0.968	0	0	— II	1.455	0.838	0	0
— II	1.182	0.964	0	0	— III	1.409	0.885	0	0
— III	1.221	0.952	0	0	— IV	1.296	0.987	0	0
— IV	1.340	0.849	0	0	1965 — I	1.201	0.997	0	0

① Damodar Gujarati, "The Behaviour of Unemployment and Unfilled Vacancies: Great Britain, 1958—1971," *The Economic Journal*, vol. 82, March 1972, pp. 195 - 202.

续表

年份和季度	失业率 UN，%	岗位空缺率 V，%	D	DV	年份和季度	失业率 UN，%	岗位空缺率 V，%	D	DV
一Ⅱ	1.192	1.035	0	0	一Ⅲ	2.167	0.749	1	0.749
一Ⅲ	1.259	1.040	0	0	一Ⅳ	2.107	0.800	1	0.800
一Ⅳ	1.192	1.086	0	0	1969一Ⅰ	2.104	0.783	1	0.783
1966一Ⅰ	1.089	1.101	0	0	一Ⅱ	2.056	0.800	1	0.800
一Ⅱ	1.101	1.058	0	0	一Ⅲ	2.170	0.794	1	0.794
一Ⅲ	1.243	0.987	0	0	一Ⅳ	2.161	0.790	1	0.790
一Ⅳ	1.623	0.819	1	0.819	1970一Ⅰ	2.225	0.757	1	0.757
1967一Ⅰ	1.821	0.740	1	0.740	一Ⅱ	2.241	0.746	1	0.746
一Ⅱ	1.990	0.661	1	0.661	一Ⅲ	2.366	0.739	1	0.739
一Ⅲ	2.114	0.660	1	0.660	一Ⅳ	2.324	0.707	1	0.707
一Ⅳ	2.115	0.698	1	0.698	1971一Ⅰ	2.516*	0.583*	1	0.583*
1968一Ⅰ	2.150	0.695	1	0.695	一Ⅱ	2.909*	0.524*	1	0.524*
一Ⅱ	2.141	0.732	1	0.732					

注：* 为初步估计值。

a. 你对失业率和岗位空缺率之间的关系有何先验预期？

b. 保持岗位空缺率不变，在从 1966 年第Ⅳ季度开始的期间内，平均失业率为多少？它与 1966 年第Ⅳ季度之前的期间有显著不同吗？你何以知道？

c. 1966 年第Ⅳ季度之前和之后的斜率在统计上不同吗？你何以知道？

d. 从这项研究能安全地断定慷慨的失业救济金导致更高的失业率吗？这在经济上讲得通吗？

9.4 威廉·诺德豪斯（William Nordhaus）根据 1972—1979 年的年度数据估计了如下模型，用以解释 OPEC 的石油价格行为（括号中的数字为标准误）。[1]

$$\hat{y}_t = 0.3x_{1t} + 5.22x_{2t}$$
$$se = (0.03) \quad (0.50)$$

其中 y＝当年与前一年的价差，美元/桶；

x_1＝当年现货价格与前一年 OPEC 价格之差；

x_2＝虚拟变量，在 1974 年取值 1，否则取

值 0。

解释这个结果并利用图形说明结论。这些结论表明 OPEC 有什么样的垄断势力？

9.5 考虑如下模型

$$Y_i = \alpha_1 + \alpha_2 D_i + \beta X_i + u_i$$

其中 Y＝一位大学教授的年薪；

X＝从教年限；

D＝性别虚拟变量。

考虑定义虚拟变量的三种方式：

a. D 对男性取值 1，对女性取值 0。

b. D 对女性取值 1，对男性取值 2。

c. D 对女性取值 1，对男性取值－1。

对每种虚拟变量定义解释上述回归模型。是否有某个方法比另外一个方法更好？说明你的理由。

9.6 参考回归（9.7.3）。你如何检验 D_2 和 D_3 的系数相同的假设？如何检验 D_2 和 D_4 的系数相同的假设？如果 D_3 的系数在统计上与 D_2 的系

---

[1] "Oil and Economic Performance in Industrial Countries," *Brookings Papers on Economic Activity*，1980，pp. 341 - 388.

数不同,而且 D_4 的系数与 D_2 的系数也不同,那是否意味着 D_3 和 D_4 的系数不同? 提示:$\text{var}(A \pm B) = \text{var}(A) + \text{var}(B) \pm 2\text{cov}(A, B)$。

9.7 参考 9.5 节中讨论的美国储蓄–收入一例。

a. 你如何从混合回归(9.5.4)中得到方程(9.5.5)和(9.5.6)中回归系数的标准误?

b. 为了得到数值结果,可能的话,还需要什么附加信息?

9.8 米勒(R. J. Miller)在对联邦存款保险公司(Federal Deposit Insurance Corporation, FDIC)检查 91 家银行所耗费劳动时间的研究中,估计了如下函数[①]:

$$\widehat{\ln Y} = 2.41 + 0.367\ 4\ln X_1 + 0.221\ 7\ln X_2 + 0.080\ 3\ln X_3$$
$$(0.047\ 7) \qquad (0.062\ 8) \qquad (0.028\ 7)$$
$$-0.175\ 5D_1 + 0.279\ 9D_2 + 0.563\ 4D_3 - 0.257\ 2\ D_4$$
$$(0.290\ 5) \quad (0.104\ 4) \quad (0.165\ 7) \quad (0.078\ 7)$$
$$R^2 = 0.766$$

其中 Y=FDIC 检查者的劳动时间;

X_1=银行的总资产;

X_2=银行的办公室总数;

X_3=银行分级贷款占总贷款的比例;

$D_1 = 1$,若管理评级为"优";

$D_2 = 1$,若管理评级为"普通";

$D_3 = 1$,若管理评级为"满意";

$D_4 = 1$,若公司的检查与政府的检查同时进行。

括号中的数字为估计的标准误。

a. 解释这些结论。

b. 在解释模型中的虚拟变量时,Y 以对数形式出现带来了什么问题?

c. 你如何解释虚拟变量的系数?

9.9 为了评价美联储自 1979 年 7 月以来放松

利率管制的政策效果,我们的一个学生悉尼·兰格(Sidney Langer)利用 1975 年第Ⅲ季度至 1983 年第Ⅱ季度期间的季度数据估计了如下模型[②]:

$$\hat{Y}_t = 8.587\ 1 - 0.132\ 8P_t - 0.710\ 2\text{Un}_t - 0.238\ 9M_t$$
$$\text{se} = (1.956\ 3)(0.099\ 2)\ (0.190\ 9)\quad (0.072\ 7)$$
$$+0.659\ 2Y_{t-1} + 2.583\ 1\text{Dum}_t$$
$$(0.103\ 6) \qquad (0.754\ 9)$$
$$R^2 = 0.915\ 6$$

其中 Y=3 月期国债利率;

P=预期通货膨胀率;

Un=进行季节调整后的失业率;

M=货币基础的变化;

Dum=虚拟变量,对 1979 年 7 月 1 日之后的观测都取值 1。

a. 解释这一模型的估计结果。

b. 放松利率管制有什么样的影响? 这些结果在经济上讲得通吗?

c. P_t、Un_t 和 M_t 的系数都为负,你能给出经济学上的根据吗?

9.10 参考本章中讨论的分段线性回归。假设在 X^* 处不仅斜率系数发生了变化,而且回归线还发生了跳跃,如图 9-7 所示。你将如何修正方程(9.8.1),以考虑回归线在 X^* 处的跳跃?

9.11 每盎司可乐价格的决定因素。我的一个学生凯茜·谢弗(Cathy Schaefer)对 77 个横截面观测数据估计了如下回归[③]:

$$P_i = \beta_0 + \beta_1 D_{1i} + \beta_2 D_{2i} + \beta_3 D_{3i} + \mu_i$$

其中 P_i=每盎司可乐的价格;

$D_{1i} = 001$,若是折扣商店;

$\quad = 010$,若是连锁商店;

$\quad = 100$,若是便利店;

---

① "Examination of Man-Hour Cost for Independent, Joint, and Divided Examination Program," *Journal of Bank Research*, vol. 11, 1980, pp. 28–35. 注:为了与我们的内容保持一致,符号有所变化。

② Sidney Langer, "Interest Rate Deregulation and Short-Term Interest Rates," unpublished term paper.

③ Cathy Schaefer, "Price Per Ounce of Cola Beverage as a Function of Place of Purchase, Size of Container, and Branded or Unbranded Product," unpublished term project.

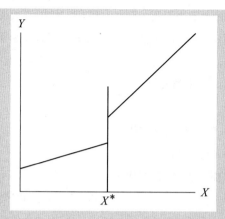

图 9-7 不连续的分段线性回归

$D_{2i}=10$，若是品牌可乐；

$=01$，若是无品牌可乐；

$D_{3i}=0\,001$，若 67.6 盎司（2 升）瓶装；

$=0\,010$，若 $28\sim33.8$ 盎司瓶装；

$=0\,100$，若 16 盎司瓶装；

$=1\,000$，若 12 盎司听装。

估计的结果如下：

$\hat{P}_i=0.014\,3-0.000\,004D_{1i}+0.009\,0D_{2i}+0.000\,01D_{3i}$

$se=\qquad(0.000\,01)\ (0.000\,11)\ (0.000\,00)$

$t=\qquad(-0.383\,7)\ (8.392\,7)\ (5.812\,5)$

$\qquad\qquad\qquad\qquad\qquad\qquad R^2=0.603\,3$

注：标准误只保留到小数点后 5 位。

a. 对模型中引入虚拟变量的方式进行评论。

b. 假定虚拟变量的分类是可以接受的，你将如何对上述结果进行解释？

c. D_3 的系数为正且显著，你如何合理地解释这个结论？

9.12 根据 20 世纪 70 年代早期 101 个国家以美元计人均收入（X）和以年计预期寿命（Y）的数据，森（Sen）和斯里瓦斯特瓦（Srivastava）得到如下回归结果[1]：

$\hat{Y}_i=-2.40+9.39\ln X_i-3.36[D_i(\ln X_i-7)]$

$se=\ (4.73)\ \ (0.859)\qquad(2.42)\quad R^2=0.752$

其中 D_i 在 $\ln X_i$ 大于 7 时取值 1，否则取值 0。注：当 $\ln X_i=7$ 时，$X=1\,097$ 美元（近似）。

a. 以对数形式引入收入变量的原因是什么？

b. 你如何解释 $\ln X_i$ 的系数 9.39？

c. 引入回归元 $D_i(\ln X_i-7)$ 的理由是什么？你如何解释这个回归元？你又如何解释这个回归元的系数 -3.36？（提示：分段线性回归。）

d. 假定穷国与富国之间的分界线为人均收入 1\,097 美元，你如何推导出收入低于 1\,097 美元国家的回归线和收入高于 1\,097 美元国家的回归线？

e. 你从这个问题给出的结果中能得到什么一般结论？

9.13 考虑如下模型：

$$Y_i=\beta_1+\beta_2D_i+u_i$$

其中 D_i 对前 20 个观测取值 0，而对后 30 个观测取值 1，并告诉你 $\text{var}(u_i^2)=300$。

a. 你如何解释 β_1 和 β_2？

b. 这两组的均值分别是多少？

c. 你如何计算 $\hat{\beta}_1+\hat{\beta}_2$ 的方差？注：已知 $\text{cov}(\hat{\beta}_1,\hat{\beta}_2)=-15$。

9.14 为了评价工作权利法案（这类法案不把成为工会会员作为就业的先决条件）对工会关系的影响，利用美国 1982 年 50 个州的数据估计出如下回归结果[2]：

① Ashish Sen and Muni Srivastava, *Regression Analysis：Theory，Methods，and Application*，Springer-Verlag，New York，1990，p. 92. 符号有所改变。

② 回归结果中所用数据取自 N. M. Meltz, "Interstate and interprovincial Differences in Union Density," *Industrial Relations*，vol. 28，no. 2，1989，pp. 142-158。

$$\widehat{PVT}_i = 19.806\,6 - 9.391\,7RTW_i$$
$$t = (17.035\,2)\ (-5.108\,6)$$
$$r^2 = 0.352\,2$$

其中 PVT＝1982 年私人部门雇员加入工会的百分比；RTW 为虚拟变量，若工作权利法案生效，则 RTW 取值 1，否则取值 0。注：1982 年美国有 20 个州颁布工作权利法案。

a. 据经验，预期 PVT 和 RTW 之间有什么样的关系？

b. 回归结果支持先验预期吗？

c. 解释回归结果。

d. 在那些没有颁布工作权利法案的州，私人部门雇员加入工会的平均百分比是多少？

9.15　在如下回归模型中：
$$Y_i = \beta_1 + \beta_2 D_i + u_i$$
Y 表示以美元度量的小时工资，D 为虚拟变量，对大学毕业生取值 1，对高中毕业生取值 0。利用第 3 章中的 OLS 公式，证明 $\hat{\beta}_1 = \bar{Y}_{hg}$ 和 $\hat{\beta}_2 = \bar{Y}_{cg} - \bar{Y}_{hg}$，其中下标有如下含义：hg 表示高中毕业生，cg 表示大学毕业生。总共有 n_1 个高中毕业生和 n_2 个大学毕业生，总样本为 $n = n_1 + n_2$。

9.16　为了研究伯利兹在 1970—1992 年间的人口增长率，马克杰（Mukherjee）等人估计了如下模型[①]：

模型 I：$\widehat{\ln(Pop)}_t = 4.73 + 0.024t$
$$t = (781.25)\ (54.71)$$

模型 II：$\widehat{\ln(Pop)}_t = 4.77 + 0.015t$
$$t = (2\,477.92)(34.01)$$
$$- 0.075D_t + 0.011(D_t\,t)$$
$$(-17.03)\quad (25.54)$$

其中 Pop＝以百万计的人口数量；t＝趋势变量；D_t 对从 1978 年开始的观测取值 1，对此前的观测取值 0；ln 表示自然对数。

a. 在模型 I 中，伯利兹人口在样本期的增长率是多少？

b. 1978 年之前和之后的人口增长率在统计上不同吗？你如何知道？若不同，1972—1977 年和 1978—1992 年期间的增长率各为多少？

实证分析题

9.17　利用表 9-8 中给出的数据，检验 1958 年第 IV 季度至 1966 年第 III 季度和 1966 年第 IV 季度至 1971 年第 II 季度两个子区间误差方差相同的假设。

9.18　利用第 8 章所讨论的方法，比较无约束和受约束回归（9.7.3）和（9.7.4），即检验所施加约束的有效性。

9.19　在本章讨论的美国储蓄-收入回归（9.5.4）中，假设虚拟变量的取值不再是 1 和 0，而是虚拟变量 $Z_i = a + bD_i$，其中 $D_i = 1$ 和 0，$a = 2$，$b = 3$。比较你的结论。

9.20　继续储蓄-收入回归（9.5.4），假设你让 D_i 对第二区间的观测取值 0，而对第一区间的观测取值 1。方程（9.5.4）所示的结论有何变化？

9.21　利用表 9-2 中给出的数据，考虑如下模型：
$$\ln Savings_i = \beta_1 + \beta_2 \ln Income_i + \beta_3 \ln D_i + u_i$$
其中 ln 表示自然对数，D_i 对 1970—1981 年取值 1，对 1982—1995 年取值 10。

a. 如此确定虚拟变量的根据是什么？

b. 估计上述模型并解释你的结论。

c. 两个子期间储蓄函数的截距值是多少？你如何解释它们？

9.22　参考表 9-3 给出的季度数据，并考虑如下模型：
$$Sales_i = \alpha_1 + \alpha_2 D_{2i} + \alpha_3 D_{3i} + \alpha_4 D_{4i} + u_i$$
其中 D 是第 II 季度至第 IV 季度取值 1 和 0 的虚拟变量。

---

① Chandan Mukherjee, Howard White, and Marc Wuyts, *Econometrics and Data Analysis for Developing Countries*, Routledge, London, 1998, pp. 372–375. 符号有所变化。

a. 分别对洗碗机、厨余粉碎机和洗衣机估计上述模型。

b. 你如何解释估计的斜率系数？

c. 你如何应用所估计的 α 对各个电器销售数据除去季节变化？

9.23 增加耐用品支出这个回归元后重新估计习题 9.22 中的模型。

a. 这两道题的回归结果有所不同吗？如果有，什么因素能解释这个差别？

b. 如果耐用品支出的数据中也存在季节性，你如何解释它？

9.24 表 9-9 给出了美国 1916—2004 年四年一次的总统选举数据。[①]

表 9-9 美国总统选举：1916—2004 年

观测	Year	V	W	D	G	I	N	P
1	1916	0.516 8	0	1	2.229	1	3	4.252
2	1920	0.361 2	1	0	−11.46	1	5	16.535
3	1924	0.417 6	0	−1	−3.872	−1	10	5.161
4	1928	0.411 8	0	0	4.623	−1	7	0.183
5	1932	0.591 6	0	−1	−14.9	−1	4	7.069
6	1936	0.624 6	0	1	11.921	1	9	2.362
7	1940	0.55	0	1	3.708	1	8	0.028
8	1944	0.537 7	1	1	4.119	1	14	5.678
9	1948	0.523 7	1	1	1.849	1	5	8.722
10	1952	0.446	0	0	0.627	1	6	2.288
11	1956	0.422 4	0	−1	−1.527	−1	5	1.936
12	1960	0.500 9	0	0	0.114	−1	5	1.932
13	1964	0.613 4	0	1	5.054	1	10	1.247
14	1968	0.496	0	0	4.836	1	7	3.215
15	1972	0.382 1	0	−1	6.278	−1	4	4.766
16	1976	0.510 5	0	0	3.663	−1	4	7.657
17	1980	0.447	0	1	−3.789	1	5	8.093
18	1984	0.408 3	0	−1	5.387	−1	7	5.403
19	1988	0.461	0	0	2.068	−1	6	3.272
20	1992	0.534 5	0	−1	2.293	−1	1	3.692
21	1996	0.547 4	0	1	2.918	1	3	2.268
22	2000	0.502 65	0	0	1.219	1	8	1.605
23	2004	0.512 33	0	1	2.69	−1	1	2.325

其中 Year 表示选举年份；

V 表示两党总统投票中民主党所占的份额；

W 为虚拟变量，对 1920 年、1944 年和 1948 年的选举取值 1，其他取值 0；

D 为虚拟变量，1 表示民主党在任总统参加竞选，−1 表示共和党在任总统参加竞选，其他情况下为 0；

G 表示选举年份前三个季度真实人均 GDP 的

① 这些数据最初由耶鲁大学已预测总统选举结果多年的雷·费尔（Ray Fair）编制。我们复制于 Samprit Chatterjee, Ali S. Hadi, and Bertram Price, *Regression Analysis by Example*, 3rd ed., John Wiley & Sons, New York, 2000, pp. 150-151, 并进行了更新。

增长率;

I 为虚拟变量,1 表示选举时在位总统为民主党成员,-1 表示选举时在位总统为共和党成员;

N 表示现任政府在前 15 个季度中真实人均 GDP 增长率超过 3.2% 的季度数;

P 表示现任政府前 15 个季度 GDP 缩减指数增长率的绝对值。

a. 利用表 9-9 中给出的数据,提出一个合适的模型来预测民主党在两党总统投票中所占的份额。

b. 你如何用这个模型去预测总统选举的结果?

c. 查特吉(Chatterjee)等人建议考虑如下实验模型来预测总统选举结果:

$$V=\beta_0+\beta_1 I+\beta_2 D+\beta_3 W+\beta_4(GI)+\beta_5 P+\beta_6 N+u$$

估计这个模型,并评论其结果与你所选用模型得到的结果之间的关系。

9.25 参考回归(9.6.4)。检验平均小时工资相对受教育水平增长率因性别和种族的不同而不同。(提示:使用多个虚拟变量。)

9.26 参考回归(9.3.1)。为了发现婚姻状况和居住地这两个虚拟变量之间是否存在某种交互作用,你该如何修正此模型?给出基于此模型的结果,并与方程(9.3.1)中给出的结果相比较。

9.27 在模型 $Y_i=\beta_1+\beta_2 D_i+u_i$ 中,令 D_i 对前 40 个观测取值 0,而对其余 60 个观测取值 1。已知 u_i 的均值为 0,方差为 100。这两个观测集的均值和方差各为多少?[①]

9.28 参考本章讨论的美国储蓄-收入回归。与方程(9.5.1)不同,考虑如下模型:

$$\ln Y_t=\beta_1+\beta_2 D_t+\beta_3 X_t+\beta_4(D_t X_t)+u_t$$

其中 Y 为储蓄,X 为收入。

a. 估计上述模型,并与方程(9.5.4)的结论相比较。哪个模型更好?

b. 你如何解释此模型中虚拟变量的系数?

c. 如我们在有关异方差性的章节中将看到的那样,对因变量取对数常常会减小数据中的异方差性。分两个期间将 Y 的对数对 X 做回归,看本例中是否如此?看一下两个期间的误差方差在统计上是否相同。若相同,则可以按照本章中给出的方法将数据混合,再用邹至庄检验。

9.29 参考印度工人样本(9.12 节)和表 9-7 中的数据。[②] 提醒变量定义如下:

WI=以卢比度量的周收入;

Age=年龄;

$D_{SEX}=1$,表示男性工人;
     $=0$,表示女性工人;

$DE_2=1$,表示一个工人最高受过初等教育;

$DE_3=1$,表示一个工人最高受过中等教育;

$DE_4=1$,表示一个工人最高受过高等教育;

$DPT=1$,表示一个工人拥有一份永久性工作;
     $=0$,表示工作是暂时性的。

参照组是没有受过初等教育并拥有暂时性工作的女性工人。

9.12 节使用了教育程度虚拟变量(DE_2,DE_3,DE_4)与性别虚拟变量(D_{SEX})的交互项。如果我们使用受教育程度虚拟变量与工人工作性质虚拟变量(DPT)的交互项,结果会怎么样?

a. 估计 ln WI 的模型,其中包括年龄、性别、受教育程度虚拟变量,以及三个新引入的交互项:$DE_2\times DPT$,$DE_3\times DPT$,$DE_4\times DPT$。这些新引入的交互项看上去有显著的交互影响吗?

b. 受过初等教育的工人与没有受过初等教育的工人存在明显差异吗?根据受教育程度虚拟变量和交互项对此进行评价,并解释你的结果。受过中等教育的工人与没有受过初等教育的工人差别如何?受过高等教育的工人与没有受过初等教育的工人的差别又将如何?

---

① 这个例子选自 Peter Kennedy,*A Guide to Econometrics*,4th ed.,MIT Press,Cambridge,Mass.,1998,p. 347。

② 数据来自 Chandan Mukherjee,Howard White,and Marc Wuyts,*Econometrics and Data Analysis for Developing Countries*,Routledge,London,1998。

c. 现在从模型中去掉受教育程度虚拟变量，　　　并对结果进行评价。交互项的显著性有所改变吗？

附录 9A　含虚拟回归元的半对数回归

我们在 9.10 节注意到，在如下形式的模型中

$$\ln Y_i = \beta_1 + \beta_2 D_i \tag{1}$$

对于取值 1 或 0 的虚拟变量，Y 的相对变化（即半弹性）可如下得到：（β_2 估计值的反对数 -1）$\times 100$，即

$$(e^{\hat{\beta}_2} - 1) \times 100 \tag{2}$$

证明如下：由于对数和指数互为反函数，因此我们可以把方程（1）写成

$$\ln Y_i = \beta_1 + \ln (e^{\beta_2 D_i}) \tag{3}$$

现在，当 $D=0$ 时，$e^{\beta_2 D_i} = 1$，当 $D=1$ 时，$e^{\beta_2 D_i} = e^{\beta_2}$。因此，从状态 0 到状态 1，$\ln Y_i$ 变化了 $(e^{\beta_2} - 1)$。但一个变量对数的变化只是相对变化，乘以 100 后就得到百分数变化。因此百分数变化就如所要证明的那样为 $(e^{\beta_2} - 1) \times 100$。（注：$\ln_e e = 1$，即以 e 为底 e 的对数等于 1，就像以 10 为底 10 的对数等于 1 一样。记住，以 e 为底的对数被称为自然对数，而以 10 为底的对数被称为常用对数。）

第 2 篇

放松经典模型的假定

在第 1 篇里，我们详细考虑了经典正态线性回归模型，并说明了如何用它来处理估计与假设检验这两个统计推断问题，以及预测问题。但必须牢记，这个模型建立在一些简单化了的假定的基础之上。这些假定是：

假定 1：回归模型是参数的线性函数。

假定 2：回归元 X 的值是固定的，或者 X 值独立于误差项。这里，这个假定就意味着我们要求 u_i 与每个 X 变量之间的协方差为零。

假定 3：给定 X，干扰项 u_i 的均值为零。

假定 4：给定 X，干扰项 u_i 的方差恒定不变。

假定 5：给定 X，干扰项之间不存在自相关或序列相关。

假定 6：观测次数 n 必须大于待估计的参数个数。

假定 7：X 变量的取值必须有足够的变异。

在第 1 篇里我们还引入了如下 3 个假定：

假定 8：X 变量之间不存在准确的线性关系。

假定 9：模型被正确设定，即不存在设定偏误。

假定 10：随机项（干扰项）u_i 是正态分布的。

在继续讲下去之前，我们指出，在大多数教科书中没有列出这 10 个假定。例如假定 6 和假定 7 通常被认为是理所当然的，因而没有被明确列出。我们之所以把它们明确列出，是因为区分普通最小二乘法（OLS）具备一些理想的统计性质（比如 BLUE）所需的假定与 OLS 可用所需的条件非常有意义。比如，即使不满足假定 7，OLS 估计量仍是 BLUE。但在这种情况下，OLS 估计量的标准误相对其系数而言较大（即 t 比率相对较小），以致难以评价一个或多个回归元对解释平方和的贡献。

如韦瑟里尔（Wetherill）指出的那样，在应用经典线性回归模型时，实际上有两类主要问题：(1) 关于模型设定和干扰项 u_i 的问题；(2) 关于对数据的假定问题。[①] 假定 1、2、3、4、5、9 和 10 属于第一类，假定 6、7 和 8 则属于第二类。此外，诸如异常观测（不常见或非典型观测）和数据中的测量误差等数据问题也属于第二类。

与干扰项和模型设定的假定有关的问题主要有三个：(1) 要偏离一个具体的假定多远才会导致不容忽视的差别？比如，如果 u_i 不完全是正态分布的，那么，在认为 OLS 估计量的 BLUE 性质遭到破坏之前，我们能容忍多大程度对正态性假定的偏离呢？(2) 在一个具体的问题中，我们何以发现某个假定是否被破坏呢？因而，在一个具体的应用中，我们如何弄清楚干扰项是不是正态分

布的呢？我们已经讨论过正态性的安德森-达琳 A^2 检验和雅克-贝拉检验。(3) 如果某些假定是错误的，我们又能采取哪些补救措施呢？比如，如果在一个应用中发现同方差假定是错误的，那我们该怎么办？

对数据的假定，我们也遇到了类似的问题：(1) 一个特定的问题有多严重？比如，多重共线性问题严重到非常难以进行估计和推断的程度了吗？(2) 我们如何弄清楚数据问题的严重性？比如，我们如何判断包含或去掉一些或许异常的观测是否会导致分析上的巨大差别？(3) 某些数据问题能轻而易举地得到解决吗？比如，我们能否在原始数据中弄清楚测量误差的来源？

遗憾的是，我们无法对所有这些问题都给出令人满意的回答。在接下来的第 2 篇里，我们将更深入地分析某些假定，但不是对所有假定都进行全面的探讨。具体而言，我们将不再深究假定 2、3 和 10。理由如下：

假定 2：固定回归元与随机回归元

记得我们回归分析所依据的假定是回归元是非随机的，并假定在重复抽样中取固定不变的数值。采用这种做法有一个很好的理由。就像在第 1 章中指出的那样，经济学家与物理学家不一样，他们通常无法控制他们所用的数据。经济学家常常使用二手数据，例如政府和私人机构搜集来的数据。因此，实际可行的策略是，就算解释变量的值本质上是随机的，但就要分析的问题而言，也可以假定它们是给定的。因而，回归分析的结果是以这些给定的解释变量值为条件的。

但假如我们不能把这些 X 看成是非随机的或固定的，这就是随机回归元情形。这种情形相当复杂。根据假定，u_i 是随机的，如果 X 也是随机的，那我们就必须明确 X 和 u_i 是如何分布的。如果我们愿意做假定 2（即尽管 X 是随机的，但其分布独立于 u_i，或至少与 u_i 不相关），那么实际上我们可以继续把 X 看成非随机的。如克曼塔（Kmenta）所说：

> 因此，放弃 X 的非随机假定，以其取代 X 随机但独立于 $[u]$ 的假定，不至于改变最小二乘估计的优良性质与可行性。[①]

因此，直至我们在第 4 篇讨论联立方程之前，我们都将保留假定 2。[②] 此外，在第 13 章将对非随机回归元进行简要的讨论。

---

① Jan Kmenta, *Elements of Econometrics*, 2d ed., Macmillan, New York, 1986, p. 338.

② 这里或许要指出一个技术性要点。不使用 X 和 u 独立这个较强的假定，我们或许可以使用 X 变量值与 u 同期（即在同一时点）不相关这个更弱的假定。此时 OLS 估计量可能有偏误，但是一致的，即随着样本容量无限增大，估计量收敛于其真值。而如果 X 和 u 同期相关，则 OLS 估计量既有偏误，又是不一致的。我们之后将说明，有时在这种情况下，如何用工具变量法来求一致估计量。

假定 3：u_i 的均值为零

记得在 k 变量线性回归模型中：

$$Y_i = \beta_1 + \beta_2 X_{2i} + \beta_3 X_{3i} + \cdots + \beta_k X_{ki} + u_i \tag{1}$$

我们现在假定

$$E(u_i \mid X_{2i}, X_{3i}, \cdots, X_{ki}) = w \tag{2}$$

其中 w 是一个常数；注意在标准模型中 $w = 0$，但现在我们令它等于任意常数。

对方程（1）取条件期望，我们便得到

$$
\begin{aligned}
E(Y_i \mid X_{2i}, X_{3i}, \cdots, X_{ki}) &= \beta_1 + \beta_2 X_{2i} + \beta_3 X_{3i} + \cdots + \beta_k X_{ki} + w \\
&= (\beta_1 + w) + \beta_2 X_{2i} + \beta_3 X_{3i} + \cdots + \beta_k X_{ki} \\
&= \alpha + \beta_2 X_{2i} + \beta_3 X_{3i} + \cdots + \beta_k X_{ki}
\end{aligned}
\tag{3}
$$

其中 $\alpha = \beta_1 + w$，而且在取期望时，应该注意到 X 被视为常数。（为什么？）

因此，如果假定 3 不被满足，我们将看到我们无法估计原来的截距项 β_1；我们得到的是包含了 β_1 和 $E(u_i) = w$ 的 α。简言之，我们得到的 β_1 的估计值是有偏误的。

但正如我们在许多场合指出的那样，在许多实际情形中，截距项 β_1 无关紧要；斜率系数是更有意义的结果，而即使假定 3 不被满足，斜率系数也不受影响。[①] 此外，在许多应用中，截距项并无实质性意义。

假定 10：u 的正态性

如果我们的目的仅在于估计，则此假定并不是非有不可。正如在第 3 章曾指出的那样，无论 u_i 是否服从正态分布，OLS 估计量都是 BLUE。但有了正态性假定之后，我们就能够证明回归系数的 OLS 估计量服从正态分布，即 $(n-k)\hat{\sigma}^2 / \sigma^2$ 服从 χ^2 分布，而研究者就可以无论样本容量是大是小都能利用 t 检验和 F 检验对各种统计假设进行检验。

但如果 u_i 不是正态分布的会怎么样呢？那我们就要依赖对中心极限定理的如下推广，我们曾用中心极限定理来说明正态性假定的合理性：

> 如果干扰项 $[u_i]$ 是独立同分布的，且均值为 0 和 [不变的] 方差为 σ^2，而且如果解释变量在重复抽样中保持不变，那么 [O]LS 系数估计量

---

① 此命题仅当对每个 i 都有 $E(u_i) = w$ 时才是正确的，指出这一点非常重要。不过，如果 $E(u_i) = w_i$，即对每个 i，$E(u_i)$ 是彼此不同的常数，那么偏斜率系数就是有偏误和不一致的。此时假定 3 是否成立将至关重要。证明和更多细节，参见 Peter Schmidt, *Econometrics*, Marcel Dekker, New York, 1976, pp. 36 - 39。

就是渐近正态分布的，且均值等于相应的 β。[①]

因此，通常的检验程序——t 检验和 F 检验——仍然是渐近有效的，也就是说，在大样本而非小样本或有限样本中是有效的。

如果干扰项不是正态分布的，则 OLS 估计量（在同方差和固定 X 的假定下）仍渐近服从正态分布，这一事实难以抚慰那些通常难以获得昂贵的大样本数据的实际经济学家。因此，对假设检验和预测而言，正态性假定就极为重要。于是，考虑到估计和假设检验这两个方面的问题，而且在绝大多数经济分析中小样本情形是常规情形而非例外，我们将继续使用正态性假定。[②]（参见第 13 章的 13.12 节。）

当然，这就意味着，当我们在使用小样本时，我们必须明确地检验正态性假定。我们已经考虑过安德森-达琳正态性检验和雅克-贝拉正态性检验。我们强烈建议读者对回归残差进行正态性检验。记住，在有限样本中，没有正态性假定，通常的 t 和 F 统计量就不服从 t 和 F 分布。

现在就剩下假定 1、4、5、6、7、8 和 9。假定 6、7 和 8 彼此密切相关，并将在共线性一章（第 10 章）中讨论。假定 4 在异方差性一章（第 11 章）中讨论。假定 5 在自相关一章（第 12 章）中讨论。假定 9 在模型设定和诊断检验一章（第 13 章）中讨论。由于假定 1 的特殊性质和数学上的需要，它将作为第 3 篇的一个专题（第 14 章）进行讨论。

为便于教学，我们在讲解这些内容的每一章都采用一个共同的格式，即（1）明确问题的性质，（2）分析它的影响，（3）提出侦察它的方法，（4）考虑补救措施，从而可能得到具有第 1 篇中讨论的优良统计性质的估计量。

现在有必要给出一点告诫。前面曾指出，对于因违背经典线性回归模型而导致的所有问题，令人满意的答案并不存在。而且，对于一个特定的问题，解决方法可能不止一个，而且我们并不清楚哪个方法最好。此外，在一个具体应用中，对经典线性回归模型的违背可能不止一个方面。因此，设定偏误、多重共线性和异方差性可能同时存在，没有一个万能的检验能同时解决所有的问题。[③] 最后，在一个时期曾广为使用的某种检验方法，可能会由于后来有人发现它原先的弊端而不再继续流行。但这正是科学进步的过程。计量经济学也不例外。

[①]　Henri Theil，*Introduction to Econometrics*，Prentice-Hall，Englewood Cliffs，NJ，1978，p. 240. 必须指出，对于这个结论而言，X 值固定和 σ^2 为常数的假定非常关键。

[②]　顺便指出，文献中常在稳健估计（robust estimation）的标题下讨论偏离正态性假定的后果及相关论题，而这个专题超出了本书论述的范围。

[③]　这并非缺少尝试。A. K. Bera and C. M. Jarque，"Efficient Tests for Normality，Homoscedasticity and Serial Independence of Regression Residuals：Monte Carlo Evidence，" *Economic Letters*，vol. 7，1981，pp. 313 – 318.

第10章 多重共线性：回归元相关会怎么样？

名词"多重共线性"在计量经济学教科书中和在应用文献中被误用的情况之多，再没有其他名词能比得上。我们的许多解释变量本是高度共线性的，而这就是生活。毫无疑问，有实验的设计 $X'X$（即数据矩阵）会远远优于自然实验已为我们提供的设计（即手中的样本）。但怨天尤人完全无济于事。对一个坏的设计采取就事论事的治疗方法，诸如逐步回归（stepwise regression）或脊回归（ridge regression，又称岭回归），可能招致灾难性的后果。正确的做法是，宁可接受事实：我们的非实验数据（即不是从经过设计的实验而得到的数据）有时不能对我们感兴趣的参数提供多少信息。[1]

经典线性回归模型（CLRM）的假定 8 说，包含在回归模型中的各个回归元之间无多重共线性（multicollinearity）。本章中，为了寻找下述问题的答案，我们对多重共线性假定进行严格的分析：

（1）多重共线性的性质是什么？

（2）多重共线性真的是问题吗？

（3）它会引起一些什么实际后果？

（4）怎样去发现它？

（5）为了缓解多重共线性问题，能采取哪些补救措施？

我们在本章中还讨论 CLRM 的假定 6 和假定 7。假定 6 要求样本观测次数必须大于回归元的个数，假定 7 要求回归元的取值必须有足够的变异，它们与不存在多重共线性的假定有着内在的联系。戈德伯格已经将假定 6 命名为微数缺测性（micronumerosity）问题[2]，也就是小样本容量的问题。

---

[1] Edward E. Leamer, "Model Choice and Specification Analysis," in Zvi Griliches and Michael D. Intriligator, eds., *Handbook of Econometrics*, vol. 1, North Holland Publishing Company, Amsterdam, 1983, pp. 300 – 301.

[2] 见他写的 *A Course in Econometrics*, Harvard University Press, Cambridge, Mass., 1991, p. 249。

10.1　多重共线性的性质

"多重共线性"一词由弗里希（Ragnar Frisch）引入。[①] 它原先的含义是指一个回归模型中的一些或全部解释变量之间存在一种"完全"或准确的线性关系。[②] 对解释变量 X_1，X_2，$\cdots$，X_k（其中，为了把截距项考虑进来，在所有观测中取 $X_1 = 1$）这 k 个变量，如果满足如下条件，我们说它们存在一个准确的线性关系：

$$\lambda_1 X_1 + \lambda_2 X_2 + \cdots + \lambda_k X_k = 0 \tag{10.1.1}$$

其中 λ_1，λ_2，$\cdots$，λ_k 为常数，但不同时为零。[③]

然而，现在用多重共线性一词有更广泛的含义，既包括方程（10.1.1）所示的完全多重共线性情形，还包括 X 变量之间彼此相关，但又不完全相关的如下情形[④]：

$$\lambda_1 X_1 + \lambda_2 X_2 + \cdots \lambda_k X_k + v_i = 0 \tag{10.1.2}$$

其中 v_i 是随机误差项。

为了区分完全（perfect）和不完全（less than perfect）多重共线性，暂且假定 $\lambda_2 \neq 0$。于是，方程（10.1.1）可写为：

$$X_{2i} = -\frac{\lambda_1}{\lambda_2} X_{1i} - \frac{\lambda_3}{\lambda_2} X_{3i} - \cdots - \frac{\lambda_k}{\lambda_2} X_{ki} \tag{10.1.3}$$

这就表明 X_2 与其他变量有准确的线性关系，或者它能从其他 X 变量的线性组合推出。这时，变量 X_2 与方程（10.1.3）右端的线性组合之间的相关系数必定是 1。

类似地，如果 $\lambda_2 \neq 0$，则方程（10.1.2）可写为：

$$X_{2i} = -\frac{\lambda_1}{\lambda_2} X_{1i} - \frac{\lambda_3}{\lambda_2} X_{3i} - \cdots - \frac{\lambda_k}{\lambda_2} X_{ki} - \frac{1}{\lambda_2} v_i \tag{10.1.4}$$

这表明 X_2 不是其他 X 的一个准确的线性组合，因为它还取决于随机误差项 v_i。

作为一个数值例子，考虑如下假设数据：

X_2	X_3	X_3^*
10	50	52
15	75	75
18	90	97
24	120	129
30	150	152

[①] Ragnar Frisch, *Statistical Confluence Analysis by Means of Complete Regression Systems*, Institute of Economics, Oslo University, publ. no. 5, 1934.

[②] 严格地说，多重共线性是指存在多于一个的准确的线性关系，而共线性则指存在单个线性关系。但在实践中，这种区分很少得到遵循，二者一般通用。

[③] 在实践中要得到一个样本，它的回归元的数值是按这种方式联系起来的，这样的机会确实是很小的，除非有意设计。比如，当观测次数小于回归元个数时，或者研究者陷入了第 9 章讨论的"虚拟变量陷阱"时，就会出现方程（10.1.1）的这种关系。见习题 10.2。

[④] 如果只有两个解释变量，交互相关就可由零阶或简单相关系数来度量。但若有多于两个的 X 变量，则交互相关由偏相关系数或一个 X 变量对其余所有 X 变量多元回归的相关系数 R 来度量。

很明显，$X_{3i}=5X_{2i}$，因此 X_2 与 X_3 之间存在完全多重共线性并且相关系数 r_{23} 是 1。变量 X_3^* 是把从随机数表生成的数字 2，0，7，9，2 依次加到 X_3 上而得到的。现在 X_2 与 X_3^* 之间不再有完全多重共线性。然而，它们之间的相关系数是 0.995 9，所以两者是高度相关的。

以上对多重共线性的代数处理方法，可通过百龄坛图（见图 10-1）作简明的描述。在该图中圆圈 Y、X_2 和 X_3 分别代表 Y（因变量）与 X_2 和 X_3（解释变量）的变异。共线性的程度可用 X_2 和 X_3 两圆圈的重叠程度来衡量。在图 10-1（a）中 X_2 与 X_3 无重叠，因而无共线性。从图 10-1（b）到图 10-1（e）共线性程度由低到高——X_2 与 X_3 的重叠部分越来越大（即阴影部分面积越来越大）。极端时，X_2 与 X_3 完全重合（或者 X_2 完全落在 X_3 内，或相反），就出现了完全多重共线性。

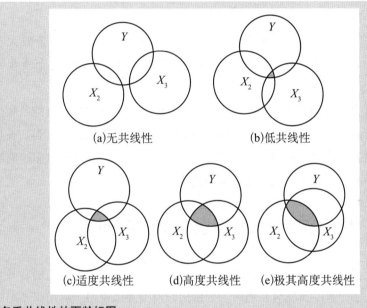

图 10-1　多重共线性的百龄坛图

顺便指出，我们定义的多重共线性仅对 X 变量之间的线性关系而言。此外，还可能有它们之间的非线性关系。例如，考虑以下回归模型：

$$Y_i=\beta_0+\beta_1 X_i+\beta_2 X_i^2+\beta_3 X_i^3+u_i \tag{10.1.5}$$

其中，比如说，$Y=$ 生产总成本，而 $X=$ 产出。变量 X_i^2（产出的平方）和 X_i^3（产出的立方）显然与 X_i 有函数关系，但这种关系是非线性的。因此，严格地说，像方程（10.1.5）这样的模型并不违反无多重共线性假定。然而，在具体的应用中，通常测算的相关系数将表明 X_i、X_i^2 和 X_i^3 是高度相关的。如我们即将表明的，这种情形将使我们难以较准确地（即以较小标准误）估计方程（10.1.5）的参数。

为什么经典线性回归模型要假定 X 之间无多重共线性呢？可以这样去理解：**如果多重共线性是完全的，如方程（10.1.1）所示，则 X 变量的回归系数将是不确定的，并且它们的标准误为无穷大。如果多重共线性是不完全的，像方程**

(10.1.2) 那样，那么虽然回归系数可以确定，却有较大的标准误（相对于系数本身来说），也就是说，系数不能以很高的精度或准确度加以估计。随后的几节将对此做出证明。

多重共线性有多种来源。按蒙哥马利（Montgomery）和佩克（Peck）的提法，多重共线性可能由以下因素导致[①]：

（1）数据采集所用的方法。例如，抽样限于总体中回归元取值的一个有限范围。

（2）模型或从中取样的总体受到约束。例如，在做电力消费对收入（X_2）和住房面积（X_3）的回归时，总体中有这样一种有形的约束，即一般地说收入较高的家庭比收入较低的家庭有较大的住房。

（3）模型设定。例如在回归中添加多项式项，尤其当 X 变量的变化范围（极差）较小时。

（4）一个过度决定的模型。这种情况出现在模型的回归元个数大于观测次数时。例如，在医药研究中可能只有少数病人，但却要在他们身上收集大量的变量信息。

多重共线性的另外一个原因（特别是在时间序列数据中）可能是模型中所包含的回归元具有相同的时间趋势，即它们同时随着时间而增减。于是，在消费支出对收入、财富和人口的回归中，回归元收入、财富和人口可能都以多少有些一致的速度递增，从而导致了这些变量之间的共线性。

10.2 出现完全多重共线性时的估计问题

前面说过，在完全多重共线性的情形中，回归系数是不确定的，并且其标准误是无穷大的。这一事实容易通过三变量回归模型加以说明。利用离差形式把三个变量都表示为偏离它们各自样本均值的离差，我们就能把三变量回归模型写为：

$$y_i = \hat{\beta}_2 x_{2i} + \hat{\beta}_3 x_{3i} + \hat{u}_i \tag{10.2.1}$$

从第 7 章我们得到：

$$\hat{\beta}_2 = \frac{(\sum y_i x_{2i})(\sum x_{3i}^2) - (\sum y_i x_{3i})(\sum x_{2i} x_{3i})}{(\sum x_{2i}^2)(\sum x_{3i}^2) - (\sum x_{2i} x_{3i})^2} \tag{7.4.7}$$

$$\hat{\beta}_3 = \frac{(\sum y_i x_{3i})(\sum x_{2i}^2) - (\sum y_i x_{2i})(\sum x_{2i} x_{3i})}{(\sum x_{2i}^2)(\sum x_{3i}^2) - (\sum x_{2i} x_{3i})^2} \tag{7.4.8}$$

---

① Douglas Montgomery and Elizabeth Peck, *Introduction to Linear Regression Analysis*, John Wiley & Sons, New York, 1982, pp. 289 - 290. See also R. L. Mason, R. F. Gunst, and J. T. Webster, "Regression Analysis and Problems of Multicollinearity," *Communications in Statistics A*, vol. 4, no. 3, 1975, pp. 277 - 292; R. F. Gunst, and R. L. Mason, "Advantages of Examining Multicollinearities in Regression Analysis," *Biometrics*, vol. 33, 1977, pp. 249 - 260.

假定 $X_{3i} = \lambda X_{2i}$，其中 λ 是非零常数（比如 2，4，1.8 等）。以此代入方程 (7.4.7)，可得：

$$\hat{\beta}_2 = \frac{(\sum y_i x_{2i})(\lambda^2 \sum x_{2i}^2) - (\lambda \sum y_i x_{2i})(\lambda \sum x_{2i}^2)}{(\sum x_{2i}^2)(\lambda^2 \sum x_{2i}^2) - \lambda^2 (\sum x_{2i}^2)^2}$$

$$= \frac{0}{0} \qquad (10.2.2)$$

这是一个不定式。读者容易验证 $\hat{\beta}_3$ 也是不确定的。[①]

我们为什么会得到像方程 (10.2.2) 那样的结果呢？回想一下 $\hat{\beta}_2$ 的意义：它是在保持 X_3 不变的情况下，当 X_2 每改变一单位时 Y 的平均值的变化率。但如果 X_3 和 X_2 是完全多重共线性的，就没有任何方法能保持 X_3 不变：随着 X_2 改变，X_3 也按一定的倍数因子 λ 改变。这就意味着没有任何方法能从所给的样本中把 X_2 和 X_3 的各自影响分解开来。从实际方面考虑，X_2 和 X_3 是不可区分的。在应用计量经济学中，我们的宗旨就是要把每个 X 对因变量的偏影响分离开来，所以这个问题是最具破坏性的。

从另一个角度看这个问题，把 $X_{3i} = \lambda X_{2i}$ 代入方程 (10.2.1)，得到以下方程：

$$y_i = \hat{\beta}_2 x_{2i} + \hat{\beta}_3 (\lambda x_{2i}) + \hat{u}_i$$
$$= (\hat{\beta}_2 + \lambda \hat{\beta}_3) x_{2i} + \hat{u}_i$$
$$= \hat{\alpha} x_{2i} + \hat{u}_i \qquad (10.2.3)$$

其中：

$$\hat{\alpha} = \hat{\beta}_2 + \lambda \hat{\beta}_3 \qquad (10.2.4)$$

对方程 (10.2.3) 应用平常的 OLS 公式可得：

$$\hat{\alpha} = \hat{\beta}_2 + \lambda \hat{\beta}_3 = \frac{\sum x_{2i} y_i}{\sum x_{2i}^2} \qquad (10.2.5)$$

因此，虽然可以唯一地估计 $\hat{\alpha}$，却无法唯一地估计 β_2 和 β_3；数学上，

$$\hat{\alpha} = \hat{\beta}_2 + \lambda \hat{\beta}_3 \qquad (10.2.6)$$

是一个方程，有两个未知数（注意 λ 是给定的），对给定的 $\hat{\alpha}$ 和 λ 值，方程 (10.2.6) 便有无穷多个解。为了把这个概念说得更具体，令 $\hat{\alpha} = 0.8$ 和 $\lambda = 2$，这样就得到

$$0.8 = \hat{\beta}_2 + 2\hat{\beta}_3 \qquad (10.2.7)$$

或者

$$\hat{\beta}_2 = 0.8 - 2\hat{\beta}_3 \qquad (10.2.8)$$

现在任意选一个 $\hat{\beta}_3$ 的值，将得到 $\hat{\beta}_2$ 的一个解。选择另一个 $\hat{\beta}_3$ 的值又得到 $\hat{\beta}_2$ 的另一个解。不管你怎样尝试，都没有 $\hat{\beta}_2$ 的唯一值。

———————————

① 说明此问题的另一方法是：按定义，X_2 和 X_3 的相关系数 $r_{23} = \sum x_{2i} x_{3i} / \sqrt{\sum x_{2i}^2 \sum x_{3i}^2}$，如果 $r_{23}^2 = 1$，即 X_2 和 X_3 存在完全多重共线性，则方程 (7.4.7) ［或方程 (7.4.8)］的分母将为零，从而不可能估计出 β_2（或 β_3）。

以上讨论的要点在于：对于完全多重共线性情形，我们无法得到个别回归系数的唯一解。但应注意到，我们能够得到这些系数线性组合的唯一解。给定 λ，线性组合 $\beta_2 + \lambda\beta_3$ 的唯一估计值是 α。[1]

顺便指出，对于完全多重共线性的情形，$\hat{\beta}_2$ 和 $\hat{\beta}_3$ 的方差和标准误都是无穷大（见习题 10.21）。

10.3 出现"高度"但"不完全"多重共线性时的估计问题

完全多重共线性情形只不过是一种极端的隐忧。通常，尤其是在涉及经济时间序列的数据中，X 变量之间并无准确的线性关系。拿方程（10.2.1）所给的离差形式的三变量模型来看，我们有的不是准确的多重共线性，而是：

$$x_{3i} = \lambda x_{2i} + v_i \tag{10.3.1}$$

其中 $\lambda \neq 0$ 并且 v_i 是具有性质 $\sum x_{2i} v_i = 0$ 的随机误差项。（为什么？）

顺便提一下，图 10-1（b）至图 10-1（e）的百龄坛图都代表不完全多重共线性的情形。

对于这种情形，回归系数 β_2 和 β_3 的估计是可能的。例如将方程（10.3.1）代入方程（7.4.7）得：

$$\hat{\beta}_2 = \frac{(\sum y_i x_{2i})(\lambda^2 \sum x_{2i}^2 + \sum v_i^2) - (\lambda \sum y_i x_{2i} + \sum y_i v_i)(\lambda \sum x_{2i}^2)}{(\sum x_{2i}^2)(\lambda^2 \sum x_{2i}^2 + \sum v_i^2) - (\lambda \sum x_{2i}^2)^2} \tag{10.3.2}$$

其中利用了关系式 $\sum x_{2i} v_i = 0$。对 $\hat{\beta}_3$ 也可推出类似的表达式。

现在，不同于方程（10.2.2），没有理由先验地认为方程（10.3.2）不可估计。当然，如果 v_i 充分地小，以致非常接近于零，则方程（10.3.1）表示几乎完全多重共线性。这时我们又将回到方程（10.2.2）的不确定情形。

10.4 多重共线性：是庸人自扰吗？ 多重共线性的理论后果

回想一下，如果经典模型的假定得到满足，则回归系数的 OLS 估计量是 BLUE（或 BUE，如果加上正态性假定）。而现在可以证明，即使多重共线性是非常高的，如近似多重共线性情形，OLS 估计量仍保持 BLUE 性质。[2] 大谈特谈多重

---

[1] 在计量经济学文献中，称类似于 $\beta_2 + \lambda\beta_3$ 的函数为可估函数（estimable function）。

[2] 由于近似多重共线性本身并不违背第 7 章所列的其他假定，所以 OLS 估计仍是 BLUE。

共线性究竟是为了什么？如克里斯托弗·阿肯（Christopher Achen）所说［并参考本章开头所引用利莫尔（Leamer）的话］：

> 初次接触方法论的学生有时担心他们的自变量有相关关系，即所谓多重共线性问题。但多重共线性并不违反回归假定。无偏的、一致的估计值仍将出现，并且对它们的标准误仍将有正确的估计。多重共线性的唯一影响是难以得到标准误较小的系数估计值。然而，仅有少量的观测次数时也会出现这种影响，就好比自变量的方差较小所造成的影响那样。（事实上，从理论的高度看，多重共线性、过少的观测次数以及过小的自变量方差，实质上是同一问题。）因此，"遇到多重共线性我该怎么办"这个问题无异于"如果我没有很多的观测值该怎么办"。统计上的答案是不存在的。[①]

为了彻底弄明白样本容量的重要性，戈德伯格构造了微数缺测性一词以应对古怪的多音节名称：多重共线性。按照戈德伯格所说的，准确的微数缺测性（与准确的多重共线性相对照），是指样本容量 n 等于零的情形。这时，任何种类的估计都是不可能的。近似微数缺测性则好比近似多重共线性，指观测次数刚刚超过待估参数个数的情形。

利莫尔、阿肯和戈德伯格埋怨人们过少地注意样本大小的问题，而过多地注意多重共线性的问题。没有错，可惜的是，在应用研究工作中用到二手资料（指由他人收集的数据资料，例如由政府收集的 GNP 数据）的个人研究者对样本数据的多少似乎无能为力，而只好"把多重共线性视为对经典线性回归的破坏，以正视估计问题"[②]。

第一，诚然，即使是近似多重共线性的情形，OLS 估计量仍然是无偏的。但无偏性是一种多重采样或重复抽样的性质。意思是说，如果我们在 X 变量取固定值的情况下反复抽取样本，并对每一样本计算 OLS 估计量，那么，随着样本容量的增加，估计量样本值的均值将收敛于它们的真实总体值。

第二，说共线性并不破坏最小方差性质也没错。在所有线性无偏估计量中，OLS 估计量有最小方差。也就是说，它们是有效的。但这并不意味着，在任一给定的样本中，一个 OLS 估计量的方差一定是小的（相对于估计量的值而言），这点我们即将予以说明。

第三，多重共线性本质上是一种样本（回归）现象。意思是说，即使在总体中 X 变量没有线性关系，但在具体获得的样本中仍可能存在线性关系：当我们设想一个理论或总体回归函数时，我们相信，所有包含在模型中的 X 变量对 Y 都有各自的独立影响。但有可能在任给的一个用以检验 PRF 的样本中，一些或全部 X 变量

[①]　Christopher H. Achen，*Interpreting and Using Regression*，Sage Publications，Beverly Hills，Calif.，1982，pp. 82 - 83.

[②]　Peter Kennedy，*A Guide to Econometrics*，3d ed.，MIT Press，Cambridge，Mass.，1992，p. 177.

之间的共线性却是如此之高，以致我们无法区分它们对 Y 各自的影响。看来，是样本把我们难住了。尽管理论告诉我们，所有的 X 变量都重要，但我们的样本还是没有"富裕"到足以在分析中容纳全部 X 变量的情况。

作为说明，再考虑第 3 章的消费-收入例子（例 3.1）。经济学家从理论上推知除收入（Income）外，消费者的财富（Wealth）也是消费（Consumption）的重要决定因素，于是我们有：

$$\text{Consumption}_i = \beta_1 + \beta_2 \text{Income}_i + \beta_3 \text{Wealth}_i + u_i$$

但可能出现这样的情形：当我们获得收入和财富的数据时，这两个变量可能高度相关（即使不是完全相关）：较富有的人们一般倾向于有较高的收入。因此，虽然理论上收入和财富都是解释消费行为的合理备选变量，但实际上（即在样本中）要分开收入和财富对消费的影响也许是困难的。

理想地，为了分别评价财富和收入对消费的影响，我们需要对财富多而收入低以及财富少而收入高的人们进行足够多的样本观测（回顾假定 7）。虽然在横截面研究中（通过增加样本的方法）有可能做到这一点，但这在时间序列操作中却难以实现。

考虑到所有这些理由，多重共线性虽不影响 OLS 估计量的 BLUE 性质，但这一点在实际上并没有什么值得令人宽慰的。我们必须意识到在任给的一个样本中会出现什么情况。这就是下节要讨论的议题。

10.5 多重共线性的实际后果

高度（多重）共线性可能招致以下后果：

（1）虽然 OLS 估计量是 BLUE，但其方差和协方差偏大，故难以做出精确的估计。

（2）由于上述原因，置信区间要宽得多，以致接受"虚拟假设"（即真实总体系数为零的假设）更为容易。

（3）仍由于上述第一个原因，一个或多个系数的 t 比率倾向于统计上不显著。

（4）虽然一个或多个系数的 t 比率在统计意义上不显著，但总的拟合优度 R^2 仍可能非常高。

（5）OLS 估计量及其标准误对数据的微小变化也会非常敏感。

上述后果可解释如下。

OLS 估计量的方差与协方差偏大

方差和协方差偏大可从模型（10.2.1）所给的 $\hat{\beta}_2$ 和 $\hat{\beta}_3$ 的方差和协方差公式看到：

$$\text{var}(\hat{\beta}_2) = \frac{\sigma^2}{\sum x_{2i}^2 (1 - r_{23}^2)} \tag{7.4.12}$$

$$\mathrm{var}(\hat{\beta}_3) = \frac{\sigma^2}{\sum x_{3i}^2 (1 - r_{23}^2)} \qquad (7.4.15)$$

$$\mathrm{cov}(\hat{\beta}_2, \hat{\beta}_3) = \frac{-r_{23}\sigma^2}{(1 - r_{23}^2)\sqrt{\sum x_{2i}^2}\sqrt{\sum x_{3i}^2}} \qquad (7.4.17)$$

其中 r_{23} 是 X_2 与 X_3 之间的相关系数。

从方程（7.4.12）和（7.4.15）显然可见，随着 r_{23} 趋于 1，即随着共线性的加剧，两个估计量的方差不断增加。在达到极限 $r_{23}=1$ 时，方差变为无穷大。同样，由方程（7.4.17）显然可见，随着 r_{23} 朝着 1 增大，两个估计量之间的协方差的绝对值也不断增大。〔注：$\mathrm{cov}(\hat{\beta}_2, \hat{\beta}_3) \equiv \mathrm{cov}(\hat{\beta}_3, \hat{\beta}_2)$。〕

方差和协方差增大的速度可由如下定义的方差膨胀因子（variance-inflating factor，VIF）看出：

$$\mathrm{VIF} = \frac{1}{1 - r_{23}^2} \qquad (10.5.1)$$

VIF 表明，估计量的方差由于多重共线性的出现而膨胀（inflated）。随着 r_{23} 趋于 1，VIF 趋于无穷大，即随着共线性程度的增加，估计量的方差也增加，并且在达到极限时，它可以变到无穷大。还容易看到，如果 X_2 与 X_3 之间无共线性，VIF 将是 1。

利用这一定义，可将方程（7.4.12）和（7.4.15）表达为：

$$\mathrm{var}(\hat{\beta}_2) = \frac{\sigma^2}{\sum x_{2i}^2} \mathrm{VIF} \qquad (10.5.2)$$

$$\mathrm{var}(\hat{\beta}_3) = \frac{\sigma^2}{\sum x_{3i}^2} \mathrm{VIF} \qquad (10.5.3)$$

从而表明 $\hat{\beta}_2$ 和 $\hat{\beta}_3$ 的方差与 VIF 成正比。

为了对方差和协方差随 r_{23} 增加而增加的速度有所认识，表 10-1 对选定的 r_{23} 值计算方差和协方差。如表所示，r_{23} 的增加对 OLS 估计量的方差和协方差的估计值有剧烈的影响。当 $r_{23}=0.50$ 时，$\mathrm{var}(\hat{\beta}_2)$ 1.33 倍于 r_{23} 为零时的方差，但当 $r_{23}=0.95$ 时，它约 10 倍于没有共线性的情形。再看一下，当 r_{23} 从 0.95 增加到 0.995 时，估计的方差值跃升到无共线性情形的 100 倍。所估计的协方差也存在类似的剧烈影响。从图 10-2 中也能看出这一点。

表 10-1		r_{23} 的增加对 $\mathrm{var}(\hat{\beta}_2)$ 和 $\mathrm{cov}(\hat{\beta}_2, \hat{\beta}_3)$ 的影响		
r_{23} (1)	VIF (2)	$\mathrm{var}(\hat{\beta}_2)$ (3)*	$\dfrac{\mathrm{var}(\hat{\beta}_2)(r_{23}\neq 0)}{\mathrm{var}(\hat{\beta}_2)(r_{23}=0)}$ (4)	$\mathrm{cov}(\hat{\beta}_2, \hat{\beta}_3)$ (5)
0.00	1.00	$\dfrac{\sigma^2}{\sum x_{2i}^2} = A$	—	0
0.50	1.33	$1.33 \times A$	1.33	$0.67 \times B$
0.70	1.96	$1.96 \times A$	1.96	$1.37 \times B$

续表

r_{23} （1）	VIF （2）	$\text{var}(\hat{\beta}_2)$ （3）*	$\dfrac{\text{var}(\hat{\beta}_2)(r_{23}\neq0)}{\text{var}(\hat{\beta}_2)(r_{23}=0)}$ （4）	$\text{cov}(\hat{\beta}_2,\hat{\beta}_3)$ （5）
0.80	2.78	$2.78\times A$	2.78	$2.22\times B$
0.90	5.26	$5.26\times A$	5.26	$4.73\times B$
0.95	10.26	$10.26\times A$	10.26	$9.74\times B$
0.97	16.92	$16.92\times A$	16.92	$16.41\times B$
0.99	50.25	$50.25\times A$	50.25	$49.75\times B$
0.995	100.00	$100.00\times A$	100.00	$99.50\times B$
0.999	500.00	$500.00\times A$	500.00	$499.50\times B$

注：$A=\dfrac{\sigma^2}{\sum x_{2i}^2}$；

$\qquad B=\dfrac{-\sigma^2}{\sqrt{\sum x_{2i}^2\sum x_{3i}^2}}$。

* 要分析 r_{23} 的增加对 $\text{var}(\hat{\beta}_3)$ 的影响，只需注意当 $r_{23}=0$ 时，$A=\sigma^2/\sum x_{3i}^2$，但方差和协方差的放大系数是一样的。

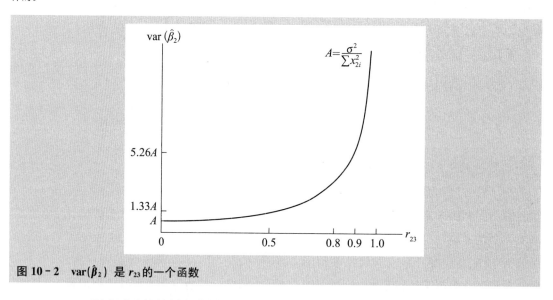

图 10-2　$\text{var}(\hat{\beta}_2)$ 是 r_{23} 的一个函数

刚才讨论的结果很容易推广到 k 变量模型。在这一模型中，第 k 个系数的方差可如方程（7.5.6）那样表示为

$$\text{var}(\hat{\beta}_j)=\frac{\sigma^2}{\sum x_j^2}\left(\frac{1}{1-R_j^2}\right) \qquad (7.5.6)$$

其中 $\hat{\beta}_j$ 表示回归元 X_j 的（估计）偏回归系数；

R_j^2 表示 X_j 对其余 $k-2$ 个回归元进行回归的 R^2（注：在 k 个变量的回归模型中有 $k-1$ 个回归元）；

$$\sum x_j^2=\sum(X_j-\overline{X}_j)^2。$$

我们还可以把方程（7.5.6）写成

$$\text{var}(\hat{\beta}_j) = \frac{\sigma^2}{\sum x_j^2} \text{VIF}_j \qquad (10.5.4)$$

如你从这个表达式所见，$\text{var}(\hat{\beta}_j)$ 与 σ^2 和 VIF 成正比，但与 $\sum x_j^2$ 成反比。因此，$\text{var}(\hat{\beta}_j)$ 的大小取决于三个部分：（1）σ^2；（2）VIF；（3）$\sum x_j^2$。最后一个部分与经典模型的假定 8 相联系，它说明回归元的变异越大，在假定其他两个因素不变的情况下，该回归元系数的方差就越小，因此用它估计系数就越准确。

在进一步深入讨论之前，注意 VIF 的倒数被称为容许度（tolerance，TOL），即

$$\text{TOL}_j = \frac{1}{\text{VIF}_j} = 1 - R_j^2 \qquad (10.5.5)$$

当 $R_j^2 = 1$（即完全多重共线性）时，$\text{TOL}_j = 0$；当 $R_j^2 = 0$（即不存在多重共线性）时，$\text{TOL}_j = 1$。由于 VIF 和 TOL 之间有密切的关系，因此可以将它们互换使用。

更宽的置信区间

标准误变大，有关总体参数的置信区间将随之变宽。这可由表 10 - 2 看出，例如，当 $r_{23} = 0.95$ 时，β_2 的置信区间宽度是 $r_{23} = 0$ 时的 $\sqrt{10.26}$ 倍或约 3 倍。

表 10 - 2　　　增加共线性对 β_2 的 95％置信区间 "$\hat{\beta}_2 \pm 1.96\text{se}(\hat{\beta}_2)$" 的影响

r_{23}	β_2 的 95％置信区间
0.00	$\hat{\beta}_2 \pm 1.96 \sqrt{\dfrac{\sigma^2}{\sum x_{2i}^2}}$
0.50	$\hat{\beta}_2 \pm 1.96 \sqrt{1.33} \sqrt{\dfrac{\sigma^2}{\sum x_{2i}^2}}$
0.95	$\hat{\beta}_2 \pm 1.96 \sqrt{10.26} \sqrt{\dfrac{\sigma^2}{\sum x_{2i}^2}}$
0.995	$\hat{\beta}_2 \pm 1.96 \sqrt{100} \sqrt{\dfrac{\sigma^2}{\sum x_{2i}^2}}$
0.999	$\hat{\beta}_2 \pm 1.96 \sqrt{500} \sqrt{\dfrac{\sigma^2}{\sum x_{2i}^2}}$

注：为方便起见，假定 σ^2 已知，因此可用正态分布，从而用 1.96 作为正态分布下的 95％置信因子。与各 r_{23} 值相对应的标准误取自表 10 - 1。

因此，在高度多重共线性的情形中，样本数据可能与分歧很大的一些假设均无矛盾，这样就增加了接受错误假设（即犯第 II 类错误）的概率。

"不显著"的 t 比率

记得在检验虚拟假设（比方说）$\beta_2 = 0$ 时，我们使用 t 比率即 $\hat{\beta}_2 / \mathrm{se}(\hat{\beta}_2)$，并将估计的 t 值同从 t 表查出的 t 临界值相比。但我们已经看到，在高度共线性情形中，估计的标准误增加奇快，从而使 t 值迅速变小。因此，在此情形中，我们会越来越多地接受有关真实总体值为零的虚拟假设。[①]

R^2 值高而 t 比率不显著

考虑 k 变量线性回归模型：

$$Y_i = \beta_1 + \beta_2 X_{2i} + \beta_3 X_{3i} + \cdots + \beta_k X_{ki} + u_i$$

如同我们刚才说过的，在高度共线性情形中，有可能会发现一个或多个偏斜率系数基于 t 检验不是个别统计显著的，然而这时 R^2 却高达（比如说）0.9 以上，从而根据 F 检验，可令人信服地拒绝 $\beta_2 = \beta_3 = \cdots = \beta_k = 0$ 的假设。其实，这就是多重共线性的一个信号——不显著的 t 值却带有一个高的总 R^2 值（并因而有一个显著的 F 值）！

下节我们将阐释这个信号。不过鉴于我们在第 8 章中关于个别检验与联合检验的讨论，这种信号的出现并没有什么可奇怪的。你也许会想到，这里的真正问题在于估计量之间的协方差。如公式（7.4.17）所表明的那样，这些协方差是同回归元之间的相关性有关系的。

OLS 估计量及其标准误对数据微小变化的敏感性

只要多重共线性还不是完全的，就有可能估计出回归系数。然而，估计值及其标准误对数据中的哪怕是微小变化也会非常敏感。

为了看清楚这一点，考虑表 10-3。根据这些数据，我们得到如下多元回归：

$$\hat{Y}_i = 1.193\,9 + 0.446\,3X_{2i} + 0.003\,0X_{3i}$$
$$\quad\quad (0.773\,7)\;\;(0.184\,8)\quad\;\;(0.085\,1)$$
$$t = (1.543\,1)\;\;(2.415\,1)\quad\;\;(0.035\,8) \quad\quad\quad (10.5.6)$$
$$R^2 = 0.810\,1 \quad\quad r_{23} = 0.552\,3$$
$$\mathrm{cov}(\hat{\beta}_2, \hat{\beta}_3) = -0.008\,68 \quad\quad \mathrm{df} = 2$$

表 10-3　　　　　　　　　　Y、X_2 和 X_3 的数据

Y	X_2	X_3
1	2	4
2	0	2

---

① 用置信区间表示，随着共线性程度的增大，$\beta_2 = 0$ 这个值将越来越多地落入接受域内。

续表

Y	X_2	X_3
3	4	12
4	6	0
5	8	16

回归（10.5.6）表明，个别地看，没有一个回归系数在通常 1% 或 5% 的显著性水平上是显著的，尽管 $\hat{\beta}_2$ 的单尾 t 检验在 10% 的显著性水平上是显著的。

再看表 10-4，它和表 10-3 的差别仅在于：X_3 的第 3 个值和第 4 个值互相对调了。现在由表 10-4 中的数据我们得到：

$$\hat{Y}_i = 1.210\,8 + 0.401\,4X_{2i} + 0.027\,0X_{3i}$$
$$(0.748\,0) \quad (0.272\,1) \quad (0.125\,2)$$
$$t = (1.618\,7) \quad (1.475\,2) \quad (0.215\,8) \tag{10.5.7}$$
$$R^2 = 0.814\,3 \qquad r_{23} = 0.828\,5$$
$$\mathrm{cov}(\hat{\beta}_2, \hat{\beta}_3) = -0.028\,2 \qquad df = 2$$

表 10-4　　　　　　　　　变化后的 Y、X_2 和 X_3 的数据

Y	X_2	X_3
1	2	4
2	0	2
3	4	0
4	6	12
5	8	16

数据微小变化的结果是，原先在 10% 显著性水平上统计显著的 $\hat{\beta}_3$，现在在该水平上也不再显著了。还可注意到方程（10.5.6）中的 $\mathrm{cov}(\hat{\beta}_2, \hat{\beta}_3) = -0.008\,68$，而在方程（10.5.7）中它是 $-0.028\,2$，绝对值是原来的 3 倍以上。所有这些都可归因于增加了的多重共线性：在方程（10.5.6）中，$r_{23} = 0.552\,3$，而在方程（10.5.7）中，它是 0.828\,5。类似地，$\hat{\beta}_2$ 和 $\hat{\beta}_3$ 的标准误都在增大。这正是多重共线性的通常象征。

我们前面说过，在出现高度共线性时，我们无法精确估计个别回归系数，但可以较精确地估计这些系数的某些线性组合。这一事实可从回归（10.5.6）和（10.5.7）中得到证实。在第一个回归中，两个偏斜率系数之和为 0.449\,3，而在第二个回归中，此和为 0.428\,4，基本一致。不仅如此，它们的标准误也实际上相差不大，分别是 0.155\,0 和 0.182\,3。[①] 然而，要看到，X_3 的系数已从 0.003\,0 急剧地变化到 0.027\,0。

[①] 这些标准误得自公式：
$$\mathrm{se}(\hat{\beta}_2 + \hat{\beta}_3) = \sqrt{\mathrm{var}(\hat{\beta}_2) + \mathrm{var}(\hat{\beta}_3) + 2\mathrm{cov}(\hat{\beta}_2, \hat{\beta}_3)}$$
注意，增加共线性，$\hat{\beta}_2$ 和 $\hat{\beta}_3$ 的方差也随之增加。但若两者有较大的负协方差，则如同我们的结果所表明的那样，这些方差可能被抵消。

微数缺测性的后果

仿照多重共线性，以鹦鹉学舌般的方式，戈德伯格根据他对过小样本的分析，引出了完全类似的微数缺测性的后果。[①] 建议读者参阅戈德伯格本人进行的分析，看看他为什么把微数缺测性看成同多重共线性一样重要的概念。

10.6 说明性的例子

例 10.1 消费与收入和财富的关系

为了说明前面讨论过的种种观点，让我们再来考虑引言中的消费-收入一例。表 10-5 中包含了消费、收入和财富数据。如果我们假定消费与收入和财富存在线性关系，则根据表 10-5，我们便得到如下回归结果：

$$\hat{Y}_i = 24.774\ 7 + 0.941\ 5X_{2i} - 0.042\ 4X_{3i}$$
$$(6.752\ 5)\quad (0.822\ 9)\qquad (0.080\ 7)$$
$$t = (3.669\ 0)\quad (1.144\ 2)\quad (-0.526\ 1) \tag{10.6.1}$$
$$R^2 = 0.963\ 5\quad \overline{R}^2 = 0.953\ 1\quad df = 7$$

表 10-5   关于消费 Y、收入 X_2 和财富 X_3 的假想数据   单位：美元

Y	X_2	X_3
70	80	810
65	100	1 009
90	120	1 273
95	140	1 425
110	160	1 633
115	180	1 876
120	200	2 052
140	220	2 201
155	240	2 435
150	260	2 686

回归（10.6.1）表明收入和财富一起解释了消费变异中的约 96%，然而没有一个偏斜率系数是个别统计显著的。不但如此，财富变量不仅统计上不显著，而且带有错误的符号。人们会先验地预料到消费与财富之间有正的关系。虽然 $\hat{\beta}_2$ 和 $\hat{\beta}_3$ 个别地看都不是统计显著的，但如果我们同时检验假设 $\beta_2 = \beta_3 = 0$，如表 10-6 所示，我们就可以拒绝此假设。在通常的假定下，我们得到：

$$F = \frac{4\ 282.777\ 0}{46.349\ 4} = 92.401\ 9 \tag{10.6.2}$$

[①] Goldberger, op. cit., pp. 248-250.

显然这个 F 值是高度显著的。

表 10 - 6 消费-收入-财富一例的 ANOVA 表

变异来源	SS	df	MSS
来自回归	8 565.554 1	2	4 282.777 0
来自残差	324.445 9	7	46.349 4

分析这一结果的几何意义是有趣的（见图 10 - 3）。根据回归（10.6.1），我们按照第 8 章讨论的通常程序构造 β_2 和 β_3 各自的 95％ 置信区间。这些区间表明，个别地看，每一区间都包含着零值。因此，个别而论，我们可以接受两个偏斜率系数都是零的假设。但当我们构造联合置信区间以检验假设 $\beta_2 = \beta_3 = 0$ 时，由于这个联合置信区间实际上是椭圆形的，并且不含有原点，因此不能接受此假设。[①] 如同前面已指出的那样，在出现高度共线性时，对个别回归元的检验是不可靠的。这时要用总的 F 检验来观察 Y 是否与各个回归元有关。

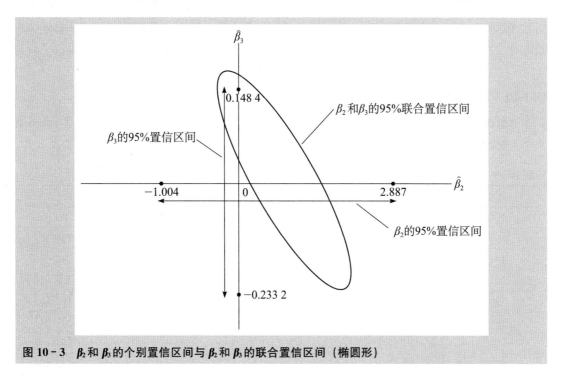

图 10 - 3 β_2 和 β_3 的个别置信区间与 β_2 和 β_3 的联合置信区间（椭圆形）

我们的例子生动地说明了多重共线性是怎么一回事。F 检验是显著的，而 X_2 和 X_3 的 t 值个别地看又不是显著的，这一事实本身就说明两变量的相关程度如此之高，以至于无法区分收入或财富各自对消费的影响。事实上，如果我们做 X_3 对 X_2 的回归便得到：

$$\hat{X}_{3i} = 7.545\ 4 + 10.190\ 9X_{2i}$$
$$(29.475\ 8) \quad (0.164\ 3) \tag{10.6.3}$$
$$t = (0.256\ 0) \quad (62.040\ 5) \qquad R^2 = 0.997\ 9$$

---

① 5.3 节已指出，联合置信区间的问题比较复杂，有兴趣的读者可参考那里所引的文献。

这表明 X_3 和 X_2 之间有着几乎完全的共线性。

现在让我们做 Y 仅对 X_2 的回归，看看会出现什么情况：

$$\hat{Y}_i = 24.454\ 5 + 0.509\ 1X_{2i}$$

$$(6.413\ 8) \quad (0.035\ 7) \tag{10.6.4}$$

$$t = (3.812\ 8) \quad (14.243\ 2) \qquad R^2 = 0.962\ 1$$

在方程（10.6.1）中，收入变量是统计上不显著的，而现在则是高度显著的。如果不做 Y 对 X_2 的回归而做 Y 对 X_3 的回归，则得到：

$$\hat{Y}_i = 24.411 + 0.049\ 8X_{3i}$$

$$(6.874) \quad (0.003\ 7) \tag{10.6.5}$$

$$t = (3.551) \quad (13.29) \qquad R^2 = 0.956\ 7$$

我们看到财富现在对消费支出也有显著的影响，而在方程（10.6.1）中它却没有显著影响。

回归（10.6.4）和（10.6.5）非常明显地表示，在极端多重共线性的情况下，去掉一个高度共线性的变量常常会使另一个 X 变量变成统计显著的。这个结果提示我们，解决极端共线性的一个方法是去掉共线性的变量。然而，关于这点在 10.8 节中我们还有话要说。

例 10.2 1947—2000 年美国消费函数

我们现在来考虑一个具体的数据集，即美国 1947—2000 年有关真实消费支出（C）、真实个人可支配收入（Yd）、真实财富（W）和真实利率（I）的数据，数据在表 10-7 中给出。

表 10-7   1947—2000 年美国的消费支出

年份	C	Yd	W	I
1947	976.4	1 035.2	5 166.815	—10.350 94
1948	998.1	1 090	5 280.757	—4.719 804
1949	1 025.3	1 095.6	5 607.351	1.044 063
1950	1 090.9	1 192.7	5 759.515	0.407 346
1951	1 107.1	1 227	6 086.056	—5.283 152
1952	1 142.4	1 266.8	6 243.864	—0.277 011
1953	1 197.2	1 327.5	6 355.613	0.561 137
1954	1 221.9	1 344	6 797.027	—0.138 476
1955	1 310.4	1 433.8	7 172.242	0.261 997
1956	1 348.8	1 502.3	7 375.18	—0.736 124
1957	1 381.8	1 539.5	7 315.286	—0.260 683
1958	1 393	1 553.7	7 869.975	—0.574 63
1959	1 470.7	1 623.8	8 188.054	2.295 943
1960	1 510.8	1 664.8	8 351.757	1.511 181
1961	1 541.2	1 720	8 971.872	1.296 432
1962	1 617.3	1 803.5	9 091.545	1.395 922
1963	1 684	1 871.5	9 436.097	2.057 616

续表

年份	C	Yd	W	I
1964	1 784.8	2 006.9	10 003.4	2.026 599
1965	1 897.6	2 131	10 562.81	2.111 669
1966	2 006.1	2 244.6	10 522.04	2.020 251
1967	2 066.2	2 340.5	11 312.07	1.212 616
1968	2 184.2	2 448.2	12 145.41	1.054 986
1969	2 264.8	2 524.3	11 672.25	1.732 154
1970	2 317.5	2 630	11 650.04	1.166 228
1971	2 405.2	2 745.3	12 312.92	—0.712 241
1972	2 550.5	2 874.3	13 499.92	—0.155 737
1973	2 675.9	3 072.3	13 080.96	1.413 839
1974	2 653.7	3 051.9	11 868.79	—1.042 571
1975	2 710.9	3 108.5	12 634.36	—3.533 585
1976	2 868.9	3 243.5	13 456.78	—0.656 766
1977	2 992.1	3 360.7	13 786.31	—1.190 427
1978	3 124.7	3 527.5	14 450.5	0.113 048
1979	3 203.2	3 628.6	15 340	1.704 21
1980	3 193	3 658	15 964.95	2.298 496
1981	3 236	3 741.1	15 964.99	4.703 847
1982	3 275.5	3 791.7	16 312.51	4.449 027
1983	3 454.3	3 906.9	16 944.85	4.690 972
1984	3 640.6	4 207.6	17 526.75	5.848 332
1985	3 820.9	4 347.8	19 068.35	4.330 504
1986	3 981.2	4 486.6	20 530.04	3.768 031
1987	4 113.4	4 582.5	21 235.69	2.819 469
1988	4 279.5	4 784.1	22 331.99	3.287 061
1989	4 393.7	4 906.5	23 659.8	4.317 956
1990	4 474.5	5 014.2	23 105.13	3.595 025
1991	4 466.6	5 033	24 050.21	1.802 757
1992	4 594.5	5 189.3	24 418.2	1.007 439
1993	4 748.9	5 261.3	25 092.33	0.624 79
1994	4 928.1	5 397.2	25 218.6	2.206 002
1995	5 075.6	5 539.1	27 439.73	3.333 143
1996	5 237.5	5 677.7	29 448.19	3.083 201
1997	5 423.9	5 854.5	32 664.07	3.12
1998	5 683.7	6 168.6	35 587.02	3.583 909
1999	5 968.4	6 320	39 591.26	3.245 271
2000	6 257.8	6 539.2	38 167.72	3.575 97

10

我们使用如下回归模型进行分析

$$\ln C_t = \beta_1 + \beta_2 \ln Yd_t + \beta_3 \ln W_t + \beta_4 I_t + u_t \tag{10.6.6}$$

其中 ln 表示自然对数。

在这个模型中，系数 β_2 和 β_3 分别给出了收入弹性和财富弹性，而 β_4 则给出了半弹性。（为什么？）回归（10.6.6）的结果如下所示：

```
Dependent Variable: LOG (C)
Method: Least Squares
Sample: 1947-2000
Included observations: 54
```

	Coefficient	Std. Error	t-Statistic	Prob.
C	-0.467711	0.042778	-10.93343	0.0000
LOG (YD)	0.804873	0.017498	45.99836	0.0000
LOG (WEALTH)	0.201270	0.017593	11.44060	0.0000
INTEREST	-0.002689	0.000762	-3.529265	0.0009

R-squared	0.999560	Mean dependent var.	7.826093
Adjusted R-squared	0.999533	S.D. dependent var.	0.552368
S.E. of regression	0.011934	Akaike info criterion	-5.947703
Sum squared resid.	0.007121	Schwarz criterion	-5.800371
Log likelihood	164.5880	Hannan-Quinn cariter.	-5.890883
F-statistic	37832.59	Durbin-Watson stat.	1.289219
Prob(F-statistic)	0.000000		

注：LOG 代表自然对数。

这些结果表明，所有系数估计值都是高度统计显著的，因为它们的 p 值都极小。对系数估计值的解释如下所示。收入弹性约等于 0.80，即在其他变量保持不变的情况下，如果收入增加 1%，则消费支出平均增加约 0.8%。财富系数约等于 0.20，意味着如果财富增加 1%，同样在保持其他变量不变的情况下，消费支出平均增加约 0.2%。利率变量的系数告诉我们，如果利率上调 1 个百分点，在其他条件不变的情况下，消费支出平均下降约 0.26%。

所有回归元的符号都与先验预期相一致，即收入与财富对消费有正影响，而利率对消费有负影响。

在这个例子中，我们有必要担心多重共线性的问题吗？显然没有必要，因为所有系数都具有正确的符号，而且每个系数又都是个别统计显著的，F 值也高度统计显著，从而表明所有这些变量一起对消费支出具有明显的影响。R^2 值也相当高。

当然，经济变量之间通常都有一定的多重共线性。只要不是完全多重共线性，我们仍然能够估计出模型参数。目前我们所能说的是，在本例中，就算存在多重共线性，看起来也不是十分严重。但我们在 10.7 节将给出一些多重共线性的诊断检验，并重新考察美国消费函数，以便确定它是否受到多重共线性问题的干扰。

10.7　对多重共线性的侦察

在研究多重共线性的性质与后果之后，自然要问：在任一给定的情况下，特别是在涉及多于两个解释变量的模型中，我们怎样才能知道有没有多重共线性呢？这里最好记住克曼塔的忠告：

（1）多重共线性是一个程度问题而不是有无的问题。有意义的区分不在于有与无之间，而在于它的不同程度。

（2）由于多重共线性是对被假定为非随机的解释变量的情况而言，所以它是一种样本而非总体特征。

因此，我们不做"多重共线性的检验"，但如果我们愿意，可以测度它在任一具体样本中显现的程度。[1]

多重共线性本质上是一种样本现象，它来源于大多数社会科学中所收集的基本上是非实验性质的数据。我们没有侦察或度量其强度的唯一方法。我们拥有的是一些经验规则；正式的也好，非正式的也好，同样是经验规则。现在我们来考虑这些规则中的一些内容。

(1) R^2 值高，t 比率不显著。 如同前面已注意到的那样，这是多重共线性的"经典"征兆。如果 R^2 值高，比方说，超过 0.8，F 检验在大多数情形中都会拒绝所有偏斜率系数同时为零的假设，但个别的 t 检验却表明，没有或很少有偏斜率系数是统计上异于零的。我们的消费-收入-财富一例已清楚地说明了这一事实。

虽然这种诊断是可以理解的，但它过于强调"多重共线性的危害，仅仅在于（它使我们）无法把解释变量对 Y 的全部影响加以分解"[2]。

(2) 回归元之间有高度的两两相关。 另一个可以提出的经验规则是，如果每两个回归元的零阶相关系数很高，比方说超过 0.8，则多重共线性问题是严重的。这一准则却带来了一个疑问，虽然零阶相关系数很高表明了多重共线性，但并非所有情形都是只有高的零阶相关系数才带来多重共线性。更技术性地说，高的零阶相关系数是多重共线性存在的充分条件，而不是必要条件。即使零阶或简单相关系数比较低（比方说，低于 0.5），多重共线性也可能存在。为了弄清楚这种关系，假设我们有一个四变量模型：

$$Y_i = \beta_1 + \beta_2 X_{2i} + \beta_3 X_{3i} + \beta_4 X_{4i} + u_i$$

并且假定有：

$$X_{4i} = \lambda_2 X_{2i} + \lambda_3 X_{3i}$$

[1]　Jan Kmenta，*Elements of Econometrics*，2d ed.，Macmillan，New York，1986，p. 431.

[2]　Ibid.，p. 439.

其中 λ_2 和 λ_3 为常数，但不同时为零。显然，X_4 是 X_2 和 X_3 的一个准确的线性组合，从而假定 X_4 对 X_2 和 X_3 回归中的判定系数 $R^2_{4.23}=1$。

回顾第 7 章中的公式（7.11.5），我们可以写成：

$$R^2_{4.23}=\frac{r^2_{42}+r^2_{43}-2r_{42}r_{43}r_{23}}{1-r^2_{23}} \tag{10.7.1}$$

但由于完全多重共线性，$R^2_{4.23}=1$，于是：

$$1=\frac{r^2_{42}+r^2_{43}-2r_{42}r_{43}r_{23}}{1-r^2_{23}} \tag{10.7.2}$$

不难看出，取 $r_{42}=0.5$，$r_{43}=0.5$ 及 $r_{23}=-0.5$ 这些不是很高的值，就能满足方程（10.7.2）。

因此，在涉及多于两个解释变量的模型中，简单或零阶相关系数并不提供判别多重共线性的一个准确无误的指南。当然，如果只有两个解释变量，零阶相关系数也就够了。

(3) 检查偏相关系数。 刚才指出了仅仅依靠零阶相关系数所带来的问题，法勒（Farrar）和格劳伯（Glauber）建议我们去检查偏相关系数。[1] 例如，在做 Y 对 X_2、X_3 和 X_4 的回归中，发现 $R^2_{1.234}$ 很高，而 $R^2_{12.34}$、$R^2_{13.24}$ 和 $R^2_{14.23}$ 都比较低，这可能表示变量 X_2、X_3 和 X_4 是高度交互相关的，并且至少其中一个变量是多余的。

虽然对偏相关系数的检查会有一定的用处，但不能保证偏相关系数能对多重共线性提供一个准确无误的指南，因为有可能 R^2 和全部偏相关系数足够高，仍出现多重共线性。但更为重要的是，罗伯特·威克斯（Robert Wichers）[2] 已证明法勒-格劳伯的偏相关系数检验在下述意义上是无效的：一种给定的偏相关关系可能与不同的多重共线性模式都没有矛盾。法勒-格劳伯的偏相关系数检验还受到了库马（Krishna Kumar）[3]、约翰·奥黑根（John O'Hagan）和布伦丹·麦凯布（Brendan McCabe）[4] 的严厉批评。

(4) 辅助回归。 由于多重共线性源自某些回归元是其余回归元的准确或近似线性组合，因此为了找出究竟哪一个 X 变量和其余 X 变量存在这种关系，方法之一是做每一 X_i 对其余 X 变量的回归，并算出相应的 R^2，记为 R_i^2；这样的回归叫做辅助回归（auxiliary regression），以辅助 Y 对诸 X 的主回归。然后，按照方程（8.4.11）中建立的 F 与 R^2 之间的关系，变量

---

[1] D. E. Farrar and R. R. Glauber, "Multicollinearity in Regression Analysis: The Problem Revisited," *Review of Economics and Statistics*, vol. 49, 1967, pp. 92 – 107.

[2] "The Detection of Multicollinearity: A Comment," *Review of Economics and Statistics*, vol. 57, 1975, pp. 365 – 366.

[3] "Multicollinearity in Regression Analysis," *Review of Economics and Statistics*, vol. 57, 1975, pp. 366 – 368.

[4] "Tests for the Severity of Multicollinearity in Regression Analysis: A Comment," *Review of Economics and Statistics*, vol. 57, 1975, pp. 368 – 370.

$$F_i = \frac{R^2_{x_i \cdot x_2 x_3 \cdots x_k}/(k-2)}{(1-R^2_{x_i \cdot x_2 x_3 \cdots x_k})/(n-k+1)} \tag{10.7.3}$$

服从自由度分别为 $k-2$ 和 $n-k+1$ 的 F 分布。在方程（10.7.3）中，n 表示样本容量，k 表示包括截距项在内的变量个数，而 $R^2_{x_i \cdot x_2 x_3 \cdots x_k}$ 表示 X_i 变量与其余 X 变量之间回归的判定系数。[①]

如果计算值 F_i 超过选定显著性水平的 F 临界值，我们就把它看作这个特定的 X_i 和其余 X 存在共线性；如果它不超过 F 临界值，就说 X_i 和其余 X 无共线性。这时可把该变量 X_i 保留在模型中。但如果 F_i 是统计上显著的，则 X_i 的去留问题仍待解决。在 10.8 节中我们将再回到此问题。

但是这种方法并非没有缺点，因为

> 如果多重共线性仅涉及少数变量，辅助回归还不至于对广泛的多重共线性关系有应接不暇之苦，那么所估计的系数也许能揭露回归元之间线性关系的性质。遗憾的是，如果遇上几个复杂的线性相关，做这种曲线拟合的练习就不一定有多少价值；要辨别各个不同的交互关系仍是困难的。[②]

除了对所有辅助 R^2 值做形式检验外，还可采取克莱因的经验法则（Klein's rule of thumb）：仅当来自一个辅助回归的 R^2 大于得自 Y 对全部回归元的回归中的总 R^2 时，多重共线性才算是一个麻烦的问题。[③] 当然，和其他经验法则一样，不可把这个经验法则当作法定的规则来运用。

(5) **本征值与病态指数。** 利用 EViews 和 Stata，我们可以得到诊断多重共线性的本征值（eigenvalues）和病态指数（condition[*] index，CI）。这里我们不准备讨论本征值，否则将被引到超出本书范围的矩阵代数的专题讨论。但是通过本征值，我们可导出我们要讲的病态数（condition number）k，其定义为：

$$k = \frac{\text{最大本征值}}{\text{最小本征值}}$$

以及病态指数，其定义为：

$$\text{CI} = \sqrt{\frac{\text{最大本征值}}{\text{最小本征值}}} = \sqrt{k}$$

于是，我们有这样的经验法则：如果 k 在 100 和 1 000 之间，就算有中等强度的多重共线性；如果 k 大于 1 000，就算有严重的多重共线性。另一算法是：如果 CI（$= \sqrt{k}$）介于 10 与 30 之间，就算有中等强度的多重共线性；如果 CI 大于 30，就算有严重的多重共线性。

---

① 例如，$R^2_{x_2}$ 可通过做 X_{2i} 的如下回归得到：$X_{2i} = a_1 + a_3 X_{3i} + a_4 X_{4i} + \cdots + a_k X_{ki} + \hat{u}_i$。

② George G. Judge，R. Carter Hill，William E. Griffiths，Helmut Lütkepohl，and Tsoung-Chao Lee，*Introduction to the Theory and Practice of Econometrics*，John Wiley & Sons，New York，1982，p. 621.

③ Lawrence R. Klein，*An Introduction to Econometrics*，Prentice-Hall，Englewood Cliffs，NJ，1962，p. 101.

* 这里 condition 一词其实指 ill-conditioned。——译者注

对于附录 7A 的 7A.5 节中的说明性例子，最小的本征值为 3.786，最大的本征值为 187.526 9，从而 $k=187.526\ 9/3.786$，约等于 49.53。因此 $CI=\sqrt{49.53}=7.037\ 7$；因此 k 和 CI 都表明多重共线性不是很严重。顺便指出，低的本征值（相对于最大本征值而言）一般都表明数据中有近似线性相关性。

有些作者认为病态指数是诊断多重共线性的现有方法中最好的一个。但这一观点并未被广泛赞同。我们则认为，CI 也仅是一种经验法则，也许略为成熟。要进一步了解细节，可阅读参考文献。[1]

(6) 容许度与方差膨胀因子。我们已经介绍过 TOL 和 VIF。R_j^2 是 X_j 对其余 $k-2$ 个回归元的（辅助）回归中的判定系数，随着 R_j^2 趋近 1，也就是随着 X_j 与其他回归元的共线性增加，VIF 也增加，并且以无穷大为其极限。

因此，一些作者用 VIF 作为多重共线性的一个指标：VIF_j 值越大，变量 X_j 越"麻烦"或共线性越大。但究竟 VIF 要多高才会使回归陷入麻烦的地步呢？作为一种经验法则，如果一个变量的 VIF 超过 10（当 R_j^2 超过 0.90 时将发生这种情况），则认为该变量是高度共线性的。[2]

当然，鉴于 TOL_j 与 VIF_j 之间的密切联系，也能用 TOL_j 来度量多重共线性。TOL_j 越接近 0，该变量与其他回归元之间的共线性程度就越大。另外，TOL_j 越接近 1，则 X_j 与其他回归元之间没有共线性的证据就越充分。

用 VIF（或容许度）去度量共线性也难免受到批评。如方程（10.5.4）所示，$var(\hat{\beta}_j)$ 依赖于 3 个因子：σ^2、$\sum x_j^2$ 和 VIF_j。一个高的 VIF 可被一个低的 σ^2 或一个高的 $\sum x_j^2$ 所抵消。换句话说，一个高的 VIF 既不是导致高的方差和高的标准误的必要条件，也不是其充分条件。因此，一个高的 VIF 度量出来的高多重共线性不一定就是高标准误的原因。在所有这些讨论中，高和低这两个用语都是相对而言的。

(7) 散点图。用散点图来看一个回归模型中各个变量之间如何相关是一个好办法。图 10 - 4 给出了上一节讨论的美国消费函数一例的散点图（例 10.2）。由于模型中有 4 个变量——1 个因变量和 3 个解释变量（真实个人可支配收入 Yd、真实财富 W 和真实利率 I），所以我们使用一个 4×4 的盒状图。

首先考虑从左上角到右下角的主对角线。主对角线上这四个方格中没有散点图。如果要画的话，我们得到的相关系数是 1，因为它们都是一个变量与自身的相关关系。主对角线之外的方格则给出了变量之间的相关关系。比如，以 W 为例。此图表明，W 与 Yd 高度相关（二者的相关系数为 0.97），但并非完全相关。如果它们完全相关（即它们的相关系数等于 1），那我们就不能估计回归（10.6.6），因为财富和收入之间存在着精确的线性关系。此散点图还表明利率与其他三个变量不是高度相关的。

---

[1] 特别参见 D. A. Belsley, E. Kuh, and R. E. Welsch, *Regression Diagnostics：Identifying Influential Data and Sources of Collinearity*, John Wiley & Sons, New York, 1980, Chapter 3. 但此书不适合初学者阅读。

[2] 参见 David G. Kleinbaum, Lawrence L. Kupper, and Keith E. Muller, *Applied Regression Analysis and Other Multivariate Methods*, 2d ed., PWS-Kent, Boston, Mass., 1988, p. 210。

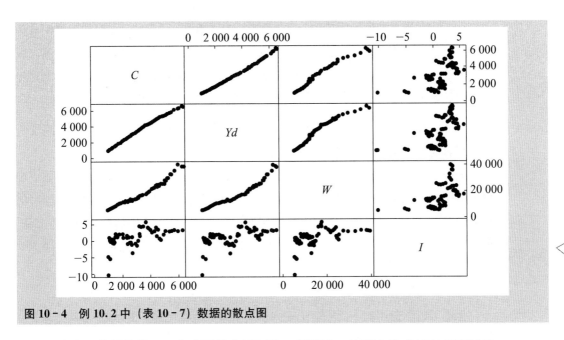

图 10 - 4　例 10.2 中（表 10 - 7）数据的散点图

因为有些统计软件已经包含了散点图函数，所以这一诊断方法应该与前面讨论过的方法一起考虑。但需记住，前面曾指出，两个变量之间的简单相关系数不是存在共线性的一个确切指标。

在结束我们关于侦察多重共线性的讨论之际，我们强调指出，本节所讨论的各种方法实质上都类似于摸底调查。我们无法知道一种方法在任一特定的应用中是否灵验。真遗憾，想不出有什么好的办法，因为多重共线性就出现在研究者对于一个给定的样本施加不了多少控制的场合之中，尤其是数据本质上是非实验性质的——社会科学研究者所遇到的共同命运。

作为对多重共线性的一种仿效，戈德伯格想出了许多侦察微数缺测性的方法，比如，制定样本容量的 n^* 临界值：仅当实际样本容量 n 小于 n^* 时，微数缺测性才会成为一个问题。戈德伯格仿效的意义在于，强调小样本容量以及缺少变异的解释变量会导致至少和多重共线性同等严重的问题。

10.8　补救措施

如果多重共线性严重，那么该怎么办？我们有两种选择：（1）无为而治；（2）采用某些经验法则。

无为而治

布兰查德（Blanchard）将"无为而治"流派表述如下[1]：

---

[1]　O. J. Blanchard, "Comment," *Journal of Business and Economic Statistics*, vol. 5, 1967, pp. 449 - 451. 所引内容复制于 Peter Kennedy, *A Guide to Econometrics*, 4th ed., MIT Press, Cambridge, Mass., 1998, p. 190。

当学生在做他们的第一个普通最小二乘（OLS）回归时，他们通常遇到的第一个问题就是多重共线性的问题。他们中许多人断定OLS有些问题；有些人求助于新的通常也有创造性的方法来避免这个问题。但我们告诉他们，那样做是错的，多重共线性是上帝的意志，而不是OLS或其他一般性统计方法的问题。

布兰查德所说的是，多重共线性实质上是一个数据不足的问题（微数缺测性），而我们有时候无法选择能用于实证分析的数据。

同样，并非回归模型中所有的系数都是统计非显著的。此外，即使我们不能更准确地估计一个或多个回归系数，但可以相对有效地估计它们的一个线性组合（即可估计的函数）。如我们在方程（10.2.3）中所见，即使我们不能分别估计 α 的两个部分，但可以从整体上估计出 α。有时候，这是我们在给定数据集的情况下最好的做法。[1]

经验法则

你也可以尝试用如下的经验法则来解决多重共线性问题，其成功与否取决于多重共线性问题的严重程度。

(1) 利用先验信息。 利用假使我们考虑模型：

$$Y_i = \beta_1 + \beta_2 X_{2i} + \beta_3 X_{3i} + u_i$$

其中 $Y=$ 消费，$X_2=$ 收入，$X_3=$ 财富。如前所见，收入与财富有高度共线性的趋势。但若先验地认为 $\beta_3 = 0.10\beta_2$，也就是说，消费对财富的变化率是对收入相应变化率的 $1/10$，我们就可进行下面的回归：

$$Y_i = \beta_1 + \beta_2 X_{2i} + 0.10\beta_2 X_{3i} + u_i$$
$$= \beta_1 + \beta_2 X_i + u_i$$

其中 $X_i = X_{2i} + 0.10 X_{3i}$。一旦估算出 $\hat{\beta}_2$，便可从想象中的 β_2 与 β_3 的关系式估计出 $\hat{\beta}_3$。

怎样获得先验信息呢？它可以来自此前遇到同样严重的共线性问题的经验研究工作，或者来自该研究领域的有关基础理论。例如，在柯布-道格拉斯生产函数（7.9.1）中，如果人们预期规模报酬不变成立，则有 $\beta_2 + \beta_3 = 1$。这样就能做回归（8.6.14），即做产出/劳动比对资本/劳动比的回归。如果劳动和资本之间存在共线性，好比大多数样本数据一般都会遇到的情形那样，这一变换就减轻或消除了共线性问题。但这里提出一个关于施加此类先验约束的忠告是适宜的：

因为，一般地说，我们宁愿检验经济理论上的先验预期而不是单纯地把这些未必合适的预期施加于数据之上。[2]

不管怎样，我们从 8.6 节知道了怎样去明确地检验这些约束的真实性。

---

[1] 对此一个有意思的讨论可参见 J. Conlisk, "When Collinearity is Desirable," *Western Economic Journal*, vol. 9, 1971, pp. 393-407。

[2] Mark B. Stewart and Kenneth F. Wallis, *Introductory Econometrics*, 2d ed., John Wiley & Sons, A Halstead Press Book, New York, 1981, p. 154.

(2) 横截面数据与时间序列数据并用。外部信息或先验信息法的一个变种，是横截面数据与时间序列数据的组合，称数据并用（pooling the data）。假设我们要研究美国的汽车需求，并假定我们拥有车辆出售数、平均价格和收入的时间序列数据，还设定：

$$\ln Y_t = \beta_1 + \beta_2 \ln P_t + \beta_3 \ln I_t + u_t$$

其中 Y＝车辆出售数，P＝平均价格，I＝收入，t＝时间。我们的目的是要估计价格弹性 β_2 和收入弹性 β_3。

在时间序列数据中，平均价格和收入变量一般都有高度共线性的趋势。因此，如果我们做上述回归，我们将遇到通常的多重共线性问题。解决此问题的一个方法曾由托宾（Tobin）提出。[①] 他说，如果我们拥有横截面数据（例如，由消费者定点追踪产生的数据，或各种私人和政府机构举办的预算研究得到的数据），我们就能相当可靠地估计收入弹性 β_3。因为这些数据都产生于一定时点上，价格还不至于有多大变化。令收入弹性的横截面估计为 $\hat{\beta}_3$。利用这一估计值，就可将前述的时间序列回归写为：

$$Y_t^* = \beta_1 + \beta_2 \ln P_t + u_t$$

其中 $Y^* = \ln Y - \hat{\beta}_3 \ln I$，即 Y^* 代表除去收入效应之后的 Y 值。现在就可从上面的回归得到价格弹性的 β_2 估计值。

虽然横截面数据和时间序列数据并用看来是一个很不错的方法，但刚才的做法可能引起解释方面的问题。因为这样做无形地假定了收入弹性的横截面估计和从纯粹的时间序列分析中得到的估计是一样的。[②] 不管怎样，数据并用技术已经在多种应用中使用，而且当横截面估计在不同截面之间变化不大时是一个值得考虑的方法。这个方法的一个例子见习题 10.26。

(3) 剔除变量与设定偏误。面对严重的多重共线性，最简单的做法之一是剔除共线性的变量之一。例如，在我们的消费-收入-财富一例中，当我们剔除财富变量时，得到回归 (10.6.4)，表明收入变量在原模型中不是统计显著的，而现在则是"高度"显著的。

但从模型中剔除一个变量，可能导致设定偏误（设定误差）。设定偏误指在分析中使用的模型被不正确地设定。比如，假如经济理论告诉我们，在解释消费支出的模型中应同时包括收入和财富，那么剔除财富变量就会构成设定偏误。

虽然我们将在第 13 章中专题讨论设定偏误问题，但在 7.7 节中也曾对它有过思考。我们曾看到，如果真实模型是：

[①] J. Tobin, "A Statistical Demand Function for Food in the U. S. A. ," *Journal of the Royal Statistical Society*, Ser. A, 1950, pp. 113－141.

[②] 关于数据并用技术的一个透彻的讨论与应用，参见 Edwin Kuh, *Capital Stock Growth：A Micro-Econometric Approach*, North-Holland Publishing Company, Amsterdam, 1963, Chapters 5 and 6.

$$Y_i = \beta_1 + \beta_2 X_{2i} + \beta_3 X_{3i} + u_i$$

而我们错误地拟合了模型：

$$Y_i = b_1 + b_{12} X_{2i} + \hat{u}_i \tag{10.8.1}$$

那么，可以证明（见附录 13A 的 13A.1 节）：

$$E(b_{12}) = \beta_2 + \beta_3 b_{32} \tag{10.8.2}$$

其中 $b_{32} = X_3$ 对 X_2 回归中的斜率系数。由方程（10.8.2）明显可见，只要 b_{32} 不为零（我们假定 β_3 异于零，否则在原始模型中包括 X_3 是没有意义的），b_{12} 就必定是 β_2 的一个有偏误的估计。[1] 当然，如果 b_{32} 是零，我们本来就没有多重共线性问题。从方程（10.8.2）还明显看到，如果 b_{32} 和 β_3 都是正的（或都是负的），$E(b_{12})$ 将大于 β_2，从而平均而言，b_{12} 高估了 β_2，即导致了一个正的偏误；同理，如果乘积 $\beta_3 b_{32}$ 是负的，则平均而言，b_{12} 将低估 β_2，即导致了一个负的偏误。

由上述讨论可见，从模型中除掉一个变量以缓解多重共线性的问题可能会导致设定偏误。因此，在某些情形中，医治也许比疾病更糟糕，多重共线性虽有碍于对模型参数的准确估计，但剔除变量则对参数的真值有严重的误导。应记得，在近似多重共线性情形下，OLS 估计量仍是 BLUE。

(4) 变量代换。假使我们拥有消费、收入和财富的时间序列数据，数据中收入和财富有高度多重共线性的一个理由是，随着时间的推移，这两个变量都朝同一方向变动。减少这种相依性的一个方法是按以下方法去做。

如果关系式

$$Y_t = \beta_1 + \beta_2 X_{2t} + \beta_3 X_{3t} + u_t \tag{10.8.3}$$

在时间 t 成立，那么它在时间 $t-1$ 也成立，因为时间原点是任意的。因此又有：

$$Y_{t-1} = \beta_1 + \beta_2 X_{2,t-1} + \beta_3 X_{3,t-1} + u_{t-1} \tag{10.8.4}$$

如果从方程（10.8.3）中减去方程（10.8.4），就得到：

$$Y_t - Y_{t-1} = \beta_2 (X_{2t} - X_{2,t-1}) + \beta_3 (X_{3t} - X_{3,t-1}) + v_t \tag{10.8.5}$$

其中 $v_t = u_t - u_{t-1}$。因为我们不是对原始变量做回归，而是对这些变量的相继差异做回归，所以方程（10.8.5）被称为一阶差分形式（first difference form），也称一阶差分模型。

一阶差分模型常常减轻了多重共线性的严重程度，因为尽管 X_2 与 X_3 存在相当高的相关性，也没有先验的理由相信它们的差分仍然高度相关。

如我们在时间序列计量经济学（time series econometrics）的章节中所见，一阶差分变换的一个附带优点在于，它可以使非平稳时间序列变得平稳。我们在那些章节中将会看到平稳时间序列的重要性。第 1 章曾指出，粗略地讲，如果一个时间序列 Y_t 的均值和方差不随时间变化而系统地变化，那它就是平稳的。

实践中另外一个常用的变换是比率变换（ratio transformation）。考虑模型：

---

① 再者，如果 b_{32} 不随样本无限增大而趋于零，则 b_{12} 不仅有偏误，而且没有一致性。

$$Y_t = \beta_1 + \beta_2 X_{2t} + \beta_3 X_{3t} + u_t \tag{10.8.6}$$

其中 Y 为以真实价格表示的消费，X_2 为 GDP，X_3 为总人口。由于 GDP 和总人口都随时间的推移而变化，所以它们可能会相关。对此问题的一种"解决办法"是，通过将方程（10.8.6）除以 X_3 得到以人均量为基础的模型：

$$\frac{Y_t}{X_{3t}} = \beta_1 \left(\frac{1}{X_{3t}}\right) + \beta_2 \left(\frac{X_{2t}}{X_{3t}}\right) + \beta_3 + \left(\frac{u_t}{X_{3t}}\right) \tag{10.8.7}$$

这样的变换可能会减少原有变量的共线性。

但一阶差分或比率变换都不是没有问题。例如，方程（10.8.5）中的误差项 v_t 可能不满足经典线性回归模型的一个假定，即干扰项的序列不相关性。我们在第 12 章将会看到，如果原来的干扰项 u_t 是序列无关的，那么上面得到的误差项 v_t 在多数情况下将会序列相关。因此，医治比疾病更糟糕，而且，一阶差分还会因为差分过程而减少一个观测，并因此减少一个自由度。在小样本中，这可能是你起码要考虑的一个因素。另外，一阶差分程序在横截面数据中可能不太适合，因为横截面数据的观测不存在逻辑上的顺序。

类似地，在比率模型（10.8.7）中，如果误差项 u_t 是同方差的，那么误差项

$$\frac{u_t}{X_{3t}}$$

将是异方差的。我们在第 11 章将会看到这一点。同样，补救办法带来的问题比原来的问题更糟糕。

总之，在应用一阶差分或比率变换来解决多重共线性问题时应该尤其小心。

（5）补充新数据。由于多重共线性是一个样本特性，故关于同样变量的另一个样本中的多重共线性可能没有第一个样本那么严重。有时只需增大样本容量（如果可能的话）就能减轻多重共线性问题。例如，在三变量模型中，我们看到：

$$\mathrm{var}(\hat\beta_2) = \frac{\sigma^2}{\sum x_{2i}^2 (1 - r_{23}^2)}$$

现在，随着样本增加，$\sum x_{2i}^2$ 一般都会增加。（为什么？）因此，对任何给定的 r_{23}^2，$\hat\beta_2$ 的方差将减小，从而降低标准误，以使我们能更准确地估计 β_2。

作为一个说明，考虑以下根据 10 次观测所做的消费 Y 对收入 X_2 和财富 X_3 的回归[①]：

$$\hat Y_i = 24.377 + 0.871\,6 X_{2i} - 0.034\,9 X_{3i} \tag{10.8.8}$$

$$t = (3.875)\quad (2.772\,6)\quad (-1.159\,5)\qquad R^2 = 0.968\,2$$

回归中的财富系数不仅在 5% 的显著性水平上不是统计显著的，而且有错误的符号。但当样本容量增加到 40 次观测时（微数缺测性？），我们得到如下结果：

$$\hat Y_i = 2.090\,7 + 0.729\,9 X_{2i} + 0.060\,5 X_{3i} \tag{10.8.9}$$

$$t = (0.871\,3)\quad (6.001\,4)\quad (2.001\,4)\qquad R^2 = 0.967\,2$$

---

① 感谢艾伯特·朱克（Albert Zucker）提供下述回归结果。

现在，财富系数不仅具有正确的符号，而且在 5% 的显著性水平上是统计显著的。

要获得补充数据或"更好"的数据并不总是那么容易。贾奇（Judge）等人曾说：

> 遗憾的是，经济学家很少能不花大本钱而取得补充数据。而要选取他们所希望的解释变量的值就更难了。此外，在非控制的情况下增加新变量，我们必须警惕，新增观测值的生成过程不同于原来数据集的生成过程；也就是说，我们必须有把握看到，与新增观测值相对应的经济结构和原来的结构是一样的。[①]

（6）在多项式回归中降低共线性。 在 7.10 节中，我们曾讨论了多项式回归模型。这种模型的一个特点是解释变量以不同的幂出现。例如，在总成本对产出、产出的平方和产出的三次方的回归即所谓立方总成本函数（7.10.4）中，各产出项将是相关的，以致难以准确估计各个斜率系数。[②] 然而，在实践中，我们发现，如果将解释变量表达为离差形式（即对均值的离差），多重共线性就可大为降低。但即使如此，问题仍然存在。[③] 这时也许还可考虑诸如正交多项式（orthogonal polynomials）之类的方法。[④]

（7）拯救多重共线性的其他方法。 多元统计技术诸如因子分析（factor analysis）、主元法（principal components）或脊回归常被用来"解决"多重共线性问题。可惜这些技术都要利用矩阵代数才便于讨论。但这样做就超出了本书的范围。[⑤]

10.9 多重共线性一定是坏事吗？ 如果预测是唯一目的，就未必如此

前面说过，如果回归分析的唯一目的是预测或预报，则多重共线性就不是一个严重的问题。因为 R^2 值越高，预测越准。[⑥] "只要预测值所对应的解释变量值和原

---

① Judge et al.，op. cit.，p. 625. 还可参见 10.9 节。

② 如已经指出的那样，因 X、X^2 和 X^3 是非线性关系，故严格地说，多项式回归并不违反经典模型中无多重共线性的假定。

③ R. A. Bradley and S. S. Srivastava，"Correlation and Polynomial Regression，" *American Statistician*，vol. 33，1979，pp. 11–14.

④ Norman Draper and Harry Smith，*Applied Regression Analysis*，2d ed.，John Wiley & Sons，New York，1981，pp. 266–274.

⑤ 一种具有可读性的、从应用观点说明这些技术的读物是 Samprit Chatterjee and Bertram Price，*Regression Analysis by Example*，John Wiley & Sons，New York，1977，Chapters 7 and 8. 还可参见 H. D. Vinod，"A Survey of Ridge Regression and Related Techniques for Improvements over Ordinary Least Squares，" *Review of Economics and Statistics*，vol. 60，February 1978，pp. 121–131。

⑥ R. C. Geary，"Some Results about Relations between Stochastic Variables：A Discussion Document，" *Review of International Statistical Institute*，vol. 31，1963，pp. 163–181.

始的设计（数据）矩阵 X 都遵从近似于准确的相依关系"[1]，这就可能是成立的。比方说，如果在回归的估计中发现 $X_2 = 2X_3$ 近似地成立，那么在一个用以预测 Y 的未来值的样本中，X_2 也应近似地等于 $2X_3$。但这是一个实际上难以满足的条件。由此可见，预测将变得越来越不确定。[2] 此外，如果分析的目的不仅在于预测，还在于参数的可靠估计，那么，严重的多重共线性将成为一个问题，因为我们已经看到，它导致估计量的标准误偏大。

然而有一种情形，多重共线性不会成为一个严重的问题，那就是 R^2 高，同时回归系数由于较高的 t 值也都表现为个别显著的情形。毕竟，多重共线性诊断（如病态指数）表明了数据中有严重的共线性。那么，什么时候会出现这种"不会成为一个严重的问题"的情形呢？如约翰斯顿（Johnston）所说：

> 如果每个个别系数都正好在数值上大大超过真值，那么尽管标准误膨胀了，效应依然会显示出来，和/或真值本来就是如此之大，即使估计值过低，仍然表现为显著的。[3]

10.10　一个引申的例子：朗利数据

我们以分析朗利（Longley）所搜集的数据结束本章。[4] 尽管最初搜集的朗利数据只是为了在几个计算机程序中评价普通最小二乘估计值的计算精度，但现在它又担负着说明包括多重共线性在内的几个计量经济学问题的重任。表 10-8 复制了这些数据。这些数据是 1947—1962 年的时间序列数据，Y＝被雇佣人数（以千人计）；X_1＝GNP 暗含的价格缩减指数；X_2＝名义 GNP（以百万美元计）；X_3＝失业人数（以千人计）；X_4＝军队中的人数；X_5＝14 岁以上的非机构人口数；X_6＝年份，1947 年取值 1，1948 年取值 2，以此类推，1962 年取值 16。

表 10-8　　　　　　　　　　　　　　　　朗利数据

观测	Y	X_1	X_2	X_3	X_4	X_5	X_6
1947	60 323	830	234 289	2 356	1 590	107 608	1
1948	61 122	885	259 426	2 325	1 456	108 632	2
1949	60 171	882	258 054	3 682	1 616	109 773	3

---

[1] Judge et. al., op. cit., p. 619. 你还将看到，该文献证明了为什么尽管有多重共线性，但如果现有的多重共线性结构继续存在于未来的样本中，人们仍能得到较好的均值预测。

[2] 更精彩的讨论，参见 E. Malinvaud, *Statistical Methods of Econometrics*, 2d ed., North-Holland Publishing Company, Amsterdam, 1970, pp. 220-221.

[3] J. Johnston, *Econometric Methods*, 3d ed., McGraw-Hill, New York, 1984, p. 249.

[4] J. Longley, "An Appraisal of Least-Squares Programs from the Point of the User," *Journal of the American Statistical Association*, vol. 62, 1967, pp. 819-841.

续表

观测	Y	X_1	X_2	X_3	X_4	X_5	X_6
1950	61 187	895	284 599	3 351	1 650	110 929	4
1951	63 221	962	328 975	2 099	3 099	112 075	5
1952	63 639	981	346 999	1 932	3 594	113 270	6
1953	64 989	990	365 385	1 870	3 547	115 094	7
1954	63 761	1 000	363 112	3 578	3 350	116 219	8
1955	66 019	1 012	397 469	2 904	3 048	117 388	9
1956	67 857	1 046	419 180	2 822	2 857	118 734	10
1957	68 169	1 084	442 769	2 936	2 798	120 445	11
1958	66 513	1 108	444 546	4 681	2 637	121 950	12
1959	68 655	1 126	482 704	3 813	2 552	123 366	13
1960	69 564	1 142	502 601	3 931	2 514	125 368	14
1961	69 331	1 157	518 173	4 806	2 572	127 852	15
1962	70 551	1 169	554 894	4 007	2 827	130 081	16

资料来源：J. Longley，"An Appraisal of Least-Squares Programs from the Point of the User," *Journal of the American Statistical Association*，vol. 62，1967，pp. 819 – 841.

假定我们的目标是基于这 6 个 X 变量来预测 Y。利用 EViews 6 软件，我们得到如下回归结果：

```
Dependent Variable: Y
Sample: 1947-1962

Variable      Coefficient      Std. Error      t-Statistic      Prob.

   C          -3482259          890420.4       -3.910803        0.0036
   X₁          15.06187         84.91493        0.177376        0.8631
   X₂          -0.035819         0.033491      -1.069516        0.3127
   X₃          -2.020230         0.488400      -4.136427        0.0025
   X₄          -1.033227         0.214274      -4.821985        0.0009
   X₅          -0.051104         0.226073      -0.226051        0.8262
   X₆        1829.151          455.4785        4.015890        0.0030

R-squared              0.995479    Mean dependent var.      65317.00
Adjusted R-squared     0.992465    S.D. dependent var.       3511.968
S.E. of regression     304.8541    Akaike info criterion    14.57718
Sum squared resid.     836424.1    Schwarz criterion        14.91519
Log likelihood        -109.6174    F-statistic              330.2853
Durbin-Watson stat.      2.559488  Prob(F-statistic)         0.000000
```

从结果一眼就看出存在多重共线性问题，因为 R^2 值很高，但有几个变量不是统计显著的（X_1、X_2 和 X_5），这是多重共线性的典型特征。为了更清楚地说明这一点，我们在表 10 - 9 中给出这 6 个回归元之间的相关关系。

表 10 - 9				相关关系		
	X_1	X_2	X_3	X_4	X_5	X_6
X_1	1.000 000	0.991 589	0.620 633	0.464 744	0.979 163	0.991 149
X_2	0.991 589	1.000 000	0.604 261	0.446 437	0.991 090	0.995 273
X_3	0.620 633	0.604 261	1.000 000	—0.177 421	0.686 552	0.668 257
X_4	0.464 744	0.446 437	—0.177 421	1.000 000	0.364 416	0.417 245
X_5	0.979 163	0.991 090	0.686 552	0.364 416	1.000 000	0.993 953
X_6	0.991 149	0.995 273	0.668 257	0.417 245	0.993 953	1.000 000

此表给出了所谓的相关矩阵（correlation matrix）。此表中主对角线上的数字（从左上角到右下角）给出了一个变量与其自身的相关系数，根据定义，这些相关系数都应该是 1，而主对角线之外的数字给出了 X 变量两两之间的相关系数。此表的第一行给出了 X_1 与其他变量之间的相关系数。比如 0.991 589 就是 X_1 与 X_2 之间的相关系数，0.620 633 是 X_1 与 X_3 之间的相关系数，等等。

可以看到，这两两之间的相关系数有几个很高，表明可能存在着严重的共线性问题。当然，记住前面给过的警告，这种两两相关可能是存在多重共线性的充分但非必要条件。

为了进一步了解多重共线性的性质，我们做辅助回归，即将每个 X 变量都对其余的 X 变量进行回归，为节省篇幅，我们只给出从这些回归所得到的 R^2 值，由表 10 - 10 给出。由于辅助回归的 R^2 值很高（X_4 的回归可能例外），看来确实存在严重的共线性问题。从容许度因子能得到相同的信息。前面曾指出，容许度因子越接近零，共线性的证据就越大。

表 10 - 10	辅助回归的 R^2 值和容许度	
因变量	R^2 值	容许度（TOL）$=1-R^2$
X_1	0.992 6	0.007 4
X_2	0.999 4	0.000 6
X_3	0.970 2	0.029 8
X_4	0.721 3	0.278 7
X_5	0.997 0	0.003 0
X_6	0.998 6	0.001 4

应用克莱因的经验法则，我们看到，6 个辅助回归中有 3 个回归得到的 R^2 值超过了总体 R^2 值（即从 Y 对所有 X 变量回归得到的 R^2 值）0.995 4，再次表明朗利数据确实被多重共线性问题所困扰。顺便提一句，应用方程（10.7.3）中给出的 F 检验，读者应该能够验证上表中给出的 R^2 值都是统计显著异于零的。

我们在前面曾指出，OLS 估计量及其标准误对数据的微小变化都很敏感。习题 10.32 要求读者在去掉最后一个观测的情况下重做 Y 对所有 6 个 X 变量的回归，即做 1947—1961 年的回归。你将看到，仅去掉一年的观测，回归结果会如何变化。

既然我们已经证实存在多重共线性问题，那我们能采取什么"补救"措施呢？让我们考虑原来的模型。首先，我们可以不用名义 GNP 而用真实 GNP，将名义 GNP 除以 GNP 暗含的价格缩减指数 X_1 即可。其次，由于 14 岁以上的非机构人口数因人口数自然增长而随时间的推移不断增长，因此它与我们模型中的变量 X_6 高度相关。因此，不再同时采用这两个变量，我们将留下 X_5 并去掉 X_6。最后，没有充分有力的理由把失业人数 X_3 包括进来；可能失业率是劳动市场状况的一个更好的度量指标，但我们没有这方面的数据，故去掉变量 X_3。经过这些变化，我们得到如下回归结果（RGNP＝真实 GNP）[①]：

```
Dependent Variable: Y
Sample: 1947-1962
```

Variable	Coefficient	Std. Error	t-Statistic	Prob.
C	65720.37	10624.81	6.185558	0.0000
RGNP	9.736496	1.791552	5.434671	0.0002
X_4	-0.687966	0.322238	-2.134965	0.0541
X_5	-0.299537	0.141761	-2.112965	0.0562

R-squared	0.981404	Mean dependent var.		65317.00
Adjusted R-squared	0.976755	S.D. dependent var.		3511.968
S.E. of regression	535.4492	Akaike info criterion		15.61641
Sum squared resid.	3440470.	Schwarz criterion		15.80955
Log likelihood	-120.9313	F-statistic		211.0972
Durbin-Watson stat.	1.654069	Prob(F-statistic)		0.000000

尽管 R^2 值与原来的 R^2 值相比略有下降，但仍然很高。现在，所有的估计系数都是统计显著的，系数的符号也都符合其经济含义。

我们让读者自己构想另外一个模型并分析结果的变化。仍须记住以前我们提到的对数据进行比率变换来解决共线性问题的警告。我们在第 11 章将再次讨论这个问题。

要点与结论

1. 经典线性回归模型的假定之一是解释变量 X 之间无多重共线性。大致地说，多重共线性指的是 X 变量之间有准确的或近似准确的线性关系。

2. 多重共线性有如下后果：如果 X 之间有完全的共线性，则它们的回归系数是不确定的，并且它们的标准误没有定义。如果共线性是高度的而不是完全的，则

[①] X_5 和 X_6 之间的相关系数约为 0.993 9，实际上是很高的相关度。

回归系数的估计是可能的，但趋向于有很大的标准误。其结果是，系数的总体值不能准确地加以估计。然而，如果目的在于估计这些系数的线性组合即所谓可估函数（estimable functions），则虽有完全多重共线性也无妨。

3. 虽然没有识破共线性的十拿九稳的方法，但有如下几种指标可以利用：

（a）多重共线性的最明显信号是 R^2 异常高而回归系数在通常 t 检验的基础上却没有一个是统计上显著的。当然，这是一个极端情形。

（b）在仅有两个解释变量的模型中，检查两个变量之间的零阶或简单相关系数，会得到对共线性的一个相当好的认识。如果此相关值高，则通常可归咎于多重共线性。

（c）然而，当模型涉及多于两个 X 解释变量时，对于零阶相关系数低但多重共线性高的情况，模型中的零阶相关系数可能被误导。对于这种情形，也许有必要检查偏相关系数。

（d）如果 R^2 高而偏相关系数低，则多重共线性是可能的。这时一个或多个变量可能是多余的。但若 R^2 高且偏相关系数也高，则多重共线性也许不易被识破。而且，如威克斯、库马、奥黑根和麦凯布等人所指出的那样，法勒和格劳伯建议的偏相关系数检验有一些统计上的毛病。

（e）因此，不妨拿模型中的每个 X_i 变量对所有其余 X 变量做一个回归，并求出相应的判定系数 R_i^2。一个高的 R_i^2 将表明 X_i 和其余的 X 高度相关，从而可考虑把 X_i 从模型中清除，如果这样做不致引起严重的设定偏误的话。

4. 多重共线性的侦察仅是整个战役的一半，另一半则是怎样解决多重共线性的问题。同样没有什么十拿九稳的办法。只有几条经验法则，主要包括：（1）利用先验信息；（2）横截面数据与时间序列数据并用；（3）剔除变量与设定偏误；（4）变量代换；（5）补充新数据；（6）在多项式回归中降低共线性；（7）拯救多重共线性的其他方法。当然，哪条法则在实践中灵验，要看数据的性质和共线性问题的严重程度。

5. 我们曾看到多重共线性在预测中的作用，并指出除非多重共线性结构继续存在于未来的样本之中，否则，利用受到多重共线性困扰的回归估计进行预测将是冒险的。

6. 虽然多重共线性在文献中备受关注（有人甚至认为关注过多），但在经验研究中遇到的一个同等重要的问题是微数缺测性，即样本（容量）的微小性。按照戈德伯格的意见，当一篇研究论文在抱怨多重共线性时，读者应把"多重共线性"换为"微数缺测性"，看看这种抱怨是否有道理。[1] 他建议，读者需决定观测次数 n 要多小，才能认为遇上了样本微小性问题，正如人们需决定辅助回归中的 R_i^2 值要多高，才能宣称一个共线性问题是非常严重的。

---

[1]　Goldberger, op. cit., p. 250.

习　题

问答题

10.1　在 k 变量模型中有 k 个正规方程用以估计 k 个未知数。这些正规方程见附录 C。假定 X_k 是其余 X 变量的一个完全的线性组合，你如何说明在这种情形中不可能估计这 k 个回归系数？

10.2　考虑表 10 - 11 中的一组假想数据。假如你要用如下模型拟合数据：

$$Y_i = \beta_1 + \beta_2 X_{2i} + \beta_3 X_{3i} + u_i$$

a. 你能估计这三个未知数吗？为什么？

b. 如果不能，那么你能估计这些参数的线性组合，即可估函数是什么吗？说明必要的计算。

表 10 - 11

Y	X_2	X_3
−10	1	1
−8	2	3

续表

Y	X_2	X_3
−6	3	5
−4	4	7
−2	5	9
0	6	11
2	7	13
4	8	15
6	9	17
8	10	19
10	11	21

10.3　参照第 8 章中讨论的儿童死亡率的例子。此例涉及儿童死亡率（CM）对人均 GNP（即 PGNP）和妇女识字率（FLR）的回归。现在假设我们增加变量总人口出生率（TFR），得到如下回归结果。

```
Dependent Variable: CM

Variable      Coefficient    Std. Error    t-Statistic    Prob.

   C           168.3067       32.89165       5.117003     0.0000
  PGNP         -0.005511      0.001878      -2.934275     0.0047
  FLR          -1.768029      0.248017      -7.128663     0.0000
  TFR          12.86864       4.190533       3.070883     0.0032

R-squared            0.747372    Mean dependent var.    141.5000
Adjusted R-squared   0.734740    S.D. dependent var.     75.97807
S.E. of regression   39.13127    Akaike info criterion   10.23218
Sum squared resid.   91875.38    Schwarz criterion       10.36711
Log likelihood      -323.4298    F-statistic             59.16767
Durbin-Watson stat.  2.170318    Prob(F-statistic)        0.000000
```

a. 将这些回归结果与方程（8.1.4）中给出的结果相比较。你看到了什么变化？你又如何解释这些变化？

b. 值得在模型中增加变量 TFR 吗？为什么？

c. 既然所有的 t 系数都是个别统计显著的，我们能否说此时不存在多重共线性问题？

10.4　如果关系式 $\lambda_1 X_{1i} + \lambda_2 X_{2i} + \lambda_3 X_{3i} = 0$ 对所有 λ_1、λ_2 和 λ_3 值都成立，试估计 $r_{12.3}$、$r_{13.2}$ 和 $r_{23.1}$。再求 $R^2_{1.23}$、$R^2_{2.13}$ 和 $R^2_{3.12}$。在此情形中多重共线性的程度如何？注：$R^2_{1.23}$ 是 Y 对 X_2 和 X_3 回归中的判定系数。类似地解释其他 R^2 值。

10.5　考虑以下模型：

$$Y_t = \beta_1 + \beta_2 X_t + \beta_3 X_{t-1} + \beta_4 X_{t-2} + \beta_5 X_{t-3} + \beta_6 X_{t-4} + u_t$$

其中 $Y=$ 消费，$X=$ 收入，$t=$ 时间。上述模型假定 t 时期的消费不仅是 t 时期收入的函数，而且是以前多期收入的函数。例如，2000 年第一季度的消费是同季度收入和 1999 年四个季度收入的函数。这类模型叫做分布滞后模型（distributed lag models）。我们将在后面一章讨论。

a. 你预期在这类模型中存在多重共线性吗？为什么？

b. 如果预期有多重共线性，你会怎样解决这个问题？

10.6 考虑 10.6 节的说明性例子（例 10.1）。你会怎样解释方程（10.6.1）和（10.6.4）所得到的边际消费倾向中的差异？

10.7 在涉及诸如 GNP、货币供给、价格、收入、失业等时间序列的数据中，一般都疑虑存在多重共线性，为什么？

10.8 设想如下模型
$$Y_i = \beta_1 + \beta_2 X_{2i} + \beta_3 X_{3i} + u_i$$
其中 X_2 和 X_3 之间的相关系数 r_{23} 为零。因此，某人建议你做如下回归：
$$Y_i = \alpha_1 + \alpha_2 X_{2i} + u_{1i}$$
$$Y_i = \gamma_1 + \gamma_3 X_{3i} + u_{2i}$$

a. 会不会有 $\hat{\alpha}_2 = \hat{\beta}_2$ 且 $\hat{\gamma}_3 = \hat{\beta}_3$ 呢？为什么？

b. $\hat{\beta}_1$ 会等于 $\hat{\alpha}_1$ 或 $\hat{\gamma}_1$ 或两者的某个线性组合吗？

c. 是否 $\text{var}(\hat{\beta}_2) = \text{var}(\hat{\alpha}_2)$ 且 $\text{var}(\hat{\beta}_3) = \text{var}(\hat{\gamma}_3)$？

10.9 参照第 7 章的说明性例子。在该例中，我们对 2005 年美国所有 50 个州和华盛顿特区的制造业部门拟合了柯布-道格拉斯生产函数。由方程（7.9.4）给出的回归结果表明，劳动和资本的系数都是个别统计显著的。

a. 判明劳动和资本两个变量是否高度相关。

b. 如果你对（a）的回答是肯定的，你会不会从模型中剔除劳动变量（比方说），而仅对资本投入进行产出变量的回归呢？

c. 如果你这样做，你将导致哪一种设定偏误？找出这种偏误的性质。

10.10 参照例 7.4。这个问题的相关矩阵如下：

	X_i	X_i^2	X_i^3
X_i	1	0.974 2	0.928 4
X_i^2		1.0	0.987 2
X_i^3			1.0

a. 对"由于零阶相关非常高，必定有严重多重共线性"的说法加以评论。

b. 你会从模型中剔除 X_i^2 和 X_i^3 吗？

c. 如果你把它们剔除，X_i 的系数值将会出现什么情况？

10.11 逐步回归。为决定一个回归模型的"最优"解释变量集，研究者常用逐步回归的方法。在此方法中，既可采取每次引进一个 X 变量逐步向前回归（stepwise forward regression）的程序，也可先把所有可能的 X 变量都放在一个多元回归中，然后逐一地把它们剔除［逐步向后回归（stepwise backward regression）］。加进或剔除一个变量，通常是根据 F 检验看它对 ESS 的贡献而做出决定的。根据你现在对多重共线性的认识，你赞成某种逐步程序吗？为什么？[①]

10.12 判断如下命题是正确、错误还是不确定，并说明理由。

a. 尽管有完全多重共线性，OLS 估计量仍然是 BLUE。

b. 在高度多重共线性的情形中，要评价一个或多个偏回归系数的个别显著性是不可能的。

c. 如果有某一辅助回归显示出高的 R^2 值，则高度共线性的存在便确定无疑。

d. 变量的两两高度相关并不表示高度多重共线性。

e. 如果分析的目的仅仅是预测，则多重共线性是无害的。

f. 其他条件不变，VIF 越高，OLS 估计量的方差越大。

---

① 参见 Arthur S. Goldberger and D. B. Jochems，"Note on Stepwise Least-Squares，"*Journal of the American Statistical Association*，vol. 56，March 1961，pp. 105 - 110。比较一下你的理解是否和这些作者一致。

g. 和 VIF 相比，容许度（TOL）是多重共线性的更好度量指标。

h. 如果在多元回归中，根据通常的 t 检验，全部偏斜率系数都是个别统计上不显著的，你就不会得到一个高的 R^2 值。

i. 在 Y 对 X_2 和 X_3 的回归中，假如 X_3 的值很少变化，就会使 $\text{var}(\hat{\beta}_3)$ 增大，在极端的情形下，如果全部 X_3 值都相同，$\text{var}(\hat{\beta}_3)$ 将是无穷大。

10.13

a. 证明：如果对 $i = 2, 3, \cdots, k$，$r_{1i} = 0$，则：

$$R_{1.23\cdots k} = 0$$

b. 对于变量 $X_1 (=Y)$ 对 X_2，X_3，$\cdots$，X_k 的回归来说，这一发现有什么重要意义？

10.14 假设 $X_1 (=Y)$，X_2，$\cdots$，X_k 的全部零阶相关系数都等于 r。

a. $R^2_{1.23\cdots k}$ 的值是多少？

b. 一阶相关系数的值是多少？

*10.15 可以证明，用矩阵表述有（见附录 C）：

$$\hat{\beta} = (X'X)^{-1}X'y$$

a. 当 X 变量之间有完全共线性时，$\hat{\beta}$ 会发生什么情况？

b. 你怎样知道有没有完全共线性？

*10.16 用矩阵符号表示，我们可以证明方差-协方差矩阵：

$$\text{var} - \text{cov}(\hat{\beta}) = \sigma^2 (X'X)^{-1}$$

在（a）有完全多重共线性和（b）高度但并非完全共线性的情况下，上述方差-协方差矩阵会分别出现什么情况？

*10.17 考虑如下的相关矩阵（correlation matrix）：

$$R = \begin{array}{c} \\ X_2 \\ X_3 \\ \vdots \\ X_k \end{array} \begin{array}{cccc} X_2 & X_3 & \cdots & X_k \\ \begin{bmatrix} 1 & r_{23} & \cdots & r_{2k} \\ r_{32} & 1 & \cdots & r_{3k} \\ \vdots & \vdots & & \vdots \\ r_{k2} & r_{k3} & \cdots & 1 \end{bmatrix} \end{array}$$

你怎样从相关矩阵看出是否（a）有完全多重共线性，（b）有不完全的多重共线性，以及（c）各个 X 不相关。

提示：你可利用 R 的行列式 $|R|$ 来回答这些问题。

*10.18 正交解释变量。假设在如下模型中：

$$Y_i = \beta_1 + \beta_2 X_{2i} + \beta_3 X_{3i} + \cdots + \beta_k X_{ki} + u_i$$

X_2 到 X_k 各不相关。这样的变量叫做正交变量（orthogonal variables）。在这种情形中，

a. $(X'X)$ 矩阵的结构将是怎样的？

b. 你将怎样求 $\hat{\beta} = (X'X)^{-1}X'y$？

c. $\hat{\beta}$ 的方差-协方差矩阵具有何种性质？

d. 假如你在做完回归之后，想再引进另一正交变量 X_{k+1} 到模型中来，你需要重新计算先前的系数 $\hat{\beta}_1$ 至 $\hat{\beta}_k$ 吗？为什么？

10.19 考虑如下模型：

$$\text{GNP}_t = \beta_1 + \beta_2 M_t + \beta_3 M_{t-1} + \beta_4 (M_t - M_{t-1}) + u_t$$

其中，$\text{GNP}_t = t$ 时期的 GNP，$M_t = t$ 时期的货币供给，$M_{t-1} = t-1$ 期的货币供给，$M_t - M_{t-1} =$ 从 $t-1$ 期到 t 时期货币供给的变化。也就是，此模型设想 t 时期的 GNP 是 t 时期和 $t-1$ 期的货币供给以及此期间货币供给变化量的函数。

a. 假定你拥有估计上述模型的数据，你能成功地估计出模型的全部系数吗？为什么？

b. 如果不能，那么什么系数可以估计？

c. 假使 $\beta_3 M_{t-1}$ 一项不在模型中出现，你对（a）的回答仍然一样吗？

d. 重做（c），但现在假定 $\beta_2 M_t$ 不出现。

10.20 证明方程（7.4.7）和（7.4.8）还可表示为：

$$\hat{\beta}_2 = \frac{\left(\sum y_i x_{2i}\right)\left(\sum x_{3i}^2\right) - \left(\sum y_i x_{3i}\right)\left(\sum x_{2i} x_{3i}\right)}{\left(\sum x_{2i}^2\right)\left(\sum x_{3i}^2\right)(1 - r_{23}^2)}$$

$$\hat{\beta}_3 = \frac{\left(\sum y_i x_{3i}\right)\left(\sum x_{2i}^2\right) - \left(\sum y_i x_{2i}\right)\left(\sum x_{2i} x_{3i}\right)}{\left(\sum x_{2i}^2\right)\left(\sum x_{3i}^2\right)(1 - r_{23}^2)}$$

其中 r_{23} 是 X_2 和 X_3 的相关系数。

10.21 利用方程（7.4.12）和（7.4.15），证明当存在完全多重共线性时，$\hat{\beta}_2$ 和 $\hat{\beta}_3$ 的方差是无穷大。

---

* 选做题。

10.22 证明由方程（10.5.6）和（10.5.7）估计的斜率系数总和的标准误分别是 0.154 9 和 0.182 5。（见 10.5 节。）

10.23 对于 k 变量回归模型，可以证明方程（7.5.6）中给出的第 k 个（$k=2$，3，…，k）偏回归系数 $\hat{\beta}_k$ 的方差可表示为[①]：

$$\mathrm{var}(\hat{\beta}_k)=\frac{1}{n-k}\frac{\sigma_y^2}{\sigma_k^2}\left(\frac{1-R^2}{1-R_k^2}\right)$$

其中 $\sigma_y^2=Y$ 的方差，$\sigma_k^2=$ 第 k 个解释变量的方差，$R_k^2=X_k$ 对其余 X 变量的回归中的判定系数，$R^2=Y$ 对全部 X 变量的回归中的判定系数。

a. 其他情况不变，如果 σ_k^2 增加，$\mathrm{var}(\hat{\beta}_k)$ 会出现什么情况？这时多重共线性问题有什么含义？

b. 如果多重共线性是完全的，上述公式会出现什么情况？

c. 判断正误："$\hat{\beta}_k$ 的方差随 R^2 上升而下降，因此由高的 R_k^2 产生的影响可由高的 R^2 来抵消。"

10.24 根据 1899—1922 年美国制造业部门的年度数据，多尔蒂（Dougherty）获得如下回归结果[②]：

$$\widehat{\log Y}=2.81-0.53\log K+0.91\log L+0.047t \tag{1}$$

$$\mathrm{se}=(1.38)\quad(0.34)\quad(0.14)\quad(0.021)$$

$$R^2=0.97\qquad F=189.8$$

其中 $Y=$ 真实产出指数，$K=$ 真实资本投入指数，$L=$ 真实劳动投入指数，$t=$ 时间或趋势。log 表示自然对数。

利用同样的数据，他又获得以下回归：

$$\widehat{\log (Y/L)}=-0.11+0.11\log (K/L)+0.006t \tag{2}$$

$$\mathrm{se}=(0.03)\quad(0.15)\qquad(0.006)$$

$$R^2=0.65\qquad F=19.5$$

a. 回归（1）中有没有多重共线性？你怎样知道？

b. 在回归（1）中，$\log K$ 的先验符号是什么？结果是否与预期相一致？为什么？

c. 你怎样替回归的函数形式（1）做辩护？（提示：柯布-道格拉斯生产函数。）

d. 解释回归（1）。在此回归中趋势变量有什么作用？

e. 回归（2）的道理何在？

f. 如果原先的回归（1）有多重共线性，是否已被回归（2）减弱？你怎样知道？

g. 如果回归（2）被看作回归（1）的一个受约束形式，作者施加的约束是什么呢？（提示：规模报酬。）你怎样知道这个约束是否正确？你用哪一种检验？说明你的计算。

h. 两个回归的 R^2 值是可比的吗？为什么？如果它们现在的形式不可比，你会怎样使得它们可比？

10.25 批判性地评价如下命题：

a. "多重共线性实际上不是一个建模的错误，而是数据不充分的一种状况。"[③]

b. "如果不能得到更多的数据，那就必须接受数据包含有限信息量的事实并相应地设定模型。试图估计过分复杂的模型是经验丰富的应用计量经济学家最常见的错误之一。"[④]

c. "研究者通常认为，只要在回归结果中没有看到他们预先假设的符号，他们先验推定重要的变量具有不显著的 t 值，或者去掉一个解释变量会导致各种回归结果都明显变化，那就是多重共线性在作怪。遗憾的是，这些条件中没有一个是存在多重共线性的充分或必要条件，而且对于解决他们提出的估计问题需要什么样的额外信息没有提供任何有用的建议。"[⑤]

① 此公式见于 R. Stone, "The Analysis of Market Demand," *Journal of the Royal Statistical Society*, vol. B7, 1945, p. 297, 还可回顾方程（7.5.6）。进一步的讨论，见于 Peter Kennedy, *A Guide to Econometrics*, 2d ed., MIT Press, Cambridge, Mass., 1985, p. 156。

② Christopher Dougherty, *Introduction to Econometrics*, Oxford University Press, New York, 1992, pp. 159 - 160。

③ Samprit Chatterjee, Ali S. Hadi, and Bertram Price, *Regression Analysis by Example*, 3d ed., John Wiley & Sons, New York, 2000, p. 226。

④ Russel Davidson and James G. MacKinnon, *Estimation and Inference in Econometrics*, Oxford University Press, New York, 1993, p. 186。

⑤ Peter Kennedy, *A Guide to Econometrics*, 4th ed., MIT Press, Cambridge, Mass., 1998, p. 187。

d. "任何包含多于四个自变量的时间序列回归都会带来垃圾。"[1]

实证分析题

10.26 克莱因和戈德伯格试图对美国经济拟合如下回归模型：

$$Y_i = \beta_1 + \beta_2 X_{2i} + \beta_3 X_{3i} + \beta_4 X_{4i} + u_i$$

其中 Y＝消费，X_2＝工资收入，X_3＝非工资、非农场收入，X_4＝农场收入。但他们预料 X_2、X_3 和 X_4 高度共线性，因此通过横截面分析把 β_3 和 β_4 估计为 $\beta_3 = 0.75\beta_2$ 和 $\beta_4 = 0.625\beta_2$。利用这些估计，他们重新建立他们的消费函数如下：

$$Y_i = \beta_1 + \beta_2(X_{2i} + 0.75X_{3i} + 0.625X_{4i}) + u_i$$
$$= \beta_1 + \beta_2 Z_i + u_i$$

其中，$Z_i = X_{2i} + 0.75X_{3i} + 0.625X_{4i}$。

a. 用这个修改的模型去拟合表 10 - 12 所附数据，并估计 β_1 至 β_4。

b. 你会怎样解释变量 Z？

表 10 - 12

年份	Y	X_2	X_3	X_4	年份	Y	X_2	X_3	X_4
1936	62.8	43.41	17.10	3.96	1946	95.7	76.73	28.26	9.76
1937	65.0	46.44	18.65	5.48	1947	98.3	75.91	27.91	9.31
1938	63.9	44.35	17.09	4.37	1948	100.3	77.62	32.30	9.85
1939	67.5	47.82	19.28	4.51	1949	103.2	78.01	31.39	7.21
1940	71.3	51.02	23.24	4.88	1950	108.9	83.57	35.61	7.39
1941	76.6	58.71	28.11	6.37	1951	108.5	90.59	37.58	7.98
1945*	86.3	87.69	30.29	8.96	1952	111.4	95.47	35.17	7.42

注：＊战争年代 1942—1944 年的数据缺失。其他年份的数据以 1939 年十亿美元计。

资料来源：L. R. Klein and A. S. Goldberger，*An Economic Model of the United States*，*1929—1952*，North Holland Publishing Company，Amsterdam，1964，p. 131。

10.27 表 10 - 13 给出了 1975—2005 年美国进口（Imports）、GDP 和 CPI 数据。

表 10 - 13 　　　　　　　1975—2005 年美国进口（Imports）、GDP 和 CPI

年份	CPI	GDP	Imports	年份	CPI	GDP	Imports
1975	53.8	1 638.3	98 185	1991	136.2	5 995.9	491 020
1976	56.9	1 825.3	124 228	1992	140.3	6 337.7	536 528
1977	60.6	2 030.9	151 907	1993	144.5	6 657.4	589 394
1978	65.2	2 294.7	176 002	1994	148.2	7 072.2	668 690
1979	72.6	2 563.3	212 007	1995	152.4	7 397.7	749 374
1980	82.4	2 789.5	249 750	1996	156.9	7 816.9	803 113
1981	90.9	3 128.4	265 067	1997	160.5	8 304.3	876 470
1982	96.5	3 225.0	247 642	1998	163.0	8 747.0	917 103
1983	99.6	3 536.7	268 901	1999	166.6	9 268.4	1 029 980
1984	103.9	3 933.2	332 418	2000	172.2	9 817.0	1 224 408
1985	107.6	4 220.3	338 088	2001	177.1	10 128.0	1 145 900
1986	109.6	4 462.8	368 425	2002	179.9	10 469.6	1 164 720
1987	113.6	4 739.5	409 765	2003	184.0	10 960.8	1 260 717
1988	118.3	5 103.8	447 189	2004	188.9	11 712.5	1 472 926
1989	124.0	5 484.4	477 665	2005	195.3	12 455.8	1 677 371
1990	130.7	5 803.1	498 438				

注：数据针对所有城镇消费者；除非特别指出，以 1982—1984 年为基年，1982—1984 年＝100。

资料来源：Department of Labor，Bureau of Labor Statistics.

---

[1] 此段引文是已故计量经济学家兹维·格里利谢斯所说，引自 Ernst R. Berndt，*The Practice of Econometrics：Classic and Contemporary*，Addison Wesley，Reading，Mass.，1991，p. 224。

请你考虑以下模型：

$$\ln \text{Imports}_t = \beta_1 + \beta_2 \ln \text{GDP}_t + \beta_3 \ln \text{CPI}_t + u_t$$

a. 用表中数据估计此模型的参数。

b. 你猜想数据中有多重共线性吗？

c. 利用病态指数，分析多重共线性的性质。

d. 做回归：(1) $\ln \text{Imports}_t = A_1 + A_2 \ln \text{GDP}_t$

(2) $\ln \text{Imports}_t = B_1 + B_2 \ln \text{CPI}_t$

(3) $\ln \text{GDP}_t = C_1 + C_2 \ln \text{CPI}_t$

根据这些回归，你能对数据中多重共线性的性质说些什么？

e. 假使数据有多重共线性，但 $\hat{\beta}_2$ 和 $\hat{\beta}_3$ 在 5% 水平上是个别显著的，并且总的 F 检验也是显著的。对这样的情形，我们用不用考虑多重共线性问题？

10.28 参考习题 7.19 关于美国对鸡肉的需求函数。

a. 利用对数线性（双对数）模型估计各种辅助回归，一共有多少个这样的回归？

b. 你怎样根据这些辅助回归决定哪些回归元是高度多重共线性的？你用哪一种检验？说明你的计算细节。

c. 如果数据中有显著的多重共线性，你会剔除哪个（些）变量以减少多重共线性问题的严重程度？如果你这样做，你会遇到什么计量经济学问题？

d. 除了剔除变量之外，你有什么建议可以缓解多重共线性问题？

10.29 表 10 - 14 给出了作为若干变量的函数的美国新客车销售量数据。

a. 给出一个适当的线性或对数线性模型，以估计美国对汽车的需求函数。

b. 如果你决定用表中的全部回归元作为解释变量，你预料会遇到多重共线性的问题吗？为什么？

c. 如果你这样预期，你准备怎样解决这个问题？明确你的假定并说明全部计算。

表 10 - 14

年份	Y	X_2	X_3	X_4	X_5	X_6
1971	10 227	112.0	121.3	776.8	4.89	79 367
1972	10 872	111.0	125.3	839.6	4.55	82 153
1973	11 350	111.1	133.1	949.8	7.38	85 064
1974	8 775	117.5	147.7	1 038.4	8.61	86 794
1975	8 539	127.6	161.2	1 142.8	6.16	85 846
1976	9 994	135.7	170.5	1 252.6	5.22	88 752
1977	11 046	142.9	181.5	1 379.3	5.50	92 017
1978	11 164	153.8	195.3	1 551.2	7.78	96 048
1979	10 559	166.0	217.7	1 729.3	10.25	98 824
1980	8 979	179.3	247.0	1 918.0	11.28	99 303
1981	8 535	190.2	272.3	2 127.6	13.73	100 397
1982	7 980	197.6	286.6	2 261.4	11.20	99 526
1983	9 179	202.6	297.4	2 428.1	8.69	100 834
1984	10 394	208.5	307.6	2 670.6	9.65	105 005
1985	11 039	215.2	318.5	2 841.1	7.75	107 150
1986	11 450	224.4	323.4	3 022.1	6.31	109 597

注：Y＝新客车销售量，千辆，未经季节调整；

　　X_2＝新车，消费者价格指数，1967 年＝100，未经季节调整；

　　X_3＝消费者价格指数，全部项目，全部城市消费者，1967 年＝100，未经季节调整；

　　X_4＝个人可支配收入（PDI），十亿美元，未经季节调整；

　　X_5＝利率，百分数，直接使用金融公司票据；

　　X_6＝民间就业劳动人数，千人，未经季节调整。

资料来源：*Business Statistics*，*1986*，A Supplement to the *Current Survey of Business*，U. S. Department of Commerce.

10.30 为了评价年度最低工资保障（负收入税）政策的可行性，兰德公司（Rand Corporation）进行了一项研究，以评价劳动供给（平均工作小时数）对平均小时工资提高的反应。[①] 此研究中的数据取自 6 000 户男户主年收入低于 15 000 美元的样本。这些数据被分成 39 个人口组，由于 4 个人口组中的某些变量缺失，因此表 10 - 15 中只给出了 35 个人口组的数据。用于分析的各个变量的定义在表末给出。

a. 将该年度平均工作小时数对表中变量进行回归，并解释你的回归。

b. 数据中存在多重共线性吗？你如何知道？

c. 计算各个回归元的 VIF 和 TOL 指标。

d. 若存在多重共线性问题，那你会采用什么补救措施（如果有的话）？

e. 此研究对负收入税的可行性有何结论？

表 10 - 15 35 个人口组的平均工作小时数及其他数据

观测	Hours	Rate	ERSP	ERNO	NEIN	Assets	Age	DEP	School
1	2 157	2.905	1 121	291	380	7 250	38.5	2.340	10.5
2	2 174	2.970	1 128	301	398	7 744	39.3	2.335	10.5
3	2 062	2.350	1 214	326	185	3 068	40.1	2.851	8.9
4	2 111	2.511	1 203	49	117	1 632	22.4	1.159	11.5
5	2 134	2.791	1 013	594	730	12 710	57.7	1.229	8.8
6	2 185	3.040	1 135	287	382	7 706	38.6	2.602	10.7
7	2 210	3.222	1 100	295	474	9 338	39.0	2.187	11.2
8	2 105	2.493	1 180	310	255	4 730	39.9	2.616	9.3
9	2 267	2.838	1 298	252	431	8 317	38.9	2.024	11.1
10	2 205	2.356	885	264	373	6 789	38.8	2.662	9.5
11	2 121	2.922	1 251	328	312	5 907	39.8	2.287	10.3
12	2 109	2.499	1 207	347	271	5 069	39.7	3.193	8.9
13	2 108	2.796	1 036	300	259	4 614	38.2	2.040	9.2
14	2 047	2.453	1 213	297	139	1 987	40.3	2.545	9.1
15	2 174	3.582	1 141	414	498	10 239	40.0	2.064	11.7
16	2 067	2.909	1 805	290	239	4 439	39.1	2.301	10.5
17	2 159	2.511	1 075	289	308	5 621	39.3	2.486	9.5
18	2 257	2.516	1 093	176	392	7 293	37.9	2.042	10.1
19	1 985	1.423	553	381	146	1 866	40.6	3.833	6.6
20	2 184	3.636	1 091	291	560	11 240	39.1	2.328	11.6
21	2 084	2.983	1 327	331	296	5 653	39.8	2.208	10.2
22	2 051	2.573	1 194	279	172	2 806	40.0	2.362	9.1
23	2 127	3.262	1 226	314	408	8 042	39.5	2.259	10.8
24	2 102	3.234	1 188	414	352	7 557	39.8	2.019	10.7
25	2 098	2.280	973	364	272	4 400	40.6	2.661	8.4
26	2 042	2.304	1 085	328	140	1 739	41.8	2.444	8.2

---

① D. H. Greenberg and M. Kosters，*Income Guarantees and the Working Poor*，Rand Corporation，R-579-OEO，December 1970.

续表

观测	Hours	Rate	ERSP	ERNO	NEIN	Assets	Age	DEP	School
27	2 181	2.912	1 072	304	383	7 340	39.0	2.337	10.2
28	2 186	3.015	1 122	30	352	7 292	37.2	2.046	10.9
29	2 188	3.010	990	366	374	7 325	38.4	2.847	10.6
30	2 077	1.901	350	209	95	1 370	37.4	4.158	8.2
31	2 196	3.009	947	294	342	6 888	37.5	3.047	10.6
32	2 093	1.899	342	311	120	1 425	37.5	4.512	8.1
33	2 173	2.959	1 116	296	387	7 625	39.2	2.342	10.5
34	2 179	2.971	1 128	312	397	7 779	39.4	2.341	10.5
35	2 200	2.980	1 126	204	393	7 885	39.2	2.341	10.6

注：Hours＝该年度平均工作小时数；

　　Rate＝平均小时工资，美元；

　　ERSP＝配偶年均收入，美元；

　　ERNO＝其他家庭成员的年均收入，美元；

　　NEIN＝年均非劳动收入；

　　Assets＝平均家庭资产拥有量（银行存款等），美元；

　　Age＝被调查者的平均年龄；

　　DEP＝平均赡养人数；

　　School＝平均完成的最高年级。

资料来源：D. H. Greenberg and M. Kosters，*Income Guarantees and the Working Poor*，Rand Corporation，R-579-OEO，December 1970.

10.31　表 10 - 16 给出了 1960 年美国 47 个州的犯罪相关数据。试用一个适当的模型来解释犯罪率与表中 14 个社会经济变量的关系。在给出你的模型时，特别注意共线性问题。

表 10 - 16　　　　　　　　　　**1960 年美国 47 个州的犯罪相关数据**

观测	R	Age	S	ED	EX_0	EX_1	LF	M	N	NW	U_1	U_2	W	X
1	79.1	151	1	91	58	56	510	950	33	301	108	41	394	261
2	163.5	143	0	113	103	95	583	1 012	13	102	96	36	557	194
3	57.8	142	1	89	45	44	533	969	18	219	94	33	318	250
4	196.9	136	0	121	149	141	577	994	157	80	102	39	673	167
5	123.4	141	0	121	109	101	591	985	18	30	91	20	578	174
6	68.2	121	0	110	118	115	547	964	25	44	84	29	689	126
7	96.3	127	1	111	82	79	519	982	4	139	97	38	620	168
8	155.5	131	1	109	115	109	542	969	50	179	79	35	472	206
9	85.6	157	1	90	65	62	553	955	39	286	81	28	421	239
10	70.5	140	0	118	71	68	632	1 029	7	15	100	24	526	174
11	167.4	124	0	105	121	116	580	966	101	106	77	35	657	170
12	84.9	134	0	108	75	71	595	972	47	59	83	31	580	172
13	51.1	128	0	113	67	60	624	972	28	10	77	25	507	206
14	66.4	135	0	117	62	61	595	986	22	46	77	27	529	190
15	79.8	152	1	87	57	53	530	986	30	72	92	43	405	264
16	94.6	142	1	88	81	77	497	956	33	321	116	47	427	247
17	53.9	143	0	110	66	63	537	977	10	6	114	35	487	166
18	92.9	135	1	104	123	115	537	978	31	170	89	34	631	165

续表

观测	R	Age	S	ED	EX_0	EX_1	LF	M	N	NW	U_1	U_2	W	X
19	75.0	130	0	116	128	128	536	934	51	24	78	34	627	135
20	122.5	125	0	108	113	105	567	985	78	94	130	58	626	166
21	74.2	126	0	108	74	67	602	984	34	12	102	33	557	195
22	43.9	157	1	89	47	44	512	962	22	423	97	34	288	276
23	121.6	132	0	96	87	83	564	953	43	92	83	32	513	227
24	96.8	131	0	116	78	73	574	1 038	7	36	142	42	540	176
25	52.3	130	0	116	63	57	641	984	14	26	70	21	486	196
26	199.3	131	0	121	160	143	631	1 071	3	77	102	41	674	152
27	34.2	135	0	109	69	71	540	965	6	4	80	22	564	139
28	121.6	152	0	112	82	76	571	1 018	10	79	103	28	537	215
29	104.3	119	0	107	166	157	521	938	168	89	92	36	637	154
30	69.6	166	1	89	58	54	521	973	46	254	72	26	396	237
31	37.3	140	0	93	55	54	535	1 045	6	20	135	40	453	200
32	75.4	125	0	109	90	81	586	964	97	82	105	43	617	163
33	107.2	147	1	104	63	64	560	972	23	95	76	24	462	233
34	92.3	126	0	118	97	97	542	990	18	21	102	35	589	166
35	65.3	123	0	102	97	87	526	948	113	76	124	50	572	158
36	127.2	150	0	100	109	98	531	964	9	24	87	38	559	153
37	83.1	177	1	87	58	56	638	974	24	349	76	28	382	254
38	56.6	133	0	104	51	47	599	1 024	7	40	99	27	425	225
39	82.6	149	1	88	61	54	515	953	36	165	86	35	395	251
40	115.1	145	1	104	82	74	560	981	96	126	88	31	488	228
41	88.0	148	0	122	72	66	601	998	9	19	84	20	590	144
42	54.2	141	0	109	56	54	523	968	4	2	107	37	489	170
43	82.3	162	1	99	75	70	522	996	40	208	73	27	496	224
44	103.0	136	0	121	95	96	574	1 012	29	36	111	37	622	162
45	45.5	139	1	88	46	41	480	968	19	49	135	53	457	249
46	50.8	126	0	104	106	97	599	989	40	24	78	25	593	171
47	84.9	130	0	121	90	91	623	1 049	3	22	113	40	588	160

注：R＝犯罪率，每百万人口中向警察报告的违法次数；

Age＝每千人中年龄在 14～24 岁的男性人数；

S＝位于南方与否的指标变量（0＝否，1＝是）；

ED＝25 岁及 25 岁以上人口读书年数的均值乘以 10；

EX_0＝1960 年州和地方政府对警方的人均支出；

EX_1＝1959 年州和地方政府对警方的人均支出；

LF＝每千名 14～24 岁城镇男性居民的劳动参与率；

M＝每千名女性对应的男性人数；

N＝以十万计的州人口规模；

NW＝每千人中非白人的人口数；

U_1＝每千名 14～24 岁城镇男性的失业人数；

U_2＝每千名 35～39 岁城镇男性的失业人数；

W＝以十美元计可转换商品和资产或家庭收入的中位数；

X＝每千户中挣到中位数收入一半的家庭数；

观测＝州（1960 年的 47 个州）。

资料来源：W. Vandaele, "Participation in Illegitimate Activities: Ehrlich Revisited," in A. Blumstein, J. Cohen, and D. Nagin, eds., *Deterrence and Incapacitation*, National Academy of Sciences, 1978, pp. 270-335.

10.32　参照 10.10 节中给出的朗利数据。去掉 1962 年的数据重做表中的回归，即做 1947—1961 年的回归。比较这两个回归。从此题中你能得到什么一般性结论？

10.33　更新的朗利数据。我们已经扩展了 10.10 节中给出的数据，使之包含 1959—2005 年的观测。新数据在表 10-17 中给出。这些数据包括 Y＝就业人数（以千计）；X_1＝GNP 暗含的价格缩减指数；X_2＝GNP（以百万美元计）；X_3＝失业人数（以千计）；X_4＝武装部队中的人数（以千计）；X_5＝16 岁以上非收容人口数；X_6＝年份，1959 年等于 1，1960 年等于 2，直至 2005 年等于 47。

a. 根据本章提示的方法生成散点图，以评价各个自变量之间的关系。它们有很强的相关关系吗？这种关系看似像线性吗？

b. 生成一个相关矩阵。不考虑因变量，哪些变量的彼此相关看起来最为明显？

c. 做一个标准的 OLS 回归来预测以千计的就业人数。自变量的系数与你的预期一致吗？

d. 基于以上结论，你相信这些数据存在多重共线性问题吗？

10

表 10-17　　　　　　　　　更新的朗利数据：1959—2005 年

观测	Y	X_1	X_2	X_3	X_4	X_5	X_6
1959	64 630	82.908	509 300	3 740	2 552	120 287	1
1960	65 778	84.074	529 500	3 852	2 514	121 836	2
1961	65 746	85.015	548 200	4 714	2 573	123 404	3
1962	66 702	86.186	589 700	3 911	2 827	124 864	4
1963	67 762	87.103	622 200	4 070	2 737	127 274	5
1964	69 305	88.438	668 500	3 786	2 738	129 427	6
1965	71 088	90.055	724 400	3 366	2 722	131 541	7
1966	72 895	92.624	792 900	2 875	3 123	133 650	8
1967	74 372	95.491	838 000	2 975	3 446	135 905	9
1968	75 920	99.56	916 100	2 817	3 535	138 171	10
1969	77 902	104.504	990 700	2 832	3 506	140 461	11
1970	78 678	110.046	1 044 900	4 093	3 188	143 070	12
1971	79 367	115.549	1 134 700	5 016	2 816	145 826	13
1972	82 153	120.556	1 246 800	4 882	2 449	148 592	14
1973	85 064	127.307	1 395 300	4 365	2 327	151 476	15
1974	86 794	138.82	1 515 500	5 156	2 229	154 378	16
1975	85 846	151.857	1 651 300	7 929	2 180	157 344	17
1976	88 752	160.68	1 842 100	7 406	2 144	160 319	18
1977	92 017	170.884	2 051 200	6 991	2 133	163 377	19
1978	96 048	182.863	2 316 300	6 202	2 117	166 422	20
1979	98 824	198.077	2 595 300	6 137	2 088	169 440	21
1980	99 303	216.073	2 823 700	7 637	2 102	172 437	22
1981	100 397	236.385	3 161 400	8 273	2 142	174 929	23
1982	99 526	250.798	3 291 500	10 678	2 179	177 176	24
1983	100 834	260.68	3 573 800	10 717	2 199	179 234	25
1984	105 005	270.496	3 969 500	8 539	2 219	181 192	26
1985	107 150	278.759	4 246 800	8 312	2 234	183 174	27

续表

观测	Y	X_1	X_2	X_3	X_4	X_5	X_6
1986	109 597	284. 895	4 480 600	8 237	2 244	185 284	28
1987	112 440	292. 691	4 757 400	7 425	2 257	187 419	29
1988	114 968	302. 68	5 127 400	6 701	2 224	189 233	30
1989	117 342	314. 179	5 510 600	6 528	2 208	190 862	31
1990	118 793	326. 357	5 837 900	7 047	2 167	192 644	32
1991	117 718	337. 747	6 026 300	8 628	2 118	194 936	33
1992	118 492	345. 477	6 367 400	9 613	1 966	197 205	34
1993	120 259	353. 516	6 689 300	8 940	1 760	199 622	35
1994	123 060	361. 026	7 098 400	7 996	1 673	201 970	36
1995	124 900	368. 444	7 433 400	7 404	1 579	204 420	37
1996	126 708	375. 429	7 851 900	7 236	1 502	207 087	38
1997	129 558	381. 663	8 337 300	6 739	1 457	209 846	39
1998	131 463	385. 881	8 768 300	6 210	1 423	212 638	40
1999	133 488	391. 452	9 302 200	5 880	1 380	215 404	41
2000	136 891	399. 986	9 855 900	5 692	1 405	218 061	42
2001	136 933	409. 582	10 171 600	6 801	1 412	220 800	43
2002	136 485	416. 704	10 500 200	8 378	1 425	223 532	44
2003	137 736	425. 553	11 017 600	8 774	1 423	226 223	45
2004	139 252	437. 795	11 762 100	8 149	1 411	228 892	46
2005	141 730	451. 946	12 502 400	7 591	1 378	231 552	47

资料来源：Department of Labor，Bureau of Labor Statistics.

*10.34 在奶酪熟化的过程中，有几个化学过程决定了最终产品的味道。表 10-18 中给出的数据就是 30 个成熟的切达奶酪样本中几种化学成分的浓度以及对每个样本口感的主观评价指标变量（Taste）。变量 Acetic 和 H_2S 分别表示醋酸和硫化氢浓度的自然对数。变量 Lactic 表示乳酸浓度，而且没有进行对数变换。

a. 画出这四个变量的散点图。

b. 将 Taste 对 Acetic 和 H_2S 做一个二元回归并解释你的结果。

c. 将 Taste 对 Lactic 和 H_2S 做一个二元回归并解释你的结果。

d. 将 Taste 对 Acetic、Lactic 和 H_2S 做一个多元回归并解释你的结果。

e. 你对多重共线性有何认识？你对这些回归做何取舍？

f. 根据这些分析，你能得到什么总体结论？

表 10-18 奶酪中的化学成分

观测	Taste	Acetic	H_2S	Lactic
1	12. 300 00	4. 543 000	3. 135 000	0. 860 000
2	20. 900 00	5. 159 000	5. 043 000	1. 530 000

---

* 选做题。

续表

观测	Taste	Acetic	H₂S	Lactic
3	39. 000 00	5. 366 000	5. 438 000	1. 570 000
4	47. 900 00	5. 759 000	7. 496 000	1. 810 000
5	5. 600 000	4. 663 000	3. 807 000	0. 990 000
6	25. 900 00	5. 697 000	7. 601 000	1. 090 000
7	37. 300 00	5. 892 000	8. 726 000	1. 290 000
8	21. 900 00	6. 078 000	7. 966 000	1. 780 000
9	18. 100 00	4. 898 000	3. 850 000	1. 290 000
10	21. 000 00	5. 242 000	4. 174 000	1. 580 000
11	34. 900 00	5. 740 000	6. 142 000	1. 680 000
12	57. 200 00	6. 446 000	7. 908 000	1. 900 000
13	0. 700 000	4. 477 000	2. 996 000	1. 060 000
14	25. 900 00	5. 236 000	4. 942 000	1. 300 000
15	54. 900 00	6. 151 000	6. 752 000	1. 520 000
16	40. 900 00	3. 365 000	9. 588 000	1. 740 000
17	15. 900 00	4. 787 000	3. 912 000	1. 160 000
18	6. 400 000	5. 142 000	4. 700 000	1. 490 000
19	18. 000 00	5. 247 000	6. 174 000	1. 630 000
20	38. 900 00	5. 438 000	9. 064 000	1. 990 000
21	14. 000 00	4. 564 000	4. 949 000	1. 150 000
22	15. 200 00	5. 298 000	5. 220 000	1. 330 000
23	32. 000 00	5. 455 000	9. 242 000	1. 440 000
24	56. 700 00	5. 855 000	10. 199 00	2. 010 000
25	16. 800 00	5. 366 000	3. 664 000	1. 310 000
26	11. 600 00	6. 043 000	3. 219 000	1. 460 000
27	26. 500 00	6. 458 000	6. 962 000	1. 720 000
28	0. 700 000	5. 328 000	3. 912 000	1. 250 000
29	13. 400 00	5. 802 000	6. 685 000	1. 080 000
30	5. 500 000	6. 176 000	4. 787 000	1. 250 000

10

第11章 异方差性：误差方差不是常数会怎么样？

经典线性回归模型的一个重要假定（假定 4）是，出现在总体回归函数中的干扰项 u_i 是同方差性的；也就是说，它们都有相同的方差。本章中，我们分析这一假定的真实性，并探明如果此假定不成立将会出现什么情况。类似于第 10 章，我们寻求下述问题的答案：

(1) 异方差性的本质是什么？

(2) 它的后果是什么？

(3) 怎样去发现它？

(4) 有什么补救措施？

11.1 异方差性的本质

如第 3 章中所指出的那样，经典线性回归模型的重要假定之一是，以给定解释变量值为条件的每一干扰项 u_i 的方差是一个等于 σ^2 的常数。这就是同方差性假定。同方差性（homoscedasticity）意味着相同的散布，即相等的方差。用符号表示为：

$$E(u_i^2) = \sigma^2 \quad i = 1, 2, \cdots, n \tag{11.1.1}$$

从图形上看，双变量回归模型中的同方差性可表示为图 3-4。为方便起见，将该图重制为图 11-1。如图 11-1 所示，不管变量 X 取什么值，以给定 X_i 为条件的 Y_i 的条件方差（等于 u_i 的条件方差）都保持不变。

与此相对，考虑图 11-2。该图表明，Y_i 的条件方差随 X 的增加而增加。这里，Y_i 的条件方差不再保持不变，从而回归有异方差性。用符号写为：

$$E(u_i^2) = \sigma_i^2 \tag{11.1.2}$$

注意，σ_i^2 的下标提醒我们，u_i 的条件方差（$=Y_i$ 的条件方差）不再是常数。

为了看清楚同方差性和异方差性的区别，假定在双变量模型 $Y_i = \beta_1 + \beta_2 X_i + u_i$ 中，Y 代表储蓄，X 代表收入。图 11-1 和图 11-2 都表明随着收入增加，储蓄平均来说也增加。但在图 11-1 中，储蓄的方差在所有的收入水平上都保持不变。而在图 11-2 中，它却随收入的增加而增加。看来在图 11-2 中，较高收入的家庭不仅比较低收入的家庭平均而言有更多的储蓄，而且在其储蓄中有更大的变异。

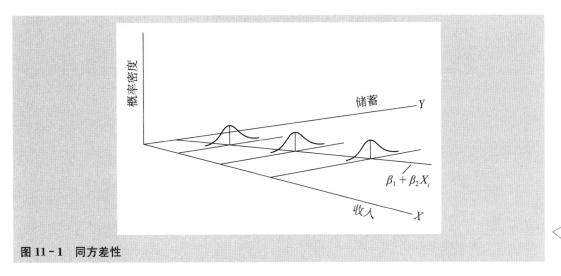

图 11 - 1　同方差性

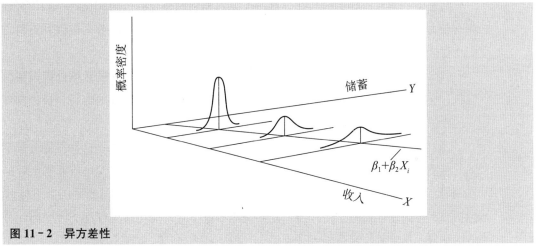

图 11 - 2　异方差性

有几个理由说明为什么 u_i 的方差可能有变化，其中的一些如下所述[①]：

（1）按照误差学习模型（error-learning model），人们在学习的过程中，其行为误差随时间的推移或错误次数的增多而减少。在这种情形中，预期 σ_i^2 会减小。作为一个例子，考虑图 11 - 3。该图描绘了在给定的一段时间里，打字出错个数与打字练习的小时数的关系。如图 11 - 3 所示，随着打字练习的小时数的增加，不仅平均打字出错个数有所下降，而且打字出错个数的方差也有所下降。

（2）随着收入的增长，人们有更多的可随意支配收入（discretionary income）[②]，从而对于如何支配他们的收入有更大的选择范围。因此，在做储蓄对收入的回归时很可能发现，由于人们对其储蓄行为有更多的选择，σ_i^2 与收入俱增（如图 11 - 2 所示）。

---

① 参见 Stefan Valavanis，*Econometrics*，McGraw-Hill，New York，1959，p. 48。

② "收入增加了，人们现在在意一美元怎样用，而过去则在意一美分怎样用。"参见 Stefan Valavanis，*Econometrics*，McGraw-Hill，New York，1959，p. 48。

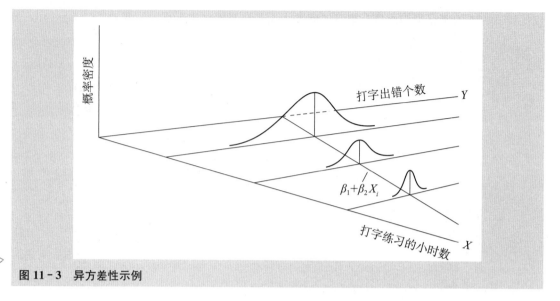

图 11 - 3　异方差性示例

同理，利润较丰厚的公司在分红政策方面和利润微薄的公司相比，一般均可预料有较大的变化，而且以增长为导向的公司相对于已发展定型的公司在红利支付方面也可能表现出更多的变异。

（3）随着数据采集技术的改进，σ_i^2 可能减小。例如，有成熟的数据处理设备的银行，在为客户提供的月度或季度报表中，相对于没有这种设备的银行，会出现更少的差错。

（4）异方差性还会因为异常观测（outliers）的出现而产生。一个超越正常范围的观测值或称异常观测，是指和其他观测值相比相差很多（非常小或非常大）的观测值。更具体地，异常观测来自与产生其余观测值的总体不同的另一个总体。[1] 包括或不包括这样的一个观测值，尤其是样本较小时，会在很大程度上改变回归分析的结果。

作为一个例子，考虑图 11 - 4 中的散点图。此图根据习题 11.22 中表 11 - 9 所给数据，对 20 个国家在第二次世界大战后直至 1969 年期间的股票价格（Y）和消费者价格（X）的年百分率变化进行描点。图中，对智利的 Y 和 X 的观测值远大于对其他国家的相应观测值，故智利的观测值可视为异常观测。类似于这种情况，同方差性的假定就难以维持。在习题 11.22 中，我们要求读者考虑，如果在分析中把智利的观测值除掉，会出现什么样的回归结果。

（5）异方差性的另一来源是对 CLRM 假定 9 的破坏，即回归模型的设定是不正确的。虽然我们将在第 13 章中对设定偏误的问题做更全面的探讨，但常常看来像是异方差性的问题，其实是由于模型中的一些重要变量被忽略了。例如，在一个对商品的需求函数中，如果没有把有关的互补品和（或）替代品的价格包括进来

---

[1]　感谢迈克尔·麦卡利尔（Michael McAleer）向我指出了这一点。

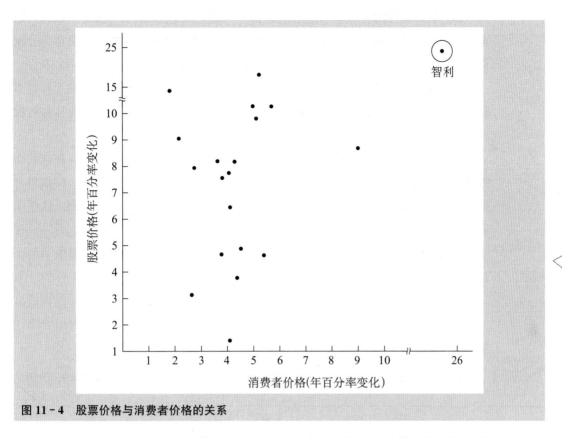

图 11 - 4　股票价格与消费者价格的关系

（遗漏变量偏误），则回归残差可能给人以异方差的表面印象；而当模型把所忽略的
变量包括进来时，这种印象也许会消失。

作为一个简明的例子，回想我们对印象（Y）与广告支出（X）关系的研究。
（参见习题 8.32。）若只将 Y 对 X 回归并观测此回归的残差，你会看到一种类型，
但若将 Y 对 X 和 X^2 回归并观测此回归的残差，你又会看到另一种类型，从
图 11 - 5 明显可以看出这一点。我们已经看到，X^2 属于此模型。（参见习题 8.32。）

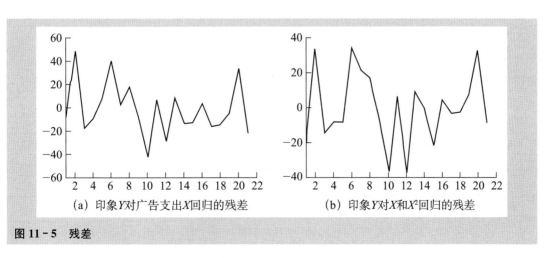

　(a) 印象 Y 对广告支出 X 回归的残差　　　　(b) 印象 Y 对 X 和 X^2 回归的残差

图 11 - 5　残差

（6）异方差性的另一个来源是模型中一个或多个回归元的分布偏态。收入、财富和教育等经济变量都是很好的例子。众所周知，大多数社会中收入和财富的分配都是不匀称的，处在顶端的少数人拥有大部分的收入和财富。

（7）异方差性的其他来源。如戴维·韩德瑞（David Hendry）所说的那样，不正确的数据变形（如比率或一阶差分变换等）和不正确的函数形式（如线性与对数线性模型的变换）同样能导致异方差性。[①]

注意，异方差性问题在横截面数据中比在时间序列数据中更为常见。在横截面数据中，人们通常在一个给定的时间点上对总体中的一些成员进行观测，例如对个别的消费者或家庭、厂商、行业或地区（如州、农村或城市）等进行观测。这些成员可能大小不一，例如厂商有大、中、小之分，收入有高、中、低之分。另外，在时间序列数据中，人们经常收集同一实体在一个时期内的数据，例如美国在1955—2005年的GNP、消费支出、储蓄或就业数据。

作为横截面分析中常会遇到的异方差性的一个说明，考虑表 11-1。该表给出了1958年按厂商职工人数划分的10个非耐用品制造行业的人均薪金和相关统计量。表中还给出了9个按厂商职工人数分组的平均生产力。

表 11-1　　1958 年按厂商职工人数划分的 10 个非耐用品制造行业的人均薪金和相关统计量及平均生产力

单位：美元

行业	厂商职工人数								
	1~4 人	5~9 人	10~19 人	20~49 人	50~99 人	100~249 人	250~499 人	500~999 人	1 000~2 499 人
食品干果	2 994	3 295	3 565	3 907	4 189	4 486	4 676	4 968	5 342
烟草产品	1 721	2 057	3 336	3 320	2 980	2 848	3 072	2 969	3 822
纺织品	3 600	3 657	3 674	3 437	3 340	3 334	3 225	3 163	3 168
器皿用具	3 494	3 787	3 533	3 215	3 030	2 834	2 750	2 967	3 453
纸张类	3 498	3 847	3 913	4 135	4 445	4 885	5 132	5 342	5 326
印刷与出版	3 611	4 206	4 695	5 083	5 301	5 269	5 182	5 395	5 552
化工产品	3 875	4 660	4 930	5 005	5 114	5 248	5 630	5 870	5 876
石油与煤炭	4 616	5 181	5 317	5 337	5 421	5 710	6 316	6 455	6 347
橡胶与塑料	3 538	3 984	4 014	4 287	4 221	4 539	4 721	4 905	5 481
皮革与皮革制品	3 016	3 196	3 149	3 317	3 414	3 254	3 177	3 346	4 067
平均薪金	3 396	3 787	4 013	4 104	4 146	4 241	4 388	4 538	4 843
薪金标准差	742.2	851.4	727.8	805.06	929.9	1 080.6	1 243.2	1 307.7	1 110.7
平均生产力	9 355	8 584	7 962	8 275	8 389	9 418	9 795	10 281	11 750

资料来源：*The Census of Manufacturers*，U. S. Department of Commerce，1958.（由作者自行计算。）

---

① David F. Hendry，*Dynamic Econometrics*，Oxford University Press，1995，p. 45.

虽然不同行业有不同的产出构成，但表 11-1 清楚地表明，平均而言，大的厂商比小的厂商支付更多的薪金。例如，厂商职工人数为 1～4 人的厂商平均薪金约为 3 396 美元，而厂商职工人数为 1 000～2 499 人的厂商平均薪金约为 4 843 美元。但应注意，在不同厂商职工人数的类别之间，如估计的薪金标准差所表明的那样，薪金有相当大的变异。这点还可以从图 11-6 看出。图 11-6 给出了每个厂商职工人数组中的薪金标准差和平均薪金。我们清楚地看到，总体上，薪金标准差随着平均薪金的提高而提高。

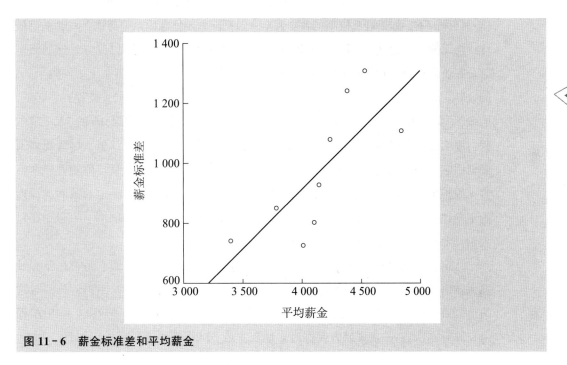

图 11-6　薪金标准差和平均薪金

11.2　出现异方差性时的 OLS 估计

如果引进异方差性 $E(u_i^2)=\sigma_i^2$ 而保留经典模型的所有其他假定，OLS 估计量及其方差会出现什么变化呢？为了回答此问题，我们回到双变量模型：

$$Y_i=\beta_1+\beta_2 X_i+u_i$$

按照惯常的公式，β_2 的 OLS 估计量是：

$$\hat{\beta}_2=\frac{\sum x_i y_i}{\sum x_i^2}$$

$$=\frac{n\sum X_i Y_i-\sum X_i \sum Y_i}{n\sum X_i^2-\left(\sum X_i\right)^2} \tag{11.2.1}$$

但现在它的方差是（参看附录 11A 的 11A.1 节）：

$$\text{var}(\hat{\beta}_2) = \frac{\sum x_i^2 \sigma_i^2}{\left(\sum x_i^2\right)^2} \tag{11.2.2}$$

这显然不同于同方差性假定下的常用方差公式：

$$\text{var}(\hat{\beta}_2) = \frac{\sigma^2}{\sum x_i^2} \tag{11.2.3}$$

当然，如果对每个 i 都有 $\sigma_i^2 = \sigma^2$，那么这两个公式是相同的。（为什么？）

回顾一下，如果经典模型的各个假定（包括同方差性在内）全部成立，则 $\hat{\beta}_2$ 是最优线性无偏估计量（BLUE）。当我们仅除掉同方差性假定而代之以异方差性的假定时，它还会不会是 BLUE 呢？容易证明，$\hat{\beta}_2$ 仍是线性和无偏的。事实上，如附录 3A 的 3A.2 节所证明的那样，为了证明 $\hat{\beta}_2$ 的无偏性，干扰项（u_i）的同方差性并非必要。的确，u_i 的方差同方差或异方差，与无偏性的证明无关。记得在附录 3A 的 3A.7 节中我们表明过，在经典线性回归模型的假定之下，$\hat{\beta}_2$ 是一个一致估计量。尽管我们不去证明它，但我们可以证明，$\hat{\beta}_2$ 在异方差情形下是一个一致估计量，即随着样本容量无限扩大，估计的 β_2 收敛于其真实值。另外，还可以证明，在一定的条件（被称为正则性条件）下，$\hat{\beta}_2$ 还是渐近正态分布的（asymptotically normally distributed）。当然，上述结论对多元回归模型中的其他参数也成立。

认定 $\hat{\beta}_2$ 是线性无偏的，那它是不是"有效"或"最优"的，即它是否在所有线性无偏估计量中有最小方差呢？这个最小方差是由方程（11.2.2）给出的吗？对这两个问题的回答都是否定的：$\hat{\beta}_2$ 不再是最优的，而且最小方差也不由方程（11.2.2）给出。在出现异方差性时，什么才是 BLUE 呢？下节将给出回答。

11.3　广义最小二乘法

为什么方程（11.2.1）所给的 β_2 的常用 OLS 估计量虽然无偏但非最优呢？直观的理由可从表 11-1 看出。如该表所示，各组之间的人均薪金有相当大的变异。假如要我们做人均薪金对厂商职工人数的回归，我们就应对人均薪金的这种组间变异知识加以利用。最理想的是设计出这样一种估计方案：对来自变异较大的总体的观测值赋予较小的权重，而对来自变异较小的总体的观测值赋予较大的权重。检查一下表 11-1 便知道，相对于来自 5～9 人组和 250～499 人组的那些观测值，要对来自 10～19 人组和 20～49 人组的观测值进行更大的加权，因为后一种观测值比较紧密地聚集在它们的均值周围，从而能使我们更准确地估计 PRF。

可惜的是，常用的 OLS 并不采取这种策略，因而对表 11-1 中的人均薪金这个因变量 Y 的不等变异所包含的信息未加利用：它仍然对每一观测值同样重视或同等加权。而名为广义最小二乘（法）（generalized least squares，GLS）的一种估计方法则明确地利用了这一信息，因而能得到 BLUE。为了看清楚怎样做到这一点，让我们继续利用现在已经熟悉的双变量模型：

$$Y_i = \beta_1 + \beta_2 X_i + u_i \tag{11.3.1}$$

为便于代数上的处理，我们把上述模型写为：

$$Y_i = \beta_1 X_{0i} + \beta_2 X_i + u_i \tag{11.3.2}$$

其中对每个 i 均有 $X_{0i}=1$。相信读者能看出这两种写法是完全相同的。

现在假定不同的方差 σ_i^2 已知。将方程（11.3.2）的两边除以 σ_i 得：

$$\frac{Y_i}{\sigma_i} = \beta_1\left(\frac{X_{0i}}{\sigma_i}\right) + \beta_2\left(\frac{X_i}{\sigma_i}\right) + \left(\frac{u_i}{\sigma_i}\right) \tag{11.3.3}$$

为了易于阐述，将它写为：

$$Y_i^* = \beta_1^* X_{0i}^* + \beta_2^* X_i^* + u_i^* \tag{11.3.4}$$

其中带星号变量（或转换变量）为原始变量除以（已知的）σ_i。我们用符号 β_1^* 和 β_2^* 表示转换模型的参数，以区别于常用的 OLS 参数 β_1 和 β_2。

转换原始模型的用意何在？为说明这点，可注意变换误差项 u_i^* 的如下特点：

$$\mathrm{var}(u_i^*) = E(u_i^*)^2 = E\left(\frac{u_i}{\sigma_i}\right)^2 \qquad 因为\ E(u_i^*)=0$$

$$= \frac{1}{\sigma_i^2}E(u_i^2) \qquad 因为\ \sigma_i^2\ 已知$$

$$= \frac{1}{\sigma_i^2}(\sigma_i^2) \qquad 因为\ E(u_i^2)=\sigma_i^2$$

$$= 1 \tag{11.3.5}$$

这是一个常数。也就是说，转换干扰项 u_i^* 的方差，现在方程有了同方差性。因为我们仍保留着经典模型的其他假定，所以 u_i^* 的这一同方差性的发现表明，如果我们把 OLS 应用到转换模型（11.3.3）上，将产生 BLUE。简言之，这时估计出来的 β_1^* 和 β_2^* 是 BLUE，而 OLS 估计量 $\hat{\beta}_1$ 和 $\hat{\beta}_2$ 则不是。

先将原始变量转换成满足经典模型假设的转换变量，然后对它们使用 OLS 程序，叫做广义最小二乘法。概括地说，GLS 是对满足标准最小二乘假定的转换变量的 OLS。如此得到的估计量叫做 GLS 估计量。这些估计量是 BLUE。

估计 β_1^* 和 β_2^* 的具体步骤如下：首先写下对应于方程（11.3.3）的 SRF：

$$\frac{Y_i}{\sigma_i} = \hat{\beta}_1^*\left(\frac{X_{0i}}{\sigma_i}\right) + \hat{\beta}_2^*\left(\frac{X_i}{\sigma_i}\right) + \left(\frac{\hat{u}_i}{\sigma_i}\right)$$

或者

$$Y_i^* = \hat{\beta}_1^* X_{0i}^* + \hat{\beta}_2^* X_i^* + \hat{u}_i^* \tag{11.3.6}$$

然后最小化

$$\sum \hat{u}_i^{*2} = \sum (Y_i^* - \hat{\beta}_1^* X_{0i}^* - \hat{\beta}_2^* X_i^*)^2$$

即

$$\sum \left(\frac{\hat{u}_i}{\sigma_i}\right)^2 = \sum \left[\left(\frac{Y_i}{\sigma_i}\right) - \hat{\beta}_1^* \left(\frac{X_{0i}}{\sigma_i}\right) - \hat{\beta}_2^* \left(\frac{X_i}{\sigma_i}\right)\right]^2 \tag{11.3.7}$$

以获得 GLS 估计量。附录 11A 的 11A.2 节给出了最小化方程（11.3.7）的标准计算程序。如该节所表明的，β_2^* 的 GLS 估计量为：

$$\hat{\beta}_2^* = \frac{\left(\sum w_i\right)\left(\sum w_i X_i Y_i\right) - \left(\sum w_i X_i\right)\left(\sum w_i Y_i\right)}{\left(\sum w_i\right)\left(\sum w_i X_i^2\right) - \left(\sum w_i X_i\right)^2} \tag{11.3.8}$$

它的方差为：

$$\mathrm{var}(\hat{\beta}_2^*) = \frac{\sum w_i}{\left(\sum w_i\right)\left(\sum w_i X_i^2\right) - \left(\sum w_i X_i\right)^2} \tag{11.3.9}$$

其中 $w_i = 1/\sigma_i^2$。

OLS 和 GLS 的差别

从第 3 章中看到，OLS 要求我们最小化：

$$\sum \hat{u}_i^2 = \sum (Y_i - \hat{\beta}_1 - \hat{\beta}_2 X_i)^2 \tag{11.3.10}$$

而 GLS 要求我们最小化表达式（11.3.7），而该式又可写为：

$$\sum w_i \hat{u}_i^2 = \sum w_i (Y_i - \hat{\beta}_1^* X_{0i} - \hat{\beta}_2^* X_i)^2 \tag{11.3.11}$$

其中 $w_i = 1/\sigma_i^2$ ［读者可证明方程（11.3.11）和方程（11.3.7）相同］。

由此可见，在 GLS 中，我们最小化以 $w_i = 1/\sigma_i^2$ 为权重的一个加权残差平方和，而在 OLS 中我们最小化一个未加权或等权（相当于一回事）残差平方和（RSS）。方程（11.3.7）表明，GLS 分配给每一观测的权重与它的 σ_i 成反比，也就是说，在最小化方程（11.3.11）的 RSS 的过程中，来自有较大 σ_i 的总体观测将得到较小的权重，而来自有较小 σ_i 的总体观测将得到较大的权重。为了看清楚 OLS 和 GLS 的差别，考虑图 11-7 中假想的散点图。

在（未加权的）OLS 中，点 A、B 和 C 处的误差在 RSS 的最小化过程中都得到了相等的权重。显而易见，这时 C 的误差将支配 RSS。但在 GLS 中，这个极端的观测值 C 和另外两个观测值相比，将得到相对小的权重。如前所述，这个策略是正确的，因为，为了更可靠地估计总体回归函数，我们应该对那些紧密围绕其（总体）均值的观测比对那些远离均值的观测赋予更大的权重。

因方程（11.3.11）最小化了一个加权的 RSS，故适宜称之为加权最小二乘（weighted least squares，WLS），并把由此得到的由方程（11.3.8）和（11.3.9）给出的估计量称为 WLS 估计量。但 WLS 只不过是更为一般的估计方法 GLS 的一种特殊情形。在异方差性的讨论中，WLS 和 GLS 两词可交换使用。但在以后的章节中，我们会遇到 GLS 的其他特殊情形。

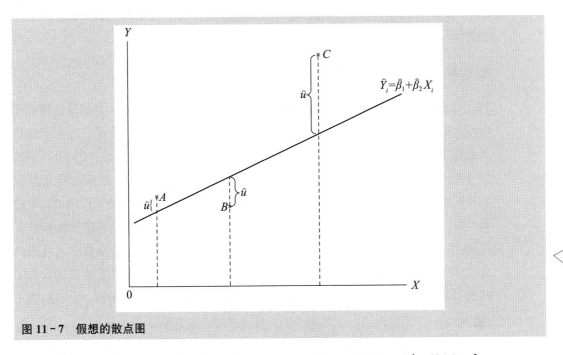

图 11-7 假想的散点图

　　顺便指出，如果对所有的 i 都有 $w_i = w$，即 w_i 为一个常数，则 $\hat{\beta}_2^*$ 等同于 $\hat{\beta}_2$，并且 $\text{var}(\hat{\beta}_2^*)$ 也等同于由方程（11.2.3）所给的常用（即同方差性的）$\text{var}(\hat{\beta}_2)$，这一点不足为奇。（为什么？）（参看习题 11.8。）

11.4　出现异方差性时使用 OLS 的后果

　　正如我们已经看到的那样，$\hat{\beta}_2^*$ 和 $\hat{\beta}_2$ 两者都是（线性）无偏估计量：在重复抽样中，平均而言，$\hat{\beta}_2^*$ 和 $\hat{\beta}_2$ 都将等于真实 β_2，也就是说，它们都是无偏估计量。但我们知道 $\hat{\beta}_2^*$ 才是有效的，即有最小方差。如果我们继续使用 OLS 估计量 $\hat{\beta}_2$，我们的置信区间、假设检验以及其他相关事宜会出现什么情况呢？我们区分两种情形讨论。

考虑异方差性的 OLS 估计

　　假设我们使用 $\hat{\beta}_2$，但又明显考虑有异方差性而使用由方程（11.2.2）给出的方差公式，那么按照该公式，假定 σ_i^2 为已知，是否就可以利用通常的 t 和 F 检验构造置信区间并进行假设检验呢？一般地说，回答是否定的。因为可以证明 $\text{var}(\hat{\beta}_2^*) \leqslant \text{var}(\hat{\beta}_2)$。[1] 这就是说，根据 $\text{var}(\hat{\beta}_2)$ 构造的置信区间将无谓地过大。其结果是，t 和 F 检验很可能给我们提供了不准确的结果：因为明显过大的 $\text{var}(\hat{\beta}_2)$ 会使本来

---

　　[1]　一个正式的证明见 Phoebus J. Dhrymes，*Introductory Econometrics*，Springer-Verlag，New York，1978，pp. 110-111。顺便指出，$\hat{\beta}_2$ 的效率损失［指 $\text{var}(\hat{\beta}_2)$ 超过 $\text{var}(\hat{\beta}_2^*)$ 多少］取决于 X 变量的样本值以及 σ_i^2 值。

（如果我们使用由 GLS 程序构造的正确的置信区间的话）显著的系数变成统计上不显著的（因为 t 值过小）。

忽视异方差性的 OLS 估计

如果在有或怀疑有异方差性的情形下，我们不但使用了 $\hat{\beta}_2$，而且继续使用方程（11.2.3）所给的常用（同方差性的）方差公式，情况就变得严重了：注意，这是我们所讨论的两种情形中尤为常见的一种。原因是，当我们使用标准的 OLS 回归软件时，忽略异方差性（或对异方差性无知）就会给出 $\hat{\beta}_2$ 的方差，就像方程（11.2.3）所给出的那样。方程（11.2.3）所给的 $\text{var}(\hat{\beta}_2)$ 是方程（11.2.2）所给 $\text{var}(\hat{\beta}_2)$ 的一个有偏误的估计量。也就是说，平均而言，前者不是高估就是低估了后者。一般地说，我们无法告知这个偏误是正的（过高估计）还是负的（过低估计）。可从方程（11.2.2）清楚地看到，它取决于 σ_i^2 的变化与解释变量 X 的取值之间的关系（参看习题 11.9）。之所以有偏误，是因为当异方差性出现时，σ^2 的惯用估计量 $\hat{\sigma}^2 = \sum \hat{u}_i^2 / (n-2)$ 不是 σ^2 的无偏估计量（参见附录 11A 的 11A.3 节）。忽视异方差性的结果是，我们不能再依赖通常计算的置信区间和通常使用的 t 和 F 检验。[1] 总之，如果我们忽视异方差性而执意使用惯常的检验程序，则无论我们得出什么结论或做出什么推断，都可能产生严重的误导。

为使问题的讨论更加明朗，我们引用戴维森和麦金农所做的一个蒙特卡洛实验。[2] 他们考虑了一个简单的模型，可用我们的符号表示如下：

$$Y_i = \beta_1 + \beta_2 X_i + u_i \tag{11.4.1}$$

他们假定 $\beta_1 = 1$，$\beta_2 = 1$，$u_i \sim N(0, X_i^\alpha)$。最后一个式子表明误差方差是异方差性的，并且它的值是回归元 X 值的 α 次方。例如，当 $\alpha = 1$ 时，误差方差与 X 值成正比；当 $\alpha = 2$ 时，误差方差与 X 值的平方成正比，等等。在 11.6 节中我们将讨论这种比例关系的逻辑性。根据 20 000 次重复实验，并令 α 取不同的值，他们得到使用 OLS［见方程（11.2.3）］和使用 OLS 但考虑到有异方差性［见方程（11.2.2）］以及使用 GLS［见方程（11.3.9）］的两个回归系数的标准误。现对所选的一些 α 值的结果列表如下：

α 值	$\hat{\beta}_1$ 的标准误			$\hat{\beta}_2$ 的标准误		
	OLS	OLS$_{het}$	GLS	OLS	OLS$_{het}$	GLS
0.5	0.164	0.134	0.110	0.285	0.277	0.243
1.0	0.142	0.101	0.048	0.246	0.247	0.173

---

[1] 由方程（5.3.6）我们知道 β_2 的 $100(1-\alpha)\%$ 置信区间是 $[\hat{\beta}_2 \pm t_{\alpha/2} \text{se}(\hat{\beta}_2)]$。但若 $\text{se}(\hat{\beta}_2)$ 不能无偏地加以估计，我们还能对通常计算的置信区间给予多少信赖呢？

[2] Russell Davidson and James G. MacKinnon, *Estimation and Inference in Econometrics*, Oxford University Press, New York, 1993, pp. 549–550.

续表

α 值	$\hat{\beta}_1$ 的标准误			$\hat{\beta}_2$ 的标准误		
	OLS	OLS$_{het}$	GLS	OLS	OLS$_{het}$	GLS
2.0	0.116	0.074	0.007 3	0.200	0.220	0.109
3.0	0.100	0.064	0.001 3	0.173	0.206	0.056
4.0	0.089	0.059	0.000 3	0.154	0.195	0.017

注：OLS$_{het}$ 表示考虑异方差性的 OLS。

这些结果最令人注目的特点是，不管是否考虑对异方差性的修正，OLS 一律过高地估计了由（正确的）GLS 程序得到的真实标准误，尤其是在 α 值较大时，从而证实了 GLS 的优越性。这些结果还表明，如果我们不用 GLS 而只用 OLS，不管是否考虑到异方差性，情况都不清晰。常用的 OLS，相对于顾及异方差性的 OLS 来说，其标准误或者偏于过大（对截距而言），或者一般偏于过小（对斜率系数而言）。一条明显的信息是：在出现异方差性时就要用 GLS。然而，在实际中，GLS 并不总是容易使用的，理由见后。同样，我们以后还要提到，除非异方差性很严重，否则可能不应该放弃 OLS 而使用 GLS 或 WLS。

由上述讨论可见，异方差性是一个潜在的严重问题，研究者需要知道它在某一给定的情况中是否出现。如果发现有异方差性，就可采取纠正措施，比如使用加权最小二乘回归或某些其他方法。然而，在我们考虑各种纠正措施之前，我们必须先判断在某一给定情况中，是否有或很可能有异方差性。这就是下一节要讨论的问题。

一个技术性注解

尽管我们曾经说过，在异方差情形中，GLS 是 BLUE，而 OLS 不是，但在有些例子中 OLS 在异方差情形中仍是 BLUE。[1] 只是这种例子在实践中并不多见。

11.5　异方差性的侦察

和多重共线性一样，一个重要的实际问题是：我们怎样知道在一个具体的情况中是否有异方差性？和多重共线性类似，并不存在有关侦察异方差性的硬性规定，

---

① 其原因在于，高斯-马尔可夫定理为 OLS 的有效性提供了充分（而非必要）条件。OLS 为 BLUE 的充分必要条件由克鲁斯卡尔定理（Kruskal's theorem）给出，但这个问题超出了本书的范围。感谢迈克尔·麦卡利尔使我注意到这一点。详尽分析可参见 Denzil G. Fiebig, Michael McAleer, and Robert Bartels, "Properties of Ordinary Least Squares Estimators in Regression Models with Nonspherical Disturbances," *Journal of Econometrics*, vol. 54, No. 1 - 3, Oct.-Dec., 1992, pp. 321 - 334. 对喜欢数学的同学而言，我会在附录 C 中用矩阵代数进一步讨论这个问题。

只有少数经验规则。但是这种结局是不可避免的，因为除非我们知道对应于选定 X 值的整个 Y 总体，如同表 2-1 或表 11-1 所给的总体那样，否则 σ_i^2 是无从获知的。然而，在经济研究中，这样的数据（总体）可遇不可求。在这方面，计量经济学家不同于诸如农学或生物学等领域的科学家。农学或生物学的研究者们能很好地控制他们的研究主题。而在经济研究中，对应于一个具体的 X 值，多数情形都只有一个样本 Y 值，所以没有任何方法能仅从一个 Y 观测值去获知 σ_i^2。因此，在大多数的计量经济调查研究中，异方差性不过是一种直觉、深思熟虑的猜测、先前经验或纯粹猜想。

有了上述告诫，现在就可以列举一些非正式或正式的侦察异方差性的方法。如下面的讨论将要表明的那样，大多数方法都基于对我们所能观测到的 OLS 残差 $\hat{u}_i$ 的分析，而不是对干扰项 u_i 的分析。我们寄希望于它们是 u_i 的良好估计。当样本容量相当大时，这一希望也许能够实现。

非正式方法

问题的性质。 往往根据所考虑问题的性质就能判别是否会遇到异方差性。例如，普莱斯（Prais）和霍撒克（Houthakker）在一项家庭预算研究中发现，围绕消费对收入的回归，残差的方差随收入的增加而增加。仿效这一开拓性的研究，现在人们一般都假定在类似的调查中可以预期不同干扰项之间有不相等的方差。[1] 事实上，在涉及异质性调查单位的横截面数据中，异方差性可能比较常见。例如，在投资与销售量、利率等变量之间关系的横截面分析中，如果样本同时包含小、中和大型厂商，一般都预期有异方差性。

事实上，我们已经遇到过这种例子。我们在第 2 章讨论了美国平均小时工资与受教育程度的关系。我们在那里还讨论了印度 55 个农户的食物支出与总支出之间的关系（见习题 11.16）。

图解法。 如果对异方差性的性质没有任何先验或经验信息，实际上，可先在无异方差性的假定下做回归分析，然后对残差的平方 $\hat{u}_i$ 做事后检查，看看这些 $\hat{u}_i^2$ 是否呈现任何系统性的模式。虽然 $\hat{u}_i^2$ 还不等于 u_i^2，但可作为一个代理变量，特别是当样本容量足够大时。[2] 对 $\hat{u}_i^2$ 的检查可能出现如图 11-8 所示的那些模式。

在图 11-8 中，$\hat{u}_i^2$ 相对于 $\hat{Y}_i$ 进行描点，$\hat{Y}_i$ 是从回归线得出的 Y_i 的估计值，其用意是要找出 Y 的估计值是否与残差的平方系统相关。在图 11-8（a）中，我们未

---

[1] S. J. Prais and H. S. Houthakker, *The Analysis of Family Budgets*, Cambridge University Press, New York, 1955.

[2] 至于 $\hat{u}_i$ 与 u_i 之间的关系，参见 E. Malinvaud, *Statistical Methods of Econometrics*, North Holland Publishing Company, Amsterdam, 1970, pp. 88-89.

发现这两个变量之间有任何系统关系，表明了数据中也许没有异方差性。图 11-8 (b)
到图 11-8 (e) 则呈现一定的系统性的模式。例如，图 11-8 (c) 表示 $\hat{u}_i^2$ 与 $\hat{Y}_i$ 之
间的一个线性关系，而图 11-8 (d) 和图 11-8 (e) 则表示 $\hat{u}_i^2$ 与 $\hat{Y}_i$ 之间的二次关
系。利用这种虽然非正式的知识，我们却有可能对数据进行变换，使得变换后的数
据不具有异方差性。在 11.6 节中，我们将分析几种这样的变换。

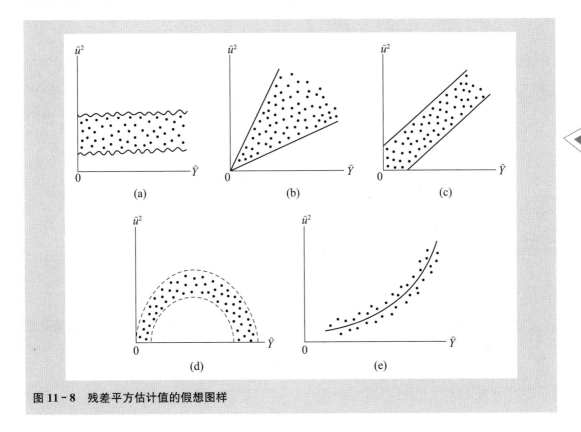

图 11-8　残差平方估计值的假想图样

　　除了将 $\hat{u}_i^2$ 对 $\hat{Y}_i$ 描点外，还可将它们对解释变量之一描点，特别是像图 11-8 (a)
那样在对 $\hat{Y}_i$ 的描点结果看不出异方差性的情况下。如图 11-9 所示，对 X 描点的
结果会显示出类似于图 11-8 的图样。(在双变量模型的情形中，将 $\hat{u}_i^2$ 对 $\hat{Y}_i$ 描点等
价于将它们对 X_i 描点。因此，图 11-9 和图 11-8 必然是相似的。但当我们考虑两个
或多个 X 变量的模型时，情况就不同了；这时可将 $\hat{u}_i^2$ 相对于模型中的任一 X 变量
描点。)

　　例如，一个类似于图 11-9 (c) 的图形可能表明干扰项的方差与 X 变量有线
性关系。因此，如果在储蓄对收入的回归中，发现有如同图 11-9 (c) 那样的图
样，就表明异方差可能正比于收入变量的取值。这一知识有助于我们将数据进行变
换，使得对变换后的数据进行回归时，干扰项的方差变成同方差的。下节我们还将
回到这个问题上。

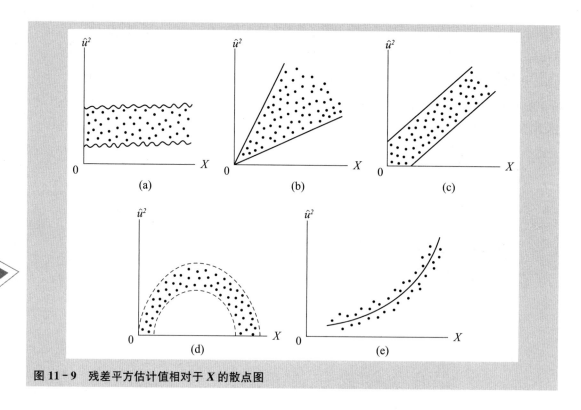

图 11-9 残差平方估计值相对于 X 的散点图

正式方法

帕克检验。[1] 帕克（Park）通过指出 σ_i^2 是解释变量 X_i 的某个函数而把图解法公式化。他所建议的函数形式是：

$$\sigma_i^2 = \sigma^2 X_i^\beta e^{v_i}$$

或者

$$\ln \sigma_i^2 = \ln \sigma^2 + \beta \ln X_i + v_i \tag{11.5.1}$$

其中 v_i 是随机干扰项。

由于 σ_i^2 通常是未知的，所以帕克建议用 $\hat{u}_i^2$ 作为替代变量并做如下回归：

$$\ln \hat{u}_i^2 = \ln \sigma^2 + \beta \ln X_i + v_i$$
$$= \alpha + \beta \ln X_i + v_i \tag{11.5.2}$$

如果 β 表现为统计显著的，就表明数据中有异方差性。如果它不显著，则可接受同方差性假设。可见，帕克检验是一个两阶段程序。在第一阶段中，我们做 OLS 回归而不考虑异方差性问题。我们从这一回归获得 $\hat{u}_i$，然后在第二阶段中做回归（11.5.2）。

虽然帕克检验从经验上看颇有魅力，但却遇到一些问题，戈德菲尔德（Gold-

---

[1] R. E. Park, "Estimation with Heteroscedastic Error Terms," *Econometrica*，vol. 34，no. 4，October 1966，p. 888. 帕克检验是哈维（A. C. Harvey）提出的一般检验的一种特殊情形。见 A. C. Harvey，"Estimating Regression Models with Multiplicative Heteroscedasticity," *Econometrica*，vol. 44，no. 3，1976，pp. 461–465。

feld）和匡特（Quandt）曾指出，进入方程（11.5.2）的误差项 v_i 可能不满足 OLS 假设，而且本身还可能是异方差的。[①] 然而作为一个纯粹探索性的方法，帕克检验还是可以使用的。

例 11.1 平均薪金与平均生产力的关系

为说明帕克检验，我们利用表 11-1 中的数据做如下回归：

$$Y_i = \beta_1 + \beta_2 X_i + u_i$$

其中 Y＝以千美元计的平均薪金，X＝以千美元计的平均生产力，i＝企业的第 i 类就业规模。回归结果如下：

$$\hat{Y}_i = 1\,992.345\,2 + 0.232\,9 X_i$$
$$\text{se} = (936.479\,1) \quad (0.099\,8) \tag{11.5.3}$$
$$t = (2.127\,5) \qquad (2.333) \qquad r^2 = 0.437\,5$$

结果表明斜率系数估计值在单尾 t 检验的基础上达到 5% 的显著性水平。方程表示平均生产力每增加比方说 1 美元，平均薪金约增加 23 美分。

将得自回归（11.5.3）的残差用于方程（11.5.2）中对 X_i 的回归，给出如下结果：

$$\widehat{\ln \hat{u}_i^2} = 35.817 \; - \; 2.809\,9 \ln X_i$$
$$\text{se} = (38.319) \quad (4.216) \tag{11.5.4}$$
$$t = (0.934) \quad (-0.667) \qquad r^2 = 0.059\,5$$

显然，两变量之间无统计上的显著关系。按照帕克检验，便可下结论说，在误差的方差中没有异方差性。[②]

格莱泽检验。[③] 格莱泽（Glejser）检验的思想实质上类似于帕克检验。格莱泽建议，在从 OLS 回归取得残差 $\hat{u}_i$ 之后，用 $\hat{u}_i$ 的绝对值对被认为与 σ_i^2 密切相关的 X 变量做回归。在他的实验中，他使用如下多种函数形式：

$$|\hat{u}_i| = \beta_1 + \beta_2 X_i + v_i$$

$$|\hat{u}_i| = \beta_1 + \beta_2 \sqrt{X_i} + v_i$$

$$|\hat{u}_i| = \beta_1 + \beta_2 \frac{1}{X_i} + v_i$$

$$|\hat{u}_i| = \beta_1 + \beta_2 \frac{1}{\sqrt{X_i}} + v_i$$

[①] Stephen M. Goldfeld and Richard E. Quandt, *Nonlinear Methods in Econometrics*, North Holland Publishing Company, Amsterdam, 1972, pp. 93-94.

[②] 帕克所选的特殊函数形式仅是他的一种建议。另一种函数形式可能表明有显著关系。例如，不妨试用 $\hat{u}_i^2$ 代替 $\ln \hat{u}_i^2$ 作为因变量。

[③] H. Glejser, "A New Test for Heteroscedasticity," *Journal of the American Statistical Association*, vol. 64, 1969, pp. 316-323.

$$|\hat{u}_i| = \sqrt{\beta_1 + \beta_2 X_i} + v_i$$

$$|\hat{u}_i| = \sqrt{\beta_1 + \beta_2 X_i^2} + v_i$$

其中 v_i 是误差项。

格莱泽检验仍然可作为一种经验或实际处理方法加以使用。但戈德菲尔德和匡特指出了误差项的若干问题，如期望值非零、序列相关（见第 12 章）以及有讽刺意味的异方差性。[①] 格莱泽检验的另一困难是，像

$$|\hat{u}_i| = \sqrt{\beta_1 + \beta_2 X_i} + v_i$$

以及

$$|\hat{u}_i| = \sqrt{\beta_1 + \beta_2 X_i^2} + v_i$$

这类模型，对参数而言是非线性的，因而不能用平常的 OLS 程序加以估计。

格莱泽发现，在对异方差性的侦察中，上列模型中的前四个对大样本来说，一般都能给出令人满意的结果，因此，从实际角度考虑，格莱泽检验可用于大样本，而在小样本中，则仅可作为摸索异方差性的一种定性方法。

例 11.2 平均薪金与平均生产力的关系：格莱泽检验

继续例 11.1，将回归（11.5.3）所得到残差的绝对值对平均生产力（X）进行回归，得到如下结论：

$$\widehat{|\hat{u}_i|} = 407.278\,3 \quad - \quad 0.020\,3 X_i$$

$$se = (633.162\,1) \qquad (0.067\,5) \qquad r^2 = 0.012\,7 \tag{11.5.5}$$

$$t = \quad (0.643\,2) \qquad (-0.301\,2)$$

诚如你从此回归中所见，残差的绝对值与回归元平均生产力之间没有关系，这就加强了基于帕克检验所得到的结论。

斯皮尔曼的等级相关检验。 在习题 3.8 中，我们曾定义斯皮尔曼（Spearman）的等级相关系数为：

$$r_s = 1 - 6\left[\frac{\sum d_i^2}{n(n^2-1)}\right] \tag{11.5.6}$$

其中 $d_i =$ 第 i 个单位或现象的两种不同特性所处的等级之差，而 $n =$ 观测单位或现象的级别个数。上述等级相关系数可按下述方法用于侦察异方差性：假定 $Y_i = \beta_1 + \beta_2 X_i + u_i$。

步骤 1 对 Y 和 X 的数据做回归拟合并求出残差 $\hat{u}_i$。

步骤 2 忽视 $\hat{u}_i$ 的符号，也就是取其绝对值 $|\hat{u}_i|$，将 $|\hat{u}_i|$ 和 X_i（或 $\hat{Y}_i$）同时

[①] 详见戈德菲尔德与匡特的前引文献第 3 章。

按递升或递降次序划分等级，然后计算上述斯皮尔曼的等级相关系数。

步骤 3 假定总体等级相关系数 ρ_s 为零且 $n>8$，样本 r_s 的显著性可通过 t 检验按下述方法加以检验[①]：

$$t=\frac{r_s\sqrt{n-2}}{\sqrt{1-r_s^2}} \tag{11.5.7}$$

其自由度 df $=n-2$。

如果计算的 t 值超过 t 临界值就可接受异方差性假设，否则拒绝。如果回归模型涉及多于一个 X 变量，则可在 $|\hat{u}_i|$ 与每一 X 变量之间分别计算 r_s，再用方程 (11.5.7) 中的 t 检验进行统计显著性检验。

例 11.3 等级相关检验的说明

为说明等级相关检验，考虑表 11-2 中的数据。这些数据包含了 10 个共同基金的平均年回报及年回报标准差。

投资组合理论中的资本市场线（CML）假定期望收益（用 E_i 来度量）和风险（用标准差 σ 来度量）之间有如下线性关系：

$$E_i=\beta_1+\beta_2\sigma_i$$

表 11-2 异方差性的等级相关检验

共同基金名称	E_i，平均年回报，%	σ_i，年回报标准差，%	$\hat{E}_i$[†]	$\|\hat{u}_i\|$，残差的绝对值，$\|(E_i-\hat{E}_i)\|$	$\|\hat{u}_i\|$ 的等级	σ_i 的等级	d，两等级之差	d^2
波士顿基金	12.4	12.1	11.37	1.03	9	4	5	25
特拉华基金	14.4	21.4	15.64	1.24	10	9	1	1
权益基金	14.6	18.7	14.40	0.20	4	7	—3	9
基本投资基金	16.0	21.7	15.78	0.22	5	10	—5	25
投资者共同基金	11.3	12.5	11.56	0.26	6	5	1	1
卢米斯销售共同基金	10.0	10.4	10.59	0.59	7	2	5	25
麻省信托投资基金	16.2	20.8	15.37	0.83	8	8	0	0
新英格兰基金	10.4	10.2	10.50	0.10	3	1	2	4
波士顿普塔姆基金	13.1	16.0	13.16	0.06	2	6	—4	16
惠灵顿基金	11.3	12.0	11.33	0.03	1	3	—2	4
总计							0	110

注：† 得自回归 $\hat{E}_i=5.819\,4+0.459\,0\sigma_i$。

按递升次序编排等级。

[①] 参见 G. Udny Yule and M. G. Kendall，*An Introduction to the Theory of Statistics*，Charles Griffin & Company，London，1953，p. 455。

利用表 11-2 中的数据，估计上述模型，并从中计算出残差。由于数据涉及规模与投资目标都不相同的 10 个共同基金，因此人们先验预期数据会存在异方差性。为检验此假设，现利用等级相关检验方法。必要的计算见表 11-2。

应用公式（11.5.6）得到：

$$r_s = 1 - 6 \times \frac{110}{10 \times (100-1)} = 0.333\ 3 \tag{11.5.8}$$

再用方程（11.5.7）中的 t 检验得：

$$t = \frac{0.333\ 3 \times \sqrt{8}}{\sqrt{1-0.111\ 0}} = 0.999\ 8 \tag{11.5.9}$$

对于 8 个自由度，即使在 10% 的显著性水平上，这个 t 值也是不显著的，p 值是 0.17。因此，没有迹象表明解释变量与残差绝对值之间有任何系统关系，故可认为没有异方差性。

戈德菲尔德-匡特检验。[1] 这一广为流传的方法适用于异方差性方差 σ_i^2 与回归模型中解释变量之一有正向关系的情形。为简单起见，考虑通常的双变量模型：

$$Y_i = \beta_1 + \beta_2 X_i + u_i$$

假设 σ_i^2 与 X 变量的正向关系为：

$$\sigma_i^2 = \sigma^2 X_i^2 \tag{11.5.10}$$

其中 σ^2 是一个常数。[2]

假定方程（11.5.10）设想 σ_i^2 与 X 变量的平方成正比。普莱斯和霍撒克在其家庭预算研究中曾发现这种假定甚为有用。

如果方程（11.5.10）得当，则意味着 X_i 值越大，σ_i^2 也越大。如果情况正是如此，则模型中有异方差性是最为可能的。为做出明确的检验，戈德菲尔德和匡特提出如下步骤：

步骤 1 从最小的 X 值开始，按 X 值的大小顺序将观测值排列。

步骤 2 略去居中的 c 个观测值，其中 c 是预定的，并将其余 $(n-c)$ 个观测值分成两组，每组 $(n-c)/2$ 个。

步骤 3 分别对前 $(n-c)/2$ 个观测值和后 $(n-c)/2$ 个观测值各拟合一个回归，并分别获得残差平方和 RSS_1 和 RSS_2，RSS_1 代表对较小 X_i 值所做回归的 RSS（小方差组），而 RSS_2 代表对较大 X_i 值所做回归的 RSS（大方差组）。这些 RSS 各有

$$\frac{n-c}{2} - k \quad \text{或} \quad \frac{n-c-2k}{2}$$

个自由度（df），其中 k 是包括截距在内的待估计参数个数。（为什么？）当然，对于双变量情形，$k=2$。

---

[1] 戈德菲尔德与匡特的前引文献第 3 章。

[2] 这仅是一个可取的假设。实际上要求 σ_i^2 与 X_i 存在单调关系。

步骤 4 计算比率

$$\lambda = \frac{\text{RSS}_2/\text{df}}{\text{RSS}_1/\text{df}} \tag{11.5.11}$$

如果假定 u_i 是正态分布的（我们常做这种假定），并且如果同方差性假定成立，则可以证明方程（11.5.11）中的 λ 服从分子和分母自由度均为 $(n-c-2k)/2$ 的 F 分布。

如果在一项应用中，计算的 $\lambda(=F)$ 值大于选定显著性水平的 F 临界值，就可拒绝同方差性假设，也就是说很可能出现了异方差性。

在举例阐明此检验前，谈谈省略 c 个居中观测值的做法是适宜的。省略这些观测值是为了突出或激化小方差组（即 RSS_1）与大方差组（即 RSS_2）之间的差异，但戈德菲尔德-匡特检验之所以能成功地做到这一点，有赖于怎样选好 c。[1] 对于双变量模型，戈德菲尔德和匡特所做的蒙特卡洛实验表明，当样本容量为 30 时，c 约为 8 为宜，当样本容量为 60 时，c 约为 16 为宜。但贾奇等人却提出，在实践中发现，当 $n=30$ 时，取 $c=4$ 为宜；当 $n=60$ 时，取 $c=10$ 为宜。[2]

在继续讲述之前，还要提请注意，当模型中有多于一个 X 变量时，在检验的步骤 1 中，就可按任一个 X 的大小顺序将观测值排列。例如，在模型 $Y_i = \beta_1 + \beta_2 X_{2i} + \beta_3 X_{3i} + \beta_4 X_{4i} + u_i$ 中，可按这些 X 中的任一个将数据排序。如果我们事先没有把握哪个 X 变量合适，则可对每一个 X 变量进行检验，或者对每一个 X 轮流做帕克检验。

例 11.4 戈德菲尔德-匡特检验

为说明戈德菲尔德-匡特检验，我们在表 11 - 3 中给出一个 30 户家庭的横截面消费与收入数据。假设我们认为消费与收入有线性关系，而数据中有异方差性，并且进一步假设异方差的性质如方程（11.5.10）所设。为了进行检验，我们把重新排序的数据也在表 11 - 3 中给出。

表 11 - 3　为说明戈德菲尔德-匡特检验的假想消费 Y（美元）与收入 X（美元）数据

Y	X	按 X 值排序的数据	
		Y	X
55	80	55	80
65	100	70	85
70	85	75	90

---

[1] 用专业术语来说，检验的功效（power）依赖于 c 的选择。在统计学中，一个检验的功效由拒绝非真虚拟假设的概率［即 $1-\text{Prob}$（犯第 II 类错误）］来衡量。这里，虚拟假设是：两组数据的方差相同，即有同方差性。进一步的讨论，见 M. M. Ali and C. Giaccotto, "A Study of Several New and Existing Tests for Heteroscedasticity in the General Linear Model," *Journal of Econometrics*, vol. 26, 1984, pp. 355 - 373.

[2] George G. Judge, R. Carter Hill, William E. Griffiths, Helmut Lütkepohl, and Tsoung-Chao Lee, *Introduction to the Theory and Practice of Econometrics*, John Wiley & Sons, New York, 1982, p. 422.

续表

Y	X	按 X 值排序的数据	
		Y	X
80	110	65	100
79	120	74	105
84	115	80	110
98	130	84	115
95	140	79	120
90	125	90	125
75	90	98	130
74	105	95	140
110	160	108	145
113	150	113	150
125	165	110	160
108	145	125	165
115	180	115	180
140	225	130	185
120	200	135	190
145	240	120	200
130	185	140	205
152	220	144	210
144	210	152	220
175	245	140	225
180	260	137	230
135	190	145	240
140	205	175	245
178	265	189	250
191	270	180	260
137	230	178	265
189	250	191	270

居中的 4 个观测值（对应 X 值 160、165、180、185 处）

略去居中的 4 个观测值后，对开头的 13 个和末尾的 13 个观测值分别做 OLS 回归，并计算相应的残差平方和，具体结果如下所示（括号中为标准误）。

对前 13 个观测值做回归：

$$\hat{Y}_i = 3.409\ 4 + 0.696\ 8X_i$$

$$(8.704\ 9)(0.074\ 4) \qquad r^2 = 0.888\ 7 \qquad \text{RSS}_1 = 377.17 \qquad \text{df} = 11$$

对后 13 个观测值做回归：

$$\hat{Y}_i = -28.027\ 2 + 0.794\ 1X_i$$

$$(30.642\ 1)\quad (0.131\ 9) \qquad r^2 = 0.768\ 1 \qquad \text{RSS}_2 = 1\ 536.8 \qquad \text{df} = 11$$

从这些结果我们得到：

$$\lambda = \frac{\text{RSS}_2/\text{df}}{\text{RSS}_1/\text{df}} = \frac{1\ 536.8/11}{377.17/11} = 4.07$$

对于 11 个分子自由度和 11 个分母自由度，5% 显著性水平的 F 临界值是 2.82。由于估计的 F（$=\lambda$）值超过此临界值，故可得到误差方差中有异方差性的结论。然而，如果我们把显著性水平定在 1% 上，则我们未必拒绝同方差性假定。（为什么？）注意，观测到 λ 的 p 值是 0.014。

布罗施-帕甘-戈弗雷检验。[①] 戈德菲尔德-匡特检验的成功不仅依赖于 c 值（被省略的居中观测值个数），还依赖于用以排序的 X 变量的正确识别。如果我们考虑布罗施-帕甘-戈弗雷（Breusch-Pagan-Godfrey，BPG）检验，则可避免这种检验的局限性。

为说明这种检验，考虑 k 变量线性回归模型：

$$Y_i = \beta_1 + \beta_2 X_{2i} + \cdots + \beta_k X_{ki} + u_i \tag{11.5.12}$$

假定误差方差 σ_i^2 有如下函数关系：

$$\sigma_i^2 = f(\alpha_1 + \alpha_2 Z_{2i} + \cdots + \alpha_m Z_{mi}) \tag{11.5.13}$$

即 σ_i^2 是非随机变量 Z 的某个函数；部分或全部 X 可用作 Z。具体地说，假定：

$$\sigma_i^2 = \alpha_1 + \alpha_2 Z_{2i} + \cdots + \alpha_m Z_{mi} \tag{11.5.14}$$

即 σ_i^2 是 Z 的一个线性函数。如果 $\alpha_2 = \alpha_3 = \cdots = \alpha_m = 0$，则 $\sigma_i^2 = \alpha_1$，即为一个常数。

因此，为了检验 σ_i^2 是否同方差，就可检验假设 $\alpha_2 = \alpha_3 = \cdots = \alpha_m = 0$。这就是布罗施-帕甘-戈弗雷检验的基本思想。具体检验步骤如下：

步骤 1　用 OLS 估计方程（11.5.12）并得到残差 $\hat{u}_1$，$\hat{u}_2$，$\cdots$，$\hat{u}_n$。

步骤 2　计算 $\tilde{\sigma}^2 = \sum \hat{u}_i^2 / n$。回顾第 4 章可知，这是 σ^2 的 ML 估计量。［注：OLS 估计量是 $\sum \hat{u}_i^2 / (n-k)$。］

步骤 3　按以下定义构造 p_i：

$$p_i = \hat{u}_i^2 / \tilde{\sigma}^2$$

这无非就是将每个平方残差除以 $\tilde{\sigma}^2$。

步骤 4　将如此构造的 p_i 对 Z 回归：

$$p_i = \alpha_1 + \alpha_2 Z_{2i} + \cdots + \alpha_m Z_{mi} + v_i \tag{11.5.15}$$

其中 v_i 是回归的残差项。

步骤 5　从方程（11.5.15）中求出 ESS（解释平方和）并定义：

$$\Theta = \frac{1}{2} \text{ESS} \tag{11.5.16}$$

假定 u_i 是正态分布的。可以证明，如果有同方差性，当样本容量 n 无限增大时，有：

---

① T. Breusch and A. Pagan, "A Simple Test for Heteroscedasticity and Random Coefficient Variation," *Econometrica*, vol. 47, 1979, pp. 1287-1294. 又见 L. Godfrey, "Testing for Multiplicative Heteroscedasticity," *Journal of Econometrics*, vol. 8, 1978, pp. 227-236. 由于二者的相似性，故将其命名为异方差性的布罗施-帕甘-戈弗雷检验。

$$\Theta \underset{\text{asy}}{\sim} \chi^2_{m-1} \tag{11.5.17}$$

也就是说，Θ 渐近服从自由度为 $(m-1)$ 的 χ^2 分布。（注：asy 表示渐近地。）

因此，在一项应用中，如果所计算的 Θ（$=\chi^2$）超过选定显著性水平的 χ^2 临界值，就可拒绝同方差性假设；否则不拒绝。

读者可能想知道，为什么 BPG 选取 $\frac{1}{2}$ESS 作为检验统计量。其原因略为复杂，留待参阅参考文献。[1]

例 11.5 布罗施-帕甘-戈弗雷检验

作为一个例子，我们再回到曾用来说明戈德菲尔德-匡特检验的数据（表 11-3），将 Y 对 X 回归。

步骤 1

$$\hat{Y}_i = 9.290\,3 + 0.637\,8X_i$$

$$\text{se}=(5.231\,4) \quad (0.028\,6) \quad \text{RSS}=2\,361.153 \quad r^2=0.946\,6 \tag{11.5.18}$$

步骤 2

$$\tilde{\sigma}^2 = \sum \hat{u}_i^2/30 = 2\,361.153/30 = 78.705\,1$$

步骤 3　用 78.705 1 除得自回归（11.5.18）的残差 $\hat{u}_i$，以构造变量 p_i。

步骤 4　假定 p_i 按方程（11.5.14）的假设与 $X_i(=Z_i)$ 有线性关系，我们算得回归：

$$p_i = -0.742\,6 + 0.010\,1X_i$$

$$\text{se}= (0.752\,9) \quad (0.004\,1) \quad \text{ESS}=10.428\,0 \quad r^2=0.18 \tag{11.5.19}$$

步骤 5

$$\Theta = \frac{1}{2}\text{ESS} = 5.214\,0 \tag{11.5.20}$$

在 BPG 检验的假定下，方程（11.5.20）中的 Θ 渐近服从 1 个自由度的 χ^2 分布。［注：方程（11.5.19）中只有 1 个回归元。］现在从 χ^2 表我们查到，对于 1 个自由度，5% 的 χ^2 临界值是 3.841 4，1% 的 χ^2 临界值是 6.634 9。由此可知算出来的 χ^2 值 5.214 0 在 5% 的显著性水平上显著，但在 1% 的显著性水平上不显著。因此，我们得到如同戈德菲尔德-匡特检验一样的结论。但应记住，严格地说，BPG 检验是一种渐近性或大样本检验，而在本例中 30 个观测值还未必构成一个大样本。还应指出，在小样本中，该检验对干扰项 u_i 的正态性假定非常敏感。当然，我们可通过第 5 章讨论的 χ^2 检验或雅克-贝拉检验去检验正态性假定。[2]

---

[1]　Adrian C. Darnell, *A Dictionary of Econometrics*, Edward Elgar, Cheltenham, U.K., 1994, pp. 178-179.

[2]　关于这个问题，参见 R. Koenker, "A Note on Studentizing a Test for Heteroscedasticity," *Journal of Econometrics*, vol. 17, 1981, pp. 1180-1200。

怀特的一般异方差性检验。 戈德菲尔德-匡特检验要求按照被认为是引起异方差性的 X 变量把观测值重新排序，而 BGP 检验则易受偏离正态性假定的影响。怀特的一般异方差性检验（简称怀特检验）不同于这两个检验，并不要求排序，也不依赖于正态性假定，而且易于付诸实施。[①] 为说明其基本思想，考虑如下三变量回归模型（对 k 变量模型的推广也很明显）：

$$Y_i = \beta_1 + \beta_2 X_{2i} + \beta_3 X_{3i} + u_i \qquad (11.5.21)$$

怀特检验如下：

步骤 1　对给定的数据，估计方程（11.5.21）并获得残差 $\hat{u}_i$。

步骤 2　再做如下（辅助）回归：

$$\hat{u}_i^2 = \alpha_1 + \alpha_2 X_{2i} + \alpha_3 X_{3i} + \alpha_4 X_{2i}^2 + \alpha_5 X_{3i}^2 + \alpha_6 X_{2i} X_{3i} + v_i \qquad (11.5.22)[②]$$

即将得自原回归的残差平方对原始 X 回归元、其平方项和交叉乘积项做回归，还可引进回归元的高次方。注意方程中有一个常数项，即使原回归不一定包含它。从这个（辅助）回归求 R^2。

步骤 3　在无异方差性的虚拟假设下，可以证明，从辅助回归算得的 R^2 乘以样本容量（n），渐近地服从自由度等于辅助回归中的回归元（不包括常数项）个数的 χ^2 分布，即：

$$n \cdot R^2 \underset{\text{asy}}{\sim} \chi_{\text{df}}^2 \qquad (11.5.23)$$

其中 df 的定义如前。在本例中，因辅助回归中有 5 个回归元，故有 5 个自由度。

步骤 4　如果方程（11.5.23）中算得的 χ^2 值超过选定显著性水平的 χ^2 临界值，结论就是存在异方差性。如果不超过，就认为没有异方差性，也就是说，在辅助回归（11.5.22）中，$\alpha_2 = \alpha_3 = \alpha_4 = \alpha_5 = \alpha_6 = 0$［参看关于回归（11.5.22）的注释］。

例 11.6　怀特检验

根据 41 个国家的横截面数据，斯蒂芬·刘易斯（Stephen Lewis）估计了如下回归模型[③]：

$$\ln Y_i = \beta_1 + \beta_2 \ln X_{2i} + \beta_3 \ln X_{3i} + u_i \qquad (11.5.24)$$

其中 $Y=$ 贸易税（进口与出口税收）与政府总收入之比，$X_2=$ 进出口总和与 GNP 之比，$X_3=$ 人均 GNP；ln 表示自然对数。他的假设是 Y 与 X_2 有正向关系（贸易额越高，贸易税越高），并且 Y 与 X_3 有负向关系（随着收入增加，政府发现直接税——例如所得税——比贸易税更易于征收）。

---

① H. White，"A Heteroscedasticity Consistent Covariance Matrix Estimator and a Direct Test of Heteroscedasticity," *Econometrica*，vol. 48，1980，pp. 817 – 818.

② 隐含于这一步骤的假定是误差 u_i 的方差 σ_i^2 与回归元及其平方和交叉乘积项存在函数关系。如果这个回归的全部偏斜率系数同时等于零，则误差方差是一个等于 α_1 的同方差常数。

③ Stephen R. Lewis，"Government Revenue from Foreign Trade," *Manchester School of Economics and Social Studies*，vol. 31，1963，pp. 39 – 47.

经验结果支持了这些假设。对我们来说，重要的问题是数据中有没有异方差性。由于数据是涉及多个异质性国家的横截面数据，人们会先验地预期误差方差中存在异方差性。将怀特的异方差性检验应用于从回归（11.5.24）得到的残差，得到如下结果[1]：

$$\hat{u}_i^2 = -5.841\ 7 + 2.562\ 9 \ln Trade_i + 0.691\ 8 \ln GNP_i - 0.408\ 1(\ln Trade_i)^2$$

$$- 0.049\ 1(\ln GNP_i)^2 + 0.001\ 5(\ln Trade_i)(\ln GNP_i) \quad R^2 = 0.114\ 8 \quad (11.5.25)$$

注：因标准误不切合我们这里的目的，故未给出。

现在 $n \cdot R^2 = 41 \times 0.114\ 8 = 4.706\ 8$，它渐近地服从自由度为 5 的 χ^2 分布。（为什么？）对于 5 个自由度，5% 的 χ^2 临界值是 11.070 5；10% 的临界值是 9.236 3；25% 的临界值是 6.625 68。为了一切实际目的，我们都可下结论说，根据怀特检验，这里不存在异方差性。

对怀特检验作一评论是适宜的。如果模型有多个回归元，那么引进所有的回归元及其平方（或更高次方）项和它们的交叉乘积项就会迅速消耗许多自由度。因此，在使用怀特检验时要保持警觉。[2]

在方程（11.5.25）的怀特统计量统计显著的情形下，异方差性并非必然的原因，也可能是由于设定偏误，在第 13 章中我们将更详细地讨论设定偏误［回顾 11.1 节中的第（5）点理由］。换句话说，怀特检验可能是（纯粹）异方差性的一个检验，或者是设定偏误的一个检验，或者两者兼有。若怀特检验程序中没有出现交叉项，则它是对纯粹异方差性的检验；若出现交叉项，则它既是对异方差性又是对设定偏误的检验。[3]

其他异方差性检验。还有若干个其他异方差性检验，每个都依赖于一定的假定。有兴趣的读者可参阅有关文献。[4] 我们只提出其中的一种，因为它特别简单。这就是寇因克-巴塞特检验［Koenker-Bassett（KB）test，简称 KB 检验］。与异方差性的帕克检验、布罗施-帕甘-戈弗雷检验和怀特检验相似，KB 检验也是基于残差的平方 $\hat{u}_i^2$，但不是对一个或多个回归元做回归，而是对回归子估计值的平方进行回归。具体而言，若原模型是

$$Y_i = \beta_1 + \beta_2 X_{2i} + \beta_3 X_{3i} + \cdots + \beta_k X_{ki} + u_i \quad (11.5.26)$$

估计此模型并从中得到 $\hat{u}_i$，然后估计

---

[1] 这些结果复制于 William F. Lott and Subhash C. Ray, *Applied Econometrics：Problems with Data Sets*, Instructor's Manual, Chapter 22, pp.137-140，但符号有所改变。

[2] 为节省自由度，有时候也可以把这个检验加以修改，见习题 11.18。

[3] 参见 Richard Harris, *Using Cointegration Analysis in Econometrics Modelling*, Prentice Hall & Harvester Wheatsheaf, U.K., 1995, p.68。

[4] 参见 M. J. Harrison and B. P. McCabe, "A Test for Heteroscedasticity Based on Ordinary Least Squares Residuals," *Journal of the American Statistical Association*, vol.74, 1979, pp.494-499；J. Szroeter, "A Class of Parametric Tests for Heteroscedasticity in Linear Econometric Models," *Econometrica*, vol.46, 1978, pp.1311-1327；M. A. Evans and M. L. King, "A Further Class of Tests for Heteroscedasticity," *Journal of Econometrics*, vol.37, 1988, pp.265-276；以及 R. Koenker and G. Bassett, "Robust Tests for Heteroscedasticity Based on Regression Quantiles," *Econometrica*, vol.50, 1982, pp.43-61。

$$\hat{u}_i^2 = \alpha_1 + \alpha_2 \, (\hat{Y}_i)^2 + v_i \tag{11.5.27}$$

其中 $\hat{Y}_i$ 是从模型（11.5.26）中得到的估计值。虚拟假设是 $\alpha_2 = 0$。若未被拒绝，则可以断定不存在异方差性。利用通常的 t 检验或 F 检验就能检验虚拟假设。（注意 $F_{1,k} = t_k^2$。）若模型（11.5.26）是双对数模型，则将残差平方对 $(\log \hat{Y}_i)^2$ 进行回归。KB 检验的另一个优点在于，即便原模型（11.5.26）中的误差项不是正态分布的，它仍能适用。你若将 KB 检验用于例 11.1，你将发现，将方程（11.5.3）中得到的残差平方对方程（11.5.3）中估计的 $\hat{Y}_i$ 的平方进行回归，斜率系数统计上不异于零，从而加强了帕克检验的结论。由于此例中只有一个回归元，因此这个结果不足为奇，但 KB 检验在一个或多个回归元的情况下都能适用。

对异方差性检验的一个注解。我们在本节已经讨论了几个异方差性检验。我们应如何判断哪个检验最好呢？这是一个不太容易回答的问题，因为这些检验基于的假定彼此不同。在比较这些检验时，我们需要注意检验尺度（显著性水平）、检验功效（拒绝一个错误假设的概率）和对异常观测的敏感程度。

我们已经指出，流行并易于实施的怀特检验也有一些局限。正是由于这些局限，因此它对对立假设的功效降低。此外，在辨别导致异方差性的因素或变量时，怀特检验没有多大帮助。

类似地，布罗施-帕甘-戈弗雷检验对正态性假定过于敏感。相比之下，寇因克-巴塞特检验就不依赖于正态性假定，并因而可能更有功效。[1] 在戈德菲尔德-匡特检验中，如果我们遗漏过多观测，我们也可能降低了检验功效。

对各种异方差性检验进行比较分析超出了本书的范围。感兴趣的读者可以参考相关文献，以对各种异方差性检验的优劣有所认识。[2]

11.6　补救措施

正如已经看到的那样，异方差性虽然不损坏 OLS 估计量的无偏性和一致性，却使它们不再是有效的，甚至不是渐近（即在大样本中）有效的。效率的缺乏使得通常的假设检验程序变得可疑。因此，补救措施显然是需要的。补救措施可分为两种：σ_i^2 已知时的补救措施和 σ_i^2 未知时的补救措施。

σ_i^2 已知时：加权最小二乘法

正如在 11.3 节所看到的那样，如果已知 σ_i^2，纠正异方差性的最明显的方法就

---

[1] 详细情况参见 William H. Greene, *Econometric Analysis*，6th ed.，Pearson/Prentice-Hall，New Jersey，2008，pp. 165 - 167.

[2] John Lyon and Chih-Ling Tsai, "A Comparison of Tests of Heteroscedasticity," *The Statistician*，vol. 45，no. 3，1996，pp. 337 - 349.

是加权最小二乘法，因为这样一来，得到的估计量是 BLUE。

例 11.7　加权最小二乘法说明

为说明此法，假定我们要针对表 11-1 中的数据研究平均薪金与厂商职工人数之间的关系。为简单起见，我们用 1 表示 1～4 人组，2 表示 5～9 人组，…，9 表示 1 000～2 499 人组。我们还可用表中各组厂商职工人数的组中值表示厂商职工人数。

现令 Y 代表平均薪金（美元），而 X 代表厂商职工人数，我们做如下回归 [参看方程 (11.3.6)]：

$$Y_i/\sigma_i = \hat{\beta}_1^*(1/\sigma_i) + \hat{\beta}_2^*(X_i/\sigma_i) + (\hat{u}_i/\sigma_i) \qquad (11.6.1)$$

其中 σ_i 是表 11-1 中的薪金标准差。计算此回归所必需的原始数据由表 11-4 给出。

表 11-4　　　　　　　　　　加权最小二乘回归的说明

Y	X	σ_i	Y_i/σ_i	X_i/σ_i
3 396	1	742.2	4.566 4	0.001 3
3 787	2	851.4	4.448 0	0.002 3
4 013	3	727.8	5.513 9	0.004 1
4 104	4	805.06	5.097 8	0.005 0
4 146	5	929.9	4.458 5	0.005 4
4 241	6	1 080.6	3.924 7	0.005 5
4 387	7	1 241.2	3.528 8	0.005 6
4 538	8	1 307.7	3.470 2	0.006 1
4 843	9	1 110.7	4.353 2	0.008 1

注：在回归 (11.6.2) 中，因变量是 (Y_i/σ_i) 而自变量是 $(1/\sigma_i)$ 和 (X_i/σ_i)。

资料来源：Y_i 和 σ_i（薪金标准差）的数据来自表 11-1。厂商职工人数 1＝1～4 人组，2＝5～9 人组……其他数据也来自表 11-1。

在讨论回归结果之前，要注意方程 (11.6.1) 没有截距项。（为什么？）因此，有必要利用过原点回归模型去估计 β_1^* 和 β_2^*，这是第 6 章中已讨论过的一个问题。但当今大多数计算机软件都有去掉截距项的选择（例如参看 MINITAB 或 EViews）。还应注意方程 (11.6.1) 另一个有趣的特点：它有两个解释变量 $1/\sigma_i$ 和 X_i/σ_i，但如果我们在做平均薪金对厂商职工人数的回归时用 OLS，则回归中只有一个解释变量 X_i。（为什么？）

WLS 回归的结果如下：

$$\widehat{(Y_i/\sigma_i)} = 3\ 406.639(1/\sigma_i) + 154.153(X_i/\sigma_i)$$

$$\text{se} = (80.983) \qquad (16.959) \qquad\qquad\qquad (11.6.2)$$

$$t = (42.066) \qquad (9.090) \qquad R^2 = 0.999\ 3 \text{[①]}$$

为便于比较，我们给出平常的或不加权的 OLS 回归结果如下：

---

① 过原点回归的 R^2 和带截距模型的 R^2 不可直接相比。报告的 $R^2 = 0.999\ 3$ 已考虑到这种差异。（关于如何修正因无截距而造成的 R^2 差异，详见各种软件，也可参阅附录 6A 的 6A.1 节。）

$$\hat{Y}_i = 3\ 417.833 + 148.767 X_i$$

$$\text{se} = (81.136) \quad (14.418)$$

$$t = (42.125) \quad (10.318) \qquad r^2 = 0.938\ 3$$

(11.6.3)

在习题 11.7 中我们要求读者去比较这两个回归。

σ_i^2 未知时

如前所述，若已知真实的 σ_i^2，我们可用 WLS 法得到 BLUE。由于真实的 σ_i^2 鲜为人知，是否有某种方法，使得即使在有异方差性的情形下，也能获得 OLS 估计量的方差和协方差的（统计上的）一致性估计呢？答案是肯定的。

怀特的异方差校正方差与标准误。 怀特曾证明，可以做出这样一种估计，它可以对真实的参数值做出渐近（即大样本）有效的统计推断。[1] 我们将不讨论数学上的细节，以免超出本书的讨论范围。附录 11A 的 11A.4 节勾勒了怀特程序。目前有若干计算机软件在给出平常的 OLS 方差和协方差的同时，也给出了怀特的异方差校正方差与标准误。[2] 顺便提一句，怀特的异方差校正标准误又被称为稳健标准误（robust standard errors）。

例 11.8　怀特程序的说明

作为一个例子，我们引用格林（Greene）的一些结果[3]：

$$\hat{Y}_i = \ 832.91 - 1\ 834.2(\text{Income}) + 1\ 587.04(\text{Income})^2$$

$$\text{OLS se} = (327.3) \quad (829.0) \qquad\quad (519.1)$$

$$t = \ (2.54) \quad\ (2.21) \qquad\qquad (3.06)$$

(11.6.4)

$$\text{怀特 se} = (460.9) \quad (1\ 243.0) \qquad\quad (830.0)$$

$$t = \ (1.81) \quad (-1.48) \qquad\qquad (1.91)$$

其中 Y＝1979 年各州公立学校人均支出，Income＝1979 年美国各州人均收入。样本由美国 50 个州及华盛顿特区构成。

以上数字结果表明，怀特的异方差校正标准误比 OLS 标准误大得多，因而所估计的 t 值比得自 OLS 的要小得多。根据后者，两个回归元在 5％ 水平上都是统计显著的，而根据怀特估计量则不然。但应指出，怀特的异方差校正标准误可能大于也可能小于未校正的标准误。

由于当今现成的回归软件都备有怀特的异方差校正方差与标准误，因此建议读者做回归时予以报告。如华莱士（Wallace）和西尔弗（Silver）所说：

---

① 参看怀特的前引文献。

② 更专门化的名称是异方差性一致的协方差矩阵估计量（heteroscedasticity-consistent covariance matrix estimators，HCCME）。

③ William H. Greene，*Econometric Analysis*，6th ed.，Pearson/Prentice-Hall，New Jersey，2008，pp. 165–167.

一般地说，经常地使用（回归程序中备有的）怀特选项（White option）大概是一个好主意，也许通过对比怀特输出和 OLS 输出可以看出，在一组特定的数据中异方差性是否构成一个严重的问题。[1]

关于异方差性模式的可能假定。怀特程序除了本身是一个大样本程序外，还有一个缺点，就是这样得到的估计量不如先按异方差性模式进行数据变换之后再做估计来得有效。为说明这一点，让我们再回到双变量回归模型：

$$Y_i = \beta_1 + \beta_2 X_i + u_i$$

我们现在考虑关于异方差性模式的几种假定。

假定 1：误差方差正比于 X_i^2：

$$E(u_i^2) = \sigma^2 X_i^2 \tag{11.6.5}[2]$$

如果作为一种"猜测"或通过描点图或通过帕克和格莱泽的方法，认为 u_i 的方差正比于解释变量 X 的平方（见图 11-10），则可对原模型做如下变换，即用 X_i 去除原模型：

$$\frac{Y_i}{X_i} = \frac{\beta_1}{X_i} + \beta_2 + \frac{u_i}{X_i}$$

$$= \beta_1 \frac{1}{X_i} + \beta_2 + v_i \tag{11.6.6}$$

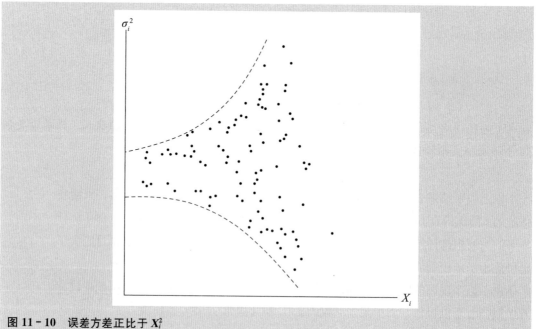

图 11-10 误差方差正比于 X_i^2

---

[1] T. Dudley Wallace and J. Lew Silver, *Econometrics：An Introduction*, Addison-Wesley, Reading, Mass., 1988, p. 265.

[2] 在有关戈德菲尔德-匡特检验的讨论中我们曾遇见这种假定。

其中 v_i 是变换后的干扰项，等于 u_i/X_i。利用方程（11.6.5），现在容易验证：

$$E(v_i^2) = E\left(\frac{u_i}{X_i}\right)^2 = \frac{1}{X_i^2} E(u_i^2) = \sigma^2$$

从而 v_i 的方差是同方差的，并可对变换方程（11.6.6）进行 OLS，做 Y_i/X_i 对 $1/X_i$ 的回归。

注意，在变换后的回归中，截距项 β_2 是原方程的斜率系数，而斜率系数 β_1 则是原方程中的截距项。因此，要回到原来的模型，需用 X_i 乘以估计的方程（11.6.6）。习题 11.20 给出了这种变换的一个应用。

假定 2：误差方差正比于 X_i。平方根变换：

$$E(u_i^2) = \sigma^2 X_i \tag{11.6.7}$$

如果认为 u_i 的方差不是正比于 X_i 的平方而是正比于 X_i 本身，就可将原始模型变换如下（参见图 11-11）：

$$\frac{Y_i}{\sqrt{X_i}} = \frac{\beta_1}{\sqrt{X_i}} + \beta_2 \sqrt{X_i} + \frac{u_i}{\sqrt{X_i}}$$

$$= \beta_1 \frac{1}{\sqrt{X_i}} + \beta_2 \sqrt{X_i} + v_i \tag{11.6.8}$$

其中 $v_i = u_i/\sqrt{X_i}$ 且 $X_i > 0$。

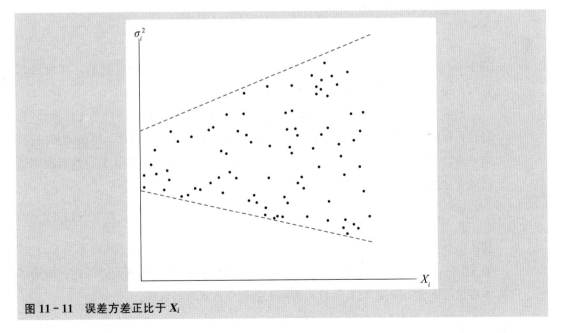

图 11-11　误差方差正比于 X_i

在假定 1 下容易验证 $E(v_i^2) = \sigma^2$ 为同方差情形，因此，可按 OLS 对方程（11.6.8）进行 $Y_i/\sqrt{X_i}$ 对 $1/\sqrt{X_i}$ 和 $\sqrt{X_i}$ 的回归。

注意变换后模型的一个重要特点：它没有截距项。因此要用过原点回归模型去

估计 β_1 和 β_2。在做完回归（11.6.8）之后，只需乘以 $\sqrt{X_i}$，即回到原始模型。

一个有意思的情形是零截距模型 $Y_i = \beta_2 X_i + u_i$。在此情形中，方程（11.6.8）变为

$$\frac{Y_i}{\sqrt{X_i}} = \beta_2 \sqrt{X_i} + \frac{u_i}{\sqrt{X_i}} \tag{11.6.8a}$$

而且可以证明

$$\hat{\beta}_2 = \frac{\bar{Y}}{\bar{X}} \tag{11.6.8b}$$

也就是说，加权最小二乘估计量无非就是因变量的均值与解释变量的均值之比。[欲证明方程（11.6.8b），只需使用方程（6.1.6）中给出的过原点回归的相关公式即可。]

假定 3：误差方差正比于 Y 均值的平方。

$$E(u_i^2) = \sigma^2 [E(Y_i)]^2 \tag{11.6.9}$$

方程（11.6.9）假定 u_i 的方差正比于 Y 均值的平方［参见图 11-8（e）］。现在
$$E(Y_i) = \beta_1 + \beta_2 X_i$$
因此，若将原模型变换如下：

$$\frac{Y_i}{E(Y_i)} = \frac{\beta_1}{E(Y_i)} + \beta_2 \frac{X_i}{E(Y_i)} + \frac{u_i}{E(Y_i)}$$
$$= \beta_1 \left(\frac{1}{E(Y_i)} \right) + \beta_2 \frac{X_i}{E(Y_i)} + v_i \tag{11.6.10}$$

其中 $v_i = u_i / E(Y_i)$，可以看出 $E(v_i^2) = \sigma^2$，即干扰项 v_i 是同方差的，从而回归（11.6.10）满足经典线性回归模型的同方差假定。

然而，由于 $E(Y_i)$ 依赖于未知的 β_1 和 β_2，变换方程（11.6.10）是无法操作的。当然，我们知道 $\hat{Y}_i = \hat{\beta}_1 + \hat{\beta}_2 X_i$，这是 $E(Y_i)$ 的一个估计量。因此，可按两步进行。第一步，暂且忽略异方差性的问题，进行平常的 OLS 回归并获得 $\hat{Y}_i$，然后利用估计的 $\hat{Y}_i$ 进行如下的模型变换：

$$\frac{Y_i}{\hat{Y}_i} = \beta_1 \left(\frac{1}{\hat{Y}_i} \right) + \beta_2 \left(\frac{X_i}{\hat{Y}_i} \right) + v_i \tag{11.6.11}$$

其中 $v_i = (u_i / \hat{Y}_i)$。第二步，我们做回归（11.6.11）。虽然 $\hat{Y}_i$ 并不正好等于 $E(Y_i)$，但 $\hat{Y}_i$ 是一致估计量；当样本无限增大时，它将趋于 $E(Y_i)$ 的真值。因此，如果样本容量足够大，变换（11.6.11）实际上会有令人满意的表现。

假定 4：和回归 $Y_i = \beta_1 + \beta_2 X_i + u_i$ 相比，

$$\ln Y_i = \beta_1 + \beta_2 \ln X_i + u_i \tag{11.6.12}$$

这样的对数变换常常能降低异方差性。

之所以出现这种结果，是因为对数变换压缩了测量变量的尺度。例如，数值 80 十倍于数值 8。但 ln 80（＝4.382 0）仅约 2 倍于 ln 8(＝2.079 4)。

对数变换的另一个优点是，斜率系数 β_2 度量了 Y 对 X 的弹性，即对应于 X 的 1% 的变化，Y 的百分比变化。例如，Y 是消费而 X 是收入，方程（11.6.12）中的 β_2 将测出收入弹性，而在原始模型中，β_2 仅测出对应于收入的单位变化平均消费的变化率。这就是对数模型在经验计量经济学中广为应用的原因之一。（至于对数变换所带来的一些问题，参看习题 11.4。）

在结束我们对补救措施的讨论之时，我们再次强调，以上所有讨论的变换都是一种权宜之计。我们基本上是在猜测 σ_i^2。在所讨论的变换中哪一种能行之有效，要看问题的性质和异方差性的严重程度。应记住，我们所考虑的变换还存在其他的一些问题：

（1）当我们超出双变量模型的范围时，我们也许不能预先知道应选择哪一个 X 变量进行数据变换。[1]

（2）在假定 4 中讨论的对数变换在某些 Y 和 X 值为零或负数时不适用。[2]

（3）然后，还有一个谬误相关（spurious correlation）的问题。该词来自卡尔·皮尔逊（Karl Pearson），指的是即使原始变量是不相关或随机的，但变量的比率却被发现有相关关系的情形。[3] 例如在模型 $Y_i＝\beta_1＋\beta_2 X_i＋u_i$ 中，Y 和 X 也许不相关，但在变换模型 $Y_i/X_i＝\beta_1(1/X_i)＋\beta_2$ 中，Y_i/X_i 和 $1/X_i$ 却常常被发现存在相关关系。

（4）当无法直接得知 σ_i^2 而要从前面讨论的一个或多个变换中做出估计时，所有用到的 t 检验、F 检验等检验程序，严格地说，都只在大样本中有效。因此，在小样本或有限样本中，根据各种变换去解释所得到的结果时必须多加小心。[4]

11.7 总结性的例子

在结束我们对异方差性的讨论之际，我们用三个例子说明侦察它的各种方法以及对它的一些补救措施。

---

① 然而，一种实际的做法也许是将 $\hat{u}_i^2$ 对每个变量描点，然后决定用哪个 X 变量去变换数据（见图 11-9）。

② 有时可用 $\ln(Y_i＋k)$ 或 $\ln(X_i＋k)$，其中 k 是一个有待选择的正数，目的是要所有的 Y 和 X 值都变换成正数。

③ 例如，如果 X_1、X_2 与 X_3 彼此无关，$r_{12}＝r_{13}＝r_{23}＝0$，而我们发现比值 X_1/X_3 与 X_2/X_3 相关，则称此为谬误相关。"更一般地讲，如果相关不出现在原始数据中，而是由数据的处理方法引出来的，则这种相关可以说是谬误的。" 见 M. G. Kendall and W. R. Buckland, *A Dictionary of Statistical Terms*, Hafner Publishing, New York, 1972, p. 143。

④ 更多细节，见 George G. Judge et al., op. cit., Section 14.4, pp. 415-420。

例 11.9

让我们再次回到曾考虑过几次的儿童死亡率一例。我们从 64 个国家的数据得到方程（8.1.4）中所示的回归结果。由于数据是横截面数据，涉及的国家在儿童死亡率上有不同的表现，因此很可能会出现异方差性。为探明究竟，首先看从方程（8.1.4）中得到的残差。将这些残差画在图 11-12 中。从图上看，残差没有显示出任何存在异方差性的明显形式。尽管如此，表面现象仍可能有欺骗性。我们用帕克、格莱泽和怀特的检验方法，看是否有异方差性。

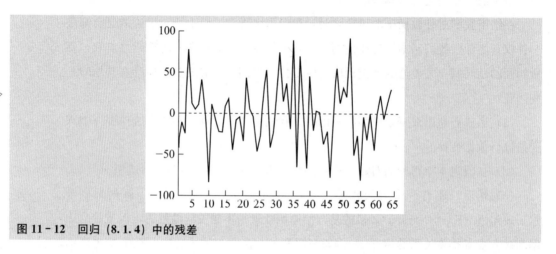

图 11-12　回归（8.1.4）中的残差

帕克检验。由于有两个回归元 GNP 和 FLR，因此我们可以将回归（8.1.4）中的残差的平方对其中任意一个回归元进行回归，或者将它们对回归（8.1.4）中估计出来的 CM 值（$=\widehat{CM}$）做回归。利用后者，我们得到如下结论：

$$\widehat{u_i^2} = 854.400\,6 + 5.701\,6\,\widehat{CM_i}$$
$$t = (1.201\,0) \qquad (1.242\,8) \qquad r^2 = 0.024 \tag{11.7.1}$$

注：$\widehat{u_i}$ 是从回归（8.1.4）中得到的残差，$\widehat{CM}$ 是从回归（8.1.4）中估计出来的 CM 值。

如此回归所示，残差平方与估计的 CM 之间没有系统关系（为什么？），这就表明同方差性可能站得住脚。顺便一提，将残差平方的对数对 $\widehat{CM}$ 的对数做回归，也不会改变这个结论。

格莱泽检验。将方程（8.1.4）中所得到残差的绝对值对同一回归所估计的 CM 值做回归，得到如下结论：

$$|\widehat{u_i}| = 22.312\,7 + 0.064\,6\,\widehat{CM_i}$$
$$t = (2.808\,6) \quad (1.262\,2) \qquad r^2 = 0.025\,0 \tag{11.7.2}$$

同样，由于斜率系数的 t 值并非统计显著，因此残差的绝对值与估计的 CM 值之间没有系统关系。

怀特检验。应用含交叉项和不含交叉项的怀特检验，我们没有发现任何异方差性证据。

我们也重新估计（8.1.4）以得到怀特的异方差校正标准误和 t 值，结论与方程（8.1.4）中给出的那些结论十分相似，从我们前面所做的各种异方差性检验来看，这不足为奇。

总之，儿童死亡率回归（8.1.4）看来不存在异方差性的问题。

例 11.10　2005 年美国 14 个行业的研发支出、销售额和利润

表 11-5 给出了美国 14 个行业的研发支出（R&D）、销售额（Sales）和利润（Profits）数据，所有数据都以百万美元计。由于表中横截面数据差别很大，因此在 R&D 对销售额（或利润）的回归中就可能出现异方差性。回归结果如下：

$$\widehat{R\&D}_i = 1\ 338 + 0.043\ 7Sales_i$$
$$se = (5\ 015)\quad (0.027\ 7) \tag{11.7.3}$$
$$t = (0.27)\quad (1.58)\quad r^2 = 0.172$$

不足为奇，研发支出与销售额之间有明显的正相关关系，尽管在传统的显著性水平下不是统计显著的。

表 11-5　　　　2005 年美国不同行业的销售额、研发支出和利润数据　　　　单位：百万美元

行业	销售额（Sales）	研发支出（R&D）	利润（Profits）
1. 食品	374 342	2 716	234 662
2. 纺织、服装与皮革	51 639	816	53 510
3. 基础化工	109 899	2 277	75 168
4. 树脂、合成橡胶、纤维和丝制品	132 934	2 294	34 645
5. 医药	273 377	34 839	127 639
6. 玻璃与塑料制品	90 176	1 760	96 162
7. 金属制品	174 165	1 375	155 801
8. 机械	230 941	8 531	143 472
9. 计算机及配件	91 010	4 955	34 004
10. 半导体及其他电子元件	176 054	18 724	81 317
11. 航空、测量、电子治疗器械及其他控制设备	118 648	15 204	73 258
12. 电子设备、家具及其配件	101 398	2 424	54 742
13. 航空航天产品及部件	227 271	15 005	72 090
14. 医疗设备与用品	56 661	4 374	52 443

资料来源：National Science Foundation，Division of Science Resources Statistics，Survey of Industrial Research and Development：2005 and the U. S. Census Bureau Annual Survey of Manufacturers，2005.

为了看出回归（11.7.3）是否遇到异方差性的问题，我们从上述回归中得到残差 $\hat{u}_i$ 及其平方 $\hat{u}_i^2$，并相对销售额进行描点，如图 11-13 所示。从此图来看，残差及其平方与销售额之间有系统关系，表明可能存在异方差性。为规范地进行检验，我们使用帕克、格莱泽和怀

特的检验方法，并给出如下结果：

帕克检验。

$$\widehat{\hat{u}_i^2} = -72\ 493\ 719 + 916.1\text{Sales}_i$$

$$\text{se} = \quad (54\ 940\ 238)\quad (303.9) \tag{11.7.4}$$

$$t = \quad (-1.32)\quad (3.01)\qquad r^2 = 0.431$$

帕克检验表明，残差平方与销售额之间存在着统计显著的正相关。

格莱泽检验。

$$\widehat{|\hat{u}_i|} = -1\ 003 + 0.046\ 39\ \text{Sales}_i$$

$$\text{se} = (2\ 316)\quad (0.012\ 8) \tag{11.7.5}$$

$$t = (-0.43)\quad (3.62)\qquad r^2 = 0.522$$

格莱泽检验也表明，残差的绝对值与销售额之间也有系统关系，从而增加了回归(11.7.3)存在异方差性的可能性。

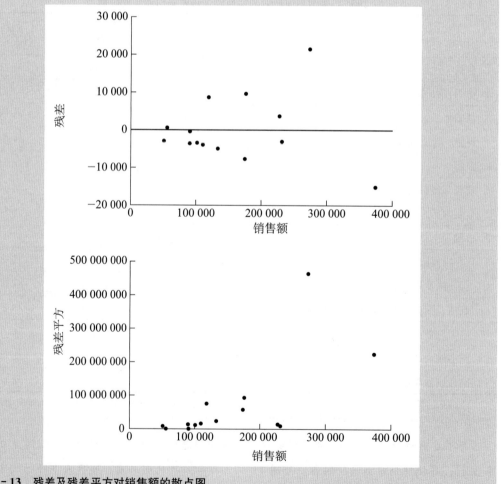

图 11-13　残差及残差平方对销售额的散点图

怀特检验。

$$\widehat{u_i^2} = -46\ 746\ 325 + 578\ \text{Sales}_i + 0.000\ 846\ \text{Sales}_i^2$$
$$\text{se} = (112\ 224\ 348)\quad (1\ 308)\quad (0.003\ 171) \tag{11.7.6}$$
$$t = \quad (-0.42)\quad\quad (0.44)\quad\quad (0.27)\quad\quad R^2 = 0.435$$

利用 R^2 值和 $n=14$，我们得到 $nR^2 = 6.090$，在不存在异方差性的虚拟假设之下，它服从自由度为 2 的 χ^2 分布 [因为方程 (11.7.6) 中有两个回归元]。得到大于等于 6.090 的一个 χ^2 值的 p 值约为 0.047 6。既然这个 p 值足够低，那么，怀特检验也表明存在异方差性。

总之，基于残差图及帕克、格莱泽和怀特检验，我们在方程 (11.7.3) 中所做的 R&D 回归遇到了异方差性的问题。由于真实的误差方差未知，因此欲得到异方差校正标准误和 t 值，我们还不能使用加权最小二乘法。对于误差方差的性质，我们必须做出某种有经验的猜测。

作为本例的结果，我们如在 11.6 节中所讨论的那样给出如下怀特的异方差校正标准误：

$$\widehat{\text{R\&D}_i} = 1\ 337.87 + 0.043\ 7\ \text{Sales}_i$$
$$\text{se} = (4\ 892.447)\quad (0.041\ 1) \tag{11.7.7}$$
$$t = \quad (0.27)\quad\quad (1.06)\quad\quad r^2 = 0.172$$

与原回归 (11.7.3) （即不对异方差校正）相比，我们看到，尽管参数的估计值没有变化（与我们的预料一致），但截距系数的标准误下降了，而斜率系数的标准误则略有上升。但须牢记，怀特程序是一个严格的大样本程序，而我们这里只有 14 个观测。

例 11.11

考虑俄亥俄州西北部 94 个学区教师的平均薪水及有关数据。最初对这些数据估计的回归如下：

$$\ln(\text{Salary})_i = \beta_1 + \beta_2 \ln(\text{Famincome}) + \beta_3 \ln(\text{Propvalue}) + u_i$$

其中 Salary＝教师的平均薪水（美元），Famincome＝该学区的家庭平均收入（美元），Propvalue＝该学区的财富均值（美元）。

由于这是一个双对数模型，因此所有斜率系数都表示弹性。基于本书讨论的各种异方差性检验，我们发现上述模型存在异方差性的问题。因此，我们求了（怀特的）稳健标准误。下表给出了上述回归使用和不使用稳健标准误的回归结果。

变量	系数	OLS 标准误	稳健标准误
截距项	7.019 8	0.805 3 (8.717 1)	0.772 1 (9.090 8)
ln（Famincome）	0.257 5	0.079 9 (3.223 0)	0.100 9 (2.551 6)

续表

变量	系数	OLS 标准误	稳健标准误
ln（Propvalue）	0.070 4	0.020 7 (3.397 6)	0.046 0 (1.531 1)
R^2	0.219 8		

注：圆括号中的数字是估计的 t 值。

尽管无论我们使用 OLS 还是使用怀特的方法得到的系数值和 R^2 都保持不变，但标准误发生了变化；ln（Propvalue）的系数标准误变化最明显。通常的 OLS 表明该变量的系数估计值是高度统计显著的，而怀特的稳健标准误却表明，这个系数即便在 10% 的显著性水平上也不显著。本例要说明的是，如果存在异方差性，我们应该在估计模型时加以考虑。

11.8 谨防对异方差性反应过度

回到上一节中讨论的 R&D 的例子，我们看到，当我们对原模型（11.7.3）进行平方根变换来校正其异方差性时，斜率系数的标准误下降了，其 t 值上升了。这一变化显著到值得担心的程度了吗？换言之，我们什么时候应该真正担心异方差性的问题？如一位作者所言："一个好的模型，绝不会因异方差性而被抛弃。"[1]

这里，牢记约翰・福克斯（John Fox）的警告会有所帮助：

只有在问题严重的时候，误差方差不相等的问题才值得去校正。

误差方差不是常数对普通最小二乘估计量的有效性和最小二乘推断的可靠性所产生的影响取决于多个因素，包括：样本容量、σ_i^2 变异的程度、X（即回归元）值的结构及误差方差与 X 之间的关系。因此，就异方差性所导致的危害而言，不可能得到一个纯粹一般性的结论。[2]

回顾模型（11.3.1），我们已看到斜率估计量的方差 $\text{var}(\hat{\beta}_2)$ 由方程（11.2.3）所示的常用表达式给出。在广义最小二乘法下，斜率估计量的方差 $\text{var}(\hat{\beta}_2^*)$ 由方程（11.3.9）给出。我们知道，后者比前者更有效。但二者之间的差别到底要多大，我们才应该真正担心呢？作为一个经验法则，福克斯建议，当最大方差比最小方差的 10 倍还大时[3]，我们就要担心这个问题。于是，回到前面提到的戴维森和麦金农的蒙特卡洛模拟结果，考虑 $\alpha=2$ 的情况。所估计 β_2 的方差在 OLS 下为 0.04，

① N. Gregory Mankiw, "A Quick Refresher Course in Macroeconomics," *Journal of Economic Literature*, vol. XXVIII, December 1990, p. 1648.

② John Fox, *Applied Regression Analysis*, *Linear Models*, *and Related Methods*, Sage Publications, California, 1997, p. 306.

③ Ibid, p. 307.

而在 GLS 下为 0.012，前者约为后者的 3.33 倍。[①] 根据福克斯法则，在这种情况下，异方差性的严重程度不足以引起担心。

还要记住，尽管有异方差性的问题，但 OLS 估计量仍是线性无偏和渐近（即在大样本中）正态分布的（在一般条件下）。

在我们讨论其他违背经典线性回归模型的假定的情况时，我们将会看到，在本节敲响的警钟作为一个一般规则也是适当的，否则就有可能反应过度。

要点与结论

1. 经典线性回归模型的一个关键假定是干扰项 u_i 都有相同的方差 σ^2。如果此假定不成立，则说有异方差性。

2. 异方差性并不破坏 OLS 估计量的无偏性和一致性性质。

3. 但这些估计量不再是最小方差或有效的，也就是说，它们不是 BLUE。

4. 如果相异的误差方差 σ_i^2 已知，加权最小二乘法（WLS）可给出 BLUE。

5. 当异方差性出现时，OLS 估计量的方差不能由常用的 OLS 公式给出。如果我们一味地使用 OLS 公式，则以这些公式为依据的 t 检验和 F 检验可能严重误导我们，以致得出错误的结论。

6. 列举异方差性的后果容易，侦察异方差性的工作困难。现有若干诊断性检验，但无法确定在特定情况中哪一种检验能行之有效。

7. 即使异方差性受到怀疑并且被侦察出来，纠正并非易事。如果样本足够大，则可获取 OLS 估计量的怀特的异方差校正标准误并以之作为统计推断的依据。

8. 另外，根据 OLS 残差，我们可以合理地猜测异方差性的可能模式，以便将原始数据变换成没有异方差性的数据加以使用。

习　题

问答题

11.1　用简明的理由说明以下命题是正确的、错误的或者不确定的。

a. 当异方差性出现时，OLS 估计量是有偏误的和非有效的。

b. 如果出现异方差性，则惯用的 t 检验和 F 检验无效。

c. 在异方差性的情况下，常用的 OLS 必定高估了估计量的标准误。

d. 如果 OLS 回归的残差表现出系统性的模式，这就说明数据中存在异方差性。

e. 没有任何一般性的异方差性检验能独立于误差项与某一变量相关的假定。

f. 如果一个回归模型误设（比如说，漏掉一个重要变量），则 OLS 残差必定表现出明显的样式。

---

① 注意，我们为了得到方差已经把标准误平方了。

g. 如果模型不正确地漏掉一个有非恒定方差的回归元，则（OLS）残差将是异方差性的。

11.2 在对一个含有 30 个厂商的随机样本做的平均薪金（W）对职工人数（N）的回归中，得到如下回归结果[1]：

$$\hat{W} = 7.5 + 0.009N$$

$$t = \text{n. a.} \quad (16.10) \quad R^2 = 0.90 \quad (1)$$

$$\hat{W}/N = 0.008 + 7.8\,(1/N)$$

$$t = (14.43) \quad (76.58) \quad R^2 = 0.99$$

$$(2)$$

a. 你怎样解释这两个回归？

b. 从方程（1）到方程（2），作者做了什么假定？他是否担心过异方差性？你怎样知道？

c. 怎样把这两个模型的截距和斜率联系起来？

d. 你能比较两个模型的 R^2 值吗？为什么？

11.3 a. 你能用 OLS 估计下列模型中的参数吗？为什么？

$$|\hat{u}_i| = \sqrt{\beta_1 + \beta_2 X_i} + v_i$$

$$|\hat{u}_i| = \sqrt{\beta_1 + \beta_2 X_i^2} + v_i$$

b. 如果不能，你能提出一个估计这些模型参数的正式或非正式的方法吗？（参见第 14 章。）

11.4 虽然如方程（11.6.12）所示的双对数模型常常能降低异方差性，但需特别注意这种模型误差项的性质。例如，模型

$$Y_i = \beta_1 X_i^{\beta_2} u_i \quad (1)$$

可以写为：

$$\ln Y_i = \ln \beta_1 + \beta_2 \ln X_i + \ln u_i \quad (2)$$

a. 如果 $\ln u_i$ 有零期望值，u_i 的分布必须是什么？

b. 如果 $E(u_i) = 1$，会不会有 $E(\ln u_i) = 0$？为什么？

c. 如果 $E(\ln u_i)$ 不为零，怎样能使它等于零？

11.5 证明方程（11.3.8）中的 $\hat{\beta}_2^*$ 还可表达为

$$\hat{\beta}_2^* = \frac{\sum w_i y_i^* x_i^*}{\sum w_i x_i^{*2}}$$

以及方程（11.3.9）中的 $\text{var}(\hat{\beta}_2^*)$ 又可表达为

$$\text{var}(\hat{\beta}_2^*) = \frac{1}{\sum w_i x_i^{*2}}$$

其中 $y_i^* = Y_i - \bar{Y}^*$ 和 $x_i^* = X_i - \bar{X}^*$ 代表对加权均值 $\bar{Y}^*$ 和 $\bar{X}^*$ 的离差，其中

$$\bar{Y}^* = \sum w_i Y_i / \sum w_i$$

$$\bar{X}^* = \sum w_i X_i / \sum w_i$$

11.6 为了教学的目的，哈努谢克（Hanushek）和杰克逊（Jackson）估计了如下模型：

$$C_t = \beta_1 + \beta_2 \text{GNP}_t + \beta_3 D_t + u_i \quad (1)$$

其中 $C_t =$ 年度 t 的私人总消费支出，$\text{GNP}_t =$ 年度 t 的国民生产总值，以及 $D_t =$ 年度 t 的国防支出。分析的目的在于研究国防支出对经济中其他支出的影响。

他们假设 $\sigma_t^2 = \sigma^2 (\text{GNP}_t)^2$，从而将（1）变换如下，并加以估计：

$$C_t/\text{GNP} = \beta_1 (1/\text{GNP}_t) + \beta_2$$
$$+ \beta_3 (D_t/\text{GNP}_t) + u_t/\text{GNP}_t \quad (2)$$

根据 1946—1975 年的数据得到的经验结果如下（括号中为标准误）[2]：

$$\hat{C}_t = 26.19 + 0.624\,8\,\text{GNP}_t - 0.439\,8D_t$$
$$(2.73) \quad (0.006\,0) \quad (0.073\,6)$$
$$R^2 = 0.999$$

$$\widehat{C_t/\text{GNP}_t} = 25.92(1/\text{GNP}_t) + 0.624\,6$$
$$(2.22) \quad (0.006\,8)$$
$$- 0.431\,5(D_t/\text{GNP}_t)$$
$$(0.059\,7)$$
$$R^2 = 0.875$$

a. 作者对异方差性的性质做了什么假定？你能说明其中的理由吗？

---

[1] 参见 Dominick Salvatore，*Managerial Economics*，McGraw-Hill，New York，1989，p. 157。n. a. 表示未提供信息。

[2] Eric A. Hanushek and John E. Jackson，*Statistical Methods for Social Scientists*，Academic，New York，1977，p. 160。

b. 比较两个回归的结果。对原始模型的变换是否使结果有所改进，也就是说，降低了估计的标准误? 为什么?

c. 你能比较这两个 R^2 值吗? 为什么? (提示: 检查因变量。)

11.7　参照方程 (11.6.2) 和 (11.6.3) 中估计的回归。两个回归的结果十分相近。这是什么原因?

11.8　证明: 若对每一个 i, $w_i = w$ 都为常数，则 β_2^* 和 $\hat{\beta}_2$ 以及它们的方差都是相同的。

11.9　参照公式 (11.2.2) 和 (11.2.3)。假定:

$$\sigma_i^2 = \sigma^2 k_i$$

其中 σ^2 是常数，而 k_i 是已知但不一定相等的权数。

利用此假定，证明方程 (11.2.2) 中的方差可表达为:

$$\mathrm{var}(\hat{\beta}_2) = \frac{\sigma^2}{\sum x_i^2} \cdot \frac{\sum x_i^2 k_i}{\sum x_i^2}$$

右端第一项即是方程 (11.2.3) 中的方差公式，也就是在同方差性下的 $\mathrm{var}(\hat{\beta}_2)$。你能说出在异方差性下的 $\mathrm{var}(\hat{\beta}_2)$ 和在同方差性下的 $\mathrm{var}(\hat{\beta}_2)$ 之间的关系具有什么性质吗? (提示: 分析以上公式的右端第二项。) 你能对方程 (11.2.2) 和 (11.2.3) 之间的关系得出任何一般性的结论吗?

11.10　在模型 (注: 没有截距)

$$Y_i = \beta_2 X_i + u_i$$

中，你被告知 $\mathrm{var}(u_i) = \sigma^2 X_i^2$。证明:

$$\mathrm{var}(\hat{\beta}_2) = \frac{\sigma^2 \sum X_i^4}{\left(\sum X_i^2\right)^2}$$

实证分析题

11.11　用表 11-1 的数据做平均薪金 Y 对平均生产力 X 的回归，按厂商职工人数划分观测单元。解释你的结果，并看你的结果是否和方程 (11.5.3) 给出的结果一致。

a. 从上面的回归算出残差 $\hat{u}_i$。

b. 按照帕克检验，将 $\ln \hat{u}_i^2$ 对 $\ln X_i$ 回归，并验证回归方程 (11.5.4)。

c. 按照格莱泽检验，将 $|\hat{u}_i|$ 对 X_i 回归，再将 $|\hat{u}_i|$ 对 $\sqrt{X_i}$ 回归，然后述评你的结果。

d. 求 $|\hat{u}_i|$ 对 X_i 的等级相关系数，然后对数据中是否有异方差性以及它的性质进行评论。

11.12　表 11-6 给出了 1971 年第 I 季度至 1973 年第 IV 季度期间美国制造行业按公司的资产规模 (百万美元) 分类的销售/现金比率数据。(数据是按季度报告的。) 销售/现金比率可看作公司部门收入流转速度的一个度量，也就是 1 美元的周转次数。

表 11-6　　　　　　　　　　按资产规模 (百万美元) 分类的销售/现金比率数据

年度与季度	1～10	10～25	25～50	50～100	100～250	250～1 000	1 000+
1971 - I	6.696	6.929	6.858	6.966	7.819	7.557	7.860
- II	6.826	7.311	7.299	7.081	7.907	7.685	7.351
- III	6.338	7.035	7.082	7.145	7.691	7.309	7.088
- IV	6.272	6.265	6.874	6.485	6.778	7.120	6.765
1972 - I	6.692	6.236	7.101	7.060	7.104	7.584	6.717
- II	6.818	7.010	7.719	7.009	8.064	7.457	7.280
- III	6.783	6.934	7.182	6.923	7.784	7.142	6.619
- IV	6.779	6.988	6.531	7.146	7.279	6.928	6.919
1973 - I	7.291	7.428	7.272	7.571	7.583	7.053	6.630
- II	7.766	9.071	7.818	8.692	8.608	7.571	6.805
- III	7.733	8.357	8.090	8.357	7.680	7.654	6.772
- IV	8.316	7.621	7.766	7.867	7.666	7.380	7.072

资料来源: *Quarterly Financial Report for Manufacturing Corporations*, Federal Trade Commission and the Securities and Exchange Commission, U.S. government, various issues (computed).

a. 对每一资产规模计算销售/现金比率的均值与标准差。

b. 将（a）中计算的均值对标准差描点，把资产规模当作观测单元。

c. 通过适当的回归模型，判断比率的标准差是否随均值的增加而增加。如果没有这种关系，怎样自圆其说？

d. 如果两者有统计上的显著关系，你会怎样变换数据以使异方差性不复存在？

11.13 巴特利特（Bartlett）的同方差检验。[①] 假使有自由度为 f_1，f_2，…，f_k 的 k 个独立样本方差 s_1^2，s_2^2，…，s_k^2，各来自以 u 为均值和 σ_i^2 为方差的正态分布的总体。再假使我们要检验虚拟假设 $H_0: \sigma_1^2 = \sigma_2^2 = \cdots = \sigma_k^2 = \sigma^2$，即每一样本方差都是同一总体方差 σ^2 的一个估计值。

如果虚拟假设真实，则：

$$s^2 = \frac{\sum_{i=1}^{k} f_i s_i^2}{\sum f_i} = \frac{\sum f_i s_i^2}{f}$$

给出了总体方差 σ^2 的共同（联合）估计的一个估计值，其中 $f_i = (n_i - 1)$，而 n_i 为第 i 组的观测个数，并且 $f = \sum_{i=1}^{k} f_i$。

巴特利特证明，虚拟假设可通过服从近似于 $k-1$ 个自由度的 χ^2 分布的比率 A/B 加以检验，其中：

$$A = f \ln s^2 - \sum (f_i \ln s_i^2)$$

以及

$$B = 1 + \frac{1}{3(k-1)} \left[\sum \left(\frac{1}{f_i} \right) - \frac{1}{f} \right]$$

对表 11-1 中的数据做巴特利特检验并验证在 5% 的显著性水平上不能拒绝假设：每一厂商职工人数组都有相同的总体平均薪金方差。

注：因每一样本（即分组）的 n_i 都是 10，故每一样本方差的自由度 f_i 都是 9。

11.14 考虑如下过原点回归模型：

$$Y_i = \beta X_i + u_i \quad i = 1, 2$$

其中 $u_1 \sim N(0, \sigma^2)$ 和 $u_2 \sim N(0, 2\sigma^2)$，而且它们相互独立。若 $X_1 = +1$，$X_2 = -1$，计算 β 的加权最小二乘（WLS）估计量及其方差。若你此时不正确地假定了误差方差相同（比方都等于 σ^2），那么 β 的 OLS 估计量是什么？其方差又是多少？与用 WLS 方法得到的估计量相比，你能得到什么一般性结论？[②]

11.15 表 11-7 给出了 81 辆汽车在 MPG（每加仑耗油量行驶的英里数）、HP（发动机马力）、VOL（驾驶空间的立方英尺数）、SP（最高时速）和 WT（以百磅为单位的车身重量）方面的数据。

表 11-7 汽车相关数据

观测	MPG	SP	HP	VOL	WT	观测	MPG	SP	HP	VOL	WT
1	65.4	96	49	89	17.5	8	59.2	98	62	50	22.5
2	56.0	97	55	92	20.0	9	53.3	98	62	50	22.5
3	55.9	97	55	92	20.0	10	43.4	107	80	94	22.5
4	49.0	105	70	92	20.0	11	41.1	103	73	89	22.5
5	46.5	96	53	92	20.0	12	40.9	113			
6	46.2	105	70	89	20.0	13	40.9	113	92	99	22.5
7	45.4	97	55	92	20.0	14	40.4	103	73	89	22.5

[①] 参见 "Properties of Sufficiency and Statistical Tests," *Proceedings of the Royal Society of London A*, vol. 160, 1937, p.168。

[②] 节选自 G. A. F. Seber, *Linear Regression Analysis*, John Wiley & Sons, New York, 1977, p.64。

续表

观测	MPG	SP	HP	VOL	WT	观测	MPG	SP	HP	VOL	WT
15	39.6	100	66	89	22.5	49	31.2	120	130	86	30.0
16	39.3	103	73	89	22.5	50	33.7	109	115	101	35.0
17	38.9	106	78	91	22.5	51	32.6	109	115	101	35.0
18	38.8	113	92	50	22.5	52	31.3	109	115	101	35.0
19	38.2	106	78	91	22.5	53	31.3	109	115	124	35.0
20	42.2	109	90	103	25.0	54	30.4	133	180	113	35.0
21	40.9	110	92	99	25.0	55	28.9	125	160	113	35.0
22	40.7	101	74	107	25.0	56	28.0	115	130	124	35.0
23	40.0	111	95	101	25.0	57	28.0	102	96	92	35.0
24	39.3	105	81	96	25.0	58	28.0	109	115	101	35.0
25	38.8	111	95	89	25.0	59	28.0	104	100	94	35.0
26	38.4	110	92	50	25.0	60	28.0	105	100	115	35.0
27	38.4	110	92	117	25.0	61	27.7	120	145	111	35.0
28	38.4	110	92	99	25.0	62	25.6	107	120	116	40.0
29	46.9	90	52	104	27.5	63	25.3	114	140	131	40.0
30	36.3	112	103	107	27.5	64	23.9	114	140	123	40.0
31	36.1	103	84	114	27.5	65	23.6	117	150	121	40.0
32	36.1	103	84	101	27.5	66	23.6	122	165	50	40.0
33	35.4	111	102	97	27.5	67	23.6	122	165	114	40.0
34	35.3	111	102	113	27.5	68	23.6	122	165	127	40.0
35	35.1	102	81	101	27.5	69	23.6	122	165	123	40.0
36	35.1	106	90	98	27.5	70	23.5	148	245	112	40.0
37	35.0	106	90	88	27.5	71	23.4	160	280	50	40.0
38	33.2	109	102	86	30.0	72	23.4	121	162	135	40.0
39	32.9	109	102	86	30.0	73	23.1	121	162	132	40.0
40	32.3	120	130	92	30.0	74	22.9	110	140	160	45.0
41	32.2	106	95	113	30.0	75	22.9	110	140	129	45.0
42	32.2	106	95	106	30.0	76	19.5	121	175	129	45.0
43	32.2	109	102	92	30.0	77	18.1	165	322	50	45.0
44	32.2	106	95	88	30.0	78	17.2	140	238	115	45.0
45	31.5	105	93	102	30.0	79	17.0	147	263	50	45.0
46	31.5	108	100	99	30.0	80	16.7	157	295	119	45.0
47	31.4	108	100	111	30.0	81	13.2	130	236	107	55.0
48	31.4	107	98	103	30.0						

注：VOL＝驾驶空间的立方英尺数。

HP＝发动机马力。

MPG＝每加仑耗油量行驶的英里数。

SP＝最高时速，英里/小时。

WT＝车身重量，百磅。

观测＝汽车观测序号（车名未记）。

资料来源：U. S. Environmental Protection Agency，1991，Report EPA/AA/CTAB/91-02.

a. 考虑如下模型：

$$\text{MPG}_i = \beta_1 + \beta_2 \text{SP}_i + \beta_3 \text{HP}_i + \beta_4 \text{WT}_i + u_i$$

估计模型参数并对结论做出解释。这些结论有经济意义吗？

b. 你认为上述模型中的误差方差存在异方差性吗？为什么？

c. 用怀特检验来检查误差方差是否存在异方差性。

d. 求出怀特的异方差校正标准误和 t 值，并与从 OLS 得到的结论进行比较。

e. 若证明存在异方差性，你如何对数据变形，使变形后的数据是同方差的？给出必要的计算。

11.16 印度的食物支出。在表 2-8 中，我们已经给出印度 55 个农户的食物支出和总支出数据。

a. 将食物支出对总支出进行回归，检查回归所得到的残差。

b. 将得到的残差对总支出描点，看是否存在系统关系。

c. 若（b）中的描点图显示存在异方差性，用帕克、格莱泽和怀特检验分析这些检验是否支持从图中观察所得到的异方差性印象。

d. 求出怀特的异方差校正标准误，并与 OLS 标准误进行比较。判断此例是否值得校正异方差。

11.17 重做习题 11.16，只是把食物支出的对数对总支出的对数做回归。如果你在习题 11.16 的线性模型中得到异方差性，但在对数线性模型中没有发现，你会得出什么结论？给出所有必要的计算。

11.18 怀特检验的简易途径。正文中提到，如果有 n 个回归元，而且我们引入所有回归元及其平方项和交叉乘积项，怀特检验会消耗太多的自由度。因此，不估计像方程（11.5.22）那样的回归，而简单地做如下回归：

$$\hat{u}_i^2 = \alpha_1 + \alpha_2 \hat{Y}_i + \alpha_3 \hat{Y}_i^2 + v_i$$

其中 $\hat{Y}_i$ 为你从模型中估计出来的 Y 值（回归子的估计值）。毕竟，$\hat{Y}_i$ 无非就是回归元的加权平均，

只是以估计的回归系数为权重。

从上述回归中求出 R^2 值，并用方程（11.5.22）检验不存在异方差性的假设。

在习题 11.16 中，对食物支出的例子应用上述检验。

11.19 回到 R&D 一例。以利润为回归元重做一遍回归。据经验，预期你的结果会与以销售额为回归元的结果不同吗？为什么？

11.20 表 11-8 给出了 2007 年美国研究型大学中统计学正教授薪水的中位数及相关数据。

表 11-8 2007 年统计学正教授薪水的中位数及相关数据

任职年限（年）	人数（人）	薪水的中位数（美元）
0～1	40	101 478
2～3	24	102 400
4～5	35	124 578
6～7	34	122 850
8～9	33	116 900
10～14	73	119 465
15～19	69	114 900
20～24	54	129 072
25～30	44	131 704
31 及以上	25	143 000

资料来源：American Statistical Association，"2007 Salary Report"．

a. 将薪水的中位数对正教授的任职年限（作为工作经验的一种度量）描点。为便于描点，假定薪水的中位数对应于任职年限的中点，于是任职 4～5 年的薪水的中位数 124 578 美元对应于任职 4.5 年，以此类推。对最后一组，假定其范围是 31～33 年。

b. 考虑如下回归模型

$$Y_i = \alpha_1 + \alpha_2 X_i + u_i \tag{1}$$

$$Y_i = \beta_1 + \beta_2 X_i + \beta_3 X_i^2 + v_i \tag{2}$$

其中 $Y=$ 薪水的中位数，$X=$ 任职年限（以任职年限的中点数据度量），u 和 v 为误差项。你能证明模型（2）比模型（1）更合适吗？利用所给数据

估计这两个模型。

c. 若在模型（1）中观测到异方差性，而在模型（2）中没有，你会得出什么结论？给出必要的计算。

d. 若在模型（2）中观测到异方差性，你将如何对数据做变换以消除异方差性？

11.21 给出以下数据：

从前 30 个观测值算出的 $RSS_1 = 55$，自由度 $df = 25$。

从后 30 个观测值算出的 $RSS_2 = 140$，自由度 $df = 25$。

完成显著性水平为 5% 的戈德菲尔德-匡特异方差性检验。

11.22 表 11-9 给出了 20 个国家的股票价格 Y 和消费者价格 X 的年百分率变化的一个横截面数据。

表 11-9　第二次世界大战后（直至 1969 年）股票价格与消费者价格的年百分率变化

国家	年百分率变化	
	股票价格，Y	消费者价格，X
1. 澳大利亚	5.0	4.3
2. 奥地利	11.1	4.6
3. 比利时	3.2	2.4
4. 加拿大	7.9	2.4
5. 智利	25.5	26.4
6. 丹麦	3.8	4.2
7. 芬兰	11.1	5.5
8. 法国	9.9	4.7
9. 德国	13.3	2.2
10. 印度	1.5	4.0
11. 爱尔兰	6.4	4.0
12. 以色列	8.9	8.4
13. 意大利	8.1	3.3
14. 日本	13.5	4.7
15. 墨西哥	4.7	5.2
16. 荷兰	7.5	3.6
17. 新西兰	4.7	3.6

续表

国家	年百分率变化	
	股票价格，Y	消费者价格，X
18. 瑞典	8.0	4.0
19. 英国	7.5	3.9
20. 美国	9.0	2.1

资料来源：Phillip Cagan，*Common Stock Values and Inflation*：*The Historical Record of Many Countries*，National Bureau of Economic Research，Suppl.，March 1974，Table 1，p. 4.

a. 将数据描在散点图上。

b. 将 Y 对 X 进行回归并分析回归中的残差。你观察到了什么？

c. 因智利的数据看来有些异常（异常值？），去掉智利数据后，重新进行（b）中的回归。分析从此回归得到的残差，你会看到什么？

d. 如果根据（b）的结果，你将得到有异方差性的结论，而根据（c）的结果，你又将得到相反的结论，那么，你能得出什么一般性的结论呢？

11.23 本书配套数据给出了世界 500 强公司的 447 位高管的薪水及相关数据。数据包括 salary＝1999 年薪水及红利；totcomp＝1999 年 CEO 总报酬；tenure＝担任 CEO 年数（不足 6 个月视为 0）；age＝CEO 的年龄；sales＝1998 年企业的总销售收入；profits＝1998 年企业利润；以及 assets＝1998 年企业的总资产。

a. 利用这些数据估计如下回归并求布罗施-帕甘-戈弗雷统计量以查验异方差性：

$$salary_i = \beta_1 + \beta_2 \, tenure_i + \beta_3 \, age_i + \beta_4 \, sales_i + \beta_5 \, profits_i + \beta_6 \, assets_i + u_i$$

看上去有异方差性的问题吗？

b. 现在做以 ln（salary）为因变量的第二个模型。异方差性有所改善吗？

c. 做 salary 与每个自变量的散点图。你能辨别是哪些变量带来的问题吗？为了解决这个问题，你有何建议？你最终会使用哪个模型？

11

附录 11A

11A.1 方程（11.2.2）的证明

由附录 3A 的 3A.3 节我们有：

$$\mathrm{var}(\hat{\beta}_2) = E(k_1^2 u_1^2 + k_2^2 u_2^2 + \cdots + k_n^2 u_n^2 + 2\text{ 个交叉乘积项})$$

$$= E(k_1^2 u_1^2 + k_2^2 u_2^2 + \cdots + k_n^2 u_n^2)$$

因为假定了无序列相关，所以交叉乘积项的期望值一律为零。又因为 k_i 是已知的（为什么？）且 $E(u_i^2) = \sigma_i^2$，所以

$$\mathrm{var}(\hat{\beta}_2) = k_1^2 E(u_1^2) + k_2^2 E(u_2^2) + \cdots + k_n^2 E(u_n^2)$$

也即

$$\mathrm{var}(\hat{\beta}_2) = k_1^2 \sigma_1^2 + k_2^2 \sigma_2^2 + \cdots + k_n^2 \sigma_n^2$$

或者

$$\mathrm{var}(\hat{\beta}_2) = \sum k_i^2 \sigma_i^2$$

$$= \sum \left[\left(\frac{x_i}{\sum x_i^2} \right)^2 \sigma_i^2 \right] \qquad \text{因为 } k_i = \frac{x_i}{\sum x_i^2}$$

$$= \frac{\sum x_i^2 \sigma_i^2}{\left(\sum x_i^2 \right)^2} \tag{11.2.2}$$

11A.2 加权最小二乘法

为说明该方法，我们利用双变量模型 $Y_i = \beta_1 + \beta_2 X_i + u_i$。不加权的最小二乘法要求最小化

$$\sum \hat{u}_i^2 = \sum (Y_i - \hat{\beta}_1 - \hat{\beta}_2 X_i)^2 \tag{1}$$

而加权最小二乘法要求最小化加权残差平方和：

$$\sum w_i \hat{u}_i^2 = \sum w_i (Y_i - \hat{\beta}_1^* - \hat{\beta}_2^* X_i)^2 \tag{2}$$

其中 $\hat{\beta}_1^*$ 和 $\hat{\beta}_2^*$ 为加权最小二乘估计量，并且权数 w_i 与给定 X_i 下 u_i 或 Y_i 的条件方差成反比：

$$w_i = \frac{1}{\sigma_i^2} \tag{3}$$

因此不言而喻，$\mathrm{var}(u_i | X_i) = \mathrm{var}(Y_i | X_i) = \sigma_i^2$。

将方程（2）对 $\hat{\beta}_1^*$ 和 $\hat{\beta}_2^*$ 求微分得：

$$\frac{\partial \sum w_i \hat{u}_i^2}{\partial \beta_1^*} = 2 \sum w_i (Y_i - \hat{\beta}_1^* - \hat{\beta}_2^* X_i)(-1)$$

$$\frac{\partial \sum w_i \hat{u}_i^2}{\partial \beta_2^*} = 2 \sum w_i (Y_i - \hat{\beta}_1^* - \hat{\beta}_2^* X_i)(-X_i)$$

令上式为零，即得到如下两个正规方程：

$$\sum w_i Y_i = \hat{\beta}_1^* \sum w_i + \hat{\beta}_2^* \sum w_i X_i \tag{4}$$

$$\sum w_i X_i Y_i = \hat{\beta}_1^* \sum w_i X_i + \hat{\beta}_2^* \sum w_i X_i^2 \tag{5}$$

注意这两个正规方程和不加权的最小二乘的正规方程的相似性。

解方程（4）和（5）的联立方程得：

$$\hat{\beta}_1^* = \overline{Y}^* - \hat{\beta}_2^* \overline{X}^* \tag{6}$$

$$\hat{\beta}_2^* = \frac{\left(\sum w_i\right)\left(\sum w_i X_i Y_i\right) - \left(\sum w_i X_i\right)\left(\sum w_i Y_i\right)}{\left(\sum w_i\right)\left(\sum w_i X_i^2\right) - \left(\sum w_i X_i\right)^2} \tag{11.3.8} = (7)$$

欲求方程（11.3.9）中给出的 $\hat{\beta}_2^*$ 的方差，可仿照附录 3A 的 3A.3 节求 $\hat{\beta}_2$ 的方差的方法。

注：$\overline{Y}^* = \sum w_i Y_i / \sum w_i$ 和 $\overline{X}^* = \sum w_i X_i / \sum w_i$。容易验证，当对所有 i，$w_i = w$ 为一个常数时，这些加权均值便化为平常的或不加权的均值 $\overline{Y}$ 和 $\overline{X}$。

11A.3　出现异方差性时 $E(\hat{\sigma}^2) \neq \sigma^2$ 的证明

考虑两变量模型

$$Y_i = \beta_1 + \beta_2 X_i + u_i \tag{1}$$

其中 $\mathrm{var}(u_i) = \sigma_i^2$。

现在，

$$\hat{\sigma}^2 = \frac{\sum \hat{u}_i^2}{n-2} = \frac{\sum (Y_i - \hat{Y}_i)^2}{n-2} = \frac{\sum (\beta_1 + \beta_2 X_i + u_i - \hat{\beta}_1 - \hat{\beta}_2 X_i)^2}{n-2}$$

$$= \frac{\sum [-(\hat{\beta}_1 - \beta_1) - (\hat{\beta}_2 - \beta_2) X_i + u_i]^2}{n-2} \tag{2}$$

注意 $(\hat{\beta}_1 - \beta_1) = -(\hat{\beta}_2 - \beta_2)\overline{X} + \bar{u}$，以之代入方程（2）并对两边求期望，便得到

$$E(\hat{\sigma}^2) = \frac{1}{n-2}\left\{ -\sum x_i^2 \mathrm{var}(\hat{\beta}_2) + E\left[\sum (u_i - \bar{u})^2\right]\right\}$$

$$= \frac{1}{n-2}\left[-\frac{\sum x_i^2 \sigma_i^2}{\sum x_i^2} + \frac{(n-1)\sum \sigma_i^2}{n}\right] \tag{3}$$

其中用到方程（11.2.2）。

如你从方程（3）中所见，若为同方差性，即对每个 i 都有 $\sigma_i^2 = \sigma^2$，则 $E(\hat{\sigma}^2) = \sigma^2$。因此，惯常计算的期望值 $\hat{\sigma}^2 = \sum \hat{u}_i^2/(n-2)$ 在异方差性情况下不再等于真实的 σ^2。[1]

11A.4 怀特稳健标准误

为了对怀特的异方差校正标准误有所了解，考虑两变量回归模型：

$$Y_i = \beta_1 + \beta_2 X_i + u_i \quad \mathrm{var}(u_i) = \sigma_i^2 \tag{1}$$

如方程（11.2.2）所示，

$$\mathrm{var}(\hat{\beta}_2) = \frac{\sum x_i^2 \sigma_i^2}{\left(\sum x_i^2\right)^2} \tag{2}$$

由于 σ_i^2 不能直接观测，所以怀特建议用每个 i 的残差平方 $\hat{u}_i^2$ 取代 σ_i^2，并估计 $\mathrm{var}(\hat{\beta}_2)$ 如下：

$$\mathrm{var}(\hat{\beta}_2) = \frac{\sum x_i^2 \hat{u}_i^2}{\left(\sum x_i^2\right)^2} \tag{3}$$

怀特证明，方程（3）是方程（2）的一致估计量，即随着样本容量无限增加，方程（3）收敛于方程（2）。[2]

顺便提醒注意，你的软件中一般并不包含直接的怀特稳健标准误程序，你可以首先做通常的 OLS 回归，从中得到残差，然后利用（3）式即可。

怀特程序可推广至 k 变量回归模型

$$Y_i = \beta_1 + \beta_2 X_{2i} + \beta_3 X_{3i} + \cdots + \beta_k X_{ki} + u_i \tag{4}$$

任何一个偏回归系数（比方说 $\hat{\beta}_j$）的方差都可如下求得：

$$\mathrm{var}(\hat{\beta}_j) = \frac{\sum \hat{w}_{ji}^2 \hat{u}_i^2}{\left(\sum \hat{w}_{ji}^2\right)^2} \tag{5}$$

其中 $\hat{u}_i$ 为从原回归（4）中得到的残差，$\hat{w}_{ji}$ 为将回归元 X_{ji} 对方程（4）中其余回归元做（辅助）回归得到的残差。

显而易见，这是一个费时的程序，因为你必须对每个 X 变量都估计方程（5）。当然，你如果有一个统计软件进行例行计算，则所有这些劳动都可以避免。PCGIVE、EViews、MICROFIT、SHAZAM、Stata 和 LIMDEP 等现在都能十分轻松地求出怀特稳健标准误。

---

[1] 详细情况可参见 Jan Kmenta, *Elements of Econometrics*, 2d ed., Macmillan, New York, 1986, pp. 276-278。

[2] 更准确地讲，n 乘以方程（3）依概率收敛于 $E[(X_i - \mu_X)^2 u_i^2]/(\sigma_X^2)^2$，即 n 乘以方程（2）的概率极限，其中 n 为样本容量，μ_X 为 X 的期望值，σ_X^2 为 X 的（总体）方差。更详细的情形，参见 Jeffrey M. Wooldridge, *Introductory Econometrics: A Modern Approach*, South-Western Publishing, 2000, p. 250。

第12章　自相关：误差项相关会怎么样？

读者或许记得，经济分析通常有三种数据可用：（1）横截面数据；（2）时间序列数据；（3）横截面数据与时间序列数据的综合，即混合数据。我们在第1篇提出经典线性回归模型（CLRM）时做了几个假定，7.1节有所讨论。不过，我们注意到，不是所有这些假定对每种数据类型都成立。事实上，我们在上一章看到，同方差或误差方差相等的假定在横截面数据中并非总是合理的假定。换言之，横截面数据时常受到异方差问题的纠缠。

不过，因为在横截面研究中，数据的搜集通常都基于横截单位的一个随机样本，比如（消费函数分析中的）家庭或（投资研究分析中的）企业，所以没有先验理由认为，一个家庭或企业的误差项与另一个家庭或企业的误差项相关。如果碰巧在横截单位中观察到了这种相关，则称之为空间自相关（spatial autocorrelation），即空间而非时间上的相关。然而，重要的是要记得，在横截面分析中，为了使判断（空间）自相关是否存在的道理讲得过去，数据的顺序必须存在某种逻辑或经济上的意义。

然而，当我们处理时间序列数据时，情况就极为不同了。因为这种数据中的观测服从时间上的一种自然顺序，所以连续的观测很可能表现出内部的相关，特别是在连续观测的时间区间很短时，如一天、一周、一个月而非一年。如果你每天都观测道琼斯工业平均指数或标准普尔500指数等股票价格指数，便会发现这些指数接连几天上涨或下降再平常不过了。显然，在这种情形下，CLRM背后的误差项不存在自相关或序列相关的假定就不合常理。

在本章中，我们将仔细分析这一假定，以期得到对下列问题的回答：

（1）自相关的性质是什么？

（2）自相关会导致什么理论上和实际上的后果？

（3）由于无自相关假定涉及不可观测的干扰项 u_t，怎样才能知道在一个任给的情况中是否有自相关？注意，我们现在用下标 t 来强调我们处理的是时间序列数据。

（4）怎样补救自相关的问题？

读者将发现本章在许多方面类似于上一章对异方差的讨论。因为在自相关情况下和在异方差情况下一样，平常的 OLS 估计量虽然仍是线性、无偏和渐近（即在大样本中）正态分布的[1]，但不再是所有线性无偏估计量中方差最小的一个。简言之，相对其他线性无偏估计量而言，它不再是有效的。换言之，OLS 估计量不再是 BLUE。结果，通常的 t、F 和 χ^2 都不再成立。

12.1 问题的性质

自相关（autocorrelation）一词可定义为"按时间（如在时间序列数据中）或空间（如在横截面数据中）排序的观测序列各成员之间的相关"[2]。在回归的背景中，经典线性回归模型假定各干扰项 u_i 之间不存在自相关，用符号表示为：

$$\text{cov}(u_i, u_j | x_i, x_j) = E(u_i u_j) = 0 \quad i \neq j \tag{3.2.5}$$

简单地说，经典模型假定任一次观测的干扰项都不受任何其他观测干扰项的影响。例如，在做产出对劳动和资本投入的回归中，我们用了季度时间序列数据。如果某一季度的产出受到罢工的影响，没有理由认为这一生产中断会持续到下一季度，也就是说，即使本季度产出下降，也没有理由预期下一季度的产出也下降。同理，如果我们在家庭消费支出对家庭收入的回归中用了横截面数据，那么一个家庭的收入增加对其消费支出的影响预期不会波及另一个家庭的消费支出。

然而，如果存在这种相关性，我们就有了自相关，用符号表示为：

$$E(u_i u_j) \neq 0 \quad i \neq j \tag{12.1.1}$$

这时，由本季度罢工引起的生产中断很可能影响下个季度的产出；或者，一个家庭的消费支出增加，很可能促使另一个家庭为了同邻居攀比也随之增大其消费支出。

在我们寻求存在自相关的原因前，有必要澄清一些名词术语方面的问题。虽然现在把名词自相关和序列相关（serial correlation）看作同义语已成为习惯，但一些作者比较喜欢把两者区分开来。例如，廷特纳（Tintner）定义"自相关"为"一给定序列同它自身滞后若干期的序列的滞后相关"。而与此同时，他把"序列相关"一词保留作"两个不同序列的滞后相关"[3]。例如，时间序列 u_1, u_2, $\cdots$, u_{10} 和它自身滞后一期的序列 u_2, u_3, $\cdots$, u_{11} 之间的相关叫做自相关，而两个不同时间序列 u_1, u_2, $\cdots$, u_{10} 和 v_2, v_3, $\cdots$, v_{11}（其中 u 和 v 是两个不同的时间序列）之间的相关叫做序列相关。尽管两名词的区分有一定用处，但本书将把它们看作同义语。

---

① 对此，参见 William H. Greene, *Econometric Analysis*, 4th ed., Prentice Hall, NJ, 2000, Chapter 11 和 Paul A. Rudd, *An Introduction to Classical Econometric Theory*, Oxford University Press, 2000, Chapter 19。

② Maurice G. Kendall and William R. Buckland, *A Dictionary of Statistical Terms*, Hafner Publishing Company, New York, 1971, p. 8。

③ Gerhard Tintner, *Econometrics*, John Wiley & Sons, New York, 1965.

让我们想象一下自相关和无自相关的一些可能模式，如图 12-1 所示。图 12-1 (a) 到图 12-1 (d) 都显示 u_i 中有一个明显的模式。图 12-1 (a) 显示出一个周期模式；图 12-1 (b) 和图 12-1 (c) 分别表明干扰项中有一个上升和下降的线性趋势；而图12-1 (d) 表明干扰项中既有线性趋势，又有二次趋势。唯有图 12-1 (e) 表示无系统性的模式，并符合经典线性回归模型的不存在自相关假定。

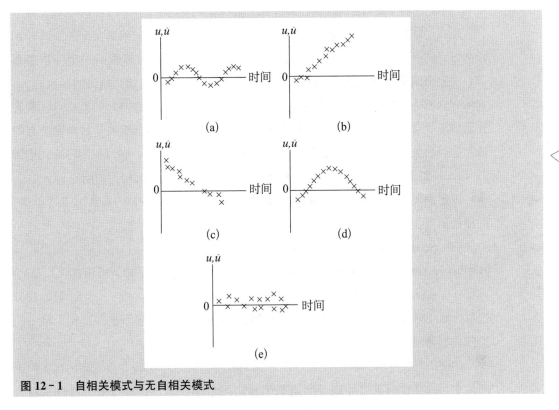

图 12-1　自相关模式与无自相关模式

一个很自然的问题是：为什么会出现序列相关？有种种理由，其中包括：

惯性。 大多数经济时间序列都有一个明显的特点，就是它的惯性（inertia）或黏滞。众所周知，GNP、价格指数、产量、就业和失业等时间序列都呈现出一定的（商业）周期。从衰退的谷底开始，当经济开始复苏时，大多数经济序列开始上升。在此上升期间，序列在每一时刻的值都高于前一时刻的值。看来有一种"内在的动力"驱使这一势头继续下去，直至某些情况（如利率或税率的升高）出现才把它拖慢下来。因此，在涉及时间序列的回归中，相继的观测值很可能是相关的。

设定偏误：应含而未含变量的情形。 在实证分析中，研究者常从一个较好但不一定"最好"的回归模型开始。经过回归分析，研究者做事后检查，看结果是否与事先的预期相一致。如不一致，便要开始动手术。例如，研究者可能将拟合回归的残差 $\hat{u}_i$ 描点，并可能观察到类似于图 12-1 (a) 到图 12-1 (d) 那样的模式。这些残差（为 u_i 的替代变量）也许表明，某些原来待选的却未被包含的变量，由于种种理由应被包含到模型中来。这就是应含而未含变量（excluded variable）的设定偏误。但将这些变量包含进来常常能消除干扰项中所观察到的相关模式。例如，假设我们有如下需求模型：

$$Y_t = \beta_1 + \beta_2 X_{2t} + \beta_3 X_{3t} + \beta_4 X_{4t} + u_t \tag{12.1.2}$$

其中Y＝牛肉需求量，X_2＝牛肉价格，X_3＝消费者收入，X_4＝猪肉价格，以及t＝时间。[1] 然而，出于某种原因，我们做了下述回归：

$$Y_t = \beta_1 + \beta_2 X_{2t} + \beta_3 X_{3t} + v_t \tag{12.1.3}$$

现在，如果方程（12.1.2）是"正确"的模型或"真理"或真实的关系式，则做回归（12.1.3）就无异于令 $v_t = \beta_4 X_{4t} + u_t$，于是就猪肉价格影响牛肉需求量而言，误差项或干扰项 v 将表现出一种系统性的模式，从而造成（错误的）自相关。真的有自相关吗？一个简单的检验是，同时做回归（12.1.2）和（12.1.3），看看在做模型（12.1.2）时，原先在模型（12.1.3）中观测到的自相关（如果观测有的话）是否消失。[2] 侦察自相关的实际步骤将在12.6节中讨论，届时我们将看到用回归（12.1.2）和（12.1.3）的残差来描点，常常能够反映出自相关的问题。

设定偏误：不正确的函数形式。 假使在成本-产出研究中"真实"或"正确"的模型如下：

$$\text{marginal cost}_i = \beta_1 + \beta_2 \text{output}_i + \beta_3 \text{output}_i^2 + u_i \tag{12.1.4}$$

其中 marginal cost＝边际成本，output＝产出。但我们拟合了如下模型：

$$\text{marginal cost}_i = \alpha_1 + \alpha_2 \text{output}_i + v_i \tag{12.1.5}$$

这样，图12-2连同"不正确"的线性边际成本曲线一起，展示了"真实"模型的边际成本曲线。

如图12-2所示，在点A与点B之间的线性边际成本曲线一直在高估真实的边际成本，而在这两点之外则一致地低估真实的边际成本。这种结果是可以预料到的，因为干扰项 v_i 事实上等于产出$\text{output}_i^2 + u_i$，从而包含了output_i^2对边际成本的系统影响。在这种情形中，由于不正确的函数形式的使用，v_i将反映出自相关。在第13章中，我们将考虑侦察设定偏误的若干方法。

蛛网现象。 许多农产品的供给反映出一种所谓的蛛网现象（cobweb phenomenon）。供给对价格的反应要滞后一个时期，因为供给需要经过一定的时间才能实现（有一个孕育期）。例如，今年年初的农作物种植受去年盛行价格的影响，因此相关的供给函数是：

$$\text{supply}_t = \beta_1 + \beta_2 P_{t-1} + u_t \tag{12.1.6}$$

其中 supply＝供给。假使t时期的期末价格P_t低于P_{t-1}，农民就很可能决定在$t+1$时期生产比t时期更少的东西。显然，在这种情形中，农民由于在t时期的过量生

---

[1] 作为一种惯例，我们将用下标t表示时间序列数据，而用通常的下标i表示横截面数据。

[2] 如果我们发现真正的问题是设定偏误而不是自相关，则如第13章所讲，方程（12.1.3）中参数的OLS估计量可能既有偏误，又非一致。

产很可能在 $t+1$ 时期削减产量。对于此类现象，就不能期望干扰项 u_t 是随机的，从而导致一种蛛网现象。

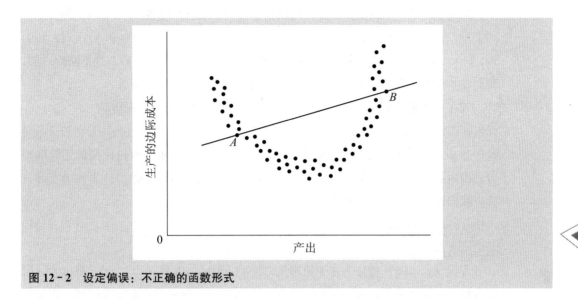

图 12-2 设定偏误：不正确的函数形式

滞后效应。 在一个消费支出对收入的时间序列回归中，人们常常发现当前时期的消费支出除了依赖于其他变量外，还依赖于上一期的消费支出，即：

$$\text{consumption}_t = \beta_1 + \beta_2 \text{income}_t + \beta_3 \text{consumption}_{t-1} + u_t \qquad (12.1.7)$$

其中 consumption＝消费支出，income＝收入。像方程（12.1.7）这样的回归，由于解释变量之一是因变量的滞后值而被称为自回归。（我们将在第 19 章中研究这类模型。）使用方程（12.1.7）这类模型的理由很简单。由于心理上、技术上以及制度上的原因，消费者不会轻易改变他们的消费习惯。如果现在我们忽略了方程（12.1.7）中的滞后项，所造成的误差项将由于滞后消费对当前消费的影响而反映出一种系统性的模式。

数据的"操作"。 在实证分析中，原始数据往往是经过"操作"的。例如，在用到季度数据的时间序列回归中，这些数据通常来自月度数据，分析时不过是把 3 个月的观测值加在一起除以 3 罢了。这种平均的计算因减弱了月度数据的波动而导致数据更加平滑。因此，用季度数据描绘的图形要比用月度数据描绘的图形平滑得多。这种平滑性本身就能使干扰项中出现系统性的模式，从而导致自相关。数据变换还包括数据的内插（interpolation）或外推（extrapolation）。例如在美国每 10 年进行一次人口普查，有一次是在 2000 年，而此前的一次在 1990 年。假如现在需要 1990—2000 年两个普查年间的某年数据，通常的做法就是，根据某些特殊的假定进行内插。所有这些数据"糅合"技术都会给数据带来原始数据所没有的系统性的模式。[1]

数据变换。 作为一个例子，考虑如下模型：

---

① 关于这一点，参见 William H. Greene，op. cit.，p. 526。

$$Y_t = \beta_1 + \beta_2 X_t + u_t \tag{12.1.8}$$

其中 Y＝消费支出，X＝收入。由于方程（12.1.8）在每个时期都成立，所以它在上一时期（$t-1$）也成立，于是，可以把方程（12.1.8）写成

$$Y_{t-1} = \beta_1 + \beta_2 X_{t-1} + u_{t-1} \tag{12.1.9}$$

Y_{t-1}、X_{t-1} 和 u_{t-1} 分别被称为 Y、X 和 u 的滞后值（lagged values），这里滞后一期。我们在本章稍后部分及本书其他几个地方将会看到滞后值的重要性。

现在，如果我们从方程（12.1.8）中减去方程（12.1.9），则得到

$$\Delta Y_t = \beta_2 \Delta X_t + \Delta u_t \tag{12.1.10}$$

其中 Δ 表示一阶差分算子（first difference operator），表示对所讨论变量连续取差分。因而，$\Delta Y_t = (Y_t - Y_{t-1})$，$\Delta X_t = (X_t - X_{t-1})$，$\Delta u_t = (u_t - u_{t-1})$。为便于实证分析，我们把方程（12.1.10）写成

$$\Delta Y_t = \beta_2 \Delta X_t + v_t \tag{12.1.11}$$

其中 $v_t = \Delta u_t = (u_t - u_{t-1})$。

方程（12.1.9）被称为水平值形式（level form），方程（12.1.10）被称为一阶差分形式（first difference form）。在实证分析中，这两种形式都经常使用。比如在方程（12.1.9）中，若 Y 和 X 表示消费支出和收入的对数，则方程（12.1.10）中的 ΔY 和 ΔX 将表示消费支出和收入的对数变化。但如我们所知，一个变量的对数变化是其相对变化或百分比变化（如果将前者乘以 100）。所以，除了研究变量水平值之间的关系外，我们或许还对其增长率之间的关系感兴趣。

现在，如果方程（12.1.8）中的误差项满足标准 OLS 假定，特别是无自相关的假定，那么，可以证明方程（12.1.11）中的误差项 v_t 将会自相关。（附录 12A 的 12A.1 节给出了证明。）这里请注意，像方程（12.1.11）这样的模型被称为动态回归模型（dynamic regression models），即含有滞后回归子的模型。我们将在第 19 章深入研究这种模型。

上述例子旨在说明，自相关有时候是作为对原模型进行变换的结果而产生的。

非平稳性。我们在第 1 章提到，在处理时间序列数据时，我们必须明确一个给定的时间序列是否平稳。尽管我们在本书全面讨论时间序列计量经济学的章节中将会专题讨论非平稳时间序列，但这里粗略地讲，如果一个时间序列的特征（如均值、方差和协方差）不随时间的变化而变化，那它就是一个平稳时间序列，否则就是一个非平稳时间序列。

如我们将在之后所讨论的那样，在一个方程（12.1.8）之类的回归模型中，Y 和 X 很可能都是非平稳的，因此误差 u 也是非平稳的。① 此时，误差项将表现出自相关。

总之，有很多原因导致一个回归模型中的误差项自相关。在本章的余下部分，

---

① 我们在之后也将看到，尽管 Y 和 X 非平稳，但可能发现 u 是平稳的。我们以后会解释其含义。

我们将较详细地研究自相关所带来的问题及其解决办法。

还应指出，虽然多数经济时间序列都因在一个较长时期内或者上升或者下降而表现出正自相关［图 12－3（a）］，而不像图 12－3（b）那样表现为不断地上下运动，但自相关可以是正的，也可以是负的。

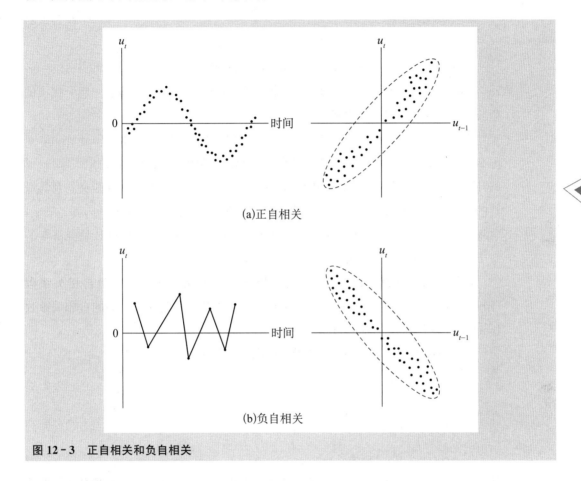

图 12－3　正自相关和负自相关

12.2　出现自相关时的 OLS 估计量

如果我们在干扰项中通过假定 $E(u_t u_{t+s}) \neq 0 (s \neq 0)$ 引进自相关，但保留经典模型的所有其他假定，则对 OLS 估计量及其方差来说会出现什么情况呢？[①] 再次注意，我们在干扰项右下角用下标 t 来强调我们处理的是时间序列数据。

我们再一次回到双变量模型，以解释所涉及的基本概念，即回到 $Y_t = \beta_1 + \beta_2 X_t + u_t$。要取得任何进展都必须对 u_t 的生成机制做出假定，因为 $E(u_t u_{t+s}) \neq 0 (s \neq 0)$ 这个假定过于一般，不会有任何实际用处。作为一个起点或一阶近似，不妨假定干扰项是这样产生的：

---

① 若 $s = 0$，则得到 $E(u_t^2)$。由于根据假定有 $E(u_t) = 0$，因此 $E(u_t^2)$ 即误差项的方差显然非零。（为什么？）

$$u_t = \rho u_{t-1} + \varepsilon_t \qquad -1 < \rho < 1 \tag{12.2.1}$$

其中 ρ 被称为自协方差系数（coefficient of autocovariance），并且 ε_t 是满足以下标准 OLS 假定的随机干扰项：

$$E(\varepsilon_t) = 0$$
$$\mathrm{var}(\varepsilon_t) = \sigma_\varepsilon^2 \tag{12.2.2}$$
$$\mathrm{cov}(\varepsilon_t, \varepsilon_{t+s}) = 0 \quad s \neq 0$$

在文献中，具有上述性质的误差项通常被称为白噪声误差项（white noise error term）。方程（12.2.1）阐明，t 时期干扰项的值等于 ρ 乘以其上一期干扰项的值与一个纯粹随机误差项之和。

模式（12.2.1）被称为马尔可夫一阶自回归模式（Markov first-order autoregressive scheme）或简称一阶自回归模式，常记为 AR(1)。由于方程（12.2.1）可解释为 u_i 对其自身滞后一期的回归，故取名为自回归是适宜的。因仅涉及 u_i 及其最近的过去值，即最大滞后是 1，故称一阶。如果模型设为 $u_t = \rho_1 u_{t-1} + \rho_2 u_{t-2} + \varepsilon_t$，它将是 AR(2) 或二阶自回归模式，如此类推。我们在有关时间序列计量经济学的章节中将学习这种高阶模式。

顺便指出，方程（12.2.1）中的自协方差系数又可解释为一阶自相关系数（first-order coefficient of autocorrelation），或更准确地称为滞后 1 期的自相关系数（coefficient of autocorrelation at lag 1）。[①]

给定 AR(1) 模式，可以证明（参见附录 12A 的 12A.2 节）：

$$\mathrm{var}(u_t) = E(u_t^2) = \frac{\sigma_\varepsilon^2}{1 - \rho^2} \tag{12.2.3}$$

$$\mathrm{cov}(u_t, u_{t+s}) = E(u_t u_{t-s}) = \rho^s \frac{\sigma_\varepsilon^2}{1 - \rho^2} \tag{12.2.4}$$

$$\mathrm{cor}(u_t, u_{t+s}) = \rho^s \tag{12.2.5}$$

其中 $\mathrm{cov}(u_t, u_{t+s})$ 指相差 s 期的误差项之间的协方差，$\mathrm{cor}(u_t, u_{t+s})$ 指相差 s 期的误差项之间的相关系数。注意，由于协方差和相关系数的对称性，$\mathrm{cov}(u_t, u_{t+s}) = \mathrm{cov}(u_t, u_{t-s})$，$\mathrm{cor}(u_t, u_{t+s}) = \mathrm{cor}(u_t, u_{t-s})$。

由于 ρ 是一个介于 -1 与 1 之间的常数，因此方程（12.2.3）表明，在 AR(1) 模式下，u_t 的方差仍是同方差的，但 u_t 不仅与其过去一期的值相关，而且与过去几期的值也相关。关键是注意 $|\rho| < 1$，即 ρ 的绝对值小于 1。比如，若 $\rho = 1$，则上述方差和协方差都没有定义。若 $|\rho| < 1$，我们说方程（12.2.1）中给出的 AR(1) 过

---

① 这个名称不难解释。按定义，u_t 与 u_{t-1} 之间的（总体）相关系数是：

$$\rho = \frac{E\{[u_t - E(u_t)][u_{t-1} - E(u_{t-1})]\}}{\sqrt{\mathrm{var}(u_t)} \sqrt{\mathrm{var}(u_{t-1})}} = \frac{E(u_t u_{t-1})}{\mathrm{var}(u_{t-1})}$$

这是因为对每个 t 都有 $E(u_t) = 0$，并且我们保留了同方差性假定，从而有 $\mathrm{var}(u_t) = \mathrm{var}(u_{t-1})$。读者应能看出，$\rho$ 还是 u_t 对 u_{t-1} 回归中的斜率系数。

程是平稳的，即 u_t 的均值、方差和协方差都不随时间的变化而变化。若 $|\rho|<1$，则从方程（12.2.4）可见，协方差的值将随着两个误差的时间间隔变远而变小。我们以后会看到上述结论的作用。

我们使用 AR(1) 过程，不仅是因为其相对高阶模式较为简单，还因为它在许多应用中都相当有用。此外，对 AR(1) 模式所做的理论和经验研究数量也相当可观。

现在回到我们的双变量回归模型：$Y_t=\beta_1+\beta_2 X_t+u_t$。我们从第 3 章知道，斜率系数的 OLS 估计量为：

$$\hat{\beta}_2 = \frac{\sum x_t y_t}{\sum x_t^2} \tag{12.2.6}$$

其方差为：

$$\text{var}(\hat{\beta}_2) = \frac{\sigma^2}{\sum x_t^2} \tag{12.2.7}$$

其中小写字母如通常一样表示对均值的离差。

现在，在 AR(1) 模式下，可以证明此估计量的方差为：

$$\text{var}(\hat{\beta}_2)_{\text{AR1}} = \frac{\sigma^2}{\sum x_t^2}\left[1+2\rho\frac{\sum x_t x_{t-1}}{\sum x_t^2}+2\rho^2\frac{\sum x_t x_{t-2}}{\sum x_t^2}+\cdots+2\rho^{n-1}\frac{\sum x_t x_1}{\sum x_t^2}\right] \tag{12.2.8}$$

其中 $\text{var}(\hat{\beta}_2)_{\text{AR1}}$ 表示 $\hat{\beta}_2$ 在一阶自回归模式下的方差。

方程（12.2.8）与（12.2.7）的比较表明，前者等于后者乘上方括号中的项，这一项既取决于 ρ，又取决于回归元 X 在各种滞后值之间的样本自相关系数。[①] 一般而言，我们不能预先知道 $\text{var}(\hat{\beta}_2)$ 是小于还是大于 $\text{var}(\hat{\beta}_2)_{\text{AR1}}$。当然，若 $\rho=0$，则这两个公式完全一样。（为什么？）若回归元的连续值之间的相关系数很小，则斜率估计量常用的 OLS 方差将不会产生严重偏误。但作为一个一般原则，这两个方差应该不同。

为了解方程（12.2.7）和（12.2.8）中给出的方差之间的差别，假定回归元 X 也服从含有自相关系数 r 的一阶自回归模式。那么，可以证明，方程（12.2.8）可简化成：

$$\text{var}(\hat{\beta}_2)_{\text{AR1}} = \frac{\sigma^2}{\sum x_t^2}\left(\frac{1+r\rho}{1-r\rho}\right) = \text{var}(\hat{\beta}_2)_{\text{OLS}}\left(\frac{1+r\rho}{1-r\rho}\right) \tag{12.2.9}$$

比如，若 $r=0.6$ 和 $\rho=0.8$，我们利用方程（12.2.9）可以验证 $\text{var}(\hat{\beta}_2)_{\text{AR1}} = 2.846\,1\text{var}(\hat{\beta}_2)_{\text{OLS}}$。换言之，$\text{var}(\hat{\beta}_2)_{\text{OLS}} = \frac{1}{2.846\,1}\text{var}(\hat{\beta}_2)_{\text{AR1}} = 0.351\,3\text{var}(\hat{\beta}_2)_{\text{AR1}}$。

① 注意，$r^2=\sum x_t x_{t+1}/\sum x_t^2$ 为 X_t 与 X_{t+1}（或 X_{t-1}，因为相关系数是对称的）之间的相关系数；$r^2=\sum x_t x_{t+2}/\sum x_t^2$ 为 X 滞后两期之间的相关系数，等等。

通常的 OLS 公式［即方程（12.2.7）］将 var $(\hat{\beta}_2)_{AR1}$ 低估了约 65%。你或许意识到，这个答案是给定 r 和 ρ 的值的情况下的特定结果，但这个练习的目的是给你一个警告，盲目地使用通常的 OLS 公式来计算 OLS 估计量的方差和标准误，可能会给出严重误导性的结论。

假设我们继续使用 OLS 估计量 $\hat{\beta}_2$，并在平常的方差公式中把 AR(1) 模式考虑进来，将方差加以适当调整。也就是说，我们使用方程（12.2.6）中的 $\hat{\beta}_2$，但使用方程（12.2.8）所给的方差公式。这时 $\hat{\beta}_2$ 的性质如何？容易证明，$\hat{\beta}_2$ 仍然是线性无偏的。事实上，如附录 3A 的 3A.2 节所表明的，无序列相关性和无异方差性一样，都不是证明 $\hat{\beta}_2$ 的无偏性所必需的。$\hat{\beta}_2$ 是否仍然是 BLUE 呢？可惜不是，它在线性无偏估计中不是最小方差的。总之，$\hat{\beta}_2$ 虽然线性无偏，但不再是有效的（当然，相对而言）。读者必定注意到这一发现非常类似于在出现异方差性时 $\hat{\beta}_2$ 较为低效的情形。我们已经看到，在异方差情形中，作为广义最小二乘估计量的特殊情形，由方程（11.3.8）给出的加权最小二乘估计量 $\hat{\beta}_2^*$ 是有效的。在自相关的情形中，我们能找到一个 BLUE 吗？回答是肯定的。这可从下节的讨论中看出。

12.3 自相关出现时的 BLUE

继续利用双变量模型并假定 AR(1) 过程，可以证明 $\hat{\beta}_2$ 的 BLUE 由下式给出[1]：

$$\hat{\beta}_2^{GLS} = \frac{\sum_{t=2}^n (x_t - \rho x_{t-1})(y_t - \rho y_{t-1})}{\sum_{t=2}^n (x_t - \rho x_{t-1})^2} + C \tag{12.3.1}$$

其中 C 是校正因子，在实际中可以忽略。注意下标从 $t=2$ 变到 $t=n$。它的方差是：

$$var\,\hat{\beta}_2^{GLS} = \frac{\sigma^2}{\sum_{t=2}^n (x_t - \rho x_{t-1})^2} + D \tag{12.3.2}$$

其中 D 也是一个实践中可以忽略的校正因子。（参看习题 12.18。）

估计量 var$\hat{\beta}_2^{GLS}$ 如其上标所表明的，是由 GLS 得到的。在第 11 章中我们看到，在 GLS 中我们通过变量变换把额外的信息（异方差性）包括到估计程序中去，而在 OLS 中我们并不直接考虑这种附加信息。读者可以看到，方程（12.3.1）中 $\hat{\beta}_2$ 的 GLS 估计量把自相关参数 ρ 包含在估计公式中，而方程（12.2.6）的 OLS 公式则对 ρ 干脆不理睬。直观上，这就是为什么 GLS 估计量是 BLUE，而 OLS 估计量不是 BLUE 的

---

[1] 证明见 Jan Kmenta, *Elements of Econometrics*, Macmillan, New York, 1971, pp. 274–275。校正因子与第一次观测值 (Y_1, X_1) 有关。关于这个问题，参看习题 12.18。

理由。GLS 估计量最大限度地利用了现有的信息。[①] 不言而喻，若 $\rho = 0$，就没有额外的信息需要考虑，从而 GLS 和 OLS 两估计量是相同的。

总之，在自相关情形中，由方程（12.3.1）给出的 GLS 估计量才是 BLUE，并且这时的最小方差由方程（12.3.2）给出。方程（12.2.8），尤其是方程（12.2.7），都没有给出最小方差。

一个技术性注解。我们在上一章曾指出，高斯-马尔可夫定理只给出了 OLS 为 BLUE 的充分条件。上一章还提到，OLS 为 BLUE 的充要条件由克鲁斯卡尔定理给出。因此，在有些情况下，尽管存在自相关，OLS 仍可能是 BLUE，只是这种情况在实践中不经常发生而已。

如果我们忽视自相关，一厢情愿地使用 OLS 程序，会出现什么情况？请看下节分析。

12.4 出现自相关时使用 OLS 的后果

如同异方差性情形，在出现自相关时，OLS 估计量仍是线性无偏的和一致性的，但不再是有效的（亦即最小方差的）。如果我们继续使用 OLS 估计量，我们平常的假设检验程序会遇到什么问题呢？如同异方差性情形，我们区分两种情况。为便于教学，我们仍利用双变量模型。虽然如此，把以下的讨论推广到多元回归并无多少困难。[②]

考虑到自相关的 OLS 估计

正如已指出的那样，$\hat{\beta}_2$ 不是 BLUE，即使我们使用 var$(\hat{\beta}_2)_{AR1}$，由此得来的置信区间很可能比根据 GLS 程序得到的要宽些。如克曼塔指出的那样，即使样本无限增大，结果也很可能如此。[③] 也就是说，$\hat{\beta}_2$ 并非渐近有效的。这一发现对假设检验的含义是明显的：我们很可能宣称一个系数是统计上不显著的（即无异于零），尽管事实上（即根据正确的 GLS 程序）它也许是显著的。这一差别可从图 12-4 明显看出。图中我们做出了在真实 $\beta_2 = 0$ 的假设下 95% 的 OLS ［AR(1)］和 GLS 两个置信区间。考虑 β_2 的一个具体的估计值，比如 b_2。由于 b_2 落在 OLS 置信区间内，我们以 95% 的置信度接受真实 $\beta_2 = 0$ 的假设。但如果我们使用（正确的）GLS 置信区间，由于 b_2 落入拒绝域，我们就会拒绝真实 $\beta_2 = 0$ 的虚拟假设。

[①] 关于 $\hat{\beta}_2^{GLS}$ 是 BLUE 的正式证明，见 Kmenta，ibid。但烦琐的代数证明可利用矩阵符号而大为简化。参见 J. Johnston，*Econometric Methods*，3d ed.，McGraw-Hill，New York，1984，pp. 291-293。

[②] 但要避免烦琐的代数运算，矩阵代数几乎是必需的。

[③] 见 Kmenta，op. cit.，pp. 277-278。

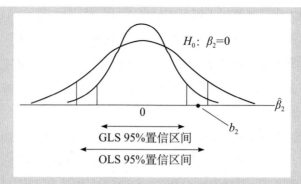

图 12-4 GLS 和 OLS 95%置信区间

一条信息：尽管 OLS 估计量是无偏的和一致性的，但为了构造置信区间并检验假设，要用 GLS 而不用 OLS。（然而，有另一种情况，参见 12.11 节。）

忽视自相关的 OLS 估计

如果我们不但使用 $\hat{\beta}_2$ 而且继续使用 $\mathrm{var}(\hat{\beta}_2)=\sigma^2/\sum x_t^2$，完全不考虑自相关的问题，也就是我们错误地认为关于经典模型的一般假定成立，问题就会变得非常严重。错误将出自多种原因：

（1）残差方差 $\hat{\sigma}^2=\sum \hat{u}_t^2/(n-2)$ 很可能低估了真实的 σ^2。

（2）我们很可能高估了 R^2。

（3）即使没有低估 σ^2，$\mathrm{var}(\hat{\beta}_2)$ 也可能低估了（一阶）自相关情形下的方差 $\mathrm{var}(\hat{\beta}_2)_{AR1}$［方程（12.2.8）］，虽然 $\mathrm{var}(\hat{\beta}_2)_{AR1}$ 和 $\mathrm{var}\,\hat{\beta}_2^{GLS}$ 相比是低效的。

（4）因此，通常的 t 和 F 显著性检验都不再可靠。如果仍然使用这些检验，就很可能对所估计的回归系数得到有严重错误的统计显著性结论。

为了证明这些命题，让我们回到双变量模型。由第 3 章知，在经典假定下，

$$\hat{\sigma}^2=\frac{\sum \hat{u}_i^2}{n-2}$$

给出了 σ^2 的一个无偏估计量，即 $E(\hat{\sigma}^2)=\sigma^2$。但若出现 AR(1) 情形的自相关，则可以证明：

$$E(\hat{\sigma}^2)=\frac{\sigma^2\{n-[2/(1-\rho)]-2\rho r\}}{n-2} \tag{12.4.1}$$

其中 $r=\sum_{t=1}^{n-1}x_t x_{t-1}/\sum_{t=1}^{n}x_t^2$，可解释为 X 的相继观测值之间的（样本）相关系数。[1] 如果 ρ 和 r 都是正的（这对大多数经济时间序列来说都是一个适当的假定），

---

[1] 参见 S. M. Goldfield and R. E. Quandt, *Nonlinear Methods in Econometrics*，North Holland Publishing Company，Amsterdam，1972，p. 183。顺便指出，如果误差项正相关，R^2 趋向于偏误过高，就是说它趋向于比没有自相关时的 R^2 大。

则从方程（12.4.1）明显可见 $E(\hat{\sigma}^2)<\sigma^2$；也就是说，通常的残差方差公式平均而言低估了真实 σ^2。换言之，$\hat{\sigma}^2$ 过于偏低。不言而喻，$\hat{\sigma}^2$ 中的这一偏误将被传递到 $\mathrm{var}(\hat{\beta}_2)$ 中来，因为实际上后者是由公式 $\hat{\sigma}^2/\sum x_t^2$ 估计的。

但即使 σ^2 未被低估，$\mathrm{var}(\hat{\beta}_2)$ 也是 $\mathrm{var}(\hat{\beta}_2)_{\mathrm{AR1}}$ 的一个偏误估计量。这很容易通过方程（12.2.7）和（12.2.8）两个不同公式的比较看出。[①] 事实上，如果 ρ 为正（对大多数经济时间序列而言这都是对的），并且 X 值是正相关的（大多数经济时间序列也都如此），那么显然有：

$$\mathrm{var}(\hat{\beta}_2)<\mathrm{var}(\hat{\beta}_2)_{\mathrm{AR1}} \tag{12.4.2}$$

也就是说，$\hat{\beta}_2$ 的通常的 OLS 方差低估了在 AR（1）下的 $\hat{\beta}_2$ 的方差〔见方程（12.2.9）〕。因此，如果我们使用 $\mathrm{var}(\hat{\beta}_2)$，我们就夸大了估计量 $\hat{\beta}_2$ 的精度（即低估了它的标准误）。结果在 $t=\hat{\beta}_2/\mathrm{se}(\hat{\beta}_2)$ 的计算中（在 $\beta_2=0$ 的假设下），我们过高地估计了 t 值，从而夸大了 β_2 的估计量的统计显著性。如前所述，如果再加上低估了 σ^2，情况就会变得更糟。

为了看到 σ^2 和 $\hat{\beta}_2$ 的方差通常是如何被 OLS 低估的，让我们做如下蒙特卡洛实验。假使在双变量模型中我们"知道"真实 $\beta_1=1$ 和 $\beta_2=0.8$，那么这个随机的 PRF 是：

$$Y_t=1.0+0.8X_t+u_t \tag{12.4.3}$$

从而

$$E(Y_t|X_t)=1.0+0.8X_t \tag{12.4.4}$$

给出了真实总体回归线。现假定 u_t 由如下一阶自回归模式生成：

$$u_t=0.7u_{t-1}+\varepsilon_t \tag{12.4.5}$$

其中 ε_t 满足所有的 OLS 假定。为方便起见，我们进一步假定 ε_t 是均值为 0、方差为 1 的正态变量。方程（12.4.5）假设相继干扰项是正相关的，其自相关系数是一个相当高的值 0.7。

现在用一张均值为 0、方差为 1 的正态随机数表，按照方程（12.4.5）生成 10 个随机数，如表 12-1 所示。为了启动此实验，还需要给定 u 的一个初始值，比方说，$u_0=5$。

表 12-1   正自相关误差项的一个假设例子

	ε_t	$u_t=0.7u_{t-1}+\varepsilon_t$
0	0	$u_0=5$（假设的）
1	0.464	$u_1=0.7\times5+0.464=3.964$
2	2.0262	$u_2=0.7\times3.964+2.0262=4.8010$
3	2.455	$u_3=0.7\times4.8010+2.455=5.8157$
4	-0.323	$u_4=0.7\times5.8157-0.323=3.7480$

---

① 正式的证明参见 Kmenta, op. cit., p. 281。

续表

	ε_t	$u_t=0.7u_{t-1}+\varepsilon_t$
5	−0.068	$u_5=0.7\times3.748\,0-0.068=2.555\,6$
6	0.296	$u_6=0.7\times2.555\,6+0.296=2.084\,9$
7	−0.288	$u_7=0.7\times2.084\,9-0.288=1.171\,4$
8	1.298	$u_8=0.7\times1.171\,4+1.298=2.118\,0$
9	0.241	$u_9=0.7\times2.118\,0+0.241=1.723\,6$
10	−0.957	$u_{10}=0.7\times1.723\,6-0.957=0.249\,5$

注：ε_t数据取自 *A Million Random Digits and One Hundred Thousand Deviates*，Rand Corporation，Santa Monica，Calif.，1950。

将表 12-1 中生成的 u_t 描点，我们得到图 12-5。该图表明，开始时每一相继的 u_t 大于它前面的值，后来，一般地说，便小于它前面的值。这种情形通常表明了一种正的自相关。

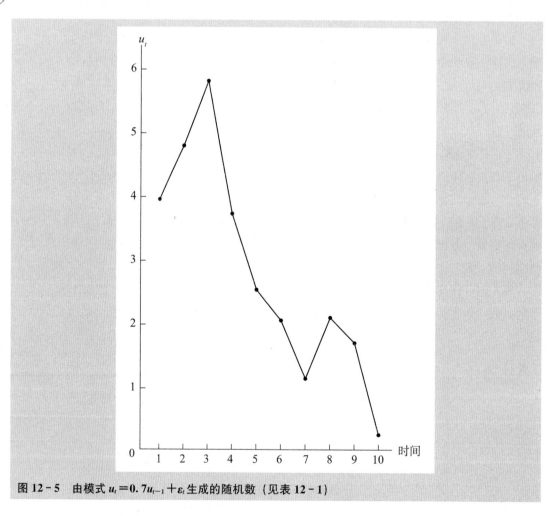

图 12-5 由模式 $u_t=0.7u_{t-1}+\varepsilon_t$ 生成的随机数（见表 12-1）

现在假如把 X 值固定在 1，2，3，…，10，那么，给定这些 X 值，就能按方程（12.4.3）生成 10 个 Y 值，连同表 12-1 中所给的 u_t 值，一并放到表 12-2 中，如果我们利用表 12 - 2 中的数据做 Y 对 X 的回归，就会得到如下（样本）回归：

$$\hat{Y}_t = \underset{(0.615\,3)}{6.545\,2} + \underset{(0.099\,2)}{0.305\,1} X_t \tag{12.4.6}$$

$$t = (10.636\,6)\,(3.076\,3)$$

$$r^2 = 0.541\,9 \qquad \hat{\sigma}^2 = 0.811\,4$$

而真实回归线则由方程（12.4.4）给出。这两条回归线由图 12 - 6 一并给出。该图清楚地表明，所拟合的回归线在多大程度上歪曲了真实回归线；它严重地低估了真实斜率系数而高估了真实截距。（但应注意，OLS 估计量仍然是无偏的。）

表 12 - 2　　　　　　　　　　　　　　　　Y 样本值的生成

X_T	u_t	$Y_t = 1.0 + 0.8X_t + u_t$
1	3.964 0	$Y_1 = 1.0 + 0.8 \times 1 + 3.964\,0 = 5.764\,0$
2	4.801 0	$Y_2 = 1.0 + 0.8 \times 2 + 4.801\,0 = 7.401\,0$
3	5.815 7	$Y_3 = 1.0 + 0.8 \times 3 + 5.815\,7 = 9.215\,7$
4	3.748 0	$Y_4 = 1.0 + 0.8 \times 4 + 3.748\,0 = 7.948\,0$
5	2.555 6	$Y_5 = 1.0 + 0.8 \times 5 + 2.555\,6 = 7.555\,6$
6	2.084 9	$Y_6 = 1.0 + 0.8 \times 6 + 2.084\,9 = 7.884\,9$
7	1.171 4	$Y_7 = 1.0 + 0.8 \times 7 + 1.171\,4 = 7.771\,4$
8	2.118 0	$Y_8 = 1.0 + 0.8 \times 8 + 2.118\,0 = 9.518\,0$
9	1.723 6	$Y_9 = 1.0 + 0.8 \times 9 + 1.723\,6 = 9.923\,6$
10	0.249 5	$Y_{10} = 1.0 + 0.8 \times 10 + 0.249\,5 = 9.249\,5$

注：u_t 数据来自表 12 - 1。

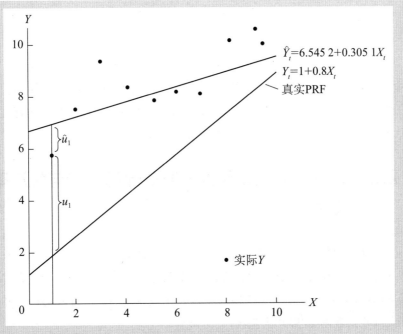

图 12 - 6　真实 PRF 与表 12 - 2 所给数据估计的回归线

图 12-6 还表明了为什么 u_i 的真实方差常被从 $\hat{u}_i$ 计算得到的估计量 $\hat{\sigma}^2$ 所低估。$\hat{u}_i$ 一般都靠近拟合线（由于 OLS 程序），然而却明显远离了真实的 PRF。因此，它们没有给出 u_i 的正确估计。为了洞察真实的 σ^2 被低估的程度，假设我们做另一抽样实验，仍保留表 12-1 和表 12-2 中的 X_t 值和 ε_t 值，但假定 $\rho=0$，即无自相关。由此生成的新样本值如表 12-3 所示。

表 12-3	零序列相关的 Y 样本值	
X_t	$\varepsilon_t = u_t$	$Y_t = 1.0 + 0.8X_t + \varepsilon_t$
1	0.464	2.264
2	2.026	4.626
3	2.455	5.855
4	−0.323	3.877
5	−0.068	4.932
6	0.296	6.096
7	−0.288	6.312
8	1.298	8.698
9	0.241	8.441
10	−0.957	8.043

注：因为没有自相关，所以 u_t 和 ε_t 相同。ε_t 来自表 12-1，个别数据进行了四舍五入。

根据表 12-3 得到的回归如下：

$$\hat{Y}_t = 2.534\,5 + 0.614\,5X_t$$
$$\text{se} = (0.679\,6)\ (0.108\,7) \tag{12.4.7}$$
$$t = (3.791\,0)\ (5.654\,1)$$
$$r^2 = 0.799\,7 \qquad \hat{\sigma}^2 = 0.975\,2$$

因为现在的 Y 基本上是随机的，故此回归与真实情况接近得多。注意，$\hat{\sigma}^2$ 已从 0.811 4（当 $\rho=0.7$ 时）增至 0.975 2（当 $\rho=0$ 时），并且 $\hat{\beta}_1$ 和 $\hat{\beta}_2$ 的标准误也都已增大。这个结果是与先前考虑的理论结果相一致的。

12.5 1960—2005 年美国商业部门工资与生产率之间的关系

至此我们已讨论了自相关的后果，一个显然的问题是，我们如何发现这个问题并加以纠正？在讨论这些专题之前，最好先考虑一个简明的例子。表 12-4 给出了美国商业部门 1960—2005 年的人均真实工资指数（Y）与人均产出指数（X）数据，这些指数以 1992 年为基年。

表 12-4　　1960—2005 年美国人均真实工资指数与人均产出指数（数据经过季节调整）

年份	Y	X	年份	Y	X
1960	60.8	48.9	1983	90.3	83.0
1961	62.5	50.6	1984	90.7	85.2
1962	64.6	52.9	1985	92.0	87.1
1963	66.1	55.0	1986	94.9	89.7
1964	67.7	56.8	1987	95.2	90.1
1965	69.1	58.8	1988	96.5	91.5
1966	71.7	61.2	1989	95.0	92.4
1967	73.5	62.5	1990	96.2	94.4
1968	76.2	64.7	1991	97.4	95.9
1969	77.3	65.0	1992	100.0	100.0
1970	78.8	66.3	1993	99.7	100.4
1971	80.2	69.0	1994	99.0	101.3
1972	82.6	71.2	1995	98.7	101.5
1973	84.3	73.4	1996	99.4	104.5
1974	83.3	72.3	1997	100.5	106.5
1975	84.1	74.8	1998	105.2	109.5
1976	86.4	77.1	1999	108.0	112.8
1977	87.6	78.5	2000	112.0	116.1
1978	89.1	79.3	2001	113.5	119.1
1979	89.3	79.3	2002	115.7	124.0
1980	89.1	79.2	2003	117.7	128.7
1981	89.3	80.8	2004	119.0	132.7
1982	90.4	80.1	2005	120.2	135.7

注：X＝人均产出指数，1992 年＝100。Y＝人均真实工资指数，1992 年＝100。
资料来源：*Economic Report of the President*，2007，Table B-49.

首先把 Y 和 X 的数据描点得到图 12-7。既然预期工资（人均真实工资指数）与生产率（人均产出指数）之间的关系为正，那这两个变量相关也就不足为奇。令人吃惊之处在于，二者的关系几乎是线性的，尽管有迹象表明，在生产率的值较高时，二者之间的关系略显非线性。

因此，我们决定估计一个线性模型和一个双对数模型，结论如下：

$$\hat{Y}_t = 32.741\ 9 + 0.670\ 4\ X_t$$
$$se = (1.394\ 0)\ (0.015\ 7) \tag{12.5.1}$$
$$t = (23.487\ 4)(42.781\ 3)$$
$$r^2 = 0.976\ 5 \quad d = 0.173\ 9 \quad \hat{\sigma} = 2.384\ 5$$

其中 d 为德宾-沃森统计量，稍后将讨论这个统计量。

$$\widehat{\ln Y_t} = 1.606\ 7 + 0.652\ 2 \ln X_t$$

$$se= (0.054\ 7)\quad (0.012\ 4) \qquad\qquad (12.5.2)$$
$$t= (29.368\ 0)\quad (52.799\ 6)$$
$$r^2=0.984\ 5 \qquad d=0.217\ 6 \qquad \hat{\sigma}=0.022\ 1$$

定性而言，这两个模型的结论类似。很高的 t 值表明，在这两种情况下，所估计的系数都"高度"显著。在线性模型中，若生产率提高 1 个单位，则工资平均提高约 0.67 个单位。在双对数模型中，斜率系数表示弹性（为什么?），我们发现，若生产率提高 1%，则工资平均提高约 0.65%。

若存在自相关，则方程（12.5.1）和（12.5.2）给出的结论的可靠性如何呢？如前所述，若存在自相关，则估计的标准误就有偏误，因此估计的 t 就不可靠。显然，我们需要弄清楚，我们的数据是否受到自相关问题的困扰。在下一节，我们讨论侦察自相关的几种方法。我们只用双对数模型（12.5.2）来解释这些方法。

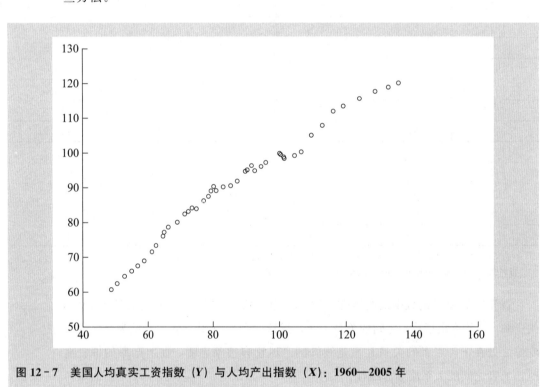

图 12-7　美国人均真实工资指数 (Y) 与人均产出指数 (X)：1960—2005 年

12.6　侦察自相关

Ⅰ. 图解法

我们说过，经典模型的无自相关假定是对不可直接观测的总体干扰项 u_t 而言的，而我们所能获知的，则是得自通常 OLS 程序的、用以替代 u_t 的残差 $\hat{u}_t$。虽然 $\hat{u}_t$ 不同于 u_t[①]，但对 $\hat{u}_t$ 做图形检查往往能为 u_t 中可能存在的自相关提供一些线索。其实，对 $\hat{u}_t$ 或 $\hat{u}_t^2$ 的图形检查不仅为自相关，而且为异方差（如我们在上一章中看到的那样），甚至为模型适宜性或设定偏误（我们将在下一章中看到）提供有用的信息。如一位作者所说：

（残差）图形的生成和分析，作为统计分析的一个标准部分，其重要性无论怎样强调都不过分。除了有时对复杂的问题提供了简明的理解之外，还能在清楚地展现各种个别情形的同时，使我们能从整体上考察数据。[②]

有多种检查残差的方法。如图 12-8 所示，可以将残差对时间描点而得到一幅时间顺序图。图 12-8 展现了工资-生产率双对数模型（12.5.2）的残差。这些残差与其他数据一起被列在表 12-5 中。

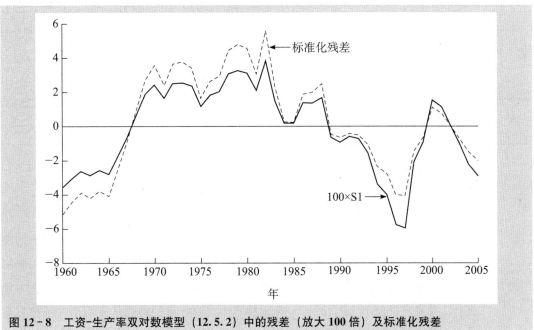

图 12-8　工资-生产率双对数模型（12.5.2）中的残差（放大 100 倍）及标准化残差

表 12-5 残差的实际值、标准化值及滞后值

观测	S1	SDRES	S1(−1)	观测	S1	SDRES	S1(−1)
1960	−0.036 068	−1.639 433		1963	−0.029 160	−1.325 472	−0.026 724
1961	−0.030 780	−1.399 078	−0.036 068	1964	−0.026 246	−1.193 017	−0.029 160
1962	−0.026 724	−1.214 729	−0.030 780	1965	−0.028 348	−1.288 551	−0.026 246

① 即使干扰项 u_t 是同方差的和不相关的，其估计量 $\hat{u}_t$ 也是异方差和自相关的。关于此问题，参见 G. S. Maddala, *Introduction to Econometrics*, 2d ed., Macmillan, New York, 1992, pp. 480−481。不过，可以证明，随着样本容量无限扩大，残差趋于收敛至其真实值 u_t。对此，可参见 E. Malinvaud, *Statistical Methods of Econometrics*, 2d ed., North-Holland Publishers, Amsterdam, 1970, p. 88。

② Stanford Weisberg, *Applied Linear Regression*, John Wiley & Sons, New York, 1980, p. 120.

续表

观测	S1	SDRES	S1(−1)	观测	S1	SDRES	S1(−1)
1966	−0.017 504	−0.795 647	−0.028 348	1986	0.013 471	0.612 317	0.001 620
1967	−0.006 419	−0.291 762	−0.017 504	1987	0.013 725	0.623 875	0.013 471
1968	0.007 094	0.322 459	−0.006 419	1988	0.017 232	0.783 269	0.013 725
1969	0.018 409	0.836 791	0.007 094	1989	−0.004 818	−0.219 005	0.017 232
1970	0.024 713	1.123 311	0.018 409	1990	−0.006 232	−0.283 285	−0.004 818
1971	0.016 289	0.740 413	0.024 713	1991	−0.004 118	−0.187 161	−0.006 232
1972	0.025 305	1.150 208	0.016 289	1992	−0.005 078	−0.230 822	−0.004 118
1973	0.025 829	1.174 049	0.025 305	1993	−0.010 686	−0.485 739	−0.005 078
1974	0.023 744	1.079 278	0.025 829	1994	−0.023 553	−1.070 573	−0.010 686
1975	0.011 131	0.505 948	0.023 744	1995	−0.027 874	−1.266 997	−0.023 553
1976	0.018 359	0.834 515	0.011 131	1996	−0.039 805	−1.809 304	−0.027 874
1977	0.020 416	0.927 990	0.018 359	1997	−0.041 164	−1.871 079	−0.039 805
1978	0.030 781	1.399 135	0.020 416	1998	−0.013 576	−0.617 112	−0.041 164
1979	0.033 023	1.501 051	0.030 781	1999	−0.006 674	−0.303 364	−0.013 576
1980	0.031 604	1.436 543	0.033 023	2000	0.010 887	0.494 846	−0.006 674
1981	0.020 801	0.945 516	0.031 604	2001	0.007 551	0.343 250	0.010 887
1982	0.038 719	1.759 960	0.020 801	2002	0.000 453	0.020 599	0.007 551
1983	0.014 416	0.655 291	0.038 719	2003	−0.006 673	−0.303 298	0.000 453
1984	0.001 774	0.080 626	0.014 416	2004	−0.015 650	−0.711 380	−0.006 673
1985	0.001 620	0.073 640	0.001 774	2005	−0.020 198	−0.918 070	−0.015 650

注：S1＝工资-生产率双对数模型中得到的残差。

S1(−1)＝滞后一期的残差值。

SDRES＝标准化残差＝残差/估计值的标准误。

另一种方法是，将标准化残差对时间描点，亦见图 12-8。标准化残差（$\hat{u}_t/\hat{\sigma}$）无非 $\hat{u}_t$ 除以估计值的标准误 $\hat{\sigma}$（$=\sqrt{\hat{\sigma}^2}$）。注意 $\hat{u}_t$ 和 $\hat{\sigma}$ 的测量单位均与回归子 Y 的测量单位相同，这样，$\hat{u}_t/\hat{\sigma}$ 的值就是一个纯数（无测量单位的数），并因此可用来同其他回归的标准化残差相比较。此外，标准化残差和 $\hat{u}_t$ 一样，有零均值（为什么？），并且有近似于 1 的方差。[①] 在大样本中，$\hat{u}_t/\hat{\sigma}$ 近似地服从零均值和单位方差的正态分布。

通过分析图 12-8 中的时间顺序图，我们观察到 $\hat{u}_t$ 和标准化残差都呈现一种类似于图 12-1（d）的模样，这表明 u_t 也许不是随机的。

可从另一角度看待这一问题。将 $\hat{u}_t$ 对 $\hat{u}_{t-1}$ 描点，即 t 时期的残差对它在 $t-1$ 时期的值描点，这是对 AR(1) 的一种经验检验。如果残差是非随机的，我们将会得到类似于图 12-3 那样的图形。当我们用上述工资-生产率双对数模型的 $\hat{u}_t$ 对 $\hat{u}_{t-1}$ 描点时，我们得到的图形如图 12-9 所示，其所依据的数据由表 12-5 给出。该图

[①] 其实，所谓的学生化残差（studentized residual），有一单位方差，但在实践中，标准化残差给出的图形一般看来都无异于学生化残差所给的图形。因此，我们使用标准化残差也无妨。关于这个问题，参见 Norman Draper and Harry Smith, *Applied Regression Analysis*, 3d ed., John Wiley & Sons, New York, 1998, pp. 207-208。

表明大多数残差都聚集在第一（东北）和第三（西南）象限内，这有力地说明了残差中有正相关。

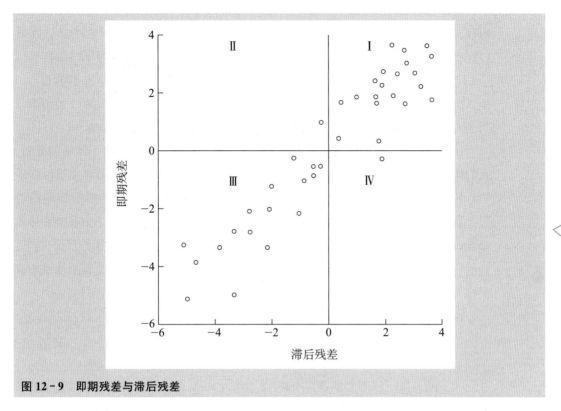

图 12-9 即期残差与滞后残差

刚才讨论的图解法，从性质上看，基本上是主观的或定性的。有若干定量检验可用来补充这种纯粹定性的方法。现在我们介绍其中的一些。

Ⅱ．游程检验

如果我们再仔细检查图 12-8，我们会注意到一种奇异的特点：开始时，我们有好几个残差都是负的，然后是一连串正的残差，最后又是几个都是负的残差。如果这些残差是纯粹随机的，那么我们会观察到这种模式吗？直觉地想，这似乎不大可能。这种直觉可通过所谓的游程检验（runs test）加以核实。这种检验有时又称吉尔里检验（Geary test），是一种非参数检验。[①]

为解释这种检验，我们仅把表 12-5 中的 S1 列的残差的符号（＋或－）记录下来。

$$(———————)(+++++++++++++++++++++++)$$
$$(————————)(+++)(———) \qquad (12.6.1)$$

[①] 在非参数检验中，我们不对观测值所来自的（概率）分布做任何假定。关于吉尔里检验，参见 R.C. Geary, "Relative Efficiency of Count Sign Changes for Assessing Residual Autoregression in Least Squares Regression," *Biometrika*，vol. 57，1970，pp. 123－127。

即先有 8 个负残差，随之有 21 个正残差，再随之有 11 个负残差，然后是 3 个正残差和 3 个负残差，共 46 次观测。

现在我们定义一个游程（run）为同一符号或属性（如＋或－）的一个不中断历程。我们再定义游程的长度（length of a run）为游程中的元素个数。在式（12.6.1）所示的顺序中共有 5 个游程：1 个 8 次负号游程（长度为 8 的游程），1 个 21 次正号游程（长度为 21 的游程），1 个 11 次负号游程（长度为 11 的游程），1 个 3 次正号游程（长度为 3 的游程），以及 1 个 3 次负号游程（长度为 3 的游程）。为了有更好的视觉效果，我们用括号包住各个游程。

在一个严格随机的观测顺序中会出现怎样的游程呢？通过对这一问题的分析，人们能推出游程的一个随机性检验。现在问：在我们的有 46 次观测的说明性例子中，我们看到有 5 个游程，如果拿它同一个严格随机的 46 次观测中所预期的游程个数相比，是太多了还是太少了？如果太多，就是说在我们的例子中残差变号太频繁，因而象征着一种负的序列相关［参见图 12-3（b）］。同理，如果游程太少，则表示可能有正相关［如图 12-3（a）所示］。因而，先验地，图 12-8 表示残差中有正相关。

现在令

$N =$ 总观测个数 $= N_1 + N_2$

$N_1 =$ "＋"（即正残差）个数

$N_2 =$ "－"（即负残差）个数

$R =$ 游程个数

于是，在相继结果（这里指残差）互相独立的虚拟假设下，并且假定 $N_1 > 10$ 和 $N_2 > 10$，游程个数将（渐近）服从正态分布，其中：

$$\text{均值：} E(R) = \frac{2N_1 N_2}{N} + 1$$

$$\text{方差：} \sigma_R^2 = \frac{2N_1 N_2 (2N_1 N_2 - N)}{N^2 (N-1)}$$

(12.6.2)

注：$N = N_1 + N_2$。

如果随机性假设是可维持的，则可预期在一个问题中所得到的游程个数将以 95％ 的置信水平落入如下区间：

$$\text{Prob}[E(R) - 1.96\sigma_R \leqslant R \leqslant E(R) + 1.96\sigma_R] = 0.95$$

(12.6.3)

因此，我们得到这样的规则：

决策规则

在 95％ 的置信水平下，若游程个数 R 落在上述置信区间内，就不要拒绝随机性虚拟假设；如果估计的 R 落在此范围外，就拒绝虚拟假设。（注意，你可以选择任意一个置信水平。）

回到我们的例子中，正号个数 $N_1 = 24$，负号个数 $N_2 = 22$，$R = 5$。利用方程 (12.6.2) 中的公式我们得到：

$$E(R) = 24$$
$$\sigma_R^2 = 11$$
$$\sigma_R = 3.32 \qquad\qquad (12.6.4)$$

从而 R 的 95% 置信区间是：

$$(24 \pm 1.96 \times 3.32) = (17.5, 30.5)$$

由于游程个数 5 明显落在此区间之外，按 95% 的置信水平，便可拒绝工资-生产率双对数模型中残差的随机性假设。换句话说，残差表现出自相关。作为一般原则，若存在正自相关，则游程数将很小，而若存在负相关，则游程数会很多。当然，我们从方程（12.6.2）可以发现游程数是太多还是太少。

如果 N_1 或 N_2 小于 20，斯威德（Swed）和艾森哈特（Eisenhart）曾研制出一个专用表，给出在 N 次观测的一个随机顺序中预期游程个数的临界值。此表见附录 D。诚望读者利用这些表格证实在我们的工资-生产率双对数模型中，残差确实不是随机的，它们实际上正相关。

Ⅲ. 德宾-沃森（d）检验[①]

用以侦察序列相关的最著名的检验是由统计学家德宾（Durbin）和沃森（Watson）提出的。人们普遍称之为德宾-沃森 d 统计量（Durbin-Watson d statistic）[②]，其定义如下：

$$d = \frac{\sum_{t=2}^{t=n} (\hat{u}_t - \hat{u}_{t-1})^2}{\sum_{t=1}^{t=n} \hat{u}_t^2} \qquad\qquad (12.6.5)$$

它无非相继残差的差异平方和与 RSS 之比。注意，由于取相继差异时损失一个观测值，在 d 统计量的分子中只有 $n-1$ 个观测值。

d 统计量的一大优点是，它仅依赖于估计的残差值，而后者在回归分析中都已例行给出。正因为这一优点，现在常用的做法是把德宾-沃森 d 统计量连同 R^2、调整 R^2、t 值和 F 值等摘要统计量一起报告。虽然现在 d 统计量用得很频繁，但记住它的一些基本假定依然很重要：

（1）回归含有截距项。如果没有截距项，像过原点回归那样，就要重新做带有

[①] J. Durbin and G. S. Watson, "Testing for Serial Correlation in Least-Squares Regression," *Biometrika*, vol. 38, 1951, pp. 159 - 171.

[②] 常简化为 DW 或 d 统计量。

截距项的回归，以求得 RSS。[1]

（2）解释变量 X 是非随机的，或者在重复抽样中被固定。

（3）干扰项 u_t 是按一阶自回归模式 $u_t = \rho u_{t-1} + \varepsilon_t$ 生成的。因此，它不能用于更高阶自回归模式的侦察。

（4）假定误差项 u_t 服从正态分布。

（5）回归模型不把滞后因变量当作解释变量之一。因此，该检验在如下类型的模型中就不适用：

$$Y_t = \beta_1 + \beta_2 X_{2t} + \beta_3 X_{3t} + \cdots + \beta_k X_{kt} + \gamma Y_{t-1} + u_t \tag{12.6.6}$$

其中 Y_{t-1} 是 Y 的一期滞后值，d 统计量便不适用。这样的模型叫做自回归模型（autoregressive model）。在之后章节中我们将全面地分析它。

（6）没有数据缺失。例如，在 1960—2005 年的工资-生产率一例中，如果出于某种原因，1978 年和 1982 年的观测值缺失，则 d 统计量对这种缺失数据没有补偿办法。[2]

如德宾和沃森曾指出的那样，由于 d 统计量的分布与出现在给定样本中的 X 值有复杂的关系，因此要推导出其准确的抽样或概率分布就很困难。这种困难是可以理解的。因为 d 要从 $\hat{u}_t$ 算出，而 $\hat{u}_t$ 必然依赖于给定的 X。因此，它不同于 t、F 或 χ^2 检验，没有唯一的临界值可以导致拒绝或接受如下虚拟假设：干扰项 u_t 中无一阶序列相关。然而，他们成功地推导出了作为临界值的下限 d_L 和上限 d_U，如果从方程（12.6.5）算出的 d 值落在这些临界值的范围之外，就可做出是否有正或负序列相关的判断。此外，这些临界值仅依赖于观测值的个数 n 以及解释变量的个数，却不依赖于这些解释变量取什么值。德宾和沃森已将从 6 到 200 的 n 值和多至 20 个解释变量的临界值编制成表，见附录 D（解释变量可多至 20 个）。

实际检验步骤可借助于图 12-10 做出更好的解释。该图表明 d 的两个极限值是 0 和 4，这可证明如下。将方程（12.6.5）展开得：

$$d = \frac{\sum \hat{u}_t^2 + \sum \hat{u}_{t-1}^2 - 2\sum \hat{u}_t \hat{u}_{t-1}}{\sum \hat{u}_t^2} \tag{12.6.7}$$

因 $\sum \hat{u}_t^2$ 和 $\sum \hat{u}_{t-1}^2$ 只有一次观测之差，故可看作近似相等。因此，令

$$\sum \hat{u}_{t-1}^2 \approx \sum \hat{u}_t^2$$

方程（12.6.7）便可写为：

---

[1]　然而，费尔布拉第（R. W. Farebrother）已计算模型中没有截距项时的 d 值。参见 "The Durbin-Watson Test for Serial Correlation When There Is No Intercept in the Regression," *Econometrica*, vol. 48, 1980, pp. 1553 – 1563。

[2]　更详尽的细节，参见 Gábor Kőrösi, László Mátyás, and István P. Székely, *Practical Econometrics*, Avebury Press, England, 1992, pp. 88 – 89。

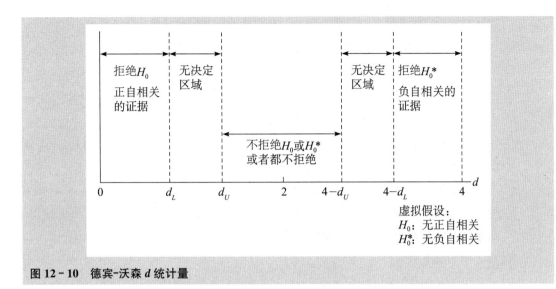

图 12-10　德宾-沃森 d 统计量

$$d \approx 2 \left(1 - \frac{\sum \hat{u}_t \hat{u}_{t-1}}{\sum \hat{u}_t^2}\right) \tag{12.6.8}$$

其中≈表示近似等于。

现定义

$$\hat{\rho} = \frac{\sum \hat{u}_t \hat{u}_{t-1}}{\sum \hat{u}_t^2} \tag{12.6.9}$$

为样本一阶自相关系数，作为 ρ 的一个估计量。利用方程（12.6.9），可将方程（12.6.8）表示为：

$$d \approx 2(1 - \hat{\rho}) \tag{12.6.10}$$

但因 $-1 \leqslant \rho \leqslant 1$，故方程（12.6.10）意味着

$$0 \leqslant d \leqslant 4 \tag{12.6.11}$$

这就是 d 的界限；任何一个 d 的估计值必定落入这一界限之内。

由方程（12.6.10）显然可见，若 $\hat{\rho}=0$，则 $d=2$；也就是说，如果没有（一阶）序列相关，则预期 d 约为 2。因此，作为一种经验法则，如果在一项应用中求出 d 等于 2，便可认为没有一阶自相关，不管是正的或负的。如果 $\hat{\rho}=+1$，表示残差中有完全的正相关，则 $d \approx 0$。因此，d 越接近 0，正序列相关的迹象越明显。这种关系还能从方程（12.6.5）中看出。因为如果有正自相关，那些 $\hat{u}_t$ 就会被束缚在一起，以使它们的差异趋于微小，其结果将是分子平方和相对较小，而分母在任一给定的回归中保持着唯一值。

如果 $\hat{\rho}=-1$，即相继残差中有完全的负相关，则 $d \approx 4$。因此，d 越接近 4，负序列相关的迹象越明显。再从方程（12.6.5）来看，这也是可以理解的。因为如果有负自相关，就会有这样一种趋向：一个正的 $\hat{u}_t$ 将随后有一个负的 $\hat{u}_t$；反之亦然，

以致 $|\hat{u}_t-\hat{u}_{t-1}|$ 常常比 $|\hat{u}_t|$ 大。因此，相对而言，d 的分子将大于其分母。

假定检验的基本假定成立，德宾-沃森 d 检验的操作步骤如下：

（1）做 OLS 回归并获取残差。

（2）按方程（12.6.5）计算 d。（现今的计算机程序大多数都给出 d 值。）

（3）对给定样本容量和给定解释变量个数找出临界值 d_L 和 d_U。

（4）按照表 12-6 的决策规则行事。为了易于参照，这些规则可描述如图 12-10 所示。

为了说明步骤，再回到我们的工资-生产率一例。由表 12-5 的数据，估计的 d 值为 0.217 6，表明残差中有正的序列相关。（为什么？）由德宾-沃森表我们找出，对于 46 个观测和 1 个解释变量（不包括截距项），在 5% 水平上，$d_L=1.475$ 和 $d_U=1.566$。

由于 d 的估计值 0.217 6 低于 d_L，因此我们拒绝残差中无正自相关的假设。

表 12-6　　　　　　　　　　德宾-沃森 d 检验：决策规则

虚拟假设	决策	如果
无正自相关	拒绝	$0<d<d_L$
无正自相关	无决定	$d_L \leqslant d \leqslant d_U$
无负自相关	拒绝	$4-d_L<d<4$
无负自相关	无决定	$4-d_U \leqslant d \leqslant 4-d_L$
无正或负自相关	不拒绝	$d_U<d<4-d_U$

d 检验虽然极为流行，却有一大缺陷：如果它落入不确定域（indecisive zone），我们就无法论定一阶自相关是否存在。为解决此问题，一些作者曾提出对德宾-沃森 d 检验的修改建议，但涉及的方法相当复杂，超过了本书的论述范围。[①] 然而，在许多情况中，人们发现上限 d_U 差不多就是真实的显著性界限，因而，如果 d 的估计值落入不确定域，就不妨使用如下修订的 d 检验（modified d test）。给定显著性水平 α，

（1）H_0：$\rho=0$ 和 H_1：$\rho>0$。如果估计的 $d<d_U$，则在 α 水平上拒绝 H_0，即存在着统计上显著的正自相关。

（2）H_0：$\rho=0$ 和 H_1：$\rho<0$。如果估计的 $4-d<d_U$，则在 α 水平上拒绝 H_0，即存在着统计上显著的负相关。

（3）H_0：$\rho=0$ 和 H_1：$\rho\neq0$。如果估计的 $d<d_U$ 或 $4-d<d_U$，则在 2α 水平上拒绝 H_0，即存在着统计上显著的正或负自相关。

或许可以指出，随着样本容量的扩大，无决定域逐渐变小，从德宾-沃森表可

---

① 细节见 Thomas B. Fomby，R. Carter Hill，and Stanley R. Johnson，*Advanced Econometric Methods*，Springer Verlag，New York，1984，pp. 225-228。

以清楚地看出这一点。比如,对 4 个回归元和 20 次观测而言,当显著性水平为 5% 时,d 值的下界和上界分别是 0.894 和 1.828,但当样本容量扩大到 75 时,这些值分别是 1.515 和 1.739。

计算机程序 SHAZAM 能做出(一种)精确的 d 检验(exact d test),即给出 d 计算值的准确概率或 p 值。利用现代计算工具,不难求出 d 统计量的 p 值。在我们的工资-生产率一例中,利用 SHAZAM 第 9 版,我们求出 d 计算值的 p 值实际上为零,因而加强了我们前面基于德宾-沃森表得到的结论。

德宾-沃森 d 检验变得如此神圣,以致实践者常常忘记其背后的假定,特别是以下假定:(1)解释变量或回归元是非随机的;(2)误差项服从正态分布;(3)回归模型不包括回归子的滞后值;(4)只考虑一阶序列相关。这些对使用 d 检验都至关重要。

如果一个回归模型包含了回归子的滞后值,则这种情形下的 d 值常为 2 左右,从而表明这种模型中不存在(一阶)自相关。因此,在这种模型中有一个有碍发现序列相关的内在偏误。这并不意味着自回归模型就没有自相关的问题。事实上,德宾曾提出用所谓的 h 检验(h test)来检验这种模型中的序列相关。但从统计学意义上看,这一检验不如稍后讨论的布罗施-戈弗雷检验(Breusch-Godfrey test)那样有效,所以就没有使用 h 检验的必要。但鉴于其历史上的重要性,我们在习题 12.36 中将讨论它。

此外,如果误差项 u_t 不是正态独立同分布,那么,惯常使用的 d 检验可能就不可靠。[1] 由此看来,前面讨论过的游程检验因不需要对误差项做任何分布上的假定而占据优势。然而,若样本容量很大(技术性地讲,就是无穷大),那我们就可以使用德宾-沃森 d 检验,因为可以证明[2]:

$$\sqrt{n}\left(1-\frac{1}{2}d\right) \sim N(0,\ 1) \tag{12.6.12}$$

也就是说,在大样本容量下,按方程(12.6.12)变换后的 d 统计量服从标准正态分布。顺便一提,根据 d 和估计的一阶自相关系数 $\hat{\rho}$ 之间的关系可得到:

$$\sqrt{n}\hat{\rho} \sim N(0,\ 1) \tag{12.6.13}$$

即在大样本情形下,样本容量的平方根与估计的一阶自相关系数之积也服从标准正态分布。

用我们的工资-生产率例子来说明这一检验,我们发现 $n=46$ 时 $d=0.217\,6$。因此,我们从方程(12.6.12)求出

$$\sqrt{46} \times \left(1-\frac{0.217\,6}{2}\right) \approx 6.044\,4$$

---

[1] 更深入的讨论,参见 Ron C. Mittelhammer, George G. Judge, and Douglas J. Miller, *Econometric Foundations*, Cambridge University Press, New York, 2000, p. 550。

[2] 参见 James Davidson, *Econometric Theory*, Blackwell Publishers, New York, 2000, p. 161。

渐近地讲，若零（一阶）自相关的虚拟假设为真，则得到一个大于或等于 6.044 4 的 Z 值（即标准正态变量）的概率极小。记住，对标准正态分布而言，（双侧）5% 的 Z 临界值只有 1.96，而 1% 的 Z 临界值约为 2.58。尽管我们的样本容量仅为 46，但实际上足以使用正态近似。结论仍相同，即工资-生产率双对数模型中的残差存在自相关的问题。

但 d 检验最严重的问题是回归元非随机性的假定，即回归元的值在重复抽样中保持不变的假定。若非如此，则无论是有限样本或小样本，还是大样本，d 检验都不成立。[①] 而由于这一假定在涉及时间序列数据的经济模型中通常难以维持，因此有位作者认为，在涉及时间序列数据的计量经济学中，德宾-沃森 d 统计量或许没有用武之地。[②] 按照他的观点，仍有更有用的自相关检验可用，但它们都以大样本为前提。我们下面就讨论一个这种检验：布罗施-戈弗雷检验。

自相关的一般性检验：布罗施-戈弗雷检验[③]

为了避免自相关的德宾-沃森 d 检验所存在的隐患，统计学家布罗施和戈弗雷提出了一种自相关检验。这种检验容许：（1）非随机回归元，如回归子的滞后值；（2）高阶自回归模式，如 AR(1)，AR(2) 等；（3）白噪声误差项［如方程 (12.2.1) 中的 ε_t］的简单或更高阶移动平均（moving average，MA）[④]，从这种意义上看，它比前面的检验更具有一般性。

尽管从参考文献中可以查到详尽的数学推导，但抛开这些，BG 检验（BG test，即布罗施-戈弗雷检验），也被称为 LM 检验（LM test）[⑤]，具体过程如下：尽管可以在模型中添加许多回归元，但我们仍以双变量回归模型来说明这个检验。此外，回归子的滞后值也可以放到模型中。令：

$$Y_t = \beta_1 + \beta_2 X_t + u_t \tag{12.6.14}$$

假定误差项 u_t 服从如下 p 阶自回归 AR(p) 模式：

$$u_t = \rho_1 u_{t-1} + \rho_2 u_{t-2} + \cdots + \rho_p u_{t-p} + \varepsilon_t \tag{12.6.15}$$

其中 ε_t 为前面讨论过的白噪声误差项。你将会意识到，这只是对 AR(1) 模式的推广。

欲检验的虚拟假设 H_0 是：

$$H_0: \rho_1 = \rho_2 = \cdots = \rho_p = 0 \tag{12.6.16}$$

---

① Davidson，Ibid.，p. 161.

② Fumio Hayashi，*Econometric*，Princeton University Press，Princeton，NJ，2000，p. 45.

③ 参见 L. G. Godfrey，"Testing against General Autoregressive and Moving Average Error Models When the Regressors Include Lagged Dependent Variables," *Econometrica*，vol. 46，1978，pp. 1293 - 1302，以及 T. S. Breusch，"Testing for Autocorrelation in Dynamic Linear Models," *Australian Economic Papers*，vol. 17，1978，pp. 334 - 355.

④ 比如，在回归 $Y_t = \beta_1 + \beta_2 X_t + u_t$ 中，误差项可表示为 $u_t = \varepsilon_t + \lambda_1 \varepsilon_{t-1} + \lambda_2 \varepsilon_{t-2}$，它表示了白噪声误差项 ε_t 的一个三期移动平均。

⑤ 此检验基于我们曾简要提到的拉格朗日乘数原理。

即不存在任何阶数的序列相关。BG 检验包含如下步骤：

（1）用 OLS 估计方程（12.6.14）并得到残差 $\hat{u}_t$。

（2）将 $\hat{u}_t$ 对原 X_t（若原模型中有不止一个 X 变量，则都包括进来）和第（1）步所估计的残差滞后值 $\hat{u}_{t-1}$，$\hat{u}_{t-2}$，…，$\hat{u}_{t-p}$ 做回归。因此，若 $p=4$，则我们就在模型中引入残差的 4 个滞后值作为额外的回归元。注意，在做这个回归时，我们将只有 $n-p$ 次观测。（为什么？）简言之，做如下回归：

$$\hat{u}_t = \alpha_1 + \alpha_2 X_t + \hat{\rho}_1 \hat{u}_{t-1} + \hat{\rho}_2 \hat{u}_{t-2} + \cdots + \hat{\rho}_p \hat{u}_{t-p} + \varepsilon_t \tag{12.6.17}$$

并从这个（辅助）回归中得到 R^2。[①]

（3）若样本容量很大（技术上讲是无限样本），则布罗施和戈弗雷证明了

$$(n-p)R^2 \sim \chi_p^2 \tag{12.6.18}$$

即 $n-p$ 乘以从辅助回归（12.6.17）中得到的 R^2 值服从自由度为 p 的 χ^2 分布。在应用中，若在选定的显著性水平下 $(n-p)R^2$ 超过 χ^2 临界值，我们就拒绝虚拟假设，此时方程（12.6.15）中至少有一个 ρ 在统计上显著异于零。

对于 BG 检验，有如下实际要点须注意：

（1）回归模型所包含的回归元中或许有回归子 Y 的滞后值，即 Y_{t-1}、Y_{t-2} 等可能作为解释变量出现。相比之下，德宾-沃森 d 检验则要求回归元中不含回归子滞后值。

（2）前面曾指出，即使干扰项服从 p 阶移动平均过程，即 u_t 如下生成：

$$u_t = \varepsilon_t + \lambda_1 \varepsilon_{t-1} + \lambda_2 \varepsilon_{t-2} + \cdots + \lambda_p \varepsilon_{t-p} \tag{12.6.19}$$

其中 ε_t 为白噪声误差项，即这些误差项满足全部经典假定，BG 检验也可适用。

在有关时间序列计量经济学的章节中，我们将详尽研究 p 阶自回归和移动平均过程。

（3）若方程（12.6.15）中 $p=1$（即一阶自回归），则 BG 检验可称为德宾的 M 检验（Durbin's M test）。

（4）BG 检验的一个缺陷在于，滞后长度 p 值不能先验设定。这就不可避免要对 p 值进行多次试验。人们有时候也能用所谓的赤池（Akaike）和更有功效的施瓦茨（Schwarz）信息准则来筛选滞后长度。我们将在第 13 章及后面有关时间序列计量经济学的章节中讨论这些准则。

（5）给定 X 变量值和 u 的滞后值，该检验假定方程（12.6.15）中的 u 是同方差的。

[①]　包含原回归元 X 的原因是容许 X 可能不是严格非随机的这一事实。但如果它是严格非随机的，则可从模型中省掉。对此，参见 Jeffrey M. Wooldridge, *Introductory Econometrics：A Modern Approach*, South-Western Publishing Co., 2003, p. 386。

对 BG 检验的说明：工资-生产率关系

为说明此检验，我们在前面说明性的例子中应用一下这个检验。利用一个 AR(6) 模式，我们得到习题 12.25 中所示的结论。从那里给出的回归结果可以看出，$n-p=40$ 和 $R^2=0.749\,8$。因此，二者相乘则得到一个 χ^2 值 29.992。对 6 个自由度（为什么？）而言，得到一个 χ^2 值大于或等于 29.992 的概率极小；附录 D 中的 χ^2 表表明，得到一个约等于 18.547\,6 或更大的 χ^2 值的概率仅为 0.005。因此，得到一个约等于 30 的 χ^2 值的概率确实极小。事实上，实际的 p 值几乎为零。

于是，对我们的例子来说，结论是：这 6 个自相关系数中至少有一个非零。

在试遍从 1 到 6 的滞后长度后，我们发现，只有 AR(1) 系数显著，从而表明没有必要考虑多于一个的滞后。实质上，此时的 BG 检验就是德宾的 M 检验。

为什么有这么多的自相关检验？

对这个问题的回答是："没有某个特定的检验被证明绝对最好（即在统计意义上更有功效），因而研究者在考虑一系列检验程序来侦察自相关的存在或结构时，仍处在十分尴尬的境地。"[1] 当然，上一章讨论异方差性的各种检验时同样存在这个问题。

12.7 发现自相关该怎么办：补救措施

如果我们利用上一节中讨论的一种或多种自相关诊断检验发现存在自相关问题，那该怎么办呢？我们有 4 种选择：

（1）尽力查明自相关是不是纯粹自相关（pure autocorrelation），而不是模型误设（设定偏误）的结果。我们之前讨论过，我们有时候观察到的残差形式是模型误设，如排除了某些重要变量，或函数形式不正确所导致的。

（2）若是纯粹自相关，则可对原模型做适当变换，使变换后的模型不存在（纯粹）自相关问题。如同出现异方差时一样，我们必须使用广义最小二乘法。

（3）在大样本下，我们可以用尼威-威斯特（Newey-West）方法，以得到 OLS 估计量在对自相关加以修正之后的标准误。这一方法实际上是对我们在上一章中讨论过的怀特的异方差校正标准误的推广。

---

[1] Ron C. Mittelhammer et al., op. cit., p.547. 记住，一个统计检验的功效等于 1 减去犯第 II 类错误的概率，即减去接受一个错误假设的概率。一个检验的最大功效为 1，最小功效为 0。一个检验的功效越接近于 0，该检验就越糟；越接近于 1，就越有效。这些作者所言的本质含义是，不存在单个最有效的自相关检验。

（4）在某些情形下，我们可以继续使用 OLS。

鉴于每个专题都很重要，我们将分节加以讨论。

12.8　模型误设与纯粹自相关

让我们回到方程（12.5.2）给出的工资-生产率双对数模型中来。我们在那里看到，d 值为 0.217 6，而我们基于德宾-沃森 d 检验断定，误差项中存在正自相关。这种自相关会由我们的模型被不正确地设定而引起吗？由于回归（12.5.1）背后的数据是时间序列数据，所以工资与生产率很可能都表现出时间趋势。若然，我们就必须在模型中包括时间或趋势变量 t，分析工资和生产率在除去趋势因素后的关系。

为对此进行检验，我们在方程（12.5.1）中包含时间趋势变量并得到如下结果：

$$\hat{Y}_t = 0.120\ 9 + 1.028\ 3X_t - 0.007\ 5t$$
$$se = (0.307\ 0)\ (0.077\ 6)\ \ (0.001\ 5)$$
$$t = (0.393\ 9)\ (13.259\ 4)(-4.890\ 3) \tag{12.8.1}$$
$$R^2 = 0.990\ 0 \qquad d = 0.449\ 7$$

对此模型的解释直截了当：人均真实工资指数逐年递减约 0.007 5 个单位。在容许包含趋势变量后，生产率每提高 1 个单位，人均真实工资指数平均提高约 1 个单位。有趣的是，即便容许出现趋势变量，d 值依然很低，这表明方程（12.8.1）存在纯粹自相关的问题，而不一定是设定偏误的问题。

我们如何知道方程（12.8.1）被正确地设定了呢？为检验这一点，我们将 Y 对 X 和 X^2 做回归来检验人均真实工资指数与人均产出指数非线性相关的可能性。回归结果如下：

$$\hat{Y}_t = -1.784\ 3 + 2.196\ 3X_t - 0.175\ 2X_t^2$$
$$t = (-2.771\ 3)\ (7.504\ 0)\ (-5.278\ 5) \tag{12.8.2}$$
$$R^2 = 0.990\ 6 \qquad d = 0.356\ 1$$

对这些结论的解释留给读者完成。就目前的问题来看，德宾-沃森 d 统计量的值仍很低，这就表明残差中仍存在正自相关。

从上述分析可以安全地断定，我们的工资-生产率一例可能遇到了纯粹自相关问题，而不一定是设定偏误的问题。知道自相关的后果之后，我们就要采取某种措施来修正它。我们稍后便这么做。

顺便一提，对我们上面给出的所有工资-生产率一例而言，我们用雅克-贝拉正态性检验发现残差是正态分布的，由于 d 检验假定了误差项的正态性，所以这一结果令人欣慰。

12.9 （纯粹）自相关的修正：广义最小二乘

知道自相关的后果之后，特别是知道 OLS 估计量缺乏效率之后，我们或许要补救这个问题。补救措施取决于对干扰项之间相互依赖的性质的了解，即对自相关结构的了解。

首先，考虑双变量回归模型：

$$Y_t = \beta_1 + \beta_2 X_t + u_t \tag{12.9.1}$$

并假定误差项服从 AR(1) 模式，即：

$$u_t = \rho u_{t-1} + \varepsilon_t \quad -1 < \rho < 1 \tag{12.9.2}$$

现在我们考虑两种情况：（1）ρ 已知；（2）ρ 未知并有待估计。

ρ 已知

若一阶自相关系数 ρ 已知，则序列相关问题就可轻易解决。如果方程（12.9.1）在时刻 t 成立，则在时刻 $t-1$ 也成立，从而有：

$$Y_{t-1} = \beta_1 + \beta_2 X_{t-1} + u_{t-1} \tag{12.9.3}$$

用 ρ 乘以方程（12.9.3）的两边，得到：

$$\rho Y_{t-1} = \rho \beta_1 + \rho \beta_2 X_{t-1} + \rho u_{t-1} \tag{12.9.4}$$

从方程（12.9.1）中减去方程（12.9.4）便得到：

$$Y_t - \rho Y_{t-1} = \beta_1(1-\rho) + \beta_2(X_t - \rho X_{t-1}) + \varepsilon_t \tag{12.9.5}$$

其中 $\varepsilon_t = u_t - \rho u_{t-1}$。

我们可将方程（12.9.5）表示为：

$$Y_t^* = \beta_1^* + \beta_2^* X_t^* + \varepsilon_t \tag{12.9.6}$$

其中 $\beta_1^* = \beta_1(1-\rho)$，$Y_t^* = Y_t - \rho Y_{t-1}$，$X_t^* = X_t - \rho X_{t-1}$，$\beta_2^* = \beta_2$。

由于方程（12.9.6）中的 ε_t 满足全部 OLS 假定，故可直接对转换变量 Y 和 X 应用 OLS 并获得具有全部最优性质的估计量，即 BLUE。其实，做回归（12.9.6）就等于应用上一章中讨论的 GLS。记住，GLS 无非就是把 OLS 用于变换后满足经典假定的变换模型。

回归（12.9.5）叫做广义（generalized）或准（quasi）差分方程（difference equation）。它不是原来的形式，而是以准差分形式将 Y 对 X 回归。这一差分形式是从一个变量的现期值减去它的前期值的一个比例（$=\rho$）部分而得到的。在这个取差分的过程中，由于第一次观测值没有先前值，所以失去了一次观测。为弥补这一损失，将对 Y 和 X 的第一次观测转换为 $Y_1\sqrt{1-\rho^2}$ 和 $X_1\sqrt{1-\rho^2}$。[1] 这一转换被称

---

[1] 一次观测的损失在大样本中也许关系不大，但在小样本中可能造成明显差异。若不按照指出的方法对第一次观测进行变换，误差方差就不是同方差的。对此，参见 Jeffrey Wooldridge, op. cit., p. 388. 关于第一次观测的重要性的某些蒙特卡洛结果，见 Russell Davidson and James G. MacKinnon, *Estimation and Inference in Econometrics*, Oxford University Press, New York, 1993, Table 10.1, p. 349.

为普莱斯-温斯顿变换（Prais-Winsten transformation）。

ρ 未知

方程（12.9.5）所给的广义差分方程的应用虽然直接明了，但因 ρ 实际上鲜为人知，故一般而言难以实现，从而需要另想办法。其中的一些方法如下所述。

一阶差分法。 因 ρ 落在 0 与 ± 1 之间，故可从两个极端开始尝试。在一个极端上可假定 $\rho = 0$ 即无（一阶）序列相关，而在另一个极端上则令 $\rho = \pm 1$，即完全正或负相关。其实，当我们做一个回归时，我们通常假定没有自相关，然后通过德宾-沃森 d 检验或其他检验以表明这种假定是否合理。而当 $\rho = +1$ 时，广义差分方程（12.9.5）便化为一阶差分方程（模型）：

$$Y_t - Y_{t-1} = \beta_2(X_t - X_{t-1}) + (u_t - u_{t-1})$$

或者：

$$\Delta Y_t = \beta_2 \Delta X_t + \varepsilon_t \tag{12.9.7}$$

其中 Δ 是方程（12.1.10）中曾引入的一阶差分算子。

由于方程（12.9.7）中的误差项没有（一阶）序列相关的问题（为什么？），所以为了做回归（12.9.7），唯一要做的就是形成回归子和回归元的一阶差分，并对这些一阶差分做回归。

如果自相关系数很高（比方说大于 0.8）或德宾-沃森 d 统计量很低，那么进行一阶差分变换可能合适。曼德拉（Maddala）曾提出一个粗略的经验法则：只要 $d < R^2$，就能用一阶差分形式。[1] 在我们的工资-生产率双对数模型（12.5.2）中，$d = 0.217\,6$ 和 $r^2 = 0.984\,5$ 就属于这种情况。对其做的一阶差分回归稍后给出。

一阶差分模型（12.9.7）的一个有趣特征是，它不含有截距项。因此，为了估计方程（12.9.7），你必须使用过原点回归（即去掉截距项），现在大多数软件都能做到这些。不过，如果你忘记从模型中去掉截距项，而估计包含截距项的模型

$$\Delta Y_t = \beta_1 + \beta_2 \Delta X_t + \varepsilon_t \tag{12.9.8}$$

那么，原模型必定有趋势变量，而 β_1 表示它的系数。[2] 因此，在一阶差分模型中引入截距项的一个"意外"好处是，检验原模型中是否出现了趋势变量。

回到我们的工资-生产率双对数模型（12.5.2），给定 AR(1) 模式和相对 r^2 来说较低的 d 值，用不含截距项的一阶差分模型重做回归（12.5.2）；记住，方程（12.5.2）是水平值形式的。结果如下[3]：

$$\widehat{\Delta Y_t} = 0.653\,9 \Delta X_t$$

---

[1]　Maddala，op. cit.，p. 232.

[2]　这点易于证明。令 $Y_t = a_1 + \beta_1 t + \beta_2 X_t + u_t$，因此，$Y_{t-1} = a + \beta_1(t-1) + \beta_2 X_{t-1} + u_{t-1}$，前者减去后者须得到 $\Delta Y_t = \beta_1 + \beta_2 \Delta X_t + \varepsilon_t$，这就表明此方程中的截距项实际上就是原模型中趋势变量的系数。记住我们假定 $\rho = 1$。

[3]　在习题 12.38 中，要求你包括常数项做这个模型。

$$t = (11.404\ 2) \qquad r^2 = 0.426\ 4 \qquad d = 1.744\ 2 \qquad (12.9.9)$$

与水平值形式的回归（12.5.2）相比，我们看到，斜率系数没多大变化，但 r^2 值下降相当多。由于取一阶差分时，我们实质上研究的是变量在其（线性）趋势值附近的行为，所以通常都会如此。当然，因为方程（12.9.9）和（12.5.2）这两个模型中的因变量不同，所以我们不能将它们的 r^2 值直接进行比较。[1] 同时还须注意，与原来的回归相比，d 值明显提高，这可能表明，在一阶差分回归（模型）中没有什么自相关。[2]

一阶差分变换的另一个有趣特征与时间序列背后的平稳性质有关。回到描述 AR(1) 模式的方程（12.2.1）。现在，若 ρ 实际上等于 1，则从方程（12.2.3）和（12.2.4）明显可见，序列 u_t 是非平稳的，因为方差和协方差都变成无穷大。这正是我们为什么在讨论此专题时总施加约束 $|\rho| < 1$ 的原因。但从方程（12.2.1）明显可见，若自相关系数实际上为 1，则方程（12.2.1）变成

$$u_t = u_{t-1} + \varepsilon_t$$

或者

$$u_t - u_{t-1} = \Delta u_t = \varepsilon_t \qquad (12.9.10)$$

即 u_t 的一阶差分变成平稳序列了，因为它等于白噪声误差项 ε_t。

以上讨论的要点是，若原时间序列是非平稳的，那么其一阶差分很可能变成平稳序列。因此，一阶差分变换起到一箭双雕的作用，既可能会消除（一阶）自相关，又使时间序列变得平稳。我们在更深入讨论时间序列计量经济学时将会重新探讨这一专题。

我们曾提到，一阶差分变换在 ρ 很高或 d 很低时都适当。严格地讲，一阶差分变换只有在 $\rho = 1$ 时才能成立。事实上，有一个被称为贝伦布鲁特-韦布检验（Berenblutt-Webb test）[3] 的方法可用来检验 $\rho = 1$ 的假设。其所用的检验统计量被称为 g 统计量（g statistic），定义如下：

$$g = \frac{\sum_2^n \hat{e}_t^2}{\sum_1^n \hat{u}_t^2} \qquad (12.9.11)$$

其中 $\hat{u}_t$ 为原 OLS 回归（即水平值形式的回归）中得到的残差，而 e_t 则为从一阶差分回归中所得到的 OLS 残差。记住，采用一阶差分形式时没有截距项。

为检验 g 统计量的显著性，假定水平形式回归中包含截距项，那我们就可以使用德宾-沃森表，只是现在的虚拟假设是 $\rho = 1$，而不是德宾-沃森 d 检验的假设 $\rho = 0$。

---

[1] 比较水平值形式与一阶差分形式的 r^2 略显复杂，对此的进一步讨论，参见 Maddala, op. cit. , Chapter 6。

[2] 一阶差分回归中计算出来的 d 值能否与原水平值回归中的 d 值做同样的解释并不清楚，但用游程检验可以看出，一阶差分回归的残差中没有自相关的证据。

[3] I. I. Berenblutt and G. I. Webb, "A New Test for Autocorrelated Errors in the Linear Regression Model," *Journal of the Royal Statistical Society*, Series B, vol. 35, no. 1, 1973, pp. 33-50.

重新回到我们的工资-生产率一例，我们从原回归（12.5.2）得到 $\sum \hat{u}_t^2 =$ 0.021 4 和 $\sum e_t^2 = 0.004$ 6。代入方程（12.9.11）所示的 g 统计量，得到

$$g = \frac{0.004\ 6}{0.021\ 4} = 0.214\ 9 \tag{12.9.12}$$

查阅德宾-沃森表（见附录 D）中 45 次观测和 1 个解释变量的情况，我们发现 $d_L =$ 1.475，$d_U = 1.566$（显著性水平为 5%）。由于所得到的 g 值低于 d 值的下限，所以我们不能拒绝真实的 ρ 为 1 的假设。牢记，尽管我们使用同样的德宾-沃森表，但现在的虚拟假设是 $\rho = 1$ 而不是 $\rho = 0$。鉴于这一发现，方程（12.9.9）所给出的结论或许可以接受。

基于德宾-沃森 d 统计量的 ρ。 若因 ρ 与 1 不够接近而不能使用一阶差分变换，则我们从前面在方程（12.6.10）中构建的 d 和 ρ 之间的关系中能找到一个简单的估计方法，我们可以用以下方法估计出 ρ：

$$\hat{\rho} \approx 1 - \frac{d}{2} \tag{12.9.13}$$

因此，当样本充分大时，便可从方程（12.9.13）中估计出 ρ，并如广义差分方程（12.9.5）那样用它来对数据进行变换。记住，方程（12.9.13）中给出的 ρ 和 d 的关系对小样本情形可能不成立，有学者对此提出了修正意见，可参见习题 12.6。

我们在工资-生产率回归（12.5.2）中得到 $d = 0.217$ 6，代入方程（12.9.13）则得到 $\hat{\rho} \approx 0.891$ 2。我们可以利用这个估计的 ρ 值来估计方程（12.9.5）。所需做的只是将 Y 和 X 的当期值都减去其前一期值的 0.891 2 倍，然后按方程（12.9.6）对如此变换的数据做 OLS 回归，其中 $Y_t^* = Y_t - 0.891\ 2Y_{t-1}$，$X_t^* = X_t - 0.891\ 2X_{t-1}$。

从残差中估计出来的 ρ。 若 AR(1) 模式 $u_t = \rho u_{t-1} + \varepsilon_t$ 成立，则一个估计 ρ 的简单方法就是将残差 $\hat{u}_t$ 对 $\hat{u}_{t-1}$ 做回归，因为前面曾指出，$\hat{u}_t$ 是真实 u_t 的一致估计量。做如下回归：

$$\hat{u}_t = \rho \hat{u}_{t-1} + v_t \tag{12.9.14}$$

其中 $\hat{u}_t$ 为从原（水平值形式）回归中所得到的残差，v_t 为此回归的误差项。注意，在方程（12.9.14）中没有引入截距项的必要，因为我们知道 OLS 残差的总和为零。

方程（12.5.2）中的残差已在表 12-5 中给出。利用这些残差，我们可以得到如下回归结果：

$$\widehat{u_t} = 0.867\ 8\hat{u}_{t-1}$$
$$t = (12.735\ 9) \quad r^2 = 0.786\ 3 \tag{12.9.15}$$

如此回归所示，$\hat{\rho} = 0.867$ 8。利用这个估计值，可如同方程（12.9.6）那样对原模型进行变换。由于此程序所估计的 ρ 与从德宾-沃森 d 统计量所得到的 ρ 大致相同，所以利用方程（12.9.15）中的 ρ 进行回归的结果，与利用德宾-沃森 d 统计量估计

的 ρ 所得到的回归结果不应该有很大的不同。我们留给读者来验证这一点。

估计 ρ 的迭代法。 前面讨论的所有估计 ρ 的方法都只为我们提供了 ρ 的一个估计值。但有些所谓迭代法（iterative method）则可多次估计出 ρ 来，即从 ρ 的某个初始值开始，通过逐次逼近，反复估计 ρ 值。这些方法中值得一提的有：科克伦-奥克特迭代法（程序）（Cochrane-Orcutt iterative procedure）、科克伦-奥克特两步法（Cochrane-Orcutt two-step procedure）、德宾两步法（Durbin two-step procedure）和希尔德雷思-卢扫描或搜寻程序（Hildreth-Lu scanning or search procedure）等。其中，最流行的是科克伦-奥克特迭代法。为节省篇幅，迭代法通过习题加以讨论。记住，这些方法的最终目标是给出 ρ 的一个估计值，使之能用于得到参数的 GLS 估计值。科克伦-奥克特迭代法的优越性之一是，它不仅能用于 AR(1) 模式，也能用于更高阶的自回归模式，比如 AR(2)：$\hat{u}_t = \hat{\rho}_1 \hat{u}_{t-1} + \hat{\rho}_2 \hat{u}_{t-2} + v_t$。得到两个 ρ 之后，很容易就能推广应用广义差分方程（12.9.6）。当然，计算机可以做到所有这些。

回到工资-生产率一例中来，并假定 AR(1) 模式，我们使用科克伦-奥克特迭代法得到 ρ 的如下估计值：0.887 6、0.994 4 和 0.882 7。最后一个值 0.882 7 现可用于方程（12.9.6）对原模型进行变换，并用 OLS 估计变换后的模型。当然，对变换模型做 OLS 无非就是做 GLS。

Stata 能够估计模型系数与 ρ。例如，如果我们假定 AR(1)，Stata 给出如下结果：

$$\hat{Y}_t^* = 43.104\ 2 + 0.571\ 2X_t$$
$$se = (4.372\ 2)\quad (0.041\ 5) \tag{12.9.16}$$
$$t = (9.858\ 6)\quad (13.763\ 8)\qquad r^2 = 0.814\ 6$$

估计的 ρ（即 $\hat{\rho}$）约为 0.882 7，它与方程（12.9.15）中的 $\hat{\rho}$ 没有多大差别。

前面曾指出，由于第一次观测没有前期观测，因此我们在广义差分方程（12.9.6）中损失了一次观测。为了避免这种第一次观测的损失，我们可以使用普莱斯-温斯顿变换。

利用这一变换和 Stata（第 10 版），我们得到工资-生产率回归的结果：

$$Rcompb_t = 32.043\ 4 + 0.662\ 8 Prodb_t$$
$$se = (3.718\ 2)(0.038\ 6)\qquad r^2 = 0.879\ 9 \tag{12.9.17}$$

在这一变换中，ρ 值约为 0.919 3，经过 13 次迭代而得到。应当指出：如果我们没有对第一次观测进行普莱斯-温斯顿变换而直接把它去掉，那么，尤其在小样本中，有时可能得到极为不同的结果。注意，这里得到的 ρ 与方程（12.9.15）中的 ρ 没有多大差别。

一般评论。 用上述各种方法修正自相关，要明确如下几点：

第一，由于在大样本情况下，即便存在自相关问题，OLS 估计量仍是一致的，因此无论我们是用德宾-沃森 d 统计量、当期残差对前期残差的回归，还是用科克伦-奥克特迭代法估计 ρ，都没有多大差别，因为这些方法都是给出真实 ρ 的一致估计值。

第二，上述方法基本上都是两步法。我们在第一步得到未知 ρ 的一个估计值，在第二步用这个估计值变换变量去估计广义差分方程（实质上就是 GLS）。但由于我们用的是 $\hat{\rho}$ 而非真正的 ρ，因此在文献中所有这些估计方法都被称为可行 GLS（feasible GLS，FGLS）或估计 GLS（estimated GLS，EGLS）。

第三，重要的是要指出，只要我们用 FGLS 或 EGLS 估计变换模型的参数，估计系数都不一定具有通常经典模型所具有的优良性质（比如 BLUE），特别是在小样本情况下。不需要复杂的技术性知识便可总结一个一般原则：只要我们用的是估计量而非真实值，则所估计的 OLS 系数在大样本中渐近地具有通常的性质。同时，严格地讲，通常的假设检验程序也是渐近有效的。因此，在小样本下，必须小心地解释估计结果。

第四，在使用 EGLS 时，若不包括第一次观测（就像最初使用科克伦-奥克特迭代法那样），不仅估计量的数值，就连其有效性都受到不利的影响，特别是在样本容量很小或回归元并非严格随机的情况下。[1] 因此，在小样本中，按照普莱斯-温斯顿的方式保留第一次观测很重要。当然，如果样本容量足够大，EGLS 在有或没有第一次观测的情况下都给出类似结果。顺便指出，以普莱斯-温斯顿方式进行变换的 EGLS 在文献中被称为完全 EGLS（full EGLS），或简称为 FEGLS。

12.10 修正 OLS 标准误的尼威-威斯特方法

除了使用上一节讨论的 FGLS 方法之外，我们仍可以使用 OLS，只是需要用尼威和威斯特提出的方法对自相关问题修正标准误。[2] 这是对上一章讨论的怀特异方差一致标准误的推广。修正的标准误被称为异方差-自相关一致（heteroscedasticity and autocorrelation consistent，HAC）标准误，或简称尼威-威斯特标准误（Newey-West standard errors）。我们不给出尼威-威斯特程序背后复杂的数学知识。[3] 大多数现代计算机软件现在都能计算尼威-威斯特标准误。但重要的是要指出，尼威-威斯特方法严格地讲只对大样本有效，对小样本可能不合适。但在大样本情形下，我们现在有一种能对自相关修正其标准误的方法，所以就没有必要担心上一节讨论的 EGLS。因此，如果样本足够大，在同时存在自相关和异方差的情况下，就应该使用尼威-威斯特方法来修正 OLS 标准误，因为 HAC 方法与专为异方差而设计的

① 若回归元表现出经济数据中极其常见的时间趋势，则尤其如此。
② W. K. Newey and K. West，"A Simple Positive Semi-Definite Heteroscedasticity and Autocorrelation Consistent Covariance Matrix,"*Econometrica*，vol. 55，1987，pp. 703–708.
③ 你若能应用矩阵代数，则可参考在格林的前引文献中对这种方法的讨论。

怀特方法不同，它能同时处理这两种问题。

我们再次回到工资-生产率回归（12.5.1）。我们知道此回归存在自相关的问题。46 次观测样本也足够大，所以我们可用 HAC 程序。我们用 EViews 得到如下回归结果：

$$\hat{Y}_t = 32.741\ 9 + 0.670\ 4X_t$$
$$se = (2.916\ 2)^* \quad (0.030\ 2)^* \tag{12.10.1}$$
$$r^2 = 0.976\ 5 \qquad d = 0.173\ 9$$

其中 * 表示 HAC 标准误。

将此回归与方程（12.5.1）相比较，我们发现两个方程中的估计系数和 r^2 都相同。但必须注意，HAC 标准误比 OLS 标准误大，因此 HAC 的 t 值比 OLS 的 t 值小。这就表明，OLS 实际上低估了真实标准误。令人惊奇的是，方程（12.5.1）和（12.10.1）中的 d 统计量是一样的。但不必担心，HAC 程序在修正 OLS 标准误时已对此加以考虑。

12.11   OLS 与 FGLS 和 HAC

研究者所面临的实际问题是：在出现自相关问题时，OLS 估计量尽管无偏、一致且渐近正态分布，但仍不是有效的。因此，通常基于 t、F 和 χ^2 的推断程序就不再适合。另外，虽然 FGLS 和 HAC 能给出有效的估计量，但这些估计量的有限或小样本性质并没有得到很好的证明。这就意味着，在小样本下，FGLS 和 HAC 实际上可能还不如 OLS。事实上，格里利谢斯（Griliches）和饶（Rao）在一项蒙特卡洛研究中发现[1]，若样本相对较小，且自相关系数 ρ 低于 0.3，则 OLS 至少和 FGLS 一样好。于是，从实践的角度看，在估计的 ρ 低于 0.3 的小样本中，或许使用 OLS 较好。当然，样本容量是一个相对问题，必须从实践中加以判断。如果只有 15～20 次观测，样本就很小，但如果有 50 次以上的观测，样本就足够大了。

12.12   自相关的其他方面

虚拟变量与自相关

我们在第 9 章考虑了虚拟变量回归模型。具体而言，回想我们在方程（9.5.1）中给出的美国 1970—1995 年储蓄-收入回归模型，为方便起见，复制如下：

$$Y_t = \alpha_1 + \alpha_2 D_t + \beta_1 X_t + \beta_2(D_t X_t) + u_t \tag{12.12.1}$$

---

[1]   Z. Griliches，and P. Rao，"Small Sample Properties of Several Two-stage Regression Methods in the Context of Autocorrelated Errors," *Journal of the American Statistical Association*，vol. 64，1969，pp. 253 - 272.

其中 $Y=$ 储蓄；

　　$X=$ 收入；

　　$D=1$，1982—1995 年的观测；

　　$D=0$，1970—1981 年的观测。

基于此模型的回归结果在方程（9.5.4）中给出。当然，此模型是在通常的 OLS 假定下估计的。

　　但现在假设 u_t 服从一阶自回归 AR(1) 模式，即 $u_t=\rho u_{t-1}+\varepsilon_t$。通常，若 ρ 已知或很容易用上述讨论的方法之一估计出来，我们就能用广义差分方法在没有（一阶）自相关的情况下估计模型参数。但虚拟变量 D 的出现提出了一个特殊问题：注意虚拟变量无非表示一次观测被划到第一个或第二个时期。我们如何对此进行变换呢？

　　我们可以按如下程序进行[①]：

　　（1）在方程（12.12.1）中，第一个时期所有观测的 D 值都是零；第二个时期 D 的第一个观测值是 $1/(1-\rho)$ 而不是 1，其余的观测都是 1。

　　（2）变量 X_t 变换成 $X_t-\rho X_{t-1}$。注意，我们在变换时丢失了一次观测，除非像前面曾指出的那样，用普莱斯-温斯顿变换来修复第一次观测。

　　（3）第一个时期中所有观测的 $D_t X_t$ 值都是 0（第一个时期中的 D_t 都是 0）；在第二个时期，第一个观测取值 $D_t X_t=X_t$，而其余观测都取值 $D_t X_t-D_t \rho X_{t-1}=X_t-\rho X_{t-1}$（第二个时期中的 D_t 都是 1）。

　　前面的讨论曾指出，临界观测是第二个时期中的第一次观测。如果像刚才建议的那样考虑到这一点，那么在 AR(1) 自回归约束下估计像方程（12.12.1）这样的回归就不应该有什么问题。习题 12.37 要求读者对第 9 章给出的美国储蓄和收入数据进行这种变换。

ARCH 和 GARCH 模型

　　和在 AR(1) 模式中 t 期的误差项与 $t-1$ 期的误差项相关或 AR(p) 模式中 t 期的误差项与各滞后误差项相关一样，t 期的方差 σ^2 是否也会与其一期或多期滞后值自相关呢？致力于预测股票价格、通货膨胀率和汇率等金融时间序列的研究者已经观察到了这种自相关。若误差方差与前一期误差项的平方相关，则这种情况有一个吓人的名字——自回归条件异方差（autoregressive conditional heteroscedasticity，ARCH），若误差方差与过去几期误差项的平方都相关，则这种情况被称为广义自回归条件异方差（generalized autoregressive conditional heteroscedasticity，GARCH）。由于该专题属于时间序列计量经济学的一般领域，因此我们将在时间序列计量经济学的有关章节中深入探讨。我们这里的目标只是指出自相关不仅限于

---

　　① 见 Maddala，op. cit.，pp. 321 – 322。

当期与过去误差项之间的关系，还包括当期与过去误差方差之间的相关。

自相关与异方差的共存

如果一个回归模型同时遇到异方差和自相关的问题会怎么样呢？我们能否依次解决问题，即先考虑异方差再考虑自相关呢？事实上，有作者认为"自相关只能在控制了异方差之后才能侦察出来"[1]。但我们能否给出一种同时解决这两个及其他问题（如模型设定）的万能检验方法呢？回答是肯定的，存在这种检验，但对其进行讨论离题太远，最好把它们留在参考文献中。[2] 不过，正如前面曾指出的那样，如果样本足够大，我们就可以使用 HAC 标准误，因为它同时考虑了自相关和异方差。

12.13 一个总结性例子

在例 10.2 中，我们给出了美国的消费、收入、财富和利率数据，这些数据都剔除了通货膨胀的影响，是真实项目。基于这些数据，我们估计了美国 1947—2000 年间的消费函数，即将消费的对数对收入和财富的对数进行回归。因为有些真实利率数字是负的，所以我们没有使用利率的对数形式。

```
Dependent Variable: ln(CONSUMPTION)
Method: Least Squares
Sample: 1947-2000
Included observations: 54
```

	Coefficient	Std. Error	t-Statistic	Prob.
C	-0.467711	0.042778	-10.93343	0.0000
ln(INCOME)	0.804873	0.017498	45.99836	0.0000
ln(WEALTH)	0.201270	0.017593	11.44060	0.0000
INTEREST	-0.002689	0.000762	-3.529265	0.0009

R-squared	0.999560	Mean dependent var.	7.826093
Adjusted R-squared	0.999533	S.D. dependent var.	0.552368
S.E. of regression	0.011934	F-statistic	37832.59
Sum squared resid.	0.007121	Prob. (F-statistic)	0.000000
Log likelihood	164.5880	Durbin-Watson stat.	1.289219

如同所料，收入和财富弹性为正，而利率半弹性为负。尽管各个系数估计值看来都是高度统计显著的，但我们还需要检查误差项中存在自相关的可能性。我们知道，在出现自相关的情况下，标准误的估计值可能被低估了。从德宾-沃森 d 统计

---

[1] Lois W. Sayrs, *Pooled Time Series Analysis*, Sage Publications, California, 1989, p. 19.

[2] 参见 Jeffrey M. Wooldridge, op. cit., pp. 402～403, 以及 A. K. Bera and C. M. Jarque, "Efficient Tests for Normality, Homoscedasticity and Serial Independence of Regression Residuals: Monte Carlo Evidence," *Economic Letters*, vol. 7, 1981, pp. 313-318。

量看来，消费函数的误差项遇到了（一阶）自相关的问题（请核实）。

为了证实这一判断，我们在容许 AR(1) 自相关的情况下估计了消费函数。结果如下：

```
Dependent Variable: lnCONSUMPTION
Method: Least Squares
Sample (adjusted): 1948-2000
Included observations: 53 after adjustments
Convergence achieved after 11 iterations
```

	Coefficient	Std. Error	t-Statistic	Prob.
C	-0.399833	0.070954	-5.635112	0.0000
lnINCOME	0.845854	0.029275	28.89313	0.0000
lnWEALTH	0.159131	0.027462	5.794501	0.0000
INTEREST	0.001214	0.000925	1.312986	0.1954
AR(1)	0.612443	0.100591	6.088462	0.0000

R-squared	0.999688	Mean dependent var.	7.843871
Adjusted R-squared	0.999662	S.D. dependent var.	0.541833
S.E. of regression	0.009954	F-statistic	38503.91
Sum squared resid.	0.004756	Prob. (F-statistic)	0.00000
Log likelihood	171.7381	Durbin-Watson stat.	1.874724

这些结果清楚地表明，我们的回归遇到了自相关问题。利用本章讨论的某种变换消除这种自相关，留给读者自己完成。你可以利用 ρ 的估计值 0.612 4 进行这种变换。下面，我们给出基于考虑了自相关的尼威-威斯特（HAC）标准误的回归结果。

```
Dependent Variable: LCONSUMPTION
Method: Least Squares
Sample: 1947-2000
Included observations: 54
Newey-West HAC Standard Errors & Convariance (lag truncation = 3)
```

	Coefficient	Std. Error	t-Statistic	Prob.
C	-0.467714	0.043937	-10.64516	0.0000
LINCOME	0.804871	0.017117	47.02132	0.0000
LWEALTH	0.201272	0.015447	13.02988	0.0000
INTEREST	-0.002689	0.000880	-3.056306	0.0036

R-squared	0.999560	Mean dependent var.	7.826093
Adjusted R-squared	0.999533	S.D. dependent var.	0.552368
S.E. of regression	0.011934	F-statistic	37832.71
Sum squared resid.	0.007121	Prob. (F-statistic)	0.000000
		Durbin-Watson stat.	1.289237

上述第一个和最后一个回归的主要区别在于，系数估计值的标准误发生了巨大的变化。尽管如此，斜率系数仍是高度统计显著的。不过，我们并不能保证总是这种情况。

要点与结论

1. 当经典线性回归模型的假定"进入总体回归方程的误差项或干扰项 u_t 是随机的或不相关的"不成立时，就有序列相关或自相关的问题。

2. 自相关的出现有种种原因，如经济时间序列的惯性或黏滞性，模型遗漏了应包含的重要变量或使用了错误的函数形式所导致的设定偏误、蛛网现象、数据糅合、数据变换等等。于是，区分纯粹自相关和由刚才提到的一个或多个因素所"引致"的自相关就很重要。

3. 虽然在自相关出现时 OLS 估计量仍是无偏和一致性的，并且是渐近正态分布的，但不再是有效的。结果，常用的显著性 t、F 和 χ^2 检验都不能有效应用，因此，需要补救措施。

4. 补救措施与干扰项 u_t 中的相依性质有关。而由于这些 u_t 是不可观测的，通常都要假定它们有某种生成机制。

5. 通常假定这种机制是马尔可夫一阶自回归模式，即假定现期的干扰项与前期的干扰项有线性关系，自相关系数 ρ 表示它们之间相互依赖的程度。这种机制被称为 AR(1) 模式。

6. 如果 AR(1) 模式真实且自相关系数已知，则序列相关问题可通过数据变换按照广义差分程序迎刃而解。AR(1) 模式可容易地推广到一个 AR(p) 模式上，还可假定一个移动平均（MA）机制或 AR 与 MA 两种模式的一个混合，叫做自回归移动平均（ARMA）。这个专题将在时间序列计量经济学的有关章节中讨论。

7. 即使在使用一个 AR(1) 模式时，我们也不能先验地知道自相关系数 ρ。估计 ρ 的方法有几种，如利用德宾-沃森 d 统计量估计 ρ、科克伦-奥克特迭代法、科克伦-奥克特两步法，以及德宾两步法等。在大样本中，这些方法一般地说会得到类似的估计值；而在小样本中，它们的表现各不相同。在实践中，科克伦-奥克特迭代法用得很普遍。

8. 使用刚刚讨论过的任何一种方法，我们都能通过 OLS 用广义差分方法估计变换模型的参数，这种方法实质上就是 GLS。但由于我们用了估计的 $\rho(=\hat{\rho})$，所以我们把这种估计方法称为可行或估计 GLS，简记为 FGLS 或 EGLS。

9. 在使用 EGLS 时，去掉第一个观测时必须小心，因为在小样本情形下，保留还是去掉第一个观测对结果有显著影响。因此，在样本容量很小时，建议按照普莱斯-温斯顿程序对第一个观测进行变换。但对大样本而言，是否包括第一个观测没什么差别。

10. 必须强调指出，EGLS 方法只有在大样本条件下才具有通常的优良统计性质。在小样本情况下，OLS 实际上可能比 EGLS 更好，特别是在 $\rho < 0.3$ 时。

11. 我们也可以不用 EGLS，而使用 OLS，只是要用尼威-威斯特（HAC）程序对自相关问题修正其标准误。严格地讲，这一程序只有在大样本条件下才有效。HAC 程序的优势之一是，它不仅修正了自相关，还在出现异方差时修正了异方差。

12. 当然，自相关的侦察工作要先于补救措施。侦察的方法有正式和非正式两种。非正式方法可以对实际或标准化的残差描点，或者将当期残差对历史残差描点。正式的方法可以使用游程检验、德宾-沃森 d 检验、贝伦布鲁特-韦布检验和布罗施-戈弗雷（BG）检验等。其中，最流行而又惯常使用的是德宾-沃森 d 检验，尽管它有荣耀的历史，但仍有几方面的局限性。由于 BG 检验同时容许 AR 和 MA 误差结构，以及容许回归子的滞后值作为解释变量出现，因此最好使用更一般性的 BG 检验。但必须牢记，它仍是一个大样本检验。

13. 我们在本章还十分简要地讨论了出现虚拟变量时自相关的侦察。

习　题

问答题

12.1　判明以下陈述的真伪，简单地陈述你的理由。

a. 当出现自相关时，OLS 估计量是偏误的和非有效的。

b. 德宾-沃森 d 检验假定误差项 u_t 的方差有同方差性。

c. 用一阶差分变换消除自相关的方法是假定自相关系数 ρ 为 -1。

d. 如果一个模型是一阶差分形式的回归，而另一个模型是水平值形式的回归，那么，这两个模型的 R^2 值是不可直接比较的。

e. 一个显著的德宾-沃森 d 统计量不一定意味着一阶自相关。

f. 在出现自相关时，通常计算的预报值的方差和标准误就不是有效的。

g. 把一个（或多个）重要的变量从回归模型中排除可能导致一个显著的 d 值。

h. 在 AR(1) 模式中，假设 $\rho=1$ 既可通过贝伦布鲁特-韦布 g 统计量也可通过德宾-沃森 d 统计量来检验。

i. 如果在 Y 的一阶差分对 X 的一阶差分的回归中有一个常数项和一个线性趋势项，这就意味着在原始模型中有一个线性项和一个二次趋势项。

12.2　给定一个含有 50 次观测的样本和 4 个解释变量，在下列情况下你能对自相关的问题说些什么？

a. $d=1.05$。

b. $d=1.40$。

c. $d=2.50$。

d. $d=3.97$。

12.3　在研究生产中的劳动在附加值中所占份额（即劳动份额）的变动时，古扎拉蒂（Gujarati）考虑如下模型[①]：

模型 A：$Y_t=\beta_0+\beta_1 t+u_t$

模型 B：$Y_t=\alpha_0+\alpha_1 t+\alpha_2 t^2+u_t$

其中 $Y=$ 劳动份额，$t=$ 时间。根据 1949—1964 年数据，对初级金属工业部门得到如下结果：

模型 A：$\hat{Y}_t=0.452\,9-0.004\,1t$

$$(-3.960\,8)$$

---

①　Damodar Gujarati，"Labor's Share in Manufacturing Industries," *Industrial and Labor Relations Review*, vol. 23, no. 1, October 1969, pp. 65 - 75.

$$R^2 = 0.528\ 4 \quad d = 0.825\ 2$$

模型 B：$\hat{Y}_t = 0.478\ 6 - 0.012\ 7t + 0.000\ 5t^2$

$$(-3.272\ 4)\quad(2.777\ 7)$$

$$R^2 = 0.662\ 9 \quad d = 1.82$$

其中括号中的数字是 t 值。

a. 模型 A 中有没有序列相关？模型 B 呢？

b. 怎样证明存在序列相关？

c. 你会怎样区分"纯粹"自相关和设定偏误？

12.4 侦察自相关：冯·诺伊曼检验。[1]假定残差 $\hat{u}_t$ 是从正态分布中随机抽取的，冯·诺伊曼曾证明，对于大的 n，比率

$$\frac{\delta^2}{s^2} = \frac{\sum(\hat{u}_i - \hat{u}_{i-1})^2/(n-1)}{\sum(\hat{u}_i - \bar{u})^2/n}$$

被称为冯·诺伊曼比率（von Neumann ratio）（注：OLS 的 $\bar{u} = 0$），近似于正态分布，其均值为：

$$E\frac{\delta^2}{s^2} = \frac{2n}{n-1}$$

而方差为：

$$\mathrm{var}\frac{\delta^2}{s^2} = 4n^2\frac{n-2}{(n+1)(n-1)^3}$$

a. 如果 n 足够大，你会怎样利用冯·诺伊曼比率来检验自相关？

b. 德宾-沃森 d 统计量和此比率有什么关系？

c. d 统计量落在 0 与 4 之间。冯·诺伊曼的相应界限是什么？

d. 此比率依赖于"$\hat{u}_t$ 是从正态分布中随机抽取的"这个假定，对 OLS 残差来说，这一假定的真实性如何？

e. 假使在观测次数为 100 的一项应用中发现此比率为 2.88。检验数据中无序列相关的假设。

注：哈特（B. I. Hart）曾对多至 60 次观测的

样本容量编制了冯·诺伊曼比率的临界值表。[2]

12.5 在 17 个残差的一个排序中有 11 个正值和 6 个负值。游程个数是 3。这是否表明有自相关的迹象？如果游程个数是 14，你会改变答案吗？

12.6 根据 d 统计量的瑟尔-纳加 ρ 估计。瑟尔和纳加曾建议，在小样本中不把 ρ 估计为 $(1 - d/2)$，而把它估计为：

$$\hat{\rho} = \frac{n^2(1 - d/2) + k^2}{n^2 - k^2}$$

其中 $n =$ 观测总个数，$d =$ 德宾-沃森 d 统计量，$k =$ 待估系数个数（包括截距项）。

证明对于大的 n，ρ 的这个估计值将化为较简单的公式 $(1 - d/2)$。

12.7 估计希尔德雷思-卢扫描或搜寻程序。[3]在下列一阶自回归模式中

$$u_t = \rho u_{t-1} + \varepsilon_t$$

预期 ρ 落在 -1 与 $+1$ 之间，为确定它的位置，希尔德雷思和卢提出一种系统的扫描或搜寻程序。他们建议在 -1 与 $+1$ 之间按一定的间隔，比方说，每隔 0.1 单位试选 ρ 值，并通过广义差分方程对数据做变换。把 ρ 选为 -0.9，-0.8，$\cdots$，0.8，0.9。对每一选取的 ρ 值，做一个广义差分回归并得到相应的 RSS：$\sum a_t^2$。希尔德雷思和卢建议最后选择使 RSS 最小（从而使 R^2 最大）的 ρ 值。如果需要更精细的结果，则还可采用更小的单位间隔，如每隔 0.01 单位，把 ρ 取为 -0.99，-0.98，$\cdots$，0.98，0.99，等等。

a. 希尔德雷思-卢扫描或搜寻程序有何优越性？

b. 怎样知道最后选取的 ρ 值所做的数据转换事实上能保证 $\sum a_t^2$ 最小？

12.8 估计 ρ：科克伦-奥克特迭代法（程序）。[4]作为对此程序的一个说明，考虑双变量模型

---

[1] J. von Neumann, "Distribution of the Ratio of the Mean Square Successive Difference to the Variance," *Annals of Mathematical Statistics*, vol. 12, 1941, pp. 367-395.

[2] 此表可见 Johnston, op. cit., 3d ed., p. 559。

[3] G. Hildreth and J. Y. Lu, "Demand Relations with Autocorrelated Disturbances," Michigan State University, *Agricultural Experiment Station*, Tech. Bull. 276, November 1960.

[4] D. Cochrane and G. H. Orcutt, "Applications of Least-Squares Regressions to Relationships Containing Autocorrelated Error Terms," *Journal of the American Statistical Association*, vol. 44, 1949, pp. 32-61.

$$Y_t = \beta_1 + \beta_2 X_t + u_t \qquad (1)$$

及 AR(1) 模式

$$u_t = \rho u_{t-1} + \varepsilon_t \quad -1 < \rho < 1 \qquad (2)$$

于是科克伦和奥克特推荐如下步骤来估计 ρ。

〈1〉用通常的 OLS 估计方程（1）并得到残差 $\hat{u}_t$。顺便指出，你可以在模型中包含不止一个 X 变量。

〈2〉利用第 1 步得到的残差做如下回归：

$$\hat{u}_t = \hat{\rho} \hat{u}_{t-1} + v_t \qquad (3)$$

这是方程（2）在实证中的对应表达式。[1]

〈3〉利用方程（3）中得到的 $\hat{\rho}$，估计广义差分方程（12.9.6）。

〈4〉由于事先不知道方程（3）中得到的 $\hat{\rho}$ 是不是 ρ 的最佳估计值，因此把第 3 步中得到的 $\hat{\beta}_1^*$ 和 $\hat{\beta}_2^*$ 值代入原回归（1），并得到新的残差 $\hat{u}_t^*$ 为

$$\hat{u}_t^* = Y_t - \hat{\beta}_1^* - \hat{\beta}_2^* X_t \qquad (4)$$

由于 Y_t、X_t、$\hat{\beta}_1^*$ 和 $\hat{\beta}_2^*$ 皆已知，故很容易计算出来。

〈5〉现在估计如下回归

$$\hat{u}_t^* = \hat{\rho}^* \hat{u}_{t-1}^* + w_t \qquad (5)$$

它类似于方程（3），并给出 ρ 的第二轮估计值。由于我们不知道 ρ 的第二轮估计值是不是真实 ρ 的最佳估计值，因此我们进入第三轮估计，如此等等。这正是科克伦-奥克特程序被称为迭代程序的原因。我们该把这种（愉快的）轮回操作进行到什么程度呢？一般的建议是，当 ρ 的两个相邻估计值相差很小（比如不足 0.01 或 0.005）时，便可停止迭代。在工资-生产率一例中，在停止之前约需要 3 次迭代。

a. 利用科克伦-奥克特迭代程序，估计工资-生产率回归（12.5.2）的 ρ。在得到 ρ 的"最终"估计值之前需要多少次迭代？

b. 利用（a）中得到的 ρ 的最终估计值，在去掉第一次观测和保留第一次观测的情况下，估计工资-生产率回归。结果有何差异？

c. 你认为在变换数据以解决自相关问题时保留第一次观测重要吗？

12.9　估计 ρ：科克伦-奥克特两步法。这是科克伦-奥克特迭代程序的一个简化版。第一步，我们从第一次迭代〔即上一题中的方程（3）〕中估计出 ρ，第二步就用所估计的 ρ 求上一题方程（4）中的广义差分方程。在实践中，有时候这种两步法给出的结果与多次煞费苦心迭代所得到的结果十分相似。

在正文中给出的工资-生产率回归（12.5.1）中使用科克伦-奥克特两步法，并将结果与迭代法所得到的结果进行比较。特别注意在变换中对第一次观测的处理。

12.10　估计 ρ：德宾两步法。[2] 为了解释此方法，我们可以把广义差分方程（12.9.5）等价地写成

$$Y_t = \beta_1(1-\rho) + \beta_2 X_t - \beta_2 \rho X_{t-1} + \rho Y_{t-1} + \varepsilon_t \qquad (1)$$

德宾建议用如下两步法估计 ρ：第一步，把方程（1）作为一个多元回归模型将 Y_t 对 X_t、X_{t-1} 和 Y_{t-1} 做回归，并把 Y_{t-1} 回归系数的估计值（$= \hat{\rho}$）作为对 ρ 的一个估计值。第二步，得到 $\hat{\rho}$ 之后，用它估计广义差分方程（12.9.5）或与之等价的方程（12.9.6）中的参数。

a. 在正文中所讨论的工资-生产率例子中应用德宾两步法，并把结果与科克伦-奥克特迭代法和科克伦-奥克特两步法所得到的结果相比较。评论你所得到结果的质量。

b. 若检查上述方程（1），你会观察到 X_{t-1} 的系数等于 X_t 的系数（$= \beta_2$）和 Y_{t-1} 的系数（$= \rho$）之积的 -1 倍。你如何对这种系数约束进行检验？

12.11　在测量电力供给中的规模报酬时，纳洛夫（Nerlove）利用 1955 年美国 145 个私有公用事业公司的横截面数据，做了对数总成本对对数产出、对数工资、对数资本价格和对数燃料价格的回归。他发现由此回归估计得到的残差从德宾-沃森 d 统计量看来呈现序列相关。为了寻求补救方

---

① 注意 $\hat{\rho} = \sum \hat{u}_t \hat{u}_{t-1} / \sum \hat{u}_t^2$。（为什么？）尽管有偏，但 $\hat{\rho}$ 仍是真实 ρ 的一个一致估计量。

② J. Durbin, "Estimation of Parameters in Time-Series Regression Models," *Journal of the Royal Statistical Society*, series B, vol. 22, 1960, pp. 139 – 153.

法，他将所估计的残差相对于对数产出描点而得
到图 12-11。

a. 图 12-11 说明了什么？

b. 在上述情况下，你怎样摆脱序列相关问题？

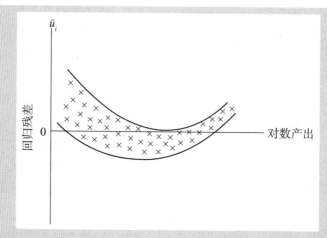

图 12-11 来自纳洛夫研究的残差

资料来源：Marc Nerlove, "Return to Scale in Electric Supply," in Carl F. Christ et al., *Measurement in Economics*, Stanford University Press, Stanford, Calif., 1963.

12.12 将一个回归的残差对时间描点，得到图 12-12 中的散点图。打上圆圈的一个"极端"残差表示一个异常值。所谓异常值，是指远远超出样本中其他观测值的一个观测值，也许离开所有观测值的平均值 3～4 个标准差之多。

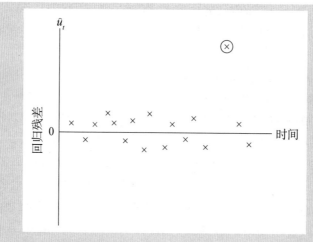

图 12-12 假想的回归残差对时间描点

a. 出现异常值的原因是什么？

b. 如果有异常值（一个或多个），是否应把它（们）剔除，然后再对其余的观测值做回归？

c. 在出现异常值的情况下，德宾-沃森 d 检验是否适用？

12.13 根据德宾-沃森 d 统计量，你怎样区分"纯粹"自相关和设定偏误？

12.14 假设在下列模型中

$$Y_t = \beta_1 + \beta_2 X_t + u_t$$

u_t 确实序列无关。如果我们假定 $u_t = \rho u_{t-1} + \varepsilon_t$，并使用了广义差分回归

$$Y_t - \rho Y_{t-1} = \beta_1(1-\rho) + \beta_2 X_t - \rho \beta_2 X_{t-1} + \varepsilon_t$$

将会出现什么情况？特别讨论干扰项 ε_t 的性质。

12.15 在对英国如何按要素成本对最终产品

定价的一项研究中，根据 1951—1969 年的年度数据，得到如下结果：

$$\widehat{PF}_t = 2.033 + 0.273 W_t - 0.521 X_t$$

$$se = (0.992) \quad (0.127) \quad (0.099)$$

$$+ 0.256 M_t + 0.028 M_{t-1} + 0.121 PF_{t-1}$$

$$(0.024) \quad (0.039) \quad (0.119)$$

$$R^2 = 0.984 \quad d = 2.54$$

其中 PF=按要素成本定价的最终产品价格，W=每个雇员的工薪，X=每个就业人员的国内生产总值，M=进口价格，M_{t-1}=滞后一年的进口价格，PF_{t-1}=前一年按要素成本定价的最终产品价格。[①]

"因对 18 个观测值和 5 个解释变量，d 值的 5% 下限和上限分别是 0.71 和 2.06，而估计的 d 值是 2.54，故无正自相关。"试评论。

12.16　在什么情况下以下各种估计一阶自相关系数 ρ 的方法是合适的？

a. 一阶差分回归。

b. 移动平均回归。

c. 瑟尔-纳加 ρ 估计。

d. 科克伦-奥克特迭代法。

e. 希尔德雷思-卢扫描或搜寻程序。

f. 德宾两步法。

12.17　考虑模型

$$Y_t = \beta_1 + \beta_2 X_t + u_t$$

其中

$$u_t = \rho_1 u_{t-1} + \rho_2 u_{t-2} + \varepsilon_t$$

即误差项服从 AR(2) 模式，其中 ε_t 为白噪声误差项。在考虑二阶自回归的情况下，勾勒出估计此模型的步骤。

12.18　把校正因子 C 包括进来，方程 (12.3.1) 所给的 $\tilde{\beta}_2^{GLS}$ 的计算公式是：

$$(1 - \rho^2) x_1 y_1$$

$$\tilde{\beta}_2^{GLS} = \frac{+ \sum_{t=2}^n (x_t - \rho x_{t-1})(y_t - \rho y_{t-1})}{(1 - \rho^2) x_1^2 + \sum_{t=2}^n (x_t - \rho x_{t-1})^2}$$

给定此公式和方程 (12.3.1)，求校正因子 C 的表达式。

12.19　证明估计方程 (12.9.5) 等价于估计 12.3 节所讨论的不包含对 Y 和 X 的第一次观测的 GLS。

12.20　对于回归 (12.9.9)，估计的残差值有如下符号，其中每一游程都用括号包住了：

$$(++++)(-)(+++++++)(-)(+$$
$$+++)(--)(+)(--)(+)(--)(++)$$
$$(-)(+)(--------)(+)$$

说明根据游程检验可以拒绝在这些残差中没有自相关的虚拟假设吗？

*12.21　检验高阶序列相关。假使我们拥有时间序列的季度数据，在涉及季度数据的回归中，更合适的假定将不是方程 (12.2.1) 所给的 AR(1) 模式，而是如下 AR(4) 模式：

$$u_t = \rho_4 u_{t-4} + \varepsilon_t$$

也就是说，假定当前的干扰项与上年同季度的干扰项相关，而不是与上季度的干扰项相关。

为检验 $\rho_4 = 0$ 的假设，沃利斯（Wallis）[②] 建议做以下的修正德宾-沃森 d 检验：

$$d_4 = \frac{\sum_{t=5}^n (\hat{u}_t - \hat{u}_{t-4})^2}{\sum_{t=1}^n \hat{u}_t^2}$$

检验程序与正文中讨论的通常的 d 检验步骤相仿。沃利斯曾编制有 d_4 表，可在他的原始论文中找到。

现在假设我们拥有每月数据，能否将德宾-沃森 d 检验加以推广，以适合这种数据？如果能，试写出适当的 d_{12} 公式。

12.22　假使你估计以下回归：

$$\Delta \ln Y_t = \beta_1 + \beta_2 \Delta \ln L_t + \beta_3 \Delta \ln K_t + u_t$$

---

① *Prices and Earnings in 1951—1969*：*An Econometric Assessment*，Department of Employment，Her Majesty's Stationery Office，1971，Table C，p. 37，Eq. 63.

② Kenneth Wallis，"Testing for Fourth Order Autocorrelation in Quarterly Regression Equation,"*Econometrica*，vol. 40，1972，pp. 617 - 636. d_4 表也可见 Johnston，op. cit.，3d ed.，p. 558。

其中 Y＝产出，L＝劳动投入，K＝资本投入，而 Δ 为一阶差分运算子。你怎样解释此模型中的 β_1？可否把它解释为技术变化的一个估计值？说明你的理由。

12.23 正文中曾指出，曼德拉曾建议在德宾-沃森 d 统计量小于 R^2 时做一阶差分形式的回归。其背后的逻辑根据是什么？

```
Dependent Variable: S1
Method: Least Squares
Sample (adjusted): 1966-2005
Included observations: 40 after adjustments
```

	Coefficient	Std. Error	t-Statistic	Prob.
S1(-1)	1.019716	0.170999	5.963275	0.0000
S1(-2)	-0.029679	0.244152	-0.121560	0.9040
S1(-3)	-0.286782	0.241975	-1.185171	0.2442
S1(-4)	0.149212	0.242076	0.616386	0.5417
S1(-5)	-0.071371	0.243386	-0.293240	0.7711
S1(-6)	0.034362	0.167077	0.205663	0.8383

R-squared	0.749857	Mean dependent var.	0.004433
Adjusted R-squared	0.713071	S.D. dependent var.	0.019843
S.E. of regression	0.010629	Durbin-Waston stat.	1.956818
Sum squared resid.	0.003841		

a. 你从上述结果能得出对数工资-生产率数据中自相关的什么性质？

b. 你若认为 AR(1) 机制刻画了数据中的自相关，你会用一阶差分变换处理自相关吗？说明你的理由。

12.24 参照方程（12.4.1）。假定 $r=0$ 但 $\rho\neq0$。若 (a) $0<\rho<1$，(b) $-1<\rho<0$，其对 $E(\hat{\sigma}^2)$ 有何影响？$\hat{\sigma}^2$ 的偏误何时充分地小？

12.25 将方程（12.5.2）给出的工资-生产率回归所得到的残差对其过去 6 期滞后残差［即 AR(6)］做回归，得到如下结果：

实证分析题

12.26 参考表 12-7 中的铜业数据。

表 12-7　　　　　　**1951—1980 年美国国内铜价格的决定因素**

年份	C	G	I	L	H	A
1951	21.89	330.2	45.1	220.4	1 491.0	19.00
1952	22.29	347.2	50.9	259.5	1 504.0	19.41
1953	19.63	366.1	53.3	256.3	1 438.0	20.93
1954	22.85	366.3	53.6	249.3	1 551.0	21.78
1955	33.77	399.3	54.6	352.3	1 646.0	23.68
1956	39.18	420.7	61.1	329.1	1 349.0	26.01
1957	30.58	442.0	61.9	219.6	1 224.0	27.52
1958	26.30	447.0	57.9	234.8	1 382.0	26.89
1959	30.70	483.0	64.8	237.4	1 553.7	26.85
1960	32.10	506.0	66.2	245.8	1 296.1	27.23
1961	30.00	523.3	66.7	229.2	1 365.0	25.46
1962	30.80	563.8	72.2	233.9	1 492.5	23.88

续表

年份	C	G	I	L	H	A
1963	30.80	594.7	76.5	234.2	1 634.9	22.62
1964	32.60	635.7	81.7	347.0	1 561.0	23.72
1965	35.40	688.1	89.8	468.1	1 509.7	24.50
1966	36.60	753.0	97.8	555.0	1 195.8	24.50
1967	38.60	796.3	100.0	418.0	1 321.9	24.98
1968	42.20	868.5	106.3	525.2	1 545.4	25.58
1969	47.90	935.5	111.1	620.7	1 499.5	27.18
1970	58.20	982.4	107.8	588.6	1 469.0	28.72
1971	52.00	1 063.4	109.6	444.4	2 084.5	29.00
1972	51.20	1 171.1	119.7	427.8	2 378.5	26.67
1973	59.50	1 306.6	129.8	727.1	2 057.5	25.33
1974	77.30	1 412.9	129.3	877.6	1 352.5	34.06
1975	64.20	1 528.8	117.8	556.6	1 171.4	39.79
1976	69.60	1 700.1	129.8	780.6	1 547.6	44.49
1977	66.80	1 887.2	137.1	750.7	1 989.8	51.23
1978	66.50	2 127.6	145.2	709.8	2 023.3	54.42
1979	98.30	2 628.8	152.5	935.7	1 749.2	61.01
1980	101.40	2 633.1	147.1	940.9	1 298.5	70.87

注：数据来自 *American Metal Market*，*Metals Week* 以及美国商务部出版物，由加里·史密斯（Gary Smith）收集。

C＝12 个月的平均美国国内铜价（美分/磅）。

G＝年度国内生产总值（十亿美元）。

I＝12 个月的平均工业生产指数。

L＝12 个月的平均伦敦金属交易所铜价（英镑）。

H＝每年新房动工数（千套）。

A＝12 个月的平均铝价（美分/磅）。

a. 根据这些数据，估计以下回归模型：

$$\ln C_t = \beta_1 + \beta_2 \ln I_t + \beta_3 \ln L_t + \beta_4 \ln H_t + \beta_5 \ln A_t + u_t$$

并解释所得结果。

b. 求出上述回归的残差和标准化残差并作图。你能对这些残差中是否有自回归做些什么猜测？

c. 估计德宾-沃森 d 统计量并对数据中可能出现的自相关性质做出评论。

d. 做游程检验，看你的答案是否不同于刚才在（c）中所得到的结果。

e. 你怎样辨别 AR(p) 过程是否比 AR(1) 过程更好地描述了自相关？

注：保留数据进行进一步的分析。（见习题 12.28。）

12.27　给定表 12-8 中的数据。

表 12-8

个人消费支出，Y （1958 年十亿美元）	时间，X	Y 的估计值 Ŷ	残差，$\hat{u}$
281.4	1（＝1956）	261.420 8	19.979 1
288.1	2	276.602 6	11.497 3

续表

个人消费支出，Y （1958 年十亿美元）	时间，X	Y 的估计值 $\hat{Y}$	残差，$\hat{u}$
290.0	3	291.784 4	−1.784 4
307.3	4	306.966 1	0.333 8
316.1	5	322.147 9	−6.047 9
322.5	6	337.329 7	−14.829 7
338.4	7	352.511 5	−14.111 5
353.3	8	367.693 3	−14.393 3
373.7	9	382.875 1	−9.175 1
397.7	10	398.056 9	−0.356 9
418.1	11	413.238 6	4.861 3
430.1	12	428.420 6	1.679 5
452.7	13	443.602 2	9.097 7
469.1	14	458.784 0	10.315 9
476.9	15（＝1970）	473.965 8	2.934 1

注：$\hat{Y}$ 数据估计自回归 $Y_t = \beta_0 + \beta_1 X_t + u_t$。

a. 验证德宾-沃森 d 统计量＝0.414 8。

b. 干扰项中有没有正的序列相关？

c. 如有，则分别利用下列方法估计 ρ：

ⅰ. 瑟尔-纳加 ρ 估计；

ⅱ. 德宾两步法；

ⅲ. 科克伦-奥克特迭代法。

d. 利用瑟尔和纳加的方法变换数据并对变换后的数据做回归。

e.（d）中估计的回归仍显示有自相关吗？如有，如何能将它除去？

12.28 参照习题 12.26 以及表 12-7 中的数据。假设该题的结果表明存在序列相关。

a. 用科克伦-奥克特两步法，估计可行 GLS 或广义差分回归，并比较你所得的结果。

b. 如果估计自（a）的科克伦-奥克特两步法的 ρ 值和从 d 统计量估计得的结果相差较大，你将选择哪一个估计 ρ 的方法？为什么？

12.29 参照例 7.4。略去变量 X^2 和 X^3，再做回归并检查残差中的序列相关。如果发现有序列相关，你会怎样解释它？你会提出什么补救措施？

12.30 回到习题 7.21。可以先验地预期在这样的数据中有自相关。因此，建议你以一阶差分形式做真实货币需求的对数对真实 GDP 的对数和利率的回归。计算此回归并重做原始形式的回归。一阶差分变换所依据的假定是否得到满足？如果不，这种变换很可能导致什么样的偏误？利用现有的数据加以说明。

12.31 德宾-沃森 d 统计量被用于检验非线性问题。继续考虑习题 12.29。将得自那个回归的残差按 X 值的递增次序排列。利用方程（12.6.5）所给的公式，从重新排列的残差中估计 d 统计量。如果计算出来的 d 值表明有自相关，这将意味着线性模型是不正确的。完整的模型应包含 X_t^2 和 X_t^3 项。你能给出这一程序的直觉理由吗？看看你的答案是否同瑟尔所给的一致。[1]

12.32 回到习题 11.22。求出残差并探明残差中是否有自相关。如果发现有序列相关，你会怎样变换数据？在本例中序列相关的意义是什么？

12.33 蒙特卡洛实验。参照表 12-1 和表 12-2。利用那里给的 ε_t 和 X_t 数据，按下列模型生成 10 个

---

[1] Henri Theil，*Introduction to Econometrics*，Prentice Hall，Englewood Cliffs，NJ，1978，pp. 307-308.

Y 值的一个样本：

$$Y_t = 3.0 + 0.5X_t + u_t$$

其中 $u_t = 0.9u_{t-1} + \varepsilon_t$。假定 $u_0 = 10$。

a. 估计这个方程并评论你的结果。

b. 现在假定 $u_0 = 17$。重复这个练习 10 次，再评论所得结果。

c. 保持上述结构不变。仅将 $\rho = 0.9$ 改为 $\rho = 0.3$，然后将你的结果同（b）中所给的结果相比较。

12.34　利用表 12-9 所给的数据，估计模型

$$Y_t = \beta_1 + \beta_2 X_t + u_t$$

其中 $Y=$ 存货，$X=$ 销售量。

a. 估计上述回归。

b. 利用（i）德宾-沃森 d 检验和（ii）方程

（12.6.13）所给的大样本正态性检验，从估计的残差中探明是否有正的自相关。

c. 如果 ρ 是正的，利用贝伦布鲁特-韦布检验去检验假设 $\rho = 1$。

d. 如果你猜测自回归误差结构的阶数是 p，可用布罗施-戈弗雷检验去证实这一点。你会怎样选择阶数 p 呢？

e. 根据此检验的结果，你会怎样转换数据从而除去自回归？说明你的全部计算过程。

f. 重复前面的步骤，但用以下模型：

$$\ln Y_t = \beta_1 + \beta_2 \ln X_t + u_t$$

g. 你在线性与对数线性两种设定之间如何取舍？说明你的检验方法。

表 12-9　　　　1950—1990 年美国制造业的存货与销售量　　　　单位：百万美元

年份	销售量*	存货+	比率	年份	销售量*	存货+	比率
1950	46 486	84 646	1.82	1971	224 619	369 374	1.57
1951	50 229	90 560	1.80	1972	236 698	391 212	1.63
1952	53 501	98 145	1.83	1973	242 686	405 073	1.65
1953	52 805	101 599	1.92	1974	239 847	390 950	1.65
1954	55 906	102 567	1.83	1975	250 394	382 510	1.54
1955	63 027	108 121	1.72	1976	242 002	378 762	1.57
1956	72 931	124 499	1.71	1977	251 708	379 706	1.50
1957	84 790	157 625	1.86	1978	269 843	399 970	1.44
1958	86 589	159 708	1.84	1979	289 973	424 843	1.44
1959	98 797	174 636	1.77	1980	299 766	430 518	1.43
1960	113 201	188 378	1.66	1981	319 558	443 622	1.37
1961	126 905	211 691	1.67	1982	324 984	449 083	1.38
1962	143 936	242 157	1.68	1983	335 991	463 563	1.35
1963	154 391	265 215	1.72	1984	350 715	481 633	1.35
1964	168 129	283 413	1.69	1985	330 875	428 108	1.38
1965	163 351	311 852	1.95	1986	326 227	423 082	1.29
1966	172 547	312 379	1.78	1987	334 616	408 226	1.24
1967	190 682	339 516	1.73	1988	359 081	439 821	1.18
1968	194 538	334 749	1.73	1989	394 615	479 106	1.17
1969	194 657	322 654	1.68	1990	411 663	509 902	1.21
1970	206 326	338 109	1.59				

注：＊表示年度数据为未经季节性调整月度数据的平均。＋表示从 1982 年开始的数据都是经季节性调整的期末数字，和早期的数字不具可比性。

资料来源：*Economic Report of the President*，1993，Table B-53，p. 408.

12

12.35 表 12-10 给出了美国 1954—1981 年普通股即期（t 期）真实回报率（RR_t）、下期（$t+1$ 期）产出增长率（OG_{t+1}）和第 t 期通货膨胀率（Inf_t）的数据，都以百分数表示。

a. 将 RR_t 对 Inf_t 做回归。

b. 将 RR_t 对 OG_{t+1} 和 Inf_t 做回归。

c. 尤金·法玛（Eugene Fama）观察到："真实回报率与通货膨胀率之间简单的负相关关系是荒谬的，因为它是两个结构性关系的结果：一个是股票即期真实回报率与下期产出增长率［由 OG_{t+1} 度量］之间的正相关关系，一个是下期产出增长率与即期通货膨胀率之间的负相关关系。"

借用这种观点，评论上述两个回归结果。

d. 你预计在回归（a）和（b）中会出现自相关吗？为什么？若你认为会出现，则采取适当的修正措施并给出修正后的结果。

表 12-10 1954—1981 年美国普通股即期真实回报率、下期产出增长率与第 t 期通货膨胀率数据（％）

年份	即期真实回报率	下期产出增长率	第 t 期通货膨胀率
1954	53.0	6.7	−0.4
1955	31.2	2.1	0.4
1956	3.7	1.8	2.9
1957	−13.8	−0.4	3.0
1958	41.7	6.0	1.7
1959	10.5	2.1	1.5
1960	−1.3	2.6	1.8
1961	26.1	5.8	0.8
1962	−10.5	4.0	1.8
1963	21.2	5.3	1.6
1964	15.5	6.0	1.0
1965	10.2	6.0	2.3
1966	−13.3	2.7	3.2
1967	21.3	4.6	2.7
1968	6.8	2.8	4.3
1969	−13.5	−0.2	5.0
1970	−0.4	3.4	4.4
1971	10.5	5.7	3.8
1972	15.4	5.8	3.6
1973	−22.6	−0.6	7.9
1974	−37.3	−1.2	10.8
1975	31.2	5.4	6.0
1976	19.1	5.5	4.7
1977	−13.1	5.0	5.9
1978	−1.3	2.8	7.9
1979	8.6	−0.3	9.8
1980	−22.2	2.6	10.2
1981	−12.2	−1.9	7.3

12.36 德宾 h 统计量。考虑如下工资决定模型：

$$Y_t = \beta_1 + \beta_2 X_t + \beta_3 Y_{t-1} + u_t$$

其中 Y ＝工资＝人均真实工资指数；

X＝生产率＝人均产出指数。

a. 利用表 12-4 中的数据，估计上述模型并解释你的结论。

b. 因为模型把滞后回归子作为一个回归元包括进来，所以不适合用德宾-沃森 d 统计量来查明数据中是否存在序列相关。对这种所谓自回归模型，德宾曾提出所谓的 h 统计量（h statistic）来检验一阶自相关，其定义为[①]：

$$h = \hat{\rho} \sqrt{\frac{n}{1 - n[\operatorname{var}(\hat{\beta}_3)]}}$$

其中 n 为样本容量，$\operatorname{var}(\hat{\beta}_3)$ 为滞后的 Y_{t-1} 系数的方差，$\hat{\rho}$ 为一阶序列相关的估计值。

在大样本情形（技术上讲，渐近情形）下，德宾已证明，在 $\rho = 0$ 的虚拟假设下，

$$h \sim N(0, 1)$$

即 h 统计量服从标准正态分布。我们从正态分布的性质知道，$|h| > 1.96$ 的概率约为 5%。因此，若在一个应用中 $|h| > 1.96$，那我们就可以拒绝 $\rho = 0$ 的虚拟假设，即上述自回归模型中有一阶自相关的证据。

此检验可如下进行：第一步，用 OLS 估计上述模型（目前阶段不必担心任何估计问题）。第二步，记下此模型中的 $\operatorname{var}(\hat{\beta}_3)$ 和例行计算出来的 d 统计量。第三步，利用 d 值得到 $\hat{\rho} \approx (1 - d/2)$。注意，有趣的是，尽管我们不能用 d 值来检验此模型中的序列相关，但我们可用它得到 ρ 的一个估计值。第四步，现在可以计算 h 统计量。第五步，若样本容量足够大，且计算的 $|h|$ 超过了 1.96，那我们就可以断定有存在一阶自相关的证据。当然，你可以选用你想选用的任何显著性水平。

在前面给出的自回归工资决定模型中应用 h 统计量，并得出适当的结论，然后与回归（12.5.1）中所给出的结论相比较。

12.37 虚拟变量和自相关。参照第 9 章中讨论的储蓄-收入回归。利用表 9-2 中给出的数据，并假定 AR(1) 模式，在考虑自相关的情况下，重新估计储蓄-收入回归。特别注意对虚拟变量的变换。将结论与第 9 章给出的结论相比较。

12.38 利用表 12-4 中给出的工资-生产率数据，估计模型（12.9.8），并将结果与回归（12.9.9）中给出的结果相比较。你能得到什么结论？

附录 12A

12A.1 方程（12.1.11）中误差项 v_t 自相关的证明

由于 $v_t = u_t - u_{t-1}$，且对每个 t 都有 $E(u) = 0$，所以很容易证明 $E(v_t) = E(u_t - u_{t-1}) = E(u_t) - E(u_{t-1}) = 0$。现在，$\operatorname{var}(v_t) = \operatorname{var}(u_t - u_{t-1}) = \operatorname{var}(u_t) + \operatorname{var}(u_{t-1}) = 2\sigma^2$，因为每个 u_t 的方差都是 σ^2，且 u 独立分布，所以 v_t 是同方差的，但

$$\operatorname{cov}(v_t, v_{t-1}) = E(v_t v_{t-1}) = E[(u_t - u_{t-1})(u_{t-1} - u_{t-2})] = -\sigma^2$$

则显然非零。因此，尽管 u 不存在自相关，但 v 存在。

12A.2 方程（12.2.3）、（12.2.4）和（12.2.5）的证明

在 AR(1) 模式下，

① J. Durbin，"Testing for Serial Correlation in Least-Squares Regression When Some of the Regressors Are Lagged Dependent Variables," *Econometrica*，vol. 38，pp. 410-421.

$$u_t = \rho u_{t-1} + \varepsilon_t \tag{1}$$

因此

$$E(u_t) = \rho E(u_{t-1}) + E(\varepsilon_t) = 0 \tag{2}$$

所以

$$\mathrm{var}(u_t) = \rho^2 \mathrm{var}(u_{t-1}) + \mathrm{var}(\varepsilon_t) \tag{3}$$

因为 u 和 ε 都不存在自相关。

因为 $\mathrm{var}(u_t) = \mathrm{var}(u_{t-1}) = \sigma^2$，且 $\mathrm{var}(\varepsilon_t) = \sigma_\varepsilon^2$，我们得到

$$\mathrm{var}(u_t) = \frac{\sigma_\varepsilon^2}{1 - \rho^2} \tag{4}$$

现将方程（1）两边同时乘以 u_{t-1} 并取期望，则得到

$$\mathrm{cov}(u_t, \ u_{t-1}) = E(u_t u_{t-1}) = E(\rho u_{t-1}^2 + u_{t-1} \varepsilon_t) = \rho E(u_{t-1}^2)$$

注意 u_{t-1} 和 ε_t 之间的协方差为零（为什么？），而且 $\mathrm{var}(u_t) = \mathrm{var}(u_{t-1}) = \sigma_\varepsilon^2/(1-\rho^2)$，我们有

$$\mathrm{cov}(u_t, \ u_{t-1}) = \rho \frac{\sigma_\varepsilon^2}{(1-\rho^2)} \tag{5}$$

以此类推，

$$\mathrm{cov}(u_t, \ u_{t-2}) = \rho^2 \frac{\sigma_\varepsilon^2}{(1-\rho^2)}$$

$$\mathrm{cov}(u_t, \ u_{t-3}) = \rho^3 \frac{\sigma_\varepsilon^2}{(1-\rho^2)}$$

等等。现在，相关系数就是协方差与方差之比，因此，

$$\mathrm{cov}(u_t, \ u_{t-1}) = \rho \quad \mathrm{cov}(u_t, \ u_{t-2}) = \rho^2$$

第13章　计量经济建模：模型设定和诊断检验

不能机械地做应用计量经济学，它需要理解、直觉和技巧。[①]

通常我们在驾车通过一座桥梁时并不担心其结构的可靠性，因为我们合理地相信已经有人严格地检查过其工程原理和实践。经济学家做模型时也必须这样，否则，就必须奉送一句警告："使用导致坍塌概不负责。"[②]

经济学家多年来对"真理"的寻求曾给人一种观感：经济学家就好像在一间黑房子里搜寻一只原本并不存在的黑猫，而计量经济学家还经常声称找到了一只。[③]

经典线性回归模型（CLRM）的假定之一（假定 9）是，分析中所使用的模型被正确地设定了：如果模型未被正确设定，那我们就遇到了模型设定误差或模型设定偏误的问题。由于寻找正确设定的模型就像寻找圣杯一样，因此我们在本章将缜密而又严格地考察这个假定。具体而言，我们要考虑如下问题：

（1）我们如何去发现一个"正确"的模型？换言之，在实证分析中选择一个模型的准则有哪些？

（2）我们在实践中容易遇到哪些类型的模型设定误差？

（3）设定误差的后果有哪些？

（4）我们如何侦察设定误差？换言之，我们可以使用哪些诊断工具？

（5）一旦侦察出设定误差，我们能采取哪些补救措施？这有什么好处？

（6）我们如何评价几个表现不相上下的备选模型？

模型设定与评价的专题涉及的范围非常广泛，在此领域中已经做过许多经验研究。除此之外，对这个问题还有一些哲学上的争论。尽管我们不能在一章的篇幅内

---

① Keith Cuthbertson，Stephen G. Hall，and Mark P. Taylor，*Applied Econometrics Techniques*，Michigan University Press，1992，p. X.

② David F. Hendry，*Dynamic Econometrics*，Oxford University Press，U. K.，1995，p. 68.

③ Peter Kennedy，*A Guide to Econometrics*，3d ed.，MIT Press，Cambridge，Mass.，1992，p. 82.

充分说明这个专题，但我们希望能澄清模型设定和模型评价过程中所涉及的一些本质问题。

13.1　模型选择准则

根据韩德瑞和理查德（Richard）的观点，一个用于实证分析的模型应满足如下准则[①]：

（1）数据的容纳性，即从模型做出预测必须有逻辑上的可能性。

（2）与理论一致，即模型必须有好的经济含义。比如，若弗里德曼的永久收入假说成立，则在永久消费对永久收入的回归中，预期截距项的值应该为零。

（3）回归元的弱外生性，即解释变量或回归元必须与误差项不相关。在一些情况下，回归元的外生性可能是强外生性（strictly exogenous）。一个强外生性变量与误差项的当前期、未来期以及滞后期均不相关。

（4）参数的不变性，即参数的稳定性，否则预测就很困难。弗里德曼曾指出："对一个假设（模型）有效性的唯一重要的检验，就是将其预测值与经验值相比较。"[②] 在参数缺乏不变性时，这种预测就不可靠。

（5）数据的协调性，即从模型中所估计的残差必须完全随机（从技术上讲必须是白噪声）。换言之，若模型适当，则此模型的残差必须是白噪声，否则模型建模中就存在着某种形式的设定误差。稍后，我们将阐释设定误差的性质。

（6）有一定的包容性，即模型从能解释其结论的意义上讲应该包容或包括所有与之相竞争的模型。简言之，其他模型都不可能再改进我们所选定的模型。

列出一个"好"模型的选择准则是一方面，但实际上做出一个"好"模型则完全是另一回事，因为我们在实践中很可能会遇到我们在下一节将要讨论的各种各样的设定误差。

13.2　设定误差的类型

假定根据刚才列举的那些准则，我们得到一个我们认为好的模型。为简明起见，令这个模型为：

$$Y_i = \beta_1 + \beta_2 X_i + \beta_3 X_i^2 + \beta_4 X_i^3 + u_{1i} \tag{13.2.1}$$

[①]　D. F. Hendry and J. F. Richard, "The Econometric Analysis of Economic Time Series," *International Statistical Review*, vol. 51, 1983, pp. 3 - 33.

[②]　Milton Friedman, "The Methodology of Positive Economics," in *Essays in Positive Economics*, University of Chicago Press, Chicago, 1953, p. 7.

其中 $Y_i =$ 生产总成本，$X =$ 产出，方程（13.2.1）是教科书中常见的立方总成本函数的例子。

但假使出于某种原因（比如说，不想花精力去描绘散点图），研究者决定使用以下模型：

$$Y_i = \alpha_1 + \alpha_2 X_i + \alpha_3 X_i^2 + u_{2i} \tag{13.2.2}$$

注意，我们改变了符号以区别于真实模型。

由于方程（13.2.1）被认为是真实的，因此采用方程（13.2.2）就构成一种设定误差，即漏掉一个有关变量（omitting a relevant variable）（X_i^3）的误差。因此，方程（13.2.2）中的误差项 u_{2i} 事实上是：

$$u_{2i} = u_{1i} + \beta_4 X_i^3 \tag{13.2.3}$$

我们将很快看到这一关系式的重要性。

现假定另一研究者用了下述模型：

$$Y_i = \lambda_1 + \lambda_2 X_i + \lambda_3 X_i^2 + \lambda_4 X_i^3 + \lambda_5 X_i^4 + u_{3i} \tag{13.2.4}$$

如果方程（13.2.1）是"真实"的，则方程（13.2.4）也构成一种设定误差，现在是包含一个无须或无关变量（including an unnecessary or irrelevant variable）的误差，意指在真实模型中 λ_5 为零，新误差项其实是

$$u_{3i} = u_{1i} - \lambda_5 X_i^4 \tag{13.2.5}$$
$$= u_{1i} \quad 因为真实模型中 \lambda_5 = 0（为什么？）$$

再假定又一研究者拟定了以下模型：

$$\ln Y_i = \gamma_1 + \gamma_2 X_i + \gamma_3 X_i^2 + \gamma_4 X_i^3 + u_{4i} \tag{13.2.6}$$

和真实模型（13.2.1）相比，方程（13.2.6）也构成一种设定偏误，其偏误在于使用了错误的函数形式（wrong functional form），在方程（13.2.1）中 Y 以线性形式出现，而在方程（13.2.6）中它以对数形式出现。

最后，考虑有研究者使用如下模型：

$$Y_i^* = \beta_1^* + \beta_2^* X_i^* + \beta_3^* X_i^{*2} + \beta_4^* X_i^{*3} + u_i^* \tag{13.2.7}$$

其中 $Y_i^* = Y_i + \varepsilon_i$，$X_i^* = X_i + \omega_i$，$\varepsilon_i$ 和 ω_i 均为测量误差。方程（13.2.7）所表明的是，研究者没有使用真正的 Y_i 和 X_i，却用了含有测量误差的替代变量 Y_i^* 和 X_i^*。因此，在方程（13.2.7）中研究者产生了测量误差偏误（errors of measurement bias）。在应用研究中，数据不免受到近似计算、不完全覆盖以及数据缺失等误差的困扰。在社会科学中我们常用到的是第二手材料，通常无法得知第一手材料收集者是否造成了误差以及误差的类型为何。

另一种设定误差的形式与随机误差 u_i（或 u_t）进入回归模型的方式有关系。比如考虑如下不含截距项的双变量回归模型：

$$Y_i = \beta X_i u_i \tag{13.2.8}$$

其中随机误差项以乘积的形式进入回归方程，并且 $\ln u_i$ 满足 CLRM 的假定，这与

误差项以相加的形式进入如下模型是不同的：

$$Y_i = \alpha X_i + u_i \tag{13.2.9}$$

尽管这两个模型中的变量相同，但我们已经分别用 β 和 α 来表示方程（13.2.8）和（13.2.9）中的斜率系数。现在问，若方程（13.2.8）是"正确"或"真实"的模型，那么所估计的 α 会给出真实 β 的一个无偏估计值，即 $E(\hat{\alpha}) = \beta$ 吗？若不然，则对误差项不适当的随机设定将构成设定误差的另一个根源。

一个有时被忽视的设定误差是回归元之间的相互影响（interaction among the regressors），也就是一个或多个回归元对回归子的乘积影响（multiplicative effect of one or more regressors on the regressand）。为说明这一点，考虑如下简化的工资函数：

$$\ln W_i = \beta_1 + \beta_2 \text{Education}_i + \beta_3 \text{Gender}_i + \beta_4 (\text{Education}_i) \cdot (\text{Gender}_i) + u_i \tag{13.2.10}$$

在这个模型中，工资 W 相对于受教育水平（Education）的变化不仅取决于受教育水平本身，还取决于性别（Gender）（$\partial \ln W / \partial \text{Education} = \beta_2 + \beta_4 \text{Gender}$）。同样，工资相对于性别的变化不仅取决于性别本身，还取决于受教育水平。

总之，在提出一个经验模型时，我们很可能会遇到如下一种或多种设定误差：

(1) 漏掉一个有关变量；

(2) 包含一个无关变量；

(3) 错误的函数形式；

(4) 测量误差；

(5) 对随机误差项不正确的设定；

(6) 误差项正态分布的假定。

在转而详细考察这些设定误差之前，先区分模型设定误差（model specification errors）和模型误设误差（model mis-specification errors）很有好处。我们以上讨论的前四种误差类型在本质上都属于模型设定误差，因为在我们脑海中都有一个"真实"模型，只是出于某种原因，我们没有估计这个正确的模型。在模型误设误差中，我们不知道真实模型是什么。在这种情形下，我们或许联想到凯恩斯学派与货币主义学派之间的争论。在解释 GDP 的变化时，货币主义者认为货币是第一位的因素，而凯恩斯主义者则强调政府支出的作用。由此看来，这是两个不相上下的竞争模型。接下来，我们将首先考虑模型设定误差，然后考察模型误设误差。

13.3 模型设定误差的后果

不管设定误差的来源是什么，它会造成什么样的后果呢？为使讨论简单化，我们将按三变量模型的框架回答此问题，并在本节只考虑此前讨论过的前两种设定误差形式：(1) 模型拟合不足（underfitting a model），即漏掉一个有关变量；(2) 模型拟合过度（overfitting a model），即包含一个无关变量。尽管这里的讨论很容易就能推广到多于两个回归元的情形，可一旦超出三个变量的情形，代数运算就会很烦琐，而且矩阵代数也几乎不可缺少。

模型拟合不足（漏掉一个有关变量）

假如真实模型是：

$$Y_i = \beta_1 + \beta_2 X_{2i} + \beta_3 X_{3i} + u_i \qquad (13.3.1)$$

但出于某种原因，我们拟合了如下模型：

$$Y_i = \alpha_1 + \alpha_2 X_{2i} + v_i \qquad (13.3.2)$$

漏掉 X_3 的后果将是：

(1) 如果放弃或漏掉的变量 X_3 与包含进来的变量 X_2 相关，也就是两变量的相关系数 r_{23} 非零，则 $\hat{\alpha}_1$ 和 $\hat{\alpha}_2$ 是有偏误且非一致的。就是说，$E(\hat{\alpha}_1)$ 不等于 β_1，$E(\hat{\alpha}_2)$ 不等于 β_2，而且这种偏误不会随着样本容量的增大而消失。

(2) 即使 X_2 与 X_3 不相关（$r_{23} = 0$），尽管 $\hat{\alpha}_2$ 现在是无偏的，但 $\hat{\alpha}_1$ 仍有偏误。

(3) 误差项（干扰项）的方差 σ^2 将被不正确地估计。

(4) 习惯上计算的 $\hat{\alpha}_2$ 的方差（$= \sigma^2 / \sum x_{2i}^2$）是真实估计量 $\hat{\beta}_2$ 的方差的一个有偏估计量。

(5) 后果是，通常的置信区间和假设检验程序对于所估计参数的统计显著性容易导出误导性的结论。

(6) 另外一个后果是，基于不正确模型做出的预测及预测（置信）区间都是不可靠的。

虽然对以上命题一一给出证明会使我们离题太远[1]，但我们还是在附录 13A 的 13A.1 节证明了：

$$E(\hat{\alpha}_2) = \beta_2 + \beta_3 b_{32} \qquad (13.3.3)$$

其中 b_{32} 是漏去的变量 X_3 对包含进来的变量 X_2 回归的斜率（$b_{32} = \sum x_{3i} x_{2i} \sum x_{2i}^2$）。如方程（13.3.3）所示，除非 β_3 或 b_{32} 或二者同时为零，否则 $\hat{\alpha}_2$ 就是有偏误的。我们排除了 β_3 为零的可能性，因为如果那样的话，我们就不存在设定误差的问题。系数 b_{32} 在 X_2 与 X_3 无关时为零，这在大多数经济数据中都不太可能。

一般而言，偏误的程度将取决于偏误项 $\beta_3 b_{32}$。如果，比方说，β_3 是正的（即 X_3 对 Y 有正的影响），并且 b_{32} 也是正的（即 X_2 与 X_3 正相关），那么，总体而言，$\hat{\alpha}_2$ 将高估真实的 β_2（即有正的偏误）。但这种结果不足为奇，因为 X_2 不仅代表了其

---

[1]　代数上的处理可参见 Jan Kmenta，*Elements of Econometrics*，Macmillan，New York，1971，pp. 391-399。熟悉矩阵代数的读者可参见 J. Johnston，*Econometrics Methods*，4th ed.，McGraw-Hill，New York，1997，pp. 119-121。

对 Y 的直接影响，还包括了其（通过 X_3）对 Y 的间接影响。简单地说，本来应归功于 X_3 的影响，由于 X_3 未"获准"进入模型，因此无从展示其效应，而记在了 X_2 的头上。为了做一个简洁的说明，考虑第 7 章曾讨论过的一个例子（例 7.1）。

例 13.1 说明性例子：再谈儿童死亡率一例

将儿童死亡率（CM）对人均 GNP（即 PGNP）和妇女识字率（FLR）做回归，我们得到方程（7.6.2）所示的回归结果，并得到这两个变量的偏斜率系数值分别为 $-0.005\ 6$ 和 $-2.231\ 6$。但如果我们去掉 FLR 变量，则得到方程（7.7.2）所示的结果。若我们把方程（7.6.2）视为正确模型，则方程（7.7.2）因漏掉了有关变量 FLR 而成为一个设定误差模型。现在你可以看到，在正确的模型中，PGNP 变量的系数为 $-0.005\ 6$，而在"不正确"的模型（7.7.2）中却为 $-0.011\ 4$。

从绝对值来看，与真实模型相比，现在 PGNP 对 CM 有更大的影响。但如果我们把 FLR 对 PGNP 回归（将被排除的变量对包含进来的变量回归），此回归的斜率系数 [方程（13.3.3）中的 b_{32}] 为 $0.002\ 56$。[1] 这就表明，随着 PGNP 每提高 1 个单位，FLR 平均上升约 $0.002\ 56$ 个单位。但若 FLR 上升这么多单位，则其对 CM 的影响为 $(-2.231\ 6) \times 0.002\ 56 = \hat{\beta}_3 b_{32} = -0.005\ 7$。

因此，我们最后从方程（13.3.3）中得到 $\hat{\beta}_2 + \hat{\beta}_3 b_{32} = -0.005\ 6 + (-2.231\ 6) \times 0.002\ 56 \approx -0.011\ 3$，与从不正确模型（7.7.2）中得到的 PGNP 系数值大致相等。[2] 此例说明，PGNP 对 CM 的真实影响远低于不正确模型（7.7.2）所给出的结果。

现在让我们来分析 $\hat{\alpha}_2$ 和 $\hat{\beta}_2$ 的方差：

$$\text{var}(\hat{\alpha}_2) = \frac{\sigma^2}{\sum x_{2i}^2} \tag{13.3.4}$$

$$\text{var}(\hat{\beta}_2) = \frac{\sigma^2}{\sum x_{2i}^2(1 - r_{23}^2)} = \frac{\sigma^2}{\sum x_{2i}^2}\text{VIF} \tag{13.3.5}$$

其中 VIF（对共线性的一种度量）为第 10 章讨论过的方差膨胀因子 $[= 1/(1 - r_{23}^2)]$，而 r_{23} 为变量 X_2 和 X_3 之间的相关系数；我们在第 3 章和第 7 章已经熟悉了方程（13.3.4）和（13.3.5）。

由于方程（13.3.4）和（13.3.5）不同，所以 $\text{var}(\hat{\alpha}_2)$ 一般不同于 $\text{var}(\hat{\beta}_2)$。但我们知道，$\text{var}(\hat{\beta}_2)$ 是无偏的。（为什么？）因此，$\text{var}(\hat{\alpha}_2)$ 就有偏误，从而证实了前面的第 4 点论断。因为 $0 < r_{23}^2 < 1$，所以在现在的情形下，可见 $\text{var}(\hat{\alpha}_2) < \text{var}(\hat{\beta}_2)$。

---

[1] 回归结果为：

$$\widehat{\text{FLR}} = 47.597\ 1 + 0.002\ 56\ \text{PGNP}$$
$$\text{se} = (3.555\ 3)\quad (0.001\ 1)\qquad r^2 = 0.072\ 1$$

[2] 注意：在真实模型中，$\hat{\beta}_2$ 和 $\hat{\beta}_3$ 都是其真实值的无偏估计。

现在，我们面临着一个两难选择：尽管 $\hat{\alpha}_2$ 有偏，但其方差比无偏估计量 $\hat{\beta}_2$ 的方差小（当然，我们现在排除了 $r_{23} = 0$ 的情形，因为在实践中回归元之间总是有些相关）。所以，我们这里遇到了一个取舍的问题。[①]

但问题还没有结束，因为两个模型的 RSS 不一样，其自由度也不一样，所以从模型（13.3.2）估计的 σ^2 和从真实模型（13.3.1）估计的 σ^2 也就不相同。你或许记得，我们得到 σ^2 的一个估计值为 $\hat{\sigma}^2 = \text{RSS}/df$，其大小取决于模型中包含的回归元个数和自由度（＝ n － 待估参数的个数）。[*] 如果我们现在在模型中增加变量，RSS 通常会减小（记住，随着模型中引入的变量越来越多，R^2 不断变大），但待估计参数增加也使自由度下降。净影响取决于 RSS 的减小是否足以抵消增加回归元所导致的自由度损失。很有可能，一个回归元对回归子具有强烈影响（比如它使 RSS 减小的影响比在模型中引入此变量所导致的自由度损失的影响大得多），因此，包含这种变量不仅可以减小偏误，而且会提高估计量的精确性（即减小标准误）。

另外，如果有关的那些变量对回归子只有微弱的影响，而且它们之间高度相关（即 VIF 很大），那么，我们虽然可能减小了模型中所包含变量系数的偏误，但也增大了其标准误（使得效率下降）。事实上，此时在偏误和精确性之间的取舍将取决于各回归元的相对重要性。

为了给这种讨论得出结论，我们考虑 $r_{23} = 0$ 的特殊情形，即 X_2 和 X_3 无关的情形。这时，b_{23} 将等于零。（为什么？）从方程（13.3.3）可以看出，$\hat{\alpha}_2$ 现在是无偏的。[②] 而且，似乎从方程（13.3.4）和（13.3.5）看来，$\hat{\alpha}_2$ 和 $\hat{\beta}_2$ 的方差相等。尽管理论上 X_3 是有关变量，但是是否从模型中略去它也不致有什么害处？一般来说，回答是否定的。正如前面所说，在这种情况下，因为从方程（13.3.4）估计出来的 $\text{var}(\hat{\alpha}_2)$ 仍是有偏误的，所以我们的假设检验程序仍值得怀疑。[③] 再者，在大多数经济研究中，X_2 和 X_3 都相关，从而产生了以上所讲的问题。论点已十分清楚：一旦根据相关理论把模型建立起来，切忌从中再忽略一个变量。

模型拟合过度（包含一个无关变量）

现在我们假定：

$$Y_i = \beta_1 + \beta_2 X_{2i} + u_i \tag{13.3.6}$$

---

① 为了避开偏误和有效性之间的取舍问题，可以选择最小化均方误（MSE），因为它同时考虑了偏误和有效性。关于 MSE，可参见统计学方面的附录，即附录 A，也可参见习题 13.6。

② 但注意 $\hat{\alpha}_1$ 仍是有偏误的，这可直观地看出来：我们知道 $\hat{\beta}_1 = \bar{Y} - \hat{\beta}_2 \bar{X}_2 - \hat{\beta}_3 \bar{X}_3$，则 $\hat{\alpha}_1 = \bar{Y} - \hat{\alpha}_2 \bar{X}_2$，即便 $\hat{\alpha}_2 = \hat{\beta}_2$，这两个截距估计量也不同。

③ 详细分析可参见 Adrian C. Darnell，*A Dictionary of Econometrics*，Edward Elgar Publisher，1994，pp. 371-372。

* 原书漏掉了减号。——译者注

是真实模型，而我们拟合了以下模型：

$$Y_i = \alpha_1 + \alpha_2 X_{2i} + \alpha_3 X_{3i} + v_i \tag{13.3.7}$$

从而导致了在模型中引入了一个无关变量的设定误差。

这一设定误差将导致如下后果：

（1）"不正确"模型中全部参数的 OLS 估计量都是无偏而又一致的，即 $E(\hat{\alpha}_1) = \beta_1$，$E(\hat{\alpha}_2) = \beta_2$，$E(\hat{\alpha}_3) = \beta_3 = 0$。

（2）误差方差 σ^2 的估计是正确的。

（3）通常的置信区间和假设检验程序仍然有效。

（4）然而，一般地说，诸 α 系数的估计量将是非有效的，也就是说，它们的方差一般都大于真实模型中的方差。关于这些命题的部分证明，见附录 13A 的 13A.2 节。这里要考虑的问题是这些 $\hat{\alpha}$ 的相对无效性，这不难证明。

我们从通常使用的 OLS 公式得知：

$$\text{var}(\hat{\beta}_2) = \frac{\sigma^2}{\sum x_{2i}^2} \tag{13.3.8}$$

以及

$$\text{var}(\hat{\alpha}_2) = \frac{\sigma^2}{\sum x_{2i}^2 (1 - r_{23}^2)} \tag{13.3.9}$$

因此

$$\frac{\text{var}(\hat{\alpha}_2)}{\text{var}(\hat{\beta}_2)} = \frac{1}{1 - r_{23}^2} \tag{13.3.10}$$

由此可推知 $\text{var}(\hat{\alpha}_2) \geqslant \text{var}(\hat{\beta}_2)$，也就是说，虽然平均而言，$\hat{\alpha}_2 = \beta_2$ ［即 $E(\hat{\alpha}_2) = \beta_2$］，但 $\hat{\alpha}_2$ 的方差一般都大于 $\hat{\beta}_2$ 的方差。这一发现的含义是，包含无关变量 X_3 将使 $\hat{\alpha}_2$ 的方差不必要地增大，从而使 $\hat{\alpha}_2$ 的精度减小。这对 $\hat{\alpha}_1$ 也是成立的。

注意我们考虑的两种设定误差的不对称性（asymmetry）。如果我们略去了一个有关变量，则留在模型中变量的系数一般地说有偏误且非一致，误差的估计也是不正确的，从而通常的假设检验程序都是无效的。模型中含有无关变量虽然仍能给出真实模型中系数的无偏且一致估计，而且通常的假设检验方法也仍然有效，但引入多余变量的唯一代价是系数方差的估计值变大了，致使对参数进行概率推断的精度降低了。一个无益的结论似乎是：与其略掉有关变量，不如含有无关变量。但是这种结论是不值得维护的，因为增加无关变量将导致估计量的效率损失，并且还可能引发多重共线性问题（为什么？），更不用说自由度的损失了。因此：

> 一般而言，最好的方法是，根据理论，仅仅包含那些直接影响因变量而又不能由已被引进的其他变量来代替的解释变量。[1]

---

[1] Michael D. Intriligator，*Econometrics Models*，*Techniques and Applications*，Prentice Hall，Englewood Cliffs，NJ，1978，p.189。回顾简单性原则。

13.4　对设定误差的检验

知道设定误差的后果是一回事，而发现是否犯了这种错误则完全是另一回事。因为没有人要成心去犯这种错误，出现设定误差常常是疏忽所致，或由于基础理论薄弱，或由于缺乏检验模型的适当数据，所以我们想尽可能准确地设定模型而又无能为力。例如戴维森曾指出："由于经济学的非实验性质，因此我们一向对所观测到的数据的生成机制没有信心。对经济学中任何一个假设的检验，最终都取决于足以设定一个适当节俭的模型的附加假设，而这些假设既可能被证明是合理的，也可能没有被证明是合理的。"[1]

于是，实际问题不是为什么会造成这种错误（因为通常都会造成），而是如何发现这种错误。一旦发现了有设定误差，也就常常能找出补救的方法。例如，如果能证明模型中不恰当地漏掉了一个变量，明显的补救方法就是把那个变量加到分析中，当然这里假定能获得有关的数据。

我们在本节中就是要讨论一些可用来侦察设定误差的检验方法。

侦察是否含有无关变量（对模型过度拟合的侦察）

假如为了解释某一现象，我们提出一个 k 变量模型：

$$Y_i = \beta_1 + \beta_2 X_{2i} + \beta_3 X_{3i} + \cdots + \beta_k X_{ki} + u_i \tag{13.4.1}$$

然而，比方说，对于变量 X_k 是否真的属于模型（所应包含的变量），我们却没有十分的把握。一个简单的辨认方法是用通常的 t 检验即 $t = \hat{\beta}_k / \text{se}(\hat{\beta}_k)$ 去检验所估计 β_k 的显著性。又比方说，我们不能肯定 X_3 和 X_4 是否真的属于模型，于是，我们很容易通过第 8 章所讲的 F 检验来判断。因此，侦察模型中是否出现了一个或多个无关变量并不困难。

但至关重要的是，记住在做这些显著性检验时，我们心目中要有一个具体的模型。尽管这个模型在某种程度上是试验性质的，但我们应把它看作保留假设（maintained hypothesis）或"真理"。于是，给定该模型，我们可通过平常的 t 和 F 检验去辨认一个或多个回归元是不是真正有关的变量。但要注意，切勿反复使用 t 和 F 检验来建立模型。就是说，我们不可以说，Y 之所以与 X_2 有关，只是因为 $\hat{\beta}_2$ 是统计显著的，然后又因为 $\hat{\beta}_3$ 是统计显著的，便把 X_3 包含在模型中，如此等等。这种建模策略被称为自下而上的方法（bottom-up approach）（从一个较小的模型开始，然后逐渐扩大模型），或者可多少带些轻蔑口吻地称之为数据挖掘（data mining）、回归捕捉、数据琢磨、数据窥探、数字斟酌等。

---

[1]　James Davidson, *Econometrics Theory*, Blackwell Publishers, Oxford, U. K., 2000, p. 153.

数据挖掘的主要目标是在进行一些诊断检验之后提出一个"最好"的模型，即使最终选定的模型在如下意义上是一个"好"的模型：其所有估计系数都具有正确的符号，基于 t 和 F 检验都是统计显著的。R^2 值足够高，德宾-沃森 d 统计量的值可以接受（约为 2）等。本专业的纯粹主义者很看不起数据挖掘的实践。威廉·普尔（William Pool）说："寻求数据基础的经验规律而非经济理论的含义总是很危险的。"[1] "谴责"数据挖掘的原因之一如下。

在数据挖掘情况下的名义与真实显著性水平。 研究者所面临的一种数据挖掘的危险是，诸如 1%、5%、10% 的常用显著性水平（α）并非真正的显著性水平。罗维尔（Lovell）曾指出，如果有 c 个备用的回归元，根据数据挖掘情况，从中最后选出 k 个（$k \leqslant c$），则真实的显著性水平（α^*）和名义上的显著性水平（α）有如下关系[2]：

$$\alpha^* = 1 - (1-\alpha)^{c/k} \tag{13.4.2}$$

或近似为：

$$\alpha^* \approx (c/k)\alpha \tag{13.4.3}$$

例如，取 $c = 15$、$k = 5$ 和 $\alpha = 5\%$，由方程（13.4.3），真实的显著性水平是 $(15/5) \times (5\%) = 15\%$。因此，如果一个研究者从数据挖掘中选择 15 个回归中的 5 个，而仅按名义的显著性水平 5% 报告这个浓缩模型的结果，并宣称这些结果在统计上是显著的，那么要别人接受这种结果就是一桩有苦难言的事。因为我们知道，真实的显著性水平实际上是 15%。应该指出，若 $c = k$，则不存在数据挖掘的问题，真实和名义的显著性水平也就相同。当然，在实践中，研究者都是仅报告其最后结果而不透露此前是如何通过大量数据挖掘或预检验而得到这些结果的。[3]

尽管数据挖掘有一些明显的缺陷，但仍不断得到承认，特别是在应用计量经济学家中，纯粹主义者（即非数据挖掘者）的建模方法完全抵挡不住如此强烈的攻势。查曼（Zaman）曾指出：

> 遗憾的是，运用真实数据集的经验表明，这样一种（纯粹主义）方法既不可行又不理想。之所以说它不可行，是因为很少有经济理论只导致唯一的模型。之所以说它不理想，是因为从数据中了解到的一个关键方面是数据支持和不支持什么类型的模型。即便原模型碰巧表现出优良的拟合性质，但说明和了解数据支持和不支持的模型类型也越来越重要。[4]

帕特森（Patterson）也表达了类似的观点，他指出：

---

[1] William Pool, "Is Inflation Too Low?" *Cato Journal*, vol. 18, no. 3, Winter 1999, p. 456.

[2] M. Lovell, "Data Mining," *Review of Economics and Statistics*, vol. 65, 1983, pp. 1–12.

[3] 对预检验的详尽讨论及其可能导致的偏误，参见 T. D. Wallace, "Pretest Estimation in Regression: A Survey," *American Journal of Agricultural Economics*, vol. 59, 1977, pp. 431–443。

[4] Asad Zaman, *Statistical Foundations for Econometric Techniques*, Academic Press, New York, 1996, p. 226.

（数据挖掘）这种方法表明，经济理论与经验设定相互影响而不是各自为政。[1]

为了避免陷入数据挖掘与纯粹主义关于建模思路的争论，我们可以借鉴彼得·肯尼迪（Peter Kennedy）的观点：

（模型设定）需要对理论和数据的通盘考虑，设定搜索中所用到的检验程序应按照使数据挖掘成本最小的要求来设计。这方面的例子有：为样本外预测的检验预留下数据、调整显著性水平（罗维尔）和避免使用诸如最大化 R^2 之类的值得怀疑的准则。[2]

如果我们从一个更开阔的视角来看待数据挖掘，把它看成一种寻求经验规律的过程，并能从这些经验规律中判断（现有）理论模型中是否存在错误和/或疏漏，那么，它的作用就太大了。再次引用肯尼迪的话："应用计量经济学家的艺术性在于容许数据驱动理论而又不致陷入太大的数据挖掘的危险。"[3]

对遗漏变量和不正确函数形式的检验

实际上，我们永远不能肯定用来做经验检验的模型是"真理，完全的真理，非真理莫属"。我们是根据理论或洞察力和先前的经验建立一个我们认为能抓住问题实质的模型，然后对模型进行经验检验。在获得结果之后，再按照前面讨论过的模型选择准则进行事后调查。在决定模型的适宜性时，我们着眼于结果的一些概括性特征，如 $\bar{R}^2$ 值，估计的 t 比率，估计的系数符号与事先预期的是否一致，德宾-沃森 d 统计量，等等。如果这些诊断特征合理，我们就宣称所选模型是现实的良好代表。同理，如果结果看来不够理想，或由于 $\bar{R}^2$ 值太低，或由于统计上显著或有正确符号的系数太少，或由于德宾-沃森 d 统计量太低，我们便开始担心模型的适宜性，并着手寻找补救方法。也许我们漏掉了某个重要变量，或者用了错误的函数形式，或者没有先求时间序列的差分（以消除序列相关），如此等等。为了帮助我们确定模型不适宜性是否由这些问题的一种或几种所引起，不妨利用下列方法。

残差分析。 如在第 12 章中所看到的，对残差的分析曾是侦察自相关和异方差性的一种良好的视觉鉴别法。然而，尤其对横截面数据而言，残差还可以用于分析模型的设定误差，如一个重要变量的遗漏或函数形式的误用。事实上，如果存在这种误差，残差图将会显示出明显不同的形状。

为了说明问题，我们再考虑最先在第 7 章讨论过的立方总成本函数，假定真实

---

[1]　Kerry Patterson, *An Introduction to Applied Econometrics*, St. Martin's Press, New York, 2000, p. 10.

[2]　Peter Kennedy, "Sinning in the Basement: What Are the Rules? The Ten Commandments of Applied Econometrics," unpublished manuscript.

[3]　Kennedy, op. cit., p. 13.

总成本函数可表述如下：

$$Y_i = \beta_1 + \beta_2 X_i + \beta_3 X_i^2 + \beta_4 X_i^3 + u_i \tag{13.4.4}$$

其中 Y＝总成本，X＝产出，但某研究者拟合了以下二次总成本函数：

$$Y_i = \alpha_1 + \alpha_2 X_i + \alpha_3 X_i^2 + u_{2i} \tag{13.4.5}$$

而另一研究者则拟合了下面的线性总成本函数：

$$Y_i = \lambda_1 + \lambda_2 X_i + u_{3i} \tag{13.4.6}$$

虽然我们明知两位研究者都造成了设定误差，但为了教学的目的，不妨看看这些模型的残差估计值是何种模样。（表 7 - 4 给出了相关数据。）图 13 - 1 不言而喻：在从左至右逐渐接近真实模型的过程中，不仅残差（在绝对值上）变小，而且与错用模型联系在一起的突出的周期振动也逐渐消失。

由此可看到残差图分析的效用：如果有设定误差，残差图必定展现出明显的样式。

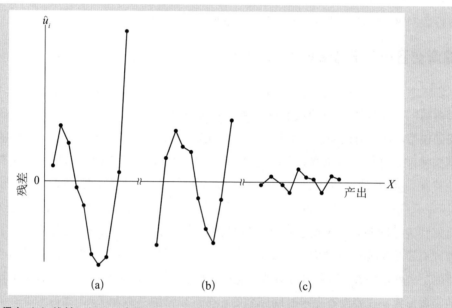

图 13 - 1 得自 (a) 线性、(b) 二次及 (c) 立方总成本函数的残差 $\hat{u}_i$

再次使用德宾-沃森 d 统计量。如果我们分析一下表 13 - 1 中的德宾-沃森 d 统计量，我们便看到，对线性总成本函数，估算的 d 是 0.716，表明在估计的残差中有正"相关"，因为 $n = 10$ 和 $k' = 1$，5%的 d 临界值是 $d_L = 0.879$ 和 $d_U = 1.320$（而 0.716 低于 $d_L = 0.879$）。同理，对二次总成本函数，估算的 d 是 1.038，则 5%的 d 临界值是 $d_L = 0.697$ 和 $d_U = 1.641$，从而表明无定论。但若使用修订的 d 检验（见第 12 章），则因估算的 d 值小于 d_U 而可以说残差中有正"相关"。至于立方总成本函数这一真实的设定，估计的 d 值表示残差中无任何正"相关"。[1]

---

[1] 在本例中，$d = 2$ 这个值表示无设定误差。（为什么？）

表 13 - 1　　　　　　　　从线性、二次以及立方总成本函数估计的残差

观测号	线性模型的 $\hat{u}_i^{*}$	二次模型的 $\hat{u}_i^{\dagger}$	立方模型的 $\hat{u}_i^{**}$
1	6.600	−23.900	−0.222
2	19.667	9.500	1.607
3	13.733	18.817	−0.915
4	−2.200	13.050	−4.426
5	−9.133	11.200	4.435
6	−26.067	−5.733	1.032
7	−32.000	−16.750	0.726
8	−28.933	−23.850	−4.119
9	4.133	−6.033	1.859
10	54.200	23.700	0.022

注：* $\hat{Y}_i = 166.467 + 19.933X_i$　　　　　　　$R^2 = 0.840\,9$
　　　(19.021)　(3.066)　　　　　　　　　　$\overline{R}^2 = 0.821\,0$
　　　(8.752)　(6.502)　　　　　　　　　　　$d = 0.716$

$\dagger$ $\hat{Y}_i = 222.383 − 8.025\,0X_i + 2.542X_i^2$　　$R^2 = 0.928\,4$
　　　(23.488)　(9.809)　(0.869)　　　　　$\overline{R}^2 = 0.907\,9$
　　　(9.468)　(−0.818)　(2.925)　　　　　$d = 1.038$

** $\hat{Y}_i = 141.767 + 63.478X_i − 12.962X_i^2 + 0.939X_i^3$　　$R^2 = 0.998\,3$
　　　(6.375)　(4.778)　(0.985\,6)　(0.059\,2)　　$\overline{R}^2 = 0.997\,5$
　　　(22.238)　(13.285)　(−13.151)　(15.861)　　$d = 2.70$

当我们拟合线性或二次模型时，所观测的正"相关"并非（一阶）序列相关，而是（模型）设定误差的一种度量。所看到的相关仅反映了这样一个事实：本属于模型的某些变量被并入误差项中了，故需从误差项中分离出去作为解释变量而单独存在。如果我们从函数中排除 X_i^3，则如方程（13.2.3）所示，误设模型（13.2.2）中的误差项实际上是 $u_{1i} + \beta_4 X_i^3$，因而，如果事实上 X_i^3 显著地影响着 Y，则它必然展现一种系统性的模式（例如正自相关）。

为了用德宾-沃森 d 检验来侦察模型设定误差，我们采取如下过程：

（1）从假定的模型求得 OLS 残差。

（2）如果认为假定的模型因排除了一个有关的解释变量 Z（比方说）而成为误设的，就可将步骤（1）中所得的残差按 Z 值的递增次序排列。注：Z 变量可以是假定模型所含的 X 变量之一，或该变量的某一函数，如 X^2 或 X^3。

（3）按照这种顺序排列的残差，按通常的 d 公式，即

$$d = \frac{\sum_{t=2}^{n}(\hat{u}_t - \hat{u}_{t-1})^2}{\sum_{t=1}^{n}\hat{u}_t^2}$$

计算 d 统计量。注意，下标 t 是这里（重排）的观测序号，不一定指时间序列数据。

（4）根据德宾-沃森表，如果 d 值是显著的，就可接受模型误设的假设。当这种情况出现时，补救措施也就寓于其中。

在我们的成本例子中，$Z(= X)$ 变量（产出）已经按从小到大次序排列[①]，因此

---

① 如果 $\hat{u}_1$ 按 X_i^2 或 X_i^3 排列也没有关系，因为 X_i^2 和 X_i^3 都是已经排列好的 X_i 的（增）函数。

无须重新计算 d 统计量。正如我们已经看到的，对于线性和二次总成本函数，d 统计量都表明了设定误差，如何补救是明显的：在线性总成本函数中引进二次项和三次项；在二次总成本函数中引进三次项，简言之，使用立方总成本函数。

拉姆齐的回归设定误差检验。拉姆齐（Ramsey）曾提出称为回归设定误差检验（regression specification error test，RESET）的一般性设定误差检验。[①] 这里我们仅说明这种检验的最简单情形。为了建立概念，仍用我们的成本-产出例子并假定总成本对产出是线性的：

$$Y_i = \lambda_1 + \lambda_2 X_i + u_i \tag{13.4.6}$$

其中 Y = 总成本，X = 产出。如果用得自此回归的残差 $\hat{u}_i$ 对此模型 Y_i 的估计值 $\hat{Y}_i$ 描点，就会得到一个如图 13-2 所示的图形。虽然 $\sum \hat{u}_i$ 和 $\sum \hat{u}_i \hat{Y}_i$ 都必然是零（为什么？），但图中的残差仍表明其均值系统地随 $\hat{Y}_i$ 的变化而变化。这提示我们，如果以某种形式将 $\hat{Y}_i$ 当作回归元引入方程（13.4.6），则应使 R^2 增大。而如果 R^2 的增大是统计上显著的（在第 8 章所讨论的 F 检验的基础上），就表明线性总成本函数（13.4.6）是误设的。这就是 RESET 的基本思路。RESET 的操作步骤如下：

（1）从所选模型，例如方程（13.4.6），得到 Y_i 的估计值 $\hat{Y}_i$。

（2）将某种形式的 $\hat{Y}_i$ 作为增补的回归元引入，重做方程（13.4.6）。由图 13-2

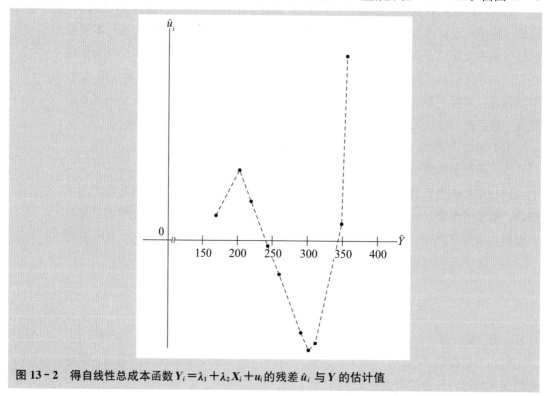

图 13-2 得自线性总成本函数 $Y_i = \lambda_1 + \lambda_2 X_i + u_i$ 的残差 $\hat{u}_i$ 与 Y 的估计值

① J. B. Ramsey, "Tests for Specification Errors in Classical Linear Least Squares Regression Analysis," *Journal of the Royal Statistical Society*, series B, vol. 31, 1969, pp. 350 - 371.

我们看出 $\hat{u}_i$ 与 $\hat{Y}_i$ 之间存在曲线关系，这表明可引进 $\hat{Y}_i^2$ 和 $\hat{Y}_i^3$ 作为增补回归元，于是我们做回归：

$$Y_i = \beta_1 + \beta_2 X_i + \beta_3 \hat{Y}_i^2 + \beta_4 \hat{Y}_i^3 + u_i \qquad (13.4.7)$$

（3）得自方程（13.4.7）的 R^2 记为 R_{new}^2；得自方程（13.4.6）的 R^2 记为 R_{old}^2，然后利用首次在方程（8.4.18）中引入的 F 检验，即

$$F = \frac{(R_{\text{new}}^2 - R_{\text{old}}^2)/\,\text{新回归元个数}}{(1 - R_{\text{new}}^2)/(n - \text{新模型中的参数个数})}$$

说明由于方程（13.4.7）的使用，R^2 的增大是不是统计上显著的。

（4）如果所计算的 F，比方说，在 5% 水平上显著，就可接受模型（13.4.6）被误设的假设。

回到我们的说明性例子，我们有如下结果（括号中为标准误）：

$$\hat{Y}_i = 166.467 + 19.933 X_i \qquad (13.4.8)$$
$$\quad (19.021)\,(3.066) \qquad\qquad R^2 = 0.840\,9$$

$$\hat{Y}_i = 2\,140.722\,3 + 476.655\,7 X_i - 0.091\,87 \hat{Y}_i^2 + 0.000\,119\,\hat{Y}_i^3 \quad (13.4.9)$$
$$\quad (132.004\,4) \qquad (33.395\,1) \qquad (0.006\,20) \qquad (0.000\,007\,4)\,R^2 = 0.998\,3$$

注：方程（13.4.9）中的 $\hat{Y}_i^2$ 和 $\hat{Y}_i^3$ 得自方程（13.4.8）。

现应用 F 检验求得：

$$F = \frac{(0.998\,3 - 0.840\,9)/2}{(1 - 0.998\,3)/(10 - 4)} \approx 284.403\,5 \qquad (13.4.10)$$

读者容易核实此 F 值是高度显著的，这表明了模型（13.4.8）是误设的。当然，我们根据残差的视觉分析和德宾–沃森 d 统计量已得到过同样的结论。还应该指出，由于 $\hat{Y}_i$ 是估计值，所以它是一个随机变量，因此，如果样本足够大，常用的显著性检验还是适用的。

RESET 的优点之一是，它不要求设定对立（alternative）模型，故易于应用。但这同时也是它的缺点，因为即便知道了模型误设也不一定有助于另外选出一个更好的模型。

正如另一位作者所说：

> 在实践中，RESET 可能不是特别擅长检测所提议的模型的任何特定替代方案，它的用处在于作为某些错误的一般指标。出于这个原因，像 RESET 这样的检验有时被称为对模型的误设检验，而不是对模型的设定检验。虽然这个区别很微妙，但其基本思想是，设定检验检查一个给定方程的某个特定方面，我们脑海中有明确的虚拟假设和对立假设。误设检验则可检查出虚拟假设存在某种问题，而对立假设还有很多可能性，这种检验不一定能够给出适当对立假设的明确指引。[1]

---

[1] Jon Stewart and Len Gill, *Econometrics*, 2d ed., Prentice-Hall Europe, 1998，p. 69.

为增补变量的拉格朗日乘数检验。这是相对于拉姆齐的 RESET 的另一种检验。为说明此检验，我们继续用前述说明性例子。

如果将线性总成本函数（13.4.6）同立方总成本函数（13.4.4）相比，前者就是后者的一个受约束形式（restricted version）（回顾我们在第 8 章中关于受约束最小二乘的讨论）。受约束回归（13.4.6）假定平方和立方产出项的系数均为零。为检验此假定，拉格朗日乘数（Lagrange multiplier，LM）检验如下进行：

（1）用 OLS 估计受约束回归（13.4.6）并求得残差 $\hat{u}_i$。

（2）如果无约束的回归（13.4.4）事实上是真实回归，则得自方程（13.4.6）的残差应与平方产出 X_i^2 和立方产出 X_i^3 有关。

（3）这就建议我们用在步骤 1 中得到的 $\hat{u}_i$ 去对全部回归元（包括受约束回归中的回归元）做回归，这在本例中是指：

$$\hat{u}_i = \alpha_1 + \alpha_2 X_i + \alpha_3 X_i^2 + \alpha_4 X_i^3 + v_i \tag{13.4.11}$$

（4）对于大样本，恩格尔（Engle）曾证明，从（辅助）回归（13.4.11）估计出来的 R^2 的 n（样本大小）倍遵循自由度等于受约束回归中约束个数的 χ^2 分布，用符号可表示为：

$$nR^2 \underset{\text{asy}}{\sim} \chi^2_{(\text{约数个数})} \tag{13.4.12}$$

其中 asy 表示渐近地，即在大样本中。

（5）如果从方程（13.4.12）得到的 χ^2 值大于选定显著性水平的 χ^2 临界值，就拒绝受约束回归；否则不拒绝。

对于我们的例子，回归结果如下：

$$\hat{Y}_i = 166.467 + 19.933 X_i \tag{13.4.13}$$

其中 Y 是总成本，而 X 是产出。关于此回归的标准误，见表 13 - 1。

用从方程（13.4.13）得到的残差按方才讲的步骤 3 做回归，得到如下结果：

$$\hat{u}_i = -24.7 + 43.544\,3 X_i - 12.961\,5 X_i^2 + 0.939\,6 X_i^3$$

$$\text{se} = (6.375) \quad (4.779) \qquad (0.986) \qquad (0.059) \tag{13.4.14}$$

$$R^2 = 0.989\,6$$

虽然我们的样本只有 10 个，谈不上是大样本，但仅仅为了说明 LM 检验的操作方法，我们算出 $nR^2 = 10 \times 0.989\,6 = 9.896$。从 χ^2 表我们读出 2 个自由度的 1% 的 χ^2 临界值是 9.21，因此，所测的 9.896 这个值在 1% 水平上是显著的，从而我们的结论是拒绝受约束回归（即线性总成本函数）。我们得到了与拉姆齐的 RESET 类似的结论。

13.5　测量误差

我们一直在隐含地假定我们对因变量 Y 和诸解释变量 X 的观测无任何误差。

例如，在消费支出对家庭收入和财富的回归中，我们假定对这些变量的（观测）数据是准确的；它们不是由外推、内插或按任何系统的方式进位（如进位到最近似的百分之一美元，等等）而得到的猜测估计。可惜，这种理想情形由于种种原因，如非应答误差、报道误差和计算误差，实际上是找不到的。不管什么原因，由于测量误差构成了又一类设定偏误，并带来了下面注明的后果，因此它是一个潜在的麻烦问题。

因变量 Y 中的测量误差

考虑以下模型：

$$Y_i^* = \alpha + \beta X_i + u_i \tag{13.5.1}$$

其中 $Y_i^* = $ 永久性消费支出[①]；

$X_i = $ 当前收入；

$u_i = $ 随机干扰项。

由于 Y_i^* 不可直接观测，因此我们可能使用了这样一个可观测变量 Y_i：

$$Y_i = Y_i^* + \varepsilon_i \tag{13.5.2}$$

其中 ε_i 表示 Y_i^* 中的测量误差。于是，我们估计的不是方程（13.5.1），而是：

$$
\begin{aligned}
Y_i &= (\alpha + \beta X_i + u_i) + \varepsilon_i \\
&= \alpha + \beta X_i + (u_i + \varepsilon_i) \\
&= \alpha + \beta X_i + v_i
\end{aligned}
\tag{13.5.3}
$$

其中 $v_i = u_i + \varepsilon_i$ 是一个合成误差项，包含总体干扰项（也可称为方程误差项）和测量误差项。

为简单起见，根据经典线性回归假设假定 $E(u_i) = E(\varepsilon_i) = 0$，$\text{cov}(X_i, u_i) = 0$（就是说 Y_i^* 的测量误差与 X_i 不相关），$\text{cov}(u_i, \varepsilon_i) = 0$（就是说方程误差与测量误差不相关）。有了这些假定就可以证明，从方程（13.5.1）或（13.5.3）估计 β 都将给出真实 β 的一个无偏估计量（见习题 13.7）；就是说，因变量中的测量误差并不破坏 OLS 估计量的无偏性质。然而，从方程（13.5.1）和（13.5.3）估计的 β 的方差和标准差将是不同的。这是因为按照通常的公式（见第 3 章）我们得到：

$$\text{模型（13.5.1）：} \text{var}(\hat{\beta}) = \frac{\sigma_u^2}{\sum x_i^2} \tag{13.5.4}$$

$$\text{模型（13.5.3）：} \text{var}(\hat{\beta}) = \frac{\sigma_v^2}{\sum x_i^2} = \frac{\sigma_u^2 + \sigma_\varepsilon^2}{\sum x_i^2} \tag{13.5.5}$$

显然后者大于前者。[②] 因此，虽然因变量中的测量误差不影响参数估计及其方差的

---

① 这一术语出自米尔顿·弗里德曼。

② 但注意，因在所述条件下合成误差项 $v_i = v_i + \varepsilon_i$ 仍满足最小二乘法的基本假定，故此方差仍是无偏的。

无偏性，但这时所估计的方差比没有这种测量误差时要大。

解释变量 X 中的测量误差

现假定模型不是方程（13.5.1）而是：

$$Y_i = \alpha + \beta X_i^* + u_i \tag{13.5.6}$$

其中 $Y_i =$ 当前消费支出；

$X_i^* =$ 永久收入；

$u_i =$ 干扰项（方程误差）。

假设我们观测到的不是 X_i^*，而是 X_i：

$$X_i = X_i^* + \omega_i \tag{13.5.7}$$

其中 ω_i 代表 X_i^* 中的测量误差，从而我们估计的不是方程（13.5.6），而是：

$$
\begin{aligned}
Y_i &= \alpha + \beta(X_i - \omega_i) + u_i \\
&= \alpha + \beta X_i + (u_i - \beta \omega_i) \\
&= \alpha + \beta X_i + z_i
\end{aligned}
\tag{13.5.8}
$$

其中 $z_i = u_i - \beta \omega_i$，是方程误差与观测误差两种误差的一个混合。

现在即使我们假定 ω_i 有零均值、序列独立且与 u_i 不相关，我们也不再能假定合成误差项 z_i 独立于解释变量 X_i，因为［假定 $E(z_i) = 0$］

$$
\begin{aligned}
\text{cov}(z_i, X_i) &= E[z_i - E(z_i)][X_i - E(X_i)] \\
&= E(u_i - \beta \omega_i)(\omega_i) \qquad \text{利用方程(13.5.7)} \\
&= E(-\beta \omega_i^2) \\
&= -\beta \sigma_\omega^2
\end{aligned}
\tag{13.5.9}
$$

所以，方程（13.5.8）中的解释变量与误差项是相关的，从而违背了经典线性回归模型中的关键性假定：解释变量与随机干扰项无关。如果这一假定被破坏，则可以证明，OLS 估计量不仅是有偏的而且是不一致的，即令样本容量 n 无限增大，OLS 估计量仍有偏误。[①]

附录 13A 的 13A.3 节表明了对于模型（13.5.8）有：

$$\text{plim} \hat{\beta} = \beta \left(\frac{1}{1 + \sigma_\omega^2 / \sigma_{X^*}^2} \right) \tag{13.5.10}$$

其中 σ_ω^2 和 $\sigma_{X^*}^2$ 分别是 ω_i 和 X^* 的方差，而 $\text{plim} \hat{\beta}$ 指 β 的概率极限。

因为预期括号内的项会小于 1（为什么?），故方程（13.5.10）表明即使样本容量设定无限地增大，也不收敛于 β。实际上，若假定 β 为正，$\hat{\beta}$ 将低估 β，也就是它

---

① 如附录 A 所示，$\hat{\beta}$ 是 β 的一致性估计量，随着 n 无限增大，$\hat{\beta}$ 的抽样分布最终收敛到 β。这可技术性地表述为 $\text{plim}_{n\to\infty} \hat{\beta} = \beta$。又如附录 A 所指出的，一致性是大样本性质。当一个估计量的有限或小样本性质（如无偏性）不能确定时，一致性常被用来研究该估计量的性态。

偏向于零。当然，如果 X 中没有测量误差（即 $\sigma_\omega^2 = 0$），$\hat\beta$ 将给出 β 的一个一致（性）估计量。

因此，当测量误差出现在解释变量中时，将使参数的一致性估计成为不可能，这就给我们提出了一个严峻的问题。当然，如我们曾看到的，如果测量误差仅出现于因变量之中，估计量仍是无偏从而也是一致性的。如果测量误差出现在解释变量中，那怎么办？回答并不容易。一个极端情形是假定 σ_ω^2 相对 $\sigma_{X^*}^2$ 较小，以致为了一切实际的目的，我们都可以"假定没有"测量误差并照常进行 OLS 估计。当然，这里的困难是不易观察或测量的，因此也就无法判断其相对大小。

另一补救建议是利用这样的工具或代理变量：它们虽与原始 X 变量高度相关，却与方程误差和测量误差项（即 u_i 和 ω_i）都不相关。如果能找到这样的代理变量，我们就能得到 β 的一个一致估计。但这种工作说比做容易得多，实际上不容易找到一个好的代理变量；我们常常陷入一种埋怨天气不好而又无能为力的境况。另外，要弄清楚所选工具变量是否确实独立于误差项 u_i 和 ω_i 也是不容易的。

文献中还有解决问题的其他建议。[1] 但大多数都是针对某种给定情况而设计的，并且以限制性很强的假定为基础。对于测量误差的问题，确实没有令人满意的答案，这就是把数据观测得尽可能准确如此重要的原因。

例 13.2 一个例子

我们构造一个例子以突出说明前面的论点。

表 13-2 给出了真实消费支出 Y^*、真实收入 X^*、观测消费支出 Y 及观测收入 X 的假想数据。此表还说明了这些变量是怎样构造的。[2]

表 13-2　真实消费支出 Y^*、真实收入 X^*、观测消费支出 Y 及观测收入 X 的假想数据及其他相关数据　单位：美元

Y^*	X^*	Y	X	ε	ω	u
75.466 6	80.00	67.601 1	80.094 0	$-7.865\ 5$	0.094 0	2.466 6
74.980 1	100.00	75.443 8	91.572 1	0.463 6	$-8.427\ 9$	$-10.019\ 9$
102.824 2	120.00	109.695 6	112.140 6	6.871 4	2.140 6	5.824 2
125.765 1	140.00	129.415 9	145.596 9	3.650 9	5.596 9	16.765 1

---

① 参见 Thomas B. Fomby, R. Carter Hill, and Stanley R. Johnson, *Advanced Econometric Methods*, Springer-Verlag, New York, 1984, pp. 273 – 277, 还可参见 Kennedy, op. cit., pp. 138 – 140, 其中有有关加权回归以及工具变量的讨论。G. S. Maddala, *Introduction to Econometrics*, 3d ed., John Wiley & Sons, New York, 2001, pp. 437 – 462. Quirino Paris, "Robust Estimators of Errors-in-Variables Models: Part Ⅰ," Working Paper No. 04 – 007, 200, Department of Agricultural and Resource Economics, University of California at Davis, August 2004.

② 感谢怀特对此例的构造，参见 *Computer Handbook Using SHAZAM*，用以配合 Damodar Gujarati, *Basic Econometrics*, September 1985, pp. 117 – 121。

续表

Y^*	X^*	Y	X	ε	ω	u
106.503 5	160.00	104.238 8	168.557 9	$-2.264\ 7$	8.557 9	$-14.496\ 5$
131.431 8	180.00	125.831 9	171.479 3	$-5.599\ 9$	$-8.520\ 7$	$-1.568\ 2$
149.369 3	200.00	153.992 6	203.536 6	4.623 3	3.536 6	4.369 3
143.862 8	220.00	152.920 8	222.853 3	9.057 9	2.853 3	$-13.137\ 2$
177.521 8	240.00	176.334 4	232.987 9	$-1.187\ 4$	$-7.012\ 0$	8.521 8
182.274 8	260.00	174.525 2	261.181 3	$-7.749\ 6$	1.181 3	1.274 8

注：假定 X^* 数据是给定的，在推算其他变量时，我们做了假设，即（1）$E(u_i) = E(\varepsilon_i) = E(\omega_i) = 0$；（2）$\text{cov}(X, u) = \text{cov}(X, \varepsilon) = \text{cov}(u, \varepsilon) = \text{cov}(\omega, u) = \text{cov}(\varepsilon, \omega) = 0$；（3）$\sigma_u^2 = 100$，$\sigma_\varepsilon^2 = 36$，$\sigma_\omega^2 = 36$；（4）$Y_i^* = 25 + 0.6 X_i^* + u_i$，$Y_i = Y_i^* + \varepsilon_i$，$X_i = X_i^* + \omega_i$。

仅因变量 Y 有测量误差。 根据所给数据，真实消费函数是：

$$\hat{Y}_i^* = 25.00 + 0.600\ 0 X_i^* \tag{13.5.11}$$
$$(10.477)\quad(0.058\ 4)$$
$$t = (2.386\ 1)\quad(10.276)\quad r^2 = 0.929\ 6$$

而与此相比，如果用 Y_i 代替 Y_i^*，则得到：

$$\hat{Y}_i = 25.00 + 0.600\ 0 X_i^* \tag{13.5.12}$$
$$(12.218)\quad(0.068\ 1)$$
$$t = (2.046\ 1)\quad(8.811\ 8)\quad r^2 = 0.906\ 6$$

如这些结果所表明的，借助于理论来看，估计的系数不变。因变量中出现测量误差的唯一影响是估计的系数标准误有变大的倾向，这从上述方程可清楚地看到。顺便指出，方程（13.5.11）和（13.5.12）之所以有相同的回归系数，是因为样本的生成有意地配合了测量误差模型中的那些假定。

X 中的测量误差。 已知真实回归是方程（13.5.11）。现假设我们不用 X_i^* 而用 X_i（注：实际上 X_i^* 近于不可观测）做回归。回归结果如下：

$$\hat{Y}_i^* = 25.992 + 0.594\ 2 X_i$$
$$(11.081\ 0)(0.061\ 7)$$
$$t = (2.345\ 7)\quad(9.627\ 0)\quad r^2 = 0.920\ 5 \tag{13.5.13}$$

这些结果均与理论一致——当解释变量有测量误差时，所估系数是有偏误的。庆幸的是，本例中的偏误比较小。由方程（13.5.10）显见，偏误依赖于 $\sigma_\omega^2 / \sigma_{X^*}^2$，而在数据的构造中我们假定 $\sigma_\omega^2 = 36$ 和 $\sigma_{X^*}^2 = 3\ 667$，从而导致较小的偏误因子，仅约为 0.98%（$=36/3\ 667$）。

当 Y 和 X 都有测量误差时，也就是我们所做的不是 Y_i^* 对 X_i^* 的回归，而是 Y_i 对 X_i 的回归时，会出现什么后果？这个问题留给读者去探讨（参见习题 13.23）。

13.6 对随机误差项不正确的设定

研究者所面临的一个常见问题是对误差项 u_i 进入回归模型的设定。由于误差项不能直接被观测到，因此就不容易确定它进入模型的形式。为看出这一点，我们回到方程（13.2.8）和（13.2.9）所给出的模型中。为便于说明，我们在那里已经假定了模型中不存在截距项。在这里，我们进一步假定方程（13.2.8）中的 u_i 使 $\ln u_i$ 满足通常的 OLS 假定。

如果我们假定方程（13.2.8）是"正确"模型，但我们估计的是（13.2.9），结果会怎么样呢？附录 13A 的 13A.4 节证明了，若 $\ln u_i \sim N(0, \sigma^2)$，则

$$u_i \sim \log normal\left[e^{\sigma^2/2}, e^{\sigma^2}(e^{\sigma^2}-1)\right] \tag{13.6.1}$$

因此

$$E(\hat{\alpha}) = \beta\, e^{\sigma^2/2} \tag{13.6.2}$$

其中 e 为自然对数的底。

如你所见，$\hat{\alpha}$ 是一个有偏的估计量，因为其均值不等于真实的 β。

在有关非线性参数回归模型的章节中，我们将对随机误差项的设定做更多的探讨。

13.7 嵌套与非嵌套模型

在进行设定检验时，区分嵌套（nested）和非嵌套模型（non-nested model）很有好处。为说明两者的差别，考虑以下模型：

模型 A：$Y_i = \beta_1 + \beta_2 X_{2i} + \beta_3 X_{3i} + \beta_4 X_{4i} + \beta_5 X_{5i} + u_i$

模型 B：$Y_i = \beta_1 + \beta_2 X_{2i} + \beta_3 X_{3i} + u_i$

我们说模型 B 被嵌套在模型 A 之中，因为模型 B 是模型 A 的一个特殊情形：如果我们估计模型 A，然后检验假设 $H_0: \beta_4 = \beta_5 = 0$，并且不拒绝它（比方说基于 F 检验)[1]，那么模型 A 就简化为模型 B。若我们在模型 B 中增加变量 X_4，那么模型 A 在 $\beta_5 = 0$ 时就简化为模型 B；这里，我们只用 t 检验来检验 X_5 的系数为零的假设。

我们前面讨论过的设定误差检验和第 8 章中讨论过的受约束的 F 检验在本质上都属于这种嵌套假设检验，只是我们没有这么称呼而已。

现在考虑如下模型：

模型 C：$Y_i = \alpha_1 + \alpha_2 X_{2i} + \alpha_3 X_{3i} + u_i$

模型 D：$Y_i = \beta_1 + \beta_2 Z_{2i} + \beta_3 Z_{3i} + v_i$

---

[1] 更一般地，可使用我们在第 8 章曾简要讨论过的似然比检验、瓦尔德检验和拉格朗日乘数检验。

其中 X 和 Z 各代表不同的变量。我们说模型 C 和模型 D 是非嵌套的（non-nested），因为不能把一个作为另一个的特殊情形推导出来。经济学与其他科学一样，解释同一现象会有多种争持不下的理论。例如货币主义者强调货币在解释 GDP 变化中的作用，而凯恩斯学派则用政府支出的变化去解释 GDP。

这里需要指出，你可以使模型 C 和模型 D 包含相同的回归元，比如模型 D 中可以包含 X_3，而模型 C 中可以包含 Z_2。即便如此，它们仍是非嵌套模型，因为模型 C 中没有包含 Z_3，而模型 D 中没有包含 X_2。

即便模型的变量完全一样，函数形式也可能使两个模型成为非嵌套模型。比如，考虑模型

$$\text{模型 E：} Y_i = \beta_1 + \beta_2 \ln Z_{2i} + \beta_3 \ln Z_{3i} + \omega_i$$

模型 D 和模型 E 仍是非嵌套模型，因为你不能把其中某个模型作为另一个模型的特殊情形而推导出来。

因为我们前面已经看过了对嵌套模型的检验（t 和 F 检验），所以在接下来的一节中，我们将讨论对非嵌套模型（它会产生模型误设误差）的某些检验。

13.8 非嵌套假设的检验

根据哈维[①]，检验非嵌套假设的方法大体上分为两类：（1）判别方法（discrimination approach），给定两个或多个模型，我们根据某些拟合优度准则选择其一；（2）辨识方法（discerning approach）（为本书作者用词），在考察一个模型时必须顾及其他模型所提供的信息。下面扼要地解释这些方法。

判别方法

考虑 13.7 节中的模型 C 和模型 D。由于这两个模型具有相同的因变量，所以我们就可依据诸如我们曾讨论过的 R^2 或调整 R^2 之类的拟合优度准则，在两（或多）个模型之间做出选择。但必须牢记，在比较两（或多）个模型时，回归子必须相同。除这些准则之外，还有其他的准则可以使用，其中包括赤池信息准则（Akaike's information criterion，AIC）、施瓦茨信息准则（Schwarz's information criterion，SIC）和马娄斯 C_p 准则（Mallow's C_p criterion）等。我们将在 13.9 节讨论一些准则。多数现代统计软件在其例行回归程序中都添加了这些准则中的一个或多个。在本章，我们将利用一个引申的例子来说明个别准则。基于这些准则中的一个或多个，最终选择的模型具有最高的 $\bar{R}^2$ 或最低的 AIC 或 SIC 等。

---

① Andrew Harvey, *The Econometric Analysis of Time Series*, 2d ed., MIT Press, Cambridge, Mass., 1990, Chapter 5.

辨识方法

非嵌套 *F* 检验或包容 *F* 检验。考虑 13.7 节中的模型 C 和模型 D，如何在这两个模型之间进行选择呢？为此，假设我们估计如下的嵌套或糅合模型：

$$\text{模型 F：} Y_i = \lambda_1 + \lambda_2 X_{2i} + \lambda_3 X_{3i} + \lambda_4 Z_{2i} + \lambda_5 Z_{3i} + u_i$$

注意模型 F 嵌套或包含了模型 C 和模型 D。但模型 C 并不嵌套于模型 D 中，模型 D 也不嵌套于模型 C 中，因此它们属于非嵌套模型。

现在如果模型 C 是正确的，则 $\lambda_4 = \lambda_5 = 0$，而如果模型 D 是正确的，则 $\lambda_2 = \lambda_3 = 0$。用通常的 F 检验就可以做这个检验，非嵌套 F 检验由此得名。

然而，这种检验程序却带来了一些问题。首先，如果 X 与 Z 高度相关，则如在多重共线性一章中所看到的，很可能一个或多个 λ 系数在统计上不显著，尽管基于 F 检验我们有可能拒绝所有斜率系数同时为零的（联合）假设。就此情形，我们无法决定模型 C 抑或模型 D 是正确的模型。其次，还有另一个问题，假设我们选取模型 C 作为参考假设或模型，并发现它的所有系数都是显著的。我们把一个或两个 Z 变量加到模型中，并通过 F 检验发现它对解释平方和（ESS）的增补贡献是不显著的，因此我们就决定选择模型 C。但假如我们反过来选择模型 D 作为参考模型，并发现它的所有系数也都是显著的，而当我们把一个或两个 X 变量加到此模型中并再次使用 F 检验时，我们又会发现它对 ESS 的增补贡献也是不显著的，于是我们又会把模型 D 选为正确模型。因此，"参考假设的选择竟能决定模型选择的结果"，尤其是在相互争持的诸回归元中有严重的多重共线性的情况下。最后，人为的嵌套模型 F 可能缺乏经济意义。

例 13.3　一个说明性例子

为了明确名义 GNP 的变化是由货币供给的变化来解释（货币主义），还是由政府支出的变化来解释（凯恩斯主义），我们考虑如下模型：

$$\dot{Y}_t = \alpha + \beta_0 \dot{M}_t + \beta_1 \dot{M}_{t-1} + \beta_2 \dot{M}_{t-2} + \beta_3 \dot{M}_{t-3} + \beta_4 \dot{M}_{t-4} + u_{1t}$$
$$= \alpha + \sum_{i=0}^{4} \beta_i \dot{M}_{t-i} + u_{1t} \tag{13.8.1}$$

$$\dot{Y}_t = \gamma + \lambda_0 \dot{E}_t + \lambda_1 \dot{E}_{t-1} + \lambda_2 \dot{E}_{t-2} + \lambda_3 \dot{E}_{t-3} + \lambda_4 \dot{E}_{t-4} + u_{2t}$$
$$= \gamma + \sum_{i=0}^{4} \lambda_i \dot{E}_{t-i} + u_{2t} \tag{13.8.2}$$

其中 $\dot{Y}_t = t$ 时刻名义 GNP 的增长率；

$\dot{M}_t = t$ 时刻货币供给（指 M1）的增长率；

$\dot{E}_t = t$ 时刻充分就业或高就业下政府支出的增长率。

顺便指出方程（13.8.1）和（13.8.2）都属于分布滞后模型。这种模型是之后章节要详加讨论的主题。目前只需知道货币供给或政府支出的单位变化对 GNP 的影响分布在一段时间而不是瞬时的。

因为不容易先验地在两个模型之间做出选择，故将两者糅合在一起，如下所示：

$$\dot{Y}_t = \text{constant} + \sum_{i=0}^{4} \beta_i \dot{M}_{t-i} + \sum_{i=0}^{4} \lambda_i \dot{E}_{t-i} + u_{3t} \tag{13.8.3}$$

这个嵌套模型就是用以表达并估计著名的圣路易斯联邦储备银行（一个有货币学派倾向的银行）模型的一个形式。此模型给出的对于美国在 1953 年第一季度至第四季度期间的估计结果如下（括号中是 t 比率）[1]：

$$\tag{13.8.4}$$

系数	估计值		系数	估计值		
β_0	0.40	(2.96)	λ_0	0.08	(2.26)	
β_1	0.41	(5.26)	λ_1	0.06	(2.52)	
β_2	0.25	(2.14)	λ_2	0.00	(0.02)	
β_3	0.06	(0.71)	λ_3	-0.06	(-2.20)	
β_4	-0.05	(-0.37)	λ_4	-0.07	(-1.83)	
$\sum_{i=0}^{4}\beta_i$	1.07	(5.59)	$\sum_{i=0}^{4}\lambda_i$	0.01	(0.40)	$R^2 = 0.40 \quad d = 1.78$

这些结果能表明一个模型优于另一个模型吗？如果我们考虑 $\dot{M}$ 和 $\dot{E}$ 的单位变化对 $\dot{Y}$ 的累积效应，我们分别得到 $\sum_{i=0}^{4}\beta_i = 1.07$ 和 $\sum_{i=0}^{4}\lambda_i = 0.01$，前者是统计显著的，而后者不是。这种比较会倾向于支持货币主义者的主张，即货币供给的变化决定着（名义）GNP 的变化。如何严格地评价这一主张，留给读者作为练习。

戴维森-麦金农 J 检验。[2] 由于刚才列出的非嵌套 F 检验程序中的种种问题，人们提出了另外的检验。其中之一是戴维森-麦金农 J 检验（Davidson-MacKinnon J test）。为说明此检验，假使我们要比较模型 C 和模型 D。J 检验的步骤如下：

（1）估计模型 D 并由此得到 Y 的估计值 $\hat{Y}_i^{D}$。

（2）将步骤 1 中得到的估计值作为另一回归元增补到模型 C 中，并随即估计以下模型：

$$Y_i = \alpha_1 + \alpha_2 X_{2i} + \alpha_3 X_{3i} + \alpha_4 \hat{Y}_i^{D} + u_i \tag{13.8.5}$$

其中 $\hat{Y}_i^{D}$ 的值得自步骤 1。此模型是韩德瑞方法论中的兼容性原则（encompassing principle）之一例。

（3）用 t 检验对假设 $\alpha_4 = 0$ 进行检验。

（4）如果假设 $\alpha_4 = 0$ 不被拒绝，就可接受（即不拒绝）模型 C 为真模型。因为方程（13.8.5）代表不为模型 C 所含有的变量影响，也就是说它所包含的 $\hat{Y}_i^{D}$ 并没

---

① Keith M. Carlson, "Does the St. Louis Equation Now Believe in Fiscal Policy?" *Review*, *Federal Reserve Bank of St. Louis*, vol. 60, no. 2, February 1978, p. 17, table Ⅳ.

② R. Davidson and J. G. MacKinnon, "Several Tests for Model Specification in the Presence of Alternative Hypotheses," *Econometrica*, vol. 49, 1981, pp. 781 – 793.

有增加模型 C 原有的解释能力。换句话说，模型 D 不含有足以改进模型 C 的任何额外信息，故模型 C 兼容模型 D。类似地推理，如果虚拟假设被拒绝，则模型 C 不会是真模型。（为什么？）

（5）现在把假设及模型 C 和模型 D 的作用颠倒过来，先估计模型 C，并用由此得到的 Y 估计值作为回归元增补到模型 D 中，重复步骤 4，以决定是否认为模型 D 胜过模型 C。更具体而言，我们估计如下模型：

$$Y_i = \beta_1 + \beta_2 Z_{2i} + \beta_3 Z_{3i} + \beta_4 \hat{Y}_i^C + u_i \tag{13.8.6}$$

其中 $\hat{Y}_i^C$ 是得自模型 C 的 Y 的估计值。现在假设检验 $\beta_4 = 0$。如该假设不被拒绝，则选择模型 D 而不选模型 C。如假设 $\beta_4 = 0$ 被拒绝，则由于模型 D 没有改进模型 C 的表现，故选模型 C 而不选模型 D。

J 检验虽然直观上比较可取，却也遇到了一些问题。由于方程（13.8.5）和（13.8.6）的两个检验是独立操作的，故有下述可能结局：

假设：$\beta_4 = 0$	假设：$\alpha_4 = 0$	
	不拒绝	拒绝
不拒绝	同时接受 C 和 D	接受 D 而拒绝 C
拒绝	接受 C 而拒绝 D	同时拒绝 C 和 D

如上表所示，如果 J 检验程序导致同时接受或同时拒绝两模型，我们就得不到明确的答案。当两模型均被拒绝时，任一模型都无助于对 Y 行为的解释。同理，若两模型均被接受，则如克曼塔所说："显然，数据还未充分到足以辨别两个假设（模型）的地步。"[1]

J 检验的另一个问题是，当我们用 t 统计量去检验模型（13.8.5）和（13.8.6）中估计的 Y 变量的显著性时，t 统计量只是渐近地在大样本中遵从标准正态分布。因此，在小样本中，J 检验会过多地拒绝真假设或真模型，从而它不是（在统计意义上）很有功效的。

例 13.4　人均个人消费支出与人均个人可支配收入

为说明 J 检验考虑表 13-3 中的数据，该表给出了美国 1970—2005 年期间人均个人消费支出（PPCE）和人均个人可支配收入（PDPI）的数据，它们均以 2008 年美元计算。现考虑以下两个竞争模型：

$$\text{模型 A：} PPCE_t = \alpha_1 + \alpha_2 PDPI_t + \alpha_3 PDPI_{t-1} + u_t \tag{13.8.7}$$

$$\text{模型 B：} PPCE_t = \beta_1 + \beta_2 PDPI_t + \beta_3 PPCE_{t-1} + u_t \tag{13.8.8}$$

---

[1]　Jan Kmenta, op. cit., p. 597.

表 13 - 3　　　　　1970—2005 年美国人均个人消费支出与人均个人可支配收入　　　单位：2008 年美元

年份	PPCE	PDPI	年份	PPCE	PDPI
1970	3 162	3 587	1988	13 685	15 297
1971	3 379	3 860	1989	14 546	16 257
1972	3 671	4 140	1990	15 349	17 131
1973	4 022	4 616	1991	15 722	17 609
1974	4 364	5 010	1992	16 485	18 494
1975	4 789	5 498	1993	17 204	18 872
1976	5 282	5 972	1994	18 004	19 555
1977	5 804	6 517	1995	18 665	20 287
1978	6 417	7 224	1996	19 490	21 091
1979	7 073	7 967	1997	20 323	21 940
1980	7 716	8 822	1998	21 291	23 161
1981	8 439	9 765	1999	22 491	23 968
1982	8 945	10 426	2000	23 862	25 472
1983	9 775	11 131	2001	24 722	26 235
1984	10 589	12 319	2002	25 501	27 164
1985	11 406	13 037	2003	26 463	28 039
1986	12 048	13 649	2004	27 937	29 536
1987	12 766	14 241	2005	29 468	30 458

资料来源：*Economic Report of the President*，2007.

　　模型 A 表示 PPCE 依赖于当前的和前期的 PDPI；这是所谓的分布滞后模型之一例。模型 B 设想 PPCE 依赖于当前的 PDPI 以及前期的 PPCE；此模型代表以自回归模型为名的一个模型。模型中引进 PPCE 滞后值是为了反映人们的消费惯性或习惯的持久性。

　　这两个模型各自的估计结果如下：

$$模型 A：\widehat{PPCE}_t = -606.634\ 7 + 0.617\ 0PDPI_t + 0.353\ 0PDPI_{t-1}$$

$$t = (-3.833\ 4)\quad(2.570\ 6)\qquad(1.437\ 7) \tag{13.8.9}$$

$$R^2 = 0.998\ 3\quad d = 0.216\ 1$$

$$模型 B：\widehat{PPCE}_t = 76.894\ 7 + 0.207\ 4PDPI_t + 0.810\ 4PPCE_{t-1}$$

$$t = (0.725\ 6)\ (2.673\ 4)\qquad(9.734\ 3) \tag{13.8.10}$$

$$R^2 = 0.999\ 6\quad d = 0.973\ 2$$

如果按照最高 R^2 准则的判别方法在两者之间进行选择，我们可能会选择模型 B，因为它的 R^2 略高于模型 A；而且，在模型 B 中，两个解释变量都是统计上显著的，而在模型 A 中只有当前 PDPI 是统计上显著的。（但需当心共线性问题！）但从预测角度看，这两个 R^2 估计值之间没有多大区别。

　　为了应用 J 检验，我们假定模型 A 是虚拟或维持假设，而模型 B 是对立或备择假设。按照上面讨论的 J 检验的步骤，用得自模型（13.8.10）的 PPCE 估计值作为模型 A 中的一个新增回归元，我们将得到以下回归结果：

$$\widehat{PPCE}_t = -35.17 + 0.276\ 2PDPI_t - 0.514\ 1PDPI_{t-1} + 1.235\ 1\ \widehat{PPCE}_t^B$$

$$t = (-0.43)\ (2.60) \qquad (-4.05) \qquad (12.56) \qquad (13.8.11)$$

$$R^2 = 1.00 \quad d = 1.520\ 5$$

其中方程 (13.8.11) 右边的 $\widehat{PPCE}_t^B$ 是得自模型 B 的 PPCE 估计值。既然此变量的系数在统计上是显著的 (具有极高的 t 统计量 12.06), 则按照 J 检验程序, 我们必须拒绝模型 A 而接受模型 B。

再假定模型 B 是维持假设而模型 A 是备择假设, 按照和前面完全一样的程序, 我们得到如下结果:

$$\widehat{PPCE}_t = -823.7 + 1.430\ 9PDPI_t - 1.000\ 9PPCE_{t-1} - 1.456\ 3\ \widehat{PPCE}_t^A$$

$$t = (-3.45)\ (4.64) \qquad (12.06) \qquad (-4.05) \qquad (13.8.12)$$

$$R^2 = 1.00 \quad d = 1.520\ 5$$

其中方程 (13.8.12) 右边的 $\widehat{PPCE}_t^A$ 是得自模型 A 的 PPCE 估计值。但在此回归中, 右端 $\widehat{PPCE}_t^A$ 的系数也是统计上显著的 (t 统计量为 -4.05)。这一结果表明, 我们现在应拒绝模型 B, 而接受模型 A!

以上分析告诉我们, 为了解释 1970—2005 年美国的个人人均消费支出行为, 不一定哪个模型是特别有用的。当然, 我们仅仅考虑了两个相互媲美的模型, 其实还可以比较多个模型。可以把 J 检验程序推广到多个模型的比较上, 尽管分析上会立即变得复杂起来。

本例生动地表明了为什么 CLRM 要假定分析中所用的回归模型是被正确设定的。显然, 在做一个模型时, 全力注意"被模型化"的现象是极其重要的。

模型选择的其他检验。 刚才讨论的 J 检验只是模型选择的许多检验中的一种, 还有考克斯检验 (Cox test)、JA 检验 (JA test)、P 检验 (P test)、米松-理查德兼容性检验 (Mizon-Richard encompassing test), 以及这些检验的变体。显然, 我们不能指望一一讨论这些专门的检验, 有兴趣的读者可参阅散见于各个注释中的文献。[1]

13.9 模型选择准则

在本节, 我们讨论几个已用于在互相竞争的模型之间做出选择和/或从预测的角度对模型进行比较的准则。我们在此区分样本内 (in-sample) 预测和样本外 (out-of-sample) 预测。样本内预测本质上告诉我们所选择的模型在给定样本中对数据拟合得如何。样本外预测则考虑到一个拟合模型在给定回归元值情况下对回归子未来值的预测。

---

[1] 也可参见 Badi H. Baltagi, *Econometrics*, Springer, New York, 1998, pp. 209-222。

有几个准则可用于这一目的。具体而言，我们讨论如下准则：（1）R^2；（2）调整$R^2(=\bar{R}^2)$；（3）赤池信息准则；（4）施瓦茨信息准则；（5）马娄斯C_p准则；（6）预测χ^2准则。所有这些准则都是为了最小化残差平方和（RRS）（或提高R^2的值）。但除了第一个准则之外，准则（2）、（3）、（4）和（5）都对回归元个数的不断增加进行了惩罚。因此，在模型的拟合优度与其复杂性（由回归元个数来判断）之间有一种权衡取舍的关系。

R^2 准则

我们知道，对一个回归模型拟合优度的度量指标之一就是R^2，其定义为

$$R^2 = \frac{\text{ESS}}{\text{TSS}} = 1 - \frac{\text{RSS}}{\text{TSS}} \tag{13.9.1}$$

如此定义的R^2必然介于 0 和 1 之间。R^2越接近 1，模型拟合得越好。但R^2有一些问题。首先，它度量的是样本内拟合优度，即度量了给定样本中所估计的Y值与其实际值有多么接近。它不能保证对样本外观测也能很好地预测。其次，在将两个或多个R^2进行比较时，因变量或回归子必须相同。最后，也是最重要的一点，当模型中添加越来越多的变量时，R^2总不会变小。因此，通过单纯地向模型中添加更多的变量，玩"最大化R^2"的游戏很诱人。当然，在模型中添加越来越多的变量的确能使R^2变大，但同时也使预测误差的方差变大。

调整 R^2 准则

作为对增加回归元来提高R^2值的一种惩罚，亨利·瑟尔提出了我们在第 7 章中所研究的调整R^2，记为$\bar{R}^2$。记得

$$\bar{R}^2 = 1 - \frac{\text{RSS}/(n-k)}{\text{TSS}/(n-1)} = 1 - (1-R^2)\frac{n-1}{n-k} \tag{13.9.2}$$

从这个公式可以看出，$\bar{R}^2 \leqslant R^2$，这个公式表明了调整R^2是如何对增加更多的回归元进行惩罚的。我们在第 8 章曾指出，与R^2不同，调整R^2只有在所添加变量的t值的绝对值大于 1 时才会增加。比较而言，$\bar{R}^2$是一个比R^2更好的度量指标。但同样记住，为了能进行比较，被比较模型的回归子仍必须相同。

赤池信息准则（AIC）

AIC 进一步对在模型中增加回归元进行了惩罚，AIC 的定义为

$$\text{AIC} = e^{2k/n} \frac{\sum \hat{u}_i^2}{n} = e^{2k/n} \frac{\text{RSS}}{n} \tag{13.9.3}$$

其中k为回归元的个数（包括截距项），n为观测次数。为了数学上方便起见，把方

程（13.9.3）写成

$$\ln AIC = \frac{2k}{n} + \ln\left(\frac{RSS}{n}\right) \tag{13.9.4}$$

其中 $\ln AIC$ 为 AIC 的自然对数，$2k/n$ 为惩罚因子。有些教材和软件只以其对数定义 AIC，所以就没有必要再在 AIC 的前面加上 $\ln$。如你从这个公式中所见，与 $\bar{R}^2$ 相比，AIC 对添加更多回归元施加了更严厉的惩罚。在比较两个或多个模型时，具有最低 AIC 值的模型优先。AIC 的优越性之一在于，它不仅适用于样本内预测，还适用于预测一个回归模型在样本外的表现。此外，它对嵌套和非嵌套模型都适用，甚至还可以用于决定 $AR(p)$ 模型中的滞后长度。

施瓦茨信息准则（SIC）

与 AIC 的思想类似，SIC 的定义为

$$SIC = n^{k/n} \frac{\sum \hat{u}_i^2}{n} = n^{k/n} \frac{RSS}{n} \tag{13.9.5}$$

或以对数形式表示为

$$\ln SIC = \frac{k}{n} \ln n + \ln\left(\frac{RSS}{n}\right) \tag{13.9.6}$$

其中 $(k/n)\ln n$ 为惩罚因子。通过比较方程（13.9.6）和（13.9.4）明显可以看到，SIC 施加的惩罚比 AIC 更严厉。与 AIC 相似，SIC 的值越低的模型就越好。而且与 AIC 一样，SIC 可以用于比较一个模型在样本内或样本外的预测表现。

马娄斯 C_p 准则

假设我们有一个含有包括截距项在内 k 个回归元的模型。和平常一样，令 $\hat{\sigma}^2$ 为真实 σ^2 的估计量。但假设我们只选择 p（其中 $p \leqslant k$）个回归元，并从使用这 p 个回归元的回归中得到 RSS。令 RSS_p 表示使用 p 个回归元的残差平方和。现在，马娄斯便提出了模型选择的如下准则，被称为 C_p 准则：

$$C_p = \frac{RSS_p}{\hat{\sigma}^2} - (n - 2p) \tag{13.9.7}$$

其中 n 为观测次数。

我们知道 $E(\hat{\sigma}^2)$ 是真实 σ^2 的一个无偏估计量。现在，如果含有 p 个回归元的模型拟合得足够充分，那么可以证明[1]：$E(RSS_p) = (n-p)\sigma^2$。因此，近似有

$$E(C_p) \approx \frac{(n-p)\sigma^2}{\sigma^2} - (n - 2p) \approx p \tag{13.9.8}$$

在根据 C_p 准则选择一个模型时，我们想找到一个 C_p 值很低（约为 p）的模型。换句话说，根据节俭性原则，我们将选择一个含有 p 个回归元（$p < k$）并相当好地拟合

---

[1] Norman D. Draper and Harry Smith, *Applied Regression Analysis*, 3d ed., John Wiley & Sons, New York, 1998，p. 332. 参见此书中某些关于 C_p 的例子。

数据的模型。

在实践中，人们通常将从方程（13.9.7）计算而来的 C_p 对 p 进行描点。一个"充分"的模型将作为一个与 $C_p = p$ 线接近的点而出现，如图13-3所示。此图表明，模型 A 因比模型 B 更接近 $C_p = p$ 线而比模型 B 更受欢迎。

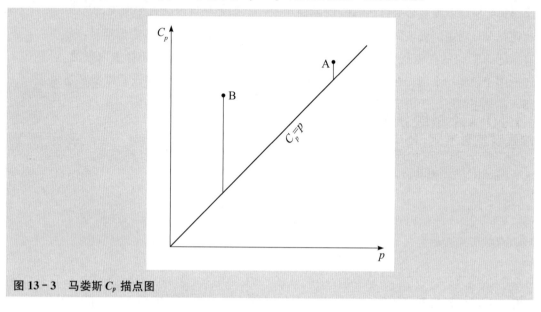

图 13-3 马娄斯 C_p 描点图

对模型选择准则的一句忠告

我们已经讨论了几种模型选择准则，但我们应该把这些准则看成是对我们在本章中讨论的各种设定检验的补充。以上讨论的某些准则只是纯粹描述性的，或许没有很强的理论性，其中还有些准则易于受到数据挖掘的指控。可尽管如此，这些准则仍频繁地被实践者所使用，所以读者应该对此有所察觉。这些准则中没有哪一个肯定优于其他准则。[1] 大多数现代软件都会在回归结果中给出 R^2、调整 R^2、AIC 和 SIC。尽管马娄斯 C_p 很容易根据定义计算出来，可软件仍没有例行给出它。

预测 χ^2 准则

假设我们有一个基于 n 次观测的回归模型，并想利用它来预测回归子在另外 t 次观测中的（均）值。其他地方曾指出，把样本数据留存一部分以分析所估计的模型对未包含进样本的观测（后样本期间的观测）所做的预测如何是一个好主意。

现在，预测 χ^2 的定义如下：

$$预测 \chi^2 = \frac{\sum_{i=n+1}^{n+t} \hat{u}_i^2}{\hat{\sigma}^2} \tag{13.9.9}$$

---

[1] 对这个专题的一个有益讨论可参见 Francis X. Diebold, *Elements of Forecasting*, 2d ed., South Western Publishing, 2001, pp. 83-89 。总体上，代伯德（Diebold）建议的是 SIC。

其中 $\hat{u}_i$ 表示第 i 期（$i=n+1, n+2, \cdots, n+t$）利用所拟合回归得到的参数和后样本期间回归元的值得出的预测误差。$\hat{\sigma}^2$ 是 σ^2 基于所拟合回归的通常 OLS 估计量。

如果我们假设参数值在样本期和后样本期保持不变，则可以证明方程（13.9.9）中给出的统计量服从自由度为 t 的 χ^2 分布，其中 t 表示留作预测的观测次数。如查伦扎（Charemza）和达德曼（Deadman）所指出的，预测 χ^2 检验具有弱统计功效（weak statistical power），它正确地拒绝一个错误的虚拟假设的概率很低，因此这个检验应该用作象征性的而非决定性的检验。[①]

13.10　计量经济建模的其他专题

计量经济建模和诊断检验的专题如此广泛而又具有发展前景，所以应该用一本专著来写这个专题。我们在上一节已经触及该领域的一些重大主题。在本节，我们考虑一些研究者可能会发现在实践中很有用的其他性质。具体而言，我们考虑如下专题：(1) 异常数据、杠杆数据和有影响力的数据；(2) 递归最小二乘法（recursive least squares）；(3) 邹至庄预测失灵检验（Chow's prediction failure test）。不可避免，对每个专题的讨论都将十分简单。

异常数据、杠杆数据和有影响力的数据[②]

记得在最小化残差平方和时，OLS 对样本中的每个观测都赋予相等的权重。但由于异常数据、杠杆数据和有影响力的数据这三种特殊类型的数据点的出现，每个观测对回归结果的影响可能不同。了解它们并掌握它们如何影响回归分析，对我们而言就十分重要。

在回归的背景下，一个异常数据可定义为一个具有"很大残差"的观测。记得 $\hat{u}_i = Y_i - \hat{Y}_i$，即残差表示回归子的实际值与其从回归模型估计出来的估计值之差（或正或负）。当我们说一个残差很大时，总是相对其他的残差而言，而且这个很大的残差会因为它与估计的回归线之间垂直距离很大而立即吸引我们的注意。注意，在一个数据集中，可能有不止一个异常数据。我们在习题 11.22 中已经遇到一个这样的例子，在那个例子中，要求你在 20 个国家构成的样本中，将股票价格变化率（Y）对消费者价格的变化率（X）做回归。而对智利的观测就是一个异常数据。

如果一个数据点不成比例地远离绝大部分回归元值，那就认为它表现出（高

① Wojciech W. Charemza and Derek F. Deadman, *New Directions in Econometric Practice：A General to Specific Modelling，Cointegration and Vector Autoregression*, 2d ed., Edward Elgar Publishers, 1997, pp. 30, 250 – 252.

② 接下来的讨论受到如下这本书的影响：Chandan Mukherjee, Howard White, and Marc Wuyts, *Econometrics and Data Analysis for Developing Countries*, Routledge, London, 1998, pp. 137 – 148。

度）杠杆性。一个杠杆数据为什么会带来问题呢？因为它能把回归线向自己拉近，由此改变回归线的斜率，所以它也能带来麻烦。如果这种情况确实发生了，那我们就称这样一个杠杆数据为一个有影响力的数据。从样本中去掉这样一个数据会显著地影响回归线。回到习题 11.22 中，你会发现，若你在包含智利数据的情况下将 Y 对 X 回归，那么斜率系数就为正并且"在统计上高度显著"。但如果你去掉智利这个国家的观测数据，斜率系数实际上为零。因此，对智利的观测有杠杆作用，也是一个有影响力的观测。

为了进一步弄清楚异常数据、杠杆数据和有影响力的数据的性质，考虑图 13-4。[①]

我们如何处理这种数据点呢？我们应该只是把它们去掉并只考虑其余的数据点吗？德雷珀（Draper）和史密斯（Smith）认为：

> 不假思索地拒绝异常数据并不总是一个明智的选择。异常数据有时候提供了其他数据不能提供的信息，因为它可能是由环境因素非同寻常的组合所致，而其中有些因素可能具有重要的意义，并要求进一步的研究而不是简单地拒绝。作为一个一般原则，只有在可追踪到诸如记录观测发生错误或仪器没有正确调整（在物理实验中）等原因时，才应该拒绝使用异常数据，否则就需要进行认真的研究。[②]

有哪些检验可用于侦察异常数据、杠杆数据和有影响力的数据呢？文献中讨论

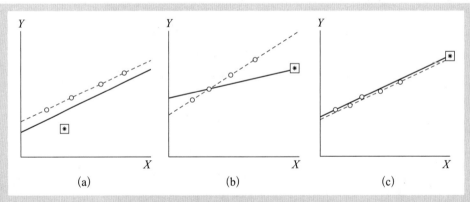

图 13-4 在每个子图中，实线表示对所有数据的 OLS 线，虚线表示去掉异常数据（用 * 表示）后的 OLS 线。在图（a）中，异常数据接近 X 的均值，具有较低的杠杆作用，对回归系数没有什么影响。在图（b）中，异常数据远离 X 的均值，具有很大的杠杆作用，并对回归系数产生了明显影响。在图（c）中，异常数据具有很大的杠杆作用，但对回归系数的影响力很小，因为它基本上与其他观测位于同一条直线上。

资料来源：Adapted from John Fox, op. cit., p. 268.

① 节选自 John Fox, *Applied Regression Analysis*, *Linear Models*, *and Related Methods*, Sage Publications, California, 1997, p. 268。

② Norman R. Draper and Harry Smith, op. cit., p. 76.

了几种检验，但我们这里不讨论它们，因为这样会使我们离题太远。[①] 诸如 SHAZAM 和 MICROFIT 之类的软件都有侦察异常数据、杠杆数据和有影响力的数据的例行程序。

递归最小二乘法

我们在第 8 章考察了一个回归模型在涉及时间序列数据时的结构稳定性问题，并说明了如何使用邹至庄检验。明确地讲，你可能记得我们在那一章中讨论了美国在 1970—2005 年间的一个简单储蓄函数（储蓄作为收入的函数）。我们在那里还看到，储蓄-收入关系可能在 1982 年前后发生了变化。知道了这个结构转折点之后，我们就能用邹至庄检验来确定。

但如果我们不知道结构转折点又会怎么样呢？此时可以使用递归最小二乘法（RELS）。RELS 背后的基本思想很简单，并可以用储蓄-收入回归来解释。

$$Y_t = \beta_1 + \beta_2 X_t + u_t$$

其中 $Y =$ 储蓄，$X =$ 收入，样本期间为 1970—2005 年。（参见表 8-11 中的数据。）

假设我们首先使用了 1970—1974 年间的数据并估计了这个储蓄函数，得到 β_1 和 β_2 的估计值。然后，我们使用 1970—1975 年间的数据再次估计这个储蓄函数并得到两个参数的估计值。然后我们再使用 1970—1976 年间的数据重新估计储蓄模型。我们以此类推继续增加 Y 和 X 的数据点直至用完全部样本。你可以想象，每组回归都将给出 β_1 和 β_2 的一组新估计值。如果你把这些参数的估计值依次描点，将会看出估计参数是如何变化的。如果所考虑的模型在结构上是稳定的，这两个参数的估计值变化将很小，而且基本上是随机的。然而，如果参数的估计值变化明显，则意味着存在结构转折。因此，RELS 成为时间序列数据中一个常用的例行程序，因为时间序列是按照时间顺序排列的。当横截面数据按照某种"规格"或"规模"变量（如企业就业规模或资产规模等）排序时，RELS 也是一个有用的诊断工具。习题 13.30 要求你对表 8-11 所给的储蓄数据应用 RELS。

诸如 SHAZAM、EViews 和 MICROFIT 之类的软件现在都例行做递归最小二乘估计。RELS 还会生成递归残差，可作为几个诊断检验的基础。[②]

邹至庄预测失灵检验

我们在第 8 章已经讨论过对结构稳定性的邹至庄检验。邹至庄还证明了，他的

---

① 这里有一些容易获得的文献：Alvin C. Rencher, *Linear Models in Statistics*, John Wiley & Sons, New York, 2000, pp. 219-224; A. C. Atkinson, *Plots, Transformations and Regression: An Introduction to Graphical Methods of Diagnostic Regression Analysis*, Oxford University Press, New York, 1985, Chapter 3; Ashis Sen and Muni Srivastava, *Regression Analysis: Theory, Methods, and Applications*, Springer-Verlag, New York, 1990, Chapter 8; John Fox, op. cit., Chapter 11。

② 详细情况参见 Jack Johnston and John DiNardo, *Econometric Methods*, 4th ed., McGraw-Hill, New York, 1997, pp. 117-121。

检验方法略加修改后还可用于对回归模型预测功效的检验。我们再次回到美国 1970—1995 年的储蓄-收入回归。

假设我们对 1970—1981 年估计了储蓄-收入回归，并得到基于 1970—1981 年的数据估计的截距和斜率系数 $\hat{\beta}_{1,70-81}$ 和 $\hat{\beta}_{2,70-81}$。现在我们利用 1982—1995 年收入的实际值和 1970—1981 年的截距和斜率值来预测 1982—1995 年每一年的储蓄值。这里的逻辑是，若参数值没有发生严重的结构变化，则基于前一期间系数估计值而估计出来的 1982—1995 年的储蓄估计值不应该与后一期间储蓄的实际值有很大不同。当然，若后一期间储蓄的实际值与预测值之间存在巨大差异，则整个数据期间储蓄-收入关系的稳定性就值得怀疑。

储蓄的实际值与估计值之间的差别可通过 F 检验进行：

$$F = \frac{(\sum \hat{u}_t^{*2} - \sum \hat{u}_t^2)/n_2}{\sum \hat{u}_t^2/(n_1 - k)} \tag{13.10.1}$$

其中 $n_1 =$ 初始回归所基于的第一期间（1970—1981 年）的观测次数，$n_2 =$ 第二期间或预测期间的观测次数，$\sum \hat{u}_t^{*2} =$ 对所有观测（$n_1 + n_2$）估计出来的 RSS，$\sum \hat{u}_t^2 =$ 对前 n_1 个观测估计出来的 RSS，k 为待估计参数的个数（此例中为 2）。若误差是独立同正态分布的，则方程（13.10.1）中给出的 F 统计量服从自由度分别为 n_2 和 n_1 的 F 分布。顺便提一句，注意这个检验与前面讨论的预测 χ^2 检验的相似之处。

数据缺失

在应用研究中，有时候样本中缺失一些观测数据也很常见。比如，在时间序列数据中，由于某些特殊情况，有些年代的数据缺失。第二次世界大战期间有些宏观经济变量的数据就没有，或者出于战略考虑，政府不愿意提供这些数据。在横截面数据中，特别是在通过问卷调查而得到的数据中，缺失某些人的某些变量信息也很常见。在面板数据中，随着时间的推移，有些人退出了，或者有些人没有提供所有问题的信息，这也可能导致数据缺失问题。

无论什么原因，数据缺失是每个研究者时刻都要面对的问题。问题是，我们对数据缺失问题该如何处理呢？我们有对缺失数据估计数值的方法吗？

这是一个不太容易回答的问题。尽管文献中有一些复杂的解决办法，但由于它们过于复杂，我们在这里就不予深究了。不过，我们还是要讨论两种情形。[1] 在第一种情形中，数据缺失的原因与现有观测没有什么关系，这种情形被达奈尔（Dar-

---

[1] 接下来的讨论基于如下著作：Adrian C. Darnell, *A Dictionary of Econometrics*, Edward Elgar Publishing, Lyne, U. K., 1994, pp. 256 - 258。

nell）称为"可忽略情形"。在第二种情形中，不仅现有的数据是不完备的，而且缺失的数据可能与现有数据系统性地相关。这是一个更复杂的情形，因为它可能是自选择偏误（self-selection bias）的结果，也就是说，观测数据不是真正随机搜集而来的。

在可忽略情形中，我们或许可以直接忽略缺失数据而使用现有数据。多数统计软件都自动这样处理。当然，在这种情形中，样本容量变小了，而且我们或许不能得到回归系数的精确估计值。但我们使用现有数据或许能够部分地反映出缺失数据的情况。这里我们考虑三种可能性：

（1）在总共 N 个观测中，我们有 N_1 个观测（$N_1 < N$）同时具有回归子和 k 个回归元的完备数据，并分别记为 Y_1 和 X_1。（Y_1 是一个由 N_1 个观测的回归子构成的列向量，X_1 是一个 k 行和 N_1 列的回归元矩阵。）

（2）有些观测（$N_2 < N$）有回归子的完备数据，并记为 Y_2，但有些 X_2 的观测不完备（同样是矩阵）。

（3）有些观测（$N_3 < N$）没有 Y 的数据，但有 X 的完备数据，并记为 X_3。

在第一种情况中，将 Y_1 对 X_1 回归将得到回归系数的无偏但可能非有效的估计值，因为我们忽略了 N_2 和 N_3 的观测。另外两种情况相当复杂，至于其解决办法，读者可从参考文献中获得。[1]

13.11　总结性的例子

我们用能够说明本章中一个或多个论点的例子来结束本章。第一个例子是利用横截面数据来确定工资，第二个例子是用时间序列数据来分析美国的真实消费函数。

1. 小时工资的决定模型

为了考察哪些因素决定小时工资，我们考虑劳动经济学家比较喜欢的明瑟（Mincer）模型。这个模型形式如下[2]：

$$\ln \text{wage}_i = \beta_1 + \beta_2 \text{Edu}_i + \beta_3 \text{Exp}_i + \beta_4 \text{Fe}_i + \beta_5 \text{NW}_i + \beta_6 \text{UN}_i + \beta_7 \text{WK}_i + u_i$$

$$(13.11.1)$$

其中 $\ln \text{wage}=$ 小时工资的对数（美元）；

Edu＝受教育年限；

---

[1] 除了已经引用的参考文献外，还可参见 A. A. Afifi, and R. M. Elashoff, "Missing Observations in Multivariate Statistics," *Journal of the American Statistical Association*, vol. 61, 1966, pp. 595 - 604, and vol. 62, 1967, pp. 10 - 29。

[2] 参见 J. Mincer, *School, Experience and Earnings*, Columbia University Press, New York, 1974。

Exp＝工作年数；

Fe＝1（对女性），＝0（对男性）；

NW＝1（对非白人），＝0（对白人）；

UN＝1（对工会成员），＝0（对非工会成员）；

WK＝1（对不是按小时付酬的工人），＝0（对按小时付酬的工人）。

对于那些不是按小时付酬的工人，小时工资是用周薪除以每周工作小时数计算的。这个模型中还可以包含更多的变量，如宗教信仰、婚姻状况、6 岁以下子女数以及财富或非劳动收入等。现在，我们主要考虑方程（13.11.1）中所示的模型。

数据由 1985 年 3 月调查的 1 289 人的数据构成。这些数据最早由保罗·鲁迪（Paul Rudd）搜集而来。[①]

据经验，我们预期受教育程度和工作经历对工资有正面影响。如果存在一定程度的歧视，预期虚拟变量 Fe 和 NW 对工资有负面影响，而由于收入的不确定性，预期 UN 对工资有正面影响。

当所有虚拟变量都取值为 0 时，方程（13.11.1）便简化成

$$\ln wage_i = \beta_1 + \beta_2 Edu_i + \beta_3 Exp_i + u_i \tag{13.11.2}$$

它表示一个没有加入工会并按小时付酬的白人男性工人的工资函数。这就是基准组或参照组。

现在我们来介绍回归结果（见表 13-4）并加以讨论。

注意由于 p 值都很低，所以个别地看所有的估计系数都是高度显著的。F 值也很高，从而表明所有变量都是联合统计显著的。

与参照组的工人相比，女性工人和非白人工人的平均工资偏低。平均而言，加入工会和不是按小时付酬的工人的工资更高。

给定我们所考虑的变量，模型（13.11.1）的完备性如何？非白人女性工人可能比白人工人挣得更少吗？没有加入工会的非白人女性工人可能比没有加入工会的白人女性工人挣得更少吗？换言之，定量回归元与虚拟变量之间有某种交互影响吗？

表 13-4   基于方程（13.11.1）的 EViews 回归结果

Dependent Variable: LW
Method: Least Squares
Sample: 1 - 1,289
Included observations: 1,289

	Coefficient	Std. Error	t Statistic	Prob.
C	1.037 880	0.074 370	13.955 63	0.000 0
EDU	0.084 037	0.005 110	16.445 09	0.000 0
EXP	0.011 152	0.001 163	9.591 954	0.000 0

---

①   Paul A. Rudd, *An Introduction to Classical Econometric Theory*, Oxford University Press, New York, 2000. 我们没有使用年龄数据，因为它与工作年数存在高度共线性。

续表

	Coefficient	Std. Error	t Statistic	Prob.
FE	− 0.234 934	0.026 071	− 9.011 170	0.000 0
NW	− 0.124 447	0.036 340	− 3.424 498	0.000 6
UN	0.207 508	0.036 265	5.721 963	0.000 0
WK	0.228 725	0.028 939	7.903 647	0.000 0
R-squared	0.376 053		Mean dependent var.	2.342 416
Adjusted R-Squared	0.373 133		S. D. dependent var.	0.586 356
S. E. of regression	0.464 247		Akaike info criterion	1.308 614
Sum squared resid.	276.303 0		Schwarz criterion	1.336 645
Log likelihood	− 836.401 8		Hannan-Quinn criter.	1.319 136
F-statistic	128.777 1		Dubin-Watson stat.	1.977 004
Prob. (F-statistic)	0.000 000			

统计软件已经能够例行回答这些问题。比如，EViews 就有这种功能。在估计了一个模型之后，如果你认为有些变量可以放入模型中但又不能确定它们的重要性，那么你可以进行遗漏变量检验。

为了说明这一点，假设我们估计方程（13.11.1），又想知道是否应该在模型中引入 Fe 和 NW、Fe 和 UN 及 Fe 和 WK 的乘积，以便考虑解释变量之间的相互影响。利用 EViews 6 的例行程序，我们得到下面的回答，其中虚拟假设是新增的这三个变量对我们所估计的模型没有影响。

如你所料，我们可以利用 F 检验（第 8 章讨论过）来评价这些新增变量的额外或边际影响，并对虚拟假设进行检验。就我们的例子而言，结果如表 13-5 所示。

表 13-5   使用交互项的部分 EViews 结果

Omitted Variables: FE* NW FE* UN FE* WK			
F-statistic	0.805 344	Prob. F (3,127 9)	0.490 9
Log likelihood ratio	2.432 625	Prob. chi-square (3)	0.487 6

因为 0.805 3 的 F 估计值不是统计显著的，而且 p 值也只有约 49%，所以我们不能拒绝如下虚拟假设：女性与非白人、女性与工会成员关系及女性与不是按小时付酬的交互项对表 13-4 中给出的估计模型没有影响。

读者也可自行尝试回归元的其他组合，并评价它们对原模型的贡献。

在进一步讨论之前，我们注意到模型（13.11.1）表明，工作年数对小时工资的对数的影响是线性的，即保持其他变量不变，工作年数的逐年增加导致工资的相对增加（牢记回归子是对数形式）保持不变。这个假定在一定的工作年限之内可能是正确的，但基本的劳动经济学理论表明，随着工人的年龄越来越大，工资增长的比率是递减的。为了看出在我们的例子中是否如此，我们在原模型中增加工作年数的平方项，得到的结果如表 13-6 所示：

表 13 - 6　　　　　　　　　　使用工作年数的平方项得到的 EViews 结果

Dependent Variable: LW
Method: Least Squares
Sample: 1 - 1,289
Included observations: 1,289

	Coefficient	Std. Error	t Statistic	Prob.
C	0.912 279	0.075 151	12. 139 22	0.000 0
EDU	0.079 867	0.005 051	15. 812 18	0.000 0
EXP	0.036 659	0.003 800	9. 647 230	0.000 0
FE	− 0.228 848	0.025 606	− 8. 937 218	0.000 0
NW	− 0.121 805	0.035 673	− 3. 414 458	0.000 7
UN	0.199 957	0.035 614	5. 614 579	0.000 0
WK	0.222 549	0.028 420	7. 830 675	0.000 0
EXP* EXP	− 0.000 611	8. 68E-05	− 7. 037 304	0.000 0

R-squared	0.399 277	Mean dependent var.	2. 342 416
Adjusted R-Squared	0.395 995	S. D. dependent var.	0.586 356
S. E. of regression	0.455 703	Akaike info criterion	1. 272 234
Sum squared resid.	266. 018 6	Schwarz criterion	1. 304 269
Log likelihood	− 811. 954 9	Hannan-Quinn criter.	1. 284 259
F-statistic	121. 633 1	Durbin-Watson stat.	1. 971 753
Prob. (F-statistic)	0.000 000		

工作年数的平方项不仅符号为负，而且是高度统计显著的。它与劳动市场上的表现一致。随着时间的推移，工资增长得越来越慢。

我们利用这个机会再来讨论一下赤池信息准则和施瓦茨信息准则。就像 R^2 一样，它们都是对估计模型拟合优度的检验；其差别在于，在 R^2 准则下，其值越高，模型对回归子表现的解释就越好；而在赤池信息准则和施瓦茨信息准则下，这些统计量的数值越低，模型就越好。

当然，如果我们想比较两个或多个模型的好坏，所有这些准则都是可以的。因此，如果你想比较表 13 - 4 中的模型和表 13 - 6 中增加了工作年数的平方项这个回归元的模型，那么，基于这些准则，我们将看到表 13 - 6 中的模型比表 13 - 4 中的模型更好。

顺便指出，这两个模型中的 R^2 值看上去都很"低"，但在具有大量观测的横截面数据中经常看到这么低的 R^2。不过也要注意到，这个"很低"的 R^2 值是统计显著的，因为在这两个模型中计算出来的 F 统计量都是高度显著的（回顾第 8 章讨论的 F 和 R^2 之间的关系）。

让我们继续表 13 - 6 中给出的扩展模型。尽管这个模型看上去令人满意，但还是让我们继续探讨一些重要问题。既然我们在处理横截面数据，那就很可能会遇到异方差问题，我们必须弄清楚是否如此。我们使用第 11 章曾讨论过的几个异方差性检验，发现这个模型确实存在异方差性。读者应该能够自行验证这一点。

为了校正所观测到的异方差性，我们可以求第 11 章曾讨论过的怀特的异方差校正标准误。结论在表 13 - 7 中给出。

表 13 - 7 **使用怀特的异方差校正标准误而得到的 EViews 结果**

Dependent Variable: LW
Method: Least Squares
Sample: 1 - 1,289
Included observations: 1,289
White's Heteroscedasticity-Consistent Standard Errors and Covariance

	Coefficient	Std. Error	t Statistic	Prob.
C	0. 912 279	0. 077 524	11. 767 77	0. 000 0
EDU	0. 079 867	0. 005 640	14. 159 88	0. 000 0
EXP	0. 036 659	0. 003 789	9. 675 724	0. 000 0
FE	− 0. 228 848	0. 025 764	− 8. 882 625	0. 000 0
NW	− 0. 121 805	0. 033 698	− 3. 614 573	0. 000 3
UN	0. 199 957	0. 029 985	6. 668 458	0. 000 0
WK	0. 222 549	0. 031 301	7. 110 051	0. 000 0
EXP* EXP	− 0. 000 611	9. 44E-05	− 6. 470 218	0. 000 0
R-squared	0. 399 277	Mean dependent var.		2. 342 416
Adjusted R-Squared	0. 395 995	S. D. dependent var.		0. 586 356
S. E. of regression	0. 455 703	Akaike info criterion		1. 272 234
Sum squared resid.	266. 018 6	Schwarz criterion		1. 304 269
Log likelihood	− 811. 954 9	Hannan-Quinn criter.		1. 284 259
F-statistic	121. 633 1	Durbin-Watson stat.		1. 971 753
Prob. (F-statistic)	0. 000 000			

13

如同所料，估计标准误还是有所变化，当然在解释相对工资的行为时，这些变化不足以改变从单个和总体来看所有回归元都很重要的结论。

现在我们再来看误差项是否服从正态分布。图 13 - 5 给出了表 13 - 7 中模型残差的直方图。雅克-贝拉统计量拒绝了误差服从正态分布的假设，因为雅克-贝拉统计量很高，而且 p 值几乎为零。注意，对于一个正态分布变量而言，偏度系数和峰度系数分别是 0 和 3。

现在怎么办呢？迄今为止，我们的假设检验程序一直都以回归模型的干扰项或误差项服从正态分布的假定为前提。这是否意味着我们不能在工资回归中合理地使用 t 检验和 F 检验来检验各种假设呢？

回答是否定的。就像在前文中提到的那样，OLS 估计量是渐近正态分布的，而且我们还强调指出，误差项具有有限方差并且是同方差的，而且在给定解释变量值的情况下，误差项的均值为 0。因此，在样本足够大的情况下，我们可以继续使用通常的 t 检验和 F 检验。顺便还要指出，我们在得到 OLS 估计量时不需要正态性假定。即使没有正态性假定，在高斯-马尔可夫假定下，OLS 估计量仍是最优线性无偏的（BLUE）。

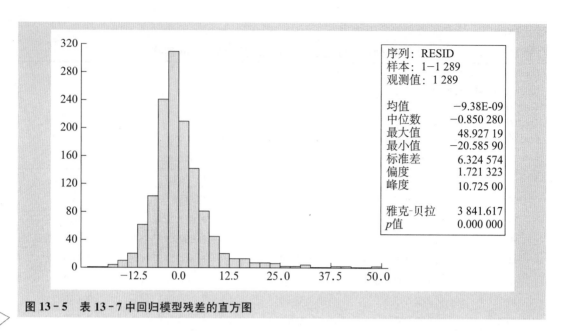

图 13-5　表 13-7 中回归模型残差的直方图

样本到底多大才算大样本呢？对这个问题没有一个确定的答案，但在我们的工资回归中由 1 289 个观测构成的样本看上去足够大了。

在我们的工资回归中有"异常观测"吗？图 13-6 给出了因变量（小时工资的对数）的估计值和残差（即回归子的实际值与估计值之差），此图能够帮助我们澄清有无异常观测的某些看法。

尽管残差的均值恒为 0（为什么？），但图 13-6 表明有些残差与多数残差相比悬殊（在绝对值上）。可能数据中存在一些异常观测。我们在表 13-8 中给出三个定量变量的原始统计量来帮助读者判断是否确实存在异常观测。

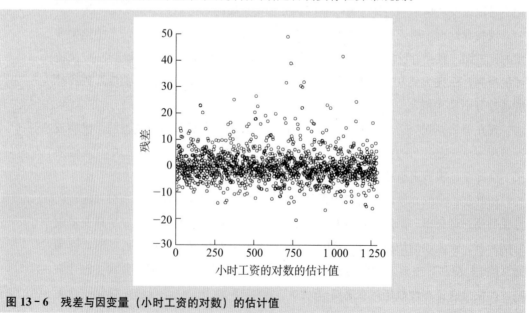

图 13-6　残差与因变量（小时工资的对数）的估计值

表 13 - 8

Sample: 1-1 289			
	W	EDU	EXP
Mean	12. 365 85	13. 145 07	18. 789 76
Median	10. 080 00	12. 000 00	18. 000 00
Maximum	64. 080 00	20. 000 00	56. 000 00
Minimum	0. 840 000	0. 000 000	0. 000 000
Std. Dev.	7. 896 350	2. 813 823	11. 662 84
Skewness	1. 848 114	− 0. 290 381	0. 375 669
Kurtosis	7. 836 565	5. 977 464	2. 327 946
Jarque-Bera	1 990. 134	494. 255 2	54. 576 64
Probability	0. 000 000	0. 000 000	0. 000 000
Sum	15 939. 58	16 944. 00	24 220. 00
Sum Sq. Dev.	80 309. 82	10 197. 87	175 196. 0
Observations	1 289	1 289	1 289

2. 1947—2000 年美国的消费函数

我们在第 10 章曾考虑了美国 1947—2000 年的消费函数。我们在那里考虑的消费函数的具体形式为[①]：

$$\ln \text{TC}_t = \beta_1 + \beta_2 \ln \text{YD}_t + \beta_3 \ln W_t + \beta_4 \text{Interest}_t + u_t \qquad (13.11.3)$$

其中 TC、YD、W 和 Interest 分别是真实消费支出、真实个人可支配收入、真实财富和真实利率。基于我们的数据而得到的结果如表 13 - 9 所示。

表 13 - 9　　　　　　　方程 （13.11.3） 的回归结果

Method: Least Squares			
Sample: 1947 − 2000			
Included observations: 54			
	Coefficient	Std. Error	t Statistic	Prob.
C	− 0. 467 711	0. 042 778	− 10. 933 43	0. 000 0
LOG(YD)	0. 804 873	0. 017 498	45. 998 36	0. 000 0
LOG(WEALTH)	0. 201 270	0. 017 593	11. 440 60	0. 000 0
INTEREST	− 0. 002 689	0. 000 762	− 3. 529 265	0. 000 9
R-squared	0. 999 560	Mean dependent var.		7. 826 093
Adjusted R-squared	0. 999 533	S. D. dependent var.		0. 552 368
S. E. of regression	0. 011 934	Akaike info criterion		− 5. 947 703
Sum squared resid.	0. 007 121	Schwarz criterion		− 5. 800 371

① 各变量符号与第 10 章不同。

续表

Log likelihood	164.588 0	Hannan-Quinn criter.	- 5.890 883
F-statistic	37 832.59	Durbin-Watson stat.	1.289 219
Prob. (F-statistic)	0.000 000		

由于 TC、YD 和 W 都采用对数形式，所以 YD 和 W 的斜率系数估计值分别是收入和财富弹性。如你所料，这些弹性为正且高度统计显著。从数值上看，收入和财富弹性约为 0.80 和 0.20。真实利率变量的系数表示半弹性。（为什么?）保持其他变量不变，这些结果表明，如果真实利率提高 1 个百分点，那么平均而言，真实消费支出将下降约 0.27%。注意，估计出来的这个半弹性也是高度统计显著的。

再来看一下总结性的统计量。R^2 值很高，几乎达到 100%。F 值也高度统计显著，这就表明，所有解释变量不仅单个来看而且总体来看对真实消费支出都有明显的影响。

不过，德宾-沃森 d 统计量表明模型误差是序列相关的。如果我们查阅德宾-沃森表，对于 54 个观测（最接近的数字是 55）和 3 个解释变量的情况，5% 的 d 临界值的下限和上限分别是 1.452 和 1.681。因为我们在本例中观察到的 d 值 1.289 2 低于下限，所以我们可以断定我们的消费函数中的误差是正相关的。因为大多数时间序列回归都会遇到自相关的问题，所以这也不足为奇。

但在我们接受这个结论之前，还是让我们先弄清楚是否存在设定误差。因为我们知道，有时候自相关的出现是因为我们遗漏了一些重要变量。为了看出是否属于这种情况，我们考虑表 13 - 10 中的回归。

表 13 - 10

Method: Least Squares
Sample: 1947 - 2000
Included observations: 54

	Coefficient	Std. Error	t Statistic	Prob.
C	2.688 644	0.566 034	4.751 737	0.000 0
LYD	0.512 836	0.054 056	9.487 076	0.000 0
LW	- 0.205 281	0.074 068	- 2.771 510	0.007 9
INTEREST	- 0.001 162	0.000 661	- 1.759 143	0.084 8
LYD * LW	0.039 901	0.007 141	5.587 986	0.000 0
R-squared	0.999 731	Mean dependent var.		7.826 093
Adjusted R-squared	0.999 709	S. D. dependent var.		0.552 368
S. E. of regression	0.009 421	Akaike info criterion		- 6.403 689
Sum squared resid.	0.004 349	Schwarz criterion		- 6.219 524

续表

Log likelihood	177. 899 6	Hannan-Quinn criter.	− 6. 332 663
F-statistic	45 534. 94	Durbin-Watson stat.	1. 530 268
Prob. (F-statistic)	0. 000 000		

　　这个模型中新增的变量是真实个人可支配收入的对数与真实财富的对数的乘积项。这个乘积项也是高度显著的。注意，现在利率变量尽管保持了其符号，但变得不是那么显著了（p 值约为 8%）。但现在的德宾-沃森 d 统计量却从 1. 289 2 提高到了 1. 530 3。

　　现在，显著性水平为 5% 的 d 临界值是 1. 414 和 1. 724。我们所观察到的 d 值 1. 530 3 正好介于其间，表明基于德宾-沃森 d 统计量，我们不能确定是否存在自相关。不过，有些作者建议利用这个 d 统计量的上限近似作为真正的显著性界限，因此，如果计算得到的 d 值低于这个上限，还算是存在正自相关的证据。根据这一准则，在当前的情况下，我们断定我们的模型还是存在正自相关的问题。

　　我们还可以使用第 12 章讨论过的布罗施-戈弗雷检验。在表 13 - 9 的模型中增加方程（12.6.15）中残差估计值的二阶滞后项，我们得到如下结果（见表 13 - 11）：

表 13 - 11

Breusch-Godfrey Serial Correlation LM Test:

F-statistic	3. 254 131	Prob. F(2,48)	0. 047 3
Obs ∗ R-squared	6. 447 576	Prob. chi-square (2)	0. 039 8

Dependent Variable: RESID
Method: Least Squares
Sample: 1947 − 2000
Included observations: 54
Presample missing value lagged residuals set to zero.

	Coefficient	Std. Error	t Statistic	Prob.
C	− 0. 006 514	0. 041 528	− 0. 156 851	0. 876 0
LYD	− 0. 004 197	0. 017 158	− 0. 244 619	0. 807 8
LW	0. 004 191	0. 017 271	0. 242 674	0. 809 3
INTEREST	0. 000 116	0. 000 736	0. 156 964	0. 875 9
RESID(− 1)	0. 385 190	0. 151 581	2. 541 147	0. 014 3
RESID(− 2)	− 0. 165 609	0. 154 695	− 1. 070 556	0. 289 7

R-squared	0. 119 400	Mean dependent var.	− 9. 02E-17
Adjusted R-Squared	0. 027 670	S. D. dependent var.	0. 011 591
S. E. of regression	0. 011 430	Akaike info criterion	− 6. 000 781

续表

Sum squared resid.	0.006 271	Schwarz criterion	− 5.779 782
Log likelihood	168.021 1	Hannan-Quinn criter.	− 5.915 550
F-statistic	1.301 653	Durbin-Watson stat.	1.848 014
Prob. (F-statistic)	0.000 000		

表 13-11 顶端报告的 F 检验检验了模型中所包含的两个滞后残差系数都为 0 的虚拟假设。由于这个 F 在 5% 的显著性水平上是显著的，所以拒绝上述假设。

总而言之，看来误差项是自相关的。我们可以利用第 12 章讨论的一个或多个程序来消除自相关。但为了节省篇幅，把这个任务留给读者来完成。

我们在表 13-12 中报告了给出考虑自相关的 HAC 或尼威-威斯特标准误的回归分析结果。我们 54 个观测的样本容量足以使用 HAC 标准误。

如果你把这些结果与表 13-9 中的结果进行比较，你会发现，回归系数大致相同，只是标准误有些不同。

表 13-12

Dependent Variable: LTC
Method: Least Squares
Sample: 1947 − 2000
Included observations: 54
Newey-West HAC Standard Errors and Covariance(lag truncation = 3)

	Coefficient	Std. Error	t Statistic	Prob.
C	− 0.467 714	0.043 937	− 10.645 16	0.000 0
LYD	0.804 871	0.017 117	47.021 32	0.000 0
LW	0.201 272	0.015 447	13.029 88	0.000 0
INTEREST	− 0.002 689	0.000 880	− 3.056 306	0.003 6

R-squared	0.999 560	Mean dependent var.	7.826 093
Adjusted R-Squared	0.999 533	S. D. dependent var.	0.552 368
S. E. of regression	0.011 934	Akaike info criterion	− 5.947 707
Sum squared resid.	0.007 121	Schwarz criterion	− 5.800 374
Log likelihood	164.588 1	Hannan-Quinn criter.	− 5.890 886
F-statistic	37 832.71	Durbin-Watson stat.	1.289 237
Prob. (F-statistic)	0.000 000		

我们在本章还讨论了邹至庄预测失灵检验。我们的样本期间为 1947—2000 年。此期间包含了几个经济周期，多数周期持续时间很短。比如，1990 年和 2000 年都曾发生过经济衰退。在经济衰退期，真实消费支出与真实个人可支配收入、真实财富和真实利率的关系是否有所不同？

为了考虑这个问题，我们考虑 1990 年的经济衰退，并使用邹至庄预测失灵检验。前面已经详尽地讨论过这一检验。在 EViews 6 版本中利用邹至庄预测失灵检验，我们得到表 13 - 13 中的结果。

表 13 - 13 顶部给出的 F 统计量表明，1990 年之前和之后的消费函数可能存在明显差异，因为它的 p 值在 5% 的显著性水平上是不显著的。但如果你选择 10% 的显著性水平，那这个 F 值又是统计显著的。

我们可以换个角度来看这个问题。我们在第 8 章讨论了参数稳定性检验。为了看出消费函数的回归系数是否存在统计显著的变化，我们使用第 8 章 8.7 节讨论过的邹至庄检验，并得到表 13 - 14 给出的结果。

很明显，1990 年之前和之后的消费函数在统计上是不同的，因为根据方程 (8.7.4) 计算出来的 F 统计量是高度显著的，其 p 值只有 0.005 2。

读者可以利用邹至庄的参数稳定性检验和预测失灵检验来判断消费函数在 2000 年之前和之后是否有所变化。为此，你必须把数据扩充到 2000 年之后。还要注意，为了使用这些检验，观测次数必须大于待估计的系数个数。

我们已经尝试了我们的消费数据能够使用的所有诊断检验。到目前为止的分析应该为你如何使用各种检验提供了很好的直觉。

表 13 - 13   **邹至庄预测失灵检验**

Chow's Forecast Test:Forecast from 1991 to 2000

F-statistic	1. 957 745	Prob. F(10,40)	0. 065 2
Log likelihood ratio	21. 513 48	Prob. chi-square(10)	0. 017 8

Dependent Variable: LTC
Method: Least Squares
Sample: 1947 - 2000
Included observations: 44

	Coefficient	Std. Error	t Statistic	Prob.
C	− 0. 287 952	0. 095 089	− 3. 028 236	0. 004 3
LYD	0. 853 172	0. 028 473	29. 964 74	0. 000 0
LW	0. 141 513	0. 033 085	4. 277 239	0. 000 1
INTEREST	− 0. 002 060	0. 000 804	− 2. 562 790	0. 014 3

R-squared	0. 999 496	Mean dependent var.	7. 659 729
Adjusted R-Squared	0. 999 458	S. D. dependent var.	0. 469 580
S. E. of regression	0. 010 933	Akaike info criterion	− 6. 107 640
Sum squared resid.	0. 004 781	Schwarz criterion	− 5. 945 441
Log likelihood	138. 368 1	Hannan-Quinn criter.	− 6. 047 489
F-statistic	26 430. 49	Durbin-Watson stat.	1. 262 748
Prob. (F-statistic)	0. 000 000		

表 13 - 14   邹至庄的参数稳定性检验

Chow Breakpoint Test: 1990
Null Hypothesis: No breaks at specified breakpoints
Varying regressors: All equation variables
Equation Sample: 1947 – 2000

F-statistic	4. 254 054	Prob. F(4,46)	0. 005 2
Log likelihood ratio	16. 996 54	Prob. chi-square (4)	0. 001 9
Wald statistic	17. 016 22	Prob. chi-square (4)	0. 001 9

13.12　非正态误差与随机回归元

我们在本节将要讨论误差项的非正态分布和随机回归元这两个专题。它们在实践中极其重要，本质上，这些内容有些艰深。

1. 如果误差项不是正态分布的，结果会怎么样？

在第 4 章讨论的经典正态线性回归模型（CNLRM）中，我们假定误差项 u 服从正态分布。我们援引中心极限定理（central limit theorem, CLT）来说明正态性假定的合理性。因为有了这个假定，我们就能够证明 OLS 估计量也是正态分布的。因此，无论样本容量有多大，我们都能利用 t 检验和 F 检验来进行假设检验。我们还讨论了利用雅克-贝拉正态性检验和安德森-达琳正态性检验来判断一个具体应用研究中估计出来的误差项到底是不是正态分布的。

如果误差不是正态分布的，结果又会怎么样呢？可以证明，OLS 估计量仍是最优线性无偏估计量，也就是说，它们是无偏的，而且在所有线性估计量中具有最小的方差。从直觉上讲，这也不足为奇，因为我们在证明高斯-马尔可夫定理时根本就不需要正态性假定。

那么，问题在哪儿呢？

问题是，我们需要 OLS 估计量的抽样或概率分布。没有这种分布，我们就无法进行与这些估计量的真值有关的任何假设检验。就像第 3 章和第 7 章提到的那样，OLS 估计量是因变量 Y 的线性函数，而如果解释变量在重复抽样时是非随机的或固定的，那么 Y 本身又是随机误差项 u 的线性函数。因此，我们最终还是需要 u 的概率分布。

正如前面指出的那样，经典正态线性回归模型假定误差项服从正态分布（即均值为 0 且方差保持不变）。利用中心极限定理说明了误差项正态分布的合理性之后，我们就能够证明 OLS 估计量本身也是正态分布的，其均值和方差我们在第 4 章和第 7 章曾给予充分讨论。这转而又使我们能够在小样本或有限样本的情况下，就像在大样本的情况下一样，利用 t 统计量和 F 统计量进行假设检验。因此，正态性假定的作用，特别是在小样本的情况下，是非常重要的。

但如果基于各种正态性检验我们不能保证正态性假定，又会怎么样呢？我们又该怎么办呢？我们有两个办法：第一个办法是自助法；第二个办法是援引大样本或渐近样本理论。

对自助法的讨论会不知不觉地把我们带到应用计量经济学领域，而这将离题太远。自助法背后的基本思想是不断地搅拌（或翻腾）一个给定的样本，并得到我们感兴趣的参数（OLS 估计量）的抽样分布。具体做法最好留给读者查阅参考文献。[①] 顺便一提，自助法一词源于"通过自己的靴襻把自己拉起来"的俗话。

处理非正态误差项的另一种方法就是使用大样本或渐近样本理论。事实上，我们在第 3 章附录 3A.7 节中证明 OLS 估计量是一致估计量的时候，曾对此略提一二。就像在本书附录 A 中讨论的那样，如果一个估计量随着样本容量越来越大而逐渐接近该估计量的真值，那么，它就是一致估计量。

但这对我们的假设检验有何帮助呢？我们仍能使用 t 检验和 F 检验吗？可以证明，在高斯-马尔可夫假定下，OLS 估计量服从渐近正态分布，其均值和方差就是在第 4 章和第 7 章讨论过的均值和方差。[②] 因此，在正态性假定下提出的 t 检验和 F 检验在大样本中是渐近成立的。随着样本容量的扩大，近似效果会相当不错。[③]

2. 如果误差项不是正态分布的，结果会怎么样？

在第 3 章，我们在一些简化条件下介绍了经典线性（对参数）回归模型。其中假定之一就是解释变量或回归元要么固定不变，要么是非随机的，即使是随机的，也要求它们独立于误差项。我们把前面那种情形称为固定回归元情形（fixed regressor case），而把后面那种情形称为随机回归元情形（random regressor case）。

在固定回归元情形中，我们已经知道 OLS 估计量的性质（见第 5 章和第 8 章）。在随机回归元情形中，如果我们继续假定我们的分析是以回归元的给定值为条件，那么，我们在固定回归元情形中研究的 OLS 估计量的性质都继续成立。

如果我们在随机回归元情形中假定这些回归元和误差项是独立分布的，那么，OLS 估计量仍是无偏的，但它们不再是有效的。[④]

如果误差项不是正态分布的，或者回归元不是随机的，或者二者兼而有之，问

---

① 规范讨论参见 Christopher Z. Mooney and Robert D. Duval, *Bootstrapping*: *A Nonparametric Approach to Statistical Inference*, Sage University Press, California, 1993。更规范的讨论可参见 Russell Davidson and James G. MacKinnon, *Econometric Theory and Methods*, Oxford University Press, New York, 2004, pp. 159 - 166。

② 高斯-马尔可夫假定表明误差项的期望值为 0，误差项与每个解释变量都相互独立，误差方差是同方差的，而且误差项中不存在自相关。它还假定解释变量的方差-协方差矩阵是有限的。我们也可以放松误差项与回归元独立的条件，并假定它们不相关这个更弱的条件。

③ OLS 估计量服从渐近正态分布的证明超出了本书的范围，参见 James H. Stock and Mark W. Watson, *Introduction to Econometrics*, 2d ed., Pearson/Addison Wesley, Boston, 2007, pp. 710 - 711。

④ 技术性的细节可参见 William H. Greene, *Econometrics Analysis*, 6th ed., Pearson/Prentice-Hall, New Jersey, 2008, pp. 49 - 50。

题就变得复杂了。这里很难得到 OLS 估计量的有限样本性质的一般结论。不过，在一定的条件下，我们可以援引中心极限定理来证明 OLS 估计量的渐近正态性质。尽管超出了本书的范围，但其证明在其他地方还是可以找到。[1]

13.13 向实际工作者进言

我们在本章已经取得了很大进展。毫无疑问，建模既是科学又是艺术。实践中的研究者可能被这些理论上的精妙之处和一系列的诊断检验搞得晕头转向，但最好记住马丁·费尔德斯坦（Martin Feldstein）的忠告："应用计量经济学家与理论家一样，很快就会从实践中发现，一个有用的模型不是真实的或现实的模型，而是节俭的、比较合理的和有信息含量的模型。"[2]

加拿大的彼得·肯尼迪（Peter Kennedy）给出了如下"应用计量经济学的十大告诫"[3]：

（1）你应该使用常识和经济理论。

（2）你应该询问正确的问题（即实用性胜于数学上的优美）。

（3）你应该了解背景（不要做无知的统计分析）。

（4）你应该对数据进行审查。

（5）你不应该信奉复杂性，而应使用 KISS 原则，即保持尽可能简单（keep it stochastically simple）。

（6）你应该充分而又严格地看待结果。

（7）你应该当心数据挖掘的成本。

（8）你应该准备着妥协（不要信奉教科书中的方法）。

（9）你不应该混淆显著性和重要性（不要混淆统计显著性和实际显著性）。

（10）当出现敏感性时，你应该坦白（即准备接受批评）。

你可能想详细阅读肯尼迪的文章，以体会他所热衷的上述十大告诫的说服力。虽然有些告诫听起来不可当真，但每一条可能都包含着苦涩的真理。

要点与结论

1.CLRM 假定用于分析的计量经济模型是正确设定的，即没有设定误差。

---

[1] 参见 Greene, op. cit. 。

[2] Martin S. Feldstein, "Inflation, Tax Rules and Investment: Some Econometric Evidence," *Econometrica*, vol. 30, 1982, p. 829.

[3] Peter Kennedy, op. cit., pp. 17 – 18.

2. 本章讨论的设定误差包括：（1）重要变量的遗漏；（2）多余变量的引入；（3）错误函数形式的采用；（4）误差项 u_i 的非正确设定；（5）回归子和回归元中的测量误差；等等。

3. 当模型漏掉真实的变量时，后果可能是很严重的，模型中所保留变量的系数的 OLS 估计量不仅是有偏的，而且不是一致的。此外，这些系数的方差和标准误差的估计都是不正确的，从而使通常的假设检验程序失效。

4. 模型含有无关变量的后果不那么严重：有关和"无关"变量的系数的估计量仍然是无偏的，并且是一致的。误差方差 σ^2 仍然被正确地估计。唯一的问题是所估计的方差倾向于过大，从而使参数的估计较不准确，即置信区间不必要地扩大。

5. 我们考虑了几种检验：（1）残差分析；（2）德宾-沃森 d 统计量；（3）拉姆齐的 RESET；（4）拉格朗日乘数检验；等等。

6. 一类特殊的设定误差是回归子和回归元取值的测量误差。如果仅回归子中有测量误差，则 OLS 估计量是无偏且一致的，但效率较低。如果回归元中有测量误差，则 OLS 估计量是有偏且非一致的。

7. 即使察觉到或猜测到有测量误差，补救常常是不容易的。工具或代理变量的使用虽然理论上诱人，但不太实际。因此，在实践中研究者应详细说明他的数据来源、收集的方法、所用的定义等。官方收集的数据常常附有多个注释，研究者应把这些告知读者。

8. 特别地，我们区分了嵌套和非嵌套模型。为了判别适当的模型，我们讨论了非嵌套或包容性的 F 检验和戴维森-麦金农 J 检验，并指出了每个检验的局限性。

9. 在实践中选择一个经验模型时，研究者使用过一系列准则。我们讨论了其中的一些准则，比如赤池和施瓦茨信息准则、马娄斯 C_p 准则和预测 χ^2 准则。我们讨论了这些准则的优缺点，并警告读者这些准则不是绝对的，对仔细的设定分析只能起到辅助作用。

10. 我们还讨论了一些附加的专题：（1）异常数据、杠杆数据和有影响力的数据；（2）递归最小二乘法；（3）邹至庄预测失灵检验。我们讨论了它们在应用研究中的作用。

11. 我们还简要地讨论了随机误差项的非正态性和随机回归元这两种特殊情形，以及在 OLS 估计量的小样本或有限样本性质无法证明的情况下大样本或渐近样本理论的作用。

12. 我们以彼得·肯尼迪给出的"应用计量经济学的十大告诫"结束本章。这些告诫的关键所在是要求研究者考虑到应用计量经济学纯粹技术方面之外的东西。

习　题

问答题

13.1 参照方程（8.6.23）中所估计的鸡肉需求函数，考虑到 13.1 节所讨论的好模型的属性，你会说这个需求函数是"正确"设定的吗？

13.2 假设真实模型是：

$$Y_i = \beta_1 X_i + u_i \tag{1}$$

但你没有去拟合这个过原点回归，却例行地拟合了通常带有截距的模型：

$$Y_i = \alpha_0 + \alpha_1 X_i + v_i \tag{2}$$

评述这一设定误差的后果。

13.3 继续做习题 13.2，但假定真实模型是（2），讨论拟合误设模型（1）的后果。

13.4 假设"真实"模型是：

$$Y_i = \beta_1 + \beta_2 X_{2i} + u_i \tag{1}$$

而我们在模型中增加了一个"无关"变量 X_3（"无关"是指变量 X_3 的真实系数 β_3 为零），并估计了

$$Y_i = \beta_1 + \beta_2 X_{2i} + \beta_3 X_{3i} + v_i \tag{2}$$

a. 模型（2）的 R^2 和调整 R^2 会不会比模型（1）的大？

b. 从模型（2）得到的 β_1 和 β_2 的估计值是无偏的吗？

c. "无关"变量 X_3 的引入对 $\hat{\beta}_1$ 和 $\hat{\beta}_2$ 的方差有影响吗？

13.5 考虑如下"真实"（柯布-道格拉斯）生产函数：

$$\ln Y_i = \alpha_0 + \alpha_1 \ln L_{1i} + \alpha_2 \ln L_{2i} \\ + \alpha_3 \ln K_i + u_i$$

其中 Y ＝产出；

L_1 ＝生产性劳动；

L_2 ＝非生产性劳动；

K ＝资本。

但若在经验研究中实际用的回归是：

$$\ln Y_i = \beta_0 + \beta_1 \ln L_{1i} + \beta_2 \ln K_i + u_i$$

假定你拥有有关变量的横截面数据，则：

a. 我们会得到 $E(\hat{\beta}_1) = \alpha_1$ 和 $E(\hat{\beta}_2) = \alpha_3$ 吗？

b. 如果知道 L_2 是生产函数中的一个无关变量，（a）中的答案能否成立？给出必要的推导。

13.6 参照方程（13.3.4）和（13.3.5），你会看到 $\hat{\alpha}_2$ 虽然有偏，却比无偏的 $\hat{\beta}_2$ 有更小的方差。你会怎样在偏误与较小方差之间做出权衡？提示：两种估计量的 MSE（均方误）可表达为：

$$\mathrm{MSE}(\hat{\alpha}_2) = (\sigma^2 / \sum x_{2i}^2) + \beta_3^2 b_{32}$$
$$= 抽样方差 + 平方偏差$$
$$\mathrm{MSE}(\hat{\beta}_2) = \sigma^2 / \sum x_{2i}^2 (1 - r_{23}^2)$$

关于 MSE，参看附录 A。

13.7 证明从方程（13.5.1）或（13.5.3）估计的 β 都是真实 β 的一个无偏估计。

13.8 按照弗里德曼的永久收入假说，我们可写出：

$$Y_i^* = \alpha + \beta X_i^* \tag{1}$$

其中 Y_i^* ＝"永久"消费支出，X_i^* ＝"永久"收入，但我们观测到的不是"永久"变量，而是：

$$Y_i = Y_i^* + u_i$$
$$X_i = X_i^* + v_i$$

其中 Y_i 和 X_i 是可以观测或测量到的数量，而 u_i 和 v_i 分别是 Y_i^* 和 X_i^* 中的测量误差。

利用可观测的数量，可把消费函数写为：

$$Y_i = \alpha + \beta(X_i - v_i) + u_i$$
$$= \alpha + \beta X_i + (u_i - \beta v_i) \tag{2}$$

假定：（1）$E(u_i) = E(v_i) = 0$；（2）$\mathrm{var}(u_i) = \sigma_u^2$，$\mathrm{var}(v_i) = \sigma_v^2$；（3）$\mathrm{cov}(Y_i^*, u_i) = 0$，$\mathrm{cov}(X_i^*, v_i) = 0$；（4）$\mathrm{cov}(u_i, X_i^*) = \mathrm{cov}(v_i, Y_i^*) = \mathrm{cov}(u_i, v_i) = 0$。证明在大样本中从模型（2）估计的 β 可表示为：

$$\mathrm{plim}\,\hat{\beta} = \frac{\beta}{1 + (\sigma_v^2 / \sigma_{X^*}^2)}$$

a. 关于 $\hat{\beta}$ 的偏误性质，你能谈些什么？

b. 如果样本无限地加大，估计的 β 值会不会倾向于与真实 β 相等？

13.9 资本资产定价模型（CAPM）。近代投资理论中的资本资产定价模型设定，一定时期内证券（普通股）的平均回报率与证券的波动性即所谓 β 系数（波动性是对风险的度量）有如下关系：

$$\bar{R}_i = \alpha_1 + \alpha_2(\beta_i) + u_i \qquad (1)$$

其中 $\bar{R}_i$ ＝证券 i 的平均回报率；

β_i ＝证券 i 的真实 β 系数；

u_i ＝随机干扰项。

真实 β_i 不可直接观测，而是按下式估算：

$$r_{it} = \alpha_1 + \beta^* r_{m_t} + e_t \qquad (2)$$

其中 r_{it} ＝时间 t 证券 i 的回报率；

r_{m_t} ＝时间 t 的市场回报率（指某个广泛的市场指数的回报率）；

e_t ＝残差项。

β^* 是"真实" β 系数的一个估计值。因此，我们实际上估计的不是模型（1）而是：

$$\bar{R}_i = \alpha_1 + \alpha_2(\beta_i^*) + u_i \qquad (3)$$

其中 β_i^* 是从回归（2）得到的。但因 β_i^* 是估计值，真实 β 与 β^* 之间的关系可写为：

$$\beta_i^* = \beta_i + v_i \qquad (4)$$

其中 v_i 可称为测量误差。

a. 这一测量误差对 α_2 的估计会有什么影响？

b. 从方程（3）估计的 α_2 会是真实 α_2 的一个无偏估计吗？如果不是，它是 α_2 的一致估计吗？如果不是，你建议使用什么样的补救措施？

13.10 考虑模型：

$$Y_i = \beta_1 + \beta_2 X_{2i} + u_i \qquad (1)$$

为了找出此模型是否因为漏掉变量 X_3 而成为一个误设的模型，你决定用模型（1）给出的残差仅仅对 X_3 一个变量做回归（注：在此回归中有一个截距项）。然而，拉格朗日乘数（LM）检验要求你用方程（1）的残差兼对 X_2 和 X_3 及一个常数项做回归。为什么你用的程序很可能是不适当的？[1]

13.11 考虑模型：

$$Y_i = \beta_1 + \beta_2 X_i^* + u_i$$

a. $X_i = X_i^* + 5$。

b. $X_i = 3X_i^*$。

c. $X_i = X_i^* + \varepsilon_i$，其中 ε_i 是具有通常性质的一个纯随机项。

这些测量误差对真实 β_1 和 β_2 的估计将有什么影响？

13.12 参照回归方程（13.3.1）和（13.3.2），用类似于方程（13.3.3）的方法说明

$$E(\hat{\alpha}_1) = \beta_1 + \beta_3(\bar{X}_3 - b_{32}\bar{X}_2)$$

其中 b_{32} 是遗漏变量 X_3 对所含变量 X_2 回归中的斜率系数。

13.13 批判性地评述利莫尔（Leamer）的下述观点[2]：

在经济学专业中认为计量经济理论无关紧要的人占令人迷惑不解的一大部分。计量经济理论与计量经济实践之间的鸿沟足以引起职业者的不安。事实上，一种平静的均衡渗透着我们的期刊和会议，我们心安理得地把我们自己划分为一方面是孤独虔诚的牧师——统计理论家，另一方面是顽固的罪过者——数据分析者。牧师被授权列出罪过的清单，并因其所表现的特殊才能而受到敬畏。罪过者不被期望能避免罪过，但被要求公开坦白他们的罪过。

13.14 评价亨利·瑟尔所做的如下陈述[3]：

就这门艺术的现状而论，最切合实际的做法是对置信系数和显著性进行自由灵活的解释，如果置信区间和检验统计量是从"按习惯的回归策略得到的最后回归"计算出来的话。意思是说，一个 95% 的置信系数，也许实际上是一个 80% 的置信系数，而一个 1% 的显著性水平，

---

① Maddala, op. cit., p.477.

② Edward E. Leamer, *Specification Searches*: *Ad Hoc Inference with Nonexperimental Data*, John Wiley & Sons, New York, 1978, p. vi.

③ Henry Theil, *Principles of Econometrics*, John Wiley & Sons, New York, 1971, pp. 605 - 606.

也许实际上是一个 10％ 的显著性水平。

13.15 关于 20 世纪 50 年代和 60 年代初所采取的计量经济学方法论，布劳格（Blaug）有过如下评述[①]：

> 大多数［经验研究］像是放下球网打网球；现代经济学家过多地满足于证明真实世界符合他们的预测，而无意去拒绝本可检验的预测，从而用容易的验证去替代困难的反驳。

你同意这种观点吗？你不妨浏览布劳格的书，以更好地了解他的观点。

13.16 按照布劳格的意见，则没有证明的逻辑，但有证反的逻辑。[②] 他这句话的意思是什么？

13.17 回到正文中讨论过的圣路易斯联邦储备银行模型，参照嵌套 F 检验所涉及的问题，严格评论回归（13.8.4）所展现的结果。

13.18 假设真实模型是

$$Y_i = \beta_1 + \beta_2 X_i + \beta_3 X_i^2 + \beta_4 X_i^3 + u_i$$

但你估计了

$$Y_i = \alpha_1 + \alpha_2 X_i + v_i$$

如果你利用 Y 在 $X = -3, -2, -1, 0, 1, 2, 3$ 处的观测估计了"不正确"的模型，这些估计值将出现什么偏误？[③]

13.19 为了看出 X_i^2 是否应属于模型 $Y_i = \beta_1 + \beta_2 X_i + u_i$，拉姆齐的 RESET 将估计这个线性模型，并从模型中得到 Y_i 的估计值［即 $\hat{Y}_i = \hat{\beta}_1 + \hat{\beta}_2 X_i$］，然后估计模型 $\hat{Y}_i = \alpha_1 + \alpha_2 X_i + \alpha_3 \hat{Y}_i^2 + v_i$，并检验 α_3 的显著性。试证明，若最终表明 $\hat{\alpha}_3$ 在上述（RESET）方程中是统计显著的，则这就等同于直接估计如下模型：$Y_i = \beta_1 + \beta_2 X_i + \beta_3 X_i^2 + u_i$。（提示：在 RESET 回归中代入 $\hat{Y}_i$。）[④]

13.20 如下命题正确与否？说明原因。[⑤]

a. 一个观测可能具有影响力但不是异常数据。

b. 一个观测可能是异常数据但不具有影响力。

c. 一个观测可能同时既是异常数据又具有影响力。

d. 如果在模型 $Y_i = \beta_1 + \beta_2 X_i + \beta_3 X_i^2 + u_i$ 中，发现 β_3 的估计值是统计显著的，那么，即便 β_2 的估计值在统计上不显著，我们也应该在模型中保留线性项 X_i。

e. 若你用 OLS 估计了模型 $Y_i = \beta_1 + \beta_2 X_{2i} + \beta_3 X_{3i} + u_i$ 或 $Y_i = \alpha_1 + \beta_2 x_{2i} + \beta_3 x_{3i} + u_i$，则估计的回归线应该相同，其中 $x_{2i} = X_{2i} - \bar{X}_2$ 和 $x_{3i} = X_{3i} - \bar{X}_3$。

实证分析题

13.21 利用习题 7.19 所给的对鸡肉的需求数据。假使你被告知真实的需求函数是：

$$\ln Y_t = \beta_1 + \beta_2 \ln X_{2t} + \beta_3 \ln X_{3t} + \beta_6 \ln X_{6t} + u_t \tag{1}$$

而你有不同的看法并估计了以下需求函数：

$$\ln Y_t = \alpha_1 + \alpha_2 \ln X_{2t} + \alpha_3 \ln X_{3t} + v_t \tag{2}$$

其中 Y＝人均鸡肉消费量（磅）；

X_2＝实际人均可支配收入；

X_3＝实际鸡肉零售价格；

X_6＝鸡肉替代品的实际复合价格。

a. 假定需求函数（1）是真实的，做设定误差的 RESET 和 LM 检验。

b. 假使我们发现方程（1）中的 $\hat{\beta}_6$ 在统计上不显著，这是否意味着用方程（2）去拟合数据就没有设定误差？

c. 如果我们发现 $\hat{\beta}_6$ 不显著，这是否意味着我们不应把替代品的价格作为变量引入需求函数中？

13.22 继续习题 13.21。纯粹出于教学的目的，假定模型（2）是真实需求函数。

---

① M. Blaug, *The Methodology of Economics：Or How Economists Explain*, Cambridge University Press, New York, 1980, p. 256.

② Ibid., p. 14.

③ 节选自 G. A. F., Seber, *Linear Regression Analysis*, John Wiley & Sons, New York, 1977, p. 176。

④ 节选自 Kerry Peterson, op. cit., pp. 184 - 185。

⑤ 节选自 Norman R. Draper and Harry Smith, op. cit., pp. 606 - 607。

a. 如果现在我们估计了模型（1），这时我们产生了什么类型的设定偏误？

b. 这种设定偏误的理论性后果有哪些？用你掌握的数据做出说明。

13.23　假设真实模型为：

$$Y_i^* = \beta_1 + \beta_2 X_i^* + u_i \qquad (1)$$

而由于测量误差，你估计了

$$Y_i = \alpha_1 + \alpha_2 X_i + v_i \qquad (2)$$

其中 $Y_i = Y_i^* + \varepsilon_i$，$X_i = X_i^* + \omega_i$，$\varepsilon_i$ 和 ω_i 则表示测量误差。

利用表 13-2 中给出的数据，罗列出我们估计方程（2）而没有估计真实模型（1）所致的后果。

13.24　蒙特卡洛实验。[①] 10 个人的每周永久收入（美元）为：200，220，240，260，280，300，320，340，380，400。永久消费（Y_i^*）和永久收入（X_i^*）的关系为：

$$Y_i^* = 0.8 X_i^* \qquad (1)$$

每个人的临时收入等于均值为 0、方差为 1 的正态总体（即标准正态变量）的随机抽样值 u_i 的 100 倍。假定消费中没有临时成分。就是说，观测消费和永久消费相同。

a. 从零均值和单位方差的正态总体中抽取 10 个随机数并得到 10 个观测收入 $X_i (= X_i^* + 100 u_i)$。

b. 利用（a）中得到的数据做永久（＝观测）消费对观测收入的回归，并将你的结果同方程（1）所展示的结果相比较。先验地，截距应为零。（为什么？）你的结果是不是这样？为什么？

c. 重复（a）100 次，从而得到 100 个（b）那样的回归，然后用你的结果同真实回归（1）相比。你能得出什么一般性结论？

13.25　参照习题 8.26，按照那里给的变量定义，考虑以下两个解释 Y 的模型：

$$\text{模型 A：} Y_t = \alpha_1 + \alpha_2 X_{3t} + \alpha_3 X_{4t} + \alpha_4 X_{6t} + u_t$$

$$\text{模型 B：} Y_t = \beta_1 + \beta_2 X_{2t} + \beta_3 X_{5t} + \beta_4 X_{6t} + u_t$$

用嵌套 F 检验，你将怎样在这两个模型之间进行选择？

13.26　继续习题 13.25，用 J 检验，你会怎样在这两个模型之间做出选择？

13.27　回到习题 7.19，它是关于美国对鸡肉的需求问题，那里给出了 5 个模型。

a. 模型 1 和模型 2 有什么差别？如果模型 2 是正确的，而你估计了模型 1，那么你所犯的是什么类型的错误？你会用哪一种检验？给出必要的计算。

b. 你会怎样在模型 1 和模型 5 之间做出选择？你会用哪些检验？为什么？

13.28　参照表 8-11，它给出了 1970—2005 年美国储蓄（Y）和个人可支配收入（X）的数据。现考虑下述模型：

$$\text{模型 A：} Y_t = \alpha_1 + \alpha_2 X_t + \alpha_3 X_{t-1} + u_t$$

$$\text{模型 B：} Y_t = \beta_1 + \beta_2 X_t + \beta_3 Y_{t-1} + u_t$$

你怎样在这两个模型之间做出选择？明确地陈述你用的检验程序及全部计算。假使有人争辩利率变量属于此储蓄函数，你会怎样对此做检验？收集 3 月期的国债利率作为利率的代理变量，并说明你的答案。

13.29　利用习题 13.28 中的数据。为了熟悉递归最小二乘法，对 1970—1981 年、1970—1985 年、1970—1990 年和 1970—1995 年期间估计储蓄函数。评论储蓄函数中估计系数的稳定性。

13.30　继续习题 13.29。

a. 假设你针对 1970—1981 年估计了储蓄函数。利用如此估计得到的参数和 1982—2000 年个人可支配收入的数据，对后一期间估计预测储蓄，并利用邹至庄预测失灵检验，说明它是否拒绝储蓄函数在这两个期间没有发生变化的假设。

b. 现在估计 2000—2005 年数据的储蓄函数。将结果与用（a）中同样的方法对 1982—2000 年

① 节选自 Christopher Dougherty，*Introduction to Econometrics*，Oxford University Press，New York，1992，pp. 253-256。

期间数据估计的函数进行比较（邹至庄预测失灵检验）。这两个期间的储蓄函数有明显不同吗？

13.31 在 k 变量回归模型中遗漏一个变量。参照方程（13.3.3），它给出了从模型 $Y_i = \beta_1 + \beta_2 X_{2i} + \beta_3 X_{3i} + u_i$ 漏掉变量 X_3 的偏误。对此可做如下推广：在一个 k 变量模型 $Y_i = \beta_1 + \beta_2 X_{2i} + \cdots + \beta_k X_{ki} + u_i$ 中，假设我们遗漏了变量 X_k，则可以证明，所包含变量 X_j 的斜率系数的偏误为：

$$E(\hat{\beta}_j) = \beta_j + \beta_k b_{kj} \quad j = 2, 3, \cdots, k-1$$

其中 b_{kj} 为被排除变量 X_k 对模型中包含的所有其他解释变量的辅助回归中 X_j 的（偏）斜率系数。[①]

回到习题 13.21。当我们从方程（1）中排除变量 $\ln X_6$ 时，求出方程（1）中系数偏误的大小。这种排除严重吗？给出必要的计算。

附录 13A

13A.1 $E(b_{12}) = \beta_2 + \beta_3 b_{32}$［方程（13.3.3）］的证明[*]

三变量总体回归模型的离差形式可以写成

$$y_i = \beta_2 x_{2i} + \beta_3 x_{3i} + (u_i - \bar{u}) \tag{1}$$

首先将两边同时乘以 x_2 并求和，然后将两边同时乘以 x_3 并求和，通常的正规方程就是

$$\sum y_i x_{2i} = \beta_2 \sum x_{2i}^2 + \beta_3 \sum x_{2i} x_{3i} + \sum x_{2i}(u_i - \bar{u}) \tag{2}$$

$$\sum y_i x_{3i} = \beta_2 \sum x_{2i} x_{3i} + \beta_3 \sum x_{3i}^2 + \sum x_{3i}(u_i - \bar{u}) \tag{3}$$

将方程（2）两边同时除以 $\sum x_{2i}^2$，我们得到

$$\frac{\sum y_i x_{2i}}{\sum x_{2i}^2} = \beta_2 + \beta_3 \frac{\sum x_{2i} x_{3i}}{\sum x_{2i}^2} + \frac{\sum x_{2i}(u_i - \bar{u})}{\sum x_{2i}^2} \tag{4}$$

现在记得

$$b_{12} = \frac{\sum y_i x_{2i}}{\sum x_{2i}^2}$$

$$b_{32} = \frac{\sum x_{2i} x_{3i}}{\sum x_{2i}^2}$$

方程（4）便可以写成

$$b_{12} = \beta_2 + \beta_3 b_{32} + \frac{\sum x_{2i}(u_i - \bar{u})}{\sum x_{2i}^2} \tag{5}$$

方程（5）两边同时取期望，我们最后得到：

---

① 还可以推广到从模型中排除不止一个有关变量的情形。对此，可参见 Chandan Mukherjee et al.，op. cit.，p. 215。

* 此处的 b_{12} 就是方程（13.3.3）中的 $\hat{a}_2$。——译者注

$$E(b_{12}) = \beta_2 + \beta_3 b_{32}$$

其中用到（a）对于给定样本，b_{32} 为已知量；（b）β_2 和 β_3 都是常数；（c）u_i 与 X_{2i}（X_{3i} 也一样）不相关。

13A.2　含有无关变量的后果：无偏性质

对真实模型（13.3.6）我们有：

$$\hat{\beta}_2 = \frac{\sum yx_2}{\sum x_2^2} \tag{1}$$

并且我们知道它是无偏的。

对模型（13.3.7）我们得到：

$$\hat{\alpha}_2 = \frac{\left(\sum yx_2\right)\left(\sum x_3^2\right) - \left(\sum yx_3\right)\left(\sum x_2 x_3\right)}{\sum x_2^2 \sum x_3^2 - \left(\sum x_2 x_3\right)^2} \tag{2}$$

现在真实模型的离差形式是：

$$y_i = \beta_2 x_2 + (u_i - \bar{u}) \tag{3}$$

用方程（3）中的 y_i 代入方程（2）并化简，得：

$$E(\hat{\alpha}_2) = \beta_2 \frac{\sum x_2^2 \sum x_3^2 - \left(\sum x_2 x_3\right)^2}{\sum x_2^2 \sum x_3^2 - \left(\sum x_2 x_3\right)^2} = \beta_2 \tag{4}$$

即 $\hat{\alpha}_2$ 仍是无偏的。

我们还得到：

$$\hat{\alpha}_3 = \frac{\left(\sum yx_3\right)\left(\sum x_2^2\right) - \left(\sum yx_2\right)\left(\sum x_2 x_3\right)}{\sum x_2^2 \sum x_3^2 - \left(\sum x_2 x_3\right)^2} \tag{5}$$

用方程（3）中的 y_i 代入方程（5）并化简，得：

$$E(\hat{\alpha}_3) = \beta_2 \frac{\left(\sum x_2 x_3\right)\left(\sum x_2^2\right) - \left(\sum x_2 x_3\right)\left(\sum x_2^2\right)}{\sum x_2^2 \sum x_3^2 - \left(\sum x_2 x_3\right)^2} = 0 \tag{6}$$

由于真实模型中没有 X_3，因此这便是它在真实模型中的值。

13A.3　方程（13.5.10）的证明

我们有：

$$Y_i = \alpha + \beta X_i^* + u_i \tag{1}$$

$$X_i = X_i^* + \omega_i \tag{2}$$

因此，我们有离差形式：

$$y_i = \beta x_i^* + (u_i - \bar{u}) \tag{3}$$

$$x_i = x_i^* + (\omega_i - \bar{\omega}) \tag{4}$$

现在，如果我们使用

$$Y_i = \alpha + \beta X_i + u_i \tag{5}$$

就得到：

$$\hat{\beta} = \frac{\sum yx}{\sum x^2}$$

$$= \frac{\sum [\beta x^* + (u - \bar{u})][x^* + (\omega - \bar{\omega})]}{\sum [x^* + (\omega - \bar{\omega})]^2} \qquad \text{利用方程（3）和（4）}$$

$$= \frac{\beta \sum x^{*2} + \beta \sum x^* (\omega - \bar{\omega}) + \sum x^* (u - \bar{u}) + \sum (u - \bar{u})(\omega - \bar{\omega})}{\sum x^{*2} + 2 \sum x^* (\omega - \bar{\omega}) + \sum (\omega - \bar{\omega})^2}$$

因为两个变量之比的期望值不等于它们的期望值之比，所以我们不能取这个表达式的期望值（注：期望值运算子 E 是一个线性运算子）。因此，我们先用 n 除分子和分母的每一项，然后取概率极限，即取下式的 plim（关于 plim 的详细内容，见附录 A）：

$$\hat{\beta} = \frac{(1/n)[\beta \sum x^{*2} + \beta \sum x^* (\omega - \bar{\omega}) + \sum x^* (u - \bar{u}) + \sum (u - \bar{u})(\omega - \bar{\omega})]}{(1/n)[\sum x^{*2} + 2 \sum x^* (\omega - \bar{\omega}) + \sum (\omega - \bar{\omega})^2]}$$

因两个变量之比的概率极限就是它们的概率极限之比，故对每项取概率极限得：

$$\text{plim } \hat{\beta} = \frac{\beta \sigma_{X^*}^2}{\sigma_{X^*}^2 + \sigma_\omega^2}$$

其中 $\sigma_{X^*}^2$ 和 σ_ω^2 是样本无限增大时 X^* 和 ω 的方差。这里我们利用了这样一个事实，即随着样本无限增大，误差 u 和 ω 之间以及它们和真实 X^* 之间都不存在相关关系。由以上表达式，我们最后得到：

$$\text{plim } \hat{\beta} = \beta \left[\frac{1}{1 + (\sigma_\omega^2 / \sigma_{X^*}^2)} \right]$$

这正是我们要证明的结论。

13A.4 方程（13.6.2）的证明

由于此模型中没有截距项，因此根据过原点回归的公式得到 α 的估计值如下：

$$\hat{\alpha} = \frac{\sum X_i Y_i}{\sum X_i^2} \tag{1}$$

代入真实模型（13.2.8）中的 Y，我们得到

$$\hat{\alpha} = \frac{\sum X_i (\beta X_i u_i)}{\sum X_i^2} = \beta \frac{\sum X_i^2 u_i}{\sum X_i^2} \tag{2}$$

统计理论表明，若 $\ln u_i \sim N(0, \sigma^2)$，则

$$u_i \sim \text{log normal}[e^{\sigma^2/2}, e^{\sigma^2}(e^{\sigma^2} - 1)] \tag{3}$$

因此

$$E(\hat{\alpha}) = \beta E \left(\frac{\sum X_i^2 u_i}{\sum X_i^2} \right)$$

$$= \beta \left(E \frac{X_1^2 u_1 + X_2^2 u_2 + \cdots + X_n^2 u_n}{\sum X_i^2} \right)$$

$$= \beta e^{\sigma^2/2} \left(\frac{\sum X_i^2}{\sum X_i^2} \right) = \beta e^{\sigma^2/2}$$

其中使用到 X 都是非随机的以及每个 u_i 的期望值都是 $e^{\sigma^2/2}$ 的事实。

由于 $E(\hat{\alpha}) \neq \beta$，所以 $\hat{\alpha}$ 是 β 的一个有偏估计量。

13

图书在版编目（CIP）数据

计量经济学基础：第五版：中国版．上册／（美）
达摩达尔·N. 古扎拉蒂，（美）唐·C. 波特，叶阿忠著；
费剑平译．-- 北京：中国人民大学出版社，2024.11.
ISBN 978-7-300-32973-4

Ⅰ. F224.0

中国国家版本馆 CIP 数据核字第 2024GH4757 号

"十三五"国家重点出版物出版规划项目

经济科学译丛

计量经济学基础（第五版·中国版）（上册）

达摩达尔·N. 古扎拉蒂

唐·C. 波特　　　　　　　　著

叶阿忠

费剑平　译

Jiliang Jingjixue Jichu

出版发行	中国人民大学出版社		
社　　址	北京中关村大街 31 号	邮政编码	100080
电　　话	010 - 62511242（总编室）	010 - 62511770（质管部）	
	010 - 82501766（邮购部）	010 - 62514148（门市部）	
	010 - 62515195（发行公司）	010 - 62515275（盗版举报）	
网　　址	http://www.crup.com.cn		
经　　销	新华书店		
印　　刷	涿州市星河印刷有限公司		
开　　本	787 mm×1092 mm　1/16	版　　次	2024 年 11 月第 1 版
印　　张	34 插页 2（上册）	印　　次	2024 年 11 月第 1 次印刷
字　　数	710 000（上册）	定　　价	198.00 元（上、下册）

中国人民大学出版社经济类引进版教材推荐

双语教学用书

为适应培养国际化复合型人才的需求，中国人民大学出版社联合众多国际知名出版公司，打造"高等学校经济类双语教学用书"，该系列聘请国内外著名经济学家、学者及一线教师进行审核，努力做到把国外真正高水平的适合国内实际教学需求的优秀教材引进来，供国内外读者参考、研究和学习。

中国人民大学出版社将陆续修订出版该系列丛书中的经典之作，以飨读者。想要了解更多图书具体信息，可扫描下方二维码。

 高等学校经济类双语教学用书书目

经济科学译丛

20 世纪 90 年代中期，中国人民大学出版社推出了"经济科学译丛"系列丛书，引领了国内经济学汉译的第二次浪潮。"经济科学译丛"出版了上百种经济学教材，克鲁格曼《国际经济学》、曼昆《宏观经济学》、平狄克《微观经济学》、博迪《金融学》、米什金《货币金融学》等顶尖经济学教材的出版深受国内经济学专家和读者好评，已经成为中国经济学专业学生的必读教材。

中国人民大学出版社将陆续修订出版该系列丛书中的经典之作，以飨读者。想要了解更多图书具体信息，可扫描下方二维码。

 经济科学译丛书目

金融学译丛

21 世纪初，中国人民大学出版社推出了"金融学译丛"系列丛书，引进金融体系相对完善的国家最权威、最具代表性的金融学著作，将实践证明最有效的金融理论和实用操作方法介绍给中国的广大读者，帮助中国金融界相关人士更好、更快地了解西方金融学的最新动态，寻求建立并完善中国金融体系的新思路，促进具有中国特色的现代金融体系的建立和完善。

中国人民大学出版社将陆续修订出版该系列丛书中的经典之作，以飨读者。想要了解更多图书具体信息，可扫描下方二维码。

 金融学译丛书目

"十三五"国家重点出版物出版规划项目

经济科学译丛

计量
经济学
基础

下

第五版·中国版

Basic
Econometrics

Fifth Edition

Damodar N. Gujarati
达摩达尔·N. 古扎拉蒂

Dawn C. Porter / 著
唐·C. 波特

叶阿忠

费剑平 / 译

中国人民大学出版社
·北京·

图书在版编目（CIP）数据

计量经济学基础：第五版：中国版．下册／（美）
达摩达尔·N. 古扎拉蒂，（美）唐·C. 波特，叶阿忠著；
费剑平译．－－北京：中国人民大学出版社，2024.11.
ISBN 978-7-300-32973-4

Ⅰ．F224.0

中国国家版本馆 CIP 数据核字第 2024Y51M98 号

"十三五"国家重点出版物出版规划项目

经济科学译丛

计量经济学基础（第五版·中国版）（下册）

达摩达尔·N. 古扎拉蒂

唐·C. 波特　　　　　　著

叶阿忠

费剑平　译

Jiliang Jingjixue Jichu

出版发行	中国人民大学出版社			
社　　址	北京中关村大街 31 号		**邮政编码**	100080
电　　话	010 - 62511242（总编室）		010 - 62511770（质管部）	
	010 - 82501766（邮购部）		010 - 62514148（门市部）	
	010 - 62515195（发行公司）		010 - 62515275（盗版举报）	
网　　址	http://www.crup.com.cn			
经　　销	新华书店			
印　　刷	涿州市星河印刷有限公司			
开　　本	787 mm×1092 mm　1/16		**版　　次**	2024 年 11 月第 1 版
印　　张	32 插页 2（下册）		**印　　次**	2024 年 11 月第 1 次印刷
字　　数	670 000（下册）		**定　　价**	198.00 元（上、下册）

第 4 篇　联立方程模型时间序列经济学

第 3 篇　计量经济学专题

计量经济学专题

我们在第 1 篇介绍了经典线性回归模型及其全部假定，在第 2 篇详细分析了一个或多个假定不满足时所产生的后果，以及可能的处理方法。在第 3 篇里，我们转而有选择性地研究一些常用的计量经济学方法。具体而言，我们将讨论如下专题：(1) 非线性回归模型，(2) 门限回归模型，(3) 非参数和半参数回归模型，(4) 定性响应回归模型，(5) 面板数据回归模型，(6) 动态计量经济模型，(7) 分位数回归模型，(8) 空间回归模型。

我们在第 14 章考虑了本质上非线性于参数的回归模型。利用容易获取的计量经济软件，估计此类模型是一个巨大的挑战。尽管所涉及的数学知识可能会吓倒一些读者，但是非线性于参数的回归模型的基本思想还是可以得到直观上的解释。本章运用一些适当的例子来说明如何估计和解释此类模型。

我们在第 15 章介绍了两种简单的非线性回归模型。第一种是普通门限回归模型，可通过最小二乘估计来选择门限变量、门限值并估计模型的参数。第二种是外生转换回归模型，通过假定状态变量的概率是外生可观察性向量的多项式 logit 函数，利用最大化似然函数获得模型的估计。

我们在第 16 章介绍了非参数和半参数回归模型。参数模型参数估计量的收敛速度不依赖于变量数目，而非参数估计量的收敛速度随着解释变量个数的增加而指数递减，即存在"维数诅咒"(curse of dimensionality)。所以，在应用时，当数据不是很多时，非参数部分的解释变量最好只有 1 个；当数据很多时，才可以考虑有 2 个非参数部分的解释变量。半参数回归模型是常用的非参数回归模型，可以将已知的线性或非线性关系归到参数回归部分，将未知的非线性关系归到非参数回归部分。

我们在第 17 章考虑了因变量本质上是定性变量的回归模型，因此本章是对第 9 章的补充，我们在第 9 章中已经讨论过解释变量本质上是定性变量的回归模型。本章的基本目标是构造回归子属于"是"或"不是"一类的模型。因为 OLS 在估计此类模型时存在一些问题，所以几个替代方法应运而生。我们在本章考虑了两个替代方法，即 logit 模型和 probit 模型。本章还讨论了定性响应回归模型的几个变化模型，即 tobit 模型和泊松回归模型，并简单讨论了定性响应回归模型的几个扩展模型，例如有序 probit、有序 logit 和多项式 logit 等。

我们在第 18 章讨论了面板数据回归模型。此类模型综合使用了时间序列和横截面观测。尽管综合利用这种观测使我们增加了样本容量，但面板数据回归模型还是遇到了若干估计方面的挑战。本章仅仅考虑了此类模型的基本原理，并引导读者去查阅进一步研究所需要的适当资料。

在第 19 章中，我们考虑了含有解释变量的现期值和过去或滞后值的回归模型，还考虑了含有因变量的滞后值作为解释变量的模型。这两种模型分别被称为分布滞后模型和自回归模型。虽然这类模型在经验计量经济学中非常有用，但由于它们违背了经典回归模型的一个或多个假定，从而带来了一些特殊的估计问题。我们将在考伊克（Koyck）模型、适应性预期（AE）模型和局部调整模型的框架中讨论这些特殊问题。我们还将提到理性预期（RE）学派的倡导者针对 AE 模型的批评。

　　在第 20 章中，我们介绍了分位数回归模型。该模型仅适用于微观数据问题的研究。如果在不同分位点下，斜率相等检验被接受，则采用线性回归模型。否则，应用分位数回归模型对现象进行分析，可比线性回归模型展示更多微观数据的细节结论。

　　在第 21 章中，我们介绍了空间回归模型。主要讨论空间效应和空间回归模型的假设检验，以及空间滞后模型、空间误差模型和空间杜宾模型的估计和应用。

第14章 非线性回归模型

本书重点研究线性回归模型，即线性于参数的模型和（或）能够通过变换而线性于参数的模型。但是，有时出于理论或经验的原因，我们不得不考虑非线性于参数的模型。[①]

本章我们就来看一下此类模型，并研究它们的特性。

14.1 本质线性和本质非线性回归模型

在第 2 章开始讨论线性回归模型的时候，我们曾指出过，本书所关心的基本上都是线性于参数的模型。它们可以线性于变量，也可以非线性于变量。如果你回过头来看表 2-3，你将会发现，一个线性于参数和变量的模型是线性回归模型，而一个线性于参数但非线性于变量的模型也是线性回归模型。此外，如果一个模型非线性于参数，那么它就是非线性（于参数）回归模型，不论该模型是不是线性于变量。

然而，必须注意，有些模型可能看起来非线性于参数，而内在地或本质上却是线性的，因为通过适当变换，它们可以被变换成线性于参数的回归模型。但是，如果此类模型不能变换成线性于参数的模型，它们则被称作本质非线性回归模型（intrinsically nonlinear regression models）。从现在起，当我们谈到非线性回归模型时，我们的意思是，它是本质非线性的。为简单起见，我们把它称为NLRM。

为了弄清二者之间的区别，我们再来回顾一下习题 2.6 和 2.7。在习题 2.6 中，模型 a、b、c 和 e 都是线性回归模型，因为它们都线性于参数。模型 d 是一个混合

---

① 我们在第 4 章曾提到，在误差项服从正态分布的假设条件下，OLS 估计量不仅是 BLUE 的，而且在所有的估计量（不论线性与否）中也是最优无偏估计（BUE）的。但如果我们去掉正态分布的假设条件，那么，正如戴维森和麦金农所指出的那样，很可能得到非线性的和（或）有偏的估计量，而这个估计量可能比 OLS 估计量具有更好的表现。参见 Russell Davidson and James G. MacKinnon，*Estimation and Inference in Econometrics*，Oxford University Press，New York，1993，p. 161。

物，因为 β_2 是线性的，而 $\ln\beta_1$ 是非线性的。但是如果我们令 $\alpha=\ln\beta_1$，则该模型线性于 α 和 β_2。

在习题 2.7 中，模型 d 和 e 是本质非线性的，因为没有一个简单的办法使之线性化。模型 c 显然是一个线性回归模型。至于模型 a 和 b 呢？把模型 a 的两边同时取对数，可以得到 $\ln Y_i=\beta_1+\beta_2 X_i+u_i$，它是线性于参数的。因此，模型 a 本质上是线性回归模型。模型 b 是我们在第 15 章将要研究的逻辑（概率）分布函数 [logistic (probability) distribution function]。从表面上看，它好像是一个非线性回归模型，但一个简单的数学技巧就能把它变换成一个线性回归模型，即

$$\ln\left(\frac{1-Y_i}{Y_i}\right)=\beta_1+\beta_2 X_i+u_i \tag{14.1.1}$$

因此，模型 b 本质上是线性的。我们在下一章将会看到诸如方程（14.1.1）这类模型的作用。

现在来考虑著名的柯布-道格拉斯生产函数 [Cobb-Douglas (C-D) production function]。令 Y＝产出，X_2＝劳动投入，X_3＝资本投入，我们把该生产函数写成三种不同的形式：

$$Y_i=\beta_1 X_{2i}^{\beta_2} X_{3i}^{\beta_3} e^{u_i} \tag{14.1.2}$$

或者，

$$\ln Y_i=\alpha+\beta_2\ln X_{2i}+\beta_3\ln X_{3i}+u_i \tag{14.1.2a}$$

其中 $\alpha=\ln\beta_1$。因此这种形式的 C-D 函数在本质上是线性的。

现在来考虑如下形式的 C-D 函数：

$$Y_i=\beta_1 X_{2i}^{\beta_2} X_{3i}^{\beta_3} u_i \tag{14.1.3}$$

或者，

$$\ln Y_i=\alpha+\beta_2\ln X_{2i}+\beta_3\ln X_{3i}+\ln u_i \tag{14.1.3a}$$

其中 $\alpha=\ln\beta_1$。这个模型也是线性于参数的。

但是现在再来考虑如下形式的 C-D 函数：

$$Y_i=\beta_1 X_{2i}^{\beta_2} X_{3i}^{\beta_3}+u_i \tag{14.1.4}$$

正如我们刚才所提到的，方程（14.1.2a）和方程（14.1.3a）这两种形式的 C-D 函数在本质上都是线性（于参数）回归模型，但是无法将方程（14.1.4）进行变换使得变换后的模型线性于参数。[1] 因此，方程（14.1.4）本质上是非线性回归模型。

另外一个众所周知但在本质上是非线性函数的就是常替代弹性（constant elasticity of substitution，CES）生产函数，C-D 生产函数是它的一个特殊情形。CES 生产函数采用如下形式：

$$Y=A[\delta K_i^{-\beta}+(1-\delta)L_i^{-\beta}]^{-1/\beta} \tag{14.1.5}$$

---

[1] 如果你尝试对模型进行对数变换，它将不再适用，因为 $\ln(A+B)\neq\ln A+\ln B$。

其中 $Y=$产出，$K=$资本投入，$L=$劳动投入，$A=$规模参数，$\delta=$分布函数（$0<\delta<1$），$\beta=$替代参数（$\beta\geqslant-1$）。[①] 无论你把该生产函数中的随机误差项变换为什么形式，都不可能使它变成线性（于参数）回归模型。它本质上是非线性回归模型。

14.2　线性和非线性回归模型的估计

为了弄清估计线性和非线性回归模型的区别，我们考虑以下两个模型：

$$Y_i = \beta_1 + \beta_2 X_i + u_i \tag{14.2.1}$$

$$Y_i = \beta_1 e^{\beta_2 X_i} + u_i \tag{14.2.2}$$

现在你已经知道了方程（14.2.1）是一个线性回归模型，而方程（14.2.2）是一个非线性回归模型。回归（14.2.2）被称为指数回归模型（exponential regression model），并且常常被用来测量变量的增长，如人口、GDP 或者货币供给。

假设我们考虑用 OLS 来估计这两个模型的参数。在 OLS 中，我们将最小化残差平方和（RSS），对于模型（14.2.1）来说，残差平方和为：

$$\sum \hat{u}_i^2 = \sum (Y_i - \hat{\beta}_1 - \hat{\beta}_2 X_i)^2 \tag{14.2.3}$$

这里，按照惯例 $\hat{\beta}_1$ 和 $\hat{\beta}_2$ 是诸 β 真值的估计量。将上述表达式对这两个未知量进行微分，我们得到如方程（3.1.4）和方程（3.1.5）所示的正规方程（normal equation）。联立求解这些方程，可以得到由方程（3.1.6）和方程（3.1.7）给出的 OLS 估计量。仔细观察你会发现，在这些方程中，未知量（诸 β）位于左侧而已知量（X 和 Y）位于右侧。因此，我们得到了这两个未知量用我们的数据表示的显式解。

现在来看如果我们最小化方程（14.2.2）中的 RSS 会发生什么。正如附录 14A 中 14A.1 节所示，对应于方程（3.1.4）和方程（3.1.5）的正规方程如下所示：

$$\sum Y_i e^{\hat{\beta}_2 X_i} = \beta_1 e^{2\hat{\beta}_2 X_i} \tag{14.2.4}$$

$$\sum Y_i X_i e^{\hat{\beta}_2 X_i} = \hat{\beta}_1 \sum X_i e^{2\hat{\beta}_2 X_i} \tag{14.2.5}$$

与线性回归模型情形中的正规方程不同，非线性回归模型的正规方程的左侧和右侧都有未知量（β）。于是，根据已知量，不能得出未知量的显示解。换句话说，未知量要用它们本身和数据来表达。因此，尽管我们能用最小二乘法来估计非线性回归模型的参数，但仍然不能得到未知量的显式解。顺便指出，OLS 应用于非线性回归模型被称为非线性最小二乘法（nonlinear least squares，NLLS）。那么，它的解是什么呢？我们接下来就回答这个问题。

---

① 关于 CES 生产函数的特性，参见 Michael D. Intriligator，Ronald Bodkin，and Cheng Hsiao，*Econometric Model，Techniques，and Applications*，2d ed.，Prentice Hall，1996，pp. 294-295。

14.3 估计非线性回归模型：试错法

首先让我们来考虑一个具体的例子。表 14-1 中的数据是美国一家重要的信托基金支付给其投资顾问管理其资产的费用。支付的费用取决于该基金的净资产价值。如你所见，基金的净资产价值越高，顾问费越低，这一点我们可以从图 14-1 中清楚地看出。

表 14-1 支付的顾问费和资产

	顾问费（%）	资产*
1	0.520	0.5
2	0.508	5.0
3	0.484	10
4	0.46	15
5	0.439 8	20
6	0.423 8	25
7	0.411 5	30
8	0.402	35
9	0.394 4	40
10	0.388	45
11	0.382 5	55
12	0.373 8	60

注：*资产代表净资产价值，以十亿美元为单位。

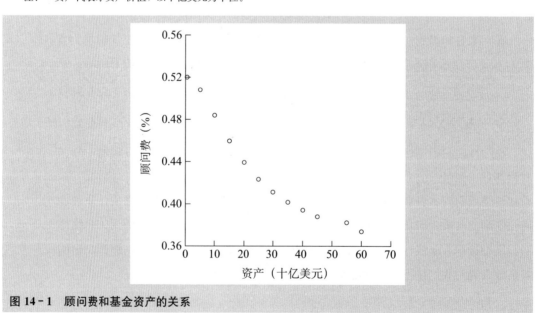

图 14-1 顾问费和基金资产的关系

为了弄清方程（14.2.2）中的指数回归模型对表 14-1 中的数据拟合得如何，我们可以用试错法。假定最初 $\beta_1 = 0.45$ 和 $\beta_2 = 0.01$，这些数据纯粹是猜测的，有时候可以根据以往的经历或经验来猜测得到，而有时候仅仅通过拟合一个线性回归模型（尽管可能并不适当）得到。暂时不要担心这些数据是如何得到的。

既然知道了 β_1 和 β_2 的值，我们就可以把方程（14.2.2）写成：

$$u_i = Y_i - \beta_1 e^{\beta_2 X_i} = Y_i - 0.45 e^{0.01 X_i} \tag{14.3.1}$$

因此，

$$\sum u_i^2 = \sum (Y_i - 0.45 e^{0.01 X_i})^2 \tag{14.3.2}$$

既然 Y、X、β_1 和 β_2 是已知的，我们就可以很容易地求出方程（14.3.2）中的误差平方和。[1] 记住，在普通最小二乘法中，我们的目标是要找到使误差平方和尽可能小的未知参数值。如果从模型估计出来的 Y 值与实际 Y 值尽可能接近，我们就达到了目标。根据给定的数值，我们可以得出 $\sum u_i^2 = 0.3044$。但我们如何知道这是不是我们所能得到的尽可能小的误差平方和呢？如果选取 β_1 和 β_2 的值分别为 0.50 和 -0.01 会怎样呢？重复刚才所拟定的程序，我们发现现在又得到 $\sum u_i^2 = 0.0073$。显然，此时误差平方和比前面所得到的误差平方和 0.3044 更小。但我们如何知道是否得到了尽可能小的误差平方和呢？因为一旦将诸 β 取另一组值，我们就会得到另一个误差平方和。

如你所见，这种试错法或者说迭代（iterative）过程很容易实施。如果一个人有无限的时间和耐心，试错法最终可以得出能保证误差平方和最小的 β_1 和 β_2 值。但是你可能会问，我们如何从（$\beta_1 = 0.45$；$\beta_2 = 0.01$）变换到（$\beta_1 = 0.50$；$\beta_2 = -0.01$）呢？

显然，我们需要某种算法（algorithm），它能够在我们停止前告诉我们如何从未知量的一组值变换到另一组值。幸运的是，这种算法是存在的，我们将在下一节讨论。

14.4 估计非线性回归模型的方法

估计非线性回归模型有如下几种方法或算法：（1）直接搜索法或试错法，（2）直接最优化法，（3）迭代线性化法。[2]

---

[1] 注意，我们称 $\sum u_i^2$ 为误差平方和，而不是通常的残差平方和，因为我们假定参数值已知。

[2] 以下讨论主要参考了如下文献：Robert S. Pindyck and Daniel L. Rubinfeld, *Econometric Model and Econometric Forecast*, 4th ed., McGraw-Hill, 1998, Chapter 10; Norman R. Draper and Harry Smith, *Applied Regression Analysis*, 3d ed., John Wiley & Sons, 1998, Chapter 24; Arthur S. Goldberger, *A Course in Econometrics*, Harvard University Press, 1991, Chapter 29; Russell Davidson and James MacKinnon, op. cit., pp. 201-207; John Fox, *Applied Regression Analysis, Linear Models, and Related Methods*, Sage Publications, 1997, pp. 393-400; and Ronald Gallant, *Nonlinear Statistical Models*, John Wiley & Sons, 1987。

直接搜索法或试错法

在上一节中我们讲述了如何使用这种方法。尽管该方法因不像其他方法那样需要使用微积分而具有直觉上的吸引力，但它仍然不是很常用。首先，如果一个非线性回归模型涉及几个参数，那么就很难用这种方法处理，并且需要复杂的计算，而且成本高昂。举例来说，如果一个非线性回归模型包含 5 个参数，所考虑的每个参数有 25 个可选值，那么你必须计算 $25^5 = 9\ 765\ 625$ 次误差平方和。其次，你不能保证你所选取的最后一组参数能提供绝对最小的误差平方和。用微积分的术语来讲，你可以得到局部最小值，但不是绝对最小值。实际上，没有办法可以保证你能得到绝对最小值。

直接最优化法

在直接最优化法中，我们将误差平方和对每一个系数或参数进行微分，然后令得到的方程等于零，联立求解所得到的正规方程。在方程（14.2.4）和方程（14.2.5）中，我们已经可以看出这一点。但是，正如你从这些方程中所看到的那样，我们不能得出这些方程的显式解或解析解，因此就需要某种迭代方法。其中有种方法称作最速下降法（method of steepest descent）。我们不打算讨论该方法的技术细节，因为它有一定的难度，但读者可以从参考书中了解这些细节。像试错法一样，最速下降法也涉及选取未知参数的初始试验值的问题，但它要比漫无目的的方法或试错法更有系统性。它的一个缺点是：它可能会极其缓慢地收敛于参数的最终值。

迭代线性化法

在这种方法中，我们将关于参数初始值的非线性方程线性化，然后用 OLS 来估计线性化方程，并且调整最初选取的参数值。这些经过调整的参数值可用来再次线性化该模型，然后我们再一次用 OLS 进行估计，重新调整估计值。重复这个过程，直到从最后两次迭代得到的估计值没有实质性变化为止。线性化非线性方程的主要方法就是微积分中的泰勒级数展开（Taylor series expansion）。该方法的基本细节可参见附录 14A 中的 14A.2 节。用泰勒级数展开估计非线性回归模型分为两种算法，即高斯-牛顿迭代法（Gauss-Newton iterative method）和牛顿-拉夫森迭代法（Newton-Raphson iterative method）。由于现在有些计算机软件已经包含了这些方法中的一种或两种，而且讨论它们的技术细节远远超出了本书的范围，因此这里不需要详细阐述。[①] 在下一部分我们讨论使用这些方法的一些例子。

---

① 有一种有时会用到的方法（即马奎德方法），它是最速下降法和迭代线性化（或泰勒级数）法的折中。至于这种方法的详细内容，感兴趣的读者可以查阅有关的参考文献。

14.5　说明性的例子

例 14.1　共同基金顾问费

参照表 14-1 给出的数据和非线性回归模型 (14.2.2)。利用 EViews6 非线性回归方法 (它使用线性化方法)[①]，我们得到如下回归结果；系数及其标准误和 t 值如下表所示：

变量	系数	标准误	t 值	p 值
截距	0.508 9	0.007 4	68.224 6	0.000 0
资产	−0.005 9	0.000 48	−12.315 0	0.000 0

$R^2 = 0.938\ 5$　　　$d = 0.349\ 3$

根据这些结果，我们可以把所估计的模型写成：

$$\widehat{\text{Fee}}_i = 0.508\text{Asset}^{-0.005\ 9} \tag{14.5.1}$$

在我们讨论这些结果以前，你或许注意到，在线性化过程中，你不必提供参数的初始值，EViews 可以自动完成这个工作。为了得到方程 (14.5.1) 所示的结果，需要 5 次 EViews 迭代。然而，你也可以从自己选择的初始值开始这个迭代过程。为方便说明，我们选取 β_1 和 β_2 的值分别为 $\beta_1 = 0.45$ 和 $\beta_2 = 0.01$。我们得到和方程 (14.5.1) 一样的结果，但它需要 8 次迭代。注意到这一点是很重要的，即如果你的初始值与最终值相差不远，那么需要的迭代次数就少一些。在某些例子中，你可以不顾模型的非线性形式而直接将回归子对回归元进行 OLS 回归来选取参数的初始值。例如，利用表 14-1 中的数据，如果你将顾问费对资产价值进行回归，则 β_1 和 β_2 的 OLS 估计值分别为 $\beta_1 = 0.502\ 8$ 和 $\beta_2 = -0.002$，它们更接近于方程 (14.5.1) 所给出的最终值。(技术性细节可参见附录 14A 的 14A.3 节。)

现在再来讨论非线性最小二乘估计量的性质。你可能记得，在误差项正态分布的线性回归模型中，无论样本容量是大是小，我们都能够用 t 检验、F 检验或者 χ^2 检验来进行准确的推断 (即假设检验)。不幸的是，即使误差项正态分布，在非线性回归模型中也不能这么做。在有限样本或小样本情况下，非线性最小二乘估计量不是正态分布的，也不是无偏的，并且方差也不是最小的。因此，我们不能使用 t 检验 (来检验单个系数的显著性) 或者 F 检验 (来检验所估计回归的总体显著性)，因为我们不能根据所估计的残差而求出误差方差 σ^2 的无偏估计值。而且，残差 (实际 Y 值和根据非线性回归模型估计得到的 Y 的估计值之差) 的总和不一定等于零，ESS 和 RSS 的和不一定等于 TSS，因此 $R^2 = \text{ESS}/\text{TSS}$ 对于这种模型来说可能并不是一个有意义的描述统计量。但是，我们可以把 R^2 计算为：

$$R^2 = 1 - \frac{\sum \hat{u}_i^2}{\sum (Y_i - \bar{Y})^2} \tag{14.5.2}$$

[①]　EViews 提供了三种选择：二次爬山法 (quadratic hill climbing)、牛顿-拉夫森方法和 Berndt-Hall-Hall-Hausman 方法。默认选择是二次爬山法，它是牛顿-拉夫森方法的一种变形。

其中 $Y=$ 回归子，$\hat{u}_i = Y_i - \hat{Y}_i$，而 $\hat{Y}_i$ 是从（拟合的）非线性回归模型中得到的 Y 的估计值。

因此，对非线性回归中回归参数的推断通常都是以大样本理论为基础的。大样本理论告诉我们，当样本容量很大时，对于具有正态分布的误差项的非线性回归模型而言，最小二乘估计量和极大似然估计量都近似服从正态分布，几乎是无偏的，而且具有几乎最小的方差。当误差项不是正态分布时，也能运用大样本理论。[1]

于是简单来说，非线性回归模型中所有的推断程序都是大样本性质的或渐近性质的。再回到例 14.1，只有在大样本背景下，方程 (14.5.1) 中所给出的 t 统计量才是有意义的。从这种意义上来讲，我们可以说方程 (14.5.1) 中的估计系数是个别统计显著的。当然，本例中我们的样本是相当小的。

再回到方程 (14.5.1)，我们如何计算出 Y（顾问费）相对于 X（资产价值）的变化率呢？运用基本的求导法则，读者能看出 Y 相对 X 的变化率为：

$$\frac{\mathrm{d}Y}{\mathrm{d}X} = \beta_1\beta_2 e^{\beta_2 X} = (-0.005\ 9) \times (0.508\ 9)e^{-0.005\ 9X} \tag{14.5.3}$$

如你所见，顾问费的变化率取决于资产价值。例如，如果 $X=20$（百万美元），我们从方程 (14.5.3) 能够看出，收取顾问费的预期变化率大约是 $-0.003\ 1\%$。当然，这个答案将因计算中所使用 X 值的不同而有所变化。根据从方程 (14.5.2) 计算出的 R^2 来判断，0.938 5 的 R^2 值表明，我们所选取的非线性回归模型与表 14 - 1 中的数据拟合得相当好。0.349 3 的德宾-沃森估计值表明，或许存在自相关性或者存在模型设定误差。尽管有程序可用来解决这些问题以及非线性回归模型中的异方差性问题，但这里我们就不再讨论这个专题了，感兴趣的读者可以查阅参考文献。

例 14.2 墨西哥经济的柯布-道格拉斯生产函数

参照习题 14.9（表 14 - 3）中给出的数据，即关于墨西哥在 1955—1974 年的一些经济数据，我们可以看一下方程 (14.1.4) 所给出的非线性回归模型是否能够很好地拟合这些数据，注意 $Y=$ 产出（GDP），$X_2=$ 劳动投入和 $X_3=$ 资本投入。利用 EViews6，经过 32 次迭代，我们得到如下回归结果。

变量	系数	标准误	t 值	p 值
截距	0.529 2	0.271 2	1.951 1	0.067 7
劳动投入	0.181 0	0.141 2	1.281 4	0.217 3
资本投入	0.882 7	0.070 8	12.465 8	0.000 0

$R^2=0.994\ 2 \qquad d=0.289\ 9$

① John Neter, Michael H. Kutner, Christopher J. Nachtsheim, and William Wasserman, *Applied Regression Analysis*, 3d ed., Irwin, 1996, pp. 548 - 549.

因此，估计的柯布-道格拉斯生产函数是：

$$\widehat{\text{GDP}}_t = 0.529\,2\ \text{Labor}_t^{0.181\,0}\ \text{Capital}_t^{0.882\,7} \tag{14.5.4}$$

渐近地看，这个方程表明，该模型中仅有资本投入的系数是显著的。习题 14.9 将要求你把这些结果与根据方程（14.1.2）中给出的乘式柯布-道格拉斯生产函数得出的结果相比较。

例 14.3　1970—2007 年美国人口增长

习题 14.8 中的表给出了美国在 1970—2007 年的总人口数据。如下类型的 logistic 模型常被用来度量某些人口、生物和细菌的增长：

$$Y_t = \frac{\beta_1}{1 + e^{(\beta_2 + \beta_3)}} + u_t \tag{14.5.5}$$

其中 Y＝人口，以百万计；t＝时间，按年月顺序度量；β 是参数。

这个模型是参数的非线性模型；没有一个简单的办法能把它转换成参数的线性模型。于是我们就需要使用一种非线性估计方法来估计其中的参数。注意关于这个模型的一个有趣的特征：尽管模型中只有人口和时间这两个变量，却有三个未知参数，这就表明在非线性回归模型中参数可以比变量多。

用方程（14.5.5）拟合我们的数据不是很成功，因为所有的估计系数在统计上都不显著。如果我们将人口对时间绘制散点图，就得到图 14-2，那么拟合效果不太理想也就不足为奇了。

图 14-2 表明这两个变量之间几乎是线性关系。如果我们将人口的对数对时间描图，就得到图 14-3。

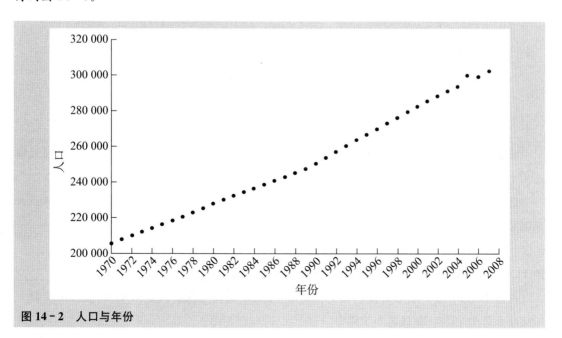

图 14-2　人口与年份

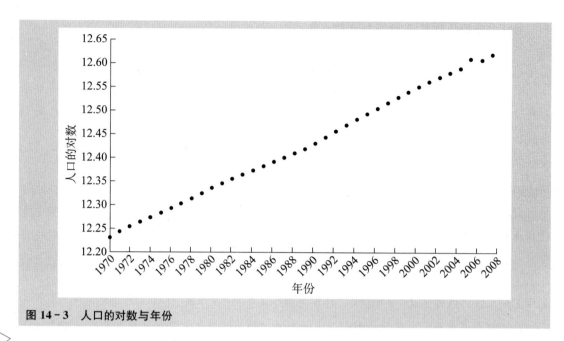

图 14-3　人口的对数与年份

图 14-3 的斜率系数（乘以 100）就是人口增长率。（为什么？）

事实上，我们将人口的对数对时间回归，得到如下结果：

```
Dependent Variable: LPOPULATION
Method: Least Squares
Sample: 1970-2007
Included observations: 38
```

	Coefficient	Std. Error	t-Statistic	Prob.
C	-8.710413	0.147737	-58.95892	0.0000
YEAR	0.010628	7.43E-05	143.0568	0.0000

R-squared	0.998244	Mean dependent var.	12.42405
Adjusted R-squared	0.998195	S.D. dependent var.	0.118217
S.E. of regression	0.005022	Akaike info criterion	-7.698713
Sum squared resid.	0.000908	Schwarz criterion	-7.612525
Log likelihood	148.2756	Hannan-Quinn criter.	-7.668048
F-statistic	20465.26	Durbin-Watson stat.	0.366006
Prob. (F-statistic)	0.000000		

此表表明，在 1970—2007 年，美国人口以每年 1.06% 的速度增长。0.998 的 R^2 值说明这几乎是一个完美的拟合。

这个例子引出了一个重要观点，即有时候（参数的）线性模型可能比（参数的）非线性模型更好。

例 14.4　博克斯-考克斯变换：1970—2007 年间的美国人口

在附录 6A.5 中，我们简要介绍了博克斯-考克斯变换（Box-Cox transformation）。让我们继续分析例 14.3，但假定如下模型

$$Population^\lambda = \beta_1 + \beta_2\, year + u$$

如附录 6A.5 中曾指出的那样，根据 λ 值的不同我们有如下可能性：

λ 值	模型
−1	$1/Population = \beta_1 + \beta_2\, year + u$
0	$lnPopulation = \beta_1 + \beta_2\, year + u$
1	$Population = \beta_1 + \beta_2\, year + u$

第一个模型是倒数模型，第二个模型是半对数模型（我们已经在例 14.3 中估计过这个模型），第三个模型是（变量的）线性模型。

这些模型中哪一个更适合美国的人口数据呢？Stata（第 10 版）中的博克斯-考克斯程序可用来回答这个问题：

检验 H_0：	约束对数似然值	LR 统计量 χ^2	p 值（Prob $>\chi^2$）
$\theta = -1$	−444.422 75	0.14	0.707
$\theta = 0$	−444.388 13	0.07	0.974
$\theta = 1$	−444.756 84	0.81	0.369

注：在我们使用的符号中，θ 与 λ 是一回事。此表表明，基于似然比（LR）检验，我们还不能拒绝任何一个 λ 值成为人口指数的可能；也就是说，在本例中，线性模型、倒数模型和半对数模型都同样可用来刻画美国人口在样本期 1970—2007 年的表现。因此，我们给出这三个模型的结果如下：

因变量	截距	斜率	R^2
1/Population	0.000 089 t (166.14)	−4.28e−08 (−1 568.10)	0.998 6
lnPopulation	−8.710 4 t (−58.96)	0.010 6 (143.06)	0.998 2
Population	−5 042 627 t (−66.92)	2 661.825 (70.24)	0.992 8

在所有模型中，估计系数都是高度统计显著的。但要注意，由于这三个模型使用的因变量不同，所以它们的 R^2 不能直接进行比较。

这一例子说明了非线性估计技术在具体情形中如何应用。

要点与结论

（1）尽管线性回归模型在理论和实践中占主导地位，但有时非线性回归模型还是有用的。

（2）线性回归模型中需要使用的数学知识是相当简单的，因为我们可以得到该模型系数的显式解或解析解。此类模型推断的小样本和大样本理论都很完善。

（3）相比之下，对于本质非线性回归模型，我们不能得到参数值的显式解，它们只能通过迭代程序等从数值上进行估计。

（4）有几种求非线性回归模型估计值的方法，如试错法、非线性最小二乘法和运用泰勒级数展开来线性化。

（5）现在计算机软件中都已经装载了例行程序，例如高斯-牛顿、牛顿-拉夫森和马奎德。它们都是迭代程序。

（6）在有限样本中，非线性最小二乘估计量虽然不具有最优性，但是在大样本中，它们具有这种性质。因此，在小样本中，对非线性最小二乘的结果必须小心地加以解释。

（7）自相关性、异方差性和模型设定问题可能会给非线性回归模型造成麻烦，就如同它们会给线性回归模型造成麻烦那样。

（8）我们用几个例子说明了非线性回归模型的估计。因为能利用容易使用的软件包，估计非线性回归模型不再神秘。因此，每当出于理论或实际的原因而需要使用它们时，读者不应当回避这种模型。实际上，如果你再来看习题 12.10，你将从方程（1）中看出，它是一个本质非线性回归模型，因而需要使用非线性估计方法进行估计。

习　题

问答题

14.1　本质线性和本质非线性回归模型的含义是什么？举几个例子。

14.2　柯布-道格拉斯生产函数中的误差项可以乘积（multiplicatively）或者相加（additively）的形式进入，那么你认为在这两者之间该如何选择呢？

14.3　OLS 和非线性最小二乘估计之间的区别是什么？

14.4　饱和蒸汽中压强和温度之间的关系可以表示为[①]：

$$Y = \beta_1 (10)^{\beta_2 t/(\gamma+\tau)} + u_t$$

其中，Y＝压强，t＝温度。运用非线性最小二乘法求出这个模型的正规方程。

14.5　判断下面的陈述是对还是错，给出你

的理由。

a. 即使假定误差项是正态分布的，非线性最小二乘回归中的统计推断也不能建立在通常的 t 检验、F 检验和 χ^2 检验的基础之上。

b. 判定系数（R^2）在非线性回归模型中不是一个特别有意义的数字。

14.6　你如何线性化本章所讨论的 CES 生产函数？列出必要的步骤。

14.7　描述一个变量随着时间而变化的行为的模型被称为增长模型。此类模型可以用于很多不同的领域，如经济学、生物学、植物学、生态学和人口统计学。增长模型可以采取不同的形式，包括线性和非线性形式。考虑下面的模型，其中

---

①　改编自 Draper and Smith, op. cit. , p. 554。

Y 是我们想测量其增长的变量；t 是时间，按年月顺序度量；u_t 是随机误差项。

a. $Y_t = \beta_1 + \beta_2 X_t + u_t$。

b. $\ln Y_t = \beta_1 + \beta_2 X_t + u_t$。

c. logistic 增长模型：$Y_t = \dfrac{\beta_1}{1 + \beta_2 \, e^{-\beta_3 t}} + u_t$。

d. 冈珀茨（Gompertz）增长模型：$Y_t = \beta_1 e^{-\beta_2 e^{-\beta_3 t}} + u_t$。

通过考虑 Y 相对于时间的增长来找出这些模型的特征。

实证分析题

14.8　表 14-2 给出了 1970—2007 年的美国人口数据，单位为百万人。拟合习题 14.7 中给出的增长模型，并判断哪个模型拟合得更好，然后解释模型的参数。

表 14-2　　　　　　　　　　　　　　　　　美国人口　　　　　　　　　　　　　　　单位：百万

年份	人口	年份	人口	年份	人口	年份	人口
1970	205 052	1980	227 726	1990	250 132	2000	282 407
1971	207 661	1981	229 966	1991	253 493	2001	285 339
1972	209 896	1982	232 188	1992	256 894	2002	288 189
1973	211 909	1983	234 307	1993	260 255	2003	290 941
1974	213 854	1984	236 348	1994	263 436	2004	293 609
1975	215 973	1985	238 466	1995	266 557	2005	299 801
1976	218 035	1986	240 651	1996	269 667	2006	299 157
1977	220 239	1987	242 804	1997	272 912	2007	302 405
1978	222 585	1988	245 021	1998	276 115		
1979	225 055	1989	247 342	1999	279 295		

资料来源：*Economic Report of the President*，2008.

14.9　表 14-3 给出了 1955—1974 年墨西哥经济的真实 GDP、劳动力和资本数据。考察方程（14.1.2a）所给出的乘积形式柯布-道格拉斯生产函数是否与这些数据相吻合。将你的结果与方程（14.1.4）给出的相加形式柯布-道格拉斯生产函数的拟合结果相比较。哪一个拟合得更好？

表 14-3　　　　　　　　　　　　　　墨西哥经济的生产函数数据

观测	GDP	劳动	资本	观测	GDP	劳动	资本
1955	114 043	8 310	182 113	1965	212 323	11 746	315 715
1956	120 410	8 529	193 749	1966	226 977	11 521	337 642
1957	129 187	8 738	205 192	1967	241 194	11 540	363 599
1958	134 705	8 952	215 130	1968	260 881	12 066	391 847
1959	139 960	9 171	225 021	1969	277 498	12 297	422 382
1960	150 511	9 569	237 026	1970	296 530	12 955	455 049
1961	157 897	9 527	248 897	1971	306 712	13 338	484 677
1962	165 286	9 662	260 661	1972	329 030	13 738	520 553
1963	178 491	10 334	275 466	1973	354 057	15 924	561 531
1964	199 457	10 981	295 378	1974	374 977	14 154	609 825

注：GDP 以 1960 年百万比索计，劳动以千人为单位，资本以 1960 年百万比索计。

资料来源：Victor J. Elias，*Sources of Growth：A Study of Seven Latin American Economies*，International Center for Economic Growth，ICS Press，San Francisco，1992，Tables E-5，E-12，E-14。

附录 14A

14A.1 方程（14.2.4）和方程（14.2.5）的推导

将方程（14.2.2）写成：

$$u_i = Y_i - \beta_1 e^{\beta_2 X_i} \tag{1}$$

因此，

$$\sum u_i^2 = \sum (Y_i - \beta_1 e^{\beta_2 X_i})^2 \tag{2}$$

既然 Y 和 X 的值是已知的，那么误差平方和是 β_1 和 β_2 的函数。因此，为了最小化误差平方和，我们必须将它对这两个未知数进行偏微分，即：

$$\frac{\partial \sum u_i^2}{\partial \beta_1} = 2 \sum (Y_i - \beta_1 e^{\beta_2 X_i})(-e^{\beta_2 X_i}) \tag{3}$$

$$\frac{\partial \sum u_i^2}{\partial \beta_2} = 2 \sum (Y_i - \beta_1 e^{\beta_2 X_i})(-\beta_1 e^{\beta_2 X_i} X_i) \tag{4}$$

根据最优化的一阶条件，令上面的方程等于 0，联立并求解。我们就可以得到方程（14.2.4）和方程（14.2.5）。注意，在将误差平方和进行微分时，我们使用了链式规则。

14A.2 线性化方法

熟悉微积分的同学可能会记得泰勒定理（Taylor's theorem），该定理是指，任意一个连续且具有连续 n 阶导数的函数 $f(X)$，在 $X = X_0$ 附近都可以由一个多项式函数和一个余项来近似，即：

$$f(X) = \frac{f(X_0)}{0!} + \frac{f'(X_0)(X - X_0)}{1!} + \frac{f''(X_0)(X - X_0)^2}{2!} + \cdots$$
$$+ \frac{f^{(n)}(X_0)(X - X_0)^n}{n!} + R \tag{1}$$

其中 $f'(X_0)$ 是 $f(X)$ 的一阶导数在 $X = X_0$ 处的值，$f''(X_0)$ 是 $f(X)$ 的二阶导数在 $X = X_0$ 处的值，以此类推。$n!$（读作 n 的阶乘）代表 $n(n-1)(n-2)\cdots 1$，习惯上 $0! = 1$。R 代表余项。如果取 $n = 1$，我们就会得到一个线性近似值；取 $n = 2$，我们就会得到一个二次多项式近似值。如你所料，多项式的次数越高，近似值就越接近原函数。方程（1）中所给出的级数被称为 $f(X)$ 在点 $X = X_0$ 附近的泰勒级数展开。举例来说，考虑如下函数：

$$Y = f(X) = \alpha_1 + \alpha_2 X + \alpha_3 X^2 + \alpha_4 X^3$$

假设我们想在 $X = 0$ 处来近似它。我们便得到：

$$f(0) = \alpha_1 \qquad f'(0) = \alpha_2 \qquad f''(0) = 2\alpha_3 \qquad f'''(0) = 6\alpha_4$$

因此，我们可以得到如下近似：

一阶：$Y = \alpha_1 + \dfrac{f'(0)}{1!} = \alpha_1 + \alpha_2 X + 余项(= \alpha_3 X^2 + \alpha_4 X^3)$

二阶：$Y = f(0) + \dfrac{f'(0)}{1!}X + \dfrac{f''(0)}{2!}X^2$

$\qquad = \alpha_1 + \alpha_2 X + \alpha_3 X^2 + 余项(= \alpha_4 X^3)$

三阶：$Y = \alpha_1 + \alpha_2 X + \alpha_3 X^2 + \alpha_4 X^3$

三阶近似准确地重现了原方程。

泰勒级数近似的目标通常是选取一个次数更低的多项式，希望余项无关紧要。它通常是通过去掉高阶项而用一个线性函数来近似一个非线性函数。

泰勒级数近似值可以很容易地扩展为包含不止一个 X 的函数。例如，考虑下面的函数：

$$Y = f(X, Z) \tag{2}$$

并假设我们想在 $X=a$ 和 $Z=b$ 这一点附近将其展开。泰勒定理显示：

$$
\begin{aligned}
f(x, z) = {} & f(a, b) + f_x(a, b)(x - a) \\
& + f_z(a, b)(z - a) + \frac{1}{2!}\big[f_{xx}(a, b)(x - a)^2 \\
& - 2f_{xz}(a, b)(x - a)(z - b) + f_{zz}(a, b)(z - b)^2\big]
\end{aligned} \tag{3}
$$

其中 f_x 为该函数对 x 的偏导，f_{xx} 为该函数对 x 的二阶偏导，对于变量 z 来说与此类似。如果想得到该函数的线性近似，我们就可以使用方程（3）中的前两项，如果想得到一个二次多项式或者二次近似，我们就可以使用方程（3）中的前三项，以此类推。

14A.3　对方程（14.2.2）中指数函数的线性近似

我们所考虑的函数是：

$$Y = f(\beta_1, \beta_2) = \beta_1 e^{\beta_2 X} \tag{1}$$

注：为方便起见，我们去掉了观测下标。

记住在这个函数中的未知数是 β 系数。我们在 $\beta_1 = \beta_1^*$ 和 $\beta_2 = \beta_2^*$ 处线性化该函数，这里加星号的是给定的固定值。为了将之线性化，我们按照如下方式进行：

$$
\begin{aligned}
Y = f(\beta_1, \beta_2) = {} & f(\beta_1^*, \beta_2^*) + f_{\beta_1}(\beta_1^*, \beta_2^*)(\beta_1 - \beta_1^*) \\
& + f_{\beta_2}(\beta_1^*, \beta_2^*)(\beta_2 - \beta_2^*)
\end{aligned} \tag{2}
$$

其中 f_{β_1} 和 f_{β_2} 是函数（1）关于这两个未知数的偏导，并且将其在（假定的）未知参数的星号值处取值。注意在上面的表达式中，我们只用了一阶偏导，因为我们在线性化该函数。现在假定 $\beta_1^* = 0.45$ 和 $\beta_2^* = 0.01$，这是真实系数的纯猜测估计值。现在，根据标准的微分规则，有

$$
\begin{aligned}
& f(\beta_1^* = 0.45, \beta_2^* = 0.01) = 0.45 e^{0.01 X_i} \\
& f_{\beta_1} = e^{\beta_2 X_i} \ 和 \ f_{\beta_2} = \beta_1 X_i e^{\beta_2 X_i}
\end{aligned} \tag{3}
$$

计算出这些偏导数在给定值处的值并代入方程（2），我们得到：

$$Y_i = 0.45e^{0.01X_i} + e^{0.01X_i}(\beta_1 - 0.45) + 0.45X_ie^{0.01X_i}(\beta_2 - 0.01) \tag{4}$$

我们可以将其写为：

$$(Y_i - 0.45e^{0.01X_i}) = e^{0.01X_i}\alpha_1 + 0.45X_ie^{0.01X_i}\alpha_2 \tag{5}$$

其中

$$\alpha_1 = \beta_1 - 0.45 \quad \text{和} \quad \alpha_2 = \beta_2 - 0.01 \tag{6}$$

现在，令 $Y_i^* = Y_i - 0.45e^{0.01X_i}$，$X_{1i} = e^{0.01X_i}$ 和 $X_{2i} = 0.45X_ie^{0.01X_i}$。利用这些定义并加上一个误差项，我们最终可把方程（5）写成

$$Y_i^* = \alpha_1 X_{1i} + \alpha_2 X_{2i} + u_i \tag{7}$$

现在我们得到了一个线性回归模型。因为根据这些数据我们能轻易地算出 Y_i^*，X_{1i} 和 X_{2i} 的值，所以我们就能通过 OLS 来估计方程（7）并得出 α_1 和 α_2 的值。然后，根据方程（6），我们可以得到：

$$\beta_1 = \hat{\alpha}_1 + 0.45 \quad \text{和} \quad \beta_2 = \hat{\alpha}_2 + 0.01 \tag{8}$$

将这些值分别称为 β_1^{**} 和 β_2^{**}。利用这些（修正后的）参数值，我们可以开始进行方程（2）给出的迭代程序，从而得到另一组 β 系数值。按照这种方法继续进行迭代（或者说线性化），直至 β 系数的值没有明显变化为止。例 14.1 用了 5 次迭代，而墨西哥经济的柯布-道格拉斯生产函数的例子（例 14.2）则用了 32 次迭代。这些迭代背后隐藏的逻辑恰恰是我们刚刚解释的程序。

对于 14.3 节中共同基金顾问费的例子，方程（6）给出的 Y^*，X_1 和 X_2 如表 14-4 所示；基础数据由表 14-1 给出。根据这些值，对应于方程（7）的回归结果是：

```
Dependent variable: Y*
Method: Least squares
```

Variable	Coefficient	Std. Error	t-Statistic	Prob.
X_1	0.022739	0.014126	1.609705	0.1385
X_2	-0.010693	0.000790	-13.52990	0.0000

$R^2 = 0.968324$ Durbin-Watson d statistic = 0.308883

现在利用方程（8），读者可以验证

$$\beta_1^* = 0.472\,7 \quad \text{和} \quad \beta_2^* = -0.000\,69 \tag{9}$$

表 14-4

Y^*	X_1	X_2
0.067 744	1.005 013	0.226 128
0.034 928	1.051 271	2.365 360
-0.013 327	1.105 171	4.973 269

续表

Y^*	X_1	X_2
−0.062 825	1.161 834	7.842 381
−0.109 831	1.221 403	10.992 62
−0.154 011	1.284 025	14.445 29
−0.195 936	1.349 859	18.223 09
−0.236 580	1.419 068	22.350 31
−0.276 921	1.491 825	26.852 84
−0.317 740	1.568 312	31.758 32
−0.397 464	1.733 253	42.898 01
−0.446 153	1.822 119	49.197 21

　　将这些数字与这两个参数的初始猜测值（分别为 0.45 和 0.01）进行比较。运用方程（9）给出的新估计值，你可以再次开始迭代程序，直至其"收敛"，即最后一轮的估计值与前一轮的估计值相差不远。当然，如果你的初始猜测值与最终值比较接近，那么你将需要更少的迭代次数。也请注意，我们仅仅用了泰勒级数展开式中的线性项。如果你打算用展开式中的二次项或者更高次数项，也许你将更快地得到最终值。但许多应用表明，线性近似是相当好的。

第15章　门限回归模型和转换回归模型

本章介绍两种非线性回归模型，即门限回归模型和转换回归模型。

15.1　门限回归模型

在对经济时间序列现象进行分析研究时，在许多场合使用线性回归模型效果不理想，造成这种状况的一个重要原因在于：经济现象本身的内在规律是非线性的。这时我们就需要用非线性模型来刻画并解决经济问题，而门限回归模型提供了解决这类非线性回归模型的方法。

具体地，我们常常关心回归系数估计值是否稳定，即如果将整个样本分成若干个子样本分别进行回归，是否还能得到大致相同的估计系数。对于时间序列数据，这意味着经济结构是否随着时间的推移而改变。对于截面数据，如样本中的男性和女性，则可以将样本一分为二，分别估计男性和女性样本。如果用来划分样本的变量不是离散型变量而是连续型变量，如进出口额、人均国民收入，则需要给出一个划分的标准，即门限值。门限回归模型又可以具体分为三种：普通门限回归模型（TR）、门限向量自回归模型（TAR）、自我激励门限自回归模型（SETAR）。本章主要介绍普通门限回归模型。

门限回归模型及其估计

考虑一个标准的多元线性回归模型，有 T 个观测值和 m 个潜在门限（即可以将样本分为 $m+1$ 个区段）。对于每个区段 $j = 0, 1, \cdots, m$，我们有如下线性回归方程：

$$y_t = X'_t\beta + Z'_t\delta_j + \varepsilon_t \tag{15.1.1}$$

该回归分为两部分，对于变量向量 X 部分，其系数在样本各个区段相同，而门限变量向量 Z 的系数因区段不同而不同。

假设有一个门限变量 q_t 和严格递增的门限值（$\gamma_1 < \gamma_2 < \cdots < \gamma_m$），令 $\gamma_0 = -\infty$，$\gamma_{m+1} = \infty$。那么，对于区段 j，门限变量的观测值不小于第 j 个区段的门限值，但

也不大于第 $j+1$ 个区段的门限值。

对于只有一个门限变量且分两个区段的门限模型：

$$y_t = X'_t\beta + Z'_t\delta_1 + \varepsilon_t \qquad 如果 -\infty < q_t < \gamma_1$$

$$y_t = X'_t\beta + Z'_t\delta_2 + \varepsilon_t \qquad 如果 \gamma_1 < q_t < \infty$$

其中 γ 为待估计的门限值，X_t 为外生解释变量，与扰动项 ε_t 不相关。同理，如果有 $m+1$ 个区段，则基本的门限回归模型可以写成如下形式：

$$y_t = X'_t\beta + \sum_{j=0}^{m} 1_j(q_t, \gamma) \cdot Z'_t\delta_j + \varepsilon_t \qquad (15.1.2)$$

其中，$1(\cdot)$ 为示性函数，即若括号内为真，则取值为 1，反之为 0。〔在这里门限变量 q_t、解释变量 X_t 和 Z_t 决定了门限回归模型的类别，如果 q_t 是因变量的 d 阶滞后，则上式是 d 阶自我激励模型（SE）；如果解释变量部分没有包含因变量滞后项，则上式是普通门限回归模型；如果 X_t 和 Z_t 只包含一个截距项和因变量的滞后项，则上式是自回归模型。那么，SETAR 模型就是包含了自回归和滞后因变量门限变量的门限回归模型。〕显然，这是一个非线性回归，因为它无法写成参数（β，δ，γ）的线性函数。但可以用非线性最小二乘来估计，即最小化下面的目标函数，利用非线性最小二乘估计可得参数估计值。

$$S(\beta, \delta, \gamma) = \sum_{t=1}^{T} \left(y_t - X'_t\beta - \sum_{j=0}^{m} 1_j(q_t, \gamma) \cdot Z'_t\sigma_j \right)^2 \qquad (15.1.3)$$

门限回归模型的例子

许多研究表明，人民币汇率在不同时段具有门限效应，对此，我们选取 1994 年第一季度至 2015 年第二季度的名义有效汇率（NEER）季度数据构建 TAR 模型进行研究，数据来源于国际清算银行（BIS）数据库。为了简化过程，我们取 NEER 的滞后 1～5 期作为被解释变量，并且将所有变量对数化，以 y 表示对数化的 NEER。最终数据见表 15-1。

表 15-1　　　　　　　　　　取对数化后的名义有效汇率季度数据

时间	y	时间	y	时间	y	时间	y
1994Q1	4.288	1996Q3	4.361	1999Q1	4.519	2001Q3	4.582
1994Q2	4.288	1996Q4	4.375	1999Q2	4.524	2001Q4	4.602
1994Q3	4.283	1997Q1	4.417	1999Q3	4.500	2002Q1	4.616
1994Q4	4.304	1997Q2	4.406	1999Q4	4.493	2002Q2	4.576
1995Q1	4.276	1997Q3	4.441	2000Q1	4.510	2002Q3	4.569
1995Q2	4.268	1997Q4	4.511	2000Q2	4.519	2002Q4	4.562
1995Q3	4.322	1998Q1	4.521	2000Q3	4.542	2003Q1	4.544
1995Q4	4.326	1998Q2	4.544	2000Q4	4.558	2003Q2	4.515
1996Q1	4.341	1998Q3	4.538	2001Q1	4.581	2003Q3	4.516
1996Q2	4.356	1998Q4	4.491	2001Q2	4.601	2003Q4	4.479

续表

时间	y	时间	y	时间	y	时间	y
2004Q1	4.476	2006Q4	4.488	2009Q3	4.596	2012Q2	4.672
2004Q2	4.484	2007Q1	4.501	2009Q4	4.582	2012Q3	4.657
2004Q3	4.482	2007Q2	4.510	2010Q1	4.598	2012Q4	4.670
2004Q4	4.430	2007Q3	4.504	2010Q2	4.636	2013Q1	4.700
2005Q1	4.428	2007Q4	4.501	2010Q3	4.604	2013Q2	4.726
2005Q2	4.458	2008Q1	4.504	2010Q4	4.604	2013Q3	4.730
2005Q3	4.485	2008Q2	4.543	2011Q1	4.591	2013Q4	4.738
2005Q4	4.506	2008Q3	4.596	2011Q2	4.587	2014Q1	4.725
2006Q1	4.497	2008Q4	4.641	2011Q3	4.621	2014Q2	4.709
2006Q2	4.484	2009Q1	4.683	2011Q4	4.656	2014Q3	4.752
2006Q3	4.492	2009Q2	4.623	2012Q1	4.654	2014Q4	4.799

1. 模型估计

在导入表 15-1 的时间序列数据后，单击 EViews 工具栏的 Quick → Estimate Equation，在估计方法中选择 THRESHOLD，弹出审查回归模型对话框，见图 15-1。

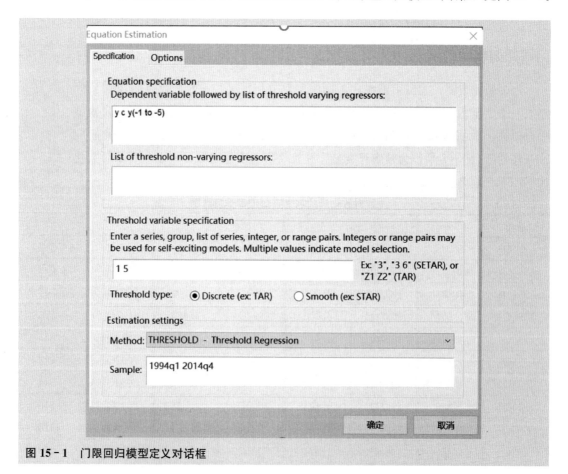

图 15-1　门限回归模型定义对话框

定义对话框有如下选项：

（1）在 Equation specification 的白色矩形文本框内，输入

y c y（−1 to−5）

（2）在中部 List of threshold non-varying regressors 中可以输入不存在门限效应的解释变量。

（3）在第三部分，可以输入可能存在门限效应的变量。这里存在四种情形：第一，如果输入的是整数，EViews 就会默认为输入 SETAR 模型的滞后期数，例如，你输入数字 3，EViews 就会将 Y（−3）作为门限变量。第二，如果你输入单个变量名称，如输入"W"，EViews 就会将"W"序列作为门限变量。第三，如果需要输入一个或多个滞后序列，EViews 将会在输入的滞后阶数中选择最优的门限变量来使得非线性最小二乘的残差平方和达到最小，比如输入"1 4 7 9"，则在估计 SETAR 模型时，EViews 将在 Y（−1），Y（−2），Y（−3），Y（−4）和 Y（−7），Y（−8），Y（−9）中进行门限参数的估计。第四，如果输入变量超过 1 个，那么 EViews 将会对输入的每个变量都进行 TR 模型估计。

在本例中，我们输入"1 5"进行 SETAR 模型估计，门限变量对应于 y 的滞后 1～5 阶。

（4）Method 部分，可以选择相应的门限估计方法、系数协方差矩阵以及权重。在本例中，我们选择默认值。

单击"确定"之后，软件会给出相应的估计结果，如表 15 − 2 所示。结果包括三部分。

第一部分除了给出因变量、估计方法、时间、样本信息外，还给出了门限估计类型、门限说明以及最终的门限变量选择和门限估计值。第二部分给出了对应的门限值分区段估计的系数、统计量和对应的伴随概率等。第三部分给出了整体的统计信息。

估计出结果后，我们可以点击回归结果表的 View→Model Selection Summary 查看门限变量的准则图（图 15 − 2）或者准则表（表 15 − 3）。可以看出，根据 AIC 准则和 SSR，我们选择的门限变量为 Y（−3），分的区段为 2。根据估计结果，门限值为 4.591 274，说明人民币名义有效汇率的对数值在不同时段具有门限效应。

2. 模型预测

在回归结果框中单击 Forecast，然后在预测框中输入预测值的名称，在标准差 S.E.（optional）框中输入标准差的名称，然后在 Forecast sample 中输入预测时间。如图 15 − 3 所示。生成预测序列 yf 和残差序列 yfse，然后在 Command 中输入 plot y yf yf＋2 * yfse yf−2 * yfse，对图形进行编辑，便可得到图 15 − 4 中的预测结果。

表 15－2   门限回归模型估计结果

Dependent Variable: Y
Method: Discrete Threshold Regression
Date: 02/03/20   Time: 22:38
Sample (adjusted): 1995Q2 2014Q4
Included observations: 79 after adjustments
Variable chosen: Y(-3)
Selection: Trimming 0.15, , Sig. level 0.05
Threshold variables considered: Y(-1) Y(-2) Y(-3) Y(-4) Y(-5)

Variable	Coefficient	Std. Error	t-Statistic	Prob.
Y(-3) < 4.591274 -- 55 obs				
C	0.371124	0.160943	2.305933	0.0242
Y(-1)	1.237635	0.128387	9.639895	0.0000
Y(-2)	-0.423088	0.209656	-2.018011	0.0476
Y(-3)	0.452209	0.207622	2.178040	0.0329
Y(-4)	-0.472767	0.200622	-2.356509	0.0214
Y(-5)	0.124292	0.132208	0.940123	0.3505
4.591274 <= Y(-3) -- 24 obs				
C	-0.672794	0.458059	-1.468793	0.1466
Y(-1)	1.075185	0.179654	5.984749	0.0000
Y(-2)	-0.226515	0.249818	-0.906721	0.3678
Y(-3)	-0.138619	0.287598	-0.481989	0.6314
Y(-4)	-0.054859	0.275866	-0.198859	0.8430
Y(-5)	0.493251	0.179473	2.748332	0.0077
R-squared	0.964289	Mean dependent var		4.544964
Adjusted R-squared	0.958426	S.D. dependent var		0.107503
S.E. of regression	0.021920	Akaike info criterion		-4.663834
Sum squared resid	0.032191	Schwarz criterion		-4.303918
Log likelihood	196.2214	Hannan-Quinn criter.		-4.519641
F-statistic	164.4693	Durbin-Watson stat		1.894999
Prob(F-statistic)	0.000000			

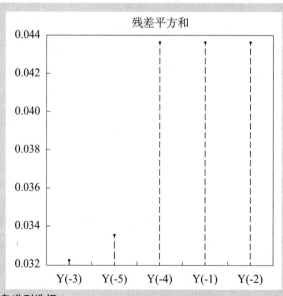

图 15－2   门限变量信息准则选择

表 15 – 3 门限变量信息准则选择

Model Selection Criteria Table
Dependent Variable: Y
Date: 02/03/20   Time: 22:46
Sample: 1994Q1 2014Q4
Included observations: 79

Threshold Variable	SSR	Regimes
Y(-3)	0.032191	2
Y(-5)	0.033540	2
Y(-4)	0.043665	1
Y(-1)	0.043665	1
Y(-2)	0.043665	1

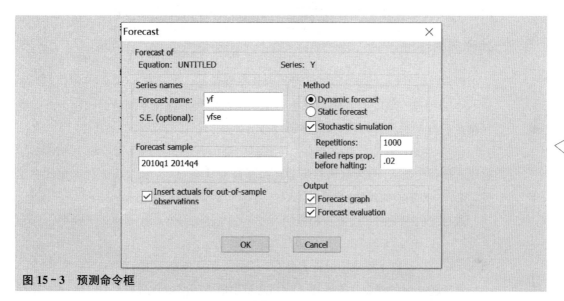

图 15 – 3 预测命令框

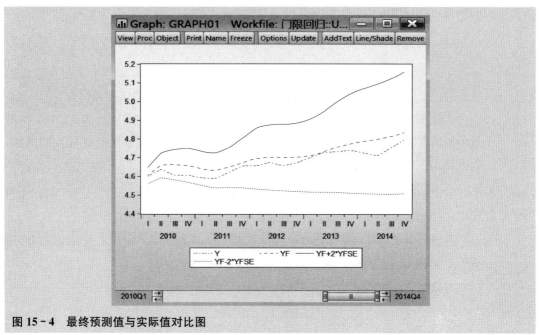

图 15 – 4 最终预测值与实际值对比图

15.2 转换回归模型

在研究讨论劳动力市场时，我们经常会听到二元劳动力市场的存在，而现有的许多研究也证实了二元劳动力市场的存在。该理论认为，劳动力市场可以分为主要劳动力市场和次要劳动力市场。前者具有工资高、工作条件好、工作稳定、晋升机会较多等特征，而后者恰与此相反。如果用一般的模型（如人力资本模型）验证二元劳动力市场是否存在，则会存在"截取问题"和"样本选择性问题"。此时，一个能够避免以上两个问题的选择就是采用转换回归（switching regression）模型，而转换回归模型又可以分为内生转换回归模型和外生转换回归模型。在本节中，我们主要简单介绍外生转换回归模型。

转换回归模型

假定随机变量 y_t 依赖于不可观测的状态变量 s_t，并且存在 M 种区制状态，令 $s_t = m$，$m = 1, \cdots, M$。转换模型认为，在不同的区制下存在不同的回归模型。y_t 在区制状态 m 时的条件均值有以下线性形式：

$$u_t(m) = X'_t\beta_m + Z'_t\gamma \tag{15.2.1}$$

这里，解释变量 X_t 与区制状态相关，而解释变量 Z_t 与 y_t 相关，但与区制状态无关，β_m，γ 为相应的系数向量。

最后我们假设回归误差在相应的区制下服从正态分布，于是有以下模型：

$$y_t = u_t(m) + \sigma(m)\varepsilon_t \tag{15.2.2}$$

当 $s_t = m$ 时，ε_t 独立服从标准正态分布，误差 σ 是区制相关的，$\sigma(m) = \sigma_m$。

对于转换回归模型，同样地，我们需要用最大似然函数进行估计。考虑上述回归模型，可以构建如下似然函数：

$$L_t(\beta, \gamma, \sigma, \delta) = \sum_{m=1}^{M} \frac{1}{\sigma_m}\varphi\left(\frac{y_t - u_t(m)}{\sigma(m)}\right) \cdot P(s_t = m \mid \zeta_{t-1}, \delta) \tag{15.2.3}$$

$\beta = (\beta_1, \cdots, \beta_M)$，$\sigma = (\sigma_1, \cdots, \sigma_M)$，$\delta$ 是决定区制概率的参数，$\phi(\cdot)$ 是标准正态密度函数，ζ_{t-1} 是 $t-1$ 时期的信息。在最简单的情况中，δ 代表区制概率本身。

在概率为常数值的情况下，我们可以简单地将其视为方程（15.2.3）中似然函数的附加参数。更一般地说，我们可以考虑 p_m 是外生可观察性向量 G_{t-1} 的函数，以及使用多项式 logit 来规范参数化的系数：

$$P(s_t = m \mid \zeta_{t-1}, \delta) = p_m(G_{t-1}, \delta) = \frac{\exp(G'_{t-1}\delta_m)}{\sum\limits_{j=1}^{M} \exp(G'_{t-1}\delta_j)} \tag{15.2.4}$$

注意，为了可唯一估计出 $\delta = (\delta_1, \cdots, \delta_M)'$，不妨设 $\delta_M = 0$。如果不知道如何选取 G_t，可取 G_t 恒等于 1。

对数似然函数如下：

$$L(\beta, \gamma, \sigma, \delta) = \sum_{t=1}^{T} \log\left\{\sum_{m=1}^{M} \frac{1}{\sigma_m}\varphi\left(\frac{y_t - u_t(m)}{\sigma(m)}\right) \cdot P(s_t = m \mid \zeta_{t-1}, \delta)\right\} \tag{15.2.5}$$

最大化似然函数以求解相应的参数 $(\beta, \gamma, \sigma, \delta)$。

转换回归模型的例子

为了进一步理解转换回归模型，下面用汉密尔顿（Hamilton）扩展的马尔可夫（Markov）所用的 GNP 数据进行普通的转换回归估计。这里我们同样假定 GNP 增长率关于其自身增长率的滞后一期存在区制转换，而关于其增长率的滞后两期不存在区制转换，但增长率的滞后两期会影响 GNP 当期增长率。美国 GNP 增长率季度数据见表 15－4。

表 15－4　　　　　　　　　　　　　美国 GNP 增长率季度数据

时间	G	时间	G	时间	G	时间	G
1951Q2	2.593	1959Q4	0.849	1968Q2	1.687	1976Q4	0.992
1951Q3	2.202	1960Q1	1.701	1968Q3	0.774	1977Q1	1.363
1951Q4	0.458	1960Q2	−0.288	1968Q4	−0.096	1977Q2	1.600
1952Q1	0.969	1960Q3	0.096	1969Q1	1.396	1977Q3	1.988
1952Q2	−0.241	1960Q4	−0.861	1969Q2	0.136	1977Q4	−0.257
1952Q3	0.896	1961Q1	1.034	1969Q3	0.552	1978Q1	0.878
1952Q4	2.054	1961Q2	1.237	1969Q4	−0.399	1978Q2	3.110
1953Q1	1.734	1961Q3	1.420	1970Q1	−0.617	1978Q3	0.853
1953Q2	0.939	1961Q4	2.224	1970Q2	−0.087	1978Q4	1.233
1953Q3	−0.465	1962Q1	1.302	1970Q3	1.210	1979Q1	0.003
1953Q4	−0.810	1962Q2	1.035	1970Q4	−0.907	1979Q2	−0.094
1954Q1	−1.398	1962Q3	0.925	1971Q1	2.649	1979Q3	0.899
1954Q2	−0.399	1962Q4	−0.166	1971Q2	−0.008	1979Q4	−0.190
1954Q3	1.192	1963Q1	1.344	1971Q3	0.511	1980Q1	0.998
1954Q4	1.456	1963Q2	1.375	1971Q4	−0.004	1980Q2	−2.391
1955Q1	2.118	1963Q3	1.732	1972Q1	2.168	1980Q3	0.066
1955Q2	1.090	1963Q4	0.716	1972Q2	1.926	1980Q4	1.261
1955Q3	1.324	1964Q1	2.210	1972Q3	1.035	1981Q1	1.916
1955Q4	0.873	1964Q2	0.853	1972Q4	1.859	1981Q2	−0.335
1956Q1	−0.198	1964Q3	1.002	1973Q1	2.320	1981Q3	0.442
1956Q2	0.454	1964Q4	0.427	1973Q2	0.256	1981Q4	−1.407
1956Q3	0.072	1965Q1	2.144	1973Q3	−0.099	1982Q1	−1.521
1956Q4	1.103	1965Q2	1.438	1973Q4	0.891	1982Q2	0.299
1957Q1	0.821	1965Q3	1.580	1974Q1	−0.559	1982Q3	−0.802
1957Q2	−0.058	1965Q4	2.275	1974Q2	0.284	1982Q4	0.152
1957Q3	0.584	1966Q1	1.960	1974Q3	−1.312	1983Q1	0.986
1957Q4	−1.562	1966Q2	0.260	1974Q4	−0.883	1983Q2	2.130
1958Q1	−2.050	1966Q3	1.019	1975Q1	−1.975	1983Q3	1.344
1958Q2	0.536	1966Q4	0.490	1975Q2	1.013	1983Q4	1.616
1958Q3	2.337	1967Q1	0.564	1975Q3	1.683	1984Q1	2.709
1958Q4	2.340	1967Q2	0.596	1975Q4	1.383	1984Q2	1.245
1959Q1	1.234	1967Q3	1.431	1976Q1	1.861	1984Q3	0.508
1959Q2	1.887	1967Q4	0.562	1976Q2	0.445	1984Q4	0.148
1959Q3	−0.459	1968Q1	1.154	1976Q3	0.414		

模型估计。在导入表 15 - 4 的时间序列数据后，单击 EViews 工具栏的 Quick → Estimate Equation，在估计方法中选择 SWITCHREG，弹出审查回归模型对话框，见图 15 - 5。

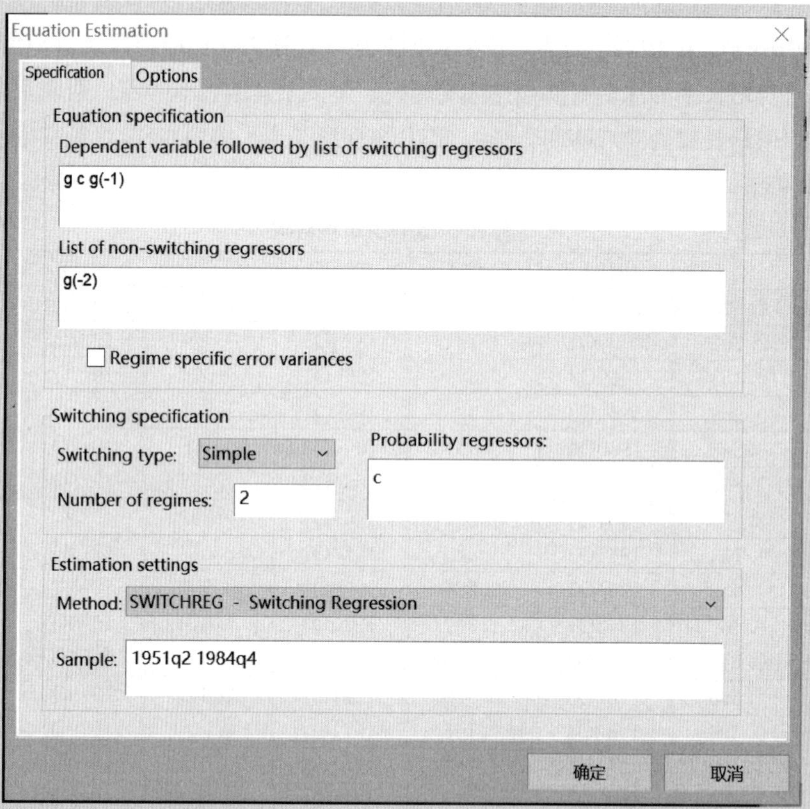

图 15 - 5　审查回归模型对话框

该对话框主要分为两部分，第一部分为转换模型的基本设置，第二部分为选项，可以为第一部分的估计进行更加详细的设置。

接下来对第一部分进行说明，在 Equation specification 的前面部分，输入因变量和与区制转换相关的自变量，这里因变量为 g，转换变量为 c 和 g（-1），在 List of non-switching regressors 中可以输入与区制转换无关但与因变量相关的变量，根据前面的说明，本例中输入 g（-2）。Regime specific error variances 用来选择各个区制随机干扰项分布是否相同，即是否存在异方差。Switching specification 中，Switching type 用来选择具体的转换形式，包括简单转换和马尔可夫转换两类，Number of regimes 处填写存在的区制数量，Probability regressors 用来定义额外增加的变量，以决定区制转移概率或者是转移矩阵。

单击"确定"之后，执行结果如图 15 - 6 所示。结果中共包含三部分，第一部分描述了转换模型的基本信息、系数协方差矩阵的计算信息和系数估计方法。中间部分描述了系数的估计，这部分分别列出了不同区制变量系数估计的信息，之后再将不存在区制转换的变量系数信息列出。最后一部分展示了标准的统计信息描述。

　　估计出结果后，可以单击输出结果图左上角的 View 按钮来查看更多的结果。比如依次打开 View—Regime results—transition results，选择 summary，点击"确定"之后，可以查看相应区制的转换概率，以及区制的持续时间的期望值，具体见图 15-7。

　　可见，区制转换变量在两个区制系数的估计都显著，而且差异较大。区制一的系数估计值为 0.493 469，区制二的系数估计值为 0.272 417。区制一发生的概率为 0.271 738，期望持续时间为 1.373 132，区制二发生的概率为 0.728 262，期望持续时间为 3.680 018。

Dependent Variable: G
Method: Simple Switching Regression (BFGS / Marquardt steps)
Date: 02/03/20   Time: 22:56
Sample (adjusted): 1951Q4 1984Q4
Included observations: 133 after adjustments
Number of states: 2
Standard errors & covariance computed using observed Hessian
Random search: 25 starting values with 10 iterations using 1 standard
　　　　deviation (rng=kn, seed=832566046)
Convergence achieved after 11 iterations

Variable	Coefficient	Std. Error	z-Statistic	Prob.
	Regime 1			
C	-0.769144	0.233431	-3.294954	0.0010
G(-1)	0.493469	0.140841	3.503725	0.0005
	Regime 2			
C	0.951257	0.138801	6.853366	0.0000
G(-1)	0.272417	0.090622	3.006083	0.0026
	Common			
G(-2)	-0.012578	0.081582	-0.154179	0.8775
LOG(SIGMA)	-0.342619	0.117594	-2.913566	0.0036
	Probabilities Parameters			
P1-C	-0.985823	0.440753	-2.236682	0.0253
Mean dependent var	0.719699	S.D. dependent var		1.058766
S.E. of regression	1.020426	Sum squared resid		132.2412
Durbin-Watson stat	2.043795	Log likelihood		-184.7987
Akaike info criterion	2.884191	Schwarz criterion		3.036315
Hannan-Quinn criter.	2.946009			

图 15-6　转换回归模型的估计结果

```
Equation: UNTITLED
Date: 02/03/20   Time: 23:00
Transition summary: Constant simple switching
        transition probabilities and expected durations
Sample (adjusted): 1951Q4 1984Q4
Included observations: 133 after adjustments


Constant transition probabilities:
P(i, k) = P(s(t) = k | s(t-1) = i)
(row = i / column = j)
                           1               2
          1           0.271738        0.728262
          2           0.271738        0.728262



Constant expected durations:

                           1               2
                      1.373132        3.680018
```

图 15 - 7   区制的转换概率和持续时间的期望值

要点与结论

（1）门限回归模型可以通过门限变量的取值范围，将非线性关系转化为线性关系。根据门限变量取值范围，将数据分为若干时段，整个时段的非线性关系在划分好的每个时段都是线性关系。

（2）如果因变量与自变量的非线性关系找不到门限变量来转化为线性关系，但存在不可观测的状态变量，在不同的状态下，因变量与自变量的关系是线性的，则可以应用转换回归模型。

习　题

15.1　自己选择适合应用门限回归模型的研究课题，应用门限回归模型进行实证研究并分析研究的结论。

15.2　自己选择适合应用转换回归模型的研究课题，应用转换回归模型进行实证研究并分析研究的结论。

第16章 非参数和半参数回归模型

前面各章讨论的模型都属于参数模型。本章讨论非参数和半参数回归模型。

16.1 非参数回归模型

非参数回归模型的发展

经典回归模型具有一个共同的特点，即变量之间的结构关系给定，未知量是一组个数有限且为常数的参数，可以通过样本数据加以估计，因而被称为参数模型。但是，经典回归模型的常参数假设与实际经济现象经常产生冲突，也成为人们批评回归模型的一个主要原因。另外，参数模型虽然简明而易于处理、用途广泛，但是普遍存在设定误差问题，因为在实践中，模型函数形式很少是已知的，如果函数形式设定错误，产生的后果会很严重。

是否可以不事先设定模型结构关系（即函数形式），而是采用适当的方法从样本观测数据信息中估计出模型结构关系？非参数回归模型正是基于这样的思路发展的。

讨论非参数回归模型的发展，重要的是明确以下几个问题。

第一，非参数回归模型适用于什么样的研究对象？首先，很明显，如果人们对于研究对象中蕴涵的结构关系和待估参数的分布有清楚的认识，那么建立参数回归模型是适当的；反之，如果参数回归模型容易产生模型设定偏误，则应该采用非参数回归模型。其次，由于非参数回归模型对研究对象的结构关系没有做出假设，或者说非参数回归模型与参数回归模型相比少了许多假设，所以，非参数估计量倾向于比正确设定的参数估计量更慢地收敛于被研究的对象。并且，参数回归模型参数估计量的收敛速度不依赖于解释变量个数，而非参数估计量的收敛速度随着解释变量个数的增加而指数递减，即存在"维数诅咒"（curse of dimensionality）。因此，如果模型包含的变量过多，非参数回归模型的估计将产生困难。另外，既然非参数回归模型的结构关系依赖于样本数据而不是先验假定，那么充足的样本数据是必要的。总体来讲，非参数回归模型主要适用于人们对于待估参数分布了解较少、变量个数较少并且拥有大量的观察数据集合的计量经济学问题。

第二，非参数回归模型理论的核心是什么？由于非参数回归模型不存在模型设定问题，所以其理论的核心是估计方法，非参数回归模型的发展就是模型估计理论与方法的发展。非参数回归模型估计理论与方法从密度函数的非参数估计发展到条件密度函数的非参数估计；从非参数回归模型发展到半参数回归模型；从非参数回归函数估计发展到非参数条件分位数函数估计；从横截面数据或时间序列数据的非参数回归模型估计发展到面板数据的非参数回归模型估计；从解释变量都是连续变量的非参数回归模型发展到解释变量为混合离散和连续变量的非参数回归模型。但是，就非参数回归模型估计的方法类型来讲，主要有两大类估计方法：权函数估计（局部逼近）和级数估计（整体逼近）。目前应用较为普遍的仍然是权函数估计，最常见的权函数估计是核估计和局部线性估计。

第三，既然非参数回归模型不能将经济活动中变量之间的结构关系明确地加以描述，那么它是否属于经济数学模型？虽然非参数回归模型并不事先假定经济活动中变量之间的结构关系，但是可以通过估计获得这种结构关系，而且具有明确的数学描述。所以它毫无疑问属于经济数学模型，应该将它纳入计量经济模型的范围。

第四，非参数回归模型的应用价值是什么？既然非参数回归模型不能将经济活动中变量之间的结构关系明确地加以描述，那么显然，它不能用于传统意义上的结构分析和经济预测。但是，非参数回归模型有更好的拟合效果，可以说是所有类型的经济数学模型中拟合效果最好的。由此引出的对已经发生的经济活动的推断具有更高的精度，所得到的反映经济变量之间关系的结构参数，例如乘数、弹性等，更能反映经济活动的实际情况。从这些结构参数出发进行的预测可以得到更加可靠的结果。

非参数回归模型权函数估计理论发展于 1980 年前后。沃森（Watson）和纳达拉贾（Nadaraja）于 1964 年提出了回归模型的核估计。斯通（Stone）讨论了权函数估计的矩相合性，并系统研究了非参数模型的局部多项式拟合，得到非参数估计收敛于实际回归函数的最优速度。克利夫兰（Cleveland）于 1979 年提出了局部线性拟合的稳健估计。德夫罗耶（Devroye）和瓦格纳（Wagner）证明了核估计的相合性。麦克（Mack）等人先后得到了局部线性拟合的逐点渐近偏和方差。范等人得到了局部多项式拟合的理论窗宽选择和由数据导出的窗宽选择。加瑟（Gasser）等人和格拉诺夫斯基（Granovsky）等人得到了局部多项式拟合的最佳核函数。范于 1992 年在理论上证明了局部多项式拟合能自动进行有效的边界修正且具有数据类型的适应性；又于 1993 年证明了局部线性拟合几乎是最佳的线性平滑方法。鲁珀特（Ruppert）和万德（Wand）将一元的结论推广到多元情形。鲁珀特等人于 1995 年提出了局部最小二乘估计的有效窗宽选择方法。

非参数回归模型级数估计主要发展于 1980 年后，目前仍在发展之中。常用的级数估计方法包括正交序列估计、多项式样条估计和惩罚最小二乘法。早期的贡献主要包括：沃布（Wahba）于 1970 年提出了级数估计；斯通讨论了级数估计量在独立同分布（i.i.d.）样本下的一致收敛速度；斯通、考克斯、安德鲁斯讨论了级数估计量在 i.i.d. 样本下的渐近性质；乌拉（Ullah）讨论了 i.i.d. 样本下基于级数估计方法的模型设定检验；怀特（White）和伍德里奇（Wooldridge）于 1991 年讨论了级数估计在时间序列的应用。近期的研究则集中于放宽独立同分布样本假定下的级数估计。

非参数和半参数回归模型

非参数回归模型假定所有解释变量与被解释变量之间的关系都是不明确的。其表达式为：

$$Y_i = m(X_i) + \mu_i,\ i = 1,2,\cdots,n \tag{16.1.1}$$

其中，Y 为被解释变量，X 为解释变量，$m(\cdot)$ 是未知函数，μ_i 是均值为零的随机误差，假定 μ_i 与解释变量 X_i 不相关。模型（16.1.1）假定回归函数的形式未知，需要估计出整个回归函数。通常在应用时，由于受维数诅咒的限制，解释变量个数只有 1 个或 2 个，也可以根据数据量的大小适当增加到 3 个或 4 个，更多的解释变量将带来模型估计的困难。

半参数回归模型假定一部分解释变量与被解释变量之间的关系是先验设定的，另一部分解释变量与被解释变量之间的关系是不明确的。其表达式为：

$$Y_i = \beta' Z_i + g(X_i) + \mu_i,\ i = 1,2,\cdots,n \tag{16.1.2}$$

其中 Z 为一部分解释变量，β 为待估参数，X 为另一部分解释变量，$g(\cdot)$ 是未知函数，μ_i 是均值为零的随机误差，假定 μ_i 与解释变量 Z_i 和 X_i 不相关。模型（16.1.2）假定一部分解释变量与被解释变量的关系为线性关系，这部分解释变量为参数部分的解释变量；而其他解释变量与被解释变量的关系未知，这部分解释变量为非参数部分的解释变量；回归函数为参数部分的线性关系加非参数部分的未知函数关系。通常在应用时，同样由于受维数诅咒的限制，非参数部分的解释变量个数只有 1 个或 2 个，而参数部分的解释变量个数不受限制。

16.2　非参数回归模型权函数估计方法

本节介绍非参数计量经济模型的主要估计方法，即局部逼近的权函数估计方法。该估计方法的思路是利用权函数对局部观测值进行加权平均，以获得密度函数或回归函数的估计。本节首先介绍密度函数的非参数核权估计，然后分别讨论非参数回归模型的核权估计和局部线性估计。

密度函数的非参数核权估计

关于密度函数的参数估计方法，在这里不做介绍。任何参数方法的"阿喀琉斯之踵"（Achilles' heel，源自希腊神话，意思是"唯一致命的弱点"）就是在估计之前分析者必须为待估对象设定正确的参数函数形式。仔细想一想会发现，参数方法在某种程度上是循环论证的。最初准备估计一个未知的密度函数，但是必须首先假定密度函数的形式实际上是已知的。（当然，已知的函数形式包含一些未知的参数。）由于已经把估计置于密度的函数形式已知的假设上，那么自然会遇到参数模型被误设的情况，即与抽样数据的总体不一致。例如，如果假定 X 取自一个正态分布总体，实际上等于施加了许多潜在的强约束性假设：对称、单峰、单调递减远离峰值等。如果真实的密度事实上是非对称的或者拥有多峰，或是非单调递减远离峰值的，那么这种分布正态性假定可能为真实的密度提供了一个误导性的特征，并且可能因此产生错误的估计和导致不合理的推断。

读者很可能指出，由于已经估计了一个参数概率密度函数，人们能够检验这个分布的基本假定的有效性。当然，这种观点完全可以被认可。然而，通常拒绝一个分布假设并不能够提供任何清晰的其他选择。也就是说，通过检验可以拒绝正态性假设，但是这种拒绝使得问题又回到了起点，只是排除了众多候选分布中的一个。基于这种背景，研究者应该会考虑用非参数方法来替代参数方法。

非参数方法设法避开在估计之前需要设定参数函数形式所产生的问题。它不是假定人们知道待估对象的准确函数形式，而是假定它满足一些常规的条件，例如平滑性和可微性。然而，这不是没有代价的。既然对密度函数的函数形式施加比参数方法更少的结构，那么非参数方法就需要更多的数据信息才能达到和正确设定的参数模型相同的精确度。

在社会科学领域，概率密度函数的估计是数据分析的基础。检验两个分布（或其矩）相同可能是所有数据分析中最基本的检验。例如，经济学家专注于研究收入分布以及它们在不同地区和时间如何变化。当政府制定工资政策或增进社会福利的宏观政策时，它往往需要知道居民收入的分布情况；当政府制定某项产业政策时，它往往需要知道相关产业企业的某些经济指标的分布情况。所以，经济变量的密度函数的估计就显得很重要。概率密度函数的估计不仅是人们通常直接关注的对象，而且是回归模型估计的重要基石。例如，可直接使用非参数或半参数方法建模的条件均值（即回归函数）是条件概率密度函数的函数，而条件概率密度函数本身是无条件概率密度函数的一个比值。

1. 一元密度函数的核估计

假设 X_1，$\cdots$，X_n 同分布，其密度函数为未知的 $f(x)$。可以从经验分布函数导出密度函数的核估计。经验分布函数为：

$$F_n(x) = \frac{1}{n}(X_1, \cdots, X_n \text{ 中小于 } x \text{ 的个数}) \tag{16.2.1}$$

取核函数为均匀核：

$$K_0(x) = \begin{cases} 0.5 & \text{当} -1 \leqslant x < 1 \text{ 时} \\ 0 & \text{其他} \end{cases}$$

则密度函数的估计为：

$$\hat{f}_n(x) = [F_n(x+h_n) - F_n(x-h_n)]/(2h_n)$$

$$= \frac{1}{2h_n} \int_{x-h_n}^{x+h_n} \mathrm{d}F_n(t) = \int_{x-h_n}^{x+h_n} \frac{1}{h_n} K_0\left(\frac{t-x}{h_n}\right) \mathrm{d}F_n(t) = \frac{1}{nh_n} \sum_{i=1}^{n} K_0\left(\frac{X_i-x}{h_n}\right)$$

其中 h_n 为窗宽。将核函数放宽就得到一般的密度函数核估计：

$$\hat{f}_n(x) = \frac{1}{nh_n} \sum_{i=1}^{n} K\left(\frac{X_i-x}{h_n}\right) \qquad (16.2.2)$$

可见，密度函数的非参数核估计方法是基于密度函数与分布函数的关系而发展起来的一种估计方法。核函数 $K(\cdot)$ 起加权作用，窗宽 h_n 起控制估计精度的作用。

下面是除了均匀核外的其他常用核函数，包括：高斯核 $K_1(u) = (2\pi)^{-1/2} \exp(-u^2/2)$，Epanechnikov 核 $K_2(u) = 0.75 (1-u^2)_+$，三角形核 $K_3(u) = (1-|u|)_+$，四次方核 $K_4(u) = \frac{15}{16} ((1-|u|^2)_+)^2$，六次方核 $K_5(u) = \frac{70}{81} ((1-|u|^3)_+)^3$。图 16-1 为它们的曲线图。

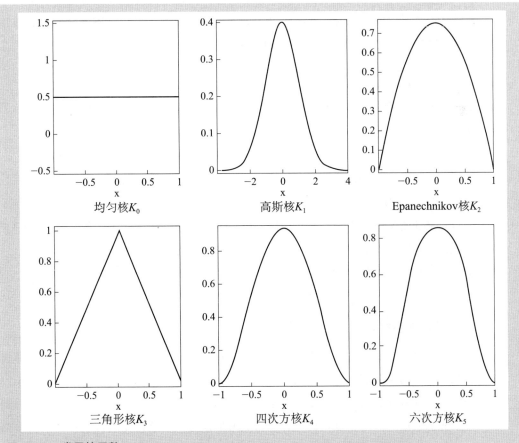

图 16-1　常用核函数

2. 核估计的大样本性质

设 X_1，…，X_n 相互独立。记 $\text{supp}(f)=\{x: f(x)>0\}$。设 $x\in\text{supp}(f)\subset\mathbb{R}^d$ 为 $\text{supp}(f)$ 的内点，假设当 $n\to+\infty$ 时，$h_n\to 0$，$nh_n\to+\infty$，则核估计具有如下性质：

(1) $\text{Bias}(\hat{f}_n(x))=\dfrac{h_n^2}{2}\mu_2(K)f^{(2)}(x)+o(h_n^2)$；

(2) $\text{var}(\hat{f}_n(x))=(nh_n)^{-1}f(x)R(K)+o((nh_n)^{-1})+O(n^{-1})$；

(3) $\hat{f}_n(x)\overset{p}{\longrightarrow}f(x)$；

(4) $(nh_n)^{1/2}(\hat{f}_n(x)-E\hat{f}_n(x))\overset{d}{\longrightarrow}N(0,f(x)R(K))$；

(5) 若 $(nh_n)^{1/2}h_n^2\to 0$，则 $(nh_n)^{1/2}(\hat{f}_n(x)-f(x))\overset{d}{\longrightarrow}N(0,f(x)R(K))$。

由性质（1）和（2）可见，窗宽 h_n 越小，核估计的偏差越小，但核估计的方差越大。反之，窗宽 h_n 越大，则核估计的偏差越大，但核估计的方差越小。所以，窗宽 h_n 的变化不可能既使核估计的偏差减少，同时也使核估计的方差变小。假定研究者感兴趣的不是调整窗宽以适应 $f(x)$ 的逐点估计，而是为所有的点 x 在整体上调整窗宽，即，对位于 $f(\cdot)$ 支撑上的所有 x，$f(\cdot)$ 的支撑被定义为满足 $f(x)>0$ 的点 x 的集合，即 $\{x: f(x)>0\}$。在这种情况下可以通过最小化 $\hat{f}(x)$ 的积分均方误差来选择最优的窗宽 h。因而，最佳窗宽选择的标准必须在核估计的偏差和方差之间做出权衡，即使得积分均方误差

$$\text{AMISE}=\int[(\text{Bias}(\hat{f}))^2+\text{var}(\hat{f})]\mathrm{d}x$$

达到最小。由性质（1）和（2）知，$\text{AMISE}\approx c_1 h_n^4+c_2(nh_n)^{-1}$，所以，最佳的窗宽选择为：

$$h_n=cn^{-1/5}$$

其中，c 为常数。此时，$\text{AMISE}=O(n^{-4/5})$。可见，核估计在内点处的收敛速度为 $O(n^{-2/5})$。应用最佳的理论窗宽 $h_n=cn^{-1/5}$，必须先估计 c，而对 c 估计会产生偏差，所以，最佳的窗宽选择在实际应用中是不断地调整 c，使得采用窗宽 $h_n=cn^{-1/5}$ 的核估计达到满意的估计结果。

由核估计的性质（5）可知，置信水平为 95% 的 $f(x)$ 的一个置信区间为

$$\hat{f}\pm 1.96(nh_n)^{-1/2}[R(K)\hat{f}]^{1/2} \tag{16.2.3}$$

3. 窗宽的交错鉴定法选择方法

理论和实践都说明，非参数核估计量对核函数的选择相对不敏感。然而，非参数核估计量对窗宽选择是敏感的。不同窗宽获得未知分布的估计甚至具有完全不同的性质。如果核方法仅被用于"探索"的目的，那么人们先选择一个小的 h 值得到一个光滑程度不高的密度估计，并凭直觉增加窗宽，以获得光滑程度较高的密度估计。此外，人们可以选择 h 的一个取值范围并画出相应的密度估计。然而，出于

严谨的分析和推断的目的，必须采用被普遍认可的具有最优性质的窗宽选择方法。人们把窗宽选择的重要性类比于在函数级数展开中阶数的选择；在近似中包括的项越多，相应的模型就越灵活。而一个核估计量的窗宽越小，它就越灵活。然而，增加灵活性（减少估计的潜在偏误）必然导致增加可变性（提高估计的潜在方差）。从这方面来看，人们自然会考虑旨在权衡估计的偏误平方和方差的窗宽选择方法。

下面介绍鲁德默（Rudemo）和鲍曼（Bowman）提出的使用交错鉴定法确定窗宽的方法。选择窗宽使得

$$\mathrm{ISE}(h_n) = \int (\hat{f}(x) - f(x))^2 \, \mathrm{d}x = \int \hat{f}^2 \, \mathrm{d}x + \int f^2 \, \mathrm{d}x - 2 \int \hat{f} f \, \mathrm{d}x$$

达到最小，等价于最小化

$$\mathrm{ISE}(h_n)_0 = \int \hat{f}^2 \, \mathrm{d}x - 2 \int \hat{f} f \, \mathrm{d}x$$

因为 $\int \hat{f} f \, \mathrm{d}x = \mathrm{E}(\hat{f})$，所以，$\int \hat{f} f \, \mathrm{d}x$ 的一个无偏估计为 $n^{-1} \sum_{i=1}^{n} \hat{f}_{-i}(X_i)$，其中 $\hat{f}_{-i}$ 是将第 i 个观测点剔除后的估计。不难推出

$$\int \hat{f}^2 \, \mathrm{d}x = n^{-2} h_n^{-2} \sum_{i=1}^{n} \sum_{j=1}^{n} \int_x K\left(\frac{X_i - x}{h_n}\right) K\left(\frac{X_j - x}{h_n}\right) \mathrm{d}x$$

$$= n^{-2} h_n^{-1} \sum_{i=1}^{n} \sum_{j=1}^{n} \int_t K\left(\frac{X_i - X_j}{h_n} - t\right) K(t) \, \mathrm{d}t$$

于是，$\int \hat{f}^2 \, \mathrm{d}x$ 可用 $n^{-2} h_n^{-1} \sum_{i=1}^{n} \sum_{j=1}^{n} K \cdot K\left(\frac{X_i - X_j}{h_n}\right)$ 来估计，其中 $K \cdot K(u) = \int_t K(u-t) K(t) \, \mathrm{d}t$。所以，交错鉴定法实际上是选择 h_n 使

$$\mathrm{ISE}(h_n)_1 = n^{-2} h_n^{-1} \sum_{i=1}^{n} \sum_{j=1}^{n} K \cdot K\left(\frac{X_i - X_j}{h_n}\right) - 2n^{-1} \sum_{i=1}^{n} \hat{f}_{-i}(X_i) \quad (16.2.4)$$

达到最小。当 K 是 $N(0,1)$ 密度函数时，$K \cdot K$ 是 $N(0,2)$ 密度函数，

$$\mathrm{ISE}(h_n)_1 = \frac{1}{2\sqrt{\pi} n^2 h_n} \sum_i \sum_j \exp\left(-\frac{1}{4}\left(\frac{X_i - X_j}{h_n}\right)^2\right)$$

$$- \frac{2}{\sqrt{2\pi} n(n-1) h_n} \sum_i \sum_{j \neq i} \exp\left(-\frac{1}{2}\left(\frac{X_i - X_j}{h_n}\right)^2\right)$$

4. 直接插入的窗宽选择方法

万德和琼斯（M. C. Jones）在《核平滑》（*Kernel Smoothing*）中介绍了一种直接插入的窗宽选择方法。

由大样本性质，得到

$$h_{\mathrm{AMISE}} = \left[\frac{R(K)}{(\mu_2(K))^2 R(f'')}\right]^{1/5} n^{-1/5} \quad (16.2.5)$$

其中 $R(g) = \int g^2(x) \, \mathrm{d}x$。可见，窗宽选择的关键是估计 $R(f'')$。

因为

$$R(f^{(s)}) = \int [f^{(s)}(x)]^2 dx = (-1)^s \int f^{(2s)}(x)f(x)dx$$

记

$$\psi_r = E\{f^{(r)}(X)\} = \int f^{(r)}(x)f(x)dx$$

它的估计为：

$$\hat{\psi}_r(g) = n^{-2} \sum_{i=1}^n \sum_{j=1}^n K_g^{(r)}(X_i - X_j) \tag{16.2.6}$$

使得 $\hat{\psi}_r(g)$ 的渐近积分均方误差达到最小的最优窗宽为：

$$g_{\text{AMISE}} = \left[\frac{2K^{(r)}(0)}{-\mu_2(K)\psi_{r+2}n} \right]^{1/(r+3)} \tag{16.2.7}$$

这样，为了估计 h_{AMISE}，必须估计 ψ_4。为了估计 ψ_4，又必须估计 ψ_6，如此依次进行下去。可以使用 l 阶段直接插入的窗宽选择方法，即在第 l 阶段假定密度函数是正态的，从而得到 ψ_{4+2l} 的估计，进而应用式（16.2.7）递推获得 h_{AMISE} 的估计 $\hat{h}_{\text{DPI},l}$。

若 f 是具有方差 σ^2 的正态密度函数，则

$$\psi_r = \frac{(-1)^{r/2}r!}{(2\sigma)^{r+1}(r/2)!\pi^{1/2}} \tag{16.2.8}$$

于是，两阶段直接插入的窗宽选择方法步骤如下：

第一步，在密度函数是正态的假定下，应用式（16.2.8）估计 ψ_8，$\hat{\psi}_8 = 105/(32\pi^{1/2}\hat{\sigma}^9)$。

第二步，应用式（16.2.8）的窗宽 $g_1 = [-2K^{(6)}(0)/\{\mu_2(K)\hat{\psi}_8 n\}]^{1/9}$，得到 ψ_6 的估计 $\hat{\psi}_6(g_1)$。

第三步，应用式（16.2.8）的窗宽 $g_2 = [-2K^{(4)}(0)/\{\mu_2(K)\hat{\psi}_6(g_1)n\}]^{1/7}$，得到 ψ_4 的估计 $\hat{\psi}_4(g_2)$。

第四步，得到窗宽的估计

$$\hat{h}_{\text{DPI},2} = \left[\frac{R(K)}{(\mu_2(K))^2 \hat{\psi}_4(g_2)} \right]^{1/5} n^{-1/5} \tag{16.2.9}$$

l 阶段直接插入的窗宽选择方法可使用 R 软件中由万德编写的 KernSmooth 软件包进行计算。函数 dpik() 用于选择一元密度函数核估计的两阶段直接插入的窗宽。函数 bkde() 用于一元密度函数核估计。

此外，还可以用软件包 locfit 中的函数 lscv() 进行最小二乘交错鉴定法的窗宽选择。也可以用软件包 localfit 中的函数 density.lf() 进行局部似然拟合。

5. 多元密度函数的核估计

设 p 维随机向量 X 的密度函数 $f(x) = f(x_1, \cdots, x_p)$ 未知，X_1，X_2，$\cdots$，X_n 是它的一个独立同分布的样本，则 $f(x)$ 的核估计为：

$$\hat{f}_n(x) = \frac{1}{nh_n^p} \sum_{i=1}^n K\left(\frac{X_i - x}{h_n}\right) \tag{16.2.10}$$

其中 $K(\cdot)$ 是满足

$$K(u) \geq 0, \int K(u)\mathrm{d}u = 1, \int K(u)u\mathrm{d}u = 0, \int K(u)u u^{\mathrm{T}}\mathrm{d}u = \mu_2(K)I$$

$$\tag{16.2.11}$$

的多元核函数，其中 0 为零向量，I 为单位矩阵。满足这些条件最常用的核函数为

$$K(u) = \frac{d(d+2)}{2S_d}(1 - u_1^2 - \cdots - u_d^2)_+ \tag{16.2.12}$$

其中 $S_d = 2\pi^{d/2}/\Gamma(d/2)$。

可以证明，多元密度函数的核估计在内点处具有一致性和渐近正态性。

非参数回归模型的核估计

与概率密度函数一样，在实践中真实回归模型的函数形式也是难以先验给定的。由于参数方法要求研究者在估计回归模型前设定模型的准确参数形式，所以人们必须面对假设的模型可能与真实数据生成过程不一致的问题，并且必须处理参数回归模型可能被严重误设而带来的问题。要进行有效的推断，必须正确设定的不仅是条件均值函数，也包括异方差函数和序列相关函数。例如 C-D 生产函数模型假定技术进步是中性的，它独立于要素投入量的变化，要素替代弹性为 1，具有一次齐次性即规模报酬不变，等等。这些假定在现实中很难同时成立。因而当模型及参数的假定与实际背离（也包括模型的随机干扰项的正态性假定与实际背离）时，就容易造成模型设定误差。此时，基于经典假设模型所做出的推断的表现可能很差。正如在前面提到的，人们当然能够检验假定的参数模型是否正确，但拒绝某个参数模型则没有为备择模型的形式提供什么信息。也就是说，拒绝假设的模型不会因此产生一个正确设定的模型。

非参数回归模型不要求研究者对潜在数据生成过程做出函数形式的假设。假设人们不知道待估对象的准确函数形式，而是假设该对象存在且满足某些正则条件（regularity conditions），比如平滑性（可微性）和矩条件。当然，需要再次指出，这样做不是没有代价的。由于对问题施加了较少的结构限制，非参数方法就要求更多的数据信息，才能达到与一个正确设定的参数模型相同的准确度。

1. 非参数回归模型的核估计

设 Y 为被解释变量，$X=(X_1,\cdots,X_d)$ 为解释变量，是影响 Y 的 d 个显著因素。给定样本观测值 (Y_1, X_1)，(Y_2, X_2)，$\cdots$，(Y_n, X_n)，假定 (Y_i, X_i) 独立同分布，建立非参数回归模型：

$$Y_i = m(X_i) + \sigma(X_i)\varepsilon_i, \ i = 1,\cdots,n \tag{16.2.13}$$

其中 $m(\cdot)$ 是未知的函数，$m(X_i)=E(Y_i \mid X_i)$，ε_i 是均值为 0、方差为 1 且与 X_i 独立的序列，随机误差项 $\mu_i=\sigma(X_i)\varepsilon_i$，其条件方差为 $\sigma^2(X_i)=E(\mu_i^2 \mid X_i)$。

未知函数的 $m(\cdot)$ 核估计表达式为：

$$\hat{m}_n(x)=\frac{\sum_{i=1}^{n} K_{h_n}(X_i-x)Y_i}{\sum_{j=1}^{n} K_{h_n}(X_j-x)} \tag{16.2.14}$$

其中窗宽 $h_n>0$，核权函数 $K_{h_n}(u)=h_n^{-d}K\ (uh_n^{-1})$，核函数 $K(u)\geqslant 0$。

容易推得：

$$\min_{\theta}\sum_{i=1}^{n}W_{ni}(x)\ (Y_i-\theta)^2=\sum_{i=1}^{n}W_{ni}(x)\ (Y_i-\hat{m}_n(x))^2$$

所以，核估计等价于局部加权最小二乘估计。

当 $d=1$（即只有 1 个解释变量）时，若 $K(\cdot)$ 是 $[-1,1]$ 上的均匀概率密度函数，则 $m(x)$ 的 Nadaraya-Watson 核估计就是落在 $[x-h_n,\ x+h_n]$ 上的 X_i 对应的 Y_i 的简单算术平均值，如图 16-2 所示。所以，称参数 h_n 为窗宽，h_n 越小，参加平均的 Y_i 就越少，h_n 越大，参加平均的 Y_i 就越多。

当 $d=1$（即只有 1 个解释变量）时，若 $K(\cdot)$ 是 $[-1,1]$ 上的概率密度函数，则 $m(x)$ 的 Nadaraya-Watson 核估计就是落在 $[x-h_n,\ x+h_n]$ 上的 X_i 对应的 Y_i 的加权算术平均值。若 $K(\cdot)$ 是 $(-\infty,\ \infty)$ 上关于原点对称的标准正态密度函数，则 $m(x)$ 的 Nadaraya-Watson 核估计就是 Y_i 的加权算术平均值，X_i 离 x 越近，权数就越大，离 x 越远，权数就越小，当 X_i 落在 $[x-3h_n,\ x+3h_n]$ 之外时，权数基本上为零。

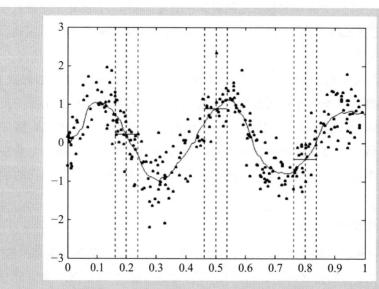

图 16-2 核估计原理的示意图

2. 非参数回归模型核估计的性质

非参数回归模型的核估计具有如下性质：

(1) $E\{\hat{m}_n(x) \mid X_1, \cdots, X_n\} - m(x)$

$$= \mu_2(K) h_n^2 \big[D_f^T(x) D_m(x) f(x)^{-1} + \frac{1}{2} \operatorname{tr}\{H_m(x)\} \big] + o_p(h_n^2)$$

(2) $\operatorname{var}\{\hat{m}_n(x) \mid X_1, \cdots, X_n\} = n^{-1} h_n^{-d} R(K) \sigma^2(x) f(x)^{-1} + o_p(n^{-1} h_n^{-d})$

(3) 当 $h_n = cn^{-1/(d+4)}$ 时，$n^{2/(d+4)} \big[\hat{m}_n(x) - m(x) \big] \xrightarrow{L}$

$$N\Big(\frac{\mu_2(K) c^2}{2 f(x)} \big[D_f^T(x) D_m(x) + f(x) \operatorname{tr}\{H_m(x)\} \big], \frac{R(K) \sigma^2(x)}{c^d f(x)} \Big)$$

其中 $D_v(x)$ 为 $v(x)$ 的导数，$H_m(x) = \Big[\dfrac{\partial^2 m(x)}{\partial x_i \, \partial x_j} \Big]_{d \times d}$。

由上述性质容易推得，$\hat{m}_n(x)$ 的渐近均方误差为

$$\text{AMSE} = \Big[\mu_2(K) h_n^2 \big[D_f^T(x) D_m(x) f(x)^{-1} + \frac{1}{2} \operatorname{tr}\{H_m(x)\} \big] \Big]^2$$
$$+ n^{-1} h_n^{-d} R(K) \sigma^2(x) f(x)^{-1}$$

当 d 较大时，存在所谓的维数诅咒现象。为了清楚地了解这个问题，由 AMSE 的公式可知，AMSE 的收敛速度为 $n^{-4/(d+4)}$。当 $d=1$ 时，取 $n_1 = 100$。则当 $n_d^{-4/(d+4)} = 100^{-4/5}$（即 $n_d = 100^{(d+4)/5}$）时，d 元变量的 AMSE 的收敛速度才与一元变量的收敛速度相同。表 16 - 1 列出了多个解释变量情况下的 n_d 值。

表 16 - 1　　　　　　　　　　　　　　维数诅咒现象

d	2	3	4	5	6	7	8	9	10
$n_d = 100^{(d+4)/5}$	252	631	1 585	3 982	10 000	25 119	63 096	158 490	398 108

非参数回归模型的局部线性估计

尽管核估计方法是核回归的经典方法，但它不是没有缺陷的。核估计方法只能估计出回归函数，不能估计出回归函数的导数。而在实际应用中，往往需要获得回归函数的导数，以便进行变量之间相互影响关系的研究。还有一个明显的缺陷是：当在支撑的边界附近估计一个回归函数时，它有潜在的大偏差。

局部线性估计是由斯通和克利夫兰于 1979 年提出的，具有局部线性核估计的许多性质（如它们的方差是相同的），并且它是修正边界问题的最好方法之一。而且，局部线性估计方法不仅可以估计出回归函数，还可以估计出回归函数的导数，可以应用于经济变量的相互影响的研究。因而，局部线性估计在实际中被广泛使用。

1. 局部线性估计

非参数回归函数 $m(x)$ 的局部线性估计为

$$\hat{m}_n(x; h_n) = e_1^T (X_x^T W_x X_x)^{-1} X_x^T W_x Y \tag{16.2.15}$$

其中

$$e_1^T = (1,0,\cdots,0), \; X_x = (X_{x,1},\cdots,X_{x,n})^T, \; X_{x,i} = (1,(X_i-x))^T,$$

$$W_x = \text{diag}\{K_{h_n}(X_1-x),\cdots,K_{h_n}(X_n-x)\}, \; Y = (Y_1,\cdots,Y_n)^T \,\text{。}$$

易见，最小化

$$\sum_{i=1}^{n} \{Y_i - m(x) - D_m^T(x)(X_i-x)\}^2 K_{h_n}(X_i-x) \tag{16.2.16}$$

的解，截距为式（16.2.15），斜率为回归函数偏导数的估计。当 $d=1$ 时，若 $K(\cdot)$ 是 $[-1,1]$ 上的均匀概率密度函数 $K_1(\cdot)$，则 $m(x)$ 的局部线性估计就是落在 $[x-h, x+h]$ 的 X_i 与其对应的 Y_i 关于局部模型

$$Y_i = m(x) + m'(x)(X_i-x) + e_i \tag{16.2.17}$$

的最小二乘估计，如图 16-3 所示。若 $K(\cdot)$ 是 $[-1,1]$ 上的概率密度函数 $K_2(\cdot)$，则 $m(x)$ 的局部线性估计就是落在 $[x-h_n, x+h_n]$ 的 X_i 与其对应的 Y_i 关于局部模型（16.2.17）的加权最小二乘估计，当 X_i 越接近 x 时，对应 Y_i 的权数就越大，反之，则越小。若 $K(\cdot)$ 是 $(-\infty, \infty)$ 上关于原点对称的标准正态密度函数 $K_3(\cdot)$，则 $m(x)$ 的局部线性估计就是局部模型（16.2.17）的加权最小二乘估计，当 X_i 越接近 x 时，权数就越大，反之，就越小，当 X_i 落在 $[x-3h_n, x+3h_n]$ 之外时，权数基本上为零。

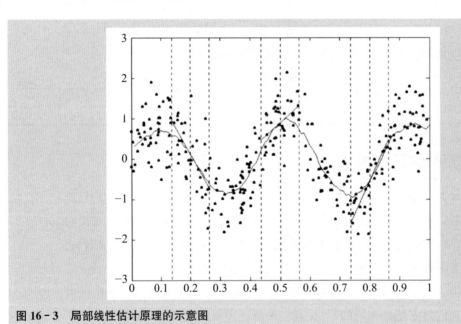

图 16-3　局部线性估计原理的示意图

2. 局部线性估计的性质

非参数回归模型的局部线性估计具有如下性质：

(1) $E\{\hat{m}_n(x;h_n) \mid X_1,\cdots,X_n\} - m(x) = \dfrac{1}{2}h_n^2\mu_2(K)\text{tr}\{H_m(x)\} + o_p(h_n^2)$

(2) $\text{var}\{\hat{m}_n(x;h_n) \mid X_1,\cdots,X_n\} = n^{-1}h_n^{-d}R(K)\sigma^2(x)f(x)^{-1} + o_p(n^{-1}h_n^{-d})$

(3) $n^{2/(d+4)}[\hat{m}_n(x;h_n) - m(x)] \xrightarrow{L}$

$$N(\frac{c^2}{2}\mu_2(K)\mathrm{tr}\{H_m(x)\}, c^{-d}R(K)\sigma^2(x)f(x)^{-1})$$

其中，$H_m(x) = \left[\dfrac{\partial^2 m(x)}{\partial x_i \partial x_j}\right]_{d\times d}$。

由上述性质可知，核估计的渐近方差与局部线性回归估计的相同，但偏却多了一项；局部线性估计的渐近偏与解释变量的密度函数无关，因而具有数据类型的适应性，即既适合均匀分布的解释变量，又适合非均匀分布的解释变量。由于局部线性估计是模型局部线性展开的局部加权最小二乘估计，比局部零阶展开的核估计的局部展开项多了线性项，所以，局部线性估计的性质好于核估计。由于局部线性估计的渐近方差趋于零，由切贝谢夫不等式知，局部线性估计为一致估计。易见，局部线性估计在内点处的收敛速度为 $n^{-2/(d+4)}$。

3. 一元情形的窗宽选择

在非参数回归模型估计中，窗宽的选择非常重要。在一些情况下，可以用肉眼观察选择出合适的窗宽，但更多时候有必要建立自动选择窗宽的准则。目前常用的窗宽选择法可大致分为两类：第一类方法被称为快速简易法，由一些简单的易计算的公式组成，目的是找出"合理"的窗宽，但不保证在数学上接近最优窗宽；第二类方法被称为高技术法，它依据的是一些统计量的最优准则，目的是得到各种待估计函数形式下理想的窗宽。万德和琼斯在假定 $\sigma^2(x)=\sigma^2$ 的条件下给出了一种非参数回归最优窗宽的选择方法——直接插入法，这种方法具有特别的理论和实用价值。最小化加权条件 MISE 为

$$\mathrm{MISE}\{\hat{m}_n(\cdot;h_n) \mid X_1,\cdots,X_n\} = E\Big[\int \{\hat{m}_n(x;h_n) - m(x)\}^2 f(x)\mathrm{d}x \mid X_1,\cdots,X_n\Big]$$

可得理论上的最优窗宽为

$$h_{\mathrm{AMISE}} = \left[\frac{\sigma^2 R(K)}{n\mu_2(K)^2\theta_{22}}\right]^{1/5} \tag{16.2.18}$$

其中，$\theta_{22} = \int [m''(x)]^2 f(x)\mathrm{d}x$。万德和琼斯给出了 σ^2 和 θ_{22} 的估计 $\hat{\sigma}^2$ 和 $\hat{\theta}_{22}$，将之代入式（16.2.18），就得到直接插入法选择的窗宽

$$\hat{h}_{\mathrm{DPI}} = \left[\frac{\hat{\sigma}^2 R(K)}{n\mu_2(K)^2\hat{\theta}_{22}}\right]^{1/5} \tag{16.2.19}$$

R 软件提供了一元非参数回归模型局部线性估计的软件包 KernSmooth，其中有选择窗宽的函数，给直接插入法窗宽选择的应用者带来了极大的便利。

注意：应用直接插入法选择窗宽的前提条件是随机误差项同方差 $\sigma^2(x)=\sigma^2$，如果随机误差项是异方差，则应该将变量进行变量变换，使得变量变换后建立的非参数回归模型的随机误差项同方差，才可以应用直接插入法进行窗宽选择。

实　例

例 16.1　老实泉（Old Faithful Geyser）是位于美国黄石国家公园（Yellowstone National Park）的一处旅游名胜地。它 300 次喷发的持续时间（分钟）如图 16-4 所示，两阶段直接插入的窗宽选择方法得到的窗宽估计为 $\hat{h}_{\text{DPI},2}=0.1\,438\,196$，图 16-5 为其密度函数的核估计。该例为 R 软件包 KernSmooth 自带的一个例子。

在 R 软件中选择程序包或加载程序包，再选择 KernSmooth。运行如下程序：

```
data(geyser, package = "MASS")
x <- geyser $ duration
plot(x)
h <- dpik(x)
est <- bkde(x, bandwidth = h)
plot(est, type = "l")
```

其中 dpik（x）是使用直接插入法计算最优窗宽，bkde（x，bandwidth = h）是按照窗宽 h 计算 x 的核密度估计。plot（x）是画出数据 x 的观察值图。plot（est，type = "l"）是画出 x 的核密度估计图。

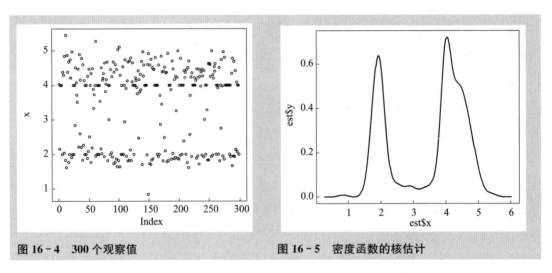

图 16-4　300 个观察值　　　　　**图 16-5　密度函数的核估计**

例 16.2　关于老实泉的数据除了 300 次喷发的持续时间（分钟）（解释变量 x），还有 300 次喷发后的沉默时间（分钟）（被解释变量 y）。为了研究喷发后的沉默时间与喷发前的持续时间的关系，建立非参数计量经济模型：

$$y_i = m(x_i) + u_i,\ i = 1, \cdots, 300$$

运行的程序如下：

```
data(geyser, package = "MASS")
x <- geyser $ duration
```

y ＜－geyser $ waiting

plot(x, y)

h ＜－dpill(x, y)

fit ＜－locpoly(x, y, bandwidth ＝ h)

lines(fit)

其中 geyser $ duration 为喷发的持续时间（分钟），geyser $ waiting 为喷发后的沉默时间（分钟）。plot (x, y) 是画出散点图。dpill (x, y) 是用直接插入法计算非参数函数局部线性估计的最优窗宽。locpoly (x, y, bandwidth ＝ h) 是用窗宽 h 计算非参数函数的局部线性估计。lines (fit) 是将非参数函数的局部线性估计叠加到散点图中。

图 16-6 为非参数函数的局部线性估计结果。

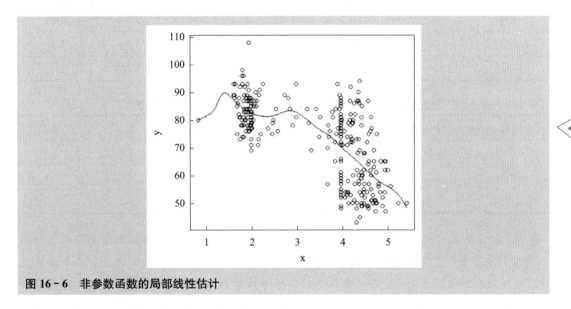

图 16-6 非参数函数的局部线性估计

例 16.3 考虑一个关于通货膨胀预测和货币增长的例子。在货币领域中盛行的传统知识是货币增长应该促进通货膨胀。然而，实证结论却恰恰相反，也就是货币增长对通货膨胀没有影响。而且，这个实证结论对样本期的变化和不同的计量方法都是稳健的。这种理论和经验的不一致在宏观经济学中是一个很著名的谜。这方面的许多实证研究是使用如下形式的线性向量自回归模型进行的

$$X_t = \alpha + \beta(L) X_{t-1} + \varepsilon_t$$

其中 $X_t = (\pi_t, Z_t)'$，π_t 是 t 时的通货膨胀率，Z_t 是货币总量的增长率。

巴赫迈尔（Bachmeier）等人使用 1959 年 1 月—2002 年 5 月的月度数据基于非参数的视角重新研究了这个问题。使用的货币总量是 M1、M2 和 M3，以及相应的 M1、M2 和 M3 的 Divisia 金融服务指数，其中通货膨胀使用消费者价格指数来衡量。

使用上述数据，首先考虑使用一个关于通货膨胀和货币增长的二元 VAR 模型预测通货膨胀，预测区间为 1994 年 2 月—2002 年 4 月。分别对 $s＝1$，6 和 12 进行预测。计算每个模

型的均值平方预测误差（MSPE）。使用 SIC 信息准则选择通货膨胀和经济增长的最优滞后期为两期，所以，预测方程是

$$\pi_t = \alpha_0 + \alpha_1 \pi_{t-s} + \alpha_2 \pi_{t-s-1} + \alpha_3 \Delta m_{t-s} + \alpha_4 \Delta m_{t-s-1} + \varepsilon_t$$

其中 m_t 可以是这六种货币总量测度（$\Delta m_t = m_t - m_{t-1}$）的任何一个。考虑稳健性，报告货币总量的 1 期和 2 期滞后值的结果，并且表 16-2 和表 16-3 报告了 VAR 模型两种情况（包括/排除每个滞后 1 期和 2 期的货币总量）的 MSPE 比率；小于 1.00 的值意味着在给定的预测期内，包括此滞后货币总量的模型较排除此滞后货币总量的模型改进了预测。

表 16-2　　　　参数模型的相对 MSPE（包括/排除每个滞后 1 期的货币总量）

时期	M1	M2	M3	M1D	M2D	M3D
1 个月	1.05	1.02	1.06	1.00	1.00	1.00
6 个月	0.90	1.00	1.11	1.00	1.04	1.06
12 个月	0.93	0.96	1.09	1.00	1.02	1.04

表 16-3　　　　参数模型的相对 MSPE（包括/排除每个滞后 2 期的货币总量）

时期	M1	M2	M3	M1D	M2D	M3D
1 个月	1.04	0.99	1.04	1.00	1.00	1.00
6 个月	0.91	1.00	1.10	0.99	1.04	1.07
12 个月	0.92	0.94	1.06	1.00	1.01	1.05

表 16-2 和表 16-3 显示，包括货币总量并不能增强系统对通货膨胀的预测。对包括每个滞后 1 期的货币总量的情形，18 个结果中有 9 个预测更差、有 3 个改进、有 6 个没有变化。对包括每个滞后 2 期的货币总量的情形，18 个结果中有 8 个预测更差、有 5 个改进、有 5 个没有变化。总体来看，使用货币增长预测通货膨胀在参数模型中可以被认为是相当弱的。也就是说，包括货币总量反而会导致更低效率的预测。

将参数 AR(2) 模型的预测和如下形式的非参数 AR(2) 模型（采用核估计）的预测进行比较，

$$\pi_t = g(\pi_{t-s}, \pi_{t-s-1}) + \varepsilon_t$$

其中 $g(\cdot)$ 是未知的。对估计样本采用交错鉴别法，然后使用交错鉴别带宽来生成样本外预测。（注意巴赫迈尔等人使用了一个更复杂的两步交错鉴别程序。因此，这里报告的结果与他们报告的结果有微小的不同，因为使用了不同的带宽选择程序。）表 16-4 报告了非参数 AR(2) 模型的相对 MSPE 以及参数 AR(2) 模型的 MSPE。

表 16-4　　　　非参数 AR(2) 模型或参数 AR(2) 模型的相对 MSPE

时期	
1 个月	0.98

续表

时期	
6 个月	1.01
12 个月	0.88

表 16-4 说明，1 个月和 6 个月时期的交错鉴别非参数 AR(2) 模型与参数 AR(2) 模型的预测能力不相上下，但对于 12 个月时期的情形，非参数模型的预测相比参数模型的预测有较大改进。这意味着 12 个月时期的参数模型设定错误。人们开始怀疑货币总量对通货膨胀预测无效率的结论实际上是参数模型设定错误的一个典型产物。因此，考虑如下形式的非参数模型

$$\pi_t = g(\pi_{t-s}, \pi_{t-s-1}, \Delta m_{t-s}, \Delta m_{t-s-1}) + \varepsilon_t \tag{16.2.20}$$

其中 $g(\cdot)$ 是未知的，仍使用交错鉴别法选择带宽。

表 16-5 和表 16-6 给出了非参数模型的相对 MSPE，有包括货币总量和不包括货币总量两种情形。这些结果显示，当包括每个滞后 1 期的货币总量时，18 个结果中有 2 个预测更差（在参数模型中是 9 个）、有 9 个改进（在参数模型中是 3 个）、有 7 个没有变化（在参数模型中是 6 个）；当包括每个滞后 2 期的货币总量时，18 个结果中有 3 个预测更差、有 8 个改进、有 7 个没有变化。显然，在非参数模型中，使用货币增长作为通货膨胀的一个预测变量在事实上是非常有帮助的，因为总体而言包括货币总量会导致更准确的预测。

表 16-5　　　非参数模型的相对 MSPE（包括/排除每个滞后 1 期的货币总量）

时期	M1	M2	M3	M1D	M2D	M3D
1 个月	1.07	1.00	0.85	0.92	0.89	0.89
6 个月	0.96	0.95	1.15	1.00	1.00	1.00
12 个月	0.96	0.84	0.98	1.00	1.00	1.00

表 16-6　　　非参数模型的相对 MSPE（包括/排除每个滞后 2 期的货币总量）

时期	M1	M2	M3	M1D	M2D	M3D
1 个月	1.07	0.98	1.06	1.00	1.00	0.88
6 个月	1.00	0.96	1.07	1.00	1.00	1.00
12 个月	0.99	0.83	0.98	1.00	0.97	0.93

所以，非参数方法意味着货币增长对通货膨胀的影响是非线性的，而不是线性的。因此，前面的那个谜看起来是错误地使用了线性关系的一个典型产物。

16.3　半参数回归模型

由前面的讨论可知，当多元非参数回归模型的解释变量个数为 d 时，完全非参数回归模型估计的收敛速度为 $O(n^{-2/(d+4)})$，且会随着解释变量的增加而越来越慢。

这意味着要达到相同的估计精度，解释变量多的模型需要的数据数量远大于解释变量少的模型。为了克服这一障碍，人们不得不寻找新的出路。众所周知，参数线性回归模型和非线性回归模型的最小二乘估计和最大似然估计的收敛速度为 $O(n^{-1/2})$，能不能在模型中既有参数部分又有非参数部分以提高模型整体估计的收敛速度？答案是肯定的。本节介绍的半参数线性回归模型，其参数部分估计的收敛速度仍为 $O(n^{-1/2})$，非参数部分估计在内点处的收敛速度达到了 $O(n^{-2/(d_1+4)})$（解释变量个数为 d，非参数部分的解释变量个数为 d_1，$d_1 < d$），都快于 $O(n^{-2/(d+4)})$。近年来，由于半参数回归模型在微观经济等领域的广泛应用，这类模型成为非参数计量经济学研究的一个热点。本节首先介绍一般半参数线性回归模型，然后介绍半参数二元离散选择模型。

半参数线性回归模型

斯通于 1977 年提出如下回归模型：

$$Y_i = \beta' Z_i + g(X_i) + \mu_i \tag{16.3.1}$$

其中 $Z_i = (Z_{1i}, \cdots, Z_{d_0i})$，$X_i = (X_{1i}, \cdots, X_{d_1i})$，$\beta$ 是未知参数向量，$g(\cdot)$ 是未知函数，$\mu_i (i=1,\cdots,n)$ 是均值为零的随机误差序列，假定 μ_i 与解释变量 Z_i 和 X_i 不相关。该模型有线性参数部分 $\beta' Z_i$，作为主要部分把握被解释变量的大体走向，适用于外延预测；还有非参数部分 $g(X_i)$，可以对被解释变量做局部调整，使模型更好地拟合样本观测值。由于模型（16.3.1）结合了参数模型和非参数模型，所以被称为半参数回归模型。由于这种模型既含参数分量，又含非参数分量，可以概括和描述众多实际问题，因而它引起了广泛的重视。例如，我国每月商品进口额一方面与国内生产总值有关，而且是正的线性相关关系；另一方面还与季节有关，不同季节的商品进口额明显不同，且变化较大，但每年的季节变化对商品进口额的影响相似。若假定商品进口额与季节因素的关系未知，则对我国商品进口额建立的回归模型就是半参数回归模型。模型（16.3.1）没有常数项，这是因为如果有常数项，则模型不可识别，不能唯一估计出常数项和未知函数 $g(\cdot)$，应该把常数项合并到未知函数 $g(\cdot)$ 中，这样模型（16.3.1）就可识别，可唯一估计出参数 β 和未知函数 $g(\cdot)$。对于模型（16.3.1）的估计方法有许多种，例如，最小二乘核估计、最小二乘近邻估计、最小二乘局部线性估计、最小二乘正交序列估计和最小二乘样条估计等。

1. 最小二乘核估计

半参数线性回归模型的最小二乘核估计是由登比（Denby）提出的，分三步进行估计。

第一步，先设 β 已知，估计 $g(x)$。对方程（16.3.1）两边取 X_i 的条件数学期望，得到

$$g(X_i) = E(Y_i \mid X_i) - \beta' E(Z_i \mid X_i)$$

应用核估计分别获得 $E(Y_i \mid X_i)$ 和 $E(Z_i \mid X_i)$ 的核估计 $\hat{E}(Y_i \mid X_i)$ 和 $\hat{E}(Z_i \mid X_i)$，于是，得到 $g(x)$ 的核估计：

$$\hat{g}(x,\beta) = \hat{E}(Y_i \mid X_i) - \beta'\hat{E}(Z_i \mid X_i) \tag{16.3.2}$$

第二步，估计 β。将方程（16.3.2）代入方程（16.3.1），得到

$$Y_i - \hat{E}(Y_i \mid X_i) = \beta'(Z_i - \hat{E}(Z_i \mid X_i)) + v_i$$

从而得到 β 的最小二乘估计 $\hat{\beta}$。

第三步，得到 $g(x)$ 的最终估计：

$$\hat{g}(x) = \hat{E}(Y_i \mid X_i) - \hat{\beta}'\hat{E}(Z_i \mid X_i) \tag{16.3.3}$$

可以证明，最小二乘核估计参数部分估计的收敛速度为 $O(n^{-1/2})$，非参数部分估计在内点处的收敛速度为 $O(n^{-2/(d_1+4)})$。在估计过程中，窗宽 h_n 不仅控制了半参数线性回归模型中非参数部分的核估计效果，而且也控制了参数部分最小二乘估计的效果。

2. 最小二乘局部线性估计

最小二乘核估计不能估计出非参数部分函数的导数，在具体应用中具有较大的局限性。而最小二乘局部线性估计可以估计出非参数部分函数的导数，因而，该估计方法在实际应用中被广泛使用。半参数线性回归模型的最小二乘局部线性估计分三步进行。

第一步，先设 β 已知，基于模型 $Y_i - \beta'Z_i = g(X_i) + u_i$，得到 $g(x)$ 的局部线性估计 $\hat{g}(x, \beta)$，同时也可以获得其导数的估计。

第二步，基于参数模型 $Y_i = \beta'Z_i + \hat{g}(X_i, \beta) + v_i$，得到 β 的最小二乘估计 $\hat{\beta}$。

第三步，得到 $g(x)$ 的最终估计 $\hat{g}(x) = \hat{g}(x, \hat{\beta})$，以及其导数的最终估计。

参数向量 β 和非参数函数 $g(x)$ 的局部线性估计的矩阵表达式为：

$$\hat{\beta} = (\tilde{Z}^{\mathrm{T}}\tilde{Z})^{-1}\tilde{Z}^{\mathrm{T}}\tilde{Y}, \quad \hat{g}(x) = S^{\mathrm{T}}(x)(Y - \hat{\beta}Z) \tag{16.3.4}$$

其中，

$$\tilde{Z} = (I - S)Z,\ Z = (Z_1, \cdots, Z_n)^{\mathrm{T}},\ \tilde{Y} = (I - S)Y,\ Y = (Y_1, \cdots, Y_n)^{\mathrm{T}},$$

$$S = [S(X_1), \cdots, S(X_n)]^{\mathrm{T}},\ S^{\mathrm{T}}(x) = e_1^{\mathrm{T}}(X_x^{\mathrm{T}}W_x X_x)^{-1}X_x^{\mathrm{T}}W_x,\ e_1 = (1, 0, \cdots, 0)^{\mathrm{T}},$$

$$X_x = (X_{x,1}, \cdots, X_{x,n})^{\mathrm{T}},\ X_{x,i} = (1, (X_i - x)^{\mathrm{T}})^{\mathrm{T}},$$

$$W_x = \mathrm{diag}\{K_{h_n}(X_1 - x), \cdots, K_{h_n}(X_n - x)\}。$$

将 $e_1 = (1, 0, \cdots, 0)^{\mathrm{T}}$ 换成 $e_i = (0, \cdots, 0, 1, 0, \cdots, 0)^{\mathrm{T}}$（第 i 个为 1，其他为 0），容易得到 $g(x)$ 导数估计的表达式。

同样可以证明，最小二乘局部线性估计参数部分估计的收敛速度为 $O(n^{-1/2})$，非参数部分估计在内点处的收敛速度为 $O(n^{-2/(d_1+4)})$。在估计过程中，窗宽 h_n 不仅控制了半参数线性回归模型中非参数部分的局部线性估计效果，而且也控制了参数部分最小二乘估计的效果。

半参数二元离散选择模型

二元离散选择模型是微观计量经济学的一类重要模型。为了估计二元离散选择参数模型，必须基于效用模型（即潜在被解释变量的回归方程）的随机误差项分布已知的假定——或者是标准正态分布，或者是 logistic 分布，或者是其他极值分布。但是，在现实中该假定不一定成立，错误的分布设定必然导致错误的推断。半参数二元离散选择模型中效用模型的随机误差项的分布是待估计的未知函数，这样就可以有效克服二元离散选择模型的应用缺陷。由于半参数模型估计的收敛速度慢于参数模型，因此必须有足够多的样本才能实现半参数模型的估计，如果样本数目不多，还是应该采用参数模型进行拟合。

设不可观测的潜在变量为 Y_i^*，比如个体购买汽车的效用与不购买汽车的效用之差，其可观测的变量是 Y_i，若个体购买汽车的效用大于不购买汽车的效用，即 $Y_i^*>0$，则 $Y_i>1$，个体做出购买汽车的选择；反之，若个体购买汽车的效用小于或等于不购买汽车的效用，即 $Y_i^*\leqslant0$，则 $Y_i>0$，个体做出不购买汽车的选择。影响个体购买汽车的效用和不购买汽车的效用的因素很多，如个体的收入 X_i、汽车的价格 Z_i、个体乘公交车上班的成本和城市的交通情况等。于是，将半参数二元离散选择模型设定为：

$$Y_i^* = a + bX_i + cZ_i + \mu_i^* \tag{16.3.5}$$

其中，解释变量 X_i 和 Z_i 是确定性变量，μ_i^* 是零均值分布为 $F(\mu)$ 的随机误差项。假定 $F(\mu)$ 未知，为一对称分布，即 $\mathrm{F}(\mu)=1-\mathrm{F}(-\mu)$。影响因素可以是离散型变量，也可以是连续型变量，可以不止两个。经典的模型假定 $F(\mu)$ 已知，最常用的是 probit 模型和 logit 模型，这两个模型分别假定模型的随机误差项的分布为标准正态分布：

$$F(\mu) = \int_{-\infty}^{\mu} (2\pi)^{-1/2}\,\mathrm{e}^{-s^2/2}\,\mathrm{d}s$$

和 logistic 分布：

$$F(\mu) = 1/(1 + \mathrm{e}^{-\mu})$$

然而，现实中，个体购买汽车的效用和不购买汽车的效用不可观测，因而随机误差项的分布具体是什么形式也是未知的。所以，半参数二元离散选择模型比经典的模型更符合实际情况。

根据上述界定，显然有：

$$\begin{aligned}
P(Y_i = 1) = P(Y_i^* > 0) &= P(a + bX_i + cZ_i + \mu_i^* > 0) \\
&= P(\mu_i^* > -(a + bX_i + cZ_i)) = F(a + bX_i + cZ_i)
\end{aligned} \tag{16.3.6}$$

其中，$P(\cdot)$ 表示概率。由于 Y_i 是取值为 0 和 1 的离散变量，所以，

$$E(Y_i) = P(Y_i = 1) \tag{16.3.7}$$

结合式（16.3.6）和式（16.3.7），有

$$E(Y_i) = F(a + bX_i + cZ_i) \tag{16.3.8}$$

于是模型 （16.3.8） 转化为

$$Y_i = F(a + bX_i + cZ_i) + \mu_i \tag{16.3.9}$$

其中函数 $F(\cdot)$ 未知，μ_i 为随机误差项，均值为零，即 $E(\mu_i) = 0$，但存在异方差，即

$$E(\mu_i^2) = F(a + bX_i + cZ_i)(1 - F(a + bX_i + cZ_i))$$

所以，半参数二元离散选择模型实际上是一个半参数单方向投影追踪异方差模型。为了使模型 （16.3.9） 可识别，必须给定 a 和 b 或 c，不妨假定 $a＝0$ 和 $b＝1$，并假定 X_i 是影响 Y_i 的不可缺少的因素。对于模型 （16.3.9），可采用上节介绍的最小二乘核估计方法进行估计。

也可以采用最大似然核估计方法估计模型 （16.3.9）。$\{Y_i\}$ 的对数似然函数为

$$L = \sum_{i=1}^{n} \big[(1 - Y_i)\log(1 - F(X_i + cZ_i)) + Y_i \log F(X_i + cZ_i)\big] \tag{16.3.10}$$

对参数 c 和未知函数 $F(\cdot)$ 的最大似然核估计分三步进行。

第一步，假定 c 已知，基于模型 （16.3.9），得到 $F(w)$ 的核估计：

$$\hat{F}(w,c) = \sum_{i=1}^{n} W_{ni}(w,c)Y_i \tag{16.3.11}$$

其中，$W_{ni}(w,c) = K\left(\dfrac{X_i + cZ_i - w}{h_n}\right)\bigg/ \sum_{k=1}^{n} K\left(\dfrac{X_k + cZ_k - w}{h_n}\right)$。

第二步，得到 c 的最大似然估计，即最大化对数似然函数

$$\sum_{i=1}^{n} \big[(1 - Y_i)\log(1 - \hat{F}(X_i + cZ_i, c)) + Y_i \log \hat{F}(X_i + cZ_i, c)\big] \tag{16.3.12}$$

记 c 的最大似然估计为 $\hat{c}$。

第三步，得到 $F(w)$ 的最终估计：

$$\hat{F}(w) = \hat{F}(w, \hat{c}) = \sum_{i=1}^{n} W_{ni}(w, \hat{c})Y_i \tag{16.3.13}$$

实　例

下面通过一个实例对参数离散选择模型和半参数离散选择模型的效果进行比较。

例 16.4　本例研究邮寄目录对直销的作用。通常从人口统计资料及个体历史购买决策的记录中挑出最可能成为回头客的目标客户。例如，人们可能考虑只向那些最可能成为回头客的客户邮寄目录。于是，直销的成功或者失败直接依赖于如何识别哪些客户最可能做出购买的选择。

考虑一个行业标准数据库，这个数据库来自美国直复营销协会 （DMA），包含了每年向其顾客邮寄一般及专门目录若干次的高档礼品行业公司的数据，时间期限为 1971 年 12 月—

1992年6月。DMA收集的数据包括订单，14个产品组中每组的购买量、购买时间以及购买方式。在1992年秋季较早时候向现有数据库中的顾客至少发送了一份目录之后，数据就出现了三个月的缺口。然后1992年9—12月的数据进行了更新。这里先利用1971年12月—1992年6月的数据建立模型，然后利用1992年9—12月的数据进行评估。在第一个时间段内抽取一个包含4 500个个体的随机子集，用于建模和预测顾客购买的可能性，接着，在第二个时间段内抽取1 500个随机挑选的个体，来评估模型预测的准确性。即先利用$n_1 = 4\,500$的数据估计参数logit模型、probit模型和半参数离散选择模型，再利用$n_2 = 1\,500$的后续数据进行评测。

现在有两个相互独立的数据集和评测数据集，容量分别为$n_1 = 4\,500$和$n_2 = 1\,500$，每个顾客均有一份记录。选取14个产品组中的第8个产品组。研究中涉及的变量如下：

（1）Response：决定是否购买；

（2）LTDFallOrders：累计秋季订单；

（3）LastPurchSeason：购买发生季节（在数据库中，当购买发生在1—6月时此项记为1，当购买发生在7—12月时记为2，若没有购买发生则记为—1）；

（4）Orders4YrsAgo：最近五年中的订单；

（5）LTDPurchGrp8：累计购买量；

（6）DateLastPurch：上次购买发生时间（12/71记为0，1/72记为1，以此类推）。

这些变量的统计特征见表16-7和表16-8。

表16-7　　　　　　　　　数据集统计情况（$n_1 = 4\,500$）

变量	均值	标准差	最小值	最大值
Response	0.09	0.28	0	1
LTDFallOrders	1.36	1.38	0	15
LastPurchSeason	1.62	0.53	—1	2
Orders4YrsAgo	0.26	0.55	0	5
LTDPurchGrp8	0.09	0.31	0	4
DateLastPurch	316.31	216.34	0	117

表16-8　　　　　　　　评测数据集统计情况（$n_2 = 1\,500$）

变量	均值	标准差	最小值	最大值
Response	0.08	0.27	0	1
LTDFallOrders	1.32	1.38	0	14
LastPurchSeason	1.63	0.51	—1	2
Orders4YrsAgo	0.25	0.52	0	4
LTDPurchGrp8	0.08	0.29	0	3
DateLastPurch	36.44	26.95	0	116

模型用其样本外（out-of-sample）表现来评测，样本外表现则是基于McFadden，Puig

和 Kirschner（1977）的标准 $[p_{11}+p_{22}-p_{21}^2-p_{12}^2$，其中 p_{ij} 为 $2×2$ 混淆矩阵中第 i 行第 j 列元素，表示为所有元素加总后的一部分。混淆矩阵是指模型真实结果与预测结果对比的一个列表。对角元素包含正确的预测结果，而非对角线元素包含不正确（混淆）的结果] 与购买的正确归类率（最终确实购买的顾客中被准确预测到的人数所占的比例）。logit 模型的结果以混淆矩阵的形式在表 16-9 中给出，半参数离散选择模型的结果在表 16-10 中给出。

表 16-9 logit 模型的混淆矩阵与归类率

	预测不购买	预测购买
实际没购买	1 378	1
实际购买	108	9
预测准确率：91.95%		
正确归类率：92.47%		
不购买的正确归类率：99.64%		
购买的正确归类率：16.69%		

表 16-10 半参数离散选择模型的混淆矩阵与归类率

	预测不购买	预测购买
实际没购买	1 361	22
实际购买	75	42
预测准确率：93.26%		
正确归类率：93.53%		
不购买的正确归类率：98.41%		
购买的正确归类率：35.90%		

从表 16-9 和表 16-10 中可以发现，半参数离散选择模型根据后续数据得出的预测表现要优于参数 logit 模型。另外注意，尽管在 McFadden，Puig 和 Kirschner（1977）标准下，参数模型看起来表现不错，但是在对确实做出购买决策的顾客的预测上表现不佳。

例 16.5 以纳洛夫（Nerlove）在 1963 年对电力行业规模报酬的经典研究的数据集 table16_1 为例，建立如下半参数回归模型

$$\ln TC_i = \beta_1 \ln Q_i + \beta_2 \ln PL_i + \beta_3 \ln PK_i + m(\ln PF_i) + u_i$$

其中 TC 是总成本，Q 是总产量，PL 是小时工资率，PK 是资本租赁价格，PF 是燃料价格。

首先，安装半参数回归模型的软件包 semipar：

. ssc install semipar

其次，运用软件包 semipar 进行半参数回归模型的计算：

. semipar lntc lnq lnpl lnpk, nonpar（lnpf）

计算结果如表 16-11 和图 16-7 所示。参数部分的估计符合经济意义。非参数部分的估计表明，非参数函数自变量与因变量之间是非线性关系。

表 16-11 参数部分估计结果

Number of obs ＝145

R-squared＝0.927 3

Adj R-squared ＝0.925 8

Root MSE＝0.374 9

lntc		Coef.	Std. Err.	t	P>｜t｜	［95％ Conf. Interval］	
lnq		.723 701 3	.017 105 7	42.31	0.000	.689 886 5	.757 516 1
lnpl		.339 889 9	.320 031	1.06	0.290	−.292 751	.972 530 7
lnpk		−.354 975 3	.333 574 8	−1.06	0.289	−1.014 39	.304 439 1

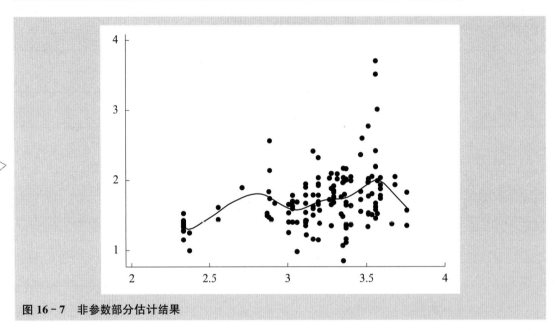

图 16-7 非参数部分估计结果

要点与结论

（1）因为当非参数部分的解释变量增多时，非参数函数估计的收敛速度会下降，所以，当数据不是很多时，非参数部分的解释变量最好只有 1 个；当数据很多时，才可以考虑有 2 个非参数部分的解释变量。

（2）半参数回归模型成为常用的非参数回归模型，可以将已知的线性或非线性关系归到参数回归部分，将未知的非线性关系归到非参数回归部分。

习　题

16.1　非参数计量经济模型适用于什么样的研究对象？

16.2　非参数计量经济模型理论的核心是什么？

16.3　非参数回归模型和半参数回归模型在模型形式和功能上的差异是什么？

16.4　为什么说非参数计量经济模型的权函数估计方法属于局部逼近估计方法？核估计和局部线性估计的区别是什么？

16.5　概率密度函数估计有什么应用价值？为什么说密度函数的非参数核估计方法是基于密度函数与分布函数的关系而发展起来的一种估计方法？

16.6　非参数回归模型核估计中核函数$K(\cdot)$的作用是什么？为什么说核估计等价于局部加权最小二乘估计？

16.7　非参数回归模型权函数估计中窗宽的作用是什么？如何选择最佳窗宽？

16.8　为什么说局部线性估计也等价于局部加权最小二乘估计？

16.9　非参数回归模型级数估计的基本思路是什么？

16.10　半参数线性回归模型最小二乘核估计的原理和步骤是什么？半参数回归线性模型最小二乘局部线性估计的原理和步骤是什么？

16.11　选择一个简单的研究题目，建立非参数回归模型，分别采用核估计和局部线性估计方法估计模型，熟悉这两种权函数估计方法并分析各自的优缺点。

16.12　选择一个简单的研究题目，分别建立参数回归模型、半参数回归模型和非参数回归模型，估计模型并利用模型进行样本期预测，比较各种模型的预测结果并分析其优缺点。

16

第17章 定性响应回归模型

到目前为止，我们考虑的所有回归模型都隐含地假定了回归子、因变量或响应变量 Y 是定量的，而解释变量是定量的、定性的（或虚拟的）或二者兼而有之。事实上，在关于虚拟变量的第 9 章中，我们看到了虚拟回归元是如何被引入回归模型中的，以及它们在特定情况下所扮演的角色。

在本章我们将考虑的几个模型中，回归子本身就是定性的。尽管在社会科学和医学研究的各个领域中的应用与日俱增，定性响应回归模型仍然存在值得注意的估计和解释方面的问题。本章中我们仅接触这个领域的部分主题，要想对该领域有更深入的了解，可以查阅更专业的书籍。[①]

17.1 定性响应回归模型的性质

假如我们想研究成年男子的劳动力参与（LFP）决策问题。因为一个成人或者在劳动力队伍中或者不在，所以 LFP 是一个是或者不是的决策。这样，响应变量或回归子只能取两个值，即如果这个人在劳动力队伍中，则取值 1；如果他不在其中，则取值 0。换言之，回归子是一个二值或二分变量（binary or dichotomous variable）。劳动经济学研究表明，LFP 决策是失业率、平均工资率、教育和家庭收入等因素的函数。

在另一个例子中，考虑美国总统选举。假设有两个政党——民主党和共和党，这里的因变量是两个政党间的投票选择。假定若投票给民主党候选人，则 $Y=1$；若投票给共和党候选人，则 $Y=0$。耶鲁大学经济学家费尔（Ray Fair）和几个政治

---

① 在初级水平上，读者可能会发现以下资料非常有用。Daniel A. Powers and Yu Xie, *Statistical Methods for Categorical Data Analysis*, Academic Press, 2000；John H. Aldrich and Forrest Nelson, *Linear Probability*, *Logit*, *and Probit Models*, Sage Publications, 1984；以及 Tim Futing Liao, *Interpreting Probability Models*：*Logit*, *Probit and Other Generalized Linear Models*, Sage Publications, 1994。对这些文献非常全面的评论可参见 G. S. Maddala, *Limited-Dependent and Qualitative Variables in Econometrics*, Cambridge University Press, 1983。

科学家[1]在这个专题上做了大量的研究。在投票选择中使用的一些变量包括 GDP 的增长率、失业率和通货膨胀率、候选人是否为争取连任而参与竞选等。这里重要的是回归子是一个定性变量。

我们可以举出定性回归子的其他例子。例如，一个家庭拥有一套住房或者没有，住房有房屋保险或者没有，夫妻两人都在工作或者仅一人在工作。类似地，某种药物对治疗某种疾病是否有效，一厂商决定是否公告支付股利，一位参议员是否对减税提案投赞成票，美国总统是否对某个法案行使否决权，等等。

我们不必将响应变量仅局限于是/否或二分类型。回到美国总统选举的例子中，假定有三个政党——民主党、共和党和独立党派，这里的响应变量是三分的（trichotomous）。一般地，我们可以拥有一个多分（polychotomous）响应变量或多类型（multiple-category）响应变量。

我们计划先考虑二分回归子，然后再分析这个基本模型的各种扩展。但是，在我们这样做之前，指出定性回归子模型和定量回归子模型之间的根本差别是很重要的。

在一个模型中，如果 Y 是定量的，我们的目标就是给定回归元的值，估计回归子的期望值或均值。用第 2 章的话来说，我们所需要的是 $E\left(Y_i \mid X_{1i}, X_{2i}, \cdots, X_{ki}\right)$，其中诸 X 是回归元，既有定量的，也有定性的。如果 Y 是定性的，则在模型中，我们的目标是找出某件事情发生的概率，比如向民主党候选人投票、拥有一套住房、属于一个工会或参加一项运动等。因此，定性响应回归模型通常被称为概率模型（probability models）。

在本章的余下部分，我们将寻求以下问题的答案：

（1）我们怎样估计定性响应回归模型？能否简单地用平常的 OLS 方法进行估计？

（2）有特殊的推断问题吗？换言之，假设检验程序是否与我们已经学过的有所不同？

（3）若一个回归子是定性的，我们该如何度量这种模型的拟合优度？在这种模型中，计算惯用的 R^2 有什么价值吗？

（4）一旦超出二分回归子的情况，我们怎样估计和解释多分回归模型呢？还有，我们该怎样处理这样的模型：它的回归子是顺序的（ordinal），也就是一个有序的类型变量，比如说读书年数（不到 8 年、8～11 年、12 年、13 年及以上）；或者它的回归子是名义的（nominal），即没有内在的顺序，比如说人种（黑人、白人、拉美裔、亚裔和其他）？

---

① 例如，参见 Ray Fair, "Econometrics and Presidential Elections," *Journal of Economic Perspective*, Summer 1996, pp. 89 - 102, and Michael S. Lewis-Beck, *The Major Western Democracies*, University of Michigan Press, Ann Arbor, 1980。

（5）对于这些现象我们该如何建模：比如每年看病的次数、给定年份中一个厂商获得专利的个数、一年中大学教授所发表论文的篇数、五分钟内接到电话的次数或者五分钟内通过某个收费站的汽车数量？这些被称为计数数据（count data）或者稀有事件（rare event）数据的现象都是泊松（概率）过程的例子。

在本章中我们将仅在初级水平上为其中一些问题提供答案，有些问题相当高深，并且需要的数学和统计学背景知识超出了本书要求的程度。更多的细节可参见各有关注释所引用的参考文献。

在开始学习定性响应回归模型之前，我们首先考虑二值响应（binary response）回归模型。这里有三种方法可以为二值响应变量建立一个概率模型：

（1）线性概率模型（LPM）。

（2）logit 模型。

（3）probit 模型。

（4）tobit 模型。

由于 LPM 相对简单而且能用 OLS 进行估计，因此我们先考虑 LPM，其他模型将在后面讨论。

17.2 线性概率模型

考虑如下回归模型：

$$Y_i = \beta_1 + \beta_2 X_i + u_i \tag{17.2.1}$$

其中 X＝家庭收入。如果该家庭拥有住房，则 Y＝1；如果该家庭不拥有住房，则 Y＝0。

模型（17.2.1）看似是一个典型的线性回归模型，但由于回归子是二值的或二分的，因此这个模型被称为线性概率模型（linear probability model，LPM）。这是因为 Y_i 在给定 X_i 下的条件期望 $E(Y_i \mid X_i)$ 可解释为在给定 X_i 下事件（家庭拥有住房）发生的条件概率，即 $\Pr(Y_i = 1 \mid X_i)$。这样在我们这个例子里，$E(Y_i \mid X_i)$ 给出了一个家庭拥有自己的住房且其收入是某给定的数额 X_i 的概率。

把模型（17.2.1）这样的模型命名为 LPM 的理由可从下面看出：$E(u_i) = 0$，如同平常那样（为了得到无偏估计量），我们得到：

$$E(Y_i \mid X_i) = \beta_1 + \beta_2 X_i \tag{17.2.2}$$

现在，令 P_i＝"Y_i＝1"（即事件发生）的概率，而 $1-P_i$＝"Y_i＝0"（即事件不发生）的概率，则变量 Y_i 有如下（概率）分布：

Y_i	概率
0	$1-P_i$
1	P_i
总和	1

即 Y_i 服从贝努利概率分布（Bernoulli probability distribution）。

现在，由数学期望的定义，我们有：

$$E(Y_i) = 0(1-P_i) + 1(P_i) = P_i \qquad (17.2.3)$$

比较方程（17.2.2）和方程（17.2.3），我们得到：

$$E(Y_i \mid X_i) = \beta_1 + \beta_2 X_i = P_i \qquad (17.2.4)$$

即模型（17.2.1）的条件期望事实上可以解释为 Y_i 的条件概率。通常，一个贝努利随机变量的期望就是该随机变量等于 1 的概率。顺便指出，如果有 n 次独立试验，每次成功的概率为 p，失败的概率为 $1-p$，而且 X 代表这些试验成功的次数，那么我们就称 X 服从二项式分布（binomial distribution）。二项式分布的均值为 np，方差为 $np(1-p)$。"成功"一词已在行文中定义了。

既然概率 P_i 必须介于 0 和 1 之间，我们就有了一个约束条件

$$0 \leqslant E(Y_i \mid X_i) \leqslant 1 \qquad (17.2.5)$$

即条件期望（或条件概率）必须介于 0 和 1 之间。

从前面的讨论来看，OLS 似乎很容易就能扩展到二值因变量回归模型。那么，这里也就没有什么新颖之处了。不幸的是，情况并非如此，因为 LPM 提出了如下几个问题。

干扰项 u_i 的非正态性

虽然 OLS 并不要求干扰项 u_i 一定是正态分布的，但出于统计推断的目的，我们仍然假定这些干扰项服从正态分布。[①] 然而，由于干扰项 u_i 和 Y_i 一样，在 LMP 中只取两个值，所以 u_i 的正态性假定便不再成立。为了看清这一点，我们把方程（17.2.1）写成：

$$u_i = Y_i - \beta_1 - \beta_2 X_i \qquad (17.2.6)$$

u_i 的概率分布为

	u_i	概率
当 $Y_i = 1$ 时	$1 - \beta_1 - \beta_2 X_i$	P_i
当 $Y_i = 0$ 时	$-\beta_1 - \beta_2 X_i$	$1 - P_i$

$$(17.2.7)$$

显然，我们不可能再假定 u_i 是正态分布的；它们服从贝努利分布。

但是不满足正态性假定也许并不像它看上去那么重要，因为我们知道 OLS 的点估计值仍然保持无偏性（记住，如果我们的目的是点估计，那么正态性假定就无关紧要）。此外，当样本无限增大时，统计理论表明，OLS 估计量一般都趋于正态

[①]　记得我们已经建议应该用适当的正态检验来检查某个应用中的正态假定，例如雅克-贝拉检验。

分布。[①] 因此，在大样本中，LPM 的统计推断仍可沿用正态性假定下常用的 OLS 程序。

干扰项的异方差性

即使 $E(u_i)=0$ 和 $\mathrm{cov}(u_i, u_j)=0$（对 $i \neq j$，即无序列相关性），我们也不能认为 LPM 中的干扰项 u_i 是同方差的。然而，这并不令人吃惊。正如统计理论告诉我们的那样，对于一个贝努利分布，理论上的均值和方差分别为 p 和 $p(1-p)$，其中 p 是成功（即事件发生）的概率，从而表明方差是均值的函数。因此，误差一定是异方差的。

对于方程（17.2.7）中给出的误差项的分布，运用方差的定义，读者应该可以证明（见习题 17.10）：

$$\mathrm{var}(u_i) = P_i(1-P_i) \tag{17.2.8}$$

即 LPM 中误差项的方差是异方差的。既然 $P_i = E(Y_i \mid X_i) = \beta_1 + \beta_2 X_i$，$u_i$ 的方差最终依赖于 X 的值，从而就不是同方差的。

我们已经知道，当出现异方差时，OLS 估计虽然是无偏的，却不是有效的；也就是说，它不再具有最小方差。然而，正如非线性问题一样，异方差性的问题也不是一种不能克服的障碍。在第 11 章中，我们讨论过处理异方差问题的几种方法。由于 u_i 的方差依赖于 $E(Y_i \mid X_i)$，解决异方差性问题的方法之一就是进行数据变换，将模型（17.2.1）的两边同时除以

$$\sqrt{E(Y_i \mid X_i)\left[1-E(Y_i \mid X_i)\right]} = \sqrt{P_i(1-P)} = \mathrm{say}\ \sqrt{w_i}$$

即

$$\frac{Y_i}{\sqrt{w_i}} = \frac{\beta_1}{\sqrt{w_i}} + \beta_2 \frac{X_i}{\sqrt{w_i}} + \frac{u_i}{\sqrt{w_i}} \tag{17.2.9}$$

很容易就可以证明，方程（17.2.9）中变换后的误差项是同方差的。因此，在估计方程（17.2.1）之后，我们就可以用 OLS 对方程（17.2.9）进行估计了，这就是以 w_i 为权数的加权最小二乘（WLS）。

理论上，我们刚才的描述很完美。但在实践中，真实的 $E(Y_i \mid X_i)$ 是未知的，因此权重 w_i 也是未知的。为了估计 w_i，我们可以用如下两步法[②]：

步骤 1. 对方程（17.2.1）进行 OLS 回归，暂时撇开异方差性问题，得到 $\hat{Y}_i =$ 真实 $E(Y_i \mid X_i)$ 的估计值，再由此求出 w_i 的估计值 $\hat{w}_i = \hat{Y}_i(1-\hat{Y}_i)$。

[①] 证明的依据是中心极限定理，可参见 E. Malinvaud, *Statistical Methods of Econometrics*，Rand McNally，Chicago，1966，pp. 195-197。如果回归元被认为是随机的并且是联合正态分布的，那么，即使干扰项是非正态分布的，F 检验和 t 检验仍可使用。而且记住，当样本无限增大时，二项分布收敛于正态分布。

[②] 至于使用这一程序的合理性，参见 Arthur S. Goldberger, *Econometric Theory*，John Wiley & Sons，New York，1964，pp. 249-250。它本质上是一个大样本的证明，我们在有关异方差的章节的可行或估计的广义最小二乘法的标题下讨论过（见 11.6 节）。

步骤 2. 用估计的 w_i 去进行如方程 (17.2.9) 所示的数据变换，并用加权最小二乘法估计变换后的方程。

尽管我们稍后就用例子来说明这个程序，但仍有必要指出，如果样本足够大，我们也可以使用怀特的异方差校正标准误来处理异方差性。

就算对异方差性进行了校正，我们首先还必须解决困扰 LPM 的另一个问题。

不满足 $0 \leqslant E(Y_i \mid X_i) \leqslant 1$ 的情形

由于线性概率模型中的 $E(Y_i \mid X_i)$ 度量着在给定 X 下事件 Y 发生的条件概率，所以它必须落在 0 与 1 之间。虽然先验上这是正确的，但无法保证 $E(Y_i \mid X_i)$ 的估计量 $\hat{Y}_i$ 一定能满足这一约束条件。这是用 OLS 估计 LPM 的真正问题所在。出现这个问题的原因是，OLS 没有考虑 $0 \leqslant E(Y_i \mid X_i) \leqslant 1$ 的约束条件（这是一个不等式约束）。

有两种方法可以帮助我们弄清楚估计的 $\hat{Y}_i$ 是否介于 0 与 1 之间。一种方法是用一般的 OLS 方法估计 LPM，看估计的 $\hat{Y}_i$ 是否介于 0 与 1 之间，如果有些 $\hat{Y}_i$ 小于 0，则取其为 0。如果有些 $\hat{Y}_i$ 大于 1，则取其为 1。另一种方法是设计一种估计方法，以保证所估计的条件概率 $\hat{Y}_i$ 必定落在 0 与 1 之间，稍后讨论的 logit 模型和 probit 模型将能保证所估计的概率确实落在 0 到 1 这个逻辑界限之间。

可疑的拟合优度：R^2

在二分响应模型中，按惯例计算的 R^2 是有限的。为看出其中的道理，考虑图 17-1。

对于给定的 X，Y 为 0 或 1。因此，所有的 Y 值都必定要么落在 X 轴上，要么落在 $Y=1$ 的一条直线上。因此，一般地说，不能期望有任何 LPM 能很好地拟合这样的散点，不管是无约束的 LPM [图 17-1 (a)]，抑或是断尾或受约束的 LPM [图 17-1 (b)]。后者指用一种限制 Y 不超越逻辑界限 0 和 1 的方法去估计 LPM。因此，对这样的模型，按惯例计算的 R^2 很可能比 1 小很多。在大多数实际应用中，R^2 都介于 0.2 与 0.6 之间。对这种模型，只有当实际的散点非常密集地分布在点 A 和点 B 周围时 [图 17-1 (c)]，R^2 才会高，比方说高于 0.8，因为这时容易通过连接 A 和 B 两点把直线的位置固定下来。这时，预测的 Y_i 值将非常接近 0 或 1。

由于这些缘故，奥尔德里奇（John Aldrich）和纳尔逊（Forrest Nelson）争辩说："在有定性因变量的模型中应避免使用判定系数作为一种摘要统计量。"[1]

---

[1] Aldrich and Nelson, op. cit., p. 15. 在含有虚拟回归子的模型中度量拟合优度的其他方法可参见 T. Amemiya, "Qualitative Response Models," *Journal of Economic Literature*, vol. 19, 1981, pp. 331-354。

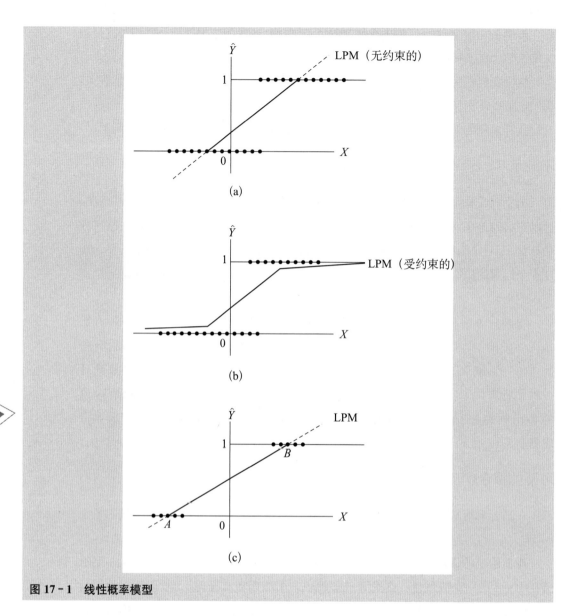

图 17-1 线性概率模型

例 17.1 LPM：一个数值例子

我们用一个数值例子来说明本节中关于 LPM 的一些问题。表 17-1 给出了 40 个家庭的住房所有权 Y（1＝拥有住房，0＝不拥有住房）和家庭收入 X（千美元）的虚构数据。根据这些数据，用 OLS 估计 LPM 如下：

$$\hat{Y}_i = -0.945\,7 + 0.102\,1X_i$$

$$(0.122\,8) \quad (0.008\,2) \tag{17.2.10}$$

$$t = (-7.698\,4) \quad (12.515) \qquad R^2 = 0.804\,8$$

表 17-1 拥有住房（如果拥有住房 $Y=1$，否则为 0）以及收入 X（千美元）的虚构数据

家庭	Y	X	家庭	Y	X
1	0	8	2	1	16

续表

家庭	Y	X	家庭	Y	X
3	1	18	22	1	16
4	0	11	23	0	12
5	0	12	24	0	11
6	1	19	25	1	16
7	1	20	26	0	11
8	0	13	27	1	20
9	0	9	28	1	18
10	0	10	29	0	11
11	1	17	30	0	10
12	1	18	31	1	17
13	0	14	32	0	13
14	1	20	33	1	21
15	0	6	34	1	20
16	1	19	35	0	11
17	1	16	36	0	8
18	0	10	37	1	17
19	0	8	38	1	16
20	1	18	39	0	7
21	1	22	40	1	17

首先我们来解释这一回归。截距值 $-0.945\,7$ 给出零收入的家庭拥有自己住房的"概率"。由于此值是负的,而概率又不可能是负值,我们就把该值当作零看待,这样做在本例中是说得过去的。[①] 斜率值 $0.102\,1$ 意味着收入每增加 1 单位(本例中是 1 000 美元),平均地说,拥有住房的概率就增加 $0.102\,1$ 或约 10%。当然,对某一给定的收入水平,我们可从方程(17.2.10)估计出拥有住房的实际概率。例如,对于 $X=12$(即 12 000 美元),估计拥有住房的概率是

$$(\hat{Y}_i \mid X = 12) = -0.945\,7 + 12 \times 0.102\,1 = 0.279\,5$$

这就是说,收入为 12 000 美元的家庭拥有住房的概率约为 28%,表 17-2 给出了对应于表中所列各种收入水平的估计概率 $\hat{Y}_i$。该表中最值得注意的特点是,有 6 个估计值为负值,并有 6 个值大于 1。这清楚地说明了前面提到的一种观点:尽管 $E(Y_i \mid X_i)$ 为正且小于 1,其估计值 $\hat{Y}_i$ 却不一定为正或小于 1。这就是为什么当因变量是二分变量时不宜使用 LPM。

表 17-2 住房所有权例子的实际 Y、估计 $\hat{Y}$ 以及权重 w_i

Y_i	$\hat{Y}_i$	$\hat{w}_i$[‡]	$\sqrt{\hat{w}_i}$	Y_i	$\hat{Y}_i$	$\hat{w}_i$[‡]	$\sqrt{\hat{w}_i}$
0	-0.129*			1	1.301^+		
1	0.688	0.214 6	0.463 3	1	0.688	0.214 7	0.463 3
1	0.893	0.095 6	0.309 1	0	0.280	0.201 6	0.499 0

----

① 不妨把较大的负值粗略地解释为,零收入的家庭拥有自己的住房近乎不可能。

续表

Y_i	$\hat{Y}_i$	$\hat{w}_i$ ‡	$\sqrt{\hat{w}_i}$	Y_i	$\hat{Y}_i$	$\hat{w}_i$ ‡	$\sqrt{\hat{w}_i}$
0	0.178	0.146 3	0.382 5	0	0.178	0.146 3	0.382 5
0	0.280	0.201 6	0.449 0	1	0.688	0.214 7	0.463 3
1	0.995	0.004 98	0.070 5	0	0.178	0.146 3	0.382 5
1	1.098+			1	1.097+		
0	0.382	0.236 1	0.485 9	1	0.893	0.095 6	0.309 1
0	−0.026 5*			0	0.178	0.146 3	0.382 5
0	0.076	0.070 2	0.265 0	0	0.076	0.070 2	0.265 0
1	0.791	0.165 3	0.406 6	1	0.791	0.165 3	0.405 5
1	0.893	0.095 6	0.309 1	0	0.382	0.236 1	0.485 9
0	0.484	0.249 7	0.499 7	1	1.199+		
1	1.097+			1	1.097+		
0	−0.333*			0	0.178	0.146 3	0.382 5
1	0.995	0.004 98	0.070 5	0	−0.129*		
1	0.688	0.214 7	0.463 3	1	0.791	0.165 3	0.406 6
0	0.076	0.070 2	0.265 0	1	0.688	0.214 7	0.463 3
0	−0.129*			0	−0.231*		
1	0.893	0.095 6	0.309 1	1	0.791	0.165 3	0.406 6

注：＊当作 0，以避免负概率。
＋当作 1，以避免概率大于 1。
‡ $\hat{Y}_i(1-\hat{Y}_i)$。

即使所估计的 Y_i 全部是正值且小于 1，LPM 仍受异方差性问题的困扰，这很容易从方程（17.2.8）看出来。于是，我们就不能信赖方程（17.2.10）所报告的估计标准误。（为什么？）但是我们可用先前讨论过的 WLS 来求这些标准误更为有效的估计值。应用 WLS 时所必需的权重 $\hat{w}_i$ 也列在表 17-2 中。但注意，由于有些 Y_i 是负的，也有些 Y_i 大于 1，对于这些 Y_i 来说，$\hat{w}_i$ 将是负的。因此，我们在 WLS 中就不能使用这些观测值（为什么？），从而在本例中把观测值的个数从 40 个减少到 28 个。[①] 删去这些观测值的 WLS 回归将是：

$$\frac{\hat{Y}_i}{\sqrt{\hat{w}_i}} = -1.245\ 6\ \frac{1}{\sqrt{\hat{w}_i}} + 0.119\ 6\ \frac{X_i}{\sqrt{\hat{w}_i}}$$

$$(0.120\ 6) \qquad (0.006\ 9) \tag{17.2.11}$$

$$t = (-10.332) \qquad (17.454) \qquad R^2 = 0.921\ 4$$

这些结果表明，和方程（17.2.10）相比，估计的标准误变小了，从而估计的 t 比率（在

---

① 为了避免自由度损失，当 Y_i 的估计值为负时，可令 $\hat{Y}_i = 0.01$；而当 Y_i 的估计值大于或等于 1 时，可令 $\hat{Y}_i = 0.99$，参见习题 17.1。

绝对值上）变大了。然而，我们接受这一结果不免有些难处，因为在估计方程（17.2.11）时，我们被迫放弃了 12 个观测值。而且，由于 w_i 是估计值，严格地说，通常的统计假设检验程序仅在大样本中有效（参见第 11 章）。

17.3 LPM 的应用

在有方便的计算机软件包可用来估计（即将讨论的）logit 模型和 probit 模型之前，LPM 由于其简单性，曾相当广泛地被使用。现在我们来说明它的一些应用。

例 17.2 科恩-雷-勒曼研究[①]

在为美国劳工部所做的一项研究工作中，科恩（Cohen）、雷（Rea）和勒曼（Lerman）意欲把各类劳工的劳动力参与当作一些社会经济-人口统计变量的函数进行分析。在所有的回归中因变量都是一个虚拟变量：如果一个人参与劳动力队伍，就取值 1；如果他不参与劳动力队伍，就取值 0。在表 17-3 中我们复制了他们所做的几个虚拟因变量回归中的一个。

表 17-3 劳动力参与

居住在最大的 96 个标准大都市统计区（SMSA）的

22 岁及以上妇女的回归（因变量：1966 年参与或不参与劳动力队伍）

解释变量	系数	t 比率
常数项	0.436 8	15.4
婚姻状况		
已婚，有配偶	—	—
已婚，其他	0.152 3	13.8
未婚	0.291 5	22.0
年龄		
22～54 岁	—	—
55～64 岁	−0.059 4	−5.7
65 岁及以上	−0.275 3	−9.0
受教育程度		
0～4 年	—	—
5～8 年	0.125 5	5.8
9～12 年	0.170 4	7.9
13～15 年	0.223 1	10.6
16 年及以上	0.306 1	13.3

[①] Malcolm S. Cohen, Samuel A. Rea, Jr., and Robert I. Lerman, *A Micro Model of Labor Supply*, BLS Staff Paper 4, U. S. Department of Labor, 1970.

续表

解释变量	系数	t 比率
失业率（1996 年），%		
低于 2.5	—	—
2.6~3.4	−0.021 3	−1.6
3.5~4.0	−0.026 9	−2.0
4.1~5.0	−0.029 1	−2.2
5.1 及以上	−0.031 1	−2.4
就业变化（1965−1966 年），%		
低于 3.5	—	—
3.6~6.49	0.030 1	3.2
6.5 及以上	0.052 9	5.1
相对就业机会，%		
低于 62	—	—
63~73.9	0.038 1	3.2
74 及以上	0.057 1	3.2
FILOW，美元		
低于 1 500 及负值	—	—
1 500~7 499	−0.145 1	−15.4
7 500 及以上	−0.245 5	−24.4
交互作用（婚姻状况与年龄）		
婚姻状况 年龄		
其他 55~64 岁	−0.040 6	−2.1
其他 65 岁及以上	−0.139 1	−7.4
未婚 55~64 岁	−0.110 4	−3.3
未婚 65 岁及以上	−0.204 5	−6.4
交互作用（年龄与受教育程度）		
年龄 受教育程度		
65 岁及以上 5~8 年	−0.088 5	−2.8
65 岁及以上 9~11 年	−0.084 8	−2.4
65 岁及以上 12~15 年	−0.128 8	−4.0
65 岁及以上 16 年及以上	−0.162 8	−3.6
$R^2 = 0.175$		
观测次数＝25 153		

注：—表示基组或省略组。

FILOW 表示家庭收入减去本人工薪收入。

资料来源：Malcolm S. Cohen, Samuel A. Rea, Jr., and Robert I. Lerman, *A Micro Model of Labor Supply*, BLS Staff Paper 4, U. S. Department of Labor, 1970, Table F−6, pp. 212−213.

在解释计算结果之前，注意这些特点：上述回归是用 OLS 估计的。为了修正异方差性，作者们曾在他们的某些回归中使用前述两步法，但他们发现这样得到的标准误和未经异方差校正的标准误没有实质性区别。这也许纯粹是样本较大（约为 25 000）的缘故。由于样本很大，即使误差项取的是二分值，所估计的 t 值仍可用于检验这个一般 OLS 程序中的统计显著性。R^2 的估计值 0.175 看起来很低，但鉴于样本容量很大，基于 F 检验，这个 R^2 仍是显著的（见 8.4 节）。最后，注意作者是怎样把定量和定性变量融合在一起的，以及他们是怎样考虑交互作用的。

转到对所得结果的解释，我们看到，对于解释变量的值的给定单位变化，每个斜率系数都给出了事件发生的条件概率的变化率。比如说，附着于变量"65 岁及以上"的系数 -0.275 3 表示，在保持其他因素不变的情况下，该年龄组的妇女参与劳动力队伍的概率（与年龄为 22～54 岁的基组妇女相比）要低约 27%。类似地，附着于变量"受教育程度在 16 年及以上"的系数 0.306 1 表示，在保持其他因素不变的情况下，该组妇女参与劳动力队伍的概率（同受教育年数少于 5 年的基组妇女相比）要高出约 31%。

现在考虑婚姻状况与年龄的交互作用项。表中数据表明，未婚女性与基组相比，其劳动力参与概率要高出约 29%，而年龄为 65 岁及以上的妇女与基组相比，其劳动力参与概率则要低约 28%。但未婚且年龄为 65 岁及以上的妇女劳动力参与概率和基组相比，却低出约 20%。这意味着年龄为 65 岁及以上且未婚的女性很可能比 65 岁及以上且已婚或其他类别的妇女更多地参与劳动力队伍。

仿照以上程序，读者不难解释表 17-3 中的其他系数。从给定的这些信息还可求出各类人群的劳动力参与的条件概率。比方说，如果我们想求已婚（其他）、年龄为 22～54 岁、受教育程度为 12～15 年、失业率为 2.6%～3.4%、就业变化为 3.6%～6.49%、相对就业机会为 74% 及以上以及 FILOW 为 7 500 美元及以上人群的（劳动力参与）概率，便得到：

$$0.436\ 8 + 0.152\ 3 + 0.223\ 1 - 0.021\ 3 + 0.030\ 1 + 0.057\ 1 - 0.245\ 5 = 0.632\ 6$$

换句话说，符合上述特征的妇女，估计其劳动力参与概率约为 63%。

例 17.3 对债券评级的预测根据

基于 1961—1966 年 200 种 Aa（优质）和 Baa（中等质量）债券的时间序列与横截面混合数据，卡佩莱里（J. Cappelleri）估计了如下债券评级预测模型。[1]

$$Y_i = \beta_1 + \beta_2 X_{2i}^2 + \beta_3 X_{3i} + \beta_4 X_{4i} + \beta_5 X_{5i} + u_i$$

其中 $Y_i = 1$，如果债券评级为 Aa（穆迪评级）；

---

[1] Joseph Cappelleri, "Predicting a Bond Rating," unpublished term paper, C. U. N. Y. 本书所用模型是对下文中所用模型的一个修改：Thomas F. Pogue and Robert M. Soldofsky, "What Is in a Bond Rating?" *Journal of Financial and Quantitative Analysis*, June 1969, pp. 201-228。

$Y_i = 0$，如果债券评级为 Baa（穆迪评级）；

$X_2 =$ 负债资本比率，杠杆作用的一种度量；

$$= \frac{长期债券的美元价值}{总资产的美元价值} \times 100$$

$X_3 =$ 利润率；

$$= \frac{税后收入的美元价值}{净总资产的美元价值} \times 100$$

$X_4 =$ 利润率的标准差，利润率变异性的一种度量；

$X_5 =$ 净总资产（千美元），规模的一种度量。

可以先验地预期 β_2 和 β_4 是负的（为什么？），而 β_3 和 β_5 是正的。

在对异方差性和一阶自相关加以修正之后，卡佩莱里得到以下结果[1]：

$$\hat{Y}_i = 0.686\ 0 - 0.017\ 9 X_{2i}^2 + 0.048\ 6 X_{3i} + 0.057\ 2 X_{4i} + 0.378(\text{E-7}) X_{5i}$$
$$(0.177\ 5)\ (0.002\ 4)\quad (0.048\ 6)\quad (0.017\ 8)\quad (0.039)\ (\text{E-8})$$
$$R^2 = 0.693\ 3 \qquad (17.3.1)$$

注：0.378（E-7）表示 0.000 000 0378。

除 X_4 的系数外，所有系数都有正确的符号。为什么利润率的变异性有正的系数，我们让金融学专业的学生去寻觅其中的道理。因为人们预期，在其他条件不变时，利润的变异性越大，债券的穆迪评级为 Aa 的可能性就越小。

对回归的解释是直截了当的。例如，X_3 的系数 0.048 6 表示，其他条件相同时，利润率每增加一个百分点，平均而言，债券获得 Aa 评级的概率将增大约 0.05。类似地，负债资本比率的平方每提高一个单位，债券获得 Aa 评级的概率将降低 0.02。

例 17.4　谁持有银行借记卡

与信用卡一样，借记卡现在也被消费者广泛使用。消费者之所以喜欢使用借记卡，是因为在使用时，付款金额直接从他们的支票或其他指定账户中自动划走。为了弄清楚哪些因素影响借记卡的使用，我们搜集了 60 个客户的数据并考虑如下模型[2]：

$$Y_i = \beta_1 + \beta_2 X_{2i} + \beta_3 X_{3i} + \beta_4 X_{4i} + u_i$$

其中 $Y = 1$，如果持有借记卡，否则等于 0；$X_2 =$ 账户余额，以美元为单位；$X_3 =$ 在自动取款机（ATM）上交易的次数；$X_4 = 1$，如果在该账户收到利息，否则等于 0。

由于 LPM 存在异方差性，所以我们以表格的形式给出一般的 OLS 结果以及对异方差校正之后的 OLS 结果。

---

① 在进行异方差校正前，一些概率的估计值是负值或大于 1。这时，为便于计算权重 W_i，将这些估计值分别调整成 0.01 和 0.99。

② 分析中所用数据来自 Douglas A. Lind, William G. Marchal, and Robert D. Mason, *Statistical Techniques in Business and Economics*, 11th ed., McGraw-Hill, 2002, Appendix N, pp. 775 - 776. 我们没有使用作者所用的全部变量。

变量	系数	系数*
常数项	0.363 1	0.363 1
	(0.179 6)**	(0.160 4)**
账户余额	0.000 28	0.000 28
	(0.000 15)	(0.000 14)
在 ATM 上交易的次数	−0.026 9	−0.026 9
	(0.208)	(0.020 2)
利率	−0.301 9**	−0.3019**
	(0.144 8)	(0.135 3)
R^2	0.105 6	(0.105 6)

注：* 表示标准误经过异方差校正；** 表示在 5% 的显著性水平上是显著的。

这些结果表明，那些账户余额较高的人倾向于拥有一张借记卡。对账户余额支付的利息越高，持有借记卡的倾向就越低。尽管 ATM 变量不显著，但要注意它的符号是负的，这可能是因为 ATM 交易收费。

异方差校正与否对估计标准误的影响不大。为节省篇幅，我们没有给出拟合值（即估计概率），但它们都处在 0 与 1 的界限之内。不过，我们不能保证在任何情况下都是这样。

17.4　LPM 以外的其他方法

我们已经看到，LPM 受到一些问题的困扰，比如（1）u_i 的非正态性，（2）u_i 的异方差性，（3）$\hat{Y}_i$ 落在 0 到 1 的范围之外，以及（4）R^2 值一般来说都比较低。但这些困难是可以克服的。例如，我们可用 WLS 去解决异方差性问题或增大样本容量以减轻非正态性问题。通过受约束最小二乘法或数学规划技术，还可迫使所估计的概率落入 0 到 1 的范围之内。

但即使这样做了，LPM 的根本问题还在于，它在逻辑上不是一个很有吸引力的模型，因为它假定 $P_i = E(Y=1 \mid X)$ 随 X 而线性增加，即 X 的边际或临界效应一直保持不变。例如，在住房所有权一例中，我们求出，X 每增加一单位（1 000 美元），拥有住房的概率一律增加 0.10，无论收入水平是 8 000 美元、10 000 美元、18 000 美元还是 22 000 美元。这显然是不现实的。事实上，人们预料 P_i 与 X_i 之间存在非线性关系：收入很低的家庭不会拥有住房，而收入足够高，比如说超过 X^* 的家庭很可能拥有自己的住房。超过 X^* 的任何收入增加将不会对拥有住房的概率有什么影响。因此，在收入分布的两端，X 的一个小小的增加在实质上不会影响拥有住房的概率。

因此，我们所需要的是具有如下二分性质的一个（概率）模型：（1）随着 X_i 增加，$P_i = E(Y=1 \mid X)$ 也增加，但永远不会超出 0 到 1 这个范围；（2）P_i 和 X_i

之间的关系是非线性的，即随着 X_i 逐渐变小，估计概率趋于 0 的速度越来越慢，而随着 X_i 逐渐变大，估计概率趋于 1 的速度也越来越慢。[1] 从几何上看，我们所要的（概率）模型有点像图 17-2。注意，在此模型中，概率位于 0 到 1 之间并且随着 X 的变大而非线性地变化。

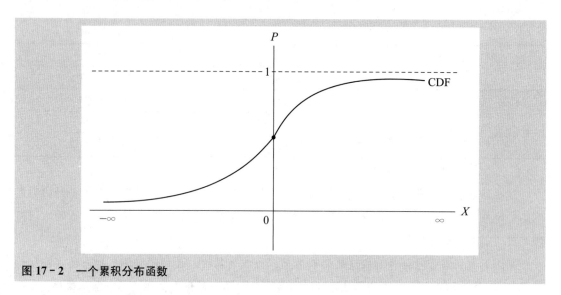

图 17-2　一个累积分布函数

读者必将发觉图中的 S 形曲线很像是一个随机变量的累积分布函数（cumulative distribution function，CDF）。[2] 因此，当回归中的响应变量是取 0 和 1 的二分变量时，容易用 CDF 建立回归模型。现在的实际问题是用哪一个 CDF？因为虽然所有的 CDF 都是 S 形的，但每个随机变量都有唯一的 CDF。由于历史和实际两方面的原因，通常选择用以代表 0 到 1 响应模型的 CDF 是（1）逻辑的（logistic）和（2）标准的（normal），前者给出 logit 模型，而后者给出 probit 模型或 normit 模型。

虽然对 logit 模型或 probit 模型的详尽讨论超出了本书的范围，但我们还是要非正式地说明怎样估计并解释这些模型。

17.5　logit 模型

我们继续用住房所有权的例子来说明 logit 模型背后的基本思想。回顾在解释住房所有权与收入的关系时，LPM 曾是：

$$P_i = \beta_1 + \beta_2 X_i \tag{17.5.1}$$

其中 $X=$ 收入，而 $P_i = E(Y_i = 1 \mid X_i)$ 表示家庭拥有住房，但现在考虑住房所有权

---

[1]　John Aldrich and Forrest Nelson, op. cit. , p. 26.

[2]　如同附录 A 中所讨论的，随机变量 Y 的 CDF 是指它取值小于或等于 x_0 的概率，这里 x_0 是 X 的某个特定数值。简言之，X 的 CDF 记为 $F(X)$，是指 $F(X = x_0) = P(X \leqslant x_0)$。

的如下表达式：

$$P_i = \frac{1}{1 + e^{-(\beta_1 + \beta_2 X_i)}} \tag{17.5.2}$$

为了便于讲解，我们把方程（17.5.2）写成：

$$P_i = \frac{1}{1 + e^{-Z_i}} = \frac{e^{Z_i}}{1 + e^{Z_i}} \tag{17.5.3}$$

其中 $Z_i = \beta_1 + \beta_2 X_i$。

方程（17.5.3）就是所谓的 logistic（累积）分布函数。[①]

容易证实，随着 Z_i 从 $-\infty$ 变到 $+\infty$，P_i 从 0 变到 1，而且 P_i 与 Z_i（从而与 X_i）存在非线性关系，这样就满足了上述两点要求。[②] 但在满足这些要求的同时，却造成了估计问题，因为从方程（17.5.2）可以清楚地看出，P_i 不仅是 X 的非线性函数，也是 β 的非线性函数。这就意味着我们不能用熟知的 OLS 程序去估计参数。[③] 不过就像后面我们将要看到的那样，由于方程（17.5.2）可以被线性化，所以这个问题与其说是真实存在的，毋宁说它是表面的。

如果拥有住房的概率 P_i 由方程（17.5.3）给出，那么不拥有住房的概率（$1 - P_i$）是：

$$1 - P_i = \frac{1}{1 + e^{Z_i}} \tag{17.5.4}$$

因此，我们可以得到：

$$\frac{P_i}{1 - P_i} = \frac{1 + e^{Z_i}}{1 + e^{-Z_i}} = e^{Z_i} \tag{17.5.5}$$

现在 $P_i / (1 - P_i)$ 无非就是拥有住房的机会比率（odds ratio）——一个家庭拥有住房的概率与不拥有住房的概率之比。比方说，若 $P_i = 0.8$，则这个家庭拥有住房的机会比率就是 4 比 1。

现在如果取方程（17.5.5）的自然对数，我们就得到一个非常有意思的结果，即：

$$L_i = \ln\left(\frac{P_i}{1 - P_i}\right) = Z_i = \beta_1 + \beta_2 X_i \tag{17.5.6}$$

即机会比率的对数 L_i 不仅是 X_i 的线性函数，而且（从估计的观点看）也是参数的线性函数。[④] L 被称为 logit，从而像方程（17.5.6）这样的模型被命名为 logit 模型。

[①] logistic 模型曾被广泛应用于分析增长现象，诸如人口、GNP、货币供给等。关于 logit 模型与 probit 模型的理论和实践方面的详细情况，可参见 J. S. Kramer, *The Logit Model for Economists*, Edward Arnold Publishers, London, 1991 和 G. S. Maddala, op. cit.。

[②] 注意，随着 $Z_i \to +\infty$，e^{-Z_i} 趋于 0，而随着 $Z_i \to -\infty$，e^{-Z_i} 无限增大，其中 e=2.718 28。

[③] 当然，还可使用第 14 章讨论的非线性估计方法。亦可参见 17.8 节。

[④] 记得 OLS 的线性假定并不要求 X 变量一定是线性的。这样，作为模型的回归元还可以有 X_2、X_3 等等。对于我们的目的，关键在于模型对参数而言是线性的。

注意 logit 模型的以下特点：

（1）随着 P 从 0 变到 1（即随着 Z 从 $-\infty$ 变到 $+\infty$），L 从 $-\infty$ 变到 $+\infty$。这就是说，虽然概率（必定）落在 0 与 1 之间，但 L 并不受此约束。

（2）虽然 L 是 X 的线性函数，但概率本身却不然。这一性质和概率随 X 而线性增加的 LPM 模型（17.5.1）形成了鲜明的对比。[1]

（3）虽然上述模型仅含有单个 X 变量或回归元，但是我们可以根据所依据的理论增加所需的回归元。

（4）若 L，即 logit 是正的，这就意味着当回归元的值增加时，回归子等于 1（意味着一些有利事件的发生）的机会也增大。若 L 为负，则随着 X 值的增加，回归子等于 1 的机会将减小。换言之，当机会比率由 1 降低到 0 时，L 会变为负的并且（绝对值）越来越大；当机会比率由 1 增大至无穷时，L 会变为正的并且越来越大。[2]

（5）对方程（17.5.6）中给出的 logit 模型较为正式的解释如下：斜率 β_2 给出了 X 每单位变化导致的 L 的变化，也就是说，它告知人们随着收入变化一个单位，比如 1 000 美元，有利于拥有住房的机会比率的对数值是怎样变化的。截距 β_1 是当收入为零时，有利于拥有住房的机会比率的对数值。像对大多数截距所做的解释那样，这种解释不一定有什么实际意义。

（6）对给定的某个收入水平，比如 X^*，我们其实想估计的并不是有利于拥有住房的机会比率，而是拥有住房的概率本身。不过，一旦有了 β_1 和 β_2 的估计值，还是很容易直接从方程（17.5.3）求出这个概率的。但这又提出了一个最重要的问题：我们怎样估计 β_1 和 β_2 呢？答案将在下一节中给出。

（7）与 LPM 假定 P_i 和 X_i 存在线性关系一样，logit 模型假定机会比率的对数与 X_i 有线性关系。

17.6　logit 模型的估计

为达到估计目的，我们把方程（17.5.6）写成：

$$L_i = \ln\left(\frac{P_i}{1-P_i}\right) = \beta_1 + \beta_2 X_i + u_i \tag{17.6.1}$$

我们稍后将讨论随机干扰项 u_i 的性质。

为了估计方程（17.6.1），除 X_i 外我们还需要回归子 L_i（或 logit）的数值。这取决于我们用于分析的数据类型。我们要区分两种数据类型：（1）个体（或微观）层次上的数据，（2）群组或重复观测数据。

---

[1]　利用微积分知识，可以证明 $dP/dX = \beta_2 P(1-P)$，这表明概率对 X 的变化率不仅取决于 β_2，还取决于用来测度概率变化的概率水平（17.7 节有更多的讨论）。顺便指出，当 $P=0.5$ 时 X_i 变化一单位对 P 的影响最大，而当 P 接近 0 或 1 时影响最小。

[2]　这个论点是戴维·加森（David Garson）提出的。

个体层次上的数据

如果像表 17 - 1 中那样，我们拥有个体家庭的数据，那么方程（17.6.1）的 OLS 估计就是不可行的。这很容易明白。就表 17 - 1 中的数据而言，若某家庭拥有住房，则 $P_i=1$；若某家庭不拥有住房，则 $P_i=0$。但如果我们将这些值直接代入 L_i，就会得到：

$$L_i = \ln\left(\frac{1}{0}\right) \qquad \text{若某家庭拥有住房}$$

$$L_i = \ln\left(\frac{0}{1}\right) \qquad \text{若某家庭不拥有住房}$$

显然，这些表达式是没有意义的。因此，如果拥有微观或个体层次上的数据，我们就无法运用标准的 OLS 程序。在这种情况下，我们可能不得不求助于极大似然（maximum-likelihood，ML）法对参数进行估计。尽管我们在第 4 章的附录中讨论过这个方法的基本内容，但考虑到有些读者愿意对此有更多的了解，我们将在附录 17A 的 17A.1 节中对其在当前情况下的应用加以讨论。[①] 诸如 MICROFIT、EViews、LIMDEP、SHAZAM、PC-GIVE、Stata 和 MINITAB 这样的软件包本身就包含了估计个体层次 logit 模型的程序。我们稍后将对 ML 方法的使用加以说明。

群组或重复观测数据

现在考虑一下表 17 - 4 中所给出的数据。根据收入水平以及每个收入水平下拥有住房的家庭个数，表 17 - 4 给出了几个家庭的群组或重复观测数据。对应于每个收入水平 X_i 都有 N_i 个家庭，n_i 表示其中拥有住房的家庭个数（$n_i \leqslant N_i$）。因此，如果我们计算：

$$\hat{P}_i = \frac{n_i}{N_i} \tag{17.6.2}$$

表 17 - 4　关于 X_i（收入）、N_i（收入为 X_i 的家庭个数）和 n_i（拥有住房的家庭个数）的假想数据

X_i（千美元）	N_i	n_i
6	40	8
8	50	12
10	60	18
13	80	28

---

① 对 logit 模型中使用极大似然法比较简单的讨论，参见 John Aldrich and Forrest Nelson，op. cit.，pp. 49 - 54。还可参见 Alfred Demarsi，*Logit Modeling：Practical Application*，Sage Publications，Newbury Park，Calif.，1992。

续表

X_i （千美元）	N_i	n_i
15	100	45
20	70	36
25	65	39
30	50	33
35	40	30
40	25	20

即相对频率，对于每个 X_i，我们可以把它用作真实 P_i 的一个估计值。如果 N_i 相当大，$\hat{P}_i$ 将是 P_i 相当好的估计值。[1] 利用 $\hat{P}_i$，可以得到估计的 logit 如下：

$$\hat{L}_i = \ln\left(\frac{\hat{P}_i}{1-\hat{P}_i}\right) = \hat{\beta}_1 + \hat{\beta}_2 X_i \qquad (17.6.3)$$

如果在每个 X_i 处的观测个数 N_i 都足够大，那么这将是真实 logit 即 L_i 的一个相当好的估计值。

总之，给定像表 17-4 那样的群组或重复观测数据，就能获得用于估计模型 (17.6.1) 的因变量 logit 的数据。但这时能对方程 (17.6.3) 应用 OLS 并按平常的方式估计参数吗？答案还不能确定，因为我们还没有考虑随机干扰项的性质。可以证明，如果 N_i 相当大，而且在一个给定收入组 X_i 中的每一次观测都独立地服从一个二值变量的分布，那么 u_i 服从均值为零、方差为 $1/[N_i P_i(1-P_i)]$ 的正态分布。[2]

$$u_i \sim N\left[0, \frac{1}{N_i P_i(1-P_i)}\right] \qquad (17.6.4)$$

因此，如同线性概率模型，logit 模型的干扰项也是异方差性的。这样一来，我们必须使用加权最小二乘法而不是普通最小二乘法。但在经验研究中，我们用 $\hat{P}_i$ 代替未知的 P_i 并用下式作为 σ^2 的估计量：

$$\hat{\sigma}^2 = \frac{1}{N_i \hat{P}_i(1-\hat{P}_i)} \qquad (17.6.5)$$

现在我们来叙述估计方程 (17.6.1) 中 logit 回归的各个步骤：

(1) 对每一收入水平 X_i，计算拥有住房的估计概率 $\hat{P}_i = n_i/N_i$。

---

[1] 记得初等统计学中讲过，一个事件的概率是其相对频率在样本容量无限增大时的极限。

[2] 初等概率论表明，成功（这里指拥有住房）的比例 $\hat{P}_i$ 遵循均值等于真实 P_i、方差等于 $P_i(1-P_i)/N_i$ 的二项式分布；并且随着 N_i 无限增大，二项式分布近似于正态分布。方程 (17.6.4) 所给的 u_i 的分布性质来自这一基本理论。详细情况参见 Henry Theil, "On the Relationships Involving Qualitative Variables," *American Journal of Sociology*, vol. 76，July 1970，pp. 103-154。

（2）对每个 X_i 求 logit 如下[①]：

$$\hat{L}_i = \ln[\hat{P}_i / (1 - \hat{P}_i)]$$

（3）为解决异方差性的问题，将方程（17.6.1）变换为[②]：

$$\sqrt{\omega_i} L_i = \beta_1 \sqrt{\omega_i} + \beta_2 \sqrt{\omega_i} X_i + \sqrt{\omega_i} u_i \tag{17.6.6}$$

我们把它写为：

$$L_i^* = \beta_1 \sqrt{\omega_i} + \beta_2 X_i^* + v_i \tag{17.6.7}$$

其中权重 $\omega_i = N_i \hat{P}_i (1 - \hat{P}_i)$；$L_i^*$ ＝变换后或加权的 L_i；X_i^* ＝变换后或加权的 X_i；v_i ＝变换后的误差项。记住原始的误差方差是 $\sigma_u^2 = 1 / [N_i P_i (1 - P_i)]$，容易验证变换后的误差项 v_i 是同方差的。

（4）用 OLS 去估计方程（17.6.6）——记得 WLS 就是对于变换后数据的 OLS。注意方程（17.6.6）没有明确引入截距项。（为什么?）因此还需用过原点回归程序估计方程（17.6.6）。

（5）按照平常的 OLS 框架构造置信区间和（或）检验假设。但要牢记，严格地说，仅当样本足够大时，所得到的结论才是站得住脚的。（为什么?）因此，对于小样本解释估计结果需谨慎从事。

17.7 logit 群组模型：一个数值例子

为了说明刚才讨论过的理论，我们将使用表 17－4 中给出的数据。既然表中的数据是群组数据，那么以这些数据为基础的 logit 模型便被称为 logit 群组模型（grouped logit model，glogit）。所需的原始数据以及应用 glogit 所必需的其他相关计算列在表 17－5 中。以表 17－5 中数据为基础的加权最小二乘回归（17.6.7）的结果如下：注意在回归（17.6.7）中没有截距项，因此在这里最好使用过原点回归程序。

$$\hat{L}_i^* = -1.594\,74 \sqrt{\omega_i} + 0.078\,62 X_i^*$$
$$\text{se} = \quad (0.110\,46) \qquad (0.005\,39) \tag{17.7.1}$$
$$t = (-14.436\,19) \qquad (14.566\,75) \qquad R^2 = 0.964\,2$$

R^2 是实测 L_i^* 和估计 L_i^* 之间相关系数的平方。L_i^* 和 X_i^* 是加权的 L_i 和 X_i，如方程（17.6.6）所示。尽管出于教学目的，我们在表 17－5 中给出了 logit 群组模型的计算过程，但在 Stata 中，使用 glogit 命令就能轻而易举完成。

[①] 因 $\hat{P}_i = n_i / N_i$，故 L_i 又可表达为 $\hat{L}_i = \ln n_i / (N_i - n_i)$。顺便指出，为避免 $\hat{P}_i$ 取值 0 或 1，在实践中可把 $\hat{L}_i$ 计算为 $\hat{L}_i = \ln\left(n_i + \frac{1}{2}\right) / (N_i - n_i + \frac{1}{2}) = \ln\left(\hat{P}_i + \frac{1}{2} N_i\right) / (1 - \hat{P}_i + \frac{1}{2} N_i)$。经验之谈，我们建议对每个 X_i 值，N_i 不可小于 5，更多的细节参见 D. R. Cox, *Analysis of Binary Data*, Methuen, London, 1970, p. 33。

[②] 如果我们估计方程（17.6.1）而不考虑异方差性，则由第 11 章可知，估计量虽然是无偏的，却不是有效的。

表 17 - 5 估计房屋所有权的 logit 模型的数据

X （千美元） (1)	N_i (2)	n_i (3)	P_i (4)= (3)÷ (2)	$1-P_i$ (5)	$\dfrac{P_i}{1-P_i}$ (6)	$\hat{L}_i=$ $\ln\left(\dfrac{P_i}{1-P_i}\right)$ (7)	$N_iP_i(1-P_i)$ $=w_i$ (8)	$\sqrt{w_i}=$ $\sqrt{N_iP_i(1-P_i)}$ $(9)=\sqrt{(8)}$	$\hat{L}_i^*=$ $L_i\sqrt{w_i}$ (10)= (7)×(9)	$\hat{X}_i^*=$ $\hat{X}_i\sqrt{w_i}$ (11)= (1)×(9)
6	40	8	0.20	0.80	0.25	−1.386 3	6.40	2.529 8	−3.507 1	15.178 8
8	50	12	0.24	0.76	0.32	−1.152 6	9.12	3.019 9	−3.480 7	24.159 2
10	60	18	0.30	0.70	0.43	−0.847 2	12.60	3.549 6	−3.007 2	35.496
13	80	28	0.35	0.65	0.54	−0.619	18.20	4.266 1	−2.640 7	55.459 3
15	100	45	0.45	0.55	0.82	−0.200 7	24.75	4.974 9	−0.998 5	74.623 5
20	70	36	0.51	0.49	1.04	0.057 0	17.49	4.182 1	0.238 4	83.632
25	65	39	0.60	0.40	1.50	0.405 4	15.60	3.949 7	1.601 2	98.742 5
30	50	33	0.66	0.34	1.94	0.663 3	11.20	3.346 6	2.221 8	100.488
35	40	30	0.75	0.25	3.0	1.098 6	7.50	2.738 6	3.008 6	95.851
40	25	20	0.80	0.20	4.0	1.386 3	4.00	2.000	2.772 6	80.000 0

logit 模型估计值的解释

我们该如何解释方程（17.7.1）呢？方法有很多，有些符合直觉，有些则不然。

logit 的解释。如方程（17.7.1）所示，估计的斜率系数表明，当加权收入增加一个单位（1 000 美元）时，拥有住房的机会比率的加权对数值会上升 0.08 个单位。然而，这种机械的解释不是很有吸引力。

机会比率的解释。记得 $L_i=\ln[P_i/(1-P_i)]$。因此，取 logit 估计值的反对数，我们便得到 $P_i/(1-P_i)$，即机会比率。这样，对方程（17.7.1）取反对数，我们便得到：

$$\frac{\hat{P}_i}{1-\hat{P}_i}=\mathrm{e}^{-1.594\,74\sqrt{w_i}+0.078\,62X_i^*}$$

$$=\mathrm{e}^{-1.594\,74\sqrt{w_i}}\cdot\mathrm{e}^{0.078\,62X_i^*} \tag{17.7.2}$$

使用计算机你很容易算出 $\mathrm{e}^{0.078\,62}=1.081\,7$。这意味着加权收入每增加一个单位，拥有住房的加权机会比率就增加 0.081 7 或者大约增加 8.17%。一般地说，如果你取第 j 个斜率系数的反对数，再从中减去 1 并乘以 100，你将得到对应于第一个回归元每增加 1 单位的机会比率的百分比变化。

附带提一下，如果想对没有加权的 logit 进行分析，你所要做的就是将 L_i^* 除以 $\sqrt{w_i}$。表 17 - 6 给出了估计的加权和没有加权的 logit 的每个观测值和其他一些数据，稍候我们将进行讨论。

表 17 - 6 L^*、X^*、概率和概率的变化

L^*	X^*	L_i^*	logit	概率，$\hat{P}$	概率的变化[+]
−3.507 10	15.178 80	−2.840 996	−1.122 99	0.245 45	0.014 56
−3.480 70	24.159 20	−2.916 048	0.965 75	0.275 72	0.015 70

续表

L^*	X^*	L_i^*	logit	概率，$\hat{P}$	概率的变化+
$-3.007\,20$	$35.496\,00$	$-2.869\,88$	$-0.808\,50$	$0.308\,21$	$0.016\,76$
$-2.640\,70$	$55.459\,30$	$-2.442\,93$	$-0.572\,63$	$0.360\,63$	$0.018\,13$
$-0.998\,50$	$74.623\,50$	$-2.066\,52$	$-0.415\,38$	$0.397\,62$	$0.018\,83$
$0.238\,40$	$83.632\,00$	$-0.093\,11$	$-0.022\,26$	$0.494\,43$	$0.019\,65$
$1.601\,20$	$98.742\,50$	$1.464\,72$	$0.379\,84$	$0.591\,66$	$0.018\,99$
$2.221\,80$	$100.488\,00$	$2.558\,96$	$0.763\,96$	$0.682\,21$	$0.017\,04$
$3.008\,60$	$95.851\,00$	$3.167\,94$	$1.156\,77$	$0.760\,74$	$0.014\,31$
$2.772\,60$	$80.000\,00$	$3.100\,38$	$1.550\,19$	$0.824\,94$	$0.011\,35$

注：L^* 和 X^* 来自表 17-5 的后两列。L_i^* 表示估计的 L^*。logit 表示没有加权的 logit。概率是拥有住房的估计概率。概率的变化是收入每变化一单位导致这个概率的变化。

+由 $\hat{\beta}_2\hat{P}(1-\hat{P}) = 0.078\,62\hat{P}(1-\hat{P})$ 计算得到。

概率的计算。由于有些人对 logit 和机会比率的语言不太熟悉，所以我们通常计算出某个收入水平下拥有住房的概率。假定我们要计算出 $X=20$（即 20 000 美元）时的这种概率。将 $X=20$ 代入方程（17.7.1），便得到 $\hat{L}_i^* = -0.093\,11$，然后除以 $\sqrt{\omega_i} = 4.181\,6$（见表 17-5），我们得到 $\hat{L}_i = -0.022\,26$。因此，在收入水平为 20 000 美元，有：

$$-0.021\,99 = \ln\left(\frac{\hat{P}_i}{1-\hat{P}_i}\right)$$

因此，

$$\frac{\hat{P}_i}{1-\hat{P}_i} = e^{-0.021\,99} = 0.978\,25$$

解得

$$\hat{P}_i = \frac{e^{-0.021\,99}}{1+e^{-0.021\,99}}$$

读者能够看出，这个概率的估计值为 0.494 5。也就是说，在收入为 20 000 美元的条件下，某个家庭拥有住房的概率大约为 49%。表 17-6 给出了在各种工资水平下计算出来的这一概率。如表 17-6 所示，拥有住房的概率随收入的增加而增加，但不是线性的，因为使用的不是 LPM 模型。

概率变化率的计算。正如你从表 17-6 中看到的那样，拥有住房的概率取决于收入水平。我们怎样才能计算出收入变化引起的概率变化率呢？这不仅取决于估计的斜率系数 β_2，还取决于测量概率变化时所处的概率水平，后者当然取决于计算概率时的收入水平。

举例而言，假定我们要测量收入水平为 20 000 美元时拥有住房概率的变化率。于是，在收入水平为 20 000 美元时，收入每增加一个单位，概率的变化率就是：$\hat{\beta}(1-\hat{P})\hat{P} = 0.078\,62 \times 0.505\,6 \times 0.494\,4 = 0.019\,65$。

当收入水平为 40 000 美元时，概率的变化率为 0.011 35。这作为练习留给读者去计算。表 17-6 给出了每个收入水平下拥有住房概率的变化，这些概率可见图 17-3。

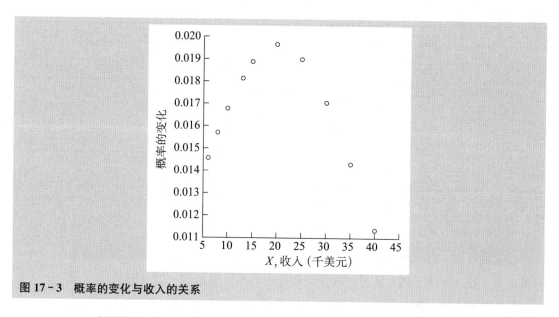

图 17-3　概率的变化与收入的关系

在结束对 glogit 模型的讨论之前，我们还给出住房所有权基于 OLS 或者未加权回归的结果：

$$L_i = -1.658\,7 + 0.079\,2X_i$$

$$\text{se} = (0.095\,8) \quad (0.004\,1) \tag{17.7.3}$$

$$t = (-17.32) \quad (19.11) \quad R^2 = 0.978\,6$$

这个回归与方程（17.7.1）所给出的加权最小二乘回归之间的区别，我们留给读者思考。

17.8　非群组数据或个体数据的 logit 模型

为了做好准备，考虑表 17-7 中给出的数据。若某学生中级微观经济学的期末成绩等级为 A，则 $Y=1$；如果成绩等级为 B 或 C，则 $Y=0$。斯佩克特（Spector）和马切奥（Mazzeo）使用平均成绩（GPA）、期初测试成绩（TUCE）和个性化教学系统（PSI）作为成绩的预测元。这里 logit 模型可以写成：

$$L_i = \ln\left(\frac{P_i}{1-P_i}\right) = \beta_1 + \beta_2\,\text{GPA}_i + \beta_3\,\text{TUCE}_i + \beta_4\,\text{PSI}_i + u_i \tag{17.8.1}$$

表 17-7　　　　　　　　　　　　PSI 对课程成绩影响的数据

观测	GPA	TUCE	PSI	期末成绩 Y	成绩等级	观测	GPA	TUCE	PSI	期末成绩 Y	成绩等级
1	2.66	20	0	0	C	6	2.86	17	0	0	B
2	2.89	22	0	0	B	7	2.76	17	0	0	B
3	3.28	24	0	0	B	8	2.87	21	0	0	B
4	2.92	12	0	0	B	9	3.03	25	0	0	C
5	4.00	21	0	1	A	10	3.92	29	0	1	A

续表

观测	GPA	TUCE	PSI	期末成绩 Y	成绩等级	观测	GPA	TUCE	PSI	期末成绩 Y	成绩等级
11	2.63	20	0	0	C	22	3.62	28	1	1	A
12	3.32	23	0	0	B	23	2.89	14	1	0	C
13	3.57	23	0	0	B	24	3.51	26	1	0	B
14	3.26	25	0	1	A	25	3.54	24	1	1	A
15	3.53	26	0	0	B	26	2.83	27	1	1	A
16	2.74	19	0	0	B	27	3.39	17	1	1	A
17	2.75	25	0	0	C	28	2.67	24	1	0	B
18	2.83	19	0	0	C	29	3.65	21	1	1	A
19	3.12	23	1	0	B	30	4.00	23	1	1	A
20	3.16	25	1	1	A	31	3.10	21	1	0	C
21	2.06	22	1	0	C	32	2.39	19	1	1	A

注：成绩 $Y = \begin{cases} 1, & \text{如果期末成绩等级为 A;} \\ 0, & \text{如果期末成绩等级为 B 或 C。} \end{cases}$

TUCE=学期初为测试学生的微观经济学知识而进行的一项考试的成绩（期初测试成绩）。

PSI= $\begin{cases} 1, & \text{如果采用新教学方法;} \\ 0, & \text{如果不采用新教学方法。} \end{cases}$

GPA=开始学习中级微观经济学时的平均成绩。

资料来源：L. Spector and M. Mazzeo, "Probit Analysis and Economic Education," *Journal of Economic Education*, vol. 11, 1980, pp. 37-44.

如 17.6 节中所指出的那样，我们不能简单地说 $P_i = 1$（若家庭拥有住房）和 $P_i = 0$（若家庭不拥有住房）。在这种情况下，OLS 和 WLS 都无能为力。我们必须在非线性估计过程中使用极大似然法。这个方法的细节将会在附录 17A 的 17A.1 节中给出。因为大多数现代统计软件包通常都可以估计非群组数据的 logit 模型，所以我们将使用表 17-7 中的数据直接给出模型 (17.8.1) 的结果，并说明如何解释这些结果。这些使用 EViews6 得到的结果以表格形式在表 17-8 中给出。

表 17-8 模型 (17.8.1) 的回归结果

```
Dependent Variable: Grade
Method: ML-Binary Logit
Convergence achieved after 5 iterations
```

Variable	Coefficient	Std. Error	Z Statistic	Probability
C	-13.0213	4.931	-2.6405	0.0082
GPA	2.8261	1.2629	2.2377	0.0252
TUCE	0.0951	0.1415	0.67223	0.5014
PSI	2.3786	1.0645	2.2345	0.0255

McFadden $R^2 = 0.3740$ LR statistic (3 df) = 15.40419

在解释这些结果之前，最好先指出一些一般性观察。

（1）由于我们使用的是极大似然法，它一般来说是一个大样本方法，因此估计的标准误是渐近的。

（2）于是，我们使用（标准正态）Z 统计量而不用 t 统计量来对系数的统计显著性进行评价，所以推断是以正态表为基础的。记住，如果样本非常大，则 t 分布收敛于正态分布。

（3）前面曾提到，对于二分回归子模型，常用的拟合优度指标 R^2 没有多大意义。类似 R^2 的所谓伪 R^2（pseudo R^2）有多种选择。[1] EViews 提供了一个这样的指标，即麦克法登 R^2（McFadden R^2），记作 R^2_{MF}。在我们的例子中，R^2_{MF} 的值为 $0.374~0$。[2] 和 R^2 一样，R^2_{MF} 也介于 0 和 1 之间。另一个相对简单的拟合优度指标是计数 R^2（count R^2），它被定义为：

$$\text{计数 } R^2 = \frac{\text{正确预测的次数}}{\text{总观测次数}} \tag{17.8.2}$$

由于 logit 模型中回归子取值为 1 或 0，如果预测概率大于 0.5，则将其归类为 1，但如果预测概率小于 0.5，则将其归类为 0。然后，我们数出正确预测次数并用方程（17.8.2）计算出 R^2。稍后我们将举例说明。

但是，需要注意的是，在二分回归子模型中，拟合优度是次要的。回归系数的期望符号以及它们统计上和（或）实际上的显著性才是首要的。

（4）为了检验所有斜率系数同时为零的虚拟假设，与线性回归模型中 F 统计量对应的是似然比统计量（likelihood ratio statistic，LR）。给定虚拟假设，LR 统计量服从自由度为解释变量个数的 χ^2 分布。本例中自由度为 3。（注：计算自由度时不包括截距项。）

现在我们来解释一下方程（17.8.1）中所给出的回归结果。这个方程中的每个斜率系数都是偏斜率系数，并度量了给定回归元的值变动 1 个单位导致 logit 估计值的变化（保持其他条件不变）。于是，GPA 的系数 $2.826~1$ 意味着，当其他变量保持不变时，如果 GPA 增加 1 个单位，则估计 logit 平均增加约 2.83 个单位，从而表明二者之间正相关。如你所见，其他所有回归元对 logit 均有正效应，只是 TUCE 的影响在统计上不太显著。不过，所有回归元一起对期末成绩有显著影响，因为 LR 统计量为 15.40，其 p 值相当小，大约是 $0.001~5$。

前面提到过，通过对各个斜率系数取反对数而得到的机会比率是一个更加有意义的解释。那么，如果对 PSI 的系数 $2.378~6$ 取反对数，你将得到 $10.789~7$（$\approx e^{2.378~6}$）。这就表明，在其他条件不变的情况下，接受新教学方法的学生获得 A 的可能性是没有接受新教学方法的学生的 10 倍有余。

假如我们要计算某个学生获得 A 的实际概率，考虑表 17-7 中编号为 10 的学

---

[1]　一个易于理解的讨论可参见 J. Scott Long, *Regression Models for Categorial and Limited Dependent Variables*, Sage Publications, Newbury Park, California, 1997, pp. 102–113。

[2]　在技术上，这被定义为：$1-$（$\text{LLF}_{ur}/\text{LLF}_r$），其中 LLF_{ur} 是模型中包含所有回归元的无约束对数似然函数；LLF_r 是模型中仅含有截距项的约束对数似然函数。在概念上，LLF_{ur} 和 LLF_r 分别等价于线性回归模型中的 RSS 和 TSS。

生。将这个学生的实际数据代入表 17-8 所给出的估计 logit 模型，读者可以验证，这个学生的估计 logit 值为 0.817 8。利用方程 (17.5.2)，读者可以很容易地算出估计概率为 0.693 51。既然该学生的期末成绩实际上为 A，而且我们的 logit 模型对获得 A 的同学赋予的概率是 1，那么估计概率 0.693 51 虽然不等于 1，但也接近于 1。

回忆前面定义的计数 R^2。表 17-9 给出了我们说明性例子中回归子的实际值和估计值。我们从表 17-9 中可以看出，32 个观测中有 6 个不正确的预测（编号为 14、19、24、26、31 和 32 的学生）。因此，计数 R^2 的值为 26/32＝0.812 5，而麦克法登 R^2 的值为 0.374 0。尽管这两个值没有直接的可比性，但它们还是让我们对二者的大小关系有了一些认识。此外，在回归子为二分变量的模型中，不应过度强调拟合优度的重要性。

表 17-9　　　　　　　　基于表 17-8 中回归的实际值和拟合值

观测	实际值	拟合值	残差	残差图
1	0	0.026 58	−0.026 58	
2	0	0.059 50	−0.059 50	
3	0	0.187 26	−0.187 26	
4	0	0.025 90	−0.025 90	
5	1	0.569 89	0.430 11	
6	0	0.034 86	−0.034 86	
7	0	0.026 50	−0.026 50	
8	0	0.051 56	−0.051 56	
9	0	0.111 13	−0.111 13	
10	1	0.693 51	0.306 49	
11	0	0.024 47	−0.024 47	
12	0	0.190 00	−0.190 00	
13	0	0.322 24	−0.322 24	
* 14	1	0.193 21	0.806 79	
15	0	0.360 99	−0.360 99	
16	0	0.030 18	−0.030 18	
17	0	0.053 63	−0.053 63	
18	0	0.038 59	−0.038 59	
* 19	0	0.589 87	−0.589 87	
20	1	0.660 79	0.339 21	
21	0	0.061 38	−0.061 38	
22	1	0.904 85	0.095 15	
23	0	0.241 77	−0.241 77	
* 24	0	0.852 09	−0.852 09	
25	1	0.838 29	0.161 71	
* 26	1	0.481 13	0.518 87	
27	1	0.635 42	0.364 58	
28	0	0.307 22	−0.307 22	
29	1	0.841 70	0.158 30	
30	1	0.945 34	0.054 66	
* 31	0	0.529 12	−0.529 12	
* 32	1	0.111 03	0.888 97	

注：* 不正确的预测。

例 17.5　谁拥有借记卡 logit 分析

我们前面已经看到了线性概率模型对银行借记卡数据的分析结果，现在让我们看一下

logit 模型是如何分析这些数据的。结果如下：

```
Dependent Variable: DEBIT
Method: ML-Binary Logit (Quadratic hill climbing)
Sample: 1-60
Included observations: 60
Convergence achieved after 4 iterations
Covariance matrix computed using second derivatives
```

Variable	Coefficient	Std. Error	Z-Statistic	Prob.
C	-0.574900	0.785787	-0.731624	0.4644
Balance	0.001248	0.000697	1.789897	0.0735
ATM	-0.120225	0.093984	-1.279205	0.2008
Interest	-1.352086	0.680988	-1.985478	0.0471

McFadden R-squared	0.080471	Mean dependent var.		0.433333
S.D. dependent var.	0.499717	S.E. of regression		0.486274
Akaike info criterion	1.391675	Sum squared resid.		13.24192
Schwarz criterion	1.531298	Log likelihood		-37.75024
Hannan-Quinn criter.	1.446289	Restr. log likelihood		-41.05391
LR statistic	6.607325	Avg. log likelihood		-0.629171
Prob. (LR statistic)	0.085525			

Obs. with Dep = 0		34	Total obs.	60
Obs. with Dep = 1		26		

账户余额的正号及 ATM 和利率的负号与 LPM 的结果类似，尽管我们不能直接比较这两个回归结果。对 logit 模型系数的解释与 LPM 有所不同。比如，在这里，如果利率上升 1 个百分点，那么，在保持其他变量不变的情况下，logit 下降约 1.35。如果我们取 -1.352 086 的反对数，便得到 0.258 7。这就意味着，如果对账户余额支付利息，平均而言，仅约四分之一的客户可能会持有借记卡。

我们从估计的 LR 统计量可以看出，在约 8.5% 的显著性水平上，这三个变量是联合统计显著的。如果我们使用常用的 5% 显著性水平，那么这三个变量只是在显著的边缘上。

麦克法登 R^2 值相当低。利用这些数据，读者可以较容易地求出计数 R^2 值。

前文曾指出，与 LPM 不同，这里的斜率系数不是回归元单位变化所导致的概率变化率。我们必须像表 17-6 中所给出的那样重新计算概率变化率。幸运的是，这项机械的任务并非必需，因为像 Stata 那样的统计软件会例行给出。对于本例，结果如下：

变量	dY/dX	标准误	Z	$p > \mid Z \mid$	[95% 置信区间]		X
账户余额	0.000 305	0.000 17	1.79	0.073	-0.000 029	0.000 639	1 499.87
利息*	-0.299 397 2	0.129 19	-2.32	0.020	-0.552 595	-0.046 199	0.266 667
ATM	-0.029 382 2	0.022 97	-1.28	0.201	-0.074 396	0.015 631	10.3

注：* 对于虚拟变量的离散变化，dY/dX 是从 0 到 1。

在使用 logit 估计之后，边际效应为

$$Y = \Pr(debit)（预测）= 0.425\ 124\ 24$$

系数 0.000 305 表明，账户余额高出 1 个单位的客户，拥有借记卡的概率高出 0.03%，但如果利率提高 1 个百分点，则拥有借记卡的概率下降约 30%，ATM 的系数尽管在统计上

不显著，但也表明，在 ATM 上交易次数增加 1 个单位，拥有借记卡的概率就下降约 2.9%。

17.9　probit 模型

我们曾指出，为了解释二分因变量的行为，我们必须使用适当选择的累积分布函数。logit 模型使用 logistic 累积分布函数，如方程（17.5.2）所示，但这并非唯一可用的 CDF。在某些应用中，人们发现正态 CDF 是有用的。使用正态 CDF[1] 估计的模型通常被称为 probit 模型，有时也被称为 normit 模型。原则上，我们可以用正态 CDF 代替方程（17.5.2）中的 logistic CDF，并按照 18.5 节介绍的过程进行估计。但我们将不再沿用这一思路，而是按照麦克法登[2]提出的方法，基于效用理论或理性选择行为的视角来介绍 probit 模型。

为了阐明使用 probit 模型的动机，假定在我们的住房所有权一例中，第 i 个家庭对是否拥有住房的决策取决于一种不可观测的效用指标（utility index）I_i，它也被称为潜在变量（latent variable）。即指数 I_i 的值越大，家庭拥有住房的概率就越大，而 I_i 又取决于一个或多个解释变量（比方说收入 X_i）。我们把指数 I_i 表示为：

$$I_i = \beta_1 + \beta_2 X_i \tag{17.9.1}$$

其中 X_i 表示第 i 个家庭的收入。

然而（不可观测的）I_i 是怎样同拥有住房的实际决策发生关系的呢？如前，如果一个家庭拥有住房，则 $Y=1$，否则 $Y=0$。现在，一个合理的假定是，对每一个家庭都有这个指数的临界水平或门槛水平（critical or threshold level），并记为 I_i^*。如果 I_i 超过 I_i^*，则该家庭将拥有住房，否则就不拥有住房。门槛水平 I_i^* 和 I_i 一样是不可观测的，但如果我们假定每个 I_i 都是具有相同均值和方差的正态变量，就不但有可能估计方程（17.9.1）所给指标的参数，而且还有可能获得有关不可观测指标本身的某些信息。计算方法如下。

给定正态性假定，$I_i^* \leqslant I_i$ 的概率可由标准化正态 CDF 算出[3]：

$$P_i = P(Y=1 \mid X) = P(I_i^* \leqslant I_i) = P(Z_i \leqslant \beta_1 + \beta_2 X_i) = F(\beta_1 + \beta_2 X_i) \tag{17.9.2}$$

---

[1]　参见附录 A 中对正态 CDF 的讨论。简言之，如果一个变量 X 服从均值为 μ、方差为 σ^2 的正态分布，那么它的 PDF 为

$$f(X) = \frac{1}{\sqrt{2\sigma^2\pi}} e^{-(X-\mu)^2/2\sigma^2}$$

它的 CDF 为

$$F(X) = \int_{-\infty}^{X_0} \frac{1}{\sqrt{2\sigma^2\pi}} e^{-(X-\mu)^2/2\sigma^2}$$

其中 X_0 是 X 的一个特定值。

[2]　D. McFadden, "Conditional Logit Analysis of Qualitative Choice Behavior," in P. Zarembka (ed.), *Frontiers in Econometrics*, Academic Press, New York, 1973.

[3]　拥有均值为零和单位方差（=1）的正态分布就是大家所熟知的标准或标准化正态分布（见附录 A）。

其中 $P(Y=1 \mid X)$ 表示给定解释变量 X 值时一个事件发生的概率；$Z \sim N(0, \sigma^2)$，即 Z 是标准正态变量。F 是标准正态 CDF，在这里，它可以被明确地写成：

$$F(I_i) = \frac{1}{\sqrt{2\pi}} \int_{-\infty}^{I_i} e^{-z^2/2} dz$$

$$= \frac{1}{\sqrt{2\pi}} \int_{-\infty}^{\beta_1+\beta_2 X_i} e^{-z^2/2} dz \qquad (17.9.3)$$

因为 P_i 代表事件发生的概率，在这里是拥有住房的概率，故可由标准正态曲线下 $-\infty$ 到 I_i 所围的面积来度量，如图 17-4（a）所示。

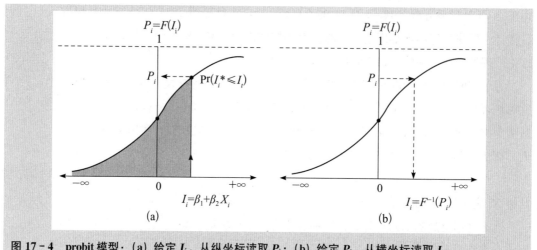

图 17-4　probit 模型：(a) 给定 I_i，从纵坐标读取 P_i；(b) 给定 P_i，从横坐标读取 I_i

现在为了获得关于效用指标 I_i 以及 β_1 和 β_2 的信息，我们取方程（17.9.2）的反函数，得到：

$$I_i = F^{-1}(I_i)$$

$$= F^{-1}(P_i) = \beta_1 + \beta_2 X_i \qquad (17.9.4)$$

其中 F^{-1} 是正态 CDF 的反函数，其他所有含义均可从图 17-4 中得以明确。在此图 (a) 部分，我们在给定 $I_i^* \leqslant I_i$ 下从纵坐标读取拥有住房的（累积）概率，而在 (b) 部分，我们在给定 P_i 值下从横坐标读取 I_i，后者不过是前者的逆过程。

但是，我们实际上打算怎样在估计 β_1 和 β_2 的同时又求出指标 I_i 呢？如同在 logit 模型中一样，答案取决于我们拥有群组数据还是非群组数据。我们分别考虑这两种情况。

使用群组数据的 probit 估计：gprobit 模型

我们将使用 glogit 曾使用过的数据，即表 17-4 中的数据。既然已经得到了各个收入水平下拥有住房的相对频率 $\hat{P}_i$（概率的经验度量），如表 17-5 所示，那么我们就能用它从正态 CDF 中求出 I_i，如表 17-10 或图 17-5 所示。

表 17 - 10 对标准正态 CDF 的指标 I_i 的估计

$\hat{P}_i$	$I_i = F^{-1}(\hat{P}_i)$
0.20	-0.8416
0.24	-0.7063
0.30	-0.5244
0.35	-0.3853
0.45	-0.1257
0.51	0.0251
0.60	0.2533
0.66	0.4125
0.75	0.6745
0.80	0.8416

注：(1) $\hat{P}_i$ 来自表 17 - 5；(2) I_i 是从标准正态 CDF 估计而来的。

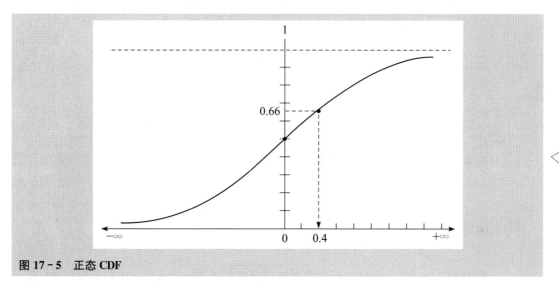

图 17 - 5 正态 CDF

一旦我们有了 I_i 的估计值，正如稍后我们将要指出的那样，对 β_1 和 β_2 的估计就相对简单了。顺便提一下，在 probit 分析的用语中，不可观测的效用指标 I_i 又被称为正态等效利差（normal equivalent deviate, n. e. d.），或简称 normit。由于只要 $P_i < 0.5$，n. e. d. 或 I_i 就为负数，故实践中将 n. e. d. 加上 5 并将其结果称为一个 probit。

例 17.6 利用住房的例子来说明 gprobit

让我们继续使用住房的例子。对于这个例子，我们已经得到了 glogit 模型的结果。对于同样的数据，probit 群组模型（gprobit）结果如下：

使用表 17 - 10 中给出的 n. e. d.（$=I$），回归结果如表 17 - 11 所示[①]，基于 probits（$=$ n. e. d. $+5$）的回归结果如表 17 - 12 所示。

---

① 这两个结果均未对异方差性进行纠正。关于纠正异方差的合适程序，参见习题 17.12。

表 17 - 11

```
Dependent Variable: I
```

Variable	Coefficient	Std. Error	t-Statistic	Probability
C	-1.0166	0.0572	-17.7473	1.0397E-07
Income	0.04846	0.00247	19.5585	4.8547E-08

$R^2 = 0.97951$ 　　Durbin-Watson statistic $= 0.91384$

表 17 - 12

```
Dependent Variable: Probit
```

Variable	Coefficient	Std. Error	t-Statistic	Probability
C	3.9833	0.05728	69.5336	2.03737E-12
Income	0.04846	0.00247	19.5585	4.8547E-08

$R^2 = 0.9795$ 　　Durbin-Watson statistic $= 0.9138$

注：这些结果没有对异方差性进行纠正。

除了截距项，这些结果与前面表中所给出的完全相同。但这并不令人吃惊。（为什么？）

对表 17 - 11 中 probit 估计值的解释。 我们如何解释上述结果呢？假定我们想弄清楚 X（以千美元计的收入）的单位变动对 $Y = 1$（即某家庭购买住房）的概率的影响。为此，回过头来看方程（17.9.2）。我们想将这个函数对 X（即概率相对收入的变化率）求导，结果是

$$\mathrm{d}P_i / \mathrm{d}X_i = f(\beta_1 + \beta_2 X_i)\beta_2 \qquad (17.9.5)[①]$$

其中 $f(\beta_1 + \beta_2 X_i)$ 是在 $\beta_1 + \beta_2 X_i$ 处的标准正态概率密度函数。如你所想，这个值的计算将取决于 X 变量的特定值。我们从表 17 - 5 中取 X 的一个值，比如说，$X = 6$（千美元）。使用表 17 - 11 中给出的参数估计值，这样我们就需要求正态密度值 $f(-1.016\ 6 + 0.048\ 46 \times 6) = f(-0.725\ 84)$。参照正态分布表，你将会发现对于 $Z = -0.725\ 84$，正态密度约为 $0.306\ 6$。[②] 现在将这个值乘以斜率系数的估计值 $0.048\ 46$，就得到 $0.014\ 86$。这就意味着，从 6 000 美元的收入水平开始，如果收入上升 1 000 美元，一个家庭购买住房的可能性将上升约 1.4%。（将这个结果与表 17 - 6 中的结果进行比较。）

从上述讨论可以看出，与 LPM 和 logit 模型相比，使用 probit 模型计算概率的变化多少有点烦琐。

---

① 我们使用导数的链式法则：
$$\frac{\mathrm{d}P_i}{\mathrm{d}X_i} = \frac{\mathrm{d}F(t)}{\mathrm{d}t} \cdot \frac{\mathrm{d}t}{\mathrm{d}X}$$
其中 $t = \beta_1 + \beta_2 X_i$。

② 注意，标准正态变量 Z 能在 $-\infty$ 到 $+\infty$ 之间变动，但标准正态概率密度函数 $f(Z)$ 恒为正。

假定你想从拟合的 gprobit 模型中找出估计概率，而不去计算概率的变化，这很容易做到。利用表 17 - 11 中的数据，并插入表 17 - 5 中的 X 值，读者可以检查估计的 n. e. d. 值（保留小数点后两位）：

	6	8	10	13	15	20	25	30	35	40
n. e. d. 估计值	−0.72	−0.63	−0.53	−0.39	−0.29	−0.05	0.19	0.43	0.68	0.92

现在利用诸如 MINITAB 这样的统计软件可以很容易地计算出与各个 n. e. d. 相对应的（累积）概率。例如，对应于一个 −0.63 的 n. e. d. 值，估计概率为 0.264 7；对应于一个 0.43 的 n. e. d. 值，估计概率为 0.669 1。如果将这些估计值与表 17 - 5 中的实际值进行比较，你会发现二者相当接近，这表明拟合模型相当好。我们刚才所做的一切，已经在图 17 - 4 中体现出来了。

非群组或个体数据的 probit 模型

让我们再回到表 17 - 7。表中提供了 32 个学生中级微观经济学的期末成绩。其中成绩与变量 GPA、TUCE 和 PSI 有关。logit 回归的结果由表 17 - 8 给出。让我们看看 probit 结果如何。注意到如同个体数据的 logit 模型一样，我们需要使用以极大似然法为基础的非线性估计过程。由 EViews6 计算出的回归结果在表 17 - 13 中给出。

表 17 - 13

```
Dependent Variable: grade
Method: ML-Binary probit
Convergence achieved after 5 iterations
```

Variable	Coefficient	Std. Error	Z-Statistic	Probability
C	-7.4523	2.5424	-2.9311	0.0033
GPA	1.6258	0.6938	2.3430	0.0191
TUCE	0.0517	0.0838	0.6166	0.5374
PSI	1.4263	5950	2.3970	0.0165

LR statistic (3 df) = 15.5458　McFadden R^2 = 0.3774
Probability (LR stat) = 0.0014

定性地讲，probit 模型的结果和 logit 模型的结果不相上下，因为 GPA 和 PSI 在两个模型中都是个别统计显著的。所有系数也都是联合统计显著的，因为 LR 统计量为 15.545 8，其 p 值为 0.001 4。出于下一节将讨论的理由，我们不能对 logit 和 probit 回归系数直接进行比较。

为便于比较，我们在表 17 - 14 中基于 LPM 给出成绩的估计结果。定性地看，LPM 的结果也与 logit 模型和 probit 模型的结果相似，因为 GPA 和 PSI 都是个别统计显著的，而 TUCE 不是统计显著的。而且，由于 F 值为 6.645 6 而它的 p 值只有 0.001 5，所以它在统计上是显著的，故而所有解释变量一起对成绩有显著的影响。

表 17 - 14

Dependent Variable: grade			
Variable	Coefficient	Std. Error	t-Statistic	Probability
C	-1.4980	0.5238	-2.8594	0.0079
GPA	0.4638	0.1619	2.8640	0.0078
TUCE	0.0104	0.0194	0.5386	0.5943
PSI	0.3785	0.1391	2.7200	0.0110
$R^2 = 0.4159$	Durbin-Watson $d = 2.3464$		F-statistic $= 6.6456$

在各种回归模型中解释变量值的单位变化的边际效应

在线性回归模型中，斜率系数度量的是，在所有其他变量都保持不变的情况下，一个回归元的单位变化所引起的回归子的平均变化。

在 LPM 中，斜率系数直接度量了在所有其他变量的影响保持不变的情况下，由回归元的单位变化所引起的一个事件发生的概率的变化。

在 logit 模型中，变量的斜率系数度量了在保持所有其他变量不变的情况下，该变量的单位变化所引起的机会比率的对数变化。但正如前面曾指出的那样，对于 logit 模型来说，一个事件发生概率的变化率是由 $\beta_j P_i (1 - P_i)$ 给出的，其中 β_j 是指第 j 个回归元的（偏回归）系数。但在计算 P_i 时，包含在分析中的所有变量均须考虑。

正如我们前面看到的那样，在 probit 模型中，概率的变化率多少要复杂一些，而且由 $\beta_j f(Z_j)$ 给出，其中 $f(Z_j)$ 是标准正态变量的密度函数，而 $Z_i = \beta_1 + \beta_2 X_{2i} + \cdots + \beta_k X_{ki}$，即分析中所使用的回归模型。

因此，在 logit 模型和 probit 模型中，概率变化的计算涉及所有回归元，而在 LPM 中仅涉及第 j 个回归元。这种区别可能就是 LPM 在早期受欢迎的一个原因。现在，诸如 Stata 这样的统计软件使得计算 logit 模型和 probit 模型概率变化的难度大大降低，所以就没有必要因为 LPM 的简洁性而选择它。

17.10 logit 模型和 probit 模型

尽管定性地看，对于期末成绩的例子，LPM、logit 模型和 probit 模型都给出了相似的结果，但由于前面曾提到的 LPM 的问题，我们仍然把注意力主要放在 logit 模型和 probit 模型上。这两个模型哪个更可取呢？在大多数应用中，这两个模型十分类似，主要区别在于 logistic 分布的尾部稍微平坦一些，这一点从图 17 - 6 中可以看出。也就是说，与 probit 模型相比，在 logit 模型中，条件概率趋近于 0 或 1 的速度更慢一些，这一点从表 17 - 15 中可以清楚地看出。因此，没有一个令人信服的理由去选择一个模型而放弃另一个模型。在实践中，由于 logit 模型使用相对简单的数学，因而许多研究者选择了它。

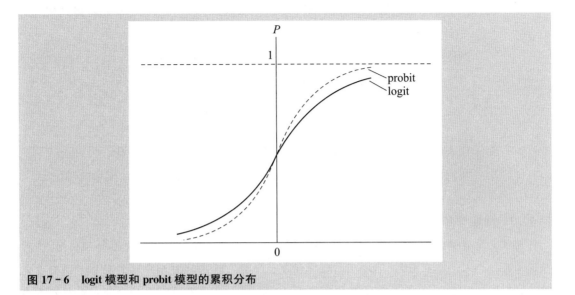

图 17 - 6　logit 模型和 probit 模型的累积分布

表 17 - 15	累积概率函数的值	
	累积正态分布	logistic 累积分布
Z	$P_1(Z) = \dfrac{1}{\sqrt{2\pi}} \displaystyle\int_{-\infty}^{Z} \mathrm{e}^{-s^2/2} \, \mathrm{d}s$	$P_2(Z) = \dfrac{1}{1 + \mathrm{e}^{-z}}$
−3.0	0.001 3	0.047 4
−2.0	0.022 8	0.119 2
−1.5	0.066 8	0.182 4
−1.0	0.158 7	0.268 9
−0.5	0.308 5	0.377 5
0	0.500 0	0.500 0
0.5	0.691 5	0.622 5
1.0	0.841 3	0.731 1
1.5	0.933 2	0.817 6
2.0	0.977 2	0.880 8
3.0	0.998 7	0.952 6

　　尽管这两个模型很相似，但是在解释它们的估计系数时必须小心。例如，对于期末成绩的例子，用 probit 模型得出的 GPA 系数 1.625 8（见表 17 - 13）和用 logit 模型得出的 GPA 系数 2.826 1（见表 17 - 8）并不能直接进行比较。原因在于，尽管标准 logistic 分布（logit 模型的基础）和标准正态分布（probit 模型的基础）的均值都等于 0，但它们的方差是不同的：标准正态分布的方差是 1（正如我们已知的），而 logistic 分布的方差是 $\pi^2/3$，其中 $\pi \approx 22/7$。因此，如果你把 probit 系数乘以大约 1.81（近似等于 $\pi/\sqrt{3}$），你就会近似得到 logit 系数。对于我们的例子而言，GPA 的 probit 系数是 1.625 8，将它乘以 1.81 便得到 2.94，它很接近 logit 系数。相反，如果把 logit 系数乘以 0.55（＝1/1.81），你将会得到 probit 系

数。但是雨宫（Amemiya）建议将 logit 的估计值乘以 0.625 以得到 probit 估计值的一个更好的估计值。[①] 相反，将 probit 系数乘以 1.6（＝1/0.625）将得到相应的 logit 估计值。

顺便提一下，雨宫给出了 LPM 和 logit 模型的系数关系如下：

$$\beta_{LPM} = 0.25\beta_{logit} \qquad 除截距之外的其他系数$$

以及

$$\beta_{LPM} = 0.25\beta_{logit} + 0.5 \qquad 截距$$

对于期末成绩的例子，这些近似值是否成立的问题留给读者去验证。

我们再补充一个例子来结束我们对 LPM、logit 模型和 probit 模型的讨论。

例 17.7 抽烟与否

为了弄清楚哪些因素影响一个人是不是烟民，我们搜集了 1 196 个人的个人数据。[②] 对于其中每一个人，都有 1979 年此人受教育程度、年龄、收入和香烟价格的数据。因变量是烟民，1 表示是烟民，0 表示不是烟民。习题 17.20 将对此进行更深入的分析，数据在本书网站上的表 17 - 28 中可以找到，我们以表格的形式给出 LPM、logit 模型和 probit 模型的结果（见表 17 - 16）。这些结果得自 Stata 第 10 版。

表 17 - 16

变量	LPM	logit 模型	probit 模型
常数项	1.123 0 (5.96)	2.745 0 (3.31)	1.701 9 (3.33)
年龄	−0.004 7 (−5.70)	−0.020 8 (−5.58)	−0.012 9 (−5.66)
受教育程度	−0.020 6 (−4.47)	−0.090 9 (−4.40)	−0.056 2 (−4.45)
收入	1.03e−06 (0.63)	4.72E−06 (0.66)	2.72E-6 (0.62)
香烟价格（1979 年）	−0.0051 (−1.80)	−0.0223 (−1.79)	−0.0137 (−1.79)
R^2	0.038 8	0.029 7	0.030 1

注：括号中的数字是 LPM 的 t 比率以及 logit 模型和 probit 模型的 z 比率。logit 模型和 probit 模型的 R^2 值是伪 R^2 值。

尽管这三个模型的系数不能直接进行比较，但定性地看，它们还是非常相似。因此，年龄、受教育程度和香烟价格对抽烟都具有负影响，而收入却具有正影响。从统计上看，收入效应为 0，而价格效应在约 8% 的显著性水平上是显著的。习题 17.20 要求你运用可变因素修

[①] T. Amemiya, "Qualitative Response Model: A Survey," *Journal of Economic Literature*, vol. 19, 1981, pp. 481 - 536.

[②] 数据来自 Michael P. Murray, *Econometrics: A Modern Introduction*, Pearson/Addison-Wesley, Boston, 2006, 可从网站 www.aw-bc.com/murray 上下载。

正各种可比较系数。

我们在表 17-17 中还给出了每个模型中每个变量对抽烟概率的边际影响。

表 17-17

变量	LPM	logit 模型	probit 模型
年龄	−0.004 7	−0.004 8	−0.004 9
受教育程度	−0.020 6	−0.021 3	−0.021 3
收入	1.03E-06	1.11E-06	1.03E-06
香烟价格（1979 年）	−0.005 1	−0.005 2	−0.005 2

注：除收入外，年龄和受教育程度的估计系数都是高度统计显著的，而香烟价格在约 8% 的显著性水平上是显著的。

如同你所认识到的那样，LPM 模型中一个变量对抽烟概率的边际影响可直接从估计的回归系数中得到，而对于 logit 模型和 probit 模型而言，这种边际影响还必须按照本章前面讨论的那样计算。

有意思的是，这三个模型的边际效应很相似。比如，如果受教育程度上升，平均而言，一个人成为烟民的概率会下降约 2%。

17.11　tobit 模型

probit 模型的一个扩展就是 tobit 模型，它最先由诺贝尔经济学奖得主詹姆斯·托宾（James Tobin）提出。为了解释这个模型，我们继续使用住房所有权的例子。在 probit 模型中，我们所关心的是估计拥有一套住房所有权的概率，它是一些社会经济变量的函数。而在 tobit 模型中，我们的兴趣是弄清楚一个人或一个家庭在住房上的花费，它跟社会经济变量有关。现在我们面临一个困境，即如果消费者不买房，显然我们就没有他们在买房费用方面的数据；只有当消费者确实买了房，我们才有此类数据。

因此，消费者被分成两组，一组由 n_1 个消费者组成，我们有关于他们的回归元（比方说收入、按揭利率、家庭成员人数等）和回归子（住房支出）的信息，另一组由 n_2 个消费者组成，我们仅有关于他们回归元的信息而无回归子的信息。一个仅对某些观测有回归元的信息的样本叫作截取样本（censored sample）。[1] 因此，tobit 模型又被称为截取回归模型。由于这类模型对回归子的取值施加了限制，所以有些作者称之为限值因变量回归模型（limited dependent variable regression model）。

---

① 截取样本应该和断尾样本（truncated sample）区分开来，后者只有在回归子可以观测到的时候才可得到回归元的信息。这里我们不深究这一问题，但有兴趣的读者可以参见 William H. Greene, *Econometric Analysis*, Prentice Hall, 4th ed., Englewood Cliffs, NJ, Chapter 19。直观的讨论可以参见 Peter Kennedy, *A Guide to Econometrics*, The MIT Press, Cambridge, Mass., 4th ed., 1998, Chapter 16。

在统计上，我们可以把 tobit 模型表达为：

$$Y_i = \begin{cases} \beta_1 + \beta_2 X_i + u_i & \text{如果 RHS} > 0 \\ 0 & \text{其他} \end{cases} \quad (17.11.1)$$

其中 RHS＝右手侧。注：这个模型很容易引入更多的变量 X。

能不能只用 n_1 个观测来估计回归（17.11.1）而不管其余 n_2 个观测呢？答案是否定的，因为从 n_1 个观测得到参数的 OLS 估计值是有偏误并且非一致的。也就是说，即使渐近地看，它们也是存在偏误的。[1]

为了看清楚这一点，考虑图 17-7。该图表明，如果观测不到 Y（由于截取），则所有这些观测（＝n_2）（用×标出）将全部落在水平轴上。如果能观测到 Y，则观测点（＝n_1）（用黑点标出）将落在 X—Y 象限内。在直观上就能看清楚，如果仅根据 n_1 个观测来估计回归，则所得到的截距和斜率系数与把全部 n_1+n_2 个观测都考虑进来而得到的结果有所不同。

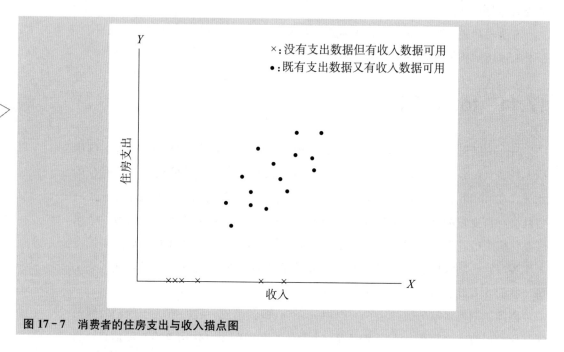

图 17-7 消费者的住房支出与收入描点图

那么要怎样去估计像方程（17.11.1）这样的 tobit（或截取）回归模型呢？实际的估计过程要用到 ML 方法，ML 方法相当复杂并且超出了本书论述的范围，读者能从参考书中获得更多关于 ML 方法的信息。[2]

赫克曼（James Heckman）提出了一个 ML 方法的替代方法，它相对来说要简

---

① 如果我们只考虑 n_1 个观测而忽略其他观测就会产生偏误，也就不能保证 $E(u_i)$ 为所需的零。而且没有 $E(u_i) = 0$，我们就不能保证 OLS 估计是无偏的。这种偏误可以很容易地从附录 3A 的方程（4）和（5）中看到。

② 参见 Greene, op. cit.。一个技术性不是很强的讨论可见 Richard Breen, *Regression Models：Censored，Sample Selected or Truncated Data*, Sage Publications, Newbury Park, California, 1996。

单一些。[①] 该替代方法由一个两步骤的估计程序组成。第一步，我们首先估计消费者拥有住房的概率，这可以利用 probit 模型完成。第二步，通过增加一个由 probit 估计值推导出来的变量［被称为逆米尔斯比（inverse Mills ratio）或风险率（hazard rate)］来估计模型（17.11.1）。关于它的具体操作，可以参考赫克曼的论文。虽然赫克曼程序为方程（17.11.1）的参数给出了一致估计，但它们并不像 ML 方法那样有效。因为大多数现代统计软件都有 ML 方法的例行程序，所以应用这些软件比赫克曼两步程序更为可取。

tobit 模型的举例说明：雷·费尔关于婚外情的模型[②]

在一篇有趣且具有理论创新性的文章中，费尔（Roy Fair）收集了 601 个第一次结婚的男人和女人的样本，并分析了他们对一个关于婚外情问题的回答。[③] 该研究中的变量定义如下：

Y＝在过去 0，1，2，3，4～10（记为 7）年中发生婚外情的次数；

Z_1＝0（对于女人），1（对于男人）；

Z_2＝年龄；

Z_3＝结婚年数；

Z_4＝孩子，如果没有孩子，则取值 0，如果有孩子，则取值 1；

Z_5＝宗教信仰，分 1～5 个等级，1 为不信教；

Z_6＝受教育程度：初中教育＝9；高中教育＝12；博士或更高＝20；

Z_7＝职业，按"Hollingshead"等级分为 1～7；

Z_8＝婚姻幸福程度的自我评价，1＝非常不幸，5＝非常幸福。

在共 601 个调查对象中，451 人没有婚外情，150 人有 1 次或 1 次以上婚外情。

类似于图 17-7，如果我们用纵轴表示发生婚外情的次数，并用横轴表示比方说受教育程度，则有 451 个观测点分布在横轴上。因此，我们将得到一个截取样本，并且 tobit 模型可以适用。（注：Y 的观测值是整数，而它的估计值不一定是整数。）

表 17-18 给出了用（不适当的）OLS 和（适当的）ML 方法得出的上述模型的估计结果。如你所见，OLS 包括 451 个没有婚外情的人和 150 个有 1 次或 1 次以上婚外情的人。ML 方法对此进行了明确的考虑，而 OLS 却没有，因此这两个估计值是有区别的。由于已经讨论过的原因，我们应该信赖 ML 方法而不是 OLS 的估

---

① J. J. Heckman，"Sample Selection Bias as a Specification Error，" *Econometrica*，vol. 47，pp. 153-161.

② Ray Fair，"A Theory of Extramarital Affairs，" *Journal of Political Economy*，vol. 86，1978，pp. 45-61。这篇文章和数据可以查看网址 http: // fairmodel. econ. yale. edu/ rayfair/ pdf/1978DAT. ZIP.

③ 1969 年，《今日心理学》（*Psychology Today*）发表了有关性的 101 个问题的调查，它要求读者将他们的答案寄回。在 1970 年第 7 期，以收集的约 2 000 个电子形式的回答为基础，该杂志对调查结果进行了讨论。费尔从这些调查对象中抽取了 601 个作为样本。

计结果。这两个模型的系数可以和其他任何回归模型的系数一样进行解释。Z_8 的负系数意味着婚姻的幸福程度越高，则婚外情发生的概率越低，这也许不是什么惊人的发现。

表 17 - 18   婚外情的 OLS 和 tobit 估计

解释变量	OLS	tobit 估计
截距	5.872 0 (5.162 2)*	7.608 4 (1.947 9)$^+$
Z_1	0.054 0 (0.179 9)	0.945 7 (0.889 8)
Z_2	−0.050 9 (−2.253 6)	−0.192 6 (−2.379 9)
Z_3	0.169 4 (4.110 9)	0.533 1 (3.636 8)
Z_4	−0.142 6 (−0.407 2)	1.019 1 (0.796 5)
Z_5	0.477 6 (−4.274 7)	−1.699 0 (−4.190 6)
Z_6	−0.013 7 (−0.214 3)	0.025 3 (0.111 3)
Z_7	0.104 9 (1.180 3)	0.212 9 (0.663 1)
Z_8	−0.711 8 (−5.931 9)	−2.273 2 (−5.472 4)
R^2	0.131 7	0.151 5

注：* 表示括号里的数字是 t 值。
＋表示括号里的数字是 Z（标准正态）值。

在 601 个观测中，其中有 451 个观测的因变量（婚外情的次数）值为零，其他 150 个为非零值。

附带提一下，如果我们感兴趣的是婚外情发生的概率而不是婚外情发生的次数，则我们可以使用 probit 模型，规定 $Y=0$（对于没有婚外情的人）和 $Y=1$（对于有婚外情的人），结果如表 17 - 19 所示。运用 probit 模型的知识，读者应该可以自己解释此表给出的 probit 结果。

表 17 - 19

```
Dependent Variable: YSTAR
Method: ML-Binary probit
Sample: 1-601
Included observations: 601
Convergence achieved after 5 iterations
```

Variable	Coefficient	Std. Error	Z Statistic	Probability
C	0.779402	0.512549	1.520638	0.1284
Z_1	0.173457	0.137991	1.257015	0.2087
Z_2	-0.024584	0.010418	-2.359844	0.0183
Z_3	0.054343	0.018809	2.889278	0.0039
Z_4	0.216644	0.165168	1.311657	0.1896
Z_5	-0.185468	0.051626	-3.592551	0.0003
Z_6	0.011262	0.029517	0.381556	0.7028
Z_7	0.013669	0.041404	0.330129	0.7413
Z_8	-0.271791	0.053475	-5.082608	0.0000

Mean dependent var.	0.249584	S.D. dependent var.		0.433133
S.E. of regression	0.410279	Akaike info criterion		1.045584
Sum squared resid.	99.65088	Schwarz criterion		1.111453
Log likelihood	-305.1980	Hannan-Quinn criter.		1.071224
Restr. log likelihood	-337.6885	Avg. log likelihood		-0.507817
LR statistic (8 df)	64.98107	McFadden R-squared		0.096215
Probability (LR stat)	4.87E-11			

Obs. with Dep = 0	451	Total obs.		601
Obs. with Dep = 1	150			

17.12　对计数数据建模：泊松回归模型

在许多现象中回归子是计数型（count type）的，例如一个家庭每年外出度假的次数、一个企业每年取得的专利个数、每年看牙医或医生的次数、每周去杂货店的次数、每年收到的停车罚单或超速罚单数、在给定期间住院的天数、在一段时间（如 5 分钟）内通过一个收费站的车辆数等。每个例子中潜在变量都是离散的，只能取有限的数值。有时计数数据也可能是稀少或不经常发生的事件，例如 1 周内被闪电击中 1 次、2 周内不止 1 次彩票中奖或 4 周内有 2 次或 2 次以上心脏病发作等。对此类现象该如何建模呢？

正如贝努利分布被选择用来对线性概率模型中是或否的决策来建模一样，专门适合计数数据的概率分布就是泊松概率分布。泊松分布的 PDF 由下式给出[①]：

$$f(Y_i) = \frac{\mu^Y e^{-\mu}}{Y!} \qquad Y = 0,1,2,\cdots \tag{17.12.1}$$

其中 $f(Y)$ 指变量 Y 取非负整数值的概率，且 $Y!$（读作 Y 的阶乘）$=Y\times(Y-1)\times(Y-2)\times2\times1$。可以证明

$$E(Y) = \mu \tag{17.12.2}$$

$$\text{var}(Y) = \mu \tag{17.12.3}$$

注意泊松分布的一个有趣的性质：它的方差和均值是一样的。

泊松分布模型可以被写成：

$$Y_i = E(Y_i) + u_i = \mu_i + u_i \tag{17.12.4}$$

其中 Y 像均值为 μ_i 的泊松随机变量那样独立分布，而每个 μ_i 可表示成：

$$\mu_i = E(Y_i) = \beta_1 + \beta_2 X_{2i} + \beta_3 X_{3i} + \cdots + \beta_k X_{ki} \tag{17.12.5}$$

其中 X 是可能影响均值的某些变量。例如，如果计数变量是在给定的一年内参观纽约大都会艺术博物馆的次数，则这个次数将取决于其他变量，如消费者的收入、门票价格、与博物馆的距离以及停车费等。

出于估计的目的，我们将模型写成：

$$Y_i = \frac{\mu^Y e^{-\mu}}{Y!} + u_i \tag{17.12.6}$$

这里用方程（17.12.5）代替了 μ_i。你很容易看出，由此得到的回归模型对于参数是非线性的，从而使得我们必须用到上一章所讨论的非线性回归估计。我们来考虑一个具体的例子，看看它是如何估计的。

---

① 对于这个分布的详细讨论可参见任何一本标准的统计学教材。

例 17.8 一个说明性例子：关于老年人跌倒次数的老年医学研究

这里所使用的数据是由内特（Neter）等人收集的。[1] 它们是关于 65 岁及以上的 100 个老人的数据。研究的目的是记录这群人的跌倒次数（=Y）与其性别（$X_2=0$，对于女性；=1，对于男性）、平衡能力（X_3）和力量指标（X_4）之间的关系。平衡能力越强，研究对象就越稳当，而且力量指标越高，研究对象就越强健。为了查明教育或教育加有氧运动是否对跌倒次数有影响，作者引入了一个附加变量（X_1），即所谓的干预变量（intervention variable）；若仅有教育，则 $X_1=0$，若在教育的基础上加上有氧运动，则 $X_1=1$。研究对象随机分配，进行这两种不同的干预。利用 EViews6，可得出表 17 - 20 的结果。

表 17 - 20

```
Dependent Variable: Y
Sample: 1-100
Convergence achieved after 7 iterations
Y=EXP(C(0)+C(1)*X1+C(2)*X2+C(3)*X3+C(4)*X4)
```

	Coefficient	Std. Error	t-Statistic	Probability
C(0)	0.37020	0.3459	1.0701	0.2873
C(1)	-1.10036	0.1705	-6.4525	0.0000
C(2)	-0.02194	0.1105	-0.1985	0.8430
C(3)	0.01066	0.0027	3.9483	0.0001
C(4)	0.00927	0.00414	2.2380	0.0275

$R^2 = 0.4857$　　Adjusted $R^2 = 0.4640$
Log likelihood = -197.2096　　Durbin-Watson statistic = 1.7358

注：EXP() 指以 e 为底的指数函数，其中括号内是指数。

下面对结果进行解释。记住，我们在表 17 - 20 中得到的结果是第 i 个人的估计均值 $\hat{\mu}_i$；也就是说，我们所估计的是：

$$\hat{\mu}_i = e^{0.370\,2-1.100\,366X_{1i}-0.021\,94X_{2i}+0.010\,6X_{3i}+0.009\,27X_{4i}} \tag{17.12.7}$$

为了找出第 i 个研究对象的实际均值，我们需要将此人各个不同的 X 变量值代入。举例来说，第 99 个研究对象有这些变量值：$Y=4$，$X_1=0$，$X_2=1$，$X_3=50$ 和 $X_4=56$。将这些值代入方程（17.12.7）便得到第 99 个研究对象的估计均值为 $\hat{\mu}_{99}=3.353\,8$。该研究对象的实际 Y 值是 4。

现在如果想得到与第 99 个研究对象类似的某人每年跌倒少于 5 次的概率，那么我们可得到如下结果：

$$
\begin{aligned}
P(Y < 5) &= P(Y=0) + P(Y=1) + P(Y=2) + P(Y=3) + P(Y=4) \\
&= \frac{(3.353\,8)^0 e^{-3.353\,8}}{0!} + \frac{(3.353\,8)^1 e^{-3.353\,8}}{1!} + \frac{(3.353\,8)^2 e^{-3.353\,8}}{2!} \\
&\quad + \frac{(3.353\,8)^3 e^{-3.353\,8}}{3!} + \frac{(3.353\,8)^4 e^{-3.353\,8}}{4!} \\
&= 0.749\,1
\end{aligned}
$$

---

[1] John Neter, Michael H. Kutner, Christopher J. Nachtsheim, and William Wasserman, *Applied Regression Models*, Irwin, 3d ed., Chicago, 1996。数据可以从书中所附的数据盘中得到。

我们也能得到回归元对 Y 的均值的边际或偏效应如下。根据说明性的例子，假定我们想弄清楚力量指标（X_4）增加一单位对 Y 的均值的影响。既然

$$\mu = e^{C_0 + C_1 X_{1i} + C_2 X_{2i} + C_3 X_{3i} + C_4 X_{4i}} \tag{17.12.8}$$

我们需要求 $\partial \mu / \partial X_4$。利用微积分的链式法则，显然

$$\frac{\partial \mu}{\partial X_4} = C_4 e^{C_0 + C_1 X_{1i} + C_2 X_{2i} + C_3 X_{3i} + C_4 X_{4i}} = C_4 \mu \tag{17.12.9}$$

也就是说，均值相对于回归元的变化率等于该回归元的系数乘以 Y 的均值。当然，均值 μ 取决于该模型中所有回归元的取值。这一点和我们前面讨论过的 logit 模型和 probit 模型类似，在这两个模型中变量的边际贡献也取决于模型中所有变量的取值。

回到个别系数的统计显著性，可以看出截距和变量 X_2 个别地看是统计不显著的。但请注意表中所给出的标准误是渐近的，因此，t 值应渐近地加以解释。正如前面曾指出的那样，一般而言，所有的非线性迭代估计过程的结果都仅在大样本中才是可靠的。

在结束对泊松回归模型的讨论之前，请注意该模型做了限制性假定，即泊松过程的均值和方差是相同的，而且在任意时点上事件发生的概率都相同。

17.13　定性响应回归模型的其他专题

正如在本章一开始所提到的那样，定性响应回归模型范围广泛。本章介绍的是这方面的一些基本模型。对于想进一步研究这个主题的读者，我们在下文中将简要讨论这个领域的一些其他模型。这里我们不深入探讨，因为这样做将远远超出本书的范围。

顺序 logit 模型和顺序 probit 模型

在双变量 logit 模型和双变量 probit 模型中，我们感兴趣的是为"是"或"否"的响应变量建模。但通常响应变量或回归子有多于两个结果，并且这些结果常常具有顺序的性质。也就是说，它们不能用一个等距尺度来度量。通常，在调查型研究中的回答是里克特形式（Likert-type）的态度度量，例如"坚决同意"、"某种程度上同意"或"坚决不同意"。在教育背景调查中的回答可能是"低于高中教育"、"高中教育"、"大学教育"或"研究生教育"。这些回答常常被标号为 0（低于高中教育）、1（高中教育）、2（大学教育）、3（研究生教育）。这就是顺序度量，因为不同类别之间存在着明显的等级，但不能说 2（大学教育）是 1（高中教育）的 2 倍或者 3（研究生教育）是 1（高中教育）的 3 倍。

为了研究诸如上面所提到的现象，我们可以扩展双变量 logit 模型和双变量 probit 模型，从而把多个等级的类型考虑进去。当我们必须使用多阶段的正态概率分布和 logistic 概率分布函数来考虑各种等级类型时，所用到的数学就复杂起来。

对于其背后的数学及部分应用，读者可以查阅前面引用的格林（Greene）和马德拉（Maddala）的教材。在相对直观的水平上，读者可以查阅廖福庭的专著。[1] 诸如 LIMDEP、EViews、Stata 和 SHAZAM 等软件为顺序 logit 模型和顺序 probit 模型的估计提供了例行计算程序。

多类别 logit 模型和多类别 probit 模型

在顺序 probit 模型和顺序 logit 模型中，响应变量有两个以上的有序或等级类型。但在有些情况下，回归子是无序的，例如通勤交通工具的选择。选择可能会是自行车、摩托车、汽车、公共汽车或火车。尽管有不同类型的选择，但它们没有等级或次序；就其性质而言，它们是不同的特征类别。再举一例，考虑职业的分类，如非熟练、半熟练和很熟练，这里仍然没有次序。与此类似，职业选择（如自我雇佣、为私人企业工作、为当地政府工作，以及为联邦政府工作等）从性质上讲也基本上只是不同的特征类别。

多类别 logit 模型和多类别 probit 模型可用来研究这种类别响应，而且它们用到的数学只是稍微复杂一些。前面引用的参考书提到了这些方法的要点。如果在某些特殊情况下需要用到此类模型，前面提到的统计软件也能用来估计。

持续期限模型

考虑如下问题：（1）哪些因素决定了失业的持续期限？（2）哪些因素决定了白炽灯的寿命？（3）哪些因素决定了罢工的持续期限？（4）哪些因素决定了艾滋病毒呈阳性的病人的存活时间？诸如此类的问题是持续期限模型的主题，它们被普遍称为存活分析（survival analysis）或事件发生时间数据分析（time-to-event data analysis）。在上面所引用的每个例子中，关键变量都是时间长度或期间长度，要把它作为一个随机变量而建模，其数学问题再次涉及适当概率分布的 CDF 和 PDF。尽管技术细节很烦琐，但是关于这个经济主题已有一些容易理解的著作。[2] 诸如 Stata 和 LIMDEP 的统计软件可以容易地用于估计这种期限模型。这些软件还提供了一些演算好的例子来帮助使用此类模型的研究者。

要点与结论

（1）定性响应回归模型是指，在该类模型中，响应变量或回归子不是定量的或者说不能用一个等距尺度来度量。

---

[1] Tim Futing Liao, op. cit.

[2] 例如，参见 David W. Hosmer, Jr., and Stanley Lemeshow, *Applied Survival Analysis*, John Wiley & Sons, New York, 1999.

（2）最简单的定性响应回归模型是二值响应回归模型，在该类模型中，回归子为是/否或存在/不存在形式。

（3）最简单的二值响应回归模型是 LPM，在该类模型中，二值响应变量利用标准的 OLS 方法来对相关解释变量进行回归。这里简洁算不上一个优点，因为 LPM 饱受几个估计问题的折磨。虽然某些估计问题可以克服，但 LPM 最根本的缺陷是它假定某些事件发生的概率是随着回归元的水平而线性增加的。如果我们使用 logit 模型和 probit 模型，则可以避免这个限制性很强的假定。

（4）在 logit 模型中，因变量是机会比率的对数，它是回归元的线性函数。logit 模型所使用的概率函数是 logistic 分布函数。如果有群组形式的数据，则可以用 OLS 来估计 logit 模型的参数，但我们要明确考虑误差项的异方差性，如果只有个体或微观层次的数据可用，则要求使用参数的非线性估计程序。

（5）如果我们选择正态分布作为合适的概率分布函数，则可以使用 probit 模型。该模型在数学上有点复杂，因为涉及积分。但从实际考虑，logit 模型和 probit 模型都能得出类似的结果。因而实际上怎样选择就取决于计算的难易，但这并不是个难题，因为现在有很多成熟的统计软件可以完成相应的计算。

（6）如果响应变量是计数型的，那么，在实际应用中经常使用的模型就是泊松回归模型，它建立在泊松概率分布的基础之上。

（7）与 probit 模型紧密相关的是 tobit 模型，它也被称作截取回归模型。在该模型中，响应变量仅仅在满足某些条件时才可观测到。例如，只有当一个人开始决定购买汽车时，购车费用的问题才是有意义的。但是，马德拉指出，tobit 模型"仅当潜在变量（即隐藏在现象背后的基本变量）在原则上可取负值而且观测到的零值是截取和不可观测性所导致的结果时才可以使用"[①]。

（8）二值响应回归模型有许多扩展。包括顺序 probit 模型和顺序 logit 模型以及多类别 probit 模型和多类别 logit 模型。隐藏在这些模型背后的哲理和更简单的 logit 模型和 probit 模型一样，只是所用到的数学更加复杂。

（9）最后，我们简要考虑了所谓的持续期限模型，在该模型中，现象（如失业或生病）持续的期限取决于几个因素。在此类模型中，持续期限的长度成为研究者感兴趣的变量。

习　题

问答题

17.1　参照表 17-2 所给数据，若 $\hat{Y}_i$ 为负，则令它等于 0.01；若 $\hat{Y}_i$ 大于 1，则令它等于 0.99。重新计算权值 ω_i 并用 WLS 估计 LPM。将你的结果同方程（17.2.11）所给的结果相比较，并加以评论。

---

① G. S. Maddala，*Introduction to Econometrics*，2d ed.，Macmillan，New York，1992，p. 342.

17.2 对于表 17-1 中所给出的住房所有权数据，logit 模型的极大似然估计如下：

$$\hat{L}_i = \ln\left(\frac{\hat{P}_i}{1-\hat{P}_i}\right) = -493.54$$

$$+ 32.96 \text{ income}$$

$$t = (-0.000\,008)(0.000\,008)$$

评论这些结果，但注意所有高于 16（千美元）的收入都对应于 $Y=1$，而所有低于 16（千美元）的收入都对应于 $Y=0$。对于这种情形，先验地，你会有什么预期？

17.3 费雪（Janet. A. Fisher）[1] 把 762 个家庭对耐用品 Y 的购买（$Y=1$，若购买；$Y=0$，若不购买）当作若干变量的函数进行研究，得到如下结果：

解释变量	系数	标准误
常数	0.141 1	—
1957 年可支配收入，X_1	0.025 1	0.011 8
（可支配收入＝X_1）², X_2	−0.000 4	0.000 4
支票存款，X_3	−0.005 1	0.010 8
储蓄存款，X_4	0.001 3	0.004 7
美国储蓄债券，X_5	−0.007 9	0.006 7
住房情况：租赁，X_6	−0.046 9	0.093 7
住房情况：拥有，X_7	0.013 6	0.071 2
每月租金，X_8	−0.754 0	1.098 3
按揭月供，X_9	−0.980 9	0.516 2
个人非分期债务，X_{10}	−0.036 7	0.032 6
年龄，X_{11}	0.004 6	0.008 4
年龄的平方，X_{12}	−0.000 1	0.000 1
婚姻状况，X_{13}（1＝已婚）	0.176 0	0.050 1
子女数，X_{14}	0.039 8	0.035 8
（子女数＝X_{14}）², X_{15}	−0.003 6	0.007 2
购买计划，X_{16}（1＝计划；0＝无计划）	0.176 0	0.038 4

$$R^2 = 0.133\,6$$

注：所有金融变量均以千美元计。
　　住房情况：租赁（若租赁则取值为 1；否则为 0）。
　　住房情况：拥有（若拥有则取值为 1；否则为 0）。
　资料来源：Janet A. Fisher, "An Analysis of Consumer Goods Expenditure," *The Review of Economics and Statistics*, vol. 64, no. 1, Table 1, 1962, p. 67.

---

[1] "An Analysis of Consumer Goods Expenditure," *The Review of Economics and Statistics*, vol. 64, no. 1, 1962, pp. 64-71.

a. 对方程的拟合做一般性评论。

b. 你会怎样解释支票存款变量的系数 −0.005 1？你怎样说明该变量带有负号的合理性？

c. 引进年龄平方和子女数平方的理由是什么？为什么两者的系数都带有负号？

d. 假定除收入变量外，其余变量都取零值，试求收入为 20 000 美元的家庭购买耐用品的条件概率。

e. 给定 $X_1 = 15\ 000$ 美元、$X_3 = 3\ 000$ 美元、$X_4 = 5\ 000$ 美元、$X_6 = 0$、$X_7 = 1$、$X_8 = 500$ 美元、$X_9 = 300$ 美元、$X_{10} = 0$、$X_{11} = 35$、$X_{13} = 1$、$X_{14} = 2$ 和 $X_{16} = 0$，估计购买耐用品的条件概率。

17.4 表 17-3 给出的劳动力参与回归的 R^2 值 0.175 是相当低的一个数值。你能检验这个数值的统计显著性吗？你使用哪一种检验？为什么？试对这类模型的 R^2 值做一般性的评论。

17.5 对回归（17.7.1）中各个不同的收入水平估计拥有住房的概率。将这些概率对收入绘图并对所得到的关系进行评论。

*17.6 证明表 17-11 中所给 probit 回归的截距等于 $-\mu_x / \sigma_x$，而斜率等于 $1/\sigma_x$，其中 μ_x 和 σ_x 是 X 的均值和标准差。

17.7 根据 54 个标准大都市统计地区的资料，德马里斯（Demaris）估计出以下 logit 模型，以解释高谋杀率与低谋杀率的区别[1]：

$$\ln \hat{O}_i = 1.138\ 7 + 0.001\ 4 P_i$$
$$+ 0.056\ 1 C_i - 0.405\ 0 R_i$$
$$\mathrm{se} = \qquad (0.000\ 9) \quad (0.022\ 7) \quad (0.156\ 8)$$

其中 $O =$ 高谋杀率的机会，$P = 1980$ 年人口（以千人计），$C = 1970$—1980 年的人口增长率，$R =$ 阅读智商，而 se 为渐近标准误。

a. 你怎样解释各个系数？

b. 哪些系数是个别统计显著的？

c. 阅读智商提高一个单位对出现较高谋杀率的机会有什么影响？

d. 人口增长率提高一个百分点对出现较高谋杀率的机会有什么影响？

17.8 比较并评论方程（17.7.3）中的 OLS 回归和方程（17.7.1）中的 WLS 回归。

实证分析题

17.9 根据荷兰中央统计局 1980 年对家庭预算的调查，克拉默（J. S. Cramer）得到了 2 820 个家庭样本的如下 logit 模型。[2]（这个结果是使用极大似然法经过三次迭代得到的。）logit 模型的目的是将汽车拥有权作为（对数）收入的函数。汽车拥有权是一个二值变量：$Y = 1$ 表示一个家庭拥有一辆汽车，否则 $Y = 0$。

$$\hat{L}_i = \quad -2.772\ 31 + 0.347\ 582\ \mathrm{lnincome}$$
$$t = \quad (-3.35) \qquad (4.05)$$
$$\chi^2\ (1\mathrm{df}) = 16.681\ (p\ \text{值} = 0.000\ 0)$$

其中 $\hat{L}_i =$ 估计的 logit，lnincome 是收入的对数。χ^2 度量模型的拟合优度。

a. 解释所估计的 logit 模型。

b. 你怎样从估计的 logit 模型中得到拥有汽车概率的表达式？

c. 一个收入为 20 000 美元的家庭拥有一辆汽车的概率是多少？收入为 25 000 美元呢？在收入为 20 000 美元的情况下概率的变化率是多少？

d. 对估计的 logit 模型的统计显著性加以评论。

17.10 证明方程（17.2.8）。

17.11 鲍恩（Bowen）和博克（Bok）使用 logit 模型对所有高中生都能报考和只有黑人能报

---

① Demaris，op. cit.，p. 46.

② J. S. Cramer, *An Introduction to the Logit Model for Economist*，2d ed.，published and distributed by Timberlake Consultants Ltd.，2001，p. 33. 这些结果是从 Timberlake Consultants 出版的统计软件包 PC-Give 10 的第 51 页复制的。

考的高校进行了一项关于毕业率的重要研究，得　　　到了表 17-21 中的结果。[1]

表 17-21　　　　　　　　**预测毕业率的 logit 回归模型，1989 年入校的年级**

	招收所有新生			只招收黑人		
	参数估计值	标准误	机会比率	参数估计值	标准误	机会比率
截距	0.957	0.052	—	0.455	0.112	—
女性	**0.280**	0.031	1.323	**0.265**	0.101	1.303
黑人	**−0.513**	0.056	0.599			
西班牙	**−0.350**	0.080	0.705			
亚裔	**0.122**	0.055	1.130			
其他人种	**−0.330**	0.104	0.719			
SAT>1299	**0.331**	0.059	1.393	0.128	0.248	1.137
SAT1200~1299	**0.253**	0.055	1.288	0.232	0.179	1.261
SAT1100~1199	**0.350**	0.053	1.420	0.308	0.149	1.361
SAT1000~1099	**0.192**	0.054	1.211	0.141	0.136	1.151
没有 SAT 分数	**−0.330**	0.127	0.719	0.048	0.349	1.050
高中排名居前 10%	**0.342**	0.036	1.407	**0.315**	0.117	1.370
没有高中排名数据	−0.065	0.046	0.937	−0.065	0.148	0.937
社会经济地位（SES）高	**0.283**	0.036	1.327	**0.557**	0.175	1.746
SES 低	**−0.385**	0.079	0.680	**−0.305**	0.143	0.737
没有 SES 数据	**0.110**	0.050	1.116	0.031	0.172	1.031
SEL-1	**1.092**	0.058	2.979	**0.712**	0.161	2.038
SEL-2	**0.193**	0.036	1.212	**0.280**	0.119	1.323
女子学院	**−0.299**	0.069	0.742	0.158	0.269	1.171
观测次数	32 524			2 354		
−2 对数似然值						
有约束的	31 553			2 667		
无约束的	30 160			2 569		
χ^2	1 393　自由度为 18			98　自由度为 14		

注：黑体系数在 0.05 水平上是显著的；其他系数则不是。模型中省略的组别是白人、男性、SAT<1000、高中排名居后 90%、中等 SES、SEL-3 以及男女兼收的大学。毕业率是六年内从首选学校毕业的比率。

SEL-1=平均 SAT 得分在 1 300 以及以上的高校。

SEL-2=平均 SAT 得分在 1 150~1 299 之间的高校。

SEL-3=平均 SAT 得分低于 1 150 的高校。

资料来源：Bowen and Bok, op. cit., p.381.

---

[1]　William G. Bowen and Derek Bok, *The Shape of the River：Long Term Consequences of Considering Race in College and University Admissions*, Princeton University Press, Princeton, NJ, 1998, p.381.

a. 对于招收各类新生和只招收黑人新生的高校，你能得到有关毕业率的什么一般性结论？

b. 机会比率是两种机会之比。比较两组招收各类新生的情况，一组是 SAT 分数超过 1 299，另一组是 SAT 分数低于 1 000（基准组）。1.393 的机会比率意味着第一组学生的毕业概率比第二组高出约 39%。表中列出的各种机会比率是否和先验预期一致？

c. 你对估计的参数统计显著性能说些什么？对估计模型的总体显著性又能说些什么？

17.12　在表 17 - 11 所给出的 logit 模型中干扰项 u_i 有如下方差：

$$\sigma_u^2 = \frac{P_i(1-P_i)}{N_i f_i^2}$$

其中 f_i 是标准密度函数在 $F^{-1}(P_i)$ 处的值。

a. 给定上述 u_i 的方差，为了使得变换后的误差项成为同方差的，你将怎样变换表 17 - 10 中的模型呢？

b. 利用表 17 - 10 中的数据给出变换后的数据。

c. 基于变换后的数据估计 probit 模型，并与基于原始数据得到的回归结果进行比较。

17.13　由于作为拟合优度指标的 R^2 并不特别适合于二分因变量模型，所以有人建议使用如下 χ^2 检验统计量取而代之：

$$\chi^2 = \sum_{i=1}^{G} \frac{N_i(\hat{P}_i - P_i^*)^2}{P_i^*(1-P_i^*)}$$

其中 $N_i =$ 第 i 组中的观测数；

$\hat{P}_i =$ 事件发生的实际概率（$= n_i/N_i$）；

$P_i^* =$ 估计的概率；

$G =$ 组数（即所观测的 X_i 水平的个数，例如在表 17 - 4 中是 10）；

可以证明：对于大样本，χ^2 将服从自由度为 $G-k$ 的 χ^2 分布，其中 k 是估计模型中的参数个数（$k<G$）。

试用上述 χ^2 变量检验回归（17.7.1），并对这样得到的拟合优度进行评论，再将它与报告的 R^2 值进行比较。

17.14　表 17 - 22 给出了对菊花蚜虫喷洒不同浓度的鱼藤酮得到的结果数据，每批处理约 50 个蚜虫。做出一个适当的模型，把死亡概率表达为 X 对数（即剂量的对数）的函数，并对所得的结果进行评论。然后计算习题 17.13 所讨论的 χ^2 检验。

表 17 - 22　　　　　　　　　　　鱼藤酮对菊花蚜虫的毒性研究浓度

浓度（毫克/升）		总数 N_i	死亡数 n_i	$\hat{P}_i = n_i/N_i$
X	$\log(X)$			
2.6	0.415 0	50	6	0.120
3.8	0.579 7	48	16	0.333
5.1	0.707 6	46	24	0.522
7.7	0.886 5	49	42	0.857
10.2	1.008 6	50	44	0.880

资料来源：D. J. Fennet，*Probit Analysis*，Cambridge University Press，London，1964.

17.15　要求攻读研究生学位的 12 名申请人的 GRE 数学和词汇分数如表 17 - 23 所示。其中有 6 名学生获得入学资格。

表 17 - 23　　　　　　　　　　　GRE 分数

学生编号	GRE 能力测试分数		准许入学（准许=1，不准许=0）
	数学，Q	词汇，V	
1	760	550	1
2	600	350	0

续表

学生编号	GRE 能力测试分数		准许入学（准许＝1，不准许＝0）
	数学，Q	词汇，V	
3	720	320	0
4	710	630	1
5	530	430	0
6	650	570	0
7	800	500	1
8	650	680	1
9	520	660	0
10	800	250	0
11	670	480	0
12	670	520	1

资料来源：Donald F. Morrison, *Applied Linear Statistical Methods*, Prentice Hall, Inc., Englewood Cliffs, NJ, 1983, p. 279 (adapted).

a. 根据 GRE 数学和词汇分数，用 LPM 预测入学概率。

b. 这个模型能令人满意吗？如果不能，你建议使用什么样的模型？

17.16 为了研究对 6 瓶装软饮料赠送价格折扣券的效果，蒙哥马利（D. Montgomery）和佩克（E. Peck）收集了表 17－24 中的数据。一个由 5 500 名消费者构成的样本被随机地划分到表中所示的 11 种不同折扣类别之中，每个类别有 500 人。

响应变量是消费者是否在一个月内使用折扣券。

a. 把兑换率看作因变量，把价格折扣看作解释变量，看 logit 模型是否拟合数据。

b. 看 probit 模型和 logit 模型是否拟合得一样好。

c. 如果价格折扣是 17 美分，预测的兑换率是多少？

d. 为使折扣券的兑换率达到 70%，价格折扣估计是多少？

表 17－24 使用折扣券的饮料价格

价格折扣，X（美分）	样本大小，N_i	兑换折扣券的人数，n_i
5	500	100
7	500	122
9	500	147
11	500	176
13	500	211
15	500	244
17	500	277
19	500	310
21	500	343
23	500	372
25	500	391

资料来源：Douglas C. Montgomery and Elizabeth A. Peck, *Introduction to Linear Regression Analysis*, John Wiley & Sons, New York, 1982, p. 243 (notation changed).

17.17 为了弄清楚哪些人有银行账户（支票账户、储蓄账户等），卡斯基（J. Caskey）和彼得森（A. Peterson）利用美国 1977 年和 1989 年的家庭数据估计了一个 probit 模型。结果在表 17-25 中给出。表中的斜率系数值度量了相应回归元的单位变化对拥有银行账户概率的潜在影响。这些边际影响是在模型所含回归元的均值处计算的。

a. 1977 年，婚姻情况对拥有银行账户的影响是什么？1989 年呢？这些结果有经济意义吗？

b. 为什么在 1977 年和 1989 年，代表少数族裔的变量都有负系数？

c. 你能对子女数变量系数带有负号做出合理的解释吗？

d. 表中所给的 χ^2 统计量说明了什么？（提示：习题 17.13。）

表 17-25　　　　　因变量为拥有银行账户的 probit 回归

	1977 年数据		1989 年数据	
	系数	暗含斜率	系数	暗含斜率
常数项	−1.06		−2.20	
	(3.3)*		(6.8)*	
收入（以 1991 年千美元计）	0.030	0.002	0.025	0.002
	(6.9)		(6.8)	
已婚	0.127	0.008	0.235	0.023
	(0.8)		(1.7)	
子女数	−0.131	−0.009	−0.084	−0.008
	(3.6)		(2.0)	
户主（HH）年龄	0.006	0.000 4	0.021	0.002
	(1.7)		(6.3)	
HH 的教育水平	0.121	0.008	0.128	0.012
	(7.4)		(7.7)	
男性 HH	−0.078	−0.005	−0.144	−0.011
	(0.5)		(0.9)	
少数族裔	−0.750	−0.050	−0.600	−0.058
	(6.8)		(6.5)	
有工作	0.186	0.012	0.402	0.039
	(1.6)		(3.6)	
住房所有者	0.520	0.035	0.522	0.051
	(4.7)		(5.3)	
对数似然值	−430.7		−526.0	
统计量（H_0：除常数外所有系数都等于零）	480		602	
观测次数	2 025		2 091	
样本中正确预测的百分数	91		90	

注：* 括号中的数字是 t 统计量。

资料来源：John P. Caskey and Andrew Peterson, "Who Has a Bank Account and Who Doesn't：1977 and 1989," Research Working Paper 93-10, Federal Reserve Bank of Kansas City, October 1993.

17.18 蒙特卡洛研究。为了帮助理解 probit 模型，贝克（W. Becker）和瓦尔德曼（D. Waldman）假定以下的一个关系式[1]：

$$E(Y \mid X) = -1 + 3X$$

令 $Y_i = -1 + 3X_i + \varepsilon_i$，其中假定 ε_i 为标准正态变量（即均值为 0，方差为 1），由此生成一个如表 17-26 所示的含有 35 个观测的样本。

表 17-26　　　由模型 $Y = -1 + 3X + \varepsilon$ 和若 $Y > 0$ 则 $Y^* = 1$ 生成的假想数据

Y	Y*	X	Y	Y*	X
−0.378 6	0	0.29	−0.375 3	0	0.56
1.197 4	1	0.59	1.970 1	1	0.61
−0.464 8	0	0.14	−0.405 4	0	0.17
1.140 0	1	0.81	2.441 6	1	0.89
0.318 8	1	0.35	0.815 0	1	0.65
2.201 3	1	1	−0.122 3	0	0.23
2.447 3	1	0.8	0.142 8	1	0.26
0.115 3	1	0.4	−0.668 1	0	0.64
0.411 0	1	0.07	1.828 6	1	0.67
2.695 0	1	0.87	−0.645 9	0	0.26
2.200 9	1	0.98	2.978 4	1	0.63
0.638 9	1	0.28	−2.332 6	0	0.09
4.319 2	1	0.99	0.805 6	1	0.54
−1.990 6	0	0.04	−0.898 3	0	0.74
−0.902 1	0	0.37	−0.235 5	0	0.17
0.943 3	1	0.94	1.142 9	1	0.57
−3.223 5	0	0.04	−0.296 5	0	0.18
0.169 0	1	0.07			

资料来源：William E. Becker and Donald M. Waldman, "A Graphical Interpretation of Probit Coefficients," *Journal of Economic Education* ," Fall 1989, Table 1, p. 373.

a. 由此表的 Y 和 X 数据，你能估计一个 LPM 吗？记住真模型是 $E(Y \mid X) = -1 + 3X$。

b. 给定 $X = 0.48$，估计 $E(Y \mid X = 0.48)$，并将此估计值与真实 $E(Y \mid X = 0.48)$ 进行比较。注：$\bar{X} = 0.48$。

c. 利用表 17-26 中给出的 Y^* 和 X 数据，估计一个 probit 模型。你可以利用任意统计软件。作者们所估计的 probit 模型如下：

$$\hat{Y}_i^* = -0.969 + 2.764X_i$$

试求 $P(Y^* = 1 \mid X = 0.48)$，即 $P(Y_i > 0 \mid$ $X = 0.48)$。看你的答案是否和作者的答案 0.64 一致。

d. 表 17-26 所给 X 值的样本标准差是 0.31。如果 X 比均值大一个标准差，预测的概率变化是多少？也就是说，$P(Y^* = 1 \mid X = 0.79)$ 是什么？作者的答案是 0.25。

17.19　本书网站上的表 17-27 给出了有关 2 000 名妇女工作（1=工作，0=其他）、年龄、婚姻状况（1=已婚，0=其他）、子女数和受教育程度（读书年数）的数据。在这 2 000 名妇女中，

---

[1]　William E. Becker and Donald M. Waldman, "A Graphical Interpretation of Probit Coefficients," *Journal of Economic Education*, vol. 20, no. 4, Fall 1989, pp. 371-378.

有 657 人记录为无工资收入。

　　a. 利用这些数据，估计线性概率模型。

　　b. 利用同样的数据估计一个 logit 模型，并求出各个变量的边际效应。

　　c. 用 probit 模型重做 (b) 部分的练习。

　　d. 你将选择哪个模型？为什么？

　　17.20　对于书中讨论的抽烟的例子（见17.10 节），从本书网站下载表 17-28 中的数据。分析受教育程度与收入的乘积（即交互项）对成为烟民的概率是否有影响。

　　17.21　从本书网站上下载表 17-29 中的数据集 Benign。变量 cancer 是一个虚拟变量，1 表示患有乳腺癌，0 表示未患乳腺癌。[①] 利用变量 age（患者的年龄）、HIGD（最高学历）、CHK（若患者未接受过正规的医疗检查则取值为 0，若患者接受过正规的医疗检查则取值为 1）、AGPI（生育第一胎时的年龄）、miscarriages（流产次数）和 weight（患者的体重），做一个 logistic 回归，判断这些变量在统计上对预测一个妇女是否患乳腺癌是否有用处。

附录 17A

17A.1　个体（非群组）数据的 logit 模型和 probit 模型的极大似然估计[②]

　　正文中假定我们对在给定个人收入 X 的情况下估计一个人拥有住房的概率感兴趣。我们还假定这个概率可以由 logistic 函数（17.5.2）表示。为方便起见，复制如下：

$$P_i = \frac{1}{1 + e^{-(\beta_1 + \beta_2 X_i)}} \tag{1}$$

我们不能实际观测 P_i，只能观测到结果 $Y=1$（如果一个人拥有住房）和 $Y=0$（如果这个人不拥有住房）。

　　因为每个 P_i 都是一个贝努利随机变量，所以我们可以写成：

$$\Pr(Y_i = 1) = P_i \tag{2}$$
$$\Pr(Y_i = 0) = 1 - P_i \tag{3}$$

　　假定我们有一个 n 次观测的随机样本。令 $f_i(Y_i)$ 表示 $Y_i = 1$ 或 0 的概率，观测到 n 个 Y 值的联合概率，即 $f(Y_1, Y_2, \cdots, Y_n)$ 为：

$$f(Y_1, Y_2, \cdots, Y_n) = \prod_1^n f_i(Y_i) = \prod_1^n P_i^{Y_i}(1 - P_i)^{1 - Y_i} \tag{4}$$

其中 Π 是乘积符号。注意，因为每个 Y_i 都是独立的，而且有着相同的 logistic 密度函数，所以我们可以将联合密度函数写成个别密度函数的乘积。等式（4）中的联合概率就是著名的似然函数（likelihood function，LF）。

方程（4）使用起来有些不太方便。但如果我们将它取自然对数，便得到所谓的对数似然函数（loglikelihood function，LLF）：

$$
\begin{aligned}
\ln f(Y_1, Y_2, \cdots, Y_n) &= \sum_1^n \left[Y_i \ln P_i + (1 - Y_i) \ln (1 - P_i) \right] \\
&= \sum_1^n \left[Y_i \ln P_i - Y_i \ln (1 - P_i) + \ln (1 - P_i) \right] \quad (5) \\
&= \sum_1^n \left[Y_i \ln \left(\frac{P_i}{1 - P_i} \right) \right] + \sum_1^n \ln (1 - P_i)
\end{aligned}
$$

从方程（1）很容易证明

$$
1 - P_i = \frac{1}{1 + e^{\beta_1 + \beta_2 X_i}} \tag{6}
$$

以及

$$
\ln \left(\frac{P_i}{1 - P_i} \right) = \beta_1 + \beta_2 X_i \tag{7}
$$

利用方程（6）和（7），我们将 LLF（5）写成

$$
\ln f(Y_1, Y_2, \cdots, Y_n) = \sum_1^n Y_i (\beta_1 + \beta_2 X_i) - \sum_1^n \ln (1 + e^{\beta_1 + \beta_2 X_i}) \tag{8}
$$

从方程（8）可以看出，因为 X_i 已知，所以对数似然函数是参数 β_1 和 β_2 的函数。

在 ML 中我们的目标是最大化 LF（或 LLF），即通过使观测到 Y 的概率尽可能大（最大），从而求出未知参数值。为此，我们就将方程（8）对每个未知数求偏微分，令其表达式为零，并求解这些表达式。然后应用最大化的二阶条件证明，事实上我们所得到的参数值最大化了 LF。

因此，你必须将方程（8）分别对 β_1 和 β_2 求微分，然后按上面所说的进行。你很快就会意识到，由此得到的一阶条件表达式对参数来说是高度非线性的，而且我们不能得到显式解。这就是为什么我们为了得到数值解而不得不使用前面章节所讨论的非线性估计方法。一旦得到 β_1 和 β_2 的数值解，我们就很容易估计方程（1）。

除了在方程（1）中我们使用正态 CDF 而不是 logistic CDF 之外，probit 模型的 ML 程序与 logit 模型中的 ML 程序完全相似。所得到的一阶条件表达式变得相当复杂，但基本思想是一样的。在此不予深究。

第18章 面板数据回归模型

我们在第 1 章简要讨论了一般可用于经验分析的数据类型，即时间序列数据、横截面数据和面板数据。在时间序列数据中，我们观测一段时期内一个或多个变量的值（比如，几个季度或几年的 GDP）。在横截面数据中，一个或多个变量的值是在同一时点对几个样本单位或研究对象搜集而来的（比如，给定年份美国 50 个州的犯罪率数据）。而面板数据则是对同一横截面单位（比如家庭、企业或州）在不同时期进行多次调查而得到的数据。简言之，面板数据兼具空间和时间两个维度。

我们在表 1-1 中已经看到了这种数据类型的一个例子。表中列出了 1990 年和 1991 年美国 50 个州的鸡蛋产量和价格数据。对于任何给定年份，鸡蛋产量和价格数据都代表着一个横截面样本。对于任意一个给定的州，表中都给出了关于鸡蛋产量和价格的两个时间序列观测。这样，关于鸡蛋产量和价格，我们总共有 100 个（混合）观测。

表 1-2 还给出了面板数据的另一个例子，它给出了 4 个公司在 1935—1954 年投资额、企业价值和资本存量的数据。每个公司在 1935—1954 年的数据都构成了时间序列数据，每个时间序列有 20 个观测；某个年度 4 个公司的数据又构成了横截面数据的例子，只有 4 个观测；所有年份所有公司的数据就是面板数据的一个例子，共有 80 个观测。

面板数据还有一些其他名称，诸如混合数据（pooled data，时间序列和横截面观测值的混合）、时间序列和横截面综合数据、微观面板数据（micropanel data）、纵列数据（longitudinal data，对一个变量或一组观测对象在一段时间内的研究）、事件史分析（event history analysis，比如，对观测物一段时间内一系列状态或条件下的运动进行研究）和批次分析（cohort analysis，例如，对某商学院 1 965 名毕业生就业路径的跟踪研究）。尽管这些名称有一些微妙的差别，但它们在本质上都包含了横截面单位在一段时期内的运动。因此，在一般意义上，我们将使用面板数据这个术语涵盖其他术语。而且，我们将基于这样的面板数据的回归模型称为面板数据回归模型（panel data regression model）。现在面板数据正越来越多地在经济研究中使用。一些著名的面板数据集有：

（1）动态收入面板研究（panel study of income dynamics，PSID）。由密歇根大学的社会研究所于 1968 年开始主持，研究所每年收集大约 5 000 个家庭的各种社会经济和人口统计变量。

（2）收入和参与项目调查（survey of income and program participation，SIPP）。这个类似 PSID 的调查由美国商务部人口普查局主持，每年对被访问者就其经济状况进行四次调查。

（3）德国社会经济面板（German socio-economic panel，GESOEP）。它在 1984—2002 年，每年都同样对 1 761 人搜集出生年份、性别、生活满意度、婚姻状况、个人劳动收入和年工作小时数等信息。

还有各类政府机构主持的许多其他调查，比如：

澳大利亚家庭、收入和劳动动态调查（HILDA）；

英国家庭面板调查（BHPS）；

韩国劳动与收入面板调查（KLIPS）。

一开始要先给大家一个警告：面板数据回归模型的主题非常多，而且其中所涉及的数学和统计学知识十分复杂。我们只希望能够介绍面板数据回归模型的一些本质，至于详尽研究，读者可参阅相应的参考书。[①] 但是要事先提醒大家，其中一些参考书非常专业。幸运的是，诸如 LIMDEP、PC-GIVE、SAS、Stata、SHAZAM、EViews 以及·些读者喜欢使用的其他统计软件，都能轻而易举地完成实际使用面板数据回归模型的任务。

18.1 为什么使用面板数据？

比起横截面数据或时间序列数据，面板数据有哪些优点呢？巴尔塔基（Baltagi）将面板数据的优点列举如下[②]：

（1）既然面板数据与一定时期内的个人、企业、州、国家等有关，那么这些单位中一定存在异质性（heterogeneity）。正如稍后我们将看到的那样，通过使用因调查对象的不同而不同的变量，面板数据估计方法能够明确考虑这种异质性。我们

---

① 这些参考书是 G. Chamberlain, "Panel Data," in *Handbook of Econometrics*, vol. Ⅱ; Z. Griliches and M. D. Intriligator, eds., North-Holland Publishers, 1984, Chapter 22; C. Hsiao, *Analysis of Panel Data*, Cambridge University Press, 1986; G. G. Judge, R. C. Hill, W. E. Griffiths, H. Lutkepohl, and T. C. Lee, *Introduction to the Theory and Practice of Econometrics*, 2d ed., John Wiley & Sons, New York, 1985, Chapter 11; W. H. Greene, *Econometric Analysis*, 6th ed., Prentice Hall, Englewood Cliffs, NJ, 2008, Chapter 9; Badi H. Baltagi, *Econometric Analysis of Panel Data*, John Wiley & Sons, New York, 1995; 以及 J. M. Wooldridge, *Econometric Analysis of Cross Section and Panel Data*, MIT Press, Cambridge, Mass., 1999. 对于这个专题实证应用的详尽讨论，参见 Edward W. Frees, *Longitudinal and Panel Data: Analysis and Applications in the Social Sciences*, Cambridge University Press, New York, 2004.

② Baltagi, op. cit., pp. 3-6.

将在一般意义上使用对象（subject）这个词来表示诸如个人、企业、州、国家等微观单位。

（2）通过混合时间序列和横截面数据，面板数据提供更加有信息价值的数据，变量增加了变异性，变量之间的共线性削弱了，并且自由度和有效性提高了。

（3）通过对重复横截面数据的研究，面板数据更适用于对变化的动态研究。也就是说，失业期限、工作转换以及劳动力的流动等更适于用面板数据进行研究。

（4）面板数据能够更好地检测和度量纯粹使用横截面数据或时间序列数据所无法观测到的影响。例如，如果我们引入联邦和（或）州的最低工资的连续增长，那么就可以更好地研究最低工资法对就业和收入的影响。

（5）面板数据能够使我们对更加复杂的行为模型进行研究。比如，比起纯粹的横截面数据或时间序列数据，面板数据能够更好地处理诸如规模经济和技术变迁之类的现象。

（6）通过使用数千个单位，面板数据能够将偏差降到最低，而这种偏差可能是由于我们将个人或企业情况加总成更大的总量数据而产生的。

简言之，面板数据能够在很多方面丰富经验分析，而这些是仅仅使用横截面数据或时间序列数据所无法做到的。但这并不表示面板数据模型就不存在任何问题，在学习了一些理论和例子之后，我们将讨论这些问题。

18.2 面板数据：一个说明性的例子

首先，让我们考虑一个具体的例子。考虑本书网站上表 18-1 给出的数据，这些数据最早由基姆教授搜集，我们参考了格林的书。[①] 这些数据分析了 1970—1984 年 6 家航空公司的成本问题，它是一个由 90 个观测构成的面板数据。

变量定义为：I 表示航空公司代码；Y 表示年度代码；Q 表示用客运里程营业收入度量的产出指标；C 表示以千美元计的总成本；PF 表示燃料价格；LF 表示座位利用率，用整个机组运输能力的平均利用率表示。

假设我们想弄清楚总成本（C）与产出（Q）、燃料价格（PF）和座位利用率（LF）之间的关系。简而言之，我们想估计一个航空成本函数。

我们打算如何估计这个函数呢？当然，我们可以利用 1970—1984 年的数据（即时间序列数据）来估计每个航空公司的成本函数。利用常用的普通最小二乘法就能做到这一点。这样我们就会得到 6 个成本函数，每个航空公司 1 个。但这样一来，我们就忽略了在相同（管制）环境下的其他航空公司的信息。

---

① W. H. Greene，*Econometric Analysis*，6th ed.，Prentice Hall，Englewood Cliffs，NJ，2008，数据可在如下网站下载：http://pages.stern.nyu.edu/~wgreen/Text/econometricanalysis.htm。

我们也可以估计横截面成本函数（即横截面回归），这样我们就会得到 15 个横截面回归，每年一个。但在目前的情况下，这很难说得通，因为我们每年只有 6 个观测，却使用 3 个解释变量（外加 1 个截距项）；欲使分析有意义，我们的自由度太低。更何况我们没有"利用"数据的面板性质。

顺便提一下，本例中的面板数据被称为平衡面板（balanced panel）；如果每个研究对象（企业、个人等）都有相同的观测次数，这样的面板就是平衡面板。如果有些对象具有不同的观测次数，我们得到的就是非平衡面板（unbalanced panel）。在本章的绝大部分内容中，我们都只讨论平衡面板。在面板数据的文献中，你还可能会遇到短板（short panel）和长板（long panel）的说法。短板指的是横截面单位的个数 N 大于时期数 T。而长板指的是 T 大于 N。我们后面会发现，估计方法与我们使用的是长板还是短板有一定的关系。

那么，我们该怎么估计呢？有四种可能的估计方法：

（1）混合 OLS 模型（pooled OLS model）。我们直接把所有 90 个观测混合在一起估计一个"大"回归，不管它是横截面数据还是时间序列数据。

（2）固定效应最小二乘虚拟变量（fixed effects least squares dummy variable，LSDV）模型。我们还是把所有 90 个观测混合在一起，但让每个横截面单位（即每家航空公司）都有一个自己的（截距）虚拟变量。

（3）固定效应组内模型（fixed effects within-group model）。我们再次把所有 90 个观测混合在一起，但对于每家航空公司，我们把每个变量都表示成它与均值[*]的离差，然后再对这种均值修正后的或"去均值"的变量进行 OLS 回归。

（4）随机效应模型（random effects model，REM）。在固定效应最小二乘虚拟变量模型中，我们容许每家航空公司都有自己（固定）的截距，与此不同，在随机效应模型中，我们假定这些截距是从更大的航空公司的总体中随机抽取的。

现在，我们就利用表 18-1（见本书网站）给出的数据来讨论上述方法。

18.3 混合 OLS 回归或常系数模型

考虑如下模型：

$$C_{it} = \beta_1 + \beta_2 Q_{it} + \beta_3 PF_{it} + \beta_4 LF_{it} + u_{it}$$

$$i = 1, 2, \cdots, 6$$

$$t = 1, 2, \cdots, 15 \tag{18.3.1}$$

其中变量定义在前面已经给出，而 i 表示第 i 个横截面单位，t 表示时期。为便于说

---

[*] 该变量在 6 家航空公司中取值的平均值。——译者注

明，我们选择了线性成本函数，但习题 18.10 要求你估计一个对数线性或双对数函数，此时斜率系数便具有弹性估计值的含义。

注意到，虽然我们把所有 90 个观测混合使用，但须注意，我们假定所有航空公司的回归系数都是相同的。也就是说，航空公司之间没有区别——每家航空公司都一样，这是一个很难成立的假定。

另假定解释变量是非随机的，即便是随机的，也与误差项不相关。有时甚至假定解释变量是严格外生的。如果一个变量与误差项 u_{it} 的当前值、过去值和未来值都不相关，我们就称之为严格外生的。

还假定误差项独立同分布于一个均值为 0、方差为常数的分布，即 $u_{it} \sim iid(0, \sigma_u^2)$。为便于假设检验，还可能假定误差项是正态分布的。注意，方程（18.3.1）中的双下标符号应该一看即知。

我们首先给出方程（18.3.1）的估计结果，然后再讨论这个模型存在的问题。表 18-2 给出了基于 EViews 6 得到的回归结果。

表 18-2

	Coefficient	Std. Error	t Statistic	Prob.
Dependent Variable: TC Method: Least Squares Included observations: 90				
C (intercept)	1158559.	360592.7	3.212930	0.0018
Q	2026114.	61806.95	32.78134	0.0000
PF	1.225348	0.103722	11.81380	0.0000
LF	-3065753.	696327.3	-4.402747	0.0000
R-squared	0.946093	Mean dependent var.		1122524.
Adjusted R-squared	0.944213	S.D. dependent var.		1192075.
S.E. of regression	281559.5	F-statistic		503.1176
Sum squared resid.	6.82E+12	Prob. (F-statistic)		0.000000
		Durbin-Watson		0.434162

如果你使用常用的准则来分析这个混合回归的结果，你会发现所有回归系数不仅高度统计显著，而且与先验预期相一致，R^2 值也很高。唯一美中不足的是估计的德宾-沃森统计量相当低，从而表明数据中可能存在自相关和（或）空间相关。当然，我们知道，很低的德宾-沃森统计量也可能是设定误差所致。

这个模型的主要问题在于，它既没有区分各家航空公司，也没有告诉我们是否所有航空公司的总成本在此期间对解释变量的反应都是一样的。换言之，通过把第 18 章的面板数据回归模型同航空公司不同时期的数据混合在一起，我们掩盖了各个航空公司原本可能存在的异质性（个性或独特性）。再换个说法，这就把每个航空公司的个性特征都放到误差项 u_{it} 中去了。于是，误差项很可能与模型中包含的一些回归元相关。如果是这样，方程（18.3.1）中的估计系数就是偏误的和不一致的。回想经典线性回归模型的重要假定之一就是回归元与干扰项或误差项不相关。

为了看出误差项何以与回归元相关，让我们考虑模型（18.3.1）的如下修订形式：

$$C_{it} = \beta_1 + \beta_2 Q_{it} + \beta_3 PF_{it} + \beta_4 LF_{it} + \beta_5 M_{it} + u_{it} \qquad (18.3.2)^*$$

其中新增加的变量 M 表示管理哲学或管理质量。在方程（18.3.2）所包含的变量中，只有变量 M 是不随时间的变化而变化的，因为虽然不同公司的管理哲学不同，但对同一个公司而言，不同时期的管理哲学却保持不变。

虽然变量 M 不随时间的变化而变化，但它也是不能直接观测到的，因此我们不能度量它对成本函数的贡献。不过，如果把方程（18.3.2）写成如下形式，我们可以间接地做到这一点：

$$C_{it} = \beta_1 + \beta_2 Q_{it} + \beta_3 PF_{it} + \beta_4 LF_{it} + \alpha_i + u_{it} \qquad (18.3.3)$$

其中 α_i 被称为非观测效应或异质性效应，它反映了 M 对成本的影响。注意，为简单起见，我们只说明了 M 对成本的非观测效应，但现实中可能有很多这种非观测效应，比如所有权性质（私有还是国有）、公司所有者是不是少数族裔以及 CEO 的性别等。尽管这种变量在不同航空公司有所差异，但对于给定的一家航空公司，它们可能在样本期内保持不变。

既然不能直接观测到 α_i，何不认为它是随机的并把它包含在误差项 u_{it} 中进而考虑合成误差项 $v_{it} = \alpha_i + u_{it}$ 呢？现在，我们把方程（18.3.3）写成

$$C_{it} = \beta_1 + \beta_2 Q_{it} + \beta_3 PF_{it} + \beta_4 LF_{it} + v_{it} \qquad (18.3.4)$$

但如果误差项 v_{it} 中包含的 α_i 一项与方程（18.3.4）中的某个回归元相关，我们就违背了经典线性回归模型的一个关键假定。我们知道，在这种情况下，OLS 估计值不仅存在偏误，而且还是不一致的。

无法观测的 α_i 与一个或多个回归元相关是有现实可能性的。比如，一家航空公司的管理者可能足够精明，为了避免剧烈的价格波动带来的损失而购买燃料的远期合约，这将降低航空服务的成本。由于这种关系，可以证明，对于 $t \neq s$，$\text{cov}(v_{it}, v_{is}) = \sigma_u^2$，即不等于 0，因此（无法观测的）异质性导致了自相关，我们必须对此加以注意。后面我们还将说明如何处理这个问题。

因此，问题是我们该如何解释非观测效应或异质性效应，以便得到我们感兴趣的主要变量参数的一致和（或）有效估计值，在上述例子中，我们感兴趣的变量是产出、燃料价格和座位利用率。我们的主要兴趣可能不在于得到这些无法观测变量的影响，因为对于一个给定的研究对象，它们总是保持不变。这就是那些非观测效应或异质性效应被称为冗余参数（nuisance parameters）的原因。那么，我们该怎样估计这样的方程呢？我们下面就要转向这个问题。

---

* 原书遗漏了产出变量，后同。——译者注

18.4　固定效应最小二乘虚拟变量模型

通过让每个观测对象都有自己的截距值，最小二乘虚拟变量模型就容许观测对象之间存在异质性，如模型（18.4.1）所示。我们还是使用航空公司的例子。

$$C_{it} = \beta_{1i} + \beta_2 Q_{it} + \beta_3 PF_{it} + \beta_4 LF_{it} + u_{it}$$

$$i = 1, 2, \cdots, 6$$

$$t = 1, 2, \cdots, 15 \tag{18.4.1}$$

注意，为了表示 6 家航空公司的截距可能不同，我们已经在截距项上加了下标 i。这种差别可能来自每家航空公司在管理风格、管理哲学或所服务的市场类型等方面的特殊性。

在文献中，模型（18.4.1）被称为固定效应回归模型（fixed effects regression model，FEM），"固定效应"一词源于如下事实：尽管截距在不同研究对象（这里是 6 家航空公司）之间可能不同，但每个研究对象的截距却不会随着时间的改变而改变，即不随时间的变化而变化（time-invariant）。注意，如果我们把截距写成 β_{1it}，它就表示每个对象的截距是随着时间的变化而变化（time-variant）。还要指出，方程（18.4.1）中给出的固定效应模型还假定回归元的（斜率）系数不会随着研究对象或时期的改变而改变。

在进一步研究之前，看看混合回归模型与 LSDV 模型之间的区别或许有帮助。为简单起见，假定我们将总成本仅对产出进行回归。在图 18-1 中，我们给出了两家航空公司分别估计的成本函数以及将这两家公司的数据混合在一起估计的成本函数；这就等于忽略了固定效应的存在。[①] 从图 18-1 可以清楚地看出，混合回归是如何导致斜率估计值出现偏误的。

实际上我们如何做到让（固定效应）截距在不同航空公司之间存在变化呢？利用第 9 章学过的虚拟变量法，特别是不同截距的虚拟变量法，就能做到这一点。现在把方程（18.4.1）写成

$$C_{it} = \alpha_1 + \alpha_2 D_{2i} + \alpha_3 D_{3i} + \alpha_4 D_{4i} + \alpha_5 D_{5i}$$

$$+ \alpha_6 D_{6i} + \beta_2 Q_{it} + \beta_3 PF_{it} + \beta_4 LF_{it} + u_{it} \tag{18.4.2}$$

其中 D_{2i} 对第 2 家航空公司取值为 1，对其他航空公司取值为 0；D_{3i} 对第 3 家航空公司取值为 1，对其他航空公司取值为 0；如此等等。既然我们有 6 家航空公司，为避免陷入虚拟变量陷阱（dummy-variable trap，即完全共线性情形），我们只能引入 5 个虚拟变量。这里，我们把第 1 家航空公司视为基组或参照组。当然，你可以

---

① 改编自艾伦·邓肯（Alan Duncan）未发表的讲义。

选择任何一家航空公司作为参照组。于是，截距 α_1 就是第 1 家航空公司的截距，而其他 α 系数则表示对应航空公司的截距与第 1 家航空公司的截距之差。因此，α_2 表示第 2 家航空公司的截距与 α_1 的差。$\alpha_1 + \alpha_2$ 则代表第 2 家航空公司的实际截距。其他航空公司的截距可类似计算。记住，如果你想为每家航空公司都引入一个虚拟变量，那么你就必须去掉那个共同截距；否则，你就陷入了虚拟变量陷阱。

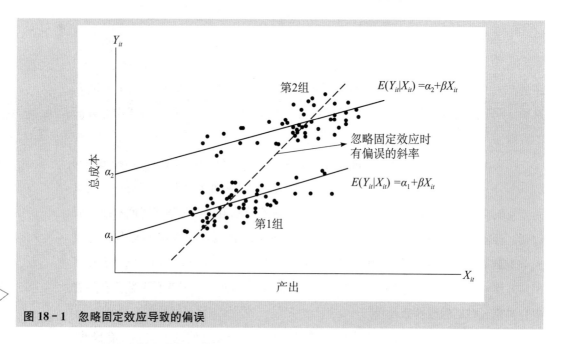

图 18 - 1　忽略固定效应导致的偏误

利用我们的数据，模型（18.4.2）的结果在表 18 - 3 中给出。

表 18 - 3

Dependent Variable: TC
Method: Least Squares
Sample: 1-90
Included observations: 90

	Coefficient	Std. Error	t Statistic	Prob.
C $(=\alpha_1)$	-131236.0	350777.1	-0.374129	0.7093
Q	3319023.	171354.1	19.36939	0.0000
PF	0.773071	0.097319	7.943676	0.0000
LF	-3797368.	613773.1	-6.186924	0.0000
DUM2	601733.2	100895.7	5.963913	0.0000
DUM3	1337180.	186171.0	7.182538	0.0000
DUM4	1777592.	213162.9	8.339126	0.0000
DUM5	1828252.	231229.7	7.906651	0.0000
DUM6	1706474.	228300.9	7.474672	0.0000

R-squared	0.971642	Mean dependent var.	1122524.
Adjusted R-squared	0.968841	S.D. dependent var.	1192075.
S.E. of regression	210422.8	F-statistics	346.9188
Sum squared resid.	3.59E+12	Prob. (F-statistic)	0.000000
Log likelihood	-1226.082	Durbin-Watson stat.	0.693288

对于这些结论，首先注意到，个别地看，所有截距系数都是高度统计显著的，这就表明这 6 家航空公司可能是异质性的，因而表 18-2 中给出的混合回归结果值得怀疑。表 18-2 和表 18-3 中得到的斜率系数值也是不同的，这再次让我们对表 18-2 中的结果产生了某种疑虑。看来模型（18.4.1）比模型（18.3.1）更好。顺便指出，对固定效应模型使用 OLS 得到的估计量被称为固定效应估计量（fixed effect estimators）。我们可以对这两个模型进行规范的检验。

与模型（18.4.1）相比，模型（18.3.1）因对所有航空公司施加了截距相同的约束而成为一个约束模型。因此，我们可以利用第 8 章讨论过的约束 F 检验。读者很容易验证，这里的 F 值是

$$F = \frac{(0.971\,642 - 0.946\,093)/5}{(1 - 0.971\,642)/81} \approx 14.99$$

注：约束 R^2 值和无约束 R^2 值分别来自表 18-1 和表 18-2，还要注意，约束数是 5 个。（为什么?）

这里的虚拟假设是，所有截距差异都等于 0。在分子自由度为 5 和分母自由度为 81 的情况下，计算出来的 F 值是高度统计显著的。因此，我们拒绝所有截距差异都等于 0 的虚拟假设。如果 F 值在统计上不显著，我们就认为这 6 家航空公司的截距没有差异。此时，我们就能像表 18-2 给出的混合回归那样，把所有 90 个观测混合在一起使用。

由于模型（18.4.1）仅容许不同航空公司的截距不同，所以它又被称为一维固定效应（one-way fixed effects）模型。但如果我们相信成本函数因为技术进步、政府管制、税收政策的变化以及诸如此类的其他因素在不同时期发生了变化，我们也可以容许模型中出现时期效应（time effect）。如果我们引入时期虚拟变量，从 1970 年到 1984 年每年都有一个这样的虚拟变量，那么，很容易就能解释这种时期效应。既然我们有 15 年的数据，我们可以引入 14 个时期虚拟变量（为什么?），并通过增加这些变量而扩充模型（18.4.1）。由于我们同时容许观测对象效应和时期效应，所以这样形成的模型被称为二维固定效应（two-way fixed effects）模型。

在本例中，如果我们增加时期虚拟变量，我们就有 23 个系数需要估计——1 个共同截距、5 个航空公司虚拟变量、14 个时期虚拟变量和 3 个斜率系数。如你所见，这将消耗一定的自由度。而且，如果我们还容许不同航空公司的斜率系数存在差异，那么我们就要让这 5 个企业（航空公司）虚拟变量与 3 个解释变量中的每一个都相互影响，从而引入不同的斜率虚拟系数。这样，我们还要再估计 15 个系数（5 个虚拟变量与 3 个解释变量的交互项）。如果这还不够，我们还要引入 14 个时期虚拟变量与 3 个解释变量的交互项，我们又要多估计 42 个系数。你将看到，这样剩下的自由度就不多了。

使用固定效应 LSDV 模型的警告

上述讨论表明，LSDV 模型有几个问题需要牢记。

第一，如果你引入太多的虚拟变量，就会遇到自由度的问题。也就是说，你将没有足够的观测来做有意义的统计分析。

第二，模型中有太多的虚拟变量及其与解释变量的交互项，总有可能导致多重共线性，这将使得一个或多个参数的精确估计成为困难。

第三，在某些情形中，LSDV 或许不能识别那些不随时间的变化而变化的变量的影响。考虑利用面板数据估计一组工人的工资函数。除工资外，工资函数可能还包括年龄、工作经历和受教育程度等解释变量。假设我们还要在模型中增加性别、种族和宗教信仰等变量。既然对一个确定的调查对象而言，这些变量在不同时期不会发生变化，那么，LSDV 模型就不能识别这种不随时间的变化而变化的变量对工资的影响。换言之，因研究对象不同而不同的截距吸收了因变量和解释变量中可能存在的所有异质性。顺便指出，这些不随时间的变化而变化的变量有时被称为冗余变量或潜在变量。

第四，我们必须小心地考虑误差项 u_{it}。我们在方程（18.3.1）和方程（18.4.1）中给出的结果都是建立在误差项遵从经典假设这一假定之上的，即 $u_{it} \sim N(0, \sigma^2)$。既然下标 i 和 t 分别表示横截面数据和时间序列数据，那么对于 u_{it} 的经典假设就必须做出修正。以下是几种可能性。

（1）我们可以假定对于所有横截面单位，误差项的方差是相同的，或假定误差项的方差是异方差的。[1]

（2）对于每个对象，我们可以假定在不同时期不存在自相关。于是，在说明性的例子中，我们可以假定第 1 家航空公司成本函数的误差项不存在自相关，或者我们也可以假定它是自相关的，比如 AR(1) 形式的自相关。

（3）对于某个给定的时间，第 1 家航空公司的误差项可能与第 2 家航空公司的误差项相关。[2] 或者，我们假定不存在这种相关性。

我们还能够想到误差项的其他一些排列和组合。正如你将很快意识到的那样，对于一个或者多个这种可能性的考虑将会使分析大大复杂化。（限于篇幅和数学上的限制，我们不考虑所有这些可能性。不过，如果我们借助于下面两节将要讨论的方法，其中一些问题可能会得到缓解。）

---

[1] Stata 在面板数据回归模型中提供了异方差校正后的标准误。

[2] 这就导致了似无关回归（seemingly unrelated regression，SURE）模型，它最早由阿诺德·泽尔纳（Arnold Zellner）提出。参见 A. Zellner, "An Efficient Method of Estimating Seemingly Unrelated Regressions and Tests for Aggregation Bias," *Journal of the American Statistical Association*, vol. 57, 1962, pp. 348 - 368.

18.5 固定效应组内估计量

估计混合回归的方法之一，就是通过把每家航空公司因变量和自变量的取值表示成它们与其各自均值的离差，达到消除固定效应 β_{1i} 的目的。于是，对第 1 家航空公司，我们先求出 C、Q、PC 和 LF 的样本均值（分别是 $\overline{C}$、$\overline{Q}$、$\overline{PF}$ 和 $\overline{LF}$），然后将各个变量的取值都减去对应的均值。由此得到的变量值被称为"除均值"或经均值修正后的变量值。对每家航空公司都这样处理之后，再把所有 90 个经均值修正后的变量值混合在一起并做 OLS 回归。

令 c_{it}、q_{it}、pf_{it} 和 lf_{it} 表示经均值修正后的变量值，我们现在做如下回归：

$$c_{it} = \beta_2 q_{it} + \beta_3 pf_{it} + \beta_4 lf_{it} \tag{18.5.1}$$

其中 $i = 1, 2, 3, 4, 5, 6$ 和 $t = 1, 2, \cdots, 15$。注意，方程（18.5.1）不含截距项。（为什么?）

回到我们的例子中来，我们得到表 18-4 中的结果。注：前缀 DM 表示相应变量的取值是经均值修正后的变量值，或者说是用它们与其样本均值的离差表示的。

表 18-4

```
Dependent Variable: DMTC
Method: Least Squares
Sample: 1-90
Included observations: 90
```

	Coefficient	Std. Error	t Statistic	Prob.
DMQ	3319023.	165339.8	20.07396	0.0000
DMPF	0.773071	0.093903	8.232630	0.0000
DMLF	-3797368.	592230.5	-6.411976	0.0000
R-squared	0.929366	Mean dependent var.		2.59E-11
Adjusted R-squared	0.927743	S.D. dependent var.		755325.8
S.E. of regression	203037.2	Durbin-Watson stat.		0.693287
Sum squared resid.	3.59E+12			

注意到表 18-2 中给出的混合回归与表 18-4 中给出的混合回归结果有所不同。前者不顾 6 家航空公司之间的异质性，而后者对此有所考虑，但不是用虚拟变量的方法来考虑的，而是通过将样本观测值减去其样本均值来消除这种异质性的。如图 18-2 所示，二者之间的差别还是很明显的。

可以证明，这个组内（within-group, WG）估计量能够得到斜率系数的一致估计，而普通的混合回归却不能。不过，应该补充说明的是，尽管组内估计量是一致的，但与普通的混合回归结果相比，它却不是有效的（即具有更大的方差）。[①] 观察

---

① 其原因在于，当我们把变量表示成与其均值的离差时，这些经均值修正后的变量值与原变量值相比，变异程度要小很多。在这种情况下，干扰项 u_{it} 的变异就相对变大，因此导致估计系数的标准误更大。

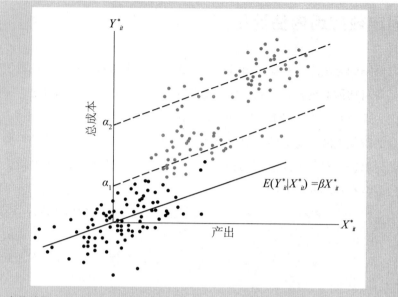

图 18 - 2　组内估计量

资料来源：Alan Duncan，"Cross-Section and Panel Data Econometrics," unpublished lecture notes (adapted).

发现，表 18 - 3 和表 18 - 4 中 Q、PF 和 LF 的斜率系数相等。这是因为这两个模型在数学上是等价的。顺便指出，用 WG 方法估计的回归系数被称为 WG 估计量。

WG 估计量的一个不足之处可通过如下工资回归模型加以解释：

$$W_{it} = \beta_{it} + \beta_2 \text{Experience}_{it} + \beta_3 \text{Age}_{it} + \beta_4 \text{Gender}_{it} + \beta_5 \text{Education}_{it}$$
$$+ \beta_6 \text{Race}_{it} + v_{it} \tag{18.5.2}$$

在这个工资函数中，诸如性别、受教育程度和种族变量都是不随时间的变化而变化的。如果我们使用 WG 估计量，这些不随时间的变化而变化的变量都将（因差分而）从模型中消除。结果我们就不知道工资对这些不随时间的变化而变化的变量如何做出反应。[1] 但为了回避误差项（ v_{it} 中包含的 α_i ）与解释变量之间的相关性，这是我们必须付出的代价。

WG 估计量的另一个不足之处在于："……它可能扭曲了参数值并肯定消除了原本可能存在的任何长期影响"[2]。一般而言，当我们将一个变量进行差分时，我们就消除了该变量中的长期成分。而剩下的只有该变量的短期影响。在本书后面讨论时间序列计量经济学时，我们会进一步讨论这个问题。

在使用 LSDV 时，我们得到了每家航空公司截距的直接估计值。利用 WG 方法，我们该如何求这些截距的估计值呢？对于航空公司的例子，截距可求解如下：

$$\hat{\alpha}_i = \overline{C}_i - \hat{\beta}_2 \overline{Q}_i - \hat{\beta}_3 \overline{\text{PF}}_i - \hat{\beta}_4 \overline{\text{LF}}_i \tag{18.5.3}$$

---

[1]　LSDV 模型也是这样。

[2]　Dimitrios Asteriou and Stephen G. Hall，*Applied Econometrics*，*A Modern Approach*，Palgrave Macmillan，New York，2007，p. 347.

其中变量上面的短横线表示第 i 家航空公司该变量的样本均值。

也就是说，我们用因变量的均值减去第 i 家航空公司各个解释变量的均值与从 WG 估计量中得到的斜率系数估计值的乘积，就得到第 i 家航空公司的截距值。注意，就像表 18-4 那样，所有航空公司的斜率系数估计值都是一样的。或许应该指出，方程（18.5.3）中估计的截距类似于我们在标准线性回归模型中估计的截距，后者我们可以从方程（7.4.21）中看到。用上述方法求这 6 家航空公司的截距，并验证它们与从表 18-3 中推导出来的截距值相等（不考虑四舍五入的误差）的工作，就留给读者自己完成。

或许还要指出，每家航空公司的截距估计值都代表了这些航空公司的独特特征，但我们无法逐个识别这些特征。因此，第 1 家航空公司的截距 α_1 就代表了该公司的管理哲学、董事会构成、CEO 的人格和 CEO 的性别等。所有这些异质性特征都被并入截距值之中。我们稍后将会看到，这种特征可以包含在随机效应模型中。

顺便指出，我们注意到 WG 估计方法还有另一种替代方法，即一阶差分法（first-difference method）。在 WG 方法中，我们把每个变量都表示成其与该变量均值的离差。在一阶差分法中，我们对每个观测对象都取与这些变量相邻的两个观测值之差。因此，对第 1 家航空公司而言，我们用 TC 的第二次观测值减去其第一次观测值，用 TC 的第三次观测值减去其第二次观测值，如此等等。对其余变量，我们如法炮制，并且对余下 5 家航空公司也重复这一过程。经过这样的处理之后，每家航空公司都只剩下 14 个观测值，因为第一次观测之前没有其他观测。于是，我们现在有 84 个观测值，而不是 90 个。然后，我们将 TC 变量的一阶差分值对解释变量的一阶差分值进行如下回归：

$$\Delta TC_{it} = \beta_2 \Delta Q_{it} + \beta_3 \Delta PF_{it} + \beta_4 \Delta LF_{it} + (u_{it} - u_{i,t-1})$$
$$i = 1,2,\cdots,6$$
$$i = 1,2,\cdots,84 \tag{18.5.4}$$

其中 $\Delta = TC_{it} - TC_{i,t-1}$。正如在第 11 章曾指出的那样，$\Delta$ 被称为一阶差分算子。[①]

顺便指出，注意原来的误差项现在被误差项的现期值与前期值之差所取代。如果原来的误差项不是自相关的，那么如此变换后的干扰项就一定是自相关的，由此带来了我们在第 11 章讨论过的那种估计问题。不过，如果解释变量是严格外生的，那么在给定解释变量值的前提下，这个一阶差分估计量就是无偏的。还注意到，对一个研究对象而言，那些不随时间的变化而变化的解释变量在一阶差分的过程中也被消除了，因此一阶差分方法与 WG 方法具有相同的缺陷。

或许应该指出，在我们只有两期的时候，一阶差分估计量和固定效应估计量是

---

① 注意方程（18.5.3）没有截距项（为什么?），但如果原模型中含有趋势变量，我们就可以在其中包含一个截距项。

相同的，但如果多于两期，这两个估计量就有所不同。这方面的原因非常复杂，感兴趣的读者可查阅参考文献。[1] 在我们的航空公司的例子中使用一阶差分方法，并将结论与其他固定效应估计量得到的结论进行比较，留给读者去练习。

18.6 随机效应模型

在评论固定效应或 LSDV 建模方法时，克曼塔（Kmenta）[2] 写道：

与共变异（即 LSDV）模型相联系的一个明显问题是：引入虚拟变量（并随之造成自由度数目的减少）是否确实必要？使用共变异模型背后的逻辑是，在设定这个回归模型时，模型内不能包含不随时间的变化而变化的相关解释变量（以及某些可能是随时间而变化但对于所有横截面单位都取相同值的解释变量），而且使用虚拟变量是对我们的无知的一种掩饰。

如果虚拟变量确实反映了（真实）模型信息的缺乏，那为什么不通过干扰项来表达这种无知呢？这正是所谓误差成分模型（error components model，ECM）或随机效应模型的推崇者建议使用的方法，我们现在用上述航空公司的成本函数来加以说明。

基本思想从方程（18.4.1）开始：

$$TC_{it} = \beta_{1i} + \beta_2 Q_{it} + \beta_3 PF_{it} + \beta_4 LF_{it} + u_{it} \qquad (18.6.1)$$

我们假定 β_{1i} 是一个均值为 β_1（这里没有下标 i）的随机变量，而不再把它看成固定的。那么，一个公司的截距值就可以表示为：

$$\beta_{1i} = \beta_1 + \varepsilon_i \qquad (18.6.2)$$

其中 ε_i 是一个均值为零、方差为 σ_ε^2 的随机误差项。

我们本质上说的是，本例中的 6 个公司是从更大的公司总体中抽取出来的，而这些公司的截距都有一个相同的均值（$=\beta_1$），并且每个公司截距值的个别差异都反映在误差项 ε_i 中。

将方程（18.6.2）代入方程（18.6.1），我们便得到：

$$
\begin{aligned}
TC_{it} &= \beta_{1i} + \beta_2 Q_{it} + \beta_3 PF_{it} + \beta_4 LF_{it} + \varepsilon_i + u_{it} \\
&= \beta_{1i} + \beta_2 Q_{it} + \beta_3 PF_{it} + \beta_4 LF_{it} + \omega_{it}
\end{aligned}
\qquad (18.6.3)
$$

其中

$$\omega_{it} = \varepsilon_i + u_{it} \qquad (18.6.4)$$

合成的误差项 ω_{it} 包括 ε_i 和 u_{it} 两个部分。前者是特定横截面单位或特定研究对象的误差成分，后者则是时间序列误差成分和横截面误差成分的综合，因为后者既

---

[1] 特别是参见 J. M. Wooldridge，*Econometric Analysis of Cross Section and Panel Data*，MIT Press，Cambridge，Mass.，2002，pp. 279-283。

[2] Jan Kmenta，*Elements of Econometrics*，2d ed.，Macmillan，New York，1986，p. 633.

随着横截面单位（即研究对象）的变化而变化，又随着时间的变化而变化，所以有时又被称为特异项（idiosyncratic term）。由于合成误差项由两（或多）个误差成分构成，误差成分模型因此得名。

ECM 通常的假定是：

$$\varepsilon_i \sim N(0, \sigma_\varepsilon^2)$$

$$u_{it} \sim N(0, \sigma_u^2)$$

$$E(\varepsilon_i u_{it}) = 0; \ E(\varepsilon_i \varepsilon_j) = 0 \ (i \neq j) \tag{18.6.5}$$

$$E(u_{it} u_{is}) = E(u_{ij} u_{ij}) = E(u_{it} u_{js}) = 0 \ (i \neq j; \ t \neq s)$$

即各个误差成分之间互不相关，并且在不同横截面单位和时间序列单元之间也没有自相关。注意到 ω_{it} 与模型中所包含的任何一个解释变量都不相关也很重要。由于 ε_i 是 ω_{it} 的一个组成部分，所以后者可能与解释变量相关。如果确实如此，则 ECM 将得到回归系数的非一致估计。稍后我们将讨论豪斯曼检验，它将告诉我们，在一个给定的应用中 ω_{it} 与解释变量是否相关，也就是说，它将告诉我们 ECM 是不是一个合适的模型。

特别注意区分 FEM 和 ECM 之间的不同。在 FEM 中，每个横截面单位都有自己的（固定）截距值，N 个横截面单位就有 N 个这样的值。另外，在 ECM 中（共同的）截距代表所有（横截面单位）截距的平均值，而误差成分 ε_i 则表示每个横截面单位的截距对这个平均值的（随机）偏离。不过要记住，ε_i 不是直接可观测的，也就是所谓的不可观测变量或潜在变量。

作为方程（18.6.5）中所做假定的结果，我们得到：

$$E(\omega_{it}) = 0 \tag{18.6.6}$$

$$\mathrm{var}(\omega_{it}) = \sigma_\varepsilon^2 + \sigma_u^2 \tag{18.6.7}$$

现在如果 $\sigma_\varepsilon^2 = 0$，那么模型（18.3.1）和模型（18.6.3）之间就没有不同了。在这种情况下，我们可以简单地将（横截面和时间序列）观测混合在一起，然后像在方程（18.3.1）中那样进行混合回归。由于此时要么不存在特定对象的影响，要么这种影响都能由解释变量加以解释，所以这样做是正确的。

如方程（18.6.7）所示，误差项 ω_{it} 是同方差的。但是，可以证明 ω_{it} 和 ω_{is} $(t \neq s)$ 是相关的；也就是说，一个给定横截面单位的误差项在两个不同的时期是相关的。相关系数 $\mathrm{corr}(\omega_{it}, \omega_{is})$ 表示如下：

$$\rho = \mathrm{corr}(\omega_{it}, \omega_{is}) = \frac{\sigma_\varepsilon^2}{\sigma_\varepsilon^2 + \sigma_u^2}; \ t \neq s \tag{18.6.8}$$

注意上述相关系数有两个特征。第一，从方程（16.6.8）中可以清楚地看到，对于任意一个给定的横截面单位，两个不同时期的误差项的相关系数保持不变，无论这两个时期相距多远。这与我们在第 12 章中所讨论的一阶自相关 [AR(1)] 模式形成了强烈的对比。在一阶自相关模式中，我们发现不同时期之间的相关性随时间的推移而递减。第二，对于所有横截面单位，方程（18.6.8）所给出的相关性结构保持不变；即对所有研究对象，它都是相同的。

如果我们不考虑这个相关性的结构，并且用 OLS 对方程（18.6.3）进行估计，得出的估计量将不是有效的。这里最合适的方法就是广义最小二乘法（generalized least squares，GLS）。

由于 GLS 在数学上的复杂性，我们在此对 GLS 的数学原理不予讨论。[①] 既然现在大多数统计软件都能例行估计 ECM（和 FEM 一样），那么我们仅给出上述说明性例子的结果足矣。不过在这样做之前需要注意，我们轻而易举就能通过引入一个随机误差成分来扩展方程（18.4.2），从而考虑到不同时期的变异（见习题 18.6）。

表 18-5 给出了航空公司成本函数的 ECM 估计结果。

表 18-5

```
Dependent Variable: TC
Method: Panel EGLS (Cross-section random effects)

Sample: 1-15
Periods included: 15
Cross-sections included: 6
Total panel (balanced) observations: 90
Swamy and Arora estimator of component variances
```

	Coefficient	Std. Error	t Statistic	Prob.
C	107429.3	303966.2	3.534251	0.0007
Q	2288588.	88172.77	25.95572	0.0000
PF	1.123591	0.083298	13.48877	0.0000
LF	-3084994.	584373.2	-5.279151	0.0000

Effects Specification			
		S.D.	Rho
Cross-section random		107411.2	0.2067
Idiosyncratic random		210422.8	0.7933

	Firm	Effect
1	1.000000	-270615.0
2	2.000000	-87061.32
3	3.000000	-21338.40
4	4.000000	187142.9
5	5.000000	134488.9
6	6.000000	57383.00

注意随机效应模型的这些特征。（平均）截距值是 107 429.3。这 6 家航空公司的（差异）截距值在回归结果的下面列出。比如对第 1 家航空公司，它的截距值就比共同截距值 107 429.3 小 270 615；这家航空公司的实际截距值就是 −163 185.7。另外，第 6 家航空公司的截距值比共同截距值高 57 383；所以这家航空公司的实际

---

① 参见 Kmenta, op. cit., pp. 625-630。

截距值就是 107 429.3＋57 383 或 164 812.3。其他航空公司的截距值可类似推导。不过要注意，如果你把所有这 6 家航空公司的（差异）截距值相加，结果理所当然地是 0。（为什么？）

如果你把固定效应回归和随机效应回归的结果进行对比，你会发现二者之间存在明显的差异。现在重要的问题是：哪个结论是可靠的？换言之，我们应该选择这两个模型中的哪一个？我们可以使用豪斯曼检验来回答这个问题。

豪斯曼检验背后的虚拟假设是固定随机效应模型的估计量不存在明显差异。豪斯曼提出的这个检验统计量渐近服从 χ^2 分布。如果虚拟假设被拒绝，结论就是随机效应模型不适当，因为随机效应可能与一个或多个回归元相关。此时，固定效应模型就优于随机效应模型。就我们的例子而言，豪斯曼检验的结果如表 18 - 6 所示。

表 18 - 6

```
Correlated Random Effects—Hausman Test
Equation: Untitled
Test cross-section random effects
```

Test Summary	Chi-Sq. Statistic	Chi-Sq. d.f.	Prob.
Cross-section random	49.619687	3	0.0000

Cross-section random effects test comparisons:			
Variable	Fixed	Random	Var(Diff.)	Prob.
Q	3319023.28	2288587.95	21587779733.	0.0000
PF	0.773071	1.123591	0.002532	0.0000
LF	-3797367.59	-3084994.0	35225469544.	0.0001

因为在自由度为 3 时估计的 χ^2 值是高度显著的，所以豪斯曼检验明确地拒绝了虚拟假设；如果虚拟假设是正确的，得到一个高达 49.62 的 χ^2 值的概率几乎为 0。于是，我们可以拒绝误差成分模型（随机效应模型）而支持固定效应模型。顺便指出，表 18 - 6 的最后一部分比较了每个变量的固定效应系数和随机效应系数，如最后一列所示，在本例中，二者之间的差别是统计显著的。

布罗施和帕甘的拉格朗日乘数检验[①]

除了豪斯曼检验，我们也可以使用布罗施-帕甘（BP）检验来检验不存在随机效应，即方程（18.6.7）中 $\sigma_u^2 = 0$ 的虚拟假设。诸如 Stata 等软件都包含这一检验。在虚拟假设下，BP 统计量服从自由度为 1 的 χ^2 分布；自由度之所以为 1，是因为我们只检验 $\sigma_u^2 = 0$ 这一个假设。由于它非常复杂，所以我们不再介绍这个检验的数

---

① T. Breusch and A. R. Pagan，"The Lagrange Multiplier Test and Its Applications to Model Specification in Econometrics," *Review of Economic Studies*，vol. 47，1980，pp. 239 - 253.

学表达式。

下面转向航空公司的例子，使用 BP 检验得到的 χ^2 值为 0.61。在自由度为 1 的情况下，得到一个高达 0.61 的 χ^2 值的 p 值约为 43%。因此，我们不能拒绝这个虚拟假设。换言之，在本例中使用随机效应模型就不太合适。因此，BP 检验强化了豪斯曼检验的结果，因为它们都发现在航空公司的例子中使用随机效应模型是不合适的。

18.7 各个估计量的性质[①]

我们已经讨论了估计（线性）面板数据回归模型的几种方法，即（1）混合估计量；（2）包括最小二乘虚拟变量估计量、固定效应组内估计量和一阶差分估计量在内的固定效应估计量；以及（3）随机效应估计量。它们有哪些统计性质呢？由于面板数据通常会涉及大量观测，所以我们主要考虑这些估计量的一致性。

（1）混合估计量。它假定不同研究对象的斜率系数是相同的，如果方程 (18.3.1) 中的误差项与回归元不相关，混合估计量就是一致的。不过，前面曾指出，对于一个给定的研究对象，不同时期的误差项很可能相关。因此，在进行假设检验时，一定要使用面板修正标准误（panel-corrected standard errors）。一定要保证你使用的软件具有这项功能，否则计算出来的标准误就有可能被低估。应该指出，如果适合使用固定效应模型而我们使用了混合估计量，估计出来的系数将是不一致的。

（2）固定效应估计量。即便假定潜在模型是混合回归模型或随机效应模型，固定效应估计量也总是一致的。

（3）随机效应估计量。即便真实模型是混合回归模型，随机效应模型也是一致的。不过，如果真实模型是固定效应模型，随机效应模型就不再是一致的。对这些性质的证明和进一步讨论，可参阅本章注释中引用的各种教材 [Cameron and Trivedi (2005)，Greene (2008)，Wooldridge (1999)]。

18.8 固定效应模型与随机效应模型的比较：一些要点

研究者所面临的挑战是，FEM 和 ECM 哪个更好？这个问题的答案取决于对个体或特定横截面单位的误差成分 ε_i 和回归元 X 之间可能的相关性所做的假定。

若假定 ε_i 与 X 不相关，则 ECM 可能更合适；若假定 ε_i 与 X 相关，则 FEM 可能更合适。ECM 背后的假设是，ε_i 是一个从非常大的总体中抽取的随机变量。但

[①] 以下讨论取自 A. Colin Cameron and Pravin K. Trivedi，*Microeconometrics：Methods and Applications*，Cambridge University Press，Cambridge，New York，2005，Chapter 21。

是有时候情况并非如此。比如，假如我们想对美国 50 个州的犯罪率进行研究。显然，在这种情况下，50 个州是一个随机样本的假设是不合理的。

记住这两种方法之间的根本区别后，关于 FEM 和 ECM 之间的选择我们还有什么可以说的吗？这里，贾奇（Judge）等人的观察也许对我们是有帮助的[①]：

（1）若 T（时间序列数据的数量）较大而 N（横截面单位的数量）较小，那么通过 FEM 和 ECM 得到的参数估计值很可能没有差别。于是，这里的选择主要是基于计算上的便利性。从这个理由来看，FEM 可能更加可取。

（2）当 N 较大而 T 较小时（即短板），两种方法的估计值会有显著的差异。回忆一下，在 ECM 中，$\beta_{1i} = \beta_1 + \varepsilon_i$，其中 ε_i 是横截面单位的随机部分，而在 FEM 中我们认为 ε_{1i} 固定不变而非随机变量。在后一种情形下，统计推断是以样本中观测到的横截面单位为条件的。如果我们坚信样本中的个体或横截面单位不是从一个更大的样本中随机抽取的，那么这种统计推断就是合适的。在这种情况下，FEM 是合适的。但如果样本中的横截面单位被看作随机抽取的，那么 EMC 是合适的，因为在这种情况下统计推断是无条件的。

（3）如果研究对象的误差成分 ε_i 与一个或多个回归元相关，那么 ECM 估计量是有偏误的，而从 FEM 中获得的估计量则是无偏的。

（4）如果 N 较大而 T 较小，并且 ECM 的基本假设都成立，那么 ECM 估计量就比 FEM 估计量更有效。

（5）与 FEM 不同，ECM 可以估计那些不随时间的变化而变化的变量的系数，比如性别和宗教信仰等。FEM 确实也能控制这种不随时间的变化而变化的变量，但就像从 LSDV 或 WG 估计量模型中清楚地看到的那样，FEM 不能直接估计它们。另外，FEM 同时对所有不随时间的变化而变化的变量加以控制（为什么？），而 ECM 却可以单独估计不随时间的变化而变化的变量，因为它们被明确地引入模型。

尽管我们可以使用豪斯曼检验，但牢记约翰斯顿（Johnston）和迪那多（DiNardo）提出的警告也很重要。在决定选择固定效应模型还是随机效应模型时，他们认为："……没有一个简单的规则可以帮助研究者在固定效应这块岩礁与测量误差和动态选择这块暗礁之间顺利通过。尽管面板数据是对横截面数据的一种改善，但它们也不是解决计量经济学家所有问题的灵丹妙药。"[②]

18.9 面板数据回归：一些结论性的意见

正如本章一开始就提到的那样，面板数据建模的主题庞大而又复杂。我们仅仅触及了它的皮毛。现列举部分我们没有讨论过的专题：

[①] Judge et al., op. cit., pp. 489-491.

[②] Jack Johnston and John DiNardo, *Econometric Methods*, 4th ed., McGraw-Hill, 1997, p. 403.

（1）使用面板数据进行假设检验。

（2）ECM 中的异方差性和自相关性。

（3）非平衡面板数据。

（4）动态面板数据模型，其中回归子（Y_{it}）的滞后值作为解释变量出现。

（5）涉及面板数据的联立方程。

（6）定性因变量和面板数据。

（7）面板数据中的单位根（有关单位根的讨论，参见第 21 章）。

这些专题的一个或多个能够在本章所引用的参考书中找到，欲更多地了解这些专题，请读者查阅这些书籍。这些参考书还引用了经济学和管理学各个领域中使用面板数据回归模型进行的一些实证研究。建议初学者去读一些应用实例，以便对研究者在实际中如何运用这样的模型有一个感性的认识。[①]

18.10 一些说明性例子

例 18.1 生产力和公共投资

为了弄清楚生产力为何持续下滑而且公共投资又在其中起到什么作用，艾丽西亚·芒内尔（Alicia Munnell）研究了 1970—1986 年共 17 年间美国 48 个州的生产力数据，共有 816 个观测。[②] 利用这些数据，我们估计了表 18-7 中的混合回归。注意，这一回归没有考虑数据的面板性质。

表 18-7

```
Dependent Variable: LGSP
Method: Panel Least Squares

Sample: 1970-1986
Periods included: 17
Cross-sections included: 48
Total panel (balanced) observations: 816
```

	Coefficient	Std. Error	t Statistic	Prob.
C	0.907604	0.091328	9.937854	0.0000
LPRIVCAP	0.376011	0.027753	13.54847	0.0000
LPUBCAP	0.351478	0.016162	21.74758	0.0000
LWATER	0.312959	0.018739	16.70062	0.0000
LUNEMP	-0.069886	0.015092	-4.630528	0.0000
R-squared	0.981624	Mean dependent var.		10.50885
Adjusted R-squared	0.981533	S.D. dependent var.		1.021132
S.E. of regression	0.138765	F-statistic.		10830.51
Sum squared resid.	15.61630	Prob. (F-statistic)		0.000000
Log likelihood	456.2346	Durbin-Watson stat.		0.063016

这个模型中的因变量是 GSP（州生产总值），而解释变量为 PRIVCAP（私人资本）、

[①] 详细的讨论和具体的应用，参见 Paul D. Allison, *Fixed Effects Regression Methods for Longitudinal Data*, *Using SAS*, SAS Institute, Cary, North Carolina, 2005。

[②] 芒内尔的数据可在如下网站找到：www.aw-bc.com/ murray。

PUBCAP（公共资本）、WATER（自来水资本）和 UNEMP（失业率）。注意，L 表示自然对数。

如果经典线性回归模型的所有假定都成立，那么，所有变量都具有预期的符号，而且都是个别统计显著的，也是联合统计显著的。

为了考虑数据的面板维度，我们在表 18-8 中估计了一个固定效应模型，为避免落入虚拟变量陷阱，我们对 48 个州使用了 47 个虚拟变量。为节省篇幅，我们只给出了回归系数的估计结果，而没有给出各个虚拟变量系数的估计结果。但要补充说明的是，所有这 47 个虚拟变量都是高度统计显著的。

表 18-8

```
Dependent Variable: LGSP
Method: Panel Least Squares

Sample: 1970-1986
Periods included: 17
Cross-sections included: 48
Total panel (balanced) observations: 816
```

	Coefficient	Std. Error	t Statistic	Prob.
C	-0.033235	0.208648	-0.159286	0.8735
LPRIVCAP	0.267096	0.037015	7.215864	0.0000
LPUBCAP	0.714094	0.026520	26.92636	0.0000
LWATER	0.088272	0.021581	4.090291	0.0000
LUNEMP	-0.138854	0.007851	-17.68611	0.0000

Effects Specification				
Cross-section fixed (dummy variables)				

R-squared	0.997634	Mean dependent var.	10.50885
Adjusted R-squared	0.997476	S.D. dependent var.	1.021132
S.E. of regression	0.051303	F-statistic	6315.897
Sum squared resid.	2.010854	Prob. (F-statistic)	0.000000
Log likelihood	1292.535	Durbin-Watson stat.	0.520682

你可以看出，混合回归和固定效应回归之间有明显差别，这就让我们对混合回归的结果产生了一定的疑虑。为了看出随机效应模型在这种情况下是否更合适，我们还在表 18-9 中给出了随机效应回归模型的结果。

表 18-9

```
Dependent Variable: LGSP
Method: Panel EGLS (Cross-section random effects)

Sample: 1970-1986
Periods included: 17
Cross-sections included: 48
Total panel (balanced) observations: 816
Swamy and Arora estimator of component variances
```

18

续表

	Coefficient	Std. Error	t Statistic	Prob.
C	-0.046176	0.161637	-0.285680	0.7752
LPRIVCAP	0.313980	0.029740	10.55760	0.0000
LPUBCAP	0.641926	0.023330	27.51514	0.0000
LWATER	0.130768	0.020281	6.447875	0.0000
LUNEMP	-0.139820	0.007442	-18.78669	0.0000

Effects Specification		
	S.D.	Rho
Cross-section random	0.130128	0.8655
Idiosyncratic random	0.051303	0.1345

为了在这两个模型之间做出选择，我们使用豪斯曼检验，表 18-10 给出了豪斯曼检验的结果。

表 18-10

Test Summary	Chi-Sq. Statistic	Chi-Sq. d.f.	Prob.
Cross-section random	42.458353	4	0.0000

Cross-section random effects test comparisons:

Variable	Fixed	Random	Var (Diff.)	Prob.
LPRIVCAP	0.267096	0.313980	0.000486	0.0334
LPUBCAP	0.714094	0.641926	0.000159	0.0000
LWATER	0.088272	0.130768	0.000054	0.0000
LUNEMP	-0.138854	-0.139820	0.000006	0.6993

既然估计的 χ^2 值是高度统计显著的，我们就拒绝这两个模型的估计系数不存在明显差别的虚拟假设。看来误差项与一个或多个回归元之间存在着相关关系。因此，我们拒绝随机效应模型而支持固定效应模型。不过还要注意，如表 18-10 的后半部分所示，这两个模型的系数并非都存在差异。比如，这两个模型中 LUNEMP 的系数值就没有统计显著的差别。

例 18.2 美国电力需求

马德拉等人在他们的论文中考虑了 1970—1990 年美国 49 个州的居民对电力和天然气的需求，分析中不包括夏威夷。[1] 他们搜集了几个变量的数据；这些数据可以在本书网站上找到。在本例中，我们仅考虑居民对电力的需求。我们首先在表 18-11 中给出基于固定效应估计的结果，然后在表 18-12 中给出基于随机效应估计的结果，最后对两个模型进行比较，其中 Log(ESRCBPC)＝居民人均电力消费（以十亿英国热量单位为单位）的自然对数，Log(RESRCD)＝1987 年电力价格的自然对数，Log(YDPC)＝1987 年人均可支配收入的自然对数。

---

[1] G. S. Maddala，Robert P. Trost，Hongyi Li，and Frederick Joutz，"Estimation of Short-run and Long-run Elasticities of Demand from Panel Data Using Shrikdage Estimators," *Journal of Business and Economic Statistics*，vol. 15，no. 1，January 1997，pp. 90-100.

表 18 - 11

```
Dependent Variable: Log(ESRCBPC)
Method: Panel Least Squares

Sample: 1971-1990
Periods included: 20
Cross-sections included: 49
Total panel (balanced) observations: 980
```

	Coefficient	Std. Error	t Statistic	Prob.
C	-12.55760	0.363436	-34.55249	0.0000
Log(RESRCD)	-0.628967	0.029089	-21.62236	0.0000
Log(YDPC)	1.062439	0.040280	26.37663	0.0000

Effects Specification

Cross-section fixed (dummy variables)

R-squared	0.757600	Mean dependent var.	-4.536187
Adjusted R-squared	0.744553	S.D. dependent var.	0.316205
S.E. of regression	0.159816	Akaike info criterion	-0.778954
Sum squared resid.	23.72762	Schwarz criterion	-0.524602
Log likelihood	432.6876	Hannan-Quinn criter.	-0.682188
F-statistic	58.07007	Durbin-Watson stat.	0.404314
Prob. (F-statistic)	0.000000		

因为这是一个双对数模型，所以斜率系数估计值就表示弹性。因此，在保持其他条件不变的情况下，如果真实人均收入上升 1%，那么人均电力消费也上升约 1%。同样，在保持其他条件不变的情况下，如果电力的真实价格上升 1%，那么人均电力消费将下降约 0.6%。所有的弹性估计值都是统计显著的。

表 18-12 给出了随机误差模型的结果。

表 18 - 12

```
Dependent Variable: Log(ESRCBPC)
Method: Panel EGLS (Cross-section random effects)

Sample: 1971-1990
Periods included: 20
Cross-sections included: 49
Total panel (balanced) observations: 980
Swamy and Arora estimator of component variances
```

	Coefficient	Std. Error	t Statistic	Prob.
C	-11.68536	0.353285	-33.07631	0.0000
Log(RESRCD)	-0.665570	0.028088	-23.69612	0.0000
Log(YDPC)	0.980877	0.039257	24.98617	0.0000

Effects Specification

	S.D.	Rho
Cross-section random	0.123560	0.3741
Idiosyncratic random	0.159816	0.6259

续表

Weighted Statistics			
R-squared	0.462591	Mean dependent var.	-1.260296
Adjusted R-squared	0.461491	S.D. dependent var.	0.229066
S.E. of regression	0.168096	Sum squared resid.	27.60641
F-statistic	420.4906	Durbin-Watson stat.	0.345453
Prob. (F-statistic)	0.000000		
Unweighted Statistics			
R-squared	0.267681	Mean dependent var.	-4.536187
Sum squared resid.	71.68384	Durbin-Watson stat.	0.133039

这两个模型看上去没有多大差别。但我们可以使用豪斯曼检验来看看是否的确如此。这个检验的结果在表 18-13 中给出。

表 18-13

Correlated Random Effects—Hausman Test
Equation: Untitled
Test cross-section random effects

Test Summary	Chi-Sq. Statistic	Chi-Sq. d.f.	Prob.
Cross-section random	105.865216	2	0.0000

Cross-section random effects test comparisons:

Variable	Fixed	Random	Var (Diff.)	Prob.
Log(RESRCD)	-0.628967	-0.665570	0.000057	0.0000
Log(YDPC)	1.062439	0.980877	0.000081	0.0000

尽管表 18-11 和表 18-12 中两个模型的系数看起来非常相似，但豪斯曼检验表明并非如此。χ^2 值是高度统计显著的。因此，我们应该选择固定效应模型而非随机效应模型。本例为我们提供了一个重要观点：在样本容量很大时，在本例中是 980 个观测，即使两个模型的系数估计值看似很小的差异也可能是统计显著的。因此，在这两个模型中，变量 Log(RESRCD) 的系数看似非常接近，但在统计上却是有差别的。

例 18.3 啤酒消费、收入与啤酒税

为了评价啤酒税对啤酒消费的影响，菲利普·库克（Philip Cook）在考虑收入效应的同时，研究了二者之间的关系。[①] 他使用了 1975—2000 年美国 50 个州和华盛顿特区的数据。在本例中，我们在州一级的层次上研究人均啤酒销售额与税率和收入之间的关系。我们在表 18-14 中以列表的形式给出混合 OLS 模型（OLS）、FEM 和 REM 的结果。因变量是人均啤酒销售额。

---

① 这里所用的数据可从 Michael P. Murphy，*Econometrics：A Modern Introdution*，Pearson/Addison Wesley，Boston，2006 一书的网站上获得，但原始数据是菲利普·库克在其如下著作中搜集的：Philip Cook，*Paying the Tab：The Costs and Benefits of Alcohol Control*，Princeton University Press，Princeton，New Jersey，2007。

表 18 - 14

变量	OLS	FEM	REM
常数项	1.419 2 (24.37)	1.761 7 (52.23)	1.754 2 (39.22)
啤酒税	−0.006 7 (−2.13)	−0.018 3 (−9.67)	−0.018 1 (−9.69)
收入	−3.54 (e^{-6}) (−1.12)	−0.000 020 (−9.17)	−0.000 019 (−9.10)
R^2	0.006 2	0.005 2	0.005 2

注：括号中的数字是估计的 t 值。

这些结论很有意思。根据经济理论，我们预期啤酒消费与啤酒税之间呈负相关关系，这三个模型都得出了这种关系。但啤酒消费的收入效应为负，这就表明啤酒是劣等品（inferior good）。劣等品就是需求随着消费者收入的增加而减少的商品。或许随着他们收入的增加，消费者更加喜欢香槟！就我们的目的而言，我们感兴趣的是系数估计值的差别。显然，固定效应模型与随机效应模型的系数估计值没有多大差别。事实上，豪斯曼检验得到的 χ^2 值为 3.4，在只有 2 个自由度和显著性水平为 5% 的情况下并不显著；其 p 值为 0.178 3。

但基于 OLS 得到的结果却与它们存在巨大差异。啤酒税变量的系数在绝对值上远小于 FEM 和 REM 得到的结果。收入变量尽管符号也为负，但不是统计显著的，而在另外两个模型中它是高度统计显著的。

本例生动地说明了如果我们忽视数据的面板结构并估计一个混合回归可能导致的结果。

要点与结论

（1）面板数据回归模型以面板数据为基础。面板数据由相同横截面或个体单位在几个时期的观测组成。

（2）使用面板数据有几个优点。第一，它大大增加了样本容量。第二，通过研究重复抽取的横截面观测，面板数据更加适合研究动态变化。第三，面板数据使我们能够研究更为复杂的行为模型。

（3）尽管有这些优点，面板数据也带来了一些估计和推断的问题。由于数据涉及横截面和时间两个维度，因而困扰横截面数据（例如异方差性）和时间序列数据（例如自相关）的问题就需要解决。还有一些其他问题，比如在同一时点上不同横截面单位之间的交叉相关。

（4）有几个估计方法能够解决这些问题中的一个或多个。两个最为著名的方法是固定效应模型和随机效应模型或误差成分模型。

（5）在 FEM 中，允许回归模型的截距在不同的横截面单位之间存在差异，也就是说，承认每个个体或横截面单位有一些独特特征这一事实。为了考虑不同的截距，我们可以使用虚拟变量。使用虚拟变量的 FEM 就是著名的最小二乘虚拟变量模型。FEM 适用于彼此不同的截距与一个或多个回归元相关的情形。LSDV 模型的一个缺点就是，若横截面单位的数目 N 非常大，我们将不得不引入 N 个虚拟变量（但去掉了共同截距项），从而消耗了许多自由度。

（6）ECM 是 FEM 的一个替代方法。ECM 假定横截面单位的截距是从一个有着不变均值的非常大的总体中随机抽取的。因此，每个横截面单位的截距都可以表示为对这个不变均值的偏离。ECM 相对 FEM 而言的一个优点是节约了自由度，因为我们不必估计 N 个横截面单位的截距，我们只需估计截距的均值及其方差。ECM 适用于每个横截面单位的随机截距与回归元不相关的情形。ECM 的另一个优点是，我们可以引入诸如性别、宗教信仰和种族地位等变量，这些变量对一个给定的研究对象而言一般保持不变。在 FEM 中，由于所有这种变量与各自的截距是共线的，所以我们无法引入这些变量。而且，如果我们使用组内估计量或一阶差分估计量，所有这种不随时间的变化而变化的变量都将被消除。

（7）豪斯曼检验可用于在 FEM 和 ECM 之间做出选择。我们也可以使用布罗施-帕甘检验来判断 ECM 是否合适。

（8）尽管面板数据回归在应用研究中越来越受欢迎，面板数据也越来越容易获得，但是它并不适用于任何情形。在每种情况下都必须做出一些实际的判断。

（9）我们必须牢记使用面板数据的一些特殊问题。最严重的就是损耗问题，出于这样或那样的原因，面板研究的对象随着时间的推移而逐渐退出，以至在后续调查中，最初的调查对象（或横截面单位）留下来的越来越少。即使不存在损耗问题，随着时间的推移，调查对象也可能会拒绝或不愿意回答某些问题。

习 题

问答题

18.1 横截面数据、时间序列数据和面板数据的特点是什么？

18.2 FEM 表示什么意思？既然面板数据同时有时间和空间两个维度，那么 FEM 是怎样考虑这两个维度的？

18.3 误差成分模型表示什么意思？它与 FEM 有什么不同？什么时候 ECM 是适用的？什么时候 FEM 是适用的？

18.4 LSDV、组内估计量和一阶差分模型三者之间有区别吗？

18.5 什么时候面板数据回归模型是不适用的？举例说明。

18.6 怎样扩展模型（18.4.2）以考虑一个时间误差部分？明确地写出模型。

18.7 考虑表 1-1 给出的鸡蛋产量和价格数据。这里哪一个模型是适用的，FEM 还是 ECM？为什么？

18.8 对于表 1-2 给出的投资数据，你会选择哪个模型——FEM 还是 REM？为什么？

18.9 基于密歇根收入动态调查，豪斯曼试图估计一个工资或收入模型。这个模型将 629 个高中毕业生作为一个样本，对他们做一个为期 6 年的调查，从而得到 3 774 个观测。这个研究中因变量是工资的对数，解释变量是年龄（分成几个年龄段）、前一年失业情况、前一年健康不佳情况、自我雇用情况、居住地的区位（对于来自南部的毕业生，South＝1，其他为 0），以及居住地的区域（对于来自农村的毕业生，Rural＝1，其他为 0）。豪斯曼同时使用了 FEM 和 ECM。表 18‐15 给出了结果（括号里是标准误）：

表 18‐15

变量	固定效应		随机效应	
1. 年龄段 1（20～35 岁）	0.055 7	（0.004 2）	0.039 3	（0.003 3）
2. 年龄段 2（35～45 岁）	0.035 1	（0.005 1）	0.009 2	（0.003 6）
3. 年龄段 3（45～55 岁）	0.020 9	（0.005 5）	−0.000 7	（0.004 2）
4. 年龄段 4（55～65 岁）	0.020 9	（0.007 8）	−0.009 7	（0.006 0）
5. 年龄段 5（65 岁及以上）	−0.017 1	（0.015 5）	−0.042 3	（0.012 1）
6. 前一年失业情况	−0.004 2	（0.015 3）	−0.027 7	（0.015 1）
7. 前一年健康不佳情况	−0.020 4	（0.022 1）	−0.025 0	（0.021 5）
8. 自我雇用情况	−0.219 0	（0.029 7）	−0.267 0	（0.026 3）
9. 南部	−0.156 9	（0.065 6）	−0.032 4	（0.033 3）
10. 农村	−0.010 1	（0.031 7）	−0.121 5	（0.023 7）
11. 常数	— —		0.849 9	（0.043 3）
S^2	0.056 7		0.069 4	
自由度	3 135		3 763	

资料来源：Reproduced from Cheng Hsiao，*Analysis of Panel Data*，Cambridge University Press，1986，p.42.Original source：J. A. Hausman，"Specification Tests in Econometrics," *Econometrica*，vol.46，1978，pp.1251‐1271.

a. 这些结果在经济学意义上讲得过去吗？

b. 两个模型得到的结果是否存在着巨大差异？如果有，导致这些差异的因素有哪些？

c. 基于表中所给出的数据，如果可能的话，你会选择哪个模型？

实证分析题

18.10　参照正文中讨论的航空公司的例子。不再使用方程（18.4.2）中给出的线性模型，而是估计一个对数线性回归模型，并将你所得到的结论与表 18‐2 中给出的结论进行比较。

18.11　参考表 1‐1 中的数据。

a. 令 Y＝鸡蛋产量（以百万个计）和 X＝鸡蛋价格（美分/打）。分别针对 1990 年和 1991 年估计这个模型。

b. 混合这两年的观测值并估计混合回归模型。

在混合数据时你要做什么样的假设？

c. 使用固定效应模型，将这两年进行区分，求出回归结果。

d. 区分 50 个州后，你能够使用固定效应模型吗？为什么？

e. 将州效应和年度效应进行区分有意义吗？如果有，那么你将不得不引入多少个虚拟变量？

f. 误差成分模型是否适用于鸡蛋产量的建模？为什么？看看你能否用比如说 EViews 对这样一个模型进行估计。

18.12　继续习题 18.11。在决定进行混合回归之前，你需要弄清楚数据是否"可以混合"。为此，你决定使用第 8 章中讨论过的邹至庄检验。给出必要的计算并判断混合回归是否适用。

18.13　利用表 1‐6 中给出的投资数据。

a. 分别针对每个公司估计格伦费尔德投资函数（Grunfeld investment function）。

b. 现在将所有公司的数据混合在一起，并用 OLS 估计格伦费尔德投资函数。

c. 利用 LSDV 估计这个投资函数，并将结论与（b）中的混合回归估计值进行比较。

d. 你将如何在混合回归与 LSDV 回归之间做出选择？给出必要的计算。

18.14 表 18-16 给出了 1980—2006 年美国、加拿大和英国的制造业以美元计的小时工资 Y（指数，1992 年＝100）和公民失业率 X（百分比）

数据。考虑模型：

$$Y_{it} = \beta_1 + \beta_2 X_{it} + u_{it} \tag{1}$$

a. 先验地，期望 Y 与 X 之间是什么关系？为什么？

b. 对每个国家估计方程（1）给出的模型。

c. 混合所有 81 个观测后估计这个模型。

d. 估计固定效应模型。

e. 估计误差成分模型。

f. 哪个模型较好，FEM 还是 ECM？说出你的理由（提示：使用豪斯曼检验）。

表 18-16　　　　1980—2006 年美国、加拿大和英国的失业率和制造业小时工资

年份	COMP_U.S.	UN_U.S.	COMP_CAN	UN_CAN	COMP_UK	UN_UK
1980	55.9	7.1	49.0	7.3	47.1	6.9
1981	61.6	7.6	53.8	7.3	47.5	9.7
1982	67.2	9.7	60.1	10.7	45.1	10.8
1983	69.3	9.6	64.3	11.6	41.9	11.5
1984	71.6	7.5	65.0	10.9	39.8	11.8
1985	75.3	7.2	65.0	10.2	42.3	11.4
1986	78.8	7.0	64.9	9.3	52.0	11.4
1987	81.3	6.2	69.6	8.4	64.5	10.5
1988	84.1	5.5	78.5	7.4	74.8	8.6
1989	86.6	5.3	85.5	7.1	73.5	7.3
1990	90.5	5.6	92.4	7.7	89.6	7.1
1991	95.6	6.8	100.7	9.8	99.9	8.9
1992	100.0	7.5	100.0	10.6	100.0	10.0
1993	102.0	6.9	94.8	10.8	88.8	10.4
1994	105.3	6.1	92.1	9.6	92.8	8.7
1995	107.3	5.6	93.9	8.6	97.3	8.7
1996	109.3	5.4	95.9	8.8	96.0	8.1
1997	112.2	4.9	96.7	8.4	104.1	7.0
1998	118.7	4.5	94.9	7.7	113.8	6.3
1999	123.4	4.2	96.8	7.0	117.5	6.0
2000	134.7	4.0	100.0	6.1	114.8	5.5
2001	137.8	4.7	98.9	6.5	114.7	5.1
2002	147.8	5.8	101.0	7.0	126.8	5.2
2003	158.2	6.0	116.7	6.9	145.2	5.0
2004	161.5	5.5	127.1	6.4	171.4	4.8
2005	168.3	5.1	141.8	6.0	177.4	4.8
2006	172.4	4.6	155.5	5.5	192.3	5.5

注：UN＝失业率，%。COMP＝以美元计的小时工资指数，1992＝100。CAN＝加拿大。

资料来源：*Economic Report of the President*，2008，Table B-109.

18.15 巴尔塔基和格里芬 (Griffin) 考虑了如下汽油需求函数[①]:

$$\ln Y_{it} = \beta_1 + \beta_2 \ln X_{2it} + \beta_3 X_{3it} + \beta_4 X_{4it} + u_{it}$$

其中 $Y=$ 平均每辆车的汽油消费量;$X_2=$ 人均真实收入;$X_3=$ 真实汽油价格;$X_4=$ 人均拥有车辆数;$i=18$ 个 OECD 国家的国家代码;$t=$ 年份 (1960—1978 年的年度观测)。注:表中的数值都已经取了对数。

a. 把所有 18 个国家的数据混合在一起(共有 342 个观测)估计上述需求函数。

b. 利用这些数据估计一个固定效应模型。

c. 利用这些数据估计一个随机效应模型。

d. 根据你的分析,哪个模型最好地描述了这 18 个 OECD 国家的汽油消费?给出你的理由。

18.16 参考论文 Subhayu Bandyopadhyay and Howard J. Wall,"The Determinants of Aid in the Post-Cold War Era," *Review*, Federal Reserve Bank of St. Louis, November/December 2007, vol. 89,number 6,pp. 533 - 547。该文利用面板数据估计了援助对受援国的经济和物资需要、公民或政治权利和政府有效性的反应敏感程度。数据是 135 个国家的 3 年数据。论文和数据可在如下网站找到:http://research. stlouisfed. org/publications/review/past/2007,November/December Vol. 89,No. 10section。这些数据也可以在本书网站上的表 18-18 中找到。利用一个随机效应估计量估计作者提出的模型(在他们论文的第 534 页给出)。将你的结论与作者在其论文表 2 中给出的混合回归估计值和固定效应估计值进行比较。哪个模型更合适,固定效应模型还是随机效应模型?为什么?

18.17 参考正文中讨论的航空公司的例子。对每家航空公司估计一个时间序列对数成本函数。这些回归与本章讨论的固定效应模型和随机效应模型相比如何?你会估计 15 个横截面对数成本函数吗?为什么?

① B. H. Baltagi and J. M. Griffin,"Gasoline Demand in the OECD:An Application of Pooling and Testing Procedures," *European Economic Review*,vol. 22,1983,pp. 117-137。18 个 OECD 国家 1960—1978 年的数据可从如下网站获得:http://www. wiley. com/legacy/wileychi/baltagi/supp/Gasoline. dat,也可从本书网站上的表 18-17 中获得。

第19章 动态计量经济模型：自回归与分布滞后模型

在涉及时间序列数据的回归分析中，如果回归模型不仅含有解释变量（诸 X）的当前值，还含有它们的滞后（过去）值，就把该模型称为分布滞后模型（distributed-lag model）。如果模型在它的解释变量中包含因变量的一个或多个滞后值，就称它为自回归模型（autoregressive model）。因此

$$Y_t = \alpha + \beta_0 X_t + \beta_1 X_{t-1} + \beta_2 X_{t-2} + u_t$$

就代表一个分布滞后模型，而

$$Y_t = \alpha + \beta X_t + \gamma Y_{t-1} + u_t$$

则代表一个自回归模型。后者因描述了因变量相对其过去值的时间路径又被称为动态模型（dynamic model）。

自回归与分布滞后模型广泛地应用于计量经济分析之中。本章对这类模型做了周密的考察以明确如下问题：

（1）滞后在经济学中的作用是什么？

（2）滞后的理由是什么？

（3）在经验计量经济学中常用的滞后模型有什么理论上的依据？

（4）自回归与分布滞后模型之间有没有关系？如果有，又是什么关系？能从一个模型推导出另一个模型吗？

（5）在估计这类模型时会遇到一些什么样的统计问题？

（6）变量之间的领先-滞后关系意味着因果关系吗？如果是这样，你将如何度量它？

19.1 "时间"或"滞后"在经济学中的作用

在经济学中，变量 Y（因变量）对另一（些）变量 X（解释变量）的依赖很少是瞬时的。常见的情形是，Y 对 X 的响应有时间上的延迟，这种时间上的延迟就叫作滞后（lag）。为了说明滞后的性质，我们考虑几个例子。

例 19.1 消费函数

假定某人的年薪增加了 2 000 美元，并假定这是一种永久性增加，即这一薪金的增加将一直保持下去。那么，这种收入的增加将会对个人的年消费支出产生什么影响呢？

在得到收入的这种增加之后，人们通常并不急于把全部增加的收入马上花掉。比如说，受益者也许决定在收入增加后的第一年增加 800 美元的消费支出，第二年增加 600 美元，第三年增加 400 美元，而把剩余的部分用于储蓄。到第三年末，此人的年消费支出将增加 1 800 美元。于是我们可把消费函数写成：

$$Y_t = C + 0.4X_t + 0.3X_{t-1} + 0.2X_{t-2} + u_t \tag{19.1.1}$$

其中 C 是常数项，Y 是消费支出，而 X 是收入。

方程（19.1.1）表明，收入增加 2 000 美元，其影响散布或分布在一个 3 年的期间里。因此，像方程（19.1.1）这样的模型，由于某一原因（收入）产生的影响分散在若干时期里，因而被称为分布滞后模型。分布滞后模型（19.1.1）的几何意义可从图 19-1 或图 19-2 中看出。

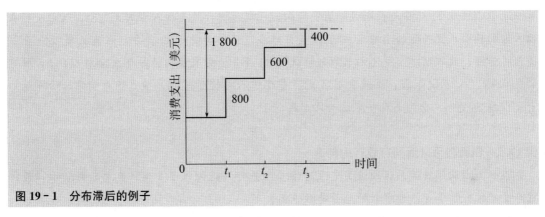

图 19-1 分布滞后的例子

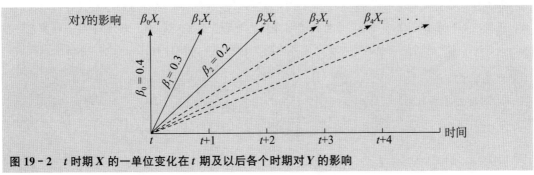

图 19-2 t 时期 X 的一单位变化在 t 期及以后各个时期对 Y 的影响

更一般地，我们可将消费函数写成：

$$Y_t = \alpha + \beta_0 X_t + \beta_1 X_{t-1} + \beta_2 X_{t-2} + \cdots + \beta_k X_{t-k} + u_t \tag{19.1.2}$$

这是带有 k 个时期有限滞后的一个分布滞后模型。系数 β_0 表示，在 X 变化一个单位之后 Y 的均值在同一时期的变化，故称短期或即期乘数（short-run or impact multiplier）。[1] 如果此

---

[1] 从技术上讲，β_0 是 Y 对 X_t 的偏导数，β_1 是 Y 对 X_{t-1} 的偏导数，β_2 是 Y 对 X_{t-2} 的偏导数，以此类推。笼统地讲，即 $\partial Y_t / \partial X_{t-k} = \beta_k$。

后 X 的变化都保持在同一水平上，则 $\beta_0+\beta_1$ 给出下一期 Y（的均值）的变化，$\beta_0+\beta_1+\beta_2$ 给出了再下一期 Y 的变化，以此类推。这些局部求和的结果被称为中期乘数。最后，经过 k 期，我们得到：

$$\sum_{i=0}^{k} \beta_i = \beta_0 + \beta_1 + \beta_2 + \cdots + \beta_k = \beta \tag{19.1.3}$$

称为长期或总分布滞后乘数（long-run or total distributed-lag multiplier），但这里需假定总和 β 存在（将在别处讨论）。

如果我们定义

$$\beta_i^* = \frac{\beta_i}{\sum \beta_i} = \frac{\beta_i}{\beta} \tag{19.1.4}$$

便得到标准化 β_i。于是，标准化 β_i 的"局部和"将给出在某一特定时期所感到的冲击占长期或总冲击（即总滞后乘数）的比例。

回到消费函数（19.1.1），我们看到短期乘数 0.4 不过是短期边际消费倾向，而长期乘数 $0.4+0.3+0.2=0.9$ 是长期边际消费倾向。也就是说，随着收入增加 1 美元，消费者将在收入增加的当年提高他的消费水平约 40 美分，在下一年再提高 30 美分，在第三年又提高 20 美分，这样，收入增加 1 美元的长期效应就是 90 美分。如果我们将每个 β_i 都除以 0.9，就分别是 0.44、0.33 和 0.23，这就表明 X 的单位变化的总效应有 44% 被立即感受到，一年以后有 77% 被感受到，而到第二年末这一比例达到 100%。

例 19.2 银行货币（活期存款）的创造

假如美国联邦储备系统通过买进政府债券向银行系统倾注了 1 000 美元的新货币，最终将产生的银行货币或活期存款的总量是多少呢？

按照法定准备金制度，假定法律规定银行对它们创造的存款要持 20% 的准备金作为后盾，那么，根据熟知的乘数过程，一共要产生的活期存款总额等于 $1\,000 \times [1/(1-0.8)]=5\,000$ 美元。当然，这 5 000 美元的活期存款不是一夜之间产生的，它有一个时间过程，如图 19-3 所示。

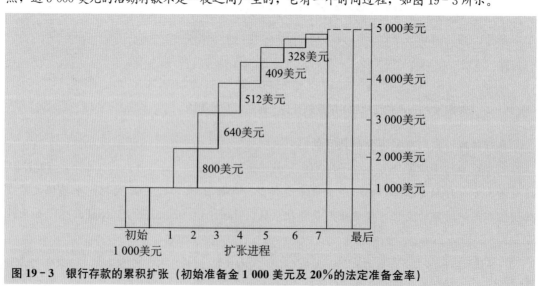

图 19-3 银行存款的累积扩张（初始准备金 1 000 美元及 20% 的法定准备金率）

例 19.3　货币与价格之间的联系

根据货币主义学派的观点，通货膨胀实质上是一种货币现象。其意义在于，一般价格水平的连续上涨是货币供给的膨胀率远远超过经济单位对货币的实际需求量所致。当然，通货膨胀和货币供给的变化之间的联系不是瞬时的。研究表明，两者之间的联系有一个介乎 3～20 个季度的滞后。表 19-1 给出了一个这类研究的结果。[①] 我们从中可以看到，M1B 货币供给（＝现钞＋金融机构中的支票存款）1% 的变化在长达 20 个季度里都有所影响。货币供给 1% 的变化对通货膨胀的长期冲击约为 1（＝ $\sum m_i$），它是统计显著的。尽管中期乘数一般看来都是显著的，但约为 0.04 的短期冲击则是不显著的。顺便指出，由于 P 和 M 均以百分比形式表示，所以 m_i（即我们通常用的符号 β_i）就给出了 P 对 M 的弹性，即当货币供给增加 1% 时价格在百分比变化上的响应。因此，$m_0 = 0.04$ 意味着货币供给增加 1%，短期价格弹性约为 0.04。长期弹性为 1.03 意味着长期而论，货币供给每增加 1%，反映在价格上的百分比变化也相当。简单说来，从长远看，货币供给每增加 1%，通货膨胀率也随之增加 1%。

表 19-1　　　　　　　　　货币-价格方程的估计：原始设定

样本期：1955 年第 1 季度至 1969 年第 4 季度：$m_{21} = 0$

	系数	$|t|$		系数	$|t|$		系数	$|t|$
m_0	0.041	1.276	m_8	0.048	3.249	m_{16}	0.069	3.943
m_1	0.034	1.538	m_9	0.054	3.783	m_{17}	0.062	3.712
m_2	0.03	1.903	m_{10}	0.059	4.305	m_{18}	0.053	3.511
m_3	0.029	2.171	m_{11}	0.065	4.673	m_{19}	0.039	3.338
m_4	0.03	2.235	m_{12}	0.069	4.795	m_{20}	0.022	3.191
m_5	0.033	2.294	m_{13}	0.072	4.694	$\sum m_i$	1.031	7.87
m_6	0.037	2.475	m_{14}	0.073	4.468	平均滞后	10.959	5.634
m_7	0.042	2.798	m_{15}	0.072	4.202			
$\bar{R}^2 = 0.525$		se=1.066			D. W. =2.00			

$$\dot{P} = -0.146 + \sum_{i=0}^{20} m_i \dot{M}_{-i}$$
$$(0.395)$$

注：P＝GNP 价格缩减指数的年复合变化率；

　　M＝M1B 的年复合变化率。

资料来源：Keith M. Carlson，"The Lag from Money to Price," *Review*，Federal Reserve Bank of St. Louis，October 1980，Table 1，p. 4.

例 19.4　研发支出与生产力之间的滞后

研发支出决策与用生产力的提高表示的最终投资回报之间存在着相当长期的滞后，实际上是多期滞后，以至"……资金投放与发明创造开始出现之间存在时间上的滞后，思想或方法上的发明创造与将其发展到商业应用阶段之间也存在时间上的滞后，扩散过程中也存在滞

① Keith M. Carlson，"The Lag from Money to Prices," *Review*，Federal Reserve Bank of St. Louis，October 1980，Table 1，p. 4.

后：在旧机器全部被较好的新机器替换之前需要一段时间"[1]。

例 19.5　国际经济学中的 J 曲线

学习过国际经济学的学生应该对 J 曲线相当熟悉，该曲线显示了贸易余额和货币贬值的关系。假定其他条件不变，随着一个国家的货币贬值，起初贸易收支恶化，但最终会得到改善。该曲线如图 19-4 所示。

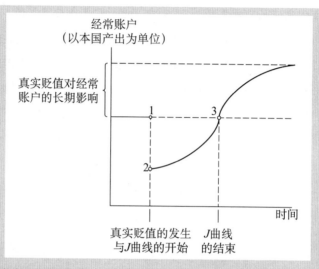

图 19-4　国际经济学中的 J 曲线

资料来源：Paul R. Krugman and Maurice Obstfeld, *International Economics：Theory and Practice*, 3d ed., Harper Collins, New York, 1994, p. 465.

例 19.6　投资的加速模型

投资理论的加速数原理最简单的形式，就是投资与产出的变化成比例。用公式表达为

$$I_t = \beta(X_t - X_{t-1}) \quad \beta > 0 \tag{19.1.5}$$

其中 I_t 指 t 期的投资，X_t 指 t 期的产出，X_{t-1} 指 $t-1$ 期的产出。

19.2　滞后的原因[2]

虽然 19.1 节所引用的例子指出了滞后现象的性质，但并没有完全解释为什么会出现这些滞后。滞后的主要原因有三个：

（1）心理上的原因。作为一种习惯势力（惰性）的结果，人们在价格上升或收入增加之后，并不会马上改变他们的消费习惯，也许因为改变的过程会带来一些直

---

① Zvi Griliches, "Distributed Lags：A Survey," *Econometrica*, vol. 36, no. 1, January 1967, pp. 16-49.

② 本节大量取材于 Marc Nerlove, *Distributed Lags and Demand Analysis for Agricultural and Other Commodities*, Agricultural Handbook No. 141, U. S. Department of Agriculture, June 1958。

接的负效应。例如，由于彩票中奖瞬时变成百万富翁的人们也许不会改变他们已长期适应的生活方式，因为他们不知道怎样对这种意外之财立即做出反应。当然，给予合理的时间，他们也许能学会怎样使用他们新得到的巨款。再则，人们不一定知道某种变化是永久性的还是暂时性的。因此，我对我的收入增加的反应要看这种增加是否永久而定：如果这是一种不会再有的增加，而且在未来某一时间我的收入将回到原来的水平，那么我也许会把全部增加的收入储蓄起来。但若是别人，也许会"尽情地享受"。

（2）技术上的原因。假使相对于劳动而言，资本的价格下跌致使用资本代替劳动较为经济。无疑，资本的添置需要时间（孕育时期）。此外，如果人们预期价格下跌是暂时现象，特别是资本价格在暂时下跌之后会回升到原先的水平，厂商就不会匆忙用资本去代替劳动。有时，不完全信息也是滞后的原因。目前，各种性能和价格不同的计算机充斥着个人计算机市场，而且，自从 20 世纪 70 年代后期个人计算机面世以来，大多数计算机的价格均急剧下跌。结果，个人计算机的未来用户均观望各种竞争商品的性能与价格而在购买上迟疑不决。之所以迟疑不决，也许是因为他们期待价格进一步下跌和技术创新出现。

（3）制度上的原因。这种原因也会造成滞后。例如，契约上的义务也许会妨碍厂商从一个劳动或原料来源转换到另一个来源。作为另一个例子，一些人已将他们的奖金存放到有固定存期如一年、三年或七年的长期储蓄账户之中，那么，尽管货币市场情况表明资金有获得更高收益的可能性，可是收益已基本上被"锁定"了。同理，雇主常常让雇员在几个健康保险计划之中选择一个。但是一旦选定，雇员在一年之内就不能从一个保险计划调换到另一个。这种规定虽然是为了行政管理上的便利而做出的，却把雇员的保险计划锁定了一年之久。

由于上述原因，滞后在经济学中占有中心地位。这一点明显地反映在经济学的短期-长期方法论中。正是出于这种理由，我们说短期价格或收入弹性一般小于（从绝对值上看）相应的长期弹性，以及短期边际消费倾向一般小于长期边际消费倾向。

19.3　分布滞后模型的估计

既然分布滞后模型在经济学中扮演着一个高度有用的角色，我们怎样去估计这样的模型呢？具体地说，假如我们有一个解释变量的如下分布滞后模型[①]：

$$Y_t = \alpha + \beta_0 X_t + \beta_1 X_{t-1} + \beta_2 X_{t-2} + \cdots + u_t \tag{19.3.1}$$

其中我们尚未规定滞后的长度，也就是说我们没有明确要回到多远的过去。这种模型叫作无限（滞后）模型 [infinite (lag) model]，而像方程（19.1.2）所示形式

[①]　如果模型中的解释变量不止一个，那么每一个解释变量都对 Y 有滞后影响，我们假定一个解释变量只是为了简单而已。

的模型，由于滞后长度 k 已设定而被称为有限（滞后）分布滞后模型 [finite (lag) distributed-lag model]。但如我们将看到的那样，因为方程（19.3.1）在数学上易于处理，所以我们将继续使用它。[①]

我们该如何估计方程（19.3.1）中的 α 和 β 呢？我们可以采用两种方法：（1）权宜估计法（ad hoc estimation）和（2）限定诸 β 遵从某种系统模式的先验约束法。本节将考虑权宜估计法，在 19.4 节中再考虑另一种方法。

分布滞后模型的权宜估计法

因解释变量 X_t 被假定为非随机的（或至少是与干扰项 u_t 无关的），故 X_{t-1}，X_{t-2} 等也是非随机的。因此，在原则上，普通最小二乘法可用于方程（19.3.1）的估计。这是阿尔特（Alt）[②] 和丁伯根（Tinbergen）[③] 所采取的方法。他们建议序贯地对方程（19.3.1）进行估计，即首先将 Y_t 对 X_t 回归，然后将 Y_t 对 X_t 和 X_{t-1} 回归，再将 Y_t 对 X_t，X_{t-1} 和 X_{t-2} 回归，以此类推。如果滞后变量的回归系数开始变成统计上不显著的，或至少有一个变量的系数改变符号（由正变负或由负变正），便终止这一序贯程序。按照这一规则，阿尔特曾求得燃油消费量 Y 对新订货量 X 的回归。他根据 1930—1939 年的季度数据获得以下结果：

$$\hat{Y}_t = 8.37 + 0.171X_t$$
$$\hat{Y}_t = 8.27 + 0.111X_t + 0.064X_{t-1}$$
$$\hat{Y}_t = 8.27 + 0.109X_t + 0.071X_{t-1} - 0.055X_{t-2}$$
$$\hat{Y}_t = 8.32 + 0.108X_t + 0.063X_{t-1} + 0.022X_{t-2} - 0.020X_{t-3}$$

阿尔特选择第二个回归作为"最好"的方程，这是因为在后两个方程中，X_{t-2} 的符号表现不稳定，并且在最后一个方程中，X_{t-3} 的符号为负，从而难以在经济意义上做出解释。

权宜估计法虽然看起来简单明了，却有如下缺点：

（1）关于滞后的最大长度是多少没有任何先验指导。[④]

（2）在估计连续多阶滞后的过程中，剩下来的自由度越来越少，致使统计推断多少有点不可靠。通常经济学家没有那般幸运，能获得一个足够长的数据序列，使得他们能够持续不断地估计众多的滞后。

（3）更重要的是，在经济时间序列数据中，连续的（滞后）值一般都是高度相关的，因此多重共线性的阴影笼罩着整个估计问题。就像第 10 章指出的那样，多重共线性导致估计结果欠准确；也就是说，标准误相对于系数估计值来说有过大的

---

① 然而，实际上可以认为遥远的 Y 值的系数对 X 的影响是微弱的。
② F. F. Alt, "Distributed Lags," *Metroeconomica*, vol. 10, 1942, pp. 113-128.
③ J. Tinbergen, "Long-Term Foreign Trade Elasticities," *Metroeconomica*, vol. 1, 1949, pp. 174-185.
④ 如果滞后长度 k 的设定不正确，则还要考虑第 13 章中所讨论的设定偏误问题。另外，要牢记关于数据挖掘的警告。

倾向。结果，根据通常计算的 t 比率，我们就会倾向于（错误地）声称（诸）滞后系数在统计上是不显著的。

（4）对滞后长度的序贯搜索，将使研究者受到数据挖掘的指控。而且，如我们在 13.4 节中所看到的那样，在这种序贯搜索中，检验假设的名义和真实显著性水平将成为一个重要的争论问题［参见方程（13.4.2）］。

鉴于上述问题，权宜估计法不值得推荐。显然，如果我们要在估计的问题上取得进展，则必须对诸 β 做出某些先验性的或理论上的考虑。

19.4　分布滞后模型的考伊克方法

考伊克曾提出一种估计分布滞后模型的巧妙方法。假使我们从无限滞后的分布滞后模型（19.3.1）开始，假设全部 β 都有相同的符号，考伊克假定它们按如下几何级数衰减。[①]

$$\beta_k = \beta_0 \lambda^k \qquad k = 0, 1, \cdots \qquad (19.4.1)[②]$$

其中 $\lambda(0 < \lambda < 1)$ 被称为分布滞后下降或衰减的速度，而 $1 - \lambda$ 被称为调整速度。方程（19.4.1）所假设的是，每个后继的 β 系数在数值上都要小于前一个 β（由 $\lambda < 1$ 推知），这就意味着当我们追溯到遥远的过去时，滞后变量对 Y_t 的影响就小。这是一个相当合理的假定，可以预料，当前和不久前的收入对当前消费的影响要比遥远过去的收入大。图 19-5 描绘了考伊克模式的几何意义。

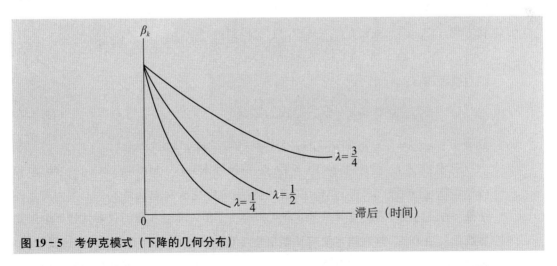

图 19-5　考伊克模式（下降的几何分布）

如图 19-5 所示，滞后系数 β_k 的值除了与公共的 β_0 有关之外，还取决于 λ 值。

---

①　L. M. Koyck, *Distributed Lags and Investment Analysis*, North Holland Publishing Company, Amsterdam, 1954.

②　由于下页注释①所给的理由，有时又把它写成：$\beta_k = \beta_0(1 - \lambda)\lambda^k$, $k = 0, 1, \cdots$。

λ 越接近 1，β_k 衰减的速度就越慢；而 λ 越接近 0，β_k 衰减的速度就越快。在前一种情形中，X 遥远过去的值对 Y_t 仍有可观的影响，而在后一种情形中，这种影响很快就会消失。这种模式可清晰地从下面的数字中得到说明：

λ	β_0	β_1	β_2	β_3	β_4	β_5	$\cdots$	β_{10}
0.75	β_0	$0.75\beta_0$	$0.56\beta_0$	$0.42\beta_0$	$0.32\beta_0$	$0.24\beta_0$	$\cdots$	$0.06\beta_0$
0.25	β_0	$0.25\beta_0$	$0.06\beta_0$	$0.02\beta_0$	$0.004\beta_0$	$0.001\beta_0$	$\cdots$	0.0

注意考伊克模式的以下特点：（1）通过假定 λ 取非负值，考伊克从一开始就排除了 β 改变符号的可能性；（2）通过假定 $\lambda<1$，他给予远期的 β 比近期的 β 更小的权重；以及（3）确保长期乘数即 β 的总和是有限值，即

$$\sum_{k=0}^{\infty}\beta_k = \beta_0\left(\frac{1}{1-\lambda}\right) \tag{19.4.2}①$$

根据方程（19.4.1），无限滞后模型（19.3.1）可写为：

$$Y_t = \alpha + \beta_0 X_t + \beta_0\lambda X_{t-1} + \beta_0\lambda^2 X_{t-2} + \cdots + u_t \tag{19.4.3}$$

从现在的情形看，由于大量的（从字面上看是无限多的）参数有待估计，而且 λ 以高度非线性形式出现，故模型还是不容易估计。严格地说，（对参数而言）线性回归分析方法不适用于这类模型。然而考伊克提出了一个创造性的解决方法。他将方程（19.4.3）滞后一期就得到：

$$Y_{t-1} = \alpha + \beta_0 X_{t-1} + \beta_0\lambda X_{t-2} + \beta_0\lambda^2 X_{t-3} + \cdots + u_{t-1} \tag{19.4.4}$$

然后用 λ 乘以方程（19.4.4）便得到：

$$\lambda Y_{t-1} = \lambda\alpha + \lambda\beta_0 X_{t-1} + \beta_0\lambda^2 X_{t-2} + \beta_0\lambda^3 X_{t-3} + \cdots + \lambda u_{t-1} \tag{19.4.5}$$

将方程（19.4.3）减去方程（19.4.5）又得到：

$$Y_t - \lambda Y_{t-1} = \alpha(1-\lambda) + \beta_0 X_t + (u_t - \lambda u_{t-1}) \tag{19.4.6}$$

经过整理即有：

$$Y_t = \alpha(1-\lambda) + \beta_0 X_t + \lambda Y_{t-1} + v_t \tag{19.4.7}$$

其中 $v_t = u_t - \lambda u_{t-1}$ 为 u_t 和 u_{t-1} 的一个移动平均（moving average）。

刚才描述的程序被称为考伊克变换（Koyck transformation）。将方程（19.4.7）同方程（19.3.1）相比，我们看出考伊克成功地获得了一个大大简化的结果。在此之前，我们必须估计 α 和无限多个 β 值，而现在我们只需估计 3 个未知参数：α、β_0 和 λ。现在再也没有预期出现多重共线性的理由了。从某种意义上说，我们仅用一个变量 Y_{t-1} 代替 X_{t-1}，X_{t-2}，…，就解决了多重共线性的问题。但注意

---

① 这是因为：$\sum\beta_k = \beta_0(1+\lambda+\lambda^2+\lambda^3+\cdots) = \beta_0/(1-\lambda)$。又因为 $0<\lambda<1$ 时，右边括号内的表达式是一个无穷几何级数，它的和为 $1/(1-\lambda)$。顺便指出，如果 β_k 的定义如上一页注释②中那样，则 $\sum\beta_k = \beta_0(1-\lambda)/(1-\lambda) = \beta_0$，从而保证了全部权重 $(1-\lambda)\lambda^k$ 之和为 1。

考伊克变换的以下特点：

（1）由于 Y_{t-1} 为解释变量之一，我们从一个分布滞后模型开始，却最终得到一个自回归模型。这一变换说明了我们是怎样把一个分布滞后模型转化成一个自回归模型的。

（2）Y_{t-1} 的出现很可能产生一些统计上的问题。Y_{t-1} 和 Y_t 一样是随机的，意味着我们的模型包含一个随机的解释变量。回想经典最小二乘理论是在如下假定基础之上建立起来的：解释变量要么是非随机的，要么，如果是随机的，也是独立于随机干扰项分布的。因此，我们必须明确 Y_{t-1} 是否满足这一假定。（在 19.8 节中我们将回过头来讨论这个问题。）

（3）在原始模型（19.3.1）中，干扰项是 u_t，而在转换后的模型中，干扰项却变成了 $v_t=(u_t-\lambda u_{t-1})$。$v_t$ 的统计性质依赖于我们对 u_t 的统计性质所做的假定。以后我们将会证明，如果原来的 u_t 是序列无关的，v_t 就是序列相关的。因此，除了随机解释变量 Y_{t-1} 之外，我们还要面对序列相关的问题。我们将在 19.8 节中处理这个问题。

（4）滞后 Y 的出现违背了使用德宾-沃森 d 检验的基本假定之一。因此，在出现 Y 的滞后值时，还有必要推导出检验序列相关的其他方法。方法之一就是德宾 h 检验（Durbin h test），将在 19.10 节中讨论。

如我们在方程（19.1.4）中所看到的那样，标准化 β_i 的"局部和"告诉我们在一个特定时期感受到的长期或总效应的比例。然而在实践中，通常是用平均或中位滞后（mean or median lag）来刻画一个分布滞后模型滞后结构的性质。

中位滞后

中位滞后是指在 X 发生一个单位的持续变化之后，Y 的前一半变化达到其总变化的 50% 所需要的时间。对于考伊克模型，中位滞后公式如下所示（参见习题 19.6）：

$$\text{考伊克模型：中位滞后}=-\frac{\log 2}{\log \lambda} \tag{19.4.8}$$

于是，若 $\lambda=0.2$，则中位滞后是 0.430 6，但若 $\lambda=0.8$，则中位滞后是 3.106 7。对于前一情形，Y 的总变化的 50% 可在少于半个时期内完成，而对于后一情形，则需要经过多于 3 个时期才能完成总变化的 50%。这一对比并不奇怪，因为我们知道，λ 值越高，调整速度越慢，而 λ 值越低，调整速度越快。

平均滞后

假使所有 β_k 都是正的，则平均滞后的定义是

$$\text{平均滞后}=\frac{\displaystyle\sum_0^\infty k\beta_k}{\displaystyle\sum_0^\infty \beta_k} \tag{19.4.9}$$

它无非就是全部滞后以相应 β 系数为权重的加权平均。简言之，它是时期的一个滞后加权平均（lag-weighted average）。对于考伊克模型，平均滞后是（参见习题 19.7）：

$$\text{考伊克模型：平均滞后} = \frac{\lambda}{1-\lambda} \tag{19.4.10}$$

因此，若 $\lambda = \frac{1}{2}$，则平均滞后是 1。

从以上讨论可清楚地看出，中位滞后和平均滞后都是 Y 对 X 响应速度的一个概要度量。对表 19-1 所给的例子来说，平均滞后约为 11 个季度，表明平均而言要经过相当长的时间，货币供给变化对价格变化的影响才会被感受到。

例 19.7 人均个人消费支出（PPCE）和人均个人可支配收入（PPDI）

本例分析了 1959—2006 年美国 PPCE 和 PPDI 之间的关系，所有数据均以 2000 年美元计算。为了说明考伊克模型，考虑表 19-2 中的数据。PPCE 对 PPDI 和滞后 PPCE 的回归结果在表 19-3 中给出。

表 19-2 1959—2006 年美国 PPCE 和 PPDI

年份	PPCE	PPDI	年份	PPCE	PPDI
1959	8 776	9 685	1983	15 656	17 828
1960	8 873	9 735	1984	16 343	19 011
1961	8 873	9 901	1985	17 040	19 476
1962	9 170	10 227	1986	17 570	19 906
1963	9 412	10 455	1987	17 994	20 072
1964	9 839	11 061	1988	18 554	20 740
1965	10 331	11 594	1989	18 898	21 120
1966	10 793	12 065	1990	19 067	21 281
1967	10 994	12 457	1991	18 848	21 109
1968	11 510	12 892	1992	19 208	21 548
1969	11 820	13 163	1993	19 593	21 493
1970	11 955	13 563	1994	20 082	21 812
1971	12 256	14 001	1995	20 382	22 153
1972	12 868	14 512	1996	20 835	22 546
1973	13 371	15 345	1997	21 365	23 065
1974	13 148	15 094	1998	22 183	24 131
1975	13 320	15 291	1999	23 050	24 564
1976	13 919	15 738	2000	23 860	25 469
1977	14 364	16 128	2001	24 205	25 687
1978	14 837	16 704	2002	24 612	26 217
1979	15 030	16 931	2003	25 043	26 535
1980	14 816	16 940	2004	25 711	27 232
1981	14 879	17 217	2005	26 277	27 436
1982	14 944	17 418	2006	26 828	28 005

注：PPCE=人均个人消费支出，以 2000 年美元计算。

　　PPDI=人均个人可支配收入，以 2000 年美元计算。

资料来源：*Economic Report of the President*，2007，Table B-31.

表 19 - 3   **回归结果**

```
Dependent Variable: PPCE
Method: Least Squares
Sample (adjusted): 1960-2006
Included observations: 47 after adjustments
```

	Coefficient	Std. Error	t Statistic	Prob.
C	-252.9190	157.3517	-1.607348	0.1151
PPDI	0.213890	0.070617	3.028892	0.0041
PPCE(-1)	0.797146	0.073308	10.87389	0.0000

R-squared	0.998216	Mean dependent var.	16691.28
Adjusted R-squared	0.998134	S.D. dependent var.	5205.873
S.E. of regression	224.8504	Akaike info criterion	13.73045
Sum squared resid.	2224539.	Schwarz criterion	13.84854
Log likelihood	-319.6656	Hannan-Quinn criter.	13.77489
F-statistic	12306.99	Durbin-Watson stat.	0.961921
Prob. (F-statistic)	0.000000	Durbin h = 3.8269*	

注：德宾 h 的计算将在 19.10 节讨论。

此表中的消费函数被称为短期消费函数。我们稍后还将推导长期消费函数。

利用 λ 的估计值，我们可以计算分布滞后系数。若 $\beta_0 \approx 0.213\,9$，则 $\beta_1 = 0.213\,9 \times 0.797\,1 \approx 0.170\,4$，$\beta_2 = 0.213\,9 \times (0.797\,1)^2 \approx 0.135\,9$，如此等等。这些就是短期或中期乘数。最后，利用方程（19.4.2），我们可以求出长期乘数，即在考虑所有滞后影响以后，收入变化对消费的总影响，在本例中就是

$$\sum_0^\infty \beta_k = \beta_0/(1-\lambda) = 0.213\,9/(1-0.797\,1) \approx 1.054\,2$$

用文字表述，PPDI 持续增加 1 美元将最终导致 PPCE 增加约 1.05 美元，而中期或短期影响只有约 21 美分。

长期消费函数现在可写成

$$\text{PPCE}_t = -1\,247.135\,1 + 1.054\,2\,\text{PPDI}_t$$

这个函数是通过将表 19 - 3 中给出的短期消费函数两边同时除以 0.202 9 并去掉滞后的 PPDI 项而得到的。[①]

长期边际消费倾向（MPC）约为 1。这就意味着，当消费者有时间对 PPDI 增加 1 美元做出调整时，他们会将 PPCE 提高约 1 美元。但如表 19 - 3 所示，短期中，MPC 仅为约 21 美分。是什么原因导致短期 MPC 和长期 MPC 之间出现这一差别呢？

答案可通过中位滞后和平均滞后得到。给定 $\lambda = 0.797\,1$，中位滞后为

$$-\frac{\log (2)}{\log \lambda} = -\frac{\log (2)}{\log (0.797\,1)} = 3.056\,5$$

而平均滞后为

---

① 均衡时，所有的 PPCE 值都相同。因此，$\text{PPCE}_t = \text{PPCE}_{t-1}$。进行这种替代便得到长期消费函数。

$$\frac{\lambda}{1-\lambda} = 3.928\ 5$$

看来真实 PPCE 对真实 PPDI 的调整具有明显的滞后：记得 λ 值越大（介于 0 与 1 之间），要感受到解释变量值的变化对因变量的全部影响所需要的时间就越长。

19.5　考伊克模型合理性的理由之一：适应性预期模型

虽然考伊克模型（19.4.7）十分精美，但由于它只是纯代数演算的结果，不免有些特别；它缺少理论上的支撑。然而，如果我们从一个不同的视角开始思考，这一缺陷就可以得到弥补。假如我们构建如下模型：

$$Y_t = \beta_0 + \beta_1 X_t^* + u_t \tag{19.5.1}$$

其中 Y 表示货币需求（剔除价格因素后的现金需求）；X^* 表示均衡的、最优的、预期的长期或正常利率；u 表示误差项。

方程（19.5.1）设想，货币需求是预期（即预测）利率的函数。

由于预期变量 X^* 不可直接观测，所以我们对预期的形成做如下假设：

$$X_t^* - X_{t-1}^* = \gamma(X_t - X_{t-1}^*) \tag{19.5.2①}$$

其中 γ 满足 $0 < \gamma \leqslant 1$，被称为期望系数（coefficient of expectation）。假设方程（19.5.2）被称为适应性预期（adaptive expectation，AE）或累进式期望（progressive expectation）或误差学习（error learning）假设，其因为曾被卡甘（Cagan）[2] 和弗里德曼（Friedman）[3] 推广而得以普及。

方程（19.5.2）的含义是，"经济行为主体将根据过去的经验修正他们的预期，特别是要从错误中学习。"[4] 更具体地说，方程（19.5.2）表明，他们每期都按变量的现期值与上一期预期值之差的 γ 倍去修正预期值。拿我们的模型来说，这就意味着每期都按现期观测的利率与它的上一期预测值之差的 γ 倍去修正利率的预期值。这种预期的另一种表述方法是把方程（19.5.2）写成：

$$X_t^* = \gamma X_t + (1-\gamma)X_{t-1}^* \tag{19.5.3}$$

这就说明 t 时期的利率预期值是 t 时期的真实利率与它在上一期的预期值分别以 γ 和 $1-\gamma$ 为权重得到的加权平均。如果 $\gamma = 1$，则 $X_t^* = X_t$，意味着预期是立即全部实现的。另外，如果 $\gamma = 0$，则 $X_t^* = X_{t-1}^*$，意味着预期是静止的。即"今天出

---

① 有时，这个模型又被表达为：$X_t^* - X_{t-1}^* = \gamma(X_{t-1} - X_{t-1}^*)$。

② P. Cagan, "The Monetary Dynamics of Hyperinflation," in M. Friedman (ed.), *Studies in the Quantity Theory of Money*, University of Chicago Press, Chicago, 1956.

③ Milton Friedman, *A Theory of the Consumption Function*, National Bureau of Economic Research, Princeton University Press, Princeton, NJ, 1957.

④ G. K. Shaw, *Rational Expectation: An Elementary Exposition*, St. Martin's Press, New York, 1984, p. 25.

现的情况将在今后的所有时期里继续维持下去。预期的未来值将与现在值相重合。"[①]

将方程（19.5.3）代入方程（19.5.1），我们便得到：

$$Y_t = \beta_0 + \beta_1[\gamma X_t + (1-\gamma)X_{t-1}^*] + u_t$$
$$= \beta_0 + \beta_1\gamma X_t + \beta_1(1-\gamma)X_{t-1}^* + u_t \qquad (19.5.4)$$

现将方程（19.5.1）滞后一期并乘以 $1-\gamma$，然后将此乘积从方程（19.5.4）中减去，经过简单运算便得到：

$$Y_t = \gamma\beta_0 + \gamma\beta_1 X_t + (1-\gamma)Y_{t-1} + u_t - (1-\gamma)u_{t-1}$$
$$= \gamma\beta_0 + \gamma\beta_1 X_t + (1-\gamma)Y_{t-1} + v_t \qquad (19.5.5)$$

其中 $v_t = u_t - (1-\gamma)u_{t-1}$。

在继续往下讨论之前，让我们先来看看方程（19.5.1）和方程（19.5.5）的差别。前者中的 β_1 度量了 Y 对均衡的或长期的 X 值 X^* 的单位变化的平均响应。而在方程（19.5.5）中，$\gamma\beta_1$ 则度量了 Y 对 X 的实际值或观测值的单位变化的平均响应。当然，除非 $\gamma=1$，也就是 X 的现期值与长期值相同，否则这两种响应是不相等的。在实践中，我们首先估计方程（19.5.5），一旦从滞后 Y 的系数中得到 γ 的一个估计值，只需将 X_t 的系数（$=\gamma\beta_1$）除以 γ，就能轻而易举计算出 β_1。

虽然适应性预期模型（19.5.5）和考伊克模型（19.4.7）的系数有不同的含义，但两个模型的相似性很明显。我们看到，和考伊克模型一样，适应性预期模型也是自回归的，并且它的误差项类似于考伊克模型中的误差项。在 19.8 节中，我们将讨论适应性预期模型的估计问题，并在 19.12 节中给出一些例子。现在我们已对适应性预期模型做了描述，但它究竟有多少真实性呢？它无疑要比纯数学的考伊克方法更有吸引力。但适应性预期假说的合理性如何？赞成适应性预期假说的人可以这样说：

> 它除了对经济行为主体的作用假设了一种富有意义的行为模式之外，同时也为经济理论中的预期形成提供了一个相当简单的建模手段。人们要从经验中学习的信念，与象征着静止预期论调的全然忘记过去的隐含假定相比，显然是一个更有意义的出发点。此外，断言更遥远的经验要比更新近的经验发挥更小的作用，这也符合常识，并且看来已被简单的观测有力地证实了。[②]

在理性预期（rational expectation，RE）假说出现之前，适应性预期假说在应用经济学中一直很流行。理性预期假说最先由穆特（J. Muth）提出，之后由罗伯特·卢卡斯（Robert Lucas）和托马斯·萨金特（Thomas Sargent）推广。理性预

---

① Ibid.，pp. 19 - 20.

② Ibid.，p. 27.

期的支持者声称，适应性预期假说是不够的，因为它在期望的形成过程中只依靠一个变量的过去值[1]，而理性预期则假定"各个经济行为主体在形成他们的期望时，利用了当前可获得的有关信息，并不仅仅依赖过去的经验。"[2] 简言之，理性预期假说认为，"预期之所以是理性的，那是因为这些预期在其形成时就已有效地容纳了所有能够得到的信息。"[3] 而不仅仅是过去的信息。

虽然理性预期假说本身也有许多批评者，但理性预期的支持者针对适应性预期假说的批判言之有理。[4] 这里不是探讨这些激烈争辩的地方。也许我们可以妥协于斯蒂芬·麦克尼斯（Stephen McNees）的话："充其量，适应性预期假说只能当作一种'参考假设'（working hypothesis），代表着一个更为复杂且也许不断变化的预期形成机制。"[5]

例 19.8 再议例 19.7

既然考伊克变换能够成为适应性预期模型的基础，那么表 19-3 中给出的结论也能用方程（19.5.5）来表述。于是 $\hat{\gamma}\hat{\beta}_0 = -252.919\ 0$；$\hat{\gamma}\hat{\beta}_1 = 0.213\ 89$；以及 $1-\hat{\gamma} = 0.797\ 146$。于是预期系数 $\hat{\gamma} \approx 0.202\ 8$，而根据前面对适应性预期模型的讨论，我们可以说，实际 PPDI 与预期 PPDI 之间的差异在一年之内约消除了 20%。

19.6 考伊克模型合理性的理由之二：存量调整或局部调整模型

适应性预期模型是考伊克模型合理性的理由之一，而马克·纳洛夫（Marc Nerlove）的所谓存量调整（stock adjustment）或局部调整模型（partial adjustment model，PAM）为该模型的合理性又提供了另一个理由。[6] 为了说明这个模型，考虑经济理论中的灵活加速数模型（flexible accelerator model）。该模型假定，在给定的技术状态、利率等条件下，为实现既定产量，我们需要一个均衡的、最优的、理想的或长期的资本存量. 为简单起见，假定理想的资本水平 Y_t^* 是产出 X 的如下线性函数：

---

[1] 可以证明，像考伊克模型那样，在适应性预期假说下，一个变量的预期值是该变量过去值的一个指数加权平均。

[2] G. K. Shaw, op. cit., p. 47. 关于理性预期假说的更详细的讨论，参见 Steven M. Sheffrin, *Rational Expectations*, Cambridge University Press, New York, 1983。

[3] Stephen K. McNees, "The Phillips Curve: Forward-or Backward-Looking?" *New England Economic Review*, July-August 1979, p. 50.

[4] 关于理性预期假说的一个严格评价，参见 Michael C. Lovell, "Test of the Rational Expectations Hypothesis," *American Economic Review*, March 1966, pp. 110-124.

[5] Stephen K. McNees, op. cit., p. 50.

[6] Marc Nerlove, *Distributed Lags and Demand Analysis for Agricultural and Other Commodities*, op. cit.

$$Y_t^* = \beta_0 + \beta_1 X_t + u_t \qquad\qquad (19.6.1)$$

由于理想的资本水平是不可直接观测的，所以纳洛夫提出以下所谓局部调整或存量调整假设：

$$Y_t - Y_{t-1} = \delta(Y_t^* - Y_{t-1}) \qquad\qquad (19.6.2)^{①}$$

其中 δ 满足 $0 < \delta \leqslant 1$，被称为调整系数，而 $Y_t - Y_{t-1}$ 为实际变化，$Y_t^* - Y_{t-1}$ 为理想变化。

因为两个时期之间资本存量的变化 $Y_t - Y_{t-1}$ 就是投资，故方程（19.6.2）又可写为：

$$I_t = \delta(Y_t^* - Y_{t-1}) \qquad\qquad (19.6.3)$$

其中 I_t 为 t 时期的投资。

方程（19.6.2）假定，在任意给定时期 t，资本存量的实际变化（投资）是该时期的理想变化的某个比例 δ。如果 $\delta = 1$，则意味着实际资本存量等于理想存量，即实际存量瞬时（在同一时期内）调整到理想存量的水平。但若 $\delta = 0$，则意味着时期 t 的实际存量无异于前一时期所观测到的存量，所以没有对资本存量进行任何调整。由于行为上的僵性、惰性和契约上的义务等，资本存量的调整往往是不完全的，因此，预期 δ 会落在这两个极端值之间，因此被命名为局部调整模型。注意，调整机制（19.6.2）又可表述为另一方式：

$$Y_t = \delta Y_t^* + (1-\delta)Y_{t-1} \qquad\qquad (19.6.4)$$

这就说明在 t 时期观测到的资本存量是该时期的理想资本存量与前一时期的实际资本存量的一个加权平均，权重分别是 δ 和 $1-\delta$。现将方程（19.6.1）代入方程（19.6.4）得到：

$$\begin{aligned} Y_t &= \delta(\beta_0 + \beta_1 X_t + u_t) + (1-\delta)Y_{t-1} \\ &= \delta\beta_0 + \delta\beta_1 X_t + (1-\delta)Y_{t-1} + \delta u_t \end{aligned} \qquad (19.6.5)$$

此模型被称为局部调整模型。

既然方程（19.6.1）代表了对资本存量的长期或均衡需求，那么方程（19.6.5）就可被称为对资本存量的短期需求函数，因为短期中现有的资本存量不一定等于它的长期水平。一旦我们估计了短期函数（19.6.5）并得到调整系数 δ 的估计值（从 Y_{t-1} 的系数中得到），只要用 $\delta\beta_0$ 和 $\delta\beta_1$ 去除 δ 并略去 Y 的滞后项，就能很容易得到长期函数（19.6.1）。

从几何上看，局部调整模型可用图 19-6 来说明。[②] 图中 Y^* 是理想资本存量，

---

① 一些作者在方程（19.6.1）中不加入随机干扰项 u_t，而在这个方程中加入干扰项，他们认为如果前者真的是一个均衡方程，就没有误差项的地位，而调整机制是不完善的，所以需要有误差项。顺便指出，方程（19.6.2）有时又写成 $Y_t - Y_{t-1} = \delta(Y_{t-1}^* - Y_{t-1})$。

② 此图摘自 Rudiger Dornbusch and Stanley Fischer，*Macroecomomics*，3d ed.，McGraw-Hill，New York，1984，p. 216，Figure 7.4。

而 Y_1 是当前实际资本存量。为便于说明，假定 $\delta=0.5$，这就意味着厂商计划每期填补实际资本存量和理想资本存量之间差距的一半。这样，在第 1 期里，它把资本存量移至 Y_2，使得投资等于 $Y_2 - Y_1$，也就是 $Y^* - Y_1$ 的一半。在以后的每个时期里，都再填补该期期初的资本存量与理想资本存量 Y^* 之间差距的一半。

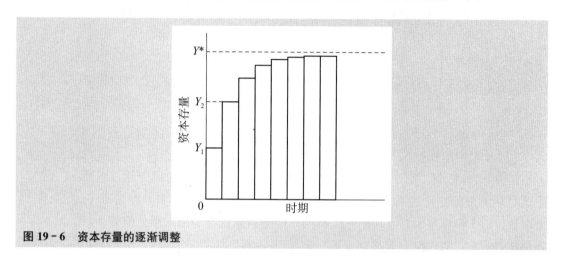

图 19-6　资本存量的逐渐调整

类似于考伊克模型和适应性预期模型，局部调整模型也是自回归的。但它的干扰项要简单得多：将原来的干扰项乘以常数 δ。但应记住，适应性预期模型和局部调整模型虽然外表相似，在概念上却很不相同。前者以（对价格、利率等的未来走势）不确定性为依据，而后者则出于对技术或制度上的僵性、惰性以及调整成本等因素的考虑。不过，这两个模型在理论上都要比考伊克模型健全得多。由于从表面上看适应性预期模型和局部调整模型难以区分，所以如果假定后者用于收入-支出的例子（即认为理想的或期望的个人消费支出是当前的人均个人可支配收入的线性函数），则适应性预期模型的 γ 系数 0.202 8 也可解释为存量调整模型的 δ 系数。

由于考伊克模型、适应性预期模型和存量调整模型（暂不考虑误差项在形式上的差异）都得到同样的最终估计模型，所以研究者必须极其仔细地告知读者，他使用的是哪个模型，以及为什么使用该模型。记住这一点非常重要。因而，研究者必须明确给出他们所用模型的理论基础。

*19.7　适应性预期与局部调整模型的组合

考虑如下模型：

$$Y_t^* = \beta_0 + \beta_1 X_t^* + u_t \tag{19.7.1}$$

其中 Y_t^*＝理想资本存量，而 X_t^*＝预期产出水平。

由于无法直接观测 Y_t^* 和 X_t^*，所以对 Y_t^* 使用局部调整模型，并对 X_t^* 使用适应性预期模型，从而得到如下估计方程（参见习题 19.2）：

$$Y_t = \beta_0 \delta\gamma + \beta_1 \delta\gamma X_t + [(1-\gamma) + (1-\delta)]Y_{t-1}$$
$$- (1-\delta)(1-\gamma)Y_{t-2} + [\delta u_t - \delta(1-\gamma)u_{t-1}] \qquad (19.7.2)$$
$$= \alpha_0 + \alpha_1 X_t + \alpha_2 Y_{t-1} + \alpha_3 Y_{t-2} + v_t$$

其中 $v_t = \delta[u_t - (1-\gamma)u_{t-1}]$，此模型也是自回归性质的。它同纯粹的适应性预期模型的唯一差别在于，Y_{t-2} 和 Y_{t-1} 作为自变量同时出现。和考伊克模型以及适应性预期模型一样，方程（19.7.2）中的误差项服从一个移动平均过程。这个模型的另一特点是，虽然该模型对 α 来说是线性的，但它对原来的参数而言则是非线性的。

方程（19.7.1）的一个著名应用就是弗里德曼的持久收入假说，即"持久"或长期消费是"持久"或长期收入的一个函数。[1]

因为方程（19.7.2）和考伊克模型或适应性预期模型一样，都是带有类似误差结构的自回归模型，所以它们有着同样的估计问题。此外，方程（19.7.2）还涉及一些非线性估计问题，对此我们在习题 19.10 中给予简要考虑，但在本书中，我们将不予深究。

19.8　自回归模型的估计

讨论至此，我们有了以下三个模型：

考伊克模型
$$Y_t = \alpha(1-\lambda) + \beta_0 X_t + \lambda Y_{t-1} + v_t$$

适应性预期模型
$$Y_t = \gamma\beta_0 + \gamma\beta_1 X_t + (1-\gamma)Y_{t-1} + [u_t - (1-\gamma)u_{t-1}]$$

局部调整模型
$$Y_t = \delta\beta_0 + \delta\beta_1 X_t + (1-\delta)Y_{t-1} + \delta u_t$$

所有这些模型都有如下的共同形式：
$$Y_t = \alpha_0 + \alpha_1 X_t + \alpha_2 X_{t-1} + v_t \qquad (19.8.1)$$

也就是说，它们在性质上都属于自回归模型。因此，经典最小二乘法未必对它们直接适用，而有必要考虑这类模型的估计问题。理由有二：随机解释变量的出现以及序列相关的可能性。

如前所见，现在要使用经典最小二乘理论，还必须证明随机解释变量 Y_{t-1} 的分布与干扰项 v_t 无关。为了明确这点是否属实，重要的是要知道 v_t 的性质。即使我们假定原始的干扰项 u_t 满足全部经典假设，诸如 $E(u_t) = 0$，$\mathrm{var}(u_t) = \sigma^2$（同方差性假定）和当 $s \neq 0$ 时 $\mathrm{cov}(u_t, u_{t+s}) = 0$（无自相关假定），$v_t$ 也未必继承所有这些性质。例如，且看考伊克模型中的误差项 $v_t = u_t - \lambda u_{t-1}$。给定对 u_t 的假定，我们很

---

[1]　Milton Friedman，*A Theory of Consumption Function*，Princeton University Press，Princeton，N. J.，1957.

容易就能证明：

$$E(v_t v_{t-1}) = -\lambda \sigma^2 \qquad (19.8.2)^①$$

除非 λ 碰巧是 0，否则它就不会等于 0，所以 v_t 是序列相关的。再由于 Y_{t-1} 作为一个解释变量出现在考伊克模型中，所以它就必然和 v_t 相关（通过 u_{t-1} 的出现）。事实上，可以证明：

$$\text{cov}[Y_{t-1}, (u_t - \lambda u_{t-1})] = -\lambda \sigma^2 \qquad (19.8.3)$$

这与方程（19.8.2）相同。读者可以验证，这些对适应性预期模型来说也是一样的。

在考伊克模型和适应性预期模型中，我们发现随机变量 Y_{t-1} 与误差项 v_t 相关，这意味着什么呢？正如前面曾指出的那样，如果在一个回归模型中，解释变量与随机干扰项相关，则 OLS 估计量不仅是有偏误的，而且甚至是不一致的；也就是说，即使样本量无限增大，估计量仍不渐近于其真实总体值。[②] 因此，用平常的 OLS 去估计考伊克模型和适应性预期模型，结果可能产生严重的误导。

然而，局部调整模型却不一样。在此模型中 $v_t = \delta u_t$，其中 $0 < \delta \leqslant 1$。因此，若 u_t 满足前面关于经典线性回归模型的假定，则 δu_t 也满足。于是，局部调整模型的 OLS 估计尽管（在有限或小样本中）有偏误的倾向，但仍是一致估计。[③] 从直觉上看，一致性的理由是，虽然 Y_{t-1} 依赖于 u_{t-1} 和此前的所有干扰项，但它与当前的误差项 u_t 无关。因此，只要 u_t 是序列独立的，Y_{t-1} 也就独立于 u_t 或至少与它不相关，从而满足 OLS 的如下重要假定：解释变量与随机干扰项无相关关系。

虽然存量调整模型或局部调整模型因其误差项结构简单而使得其 OLS 估计是一致性的，但不要认为它比考伊克模型或适应性预期模型有更强的适用性。[④] 读者切勿做这种削足适履的事情。模型的选择应基于强有力的理论思考，而不能仅仅考虑它在统计上易于估计。每个模型都应根据其自身的优点来考虑，适当注意其中出现的随机干扰项。如果遇到像考伊克模型或适应性预期模型那样的情形，OLS 不能直接应用，就需要设计出解决估计问题的方法。尽管计算起来比较烦琐，但现在还是有些方法可供利用，在下节中我们将考虑这类方法中的一种。

---

① 因为根据假定，u_t 的协方差为零，所以
$$E(v_t v_{t-1}) = E(u_t - \lambda u_{t-1})(u_{t-1} - \lambda u_{t-2}) = -\lambda E(u_{t-1})^2 = -\lambda \sigma^2$$

② 其证明超出了本书的范围，可参见 Griliches, op. cit., pp. 36 - 38。但是，第 22 章在另一背景下给出了证明。也可参见 Asatoshi Maeshiro, "Teaching Regressions with a Lagged Dependent Variableand Autocorrelated Disturbances," *The Journal of Economic Education*, Winter 1996, vol. 27, no. 1, pp. 72 - 84。

③ 证明见 J. Johnson, *Econometric Methods*, 3d ed., McGraw-Hill, New York, 1984, pp. 360 - 362。亦见于 H. E. Doran and J. W. B. Guise, *Single Equation Methods in Econometrics: Applied Regression Analysis*, University of New England Teaching Monograph Series 3, Armidale, NSW, Australia, 1984, pp. 236 - 244。

④ 而且，如约翰逊所指出的（op. cit., p. 350），"调整的模式（如局部调整模型所建议的）……有时未必合理。"

19.9　工具变量法

OLS 之所以不能适用于考伊克模型或适应性预期模型，是因为解释变量 Y_{t-1} 势必与误差项 v_t 相关。如果能消除这种相关性，则如前所述，使用 OLS 就能得到一致估计。（注意，还将存在小样本偏误。）怎样才能做到这一点呢？利维亚坦（Liviatan）曾提出以下方法。[①]

假使我们找到一个与 Y_{t-1} 高度相关但与 v_t 不相关的变量作为 Y_{t-1} 的代理，其中 v_t 是出现在考伊克模型或适应性预期模型中的误差项，这样的代理变量叫作工具变量（instrumental variable，IV）。[②] 利维亚坦建议用 X_{t-1} 作为 Y_{t-1} 的工具变量，并且还建议回归（19.8.1）的参数可由如下正规方程解得：

$$\sum Y_t = n\,\hat{a}_0 + \hat{a}_1 \sum X_t + \hat{a}_2 \sum Y_{t-1}$$

$$\sum Y_t X_t = \hat{a}_0 \sum X_t + \hat{a}_1 \sum X_t^2 + \hat{a}_2 \sum Y_{t-1} X_t \qquad (19.9.1)$$

$$\sum Y_t X_{t-1} = \hat{a}_0 \sum X_{t-1} + \hat{a}_1 \sum X_t X_{t-1} + \hat{a}_2 \sum Y_{t-1} X_{t-1}$$

注意，如果我们直接对方程（19.8.1）应用 OLS，则一般的 OLS 正规方程将是（参见 7.4 节）：

$$\sum Y_t = n\,\hat{a}_0 + \hat{a}_1 \sum X_t + \hat{a}_2 \sum Y_{t-1}$$

$$\sum Y_t X_t = \hat{a}_0 \sum X_t + \hat{a}_1 \sum X_t^2 + \hat{a}_2 \sum Y_{t-1} X_t \qquad (19.9.2)$$

$$\sum Y_t Y_{t-1} = \hat{a}_0 \sum Y_{t-1} + \hat{a}_1 \sum X_t Y_{t-1} + \hat{a}_2 \sum Y_{t-1}^2$$

两组正规方程的差异很明显。利维亚坦曾证明，从方程（19.9.1）估计得出的 α 是一致性的，而从方程（19.9.2）估计得出的则不是。这是因为 Y_{t-1} 和 v_t［$= u_t - \lambda u_{t-1}$ 或 $u_t - (1-\gamma)u_{t-1}$］可能相关，而 X_t 和 X_{t-1} 与 v_t 都不相关。（为什么？）

虽说利维亚坦方法在找到适当的代理变量之后是容易应用的，但因进入正规方程（19.9.1）的 X_t 和 X_{t-1} 很可能是高度相关的（如在第 12 章所提到的，典型地说，大多数经济时间序列都在其相继值之间表现出高度的相关性），所以它不免受到多重共线性问题的困扰。这就意味着，虽然利维亚坦方法能得到一致估计值，但估计量很可能是非有效的。[③]

在我们继续往下讲之前，一个明显的问题是：怎样为 Y_{t-1} 找到一个"好"的代

[①] N. Liviatan, "Consistent Estimation of Distributed Lags," *International Economic Review*, vol. 4, January 1963, pp. 44 – 52.

[②] 在联立方程模型中常用到这类工具变量（见第 24 章）。

[③] 关于怎样才能改进这些估计量的效率，可参见 Lawrence, R. Klien, *A Textbook of Econometrics*, 2d ed., Prentice Hall, Englewood Cliffs, NJ, 1974, p. 99。还可参见 William H. Greene, *Econometric Analysis*, Macmillan, 2d ed., New York, 1993, pp. 535 – 538。

理变量，使得它和 Y_{t-1} 虽然高度相关却与 v_t 不相关？文献中有一些建议，我们将通过习题的形式（参见习题 19.5）予以讨论。但必须声明，要找到好的代理变量并不容易，这时工具变量法就没有多少实用价值，而有必要借助于极大似然估计方法，但后者又超出了本书的范围。[①]

那么存在一种能用来查明你所选取的工具是否有效的检验吗？丹尼斯·萨甘（Dennis Sargan）因此提出了一种检验，即 SARG 检验（SARG test）。该检验在附录 19A 的 19A.1 节介绍。

19.10 侦察自回归模型中的自相关：德宾 h 检验

诚如所见，误差项 v_t 中可能的序列相关会使自回归模型的估计问题变得相当复杂。如果原始模型中的误差项 u_t 是序列无关的，则存量调整模型的误差项 v_t 就不会是（一阶）序列相关的。然而对于考伊克模型和适应性预期模型，即使 u_t 序列独立，v_t 仍可能序列相关。于是问题是，怎样知道自相关模型中的误差项是否序列相关呢？

如第 12 章所提到的，德宾-沃森 d 统计量不宜用于侦察自回归模型中的（一阶）自相关。这是因为在这类模型中，所计算的 d 通常都有偏向 2 的偏误，而 2 是纯随机序列的期望 d 值。这就是说，如果我们照例对这类模型计算 d 统计量，就会有一种妨碍我们发现（一阶）序列自相关的内在偏误。尽管如此，许多研究者由于没有更好的方法而仍然计算 d。然而，最近，德宾本人提出了自回归模型一阶序列相关的一个大样本检验[②]，被称为 h 统计量。

在习题 12.36 中我们已经讨论过德宾 h 检验。为了方便，我们再次写出 h 统计量（符号上略有变化）：

$$h = \hat{\rho} \sqrt{\frac{n}{1 - n[\mathrm{var}(\hat{\alpha}_2)]}} \qquad (19.10.1)$$

其中 n 表示样本容量，$\mathrm{var}(\hat{\alpha}_2)$ 表示方程（19.8.1）中 Y_t 滞后项（即 Y_{t-1}）系数的方差，$\hat{\rho}$ 表示在第 12 章讨论的一阶序列相关系数 ρ 的估计值。

正如在习题 12.36 中所提到的，在样本容量很大的情况下，德宾曾证明在 $\rho=0$ 的虚拟假设下，方程（19.10.1）中的 h 统计量服从标准正态分布，即：

$$h_{asy} \sim N(0,1) \qquad (19.10.2)$$

其中 asy 的意思是渐近地。

实际上，正如在第 12 章所提到的那样，ρ 可估计为：

---

① 关于极大似然估计方法的一个简明讨论，见 J. Johnston, op. cit., pp. 366–37 以及本书附录 4A 和附录 17A。

② J. Durbin, "Testing for Serial Correlation in Least Squares Regression When Some of the Regressors Are Lagged Dependent Variables," *Econometrica*, vol. 38, 1970, pp. 410–421.

$$\hat{\rho} \approx 1 - \frac{d}{2} \tag{19.10.3}$$

我们可以观察到一个有趣的现象：虽然我们不能用德宾 d 来检验自回归模型中的自相关性，但是在计算 h 统计量时可以将其作为一个输入量。

我们用例 19.7 来说明 h 统计量的使用。在这个例子中，$n=47$，$\hat{\rho} \approx (1-d/2) = 0.519\ 0$（注意，$d=0.961\ 9$），而 $\mathrm{var}(\hat{a}_2) = \mathrm{var}(\mathrm{PPCE}_{t-1}) = (0.073\ 3)^2 = 0.005\ 4$。将这些值代入方程（19.10.1），我们得到：

$$h = 0.591\ 0 \times \sqrt{\frac{47}{1 - 47 \times 0.005\ 4}} = 4.106\ 1 \tag{19.10.4}$$

既然在虚拟假设下 h 值服从标准正态分布，那么得到如此高的 h 值的概率是很小的。记得一个标准正态变量超过数值 ± 3 的概率是非常小的。于是，在目前这个例子中，我们的推论是存在（正）自相关性。当然，要记住 h 统计量渐近地服从标准正态分布。我们选取 47 个观测构成的样本可能足够大。

注意 h 统计量的如下特性：

（1）不管回归模型中含有多少个 X 变量或多少个 Y 的滞后项，它都可应用。计算 h 时只需考虑滞后项 Y_{t-1} 系数的方差。

（2）如果 $n\mathrm{var}(\hat{a}_2)$ 超过 1，检验便不适用。（为什么？）不过，在实践中，这种情形不常发生。

（3）如因德尔（Inder）[1] 和基维埃（Kiviet）[2] 所证明的那样，由于该检验是一个大样本检验，所以严格地讲，它在小样本中的应用不是非常合理。曾有人提出，第 12 章中所讲的布罗施-戈弗雷（BG）检验，又称拉格朗日乘数检验，不仅在大样本中，而且在有限或小样本中，都有统计上更强的功效，因而优于 h 检验。[3]

基于 h 检验而得到我们的模型存在自相关性的结论，被方程（12.6.17）所示的布罗施-戈弗雷检验所证实。利用表 19-3 所示回归残差估计值的 7 阶滞后，方程（12.6.18）所示的 BG 检验得到了一个大小为 15.386\ 9 的 χ^2 值。在自由度为 7（BG 检验中所用滞后残差的阶数）的情况下，得到一个大于或等于 15.38 的 χ^2 值的概率相当低，约为 3%。

出于这个原因，我们需要修正表 19-3 中所示的标准误，这可用第 12 章讨论的尼威-威斯特 HAC 程序来完成。结果如表 19-4 所示。看来，OLS 低估了回归系数的标准误。

---

[1]　B. Inder, "An Approximation to the Null Distribution of the Durbin-Watson Statistic in Models Containing Lagged Dependent Variable," *Econometric Theory*, vol. 2, no. 3, 1986, pp. 413 – 428.

[2]　J. F. Kiviet, "On the Vigour of Some Misspecification Tests for Modelling Dynamic Relationships," *Review of Economic Studies*, vol. 53, no. 173, 1986, pp. 241 – 262.

[3]　Gabor Korosi, Laszlo Matyas, and Istvan P. Szekely, *Practical Econometrics*, Ashgate Publishing Company, Brookfield, Vermont, 1992, p. 92.

表 19-4   回归结果

```
Dependent Variable: PCE
Method: Least Squares
Sample (adjusted): 1960-2006
Included observations: 47 after adjustments
Newey-West HAC Standard Errors & Covariance (lag truncation = 3)
```

	Coefficient	Std. Error	t Statistic	Prob.
C	-252.9190	168.4610	-1.501350	0.1404
PPDI	0.213890	0.051245	4.173888	0.0001
PPCE(-1)	0.797146	0.051825	15.38148	0.0000

R-squared	0.998216	Mean dependent var.	16691.28
Adjusted R-squared	0.998134	S.D. dependent var.	5205.873
S.E. of regression	224.8504	Akaike info criterion	13.73045
Sum squared resid.	2224539.	Schwarz criterion	13.84854
Log likelihood	-319.6656	Hannan-Quinn criter.	13.77489
F-statistic	12306.99	Durbin-Watson stat.	0.961921
Prob.(F-statistic)	0.000000		

19.11 一个数值例子：加拿大的货币需求，1979 年第 1 季度至 1988 年第 4 季度

为了说明我们迄今为止所讨论过的模型的使用，考虑前面提到的一个经验应用，即货币需求（或者真实现金余额需求）。具体而言，就是考虑如下模型[1]：

$$M_t^* = \beta_0 R_t^{\beta_1} Y_t^{\beta_2} e^{u_t} \tag{19.11.1}$$

其中 M_t^* 为理想的或长期的货币需求（即真实现金余额）；R_t 为长期利率，%；Y_t 为真实国民总收入。

为便于统计估计，可将方程（19.11.1）方便地表达成对数形式：

$$\ln M_t^* = \ln \beta_0 + \beta_1 \ln R_t + \beta_2 \ln Y_t + u_t \tag{19.11.2}$$

由于理想需求变量不可直接观测，且假定存量调整假设，即：

$$\frac{M_t}{M_{t-1}} = \left(\frac{M_t^*}{M_{t-1}}\right)^\delta \qquad 0 < \delta \leqslant 1 \tag{19.11.3}$$

方程（19.11.3）表示，在任何一个给定时期（年），实际货币需求与理想货币需求之间的差距将会消除一个恒定的百分比。（为什么？）方程（19.11.3）又可用对数形式表达为：

$$\ln M_t - \ln M_{t-1} = \delta(\ln M_t^* - \ln M_{t-1}) \tag{19.11.4}$$

将方程（19.11.2）中的 $\ln M_t^*$ 代入方程（19.11.4）并加以整理，得：

---

[1] 一个类似的模型，见 Gregory C. Chow，"On the Long-Run and Short-Run Demand for Money," *Journal of Political Economy*，vol. 74，no. 2，1966，pp. 113-131。注意，乘积式函数的一个优点是，变量的指数给出了弹性的直接估计（参见第 6 章）。

$$\ln M_t = \delta \ln \beta_0 + \beta_1 \delta \ln R_t + \beta_2 \delta \ln Y_t + (1-\delta) \ln M_{t-1} + \delta u_t \qquad (19.11.5)^{①}$$

此式可称为货币的短期需求函数。（为什么？）

为了说明真实现金余额的短期和长期需求，考虑表 19-5 给出的数据。这些季度数据是加拿大 1979—1988 年的实际数据。变量定义为：M〔由货币供给 M1 定义，单位是百万加元（C$）〕、$P$（隐含价格指数，1981 年＝100）、GDP 以不变的 1981 年价格计算（百万加元）和 R（90 天主要公司利率，%）。[②] M1 经过价格指数 P 折算成真实货币需求的数据。我们的先验结论是，真实货币需求与 GDP 正相关（正的收入效应），与 R 负相关（利率越高，持有货币的机会成本就越高，因为即使 M1 货币需要支付利息，所支付的利息也会很低）。

表 19-5 　　　　　　　　　加拿大货币、利率、价格指数和 GDP 数据

观测	M1	R	P	GDP
1979-1	22 175.00	11.133 33	0.779 47	334 800
1979-2	22 841.00	11.166 67	0.808 61	336 708
1979-3	23 461.00	11.800 00	0.826 49	340 096
1979-4	23 427.00	14.183 33	0.848 63	341 844
1980-1	23 811.00	14.383 33	0.866 93	342 776
1980-2	23 612.33	12.983 33	0.889 50	342 264
1980-3	24 543.00	10.716 67	0.915 53	340 716
1980-4	25 638.66	14.533 33	0.937 43	347 780
1981-1	25 316.00	17.133 33	0.965 23	354 836
1981-2	25 501.33	18.566 67	0.987 74	359 352
1981-3	25 382.33	21.016 66	1.013 14	356 152
1981-4	24 753.00	16.616 65	1.034 10	353 636
1982-1	25 094.33	15.350 00	1.057 43	349 568
1982-2	25 253.66	16.049 99	1.077 48	345 284
1982-3	24 936.66	14.316 67	1.096 66	343 028
1982-4	25 553.00	10.883 33	1.116 41	340 292
1983-1	26 755.33	9.616 670	1.123 03	346 072
1983-2	27 412.00	9.316 670	1.133 95	353 860
1983-3	28 403.33	9.333 330	1.147 21	359 544
1983-4	28 402.33	9.550 000	1.160 59	362 304
1984-1	28 715.66	10.083 33	1.171 17	368 280
1984-2	28 996.33	11.450 00	1.174 06	376 768
1984-3	28 479.33	12.450 00	1.177 95	381 016
1984-4	28 669.00	10.766 67	1.184 38	385 396

19

---

① 　顺便指出，此模型本质上是参数的非线性函数。因此，虽然 OLS 给出如 $\beta_1\delta$（合起来看）的一个无偏估计，却不一定给出 β_1 和 δ（分开来看）的无偏估计，特别是在小样本情形中。

② 　这些数据来自 B. Bhaskar Rao, ed., *Cointegration for the Applied Economist*, St. Martin's Press, New York, 1994, pp. 210-213。原始数据是从 1956 年第 1 季度到 1988 年第 4 季度，但出于说明的目的，我们从 1979 年第 1 季度开始分析。

续表

观测	M1	R	P	GDP
1985－1	29 018.66	10.516 67	1.189 90	390 240
1985－2	29 398.66	9.666 670	1.206 25	391 580
1985－3	30 203.66	9.033 330	1.214 92	396 384
1985－4	31 059.33	9.016 670	1.218 05	405 308
1986－1	30 745.33	11.033 330	1.224 08	405 680
1986－2	30 477.66	8.733 330	1.228 56	408 116
1986－3	31 563.66	8.466 670	1.239 16	409 160
1986－4	32 800.66	8.400 00	1.253 68	409 616
1987－1	33 958.33	7.250 000	1.271 17	416 484
1987－2	35 795.66	8.300 000	1.284 29	422 916
1987－3	35 878.66	9.300 000	1.295 99	429 980
1987－4	36 336.00	8.700 000	1.310 01	436 264
1988－1	36 480.33	8.616 670	1.323 19	440 592
1988－2	37 108.66	9.133 330	1.332 19	446 680
1988－3	38 423.00	10.050 00	1.350 65	450 328
1988－4	38 480.66	10.833 33	1.366 48	453 516

注：M1 单位为百万加元；

P 为隐含价格指数（1981＝100）；

R 为 90 天主要公司利率，%；

GDP 单位为百万加元（1981 年价格）。

资料来源：Rao, op. cit., pp. 210－213.

回归结果如下[①]：

$$\widehat{\ln M_t} = 0.856\,1 - 0.063\,4\ln R_t - 0.023\,7\ln \text{GDP}_t + 0.960\,7\ln M_{t-1}$$

$$\text{se} = (0.510\,1)\ (0.013\,1)\qquad (0.036\,6)\qquad\qquad (0.041\,4)$$

$$t = (1.678\,2)\ (-4.813\,4)\qquad (-0.646\,6)\qquad\quad (23.197\,2)$$

$$R^2 = 0.948\,2\quad d = 2.458\,2\quad F = 213.723\,4\qquad\qquad (19.11.6)$$

所估计的短期需求函数表明，短期利率弹性有正确的符号，并且在统计上是显著的，因为它的 p 值几乎为零。让人惊奇的是，短期收入弹性为负，尽管在统计上它无异于零。调整系数为 $\delta = 1 - 0.960\,7 = 0.039\,3$，这意味着，理想的真实货币需求和实际的真实货币需求的差异，在一个季度里约减少了 4%，这是一个十分缓慢的调节过程。

要回到长期需求函数（19.11.2），只需将短期需求函数两边同时除以 δ（为什么？）并去掉 $\ln M_{t-1}$ 一项。* 结果就是：

---

① 注意估计标准误的如下特征：比如说，$\ln R_t$ 的系数标准误指的是 $\widehat{\beta_1\delta}$（$\beta_1\delta$ 的标准误）的一个估计量。要从 $\widehat{\beta_1\delta}$ 的标准误分别得到 $\hat{\beta}_1$ 和 $\hat{\delta}$ 的标准误并无简单的方法，尤其是当样本较小时。但是，对于大样本，$\hat{\beta}_1$ 和 $\hat{\delta}$ 各自的标准误可以渐近得到，但计算很复杂，可参见 Jan Kmenta, *Elements of Econometrics*, Macmillan, New York, 1971, p.444。

* 因为长期而言，方程（19.11.6）中的 $\ln M_{t-1}$ 无异于 $\ln M_t$，将二者合并即得一系数。可作为长期 $\ln M_t^*$ 的系数。——译者注

$$\widehat{\ln M_t^*} = 21.788\ 8 - 1.613\ 2 \ln R_t - 0.603\ 0 \ln \text{GDP} \qquad (19.11.7)[1]$$

可见，货币需求的长期利率弹性在绝对值上远远大于相应的短期弹性，对收入弹性来说同样如此，尽管在目前这个例子中它的经济和统计显著性有些含糊不清。

注意，所估计的德宾 d 为接近于 2 的 2.458 2，从而证实了我们先前的评语：在自回归模型中，计算的 d 通常接近于 2，因此不能靠计算 d 来判断我们的数据是否有序列相关。本例中所选取的样本容量为 40，这对于应用 h 检验来说可能是相当大的。在本例中，读者可以证明估计的 h 值为 $-1.500\ 8$，这在 5% 的水平上是不显著的，也许意味着误差项没有一阶自相关性。

19.12　说明性例子

在本节中，我们举几个例子来说明研究者如何在他们的经验研究工作中应用分布滞后模型。

例 19.9　美国联邦储备银行与真实利率

为了评估 M1（现钞加支票存款）的增加对 Aaa 级债券真实利率变动的影响，桑通尼（G. J. Santoni）和斯通（Courtenay C. Stone）利用月度数据对美国估计了如下分布滞后模型[2]：

$$r_t = C + \sum_{i=0}^{11} a_i \dot{M}_{t-i} + u_i \qquad (19.12.1)$$

其中 r_t 为穆迪 Aaa 级债券收益指数减去经季节调整的前 36 个月消费者价格指数的年平均变化率，以此作为真实利率的度量；$\dot{M}_t$ 为月度的 M1 增长率；C 为常数项。

根据货币中性假说，诸如产出、就业、经济增长、实际利率等真实经济变量均不致永久地受货币增加的影响，从而基本上不受货币政策的影响……按照这种论调，美国联邦储备银行理应对真实利率无永久性的影响。[3]

若这种假说成立，则可以预期诸分布滞后系数 a_i 以及它们的总和在统计上都无异于零。为了判明情况是否如此，作者们对两个不同的时期估计了方程（19.12.1）。一个时期为 1951 年 2 月—1979 年 9 月，而另一个时期为 1979 年 10 月—1982 年 11 月。后一时期考虑了美国联邦储备银行的货币政策改变。自 1979 年 10 月以来，美国联邦储备银行改变了先前主要注意利率变化的政策，更多地注意了货币供给的增长率。表 19-6 列出了他们的回归结果。这些结果似乎支持了货币中性假说。因为在 1951 年 2 月—1979 年 9 月，现期和滞后的货币增长对真实利率指标均无统计上显著的影响。而且，对于后一时期，由于 $\sum a_i$ 不显著地异于

---

① 注意，由于上页注释①中讨论过的原因，我们没有给出系数估计值的标准误。
② "The Fed and the Real Rate of Interest," *Review*, Federal Reserve Bank of St. Louis, December 1982, pp. 8 – 18.
③ Ibid., p. 15.

零，只有系数 a_1 是显著的，但它的符号却是错误的。（为什么？）所以货币中性假说也似乎成立。

表 19-6　M1 的月度增长对 Aaa 级债券真实利率指标的影响：1951 年 2 月—1982 年 11 月

$$r = C + \sum_{i=0}^{11} a_i M_{1_{t-1}}$$

	1951 年 2 月—1979 年 9 月		1979 年 10 月—1982 年 11 月	
	系数	$\|t\|$	系数	$\|t\|$
C	1.488 5†	2.068	1.036 0	0.801
a_0	−0.000 88	0.388	0.008 40	1.014
a_1	0.001 71	0.510	0.039 60†	3.419
a_2	0.001 70	0.423	0.031 12	2.003
a_3	0.002 33	0.542	0.027 19	1.502
a_4	−0.002 49	0.553	0.009 01	0.423
a_5	−0.001 60	0.348	0.019 40	0.863
a_6	0.002 92	0.631	0.024 11	1.056
a_7	0.002 53	0.556	0.014 46	0.666
a_8	0.000 00	0.001	−0.000 36	0.019
a_9	0.000 74	0.181	−0.004 99	0.301
a_{10}	0.000 16	0.045	−0.011 26	0.888
a_{11}	0.000 25	0.107	−0.001 78	0.211
$\sum a_i$	0.007 37	0.221	0.154 9	0.926
$\overline{R}^2$	0.982 6		0.866 2	
D-W	2.07		2.04	
RH01	1.27†	24.536	1.40†	9.838
RH02	−0.28†	5.410	−0.48†	3.373
NOB	344.		38.	
SER（=RSS）	0.154 8		0.389 9	

注：$|t|$ 为 t 的绝对值。

† 在 5% 的显著性水平上显著异于零。

资料来源：G. J. Santoni and Courtenay C. Stone, "The Fed and the Real Rate of Interest," *Review*, Federal Reserve Bank of St. Louis, December 1982, p. 16.

例 19.10　1967—1993 年斯里兰卡短期与长期总消费

假定消费 C 和持久收入 X^* 有如下线性关系：

$$C_t = \beta_1 + \beta_2 X_t^* + u_t \tag{19.12.2}$$

由于 X_t^* 不可直接观测，有必要明确产生持久收入的机制。假如我们采用方程（19.5.2）中的适应性预期假说，利用方程（19.5.2）并化简，就可得到如下估计方程［与方程（19.5.5）进行比较］：

$$C_t = \alpha_1 + \alpha_2 X_t + \alpha_3 C_{t-1} + v_t \tag{19.12.3}$$

其中 $\alpha_1 = \gamma \beta_1$；

$\alpha_2 = \gamma \beta_2$；

$\alpha_3 = 1 - \gamma$；

$v_t = u_t - (1-\gamma) u_{t-1}$。

我们知道，β_2 给出了消费对每增加（比如说）1 美元持久收入的平均响应，而 α_2 给出了消费对每增加 1 美元现期收入的平均响应。

根据表 19-7 给出的 1967—1993 年斯里兰卡年度数据，我们可以得到如下回归结果：

$$\hat{C} = 1\,038.403 + 0.404\,3\,X_t + 0.500\,9\,C_{t-1}$$
$$se = (2\,501.455) \quad (0.091\,9) \quad (0.121\,3) \tag{19.12.4}$$
$$t = (0.415\,1) \quad (4.397\,9) \quad (4.129\,3)$$
$$R^2 = 0.991\,2 \quad d = 1.416\,2 \quad F = 1\,298.466$$

其中 C＝私人消费支出，X＝GDP，二者均以不变价格计算。我们也可以把真实利率引入该模型，但它在统计上是不显著的。

表 19-7　　　　　　　　　　　　　斯里兰卡的私人消费支出与 GDP

观测	PCON	GDP	观测	PCON	GDP
1967	61 284	78 221	1981	120 477	152 846
1968	68 814	83 326	1982	133 868	164 318
1969	76 766	90 490	1983	148 004	172 414
1970	73 576	92 692	1984	149 735	178 433
1971	73 256	94 814	1985	155 200	185 753
1972	67 502	92 590	1986	154 165	192 059
1973	78 832	101 419	1987	155 445	191 288
1974	80 240	105 267	1988	157 199	196 055
1975	84 477	112 149	1989	158 576	202 477
1976	86 038	116 078	1990	169 238	223 225
1977	96 275	122 040	1991	179 001	233 231
1978	101 292	128 578	1992	183 687	242 762
1979	105 448	136 851	1993	198 273	259 555
1980	114 570	144 734			

注：PCON＝私人消费支出。

GDP＝国内生产总值。

资料来源：Chandan Mukherjee, Howard White, and Marc Wuyts, *Econometrics and Data Analysis for Developing Countries*, Routledge, New York, 1998. 原始数据来自世界银行的世界表格。

此回归表明，短期边际消费倾向为 0.404 3，这意味着当前的或观测的真实收入（用真实 GDP 来计算）每增加 1 卢比，消费平均增加约 0.40 卢比。但若收入的这一增加一直持续下去，则这一持久收入的边际消费倾向最终将是 $\beta_2 = \gamma\beta_2/\gamma = 0.404\,3/0.499\,1 \approx 0.81$ 卢比。换句话说，当消费者有足够的时间对收入变化 1 卢比做出响应时，他们的消费将增加约 0.81 卢比。

现假定我们的消费函数是：

$$C_t^* = \beta_1 + \beta_2 X_t + u_t \tag{19.12.5}$$

在这一构架中，持久或长期消费 C_t^* 是当前或观测收入的一个线性函数。由于 C_t^* 不可直接观测，不妨借助于局部调整模型（19.6.2）。利用此模型，经过一些代数运算，我们得到：

$$C_t = \delta\beta_1 + \delta\beta_2 X_t + (1-\delta)C_{t-1} + \delta u_t$$
$$= \alpha_1 + \alpha_2 X_t + \alpha_3 C_{t-1} + v_t \tag{19.12.6}$$

从表面看，此模型和适应性预期模型（19.12.3）没有区别，因此方程（19.12.4）所给的回归结果在这里同样适用。然而，怎样解释这两个模型却大有区别，且不谈模型（19.12.3）为自回归模型且可能存在序列相关所带来的估计问题。模型（19.12.5）是长期或均衡消费函数，而模型（19.12.6）却是短期消费函数。β_2 衡量长期 MPC，而 $\alpha_2(=\delta\beta_2)$ 则给出短期 MPC；前者可以由后者除以调节系数 δ 得出。

回到模型（19.12.4），我们现在可以把 0.404 3 解释为短期 MPC。由于 $\delta = 0.499$ 1，长期 MPC 是 0.81。注意，约为 0.50 的调节系数说明，在任何一个时期里，消费者都只消除他们的消费水平与理想或长期消费水平差距的一半。

本例提出了一个关键性问题，即从表面看，适应性预期模型和局部调整模型，甚至考伊克模型如此相似，单从诸如方程（19.12.4）这样的回归估计看，无从得知哪个模型是正确的设定。这正说明为什么在选择模型进行经验分析之前要先明确模型的理论基础，然后再适当地做下去。如果习惯或惯性刻画了消费行为，则局部调整模型是合适的；如果消费行为是前瞻性的，即以预期的未来收入为依据，则适应性预期模型是合适的。如果是后一种情形，还必须密切注意估计方法，以求得一致估计量。而对于前一种情形，如果一般的 OLS 假定得到满足，则 OLS 将能够给出一致估计量。

19.13　分布滞后模型的阿尔蒙方法：阿尔蒙或多项式分布滞后[①]

虽然考伊克分布滞后模型在实践中广为应用，但它是建立在如下假定之上的：随着滞后的延长，β 系数呈几何方式下降（见图 19-5）。这一假定对某些情况来说未免过于苛求。例如，考虑图 19-7。

图 19-7(a) 假定 β 先增后减，而图 19-7(c) 假定 β 呈周期变化。显然，对于这些情形，分布滞后模型的考伊克方法不再适用。然而，在细察图 19-7(a) 和图 19-7(c) 之后，可把 β_i 表达为滞后（时间）长度 i 的函数，并拟合适当的曲线以反映二者之间的函数关系，如图 19-7(b) 和图 19-7(d) 所示。这正是阿尔蒙（Shirley Almon）提出的方法。为了说明她的方法，让我们回到前面考虑过的有限分布滞后模型，即：

---

① Shirley Almon, "The Distributed Lag between Capital Appropriations and Expenditures," *Econometrica*, vol. 33, January 1965, pp. 178-196.

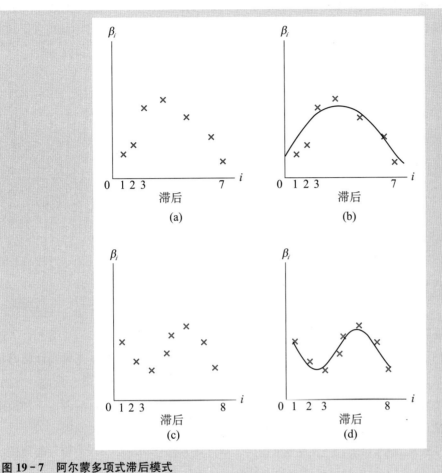

图 19 - 7 阿尔蒙多项式滞后模式

$$Y_t = \alpha + \beta_0 X_t + \beta_1 X_{t-1} + \beta_2 X_{t-2} + \cdots + \beta_k X_{t-k} + u_t$$

它又可简洁地写为：

$$Y_t = \alpha + \sum_{i=0}^{k} \beta_i X_{t-i} + u_t \tag{19.13.1}$$

根据数学中的一个定理，即魏尔斯特拉斯定理（Weierstrass' theorem），阿尔蒙假定 β_i 可用滞后长度 i 的一个适当高次多项式来近似。[①] 例如，如果图 19 - 7(a) 所给出的滞后模式适用，β_i 就可写成：

$$\beta_i = a_0 + a_1 i + a_2 i^2 \tag{19.13.2}$$

这是 i 的一个二次多项式 ［见图 19 - 7(b)］。然而，如果 β_i 服从图 19 - 7(c) 的模式，则可写成：

$$\beta_i = a_0 + a_1 i + a_2 i^2 + a_3 i^3 \tag{19.13.3}$$

这是 i 的一个三次多项式 ［见图 19 - 7(d)］。更一般地，可将其写成：

$$\beta_i = a_0 + a_1 i + a_2 i^2 + \cdots + a_m i^m \tag{19.13.4}$$

---

① 粗略地说，该定理认为，在一个有限闭区间里，任意连续函数都可由一个适当次数的多项式来一致地近似。

这是 i 的一个 m 次多项式。这里假定 m（多数式的次数）小于 k（滞后的最大长度）。

为说明怎样应用阿尔蒙方法，且假定 β_i 符合图 19-7(a) 所展现的形式，用二次多项式逼近是合适的。将方程（19.13.2）代入方程（19.13.1），我们得到：

$$Y_t = \alpha + \sum_{i=0}^{k}(a_0 + a_1 i + a_2 i^2)X_{t-i} + u_t$$

$$= \alpha + a_0\sum_{i=0}^{k}X_{t-i} + a_1\sum_{i=0}^{k}iX_{t-i} + a_2\sum_{i=0}^{k}i^2 X_{t-i} + u_t \tag{19.13.5}$$

定义

$$Z_{0t} = \sum_{i=0}^{k}X_{t-i}$$

$$Z_{1t} = \sum_{i=0}^{k}iX_{t-i}$$

$$Z_{2t} = \sum_{i=0}^{k}i^2 X_{t-i} \tag{19.13.6}$$

从而可把方程（19.13.5）写成：

$$Y_t = \alpha + a_0 Z_{0t} + a_1 Z_{1t} + a_2 Z_{2t} + u_t \tag{19.13.7}$$

在阿尔蒙方法中，Y 要对构造变量 Z 而非原始变量 X 做回归。应看到，方程（19.13.7）可用一般的 OLS 方法去估计。如果随机干扰项 u 满足经典线性回归模型假定，则这样得到的 α 和 a_i 的估计值将具有全部理想的统计性质。在这一方面，阿尔蒙方法与考伊克方法相比有明显的优点，因为我们已经看到，后者由于随机解释变量 Y_{t-1} 的出现而很可能与干扰项相关，从而导致了严重的估计问题。

一旦从方程（19.13.7）估计出诸 α，即可从方程（19.13.2）[或更一般地还可从方程（19.13.4）] 估计出原来的 β 系数：

$$\hat{\beta}_0 = \hat{a}_0$$
$$\hat{\beta}_1 = \hat{a}_0 + \hat{a}_1 + \hat{a}_2$$
$$\hat{\beta}_2 = \hat{a}_0 + 2\hat{a}_1 + 4\hat{a}_2 \tag{19.13.8}$$
$$\hat{\beta}_3 = \hat{a}_0 + 3\hat{a}_1 + 9\hat{a}_2$$
$$\cdots$$
$$\hat{\beta}_k = \hat{a}_0 + k\hat{a}_1 + k^2\hat{a}_2$$

在应用阿尔蒙方法之前，还必须解决以下实际问题。

（1）必须事先规定滞后的最大长度 k。这里也许可以采纳戴维森和麦金农的建议：

> 解决滞后长度问题的最好方法，也许是先从一个很大的 q 值（滞后长度）开始，而不对分布滞后的形状施加任何约束，然后看模型的拟合效果是否会随 q 的减小而显著恶化。[①]

[①] Russell Davidson and James G. MacKinnon, *Estimation and Inference in Econometrics*, Oxford University Press, New York, 1993, pp. 675-676.

记住，如果存在某个"真实"的滞后长度，那么一方面，就像我们在第 13 章中看到的那样，选择过小的长度将导致"遗漏有关变量的偏误"，其后果可能很严重；另一方面，选择过大的滞后长度又将导致"包含无关变量的偏误"，其后果不是那么严重；这时系数仍可由 OLS 给出一致估计，尽管系数的方差不是那么有效。

我们可以用第 13 章讨论的赤池或施瓦茨信息准则来选取合适的滞后长度。这些准则也可以用来讨论接下来即将讨论的多项式的次数选择问题。

（2）设定 k 后，还必须设定多项式的次数 m。一般地说，多项式的次数应至少比 β_i 和 i 的关系曲线转折点的个数多 1。因此，在图 19 - 7(a) 中只有一个转折点，因而一个二次多项式就能够很好地近似。在图 19 - 7(c) 中有两个转折点，因而一个三次多项式就能够很好地近似。然而，我们也许不能先验地知道转折点的个数，因而对 m 的选择大体上是主观的。对某些情况而言，理论也许能提示我们一个具体的形状。在实践中，我们希望一个次数相当低（比如 $m=2$ 或 3）的多项式能得到较好的结果。在选定 m 的一个具体值后，如果我们想看看一个更高次的多项式是否会给出更好的结果，则可进行如下步骤。

假使我们必须在二次和三次多项式之间做出选择。对于二次多项式，估计方程由方程（19.13.7）给出，对于三次多项式，对应的方程是：

$$Y_t = \alpha + a_0 Z_{0t} + a_1 Z_{1t} + a_2 Z_{2t} + a_3 Z_{3t} + u_t \tag{19.13.9}$$

其中 $Z_{3t} = \sum_{i=0}^{k} i^3 X_{t-i}$。在做回归（19.13.9）后，如果我们发现 a_2 是统计显著的，而 a_3 不显著，就可认为二次多项式给出了很好的近似。

或者，如戴维森和麦金农所建议的，"在确定 q（滞后长度）后，就可试图决定 d（多项式的次数），再次从一个大数开始，然后逐渐减小。"[1]

然而我们必须注意多重共线性的问题。因为如方程（19.13.6）以及方程（19.13.10）所示，Z 变量是从 X 变量构造出来的，故多重共线性的问题容易发生。如第 10 章所讨论的那样，当多重共线性的问题严重时，a_3 在统计上总是不显著，这并不是因为真实 a_3 为零，而是因为手头上的样本不允许我们估计出 Z_3 对 Y 的单独影响。因此，在上述解释中，在我们接受三次多项式不是正确的选择这一结论之前，我们必须先确定多重共线性问题还没有严重到不能用第 10 章所讨论的方法来处理。

（3）一旦确定了 m 和 k，就很容易构造出 Z。例如，若 $m=2$ 和 $k=5$，则 Z 是：

$$Z_{0t} = \sum_{i=0}^{5} X_{t-i} = X_t + X_{t-1} + X_{t-2} + X_{t-3} + X_{t-4} + X_{t-5}$$

$$Z_{1t} = \sum_{i=0}^{5} i X_{t-i} = X_{t-1} + 2X_{t-2} + 3X_{t-3} + 4X_{t-4} + 5X_{t-5} \tag{19.13.10}$$

---

[1]　Ibid.，pp. 675 - 676.

$$Z_{2t} = \sum_{i=0}^{5} i^2 X_{t-i} = X_{t-1} + 4X_{t-2} + 9X_{t-3} + 16X_{t-4} + 25X_{t-5}$$

注意，Z 是原 X 变量的线性组合，还要注意 Z 为什么会表现出多重共线性。

在开始讲解一个数值例子之前，先看看阿尔蒙方法有哪些优点。首先，它给出了一个涵盖各种滞后结构的灵活方法（参见习题 19.17）。而考伊克方法则拘泥于假定 β 系数是几何递减的。其次，与考伊克方法不同，在使用阿尔蒙方法时，我们不必担心滞后因变量作为解释变量出现在模型中从而产生估计问题。最后，如果可以拟合一个足够低次的多项式，则待估计系数（指 α）的个数要比原系数（指 β）的个数少得多。

让我们再次强调使用阿尔蒙方法的问题。首先，多项式次数以及滞后的最大期数基本上是一种主观臆断。其次，由于前述理由，Z 变量很可能存在多重共线性。因此，在方程（19.13.9）这样的模型中，a 的估计值带有很大的标准误（相对于那些系数估计值而言），从而使得一个或多个系数基于通常的 t 检验而在统计上不显著。但这并不一定意味着这些系数在统计上真的不显著。（关于这一命题的证明略微有些复杂，但在习题 19.18 中所有提示。）这样一来，多重共线性的问题也许没有人们所想象的那样严重。此外，我们知道，在多重共线性的情形中，即使无法准确估计单个系数，我们也可以更准确地估计这些系数的某种线性组合（可估函数，estimable function）。

例 19.11　理解阿尔蒙分布滞后模型

为了解释阿尔蒙方法，表 19-8 给出了 1954—1999 年美国制造业存货 Y 和销售额 X 数据。

为便于说明，假定存货取决于当年和前 3 年的销售量：

$$Y_t = \alpha + \beta_0 X_t + \beta_1 X_{t-1} + \beta_2 X_{t-2} + \beta_3 X_{t-3} + u_t \tag{19.13.11}$$

此外再假定 β_i 可用一个二次多项式来近似，如方程（19.13.2）所示。于是，根据方程（19.13.7），我们可以把上式写成：

$$Y_t = \alpha + a_0 Z_{0t} + a_1 Z_{1t} + a_2 Z_{2t} + u_t \tag{19.13.12}$$

其中

$$Z_{0t} = \sum_{i=0}^{3} X_{t-i} = X_t + X_{t-1} + X_{t-2} + X_{t-3}$$

$$Z_{1t} = \sum_{i=0}^{3} i X_{t-i} = X_{t-1} + 2X_{t-2} + 3X_{t-3} \tag{19.13.13}$$

$$Z_{2t} = \sum_{i=0}^{3} i^2 X_{t-i} = X_{t-1} + 4X_{t-2} + 9X_{t-3}$$

如此构造出的 Z 变量见表 19-8。利用 Y 和 Z 的数据，我们得到如下回归结果：

$$\hat{Y}_t = 25\,845.06 \quad + \quad 1.114\,9Z_{0t} - 0.371\,3Z_{1t} - 0.060\,0Z_{2t}$$

$$\text{se} = (6\,596.998) \quad (0.538\,1) \quad (1.374\,3) \quad (0.454\,9) \tag{19.13.14}$$

$$t = \quad (3.917\ 7)\quad(2.071\ 8)\ (-0.270\ 2)\ (-0.131\ 9)$$

$$R^2 = 0.975\ 5 \qquad d = 0.164\ 3 \qquad F = 517.765\ 6$$

注：因为我们假定了一个 3 年滞后，故观测总个数从 46 减少到 43。

表 19-8　　　　　　　美国制造业存货 Y、销售额 X 以及构造的 Z 数据

年份	存货 Y	销售额 X	Z_0	Z_1	Z_2
1954	41 612	23 355	NA	NA	NA
1955	45 069	26 480	NA	NA	NA
1956	50 642	27 740	NA	NA	NA
1957	51 871	28 736	106 311	150 765	343 855
1958	50 203	27 248	110 204	163 656	378 016
1959	52 913	30 286	114 010	167 940	391 852
1960	53 786	30 878	117 148	170 990	397 902
1961	54 871	30 922	119 334	173 194	397 254
1962	58 172	33 358	125 444	183 536	427 008
1963	60 029	35 058	130 216	187 836	434 948
1964	63 410	37 331	136 669	194 540	446 788
1965	68 207	40 995	146 742	207 521	477 785
1966	77 986	44 870	158 254	220 831	505 841
1967	84 646	46 486	169 682	238 853	544 829
1968	90 560	50 229	182 580	259 211	594 921
1969	98 145	53 501	195 086	277 811	640 003
1970	101 599	52 805	203 021	293 417	672 791
1971	102 567	55 906	212 441	310 494	718 870
1972	108 121	63 027	225 239	322 019	748 635
1973	124 499	72 931	244 669	333 254	761 896
1974	157 625	84 790	276 654	366 703	828 193
1975	159 708	86 589	307 337	419 733	943 757
1976	174 636	98 797	343 107	474 962	1 082 128
1977	188 378	113 201	383 377	526 345	1 208 263
1978	211 691	126 905	425 492	570 562	1 287 690
1979	242 157	143 936	482 839	649 698	1 468 882
1980	265 215	154 391	538 433	737 349	1 670 365
1981	283 413	168 129	593 361	822 978	1 872 280
1982	311 852	163 351	629 807	908 719	2 081 117
1983	312 379	172 547	658 418	962 782	2 225 386
1984	339 516	190 682	694 709	1 003 636	2 339 112
1985	334 749	194 538	721 118	1 025 829	2 351 029
1986	322 654	194 657	752 424	1 093 543	2 510 189
1987	338 109	206 326	786 203	1 155 779	2 688 947
1988	369 374	224 619	820 140	1 179 254	2 735 796
1989	391 212	236 698	862 300	1 221 242	2 801 836
1990	405 073	242 686	910 329	1 304 914	2 992 108
1991	390 905	239 847	943 850	1 389 939	3 211 049
1992	382 510	250 394	969 625	1 435 313	3 340 873
1993	384 039	260 635	993 562	1 458 146	3 393 956

19

续表

年份	存货 Y	销售额 X	Z_0	Z_1	Z_2
1994	404 877	279 002	1 029 878	1 480 964	3 420 834
1995	430 985	299 555	1 089 586	1 551 454	3 575 088
1996	436 729	309 622	1 148 814	1 639 464	3 761 278
1997	456 133	327 452	1 215 631	1 745 738	4 018 860
1998	466 798	337 687	1 274 316	1 845 361	4 261 935
1999	470 377	354 961	1 329 722	1 921 457	4 434 093

注：Y 和 X 经季节调整后以百万美元计。

资料来源：*Economic Report of the President*，*2001*，Table B-57，p. 340. Z 由方程（19.13.13）给出。

现在对上述结果进行简短评论：在三个 Z 变量中，只有 Z_0 在 5% 的显著性水平上是个别统计显著的，其他两个则不是，但 F 值如此之高，以至于我们可以拒绝所有的 Z 一起对 Y 没有影响的虚拟假设。你可能会怀疑，这也许是因为多重共线性。同时，请注意计算的 d 值非常低。这并不一定意味着残差是自相关的。更可能的是，很低的 d 值意味着我们所用的模型设定是错误的。我们稍后还要对此加以评论。

根据方程（19.13.3）所给出的 a 系数估计值，我们可以轻易地估计出原来的 β，如方程（19.13.8）所示。在当前这个例子中，结果如下：

$$\hat{\beta}_0 = \hat{a}_0 = 1.114\ 9$$
$$\hat{\beta}_1 = \hat{a}_0 + \hat{a}_1 + \hat{a}_2 = 0.683\ 6$$
$$\hat{\beta}_2 = \hat{a}_0 + 2\hat{a}_1 + 4\hat{a}_2 = 0.132\ 1 \tag{19.13.15}$$
$$\hat{\beta}_3 = \hat{a}_0 + 3\hat{a}_1 + 9\hat{a}_2 = -0.539\ 4$$

于是，对应于方程（19.13.11），所估计的分布滞后模型为：

$$\hat{Y}_t = 25\ 845.0 \quad + \quad 1.114\ 9X_t + 0.683\ 6X_{t-1} + 0.132\ 1X_{t-2} - 0.539\ 4X_{t-3}$$
$$\text{se} = (6\ 596.99) \quad (0.538\ 1) \quad (0.467\ 2) \quad (0.465\ 6) \quad (0.565\ 6) \tag{19.13.16}$$
$$t = (3.917\ 7) \quad (2.071\ 8) \quad (1.463\ 0) \quad (0.283\ 7) \quad (-0.953\ 7)$$

β_i 估计值的几何图形如图 19-8 所示：

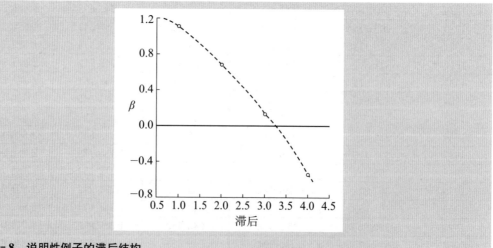

图 19-8 说明性例子的滞后结构

上述说明性例子或许可用来指出阿尔蒙方法的另外几个特点：

（1）a 系数的标准误可从 OLS 回归（19.13.14）直接得到，但我们主要关心的某些 $\hat{\beta}$ 系数的标准误却不能如此获得。这些标准误可通过统计学中的一个熟知公式，从所估计的 a 系数的标准误中计算出来，习题 19.18 中给出了这个公式。当然，没必要手工完成这项工作，因为大多数统计软件包能例行做到这一点。方程（19.13.16）中所给出的标准误可以用 EViews6 得到。

（2）方程（19.13.16）所求的 $\hat{\beta}$，因未受任何先验性约束而被称为无约束估计值。然而，在某些情况下，人们也许想通过假定 β_0 和 β_k（即现期和第 k 个滞后系数）为零而对 β 施加所谓端点约束（endpoint restrictions）。出于心理、技术或制度上的原因，解释变量在现期也许还不会对因变量的现值有什么影响，从而说明 β_0 取值为零。同理，当超过一定时期 k 时，自变量也许不再对因变量起作用，故可假定 β_k 为零。在存货这个例子（例 19.11）中，X_{t-3} 的系数为负值，这可能没有经济意义。因此，我们可以限定该系数为零。[①] 当然，你不必限制两端；你可以仅限制第一个系数（称为近端限制），或者只限制最后一个系数（称为远端限制）。习题 19.28 对这个例子进行了说明。有时我们在 β 的总和为 1 的限制条件下估计 β。但我们不能不经过仔细思索就加上这些限制条件，因为这些限制也会影响到其他（未受限制的）滞后系数值。

（3）因为滞后系数的个数选择和多项式的次数选择都取决于建模者的判断，所以试错法是不可避免的，尽管容易遭到数据挖掘的指控。这里可以使用第 13 章讨论的赤池和施瓦茨信息准则。

（4）因为我们用 3 期滞后和二次多项式来估计方程（19.13.16），所以它是一个约束最小二乘模型。假定我们决定用 3 期滞后，但不使用阿尔蒙方法。也就是说，我们用 OLS 来估计方程（19.13.11）。那么会出现什么情况呢？我们首先来看如下结果：

$$\hat{Y}_t = 26\,008.60 \ + \ \ 0.977\,1X_t + 1.013\,9X_{t-1} - 0.202\,2X_{t-2} - 0.393\,5X_{t-3}$$

$$\text{se} = \ (6\,691.12) \quad (0.682\,0) \quad (1.092\,0) \qquad (1.102\,1) \qquad (0.718\,6) \quad (19.13.17)$$

$$t = \qquad (3.887\,0)\,(1.432\,7) \qquad (0.928\,4) \qquad (-0.183\,5) \quad (-0.547\,6)$$

$$R^2 = 0.975\,5 \qquad d = 0.157\,1 \qquad F = 379.51$$

如果将这些结果与方程（19.13.16）所给出的结果进行比较，你将看出总的 R^2 实际上差不多是一样的，尽管方程（19.13.17）中的滞后模式表明它比方程（19.13.16）所给出的形状更加凸起。

正如该例所说明的那样，在使用阿尔蒙分布滞后方法时必须小心，因为结果可能对于多项式的次数和（或）滞后系数的个数的选择比较敏感。

---

① 一个具体的应用见 D. B. Batten and Daniel Thornton, "Polynomial Distributed Lags and the Estimation of the St. Louis Equation," *Review*, Federal Reserve Bank of St. Louis，April 1983，pp. 13-25。

19.14　经济学中的因果关系：格兰杰因果关系检验[①]

在 1.4 节中我们说过，虽然回归分析考虑一个变量对另一个变量的依赖关系，但这不一定意味着因果关系。换言之，变量间某种关系的存在不能够证明因果关系或者影响的方向。但在涉及时间序列数据的回归中，情况可能有一点不同，因为正如一个作者所说：

> ……时间不会倒退。即如果事件 A 在事件 B 之前发生，那么可能是 A 导致了 B，但不可能是 B 导致了 A。换言之，过去的事件能够导致当前事件的发生。未来的事件却不能。[②]

这基本上就是所谓格兰杰因果关系检验背后的思想。[③] 但是值得注意的是，因果问题对各种争议都进行了深入分析。一个极端是相信“万物导致万物”的人们，而另一个极端是否认任何因果关系存在的人们。[④] 计量经济学家爱德华·里默（Edward Leamer）喜欢先后关系（precedence）这个术语甚于因果关系。弗朗西斯·迪博尔德（Francis Diebold）更喜欢用预测因果关系（predictive causality）这一术语。他写道：

> ……“y_i 导致 y_j”的说法，只是一种简单的表达方式，而另外一种更准确但也冗长的表达方式是：“除了这个系统中其他变量的历史之外，y_i 包含着预测 y_j 的有用信息（从线性最小二乘的意义上讲）。”为了节省篇幅，我们简单地说 y_i 导致了 y_j。[⑤]

格兰杰因果关系检验

为了解释格兰杰因果关系检验，我们考虑在宏观经济学中经常会遇到的问题：是 GDP“导致”货币供给 M（即 GDP→M）还是货币供给 M“导致”GDP（即 M→GDP）？这里箭头指出了因果关系的方向。格兰杰因果关系检验假定，有关 GDP 或 M 变量的预测信息全部包含在这两个变量的时间序列之中。检验要求估计如下两个回归：

---

① 有时会使用另一种检验，即西蒙斯因果关系检验（Sims test of causality）。我们用习题的方式来讨论。

② Gary Koop, *Analysis of Economic Data*, John Wiley & Sons, New York, 2000, p. 175.

③ C. W. J. Granger, "Investigating Causal Relations by Econometric Models and Cross-Spectral Methods," *Econometrica*, July 1969, pp. 424-438. 虽然通称格兰杰因果关系检验，但因为维纳（Wiener）更早提出此法，故宜称维纳-格兰杰因果关系检验。参见 N. Wiener, "The Theory of Prediction," in E. F. Beckenback, ed., *Modern Mathematic for Engineers*, McGraw-Hill, New York, 1956, pp. 165-190.

④ 关于这个专题的一个极好的讨论，参见 Arnold Zellner, "Causality and Econometrics," *Carnegie-Rochester Conference Series*, 10, K. Brunner and A. H. Meltzer, eds., North Holland Publishing Company, Amsterdam, 1979, pp. 9-50.

⑤ Francis X. Diebold, *Elements of Forecasting*, South Western Publishing, 2d ed., 2001, p. 254.

$$\text{GDP}_t = \sum_{i=1}^{n} \alpha_i M_{t-i} + \sum_{j=1}^{n} \beta_j \text{GDP}_{t-j} + u_{1t} \tag{19.14.1}$$

$$M_t = \sum_{i=1}^{n} \lambda_i M_{t-i} + \sum_{j=1}^{n} \delta_j \text{GDP}_{t-j} + u_{2t} \tag{19.14.2}$$

其中干扰项 u_{1t} 和 u_{2t} 假定为不相关的。顺便提一下，请注意因为有两个变量，所以我们现在讨论的是双向因果关系（bilateral causality）。在关于时间序列的章节中，我们将通过向量自回归（vector autoregression，VAR）方法把上述分析扩展到多变量因果关系。

方程（19.14.1）假定当前 GDP 与 GDP 自身以及 M 的过去值有关，而方程（19.14.2）对 M 也做了类似假定。注意，这些回归还可被写成增长率的形式，即 $\dot{\text{GDP}}$ 和 $\dot{M}$，其中变量上方的圆点表示增长率。下面分四种情形讨论：

（1）若方程（19.14.1）中 M 的滞后系数集在统计上异于零，而方程（19.14.2）中的 GDP 滞后系数集在统计上又不是异于零的，则表明存在从 M 到 GDP 的单向因果关系。

（2）反之，若方程（19.14.1）中 M 的滞后系数集在统计上不是异于零的，而方程（19.14.2）中 GDP 的滞后系数集却在统计上是异于零的，则存在从 GDP 到 M 的单向因果关系。

（3）若 M 和 GDP 的滞后系数集在两个回归中都在统计上是异于零的，则表示有反馈或双向因果关系。

（4）最后，若 M 和 GDP 的滞后系数集在两个回归中都不是统计显著的，则表示二者之间相互独立。

更一般地，由于未来不能预测过去，所以如果变量 X 是变量 Y 的（格兰杰）原因，则 X 的变化应先于 Y 的变化。因此，在做 Y 对其他变量（包括自身过去值）的回归时，如果把 X 的过去或滞后值包括进来能显著地改进对 Y 的预测，我们就可以说 X 是 Y 的（格兰杰）原因。类似地，定义 Y 是 X 的（格兰杰）原因。

做格兰杰因果关系检验的步骤如下，现通过方程（19.14.1）所给出的 GDP - 货币供给一例加以说明。

（1）将当前的 GDP 对所有的 GDP 滞后项以及其他变量（如果有的话）做回归，但在这一回归中不要把 M 变量的滞后项包括进来。根据第 8 章，这是一个受约束的回归。然后由此回归得到受约束的残差平方和 RSS_R。

（2）现在做含有 M 变量的滞后项的回归，根据第 8 章，这是一个无约束的回归，由此回归得到无约束的残差平方和 RSS_{UR}。

（3）虚拟假设是 $H_0: \alpha_i = 0$，$i = 1, 2, \cdots, n$，即 M 的滞后项不属于此回归。

（4）为了检验此假设，我们利用方程（8.7.9）所给出的 F 检验，即：

$$F = \frac{(\text{RSS}_R - \text{RSS}_{UR})/m}{\text{RSS}_{UR}/(n-k)} \tag{8.7.9}$$

它服从自由度为 m 和 $(n-k)$ 的 F 分布。在本例中 m 是 M 的滞后阶数，而 k 是无约束回归中待估计的参数个数。

（5）如果在选定的显著性水平上计算的 F 值超过了 F 临界值，则拒绝虚拟假设，这样 M 的滞后项就属于此回归。这是 M 导致 GDP 的另一种说法。

（6）为了检验模型（19.14.2），即检验 GDP 是否导致 M，可重复步骤（1）～（5）。

在我们说明格兰杰因果关系检验之前，有几点必须引起注意：

（1）这两个变量（即 GDP 和 M）被假定为是平稳的。关于平稳性的概念，我们在前面已经从直觉上加以讨论，而且在第 25 章我们还将对它进行更加正式的讨论。如果变量在水平值的形式上还不是平稳的，则有时我们对变量进行一阶差分来使其平稳。

（2）在因果关系检验中引入的滞后阶数是一个重要的实际问题。和在分布滞后模型中一样，我们可能不得不使用赤池或施瓦茨信息准则来做出选择。但必须补充说明一点：因果关系的方向可能严格依赖于所包含的滞后阶数。

（3）我们假定进入因果关系检验的误差项是不相关的。如果情况不是这样，那么就不得不采取适当的变换（正如第 12 章所讨论的那样）。[①]

（4）因为我们的兴趣在于检验因果关系，所以我们不必明确地给出模型（19.14.1）和模型（19.14.2）的估计系数（为了节省篇幅）；只需给出方程（8.7.9）中的 F 检验结果便足够了。

（5）我们还必须提防谬误因果关系。在 GDP -货币供给一例中，假设我们考虑利率，比如短期利率。很可能货币供给是利率的"格兰杰原因"，而利率又是 GDP 的"格兰杰原因"。因此，如果我们不考虑利率，而发现货币供给导致 GDP，那么，我们所观察到的 GDP 与货币供给之间的因果关系可能就是谬误的。[②]正如前面曾指出的那样，处理这个问题的方法之一，就是考虑一个多元方程组，比如向量自回归，我们在第 26 章将更加详尽地讨论这个问题。

例 19.12 货币和收入间的因果关系

哈弗（R. W. Hafer）利用格兰杰因果关系检验来考察 1960 年第 1 季度至 1980 年第 4 季度美国的 GNP（而不是 GDP）与 M 之间究竟是怎样一种因果关系。他没有使用这些变量的总值，而是使用这些变量的增长率（$\dot{GNP}$ 和 $\dot{M}$），并且在前面给出的两个回归中使用每个变量的 4 阶滞后。结果如下。[③]每种情形中的虚拟假设都是：所考虑的变量不是另一个变量的"格兰杰原因"。

---

① 详细情形参见 Wojciech W. Charemza and Derek F. Deadman, *New Directions in Econometric Practice*：*General to Specific Modelling*，*Cointegration and Vector Autoregression*，3d ed.，Edward Elgar Publishing，1997，Chapter 6。

② 对此，可参见 J. H. Stock and M. W. Watson，"Interpreting the Evidence on Money-Income Causality," *Journal of Econometrics*，vol. 40，1989，pp. 783 - 820。

③ R. W. Hafer，"The Role of Fiscal Policy in the St. Louis Equation," *Review*，Federal Reserve Bank of St. Louis，January，1982，pp. 17 - 22，关于程序细节参阅此书的注释 12。

因果关系的方向	F 值	决定
$\dot{M} \rightarrow \dot{GNP}$	2.68	拒绝
$\dot{GNP} \rightarrow \dot{M}$	0.56	不拒绝

这些结果意味着因果关系的方向是从货币增长到 GNP 增长，因为这个 F 估计值在 5% 的显著性水平上是显著的；F 临界值是 2.50（自由度为 4 和 71）。另外，不存在反向的因果关系，即从 GNP 的增长到 M 的增长，因为 F 值在统计上不显著。

例 19.13　加拿大货币和利率间的因果关系

参照表 19-5 给出的加拿大的数据。假定我们想查明加拿大 1979—1988 年每季度的货币供给和利率之间是否存在某种因果关系。为了表明格兰杰因果关系检验十分依赖于模型中引入的滞后阶数，我们提供了几个使用不同（季度）滞后的 F 检验结果。在每种情况下，虚拟假设为利率不是货币供给的（格兰杰）原因或反之。

因果关系的方向	滞后期的数量	F 值	决定
$R \rightarrow M$	2	12.92	拒绝
$M \rightarrow R$	2	3.22	拒绝
$R \rightarrow M$	4	5.59	拒绝
$M \rightarrow R$	4	2.45	拒绝（在 7% 的水平上）
$R \rightarrow M$	6	3.516 3	拒绝
$M \rightarrow R$	6	2.71	拒绝
$R \rightarrow M$	8	1.40	不拒绝
$M \rightarrow R$	8	1.62	不拒绝

注意上述 F 检验结果的如下特征：一直到 6 阶滞后，货币供给与利率之间都存在双向的因果关系。但是，在 8 阶滞后，这两个变量之间不存在统计上可辨别的关系。这就进一步强化了我们前面得出的观点：格兰杰因果关系检验的结果对于模型中引入的滞后阶数非常敏感。

例 19.14　9 个东亚国家（地区）GDP 增长率和总储蓄率之间的因果关系

一项 GDP 增长率（g）和总储蓄率（s）之间双向因果关系的研究，给出了如表 19-9 所示的结果。[1] 为了进行对比，该表也提供了美国的结果。表 19-9 所提供的结果大体上表明：对于大多数东亚国家（地区），因果关系是从 GDP 增长率到总储蓄率。与此相对照，美国经济在 1950—1988 年直到 3 阶滞后，因果关系仍是双向的，但到了 4 阶和 5 阶滞后，因果关系是从 GDP 增长率到总储蓄率，而不是相反的方向。

为了对格兰杰因果关系检验的讨论做出推断，请记住我们检验的问题是：当两个变量之间暂时存在先导和滞后关系时，人们能否从统计上查明其因果关系？如果因果关系得到证

---

[1]　这些结果得自 *The East Asian Miracle：Economic Growth and Public Policy*，published for the World Bank by Oxford University Press，1993，p.244。

实，则意味着人们可以用一个变量来更好地预测另一个变量，这种预测比简单地根据该变量过去的历史所做出的预测更加准确。在东亚经济的例子中，似乎我们能通过考虑 GDP 增长率的滞后项来更好地预测总储蓄率，这种预测比仅仅考虑总储蓄率的滞后项所做出的预测更准确。

表 19 - 9　　　　真实人均 GDP 增长率和总储蓄率之间的双变量格兰杰因果关系检验

国家（地区），年份	滞后年数	等式右侧滞后变量总储蓄率	增长率	国家（地区），年份	滞后年数	等式右侧滞后变量总储蓄率	增长率
中国香港，1960—1988 年	1	Sig	Sig	菲律宾，1950—1988 年	1	NS	Sig
	2	Sig	Sig		2	NS	Sig
	3	Sig	Sig		3	NS	Sig
	4	Sig	Sig		4	NS	Sig
	5	Sig	Sig		5	NS	Sig
印度尼西亚，1965	1	Sig	Sig	新加坡，1960—1988 年	1	NS	NS
	2	NS	Sig		2	NS	NS
	3	NS	Sig		3	NS	NS
	4	NS	Sig		4	Sig	NS
	5	NS	Sig		5	Sig	NS
日本，1950—1988 年	1	NS	Sig	中国台湾，1950—1988 年	1	Sig	Sig
	2	NS	Sig		2	NS	Sig
	3	NS	Sig		3	NS	Sig
	4	NS	Sig		4	NS	Sig
	5	NS	Sig		5	NS	Sig
朝鲜，1955—1988 年	1	Sig	Sig	泰国，1950—1988 年	1	NS	Sig
	2	NS	Sig		2	NS	Sig
	3	NS	Sig		3	NS	Sig
	4	NS	Sig		4	NS	Sig
	5	NS	Sig		5	NS	Sig
马来西亚，1955—1988 年	1	Sig	Sig	美国，1950—1988 年	1	Sig	Sig
	2	Sig	Sig		2	Sig	Sig
	3	NS	NS		3	Sig	Sig
	4	NS	NS		4	Sig	Sig
	5	NS	Sig		5	NS	Sig

注：Sig：显著；NS：不显著。

增长率是以 1985 年的国际价格计算的真实人均 GDP 增长率。

资料来源：World Bank, *The East Asian Miracle*: *Economic Growth and Public Policy*, Oxford University Press, New York, 1993, p. 244, (Table A5 - 2). 原始资料来源于 Robert Summers and Alan Heston, "The Penn World Tables (Mark 5): An Expanded Set of International Comparisons, 1950 - 88," *Quarterly Journal of Economics*, vol. 105, no. 2, 1991.

＊关于因果关系和外生性的一个注解

当我们在本书的第 4 篇研究联立方程模型时，经济变量常常被划分成两大类，即内生变量（endogenous）和外生变量（exogenous）。粗略地讲，内生变量等价于单方程回归模型中的因变量，而外生变量则等价于此类模型中的 X 变量或回归元，

只要 X 变量和该方程的误差项不相关。[①]

现在出现了一个有趣的问题：假定在一个格兰杰因果关系检验中，我们发现 X 变量是 Y 变量的（格兰杰）原因，而后者不是前者的原因（即无双向因果关系）。那么能否把 X 变量当成外生变量呢？换句话说，我们能否用格兰杰因果关系（或非因果关系）来证明外生性呢？

为了回答这个问题，我们需要区分三种类型的外生性：（1）弱外生性，（2）强外生性和（3）超外生性。为便于说明，假定我们只考虑两个变量 Y_t 和 X_t，并且进一步假定用 Y_t 对 X_t 进行回归。若 Y_t 不能解释 X_t，则称 X_t 是弱外生性的。这时，以 X_t 的值为条件，就可以对回归模型进行估计和检验。事实上，回到第 2 章，你将会意识到我们的回归模型的建立是以给定 X_t 变量为条件的。若 Y 的现期值和滞后值都不能解释 X_t（也就是没有反馈关系），则称 X_t 是强外生性的。如果即使 X 值发生变化，Y 对 X 回归中的参数仍然不变，则称 X_t 是超外生性的；也就是说，参数值不随 X 值的变化而变化。如果实际情况是这样，那么著名的卢卡斯批判（Lucas critique）就站不住脚。[②]

区分这三类外生性的原因在于：一般而言，弱外生性是估计和检验所必需的，强外生性对于预测是必需的，而超外生性对于政策分析是必需的。[③]

回到格兰杰因果关系，如果变量 Y 不是另一变量 X 的原因，那么我们能否假设后者是外生的呢？不幸的是，答案不是直截了当的。如果我们正在谈论弱外生性，那么它将表明格兰杰因果关系对于证明外生性而言既不是必要的也不是充分的。另外，格兰杰因果关系对于强外生性来说是必要的（但不是充分的）。这些命题的证明超出了本书的范围。[④] 我们有必要把格兰杰因果关系和外生性的概念区别开来，并且将前者当作分析时间序列数据的一个有用的描述性工具。在第 23 章，我们将讨论一个检验，它能用于检验一个变量能否作为外生变量。

要点与结论

（1）出于心理、技术和制度上的原因，一个回归子对一（多）个回归元的响应会带有一定的时滞。考虑时间滞后的回归模型被称为动态回归模型或滞后回归

---

① 当然，如果解释变量包括内生变量的一个或一个以上滞后项，则可能不满足这个要求。

② 诺贝尔经济学奖获得者罗伯特·卢卡斯（Robert Lucas）提出：当政策变化时，变量间存在的关系可能会发生变化，从而从模型中估计的参数对于预测来说没有什么价值。关于这一点，参见 Oliver Blanchard, *Macroeconomics*, Prentice Hall, 1997, pp. 371-372。

③ Keith Cuthbertson, Stephen G. Hall, and Mark P. Taylor, *Applied Econometric Techniques*, University of Michigan Press, 1992, p. 100.

④ 关于一个相当简单的讨论，参见 G. S. Maddala, *Introduction to Econometrics*, 2d ed., Macmillan, New York, 1992, pp. 394-395, 亦见 David F. Hendry, *Dynamic Econometrics*, Oxford University Press, New York, 1995, Chapter 5。

模型。

（2）有两类滞后回归模型：分布滞后模型和自回归模型。在前一种情形中，回归元的当前值和滞后值作为解释变量出现；而在后一种情形中，有回归子的滞后值作为解释变量出现。

（3）一个纯粹的分布滞后模型可用 OLS 估计，但这时由于一个回归元的连续滞后值之间的相关性而会有多重共线性的问题。

（4）为此，人们设计了一些简单的方法，包括考伊克模型、适应性预期模型和局部调整模型等机制，前者纯粹是一个数学方法，而后两者则有经济原理作为依据。

（5）但考伊克模型、适应性预期模型和局部调整模型有一个独特的性质，就是它们都是自回归模型；回归子的滞后值都作为解释变量而出现。

（6）自回归过程给模型估计带来了挑战；如果滞后回归子和误差项相关，则这些模型的 OLS 估计量不仅是有偏误的，而且是不一致的。考伊克模型和适应性预期模型属于有偏误和不一致的情形；局部调整模型则有所不同，尽管其中也出现了滞后回归子，但仍可用 OLS 获得一致估计。

（7）为了得到考伊克模型和适应性预期模型的一致估计，最广为应用的方法是工具变量法。工具变量是滞后回归子的一个代理变量，但它具有与误差项无关的性质。

（8）取代上面讨论的滞后回归模型的另一种方法是阿尔蒙或多项式分布滞后模型。它避免了自回归模型带来的估计问题。然而，阿尔蒙方法的主要问题是，使用者必须先验地规定滞后长度和多项式次数。解决滞后长度和多项式次数的选择问题，有正式的和非正式的两种方法。

（9）分布滞后模型和自回归模型由于明确地考虑了时间的作用，而把原本静态的经济理论变成了动态的，故在经验经济学中显得极为有用。虽然它们有估计上的困难，但这是可以克服的。这些模型帮助我们区分了因变量相对于解释变量单位变化的短期响应和长期响应。例如，为了估计短期和长期的价格弹性、收入弹性、替代弹性及其他弹性，这些模型是非常有用的。[①]

（10）分布滞后和（或）自回归模型由于涉及滞后而引发了经济变量中的因果关系的讨论。在应用研究中，格兰杰因果关系模型得到了广泛的关注。但因格兰杰方法对模型中所取的滞后长短异常敏感，故在应用中要保持高度警觉。

（11）即使变量 X 是另一个变量 Y 的"格兰杰原因"，这也并不意味着 X 就是外生的。我们区分了三种类型的外生性——弱外生性、强外生性和超外生性，并且指出了这种区分的重要性。

---

① 关于这些模型的应用，参见 Arnold C. Harberger，ed.，*The Demand for Durable Goods*，University of Chicago Press，Chicago，1960。

习　题

19

问答题

19.1 用简单的理由说明以下命题是正确的、错误的或不确定的：

a. 所有计量经济模型本质上都是动态的。

b. 如果有某些分布滞后系数是正的，而另一些是负的，那么考伊克模型就没有多大意义。

c. 如果用 OLS 估计考伊克模型和适应性预期模型，则估计量将是有偏误的，但却是一致性的。

d. 在局部调整模型中，OLS 估计量在有限样本中是有偏误的。

e. 在一（多）个随机回归元和一个自相关误差项同时出现时，工具变量法将得到无偏且一致的估计。

f. 当一个滞后回归子作为一个回归元出现时，用德宾-沃森 d 统计量去侦察自相关性实际上是无效的。

g. 德宾 h 检验在大样本和小样本中都是有效的。

h. 格兰杰因果关系检验与其说是因果关系检验，不如说是领先滞后检验。

19.2 证明方程（19.7.2）。

19.3 证明方程（19.8.3）。

19.4 假定价格是按照如下适应性预期假说形成的：

$$P_t^* = \gamma P_{t-1} + (1-\gamma)P_{t-1}^*$$

其中 P^* 是预期价格而 P 是真实价格。

假定 $\gamma = 0.5$，试完成下表[①]：

时期	P^*	P
$t-3$	100	110
$t-2$		125
$t-1$		155
t		185
$t+1$		—

[①] 改编自 G. K. Shaw, op. cit., p. 26。

19.5 考虑模型：

$$Y_t = \alpha + \beta_1 X_{1t} + \beta_2 X_{2t} + \beta_3 X_{3t} + v_t$$

假定 Y_{t-1} 和 v_t 相关。为了消除这种相关性，假定我们采取如下工具变量法：先求 Y_t 对 X_{1t} 和 X_{2t} 的回归，并从此回归得到估计值 $\hat{Y}_t$。然后做回归：

$$Y_t = \alpha + \beta_1 X_{1t} + \beta_2 X_{2t} + \beta_3 \hat{Y}_{t-1} + v_t$$

其中 $\hat{Y}_{t-1}$ 是从第一步回归估计出来的。

a. 这一方法如何消除了原模型中 Y_{t-1} 和 v_t 之间的相关性？

b. 和利维亚坦的方法相比，以上建议的方法有什么优点？

*19.6 a. 证明方程（19.4.8）。

b. 对 $\lambda = 0.2, 0.4, 0.6, 0.8$ 分别估计中位滞后值。

c. λ 值与中位滞后值之间有何规律性的关系？

19.7 a. 证明对于考伊克模型，平均滞后如方程（19.4.10）所示。

b. 如果 λ 比较大，这将意味着什么？

19.8 利用方程（19.4.9）所给出的平均滞后公式，验证表 19-1 给出的平均滞后为 10.959 个季度。

19.9 假如令：

$$M_t = \alpha + \beta_1 Y_t^* + \beta_2 R_t^* + u_t$$

其中 $M=$ 真实货币需求，$Y^*=$ 预期真实收入，$R^*=$ 预期利率。假定预期值的形成方式如下：

$$Y_t^* = \gamma_1 Y_t + (1-\gamma_1)Y_{t-1}^*$$

$$R_t^* = \gamma_2 R_t + (1-\gamma_2)R_{t-1}^*$$

其中 γ_1 和 γ_2 是调整系数，均介于 0 与 1 之间。

a. 你怎样用可观测的数量来表达 M_t？

b. 你预见到什么估计问题？

*19.10　如果你用 OLS 估计方程（19.7.2），你能推导出原始参数的估计值吗？你预见到了什么问题？[1]

19.11　**序列相关模型**。考虑如下模型：

$$Y_t = \alpha + \beta X_t + u_t$$

假定 u_t 服从第 12 章中所给出的马尔可夫一阶自回归模式，即：

$$u_t = \rho u_{t-1} + \varepsilon_t$$

其中 ρ 是（一阶）自相关系数，而 ε_t 满足全部经典 OLS 假定。于是，如第 12 章所证明的那样，模型

$$Y_t = \alpha(1-\rho) + \beta(X_t - \rho X_{t-1}) + \rho Y_{t-1} + \varepsilon_t$$

将有一序列无关的误差项，使得 OLS 估计成为可能。但这个所谓的序列相关模型（serial correlation model）非常像考伊克模型、适应性预期模型和局部调整模型。那么，你怎样知道在某个给定情形中上述模型中的哪一个是适用的？[2]

19.12　考虑方程（19.4.7）所给出的考伊克（或者适应性预期）模型，即：

$$Y_t = \alpha(1-\lambda) + \beta_0 X_t + \lambda Y_{t-1} + (u_t - \lambda u_{t-1})$$

假定在原始模型中 u_t 服从一阶自回归模式

$u_t - \rho u_{t-1} = \varepsilon_t$，其中 ρ 是自相关系数，而 ε_t 满足全部经典 OLS 假定。

a. 如果 $\rho = \lambda$，那么能不能用 OLS 估计考伊克模型？

b. 这样得到的估计值将是无偏的？一致的？为什么？

c. 假定 $\rho = \lambda$ 的合理性如何？

19.13　**三角形或算术分布滞后模型**。[3] 此模型假定刺激变量（解释变量）在当前时期发挥它的最大影响，然后随着时间的推移，影响按等差级数下降到零。从几何上看如图 19-9 所示。假使按照这种分布，我们做如下一连串回归：

$$Y_t = \alpha + \beta\left(\frac{2X_t + X_{t-1}}{3}\right)$$

$$Y_t = \alpha + \beta\left(\frac{3X_t + 2X_{t-1} + X_{t-2}}{6}\right)$$

$$Y_t = \alpha + \beta\left(\frac{4X_t + 3X_{t-1} + 2X_{t-2} + X_{t-3}}{10}\right)$$

……

并选择有最高 R^2 的回归作为"最好"的回归，对此策略加以评论。

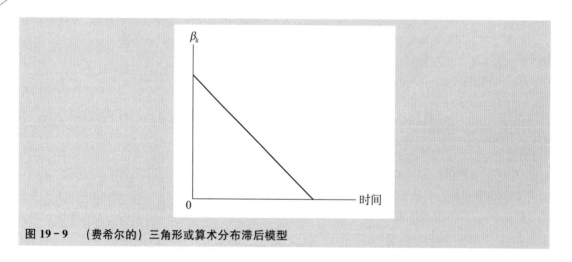

图 19-9　（费希尔的）三角形或算术分布滞后模型

---

①　Roger N. Waud，"Misspecification in the 'Partial Adjustment' and 'Adaptive Expectations' Models," *International Economic Review*，vol. 9，no. 2，June 1968，pp. 204-217.

②　关于序列相关模型的一个讨论，参见 Zvi Griliches，"Distributed Lags：A Survey," *Econometrica*，vol. 35，no. 1，January 1967，p. 34。

③　该模型由费希尔在下文中提出：Irving Fisher，"Note on a Short-Cut Method for Calculating Distributed Lags," *International Statistical Bulletin*，1937，pp. 323-328。

19.14 根据 1950—1960 年的季度数据，布列奇凌（F. P. R. Brechling）得到如下英国经济的劳动需求函数（括号中的数字是标准误）[1]：

$$\hat{E}_t = 14.22 + 0.172\,Q_t - 0.028t$$
$$\quad\ \ (2.61)\ (0.014)\qquad(0.015)$$
$$-0.000\,7t^2 - 0.297E_{t-1}$$
$$\quad\ (0.000\,2)\quad(0.033)$$
$$\bar{R}^2 = 0.76\qquad d = 1.37$$

其中 $\dot{E}_t = E_t - E_{t-1}$；

Q＝产出；

t＝时间。

上述方程所依据的假定是：理想的就业水平 E_t^* 是产出、时间和时间平方的函数，而且 $E_t - E_{t-1} = \delta(E_t^* - E_{t-1})$，其中调整系数 δ 介于 0 与 1 之间。

a. 解释上述回归。

b. δ 值是多少？

c. 从所估计的短期需求函数推导出长期需求函数。

d. 你怎样检验上述模型中的序列相关性？

19.15 格里利切斯曾用以下模型研究了农场对拖拉机的需求[2]：

$$T_t^* = \alpha X_{1,t-1}^{\beta_1} X_{2,t-2}^{\beta_2}$$

其中 T^*＝拖拉机的理想存量；X_1＝拖拉机的相对价格；X_2＝利率。

他利用存量调整模型和 1921—1957 年数据得到如下结果：

$$\widehat{\log T_t} = C - 0.218 \log X_{1,t-1} - 0.855 \log X_{2,t-2}$$
$$\qquad\quad (0.051)\qquad\qquad (0.170)$$
$$+ 0.864 \log T_{t-1}$$
$$\qquad (0.035)$$
$$R^2 = 0.987$$

其中 C 为常数项，log 表示自然对数，括号内的数字是估计的标准误。

a. 估计的调整系数是多少？

b. 短期和长期价格弹性各为多少？

c. 相应的利息弹性为多少？

d. 在本模型中出现高或低的调整速度的理由是什么？

19.16 每当滞后因变量作为一个解释变量出现时，R^2 通常都要比它不出现时高许多。观察到这种现象的原因是什么？

19.17 考虑图 19-10 中的滞后结构，你会用几次多项式去拟合这些滞后结构？为什么？

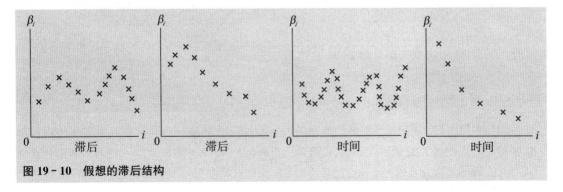

图 19-10 假想的滞后结构

19.18 考虑方程（19.13.4）：

$$\beta_i = a_0 + a_1 i + a_2 i^2 + \cdots + a_m i^m$$

① F. P. R. Brechling，"The Relationship between Output and Employment in British Manufacturing Industries," *Review of Economic Studies*，vol. 32，July 1965.

② Zvi Griliches，"The Demand for a Durable Input：Farm Tractors in the United States，1921—1957," in Arnold C. Harberger，ed.，*The Demand for Durable Goods*，University of Chicago Press，Chicago，1960.

为了从 a_i 的方差得到 $\hat{\beta}_i$ 的方差，我们利用如下公式：

$$\mathrm{var}\,(\hat{\beta}_i) = \mathrm{var}\,(\hat{a}_0 + \hat{a}_1 i + \hat{a}_2 i^2 + \cdots + \hat{a}_m i^m)$$

$$= \sum_{j=0}^{m} i^{2j}\,\mathrm{var}\,(\hat{a}_j) + 2\sum_{j<p} i^{(j+p)}\mathrm{cov}(\hat{a}_j \hat{a}_p)$$

a. 利用上述公式求出如下 $\hat{\beta}_i$ 表达式的方差：

$$\hat{\beta}_i = \hat{a}_0 + \hat{a}_1 i + \hat{a}_2 i^2$$

$$\hat{\beta}_i = \hat{a}_0 + \hat{a}_1 i + \hat{a}_2 i^2 + \hat{a}_3 i^3$$

b. 如果 a_i 的方差相对于它们本身较大，$\hat{\beta}_i$ 的方差也将较大吗？为什么？

19.19 考虑如下分布滞后模型：

$$Y_t = \alpha + \beta_0 X_t + \beta_1 X_{t-1} + \beta_2 X_{t-2} + \beta_3 X_{t-3} + \beta_4 X_{t-4} + u_t$$

假定 β_i 可适当地用二次多项式表达如下：

$$\beta_i = a_0 + a_1 i + a_2 i^2$$

如果你想施加约束 $\beta_0 = \beta_4 = 0$，你将怎样估计这些 β？

19.20 **倒 V 形分布滞后模型。** 考虑 k 期有限分布滞后模型：

$$Y_t = \alpha + \beta_0 X_t + \beta_1 X_{t-1} + \beta_2 X_{t-2} + \cdots + \beta_k X_{t-k} + u_t$$

狄利乌（F. DeLeeuw）曾提出像图 19-11 那样的 β 结构，即 β_i 呈倒 V 形变化。为简单起见，假定 k（滞后的最大长度）是偶数并假定 β_0 和 β_k 是零。狄利乌建议对诸 β 采用如下模式①：

$$\beta_i = \begin{cases} i\beta & 0 \leqslant i \leqslant \dfrac{k}{2} \\[2mm] (k-i)\beta & \dfrac{k}{2} \leqslant i \leqslant k \end{cases}$$

你将如何利用狄利乌模式估计上述 k 期分布滞后模型？

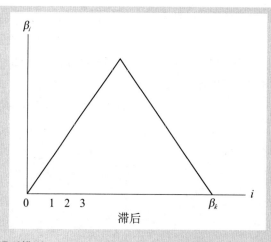

图 19-11 倒 V 形分布滞后模型

19.21 参照习题 12.15，既然那里显示的 d 值对（一阶）自相关的侦察没有什么用处（为什么？），那么对于这种情形，你会怎样检验自相关？

实证分析题

19.22 考虑如下模型：

$$Y_t^* = \alpha + \beta_0 X_t + u_t$$

其中 Y^*＝新建厂房和设备方面理想的或长期企业支出，X＝销售额，t＝时间，利用存量调整模型和表 19-10 中的数据，估计出对新厂房和设备支出的长期和短期需求函数中的参数。

你怎样确定数据中是否有序列相关？

表 19 - 10   1970—1991 年美国制造业固定厂房和设备支出 Y 与销售额 X
(以十亿美元计，并经过季节调整)

年份	厂房和设备支出 Y	销售额 X	年份	厂房和设备支出 Y	销售额 X
1970	36.99	52.805	1981	128.68	168.129
1971	33.60	55.906	1982	123.97	163.351
1972	35.42	63.027	1983	117.35	172.547
1973	42.35	72.931	1984	139.61	190.682
1974	52.48	84.790	1985	152.88	194.538
1975	53.66	86.589	1986	137.95	194.657
1976	58.53	98.797	1987	141.06	206.326
1977	67.48	113.201	1988	163.45	223.541
1978	78.13	126.905	1989	183.80	232.724
1979	95.13	143.936	1990	192.61	239.459
1980	112.60	154.391	1991	182.81	235.142

资料来源：*Economic Report of the President*，*1993*. Y 的数据来自表 B-52，第 407 页；X 的数据来自表 B-53，第 408 页。

19.23   利用习题 19.22 中的数据，但考虑如下模型：

$$Y_t^* = \beta_0 X_t^{\beta_1} e^{u_t}$$

用存量调整模型（为什么？）估计新厂房和设备支出对销售量的短期和长期弹性。将你的结果同习题 19.22 的结果相比较，你会选择哪个模型？为什么？数据中是否有序列相关？你是怎样知道的？

19.24   利用习题 19.22 的数据，但假定：

$$Y_t = \alpha + \beta_0 X_t^* + u_t$$

其中 X_t^* 为理想销售量。估计此模型的参数，并将结果同习题 19.22 所得到的结果相比较。你怎样决定哪个模型是适当的模型？根据 h 统计量，你会得出数据中有序列相关的结论吗？

19.25   假如有人使你相信企业的新厂房和设备支出与销售量有如下的关系：

$$Y_t^* = \alpha + \beta_0 X_t^* + u_t$$

其中 Y^* 是理想的支出，X^* 是理想的或预期的销售量。用习题 19.22 所给的数据去估计此模型，并评论你的结果。

19.26   利用习题 19.22 所给的数据，判断厂房和设备支出是销售额的格兰杰原因，还是销售额是厂房和设备支出的格兰杰原因？使用直至 6 阶滞后并评论你的结果。你从本题中得到了什么重要结论？

19.27   假定习题 19.22 中的销售额对厂房和设备支出有一个分布滞后效应，试用一个阿尔蒙分布滞后模型拟合该数据。

19.28   对方程（19.13.16）施加（1）近端限制，（2）远端限制和（3）两端限制后，重新进行估计，并将所得结果与方程（19.13.16）进行比较，你能得出什么一般性的结论？

19.29   表 19-11 给出了如下数据：在信息处理设备和软件上的私人固定投资 Y（十亿美元），制造业和贸易的销售额 X_2（百万美元）以及利率 X_3（穆迪 Aaa 级公司债券利率，%）；Y 和 X_2 数据都经过季节调整。

a. 检验 Y 和 X_2 之间的双向因果关系，注意滞后长度。

b. 检验 Y 和 X_3 之间的双向因果关系，同样注意滞后长度。

c. 考虑到销售额对投资的分布滞后效应，假定你决定用阿尔蒙方法，列出估计模型，适当注意滞后长度和多项式的次数。

表 19 - 11   1960—1999 年美国的投资、销售额和利率数据

年份	投资 Y	销售额 X_2	利率 X_3	年份	投资 Y	销售额 X_2	利率 X_3
1960	4.9	60 827	4.41	1980	69.6	327 233	11.94
1961	5.2	61 159	4.35	1981	82.4	355 822	14.17
1962	5.7	65 662	4.33	1982	88.9	347 625	13.79
1963	6.5	68 995	4.26	1983	100.8	369 286	12.04
1964	7.3	73 682	4.40	1984	121.7	410 124	12.71
1965	8.5	80 283	4.49	1985	130.8	422 583	11.37
1966	10.6	87 187	5.13	1986	137.6	430 419	9.02
1967	11.2	90 820	5.51	1987	141.9	457 735	9.38
1968	11.9	96 685	6.18	1988	155.9	497 157	9.71
1969	14.6	105 690	7.03	1989	173.0	527 039	9.26
1970	16.7	108 221	8.04	1990	176.1	545 909	9.32
1971	17.3	116 895	7.39	1991	181.4	542 815	8.77
1972	19.3	131 081	7.21	1992	197.5	567 176	8.14
1973	23.0	153 677	7.44	1993	215.0	595 628	7.22
1974	26.8	177 912	8.57	1994	233.7	639 163	7.96
1975	28.2	182 198	8.83	1995	262.0	684 982	7.59
1976	32.4	204 150	8.43	1996	287.3	718 113	7.37
1977	38.6	229 513	8.02	1997	325.2	753 445	7.26
1978	48.3	260 320	8.73	1998	367.4	779 413	6.53
1979	58.6	297 701	9.63	1999	433.0	833 079	7.04

注：投资＝在信息处理设备和软件上的私人固定投资，十亿美元，经过季节调整。

销售额＝制造业和贸易的总销售额，百万美元，经过季节调整。

利率＝穆迪 Aaa 级公司债券利率，%。

资料来源：*Economic Report of the President*，2001，Tables B-18，B-57，and B-73。

19.30 表 19-12 给出了 1960—1999 年美国经济商业部门真实小时工资指数（Y）和每小时产量指数（X_2）的数据，这两个指数均以 1992＝100 为基数，还给出了同期城镇失业率（X_3）数据。

表 19 - 12   1960—1999 年美国工资、生产率和失业率

年份	工资	生产率	失业率	年份	工资	生产率	失业率
1960	60.0	48.8	5.5	1975	84.4	75.8	8.5
1961	61.8	50.6	6.7	1976	86.8	78.5	7.7
1962	63.9	52.9	5.5	1977	87.9	79.8	7.1
1963	65.4	55.0	5.7	1978	89.5	80.7	6.1
1964	67.9	57.5	5.2	1979	89.7	80.7	5.8
1965	69.4	59.6	4.5	1980	89.5	80.4	7.1
1966	71.9	62.0	3.8	1981	89.5	82.0	7.6
1967	73.8	63.4	3.8	1982	90.9	81.7	9.7
1968	76.3	65.4	3.6	1983	91.0	84.6	9.6
1969	77.4	65.7	3.5	1984	91.3	87.0	7.5
1970	78.9	67.0	4.9	1985	92.7	88.7	7.2
1971	80.4	69.9	5.9	1986	95.8	91.4	7.0
1972	82.7	72.2	5.6	1987	96.3	91.9	6.2
1973	84.5	74.5	4.9	1988	97.3	93.0	5.5
1974	83.5	73.2	5.6	1989	95.9	93.9	5.3

19

续表

年份	工资	生产率	失业率	年份	工资	生产率	失业率
1990	96.5	95.2	5.6	1995	99.3	102.6	5.6
1991	97.5	96.3	6.8	1996	99.7	105.4	5.4
1992	100.0	100.0	7.5	1997	100.4	107.6	4.9
1993	99.9	100.5	6.9	1998	104.3	110.5	4.5
1994	99.7	101.9	6.1	1999	107.3	114.0	4.2

注：工资表示真实小时工资指数，1992 年＝100。
生产率表示每小时产量指数，1992 年＝100。
失业率表示城镇失业率，％。
资料来源：*Economic Report of the President*，2001，Table B-49，p.332.

a. 你如何判断是工资决定劳动生产率还是恰好相反？

b. 提出一个合适的模型来检验你在（a）中的推测，并提供有用的统计量。

c. 你认为失业率对工资有影响吗？如果有，你如何将之考虑进去？列出必要的统计分析。

19.31 在一个格兰杰因果关系检验中，西姆斯（Christopher Sims）利用了未来不能导致现在的事实。[1] 为了判断变量 Y 是不是变量 X 的格兰杰原因，西姆斯建议估计如下两个方程：

$$Y_t = \alpha_1 + \sum_{i=1}^{n} \beta_i X_{t-i} + \sum_{i=1}^{m} \gamma_i Y_{t-i} + \sum_{i=1}^{p} \lambda_i X_{t+i} + u_{1t} \quad (1)$$

$$X_t = \alpha_2 + \sum_{i=1}^{n} \delta_i X_{t-i} + \sum_{i=1}^{m} \theta_i Y_{t-i} + \sum_{i=1}^{p} \omega_i Y_{t+i} + u_{2t} \quad (2)$$

这些回归包含了回归元的滞后值、当前值和未来或先导（lead）值；诸如 X_{t+1}、X_{t+2} 这样的项被称为先导项（lead terms）。

如果 Y 是 X 的格兰杰原因，则 Y 和 X 的先导值或未来值之间一定存在某种关系。因此，不是检验 $\sum \beta_i = 0$，而是检验方程（1）中的 $\sum \lambda_i = 0$。如果我们拒绝这个假设，因果关系就应该是从 Y 到 X，而不是从 X 到 Y，因为未来不可能影响现在。类似逻辑也适用于方程（2）。

为了进行西姆斯因果关系检验，我们在不包含先导项的情况下估计方程（1）（称之为约束回归），在包含先导项的情况下再次估计方程（1）（称之为无约束回归）。然后，我们进行方程（8.7.9）所示的 F 检验。如果 F 统计量显著（比方说在 5％的水平上），我们得到的结论就是：Y 是 X 的格兰杰原因。类似逻辑适用于方程（2）。

我们该选择哪个检验呢——格兰杰因果关系检验还是西姆斯因果关系检验？我们可以同时使用这两个检验。[2] 支持格兰杰因果关系检验的原因之一是，它使用的自由度较少，因为它没有使用先导项。如果样本容量不是很大，则我们使用西姆斯因果关系检验时必须慎重。

回到习题 19.22 中给出的数据。出于教学目的，使用西姆斯因果关系检验来判断是销售额导致厂房和设备支出还是相反。在你的分析中，利用未来四年的数据作为先导项。

19.32 表 19-13 给出了 1960—1995 年希腊的部分宏观经济数据。

考虑如下消费函数：

$$\ln PC^* = \beta_1 + \beta_2 \ln PDI_t + \beta_3 LTI_t + u_t$$

其中 $PC^* = t$ 时期理想的真实私人消费支出；$PDI_t = t$ 时期真实私人可支配收入；$LTI_t = t$ 时期长期利率；$\ln$ 表示自然对数。

a. 根据表 19-13 中的数据，估计上述消费函数，明确指出你是如何度量理想的真实私人消费支出的。

[1] C. A. Sims, "Money, Income, and Causality," *American Economic Review*, vol. 62, 1972, pp. 540-552.
[2] 格兰杰因果关系检验和西姆斯因果关系检验之间的选择尚不清楚。关于这些模型的进一步讨论，见 G. Chamberlain, "The General Equivalence of Granger and Sims Causality," *Econometrica*, vol. 50, 1982, pp. 569-582.

b. 在估计上述消费函数时，你遇到了什么样 的解释。
的计量经济学问题？你是如何解决的？给出详尽

表 19 - 13   1960—1995 年希腊的宏观经济数据

年份	PC	PDI	Grossinv	GNP	LTI
1960	107 808	117 179	29 121	145 458	8
1961	115 147	127 599	31 476	161 802	8
1962	120 050	135 007	34 128	164 674	8
1963	126 115	142 128	35 996	181 534	8.25
1964	137 192	159 649	43 445	196 586	9
1965	147 707	172 756	49 003	214 922	9
1966	157 687	182 366	50 567	228 040	9
1967	167 528	195 611	49 770	240 791	9
1968	179 025	204 470	60 397	257 226	8.75
1969	190 089	222 638	71 653	282 168	8
1970	206 813	246 819	70 663	304 420	8
1971	217 212	269 249	80 558	327 723	8
1972	232 312	297 266	92 977	356 886	8
1973	250 057	335 522	100 093	383 916	9
1974	251 650	310 231	74 500	369 325	11.83
1975	266 884	327 521	74 660	390 000	11.88
1976	281 066	350 427	79 750	415 491	11.5
1977	293 928	366 730	85 950	431 164	12
1978	310 640	390 189	91 100	458 675	13.46
1979	318 817	406 857	99 121	476 048	16.71
1980	319 341	401 942	92 705	485 108	21.25
1981	325 851	419 669	85 750	484 259	21.33
1982	338 507	421 716	84 100	483 879	20.5
1983	339 425	417 930	83 000	481 198	20.5
1984	345 194	434 696	78 300	490 881	20.5
1985	358 671	456 576	82 360	502 258	20.5
1986	361 026	439 654	77 234	507 199	20.5
1987	365 473	438 454	73 315	505 713	21.82
1988	378 488	476 345	79 831	529 460	22.89
1989	394 942	492 334	87 873	546 572	23.26
1990	403 194	495 939	96 139	546 982	27.62
1991	412 458	513 173	91 726	566 586	29.45
1992	420 028	502 520	93 140	568 582	28.71
1993	420 585	523 066	91 292	569 724	28.56
1994	426 893	520 728	93 073	579 846	27.44
1995	433 723	518 407	98 470	588 691	23.05

注：所有名义数据都以 1970 年不变市场价格表示，单位为百万德拉克马。个人可支配收入经过消费者价格指数调整。
资料来源：H. R. Seddighi, K. A. Lawler, and A. V. Katos, *Econometrics：A Practical Approach*, Routledge, London, 2000, p.158.

19.33 利用表 19 - 13 中的数据，提出一个适当模型来解释希腊经济中真实总投资（Grossinv）在 1960—1995 年的表现。对于投资的加速模型，可查阅任何一本宏观经济学教材。

附录 19A

19A.1　工具有效性的萨甘检验

假定我们用一个工具变量来代替与误差项相关的自变量。那么工具变量又会多有效呢？也就是说我们如何知道所选的工具变量与误差项是独立的呢？萨甘提出了一个统计量（即 SARG）来检验工具变量法中所使用的工具的有效性。[①] SARG 所涉及的步骤如下[②]：

（1）将回归方程中所包括的变量分成两组，一组是独立于误差项的变量（称为 X_1，X_2，…，X_p），另一组是不独立于误差项的变量（称为 Z_1，Z_2，…，Z_q）。

（2）选取 W_1，W_2，…，W_s 为（1）中的 Z 的变量工具，其中 $s>q$。

（3）用 W 代替 Z 并估计原来的回归，也就是说，通过工具变量来估计原来的回归并得出残值 $\hat{u}$。

（4）将 $\hat{u}$ 对一个常数项、所有的 X 变量和所有的 W 变量（但不包括 Z 变量）进行回归，从回归中得出 R^2。

（5）现在计算 SARG 统计量，它的定义为：

$$\text{SARG} = (n-k)R^2 \sim \chi^2_{s-q} \tag{19A.1}$$

其中 $n=$ 观测次数，$k=$ 原回归方程中的系数个数。在工具变量外生的虚拟假设下，萨甘证明了，SARG 统计量渐近服从自由度为 $s-q$ 的 χ^2 分布，其中 s 指工具个数（即 W 变量的个数），而 q 指原回归方程中问题变量的个数。在一个具体应用中，如果计算出来的 χ^2 值统计显著，我们就拒绝工具的有效性。如果它在统计上不显著，我们就可以认为所选择的工具变量是靠得住的。应该强调指出 $s>q$，即工具变量的个数必须大于 q。否则（即 $s \leqslant q$），萨甘检验就是靠不住的。

（6）虚拟假设是所有的工具变量（W）都是有效的。如果计算出来的 χ^2 值超过了 χ^2 检验的临界值，则拒绝虚拟假设，这意味着至少有一个工具是与误差项相关的，因而基于所选工具的工具变量估计值就是靠不住的。

19

[①]　J. D. Sargan，"Wages and Prices in the United Kingdom：A Study in Econometric Methodology," in P. E. Hart, G. Mills，and J. K. Whitaker（eds.）*Econometric Analysis for National Economic Planning*，Butterworths，London，1964.

[②]　下面的讨论借鉴了如下文献：H. R. Seddighi，K. A. Lawler，and A. V. Katos，*Econometrics：A Practical Approach*，Routledge，New York，2000，pp. 155－156。

第20章 分位数回归模型

分位数回归模型估计方法不同于经典模型估计方法，它可以估计出不同分位点下模型参数的估计，而不同分位点下模型参数的估计是不同的。本章首先简要介绍分位数回归，并与经典线性回归进行比较；其次，着重介绍分位数回归估计方法，以及分位数回归模型的检验；再次，介绍一个分位数回归的应用实例；最后，介绍面板分位数回归模型。

20.1 分位数回归的提出

分位数回归（quantile regression，QR）由凯恩克（Roger Koenker）和巴西特（Gilbert Bassett）于 1978 年提出，与经典线性回归显著不同。经典线性回归为

$$Y_i = X_i\beta + u_i \quad i = 1, 2, \cdots, n$$

总体回归函数为

$$E(Y_i \mid X_i) = X_i\beta \quad i = 1, 2, \cdots, n$$

其建立了被解释变量 Y 的条件均值与解释变量 X 之间的关系，在线性模型中，参数 β 揭示了 X 的变化对 Y 的条件均值的直接影响。因此也将经典线性回归称为均值回归。而分位数回归则利用解释变量 X 和被解释变量 Y 的条件分位数进行建模，试图揭示解释变量 X 对被解释变量 Y 分布的位置、刻度和形状的影响。

分位数回归不同于经典线性回归的特征使得它具有广泛的应用，尤其是对于一些关注尾部特征的应用研究。例如，劳动经济学中关于工资结构的研究、金融经济学中关于股票收益不对称性的研究和关于风险测度的研究、医学中关于生存函数的研究等等。

为了说明分位数回归的实用性，这里介绍两个分位数回归实证分析的例子。凯恩克和马查多（Machado）在 1999 年分析了 1965—1975 年以及 1975—1985 年两段时间内世界主要国家的经济增长情况。模型选取了 13 个影响经济增长的解释变量，通过分位数回归得出结论：对于起初的单位资本产出这一解释变量来说，它的全部分位数回归系数基本保持不变，这就意味着对于经济发展迅速与缓慢的国家而言，

起初的单位资本产出对于经济增长的影响基本相同；但是教育支出占 GDP 的比重以及公共消费占 GDP 的比重这两个解释变量对于经济发展缓慢的国家影响更加强烈。陈在 2004 年使用分位数回归方法深入研究了美国 8 250 名男性的 BMI 值（身体质量指数，一种广泛用于测量偏胖还是偏瘦的指标）情况，并得出结论：在 2～20 岁这一快速成长期中，BMI 值增加得非常迅速；在中年时期 DMI 值保持比较稳定；60 岁以后，BMI 值开始下降。

分位数回归估计作为一种模型估计方法，与经典线性回归模型的最小二乘估计相比较，也有许多优点。如果模型中的随机扰动项来自均值为零而且同方差的分布，那么回归系数的最小二乘估计为最佳线性无偏估计；如果随机扰动项进一步服从正态分布，那么回归系数的最小二乘或极大似然估计为最小方差无偏估计。但是在实际经济生活中，这种假设常常不被满足，例如数据出现尖峰或厚尾的分布、存在显著的异方差等情况，这时的最小二乘估计将不再具有上述优良性质，且稳健性非常差。最小二乘估计假定解释变量 X 只能影响被解释变量的条件分布的均值位置，不能影响其分布的刻度或形状的任何其他方面。相比于普通最小二乘估计，分位数回归估计更能精确地描述解释变量 X 对于被解释变量 Y 的变化范围以及条件分布形状的影响。分位数回归估计能够捕捉分布的尾部特征，当解释变量对不同部分的被解释变量的分布产生不同的影响，例如出现左偏或右偏的情况时，它能更加全面地刻画分布的特征，从而得到全面的分析。而且其分位数回归估计比 OLS 回归估计更稳健。普通最小二乘估计与分位数回归估计的异同比较见表 20-1。

表 20-1　　　　　　　　　普通最小二乘估计与分位数回归估计的异同比较

	普通最小二乘估计	分位数回归估计
基本思想	设法使所构建的方程和样本之间的距离最短	同普通最小二乘估计
目的	借助数学模型对客观世界所存在的事物间的不确定关系进行数量化描述	同普通最小二乘估计
原理	以平均数为基准，求解最短距离	以不同的分位数为基准，求解最短距离
算法	最小二乘法	加权最小一乘法
前提假设	独立、正态、同方差	独立
假设要求	强假设	弱假设
检验类型	参数检验	非参数检验
承载信息	描述平均的总体信息	充分体现整个分布的各部分信息
极端值	无法考虑极端值的影响	可以充分考虑极端值的影响
异方差	影响大	影响小
拟合曲线	只能拟合一条曲线	可以拟合一簇曲线
计算方法	求偏导解行列式，算法完备	自助方法估计标准误差，多种算法求解目标函数

20.2 分位数回归及其估计

分位数回归原理

假定一个随机变量 Y 具有如下概率分布函数：

$$F(y) = \text{Prob}(Y \leqslant y) \tag{20.2.1}$$

则对于 $0<\theta<1$，Y 的 θ 分位数可以被定义为：

$$Q(\theta) = inf\{y:F(y) \geqslant \theta\} \tag{20.2.2}$$

给定 Y 的 n 个观测值，传统的经验分布函数为：

$$F_n(y) = \sum 1(Y_i \leqslant y) \tag{20.2.3}$$

其中 $1(z)$ 是一个指示函数，若括号部分为真，则其值为 1，否则为 0。相对应的分位数被给定为：

$$Q_n(\theta) = inf\{y:F_n(y) \geqslant \theta\} \tag{20.2.4}$$

等价地，可以将方程（20.2.4）转化为求一个最优化问题：

$$
\begin{aligned}
Q_n(\theta) &= \text{argmin}_\xi \Big\{ \sum_{i:Y_i \geqslant \xi} \theta \mid Y_i - \xi \mid + \sum_{i:Y_i < \xi} (1-\theta) \mid Y_i - \xi \mid \Big\} \\
&= \text{argmin}_\xi \Big\{ \sum_i \rho_\theta (Y_i - \xi) \Big\}
\end{aligned} \tag{20.2.5}
$$

其中 $\rho_\theta(\mu) = \mu(\theta - 1(\mu<0))$ 是"校验函数"，其对正值和负值进行不对称的加权。

分位数回归是对如上简单形式的扩展。如果 Y 的条件分位数由 k 个解释变量 X 的线性组合表示，即 Y 的 θ 条件分位数被定义为：

$$Q(\theta \mid X_i, \beta(\theta)) = X_i' \beta(\theta) \tag{20.2.6}$$

其中 $\beta(\theta)$ 是与 θ 条件分位数相关的系数向量。于是，分位数回归的参数估计量为：

$$\hat{\beta}_n(\theta) = \text{argmin}_{\beta}(\theta) \Big\{ \sum_i \rho_\theta (Y_i - X_i' \beta(\theta)) \Big\} \tag{20.2.7}$$

分位数回归估计方法

分位数回归估计方法，即求得方程（20.2.7）参数估计量的方法有两类：一类是直接优化方法，例如单纯形法、内点法等；一类是参数化方法，例如结合 MCMC（Markov Chain Monte Carlo）的贝叶斯估计方法。常用的计量经济和统计软件都可以实现对分位数回归模型的估计和假设检验，如 Stata、Sas、R、EViews 等。这里不介绍这些估计方法的具体理论与步骤，有兴趣的读者可以参考专门的文献。

分位数回归的扩展

如果被解释变量的条件密度非同质，则可以采用加权的方法提高分位数回归估计的效率，权重与某概率水平下的局部样本密度成比例。加权分位数回归估计为：

$$\hat{\beta}_n(\theta) = \operatorname{argmin}_{\beta}(\theta)\{\sum_i f_i(\xi_i)\rho_\theta(Y_i - X_i'\beta(\theta))\} \tag{20.2.8}$$

将分位数回归应用于面板数据，构造面板数据分位数回归模型。对于固定效应变截距面板数据模型：

$$Y_{it} = \alpha_i + X_{it}\beta + \mu_{it} \quad i = 1, \cdots, n \quad t = 1, \cdots, T$$

对应的面板数据分位数回归参数估计为：

$$(\hat{\alpha}(\theta), \hat{\beta}(\theta)) = \operatorname{argmin}_{\alpha(\theta), \beta(\theta)}\{\sum_i \sum_t \rho_\theta(Y_{it} - \alpha_i(\theta) - X_{it}'\beta(\theta))$$
$$+ \lambda \sum_i \mid \alpha_i(\theta) \mid\} \tag{20.2.9}$$

其中后一项为惩罚项。

将分位数回归应用于归并数据（censoring data），构造归并数据分位数回归模型。对于以 0 为归并点的归并数据模型：

$$Y_i = \max(0, X_i\beta + \varepsilon_i), \ i = 1, 2, \cdots, n$$

对应的归并数据分位数回归参数估计为：

$$\hat{\beta}(\theta) = \operatorname{argmin}\left\{\frac{1}{n}\sum_i \rho(\theta)(Y_i - \max(0, X_i\beta(\theta)))\right\} \tag{20.2.10}$$

从上述内容可以看到，凡是以连续随机变量作为被解释变量的回归模型，都可以进行分位数回归估计。

20.3　分位数回归的假设检验

分位数回归的假设检验包括两部分：一部分是与均值回归类似的检验，例如拟合优度检验、约束回归检验等；另一部分是分位数回归特殊要求的检验，例如斜率相等检验和斜率对称性检验等。

1. 拟合优度检验

类似于均值回归 OLS 估计采用残差平方和与总体平方和构造拟合优度检验统计量，分位数回归的拟合优度检验统计量为：

$$R^1(\theta) = 1 - \frac{\hat{V}(\theta)}{\tilde{V}(\theta)} \tag{20.3.1}$$

被称为马查多拟合优度。其中，$\hat{V}(\theta)$ 为最小化 θ 分位数回归的目标函数，$\tilde{V}(\theta)$ 为回归方程中不包含任何解释变量，只包含常数项情况下最小化 θ 分位数回归的目标函数。具体表示为：

$$\hat{V}(\theta) = \min_{\beta(\theta)} \sum_i \rho_\theta(Y_i - X_i'\beta(\theta))$$

$$\tilde{V}(\theta) = \min_{\beta_0(\theta)} \sum_i \rho_\theta(Y_i - \beta_0(\theta))$$

显然，$0 < R^1(\theta) < 1$，$R^1(\theta)$ 越大，说明拟合效果越好。

2. 约束回归检验

类似于均值回归 OLS 估计采用无约束回归残差平方和（RSS_U）和有约束回归残差平方和（RSS_R）构造约束回归检验统计量，分位数回归的约束回归检验似然比统计量采用无约束和有约束情况下最小化 θ 分位数回归的目标函数值 $\tilde{V}(\theta)$ 和 $\hat{V}(\theta)$ 构造，表示为：

$$LR(\theta) = \frac{2(\tilde{V}(\theta) - \hat{V}(\theta))}{\theta(1-\theta)s(\theta)} \sim \chi^2(q) \tag{20.3.2}$$

其中，q 为约束的数目，$s(\theta)$ 为稀疏度。直观来看，如果无约束和有约束情况下最小化 θ 分位数回归的目标函数值 $\tilde{V}(\theta)$ 和 $\hat{V}(\theta)$ 差异很小，$LR(\theta)$ 就比较小，不拒绝设定的约束。

3. 斜率相等检验

分位数回归的一个重要检验是斜率相等检验，即检验对于不同的分位点，估计得到的结构参数（在线性模型中即斜率）是否相等。原假设被设定为：

$$H_0 : \beta_i(\theta_1) = \beta_i(\theta_2) = \cdots = \beta_i(\theta_p) \ (i = 1, \cdots, k) \tag{20.3.3}$$

如果接受该假设，就说明每个斜率对于不同分位点具有不变性，此时，应该采用普通最小二乘估计，而不必采用分位数回归估计，因为每个斜率的最小二乘估计等于不同分位点分位数回归的结果。如果拒绝该假设，就说明模型应该采用分位数回归估计，以反映每个斜率在不同分位点的不同值。

斜率相等检验可以通过约束回归检验实现。原假设相当于对分位数回归估计施加了 $(p-1)(k-1)$ 个约束（斜率中不包括常数项）。应用软件中给出了一些相应的检验统计量，例如，EViews 中的 Wald 统计量可以实现该约束检验。

4. 斜率对称性检验

分位数回归的另一个重要检验是斜率对称性检验，即检验对于给定的 X，Y 的分布是不是对称的。原假设被设定为：

$$H_0 : \beta_i(\theta) + \beta_i(1-\theta) = 2\beta_i(1/2) \ (i = 1, \cdots, k) \tag{20.3.4}$$

如果接受斜率相等性假设就不必进行斜率对称性检验，因为斜率既然对于不同分位点具有不变性，就必然具有对称性。如果拒绝斜率相等性假设，则可以进一步进行斜率对称性检验，若接受原假设（20.3.4），则认为斜率具有对称性，否则，则认为斜率不具有对称性。

例 20.1 表 20-2 和表 20-3 是软件 EViews 使用手册中实例的斜率相等检验结果和斜率对称性检验结果，其中 Y 为家庭食物消费支出，X 为家庭收入。

由表 20-2 可见，Wald 统计量为 25.22，应该拒绝斜率在 0.25、0.5 和 0.75 处的相等性假设，即斜率在不同分位点上的值是不同的。进而，进行斜率对称性检验，由表 20-3 可见，

Wald 统计量为 0.53，不拒绝斜率在 0.25 和 0.75 处的对称性假设。

表 20-2   **斜率相等检验结果**

Quantile Slope Equality Test			
Equation：EQ1			
Specification：Y C X			
Test Summary	Chi-Sq. Statistic	Chi-Sq. d. f.	Prob.
Wald Test	25.223 66	2	0.000 0
Restriction Detail：b(tau_h)−b(tau_k)=0			
Quantiles	Variable	Restr. Value	Std. Error	Prob.
0.25，0.5	X	−0.086 077	0.025 923	0.000 9
0.5，0.75		−0.083 834	0.030 529	0.006 0

表 20-3   **斜率对称性检验结果**

Symmetric Quantiles Test			
Equation：EQ1			
Specification：Y C X			
Test statistic compares all coefficients			
Test Summary	Chi-Sq. Statistic	Chi-Sq. d. f.	Prob.
Wald Test	0.530 024	2	0.767 2
Restriction Detail：b(tau)+b(1−tau)−2*b(.5)=0			
Quantiles	Variable	Restr. Value	Std. Error	Prob.
0.25，0.75	C	−5.084 370	34.598 98	0.883 2
	X	−0.002 244	0.045 012	0.960 2

20.4　实　例

下面的例子在陈娟、林龙和叶阿忠（2008）的基础上做了部分改动，主要是进一步说明分位数回归在实际经济分析中的应用价值，作为本章内容的一个补充。

例 20.2　根据对我国农村居民消费行为的分析，并为了分析政府支出对农村居民消费的影响，建立如下消费函数模型：

$$c_t = \alpha \cdot \Delta y_t + \beta \cdot \Delta g_t + \gamma \cdot c_{t-1} + \varepsilon_t \tag{20.4.1}$$

其中 c_t 代表农村人均消费，Δy_t 代表农村人均总收入增加值，Δg_t 代表农村人均政府支出增加值。

选取 31 个省、自治区、直辖市的相关数据，为了扩大数据量，采用的样本期间为 2002—2005 年。其中农村人均消费 (c_t) 是指农村居民人均生活消费支出；农村人均总收入增加值 (Δy_t) 是指当年农村家庭人均纯收入减去上一年农村家庭人均纯收入；农村人均政府支出 (g_t) 用占农村财政支出绝大部分的农业支出、林业支出和农林水利气象事业费三项之和除以当期人口得到，农村人均政府支出增加值 (Δg_t) 等于当年农村人均政府支出减去上一年农村人均政府支出。所需数据来源于《中国统计年鉴》（2003—2006 年）、中华人民共和国农业农村部、《中国农业年鉴》（2003 年、2004 年、2005 年合卷）。

采用 Stata 软件研究农村居民消费行为，用加权分位数回归估计方法分析不同的消费水平下各个变量对消费的影响程度（权重为人口数），同时沿用传统的最大似然估计，并对两种估计方法的估计效果进行比较。具体的 Stata 操作命令如下：

sqreg cons cons1 dy dg, quantiles(.2.3.4.5.6.7.8) reps(50) / * 50 次采用一般系统的默认 * /

set seed 50

bsqreg cons cons1 dy dg, rep(50)q(.5)

grqreg, cons ci ols olsci

按 Enter 键后模型的回归参数整理如表 20 - 4 所示。

表 20 - 4　　　　　　　　　　最小二乘估计与分位数回归估计结果

农村居民消费	tau	Ct−1	dy	dg	常数项
	0.2	1.044 406	0.495 707	−0.021 58	−78.824 8
		(0.028 336)	(0.154 724)	(0.403 757)	(33.963 43)
	0.3	1.031 158	0.591 474	−0.235 82	−27.989 6
		(0.031 591)	(0.164 628)	(0.421 197)	(34.424 42)
	0.4	1.031 726	0.647 637	0.011 789	−31.939 7
		(0.036 057)	(0.170 953)	(0.468 759)	(32.611 98)
	0.5	1.070 358	0.415 75	0.084 43	−22.708 4
		(0.038 073)	(0.211 508)	(0.457 665)	(37.607 08)
	0.6	1.088 2	0.273 553	0.299 698	0.597 907
		(0.031 668)	(0.168 602)	(0.472 982)	(44.546 29)
	0.7	1.083 721	0.292 323	0.138 864	42.809 2
		(0.032 263)	(0.192 413)	(0.527 687)	(44.503 14)
	0.8	1.098 698	0.334 95	−0.195 2	48.755 75
		(0.032 566)	(0.219 431)	(0.448 306)	(45.444 98)
	OLS	1.070 358	0.415 75	0.084 43	−22.708 4
		(0.033 569)	(0.166 84)	(0.450 294)	(44.485 34)

注：（ ）中为估计的标准差。

两种估计方法的结果如图 20 - 1 所示，其中图（c）中前期农村家庭人均生活消费支出的分位数回归估计结果的曲线在表示中等消费水平下的分位数 tau＝0.4 到 tau＝0.6 之间，落在最小二乘估计的置信区间内，图（a）中农村居民家庭人均纯收入增加值的分位数回归估计在 tau＝0.6 时落在区间内，这说明从总体上看，对于处于中等消费水平的人群，两种方法的估计结果基本一致。同时，三张小图所显示的分位数回归估计曲线的头尾大都落在最小二乘估计的置信区间之外，说明对于低消费群体和高消费群体，最小二乘估计无法很好地区分，而分位数回归估计则可以进行区别描述。从两种估计的系数值来看，三张小图的曲线大体上围绕直线上下波动，直线和曲线相交的点大多处于表示中等消费分位数 tau＝0.4 到 tau＝0.6

的区间之间或附近，说明随着消费的增加或减少，各个变量对消费的影响不会过于
背离变量对中等消费的影响水平。

　　具体来看各个分位点下的回归系数，对于农村居民来说，人均政府支出增加值
对人均消费的影响在不同消费量下都是互补关系，增加政府支出能促进农村居民的
消费。一个直观的理解是政府支出一般为公共财政支出，而对偏远地区及农村基础
设施建设投入较多的地区，这能改善消费环境，促进居民消费。农村家庭人均可支
配收入对消费有正向的影响，而且效果显著，系数都在 0.2 以上，说明在不同的消
费量下，居民可支配收入都是影响消费的主要因素之一，因此提高居民收入是刺激
消费的重要措施之一。对于农村居民消费，收入增加对消费的影响经历了一个由升
到降的过程，在 tau＝0.4 以前为升，之后大体趋势为降，说明农村居民在较低消
费水平下收入的增加可以使其消费更多，满足其潜在的效用。前期消费对当期农村
消费有正向的影响，表现为随着 tau 增加，前期消费的影响系数呈现上升的趋势，
说明随着消费水平的提高，前期消费对当期消费的促进作用更加明显。

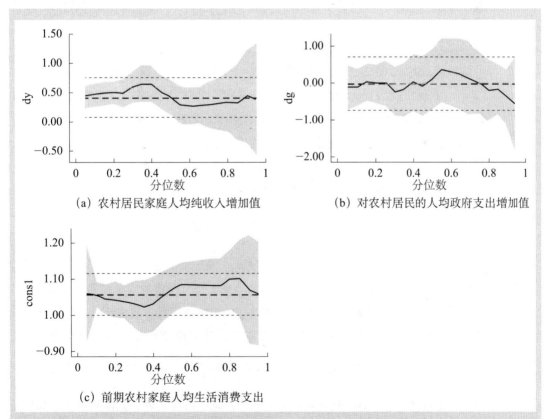

图 20-1　各个变量在分位数回归估计和最小二乘估计下的不同结果

注：X 轴为分位数的阶数；Y 轴为各个变量的系数；实线为分位数回归估计的系数；深色虚线为最小二乘估计的系
数；上下两条虚线围成的区域是在显著性水平 $a＝0.05$ 下的置信区间。

20.5 面板分位数回归模型

面板分位数回归的基本理论

随着面板数据模型方法的逐步完善和广泛使用，一些学者开始尝试将分位数回归的思想与面板数据相结合。最具代表性的是凯恩克于 2004 年将分位数回归的思想引入面板数据的处理，讨论了将固定效应作为惩罚项的分位数检验函数最小化估计方法，之后阿布雷瓦亚（Abrevaya）于 2008 年又发展了随机效应面板分位数回归模型。下面我们介绍固定效应面板分位数回归模型，其表述为：

$$y_{it} = x'_{it}\beta + \alpha_i + \mu_{it}, \quad i = 1,2,\cdots,N, \quad t = 1,2,\cdots,T \tag{20.5.1}$$

其中，α_i 代表不可观测的不随时间变化的影响效应，上式也可以写成 $y = X\beta + Z\alpha + \mu$，其中 Z 是虚拟变量构成的相关矩阵。假定 μ 和 α 是相互独立的高斯向量，那么向量 $v = Z\alpha + \mu$ 的协方差矩阵可以表示为 $E(vv') = (ZWZ' + R) = V$。根据惩罚最小二乘法（PLS）

$$\min_{(\alpha,\beta)} \| y - X\beta - Z\alpha \|^2_{R^{-1}} + \| \alpha \|^2_{W^{-1}} \tag{20.5.2}$$

可得最佳线性无偏估计量 $\hat{\beta} = (X'V^{-1}X)^{-1}(X'V^{-1}y)$。在经典方差假设下，式 (20.5.2) 还可以简写成 $\min_{\alpha,\beta} \| y - X\beta - Z\alpha \|^2 + \lambda \| \alpha \|^2$，惩罚项 $\lambda \| \alpha \|^2$ 使得个体效应趋于 0，从而获得对参数 β 更好的估计效果，参数 $\lambda = \sigma_u^2/\sigma_\alpha^2$ 可控制收敛速度。

凯恩克把固定效应惩罚最小二乘法运用到面板分位数回归模型中，得到

$$Q_{y_{it}}(\tau_j \mid x_{it}, \alpha_i) = x'_{it}\beta(\tau_j) + \alpha_i \tag{20.5.3}$$

可以利用下式得到各分位点的系数：

$$\{\{\hat{\beta}(\tau_j,\lambda)\}_{j=1}^J, \{\hat{\alpha}_i(\lambda)\}_{i=1}^N\} = \arg\min_{\beta,\alpha} \sum_{j=1}^J \sum_{t=1}^T \sum_{i=1}^N \omega_j \rho_{\tau_j}(y_{it} - x'_{it}\beta(\tau_j) - \alpha_i)$$

$$+ \lambda \sum_{i=1}^N |\alpha_i| \tag{20.5.4}$$

其中，$\lambda > 0$ 时为惩罚分位数回归估计量，$\lambda = 0$ 时为固定效应分位数回归估计量，ω_j 为第 j 分位数的权重，用来控制个体效应的影响。进行参数估计时，要求分位点及其对应的权数具有对称性，离中心点越近，其权数就越大，各分位点的权重为

$$\omega_j = \frac{\tau_j(1-\tau_j)}{\sum \tau_j(1-\tau_j)}$$

。凯恩克对面板分位数回归的估计量的渐近性质进行了讨论，证明了其参数估计量满足一致性和渐近正态性，对于所有 $\lambda > 0$，其参数估计量都是无偏的。

固定效应面板分位数回归分析的一个例子

我们研究 2000—2014 年中国 31 个省、自治区、直辖市财政分权（ccfq）、经济

增长指标（jjzz）对产业高级化的影响，数据来源于郑万吉和叶阿忠 2015 年的文章[①]。我们采用 R－3.4.0 对上面的数据进行固定效应面板分位数回归。

安装软件包：

package' quantreg5.33'

package rqpd _ 0.6.zip

package ' MatrixModels'

package ' Formula'

导入数据命名为 bwd

参数设置：

```
library(rqpd)
set.seed(10)
m<-30
n<-4
s<-as.factor(rep(1:n,rep(m,n)))
x<-exp(rnorm(n*m))
u<-x*rnorm(m*n)+(1-x)*rf(m*n,3,3)
a<-rep(rnorm(n),rep(m,n))
y<-a+u
fit<-rqpd(y~x | s,panel(lambda=5))
sfit<-summary(fit)
```

其中 m 为截面个数, n 为变量个数

随机效应面板分位数

```
data(bwd)
cre.form<-dbirwt~smoke+dmage+agesq+
+   novisit+pretri2+pretri3 | momid3 | smoke+
+   dmage+agesq
#CRE-M type fit:
crem.fit<-rqpd(cre.form,panel(method="cre"),data=bwd)
summary(crem.fit)
```

选择不同分位点代码

```
crem.fit<-rqpd(cre.form,panel(method="cre",taus=c(0.1,0.25,0.5,
0.75,0.9),tauw=rep(1/5,5)),data=bwd)
summary(crem.fit)
```

---

① 郑万吉，叶阿忠. 城乡收入差距、产业结构升级与经济增长：基于半参数空间面板 VAR 模型的研究. 经济学家，2015（10）：61-67.

简略的固定效应面板分位数

```
data(bwd)
pfe.form<-dbirwt~smoke+dmage+agesq+
    novisit+pretri2+pretri3|momid3
crem.fit<-rqpd(pfe.form,panel(method="pfe"),data=bwd)
crem.fit
```

详细的固定效应面板分位数

```
bwd<-read.csv('E:/R-3.4.0/gongzuo/bwd.csv',header=T)
pfe.form<-cyjg~czfq+jjzz|id1
# CRE-M type fit:
crem.fit<-rqpd(pfe.form,panel(method="pfe"),data=bwd)
summary(crem.fit)
```

选择不同分位点

```
crem.fit<-rqpd(pfe.form,panel(method="pfe",taus=c(0.1,0.25,0.5,
0.75,0.9),tauw=rep(1/5,5)),data=bwd)
summary(crem.fit)
```

回归结果如表 20-5 所示。

表 20-5　　　　各分位点财政分权、经济增长对产业高级化的影响

系数	值	标准误	t 值	$Pr(>|t|)$
（截距）[0.1]	1.969 64	0.047 34	41.602 07	0
czfq[0.1]	0.013 92	0.001 36	10.243 18	0
jjzz[0.1]	0.020 41	0.005 37	3.800 41	0.000 16
（截距）[0.25]	2.085 9	0.035 49	58.768 28	0
czfq[0.25]	0.015 51	0.002 68	5.777 78	0
jjzz[0.25]	0.010 14	0.003 52	2.880 34	0.004 16
（截距）[0.5]	2.081 59	0.027 94	74.495 56	0
czfq[0.5]	0.022 7	0.002 13	10.648 89	0
jjzz[0.5]	0.013 18	0.002 68	4.922 44	0
（截距）[0.75]	2.156 67	0.052 09	41.405 9	0
czfq[0.75]	0.030 74	0.003 53	8.702 79	0
jjzz[0.75]	0.006 19	0.006 34	0.976 35	0.329 42
（截距）[0.9]	2.150 6	0.034 2	62.884 45	0
czfq[0.9]	0.041 11	0.002 91	14.148 73	0
jjzz[0.9]	0.008 18	0.004 45	1.837 7	0.066 77

20

　　从表 20-5 可以看出，财政分权、经济增长均能够促进产业高级化，且影响显著。另外，在 0.5 分位点之前，经济增长对产业高级化影响更大，在 0.5 分位点之后，财政分权对产业高级化影响更大，这说明在产业高级化的初期，经济增长对产业高级化的推动作用更大，而在产业高级化的后期，财政分权对产业高级化的推动作用更大。

　　同时，为了得出更加详细的结果，我们还可以画出各分位点系数变动图，图 20-2 展现了经济增长和财政分权系数如何随各分位点变动。两图中粗线部分为系数，夹在粗线上下两端细线之间的部分为对应系数的显著性水平为 0.05 的置信区间。图中可以得出比上面回归结果更加详细的信息，例如：经济增长对产业高级化的作用起初随着分位点的上升而减小，但当分位点高于 0.85 时，其作用会随着分位点的上升而增大。

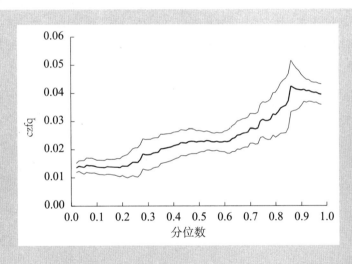

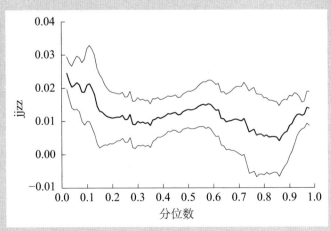

图 20-2　各分位点系数变动图

要点与结论

（1）如果在不同分位点下，斜率相等检验被接受，则采用线性回归模型。否则，应采用分位数回归模型对现象进行分析。

（2）分位数回归模型仅适用于微观数据问题的研究。

习　题

20.1　分位数回归估计与经典线性回归模型的最小二乘估计相比较，主要优点是什么？在哪些应用研究中适合采用分位数回归估计？

20.2　以我国居民消费总额 C_t 为被解释变量，以国内生产总值 Y_t 为解释变量，按照绝对收入假设建立居民消费函数模型 $C_t = \beta_0 + \beta_1 Y_t +$ $\beta_2 C_{t-1} + \mu_t$，以 1952—2010 年数据为样本观测值。分别采用 OLS 估计和以 0.2、0.5、0.8 为分位数的分位数回归估计模型，得到 4 组参数估计量。比较估计结果，并分析在消费的不同分位水平上，消费的"棘轮效应"（以参数 β_2 表示）是否有明显不同？如果存在不同，进一步分析原因。

第 21 章 空间回归模型

空间计量经济模型是现代计量经济学的一个新的分支。经典截面数据模型以及非经典截面数据模型和面板数据模型，都忽略了截面个体之间的空间效应问题。在模型中引入截面个体之间的空间效应是空间回归模型的任务。本章主要讨论空间滞后模型、空间误差模型和空间杜宾模型的估计和应用，以及空间效应和空间回归模型的假设检验。

21.1 空间回归模型概述

空间回归模型的发展

1. 概述

空间计量经济学（spatial econometrics）是在 20 世纪七八十年代开始出现的一个计量经济学分支学科。按照 Anselin（1988）给出的定义，其基本内容是在计量经济模型中考虑经济变量的空间效应，并进行一系列的模型设定、估计、检验以及预测。

Goodchild（1992）指出，几乎所有的空间数据都具有空间依赖性或者空间自相关特征，也就是说，一个地区空间单元的某种经济地理现象或某一属性值与邻近地区空间单元的同一现象或属性值是相关的。空间依赖性打破了大多数传统经典统计学和计量经济学中相互独立的基本假设，是对传统方法的继承和发展。

将空间效应纳入计量经济模型分析的框架，面临着两方面的问题：一是如何正确地将空间效应引入既有模型，或者根据空间效应的特殊性构造新的计量经济模型；二是对于新的模型，如何进行估计和检验。相比于时间的单一维度性质，空间的多维度性质是空间计量分析的一个重要特点。空间的多维度性质既提高了模型描述经济联系的真实性，又增加了计量经济学分析的难度。

空间效应可以分为空间相关性（spatial dependence）和空间异质性（spatial heterogeneity）。空间相关性是描述经济变量存在相关性的一种方法，而这一相关性是体现在空间结构上的。当然，空间相关性并不局限在地理意义上的相关性。例如，空间结构可以是人与人之间的关系，也可以是不同政策的辐射能力等。而空间异质性描述的是不同经济个体间存在的差异性，并且强调这一差异性是由于（广义的）空间分布或者空间结构特点而产生的。

2. 从计量经济模型的角度提出问题

从计量经济模型的角度提出空间计量经济学问题，实质上是关于模型残差性质的分析，主要是残差与解释变量的正交性问题。

考虑截面数据模型：

$$Y_i = \sum_{k=1}^{K} X_{ik}\beta_k + \varepsilon_i = X_i'\beta + \varepsilon_i, \, i = 1, \cdots, N \tag{21.1.1}$$

假设模型满足识别条件，即在模型中，有 $N > K$ 条件成立。如果对模型（21.1.1）的参数进行估计，则参数估计量的无偏性要求样本矩条件 $\frac{1}{N}\sum_{i=1}^{N} X_{ik}\varepsilon_i = 0$，或者写成 $E[X'\varepsilon \mid X] = 0$。

假设模型中存在空间相关性，并且假设模型中 N 个样本为对应的 N 个区域，也就是说，第 i 个区域与第 j 个区域的被解释变量存在一定的相关性。类似于分析异方差问题时所讨论的，这一区域之间的相关性不是凭空产生的，而是由模型中被解释变量、解释变量的空间相关性造成的。例如，假设被解释变量是人均 GDP，其中一个解释变量是投资，由于投资造成的影响存在空间效应，因此被解释变量存在空间相关性。如果这一空间相关性没有被参数化，就可以认为相关性在一定程度上体现在残差中，从而将残差写成 $\varepsilon_i = f(X_i)$，于是残差与解释变量的正交性便无法满足，即

$$E[X'\varepsilon \mid X] = E[X'f(X) \mid X] \neq 0$$

从而得到的 OLS 估计量不是无偏估计量。

当然，正如在经典计量经济学教科书中所讨论的，可以通过工具变量来构造矩条件，如果有 Z 作为工具变量，即满足：

$$E[Z'\varepsilon \mid X, Z] = 0$$

则仍然可以得到无偏估计量。但是这里有两个问题：一是如何寻找合适的工具变量；二是此时的工具变量估计量虽然满足无偏性，但是在估计的过程中损失了空间相关性的信息，没有把空间关系的结构充分参数化出来。后者是更加重要的问题，因为损失的信息很可能具有经济学含义，并且从计量经济学的角度来讲，这一估计量不是有效估计量。

另外，在模型的小样本估计中，为了进行模型参数的检验，需要假设残差 ε_i 满足一定的分布条件。通常假设其满足联合正态分布，但是这一假设是存在问题的，尤其是在残差中含有空间相关性信息时，这一假设更加值得怀疑。在大样本情况下，虽然不需要直接假设残差满足联合正态分布，但是样本矩条件的收敛以及正态

分布假设是通过大数定律（LLN）和中心极限定理（CLT）来保证的。在 LLN 和 CLT 中，仍然需要对个体残差的独立性做相应的假设，如果残差存在相关性，LLN 和 CLT 便不再成立。

当时间序列存在相关性时，一般将这一问题分为平稳序列和非平稳序列两个方面进行考虑。如果时间序列是平稳的，则随着时间间隔的增大，时间相关性以几何级数衰减，则在大样本情况下，仍然可以保证 LLN 和 CLT 成立，例如满足平稳性条件的 AR(1) 模型。如果时间序列是非平稳的，通过一定的处理，可以将其转化为平稳过程，则 LLN 和 CLT 仍然可以保证通过残差构造的矩条件满足一定的收敛性以及分布条件，例如 $I(1)$ 模型。

在空间计量经济学中，可以采用相似的思路处理残差问题。假设已知在模型 (21.1.1) 中，残差 ε_i 存在空间相关性，即 $E[\varepsilon_i \varepsilon_j] = \sigma_{ij}^2$，则可以通过一定的结构将这一空间相关性表示出来，写成 $\varepsilon_i = f_i(*) + \mu_i$，其中没有表示成结构函数的残差 μ_i 不存在空间相关性（或者说满足构造 LLN 和 CLT 的假设条件），则经典的分析思路便是适用的。

3. 从经济学的角度提出问题

前面的讨论指出，当模型残差与解释变量不满足正交性时，这一问题是由空间相关性造成的，直接利用工具变量得到的估计量虽然是无偏的，但是损失了样本的信息，并且损失的信息是有经济学含义的。例如，以地区作为截面个体，以地区 GDP 作为被解释变量，以地区的基础设施投资作为一个解释变量，显然，由于基础设施投资的外部性，某个地区的 GDP 会受到邻近地区基础设施投资的影响，甚至会受到邻近地区 GDP 的影响。但是，邻近地区基础设施投资和 GDP 都没有作为该地区 GDP 的解释变量，它们的影响归入模型的残差项，并且带来了空间相关性。直接利用工具变量估计模型，虽然可以得到无偏估计，却损失了这些经济信息。如果既想要得到无偏估计，又想要避免经济信息的损失，就需要将这些信息从模型残差项中分离出来。

在方程 $\varepsilon_i = f_i(*) + \mu_i$ 中，$f_i(*)$ 描述了对第 i 个样本产生影响，但是没有写入原模型 (21.1.1) 中的信息。如果将模型 (21.1.1) 改写成：

$$Y_i = X_i'\beta + f_i(*) + \mu_i,$$

并且有 $f_i(*) = f_i(Y_{-i}, X_{-i})$，则模型

$$Y_i = X_i'\beta + f_i(Y_{-i}, X_{-i}) + \mu_i \qquad (21.1.2)$$

描述了临近区域的经济行为对于特定样本 i 的影响，其中 (Y_{-i}, X_{-i}) 表示 $(Y_1, \cdots, Y_N, X_1, \cdots, X_N)$ 中不包含 (Y_i, X_i) 的其他元素组成的集合。显然，在揭示经济变量间的相互影响方面，模型 (21.1.2) 相比于模型 (21.1.1) 更加有效。模型 (21.1.2) 即空间计量经济模型。

从理论上讲，任何计量经济模型，如果其残差结构中存在空间相关性，并且这

一空间相关性能够被参数化出来［即写成 $f_i(y_{-i}, X_{-i})$ 的形式］，就都属于空间计量经济学的范畴。

空间回归模型的类型

空间相关性（也称为空间依赖性）是空间效应识别的一个来源，主要表现在两个方面：空间实质相关和空间扰动相关。空间实质相关反映现实中存在的空间交互作用，比如区域经济要素的流动、创新的扩散、技术溢出等，它们是区域间经济或创新差异演变过程中的真实成分，是确确实实存在的空间交互影响。空间扰动相关是由归入随机干扰项的，没有作为解释变量的影响因素的空间相关性所引起的。

空间相关性表现出的空间效应可以用不同的模型来表征和刻画：当被解释变量之间的空间依赖性对模型非常关键而导致了空间相关性时，即为空间滞后模型；当模型的误差项在空间上相关时，即为空间误差模型。空间滞后模型和空间误差模型是空间计量经济模型的基本类型。

1. 空间滞后模型

空间滞后模型（spatial lag model，SLM）描述的是空间实质相关。其模型表达式为：

$$Y = \rho WY + X\beta + \varepsilon, \ \varepsilon \sim N[0, \sigma^2 I] \tag{21.1.3}$$

其中，$Y = (Y_1, \cdots, Y_N)'$ 为被解释变量，$X = (X_1, \cdots, X_k)$ 为解释变量，ρ 为空间效应系数，$\beta = (\beta_1, \cdots, \beta_k)'$ 为参数向量；W 为空间矩阵，是空间计量经济模型的核心，具体表达为：

$$W = \begin{bmatrix} 0 & w_{12} & \cdots & w_{1N} \\ w_{21} & 0 & \cdots & w_{2N} \\ \vdots & \vdots & & \vdots \\ w_{N1} & w_{N2} & \cdots & 0 \end{bmatrix}$$

其中 w_{ij} 描述了第 j 个截面个体与第 i 个截面个体的被解释变量之间的相关性。

由于 SLM 模型与时间序列中的自回归模型类似，因此 SLM 也被称作空间自回归模型（spatial autoregressive model，SAR）。

空间滞后模型的经济学含义是，如果所关注的经济变量存在利用空间矩阵表示的空间相关性，则仅仅考虑其自身的解释变量 X 不足以很好地估计和预测该变量的变化趋势。例如，一个地区的房价会受到邻近地区房价的影响，如果我们只考虑当地的供需情况，便忽略了邻近地区人口和资金的流动性对该地区的潜在影响。而在模型中考虑适当的由空间结构造成的影响（邻近地区的房价），便可以较好地控制这一空间效应造成的影响。

2. 空间误差模型

空间误差模型（spatial error model，SEM）描述的是空间扰动相关和空间总体相关。其模型表达式为：

$$Y = X\beta + \varepsilon, \quad \varepsilon = \lambda W \varepsilon + \mu, \quad \mu \sim N[0, \sigma^2 I] \tag{21.1.4}$$

其中，λ 为空间误差相关系数，度量了邻近个体关于被解释变量的误差冲击对本个体观察值的影响程度；空间矩阵 W 的元素 w_{ij} 描述了第 j 个截面个体与第 i 个截面个体误差项之间的相关性；其他符号的含义同前。

由于 SEM 模型与时间序列中的序列相关问题类似，因为它也被称为空间自相关模型（spatial autocorrelation model）或空间残差自回归模型（spatial residual autoregressive model，SRAR）。

空间误差模型的经济学含义是，在某一个地区发生的冲击会随着这一特殊的协方差结构形式 W 而传递到邻近地区，而这一传递形式具有很长的时间延续性并且是衰减的，也就是说，空间影响具有高阶效应。

3. 空间自回归-残差自回归模型

空间自回归-残差自回归模型同时描述空间实质相关和空间扰动相关，是空间滞后模型和空间误差模型的综合。其模型表达式为：

$$Y = \rho W_1 Y + X\beta + \varepsilon$$
$$\varepsilon = \lambda W_2 \varepsilon + \mu, \mu \sim N[0, \sigma^2 I] \tag{21.1.5}$$

其中，W_1 和 W_2 分别描述不同截面个体被解释变量之间的相关性和误差项之间的相关性。需要注意的是，在该模型中，通常 $W_1 \neq W_2$，否则便会遇到空间关系重复设定的问题。该类模型在应用中不太常见。

4. 空间残差移动平均模型

空间残差移动平均模型（spatial residual moving average model）描述的是空间扰动相关和空间局部相关。其模型表达式为：

$$Y = X\beta + \varepsilon$$
$$\varepsilon = \lambda W \mu + \mu, \mu \sim N[0, \sigma^2 I] \tag{21.1.6}$$

注意该模型与模型（21.1.4）的区别，该模型误差项的空间相关性是采用移动平均结构描述的，而模型（21.1.4）误差项的空间相关性是采用自回归结构描述的。在实际应用中，模型（21.1.4）与模型（21.1.6）很难区分，因为当利用统计量来检验模型（21.1.4）时，往往对于模型（21.1.5）也具有检验效力。所以，该类模型在应用中也十分少见。

5. 其他模型类型

除了上述截面数据模型外，面板数据模型也存在空间效应问题。于是，空间面板数据模型得到了发展与应用，包括空间残差相关固定系数（随机系数）模型、空间自回归固定系数（随机系数）模型、空间残差相关固定影响（随机影响）模型和空间自回归固定影响（随机影响）模型等。

同样，对于非经典的截面数据模型，例如离散被解释变量数据模型和受限被解释变量数据模型，也存在空间效应问题。于是，相应的空间计量模型也得到了发展与应用。

另外，与单方程空间模型对应的，还有空间联立方程模型（spatial simultaneous model）。

综上所述，空间计量经济模型已经形成了完整的模型体系。在本章中，只对其中最基本的模型进行进一步讨论。

21.2 空间效应

空间效应的描述是空间计量经济学的核心，是正确设定空间计量经济模型的基础。空间效应包括空间相关性和空间异质性，因为空间异质性可以用传统的计量经济学方法进行处理，例如处理异方差性的方法，所以在本节中只关注空间相关性。

空间权重矩阵

以区域经济管理研究为例，将空间效应引入经济管理过程，建立空间计量经济模型进行空间统计分析时，一般要用空间权重矩阵来表达空间相互作用。通常定义一个二元对称空间权重矩阵 W 来表达 n 个位置的空间区域的邻近关系，其形式如下

$$W = \begin{bmatrix} w_{11} & w_{12} & \cdots & w_{1n} \\ w_{21} & w_{22} & \cdots & w_{2n} \\ \vdots & \vdots & & \vdots \\ w_{n1} & w_{n2} & \cdots & w_{nn} \end{bmatrix} \qquad (21.2.1)$$

其中 w_{ij} 表示区域 i 与 j 的邻近关系。空间权重矩阵的构造一直是一个有争议的问题。因为无法找到一个完全描述空间相关结构的空间权重矩阵，也就是说，理论上讲，不存在最优的空间权重矩阵。一般来讲，空间权重矩阵的构造必须满足空间相关性随着距离的增加而减少的原则。这里的"距离"是广义的，可以是地理上的距离，也可以是经济意义上合作关系的远近，甚至可以是社会学意义上人际关系的亲疏。

1. 空间权重矩阵的常规设定

空间权重矩阵的常规设定有两种，一种是简单的二进制邻接矩阵，另一种是基于距离的二进制空间权重矩阵。简单的二进制邻接矩阵的第 i 行第 j 列元素为：

$$w_{ij} = \begin{cases} 1 & \text{当区域 } i \text{ 和区域 } j \text{ 相邻接} \\ 0 & \text{其他} \end{cases} \qquad (21.2.2)$$

基于距离的二进制空间权重矩阵的第 i 行第 j 列元素为：

$$w_{ij} = \begin{cases} 1 & \text{当区域 } i \text{ 和区域 } j \text{ 的距离小于 } d \text{ 时} \\ 0 & \text{其他} \end{cases} \qquad (21.2.3)$$

在实际的区域分析中，空间权重矩阵的选择设定是外生的，原因是 $(n \times n)$ 阶矩阵 W 包含了关于区域 i 和区域 j 之间相关的空间连接的外生信息，不需要通过模型来估计得到它。空间权重矩阵中对角线上的元素 w_{ii} 被设为 0。为了减少或消除区域间的外在影响，空间权重矩阵被标准化（$w_{ij}^* = w_{ij} \Big/ \sum\limits_{j=1}^{n} w_{ij}$），使得行元素之和为 1。

2. 基于邻近概念的空间权重矩阵

基于邻近概念的空间权重矩阵有一阶邻近矩阵和高阶邻近矩阵两种。

一阶邻近矩阵假定两个地区有共同边界时空间关联才会发生，即当相邻地区 i 和 j 有共同的边界时用 1 表示，否则用 0 表示。一般有 Rook 邻近和 Queen 邻近两种计算方法。

Rook 邻近用仅有共同边界来定义邻居，而 Queen 邻近则除了共同边界邻居外还包括有共同顶点的邻居。由此可见，基于 Queen 邻近的空间矩阵常常与周围地区具有更加紧密的关联结构（拥有更多的邻区）。当然，如果假定区域间共同边界的长度不同（如 10 千米和 100 千米），其空间作用的强度也不一样，则还可以通过将共同边界的长度纳入权重计算过程，使这种邻近指标更加准确。

空间权重矩阵不仅仅局限于一阶邻近矩阵，还可以计算和使用更高阶的邻近矩阵。例如，二阶邻近矩阵是一种空间滞后的邻近矩阵。也就是说，该矩阵表达了相邻地区的空间信息。当使用时空数据并假设随着时间推移会产生空间溢出效应时，这种类型的空间权重矩阵将非常有用。在这种情况下，特定地区的初始效应或随机冲击将不仅会影响其邻近地区，而且随着时间的推移还会影响其邻近地区的相邻地区。当然，这种影响是几何递减的。

可以看出，邻近空间权重矩阵因其对称性和计算简单而最为常用，适合测算地理空间效应的影响。

3. 经济社会空间权重矩阵

除了使用真实的地理坐标计算地理距离外，还有包括经济和社会因素的更加复杂的权重矩阵设定方法。比如，根据区域间交通运输流、通信量、GDP 总额、贸易流动、资本流动、人口迁移、劳动力流动等确定空间权重，计算各个地区任何两个变量之间的距离。

空间相关性的指标

除了可以用空间权重矩阵来表达空间相关性，还有一些指标可以用于表达空间相关性。当然，在空间计量经济模型中一般不采用这些指标，但这些指标与模型中采用的空间矩阵可以起到相互验证的作用。

21

1. 全局空间自相关指标

Moran 指数和 Geary 指数是两个用来度量空间自相关的全局指标。

（1）Moran 指数。

Moran 指数反映的是空间邻接或空间邻近的区域单元属性值的相似程度。如果 x 是位置（区域）的观测值，则该变量的全局 Moran 指数 I 可用如下公式计算：

$$I = \frac{n \sum\limits_{i=1}^{n} \sum\limits_{j=1}^{n} w_{ij}(x_i - \bar{x})(x_j - \bar{x})}{\sum\limits_{i=1}^{n} \sum\limits_{j=1}^{n} w_{ij} \sum\limits_{k=1}^{n} (x_k - \bar{x})^2} = \frac{\sum\limits_{i=1}^{n} \sum\limits_{j \neq i}^{n} w_{ij}(x_i - \bar{x})(x_j - \bar{x})}{S^2 \sum\limits_{i=1}^{n} \sum\limits_{j \neq i}^{n} w_{ij}} \quad (21.2.4)$$

其中，

$$S^2 = \frac{1}{n} \sum_i (x_i - \bar{x})^2, \quad \bar{x} = \frac{1}{n} \sum_{i=1}^{n} x_i$$

如果引入如下记号：

$$S_0 = \sum_{i=1}^{n} \sum_{j=1}^{n} w_{ij}, \quad z_i = (x_i - \bar{x}), \quad z^T = [z_1, z_2, \cdots, z_n]$$

则全局 Moran 指数 I 的计算公式也可以进一步写成：

$$I = \frac{n}{S_0} \frac{\sum\limits_{i=1}^{n} \sum\limits_{j=1}^{n} w_{ij}(x_i - \bar{x})(x_j - \bar{x})}{\sum\limits_{i=1}^{n} (x_i - \bar{x})^2} = \frac{n}{S_0} \frac{\sum\limits_{i=1}^{n} \sum\limits_{j=1}^{n} w_{ij} z_i z_j}{\sum\limits_{i=1}^{n} z_i^2} = \frac{n}{S_0} \frac{z^T W z}{z^T z}$$

$$(21.2.5)$$

全局 Moran 指数 I 的取值一般在 $[-1, 1]$，小于 0 表示负相关，等于 0 表示不相关，大于 0 表示正相关。I 越接近 -1，则代表单元间的差异越大，分布越不集中；I 越接近 1，则代表单元间的关系越密切，性质越相似（高值聚集或低值聚集）；I 接近 0，则代表单元间不相关。

（2）Geary 指数。

由于 Moran 指数不能判断空间数据是高值聚集还是低值聚集，全局 Geary 指数于 1992 年被提出。Geary 指数与 Moran 指数存在负相关关系。Geary 指数 C 的计算公式如下：

$$C = \frac{(n-1) \sum\limits_{i=1}^{n} \sum\limits_{j=1}^{n} w_{ij}(x_i - x_j)^2}{2 \sum\limits_{i=1}^{n} \sum\limits_{j=1}^{n} w_{ij} \sum\limits_{k=1}^{n} (x_k - \bar{x})^2} \quad (21.2.6)$$

其中，C 为 Geary 指数；其他变量的含义同上式。Geary 指数 C 的取值一般在 $[0, 2]$，大于 1 表示负相关，等于 1 表示不相关，而小于 1 表示正相关。也可以对 Geary 指数进行标准化：

$$Z(C) = (C - E(C))/\sqrt{\mathrm{var}(C)}$$

其中，$E(C)$ 为数学期望，$\mathrm{var}(C)$ 为方差。正的 $Z(C)$ 表示存在高值聚集，负的 $Z(C)$ 表示存在低值聚集。

2. 局部空间自相关指标

局部空间自相关指标包括空间联系的局部指标（LISA）、G 统计量、Moran 散点图。

（1）空间联系的局部指标。

LISA 包括局部 Moran 指数和局部 Geary 指数。

局部 Moran 指数被定义为：

$$I_i = \frac{(x_i - \bar{x})}{S^2} \sum_j w_{ij}(x_j - \bar{x}) \tag{21.2.7}$$

正的 I_i 表示该空间单元与邻近单元的属性相似（"高-高"或"低-低"），负的 I_i 表示该空间单元与邻近单元的属性不相似（"高-低"或"低-高"）。

局部 Geary 指数是一种基于距离的权重矩阵的局部空间自相关指标，能探测出高值聚集和低值聚集，计算公式为：

$$G_i^* = \frac{\sum_j w_{ij} x_j}{\sum_k x_k} \tag{21.2.8}$$

在各区域不存在空间相关性的情况下，G_i^* 的数学期望和方差的表达式简化为：

$$E(G_i^*) = \frac{\sum_j w_{ij}}{n-1} = \frac{W_i}{n-1}, \ \mathrm{var}(G_i^*) = \frac{W_i(n-1-W_i)}{(n-1)^2(n-2)} \frac{Y_{i2}}{Y_{i1}^2}$$

其中，

$$Y_{i1} = \frac{\sum_j x_j}{n-1}, \ Y_{i2} = \frac{\sum_j x_j^2}{n-1} - Y_{i1}^2$$

将 G_i^* 标准化，得到：

$$Z_i = \frac{G_i^* - E(G_i^*)}{\sqrt{\mathrm{var}(G_i^*)}}$$

显著的正 Z_i 表示单元的邻近单元的观测值高，显著的负 Z_i 表示单元的邻近单元的观测值低。

（2）G 统计量。

全局 G 统计量的计算公式为：

$$G = \sum_i \sum_j w_{ij} x_i x_j / \sum_i \sum_j x_i x_j \tag{21.2.9}$$

G 统计量的标准化为：$Z(G) = (G - E(G))/\sqrt{\mathrm{var}(G)}$。

对每一个区域单元的统计量为：

$$G_i = \sum_j w_{ij} x_j / \sum_j x_j \tag{21.2.10}$$

G_i 的标准化为：$Z(G_i) = (G_i - E(G_i)) / \sqrt{\mathrm{var}(G_i)}$。

显著的正 G_i 表示在该区域单元周围，高观测值的区域单元趋于空间集聚，而显著的负 G_i 表示低观测值的区域单元趋于空间集聚。与 Moran 指数只能发现相似性观测值（正关联）或非相似性观测值（负关联）的空间集聚模式相比，G 统计量具有能够探测出区域单元属于高值集聚还是低值集聚的空间分布模式。

（3）Moran 散点图。

以 (Wz, z) 为坐标点的 Moran 散点图，常用来研究局部的空间不稳定性。它对空间滞后因子 Wz 和 z 数据对进行了可视化的二维图示。

全局 Moran 指数可以看作 Wz 对于 z 的线性回归系数，对异常值以及 Moran 指数具有强烈影响的区域单元可通过标准回归来诊断得出。由于数据对 (Wz, z) 经过了标准化，因此，异常值可由 2sigma 规则可视化地识别出来。

Moran 散点图的 4 个象限分别对应于区域单元与其邻近单元之间 4 种类型的局部空间联系形式：第 1 象限代表了高观测值的区域单元被同是高值的区域所包围的空间联系形式；第 2 象限代表了低观测值的区域单元被高值的区域所包围的空间联系形式；第 3 象限代表了低观测值的区域单元被同是低值的区域所包围的空间联系形式；第 4 象限代表了高观测值的区域单元被低值的区域所包围的空间联系形式。

Moran 散点图与局部 Moran 指数相比，其重要的优势在于能够进一步具体区分区域单元和其邻近单元之间属于高值和高值、低值和低值、高值和低值、低值和高值之中的哪种空间联系形式。并且，对应于 Moran 散点图的不同象限，可识别出空间分布中存在哪几种不同的实体。

实　例

例 21.1　以 2015 年国内生产总值为例，空间权重矩阵 W 仍取常用的一阶邻近矩阵。根据其 Moran 散点图（如图 21-1 所示），我们可以发现绝大多数省份都处于第 1 或第 3 象限，说明我国国内生产总值呈现较强的空间正相关性。

Stata 命令如下：

net install sg162.pkg \\ 下载相关命令包

spatwmat using W.dta,name(w) \\ 导入空间权重矩阵

spatwmat using w,name(W)standardize \\ 标准化空间权重矩阵

spatlsa x,weight(W)moran graph(moran)symbol(n) \\ 画 Moran 散点图

结果如图 21-1 所示：

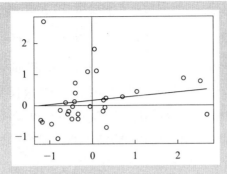

图 21 - 1　2015 年国内生产总值的 Moran 散点图

21.3　空间回归模型估计与检验

本节讨论空间回归模型估计与检验。从建模过程上讲，应该是先检验，以确定空间回归模型的类型，然后进行估计。但是，所有检验统计量的构造都需要模型参数估计量，所以本节首先讨论估计，然后讨论检验。不同类型空间回归模型的估计方法很多，本节并不是系统的讨论，而是选择若干模型的估计方法加以介绍。不同类型的空间回归模型分别描述了空间实质相关和空间扰动相关，那么检验是否存在空间实质相关，需要在空间扰动相关存在与否的假设下进行，反之亦然。所以，在本节模型检验部分，首先在各种假设下构造检验方法，最后提出一个判断准则。

空间滞后模型的 IV 和 ML 估计

描述空间实质相关的空间滞后模型（空间自回归模型）是应用最广泛的空间计量模型，它的估计方法得到了较充分的研究。其模型表达式为：

$$Y = \rho WY + X\beta + \varepsilon, \varepsilon \sim N[0, \sigma^2 I] \tag{21.3.1}$$

在模型的解释变量中出现随机变量，普通最小二乘估计将不再适用，工具变量（IV）估计、广义矩（GMM）估计和最大似然（ML）估计是合适的估计方法。

1. 空间滞后模型 IV 估计

将模型（21.3.1）写成：

$$Y = [WY, X][\rho, \beta']' + \varepsilon$$

并且可进一步简化写成：

$$Y = Z\theta + \varepsilon$$

如果存在工具变量 Q，满足条件：

$$E[Q'\varepsilon] = 0; E[Q'Z] = M_{QZ}$$

并且 M_{QZ} 为非奇异矩阵，则利用工具变量法得到的估计量为：

$$\hat{\theta}_{IV} = [Q'Z]^{-1}Q'Y \tag{21.3.2}$$

如何选择工具变量？一种方法是对模型 $Y = X\beta + \varepsilon$ 进行 OLS 估计，利用 $W\hat{Y}$ 作为 WY 的工具变量。另外，也可以估计模型 $WY = X\beta + \varepsilon$，得到估计量 $\widehat{WY}$ 作为 WY 的工具变量。Rey 和 Boarnet（2004）指出，利用 $\widehat{WY}$ 的效果比利用 $W\hat{Y}$ 要好。但是这两种方法都不十分令人满意，因为所利用的仍然仅仅是样本信息。

一种启发性的想法是，既然对于空间矩阵有若干种备选方案，是否可以把备选的空间矩阵作为工具变量？例如，对于空间矩阵有两种方案 W_1 和 W_2。如果设定模型为：

$$Y = \rho W_1 Y + X\beta + \varepsilon$$

利用 $\widehat{W_1 Y}$ 作为工具变量进行估计，得到一个估计残差 e；然后利用 Moran'I 检验方法检验残差 e 基于空间矩阵 W_2 的相关性；如果这一检验没有通过（原假设为不存在相关性），则说明利用 $W_2 Y$ 作为工具变量是可行的。

2. 空间滞后模型 ML 估计

（1）ML 估计量。

在模型（21.3.1）中，令 $A = I - \rho W$，将模型写成：

$$AY = X\beta + \varepsilon \tag{21.3.3}$$

其中，$\varepsilon \sim N[0, \Omega]$。利用 ML 估计的一阶极值条件：

$$0 = X'B'\Omega^{-1}BAY - X'B'\Omega^{-1}BX\beta$$

并且令 $B = I$，于是解一阶极值条件得到 β 的估计量为：

$$b = [X'\Omega^{-1}X]^{-1}X'\Omega^{-1}AY \tag{21.3.4}$$

该 ML 估计量等价于 GLS 估计量。

可以将式（21.3.4）进一步写成：

$$b = [X'\Omega^{-1}X]^{-1}X'\Omega^{-1}Y - \rho[X'\Omega^{-1}X]^{-1}X'\Omega^{-1}WY$$

定义：

$$b_1 = [X'\Omega^{-1}X]^{-1}X'\Omega^{-1}Y$$
$$b_2 = [X'\Omega^{-1}X]^{-1}X'\Omega^{-1}WY$$

显然，b_1 是模型 $Y = X\beta_1 + \varepsilon$ 的 GLS 估计量，b_2 是模型 $WY = X\beta_2 + \varepsilon$ 的 GLS 估计量。两个模型的估计残差分别为 e_1 和 e_2，原模型的估计残差为 $e = e_1 - \rho e_2$。

（2）ML 估计步骤。

为了简化，假设随机项协方差矩阵 $\Omega = \sigma^2 I$。空间滞后模型 ML 的估计步骤如下：

① 利用 OLS 方法估计模型 $Y = X\beta_1 + \varepsilon$，得到估计量 $\tilde{e}_1$ 和 $\tilde{b}_1$；

② 利用 OLS 方法估计模型 $WY = X\beta_2 + \varepsilon$，得到估计量 $\tilde{e}_2$ 和 $\tilde{b}_2$；

③ 将残差估计量代入似然函数：

$$\ln L = -\frac{N}{2}\ln 2\pi - \frac{1}{2}\ln|I - \rho W|^{-2} - \frac{N}{2}\ln\left[\frac{1}{N}(\tilde{e}_1 - \rho\tilde{e}_2)'(\tilde{e}_1 - \rho\tilde{e}_2)\right]$$
$$- \frac{1}{2}[(I - \rho W)Y - X(\tilde{b}_1 - \rho\tilde{b}_2)]'\left[\frac{1}{N}(\tilde{e}_1 - \rho\tilde{e}_2)'(\tilde{e}_1 - \rho\tilde{e}_2) \times I\right]^{-1}$$

$$\left[(I-\rho W)Y-X(\tilde{b}_1-\rho\tilde{b}_2)\right]$$

得到一个估计量 $\hat{\rho}$；

④利用 $\hat{\rho}$ 估计随机项协方差矩阵，得到：$\hat{\Omega}=\dfrac{1}{N}[\widetilde{e_1}-\hat{\rho}\,\widetilde{e_2}]'[\widetilde{e_1}-\hat{\rho}\,\widetilde{e_2}]\times I$，对模型 $Y=X\beta_1+\varepsilon$ 和 $WY=X\beta_2+\varepsilon$ 重新进行估计，得到估计量 b_1，e_1，b_2，e_2；

⑤将估计量 b_1，e_1，b_2，e_2 代入似然函数：

$$\ln L=-\frac{N}{2}\ln 2\pi-\frac{1}{2}\ln\mid I-\rho W\mid^{-2}-\frac{1}{2}\ln\mid\hat{\Omega}\mid$$

$$-\frac{1}{2}\left[(I-\rho W)Y-X(b_1-\rho b_2)\right]'[\hat{\Omega}]^{-1}\left[(I-\rho W)Y-X(b_1-\rho b_2)\right]$$

重新估计 $\hat{\rho}$；

⑥重复步骤④和⑤，直到收敛。

空间误差模型的 ML 估计

描述空间扰动相关的空间误差模型（空间残差自回归模型）也是应用最广泛的空间计量模型，模型的随机误差项出现了空间相关性，若直接采用 OLS 估计，虽然参数估计具有无偏一致性，但不是有效估计。应该采用 ML 估计或 GMM 估计。

在空间误差模型

$$Y=X\beta+\varepsilon,\quad \varepsilon=\lambda W\varepsilon+\mu,\quad \mu\sim N[0,\sigma^2 I] \tag{21.3.5}$$

中，令 $B=I-\lambda W$，则对数似然函数可以写成：

$$\ln L=-\frac{N}{2}\ln 2\pi-\frac{1}{2}\ln\{\mid\Omega\mid\times[\mid B\mid]^{-2}\}-\frac{1}{2}[BY-BX\beta]'\Omega^{-1}[BY-BX\beta] \tag{21.3.6}$$

利用 ML 估计的一阶极值条件：

$$0=X'B'\Omega^{-1}BY-X'B'\Omega^{-1}BX\beta$$

于是解一阶条件得到 β 的估计量为：

$$b=[X'B'\Omega^{-1}BX]^{-1}X'B'\Omega^{-1}BY \tag{21.3.7}$$

为了简化，假设随机项协方差矩阵 $\Omega=\sigma^2 I$。从而得到估计量：

$$b=[X'B'BX]^{-1}X'B'BY,\ \hat{\Omega}=\frac{1}{N}[Be]'[Be]\times I \tag{21.3.8}$$

其中，$e=Y-Xb$。将 $\hat{\Omega}$，b 代入对数似然函数（21.3.6），通过求解

$$\max_\lambda\left\{-\frac{N}{2}\ln 2\pi-\frac{1}{2}\ln\{\mid\hat{\Omega}\mid\times[\mid B\mid]^{-2}\}-\frac{1}{2}[BY-BXb]'\hat{\Omega}^{-1}[BY-BXb]\right\}$$ 得

到估计量 $\hat{\lambda}$。可以进一步利用 $\hat{B}=I-\hat{\lambda}W$，重新估计模型（21.3.8），并且反复迭代直到收敛。迭代过程与空间滞后模型 ML 估计类似，在此不再赘述。

从上面的讨论可以看出，空间误差模型的 ML 估计，实际上等价于一个估计广义最小二乘（EGLS）估计。

空间回归模型的 LM 检验

虽然在大样本情况下，Wald 检验、LM 检验以及 LR 检验是等价的，但是，因为 Wald 检验与 LR 检验要求无约束条件（即存在空间效应）下的估计量，而在存在空间效应的情况下，由于需要考虑矩阵运算的问题，模型的 ML 估计过程本身已十分复杂，从而使得估计量的构造过程会更加复杂，所以计量经济模型的检验主要是基于 LM 检验构造的。

1. 不存在空间自回归时空间残差相关的 LM 检验

该检验由伯里奇（Burridge）于 1980 年提出。不存在空间自回归时，空间残差相关检验的原假设是模型残差不存在空间相关性，即 H_0：$Y = X\beta + \varepsilon$，其中 $\varepsilon \sim N[0, \sigma^2 I]$。利用对数似然函数（21.3.6），写出拉格朗日函数为：

$$\ell = -\frac{N}{2}\ln 2\pi - \frac{1}{2}\ln\{|\Omega| \times [|B|]^{-2}\} - \frac{1}{2}[BY - BX\beta]'\Omega^{-1}[BY - BX\beta] + \frac{1}{2}\gamma\lambda$$

通过一阶条件 $\dfrac{\partial \ell}{\partial \lambda} = 0$，得到 $\gamma = \dfrac{1}{\sigma^2}e'We$。

通过 $\gamma = \dfrac{1}{\sigma^2}e'We$，利用三角方法构造的检验统计量为：

$$\mathrm{LM} = \frac{(e'We/s^2)^2}{T} \sim \chi^2(1) \tag{21.3.9}$$

其中，$s^2 = \dfrac{1}{N}e'e$，$T = \mathrm{tr}(W'W + W^2)$。

该检验统计量有两个备择假设，即 H_1：$\varepsilon = \lambda W\varepsilon + \mu$ 和 H_1：$\varepsilon = \lambda W\mu + \mu$。也就是说，该统计量对于空间残差自相关和空间残差移动平均两种空间效应均有检验效力。

2. 存在空间自回归时空间残差相关的 LM 检验

该检验是由贝拉（Bera）和尹（Yoon）于 1993 年提出的 Robust 检验方法。存在空间自回归时，空间残差相关检验的原假设仍然是模型残差不存在空间相关性，即 H_0：$Y = \rho WY + X\beta + \varepsilon$，其中 $\varepsilon \sim N[0, \sigma^2 I]$。检验统计量的构造原理与前述类似。检验的统计量为：

$$\mathrm{LM} = \frac{(e'We/s^2 - T(R\tilde{J})^{-1}(e'WY/s^2))^2}{T - T^2(R\tilde{J})^{-1}} \sim \chi^2(1) \tag{21.3.10}$$

其中，$s^2 = \dfrac{1}{N}e'e$，$(R\tilde{J})^{-1} = \left[T + \dfrac{(WX\hat{\beta})'M_X(WX\hat{\beta})}{s^2}\right]^{-1}$，$M_X = I - X(X'X)^{-1}X'$，$T = \mathrm{tr}(W'W + W^2)$，$\hat{\beta}$ 是原假设中模型的 OLS 估计量。

同样，该检验统计量有两个备择假设，即 H_1：$\varepsilon = \lambda W\varepsilon + \mu$ 和 H_1：$\varepsilon = \lambda W\mu + \mu$。也就是说，该统计量对于空间残差自相关和空间残差移动平均两种空间效应均有检验效力。

3. 不存在空间残差相关时空间自回归效应的 LM 检验

该检验由安瑟兰（Anselin）于 1988 年提出，旨在检验模型是否存在空间实质相关。在不存在空间残差相关时，检验的原假设是 H_0：$Y = X\beta + \varepsilon$，备择假设是 $Y = \rho WY + X\beta + \varepsilon$，其中 $\varepsilon \sim N[0, \sigma^2 I]$。如果原假设成立，则模型是经典单方程线性模型；如果原假设被拒绝，则可以确定模型的设定形式为空间自回归模型。

模型检验的对数似然函数为：

$$\ln L = -\frac{N}{2}\ln 2\pi - \frac{1}{2}\ln\{|\sigma^2 I| \times [|A|]^{-2}\} - \frac{1}{2\sigma^2}[AY - X\beta]'[AY - X\beta]$$

根据受限优化问题，这里构造的检验统计量是：

$$\text{LM} = \frac{(e'WY/s^2)^2}{R\tilde{J}} \sim \chi^2(1) \tag{21.3.11}$$

其中，$R\tilde{J} = T + \dfrac{(WX\hat{\beta})'M_X(WX\hat{\beta})}{s^2}$，$T = \text{tr}(W'W + W^2)$，$M_X = I - X(X'X)^{-1}X'$，

$s^2 = \dfrac{1}{N}e'e$，$\hat{\beta}$ 是原假设中模型的 OLS 估计量。

4. 存在空间残差相关时空间自回归效应的 LM 检验

贝拉和尹于 1992 年提出了一个当模型存在空间残差相关时的空间自回归效应的 Robust 检验方法。模型检验的原假设是 H_0：$Y = X\beta + \lambda W\varepsilon + \mu$，其备择假设是 $Y = \rho WY + X\beta + \lambda W\varepsilon + \mu$，其中 $\mu \sim N[0, \sigma^2 I]$。如果原假设成立，则模型是空间残差自回归模型；如果原假设被拒绝，则可以确定模型的设定形式为空间自回归-残差自回归模型，模型不仅存在空间残差相关，也存在空间实质相关。检验的统计量是：

$$\text{LM} = \frac{(e'WY/s^2 - e'We/s^2)^2}{R\tilde{J} - T} \sim \chi^2(1) \tag{21.3.12}$$

其中各符号的含义与式（21.3.11）相同。

该检验原假设中模型的残差结构为空间残差自回归效应。安瑟兰指出，检验统计量（21.3.12）在原假设中模型的残差结构为空间移动平均效应时也同样适用。

5. 判别准则

上述检验都是在一定的假设前提下进行的。式（21.3.9）是在不存在空间自回归的假设下检验是否存在空间残差相关，式（21.3.10）是在存在空间自回归的假设下检验是否存在空间残差相关，式（21.3.11）是在不存在空间残差相关的假设下检验是否存在空间自回归效应，式（21.3.12）是在存在空间残差相关的假设下检验是否存在空间自回归效应。由于事先无法根据先验经验判断这些假设的真伪，因此有必要构建一种判别准则，以决定哪种空间模型更加符合客观实际。

将统计量（21.3.9）称为 LMERR，将统计量（21.3.11）称为 LMLAG，将统计量（21.3.10）称为 R-LMERR（R 表示稳健），将统计量（21.3.12）称为 R-LMLAG。

Anselin 和 Florax（1995）提出了如下判别准则：如果在空间效应的检验中发现 LMLAG 较之 LMERR 在统计上更加显著，且 R-LMLAG 显著而 R-LMERR 不显著，则可以断定空间滞后模型是适合的模型；相反，如果 LMERR 比 LMLAG 在统计上更加显著，且 R-LMERR 显著而 R-LMLAG 不显著，则可以断定空间误差模型是适合的模型。

空间残差相关性的 Moran'I 检验

以上检验统计量都是基于 LM 检验构造的。早在 1972 年，克利夫（Cliff）和奥德（Ord）应用莫兰（Moran）于 1948 年提出的检验统计量，给出了基于 Moran'I 统计量检验残差是否存在空间相关性的方法。该统计量由于具有较好的小样本性质，至今仍被广泛采用。

该检验的原假设是 H_0：$Y = X\beta + \varepsilon$，即模型不存在空间相关性。如果原假设成立，则可以利用 OLS 方法（或者 IV 等其他估计方法）估计模型，得到一个估计残差 e，e 是一个（$N \times 1$）的向量。如果怀疑模型存在以空间矩阵 W 表示的空间结构，则可以构造一个 Moran'I 算子，记为 $I = \dfrac{e'We/S}{e'e/N}$，其中 S 是空间矩阵 W 中所有元素的和。如果空间矩阵 W 进行了行标准化，则有 $S = N$，于是 I 简写成 $I = \dfrac{e'We}{e'e}$。可以看出，I 相当于模型 $We = e\gamma + \mu$ 中系数 γ 的 OLS 估计量。如果原假设成立，则 $E[\hat{\gamma}] = E[I] = 0$，从而有：

$$\frac{I - E(I)}{\sqrt{\mathrm{var}(I)}} \sim N(0, 1) \tag{21.3.13}$$

该检验被称为 Moran'I 检验。

需要指出的是，利用 Moran'I 统计量进行假设检验不存在明确的备择假设。也就是说，只能通过该统计量确定是否存在空间效应。而当原假设被拒绝时，不能确定存在空间相关性的空间计量经济模型的具体形式，从而无法利用 Moran'I 检验确定空间效应是空间自回归还是空间残差相关。

对 Moran'I 统计量的另一种批评意见是，当存在空间效应时，通常的构造原理是将残差对于其空间滞后效应进行回归，即以 We 为被解释变量对 e 进行回归，而 Moran'I 统计量相当于将 e 对 We 进行回归。这实际上是利用了 $\mathrm{cov}[(We)_i, e_i] = 0$ 这一条件来构造统计量，其中 $(We)_i$ 是列向量的第 i 个元素。

实 例

例 21.2　下面以数据集 columbusdata.dta 与 columbusswm.dta 为例，这两个数据集来自 Anselin（1988）。前者包括美国俄亥俄州哥伦布市 49 个社区的社区编号（id）、犯罪率

（crime）、房价（hoval）与家庭收入（income）的数据，而后者为这 49 个社区基于相邻关系的空间权重矩阵。本研究考虑房价与家庭收入对犯罪率的作用。显然，各个社区的犯罪率是相关的，故应进行空间计量分析。

将数据集 columbusswm.dta 作为空间权重矩阵导入，命名为 W：

spatwmat using E:\ columbusswm.dta,name(W)

以数据集 columbusdata.dta 为例，演示空间自回归与空间误差模型的 Stata 操作。首先，通过命令 spatdiag 诊断是否存在空间效应。为此，须先进行 OLS 回归：

reg crime hoval income

Source	SS	df	MS		Number of obs	=	49
					F(2, 46)	=	28.39
Model	7423.32674	2	3711.66337		Prob > F	=	0.0000
Residual	6014.89281	46	130.758539		R-squared	=	0.5524
					Adj R-squared	=	0.5329
Total	13438.2195	48	279.962907		Root MSE	=	11.435

crime	Coef.	Std. Err.	t	P>|t|	[95% Conf. Interval]	
hoval	-.2739315	.1031987	-2.65	0.011	-.4816597	-.0662033
income	-1.597311	.3341308	-4.78	0.000	-2.269881	-.9247405
_cons	68.61896	4.735486	14.49	0.000	59.08692	78.151

上述回归结果显示，房价与家庭收入对于犯罪率均有显著的负作用。然而，如果存在空间效应，则 OLS 估计是有偏差的。

spatdiag,weights(W)

其中，W 为前文生成的空间权重矩阵。

```
Fitted model
```

```
crime = hoval + income
```

```
Weights matrix
```

```
Name: W
Type: Imported (binary)
Row-standardized: No
```

```
Diagnostics
```

Test	Statistic	df	p-value
Spatial error:			
Moran's I	1.011	1	0.312
Lagrange multiplier	6.804	1	0.009
Robust Lagrange multiplier	1.759	1	0.185
Spatial lag:			
Lagrange multiplier	13.787	1	0.000
Robust Lagrange multiplier	8.741	1	0.003

21

上述结果显示，针对空间误差的三个检验中，有一个拒绝了原假设；针对空间滞后的两个检验均拒绝了原假设，表明应进行空间计量分析。

下面，使用命令 spatreg 估计空间滞后与空间误差模型。为了运行命令 spatreg，除了需要空间权重矩阵 W 外，还需要先计算矩阵 W 的特征值向量。为此，再次使用命令 spatwmat：

```
spatwmat usingE: \ columbusswm. dta, name(W)eigenval(E)

        The following matrices have been created:

        1. Imported binary weights matrix W
           Dimension: 49x49

        2. Eigenvalues matrix E
           Dimension: 49x1
```

上述结果显示，特征值向量 E 为 49×1 的列向量。

接着估计空间滞后模型：

```
spatreg crime hoval income,weights(W)eigenval(E)model(lag)nolog
```

```
    Weights matrix
     Name: W
     Type: Imported (binary)
     Row-standardized: No


Spatial lag model                        Number of obs   =        49
                                         Variance ratio  =     0.660
                                         Squared corr.   =     0.660
       Log likelihood - -180.65071       Sigma           =      9.66
```

crime	Coef.	Std. Err.	z	P>|z|	[95% Conf. Interval]	
crime						
hoval	−.2516329	.087319	−2.88	0.004	−.422775	−.0804909
income	−1.154463	.3037289	−3.80	0.000	−1.749761	−.5591653
_cons	51.60482	5.888379	8.76	0.000	40.06381	63.14583
rho	.0545427	.0138575	3.94	0.000	.0273825	.0817029

```
Wald test of rho=0:                 chi2(1) =  15.492 (0.000)
Likelihood ratio test of rho=0:     chi2(1) =  13.453 (0.000)
Lagrange multiplier test of rho=0:  chi2(1) =  13.787 (0.000)

Acceptable range for rho: -1.536 < rho < 1.000
```

上述结果显示，空间滞后系数（rho）的估计值为 0.055，且在 1% 的水平下显著，故存在空间自回归效应。

下面估计空间误差模型：

```
spatreg crime hoval income,weights(W)eigenval(E)model(error)nolog
```

```
Weights matrix
  Name: W
  Type: Imported (binary)
  Row-standardized: No
```

```
Spatial error model                          Number of obs    =         49
                                             Variance ratio   =      0.402
                                             Squared corr.    =      0.551
Log likelihood = -182.26823                  Sigma            =       9.98
```

crime	Coef.	Std. Err.	z	P>|z|	[95% Conf. Interval]	
crime						
hoval	-.2605768	.0917459	-2.84	0.005	-.4403954	-.0807582
income	-1.289794	.3255491	-3.96	0.000	-1.927858	-.6517291
_cons	54.45472	6.149929	8.85	0.000	42.40108	66.50836
lambda	.0361054	.0114345	3.16	0.002	.0136943	.0585165

```
Wald test of lambda=0:                 chi2(1) =    9.970 (0.002)
Likelihood ratio test of lambda=0:     chi2(1) =   10.218 (0.001)
Lagrange multiplier test of lambda=0:  chi2(1) =    6.804 (0.009)

Acceptable range for lambda: -1.536 < 1lambda < 1.000
```

上述结果显示，误差项的空间自回归系数（lambda）的估计值为 0.036，且在 1% 的水平下显著，表明考虑空间因素的影响有意义。

21.4　空间杜宾模型

模型构建

当解释变量的空间滞后项影响被解释变量时，就应该考虑构建空间杜宾模型（SDM）。空间杜宾模型是一个通过加入空间滞后变量而增强的空间自回归模型，即

$$y = \rho W y + X\beta + W\overline{X}\gamma + \varepsilon \tag{21.4.1}$$

式中，$n \times (Q-1)$ 矩阵 $\overline{X}$ 是一个可变的解释变量矩阵，模型可简化为

$$y = (I - \rho W)^{-1}(X\beta + W\overline{X}\gamma + \varepsilon) \tag{21.4.2}$$

其中

$$\varepsilon \sim N(0, \sigma^2 I) \tag{21.4.3}$$

式中，γ 是一个 $(Q-1) \times 1$ 的参数向量，用以度量相邻区域的解释变量对因变量 y 的边际影响。与 $\overline{X}$ 和 W 相乘，得到反映相邻区域平均观测值的空间滞后解释变量。如果 W 是稀疏的（有很多的 0 值），诸如 $W\overline{X}$ 之类的运算是无须耗费太多时间的。

通过定义 $Z = [X, W\overline{X}]$ 和 $\delta = [\beta', \gamma']'$，该模型可以写为 SAR 模型，即

$$y = \rho W y + Z\delta + \varepsilon \tag{21.4.4}$$

或者

$$y = (I - \rho W)^{-1} Z\delta + (I - \rho W)^{-1}\varepsilon \qquad (21.4.5)$$

使用 SDM 模型的原因在于，当对区域样本数据进行空间回归建模的时候，同时存在下述两种情形：一是普通最小二乘回归模型的扰动项中有空间相关性，二是在处理区域样本数据时，会有一些与模型中的解释变量的协方差不为零的解释变量被忽略。

此外，空间杜宾模型之所以在空间回归分析领域占据重要的位置，是因为它囊括了众多应用广泛的模型。

（1）当 $\gamma=0$ 时，它就包含了因变量的空间滞后因素，而排除了空间滞后解释变量的因素，从而变成了空间自回归模型，即

$$y = \rho Wy + X\beta + \varepsilon$$

（2）当 $\rho=0$ 时，即假设因变量之间的观测值不相关，但因变量与相邻区域的特性（以空间滞后解释变量的形式）有关，则该模型变为解释变量的空间滞后模型。

（3）最后，当 $\rho=0$ 且 $\gamma=0$ 时，该模型变为如下形式的标准最小二乘回归模型：$y=X\beta+\varepsilon$。

最后我们要注意的是，空间杜宾模型（21.4.1）的一般形式可写为：

$$y = \rho W_1 y + X\beta + W_1 \overline{X}\gamma + \varepsilon \qquad (21.4.6)$$

$$\varepsilon = \lambda W_2 \varepsilon + u \qquad (21.4.7)$$

$$u \sim N(0, \sigma_u^2 I) \qquad (21.4.8)$$

式中，$n \times n$ 空间权重矩阵 W_1 和 W_2 可以一样。

空间计量经济模型，包括空间杜宾模型使用的估计方法大多是极大似然法，而当存在异方差性时，估计量仍保证一致性，但不能保证有效性。

利用 Stata 命令的 xttest3 命令进行组间异方差性检验，但该命令只有在运行命令 xtreg 和 xtgls 之后才能使用。

例 子

例 21.3 以下将使用中国各省份的面板数据进行模型估计操作。为了节省篇幅，我们不详细追究其经济含义，仅展示如何进行估计。为研究大气污染排放与经济收入的关系，设定以下基础计量检验方程：

$$\ln y_{it} = a_0 + a_1 \ln c_{it} + a_2 \ln(\phi_{it} + 1) + a_3 \ln p_{it} + a_4 \ln r_{it} + \mu_{it}$$

其中，i 表示省份，t 表示年份，y_{it} 为人均产出，c_{it} 为人均消费，ϕ_{it} 为大气污染治理投资占 GDP 的比例，p_{it} 为大气污染排放量，r_{it} 为利率，μ_{it} 为模型残差项。

根据数据的可得性，模型变量、代理变量的选取与经济含义及其相关信息如表 21-1 所示：

表 21 - 1   模型变量的选取

变量	代码	样本个数	代理变量
人均产出	y_{it}	31×16	人均 GDP
人均消费	c_{it}	31×16	人均消费
污染治理投资占 GDP 的比例	ϕ_{it}	31×16	废气治理投资占 GDP 的比例
大气污染排放量	p_{it}	31×16	工业废气排放量
利率	r_{it}	31×16	短期同业拆借利率

经过面板单位根检验，y_{it}、c_{it}、ϕ_{it}、（为了便于分析，将其加 1 后取对数，但并不改变其趋势，以免负值不可取对数而不便于分析）和 p_{it} 均为对数化后平稳，r_{it} 为原序列平稳。同时，根据面板协整检验，存在协整关系。此外，由于大气污染的自然属性，空间效应不容忽视。因此，我们采用 Stata 软件进行空间计量分析。具体操作步骤为：

在 Command 界面输入如下命令：

findit spatwmat　/＊安装 spatwmat 的相关命令＊/

ssc install xsmle　/＊安装 xsmle 的相关命令＊/

cd D:\Stata16\shuju\chap08　/＊指定默认路径＊/

use weight2.dta　/＊打开空间权重矩阵＊/

文件 weight2 是采用邻接方式构建的空间权重 0 - 1 矩阵，也就是将相邻两个地区的权重设置为 0，不相邻的则设置为 1。

spatwmat using weight1,name(w)standardize /＊将空间权重矩阵命名为 w＊/

use 例 21.4.1.dta,clear　/＊打开变量数据库＊/

xtset n year　/＊定义横截面观测值变量和时间序列观测值变量,生成面板序列＊/

xsmle lny lnc lno lnp lnr,wmat(w)model(sdm)fe type(ind)nolog noeffects

xsmle lny lnc lno lnp lnr,wmat(w)model(sdm)fe type(time)nolog noeffects

xsmle lny lnc lno lnp lnr,wmat(w)model(sdm)fe type(both)nolog noeffects

上述命令的含义为估计面板空间杜宾模型。其中，wmat()表示指定空间权重矩阵；model()表示指定模型类型，空间杜宾模型为 sdm；fe 表示固定效应；type()表示指定固定效应的类型，其中，ind 为空间固定效应，time 为时间固定效应，both 为空间和时间固定（双固定）效应；nolog 表示不显示迭代过程；noeffects 表示不计算直接效用、间接效应和总效应。

将回归结果整理如下：

表 21 - 2   空间杜宾模型回归结果

变量名称	空间固定 效应模型	时间固定 效应模型	空间和时间固定 效应模型
const			
lnc	0.826 729 6*** (0.045 679 3)	1.119 298*** (0.017 150 4)	0.827 337 8*** (0.048 108 8)

续表

变量名称	空间固定效应模型	时间固定效应模型	空间和时间固定效应模型
$\ln(\phi+1)$	0.045 845	−0.155 537 8*	−0.018 119 1
	(0.070 205 2)	(0.092 011 1)	(0.075 129 2)
$\ln p$	0.107 901 4***	0.045 975 5***	0.090 986 8***
	(0.014 441)	(6.976 544 878)	(0.016 503 8)
$\ln r$	−0.000 553	—	—
	—	—	—
$W \times \ln c$	−0.254 190 4**	1.681 955***	0.983 691 3
	(0.117 731 7)	(0.427 814 9)	(0.652 148 5)
$W \times \ln(\phi+1)$	0.005 467 5	1.528 505	−0.919 137
	(0.164 565 6)	(0.982 357 8)	(0.838 045 6)
$W \times \ln p$	0.097 183	−0.214 41***	0.014 481 8
	(0.065 097 9)	(0.056 767 6)	(0.179 819 2)
$W \times \ln r$	0.087 488 2*	574 319.2***	−129 721 0
	(0.047 910 6)	(191 051.1)	(195 213 4)
R^2	0.951 3	0.052 5	0.052 5
$\log L$	579.175 8	356.434 1	601.312 8
Spatial ρ	0.309 403 3***	−0.936 817 1***	−1.070 468***
	(0.118 181 3)	(0.310 832 9)	(0.303 147 5)

注：括号中为标准误，*** 为在1%的显著性水平下显著。

由上表可以看出，存在显著的空间项，此时，如果用一般的面板数据模型是不合适的。

要点与结论

（1）空间权重矩阵有对称和非对称的，有与地理距离相关的，也有与经济状况相关的，所以，在应用时应选择与实际情况相符的空间权重矩阵。

（2）应用各种空间回归模型，应先分析研究的现象存在该模型所展示的各种空间相关关系和因果关系。

习题

21.1 从经济学和计量经济模型方法的角度出发，空间计量经济学问题是如何提出的？

21.2 为什么需要将计量经济模型残差结构中存在的空间相关性加以参数化？

21.3 空间实质相关和空间扰动相关的区别是什么？各自如何用模型加以描述？

21.4 举例说明空间滞后模型和空间误差模型的经济意义。

21.5 空间权重矩阵构造的一般原则是什么？有哪些常规设定方法？

21.6 Moran 指数和 Geary 指数的用途是什么？全局 Moran 指数和 Geary 指数、局部 Moran 指数和 Geary 指数是如何构造的？

21.7 G 统计量和 Moran 散点图的用途分别是什么？

21.8 为什么空间计量经济模型不采用普通

最小二乘估计方法进行估计?

21.9　采用 IV 方法估计空间滞后模型时，如何选择工具变量?

21.10　空间滞后模型 ML 估计的原理和步骤是什么?

21.11　空间误差模型的 ML 估计的原理是什么?为什么说它实际上等价于一个 EGLS 估计?

21.12　空间计量经济模型 LM 检验的逻辑思路和判别准则是什么?

21.13　为什么说空间杜宾模型在空间回归分析领域占据重要的位置?

21.14　选择一个简单的研究题目，分析不同的全局空间自相关指标的作用有哪些差异，并分析不同的局部空间自相关指标的作用有哪些差异。

21.15　选择一个简单的研究题目，利用空间计量经济模型 LM 检验及判别准则进行模型选择，并对选择的模型进行估计。

21

第

4

篇

联立方程模型时间
序列经济学

　　随便翻阅一下已经发表的有关管理学和经济学方面的经验研究，会发现许多经济关系式都属于单方程类型的。这正说明了为什么我们把本书的前三篇全部用来讨论单方程回归模型。在这类模型中，一个变量（因变量 Y）被表达成一个或多个其他变量（解释变量 X）的一个线性函数。这类模型有一个隐含的假定，就是如果 Y 和 X 之间有因果关系，则这种关系是单向的：解释变量是原因，而因变量是结果。

　　然而，在许多情形中，经济变量之间的影响是双向的，即一个经济变量影响另一个（或多个）经济变量，而反过来又受另一个（或多个）经济变量的影响。例如，在货币需求 M 对利率 r 的回归中，单方程方法论隐含地假定利率是（比方说由联邦储备系统）固定的，并试图求出货币需求对于利率水平变化的反应。但如果利率依赖于货币需求，又会出现什么情况呢？因为这时 M 依赖于 r 而 r 又依赖于 M，所以本书至今为止所讲的条件回归分析就未必合适。这样一来，我们需要两个方程，一个将 M 与 r 联系起来，另一个将 r 与 M 联系起来，这就要求我们考虑联立方程模型。其中有不止一个回归方程，相互依赖的变量分别有一个这样的方程。

　　在第 4 篇中，我们对联立方程模型这个复杂问题做一个非常粗浅的而且常常是直觉的介绍。详细的论述请见参考文献。

　　在第 22 章中，我们讲几个联立方程模型的例子，并说明为什么前面考虑的普通最小二乘法，一般地说不适用于估计这种模型中各个方程的参数。

　　在第 23 章中，我们考虑识别问题。如果在一个含有两个或多个方程的联立方程组中，由于一些方程是观测上无区别的，或者看上去过于相似，而无法有区别地获得每个方程中每个参数的估计值，我们就有了识别问题。例如，在数量 Q 对价格 P 的回归中，由于 Q 和 P 均进入需求函数和供给函数，那么我们得到的回归方程是需求函数，还是供给函数呢？因此，如果我们除 Q 和 P 数据之外别无其他信息，那么要确定回归方程是需求函数还是供给函数，虽然不是不可能，但也非常困难。所以，在我们进行估计之前，必须先解决识别问题，否则我们还不知道我们估计的是什么，估计本身就毫无意义。

　　在第 24 章中，我们考虑专门为估计联立方程模型而设计的一些估计方法及其优越性和局限性。

　　在经验研究中，时间序列数据的使用已变得如此频繁、如此深入，致使计量经济学家最近已对这类数据倾注了大量的注意力。在第 1 章中我们已注明，在涉及时间序列数据的回归分析的背后有一个隐含的假定，即这些数据是平稳的。如果不是这样的话，则通常基于 t 检验、F 检验、χ^2 等检验的假设检验程序将是可疑的。在第 25 章和第 26 章两章中，我们将对时间序列数据做更细致的观察。

在第 25 章中，我们首先定义一个平稳时间序列，然后给出判断一个时间序列是否平稳的一些检验。在这一问题上，我们介绍一些有关的概念，诸如单位根（unit root）、随机游走（random walk）和单整时间序列（integrated time series）。然后，我们区分趋势平稳（trend stationary，TS）和差分平稳（difference stationary，DS）时间序列，并指出它们的实际含义。在涉及时间序列数据的回归中，一个常见的问题是谬误回归（spurious regression）现象，我们讨论它的实际含义。然后，我们引进协整（cointegration）的概念并指出它在经验研究中的重要性。所有这些概念都将得到适当的说明。

在第 26 章中，我们把注意力主要放在用时间序列数据进行预测上。假定时间序列是平稳的，或者通过适当的变换而成为平稳的，我们阐明由于博克斯和詹金斯的工作而得以普及的自回归求积移动平均（ARIMA）建模方法如何用于预测。在这一章中，我们还讨论以向量自回归（vector autoregression，VAR）为名的另一预测方法，及其相对于传统的联立方程计量经济预测模型的优点。我们通过适当的例题说明 ARIMA 和 VAR 实际上是怎样用于预测的。

这两章仅仅触及时间序列计量经济学的皮毛。这是最为活跃的计量经济研究领域之一。关于这一论题，已有多种专著。我们写这两章的目的只是抛砖引玉，把读者引入时间序列计量经济学这个诱人的天地。

在第 27 章中，我们介绍格兰杰因果关系检验、向量自回归模型的脉冲响应分析和方差分解分析，最后介绍了门限向量自回归模型。

第22章 联立方程模型

在本章和接下来的两章里，我们讨论联立方程模型。具体地说，我们讨论它们的特点、对它们的估计以及与它们有关的某些统计问题。

22.1 联立方程模型的性质

在本教材的第 1~3 篇里，我们仅考虑单方程模型，也就是有单一因变量 Y 和一个或多个解释变量 X 的模型。在这些模型中，重点是以固定的 X 变量值为条件来估计和（或）预测 Y 的均值。因此，在这样的模型中因果关系是从 X 到 Y。

但在许多情形下这种单向因果关系是没有意义的。如果 Y 由 X 决定而某些 X 又反过来由 Y 决定，就会出现这种情形。简言之，Y 和（某些）X 之间有一种双向或联立关系，致使因变量和解释变量之间的划分令人质疑。较好的方法是把一组变量合在一起，它们是能由另一组变量联合决定的——这正是联立方程模型所要做的。在这类模型中有不止一个方程，每个相互或彼此依赖的变量，或称内生变量，都有一个方程。[1] 和单方程模型不同，在联立方程模型中，我们在估计一个方程的参数时不得不考虑方程组中其他方程所提供的信息。

比方说，如果用 OLS 去估计每个方程的参数而不考虑方程组中的其他方程，那么会出现什么情况呢？记得 OLS 的关键假定之一是，解释变量 X 是非随机的，或者，虽然是随机的，却独立于随机误差项而分布。如果两种情形都不满足，则如后所示，最小二乘估计量不但是有偏误的，而且是不一致的；也就是说，即使样本无限增大，估计量仍不收敛于它们的真（总体）值。例如，在下列假设的方程组中[2]：

$$Y_{1i} = \beta_{10} + \beta_{12}Y_{2i} + \gamma_{11}X_{1i} + u_{1i} \tag{22.1.1}$$

---

① 在联立方程模型的用语中，相互依赖的变量叫作内生变量。那些真正非随机或可看作非随机的变量叫作外生或前定变量。（更多细节见第 23 章。）

② 这些简洁但不言自明的符号将在第 23 章中被推广到多于两个方程的情形。

$$Y_{2i} = \beta_{20} + \beta_{21}Y_{1i} + \gamma_{21}X_{1i} + u_{2i} \tag{22.1.2}$$

其中 Y_1 和 Y_2 是相互依赖的两个变量或内生变量，而 X_1 是外生变量。u_1 和 u_2 是随机干扰项。变量 Y_1 和 Y_2 都是随机的。因此，除非能够证明方程（22.1.1）中的随机解释变量 Y_2 的分布独立于 u_1，并且方程（22.1.2）中的随机解释变量 Y_1 的分布独立于 u_2，否则对这些方程应用经典的 OLS 得到的估计将是不一致的。

在本章的其余部分，我们给出联立方程模型的几个例子，并说明对这类模型直接应用最小二乘法而导致的偏误。在第 23 章讨论识别问题之后，我们在第 24 章将讨论一些用以处理联立方程模型的特殊方法。

22.2 联立方程模型举例

例 22.1 需求与供给模型

众所周知，一个商品的价格 P 和它的销售量 Q 是由对该商品需求和供给曲线的交点来决定的。比如，为简单起见，假定需求和供给曲线是线性的，那么加上随机干扰项 u_1 和 u_2，我们就可写出实证的需求-供给函数：

需求函数：$\quad Q_t^d = \alpha_0 + \alpha_1 P_t + u_{1t} \qquad \alpha_1 < 0 \tag{22.2.1}$

供给函数：$\quad Q_t^s = \beta_0 + \beta_1 P_t + u_{2t} \qquad \beta_1 > 0 \tag{22.2.2}$

均衡条件：$\quad Q_t^d = Q_t^s$

其中 Q^d＝需求量；

Q^s＝供给量；

t＝时间。

而 α 和 β 是参数。先验地，预期 α_1 为负（向右下倾斜的需求曲线），而 β_1 为正（向右上倾斜的供给曲线）。

现在不难看出 P 和 Q 是联合因变量。例如，方程（22.2.1）中的 u_{1t} 将随着影响 Q_t^d 的其他变量（诸如收入、财富和嗜好）的改变而改变。若 u_{1t} 是正的，则需求曲线将向上移动；若 u_{1t} 是负的，则需求曲线将向下移动。图 22-1 表明了这些移动。

如图所示，需求曲线的移动同时改变了 P 和 Q。同理，u_{2t} 的改变（例如由于罢工、气候、进出口限制等）将使供给曲线移动，也会同时影响 P 和 Q。由于 Q 和 P 之间的这种相互依赖关系，方程（22.2.1）中的 u_{1t} 和 P_t 以及方程（22.2.2）中的 u_{2t} 和 P_t 就不可能是独立的。因此，像方程（22.2.1）那样 Q 对 P 的回归将破坏经典线性回归模型的一个重要假定，即解释变量与干扰项不相关的假定。

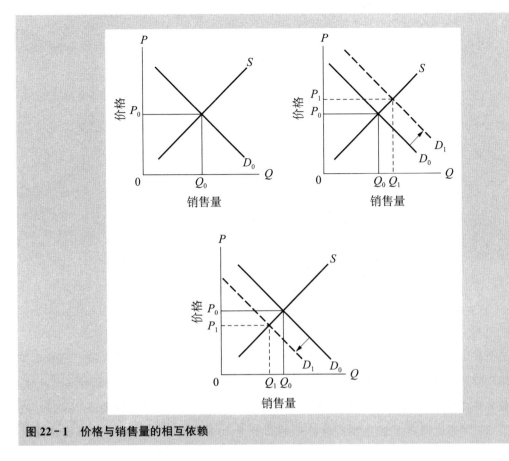

图 22 - 1　价格与销售量的相互依赖

例 22. 2　凯恩斯收入决定模型

考虑简单的凯恩斯收入决定模型：

消费函数：　$C_t = \beta_0 + \beta_1 Y_t + u_t$　　　$0 < \beta_1 < 1$　　　(22.2.3)

收入恒等式：$Y_t = C_t + I_t (= S_t)$　　　(22.2.4)

其中 C＝消费支出；

Y＝收入；

I＝投资（假定为外生变量）；

S＝储蓄；

t＝时间；

u＝随机干扰项；

β_0 和 β_1＝参数。

参数 β_1 被称为边际消费倾向（收入增加 1 美元导致消费支出的增加量）。经济理论预期 β_1 介于 0 与 1 之间。方程（22.2.3）是一个（随机）消费函数；而方程（22.2.4）是一个国民收入恒等式，意味着总收入等于总消费加总投资，当然必须明确总投资等于总储蓄。用图形表示，我们得到图 22 - 2。

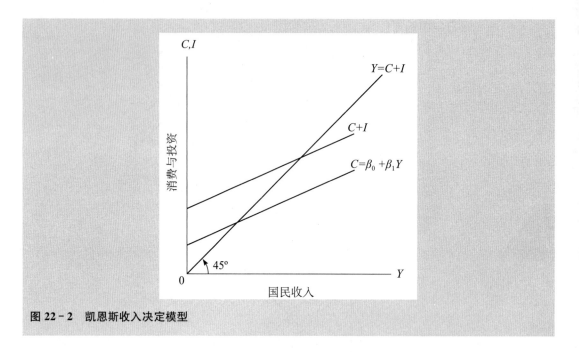

图 22 - 2 凯恩斯收入决定模型

从这个假设的消费函数和图 22-2 明显可以看出，C 和 Y 是相互依赖的，并且不能指望方程（22.2.3）中的 Y_t 会独立于干扰项。因为当 u_t 改变（由于误差项包含着种种因素）时，消费函数也随之改变，而消费的变动又反过来影响 Y。由此，再次表明经典最小二乘法对方程（22.2.3）不再适用；如果要用，所得到的估计量也不是一致的，我们后面会证明这一点。

例 22.3 工资-价格模型

考虑如下货币工资与价格决定的菲利普斯类型的模型：

$$\dot{W}_t = \alpha_0 + \alpha_1\, \mathrm{UN}_t + \alpha_2 \dot{P}_t + u_{1t} \tag{22.2.5}$$

$$\dot{P}_t = \beta_0 + \beta_1 \dot{W}_t + \beta_2 \dot{R}_t + \beta_3 \dot{M}_t + u_{2t} \tag{22.2.6}$$

其中 $\dot{W}$＝货币工资变化率；

UN＝失业率，%；

$\dot{P}$＝价格变化率；

$\dot{R}$＝资本成本变化率；

$\dot{M}$＝进口原材料的价格变化率；

t＝时间；

u_1，u_2＝随机干扰项。

由于价格变量 $\dot{P}$ 进入工资方程，并且工资变量 $\dot{W}$ 进入价格方程，所以这两个变量是相互依赖的。因此预期随机解释变量与有关的随机干扰是相关的，再次导致经典 OLS 方法不适于用来对这两个方程逐个进行参数估计。

例 22.4 宏观经济学中的 IS 模型

宏观经济学中著名的 IS 模型或产品市场均衡模型[①]的非随机形式可表达为：

消费函数：　　　　　　$C_t = \beta_0 + \beta_1 Y_{dt}$　　$0 < \beta_1 < 1$　　　　　　　　(22.2.7)

税收函数：　　　　　　$T_t = \alpha_0 + \alpha_1 Y_t$　　$0 < \alpha_1 < 1$　　　　　　　　(22.2.8)

投资函数：　　　　　　$I_t = \gamma_0 + \gamma_1 r_t$　　　　　　　　　　　　　　　(22.2.9)

定义方程：　　　　　　$Y_{dt} = Y_t - T_t$　　　　　　　　　　　　　　　(22.2.10)

政府支出：　　　　　　$G_t = \overline{G}$　　　　　　　　　　　　　　　(22.2.11)

国民收入恒等式：　　　$Y_t = C_t + I_t + G_t$　　　　　　　　　　　　(22.2.12)

其中 $Y =$ 国民收入；

$C =$ 消费支出；

$\overline{G} =$ 计划的或理想的净投资；

$I =$ 给定的政府支出水平；

$T =$ 税收；

$Y_d =$ 可支配收入；

$r =$ 利率。

如果你把方程（22.2.10）和方程（22.2.8）代入方程（22.2.7），并将所得到的 C 方程以及方程（22.2.9）和方程（22.2.11）代入方程（22.2.12），便得到 IS 方程：

$$Y_t = \pi_0 + \pi_1 r_t \qquad\qquad (22.2.13)$$

其中

$$\pi_0 = \frac{\beta_0 - \alpha_0 \beta_1 + \gamma_0 + \overline{G}}{1 - \beta_1(1 - \alpha_1)}$$

$$\pi_1 = \frac{1}{1 - \beta_1(1 - \alpha_1)} \qquad\qquad (22.2.14)$$

方程（22.2.13）就是 IS 方程或产品市场均衡方程。也就是说，它给出了产品市场出清或均衡的那些利率与收入组合。IS 曲线的几何形状如图 22-3 所示。

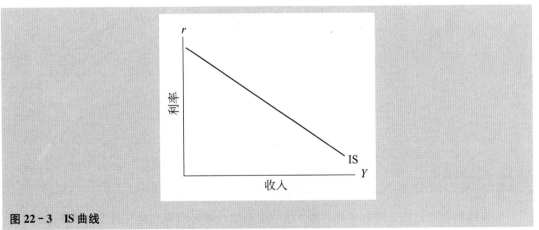

图 22-3 IS 曲线

---

① "产品市场均衡曲线或 IS 曲线给出了计划支出等于收入的那些利率与产出水平的组合。"参见 Rudiger Dornbusch and Stanley Fischer, *Macroeconomics*, 3d ed., McGraw-Hill, New York, 1984, p.102。注意，为简单起见，我们省去了外贸部门。

比如说，我们若孤立地估计消费函数（22.2.7），会出现什么情况呢？我们能得到 β_0 和 β_1 的无偏和（或）一致估计吗？这种结果是不大可能的。因为消费依赖于可支配收入，可支配收入又依赖于国民收入，而国民收入又依赖于 r 和 $\overline{G}$ 以及进入 π_0 的其他参数。因此，除非我们把所有这些影响都考虑进来，否则一个 C 对 Y_d 的简单回归注定要给出 β_0 和 β_1 的有偏误和（或）不一致的估计。

例 22.5   IS-LM 模型

著名的 IS-LM 范式的另一半是 LM 或货币市场均衡关系，它给出了货币市场出清即货币供求相等的那些利率与收入组合，数学上该模型的非随机形式可表达为：

$$\text{货币需求函数：} \quad M_t^d = a + bY_t - cr_t \tag{22.2.15}$$

$$\text{货币供给函数：} \quad M_t^s = \overline{M} \tag{22.2.16}$$

$$\text{均衡条件：} \quad M_t^d = M_t^s \tag{22.2.17}$$

其中 Y＝收入，r＝利率，$\overline{M}$＝给定的货币量，比如由联邦储备银行决定的货币量。

令货币需求函数等于供给函数并化简，我们得到 LM 方程：

$$Y_t = \lambda_0 + \lambda_1 \overline{M} + \lambda_2 r_t \tag{22.2.18}$$

其中 $\lambda_0 = -a/b$；

$$\lambda_1 = 1/b; \tag{22.2.19}$$

$\lambda_2 = c/b$。

给定 $M = \overline{M}$，代表关系式（22.2.18）的 LM 曲线如图 22-4 所示。

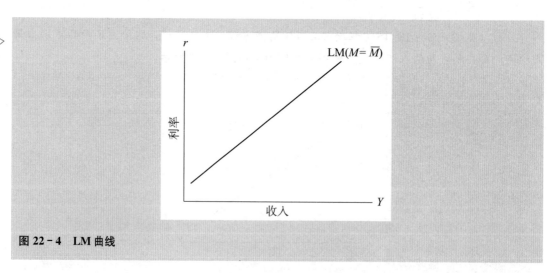

图 22-4   LM 曲线

IS 曲线和 LM 曲线分别表示与产品市场均衡和货币市场均衡相适应的整个利率组合。当然，只有一个利率和一个收入水平能同时适应两个均衡。为了得到这个利率和这个收入水平，只需令方程（22.2.13）等于方程（22.2.18）。习题 22.4 要求你给出同时与商品市场和货币市场均衡相适应的利率和收入水平。

例 22.6 计量经济模型

一些计量经济学家在他们构造的计量经济模型中曾广泛地使用联立方程模型。该领域早期的一位先驱者是宾夕法尼亚大学沃顿商学院的克莱因（Lawrence Klein）教授。他的开创性模型，名为克莱因模型 I（Klein's model I），就是如下模型：

$$消费函数： \quad C_t = \beta_0 + \beta_1 P_t + \beta_2 (W + W')_t + \beta_3 P_{t-1} + u_{1t}$$

$$投资函数： \quad I_t = \beta_4 + \beta_5 P_t + \beta_6 P_{t-1} + \beta_7 K_{t-1} + u_{2t}$$

$$劳动需求： \quad W_t = \beta_8 + \beta_9 (Y + T - W')_t + \beta_{10} (Y + T - W')_{t-1} + \beta_{11} t + u_{3t}$$

$$恒等式： \quad Y_t + T_t = C_t + I_t + G_t \qquad\qquad (22.2.20)$$

$$恒等式： \quad Y_t = W'_t + W_t + P_t$$

$$恒等式： \quad K_t = K_{t-1} + I_t$$

其中 C＝消费支出；

I＝投资支出；

G＝政府支出；

P＝利润；

W＝私人工资收入；

W′＝政府工资收入；

K＝资本存量；

T＝税收；

Y＝税后收入；

t＝时间；

u_1，u_2，u_3＝随机干扰项。[1]

在上述模型中，变量 C，I，W，Y，P 和 K 被看作联合因变量或内生变量，而变量 P_{t-1}，K_{t-1} 和 Y_{t-1} 被看作前定变量。[2] 总共有 6 个方程（包括 3 个恒等式）用以研究 6 个内生变量的相互依赖关系。

在第 24 章中，我们将会看到怎样去估计这类计量经济模型。目前，只需注意由于内生变量之间的相互依赖性，一般地说，它们是不独立于随机干扰项的，因此，不适于用 OLS 逐个地估计方程组中的方程。如 22.3 节将要表明的，这样得到的估计量将是不一致的；即使样本很大，它们也不收敛于它们的真实总体值。

22.3 联立方程偏误：OLS 估计量的不一致性

如前所述，最小二乘法不适于用来估计包含在一个联立方程组中的单个方程，

---

[1] L. R. Klein, *Economic Fluctuations in United States*，*1921—1941*，John Wiley & Sons，New York，1950.

[2] 模型构造者必须指明一个模型中的哪些变量是内生的，哪些变量是前定的。K_{t-1} 和 Y_{t-1} 之所以是前定的，是因为在时刻 t 它们的值是已知的。（对此第 23 章中有更多的讨论。）

因为如果在该方程中有一个或多个解释变量与干扰项相关，这样得到的估计量就是不一致的。为了说明这一点，让我们回到例 22.2 所给的简单的凯恩斯收入决定模型。假使我们要估计消费函数（22.2.3）的参数。假定 $E(u_t)=0$，$E(u_t^2)=\sigma^2$，$E(u_t u_{t+j})=0$（$j \neq 0$）和 $\mathrm{cov}(I_t, u_t)=0$，也就是经典线性回归模型中的那些假定都成立，我们首先证明方程（22.2.3）中的 Y_t 和 u_t 相关，然后证明 $\hat{\beta}_1$ 是 β_1 的一个不一致估计量。

为了证明 Y_t 和 u_t 相关，我们进行如下计算。将方程（22.2.3）代入方程（22.2.4）得到：

$$Y_t = \beta_0 + \beta_1 Y_t + u_t + I_t$$

也即，

$$Y_t = \frac{\beta_0}{1-\beta_1} + \frac{1}{1-\beta_1} I_t + \frac{1}{1-\beta_1} u_t \qquad (22.3.1)$$

现在：

$$E(Y_t) = \frac{\beta_0}{1-\beta_1} + \frac{1}{1-\beta_1} I_t \qquad (22.3.2)$$

其中用到了 $E(u_t)=0$ 这一假定，而既然 I_t 是外生的或前定的（因已事先给定），其期望值就是它本身。

因此，从方程（22.3.1）中减去方程（22.3.2），结果是：

$$Y_t - E(Y_t) = \frac{u_t}{1-\beta_1} \qquad (22.3.3)$$

另外，

$$u_t - E(u_t) = u_t \quad （为什么？） \qquad (22.3.4)$$

由此得：

$$\begin{aligned}
\mathrm{cov}(Y_t, u_t) &= E[Y_t - E(Y_t)][u_t - E(u_t)] \\
&= \frac{E(u_t^2)}{1-\beta_1} \quad 利用方程（22.3.3）和方程（22.3.4） \\
&= \frac{\sigma^2}{1-\beta_1} \qquad (22.3.5)
\end{aligned}$$

因为按假定可知 σ^2 是正的（为什么？），故方程（22.3.5）中 Y 和 u 的协方差必不为零。[①] 从而可以预料方程（22.2.3）中的 Y_t 和 u_t 是相关的，这就违反了经典线性回归模型的假定：干扰项与解释变量独立或至少不相关。前面曾指出，在这种情形中，OLS 估计量是不一致的。

为了证明由于 Y_t 和 u_t 是相关的，因而 OLS 估计量 $\hat{\beta}_1$ 是 β_1 的一个不一致估计量，我们的过程如下：

---

① 只要 MPC 即 β_1 落在 0 与 1 之间，它就一定大于 0。但若 β_1 大于 1，它将是负的。当然，一个大于 1 的 MPC 值不会有多少经济意义，因此在现实中可以预期 Y_t 和 u_t 之间的协方差是正的。

$$\hat{\beta}_1 = \frac{\sum (C_t - \bar{C})(Y_t - \bar{Y})}{\sum (Y_t - \bar{Y})^2} = \frac{\sum c_t y_t}{\sum y_t^2} = \frac{\sum C_t y_t}{\sum y_t^2} \tag{22.3.6}$$

其中，小写字母表示对（样本）均值的离差。将方程（22.2.3）中的 C_t 代入便得到：

$$\hat{\beta}_1 = \frac{\sum (\beta_0 + \beta_1 Y_t + u_t) y_t}{\sum y_t^2} = \beta_1 + \frac{\sum y_t u_t}{\sum y_t^2} \tag{22.3.7}$$

其中最后一步用到了 $\sum y_t = 0$ 和 $\left(\sum Y_t y_t / \sum y_t^2 \right) = 1$ 这两个关系式。（为什么?）

如果对方程（22.3.7）两边同时取期望值，则得到：

$$E(\hat{\beta}_1) = \beta_1 + E\left[\frac{\sum y_t u_t}{\sum y_t^2} \right] \tag{22.3.8}$$

可惜，由于期望运算子是一个线性运算子〔注：$E(A/B) \neq E(A)/E(B)$〕，所以我们不能计算 $E(\sum y_t u_t / \sum y_t^2)$。但从直观上应明显看出，除非 $\left(\sum y_t u_t / \sum y_t^2 \right)$ 等于 0，否则 $\hat{\beta}_1$ 将是 β_1 的一个有偏误的估计量。但我们还没有证明方程（22.3.5）中 Y 和 u 之间的协方差不等于 0，因而 $\hat{\beta}_1$ 会不会是无偏的呢？答案是，还不确定。因为 $\text{cov}(Y_t, u_t)$ 是一个总体概念，而 $\sum y_t u_t$ 是一个样本测度，虽然随着样本容量无限增大，后者趋向于前者，但二者终究不完全是一回事。但是，如果样本无限增大，我们就可以求助于一致估计量的概念，去判明当样本容量 n 趋于无穷大时出现的情况。总之，当我们不能明确估算如同方程（22.3.8）中这种估计量的期望值时，我们可以把注意力转到它的大样本性态上来。

我们说，如果一个估计量的概率极限 plim（probability limit）[1] 等于它的真实（总体）值，它就是一致的。因此，为了证明方程（22.3.7）中的 $\hat{\beta}_1$ 不是一致的，我们必须证明它的 plim 不等于真实 β_1。对方程（22.3.7）应用概率极限法则，我们得到[2]：

$$\text{plim}(\hat{\beta}_1) = \text{plim}(\beta_1) + \text{plim}\left[\frac{\sum y_t u_t}{\sum y_t^2} \right]$$

$$= \text{plim}(\beta_1) + \text{plim}\left[\frac{\sum y_t u_t / n}{\sum y_t^2 / n} \right]$$

$$= \beta_1 + \frac{\text{plim}(\sum y_t u_t / n)}{\text{plim}(\sum y_t^2 / n)} \tag{22.3.9}$$

其中第二步我们用样本中的总观测个数 n 分别去除 $\sum y_t u_t$ 和 $\sum y_t^2$，以使括号中的

---

① 关于概率极限的定义，参见附录 A。

② 如在附录 A 中所述，常数（例如 β_1）的 plim 就是该常数，以及 $\text{plim}(A/B) = \text{plim}(A)/\text{plim}(B)$。但注意，$E(A/B) \neq E(A)/E(B)$。

量现在变为 Y 和 u 的样本协方差和 Y 的样本方差。

用语言表达，方程（22.3.9）是说，$\hat{\beta}_1$ 的概率极限等于真实 β_1 加上 Y 和 u 的样本协方差的概率极限与 Y 的样本方差的概率极限之比的和。现在，可以预期，随着样本容量 n 无限增大，Y 和 n 的样本协方差将迫近其真实总体协方差 $E[Y_t - E(Y_t)][u_t - E(u_t)]$，而后者根据方程（22.3.5）等于 $\sigma^2/(1-\beta_1)$。类似地，随着 n 趋于无穷大，Y 的样本方差将迫近其总体方差，且记为 σ_Y^2。因此，方程（22.3.10）可写为

$$\text{plim}(\hat{\beta}_1) = \beta_1 + \frac{\sigma^2/(1-\beta_1)}{\sigma_Y^2} = \beta_1 + \frac{1}{1-\beta_1}\left(\frac{\sigma^2}{\sigma_Y^2}\right) \qquad (22.3.10)$$

由于 $0 < \beta_1 < 1$ 且 σ^2 和 σ_Y^2 都为正，显然由方程（22.3.10）知 $\text{plim}(\hat{\beta}_1)$ 总比 β_1 大；也就是说，$\hat{\beta}_1$ 将过高地估计真实 β_1。[1] 换句话说，$\hat{\beta}_1$ 是一个有偏误的估计量，并且这个偏误将不会消失，不管样本容量有多大。

22.4　联立方程偏误：一个数值例子

为了阐明上节中的某些观点，让我们回到例 22.2 所给的简单的凯恩斯收入决定模型，并完成以下再假定：蒙特卡洛研究。[2] 假定投资 I 的取值由表 22-1 的第（3）列给出。再假定：

$$E(u_t) = 0$$
$$E(u_t u_{t+j}) = 0 \quad (j \neq 0)$$
$$\text{var}(u_t) = \sigma^2 = 0.04$$
$$\text{cov}(u_t, I_t) = 0$$

根据这些假定，生成的 u_t 见第（4）列。

表 22-1

$Y_t(1)$	$C_t(2)$	$I_t(3)$	$u_t(4)$
18.156 97	16.156 97	2.0	$-0.368\ 605\ 5$
19.599 80	17.599 80	2.0	$-0.800\ 408\ 4\text{E-}01$
21.934 68	19.734 68	2.2	$0.186\ 935\ 7$
21.551 45	19.351 45	2.2	$0.110\ 290\ 6$
21.884 27	19.484 27	2.4	$-0.231\ 453\ 5\text{E-}01$
22.426 48	20.026 48	2.4	$0.852\ 954\ 4\text{E-}01$
23.409 40	22.809 40	2.6	$0.481\ 880\ 7$
22.695 23	20.095 23	2.6	$-0.609\ 548\ 1\text{E-}01$
24.364 65	21.564 65	2.8	$0.729\ 298\ 3\text{E-}01$
24.393 34	21.593 34	2.8	$0.786\ 681\ 9\text{E-}01$

---

[1]　然而，一般地说，偏误的方向将依赖于模型的具体结构和回归系数的真实值。

[2]　本研究节选自 Kenneth J. White, Nancy G. Horsman, and Justin B. Wyatt, *SHAZAM: Computer Handbook for Econometrics for Use with Basic Econometrics*, McGraw-Hill, New York, pp. 131-134。

续表

$Y_t(1)$	$C_t(2)$	$I_t(3)$	$u_t(4)$
24.092 15	21.092 15	3.0	$-0.181\ 570\ 3$
24.874 50	21.874 50	3.0	$-0.250\ 990\ 0\text{E-}01$
25.315 80	22.115 80	3.2	$-0.136\ 839\ 8$
26.304 65	23.104 65	3.2	$0.609\ 294\ 6\text{E-}01$
25.782 35	22.382 35	3.4	$-0.243\ 529\ 8$
26.080 18	22.680 18	3.4	$-0.183\ 963\ 8$
27.244 40	23.644 40	3.6	$-0.151\ 120\ 0$
28.009 63	24.409 63	3.6	$0.192\ 673\ 9\text{E-}02$
30.893 01	27.093 01	3.8	$0.378\ 601\ 5$
28.987 06	25.187 06	3.8	$-0.258\ 885\ 2\text{E-}02$

资料来源：Kenneth J. White，Nancy G. Horsman，and Justin B. Wyatt，*SHAZAM*：*Computer Handbook for E-conometrics for Use with Damodar Gujarati*，*Basic Econometrics*，September 1985，p. 132.

假定消费函数（22.2.3）中的真实参数值已知为 $\beta_0 = 2$ 和 $\beta_1 = 0.8$。

根据 β_0 和 β_1 的假定值以及已生成的 u_t 值，我们可从方程（22.3.1）中生成收入 Y_t 的数值，见表 22-1 的第（1）列。一旦 Y_t 已知，并且知道了 β_0、β_1 和 u_t，就很容易从方程（22.2.3）生成消费 C_t 的数值。把如此生成的 C 值列在表的第（2）列。

由于真实 β_0 和 β_1 为已知，再由于我们的样本误差正好是"真实"误差（因为我们设计蒙特卡洛研究的方法），所以如果 OLS 是无偏的，我们用表 22-1 的数据做 C_t 对 Y_t 的回归应该得到 $\beta_0 = 2$ 和 $\beta_1 = 0.8$。但从方程（22.3.7）我们知道，如果回归元 Y_t 与干扰项 u_t 相关，就不是这种情形。现在从我们的数据不难验证，Y_t 与 u_t 的（样本）协方差是 $\sum y_t u_t = 3.8$，而 $\sum y_t^2 = 184$。于是，如方程（22.3.7）所示，我们应得到：

$$\hat{\beta}_1 = \beta_1 + \frac{\sum y_t u_t}{\sum y_t^2} = 0.8 + \frac{3.8}{184} = 0.820\ 65 \qquad (22.4.1)$$

就是说 $\hat{\beta}_1$ 有 0.020 65 的过高偏误。

现在，让我们用表 22-1 中的数据做 C_t 对 Y_t 的回归。回归的结果是：

$$\hat{C}_t = 1.494\ 0 + 0.820\ 65 Y_t$$
$$\text{se} = (0.354\ 13)(0.014\ 34) \qquad (22.4.2)$$
$$t = (4.218\ 8)(57.209) \qquad R^2 = 0.994\ 5$$

不出所料，所估计的 β_1 正是方程（22.4.1）所预测的 $\hat{\beta}_1$ 值。顺便指出，所估计的 β_0 也是有偏误的。

一般地说，$\hat{\beta}_1$ 中偏误的大小取决于 β_1、σ^2 和 $\text{var}(Y)$，而且特别依赖于 Y 与 u 之间协方差的大小。[①] 如怀特（Kenneth White）等人所说："关于联立方程偏误不

---

① 参见方程（22.3.5）。

外就是这些。和单方程模型相比，我们不能再假定方程右边的变量与误差项是不相关的了。"[1] 要记住，即使在大样本中，这个偏误仍然存在。

鉴于在联立方程中应用 OLS 的潜在严重后果，是否有某种联立性检验能告诉我们，在某一给定的事例中有没有联立性的问题呢？我们可以利用豪斯曼设定检验（Hausman specification test）来达到此目的，我们将在第 23 章讨论它。

要点与结论

（1）与单方程模型对比，联立方程模型涉及多于一个因变量或内生变量，从而有多少个内生变量就需要多少个方程。

（2）联立方程模型的一个特有性质是，一个方程中的内生变量（即回归子）作为解释变量出现在方程组的另一个方程之中。

（3）结果是，这样的内生解释变量变成随机的了，而且常常和它作为解释变量所在方程中的误差项有相关关系。

（4）在这种情况下，经典 OLS 未必适用，因为这样得到的估计量是不一致的。就是说，不管样本容量有多大，这些估计量都不会收敛于其真实总体值。

（5）文中介绍的蒙特卡洛例子，说明了当一个回归方程中的回归元与干扰项相关时（这正是联立方程模型的典型情况），用 OLS 去估计其参数会内在地导致偏误。

（6）因为联立方程模型常常是有用的，特别是在计量经济模型中，所以不同作者曾研究出一些其他估计方法，这些方法将在第 24 章中讨论。但在这之前，先在第 23 章中考虑识别问题，这是逻辑上先于估计问题的一个专题。

22

习 题

问答题

22.1 构造美国牙医供求的一个联立方程模型。明确模型中的内生变量和外生变量。

22.2 构造美国货币供求的一个简单模型，并将你的模型同布伦纳（K. Brunner）和梅尔策（A. H Meltzer）[2] 以及蒂金（R. Tiegen）[3] 所提出

的模型相比较。

22.3 a. 对例 22.1 的供求模型求 $\hat{\rho}_1$ 的概率极限表达式。

b. 在什么条件下这个概率极限会等于真实 α_1？

22.4 对于文中讨论的 IS-LM 模型，求出同

[1] Kenneth J. White, op. cit., pp. 133-134.

[2] "Some Further Evidence on Supply and Demand Functions for Money," *Journal of Finance*, vol. 19, May 1964, pp. 240-283.

[3] "Demand and Supply Functions for Money in the United States," *Econometrica*, vol. 32, no. 4, October 1964, pp. 476-509.

时与商品市场及货币市场均衡相协调的利率和收入水平。

22.5 为了研究通货膨胀与普通股收益的关系，奥迭特（Bruno Oudet）[1] 使用以下模型：

$$R_{bt} = \alpha_1 + \alpha_2 R_{st} + \alpha_3 R_{bt-1} + \alpha_4 L_t + \alpha_5 Y_t$$
$$+ \alpha_6 \text{NIS}_t + \alpha_7 I_t + u_{1t}$$

$$R_{st} = \beta_1 + \beta_2 R_{bt} + \beta_3 R_{bt-1} + \beta_4 L_t + \beta_5 Y_t$$
$$+ \beta_6 \text{NIS}_t + \beta_7 I_t + u_{2t}$$

其中 L ＝真实人均基础货币；

Y ＝真实人均资本收入；

I ＝预期通货膨胀率；

NIS ＝一种新发行股票变量；

E ＝预期期末股票回报，由滞后股价比率作为代理变量；

R_{bt} ＝债券收益；

R_{st} ＝普通股收益。

a. 试从理论上说出此模型的道理。看看你的理解是否和奥迭特所理解的一致。

b. 模型中哪些是内生变量？哪些是外生变量？

c. 你怎样看待滞后 R_{bt} ——内生还是外生？

22.6 法利（John U. Farley）和莱维特（Harold J. Levitt）在他们的论文《有注册商标的个人用品在牙买加的流通模型》（A Model of the Distribution of Branded Personal Products in Jamaica）[2] 中提出了如下模型（所考虑的产品是剃须膏、护肤霜、卫生纸和牙膏）：

$$Y_{1i} = \alpha_1 + \beta_1 Y_{2i} + \beta_2 Y_{3i} + \beta_3 Y_{4i} + u_{1i}$$
$$Y_{2i} = \alpha_2 + \beta_4 Y_{1i} + \beta_5 Y_{5i} + \gamma_1 X_{1i} + \gamma_2 X_{2i} + u_{2i}$$
$$Y_{3i} = \alpha_3 + \beta_6 Y_{2i} + \gamma_3 X_{3i} + u_{3i}$$
$$Y_{4i} = \alpha_4 + \beta_7 Y_{2i} + \gamma_4 X_{4i} + u_{4i}$$
$$Y_{5i} = \alpha_5 + \beta_8 Y_{2i} + \beta_9 Y_{3i} + \beta_{10} Y_{4i} + u_{5i}$$

其中 Y_1 ＝储存此产品的商店所占百分比；

Y_2 ＝每月销售单位数；

Y_3 ＝与产品进口商和制造商直接洽谈指数；

Y_4 ＝地区的批发活动指数；

Y_5 ＝储存产品的商标深度指数（指经营该类产品的商店存有产品的商标种类平均个数）；

X_1 ＝产品的目标人口总体；

X_2 ＝地区所在行政区域的人均收入；

X_3 ＝从人口中心到首都金斯敦的距离；

X_4 ＝从人口中心到最近一个批发城的距离。

a. 你能识别出上述模型中的内生和外生变量吗？

b. 能用最小二乘法去估计模型中的一个或多个方程吗？为什么？

22.7 为了研究广告费与香烟销售量的关系，巴斯（Frank Bass）使用如下模型[3]：

$$Y_{1t} = \alpha_1 + \beta_1 Y_{3t} + \beta_2 Y_{4t} + \gamma_1 X_{1t} + \gamma_2 X_{2t} + u_{1t}$$
$$Y_{2t} = \alpha_2 + \beta_3 Y_{3t} + \beta_4 Y_{4t} + \gamma_3 X_{1t} + \gamma_4 X_{2t} + u_{2t}$$
$$Y_{3i} = \alpha_3 + \beta_5 Y_{1t} + \beta_6 Y_{2t} + u_{3t}$$
$$Y_{4i} = \alpha_4 + \beta_7 Y_{1t} + \beta_8 Y_{2t} + u_{4t}$$

其中 Y_1 ＝过滤嘴香烟销售量（香烟支数）与 20 岁以上人口数的商的对数；

Y_2 ＝无过滤嘴香烟销售量（香烟支数）与 20 岁以上人口数的商的对数；

Y_3 ＝过滤嘴香烟美元广告费与 20 岁以上人口数的商的对数再除以广告价格指数；

Y_4 ＝无过滤嘴香烟美元广告费与 20 岁以上人口数的商的对数再除以广告价格指数；

X_1 ＝个人可支配收入与 20 岁以上人口数的商的对数再除以消费者价格指数；

X_2 ＝无过滤嘴香烟每包价格与消费者价格指数的商的对数。

a. 在上述模型中 Y 是内生的，而 X 是外生的。为什么作者认为 X_2 是外生的呢？

b. 如果把 X_2 看作一个内生变量，你会怎样修改上述模型？

① Bruno A. Oudet, "The Variation of the Return on Stocks in Periods of Inflation," *Journal of Financial and Quantitative Analysis*, vol. 8, no. 2, March 1973, pp. 247 - 258.

② *Journal of Marketing Research*, November 1968, pp. 362 - 368.

③ "A Simultaneous Equation Regression Study of Advertising and Sales of Cigarettes," *Journal of Marketing Research*, vol. 6, August 1969, pp. 291 - 300.

22.8 门杰斯（G. Menges）对联邦德国经济构造了如下计量经济模型[①]：

$$Y_t = \beta_0 + \beta_1 Y_{t-1} + \beta_2 I_t + u_{1t}$$

$$I_t = \beta_3 + \beta_4 Y_t + \beta_5 Q_t + u_{2t}$$

$$C_t = \beta_6 + \beta_7 Y_t + \beta_8 C_{t-1} + \beta_9 P_t + u_{3t}$$

$$Q_t = \beta_{10} + \beta_{11} Q_{t-1} + \beta_{12} R_t + u_{4t}$$

其中 Y＝国民收入；

I＝净资本形成；

C＝个人消费；

Q＝利润；

P＝生活费用指数；

R＝工业生产率；

t＝时间；

u＝随机干扰项。

a. 你认为哪些变量是内生的？哪些变量是外生的？

b. 方程组中有没有可以用单方程最小二乘法去估计的方程？

c. 把变量 P 包含在消费函数中的依据是什么？

22.9 加拉韦（L. E. Gallaway）和史密斯（P. E. Smith）对美国经济构造了如下简单模型[②]：

$$Y_t = C_t + I_t + G_t$$

$$C_t = \beta_1 + \beta_2 YD_{t-1} + \beta_3 M_t + u_{1t}$$

$$I_t = \beta_4 + \beta_5 (Y_{t-1} - Y_{t-2}) + \beta_6 Z_{t-1} + u_{2t}$$

$$G_t = \beta_7 + \beta_8 G_{t-1} + u_{3t}$$

其中 Y＝国民生产总值；

C＝个人消费支出；

I＝私人国内总投资；

G＝政府支出加对外净投资；

YD＝可支配或税后收入；

M＝季初货币供给；

Z＝税前财产收入；

t＝时间；

u_1，u_2 和 u_3＝随机干扰项。

所有变量均以一阶差分形式度量。

根据 1948—1957 年的季度数据，作者们对每一方程逐个地应用最小二乘法并得到如下结果：

$$\hat{C}_t = 0.09 + 0.43 YD_{t-1} + 0.23 M_t$$

$$R^2 = 0.23$$

$$\hat{I}_t = 0.08 + 0.43 (Y_{t-1} - Y_{t-2}) + 0.48 Z_{t-1}$$

$$R^2 = 0.40$$

$$\hat{G}_t = 0.13 + 0.67 G_{t-1}$$

$$R^2 = 0.42$$

a. 你怎样为在本例中使用单方程最小二乘法进行辩护？

b. 为什么这些 R^2 值都相当低？

实证分析题

22.10 表 22-2 给出了美国 1970—2006 年的 C（个人消费支出）、I（私人国内总投资）和 Y（国内生产总值）数据，均以 1996 年十亿美元计。假定像例 22.2 中简单的凯恩斯收入决定模型那样，C 和 Y 的关系是线性的。求消费函数中参数的 OLS 估计值。保留你的计算结果，以便和用第 24 章介绍的方法处理同样数据所得到的结果进行比较。

表 22-2　　　　　1970—2006 年美国个人消费支出、私人国内总投资和 GDP 数据

单位：1996 年十亿美元

观测	C	I	Y	观测	C	I	Y
1970	2 451.9	427.1	3 771.9	1974	2 812.3	550.6	4 319.6
1971	2 545.5	475.7	3 898.6	1975	2 876.9	453.1	4 311.2
1972	2 701.3	532.1	4 105.0	1976	3 035.5	544.7	4 540.9
1973	2 833.8	594.4	4 341.5	1977	3 164.1	627	4 750.5

---

① G. Menges, "Ein Okonometriches Modell der Bundesrepublik Deutschland (Vier Strukturgleichungen)," I. F. O. Studien, vol. 5, 1959, p. 122.

② "A Quarterly Econometric Model of the United States," *Journal of American Statistical Association*, vol. 56, 1961, pp. 379－383.

续表

观测	C	I	Y	观测	C	I	Y
1978	3 303.1	702.6	5 015.0	1993	5 099.8	968.3	7 532.7
1979	3 383.4	725	5 173.4	1994	5 290.7	1 099.6	7 835.5
1980	3 374.1	645.3	5 161.7	1995	5 433.5	1 134.0	8 031.7
1981	3 422.2	704.9	5 291.7	1996	5 619.4	1 234.3	8 328.9
1982	3 470.3	606	5 189.3	1997	5 831.8	1 387.7	8 703.5
1983	3 668.6	662.5	5 423.8	1998	6 125.8	1 524.1	9 066.9
1984	3 863.3	857.7	5 813.6	1999	6 438.6	1 642.6	9 470.3
1985	4 064.0	849.7	6 053.7	2000	6 739.4	1 735.6	9 817.0
1986	4 228.9	843.9	6 263.6	2001	6 910.4	1 598.4	9 890.7
1987	4 369.8	870	6 475.1	2002	7 099.3	1 557.1	10 048.8
1988	4 546.9	890.5	6 742.7	2003	7 295.3	1 613.1	10 301.0
1989	4 675.0	926.2	6 981.4	2004	7 561.4	1 770.2	10 675.8
1990	4 770.3	895.1	7 112.5	2005	7 803.6	1 869.3	11 003.4
1991	4 778.4	822.2	7 100.5	2006	8 044.1	1 919.5	11 319.4
1992	4 934.8	889	7 336.6				

注：C=个人消费支出；

I=私人国内总投资；

Y=国内生产总值。

资料来源：*Economic Report of the President*，2008，Table B-2.

22.11　利用习题 22.10 中的数据，求私人国内总投资 I 对 GDP 的回归。保留计算结果以便下一章进一步分析之用。

22.12　考虑宏观经济学恒等式：

$$C + I = Y(= \text{GDP})$$

和前面一样，假定：

$$C_t = \beta_0 + \beta_1 Y_t + u_t$$

并且按照宏观经济学的加速数模型（accelerator model），令：

$$I_t = \alpha_0 + \alpha_1(Y_t - Y_{t-1}) + v_t$$

其中 u 和 v 是误差项。用习题 22.10 中的数据去估计加速数模型，并把计算结果留作进一步研究之用。

22.13　**汽油的供给与需求。** 本书网站中的表 22-3 给出了影响美国汽油供求的部分变量的 1978 年 1 月—2002 年 8 月的数据。[1] 这些变量是：pricegas（每加仑汽油的价格，单位是美分）；quantgas（每天消耗的无铅汽油量，单位是千桶）；persincome（个人收入，单位是十亿美元）；以及汽车销售量（每年销售的汽车数量，单位是百万辆）。

a. 为汽油消费提出一个适当的供求模型。

b. 模型（a）中哪些变量是内生的？哪些变量是外生的？

c. 如果你用 OLS 估计你所提出的求需函数，结论可靠吗？为什么？

d. 保留你的需求函数的 OLS 估计值，留待讨论了第 24 章之后再来考虑。

22.14　本书网站中的表 22-4 给出了 1951 年第 1 季度至 2000 年第 4 季度美国几个宏观经济变量的季度数据。[2] 这些变量是：$Year$ = 年份；Qtr = 季度；$Realgdp$ = 真实 GDP（十亿美元）；$Realcons$ = 真实消费支出；$Realinvs$ = 私人部门的

---

① 数据取自如下教材的网站：Stephen J. Schmidt，*Econometrics*，McGraw-Hill，New York，2005。见 www.mhhe.com/economics。

② 这些数据最初来自美国商务部经济分析局及网站 www.economagic.com，本书直接从如下教材中复制：William H. Greene，*Econometric Analysis*，6th ed.，2008，Table F5.1，p.1083。

真实投资；$Realgovt$＝真实政府支出；$Realdpi$＝真实个人可支配收入；CPI＿U＝消费者价格指数；M1＝名义货币存量；$Tbilrate$＝90 天国债月末利率的季度平均值；Pop＝人口（百万），利用不变的季度增长率对年末数字进行插值计算；In-fl＝通货膨胀率（缺少首次观测数据）；$Realint$＝事后真实利率＝$Tbilrate$－$Infl$（缺少首次观测数据）。

利用这些数据，提出一个简单的美国宏观经济模型。在第 24 章会要求你估计这个模型。

22

第 23 章

识别问题

在本章中我们考虑识别问题的性质和意义。识别问题的症结在于：回顾 22.2 节介绍的供求模型，假使我们仅有 Q 和 P 的时间序列数据而没有更多的（诸如消费者收入、前期流行价格及气候）信息，那么识别问题就是要寻求下述问题的答案：仅仅给出 P 和 Q 的数据，我们怎样知道我们是在估计需求函数，还是在估计供给函数？或者问，如果我们期望我们是在拟合一个需求函数，那么又怎样保证我们所估计的确实是需求函数而不是其他函数呢？

稍加思索便知，在我们估计这个需求函数之前，必须先回答上述问题。在本章中，我们将说明怎样解决识别问题。我们先引进一些符号和定义，再用几个例子阐明识别问题。然后，我们给出一些规则，用以判断联立方程模型中的一个方程是否可识别。就是说，它确实是我们要估计的那个关系式，不管它是需求函数、供给函数，还是别的什么函数。

23.1 符号与定义

为便于讨论，我们引进如下符号和定义：

一般地，M 个内生或联合因变量的 M 个方程模型可写成方程组（23.1.1）：

$$Y_{1t} = \beta_{12}Y_{2t} + \beta_{13}Y_{3t} + \cdots + \beta_{1M}Y_{Mt} + \gamma_{11}X_{1t} + \gamma_{12}X_{2t} + \cdots + \gamma_{1K}X_{Kt} + u_{1t}$$

$$Y_{2t} = \beta_{21}Y_{1t} + \beta_{23}Y_{3t} + \cdots + \beta_{2M}Y_{Mt} + \gamma_{21}X_{1t} + \gamma_{22}X_{2t} + \cdots + \gamma_{2K}X_{Kt} + u_{2t}$$

$$Y_{3t} = \beta_{31}Y_{1t} + \beta_{32}Y_{2t} + \cdots + \beta_{3M}Y_{Mt} + \gamma_{31}X_{1t} + \gamma_{32}X_{2t} + \cdots + \gamma_{3K}X_{Kt} + u_{3t}$$

$$\cdots\cdots$$

$$Y_{Mt} = \beta_{M1}Y_{1t} + \beta_{M2}Y_{2t} + \cdots + \beta_{M,M-1}Y_{M-1,t} + \gamma_{M1}X_{1t} + \gamma_{M2}X_{2t} + \cdots + \gamma_{MK}X_{Kt} + u_{Mt}$$

$$(23.1.1)$$

其中 Y_1，Y_2，$\cdots$，Y_M＝M 个内生或联合因变量；

X_1，X_2，$\cdots$，X_K＝K 个前定变量（这些 X 变量之一可取值 1，以使每个方程有一截距项）；

u_1，u_2，$\cdots$，u_M＝M 个随机干扰项；

$t=1$，2，$\cdots$，$T=$ 总观测个数；

$\beta=$ 内生变量系数；

$\gamma=$ 前定变量系数。

顺便指出，并不需要每个变量都出现在每一方程之中。事实上，我们将在 23.2 节中看到，如果有一个方程可以识别，就一定不能出现这种情形。

如方程（23.1.1）所示，进入联立方程模型的变量可分为两类：内生的，指其值由模型内部决定；前定的，指其值由模型外部决定。内生变量被视为随机的，而前定变量则被视为非随机的。

前定变量又分为两类：外生变量，包括当前的或滞后的，以及滞后内生变量。例如，X_{1t} 是当前（现时）外生变量，而 $X_{1,t-1}$ 是滞后一期的外生变量。$Y_{1,t-1}$ 是滞后一期的内生变量，但因在当前时期里 $Y_{1,t-1}$ 值已知，故把它看作非随机的，由此认为它是前定变量。[①] 总之，当前外生变量、滞后外生变量和滞后内生变量都被认为是前定的；在当前时期，它们的值不是由模型决定的。

哪些变量是内生的，哪些变量是前定的，由模型构造者来裁定。虽然一些（非经济）变量如气温、降雨量等明显是外生或前定的，但模型构造者在划分经济变量为内生变量或前定变量时必须倾注大量注意力。他必须能在先验或理论的基础上为这个分类做出辩护。尽管如此，在本章的后一部分，我们将为外生性提供一种统计检验。

因为出现在方程组（23.1.1）中的方程可能描述一个经济社会（经济模型）的结构，也可能描述一个经济主体（如消费者或生产者）的行为，所以把这些方程称为结构或行为方程。β 和 γ 则被称为结构参数或结构系数。

从结构方程组可以解出 M 个内生变量并导出约简型方程（reduced-form equations）和相应的约简型系数（reduced-form coefficients）。所谓约简型方程，是指仅用前定变量和随机干扰项来表达一个内生变量的方程。为便于说明，考虑第 22 章讲的凯恩斯收入决定模型：

$$\text{消费函数：} C_t = \beta_0 + \beta_1 Y_t + u_t \qquad 0 < \beta_1 < 1 \tag{22.2.3}$$

$$\text{收入恒等式：} Y_t = C_t + I_t \tag{22.2.4}$$

在此模型中，C（消费）和 Y（收入）是内生变量，而 I（投资支出）被视为外生变量。这两个方程都是结构方程。方程（22.2.4）则是一个恒等式。我们照常假定 MPC 即 β_1 介于 0 与 1 之间。

如果把方程（22.2.3）代入方程（22.2.4），经过简单运算，就得到：

$$Y_t = \Pi_0 + \Pi_1 I_t + w_t \tag{23.1.2}$$

---

① 这里隐含地假定了随机干扰项 u 没有序列相关性。如果有，则 Y_{t-1} 将与现期干扰项 u_t 相关，从而我们不能把它看作前定变量。

其中

$$\Pi_0 = \frac{\beta_0}{1-\beta_1}$$

$$\Pi_1 = \frac{1}{1-\beta_1} \tag{23.1.3}$$

$$w_t = \frac{u_t}{1-\beta_1}$$

方程（23.1.2）是一个约简型方程，它把内生变量 Y 仅仅表达为外生（或前定）变量 I 和随机干扰项 u 的函数。Π_0 和 Π_1 是相应的约简型系数。注意，这些约简型系数是结构系数的非线性组合。

将方程（23.1.2）中的 Y 值代入方程（22.2.3）中的 C，就得到另一约简型方程：

$$C_t = \Pi_2 + \Pi_3 I_t + w_t \tag{23.1.4}$$

其中

$$\Pi_2 = \frac{\beta_0}{1-\beta_1}$$

$$\Pi_3 = \frac{\beta_1}{1-\beta_1} \tag{23.1.5}$$

$$w_t = \frac{u_t}{1-\beta_1}$$

约简型系数 Π_1 和 Π_3 度量外生变量值的单位变化对内生变量的即期影响[1]，所以又被称为冲击或短期乘数。比如说，在上述凯恩斯收入决定模型中，假定投资支出增加 1 美元，MPC 是 0.8，那么，由方程（23.1.3）我们得到 $\Pi_1 = 5$。这个结果是说，每增加 1 美元的投资，将立即（在现期）导致 5 美元的收入增加，也就是 5 倍的收入增加。同理，在这一假定条件下，方程（23.1.5）中的 $\Pi_3 = 4$ 表明，投资支出每增加 1 美元，将立即导致消费支出增加 4 美元。

在计量经济模型的背景中，像方程（22.2.4）或 $Q^d_t = Q^s_t$（需求量等于供给量）这样的方程被称为均衡条件。恒等式（22.2.4）说明，总收入 Y 必定等于总支出（即消费支出加投资支出）。均衡一旦实现，内生变量便取得它们的均衡值。[2]

注意约简型方程的一个有趣特点：由于前定变量和随机干扰项均出现在这些方程的右边，并且由于假定了前定变量与干扰项不相关，因此可用 OLS 方法估计约简型方程的系数（Π_i）。以后将表明，我们也许能从所估计的约简型系数计算出结构系数（β_i）。这种方法被称为间接最小二乘（indirect least squares, ILS），而所

---

[1] 在计量经济学中，外生变量扮演着重要的角色。这类变量常常被置于政府的直接控制之下，例如个人与公司的税率、津贴、失业救济等。

[2] 有关细节参见 Jan Kmenta, *Elements of Econometrics*, 2d ed., Macmillan, New York, 1986, pp. 723-731.

估计的结构系数被称为 ILS 估计量。

在第 24 章中，我们将详细研究 ILS。现在我们看到，既然约简型系数可由 OLS 来估计，并且这些系数又是结构系数的组合，这就存在着从约简型系数"恢复"结构系数本来面目的可能性，而结构系数的估计才是我们的最终兴趣所在。怎样从约简型系数复原到结构系数呢？答案见 23.2 节。这个答案表明了识别问题的症结所在。

23.2　识别问题概述

所谓识别问题，是指能否由所估计的约简型系数求出一个结构参数的估计值。如果能，就说该方程是可识别的。如果不能，就说该方程是不可识别的或识别不足的。一个可识别方程或者是恰好识别的（充分或刚好识别的），或者是过度识别的。恰好识别是指能够得到结构参数的唯一数值，过度识别是指可获得结构参数不止一个的数值。在接下来的讨论中将分别给出以上两种情形。

由于不同的结构参数组合可能适用于同一个数据集，因此就产生了识别问题。换言之，一个约简型方程可能对不同的结构方程和不同的假设（模型）都是适用的，但它很难告诉我们研究的是哪一个具体的假设（模型）。我们在本节剩余部分就来考虑几个例子，以说明识别问题的本质。

识别不足

再次考虑供求模型（22.2.1）和模型（22.2.2）以及供求相等的市场出清或均衡条件。由均衡条件我们得到：

$$\alpha_0 + \alpha_1 P_t + u_{1t} = \beta_0 + \beta_1 P_t + u_{2t} \tag{23.2.1}$$

解方程（23.2.1），我们得到均衡价格：

$$P_t = \Pi_0 + v_t \tag{23.2.2}$$

其中

$$\Pi_0 = \frac{\beta_0 - \alpha_0}{\alpha_1 - \beta_1} \tag{23.2.3}$$

$$v_t = \frac{u_{2t} - u_{1t}}{\alpha_1 - \beta_1} \tag{23.2.4}$$

将方程（23.2.2）中的 P_t 代入方程（22.2.1）或方程（22.2.2），我们得到下面的均衡数量：

$$Q_t = \Pi_1 + \omega_t \tag{23.2.5}$$

其中

$$\Pi_1 = \frac{\alpha_1 \beta_0 - \alpha_0 \beta_1}{\alpha_1 - \beta_1} \tag{23.2.6}$$

$$\omega_t = \frac{\alpha_1 u_{2t} - \beta_1 u_{1t}}{\alpha_1 - \beta_1} \qquad (23.2.7)$$

顺便指出，误差项 v_t 和 ω_t 是原误差项 u_1 和 u_2 的线性组合。

　　方程（23.2.2）和方程（23.2.5）为约简型方程。现在我们的供求模型含有 4 个结构系数 α_0、α_1、β_0 和 β_1，但我们没有估计它们的唯一方法。为什么？答案在于方程（23.2.3）和方程（23.2.6）所给的两个约简型系数。这些约简型系数含有全部 4 个结构系数，但没有方法仅由两个约简型系数估计出 4 个结构性未知数。回忆中学代数便知，要估计 4 个未知数，我们必须有 4 个（独立）方程。并且，一般地说，要估计 k 个未知数，必须有 k 个（独立）方程。顺便指出，如果我们做约简型回归（23.2.2）和（23.2.5），那将仅有常数项而没有任何解释变量，并且这些常数项仅给出 P 和 Q 的均值。（为什么？）

　　所有这些都意味着，给定 P（价格）和 Q（数量）的时间序列数据而无任何其他信息，研究者将无法保证他所估计的是需求函数还是供给函数。也就是说，一对给定的 P 和 Q，由于供求相等的均衡条件，仅代表适当的需求曲线和供给曲线的交点。为了弄清楚这个问题，考虑如图 23-1 所示的散点图。

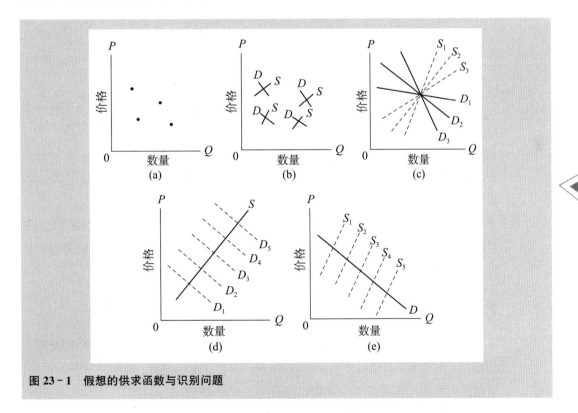

图 23-1　假想的供求函数与识别问题

　　图 23-1（a）给出了几个联系着 Q 和 P 的散点，每个散点代表一条需求曲线和一条供给曲线的交点，如图 23-1（b）所示。现在考虑其中一个点，比如图 23-1（c）中的那一点。我们无法确定这个点是由图中整个（供求）曲线族中的哪

对供求曲线产生的。为此，显然需要有关于供求曲线性质的一些其他信息，比方说，如果由于收入、嗜好等等的变化，需求曲线随时间而移动，而供给曲线保持相对稳定，如图 23-1（d）所示，则散点将展现出一条供给曲线。在这种情况下，我们就说供给曲线是可识别的。同理，如果由于气候条件的变化（在考虑农产品时）或其他外部因素的变化，供给曲线随时间而移动，而需求曲线保持相对稳定，如图 23-1（e）所示，则散点将展现出一条需求曲线，这时，我们就说需求曲线是可识别的。

还有另一种也许更有启发性的方法可用于考虑识别问题。假使我们将方程（22.2.1）的两边同时乘以 λ，其中 $0 \leqslant \lambda \leqslant 1$，将方程（22.2.2）的两边同时乘以 $(1-\lambda)$，便得到下列方程（注：我们省略了 Q 的上标）：

$$\lambda Q_t = \lambda \alpha_0 + \lambda \alpha_1 P_t + \lambda u_{1t} \tag{23.2.8}$$

$$(1-\lambda) Q_t = (1-\lambda)\beta_0 + (1-\lambda)\beta_1 P_t + (1-\lambda)u_{2t} \tag{23.2.9}$$

将两方程相加，得到原始供求方程的如下线性组合：

$$Q_t = \gamma_0 + \gamma_1 P_t + \omega_t \tag{23.2.10}$$

其中

$$\begin{aligned} \gamma_0 &= \lambda \alpha_0 + (1-\lambda)\beta_0 \\ \gamma_1 &= \lambda \alpha_1 + (1-\lambda)\beta_1 \\ w_t &= \lambda u_{1t} + (1-\lambda)u_{2t} \end{aligned} \tag{23.2.11}$$

这个"伪造"的或"混杂"的方程（23.2.10）与方程（22.2.1）或方程（22.2.2）在观测上无区别，它们都是 Q 和 P 的回归。因此，如果我们只有 P 和 Q 的时间序列数据，则方程（22.2.1）、方程（22.2.2）或方程（23.2.10）中的任何一个都会和同样的数据相吻合。换言之，同样的数据可以适合假设（22.2.1）、假设（22.2.2）或假设（23.2.10），我们无法知道是在检验哪一个假设。

要使一个方程成为可识别的，也就是使它的参数能被估计，必须证明给定的数据集不会产生表面看来像是我们所要估计的方程那样的一个结构方程。如果打算估计需求函数，我们必须表明所给数据不适合供给函数或某些混杂方程。

恰好或恰可识别

上述需求函数或供给函数不能识别的理由是在两个函数中出现了同样的变量 P 和 Q，而且再没有其他诸如图 23-1(d) 或图 23-1(e) 所表示的那种信息。然而，假使我们考虑下述需求与供给模型：

$$\text{需求函数：} Q_t = \alpha_0 + \alpha_1 P_t + \alpha_2 I_t + u_{1t} \qquad \alpha_1 < 0, \alpha_2 > 0 \tag{23.2.12}$$

$$\text{供给函数：} Q_t = \beta_0 + \beta_1 P_t + u_{2t} \qquad \beta_1 > 0 \tag{23.2.13}$$

其中 $I=$ 消费者收入，是一个外生变量，而其他变量的定义如前。

注意，上述模型和我们原来的供求模型之间的唯一差别是，在需求函数中增加了一个收入变量。由需求的经济理论可知，收入常常是大多数商品和服务需求的一个重要决定因素。因此，把它包含进需求函数将给我们提供关于消费者行为的其他信息。对大多数商品来说，可以预料收入对消费有正的影响（$\alpha_2 > 0$）。

利用市场出清机制，即需求量＝供给量，我们有：

$$\alpha_0 + \alpha_1 P_t + \alpha_2 I_t + u_{1t} = \beta_0 + \beta_1 P_t + u_{2t} \tag{23.2.14}$$

由此解出 P_t 的均衡值如下：

$$P_t = \Pi_0 + \Pi_1 I_t + v_t \tag{23.2.15}$$

其中约简型系数是：

$$\Pi_0 = \frac{\beta_0 - \alpha_0}{\alpha_1 - \beta_1} \tag{23.2.16}$$

$$\Pi_1 = -\frac{\alpha_2}{\alpha_1 - \beta_1}$$

以及

$$v_t = \frac{u_{2t} - u_{1t}}{\alpha_1 - \beta_1}$$

将 P_t 的均衡值代入上述需求函数或供给函数，我们得到如下均衡数量：

$$Q_t = \Pi_2 + \Pi_3 I_t + \omega_t \tag{23.2.17}$$

其中

$$\Pi_2 = \frac{\alpha_1 \beta_0 - \alpha_0 \beta_1}{\alpha_1 - \beta_1} \tag{23.2.18}$$

$$\Pi_3 = -\frac{\alpha_2 \beta_1}{\alpha_1 - \beta_1}$$

以及

$$\omega_t = \frac{\alpha_1 u_{2t} - \beta_1 u_{1t}}{\alpha_1 - \beta_1}$$

因为方程（23.2.15）和方程（23.2.17）都是约简型方程，故可用 OLS 估计它们的参数。现在供求模型（23.2.12）和（23.2.13）含有 5 个结构系数——α_0、α_1、α_2、β_0 和 β_1。但只有 4 个方程可用于估计它们，即方程（23.2.16）和方程（23.2.18）给出的 4 个约简型系数——Π_0、Π_1、Π_2 和 Π_3。因此，要得到全部结构系数的唯一解是不可能的。但容易看出，供给函数的参数是可识别的（可被估计的）。这是因为：

$$\beta_0 = \Pi_2 - \beta_1 \Pi_0$$
$$\beta_1 = \frac{\Pi_3}{\Pi_1} \tag{23.2.19}$$

然而没有估计需求参数的唯一方法，因此需求函数仍不可识别。顺便指出，结构系数 β_1 是约简型系数的一个非线性函数，如我们将在第 24 章中看到的那样，这会给估计 β_1 估计值的标准误带来一些问题。

为了验证需求函数（23.2.12）不可识别（不能估计），让我们用 λ（$0 \leqslant \lambda \leqslant 1$）

去乘它，再用（1−λ）去乘方程（23.2.13），然后把它们加起来得到如下混杂方程：

$$Q_t = \gamma_0 + \gamma_1 P_t + \gamma_2 I_t + \omega_t \tag{23.2.20}$$

其中

$$\begin{aligned}
\gamma_0 &= \lambda\alpha_0 + (1-\lambda)\beta_0 \\
\gamma_1 &= \lambda\alpha_1 + (1-\lambda)\beta_1 \\
\gamma_2 &= \lambda\alpha_2
\end{aligned} \tag{23.2.21}$$

以及

$$\omega_t = \lambda u_{1t} + (1-\lambda)u_{2t}$$

方程（23.2.20）虽然有别于不含解释变量 I 的供给函数（23.2.13），却与需求函数（23.2.12）在观测上无区别。因此需求函数仍是不可识别的。

注意一个有趣的事实：正是在需求函数中添加了一个变量，使得我们能识别供给函数！为什么？在需求方程中添加收入变量将对供给函数的变异提供一些额外信息，如图 23-1(d) 所示。该图表明了稳定的供给曲线与移动的需求曲线的交点是怎样使我们去跟踪（识别）供给曲线的。如我们即将看到的那样，一个方程是否具有可识别性常常依赖于它是否排除了包含在模型里其他方程中的一个或多个变量。

但若我们考虑如下供求模型：

需求函数：$Q_t = \alpha_0 + \alpha_1 P_t + \alpha_2 I_t + u_{1t}$　　$\alpha_1 < 0, \alpha_2 > 0$ (23.2.12)

供给函数：$Q_t = \beta_0 + \beta_1 P_t + \beta_2 P_{t-1} + u_{2t}$　　$\beta_1 > 0, \beta_2 > 0$ (23.2.22)

其中需求函数和前面一样，但供给函数包含另一个解释变量即滞后一期的价格。该供给函数设想，一个商品的供给量依赖于它的当前价格和前期价格，这是常用来解释许多农产品供给的一个模型。注意，P_{t-1} 在时间 t 是已知的，所以是一个前定变量。

利用市场出清机制，我们有

$$\alpha_0 + \alpha_1 P_t + \alpha_2 I_t + u_{1t} = \beta_0 + \beta_1 P_t + \beta_2 P_{t-1} + u_{2t} \tag{23.2.23}$$

解此方程得到如下均衡价格：

$$P_t = \Pi_0 + \Pi_1 I_t + \Pi_2 P_{t-1} + v_t \tag{23.2.24}$$

其中

$$\begin{aligned}
\Pi_0 &= \frac{\beta_0 - \alpha_0}{\alpha_1 - \beta_1} \\
\Pi_1 &= -\frac{\alpha_2}{\alpha_1 - \beta_1} \\
\Pi_2 &= \frac{\beta_2}{\alpha_1 - \beta_1} \\
v_t &= \frac{u_{2t} - u_{1t}}{\alpha_1 - \beta_1}
\end{aligned} \tag{23.2.25}$$

将均衡价格代入需求方程或供给方程，便得到对应的均衡数量：

$$Q_t = \Pi_3 + \Pi_4 I_t + \Pi_5 P_{t-1} + \omega_t \qquad (23.2.26)$$

其中约简型系数是：

$$\Pi_3 = \frac{\alpha_1 \beta_0 - \alpha_0 \beta_1}{\alpha_1 - \beta_1}$$

$$\Pi_{4'} = -\frac{\alpha_2 \beta_1}{\alpha_1 - \beta_1} \qquad (23.2.27)$$

$$\Pi_5 = \frac{\alpha_1 \beta_2}{\alpha_1 - \beta_1}$$

以及

$$\omega_t = \frac{\alpha_1 u_{2t} - \beta_1 u_{1t}}{\alpha_1 - \beta_1}$$

方程（23.2.12）和方程（23.2.22）所给的供求模型共含 6 个结构系数——α_0、α_1、α_2、β_0、β_1 和 β_2，而用以估计它们的约简型系数也有 6 个——Π_0、Π_1、Π_2、Π_3、Π_4 和 Π_5。这样，我们就有含 6 个未知数的 6 个方程。在正常情况下，我们应能得到唯一的估计值。因此，需求方程和供给方程的参数都是可识别的，从而整个模型是可识别的。（习题 23.2 要求读者用前面所给的 6 个约简型系数把 6 个结构系数表达出来，以证明模型的唯一估计是可能的。）

为了核实上述供求函数是可识别的，仍可沿用"混杂"的办法，即用 $\lambda(0 \leqslant \lambda \leqslant 1)$ 乘以需求方程（23.2.12），用 $(1-\lambda)$ 乘以供给方程（23.2.22），将它们相加，得到一个混杂方程。这个混杂方程将含有 I_t 和 P_{t-1} 两个前定变量，从而它在观测上既有别于需求方程，又有别于供给方程。因为前者不含 P_{t-1}，而后者不含 I_t。

过度识别

对某些商品和服务来说，消费者的收入和财富都同样是需求的重要决定因素。因此我们把需求函数（23.2.12）修改如下，但保持供给函数不变：

$$需求函数：Q_t = \alpha_0 + \alpha_1 P_t + \alpha_2 I_t + \alpha_3 R_t + u_{1t} \qquad (23.2.28)$$

$$供给函数：Q_t = \beta_0 + \beta_1 P_t + \beta_2 P_{t-1} + u_{2t} \qquad (23.2.22)$$

其中除了已定义的变量外，R 代表财富。对大多数商品和服务来说，财富和收入一样，预期会对消费产生正的影响。

令需求量等于供给量，便得到以下均衡价格和数量：

$$P_t = \Pi_0 + \Pi_1 I_t + \Pi_2 R_t + \Pi_3 P_{t-1} + v_t \qquad (23.2.29)$$

$$Q_t = \Pi_4 + \Pi_5 I_t + \Pi_6 R_t + \Pi_7 P_{t-1} + \omega_t \qquad (23.2.30)$$

其中

$$\Pi_0 = \frac{\beta_0 - \alpha_0}{\alpha_1 - \beta_1} \qquad \Pi_1 = -\frac{\alpha_2}{\alpha_1 - \beta_1}$$

$$\Pi_2 = -\frac{\alpha_3}{\alpha_1 - \beta_1} \qquad \Pi_3 = \frac{\beta_2}{\alpha_1 - \beta_1}$$

$$\Pi_4 = \frac{\alpha_1\beta_0 - \alpha_0\beta_1}{\alpha_1 - \beta_1} \qquad \Pi_5 = -\frac{\alpha_2\beta_1}{\alpha_1 - \beta_1} \qquad (23.2.31)$$

$$\Pi_6 = -\frac{\alpha_3\beta_1}{\alpha_1 - \beta_1} \qquad \Pi_7 = \frac{\alpha_1\beta_2}{\alpha_1 - \beta_1}$$

$$\omega_t = \frac{\alpha_1 u_{2t} - \beta_1 u_{1t}}{\alpha_1 - \beta_1} \qquad v_t = \frac{u_{2t} - u_{1t}}{\alpha_1 - \beta_1}$$

上述供求模型含有 7 个结构系数，但用以估计它们的方程有 8 个——方程 (23.2.31) 所给的 8 个约简型系数；也就是说方程个数大于未知数个数。其结果是，要对该模型的全部参数求唯一估计值是不可能的。这一点容易说明。由上述约简型系数，我们能得到：

$$\beta_1 = \frac{\Pi_6}{\Pi_2} \qquad (23.2.32)$$

或者

$$\beta_1 = \frac{\Pi_5}{\Pi_1} \qquad (23.2.33)$$

即，对供给方程中的价格系数有两个估计值，但不能保证这两个估计值相同。[1] 此外，由于 β_1 出现在所有约简型系数的分母中，在 β_1 估计中的含糊性还会传递给其他估计值。

为什么在方程组 (23.2.12) 和方程 (23.2.22) 中供给函数是可识别的，而在方程组 (23.2.28) 和方程 (23.2.22) 中虽然供给函数仍是一样的，却不可识别呢？答案是为了识别供给曲线，我们有太多或过于充分的信息。这种情形和信息太少的识别不足情形恰好相反。信息的过于充分是由如下事实造成的：在由方程 (23.2.12) 和方程 (23.2.22) 构成的模型中，从供给函数中排除收入变量便足以识别供给函数。但在由方程 (23.2.28) 和方程 (23.2.22) 构成的模型中，供给函数不仅排除了收入变量，还排除了财富变量。换言之，在后一模型中，我们对供给函数施加了过多的约束，要求它排除多于识别它所必需的变量个数。然而，这种情况并不意味着过度识别一定是坏事。因为我们在第 24 章中将会说明如何处理好过多信息或过多约束的问题。

至此，我们已列举了所有情形，以上讨论表明，联立方程模型中的一个方程可以是识别不足的或可识别的（过度或恰好）。如果模型中的每一个方程都是可识别的，就说整个模型是可识别的。为了判明识别问题，我们求助于约简型方程。但在 23.3 节中，我们将考虑判断联立方程模型中的一个方程是否可识别的另一种或许更省力的方法。

---

① 注意识别不足与过度识别之间的差异。对于前一情形，要得到结构参数的估计值是不可能的，而对于后一情形，则可能有一个或多个结构系数有不止一个估计值。

23.3　识别规则

23.2 节的例子表明，原则上可借助约简型方程来判断联立方程组中的某一方程是否可识别。但这些例子也表明这个识别过程是多么地耗时与费力。幸而这种程序并不是非用不可的。所谓识别的阶条件和秩条件（order and rank conditions of identification），由于提供一种系统性的例行程序而减轻了这一任务。

为了理解阶条件和秩条件，我们引进以下符号：

M＝模型中内生变量的个数；

m＝给定方程中内生变量的个数；

K＝模型中前定变量的个数（含截距项）；

k＝给定方程中前定变量的个数。

可识别性的阶条件[①]

可识别性的一个必要（但非充分）条件，称为阶条件（order condition），可用两种不同但等价的方式叙述如下（稍后即将介绍识别的充分必要条件）：

定义 23.1　在一个含有 M 个联立方程的模型中，一个方程能被识别，它必须排除至少 $M-1$ 个在模型中出现的（内生或前定）变量。如果该方程恰好排除 $M-1$ 个变量，则它是恰好识别的；如果该方程排除多于 $M-1$ 个变量，则它是过度识别的。

定义 23.2　在一个含有 M 个联立方程的模型中，一个方程能被识别，该方程所排除的前定变量的个数必须不少于它所含有的内生变量的个数减 1，即：

$$K-k \geqslant m-1 \tag{23.3.1}$$

如果 $K-k=m-1$，则方程是恰好识别的；如果 $K-k>m-1$，则方程是过度识别别的。

习题 23.1 要求读者证明上述两个可识别性定义是等价的。

为了说明阶条件，让我们回到前面的例子。

例 23.1

$$需求函数：Q_t^d = \alpha_0 + \alpha_1 P_t + u_{1t} \tag{22.2.1}$$

$$供给函数：Q_t^s = \beta_0 + \beta_1 P_t + u_{2t} \tag{22.2.2}$$

此模型有两个内生变量 P 和 Q 而无前定变量。为了能被识别，每个方程至少要排除

[①]　名词阶指一个矩阵的阶，即出现在矩阵中的行和列的个数。参见附录 B。

$M-1=1$ 个变量。但情形并非如此，故没有哪个方程是可识别的。

例 23.2

$$需求函数：Q_t^d = \alpha_0 + \alpha_1 P_t + \alpha_2 I_t + u_{1t} \tag{23.2.12}$$

$$供给函数：Q_t^s = \beta_0 + \beta_1 P_t + u_{2t} \tag{23.2.13}$$

此模型中，Q 和 P 是内生的，而 I 是外生的。应用方程（23.3.1）所给的阶条件，我们看到需求函数是不可识别的。另外，供给函数恰好排除了 $M-1=1$ 个变量 I_t，所以是恰好识别的。

例 23.3

$$需求函数：Q_t^d = \alpha_0 + \alpha_1 P_t + \alpha_2 I_t + u_{1t} \tag{23.2.12}$$

$$供给函数：Q_t^s = \beta_0 + \beta_1 P_t + \beta_2 P_{t-1} + u_{2t} \tag{23.2.22}$$

给定 P_t 和 Q_t 为内生变量以及 I_t 和 P_{t-1} 为前定变量，方程（23.2.12）恰好排除了 1 个变量 P_{t-1}，并且方程（23.2.22）也恰好排除了 1 个变量 I_t，因此根据阶条件，每个方程都是可识别的，从而整个模型是可识别的。

例 23.4

$$需求函数：Q_t^d = \alpha_0 + \alpha_1 P_t + \alpha_2 I_t + \alpha_3 R_t + u_{1t} \tag{23.2.28}$$

$$供给函数：Q_t^s = \beta_0 + \beta_1 P_t + \beta_2 P_{t-1} + u_{2t} \tag{23.2.22}$$

在此模型中 P_t 和 Q_t 为内生变量，而 I_t，R_t 和 P_{t-1} 为前定变量。需求函数恰好排除了 1 个变量，所以按照阶条件它是恰好识别的。但供给函数排除了两个变量 I_t 和 R_t，因而是过度识别的。如前所述，在此情形下，将存在两种估计价格变量系数 β_1 的方法。

注意这里一个略为复杂的情况。由阶条件得到需求函数是可识别的。但如果我们试图从方程（23.2.31）所给的约简型系数去估计此方程参数，则由于在计算中 β_1 的介入，估计值将不是唯一的。β_1 有两个值，我们还要决定哪一个值是适当的。不过，这一复杂性是可以避免的。如在第 24 章中将要说明的那样，遇到过度识别的情形，间接最小二乘法是不适宜的，而应代之以其他方法，其中的一个方法就是我们将要在第 24 章详细讨论的两阶段最小二乘（two-stage least squares）。

上述例子表明，如果在一个联立方程模型中，某个方程不含有在模型的其他方程中所包含的一个或多个变量，就有可能去识别这个方程。这种识别方法被称为（变量的）排除准则（exclusion criterion）或零约束准则（zero restrictions criterion），即对于方程中不出现的变量，可视其系数为零。这个准则是获得或确定一个方程可识别性的最常用方法。但注意，零约束准则是以某些变量不出现于某一方程的先验性或理论预期为依据的。它任由研究者去辨别为什么他预料某些变量出现于一些方程而不出现于另一些方程。

可识别性的秩条件[①]

前面讨论的阶条件是识别的必要非充分条件；也就是说，即使该条件得到满足，方程也会出现不能识别的情形。例如在例 23.2 中，供给方程排除了出现于需求函数中的收入变量 I_t，I_t 按照阶条件来说是可识别的。但是，识别的实现还需要需求函数中 I_t 的系数 α_2 确实不为零，也就是说，收入变量不仅有可能进入而且确实进入了需求函数。

更一般地，即使一个方程满足了阶条件 $K-k \geqslant m-1$，它仍会是不可识别的。因为该方程所排除的、出现于模型中的那些变量也许不是独立的，以致结构系数（β_i）与约简型系数（Π_i）之间没有一一对应关系。也就是说，如同我们即将证明的那样，我们也许不能从约简型系数估计出结构系数。因此，我们需要一个充分必要的识别条件。识别的秩条件现陈述如下。

识别的秩条件。在一个含 M 个内生变量的 M 个方程的模型中，一个方程可识别的充分必要条件是，我们能从模型（其他方程）所含而该方程不含的（内生或前定）变量系数矩阵中构造出至少一个 $(M-1) \times (M-1)$ 阶非零行列式。

作为对识别的秩条件的一个说明，考虑以下假想的联立方程组，其中 Y 变量为内生变量，而 X 变量为前定变量。[②]

$$Y_{1t} - \beta_{10} \qquad\qquad - \beta_{12}Y_{2t} - \beta_{13}Y_{3t} - \gamma_{11}X_{1t} \qquad\qquad\qquad = u_{1t} \quad (23.3.2)$$

$$Y_{2t} - \beta_{20} \qquad\qquad\qquad - \beta_{23}Y_{3t} - \gamma_{21}X_{1t} - \gamma_{22}X_{2t} \qquad = u_{2t} \quad (23.3.3)$$

$$Y_{3t} - \beta_{30} - \beta_{31}Y_{1t} \qquad\qquad\qquad - \gamma_{31}X_{1t} - \gamma_{32}X_{2t} \qquad = u_{3t} \quad (23.3.4)$$

$$Y_{4t} - \beta_{40} - \beta_{41}Y_{1t} - \beta_{42}Y_{2t} \qquad\qquad\qquad\qquad\qquad - \gamma_{43}X_{3t} = u_{4t} \quad (23.3.5)$$

为便于识别性判断，我们将上面的方程组写成表 23-1 的形式。

表 23-1

方程编号	变量的系数							
	1	Y_1	Y_2	Y_3	Y_4	X_1	X_2	X_3
(23.3.2)	$-\beta_{10}$	1	$-\beta_{12}$	$-\beta_{13}$	0	$-\gamma_{11}$	0	0
(23.3.3)	$-\beta_{20}$	0	1	$-\beta_{23}$	0	$-\gamma_{21}$	$-\gamma_{22}$	0
(23.3.4)	$-\beta_{30}$	$-\beta_{31}$	0	1	0	$-\gamma_{31}$	$-\gamma_{32}$	0
(23.3.5)	$-\beta_{40}$	$-\beta_{41}$	$-\beta_{42}$	0	1	0	0	$-\gamma_{43}$

让我们首先使用识别的阶条件，如表 23-2 所示。根据阶条件，每个方程都是

---

① 名词秩指一个矩阵的秩，它由（该矩阵所含）行列式不为零的最高阶方阵给出。或者一个矩阵的秩是指该矩阵的线性独立的最大行或列数。参看附录 B。

② 方程（23.1.1）中所给的联立方程组可用下面的另一种形式（表 23-1）表现出来，以便于矩阵运算。

可识别的。让我们再用秩条件来检查一遍。考虑第一个方程，它排除了变量 Y_4、X_2 与 X_3（在表 23-1 的第一行中用 0 表示）。欲识别这个方程，我们必须从该方程排除而其他方程没有排除的变量系数矩阵中，找到至少一个行列式不等于 0 的 3×3 阶矩阵。为了得到这个行列式，我们首先求其他方程中所含变量 Y_4、X_2 与 X_3 的相关系数矩阵。在目前的情况下，只有一个这样的矩阵，记为 A，它的定义如下：

$$A = \begin{bmatrix} 0 & -\gamma_{22} & 0 \\ 0 & -\gamma_{32} & 0 \\ 1 & 0 & -\gamma_{43} \end{bmatrix} \qquad (23.3.6)$$

可以看出，这个矩阵的行列式等于 0：

$$\det A = \begin{vmatrix} 0 & -\gamma_{22} & 0 \\ 0 & -\gamma_{32} & 0 \\ 1 & 0 & -\gamma_{43} \end{vmatrix} \qquad (23.3.7)$$

由于这个行列式等于 0，所以矩阵（23.3.6）的秩即 $\rho(A)$ 就小于 3。因此，方程（23.3.2）不满足秩条件，因而不能识别。

表 23-2

方程编号	排除的前定变量数，$K-k$	包含的内生变量数减 1，$m-1$	识别结论
（23.3.2）	2	2	恰好识别
（23.3.3）	1	1	恰好识别
（23.3.4）	1	1	恰好识别
（23.3.5）	2	2	恰好识别

如前所述，秩条件是识别的充分必要条件。因此，尽管阶条件表明方程（23.3.2）可识别，但秩条件表明它不可识别。显然，方程（23.3.6）中矩阵的行或列不是（线性）独立的，也就是说，变量 Y_4、X_2 与 X_3 之间有某种关系，致使我们没有足够的信息用以估计方程（23.3.2）中的参数；上述模型的约简型方程表明不可能由约简型系数求出该方程的结构系数。读者应能验证，按照秩条件，方程（23.3.3）和方程（23.3.4）也是不可识别的，但方程（23.3.5）可识别。

以上讨论表明，秩条件告诉我们所考虑的方程是否可识别，而阶条件告诉我们它是恰好识别还是过度识别。

为了应用秩条件，我们可按以下步骤进行：

（1）像表 23-1 那样，把方程组写成表格形式。

（2）划掉被考虑的方程所在行的系数。

（3）再划掉与步骤 2 中非零系数对应的列。

（4）表中余下的系数将构成方程组所含而未被待识别方程包含的变量的系数矩阵，从这一系数矩阵形成所有可能像 A 那样的 $M-1$ 阶方阵，并求出相应的行列式。如果能找到至少一个非退化的或非零的行列式，则所讨论的方程是（恰好或过度）可识别的。这时矩阵 A 的秩恰好是 $M-1$。如果所有可能的 $(M-1)\times(M-1)$ 行列式皆是零，则矩阵 A 的秩小于 $M-1$，从而所考虑的方程是不可识别的。

我们对可识别性的阶条件和秩条件的讨论，得出在 M 个联立方程组中的一个结构方程的可识别性的一般原则如下：

（1）如果 $K-k>m-1$ 且 A 矩阵的秩是 $M-1$，则方程是过度识别的。

（2）如果 $K-k=m-1$ 且 A 矩阵的秩是 $M-1$，则方程是恰好识别的。

（3）如果 $K-k\geqslant m-1$ 而矩阵 A 的秩小于 $M-1$，则方程是不可识别的。

（4）如果 $K-k<m-1$，则结构方程是不可识别的。这时 A 矩阵的秩必定小于 $M-1$。（为什么？）

从此以后，凡是谈到识别问题，都指恰好识别或过度识别。考虑不可识别或识别不足的方程是没有意义的。因为这时无论数据有多广泛，结构方程都是不可估计的。另外，如在第 24 章中将表明的那样，过度识别和恰好识别的方程中的参数都是可估计的。

在实践中，我们应该使用阶条件还是秩条件呢？对大型联立方程模型来说，秩条件的应用是一件令人生畏的任务。对此，哈维（Harvey）指出，

> 幸亏阶条件通常足以保证可识别性，虽然当心秩条件是重要的，但不去验证它一般不会造成什么危害。[1]

*23.4 联立性检验[2]

如果没有联立方程或联立性问题（simultaneity problem），OLS 估计量将得到一致且有效的估计。而如果存在联立性，则 OLS 估计量甚至不是一致的。如在第 24 章中将表明的那样，当出现联立性时，两阶段最小二乘（two-stage least squares，2SLS）和工具变量法将给出一致且有效的估计量。说来有点奇怪，如果我们在没有联立性的情况下应用这些不同于 OLS 的方法，仍可得到一致但非有效（方差更小）的估计量。所有这些讨论表明，在我们摒弃 OLS 而倾向于使用其他方法之前，应检验联立性问题是否存在。

前面曾经指出，联立性问题之所以出现，是因为一些回归元是内生的，并因而很可能与干扰项或误差项相关。因此，联立性检验在本质上是检验（一个内生）回

---

[1] Andrew Harvey, *The Econometric Analysis of Time Series*, 2d ed., The MIT Press, Cambridge, Mass., 1990, p. 328.

[2] 以下讨论取自 Robert S. Pindyck and Daniel L. Rubinfeld, *Econometric Models and Economic Forecasts*, 3d ed., McGraw-Hill, New York, 1991, pp. 303–305。

归元是否与误差项相关。如果是，就有联立性问题，这时需要找出不同于 OLS 的估计方法；如果不是，就可以使用 OLS。为在具体情形中判定到底是哪种情况，可采用豪斯曼设定误差检验。

豪斯曼设定误差检验

豪斯曼设定误差检验（Hausman specification error test）的一种形式可用于检验联立性问题。现解释如下[①]：

为了方便，考虑如下两方程模型：

$$需求函数：Q_t^d = \alpha_0 + \alpha_1 P_t + \alpha_2 I_t + \alpha_3 R_t + u_{1t} \tag{23.4.1}$$

$$供给函数：Q_t^s = \beta_0 + \beta_1 P_t + u_{2t} \tag{23.4.2}$$

其中 P＝价格；

Q＝数量；

I＝收入；

R＝财富；

u＝误差项。

假定 I 和 R 为外生变量。当然，P 和 Q 是内生变量。

现考虑供给函数（23.4.2）。如果没有联立性问题（即 P 与 Q 相互独立），则 P_t 与 u_{2t} 应是不相关的。（为什么?）如果有联立性，则 P_t 与 u_{2t} 应是相关的。要判明是哪一种情形，豪斯曼设定误差检验的程序如下：

首先，从方程（23.4.1）和方程（23.4.2）得到如下约简型方程：

$$P_t = \Pi_0 + \Pi_1 I_t + \Pi_2 R_t + v_t \tag{23.4.3}$$

$$Q_t = \Pi_3 + \Pi_4 I_t + \Pi_5 R_t + w_t \tag{23.4.4}$$

其中 v 和 ω 为约简型误差项，用 OLS 估计方程（23.4.3）得到：

$$\hat{P}_t = \hat{\Pi}_0 + \hat{\Pi}_1 I_t + \hat{\Pi}_2 R_t \tag{23.4.5}$$

因此，

$$P_t = \hat{P}_t + \hat{v}_t \tag{19.4.6}$$

其中 $\hat{P}_t$ 代表估计的 P_t，而 $\hat{v}_t$ 为估计的残差项。现在考虑如下方程：

$$Q_t = \beta_0 + \beta_1 \hat{P}_t + \beta_1 \hat{v}_t + u_{2t} \tag{23.4.7}$$

注：P_t 和 v_t 有相同的系数。这个方程与原供给方程的区别在于，它额外包含了变量 $\hat{v}_t$，即回归（23.4.3）得到的残差项。

现在，在无联立性即 P_t 不是内生变量的虚拟假设下，$\hat{v}_t$ 与 u_{2t} 之间的相关性应在渐近意义上等于零。因此，如果我们做回归（23.4.7），并发现方程（23.4.7）

① J. A. Hausman，"Specification Tests in Econometrics," *Econometrica*，vol. 46，November 1976，pp. 1251 - 1271；A. Nakamura and M. Nakamura，"On the Relationship among Several Specification Error Tests Presented by Durbin，Wu，and Hausman," *Econometrica*，vol. 49，November 1981，pp. 1583 - 1588.

中 v_t 的系数在统计上为零，就可得到不存在联立性问题的结论。当然，如果我们发现这个系数是统计显著的，就把结论反过来。顺便指出，豪斯曼联立性检验又被称为豪斯曼内生性检验（Hausman test of endogeneity）。在本例中，我们想弄清楚 P_t 是不是内生的。如果是，我们就遇到了联立性问题。

豪斯曼联立性检验本质上包含如下两个步骤：

步骤 1　求 P_t 对 I_t 和 R_t 的回归并得到 $\hat{v}_t$。

步骤 2　求 Q_t 对 $\hat{P}_t$ 和 $\hat{v}_t$ 的回归并对 $\hat{v}_t$ 的系数做 t 检验。如果它是显著的，就不拒绝联立性假设；否则拒绝之。[①] 然而，为了更有效地估计，平狄克（Pindyck）和鲁宾费尔德（Rubinfeld）建议做 Q_t 对 P_t 和 $\hat{v}_t$ 的回归。[②]

使用豪斯曼联立性检验还有其他方法，我们通过一个练习来加以说明。

例 23.5　平狄克-鲁宾费尔德公共支出模型[③]

为了研究美国州和地方政府的支出行为，两位作者提出了如下联立方程模型：

$$\text{EXP} = \beta_1 + \beta_2 \text{AID} + \beta_3 \text{INC} + \beta_4 \text{POP} + u_i \tag{23.4.8}$$

$$\text{AID} = \delta_1 + \delta_2 \text{EXP} + \delta_3 \text{PS} + v_i \tag{23.4.9}$$

其中 EXP＝州和地方政府的公共支出；

　　　AID＝联邦政府的拨款水平；

　　　INC＝州收入；

　　　POP＝州人口；

　　　PS＝中小学在校儿童人口；

　　　u 和 v＝误差项。

在此模型中，INC、POP 和 PS 被视为外生变量。

由于 EXP 和 AID 之间有联立的可能，他们先求 AID 对 INC、POP 和 PS 的回归（即约简型回归）。令此回归的误差项为 w_i。由此回归求得残差项 $\hat{w}_i$。然后，他们求 EXP 对 AID、INC、POP 和 $\hat{w}_i$ 的回归，得到以下结果：

$$\widehat{\text{EXP}} = -89.41 + 4.50\,\text{AID} + 0.000\,13\,\text{INC} - 0.518\,\text{POP} - 1.39\,\hat{w}_i$$

$$t = (-1.04)\ (5.89) \qquad (3.06) \qquad (-4.63) \qquad (-1.73) \qquad (23.4.10)^{④}$$

$$R^2 = 0.99$$

在 5％的显著性水平上 $\hat{w}_i$ 的系数不是统计显著的，因此在此水平上没有联立性问题。然而，在 10％的显著性水平上它却是统计显著的，故存在联立性问题的可能性仍可考虑。

顺便指出，方程（23.4.8）的 OLS 估计如下：

---

① 如果涉及多于一个内生回归元，我们将使用 F 检验。

② Pindyck and Rubinfeld, op. cit., p.304. 注：回归元是 P_t 而不是 $\hat{P}_t$。

③ Pindyck and Rubinfeld, op. cit., pp.176‑177. 符号略有改动。

④ 根据本页注释②，作者们用 AID 而不用 $\widehat{\text{AID}}$ 作为回归元。

$$\widehat{EXP}=-46.81 + 3.24\ AID + 0.000\ 19\ INC - 0.597\ POP$$
$$t=(-0.56)(13.64)\qquad(8.12)\qquad(-5.71) \qquad\qquad (23.4.11)$$
$$R^2=0.993$$

注意，在方程（23.4.10）和方程（23.4.11）所给的结果中有一个有趣的现象：当我们明确地考虑联立性问题时，虽然 AID 变量的系数在数值上变大了一些，但它的显著性反而减小了。

*23.5 外生性检验

我们前面曾说过，明确哪些变量是内生的，哪些变量是外生的，这个责任在研究者。这将与研究者考虑的问题和拥有的先验信息有关。但能否给出一种像格兰杰因果关系检验那样的外生性检验呢？

23.4 节讨论的豪斯曼联立性检验可用来回答这个问题。假使我们有一个内生变量 Y_1、Y_2 和 Y_3 的三方程模型，并假定有三个外生变量 X_1、X_2 和 X_3。再进一步假定模型的第一个方程是：

$$Y_{1i} = \beta_0 + \beta_2 Y_{2i} + \beta_3 Y_{3i} + \alpha_1 X_{1i} + u_{1i} \qquad\qquad (23.5.1)$$

如果 Y_2 和 Y_3 真的是内生变量，我们就不能用 OLS 去估计方程（23.5.1）。（为什么？）但我们如何知道？可进行如下检验：我们求 Y_2 和 Y_3 的约简型方程（注：约简型方程的右边将仅有前定变量）。由这些约简型方程我们分别得到 $\hat{Y}_{2i}$ 和 $\hat{Y}_{3i}$ 的预测值 $\hat{Y}_{2i}$ 和 $\hat{Y}_{3i}$。然后根据先前讨论的豪斯曼联立性检验的思想，我们用 OLS 估计下述方程：

$$Y_{1i} = \beta_0 + \beta_2 Y_{2i} + \beta_3 Y_{3i} + \alpha_1 X_{1i} + \lambda_2 \hat{Y}_{2i} + \lambda_3 \hat{Y}_{3i} + u_{1i} \qquad (23.5.2)$$

可通过 F 检验来检验假设：$\lambda_2 = \lambda_3 = 0$。如果此假设被拒绝，则可认为 Y_2 和 Y_3 是内生的，但如果它不被拒绝，就可视同外生。一个具体的例子见习题 23.16。

要点与结论

（1）识别问题的考虑应先于估计问题。

（2）识别问题是问我们能否由约简型系数估计值求出结构系数的唯一数值估计值。

（3）如果能求出上述唯一数值估计值，就说联立方程组中的某个方程是可识别的。如果不能，该方程就是不可识别或识别不足的。

（4）一个可识别的方程可以是恰好识别的或过度识别的。在前一种情形中，可以得到结构系数的唯一值；而在后一种情形中，也许一个或多个结构参数有不止一个估计值。

（5）识别问题之所以出现，是因为同样的数据集适合不同的结构系数集，也就是适合不同的模型。例如，在一个价格只对数量的回归中，很难说人们是在估计供给函数还是需求函数，因为价格和数量同样进入这两个方程。

（6）要判断一个结构方程的可识别性，我们可以应用约简型方程的技术，把一个内生变量表达为纯粹是前定变量的一个函数。

（7）然而，这种耗时的程序由于利用阶条件或秩条件而得以避免。虽然阶条件易于应用，但它仅是可识别性的一个必要条件。另外，秩条件则是识别的充分必要条件。如果秩条件被满足，则阶条件也一定被满足。但反过来未必真。尽管如此，在实践中，阶条件一般来说能较好地保证可识别性。

（8）当出现联立性问题时，如第 22 章中所表明的，*OLS* 一般而言是不适用的。但如果我们仍想用它，则必须明确地进行联立性检验，为此，可利用豪斯曼联立性检验。

（9）虽然在实践中一个变量是内生或外生的是凭判断决定的，但我们可以用豪斯曼联立性检验判定一个或一组变量是内生的还是外生的。

（10）因果关系和外生性虽属于同一类问题，但它们的概念是不同的。其中一个概念并不蕴含另一个概念。在实践中，仍然是把这两个概念区分开来为好（见 23.14 节）。

习　题

问答题

23.1　证明可识别性的阶条件的两个定义是等价的。

23.2　从方程（23.2.25）和方程（23.2.27）所给的约简型系数推导出结构系数。

23.3　求出以下模型的约简型，从而判定每一种情形的结构方程是不可识别的、恰好识别的还是过度识别的。

a. 第 22 章例 22.2。

b. 第 22 章例 22.3。

c. 第 22 章例 22.6。

23.4　同时用阶条件和秩条件检验习题 23.3 中的模型是否可识别。

23.5　在模型（23.2.22）中，我们曾证明供给方程是过度识别的，能否对结构方程的参数做些约束使得此方程变为恰好识别的？说明这种约束的理由。

23.6　由模型

$$Y_{1t} = \beta_{10} + \beta_{12} Y_{2t} + \gamma_{11} X_{1t} + u_{1t}$$
$$Y_{2t} = \beta_{20} + \beta_{21} Y_{1t} + \gamma_{22} X_{2t} + u_{2t}$$

得到如下约简型方程：

$$Y_{1t} = \Pi_{10} + \Pi_{11} X_{1t} + \Pi_{12} X_{2t} + \omega_t$$
$$Y_{2t} = \Pi_{20} + \Pi_{21} X_{1t} + \Pi_{22} X_{2t} + \upsilon_t$$

a. 这些结构方程是可识别的吗？

b. 如果先验地知道 $\gamma_{11} = 0$，识别情况会有什么变化？

23.7　参照习题 23.6 估计如下约简型方程：

$$Y_{1t} = 4 + 3X_{1t} + 8X_{2t}$$
$$Y_{2t} = 2 + 6X_{1t} + 10X_{2t}$$

a. 求结构参数的值。

b. 你会怎样检验虚拟假设？

23.8　由模型

$$Y_{1t} = \beta_{10} + \beta_{12} Y_{2t} + \gamma_{11} X_{1t} + u_{1t}$$
$$Y_{2t} = \beta_{20} + \beta_{21} Y_{1t} + u_{2t}$$

得到如下约简型方程：

$$Y_{1t} = 4 + 8X_{1t}$$

$$Y_{2t} = 2 + 12X_{1t}$$

a. 有没有哪些结构系数是能够从约简型系数估计出来的？说明你的见解。

b. 如果预先知道（1）$\beta_{12} = 0$ 和（2）$\beta_{10} = 0$，对 a 中的答案会有何变化？

23.9 习题 22.8 所给模型的结构方程是可识别的吗？

23.10 参照习题 22.7 并找出哪些结构方程是可识别的。

23.11 表 23-3 是一个包含 5 个内生变量 Y 和 4 个外生变量 X 的 5 方程模型：

表 23-3

方程编号	变量的系数								
	Y_1	Y_2	Y_3	Y_4	Y_5	X_1	X_2	X_3	X_4
1	1	β_{12}	0	β_{14}	0	γ_{11}	0	0	γ_{14}
2	0	1	β_{23}	β_{24}	0	0	γ_{22}	γ_{23}	0
3	β_{31}	0	1	β_{34}	β_{35}	0	0	γ_{33}	γ_{34}
4	0	β_{42}	0	1	0	γ_{41}	0	γ_{43}	0
5	β_{51}	0	0	β_{54}	1	0	γ_{52}	γ_{53}	0

借助于可识别性的阶条件和秩条件，判定每一方程的可识别性。

23.12 考虑以下扩展的凯恩斯收入决定模型：

消费函数：$C_t = \beta_1 + \beta_2 Y_t - \beta_3 T_t + u_{1t}$

投资函数：$I_t = \alpha_0 + \alpha_1 Y_{t-1} + u_{2t}$

税收函数：$T_t = \gamma_0 + \gamma_1 Y_t + u_{3t}$

收入恒等式：$Y_t = C_t + I_t + G_t$

其中 C = 消费支出；

Y = 收入；

I = 投资；

T = 税收；

u = 干扰项。

模型中的内生变量是 C、I、T 和 Y，而前定变量是 G（政府支出）和 Y_{t-1}。

用阶条件检查方程组中每一方程和整个方程组的可识别性，假定有一个作为外生变量的利率 r_t 出现在投资函数的右侧，将会出现什么情况？

23.13 参照第 22 章表 22-1 所给的数据。利用这些数据估计约简型方程（23.1.2）和方程（23.1.4），你能估计 β_0 和 β_1 吗？说明你的计算过程。模型是可识别的吗？为什么？

23.14 假使我们提出可识别性的阶条件的另一个定义：

$$K \geqslant m + k - 1$$

也就是说，方程组中的前定变量的个数不可少于待识别的方程中所含未知系数的个数。说明此定义和课本中所给阶条件的另外两个定义是等价的。

23.15 休茨（Suits）的西瓜市场模型的一个简化形式如下[①]：

需求方程：

$$P_t = \alpha_0 + \alpha_1 (Q_t/N_t) + \alpha_2 (Y_t/N_t) + \alpha_3 F_i + u_{1t}$$

作物供给函数：

$$Q_t = \beta_0 + \beta_1 (P_t/W_t) + \beta_2 P_{t-1} + \beta_3 C_{t-1} + \beta_4 T_{t-1} + u_{2t}$$

其中 P = 价格；

(Q/N) = 人均需求量；

(Y/N) = 人均收入；

F_t = 运费；

(P/W) = 相对于农业工资的价格；

C = 棉花价格；

---

① D. B. Suits, "An Econometric Model of the Watermelon Market," *Journal of Farm Economics*，vol. 37，1955，pp. 237 – 251.

T＝其他蔬菜价格；

N＝人口。

P 和 Q 为内生变量。

a. 求出约简型方程。

b. 判定需求函数、供给函数是否均可识别？

实证分析题

23.16 考虑如下货币供求模型：

货币需求：$M_t^d = \beta_0 + \beta_1 Y_t + \beta_2 R_t + \beta_3 P_t + u_{1t}$

货币供给：$M_t^s = \alpha_0 + \alpha_1 Y_t + u_{2t}$

其中M＝货币；

Y＝收入；

R＝利率；

P＝价格；

u＝误差项。

假定 R 和 P 是外生的，而 M 和 Y 是内生的。

表 23-4 给出了 1970—2006 年美国的 M（由 M2 定义）、Y(GDP)、R（三月期国债利率）和 P（消费者价格指数）数据。

a. 需求函数可识别吗？

b. 供给函数可识别吗？

c. 求出 M 和 Y 的约简型方程的表达式。

d. 对供给函数做联立性检验。

e. 我们怎样知道货币供给函数中的 Y 确实是内生的？

表 23-4 **1970—2006 年美国货币、GDP、利率和消费者价格指数数据**

观测	M2	GDP	TBRATE	CPI
1970	626.5	3 771.9	6.458	38.8
1971	710.3	3 898.6	4.348	40.5
1972	802.3	4 105.0	4.071	41.8
1973	855.5	4 341.5	7.041	44.4
1974	902.1	4 319.6	7.886	49.3
1975	1 016.2	4 311.2	5.836	53.8
1976	1 152.0	4 540.9	4.989	56.9
1977	1 270.3	4 750.5	5.265	60.6
1978	1 366.0	5 015.0	7.221	65.2
1979	1 473.7	5 173.4	10.041	72.6
1980	1 599.8	5 161.7	11.506	82.4
1981	1 755.5	5 291.7	14.029	90.9
1982	1 910.1	5 189.3	10.686	96.5
1983	2 126.4	5 423.8	8.63	99.6
1984	2 309.8	5 813.6	9.58	103.9
1985	2 495.5	6 053.7	7.48	107.6
1986	2 732.2	6 263.6	5.98	109.6
1987	2 831.3	6 475.1	5.82	113.6
1988	2 994.3	6 742.7	6.69	118.3
1989	3 158.3	6 981.4	8.12	124.0
1990	3 277.7	7 112.5	7.51	130.7

23

续表

观测	M2	GDP	TBRATE	CPI
1991	3 378. 3	7 100. 5	5. 42	136. 2
1992	3 431. 8	7 336. 6	3. 45	140. 3
1993	3 482. 5	7 532. 7	3. 02	144. 5
1994	3 498. 5	7 835. 5	4. 29	148. 2
1995	3 641. 7	8 031. 7	5. 51	152. 4
1996	3 820. 5	8 328. 9	5. 02	156. 9
1997	4 035. 0	8 703. 5	5. 07	160. 5
1998	4 381. 8	9 066. 9	4. 81	163. 0
1999	4 639. 2	9 470. 3	4. 66	166. 6
2000	4 921. 7	9 817. 0	5. 85	172. 2
2001	5 433. 5	9 890. 7	3. 45	177. 1
2002	5 779. 2	10 048. 8	1. 62	179. 9
2003	6 071. 2	10 301. 0	1. 02	184. 0
2004	6 421. 6	10 675. 8	1. 38	188. 9
2005	6 691. 7	11 003. 4	3. 16	195. 3
2006	7 035. 5	11 319. 4	4. 73	201. 6

注：M2＝M2 货币供给，十亿美元计。
GDP＝国内生产总值，十亿美元计。
TBRATE＝三月期国债利率，%。
CPI－消费者价格指数（1982 1984 年＝100）。
资料来源：*Economic Report of the President*，*2007*，Tables B-2，B-60，B-69，B-73。

23

23.17 正文中讨论的豪斯曼设定误差检验也可以如下方式进行。考虑方程（23.4.7）：

$$Q_t = \beta_0 + \beta_1 P_t + \beta_1 v_t + u_{2t}$$

a. 由于 P_t 和 v_t 具有相同的系数，在一个具体的应用研究中，你如何检验确实是这种情况？其含义是什么？

b. 根据模型设计，P_t 与 u_{2t} 不相关（为什么？），弄清楚 P_t 是否外生的方式之一，就是看 v_t 是否与 u_{2t} 相关。你如何对此进行检验？你用什么检验方法？〔提示：将方程（23.4.6）中的 P_t 代入方程（23.4.7）。〕

第24章 联立方程方法

我们已经在前两章中讨论过联立方程模型的性质，本章转向这类模型的参数估计问题。首先让我们指出，由于存在着有不同统计性质的许多估计方法，所以估计问题相当复杂。像在本书这种初级教材中，我们将只考虑少数估计方法。我们的讨论是简单而又有启发性的，一些细致的问题则留给阅读参考文献解决。

24.1 估计的方法

考虑方程（23.1.1）所给的一般含 M 个内生变量、M 个方程的模型。为了估计结构方程，可采取两种方法，即单方程法，又称有限信息法（limited information methods）和方程组法（或系统法），又称完全信息法（full information methods）。在即将考虑的单方程法中，我们逐个估计（联立）方程组中的每一个方程，仅考虑对该方程的约束（如排除某些变量）而不考虑对其他方程的约束[①]，由此得名有限信息法。而在方程组法中，我们同时估计模型中的全部方程，适当考虑了某些变量被排除而对方程组造成的全部约束（回想一下，这些约束对识别来说是关键性的），由此得名完全信息法。

作为一个例子，考虑如下的四方程模型：

$$
\begin{aligned}
Y_{1t} &= \beta_{10} & &+ \beta_{12} Y_{2t} + \beta_{13} Y_{3t} & &+ \gamma_{11} X_{1t} & &+ u_{1t} \\
Y_{2t} &= \beta_{20} + & & \beta_{23} Y_{3t} & &+ \gamma_{21} X_{1t} + \gamma_{22} X_{2t} & &+ u_{2t} \\
Y_{3t} &= \beta_{30} + \beta_{31} Y_{1t} & &+ \beta_{34} Y_{4t} + \gamma_{31} X_{1t} + \gamma_{32} X_{2t} & & & &+ u_{3t} \\
Y_{4t} &= \beta_{40} & &+ \beta_{42} Y_{2t} & &+ \gamma_{43} X_{3t} + u_{4t}
\end{aligned}
$$

$$
\tag{24.1.1}
$$

其中 Y 为内生变量，而 X 为外生变量。比如说，如果我们旨在估计第三个方程，则单方程法将仅考虑此方程，即仅注意变量 Y_2 和 X_3 被排除在此方程之外。而在方

[①] 然而，为便于识别，有必要考虑其他方程所提供的信息. 如第 23 章所说，只有在（恰好或过度）识别的情形中，方程的估计才是可能的。在本章中，我们假定识别问题已通过第 23 章的方法得到了解决。

程组法中，我们要同时估计全部四个方程，把对方程组中多个方程的全部约束都考虑进来。

为了保持联立方程模型的品质，最理想的应是使用方程组法，比如完全信息极大似然（full information maximum likelihood，FIML）法[1]。然而实际上，由于多种原因，这类方法并不常用。第一，计算上的负担太大。例如，1955 年克莱因-戈德伯格（Klein-Goldberger）构造的比较小的（24 个方程）美国经济模型就有 151 个非零系数。作者们用时间序列数据仅估计其中的 51 个系数。布鲁金斯社会科学研究院（Brookings-Social Science Research Council，SSRC）于 1965 年出版的《美国经济计量季模型》最初含有 150 个方程。[2] 尽管这些精心制作的模型能对各个经济部门做出详细描述，但计算工作量之大即使在高速计算机时代的今天也是惊人的，更不必说成本上的耗费。第二，像 FIML 这样的系统方法常常导致参数的高度非线性解，以致难以确定。第三，如果方程组中的一个或多个方程有设定误差（比如说，一个错误的函数形式或漏掉有关变量），则误差将传递至其余方程。其结果是，方程组法变得对设定误差非常敏感。

因此，在实践中常常使用单方程法。如克莱因所说的，

> 在联立方程组的构架中，单方程法在下述意义上也许对设定误差不那么敏感，即方程组的正确设定部分受另一部分的设定误差的影响也许不是很大。[3]

在本章的其余部分，我们将仅讨论单方程法。具体地说，我们将讨论如下单方程法：

(1) 普通最小二乘法。

(2) 间接最小二乘法（indirect least squares，ILS）。

(3) 两阶段最小二乘法。

24.2 递归模型与普通最小二乘法

我们在第 18 章中看到，因为随机干扰项和内生解释变量之间的相互依赖性，所以 OLS 不适宜用来估计联立方程组中的方程。如果错误地应用 OLS，那么，如我们在 22.3 节所看到的那样，估计量不但是有偏误的（在小样本中），而且是不一致的，即不管样本容量有多大，偏误都不会消失。然而，有一种情形，即使在联立方程的构架中，OLS 也是适用的。这就是递归、三角形或因果性模型的情形。为了

---

[1] 对这种方法的一个简单论述，参见 Carl F. Christ, *Econometric Models and Methods*, John Wiley &. Sons, New York, 1966, pp. 395 – 401。

[2] James S. Duesenberry, Gary Fromm, Lawrence R. Klein, and Edwin Kuh, eds., *A Quarterly Model of the United States Economy*, Rand McNally, Chicago, 1965.

[3] Lawrence R. Klein, *A Textbook of Econometrics*, 2d ed., Prentice Hall, Englewood Cliffs, NJ, 1974. p. 150.

看清楚这种模型的性质，考虑以下三方程组：

$$Y_{1t} = \beta_{10} \qquad\qquad\qquad + \gamma_{11}X_{1t} + \gamma_{12}X_{2t} + u_{1t}$$
$$Y_{2t} = \beta_{20} + \beta_{21}Y_{1t} \qquad\qquad + \gamma_{21}X_{1t} + \gamma_{22}X_{2t} + u_{2t} \qquad (24.2.1)$$
$$Y_{3t} = \beta_{30} + \beta_{31}Y_{1t} + \beta_{32}Y_{2t} + \gamma_{31}X_{1t} + \gamma_{32}X_{2t} + u_{3t}$$

其中 Y 和 X 如前面一样分别是内生变量和外生变量。干扰项有如下性质：

$$\mathrm{cov}(u_{1t},u_{2t}) = \mathrm{cov}(u_{1t},u_{3t}) = \mathrm{cov}(u_{2t},u_{3t}) = 0$$

也就是说，不同方程中的同期干扰项是不相关的〔用专门术语来说，这是一种零同期相关（zero contemporaneous correlation）假定〕。

现考虑方程组（24.2.1）中的第一个方程。因为它的右边仅含有外生变量，又因为按假定外生变量与干扰项 u_{1t} 不相关，所以此方程满足经典 OLS 解释变量与干扰项不相关的基本假定。因而 OLS 可直接应用于此方程的估计。再考虑方程组（24.2.1）中的第二个方程。它不但含有非随机的 X，还含有 Y_1 作为解释变量。那么，如果 Y_1 和 u_1 不相关，OLS 就可应用于此方程。是这样吗？因为影响 Y_1 的 u_1 按假定是和 u_2 不相关的，所以答案是肯定的。因此，为了一切实际目的，在考虑 Y_2 的形成时就可把 Y_1 看作前定的，从而我们可以用 OLS 估计第二个方程。把这种推理再推进一步，由于 Y_1 和 Y_2 都与 u_3 不相关，我们又可对方程组（24.2.1）中的第三个方程应用 OLS。

于是，在递归系统中，OLS 可分别应用于每个方程。其实在这种情况下，我们并没有联立方程的问题。从这种系统的结构看，显然不存在内生变量之间的相互依赖性。比方说，Y_1 影响 Y_2，但 Y_2 不影响 Y_1。类似地，Y_1 和 Y_2 影响 Y_3，而反过来并不受 Y_3 的影响。换言之，每个方程都展现出一种单向的因果依赖关系，由此得名因果性模型。[①] 对此，图 24-1 给出了一个图解。

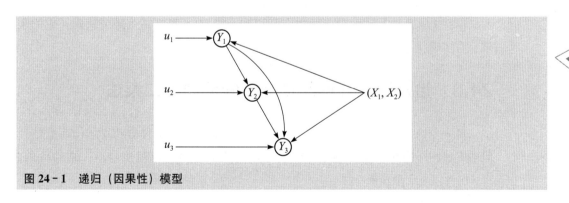

图 24-1　递归（因果性）模型

① 另外一个名称"三角形模型"的来源基于如下事实：若将方程组（24.2.1）中内生变量的系数排成矩阵形式，我们就会得到以下三角形矩阵：

$$\begin{array}{c} \\ \text{方程 1} \\ \text{方程 2} \\ \text{方程 3} \end{array} \begin{array}{ccc} Y_1 & Y_2 & Y_3 \\ \left[\begin{array}{ccc} 1 & 0 & 0 \\ \beta_{21} & 1 & 0 \\ \beta_{31} & \beta_{32} & 1 \end{array}\right] \end{array}$$

注意，主对角线上方的元素都是 0。（为什么？）

作为递归系统的一个例子，不妨设想工资与价格决定的如下模型：

价格方程：$\dot{P}_t = \beta_{10} + \beta_{11}\dot{W}_{t-1} + \beta_{12}\dot{P}_t + \beta_{13}\dot{M}_t + \beta_{14}\dot{L}_t + u_{1t}$

工资方程：$\dot{W}_t = \beta_{20} + \beta_{21}\,\mathrm{UN}_t + \beta_{23}\dot{P}_t + u_{2t}$ (24.2.2)

其中 $\dot{P}=$ 单位产品的价格变化率；

$\dot{W}=$ 每个雇员的工资变化率；

$\dot{R}=$ 资本的价格变化率；

$\dot{M}=$ 进口价格变化率；

$\dot{L}=$ 劳动生产率变化率；

$\mathrm{UN}=$ 失业率，%。[①]

价格方程假定当前价格变化率是资本和原料价格变化率、劳动生产率变化率以及前期工资变化率等的函数。工资方程则表示当前工资变化率取决于当前价格变化率和失业率。显然，因果关系的方向是 $\dot{W}_{t-1} \rightarrow \dot{P}_t \rightarrow \dot{W}_t$，因此，OLS 可用于估计这两个方程的参数。

虽然递归模型是有用处的，但大多数联立方程模型并没有表现出这种单向因果关系。因此，一般地说，在联立方程模型中，用 OLS 去估计其中的每个方程不适宜。[②]

有些人称辩，虽然 OLS 一般不适用于联立方程模型，但如果只是为了提供一种比较的标准或规范，那么还是可以使用的，就是说，我们可以用 OLS 去估计一个结构方程，尽管这种估计带有偏误、不一致等性质。然后，用专门为解决联立性问题而设计的其他方法去估计同样的方程，再比较（至少定性地比较）这两种方法所得的结果。如我们后面将要看到的，在许多应用中，用不适当的 OLS 估计的结果和用更复杂的方法得到的结果可能相差不大。原则上，只要同时给出为联立方程模型设计的其他方法的估计结果，我们就不应过多地反对列出基于 OLS 的估计结果。

事实上，采取这种策略能使我们意识到，当 OLS 被不适当地使用时，它的表现会有多糟。[③]

24.3 恰好识别方程的估计：间接最小二乘法

对一个恰好识别的结构方程，从约简型系数的 OLS 估计值获得结构系数估计值的方法叫作间接最小二乘法，而如此得到的估计值叫作间接最小二乘估计值。ILS 包含以下三个步骤：

---

① 圆点表示对时间求导数，例如，$\dot{P}=dP/dt$。对于离散时间序列，有时用 $\Delta P/\Delta t$ 来近似 dP/dt，其中 Δ 是我们最初在第 12 章中介绍过的一阶差分算子。

② 重要的是，需记住，我们假定不同方程之间的干扰项无同期相关。否则，我们也许有必要求助于泽尔纳的似无关回归估计方法，以估计递归系统中的参数。参见 A. Zellner, "An Efficient Method of Estimating Seemingly Unrelated Regressions and Tests for Aggregation Bias," *Journal of American Statistical Association*, vol. 57, 1962, pp. 348-368。

③ 还应注意，在小样本中，其他估计量和 OLS 估计量一样，也是有偏误的，但 OLS 估计量有这样的"优点"，即它和其他估计量相比，有最小方差。然而，这仅对小样本而言是对的。

步骤 1 先求约简型方程。如第 23 章曾指出的那样，从结构方程组解出约简型方程，使得每个方程的因变量都成为唯一的内生变量，并且仅仅是前定（外生或滞后内生）变量和随机误差项的函数。

步骤 2 对约简型方程逐个应用 OLS。因为这些方程中的解释变量是前定的并因而与随机干扰项不相关，所以这种做法是合适的，由此得到的估计值是一致的。[①]

步骤 3 从步骤 2 得到的约简型系数的估计值求原始结构系数的估计值。如第 23 章所表明的，若方程恰好识别，则结构系数与约简型系数之间有一一对应关系，这就是说可以从后者导出前者的唯一估计值。

上述三个步骤表明，结构系数（对大多数情形来说是问题研究的主要目的）是从约简型系数的估计值间接求出的，因此取名 ILS。

一个说明性例子

考虑 23.2 节中引进的供求模型，为方便起见再次给出该模型，符号稍有变化：

$$需求函数：Q_t = \alpha_0 + \alpha_1 P_t + \alpha_2 X_t + u_{1t} \tag{24.3.1}$$

$$供给函数：Q_t = \beta_0 + \beta_1 P_t + u_{2t} \tag{24.3.2}$$

其中 Q = 数量；

P = 价格；

X = 收入或支出。

假定 X 是外生的。如前所示，供给函数是恰好识别的，而需求函数是不可识别的。

与上述结构方程组相对应的约简型方程是

$$P_t = \Pi_0 + \Pi_1 X_t + w_t \tag{24.3.3}$$

$$Q_t = \Pi_2 + \Pi_3 X_t + v_t \tag{24.3.4}$$

其中 Π 是约简型系数，而且，如方程（23.2.16）和方程（23.2.18）所示，它是结构系数的（非线性）组合，但是，其中的 w 和 v 则是结构型干扰项 u_1 和 u_2 的线性组合。

注意到每个约简型方程仅含一个内生变量，即方程的因变量，并且它仅仅是外生变量 X（收入）和随机干扰项的函数，由此可知，上述约简型方程可由 OLS 来估计。这些估计量是：

$$\hat{\Pi}_1 = \frac{\sum p_t x_t}{\sum x_t^2} \tag{24.3.5}$$

$$\hat{\Pi}_0 = \bar{P} - \hat{\Pi}_1 \bar{X} \tag{24.3.6}$$

$$\hat{\Pi}_3 = \frac{\sum q_t x_t}{\sum x_t^2} \tag{24.3.7}$$

---

① 除一致性外，估计值"还会是最优无偏的和（或）渐近有效的，这将分别视（ⅰ）$z [=X]$ 是否不仅是前定的而且是外生的（即不含内生变量的滞后值），以及（ⅱ）干扰项是不是正态分布的"而定。参见 W. C. Hood and Tjalling C. Koopmans，*Studies in Econometric Method*，John Wiley & Sons，New York，1953，p. 133。

$$\hat{\Pi}_2 = \bar{Q} - \hat{\Pi}_3 \bar{X} \tag{24.3.8}$$

其中，小写字母表示对样本均值的离差，而 $\bar{Q}$ 和 $\bar{P}$ 是 Q 和 P 的样本均值。如前所述，$\hat{\Pi}_i$ 是一致估计量并在适当假定下还是方差最小、无偏或渐近有效的（参见上页注释）。

由于我们的主要目的是确定结构系数，让我们看看能否从约简型系数把它们估计出来。现在如 23.2 节所示，供给函数是恰好识别的。因此，它的参数可从约简型系数唯一地估计如下：

$$\beta_0 = \Pi_2 - \beta_1 \Pi_0 \quad \beta_1 = \frac{\Pi_3}{\Pi_1}$$

由此可知这些参数的估计量可从约简型系数的估计量计算如下：

$$\hat{\beta}_0 = \hat{\Pi}_2 - \hat{\beta}_1 \hat{\Pi}_0 \tag{24.3.9}$$

$$\hat{\beta}_1 = \frac{\hat{\Pi}_3}{\hat{\Pi}_1} \tag{24.3.10}$$

这些就是 ILS 估计量。注意，需求函数的参数不能这样得到（参见习题 24.13）。

为了给出数值结果，我们得到如表 24-1 所示的数据。首先我们将价格和数量分别对人均实际消费支出求回归，结果如下：

$$\hat{P}_t = 90.960\,1 + 0.000\,7X_t \tag{24.3.11}$$
$$se = (4.051\,7)(0.000\,2)$$
$$t = (22.449\,9)(3.006\,0) \quad R^2 = 0.244\,0$$

$$\hat{Q}_t = 59.761\,8 + 0.002\,0X_t \tag{24.3.12}$$
$$se = (1.560\,0)\quad(0.000\,09)$$
$$t = (38.308\,0)(20.927\,3) \quad R^2 = 0.939\,9$$

利用方程（24.3.9）和方程（24.3.10），我们得到这些 ILS 估计值：

$$\hat{\beta}_0 = -183.704\,3 \tag{24.3.13}$$
$$\hat{\beta}_1 = 2.676\,6 \tag{24.3.14}$$

表 24-1   1975—2004 年美国作物产量、作物价格与人均个人消费支出数据

年份	作物产量指数，Q（1996 年=100）	农民收到的作物价格指数，P（1990—1992 年=100）	真实人均个人消费支出，X（以 2007 年美元为基准）
1975	66	88	4 789
1976	67	87	5 282
1977	71	83	5 804
1978	73	89	6 417
1979	78	98	7 073
1980	75	107	7 716
1981	81	111	8 439
1982	82	98	8 945
1983	71	108	9 775
1984	81	111	10 589

续表

年份	作物产量指数，Q（1996 年＝100）	农民收到的作物价格指数，P（1990—1992 年＝100）	真实人均个人消费支出，X（以 2007 年美元为基准）
1985	85	98	11 406
1986	82	87	12 048
1987	84	86	12 766
1988	80	104	13 685
1989	86	109	14 546
1990	90	103	15 349
1991	90	101	15 722
1992	96	101	16 485
1993	91	102	17 204
1994	101	105	18 004
1995	96	112	18 665
1996	100	127	19 490
1997	104	115	20 323
1998	105	107	21 291
1999	108	97	22 491
2000	108	96	23 862
2001	108	99	24 722
2002	107	105	25 501
2003	108	111	26 463
2004	112	117	27 937

资料来源：*Economic Report of the President*，*2007*. 数据 Q 来自表 B-99，数据 P 来自表 B-101，数据 X 来自表 B-31。

因此，所估计的 ILS 回归是[①]：

$$\hat{Q}_t = -183.704\ 3 + 2.676\ 6\ P_t \qquad (24.3.15)$$

为便于比较，我们给出 Q 对 P 的 OLS（不适当地使用）回归结果：

$$\hat{Q}_t = 20.89 + 0.673 P_t \qquad (24.3.16)$$

$$se = (23.04)\ (0.224\ 6)$$

$$t = (0.91)\ \ (2.99) \qquad R^2 = 0.243\ 0$$

这些结果表明，当 OLS 被不适当地使用时，"真相"何以被歪曲。

ILS 估计量的性质

我们已经看到，约简型系数的估计量是一致的，并且在适当的假定下还是最优无偏的或渐近有效的。这些性质会传递到 ILS 估计量上吗？可以证明，ILS 估计量继承了约简型估计量的全部渐近性质，诸如一致性和渐近有效性。但像无偏性这样的（小样本）性质一般来说不再成立。在附录 24A.1 节中，我们证明了上述供给函

---

① 我们没有给出所估结构系数的标准误。原因是，如前所述，这些系数一般来说都是约简型系数的非线性函数。因而没有从约简型系数标准误推出结构系数标准误的简单估计方法。然而，对于大样本，结构系数的标准误却可以近似得到。关于细节，参见 Jan Kmenta，*Elements of Econometrics*，Macmillan，New York，1971，p. 444。

数的 $\hat{\beta}_0$ 和 $\hat{\beta}_1$ 是有偏误的，但这一偏误将随着样本容量的无限增大而消失（即这些估计量是一致的）。[1]

24.4 过度识别方程的估计：两阶段最小二乘法

考虑如下模型：

收入函数：$Y_{1t} = \beta_{10} \qquad + \beta_{11}Y_{2t} + \gamma_{11}X_{1t} + \gamma_{12}X_{2t} + u_{1t}$ (24.4.1)

货币供给函数：$Y_{2t} = \beta_{20} + \beta_{21}Y_{1t} \qquad\qquad + u_{2t}$ (24.4.2)

其中 Y_1 ＝收入；

Y_2 ＝货币存量；

X_1 ＝投资支出；

X_2 ＝政府对商品和服务的支出。

变量 X_1 和 X_2 是外生的。

收入方程是收入决定的数量理论与凯恩斯方法的一个混合物，它说明收入由货币供给、投资支出和政府支出来决定。货币供给函数则设想（美国的）货币存量是（美联储）在收入水平的基础上决定的。显然，我们有了一个联立方程的问题，这可由第 23 章中讨论的联立性检验加以验证。

应用可识别性的阶条件，可以看出收入方程是不可识别的，而货币供给方程则是过度识别的。关于收入方程，如果不改变模型的设定，便无计可施。而过度识别的货币供给函数由于存在 β_{21} 的两个 ILS 估计值（读者应能通过约简型系数加以证实），也不能用 ILS 去估计它。

从实际考虑，人们也许想用 OLS 去估计货币供给方程，但这样得到的估计量由于随机解释变量 Y_1 和随机干扰项 u_2 之间可能存在的相关关系而是不一致的。然而，假令我们能找到随机解释变量 Y_1 的这样一个"代理变量"：它和 Y_1 相像（意思是它和 Y_1 高度相关），而又与 u_2 不相关。这样的代理变量又称工具变量（见第 19 章）。如果能找到这样一个代理变量，OLS 就可直接用于估计货币供给函数。但怎样能得到这样一个工具变量呢？由泰尔（Henri Theil）[2] 和巴斯曼（Robert Basmann）[3] 各自独立发现的两阶段最小二乘法给出了这一问题的答案。此法顾名思义，涉及 OLS 的两次连续使用。过程如下：

---

[1] 这个问题可从直观上分析如下：若 $E(\hat{\Pi}_3/\hat{\Pi}_1) = (\Pi_3/\Pi_1)$，则 $E(\hat{\beta}_1) = \beta_1$。但现在即使 $E(\hat{\Pi}_3) = \Pi_3$ 和 $E(\hat{\Pi}_1) = \Pi_1$，也可以证明 $E(\hat{\Pi}_3/\hat{\Pi}_1) \neq E(\hat{\Pi}_3)/E(\hat{\Pi}_1)$；也就是说，两个变量的比率的期望值不等于这两个变量的期望值的比率。然而，如附录 24A.1 中所证明的那样，由于 $\hat{\Pi}_3$ 和 $\hat{\Pi}_1$ 是一致估计量，所以 $\text{plim}(\hat{\Pi}_3/\hat{\Pi}_1) = \text{plim}(\hat{\Pi}_3)/\text{plim}(\hat{\Pi}_1) = \Pi_3/\Pi_1$。

[2] Henri Theil, "Repeated Least-Squares Applied to Complete Equation Systems," The Hague：The Central Planning Bureau, The Netherlands, 1953 (mimeographed).

[3] Robert L. Basmann, "A Generalized Classical Method of Linear Estimation of Coefficients in a Structural Equation," *Econometrica*, vol. 25, 1957, pp. 77–83.

阶段 1　为摆脱 Y_1 和 u_2 之间可能的相关性。先求 Y_1 对整个方程组（不仅仅是所考虑的方程）的全部前定变量的回归。在本例中，这意味着求 Y_i 对 X_1 和 X_2 的如下回归：

$$Y_{1t} = \hat{\Pi}_0 + \hat{\Pi}_1 X_{1t} + \hat{\Pi}_2 X_{2t} + \hat{u}_t \tag{24.4.3}$$

其中 u_t 是平常的 OLS 残差。由方程（24.4.3）我们得到：

$$\hat{Y}_{1t} = \hat{\Pi}_0 + \hat{\Pi}_1 X_{1t} + \hat{\Pi}_2 X_{2t} \tag{24.4.4}$$

其中 $\hat{Y}_{1t}$ 是以固定 X 值为条件的 Y 均值的一个估计值。注意，方程（24.4.3）的右边仅出现外生或前定变量，所以它不外是一个约简型回归。

现在，方程（24.4.3）可表达为：

$$Y_{1t} = \hat{Y}_{1t} + \hat{u}_t \tag{24.4.5}$$

表明随机的 Y_1 由两部分构成：作为非随机 X 的一个线性组合的 Y_1 和随机成分 u_t。按照 OLS 理论，Y_{1t} 和 u_t 是不相关的。（为什么？）

阶段 2　现在，过度识别的货币供给方程可写为：

$$\begin{aligned} Y_{2t} &= \beta_{20} + \beta_{21}(\hat{Y}_{1t} + \hat{u}_t) + u_{2t} \\ &= \beta_{20} + \beta_{21}\hat{Y}_{1t} + (u_{2t} + \beta_{21}\hat{u}_t) \\ &= \beta_{20} + \beta_{21}\hat{Y}_{1t} + u_t^* \end{aligned} \tag{24.4.6}$$

其中 $u_t^* = u_{2t} + \beta_{21}\hat{u}_t$。

比较方程（24.4.6）和方程（24.4.2），我们看到它们外表非常相似，唯一的差别是 Y_1 被 $\hat{Y}_1$ 所代替。方程（24.4.6）有什么优点？可以证明，虽然原始货币供给方程中的 Y_1 和干扰项 u_2 很可能是相关的（从而使 OLS 不适用），但方程（24.4.6）中的 $\hat{Y}_{1t}$ 却渐近地，即在大样本中（或更准确地说，随着样本容量无限增大时）与 u_t^* 不相关。这样一来，OLS 可应用于方程（24.4.6），以得出货币供给函数的参数的一致估计。[①]

这个两阶段程序表明，2SLS 的基本思想是，从随机解释变量 Y_1 中把随机干扰 u_2 的影响"清除"掉，即通过求 Y_1 对方程组中全部前定变量的约简型回归（阶段 1），得到估计值 $\hat{Y}_{1t}$，再用 $\hat{Y}_{1t}$ 代替原方程中的 Y_{1t}，然后对如此变换而得到的方程应用 OLS（阶段 2），就达到了这一目的。这样得到的估计量是一致的，即随着样本的无限增大，这些估计量收敛于其真值。

为了进一步说明 2SLS，现将收入-货币供给模型修改如下：

$$Y_{1t} = \beta_{10} + \beta_{12}Y_{2t} + \gamma_{11}X_{1t} + \gamma_{12}X_{2t} \qquad\qquad + u_{1t} \tag{24.4.7}$$

$$Y_{2t} = \beta_{20} + \beta_{21}Y_{1t} \qquad\qquad + \gamma_{23}X_{3t} + \gamma_{24}X_{4t} + u_{2t} \tag{24.4.8}$$

---

① 但要注意，在小样本中 $\hat{Y}_{1t}$ 很可能与 u_t^* 相关。理由如下：由方程（24.4.4）我们看到 $\hat{Y}_{1t}$ 是前定变量 X_i 以 $\hat{\Pi}$ 为权重的加权线性组合。那么，虽然前定变量确实是非随机的，作为估计量的 $\hat{\Pi}$ 却是随机的。因此 $\hat{Y}_{1t}$ 仍是随机的。于是，根据我们对约简型方程和间接最小二乘估计的讨论，显然约简系数 $\hat{\Pi}$ 是随机干扰项如 u_2 的函数。既然 $\hat{Y}_{1t}$ 依赖于 $\hat{\Pi}$，那么 $\hat{Y}_{1t}$ 很可能与 u_2 相关。而 u_2 是 u_t^* 的一部分，因此预料 $\hat{Y}_{1t}$ 与 u_t^* 相关。但如前所述，随着样本无限增大，这一相关性将消失。那么这些内容的要点在于，在小样本中，2SLS 程序可能导致偏误估计。

其中，除了已定义的变量外，$X_3 =$ 前一时期的收入，而 $X_4 =$ 前一时期的货币供给。X_3 和 X_4 都是前定的。

容易验证，方程（24.4.7）和方程（24.4.8）都是过度识别的。为了应用 2SLS，我们进行如下操作：在阶段 1 中，我们求内生变量对方程组中全部前定变量的回归，即：

$$Y_{1t} = \hat{\Pi}_{10} + \hat{\Pi}_{11} X_{1t} + \hat{\Pi}_{12} X_{2t} + \hat{\Pi}_{13} X_{3t} + \hat{\Pi}_{14} X_{4t} + \hat{u}_{1t} \qquad (24.4.9)$$

$$Y_{2t} = \hat{\Pi}_{20} + \hat{\Pi}_{21} X_{1t} + \hat{\Pi}_{22} X_{2t} + \hat{\Pi}_{23} X_{3t} + \hat{\Pi}_{24} X_{4t} + \hat{u}_{2t} \qquad (24.4.10)$$

在阶段 2 中，将原（结构）方程中的 Y_1 和 Y_2 代以它们从上述两个回归中得到的估计值，然后做如下 OLS 回归：

$$Y_{1t} = \beta_{10} + \beta_{12} \hat{Y}_{2t} + \gamma_{11} X_{1t} + \gamma_{12} X_{2t} + u_{1t}^* \qquad (24.4.11)$$

$$Y_{2t} = \beta_{20} + \beta_{21} \hat{Y}_{1t} + \gamma_{23} X_{3t} + \gamma_{24} X_{4t} + u_{2t}^* \qquad (24.4.12)$$

其中 $u_{1t}^* = u_{1t} + \beta_{12} \hat{u}_{2t}$ 和 $u_{2t}^* = u_{2t} + \beta_{21} \hat{u}_{1t}$。这样得到的估计值将是一致的。

注意 2SLS 的如下特点：

（1）它可以应用于方程组中的某个方程而无须考虑方程组中的其他方程。因此，在求解涉及大量方程的计量经济模型时，2SLS 提供了一个经济适用的方法。由于这一原因，此法在实际中被广泛应用。

（2）相较于 ILS 为过度识别的方程提供参数的多个估计值，2SLS 对每个参数只提供一个估计值。

（3）它只需知道方程组中一共有多少个外生或前定变量，而无须知道方程组中的任何其他变量，故易于应用。

（4）此法虽然专为过度识别的方程设计，但同样适用于恰好识别的方程。但这时 ILS 和 2SLS 将给出相同的估计。（为什么？）

（5）如果约简型回归（即阶段 1 的回归）的 R^2 值很高，比如说高于 0.8，则经典 OLS 估计和 2SLS 估计将相差无几。但这不应有什么可奇怪的，因为如果阶段 1 R^2 值很高，这就意味着内生变量的估计值和它们的真实值非常接近，从而知道后者和原方程中的随机干扰项只有较小的相关性。（为什么？）[①] 然而，如果 R^2 在阶段 1 回归中很低，则表明 2SLS 估计实际上是无意义的，因为我们将要在阶段 2 回归中用阶段 1 估计得到的 $\hat{Y}$ 代替原来的 Y，而 $\hat{Y}$ 在很大程度上代表阶段 1 回归中的干扰项。换句话说，这时 $\hat{Y}$ 是原来 Y 的很糟糕的代理变量。

（6）注意，在报告方程（24.3.15）中的 ILS 回归时，我们没有给出所估系数的标准误。但我们能对 2SLS 估计值给出这个标准误。这是因为此时结构系数是直接从阶段 2（OLS）回归估计出来的。但要当心一个问题，如我们从方程（24.4.6）中看到的那样，误差项 u_t^* 事实上是原误差项 u_{2t} 加上 $\beta_{21} \hat{u}_t$，因此阶段 2 的回归中所

---

① 在极端情形中，如果在阶段 1 的回归中 $R^2 = 1$，则原（过度识别的）方程中的内生变量实际上是非随机的。（为什么？）

估计的标准误还需要修改，即 u_t^* 的方差不是恰好等于原来 u_{2t} 的方差。然而，所需要的修改是容易通过附录 24A.2 节所给的公式实现的。

（7）在使用 2SLS 时，应注意泰尔的如下评论：

> 2SLS 的统计合理性是属于大样本类型的。在没有滞后内生变量的情况下……如果外生变量在重复样本中保持不变，并且（出现在各个行为或结构方程中的）干扰项是有零均值和有限方差的独立同分布变量，则 2SLS 系数估计量是一致的……如果上述两个条件得到满足，2SLS 系数估计量的抽样分布对大样本来说就是近似于正态的……

> 当方程组含有滞后内生变量时，2SLS 系数估计量的一致性和大样本正态性还需要另一个条件……随着样本的增大，每一滞后内生变量取值的均平方依概率收敛于一个正的极限……

> 如果出现在各个结构方程中的干扰项不是独立分布的，则滞后内生变量就不独立于方程组的当前操作……这意味着，这些变量并非真正前定的。如果在 2SLS 的实施过程中仍把这些变量看作前定的，结果得到的估计量就不是一致的。[①]

24.5 2SLS：一个数值例子

为了说明 2SLS，考虑前面由方程（24.4.1）和方程（24.4.2）给出的收入-货币供给模型。前面已经说明，货币供给方程是过度识别的。为了估计该方程的参数，我们求助于两阶段最小二乘法。分析中所需要的数据见表 24-2。表中还给出了回答习题中的一些问题所需要的数据。

表 24-2   **1970—2005 年美国 GDP、M2、FEDEXP 和 TB6 数据**

年份	GDP（Y_1）	M2（Y_2）	GPDI（X_1）	FEDEXP（X_2）	TB6（X_3）
1970	3 771.9	626.5	427.1	201.1	6.562
1971	3 898.6	710.3	475.7	220.0	4.511
1972	4 105.0	802.3	532.1	244.4	4.466
1973	4 341.5	855.5	594.4	261.7	7.178
1974	4 319.6	902.1	550.6	293.3	7.926
1975	4 311.2	1 016.2	453.1	346.2	6.122
1976	4 540.9	1 152.0	544.7	374.3	5.266
1977	4 750.5	1 270.3	627.0	407.5	5.510
1978	5 015.0	1 366.0	702.6	450.0	7.572
1979	5 173.4	1 473.7	725.0	497.5	10.017
1980	5 161.7	1 599.8	645.3	585.7	11.374

[①] Henri Theil，*Introduction to Econometrics*，Prentice Hall，Englewood Cliffs，NJ，1978，pp. 341-342.

续表

年份	GDP（Y_1）	M2（Y_2）	GPDI（X_1）	FEDEXP（X_2）	TB6（X_3）
1981	5 291.7	1 755.4	704.9	672.7	13.776
1982	5 189.3	1 910.3	606.0	748.5	11.084
1983	5 423.8	2 126.5	662.5	815.4	8.75
1984	5 813.6	2 310.0	857.7	877.1	9.80
1985	6 053.7	2 495.7	849.7	948.2	7.66
1986	6 263.6	2 732.4	843.9	1 006.0	6.03
1987	6 475.1	2 831.4	870.0	1 041.6	6.05
1988	6 742.7	2 994.5	890.5	1 092.7	6.92
1989	6 981.4	3 158.5	926.2	1 167.5	8.04
1990	7 112.5	3 278.6	895.1	1 253.5	7.47
1991	7 100.5	3 379.1	822.2	1 315.0	5.49
1992	7 366.6	3 432.5	889.0	1 444.6	3.57
1993	7 532.7	3 484.0	968.3	1 496.0	3.14
1994	7 835.5	3 497.5	1 099.6	1 533.1	4.66
1995	8 031.7	3 640.4	1 134.0	1 603.5	5.59
1996	8 328.9	3 815.1	1 234.3	1 665.8	5.09
1997	8 703.5	4 031.6	1 387.7	1 708.9	5.18
1998	9 066.9	4 379.0	1 524.1	1 734.9	4.85
1999	9 470.3	4 641.1	1 642.6	1 787.6	4.76
2000	9 817.0	4 920.9	1 735.5	1 864.4	5.92
2001	9 890.7	5 430.3	1 598.4	1 969.5	3.39
2002	10 048.8	5 774.1	1 557.1	2 101.1	1.69
2003	10 301.0	6 062.0	1 613.1	2 252.1	1.06
2004	10 703.5	6 411.7	1 770.6	2 383.0	1.58
2005	11 048.6	6 669.4	1 866.3	2 555.9	3.40

注：Y_1＝GDP＝国内生产总值，2000 年十亿美元。

Y_2＝M2＝M2 货币供给，十亿美元。

X_1＝GPDI＝私人国内总投资，2000 年十亿美元。

X_2＝FEDEXP＝联邦政府支出，十亿美元。

X_3＝TB6＝6 个月国债利率，%。

资料来源：*Economic Report of the President*，*2007*，Tables B-2，B-69，B-73，and B-84.

阶段 1 的回归。 我们首先求代表 GDP 的随机解释变量，即收入 Y_1 对前定变量私人投资 X_1 和政府支出 X_2 的回归，得到如下结果：

$$\hat{Y}_{1t} = 2\ 689.848 \quad + \quad 1.870\ 0X_{1t} + 2.034\ 3X_{2t}$$

$$se = \quad (67.987\ 4) \quad (0.171\ 7) \quad (0.107\ 5) \tag{24.5.1}$$

$$t = \quad (39.563\ 9) (10.893\ 8) \quad (18.929\ 5) \quad R^2 = 0.996\ 4$$

阶段 2 的回归。 我们现在估计货币供给函数（24.4.2），用得自方程（24.5.1）的 Y_1 估计值（＝$\hat{Y}_1$）代替内生的 Y_1。结果如下：

$$\hat{Y}_{2t} = -2\ 440.180 \quad + \quad 0.792\ 0\ \hat{Y}_{1t}$$

$$se = \quad (127.372\ 0) \quad (0.017\ 8) \tag{24.5.2}$$

$$t = \quad (-19.157\ 9) \quad (44.524\ 6) \quad R^2 = 0.983\ 1$$

24

我们前面曾指出，方程（24.5.2）中估计的标准误需要按照附录 24A.2 节所建议的方法加以校正。经过这一校正（现在大多数标准计量经济软件都例行给出），我们得到如下结果：

$$\hat{Y}_{2t} = -2\,440.180 + 0.792\,0\,\hat{Y}_{1t}$$
$$se = (126.959\,8) \quad (0.021\,2) \tag{24.5.3}$$
$$t = (-17.314\,9) \quad (37.305\,7) \qquad R^2 = 0.980\,3$$

如在附录 24A.2 中所指出的，由于阶段 1 的回归中的 R^2 很高，方程（24.5.3）给出的标准误和方程（24.5.2）给出的标准误相差无几。

OLS 回归。 为便于比较，我们给出由方程（24.4.2）表示的货币存量对收入的回归，而不去"清除"随机变量 Y_{1t} 中受干扰项影响的成分：

$$\hat{Y}_{2t} = -2\,195.468 + 0.791\,1\,Y_{1t}$$
$$se = (126.646\,0) \quad (0.021\,1) \tag{24.5.4}$$
$$t = (-17.335\,4) \quad (37.381\,2) \qquad R^2 = 0.980\,3$$

将此"不适当"的 OLS 结果同阶段 2 的回归进行比较，我们看到这两个回归基本上是一样的。这是否说明 2SLS 程序是不值得进行的呢？完全不是这样。在本例中，如前所述，由于在阶段 1 回归中的 R^2 值很高，估计值 $\hat{Y}_{1t}$ 和实测值 Y_{1t} 基本相同，因而两个结果也基本一致，这没有什么可奇怪的。因此，在本例中，OLS 和阶段 2 的回归将多少有些相似。但并不能保证在每一次使用中都是这样。由此引出一个含义：在过度识别的方程中，我们不可以不经过阶段 2 回归的核对就接受经典 OLS 程序。

GDP 和货币供给的联立性。 让我们看看 GDP（Y_1）和货币供给（Y_2）是否相互依赖。为此，我们应用第 23 章所讨论的豪斯曼联立性检验。

首先，我们求 GDP 对方程组中的外生变量 X_1（投资支出）和 X_2（政府支出）的回归（也就是说，我们估计约简型回归）。由此回归我们得到估计的 GDP 和残差 $\hat{v}_t$，如方程（23.4.7）所示。然后求货币供给对 GDP 估计值和 v_t 估计值的回归，结果如下：

$$\hat{Y}_{2t} = -2\,198.297 + 0.791\,5\,\hat{Y}_{1t} + 0.698\,4\,\hat{v}_t$$
$$se = (129.054\,8) \quad (0.021\,5) \quad (0.297\,0) \tag{24.5.5}$$
$$t = (-17.033\,8) \quad (36.700\,16) \quad (2.351\,1)$$

由于 $\hat{v}_t$ 的 t 值是统计显著的（其 p 值是 0.026 3），所以我们不能拒绝货币供给和 GDP 之间的联立性假设，这没有什么可奇怪的。（注：严格地说，这一结论仅在大样本中，或用专门术语来说，随着样本无限增大时才是恰当的。）

假设检验。 假如我们要检验收入对货币需求无影响这一假设。能不能用通常从所估回归（24.5.2）得到的 t 比率来检验此假设呢？能，如果样本是大样本并且我们对方程（24.5.3）中的标准误做了如同方程（24.5.3）中那样的校正，我们就能

用 t 检验去检验每个系数的显著性，并用方程（8.4.7）中的 F 检验去检验两个或多个系数的联合显著性。[①]

如果一个结构方程中的误差项是自相关的，或者它同方程组中的另一个结构方程中的误差项有相关关系，又会出现什么情况呢？对此问题的全面答复超出了本书的讨论范围，还是留给读者去阅读参考文献为好。不管怎样，处理这种复杂性的估计方法是存在的（如泽尔纳的 SURE 技术）。

为了结束这个数值例子，或许应该指出，如今在使用 2SLS 时，像 Stata 和 EViews 这样的软件都例行给出各个步骤。只是出于数学的目的，我们才在此给出 2SLS 的具体过程。参见习题 24.15。

24.6 说明性例子

在本节中我们讨论联立方程方法的一些应用。

例 24.1 广告费、集中度和价格-成本加成

为了研究广告费、集中度（由集中比率来衡量）和价格-成本加成之间的相互关系，斯特里克兰（Allyn D. Strickland）和韦斯（Leonard W. Weiss）构造了如下三方程模型。[②]

广告深度函数：

$$\mathrm{Ad}/S = a_0 + a_1 M + a_2 (\mathrm{CD}/S) + a_3 C + a_4 C^2 + a_5 \mathrm{Gr} + a_6 \mathrm{Dur} \tag{24.6.1}$$

集中度函数：

$$C = b_0 + b_1 (\mathrm{Ad}/S) + b_2 (\mathrm{MES}/S) \tag{24.6.2}$$

价格-成本加成函数：

$$M = c_0 + c_1 (K/S) + c_2 \mathrm{Gr} + c_3 C + c_4 \mathrm{GD} + c_5 (\mathrm{Ad}/S) + c_6 (\mathrm{MES}/S) \tag{24.6.3}$$

其中 Ad＝广告费用；

S＝发货价值；

C＝四厂集中比率；

CD＝消费者需求；

MES＝最小有效规模；

M＝价格-成本加成；

Gr＝工业生产的年增长率；

Dur＝耐用品工业虚拟变量；

[①] 但要当心一个问题：分子中的受限制和无限制 RSS 必须用预测的 Y 值去计算（像在 2SLS 的阶段 2 中那样），而分母中的 RSS 则用回归元的实际值而不是预测值去计算。关于这个问题，一个简单易懂的讨论可参见 T. Dudley Wallace and J. Lew Silver, *Econometrics: An Introduction*, Addison-Wesley, Reading, Mass., 1988, Sec 8.5。

[②] 参见他们的论文 "Advertising, Concentration and Price-Cost Margins," *Journal of Political Economy*, vol. 84, no. 5, 1976, pp. 1109－1121。

$K=$资本存量；

$GD=$产品的地区分散性度量指标。

由识别的阶条件可知，方程（24.6.2）是过度识别的，而方程（24.6.1）和方程（24.6.3）是恰好识别的。

用于分析的数据基本上来自 1963 年制造业普查资料，包括 417 个 4 位数字制造工业中的 408 个。作者们先用 OLS 估计这三个方程，得到了表 24 - 3 中的结果。为了校正联立方程偏误，再用 2SLS 重新估计模型，得到表 24 - 4 中的结果。我们把它留给读者去比较这两种结果。

表 24 - 3　　　　　　　三个方程的 OLS 估计（括号中为 t 比率）

	因变量		
	Ad/S 方程（24.6.1）	C 方程（24.6.2）	M 方程（24.6.3）
常数	$-0.031\ 4\ (-7.45)$	$0.263\ 8\ (25.93)$	$0.168\ 2\ (17.15)$
C	$0.055\ 4\ (3.56)$	—	$0.062\ 9\ (2.89)$
C^2	$-0.056\ 8\ (-3.38)$	—	—
M	$0.112\ 3\ (9.84)$	—	—
CD/S	$0.025\ 7\ (8.94)$	—	—
Gr	$0.038\ 7\ (1.64)$	—	$0.225\ 5\ (2.61)$
Dur	$-0.002\ 1\ (-1.11)$	—	—
Ad/S	—	$1.161\ 3\ (3.3)$	$1.653\ 6\ (11.00)$
MES/S	—	$4.185\ 2\ (18.99)$	$0.068\ 6\ (0.54)$
K/S	—	—	$0.112\ 3\ (8.03)$
GD	—	—	$-0.000\ 3\ (-2.90)$
R^2	0.374	0.485	0.402
df	401	405	401

表 24 - 4　　　　　　　三个方程的 2SLS 估计（括号中为 t 比率）

	因变量		
	Ad/S 方程（24.6.1）	C 方程（24.6.2）	M 方程（24.6.3）
常数	$-0.024\ 5\ (-3.86)$	$0.259\ 1\ (21.30)$	$0.173\ 6\ (14.66)$
C	$0.073\ 7\ (2.84)$	—	$0.037\ 7\ (0.93)$
C^2	$-0.064\ 3\ (-2.64)$	—	—
M	$0.054\ 4\ (2.01)$	—	—
CD/S	$0.026\ 9\ (8.96)$	—	—
Gr	$0.053\ 9\ (2.09)$	—	$0.233\ 6\ (2.61)$
Dur	$-0.001\ 8\ (-0.93)$	—	—
Ad/S	—	$1.534\ 7\ (2.42)$	$1.625\ 6\ (5.52)$
MES/S	—	$4.169\ (18.84)$	$0.172\ 0\ (0.92)$
K/S	—	—	$0.116\ 5\ (7.30)$
GD	—	—	$-0.000\ 3\ (-2.79)$

例 24.2 克莱因模型 I

在例 22.6 中，我们曾扼要地讨论过克莱因的开创性模型。最初，此模型曾对 1920—1941 年数据进行估计，所依据的数据见表 24-5；其 OLS、约简型及 2SLS 估计见表 24-6。我们留给读者去解释这些结果。

表 24-5 克莱因模型 I 所依据的数据

年份	C	P	W	I	K_{-1}	X	W'	G	T
1920	39.8	12.7	28.8	2.7	180.1	44.9	2.2	2.4	3.4
1921	41.9	12.4	25.5	−0.2	182.8	45.6	2.7	3.9	7.7
1922	45.0	16.9	29.3	1.9	182.6	50.1	2.9	3.2	3.9
1923	49.2	18.4	34.1	5.2	184.5	57.2	2.9	2.8	4.7
1924	50.6	19.4	33.9	3.0	189.7	57.1	3.1	3.5	3.8
1925	52.6	20.1	35.4	5.1	192.7	61.0	3.2	3.3	5.5
1926	55.1	19.6	37.4	5.6	197.8	64.0	3.3	3.3	7.0
1927	56.2	19.8	37.9	4.2	203.4	64.4	3.6	4.0	6.7
1928	57.3	21.1	39.2	3.0	207.6	64.5	3.7	4.2	4.2
1929	57.8	21.7	41.3	5.1	210.6	67.0	4.0	4.1	4.0
1930	55.0	15.6	37.9	1.0	215.7	61.2	4.2	5.2	7.7
1931	50.9	11.4	34.5	−3.4	216.7	53.4	4.8	5.9	7.5
1932	45.6	7.0	29.0	−6.2	213.3	44.3	5.3	4.9	8.3
1933	46.5	11.2	28.5	−5.1	207.1	45.1	5.6	3.7	5.4
1934	48.7	12.3	30.6	−3.0	202	49.7	6.0	4.0	6.8
1935	51.3	14.0	33.2	−1.3	199	54.4	6.1	4.4	7.2
1936	57.7	17.6	36.8	2.1	197.7	62.7	7.4	2.9	8.3
1937	58.7	17.3	41.0	2.0	199.8	65.0	6.7	4.3	6.7
1938	57.5	15.3	38.2	−1.9	201.8	60.9	7.7	5.3	7.4
1939	61.6	19.0	41.6	1.3	199.9	69.5	7.8	6.6	8.9
1940	65.0	21.1	45.0	3.3	201.2	75.7	8.0	7.4	9.6
1941	69.7	23.5	53.3	4.9	204.5	88.4	8.5	13.8	11.3

注：各列标题的含义已在例 22.6 中列出。

资料来源：G. S. Maddala, *Econometrics*, McGraw-Hill, New York, 1977, p. 238.

表 24-6 克莱因模型 I 的 OLS、约简型和 2SLS 估计

OLS：

$$\hat{C} = 16.237 + 0.193P + 0.796(W+W') + 0.089P_{-1} \quad \bar{R}^2 = 0.978 \quad DW = 1.367$$
$$\quad\quad (1.203) \quad (0.091) \quad\quad (0.040) \quad\quad\quad\quad (0.090)$$

$$\hat{I} = 10.125 + 0.479P + 0.333P_{-1} - 0.112K_{-1} \quad\quad \bar{R}^2 = 0.919 \quad DW = 1.810$$
$$\quad\quad (5.465) \quad (0.097) \quad (0.100) \quad\quad (0.026)$$

$$\hat{W} = 0.064 + 0.439X + 0.146X_{-1} + 0.130t \quad\quad\quad \bar{R}^2 = 0.985 \quad DW = 1.958$$
$$\quad\quad (1.151) \quad (0.032) \quad (0.037) \quad\quad (0.031)$$

约简型：

$$\hat{P} = 46.383 + 0.813P_{-1} - 0.213K_{-1} + 0.015X_{-1} + 0.297t - 0.926T + 0.443G$$
$$\quad (10.870) \quad (0.444) \quad\quad (0.067) \quad\quad (0.252) \quad\quad (0.154) \quad (0.385) \quad (0.373)$$
$$\bar{R}^2 = 0.753 \quad DW = 1.854$$

续表

$$\widehat{W+W'} = 40.278 + 0.823P_{-1} - 0.144K_{-1} + 0.115X_{-1} + 0.881t - 0.567T + 0.859G$$
$$\qquad\quad (8.787) \quad (0.359) \qquad (0.054) \qquad (0.204) \qquad (0.124) \quad (0.311) \quad (0.302)$$
$$\bar{R}^2 = 0.949 \quad DW = 2.395$$

$$\hat{X} = 78.281 + 1.724P_{-1} - 0.319K_{-1} + 0.094X_{-1} + 0.878t - 0.565T + 1.317G$$
$$\qquad (18.860) \quad (0.771) \qquad (0.110) \qquad (0.438) \qquad (0.267) \quad (0.669) \quad (0.648)$$
$$\bar{R}^2 = 0.882 \quad DW = 2.049$$

2SLS：

$$\hat{C} = 16.543 + 0.019P + 0.810(W+W') + 0.214P_{-1} \qquad\qquad \bar{R}^2 = 0.972\,6$$
$$\quad (1.464) \quad (0.130) \quad (0.044) \qquad\qquad (0.118)$$

$$\hat{I} = 20.284 + 0.149P + 0.616P_{-1} - 0.157K_{-1} \qquad\qquad \bar{R}^2 = 0.864\,3$$
$$\quad (8.361) \quad (0.191) \quad (0.180) \qquad (0.040)$$

$$\hat{W} = 0.065 + 0.438X + 0.146X_{-1} + 0.130t \qquad\qquad \bar{R}^2 = 0.985\,2$$
$$\quad (1.894) \quad (0.065) \quad (0.070) \quad (0.053)$$

注：变量的含义已在习题 22.6 中列出（括号内为标准误）。

资料来源：G. S. Maddala，*Econometrics*，McGraw-Hill，New York，1977，p. 242.

例 24.3 表达为递归方程组的资本资产定价模型

李（Cher F. Lee）和劳埃德（P. Lloyd）[1] 在一项颇不平凡的递归联立方程建模的应用中，估计了如下石油工业模型：

$$R_{1t} = \alpha_1 \qquad\qquad\qquad\qquad\qquad\qquad\qquad\qquad + \gamma_1 M_t + u_{1t}$$
$$R_{2t} = \alpha_2 + \beta_{21}R_{1t} \qquad\qquad\qquad\qquad\qquad\qquad + \gamma_2 M_t + u_{2t}$$
$$R_{3t} = \alpha_3 + \beta_{31}R_{1t} + \beta_{32}R_{2t} \qquad\qquad\qquad\qquad + \gamma_3 M_t + u_{3t}$$
$$R_{4t} = \alpha_4 + \beta_{41}R_{1t} + \beta_{42}R_{2t} + \beta_{43}R_{3t} \qquad\qquad + \gamma_4 M_t + u_{4t}$$
$$R_{5t} = \alpha_5 + \beta_{51}R_{1t} + \beta_{52}R_{2t} + \beta_{53}R_{3t} + \beta_{54}R_{4t} \qquad + \gamma_5 M_t + u_{5t}$$
$$R_{6t} = \alpha_6 + \beta_{61}R_{1t} + \beta_{62}R_{2t} + \beta_{63}R_{3t} + \beta_{64}R_{4t} + \beta_{65}R_{5t} \quad + \gamma_6 M_t + u_{6t}$$
$$R_{7t} = \alpha_7 + \beta_{71}R_{1t} + \beta_{72}R_{2t} + \beta_{73}R_{3t} + \beta_{74}R_{4t} + \beta_{75}R_{5t} + \beta_{76}R_{6t} + \gamma_7 M_t + u_{7t}$$

其中 R_1＝证券 1（＝帝国石油）的回报率；

R_2＝证券 2（＝太阳石油）的回报率；

⋮

R_7＝证券 7（＝印第安纳标准石油）的回报率；

M_t＝市场回报率指数；

u_{it}＝干扰项（i＝1，2，…，7）。

在我们介绍这个结果之前，一个明显的问题是：我们怎样选择哪一种证券作为证券 1，哪一种证券作为证券 2，等等？李和劳埃德纯粹凭经验回答了这个问题。他们求证券 i 的回报率对其余 6 种证券的回报率的回归并观察所得的 R^2。于是有 7 个这样的回归。然后将所估

① "The Capital Asset Pricing Model Expressed as a Recursive System：An Empirical Investigation," *Journal of Financial and Quantitative Analysis*，June 1976，pp. 237－249.

计的 R^2 从低到高排序。把有最低 R^2 的证券当作证券 1，而把有最高 R^2 的证券当作证券 7。这样做的思想背景在直觉上很简单。比方说，如果帝国石油的回报率对其余 6 种证券来说，R^2 是最低的，这就告诉我们，这一证券受其他证券回报率变动的影响最小。因此，如果有因果顺序，它就是从这一证券指向其他证券的，而没有从其他证券反馈回来的作用。

虽然我们可以对这种因果顺序的纯经验方法提出异议，但不妨把他们的经验结果列出来，如表 24-7 所示。

表 24-7　　　　　　　　　　　　石油产业的递归方程组估计

	线性因变量						
	印第安纳标准石油	壳牌石油	菲利普斯石油	联合石油	俄亥俄标准石油	太阳石油	帝国石油
印第安纳标准石油							
壳牌石油	0.210 0* (2.859)						
菲利普斯石油	0.229 3* (2.176)	0.079 1 (1.065)					
联合石油	0.175 4* (2.472)	0.217 1* (3.177)	0.222 5* (2.337)				
俄亥俄标准石油	−0.079 4 (−1.294)	0.014 7 (0.235)	0.424 8* (5.501)	0.146 8* (1.735)			
太阳石油	0.124 9 (1.343)	0.171 0* (1.843)	0.047 2 (0.355)	0.133 9 (0.908)	0.049 9 (0.271)		
帝国石油	−0.107 7 (−1.412)	0.052 6 (0.680 4)	0.035 4 (0.319)	0.158 0 (1.290)	−0.254 1* (−1.691)	0.082 8 (0.971)	
常数	0.086 8 (0.681)	−0.038 4 (1.296)	−0.012 7 (−0.068)	−0.203 4 (0.986)	0.300 9 (1.204)	0.201 3 (1.399)	0.371 0* (2.161)
市场指数	0.368 1* (2.165)	0.499 7* (3.039)	0.288 4 (1.232)	0.760 9* (3.069)	0.908 9* (3.094)	0.716 1* (4.783)	0.643 2* (3.774)
R^2	0.502 0	0.465 8	0.410 6	0.253 2	0.098 5	0.240 4	0.124 7
DW	2.108 3	2.471 4	2.230 6	2.346 8	2.218 1	2.310 9	1.959 2

注：系数下方括号内为 t 值。
* 指在双侧检验中的 0.10 或更好的水平上显著。
资料来源：Cheng F. Lee and W. P. Lloyd, op. cit, Table 3b.

在习题 5.5 中，我们曾介绍过现代投资理论的特征线，它不外是证券 i 的回报率对市场回报率的回归。以 β 系数为名的斜率系数度量着该证券回报率的波动性。李-劳埃德回归结果表明，除了由市场组合证券代表的共同市场影响外，还有证券与证券之间的回报率的显著产业内关系需要考虑。例如印第安纳标准石油的回报率不仅依赖于市场回报率，还依赖于壳牌石油、菲利普斯石油和联合石油的回报率。换句话说，如果除了市场回报率外，我们还考虑壳牌石油、菲利普斯石油和联合石油的回报率，那么印第安纳标准石油的回报率的变动就会得到更好的解释。

例 24.4 圣路易斯模型的修订版本[①]

著名的、常有争议的圣路易斯模型最初于20世纪60年代后期问世，其后曾经多次修改。其中一个修订版本如表24-8所示。根据该修订版本得到的经验结果见表24-9。（注：变量上方有圆点表示该变量的增长率。）模型基本上由表24-8中的方程（1）、（2）、（4）和（5）构成，其他方程代表各种定义。方程（1）曾由OLS估计，方程（1）、（2）和（4）均用带（端点）约束的阿尔蒙分布滞后方法估计。在认为合适时，方程还对一阶（$\rho1$）和（或）二阶（$\rho2$）序列相关加以修正。

表 24-8 **圣路易斯模型**

(1)	$\dot{Y}_t = C1 + \sum_{i=0}^{4} CM_i(\dot{M}_{t-i}) + \sum_{i=0}^{4} CE(\dot{E}_{t-i}) + \varepsilon1_t$
(2)	$\dot{P}_t = C2 + \sum_{i=1}^{4} CPE_i(\dot{PE}_{t-i}) + \sum_{i=1}^{5} CD_i(\dot{X}_{t-i} - \dot{XF}^*_{t-i1})$ $+ CPA(\dot{PA}_t) + CDUM1(DUM1) + CDUM2(DUM2) + \varepsilon2_t$
(3)	$\dot{PA}_t = \sum_{i=1}^{21} C\,PRL_i(\dot{P}_{t-i})$
(4)	$RL_t = C3 + \sum_{i=0}^{20} C\,PRL_i(\dot{P}_{t-i}) + \varepsilon3_t$
(5)	$U_t - UF_t = C\,G(GAP_t) + C\,G1(GAP_{t-1}) + \varepsilon4_t$
(6)	$Y_t = (P_t/100) \times (X_t)$
(7)	$\dot{Y}_t = [(Y_t/Y_{t-i})^4 - 1] \times 100$
(8)	$\dot{X}_t = [(X_t/X_{t-i})^4 - 1] \times 100$
(9)	$\dot{P}_t = [(P_t/P_{t-i})^4 - 1] \times 100$
(10)	$GAP_t = [(XF_t/X_t)/XF_t] \times 100$
(11)	$\dot{XF}^*_t = [(XF_t/X_{t-1})^4 - 1] \times 100$

注：Y=名义 GNP；　　　　　　XF=潜在产出（由 Rasche/Tatom 定义）；
M=货币存量(M1)；　　　　　RL=公司债券利率；
E=高就业支出；　　　　　　U=失业率；
P=GNP 缩减指数(1972 年=100)；　UF=充分就业时的失业率；
PE=能源相对价格；　　　　　DUM1=虚拟变量(1971 年第 3 季度至 1973 年第 1 季度=1；其他时期为 0)；
X=1972 年产出美元数；　　　DUM2=虚拟变量(1973 年第 2 季度至 1975 年第 1 季度=1；其他时期为 0)。
资料来源：Federal Reserve Bank of St. Loius, *Review*, May 1982, p. 14.

从结果看，我们注意到决定（名义）GNP增长率的主要因素是货币供给的增长率，而不是为提高就业而增加支出的增长率。M系数的总和是1.06，表示随着货币供给（持续）增加1%，平均而言导致名义GNP约增加1.06%。另外，E系数的总和约为0.05，表明政府为提高就业而导致的支出变化对名义GNP没有什么影响。表24-9中报告的其他回归结果留给读者去解释。

---

① Federal Reserve Bank of St. Louis, *Review*, May 1982, p. 14.

表 24-9 样本期内估计：1960 年第 1 季度至 1980 年第 4 季度（括号内为 t 统计量的绝对值）

(1) $\hat{Y}_t = 2.44 + 0.40\dot{M}_t + 0.39\dot{M}_{t-1} + 0.22\dot{M}_{t-2} + 0.06\dot{M}_{t-3} - 0.01\dot{M}_{t-4}$
　　　　(2.15)　(3.38)　　　(5.06)　　　　(2.18)　　　　(0.82)　　　　(0.11)

　　$+0.06\dot{E}_t + 0.02\dot{E}_{t-1} - 0.02\dot{E}_{t-2} - 0.02\dot{E}_{t-3} + 0.01\dot{E}_{t-4}$
　　　(1.46)　　　(0.63)　　　(0.57)　　　　(0.52)　　　　(0.34)

$$R^2 = 0.39 \quad se = 3.50 \quad DW = 2.02$$

(2) $\hat{P}_t = 0.96 + 0.01\dot{PE}_{t-1} + 0.04\dot{PE}_{t-2} - 0.01\dot{PE}_{t-3} + 0.02\dot{PE}_{t-4}$
　　　(2.53)　(0.75)　　　　(1.96)　　　　(0.73)　　　　(1.38)

　　$-0.00(\dot{X}_t - \dot{XF}_t^*) + 0.01(\dot{X}_{t-1} - \dot{XF}_{t-1}^*) + 0.02(\dot{X}_{t-2} - \dot{XF}_{t-2}^*)$
　　　(0.18)　　　　　　　(1.43)　　　　　　　　(4.63)

　　$+0.02(\dot{X}_{t-3} - \dot{XF}_{t-3}^*) + 0.02(\dot{X}_{t-4} - \dot{XF}_{t-4}^*) + 0.01(\dot{X}_{t-5} - \dot{XF}_{t-5}^*)$
　　　(3.00)　　　　　　　(2.42)　　　　　　　　(2.16)

　　$+1.03(\dot{PA}_t) - 0.61(DUM1_t) + 1.65(DUM2_t)$
　　　(10.49)　　　　(1.02)　　　　(2.71)

$$R^2 = 0.80 \quad se = 1.28 \quad DW = 1.97 \quad \hat{\rho} = 0.12$$

(4) $\widehat{RL}_t = 2.97 + 0.96 \sum_{i=0}^{20} P_{t-i}$
　　　　　(3.12)　(5.22)

$$R^2 = 0.32 \quad se = 0.33 \quad DW = 1.76 \quad \hat{\rho} = 0.94$$

(5) $\widehat{U_t - UF_t} = 0.28(GAP_t) + 0.14(GAP_{t-1})$
　　　　　　　(11.89)　　　　(6.31)

$$R^2 = 0.63 \quad se = 0.17 \quad DW = 1.95 \quad \hat{\rho}_1 = 1.43 \quad \hat{\rho}_2 = 0.52$$

资料来源：Federal Reserve Bank of St. Louis, *Review*, May 1982, p.14.

要点与结论

（1）假定在联立方程模型中的一个方程是可识别的（恰好或过度），我们有几种估计它的方法。

（2）这些方法分为两大类：单方程法和方程组法。

（3）出于经济上的考虑并考虑到设定误差等原因，单方程法至今仍是最流行的。这种方法的一个独特性质是，我们可以估计一个多方程模型中的单个方程，而不必过多地顾虑方程组中的其他方程。（注：由于可识别性，系统中的其他方程是相关的。）

（4）三个常用的单方程法是 OLS、ILS 和 2SLS。

（5）虽然一般来说，在联立方程模型的构架中 OLS 是不适宜的，但它可用于内生变量之间有确定的、单向因果关系的递归模型。

（6）ILS 适用于恰好识别方程，在用这个方法时，先将 OLS 应用于约简型方程，然后从约简型系数估计原结构系数。

（7）2SLS 虽然也可用于恰好识别方程，但它是专门为过度识别方程而设计的。

当方程恰好识别时，2SLS 和 ILS 有相同的结果。2SLS 的基本思想是将（随机）内生解释变量代之以模型中前定变量的一个线性组合，并用该组合代替原始的内生变量。因此，2SLS 类似于工具变量法，它使用前定变量的线性组合作为内生回归元的工具或代理变量。

（8）ILS 和 2SLS 都有一个值得注意的特点，就是所得到的估计值是一致的，即随着样本无限增大，估计值收敛于其真实总体值。这些估计值未必满足诸如无偏性和最小方差性等小样本性质。因此，对在小样本中使用这些方法而得到的结果做（统计）推断时，要谨慎地加以解释。

习 题

问答题

24.1 判断以下陈述是正确的还是错误的：

a. OLS 不适于估计联立方程模型中的结构方程。

b. 若一个方程不可识别，则 2SLS 是不适用的。

c. 在一个递归联立方程模型中不会有联立性问题。

d. 联立性问题和外生性问题是一回事。

e. 估计结构方程的 2SLS 和其他方法只在大样本中才有优良的统计性质。

f. 并不存在一个对整个联立方程模型而言的 R^2。

g. 如果联立方程组中的方程误差是自相关的，或者在不同方程之间是相关的，则 2SLS 和其他方法将不适于估计结构方程。

h. 如果一个方程是恰好识别的，则 ILS 和 2SLS 将给出相同的结果。

24.2 为什么没有必要用两阶段最小二乘法去估计恰好识别方程？

24.3 考虑以下修改的凯恩斯收入决定模型：

$$C_t = \beta_{10} + \beta_{11} Y_t + u_{1t}$$
$$I_t = \beta_{20} + \beta_{21} Y_t + \beta_{22} Y_{t-1} + u_{2t}$$
$$Y_t = C_t + I_t + G_t$$

其中 C＝消费支出；

I＝投资支出；

Y＝收入；

G＝政府支出。

假定 G_t 和 Y_{t-1} 是前定的。

a. 求约简型方程并判定上述方程中哪些是可识别的（恰好或过度）。

b. 你将用什么方法估计过度识别方程和恰好识别方程中的参数？说明理由。

24.4 考虑如下结果[①]：

OLS：$\hat{W}_t = 0.276 + 0.258 \dot{P}_t + 0.046 \dot{P}_{t-1} + 4.959 V_t$

$R^2 = 0.924$

OLS：$\hat{P}_t = 2.693 + 0.232 \dot{W}_t - 0.544 \dot{X}_t + 0.247 \dot{M}_t + 0.064 \dot{M}_{t-1}$

$R^2 = 0.982$

2SLS：$\hat{W}_t = 0.272 + 0.257 \dot{P}_t + 0.046 \dot{P}_{t-1} + 4.966 V_t$

$R^2 = 0.920$

2SLS：$\hat{P}_t = 2.686 + 0.233 \dot{W}_t - 0.544 \dot{X}_t + 0.246 \dot{M}_t + 0.046 \dot{M}_{t-1}$

$R^2 = 0.981$

---

① 资料来源：*Prices and Earnings in 1951—1969*，*An Econometric Assessment*，Department of Employment，United Kingdom，Her Majesty's Stationery Office，London，1971，p. 30.

其中 $\dot{W}_t$、$\dot{P}_t$、$\dot{M}_t$ 和 $\dot{X}_t$ 分别是收益、价格、进口价格以及劳动生产率的百分比变化（所有百分比变化均相对于上一年而言），而 V_t 代表未填补的职位空缺率（相对于职工总人数的百分比）。

"由于 OLS 和 2SLS 结果基本相同，故 2SLS 是无意义的。"试对此加以评论。

24.5 假定生产可由柯布-道格拉斯生产函数来刻画：

$$Q_i = AK_i^\alpha L_i^\beta$$

其中 Q＝产出；

K＝资本投入；

L＝劳动投入；

A，α 和 β＝参数；

i＝第 i 个厂家。

给定最终产品价格 P、劳动价格 W 和资本价格 R，并假定利润最大化，我们得出以下经验生产模型：

生产函数：$\ln Q_i = \ln A + \alpha \ln K_i + \beta \ln L_i + \ln u_{1i}$

$$\text{(1)}$$

劳动的边际生产函数：$\ln Q_i = -\ln \beta + \ln L_i$
$$+ \ln(W/P)$$
$$+ \ln u_{2i} \qquad \text{(2)}$$

资本的边际生产函数：$\ln Q_i = -\ln \alpha + \ln K_i$
$$+ \ln(R/P)$$
$$+ \ln u_{3i} \qquad \text{(3)}$$

其中 u_1，u_2 和 u_3 是随机干扰项。

在上述模型中有三个内生变量 Q、L 和 K 的三个方程。P、R 和 W 是外生的。

a. 如果 $\alpha + \beta = 1$ 即规模报酬不变，你在估计方程时会遇到什么问题？

b. 如果 $\alpha + \beta \neq 1$，你能估计这些方程吗？通过考虑方程组的可识别性做出回答。

c. 如果方程组不可识别，怎样能使它可识别？

注：方程（2）和（3）的推导如下：将 Q 对劳动和资本分别求导并令它们等于 W/P 和 R/P，再把所得到的表达式转换成对数并加上误差项（的对数）。

24.6 考虑如下货币需求模型：

货币需求：$M_t^d = \beta_0 + \beta_1 Y_t + \beta_2 R_t + \beta_3 P_t + u_{1t}$

货币供给：$M_t^s = \alpha_0 + \alpha_1 Y_t + u_{2t}$

其中 M＝货币；

Y＝收入；

R＝利率；

P＝价格。

假定 R 和 P 是前定的。

a. 需求函数可识别吗？

b. 供给函数可识别吗？

c. 使用什么方法去估计可识别方程中的参数？为什么？

d. 假使我们把供给函数加以修改，多加入两个解释变量 Y_{t-1} 和 M_{t-1}，会出现什么识别问题？你还会用在（c）中使用的方法吗？为什么？

24.7 参照习题 22.10。求出那里两个方程的约简型方程并估计其参数。估计消费对收入的间接最小二乘回归，再将你的结果同 OLS 回归做比较。

实证分析题

24.8 考虑以下模型：

$$R_t = \beta_0 + \beta_1 M_t + \beta_2 Y_t + u_{1t}$$
$$Y_t = \alpha_0 + \alpha_1 R_t + u_{2t}$$

其中 M_t（货币供给）是外生的，R_t 是利率，而 Y_t 是 GDP。

a. 此模型的合理性何在？

b. 这些方程可识别吗？

c. 利用表 24-2 中给出的数据估计可识别方程，说明你所用方法的理由。

24.9 假使我们把习题 24.8 中的模型修改如下：

$$R_t = \beta_0 + \beta_1 M_t + \beta_2 Y_t + \beta_3 Y_{t-1} + u_{1t}$$
$$Y_t = \alpha_0 + \alpha_1 R_t + u_{2t}$$

a. 判明此方程组是否可识别。

b. 利用表 24-2 中给出的数据，估计可识别方程的参数。

24.10 考虑模型：

$$R_t = \beta_0 + \beta_1 M_t + \beta_2 Y_t + u_{1t}$$
$$Y_t = \alpha_0 + \alpha_1 R_t + \alpha_2 I_t + u_{2t}$$

其中变量的定义见习题 24.8。把 I（国内投资）和 M 看作外生的，判定此方程组的可识别性，用

24

表 24 - 2 中给出的数据估计可识别方程的参数。

24.11　假使我们将习题 24.10 的模型改为：

$$R_t = \beta_0 + \beta_1 M_t + \beta_2 Y_t + u_{1t}$$

$$Y_t = \alpha_0 + \alpha_1 R_t + \alpha_2 I_t + u_{2t}$$

$$I_t = \gamma_0 + \gamma_1 R_t + u_{3t}$$

假定 M 是由外部决定的。

a. 判别哪个方程是可识别的。

b. 用表 24 - 2 所给数据估计可识别方程的参数。说明你所用方法的理由。

24.12　验证方程（24.5.3）中报告的标准误。

24.13　回到方程（24.3.1）和方程（24.3.2）所给的供求模型。假使将供给函数修改为：

$$Q_t = \beta_0 + \beta_1 P_{t-1} + u_{2t}$$

其中 P_{t-1} 是前一时期流行的价格。

a. 如果 X（支出）和 P_{t-1} 是前定的，是否就没有联立性问题？

b. 如果是，那么供求函数都是可识别的吗？如果的确如此，求出它们的约简型方程并用表 24 - 1 中的数据去估计它们。

c. 你能从约简型系数导出结构系数吗？说明必要的计算。

24.14　**课堂练习：**考虑 1960—1999 年美国的如下简单宏观经济模型[1]：

私人消费函数：

$$C_t = \alpha_0 + \alpha_1 Y_t + \alpha_2 C_{t-1} + u_{1t}$$
$$\alpha_1 > 0, \ 0 < \alpha_2 < 1$$

私人总投资函数：

$$I_t = \beta_0 + \beta_1 Y_t + \beta_2 R_t + \beta_3 I_{t-1} + u_{2t}$$
$$\beta_1 > 0, \ \beta_2 < 0, \ 0 < \beta_3 < 1$$

货币需求函数：

$$R_t = \lambda_0 + \lambda_1 Y_t + \lambda_2 M_{t-1} + \lambda_3 P_t + \lambda_4 R_{t-1}$$
$$+ u_{3t}\, \lambda_1 > 0, \ \lambda_2 < 0, \ \lambda_3 > 0,$$
$$0 < \lambda_4 < 1$$

收入恒等式：

$$Y_t = C_t + I_t + G_t$$

其中 C＝真实私人消费；I＝真实私人总投资；G＝真实政府支出，Y＝真实 GDP，M＝在当期价格水平上 M2 的货币供给，R＝长期利率（％），P＝消费者价格指数。内生变量为 C，I，R 和 Y。前置变量为 C_{t-1}，I_{t-1}，M_{t-1}，P_t，R_{t-1} 和 G_t 及截距项。u 表示误差项。

a. 利用识别的阶条件，判定这四个方程是可识别、恰好识别还是过度识别的？

b. 你用什么方法估计可识别的方程？

c. 从政府或私人部门获得适当的数据来估计这个模型，并对你的结果进行评论。

24.15　在本题中，我们分析 1985 年人口普查（CPS）得到的 534 个工人数据。这些数据可在本书网站上的表 24 - 10 中找到。[2] 此表中变量定义如下：

W＝小时美元工资；occup＝职业；sector＝1 表示制造业，＝2 表示建筑业，＝0 表示其他行业；union＝1 表示工会会员，＝0 表示不是工会会员；educ＝受教育程度；exper＝工作年数；age＝年龄；sex＝1 表示女性；婚姻状况＝1 表示已婚；race＝2 表示拉美裔，＝3 表示白人，＝1 表示其他种族；region＝1 表示居住在美国南部。

考虑如下简单工资决定模型：

$$\ln W = \beta_1 + \beta_2 \ln educ + \beta_3 exper$$
$$+ \beta_4 exper^2 + u_i \qquad (1)$$

a. 假设受教育程度与工资一样是内生的。你将如何弄清楚方程（1）中的受教育程度变量是否内生？分析使用表中所给的数据。

b. 豪斯曼检验支持你在（a）中的分析吗？详细加以解释。

24.16　**课堂练习：**考虑商业银行对企业贷款的如下供求模型：

需求：$Q_t^d = \alpha_1 + \alpha_2 R_t + \alpha_3 RD_t + \alpha_4 IPI_t$
$$+ u_{1t}$$

---

① 节选自 H. R. Seddighi，K. A. Lawler. and A. V. Katos，*Econometrics：A Practical Approach*，Routledge，New York，2000，p. 204。

② 数据可从以下网始获取：http：//lib. stat. cmu. edu/datasets/cps_85_wages。

供给：$Q_t = \beta_1 + \beta_2 R_t + \beta_3 RS_t + \beta_4 TBD_t + u_{2t}$

其中 Q＝商业银行贷款总额（十亿美元）；R＝平均基准利率；RS＝三月期国债利率；RD＝AAA 级公司债券利率；IPI＝工业生产指数；TBD＝银行贷款总额。

a. 从圣路易斯联邦储备银行的网站 www.economagic.com 及其他来源，搜集 1980—2007 年这些变量的数据。

b. 上述需求函数和供给函数可识别吗？列出内生变量和外生变量。

c. 你打算怎样估计上述需求函数和供给函数？给出必要的计算。

d. 模型中为何同时包含 R 和 RS？IPI 在模型中起何作用？

附录 24A

24A.1　间接最小二乘估计量的偏误

ILS 估计量虽然是一致的，却是有偏误的。我们利用方程（24.3.1）和方程（24.3.2）所给的供求模型来证明这一点。由方程（24.3.10）我们得到：

$$\hat{\beta}_1 = \frac{\hat{\Pi}_3}{\hat{\Pi}_1}$$

现在有：

$$\hat{\Pi}_1 = \frac{\sum q_t r_t}{\sum x_t^2}$$

以及

$$\hat{\Pi}_3 = \frac{\sum p_t x_t}{\sum x_t^2}$$

经代入，我们得到：

$$\hat{\beta}_1 = \frac{\sum q_t x_t}{\sum p_t x_t} \tag{1}$$

利用方程（24.3.3）和方程（24.3.4），我们得到：

$$p_t = \Pi_1 x_t + (w_t - \overline{w}) \tag{2}$$

$$q_t = \Pi_3 x_t + (v_t - \overline{v}) \tag{3}$$

其中 $\overline{w}$ 和 $\overline{v}$ 分别是 w_t 和 v_t 的均值。

把方程（2）和（3）代入方程（1），我们得到：

$$\hat{\beta}_1 = \frac{\Pi_3 \sum x_t^2 + \sum (v_t - \overline{v}) x_t}{\Pi_1 \sum x_t^2 + \sum (w_t - \overline{w}) x_t}$$

$$= \frac{\Pi_3 + \sum (v_t - \overline{v}) x_t / \sum x_t^2}{\Pi_1 + \sum (w_t - \overline{w}) x_t / \sum x_t^2} \tag{4}$$

虽然一般来说显然有 $\hat{\beta}_1 \neq (\Pi_3 / \Pi_1)$，（为什么？）但由于期望值算子 E 是一个线性算子，所以我们不能对方程（4）直接取期望。

但随着样本容量趋于无穷大，我们可以得到：

$$\text{plim}\,(\hat{\beta}_1) = \frac{\text{plim}\,\Pi_3 + \text{plim}\,\sum (v_t - \bar{v})x_t / \sum x_t^2}{\text{plim}\,\Pi_1 + \text{plim}\,\sum (w_t - \bar{w})x_t / \sum x_t^2} \tag{5}$$

这里利用了 plim 的如下性质：

$$\text{plim}(A + B) = \text{plim}A + \text{plim}B \quad \text{和} \quad \text{plim}\left(\frac{A}{B}\right) = \frac{\text{plim}\,A}{\text{plim}\,B}$$

现在，随着样本容量无限增大，方程（5）的分子和分母中的第二项均趋于零，（为什么？）从而给出：

$$\text{plim}\,(\hat{\beta}_1) = \frac{\Pi_3}{\Pi_1} \tag{6}$$

这就证明了 $\hat{\beta}_1$ 虽有偏误，却是 β_1 的一个一致估计量。

24A.2 2SLS 估计量的标准误的估计

本附录的目的是要表明，用适合 OLS 估计的公式去估计 2SLS 程序中阶段 2 回归的估计值的标准误，将不是对"真实"标准误的"恰当"估计。我们利用方程（24.4.1）和方程（24.4.2）所给的收入-货币供给模型来说明这个问题。且考虑从阶段 2 回归：

$$Y_{2t} = \beta_{20} + \beta_{21}\hat{Y}_{1t} + u_t^* \tag{24.4.6}$$

其中

$$u_t^* = u_{2t} + \beta_{21}\hat{u}_t \tag{7}$$

估计过度识别的供给函数中的参数 $\hat{\beta}_{21}$。现在，当我们做回归（24.4.6）时，$\hat{\beta}_{21}$ 的标准误是用以下表达式计算的：

$$\text{var}(\hat{\beta}_{21}) = \frac{\hat{\sigma}_u^{2*}}{\sum \hat{Y}_{1t}^2} \tag{8}$$

其中

$$\hat{\sigma}_u^2 = \frac{\sum (\hat{u}_t^*)^2}{n-2} = \frac{\sum (Y_{2t} - \hat{\beta}_{20} - \hat{\beta}_{21}\hat{Y}_{1t})^2}{n-2} \tag{9}$$

但 σ_u^{2*} 不等于 $\hat{\sigma}_{u_2}^2$，后者是 u_2 的真实方差的一个无偏估计。这一差别容易从方程（7）得到证实。为了求出（如前所定义的）真实 $\hat{\sigma}_{u_2}^2$，我们进行如下计算：

$$\hat{u}_{2t} = Y_{2t} - \hat{\beta}_{20} - \hat{\beta}_{21}Y_{1t}$$

其中 $\hat{\beta}_{20}$ 和 $\hat{\beta}_{21}$ 是得自阶段 2 回归的估计值。因此，

$$\hat{\sigma}_{u_2}^2 = \frac{\sum (Y_{2t} - \hat{\beta}_{20} - \hat{\beta}_{21}Y_{1t})^2}{n-2} \tag{10}$$

注意方程（9）和方程（10）之间的差异；在方程（10）中我们用实际的 Y_1 而

不是用从阶段 1 回归得到的估计值 $\hat{Y}_1$。

　　一旦估计出方程（10），就可以校正阶段 2 回归所估计的系数的标准误，最容易的方法是用 $\hat{\sigma}_{u_2}/\hat{\sigma}_u^*$ 乘以每一个系数的标准误。注意，如果 Y_{1t} 和 $\hat{Y}_{1t}$ 非常相近，即阶段 1 回归中的 R^2 非常高，则校正因子 $\hat{\sigma}_{u_2}/\hat{\sigma}_u^*$ 将非常接近 1。在这种情况下，就不妨把阶段 2 回归估计的标准误当作它的真实估计值。在其他情况下，我们将有必要使用上述校正因子。

第25章 时间序列计量经济学：一些基本概念

在第 1 章中我们便已注意到，经济分析中所用的几类重要数据之一便是时间序列数据。因为这类数据向计量经济学家和计量经济方法的应用者提出了若干挑战，所以我们要在本章和下一章中对它们做进一步的审视。

第一，以时间序列数据为依据的经验研究都假定有关的时间序列是平稳的（stationary）。虽然我们在第 1 章中已经从直觉上介绍了平稳性的概念，但本章将对它做更充分的讨论。说得更具体些，我们力图明确平稳性究竟有什么重要意义，为什么要担心一个时间序列会是不平稳的。

第二，我们在有关自相关的第 12 章中曾讨论导致自相关的几个原因。有时候，原本非平稳的时间序列也能导致自相关。

第三，在用一个时间序列变量对另一个或一些时间序列变量做回归时，甚至两者之间并无任何有意义的关系，也常会得到一个很高的 R^2 值（超过 0.9）。有时候我们预计两个变量之间没有关系，但一个变量对另一个变量的回归通常表现出一种显著关系。这种情况就暴露出谬误或无谓回归（spurious or nonsense regression）的问题，其性质稍后解释。因此，判明经济变量之间的关系是真实的还是谬误的就非常重要。在本章中，我们将会看到，如果时间序列不是平稳的，谬误回归会怎样产生。

第四，诸如股票价格之类的某些金融时间序列表现出所谓的随机游走现象（random walk phenomenon）。这就意味着，对一只股票（比如 IBM）明天价格的最佳预测，就等于今天的价格加上一个纯粹随机的冲击（或误差项）。若果真如此，预测资产价格将是一件徒劳无益的事情。

第五，涉及时间序列数据的回归模型常常被用于预测。鉴于以上讨论，我们会想知道，如果所依据的时间序列不是平稳的，这种预测是否仍然有效。

第六，我们在第 19 章讨论的格兰杰因果关系检验和西姆斯因果关系检验都假定分析中所涉及的时间序列是平稳的。因此，平稳性检验应先于因果关系检验。

首先以一个声明作为开始。由于时间序列分析专题如此广泛而又深入，而且时间序列各种方法背后的数学知识又如此复杂，所以在这样一本初级教材中，充其量只能让读者粗略地了解时间序列分析中的一些基本概念。对那些欲进一步深入钻研这一专题的读者，我们提供一些参考文献。[①]

25.1 选看美国经济的一些时间序列

为便于以后的分析，并让读者对本章要讨论的时间序列分析中的一些难以理解的概念有所认识，考虑一下我们通常关心的美国经济的一些时间序列会很有好处。我们所考虑的时间序列包括：

DPI＝真实个人可支配收入（以十亿美元为单位）；

GDP＝国内生产总值（以十亿美元为单位）；

PCE＝真实个人消费支出（以十亿美元为单位）；

CP＝公司利润（以十亿美元为单位）；

Dividend＝公司净红利（以十亿美元为单位）。

时期跨度从 1947 年第 1 季度至 2007 年第 4 季度，共 244 个季度，所有数据都按照年率经过季节调整。所有数据都是从圣路易斯联邦储备银行的经济网站 FRED 上搜集来的。GDP、DPI 和 PCE 都是以 2000 年不变美元价值度量的。CP 和 Dividend 是以名义美元价值度量的。

为节约篇幅，原始数据张贴在本书的网站上。但为了对这些数据有所认识，我们还是把它们绘制在如下两幅图中。图 25-1 是 GDP、DPI 和 PCE 的对数描点图，而图 25-2 则是另外两个时间序列（CP 和 Dividend）的对数描点图。为了对一个时间序列的增长率有所认识，常用的做法就是绘制其对数描点图。绘制数据的直观描点图通常是时间序列分析的第一步。

25

---

① 在初级层次上，如下参考资料对你有所帮助：Gary Koop, *Analysis of Economic Data*, John Wiley & Sons, New York, 2000; Jeff B. Cromwell, Walter C. Labys, and Michel Terraza, *Univariate Tests for Time Series Models*, Sage Publications, California, Ansbury Park, 1994; Jeff B. Cromwell, Michael H. Hannan, Walter C. Labys, and Michel Terraza, *Multivariate Tests for Time Series Models*, Sage Publications, California, Ansbury Park, 1994; and H. R. Seddighi, K. A. Lawler, and A. V. Katos, *Econometrics: A Practical Approach*, Routledge, New York, 2000。在中级层次上，可参见 Walter Enders, *Applied Econometric Time Series*, John Wiley & Sons, New York, 1995; Kerry Patterson, *An Introduction to Applied Econometrics: A Time Series Approach*, St. Martin's Press, New York, 2000; T. C. Mills, *The Econometric Modelling of Financial Time Series*, 2d ed., Cambridge University Press, New York, 1999; Marno Verbeek, *A Guide to Modern Econometrics*, John Wiley & Sons, New York, 2000; Wojciech W. Charemza and Derek F. Deadman, *New Directions in Econometric Practice: General to Specific Modelling and Vector Autoregression*, 2d ed., Edward Elgar Publisher, New York, 1997。在高级层次上，可参见 J. D. Hamilton, *Time Series Analysis*, Princeton University Press, Princeton, NJ, 1994; and G. S. Maddala and In-Moo Kim, *Unit Roots, Cointegration, and Structural Change*, Cambridge University Press, 1998。在应用层次上，可参见 B. Bhaskara Rao, ed., *Cointegration for the Applied Economist*, St. Martin's Press, New York, 1994; Chandan Mukherjee, Howard White, and Marc Wuyts, *Econometrics and Data Analysis for Developing Countries*, Routledge, New York, 1998。

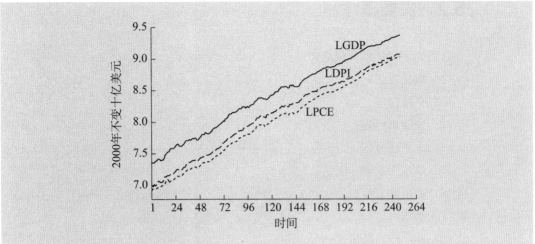

图 25-1 1947—2007 年美国真实 GDP、DPI 和 PCE 的对数（季度数据，以十亿美元为单位）
注：图中字母 L 表示自然对数。

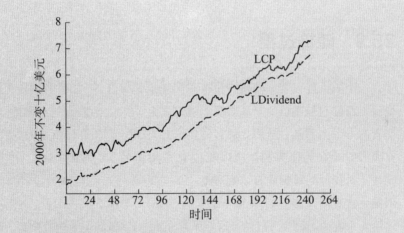

图 25-2 1947—2007 年美国 CP 和 Dividend 的对数（季度数据，以十亿美元为单位）
注：图中字母 L 表示自然对数。

我们从图 25-1 和图 25-2 所示时间序列得到的第一印象是，尽管有所波动，但它们都有一个上升的趋势。假设我们想知道这些曲线在样本期间之外（比如说 2008 年每一季度）的形状。[①] 如果我们知道生成这些曲线的统计或随机机制，或者说数据生成过程（data generating process，DGP），那么我们就有可能做到。但这个机制是什么呢？为了回答这个问题及相关问题，我们需要研究一些由时间序列分析家所提出的新"词汇"，我们现在就立即转到这个方面。

---

① 当然，我们已经有了这一期间的实际数据，并将实际数据与基于前一期间的预测数据相比较。

25.2 主要概念[①]

这些词汇包括如下概念：

（1）随机过程；

（2）平稳过程；

（3）纯随机过程；

（4）非平稳过程；

（5）单积（单整）变量；

（6）随机游走模型；

（7）协整；

（8）确定性和随机性趋势；

（9）单位根检验。

接下来我们将对每个概念分别加以讨论。我们的讨论通常是探索性的，只要有可能或有用处，我们就会举出适当的例子。

25.3 随机过程

一个随机过程就是随机变量按时间编排的集合。[②] 如果我们令 Y 表示一个随机变量，而且它是连续的，那么我们就记之为 $Y(t)$，但若它是离散的，则记之为 Y_t。前者的一个例子是心电图，后者的例子有 GDP、DPI 等。由于大多数经济数据都是在离散的时点上搜集的，所以我们总是用符号 Y_t 而非 $Y(t)$。若我们用 Y 表示 GDP，对我们的数据而言，则有 Y_1，Y_2，Y_3，$\cdots$，Y_{242}，Y_{243}，Y_{244}，其中下标 1 表示第一次观测（即 1947 年第 1 季度的 GDP），下标 244 表示最后一次观测（即 2007 年第 4 季度的 GDP）。记住，这些 Y 中的每一个都是一个随机变量。

我们在何种意义上能说 GDP 是一个随机过程呢？比如考虑 1970 年第 1 季度的 GDP 是 37 599.97 亿美元。理论上讲，1970 年第 1 季度的 GDP 可能是任何一个数字，取决于当时的政治与经济环境。数字 37 599.97 只是所有这些可能性中的一个特定实现（realization）。[③] 因此，我们可以说，GDP 是一个随机过程，而我们在 1947 年第 1 季度至 2007 年第 4 季度期间所观测到的实际值只是这个过程的一个特定实现（即样本）。随机过程及其实现之间的区别恰似横截面数据中总体与样本之

---

① 如下讨论基于 Maddala et al.，op. cit. 和 Charemza et al.，op. cit.，以及 Carol Alexander，*Market Models：A Guide to Financial Data Analysis*，John Wiley & Sons，New York，2001。

② "随机"一词源自希腊语"stokhos"，意思是靶子或靶心。如果你曾经在一个圆靶上玩过掷飞镖游戏并试图击中靶心，你能击中靶心的机会有多大？在 100 次扔飞镖中，你可能有幸中几次靶心；其他时候，飞镖将随机地散布在靶心周围。

③ 你可以把 37 599.97 亿元看成 1970 年第 1 季度 GDP 所有可能值的均值。

间的区别。与我们利用样本数据对总体进行推断一样，在时间序列中，我们利用这些实现对其背后的随机过程加以推断。

平稳随机过程

受到时间序列分析家大量注意和细致考察的一类随机过程就是平稳随机过程（stationary stochastic process）。广泛地讲，若一个随机过程的均值和方差在时间过程上保持常数，并且在任何两时期之间的协方差值仅依赖于该两时期之间的距离或滞后，而不依赖于计算这个协方差的实际时间，则称之为平稳随机过程。在时间序列文献中，这种随机过程被称为弱平稳、协方差平稳、二阶平稳或广义随机过程。就本章的论述和多数实践而言，考虑这种类型的平稳性足矣。[①]

为了解释弱平稳性，令随机时间序列 Y_t 有如下性质：

$$均值：E(Y_t) = \mu \tag{25.3.1}$$

$$方差：var(Y_t) = E(Y_t - \mu)^2 = \sigma^2 \tag{25.3.2}$$

$$协方差：\gamma_k = E[(Y_t - \mu)(Y_{t+k} - \mu)] \tag{25.3.3}$$

其中 γ_k 即滞后 k 期的协方差［或自（身）协方差］，是 Y_t 和 Y_{t+k}，也就是相隔 k 期的两个 Y 值之间的协方差。如果 $k=0$ 就得到 γ_0，这无非就是 Y 的方差（$=\sigma^2$）；如果 $k=1$，γ_1 就是 Y 的两个相邻值之间的协方差，这是我们在第 12 章讨论自相关时遇到过的一类协方差（回想马尔可夫一阶自回归模式）。

假使我们把 Y 的原点从 Y_t 移到 Y_{t+m}（比如，对我们的 GDP 数据而言，从 1947 年第 1 季度移到 1952 年第 1 季度）。那么若 Y_t 是平稳的，则 Y_{t+m} 的均值、方差和自协方差必须和 Y_t 的一样。简言之，如果一个时间序列是平稳的，那么不管什么时间测量，它的均值、方差和（各种滞后的）自协方差都保持不变；即它们都不随时间而变化。这种时间序列有回到其均值的趋势［即均值复原（mean reversion）］，而且围绕其均值的波动具有大致恒定的振幅。[②] 换言之，由于一个平稳时间过程的方差是有限的，所以它的漂移不会太远离其均值。应该指出，一个平稳时间序列均值复原的速度取决于其自协方差；我们后面将会看到，自协方差越小，速度越快，自协方差越大，速度越慢。

如果一个时间序列按上述定义不是平稳的，则称之为非平稳时间序列（nonstationary time series）（记住我们只是在讨论弱平稳性）。换言之，一个非平稳时间序列指或者均值随时间而变化，或者方差随时间而变化，或者二者同时发生变化。

为什么平稳时间序列如此重要呢？因为若一个时间序列是非平稳的，则我们只能研究其在研究期间的行为。因此，每个时间序列数据集都是特定的一幕，无法推广到

---

① 如果一个时间序列概率分布的所有阶矩［而不仅仅是一阶矩和二阶矩（即均值和方差）］都不随时间变化，那么它就是严格平稳的。但如果这个平稳过程是正态的，那么弱平稳过程也是严格平稳的，因为正态的随机过程完全可由其均值和方差这两个矩来确定。

② 这一论点见 Keith Cuthbertson，Stephen G. Hall，and Mark P. Taylor，*Applied Econometric Techniques*，The University of Michigan Press，1995，p. 130。

25

其他期间。因此，从预测角度看，这种（非平稳）时间序列没有太大的实际价值。

我们怎么知道某个特定的时间序列是平稳的呢？具体而言，图 25-1 和图 25-2 所示的时间序列是平稳的吗？我们会在 25.8 节和 25.9 节讨论这个问题，在那里，我们会考虑几个平稳性检验。但若依赖直觉，图 25-1 和图 25-2 所示的时间序列看起来是非平稳的，至少均值在变化。以后我们会更详细地考虑这个问题。

在继续讨论下去之前，我们先强调一种特殊类型的随机过程，即纯随机（purely random）过程或白噪音（white noise）过程。若一个随机过程的均值为 0，不变方差为 σ^2，而且不存在序列相关，我们就称之为纯随机过程（时间序列）。[1] 你或许记得，我们在本书第 1 篇中讨论经典正态线性回归模型时，假定引入的误差项 u_t 为白噪音过程，并记为 $u_t \sim \text{IIDN}(0, \sigma^2)$；即 u_t 是独立同分布的，而且服从 0 均值和常方差的正态分布。

非平稳随机过程

虽然我们感兴趣的是平稳时间序列，但也经常会遇到一些非平稳时间序列，经典的例子就是随机游走模型（random walk model，RWM）。[2] 通常认为诸如股票价格和汇率之类的资产价格服从随机游走，即是非平稳的。我们把随机游走分为两类：（1）不带漂移的随机游走（即存在常数项）和（2）带漂移的随机游走（即不存在常数项或截距项）。

不带漂移的随机游走。 假设 u_t 是均值为 0 和方差为 σ^2 的白噪音误差项。若

$$Y_t = Y_{t-1} + u_t \tag{25.3.4}$$

则称 Y_t 序列为随机游走。在如方程（25.3.4）所示的随机游走模型中，Y 在 t 时期的值等于其在 $(t-1)$ 期的值加上一个随机冲击；因此，按照第 12 章和第 19 章的说法，它是一个 AR(1) 模型。我们可以把方程（25.3.4）看成第 t 期的 Y 对其 1 期滞后值的回归。有效资本市场假说（efficient capital market hypothesis）的信仰者认为，股票价格本质上是随机的，因此股市上不存在有利可图的投机空间：如果一个人能基于股票今天的价格预期明天的价格，那么我们早就都是百万富翁了。

现在，我们从方程（25.3.4）可以写出

$$Y_1 = Y_0 + u_1$$
$$Y_2 = Y_1 + u_2 = Y_0 + u_1 + u_2$$
$$Y_3 = Y_2 + u_3 = Y_0 + u_1 + u_2 + u_3$$

一般地，若这个过程从第 0 期的 Y_0 开始，我们就有

$$Y_t = Y_0 + \sum u_t \tag{25.3.5}$$

---

[1] 如果它还是独立的，则这种过程可称为严格白噪音过程。

[2] 随机游走常被比作一个醉汉的游走，醉汉离开酒吧后在时刻 t 移动一个随机的距离 u_t，如果他无限制地继续游走下去，他将最终漂移到离酒吧越来越远的地方。股票的价格也是这样，今天的股价等于昨天的股价加上一个随机冲击。

因此，

$$E(Y_t) = E(Y_0 + \sum u_t) = Y_0 \qquad (为什么？) \tag{25.3.6}$$

同理，可以证明

$$\text{var}(Y_t) = t\sigma^2 \tag{25.3.7}$$

上式表明，Y 的均值等于其初始或起始值（一个常数），但随着 t 的增加，其方差无限增大，因此违背了平稳性条件。简言之，不带漂移的随机游走模型是一个非平稳的随机过程。实践中通常设定 Y_0 为 0，此时 $E(Y_t)=0$。

随机游走模型的一个有趣特征是，随机冲击（即随机误差项）的持久性。从方程 (25.3.5) 中明显可见：Y_t 等于初始的 Y_0 加上各期随机冲击项之和。结果是，一个特定的冲击永远也不会消失。比如，若 $u_2=2$ 而非 $u_2=0$，则从 Y_2 开始所有的 Y_t 都将提高两个单位，而且这个冲击的影响永远也不会消失。这正是随机游走具有无限记忆的原因。如帕特森（Kerry Patterson）所指出的那样，随机游走会永远记住每次冲击[1]，即具有无限记忆。和式 $\sum u_t$ 又被称为随机趋势，我们稍后详加论述。

有趣的是，若将方程 (25.3.4) 写成

$$Y_t - Y_{t-1} = \Delta Y_t = u_t \tag{25.3.8}$$

其中 Δ 为我们在第 12 章讨论过的一阶差分算子。容易证明，尽管 Y_t 是非平稳的，但其一阶差分却是平稳的。换言之，一个随机游走时间序列的一阶差分是平稳的。但我们以后还要详细讨论这个问题。

带漂移的随机游走。让我们把方程 (25.3.4) 改写成

$$Y_t = \delta + Y_{t-1} + u_t \tag{25.3.9}$$

其中 δ 被称为漂移参数（drift parameter）。"漂移"一词得自如下事实：若将上述方程写成

$$Y_t - Y_{t-1} = \Delta Y_t = \delta + u_t \tag{25.3.10}$$

则表明 Y_t 根据 δ 为正或负而向上或向下漂移。注意，模型 (25.3.9) 也是一个 AR(1) 模型。

根据对不带漂移的随机游走程序的讨论，可以证明，对于带漂移的随机游走模型 (25.3.9) 有：

$$E(Y_t) = Y_{t-1} + t \cdot \delta \tag{25.3.11}$$

$$\text{var}(Y_t) = t\sigma^2 \tag{25.3.12}$$

如你所见，带漂移的随机游走模型的均值和方差都随着时间而递增，同样违背了（弱）平稳性条件。简言之，无论是带漂移的还是不带漂移的随机游走模型，都是非平稳时间序列。

为了了解带漂移和不带漂移的随机游走，我们进行如下两个模拟：

$$Y_t = Y_{t-1} + u_t \tag{25.3.13}$$

---

[1]　Kerry Patterson，op. cit.，Chapter 6.

25

其中 u_t 为满足 $u_t \sim N(0，1)$ 的白噪音误差项；即每个 u_t 都服从标准正态分布。我们从一个随机数字生成器中得到 u 的 500 次观测值，并如方程（25.3.13）那样生成 Y_t。我们假定 $Y_0 = 0$。因此，方程（25.3.13）是一个不带漂移的随机游走模型。

现在考虑一个带漂移的随机游走模型

$$Y_t = \delta + Y_{t-1} + u_t \tag{25.3.14}$$

我们假定 u_t 和 Y_{t-1} 都如方程（25.3.13）所示，并假定 $\delta = 2$。

图 25-3 和图 25-4 分别是模型（25.3.13）和模型（25.3.14）的图示。读者可以根据我们对带漂移和不带漂移的随机游走模型的讨论，对这两幅图进行比较。

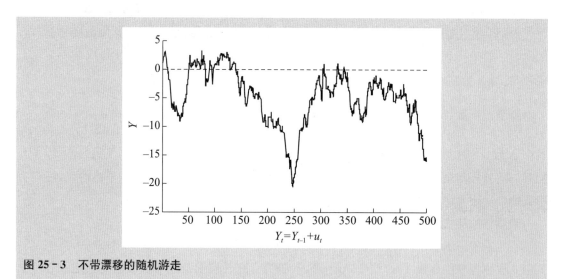

图 25-3 不带漂移的随机游走

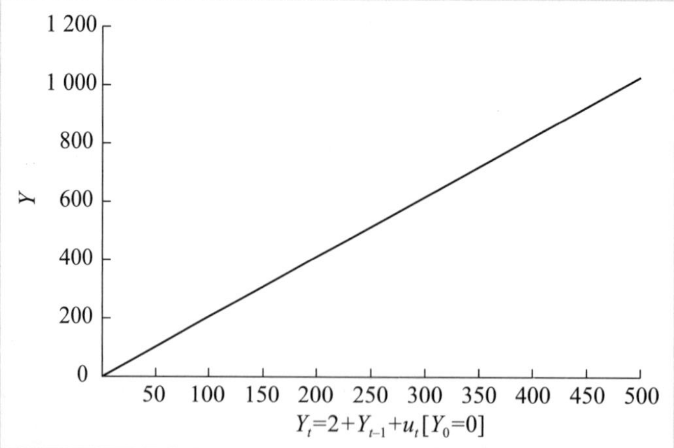

图 25-4 带漂移的随机游走

随机游走模型是文献中单位根过程（unit root process）之一例。由于"单位根"一词在时间序列文献中极为通用，所以我们现在来解释什么是单位根过程。

25.4　单位根随机过程

让我们把随机游走方程（25.3.4）写成

$$Y_t = \rho Y_{t-1} + u_t \qquad -1 \leqslant \rho \leqslant 1 \tag{25.4.1}$$

此模型与我们在自相关一章中所讨论的马尔可夫一阶自回归模型很相似。若 $\rho=1$，则方程（25.4.1）就成为一个（不带漂移的）随机游走模型。若 ρ 事实上为 1，则我们面临着单位根问题，即非平稳性情况；我们已经知道，Y_t 的方差此时不是平稳的。单位根的名称正是源于 $\rho=1$ 这个事实。[①] 因此，非平稳性、随机游走和单位根这三个术语可以看成是同义词。

但若 $|\rho| < 1$，即 ρ 的绝对值小于 1，则可以证明，时间序列 Y_t 在我们所定义的意义上是平稳的。[②]

于是，在实践中，弄清楚一个时间序列是否具有一个单位根很重要。[③] 我们在 25.9 节讨论了几个单位根检验，即几个平稳性检验。我们在那一节还会判定图 25-1 和图 25-2 所示的时间序列是否平稳。或许读者猜测它们不平稳，但我们到那时将会明白。

25.5　趋势平稳和差分平稳随机过程

平稳和非平稳随机过程（或时间序列）之间的区别，对图 25-3 和图 25-4 呈现的时间序列或图 25-1 和图 25-2 呈现的实际经济时间序列所表现出的趋势（所考虑的时间序列缓慢的长期演化结果）是确定性的还是随机性的具有关键意义。大致说来，若一个时间序列的趋势完全可以预测而且不变，则我们称之为确定性趋势；而若不能预测，则称之为随机性趋势。为了使定义更加规范，考虑时间序列的如下模型：

$$Y_t = \beta_1 + \beta_2 t + \beta_3 Y_{t-1} + u_t \tag{25.5.1}$$

其中 u_t 为白噪音误差项，t 为按年月顺序度量的时间。现在，我们有如下可能性：

（1）不带漂移的随机游走。若在方程（25.5.1）中 $\beta_1=0$，$\beta_2=0$ 和 $\beta_3=1$，则我们得到

$$Y_t = Y_{t-1} + u_t \tag{25.5.2}$$

---

① 一个技术性注释：若 $\rho=1$，则我们可把方程（25.4.1）写成 $Y_t-Y_{t-1}=u_t$，现在利用滞后算子（lag operator）L，所以 $LY_t=Y_{t-1}$，$L^2Y_t=Y_{t-2}$，如此等等，我们可以把方程（25.4.1）写成 $(1-L)Y_t=u_t$。"单位根"一词指的是滞后算子多项式的根。若你令 $(1-L)=0$，则得到 $L=1$，由此得名单位根。

② 若在方程（25.4.1）中假定：Y 的初始值（$=Y_0$）为 0，$|\rho| \leqslant 1$，而且 u_t 是白噪音并服从零均值和单位方差的正态分布，则得到 $E(Y_t)=0$ 和 $\mathrm{var}(Y_t)=1/(1-\rho^2)$。由于它们都是常数，所以根据弱平稳性的定义，$Y_t$ 就是平稳的。另外，如我们前面所见，若 $\rho=1$，则 Y_t 是一个随机游走或非平稳序列。

③ 一个时间序列可能包含不止一个单位根，但我们在本章后面再讨论这种情况。

它无非就是一个不带漂移的随机游走，并因此是非平稳的。但注意，若我们把方程 (25.5.2) 写成

$$\Delta Y_t = (Y_t - Y_{t-1}) = u_t \tag{25.3.8}$$

前面曾指出，这就变成平稳随机过程。因此，一个不带漂移的随机游走模型就是一个差分平稳过程（difference stationary process，DSP）。

（2）带漂移的随机游走。若在方程 (25.5.1) 中 $\beta_1 \neq 0$，$\beta_2 = 0$ 和 $\beta_3 = 1$，则我们得到

$$Y_t = \beta_1 + Y_{t-1} + u_t \tag{25.5.3}$$

它是一个带漂移的随机游走并因此是非平稳的。若我们把它写成

$$(Y_t - Y_{t-1}) = \Delta Y_t = \beta_1 + u_t \tag{25.5.3a}$$

这就意味着 Y_t 将表现出一个正的（$\beta_1 > 0$）或负的（$\beta_1 < 0$）趋势（见图 25-4）。这种趋势被称为随机趋势。由于通过对时间序列取一阶差分便可消除 Y_t 中的非平稳性，所以方程 (25.5.3a) 是一个差分平稳过程。记住，方程 (25.5.3a) 中的 u_t 是一个白噪音误差项。

（3）确定性趋势。若在方程 (25.5.1) 中 $\beta_1 \neq 0$，$\beta_2 \neq 0$ 和 $\beta_3 = 0$，则我们得到

$$Y_t = \beta_1 + \beta_2 t + u_t \tag{25.5.4}$$

即趋势平稳过程（trend stationary process，TSP）。尽管 Y_t 的均值 $\beta_1 + \beta_2 t$ 不是常数，但其方差（$= \sigma^2$）是常数。一旦知道了 β_1 和 β_2 的值，就完全能预测其均值。因此，如果我们从 Y_t 中减去其均值，所得到的序列将是平稳的，因而得名趋势平稳。这种去除确定性趋势的过程被称为除趋势（detrending）。

（4）带漂移和确定性趋势的随机游走。若在方程 (25.5.1) 中 $\beta_1 \neq 0$，$\beta_2 \neq 0$ 和 $\beta_3 = 1$，则我们得到

$$Y_t = \beta_1 + \beta_2 t + Y_{t-1} + u_t \tag{25.5.5}$$

即同时带有漂移和确定性趋势的随机游走，若将此方程写成

$$\Delta Y_t = \beta_1 + \beta_2 t + u_t \tag{25.5.5a}$$

这就意味着 Y_t 是非平稳的。

（5）含平稳 AR(1) 成分的确定性趋势。若在方程 (25.5.1) 中 $\beta_1 \neq 0$，$\beta_2 \neq 0$ 和 $\beta_3 < 1$，则我们得到

$$Y_t = \beta_1 + \beta_2 t + \beta_3 Y_{t-1} + u_t \tag{25.5.6}$$

它在确定性趋势周围是平稳的。

为了看出确定性和随机性趋势的区别，考虑图 25-5。[①] 此图中名为"随机性"的序列由带漂移的随机游走模型 $Y_t = 0.5 + Y_{t-1} + u_t$ 生成，其中 u_t 的 500 个值由一个标准正态分布生成，Y 的初始值设定为 1。名为"确定性"的序列由 $Y_t = 0.5t + u_t$ 生成，其中 u_t 生成如上，而 t 则是按年月顺序度量的时间。

---

① 以下讨论都基于 Wojciech W. Charemza et al.，op. cit.，pp. 89-91。

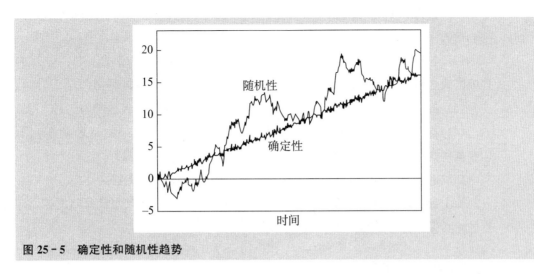

图 25 - 5　确定性和随机性趋势

如图 25 - 5 所示，在确定性趋势的情况下，对趋势线（代表着非平稳的均值）的偏离是纯随机的，并很快就会消逝；它们对时间序列由趋势成分 $0.5t$ 所决定的长期发展没有影响。而在随机性趋势的情况下，随机成分 u_t 影响着序列 Y_t 的长期进展。

25.6　单积随机过程

随机游走模型只是一类被称为单积过程（integrated processes）的随机过程的特殊情形。回忆一下，不带漂移的随机游走模型是非平稳的，但其一阶差分是平稳的，如方程（25.3.8）所示。因此，我们称不带漂移的随机游走模型为一阶单积序列，记为 $I(1)$。类似地，若使一个时间序列变成平稳序列需对其进行两次差分（即对一阶差分再取一阶差分），则称之为二阶单积序列。[①] 一般地，若一个（非平稳的）时间序列只有经过 d 次差分才能变成平稳序列，则称之为 d 阶单积序列。时间序列 Y_t 是 d 阶单积的，记为 $Y_t \sim I(d)$。若一个时间序列 Y_t 一开始就是平稳的（即不需要进行任何差分），则称之为 0 阶单积序列，并记为 $Y_t \sim I(0)$。因此，我们使用术语"平稳时间序列"和"0 阶单积时间序列"时表示的是同一个意思。

大多数经济时间序列通常都是 $I(1)$，即只需取一阶差分就变成平稳序列。图 25 - 1 和图 25 - 2 所示的时间序列是 $I(1)$ 或者更高阶单积序列吗？我们在 25.8 节和 25.9 节将考察这一点。

单积时间序列的性质

单积时间序列有如下性质值得注意：令 X_t、Y_t 和 Z_t 为三个时间序列。

---

① 例如，若 Y_t 是 $I(2)$，则 $\Delta\Delta Y_t = \Delta(Y_t - Y_{t-1}) = \Delta Y_t - \Delta Y_{t-1} = Y_t - 2Y_{t-1} + Y_{t-2}$ 就变成平稳的了。但注意 $\Delta\Delta Y_t = \Delta^2 Y_t \neq Y_t - Y_{t-2}$。

（1）若 $X_t \sim I(0)$ 且 $Y_t \sim I(1)$，则 $Z_t = (X_t + Y_t) \sim I(1)$，即平稳和非平稳时间序列的线性组合或之和是非平稳的。

（2）若 $X_t \sim I(d)$，则 $Z_t = (a + bX_t) \sim I(d)$，其中 a 和 b 为常数。即一个 $I(d)$ 序列的线性函数仍是 $I(d)$。因此，若 $X_t \sim I(0)$，则 $Z_t = (a + bX_t) \sim I(0)$。

（3）若 $X_t \sim I(d_1)$ 且 $Y_t \sim I(d_2)$，其中 $d_1 < d_2$，则 $Z_t = (aX_t + bY_t) \sim I(d_2)$。

（4）若 $X_t \sim I(d)$ 且 $Y_t \sim I(d)$，则 $Z_t = (aX_t + bY_t) \sim I(d^*)$；$d^*$ 通常等于 d，但在某些情况下 $d^* < d$（参见 25.11 节中对协整这一专题的探讨）。

如以上命题所述，在合并两个或多个不同阶单积时间序列时必须小心。

为了说明这一点为什么重要，考虑在第 3 章中讨论过的双变量回归模型，即 $Y_t = \beta_1 + \beta_2 X_t + u_t$。在经典 OLS 假定之下，我们知道

$$\hat{\beta}_2 = \frac{\sum x_t y_t}{\sum x_t^2} \tag{25.6.1}$$

其中小写字母表示对均值的离差。假设 Y_t 为 $I(0)$，但 X_t 为 $I(1)$，即前者是平稳的，而后者是非平稳的。由于 X_t 是非平稳的，所以其方差无限增大，因而方程（25.6.1）中的分母支配着它的分子，导致 $\hat{\beta}_2$ 渐近地（即在大样本中）收敛于 0，甚至没有一个渐近的分布。[①]

25.7 谬误回归现象

为了说明平稳时间序列为什么如此重要，考虑如下两个随机游走模型：

$$Y_t = Y_{t-1} + u_t \tag{25.7.1}$$

$$X_t = X_{t-1} + v_t \tag{25.7.2}$$

其中我们从 $u_t \sim N(0, 1)$ 中生成了 u_t 的 500 次观测，从 $v_t \sim N(0, 1)$ 中生成了 v_t 的 500 次观测，并假定 Y 和 X 的初始值都为零。我们还假定 u_t 和 v_t 都不存在序列相关而且彼此间也不存在相关关系。就目前所知，这两个时间序列都是非平稳的，即它们都是 $I(1)$ 或表现出随机趋势。

假设我们将 Y_t 对 X_t 回归。由于 Y_t 和 X_t 是不相关的 $I(1)$ 过程，所以 Y 对 X 的回归中所得到的 R^2 应该趋于 0，即这两个变量之间不应该有任何关系。但请你先看一下回归结果：

变量	系数	标准误	统计量
C	-13.2556	0.6203	-21.36856
X	0.3376	0.0443	7.61223
	$R^2 = 0.1044$	$d = 0.0121$	

---

① 这一点源于 Maddala et al.，op. cit.，p. 26。

如你所见，X 的系数是高度统计显著的，尽管 R^2 值有些低，但它在统计上显著异于零。基于这些结论，你可能得出 Y 和 X 之间存在显著统计关系的结论，尽管先验假定它们之间没有任何关系。这就是对尤尔（Yule）首次发现的谬误或无谓回归现象（phenomenon of spurious or nonsense regression）的简单概括。[①] 尤尔指出，即便在样本很大时，（谬误）相关在非平稳时间序列中也可能持续存在。极低的德宾-沃森 d 值表明存在着很强的一阶自相关，从而暗示着上述回归有问题。根据格兰杰和纽博尔德（Newbold）的分析，$R^2 > d$ 就是怀疑所估计的回归是谬误回归的一个很好的经验法则，上例正是如此。还要指出，从这样一个谬误回归中得到的 R^2 和 t 统计量是有误导性的，t 统计量不服从（学生）分布，因而不能用于对参数的假设检验。

通过将 Y_t 的一阶差分（$=\Delta Y_t$）对 X_t 的一阶差分（$=\Delta X_t$）进行回归很容易看出，以上给出的回归结果是没有什么意义的。记住，尽管 Y_t 和 X_t 是非平稳的，其一阶差分却是平稳的。在这样一个回归中你会发现，本该为 0 的 R^2 实际上正是 0，德宾-沃森 d 值约为 2。习题 25.24 要求你做这个回归并验证刚刚得到的命题。

尽管富于戏剧性，这个例子还是强烈地提醒我们，基于表现出随机趋势的时间序列做回归分析时应该保持高度警惕。因此，在阅读大量基于 $I(1)$ 变量所得到的回归结果时也要极为谨慎。作为一个例子，参见习题 25.26。在某种程度上，对确定性趋势的时间序列也是如此，习题 25.25 就给出了这样一个例子。

25.8　平稳性检验

到目前为止，读者可能对平稳随机过程及其重要性有了很好的了解。在实践中，我们面临两个重要问题：（1）我们如何发现一个给定的时间序列是否平稳？（2）如果我们发现一个给定的时间序列不是平稳的，有什么办法使之变成平稳的呢？我们在本节讨论第一个问题，并在 25.10 节讨论第二个问题。

在讨论之前，记住我们主要考虑的是弱平稳性或协方差平稳性。

尽管有几种平稳性检验的方法，但我们在本节只讨论在文献中广泛讨论的两种：（1）图形分析和（2）相关图检验。由于单位根检验在近期尤为重要，所以我们在下一节讨论。我们以适当的例子来解释这些检验。

图形分析

前面曾指出，在进行规范的检验之前，像我们将本书网站中美国经济的某些时

[①]　G. U. Yule. "Why Do We Sometimes Get Nonsense Correlations Between Time Series? A Study in Sampling and the Nature of Time Series," *Journal of the Royal Statistical Society*，vol. 89，1926，pp. 1-64. 至于谬误回归方面大量的蒙特卡洛模拟，参见 C. W. J. Granger and P. Newbold, "Spurious Regressions in Econometrics," *Journal of Econometrics*，vol. 2，1974，pp. 111-120。

间序列数据描点成图 25 - 1 和图 25 - 2 一样，将所研究的时间序列描点总是明智之举。这种描点图对时间序列的可能性质给出了初步线索。以图 25 - 1 所示的 GDP 时间序列为例。你将看到，GDP 的对数在研究期间不断增加，表现出上升趋势，从而表明 GDP 的对数的均值在发生变化。这可能说明，GDP 的对数序列不是平稳的。图 25 - 2 中所示的其他美国经济时间序列的情况多少也有些类似。这种直观感受是更规范的平稳性检验的起点。

自相关函数和相关图

有一种平稳性检验，它基于所谓的自相关函数（autocorrelation function，ACF）。记滞后 k 阶的 ACF 为 ρ_k，其定义是

$$\rho_k = \frac{\gamma_k}{\gamma_0} = \frac{k \text{ 阶滞后的协方差}}{\text{方差}} \tag{25.8.1}$$

其中 k 阶滞后的协方差和之前的定义一样。注：若 $k=0$，则 $\rho_0 = 1$。（为什么？）

由于协方差和方差都以相同的度量单位度量，所以 ρ_k 是没有度量单位的数字，或者说是纯数字。和任何一个相关系数一样，它介于 -1 和 $+1$ 之间。若将 ρ_k 对 k 描点，则所得到的图被称为总体相关图（population correlogram）。

由于我们实际上只有随机过程的一个实现（即样本），所以我们只能计算出样本自相关函数（sample autocorrelation function，SAFC）$\hat{\rho}_k$。为了计算它，我们必须首先计算 k 阶滞后的样本协方差（sample covariance）$\hat{\gamma}_k$ 和样本方差（sample variance）$\hat{\gamma}_0$，其定义分别为[1]：

$$\hat{\gamma}_k = \frac{\sum (Y_t - \bar{Y})(Y_{t+k} - \bar{Y})}{n} \tag{25.8.2}$$

$$\hat{\gamma}_0 = \frac{\sum (Y_t - \bar{Y})^2}{n} \tag{25.8.3}$$

其中 n 为样本容量，$\bar{Y}$ 为样本均值。

因此，k 阶样本自相关函数就是

$$\hat{\rho}_k = \frac{\hat{\gamma}_k}{\hat{\gamma}_0} \tag{25.8.4}$$

它无非就是 k 阶样本协方差与样本方差之比。将 $\hat{\rho}_k$ 对 k 描点则得到样本相关图（sample correlogram）。

一个样本相关图如何能使我们发现一个特定的时间序列是否平稳呢？为此，我们首先给出一个纯粹白噪音随机过程和一个随机游走过程的样本相关图。回忆不带漂移的随机游走模型（25.3.13）。在那里，我们从标准正态分布中生成了 u 的 500 个误差项的一个样本。图 25 - 6 给出了这 500 个纯随机误差项的相关图；我们只给出了 30 阶滞后。稍后我们会就如何选择滞后长度进行评论。

---

[1] 严格地讲，我们应该将滞后 k 阶的样本协方差除以 $(n-k)$，并将样本方差除以 $(n-1)$ 而不是 n（为什么？），其中 n 为样本容量。

样本：2 500
所包含观测：499

自相关	偏相关		AC	PAC	Q-Stat	Prob
		1	−0.022	−0.022	0.233 5	0.629
		2	−0.019	−0.020	0.424 7	0.809
		3	−0.009	−0.010	0.464 0	0.927
		4	−0.031	−0.031	0.937 2	0.919
		5	−0.070	−0.072	3.418 6	0.636
		6	−0.008	−0.013	3.449 3	0.751
		7	0.048	0.045	4.641 1	0.704
		8	−0.069	−0.070	7.038 5	0.532
		9	0.022	0.017	7.295 6	0.606
		10	−0.004	−0.011	7.305 9	0.696
		11	0.024	0.025	7.610 2	0.748
		12	0.024	0.027	7.899 3	0.793
		13	0.026	0.021	8.250 2	0.827
		14	−0.047	−0.046	9.372 6	0.806
		15	−0.037	−0.030	10.074	0.815
		16	−0.026	−0.031	10.429	0.843
		17	−0.029	−0.024	10.865	0.863
		18	−0.043	−0.050	11.807	0.857
		19	0.038	0.028	12.575	0.860
		20	0.099	0.093	17.739	0.605
		21	0.001	0.007	17.739	0.665
		22	0.065	0.060	19.923	0.588
		23	0.053	0.055	21.404	0.556
		24	−0.017	−0.004	21.553	0.606
		25	−0.024	−0.005	21.850	0.644
		26	−0.008	−0.008	21.885	0.695
		27	−0.036	−0.027	22.587	0.707
		28	0.053	0.072	24.068	0.678
		29	−0.004	−0.011	24.077	0.725
		30	−0.026	−0.025	24.445	0.752

图 25 - 6　白噪音误差项 u 的相关图

注：AC＝自相关，PAC＝偏自相关（见第 26 章），Q-Stat＝Q 统计量，Prob ＝概率。

现在，只看 AC 列中的样本自相关函数和左边第一个标为自相关的图。图中的实线表示零轴；此线以右的观测为正值，以左的观测为负值。从此图中清晰可见，纯白噪音过程的各阶自相关都在零附近徘徊。这就是平稳时间序列相关图的图形。因此，如果一个实际（经济）时间序列的相关图与白噪音时间序列的相关图很相像，我们就能说，这个时间序列很可能是平稳的。

再来看一下由（比方说）方程（25.3.13）生成的随机游走时间序列的相关图，如图 25 - 7 所示。此相关图最显著的特征是，各阶滞后的自相关系数都很高，甚至到 33 个季度的滞后仍居高不下。事实上，如果我们考虑 60 个季度的滞后，自相关系数仍相当高；在 60 阶滞后的系数约为 0.7。图 25 - 7 是典型的非平稳时间序列相关图：自相关系数从一个很高的值开始，随着滞后长度的增加而缓慢向零下降。

25

样本：2 500

所包含观测：499

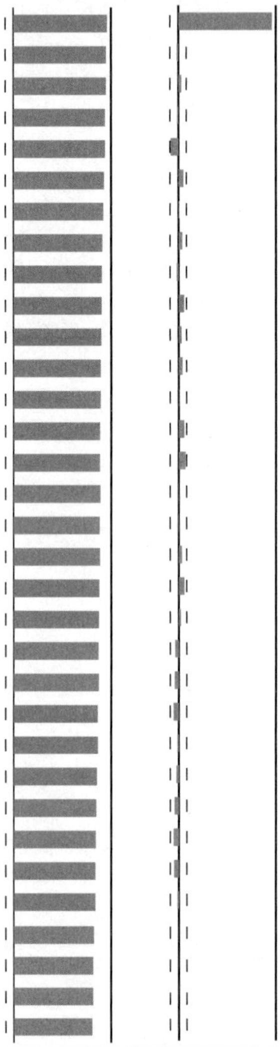

自相关	偏相关		AC	PAC	Q-Stat	Prob
		1	0.992	0.992	493.86	0.000
		2	0.984	0.000	980.68	0.000
		3	0.976	0.030	1 461.1	0.000
		4	0.969	0.005	1 935.1	0.000
		5	0.961	−0.059	2 402.0	0.000
		6	0.953	0.050	2 862.7	0.000
		7	0.946	0.004	3 317.3	0.000
		8	0.939	0.040	3 766.4	0.000
		9	0.932	−0.009	4 210.1	0.000
		10	0.927	0.055	4 649.1	0.000
		11	0.921	0.018	5 083.9	0.000
		12	0.916	0.039	5 514.9	0.000
		13	0.912	0.002	5 942.4	0.000
		14	0.908	0.056	6 367.0	0.000
		15	0.905	0.061	6 789.8	0.000
		16	0.902	0.000	7 210.6	0.000
		17	0.899	0.006	7 629.4	0.000
		18	0.896	0.030	8 046.1	0.000
		19	0.894	0.053	8 463.1	0.000
		20	0.892	0.013	8 878.7	0.000
		21	0.890	−0.041	9 292.6	0.000
		22	0.886	−0.040	9 704.1	0.000
		23	0.882	−0.044	10 113	0.000
		24	0.878	−0.012	10 518	0.000
		25	0.873	−0.023	10 920	0.000
		26	0.867	−0.041	11 317	0.000
		27	0.860	−0.055	11 709	0.000
		28	0.853	−0.045	12 095	0.000
		29	0.846	−0.010	12 476	0.000
		30	0.839	0.008	12 851	0.000
		31	0.832	−0.006	13 221	0.000
		32	0.825	0.003	13 586	0.000
		33	0.819	−0.006	13 946	0.000

25

图 25-7 一个随机游走时间序列的相关图

注：变量定义见图 25-6。

现在，让我们考虑一个具体的经济例子。我们考察一下前面 25.1 节中根据本书网站上美国经济的时间序列数据所得到的 LGDP 时间序列的相关图。图 25-8 给出了直至 36 阶滞后的相关图。这 36 阶滞后的 LGDP 相关图的表现，与图 25-7 中随机游走模型的相关图很相似。自相关系数从 1 阶滞后的很高值（0.977）开始，并极其缓慢地下降。由此看来，LGDP 时间序列是非平稳的。你若将图 25-1 和图 25-2 所示的美国其他经济时间序列都描出相关图，就会看到类似形态，从而得到所有这些时间序列都非平稳的结论；它们的均值或方差或二者都是非平稳的。

样本：1947 年第 1 季度—2007 年第 4 季度
所包含观测：244

自相关	偏相关		AC	PAC	Q-Stat	Prob
		1	0.977	0.977	235.73	0.000
		2	0.954	−0.009	461.43	0.000
		3	0.931	−0.010	677.31	0.000
		4	0.908	−0.006	883.67	0.000
		5	0.886	−0.003	1 080.9	0.000
		6	0.864	−0.001	1 269.3	0.000
		7	0.843	−0.006	1 449.3	0.000
		8	0.822	−0.006	1 621.0	0.000
		9	0.801	−0.010	1 784.6	0.000
		10	0.780	−0.004	1 940.6	0.000
		11	0.759	−0.007	2 089.0	0.000
		12	0.738	−0.013	2 230.0	0.000
		13	0.718	0.003	2 364.1	0.000
		14	0.699	−0.005	2 491.5	0.000
		15	0.679	−0.001	2 612.4	0.000
		16	0.660	−0.004	2 727.2	0.000
		17	0.642	−0.002	2 836.2	0.000
		18	0.624	0.002	2 939.6	0.000
		19	0.607	0.003	3 037.8	0.000
		20	0.590	−0.003	3 130.9	0.000
		21	0.573	−0.003	3 219.3	0.000
		22	0.557	−0.003	3 303.1	0.000
		23	0.541	−0.001	3 382.5	0.000
		24	0.526	0.007	3 457.9	0.000
		25	0.511	0.002	3 529.4	0.000
		26	0.496	−0.005	3 597.2	0.000
		27	0.482	−0.011	3 661.4	0.000
		28	0.467	−0.009	3 722.0	0.000
		29	0.453	−0.005	3 779.2	0.000
		30	0.438	−0.006	3 833.1	0.000
		31	0.424	−0.005	3 883.9	0.000
		32	0.411	0.004	3 931.6	0.000
		33	0.398	0.004	3 976.7	0.000
		34	0.385	−0.001	4 019.1	0.000
		35	0.373	−0.009	4 058.9	0.000
		36	0.360	−0.010	4 096.3	0.000

图 25 - 8 1947 年第 1 季度至 2007 年第 4 季度美国 LGDP 相关图

注：变量定义见图 25 - 6。

这里提出两个实际问题。首先，我们如何选择滞后长度来计算 ACF？其次，你如何判定一个自相关系数在特定滞后长度下是否统计显著？答案如下。

滞后长度的选择

这基本上是个经验问题。一个经验法则是，计算 ACF 通常要用到时间序列 1/3～1/4 长度的滞后。对我们的经济数据而言，共有 244 个季度的观测，根据这个法则应选择 61～81 个季度的滞后。为节省篇幅，仅在图 25 - 8 所示的 ACF 图中给出了 36 阶滞后。最佳的实际建议是，从足够大的滞后开始，然后利用某种统计准则（如我们在第 13 章中讨论过的赤池或施瓦茨信息准则）使之减小。否则，可以利用如下统计检验。

自相关系数的统计显著性

考虑图 25-8 中 LGDP 时间序列的相关图。我们如何判定 10 个季度滞后的自相关系数 0.780 是否统计显著呢？任何一个 $\hat{\rho}_k$ 的统计显著性都可由其标准误来判断。巴特利特（Bartlett）已经证明，若一个时间序列是纯随机的，即表现出白噪音性状（见图 25-6），则样本自相关系数 $\hat{\rho}_k$ 近似服从如下分布[1]：

$$\hat{\rho}_k \sim N(0, 1/n) \tag{25.8.5}$$

即在大样本中，样本自相关系数服从均值等于 0 和方差等于样本容量之倒数的正态分布。既然我们有 244 个观测，方差就是 $1/244 \approx 0.004\ 1$，标准误就是 $\sqrt{0.004\ 1} \approx 0.064\ 0$。然后根据标准正态分布的性质，任何一个（总体）$\rho_k$ 的 95% 的置信区间就是

$$\hat{\rho}_k \pm 1.96 \times 0.064\ 0 = \hat{\rho}_k \pm 0.125\ 4 \tag{25.8.6}$$

换言之，

$$\text{Prob}(\hat{\rho}_k - 0.125\ 4 \leqslant \rho_k \leqslant \hat{\rho}_k + 0.125\ 4) = 0.95 \tag{25.8.7}$$

若上述区间包括 0，则我们不能拒绝真实 ρ_k 为 0 的假设，但若这个区间不包括 0，我们就拒绝真实 ρ_k 为 0 的假设。应用于 $\hat{\rho}_{10} = 0.873$，读者可以验证真实 ρ_{10} 的 95% 置信区间为（$0.873 \pm 0.125\ 4$）即（0.747 6，0.998 4）[2]。显然，0 并不包含其中，这就表明，我们有 95% 的把握认为真实 ρ_{10} 显著异于 0。[3] 你可以验证，即使在 20 阶滞后的情况下，估计的 ρ_{20} 在 5% 的显著性水平上也是统计显著的。

不用检验个别自相关系数的统计显著性，我们可以检验所有 ρ_k（至某个滞后）同时为 0 的联合假设。这可利用由博克斯和皮尔斯提出的 Q 统计量来进行，其定义为[4]：

$$Q = n \sum_{k=1}^{m} \hat{\rho}_k^2 \tag{25.8.8}$$

其中 n 为样本容量，m 为滞后长度。Q 统计量通常用于检验一个时间序列是否为白噪音。在大样本中，它近似服从自由度为 m 的 χ^2 分布。在实际应用中，若计算出来的 Q 大于在选定显著性水平下从 χ^2 分布表中查出的 Q 临界值，则拒绝所有（真

---

[1] M. S. Bartlett, "On the Theoretical Specification of Sampling Properties of Autocorrelated Time Series," *Journal of the Royal Statistical Society*, Series B, vol. 27, 1946, pp. 27-41.

[2] 我们的样本容量是 244 个观测，就使用正态近似而言足够大了。

[3] 换言之，若你将任何一个 ρ_k 的估计值除以标准误（$\sqrt{1/n}$），对充分大的 n，你会得到标准的 Z 值，其概率很容易从正态分布表中查到。因此，对估计的 $\rho_{10} = 0.780$，Z 值为 $0.780/0.106\ 6 \approx 7.32$。若真实的 ρ_{10} 实际上为 0，则得到一个不小于 7.32 的 Z 值的概率就很小，因此拒绝 ρ_{10} 为 0 的虚拟假设。

[4] G. E. P. Box and D. A. Pierce, "Distribution of Residual Autocorrelations in Autoregressive Integrated Moving Average Time Series Models," *Journal of the American Statistical Association*, vol. 65, 1970, pp. 1509-1526.

实）ρ_k 都为 0 的虚拟假设；至少它们中有某些一定非 0。

博克斯-皮尔斯 Q 统计量的一个变形就是扬-博克斯统计量（Ljung-Box statistic，LB），其定义为[①]：

$$\text{LB} = n(n+2) \sum_{k=1}^{m} \left(\frac{\hat{\rho}_k^2}{n-k} \right) \sim \chi_m^2 \tag{25.8.9}$$

尽管在大样本中，Q 统计量和 LB 统计量都服从自由度为 m 的 χ^2 分布，但我们已经发现，LB 统计量比 Q 统计量具有更好的小样本性质（即在统计意义上更有效）。[②]

回到图 25-8 给出的 LGDP 例子，直至 36 阶滞后的 LB 统计量的值约为 4 096。在 36 个估计自相关系数的平方和为 0 的虚拟假设下，得到这样一个 LB 值的概率实际上为 0，如图中最后一列所示。因此，结论是：LGDP 时间序列是非平稳的，从而加强了我们由图 25-1 产生的对 LGDP 序列非平稳性的预感。在习题 25.16 中，要求你证实其他四个美国经济的时间序列也都是非平稳的。

25.9 单位根检验

在过去几年广受欢迎的一种平稳性（或非平稳性）检验是单位根检验。我们首先解释其概念，然后阐述其步骤，最后考虑其局限性。

首先从我们在 25.4 节中讨论的单位根随机过程开始：

$$Y_t = \rho Y_{t-1} + u_t \qquad -1 \leqslant \rho \leqslant 1 \tag{25.4.1}$$

其中 u_t 为白噪音误差项。

我们知道，若 $\rho=1$，即在单位根情形下，方程（25.4.1）就变成一个不带漂移的随机游走模型，我们知道这种模型是非平稳的随机过程。因此，为什么不简单地将 Y_t 对其（一期）滞后值 Y_{t-1} 回归，并搞清楚所估计的 ρ 在统计上是否等于 1？若是，则 Y_t 是非平稳的。这正是平稳性的单位根检验背后的一般思想。

不过，我们不能用 OLS 估计方程（25.4.1），而且由于在出现单位根的情况下，t 检验存在严重偏误，所以我们不能用通常的 t 检验来检验 $\rho=1$ 的假设。因此，我们对方程（25.4.1）做如下变化：从方程（25.4.1）两边同时减去 Y_{t-1}，得到

$$Y_t - Y_{t-1} = \rho Y_{t-1} - Y_{t-1} + u_t = (\rho-1)Y_{t-1} + u_t \tag{25.9.1}$$

进而可写成：

$$\Delta Y_t = \delta Y_{t-1} + u_t \tag{25.9.2}$$

其中 $\delta=\rho-1$，而 Δ 表示一阶差分算子。

因此，在实践中，不用估计方程（25.4.1），我们估计方程（25.9.2）并检验

[①] G. M. Ljung and G. E. P. Box, "On a Measure of Fit in Time Series Models," *Biometrika*, vol. 66, 1978, pp. 66-72.

[②] Q 统计量和 LB 统计量并不是在每种情况下都适合。一种批评意见可参见 Maddala et al., op. cit., p. 19.

$\delta=0$ 的虚拟假设。若 $\delta=0$，则 $\rho=1$，即存在单位根，从而意味着所检验的时间序列是非平稳的。

在继续估计方程（25.9.2）之前，注意到，若 $\delta=0$，则方程（25.9.2）变成

$$\Delta Y_t = Y_t - Y_{t-1} = u_t \tag{25.9.3}$$

由于 u_t 是白噪音误差项，所以它是平稳的，这意味着一个随机游走时间序列的一阶差分是平稳的，我们得到过这一结论。

现在转向对方程（25.9.2）的估计。这个估计十分简单，我们所要做的就是取 Y_t 的一阶差分，并将其对 Y_{t-1} 回归，看回归中估计的斜率系数（$=\delta$）是否为零。若为零，则断定 Y_t 是非平稳的；但若为负，则断定 Y_t 是平稳的。[1] 唯一的问题在于，在判断方程（25.9.2）中 Y_{t-1} 的估计系数是否为零时该采用哪种检验？你可能禁不住认为，为什么不用通常的 t 检验呢？不幸的是，在虚拟假设 $\delta=0$（即 $\rho=1$）下，Y_{t-1} 估计系数的 t 值即便在大样本下也不服从 t 分布，即它不具有渐近正态分布。

还有什么方法可用呢？迪基（Dickey）和富勒（Fuller）已经证明，在虚拟假设 $\delta=0$ 下，方程（25.9.2）中 Y_{t-1} 系数的估计 t 值服从 τ 统计量。[2] 他们基于蒙特卡洛模拟运算计算出了 τ 统计量的临界值。附录 D 的表 D-7 给出了这些临界值的一个样本。这个表很有限，但麦金农（MacKinnon）已经准备了一些更全面的表，现在几个计量经济软件包中都包含了这些表。[3] 在文献中，为了纪念其发现者，τ 统计量或检验又被称为迪基-富勒检验（Dickey-Fuller test，DF 检验）。有趣的是，若假设 $\delta=0$ 被拒绝（即时间序列是平稳的），我们就可以使用通常的 t 检验。记住，由于迪基-富勒检验中的对立假设是 $\delta<0$（或 $\rho<1$），所以它是一个单侧检验。

实施 DF 检验的实际程序涉及几个决策。在 25.4 节和 25.5 节讨论单位根随机过程的性质时，我们曾指出，一个随机游走过程或不含漂移或含有漂移，或者同时具有确定性和随机性趋势。为容许各种可能性，DF 检验在三种不同的形式即三种不同的虚拟假设下进行估计。

Y_t 是一个随机游走： $\qquad\qquad\qquad \Delta Y_t = \delta Y_{t-1} + u_t \tag{25.9.2}$

Y_t 是一个带漂移的随机游走： $\qquad\quad \Delta Y_t = \beta_1 + \delta Y_{t-1} + u_t \tag{25.9.4}$

Y_t 是一个带漂移和确定性趋势的随机游走：$\Delta Y_t = \beta_1 + \beta_2 t + \delta Y_{t-1} + u_t \tag{25.9.5}$

其中 t 为时间或趋势变量。在每种情形中：

---

[1] 由于 $\delta=\rho-1$，所以平稳性要求 ρ 必须小于 1。若然，则 δ 一定为负。

[2] D. A. Dickey and W. A. Fuller, "Distribution of the Estimators for Autoregressive Time Series with a Unit Root," *Journal of the American Statistical Association*, vol. 74, 1979, pp. 427-431. 还可参看 W. A. Fuller, *Introduction to Statistical Time Series*, John Wiley & Sons, New York, 1976。

[3] J. G. MacKinnon, "Critical Values of Cointegration Tests," in R. E. Engle and C. W. J. Granger, eds., *Long-Run Economic Relationships: Readings in Cointegration*, Chapter 13, Oxford University Press, New York, 1991.

虚拟假设都是 H_0：$\delta=0$；即存在一个单位根，或者说时间序列是非平稳的，或者说这个时间序列具有随机趋势。

对立假设都是 H_1：$\delta<0$；即时间序列是平稳的，或许具有一个确定性趋势。[①]

若虚拟假设被拒绝，在方程（25.9.2）的情况下意味着 Y_t 是一个平稳时间序列，并且有零均值；在方程（25.9.4）的情况下意味着 Y_t 是一个平稳时间序列，但是没有零均值。在方程（25.9.5）的情况下，我们可以利用 F 检验并利用迪基和富勒编制的临界值表，同时检验 $\delta<0$（即不存在随机趋势）和 $\alpha\neq0$（即存在一个确定性趋势）。或许应该指出，一个时间序列可能既包含一个随机趋势，又包含一个确定性趋势。

检验假设 $\delta=0$ 的 τ 检验与上述 DF 检验的三种假设都不同，注意到这一点极为重要，从附录 D 的表 D-7 可以明显看出。而且，比方说，若方程（25.9.4）是正确的，但我们估计了方程（25.9.2），那么我们就遇到了设定误差的问题，我们在第 13 章已经知道了其后果。若正确的模型是方程（25.9.5）但我们估计了方程（25.9.4），也会出现同样的情况。当然，没有办法一开始就知道哪个设定是正确的，所以尽管会遇到数据挖掘的问题，在一定程度上应用试错法总不可避免。

实际的估计程序如下：用 OLS 估计方程（25.9.2）或方程（25.9.4）或方程（25.9.5）；将每种情况下得到的 Y_{t-1} 的估计系数除以其标准误来计算 τ 统计量；参考 DF 表（或任何一个统计软件）。若计算出来的 τ 统计量的绝对值（$|\tau|$）超过了 DF 绝对值或麦金农的 τ 临界值，则拒绝 $\delta=0$ 的虚拟假设，此时时间序列是平稳的。另外，若计算的 $|\tau|$ 没有超过 τ 临界值，则不拒绝虚拟假设，此时时间序列是非平稳的。确定你使用了适当的 τ 临界值。在大多数应用中 τ 值都为负。因此，换句话说，如果计算出来的 τ 值小于 τ 临界值（即负得更多），我们就拒绝虚拟假设（即时间序列是平稳的），否则，我们就不能拒绝它（即时间序列是非平稳的）。

让我们回到美国 GDP 时间序列。对此序列，方程（25.9.2）、方程（25.9.4）和方程（25.9.5）三个回归的结果如下，在每种情况下的因变量都是 $\Delta Y=\Delta\text{LGDP}_t$，其中 LGDP 是真实 GDP 的对数。

$$\widehat{\Delta\text{LGDP}_t} = 0.000\,968\,\text{LGDP}_{t-1}$$

$$t=(12.927\,0) \qquad R^2=0.014\,7 \qquad d=1.319\,4 \tag{25.9.6}$$

$$\widehat{\Delta\text{LGDP}_t} = 0.021\,1 - 0.001\,65\,\text{LGDP}_{t-1}$$

$$t=(2.434\,2)\,(-1.529\,4) \qquad R^2=0.009\,6 \qquad d=1.348\,4 \tag{25.9.7}$$

---

① 我们排除了 $\delta>0$ 的可能性，因为在那种情况下有 $\rho>1$，此时的时间序列将急剧扩大。

25

$$\widehat{\Delta\text{LGDP}}_t = 0.209\,2 + 0.000\,2t - 0.026\,9\,\text{LGDP}_{t-1}$$

$$t = (1.899\,1)\quad(1.704\,0)\quad(-1.810\,2)\qquad R^2 = 0.021\,5\quad d = 1.330\,8$$

$$\text{(25.9.8)}$$

我们在所有这些回归中主要感兴趣的是，LGDP_{t-1} 系数的 t（$=\tau$）值。如果你查阅附录 D 中的表 D-7，你会看到，在样本容量为 250（与含有 244 个观测的样本最接近的样本容量）时，显著性水平为 5% 的 τ 临界值分别是 -1.95（没有截距，没有趋势）、-2.88（有截距但没有趋势）和 -3.43（既有截距又有趋势）。EViews 和其他统计软件会针对分析中所用到的样本容量给出这些临界值。

在我们考察结论之前，必须决定这三个模型中哪一个合适。我们应该排除模型（25.9.6），因为 LGDP_{t-1} 的系数 δ 为正。但因为 $\delta = \rho - 1$，正的 δ 就意味着 $\rho > 1$。尽管在理论上有这种可能性，但我们还是把这种情况排除，因为在这种情况下 LGDP 时间序列将急剧扩大。[1] 于是只剩下模型（25.9.7）和模型（25.9.8）。在这两种情况下，所估计的 δ 系数都为负，意味着所估计的 ρ 小于 1。对这两个模型而言，所估计的 ρ 分别为 0.998 4 和 0.973 1。现在唯一的问题是，这些值在统计上是否显著小于 1，使我们能宣布 LGDP 时间序列是平稳的？

模型（25.9.7）所估计的 τ 值为 -1.529 4，而前面提到，显著性水平为 5% 的 τ 临界值为 -2.88。既然前者在绝对值上小于后者，那么我们的结论就是 LGDP 时间序列不是平稳的。[2]

模型（25.9.8）的情况也是一样。所估计的 τ 值 -1.810 2 在绝对值上小于显著性水平为 5% 的 τ 临界值 -3.43。

因此，基于图形分析、相关图和迪基-富勒检验，在 1947—2007 年按照季度划分的期间，美国 LGDP 时间序列是非平稳的，即它包含一个单位根或具有随机趋势。

增广迪基-富勒检验

在进行方程（25.9.2）、方程（25.9.4）或方程（25.9.5）中的 DF 检验时，假定误差项 u_t 是不相关的。但在 u_t 相关时，迪基和富勒又提出了一种被称为增广迪基-富勒（ADF）检验的方法。这一检验通过在上述三个方程中增加因变量 ΔY_t 的滞后值来进行。具体而言，假设我们使用方程（25.9.5）。这里的 ADF 检验由估计如下回归构成：

$$\Delta Y_t = \beta_1 + \beta_2 t + \delta Y_{t-1} + \sum_{i=1}^{m} \alpha_i\,\Delta Y_{t-i} + \varepsilon_t \qquad \text{(25.9.9)}$$

---

[1] 更技术性地讲，由于方程（21.9.2）是一阶差分方程，所以所谓的稳定性条件就要求 $|\rho| < 1$。

[2] 对此的另一种陈述是，计算出来的 τ 值应该比 τ 临界值负得更多，这里不是这种情况。因此结论成立。由于一般预期 δ 为负，所以估计的 τ 统计量具有负号。因此，一个绝对值很大的负 τ 值通常是平稳性的一个迹象。

其中 ε_t 为纯粹白噪音误差项，而 $\Delta Y_{t-1} = Y_{t-1} - Y_{t-2}$，$\Delta Y_{t-2} = Y_{t-2} - Y_{t-3}$，等等。所包含滞后差分项的数目通常由实证研究决定，包含足够多的滞后项就是使方程 (25.9.9) 中的误差项序列不相关，以便我们得到滞后项 Y_{t-1} 的系数 δ 的无偏估计。EViews 6 能够基于赤池或施瓦茨或其他信息准则自动选择滞后长度。在 ADF 中，我们仍检验 $\delta = 0$，而且 ADF 检验服从与 DF 统计量一样的渐近分布，所以可以使用相同的临界值。

为了对此程序有粗略的了解，我们对 LGDP 序列估计方程 (25.9.9)。由于我们有季度数据，所以使用 4 阶滞后。这个 ADF 回归的结果如下[①]：

$$\widehat{\Delta \text{LGDP}_t} = 0.267\,7 + 0.000\,3t - 0.035\,2\,\text{LGDP}_{t-1} + 0.299\,0\,\Delta \text{LGDP}_{t-1}$$

$$t = (2.413\,0)\,(2.256\,1)\,(-2.344\,3)\qquad (4.625\,5)$$

$$+ 0.145\,1\,\Delta \text{LGDP}_{t-2} - 0.062\,1\Delta \text{LGDP}_{t-3} - 0.087\,6\Delta \text{LGDP}_t$$

$$(2.157\,5)\qquad (-0.920\,5)\qquad (-1.343\,8)$$

$$R^2 = 0.161\,7 \qquad d = 2.007\,5 \tag{25.9.10}$$

LGDP_{t-1} 系数（$=\delta$）的 t（$=\tau$）值为 $-2.344\,3$，但这个值在绝对值上甚至远小于显著性水平为 10% 时的 τ 临界值 $-3.137\,8$，这就再次表明，即便考虑了误差项中可能出现的自相关，LGDP 序列仍是非平稳的。（注：EViews 中的 @trend 命令自动生成时间或趋势变量。）

这有可能是我们仅选择 Δ LGDP 的四个滞后值所导致的结果吗？我们利用使用了 ΔLGDP 的 14 个滞后值的施瓦茨信息准则来判断，所得到的 τ 值在 10% 的显著性水平上仍是不显著的（此时的临界值是 $-3.137\,6$）。看来，GDP 的对数的确是非平稳的。

对不止一个系数的显著性进行检验：F 检验

假设我们估计模型 (25.9.5) 并检验假设 $\beta_1 = \beta_2 = 0$，即此模型是不带漂移和趋势的随机游走模型。为了检验这个联合假设，我们可以使用第 8 章中讨论过的约束 F 检验。即先估计方程 (25.9.5)（无约束回归），再估计去掉截距项和趋势项的方程 (25.9.5)。于是我们就使用方程 (8.6.9) 中所示的约束 F 检验，只是我们不能通过惯常使用的 F 表得到 F 临界值。和 τ 统计量一样，迪基和富勒已经给出了此情形下的 F 临界值，附录 D 的表 D-7 给出了一个样本。习题 25.27 给出了一个例子。

菲利普斯-佩龙单位根检验[②]

DF 检验的一个重要假定是误差项独立同分布。ADF 检验则通过增加回归子差

---

① 更高阶滞后差分也考虑过，但它们都不显著。

② P. C. B. Phillips and P. Perron, "Testing for a Unit Root in Time Series Regression," *Biometrika*, vol. 75, 1988, pp. 335-346. 如今有几个软件包已经包含了菲利普斯-佩龙单位根检验（PP 检验）。

分项的滞后值使 DF 检验考虑了误差项中可能的序列相关。菲利普斯（Phillips）和佩龙（Perron）在考虑误差项的序列相关时，没有添加回归子的滞后差分项，而是使用了非参数统计方法。由于 PP 检验的渐近分布与 ADF 检验统计量的渐近分布相同，所以我们在此就不深究这个问题了。

对结构变迁的检验

25.1 节介绍的宏观经济数据（实际数据参见本书网站）是 1947—2007 年共 61 年间的数据。在此期间，美国经济经历了几次或长或短的经济周期。经济周期的特征是包含衰退期和扩张期。不同的经济周期很可能存在差别，这反映了结构变化（structural breaks）或结构变迁（structural changes）。

比如以 1973 年第一次石油禁运为例。这次石油禁运导致石油价格翻了两番。在 1979 年第二次石油禁运之后，石油价格再次明显提高。很自然，这些冲击会影响经济行为。因此，如果我们将个人消费支出对个人可支配收入进行回归，截距、斜率或二者都可能随着经济周期的变化而变化（回忆结构变化的邹至庄检验）。这就是结构变迁的含义。

比如佩龙就指出，在出现结构变迁的情况下，对单位根假设的标准检验就不太可靠。也有一些对结构变迁进行检验和解释的方法。[1] 最简单的方法就是使用虚拟变量。但对结构变迁各种检验的讨论离题太远，读者最好还是直接参阅参考文献。[2] 不过，习题 25.28 也会有一定的启发。

对单位根检验的批评[3]

我们已经讨论了几个单位根检验，而且还有几个未讨论的。问题是，为什么有这么多单位根检验？答案在于这些检验的尺度（size）与功效（power）。一个检验的尺度指的是显著性水平（即犯第 I 类错误的概率），而一个检验的功效则指在虚拟假设是错误的情况下拒绝它的概率。检验的功效的计算是用 1 减去犯第 II 类错误的概率，后者指接受一个错误虚拟假设的概率。最大的功效就是 1。多数单位根检验都是基于所研究时间序列有一个单位根（即非平稳的）的虚拟假设而做出的。对立假设是：这个时间序列是平稳的。

检验的尺度。 记得在第 13 章中，我们对名义显著性水平和真实显著性水平做

---

[1] P. Perron, "The Great Crash, the Oil Price Shock and the Unit Root Hypothesis," *Econometrica*，vol. 57，1989，pp. 1361 - 1401.

[2] 一般性的讨论，可参见 James H. Stock and Mark W. Watson，*Introduction to Econometrics*，2d ed.，Pearson/Addison-Wesley，Boston，2007，pp. 565 - 571。更深入的讨论，可参见 G. S. Maddala and In-Moo Kim，*Unit Roots，Cointegration，and Structural Change*，Cambridge University Press，New York，1998。

[3] 详细讨论参见 Terrence C. Mills, op. cit.，pp. 87 - 88。

了区分。DF 检验对其进行的方式很敏感。记住，我们讨论了 DF 检验的三种变化形式：（1）纯粹的随机游走，（2）带漂移的随机游走和（3）带漂移和趋势的随机游走。比如，若真实模型是（1），而我们估计了（2），并断言在 5% 的显著性水平上，这个时间序列是平稳的。但由于在这种情况下真实的显著性水平远大于 5%，所以，这个结论可能是错误的。[①] 从模型中排除移动平均（MA）成分也可能导致尺度扭曲（关于移动平均，参见第 26 章）。

检验的功效。 大多数 DF 类型检验的功效都很弱，即它们倾向于比所保证的更频繁地接受存在单位根的虚拟假设。也就是说，这些检验可能声称发现了单位根而实际上并不存在。这有几个方面的原因。第一，检验功效不仅仅取决于样本容量，还取决于数据的（时间）跨度。对给定样本容量 n，时间跨度越大，功效也越强。因此，基于 30 年中 30 次观测的单位根检验可能比基于 100 天中 100 次观测的单位根检验的功效更强。第二，若 $\rho \approx 1$ 但不等于 1，则单位根检验会宣布这种时间序列是非平稳的。第三，这些检验都假定了唯一的单位根；即假定给定时间序列是 $I(1)$。但若一个时间序列整合了更高阶［比方说 $I(2)$］的成分，则可能有不止一个单位根。在后面这种情形下，你或许可以使用迪基-潘图拉检验（Dickey-Pantula test）。[②] 第四，若一个时间序列中因 OPEC 的石油禁运等原因而出现了结构性转折（见关于虚拟变量的章节），则单位根检验不能捕捉这些转折。

因此，在应用单位根检验时，应该牢记这些检验的局限性。当然，佩龙和恩（Ng）、埃利奥特（Elliot）、罗滕伯格（Rothenberg）和斯托克（Stock）、富勒及列邦（Leybounre）等人也对这些检验做过一些修改。[③] 正因为如此，曼德拉和基姆才提议，应该放弃传统的 DF 检验、ADF 检验和 PP 检验。随着计量经济软件包中越来越多地包含这些新检验，以新代旧的情况很可能会发生，但应该补充说明一点，到目前为止，对单位根假设仍没有一个一贯有效的检验。

25.10　对非平稳时间序列进行变换

现在我们知道了与非平稳时间序列相关的问题之后，一个实际问题就是，我们该怎么办？为了避免将一个非平稳时间序列对一个或多个非平稳时间序列回归所导致的谬误回归问题，我们必须对非平稳时间序列进行变换，使之变成平稳序列。变换的方法取决于这个时间序列是差分平稳过程还是趋势平稳过程。我们依次对每种方法展开讨论。

---

① 对此的一个蒙特卡洛实验，参见 Charemza et al., op. cit., p. 114。

② D. A. Dickey and S. Pantula, "Determining the Order of Differencing in Autoregressive Processses," *Journal of Business and Economic Statistics*, vol. 5, 1987, pp. 455–461。

③ 对这些检验的讨论可见 Maddala et al., op. cit., Chapter 4。

差分平稳过程

若一个时间序列具有一个单位根，则这种时间序列的一阶差分就是平稳的。[①] 因此，这里的解决办法就是对时间序列取一阶差分。

回到我们考虑的美国 LGDP 时间序列中，我们已经看到，它具有一个单位根。现在我们考虑对 LGDP 序列取一阶差分会怎么样。

令 $\Delta \mathrm{LGDP}_t = (\mathrm{LGDP}_t - \mathrm{LGDP}_{t-1})$。为方便起见，记 $D_t = \Delta \mathrm{LGDP}_t$。现在考虑如下回归：

$$\widehat{\Delta D_t} = 0.005\,57 \quad - \quad 0.671\,1 D_{t-1}$$
$$t = (7.140\,7) \quad (-11.020\,4) \tag{25.10.1}$$
$$R^2 = 0.336\,0 \quad d = 2.054\,2$$

在显著性水平为 1% 时，DF 的 τ 临界值是 $-3.457\,4$。由于计算出来的 $\tau (=t)$ 值比这个临界值负得更多，所以我们断定一阶差分后的 LGDP 是平稳的，即 $I(0)$，如图 25-9 所示。若将此图与图 25-1 相比，你会看出二者之间明显的差别。

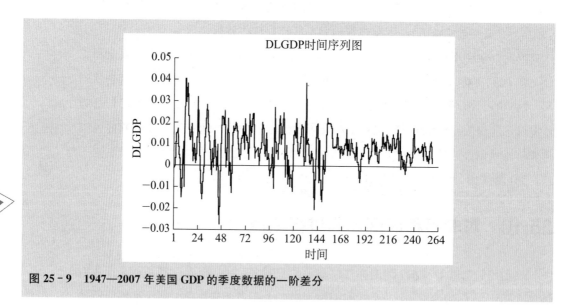

图 25-9 1947—2007 年美国 GDP 的季度数据的一阶差分

趋势平稳过程

如我们在图 25-5 中所见，一个趋势平稳过程是沿着其趋势线平稳的。因此，使这种时间序列变平稳的最简单办法就是将它对时间做回归，从此回归中所得到的

[①] 若一个时间序列是 $I(2)$，则它包含两个单位根，此时我们必须对它进行两次差分。若它是 $I(d)$，则必须对它进行 d 次差分，其中 d 为任意整数。

残差将是平稳的。换言之，做如下回归

$$Y_t = \beta_1 + \beta_2 t + u_t \tag{25.10.2}$$

其中 Y_t 为所考虑的时间序列，t 为按年月度量的趋势变量。

现在

$$\hat{u}_t = Y_t - \hat{\beta}_1 - \hat{\beta}_2 t \tag{25.10.3}$$

将是平稳的。$\hat{u}_t$ 被称为（线性）除趋势时间序列（detrended time series）。

很有必要指出，趋势有可能是非线性的。比如，它可能是

$$Y_t = \beta_1 + \beta_2 t + \beta_3 t^2 + u_t \tag{25.10.4}$$

这是一个二次趋势序列。若果真如此，则从方程（25.10.4）得到的残差现在就是（二次）除趋势时间序列。

应该指出，若一个时间序列是差分平稳过程而我们把它当作趋势平稳过程来处理，这种情况被称为差分不足（underdifferencing）；若一个时间序列是趋势平稳过程而我们把它当作差分平稳过程来处理，这种情况被称为过度差分（overdifferencing）。这种类型的设定误差所造成的后果可能很严重，取决于我们如何处理由此带来的误差项序列相关的性质。[①]

为了看清楚把一个趋势平稳过程序列与一个差分平稳过程序列相混淆的影响，图 25 - 10 给出了 LGDP 的一阶差分数据，以及趋势平稳过程回归（25.10.2）中估计得到的 LGDP 的残差：

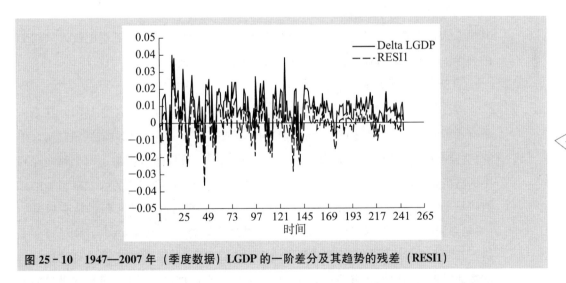

图 25 - 10　1947—2007 年（季度数据）LGDP 的一阶差分及其趋势的残差（RESI1）

粗略地看一下图 25 - 10 就会发现，真实 LGDP 的一阶差分是平稳的［就像回归（25.10.1）所印证的那样］，而 LGDP 与其趋势线的残差（RESI1）却不是平稳的。

---

① 对此的详细讨论参见 Maddala et al.，op. cit.，Section 2.7。

总之，"……如果数据还不是平稳的，那么对数据进行正确的平稳变换就非常重要。金融市场上的绝大多数价格、回报率和收益数据都因为具有随机趋势而非确定性趋势而成为非平稳数据。对这些数据拟合一条趋势线并取离差，通常很难成为除趋势的适当方法。相反，通常应该对价格的对数或回报率数据求一阶差分来达到除趋势的目的，因为这样变换后的平稳数据才能够与市场回报率相对应。"[1]

25.11 协整：将一个单位根时间序列对另一个单位根时间序列进行回归

我们已经警告过，将一个非平稳时间序列对另一个非平稳时间序列进行回归可能导致谬误回归。假设我们考虑的是 25.1 节中所提及（本书网站中有具体数据）的 LPCE 和 LDPI 时间序列。对这些时间序列单个地进行单位根分析，你会发现它们都是 $I(1)$，即它们都包含一个单位根。很有可能两个时间序列具有相同的趋势，所以将一个时间序列对另一个时间序列做回归的做法貌似很有道理。

具体来说，我们利用美国经济的时间序列数据（见 25.1 节和本书网站），将 LPCE 对 LDPI 做如下回归：

$$\text{LPCE}_t = \beta_1 + \beta_2 \text{LDPI}_t + u_t \tag{25.11.1}$$

其中 L 表示对数，β_2 是真实个人消费支出（PCE）对真实个人可支配收入（DPI）的弹性。为了解释方便，我们把它称为消费弹性。让我们把上式写成：

$$u_t = \text{LPCE}_t - \beta_1 - \beta_2 \text{LDPI}_t \tag{25.11.2}$$

假设我们现在对 u_t 做单位根分析，并发现它是平稳的，即它是 $I(0)$。这是一个有意思的情况，尽管 LPCE_t 和 LDPI_t 分别都是 $I(1)$，即它们都具有随机趋势，但它们的线性组合（25.11.2）却是 $I(0)$。也可以说，线性组合抵消了两个时间序列中的随机趋势。若你认为消费和收入是两个 $I(1)$ 变量，则定义为收入减消费的储蓄将是 $I(0)$。因此，如方程（25.11.1）一样将消费对收入做回归将是有意义的（不是谬误回归）。此时我们就说这两个变量是协整的（cointegrated）。从经济学上讲，若两个变量之间具有长期或均衡关系，它们就可能是协整的。经济理论通常用均衡加以表述，比如费雪的货币数量论或购买力平价理论（PPP）等，这里只列出几个。

简言之，若我们验证了从方程（25.11.1）这种回归中所得到的残差是 $I(0)$ 或平稳序列，则我们曾全面考虑过的传统回归方法论（包括 t 检验和 F 检验）对涉及

[1] Carol Alexander, op. cit., p. 324.

（非平稳）时间序列的数据仍可适用。单位根、协整等概念的价值所在，是迫使我们弄清楚回归的残差是否平稳。格兰杰指出："对协整的检验可看成为避免'谬误回归'情形而进行的预检验。"[1]

用协整理论的语言来说，一个像方程（25.11.1）这样的回归可称为协整回归，斜率参数 β_2 可称为协整参数。协整的概念可推广至含有 k 个回归元的回归模型，此时我们便有 k 个协整参数。

对协整的检验

文献中已经给出了几种协整检验的方法。我们在这里只考虑两种相对简单的方法，即对从协整回归中估计出来的残差进行 DF 单位根检验或 ADF 单位根检验。[2]

恩格尔-格兰杰（Engle-Granger，EG）检验或增广恩格尔-格兰杰（augmented Engle-Granger，AEG）检验。 我们已经知道如何进行 DF 单位根检验或 ADF 单位根检验。我们所要做的就是，估计一个像方程（25.11.1）这样的回归，得到残差，并进行 DF 检验或 ADF 检验。[3] 但要给出一个警告。由于所估计的 u_t 以所估计的协整参数 β_2 为基础，所以 DF 检验和 ADF 检验的临界显著值就不是很合适。恩格尔和格兰杰已经计算了这些值。[4] 因此，目前所进行的 DF 检验和 ADF 检验又被称为恩格尔-格兰杰因果关系检验和增广恩格尔-格兰杰因果关系检验。然而，现在有几个软件包已经一起给出了这些临界值与其他结果。

现在让我们来阐释这些检验。利用 25.1 节中所提及的在本书网站中有具体数据的时间序列数据，我们首先将 LPCE 对 LDPI 回归，并得到如下回归结果：

$$\widehat{\text{LPCE}}_t = -0.194\,2 + 1.011\,4\,\text{LDPI}_t$$
$$t = (-8.232\,8)\quad(348.542\,9)\qquad R^2 = 0.998\,0\qquad d = 0.155\,8$$

（25.11.3）

由于 LPCE 和 LDPI 个别地看都是非平稳序列，因此这个回归有可能是谬误回归。但当我们对从方程（25.11.3）中得到的残差进行单位根检验时，又得到如下结果：

$$\widehat{\Delta\hat{u}_t} = -0.076\,4\,\hat{u}_{t-1}$$

① C. W. J. Granger, "Developments in the Study of Co-integrated Economic Variables," *Oxford Bulletin of Economics and Statistics*, vol. 48, 1986, p. 226.

② 单位根检验与协整检验之间有这种差别。如迪基、詹森（Dennis W. Jansen）和桑顿（Daniel I. Thornton）观察到："单位根检验针对单变量时间序列，而相比之下，协整处理的是一组变量之间的关系，其中（无条件地）每个变量都有一个单位根。"参见他们的论文 "A Primer on Cointegration with an Application to Money and Income," *Economic Review*, Federal Reserve Bank of St. Louis, March-April 1991, p. 59, 顾名思义，这篇文章是对协整检验的精彩介绍。

③ 若 PCE 和 DPI 不是协整的，则它们的任意线性组合都将是非平稳的，u_t 也因此是非平稳的。

④ R. F. Engle and C. W. Granger, "Co-integration and Error Correction: Representation, Estimation and Testing," *Econometrica*, vol. 55, 1987, pp. 251-276.

$$t=(-3.045\ 8) \qquad R^2=0.036\ 9 \qquad d=2.538\ 9 \qquad (25.11.4)$$

恩格尔-格兰杰因果关系检验渐近 5% 和 10% 的 τ 临界值分别约为 -3.34 和 -3.04。因此，这个回归的残差在 5% 的显著性水平上不是平稳的。由于经济理论认为 PCE 和 DPI 之间应该存在一种稳定的关系，所以这个结果让人难以接受。

让我们在包含趋势变量的情况下重新估计方程（25.11.3），并看看这个回归的残差是否平稳。我们首先给出估计结果，然后再来讨论是怎么回事。

$$\widehat{LPCE}_t = 2.813\ 0 + 0.003\ 7t + 0.584\ 4\ LDPI_t$$

$$t = (21.349\ 1)(22.939\ 4)\ (31.275\ 4) \qquad (25.11.3a)$$

$$R^2 = 0.999\ 4 \qquad d = 0.295\ 6$$

为了看出这个回归的残差是否平稳，我们得到如下结论［与方程（25.11.4）进行比较］：

$$\widehat{\Delta u_t} = -0.149\ 8\hat{u}_{t-1}$$

$$t = (-4.454\ 5) \qquad R^2 = 0.075\ 8 \qquad d = 2.393\ 1 \qquad (25.11.4a)$$

注：$\hat{u}_t$ 是从方程（25.11.3a）中得到的残差。

现在的 DF 检验表明，这些残差都是平稳的。即使我们使用含有几个滞后项的 ADF 检验，这些残差仍是平稳的。

这到底是怎么回事呢？虽然回归（25.11.4a）的残差是平稳的，也就是说它们是 $I(0)$ 序列，但它们也是围绕着一个确定的时间趋势而平稳，这里的趋势是线性的。也就是说，残差是 $I(0)$ 加上一个线性趋势。正如前面曾提到的那样，一个时间序列可能同时包含确定性趋势和随机趋势。

在进一步讨论这个问题之前，我们应该指出，我们的时间序列数据包含一个很长的时期（61 年）。很有可能是因为美国经济在此期间发生了结构性变化，我们的结果和结论才出现这种不同。习题 25.28 要求你来检验这种可能性。

协整与误差纠正机制

考虑到（线性）趋势，我们刚刚证明了 LPCE 和 LDPI 是协整的，即二者之间有一种长期或均衡的关系。当然，在短期中，有可能会偏离均衡。因此，你可以把方程（25.11.2）中的误差项视为均衡误差。而我们也可以利用这个误差项把 PCE 的短期行为与其长期值联系起来。

$$u_t = LPCE_t - \beta_1 - \beta_2 LDPI_t - \beta_3 t \qquad (25.11.5)$$

最早由萨甘提出[1]并经恩格尔和格兰杰推广的误差纠正机制（error correction

---

[1] J. D. Sargan, "Wages and Prices in the United Kingdom：A Study in Econometric Methodology," in K. F. Wallis and D. F. Hendry, eds., *Quantitative Economics and Econometric Analysis*, Basil Blackwell, Oxford, U. K., 1984.

mechanism，ECM）就是对失衡状况进行纠正。一个被称为格兰杰表述定理（Granger representation theorem）的重要定理表明，若两个变量 Y 和 X 是协整的，则二者之间的关系可由 ECM 表述。为了看出其含义，让我们回到 PCE - DPI 例子。考虑如下模型：

$$\Delta \text{LPCE}_t = \alpha_0 + \alpha_1 \Delta \text{LDPI}_t + \alpha_2 u_{t-1} + \varepsilon_t \qquad (25.11.6)$$

其中 ε_t 为白噪音误差项，u_{t-1} 是方程（25.11.5）中得到的误差项的 1 期滞后值。

ECM 方程（25.11.5）表明 ΔLPCE 取决于 ΔLDPI 和均衡误差项。[1] 若后者非零，模型就偏离了均衡。假设 ΔLDPI 为零而 u_{t-1} 为正，这意味着 LPCE 太高而失衡，即 LPCE_{t-1} 高于其均衡值（$\alpha_0 + \alpha_1 \text{LDPI}_{t-1}$）。由于预期 α_2 为负，所以 $\alpha_2 u_{t-1}$ 这一项就为负，因此为了恢复均衡，ΔLPCE_t 就必须为负。也就是说，若 LPCE_t 高于其均衡值，那么它在下一期开始下降以纠正均衡误差；由此得名 ECM。同理，若 u 为负（即 LPCE 低于其均衡值），则 $\alpha_2 u_{t-1}$ 将为正，使得 ΔLPCE_t 为正，从而导致 LPCE_t 在第 t 期上升。因此，α_2 的绝对值决定了均衡恢复的速度有多快。在实践中，我们是用 $\hat{u}_{t-1} = \text{LPCE}_t - \hat{\beta}_1 - \hat{\beta}_2 \text{LDPI}_t - \hat{\beta}_3 t$ 来估计 u_{t-1}。记住，预期误差纠正系数取负号。（为什么？）

回到我们的说明性例子，方程（25.11.6）的实证结果为：

$$\widehat{\Delta \text{LPCE}}_t = 0.006\,1 + 0.296\,7 \Delta \text{LDPI}_t - 0.122\,3\,\hat{u}_{t-1}$$
$$t = (9.675\,3)\,(6.228\,2) \qquad (-3.846\,1) \qquad (25.11.7)$$
$$R^2 = 0.165\,8 \qquad d = 2.149\,6$$

从统计上讲，ECM 项是显著的，这就表明 PCE 的调整相对于 DPI 的调整存在一定的滞后，长期 PCE 与短期 PCE 之间的不一致在一个季度之内仅有约 12% 得到了修正。

我们从回归（25.11.7）看出，短期消费弹性约为 0.29，长期消费弹性约为 0.58，这从方程（25.11.3a）也能看出。

在本节结束之前，注意霍尔（S. G. Hall）做出的一些警告：

虽然协整概念是误差纠正模型的重要理论基础，但在实际应用方面仍有许多问题。对很大范围内的模型来说，许多检验的临界值和小样本表现都是未知的，所以通过相关图的检验而获得信息依然是一种重要的手段。[2]

25

---

[1]　以下讨论基于 Gary Koop, op. cit., pp. 159 - 160 和 Kerry Peterson, op. cit., Section 8.5。

[2]　S. G. Hall, "An Application of the Granger and Engle Two-Step Estimation Procedure to the United Kingdom Aggregate Wage Data," *Oxford Bulletin of Economics and Statistics*, vol. 48, no. 3, August 1986, p. 238; John Y. Campbell and Pierre Perron, "Pitfalls and Opportunities: What Macroeconomists Should Know about Unit Roots," NBER (National Bureau of Economic Research) Macroeconomics Annual 1991, pp. 141 - 219.

25.12 在经济学中的一些应用

我们以一些简明的例子来结束本章。

例 25.1 美国 M1 货币供给的月度数据：1959 年 1 月—2008 年 3 月

图 25-11 给出了美国 1959 年 1 月—2008 年 3 月 M1 货币供给的月度数据。就平稳性的知识而言，M1 货币供给时间序列看起来是非平稳的，用单位根分析可以确定。（注：为节省篇幅，我们没有给出实际数据，但从美国联邦储备委员会或美国圣路易斯联邦储备银行可以得到这些数据。）

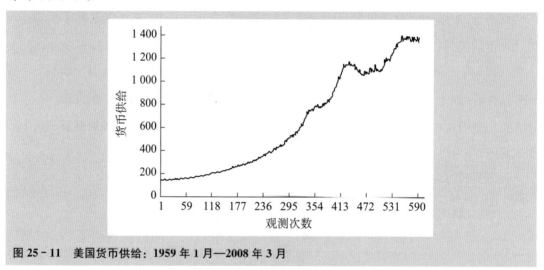

图 25-11 美国货币供给：1959 年 1 月—2008 年 3 月

$$\Delta \hat{M}_t = -0.134\,7 + 0.029\,3t - 0.010\,2\,M_{t-1}$$

$$t = (-0.14) \quad (2.62) \quad (-2.30) \quad R^2 = 0.013\,0 \quad d = 2.232\,5 \quad (25.12.1)$$

由于 1%、5% 和 10% 的 τ 临界值分别为 $-3.981\,1$、$-3.421\,0$ 和 $-3.132\,9$，而 t 值 -2.30 在绝对值上比这三个临界值中的任何一个都小，所以结论就是，M1 时间序列是非平稳的，即它包含一个单位根或是 $I(1)$。即便（按照 ADF 的方式）引入 ΔM_t 的几个滞后值，结论也没有什么变化。另外，我们发现 M1 货币供给的一阶差分是平稳的（请验证）。

例 25.2 美国和英国货币的汇率：1971 年 1 月—2008 年 4 月

图 25-12 给出了 1971 年 1 月—2008 年 4 月（美元/英镑）汇率走势图，共 286 个观测。到现在，你应该能辨认出这个时间序列是非平稳的了吧。通过进行单位根检验，我们得到如下 τ 统计量：-0.82（既无截距又无趋势）、-1.96（有截距无趋势）和 -1.33（既有截距又有趋势）。这些统计量中的每一个在绝对值上都比相应 DF 表中的 τ 临界值小，因而证实了我们从图上得出美元/英镑汇率时间序列非平稳的印象。

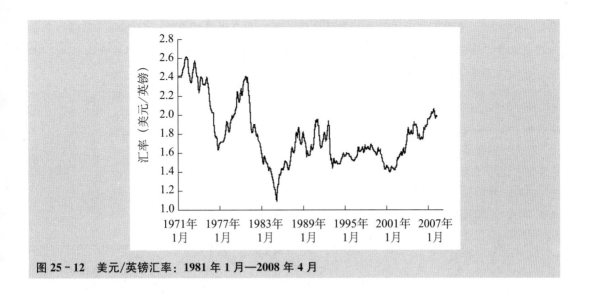

图 25 - 12　美元/英镑汇率：1981 年 1 月—2008 年 4 月

例 25.3　美国消费者价格指数（CPI）：1947 年 1 月—2008 年 3 月

图 25 - 13 给出了 1947 年 1 月—2008 年 3 月美国 CPI 共 733 个观测数据。CPI 序列与前面考虑过的 M1 序列一样，表现出上扬的趋势。单位根检验给出如下结果：

$$\widehat{\Delta CPI_t} = -0.010\,82 + 0.000\,68t - 0.000\,96CPI_{t-1} + 0.406\,69\Delta CPI_{t-1}$$
$$t = (-0.54) \qquad (4.27) \qquad (-1.77) \qquad (12.03) \qquad (25.12.2)$$
$$R^2 = 0.357\,0 \qquad d = 1.929\,5$$

CPI_{t-1} 的 t 值为 -1.77。10% 的临界值为 $-3.131\,7$。由于计算出来的 τ 值在绝对值上比临界值还小，所以我们的结论是，CPI 不是一个平稳时间序列。我们可以用随机趋势来刻画它。（为什么？）但若对 CPI 序列取一阶差分，你将发现它是平稳的。因此，CPI 是一个差分平稳时间序列。

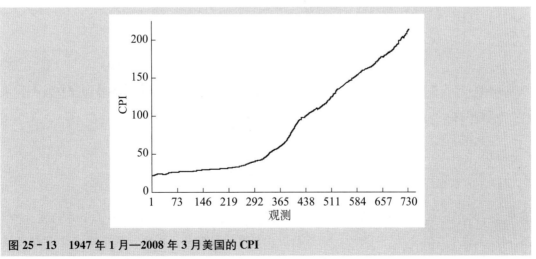

图 25 - 13　1947 年 1 月—2008 年 3 月美国的 CPI

例 25.4　三月期和六月期国债利率协整吗？

图 25 - 14 绘制了 1982 年 1 月—2008 年 3 月美国三月期和六月期（固定期）国债的利率，

共 315 个观测。此图能显示这两个利率是协整的吗？即二者之间存在一种均衡关系吗？从金融理论来看，我们预期会是这样，否则套利者将利用短期利率与长期利率差异来获利。首先，让我们看看这两个时间序列是否平稳。

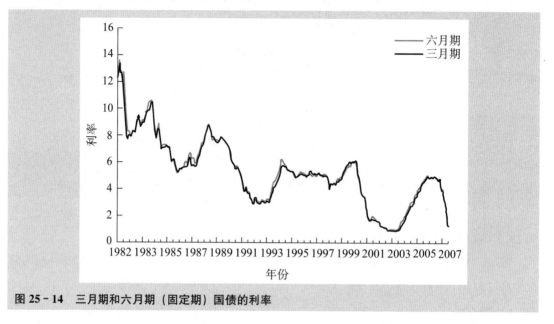

图 25-14 三月期和六月期（固定期）国债的利率

基于随机游走模型（即既无截距又无趋势），这两个利率都是平稳的。包含截距、趋势和滞后差分，结果表明这两个利率可能是趋势平稳的。在这两种情况下，趋势系数都为负，并在约 7% 的显著性水平上显著。所以，基于这些结论，我们接受这两个利率要么平稳要么趋势平稳的结论。

将六月期国债利率对三月期国债利率回归，我们得到如下回归结果：

$$\widehat{TB6}_t = \ \ 0.084\ 2 \ + \ 1.007\ 8\ TB3_t$$
$$t = (3.65) \qquad (252.39)$$
$$R^2 = 0.995 \qquad d = 0.403\ 5 \tag{25.12.3}$$

对上述回归的残差应用单位根检验，我们发现残差是平稳的，这就表明三月期和六月期国债利率是协整的。利用这些信息，我们得到如下误差纠正模型：

$$\widehat{\Delta TB6}_t = \ -0.004\ 7 + 0.899\ 2\ \Delta TB3_t - 0.185\ 5\ \hat{u}_{t-1}$$
$$t = (-0.82) \qquad (47.77) \qquad (-5.69) \tag{25.12.4}$$
$$R^2 = 0.880 \qquad d = 1.537\ 6$$

其中 $\hat{u}_{t-1}$ 为上一期误差纠正项的滞后值。如这些结论所示，这两个利率上个月的差异中，有 19% 在这个月消除了。[①] 此外，三月期国债利率的短期变化很快就能反映在六月期国债

---

① 由于两个国债的利率都以百分比形式表示，这就表明，若六月期国债利率与三月期国债利率之差高于上个月先验预期的大小，则这个月里未预期到的利率差别将会减少 19 个百分点，以恢复二者之间的长期关系。至于短期利率与长期利率关系的基础理论，可参见任何一本货币银行教材或研读利率的期限结构理论。

利率上，因为二者之间的斜率系数为 0.899 2。鉴于美国货币市场的有效性，这一结论无足为奇。

要点与结论

（1）依据时间序列数据的回归分析，隐含地假定了所依据的时间序列是平稳的。经典的 t 检验、F 检验等均以此假定作为依据。

（2）实践中的大多数经济时间序列都是非平稳的。

（3）如果一个随机过程的均值、方差和自协方差在时间上是恒定的（即它们不随着时间的变化而变化），它就是弱平稳的。

（4）在一个非正式的（判别）水准上，弱平稳性可通过时间序列的相关图即各种滞后的自相关图来检验。对于平稳时间序列来说，相关图很快会变平，而对非平稳时间序列来说，相关图则消失得很缓慢。对于一个纯随机序列，所有滞后一期及以上的自相关均为零。

（5）在一个正式的（判别）水准上，平稳性可通过时间序列是否含有单位根来检验。为此可利用迪基-富勒检验或增广迪基-富勒检验。

（6）一个经济时间序列可以是趋势平稳或差分平稳的。一个趋势平稳时间序列有一个确定的趋势，而一个差分平稳时间序列则有着可变的或随机的趋势。通常在回归模型中引进一个时间或趋势变量的做法，仅对趋势平稳时间序列是合理的。DF 检验和 ADF 检验可用于判定一个时间序列是趋势平稳还是差分平稳的。

（7）一个时间序列变量对另一个或多个时间序列变量做回归，常常会导致无意义的或谬误的结果。这种现象被称为谬误回归，提防它的一个方法是判明这些时间序列是否有协整关系。

（8）协整是指，尽管两个或多个时间序列个别而论是非平稳的，但它们的线性组合可以是平稳的。恩格尔-格兰杰因果关系检验和增广恩格尔-格兰杰因果关系检验可用来判明两个或多个时间序列是否有协整关系。

（9）两个（或多个）时间序列的协整关系表明它们之间有一种长期或均衡关系。

（10）由恩格尔和格兰杰研究出来的误差纠正机制是协调经济变量短期行为及长期行为的一种手段。

（11）时间序列计量经济学领域正在扩展中，已建立的一些结果和检验在某些情形中仍是尝试性的，还有许多工作要做。一个需要回答的重要问题是：为什么一些经济时间序列是平稳的，而另一些又是非平稳的？

习 题

问答题

25.1 什么是弱平稳性？

25.2 什么是单积时间序列？

25.3 单位根的意义何在？

25.4 如果时间序列是 $I(3)$，你要对它取多少次差分才能使它变为平稳的？

25.5 什么是 DF 检验和 ADF 检验？

25.6 什么是 EG 检验和 AEG 检验？

25.7 协整的意义何在？

25.8 单位根检验与协整检验之间是否有差别？如果有，差别何在？

25.9 什么是谬误回归？

25.10 协整与谬误回归之间有何联系？

25.11 确定性趋势与随机性趋势之间的差别何在？

25.12 什么是趋势平稳过程？什么是差分平稳过程？

25.13 什么是随机游走（模型）？

25.14 "对随机游走式的随机过程来说，方差是无限大的。"你同意吗？为什么？

25.15 什么是误差纠正机制？它和协整有什么关系？

实证分析题

25.16 利用本书网站上的美国经济时间序列数据，做出时间序列 LDCE、LDPI、LCP 和 LDIVIDENDS 直至 36 阶滞后的样本相关图，你看到了什么一般性的模式？凭直觉，哪些时间序列是平稳的？

25.17 对习题 25.16 中的每一时间序列，用 DF 检验去判明这些序列是否含有单位根，如果含有单位根，你又将怎样刻画这样一个时间序列？

25.18 继续习题 25.17。你怎样决定 ADF 检验是否比 DF 检验更合适？

25.19 考虑本书网站上的美国经济中的股息和利润时间序列。由于股息依赖于利润，故考虑以下简单模型：

$$LDIVIDENDS_t = \beta_1 + \beta_2 LCP_t + u_t$$

a. 你预料此回归会受谬误回归现象的影响吗？为什么？

b. 股息和利润两个时间序列是不是协整的？你怎样对此做出明显的检验？如果经过检验你发现它们是协整的，你会改变你对（a）的回答吗？

c. 利用误差纠正机制去研究股息与利润的关系中的短期和长期行为。

d. 如果你个别地分析 LDIVIDENDS 与 LCP 序列，它们会呈现随机性的抑或确定性的趋势？你使用什么检验？

e. 假定 LDIVIDENDS 与 LCP 是协整的，那么，你用利润对股息的回归代替股息对利润的回归，这样的回归是否有效？

25.20 对本书网站上的美国经济时间序列数据取一阶差分，并绘制成图。再对每一时间序列做出直至滞后 36 期的相关图。这些相关图有什么可引起你注意的地方吗？

25.21 假设你不去做 LDIVIDENDS 对 LCP 的水平形式的回归，而代之以 LDIVIDENDS 的一阶差分对 LCP 的一阶差分的回归。你会在这个回归中引进截距项吗？为什么？说明你的计算。

25.22 继续上题。你会怎样检验一阶差分回归的平稳性呢？在本题中，你会有什么样的先验预期？为什么？说明全部计算。

25.23 根据 1948—1984 年英国私有部门的新房动工数（X），米尔斯（Terence Mills）得到了如下回归结果[1]：

$$\widehat{\Delta X_t} = 31.03 - 0.188 X_{t-1}$$

$$se = (12.50) \quad (0.080)$$

$$(t = \tau) \quad (-2.35)$$

---

[1] Terence C. Mills, op. cit., p. 127. 符号略有改变.

注：5% 的 τ 临界值是 -2.95，10% 的 τ 临界值是 -2.60。

a. 根据这些结果，新房动工时间序列是平稳的还是非平稳的？或者，在此时间序列中有没有单位根？你是怎样知道的？

b. 如果你使用一般的 t 检验，那么所测的 t 值是不是统计上显著的？根据这一点，你会得出结论说此时间序列是平稳的吗？

c. 现在考虑如下回归结果：

$$\widehat{\Delta^2 X_t} = 4.76 - 1.39\Delta X_{t-1} + 0.313\Delta^2 X_{t-1}$$
$$\text{se} = (5.06)\ (0.236)\qquad (0.163)$$
$$(t=\tau)\qquad (-5.89)$$

其中 Δ^2 是二阶差分算子，也就是一阶差分的一阶差分。现在所估 τ 值是统计上显著的。那么你能对所考虑的时间序列的平稳性说些什么？

注：上述回归的目的是找出该时间序列是否有第二个单位根。

25.24　如方程（25.7.1）和方程（25.7.2）所示，生成两个随机游走序列，并将一个对另一个回归。用它们的一阶差分重做这个练习，并验证此回归中的 R^2 约为 0，而德宾-沃森 d 值接近于 2。

25.25　为了说明均含有确定性趋势的两个变量可能导致谬误回归，查伦扎（Charemza）等人基于 30 次观测得到如下回归[①]：

$$\hat{Y}_t = 5.92 + 0.030\ X_t$$
$$t = (9.9)\ (21.2)$$
$$R^2 = 0.92\qquad d = 0.06$$

其中 $Y_1=1$，$Y_2=2$，$\cdots$，$Y_n=n$ 和 $X_1=1$，$X_2=4$，$\cdots$，$X_n=n^2$。

a. Y 表现出什么趋势？X 又表现出什么趋势？

b. 描出这两个变量并画出回归线。从描点图中你能得到什么一般性结论？

25.26　利用加拿大 1971 年第 1 季度至 1988 年第 4 季度的数据，得到如下回归结果：

1. $\widehat{\ln M1_t} = -10.257\ 1 + 1.597\ 5\ \ln GDP_t$

$$t = (-12.942\ 2)\ (25.886\ 5)$$
$$R^2 = 0.946\ 3\qquad d = 0.325\ 4$$

2. $\widehat{\Delta\ln M1_t} = 0.009\ 5 + 0.583\ 3\Delta\ln GDP_t$

$$t = (2.495\ 7)\ (1.895\ 8)$$
$$R^2 = 0.088\ 5\qquad d = 1.739\ 9$$

3. $\widehat{\Delta\hat{u}_t} = -0.195\ 8\Delta\hat{u}_{t-1}$

$$(t=\tau)\ (-2.252\ 1)$$
$$R^2 = 0.111\ 8\qquad d = 1.476\ 7$$

其中 M1＝M1 货币供给，GDP＝国内生产总值，均以十亿加元度量，ln 为自然对数，而 $\hat{u}_t$ 表示从回归 1 中得到的残差。

a. 解释回归 1 和回归 2。

b. 你怀疑回归 1 是谬误回归吗？为什么？

c. 回归 2 是谬误回归吗？你如何知道的？

d. 利用回归 3 的结果，你会改变你在（b）中的结论吗？为什么？

e. 现在考虑如下回归：

$$\widehat{\Delta\ln M1_t} = 0.008\ 4 + 0.734\ 0\Delta\ln GDP_t$$
$$-0.081\ 1\ \hat{u}_{t-1}$$
$$t = (2.049\ 6)\ (2.063\ 6)\ (-0.853\ 7)$$
$$R^2 = 0.106\ 6\qquad d = 1.669\ 7$$

此回归告诉了你什么信息？它能帮助你决定回归 1 是不是谬误回归吗？

25.27　如下回归是基于美国 1960—2007 年共 48 个年度观测的 CPI 数据得出的：

1. $\widehat{\Delta CPI_t} = 0.033\ 4\ CPI_{t-1}$

$$t = (12.37)$$
$$R^2 = 0.070\ 3\qquad d = 0.366\ 3\qquad RSS = 206.65$$

2. $\widehat{\Delta CPI_t} = 1.866\ 2 + 0.019\ 2\ CPI_{t-1}$

$$t = (3.27)\ \ (3.86)$$
$$R^2 = 0.249\qquad d = 0.446\ 2\qquad RSS = 166.921$$

3. $\widehat{\Delta CPI_t} = 1.161\ 1 + 0.534\ 4t - 0.107\ 7\ CPI_{t-1}$

$$t = (2.37)\ \ (4.80)\ \ (-4.02)$$

---

① Charemza et al., op. cit., p. 93.

$$R^2 = 0.507 \quad d = 0.607\,1 \quad RSS = 109.608$$

其中 RSS＝残差平方和。

a. 考察上述回归，你对 CPI 时间序列的平稳性有何看法？

b. 你如何在这三个模型中做出选择？

c. 回归 1 相比回归 3 缺少截距项和趋势项。为了判定回归 1 所隐含的约束是否成立，你将使用哪个检验？（提示：利用迪基-富勒 t 检验和 F 检验，并使用附录 D 中表 D-7 所给出的近似值。）

25.28 正文中曾指出，25.1 节中介绍的美国经济时间序列数据集可能存在一些结构变化。虚拟变量是考虑数据中这些变化的好办法。

a. 利用虚拟变量，根据 1973 年和 1979 年的石油禁运确定三个不同时期，将 LPCE 对 LDPI 进行回归。结论有所变化吗？现在，你对单位根假设有何看法？

b. 有几个网站列出了可能影响 25.1 节中讨论的美国经济时间序列数据的官方经济周期。比如参见 http://www.nber.org/cycles/cyclesmain.html。利用这些信息，创造几个表示某些主要经济周期的虚拟变量，并检查 LPCE 对 LDPI 进行回归的结果。这些结果有变化吗？

25

第26章 时间序列计量经济学：预测

我们在引言中曾指出，预测是计量经济分析的重要部分，对某些人来说可能是最重要的部分。我们如何预测诸如 GDP、通货膨胀率、汇率、股票价格、失业率及其他各种各样的经济变量呢？本章将讨论已经相当流行的两种预测方法：（1）自回归求积移动平均法（autoregressive integrated moving average，ARIMA），普遍称之为博克斯-詹金斯（Box-Jenkins）方法论。[①]（2）向量自回归。

我们在本章还要讨论与预测金融资产价格（比如股票价格和汇率等）相关的一些特殊问题。这些资产价格可用群集波动（volatility clustering）的现象来刻画，即在相当长的时期内表现出急剧波动，而在接下来的一段时期内却又相对平静。你只需看一下近来的道琼斯指数就明白了。所谓的自回归条件异方差（autoregressive conditional heteroscedasticity，ARCH）或广义自回归条件异方差（generalized autoregressive conditional heteroscedasticity，GARCH）模型就能刻画这种群集波动。

经济预测的主题十分广泛，已有一些这方面的专著出版。本章的目标只是给读者留下这方面的粗略印象。感兴趣的读者可查阅参考文献以做进一步研究。幸运的是，为了方便使用者，大多数现代计量软件包都对本章所讨论的几种方法加以介绍。

本章与上一章的联系在于，以下讨论的预测方法都假定所用的时间序列是平稳的，或者可以通过适当变换而变得平稳。随着本章的推进，你将看到我们在上一章引入的几个概念的用处。

26.1 经济预测方法

宽泛地说，依据时间序列数据进行经济预测的方法有五种：（1）指数平滑法，（2）单方程回归模型，（3）联立方程模型，（4）ARIMA 模型，（5）VAR 模型。

---

① G. P. E. Box and G. M. Jenkins, *Time Series Analysis：Forecasting and Control*, revised ed., Holden Day, San Francisco, 1978.

指数平滑法[①]

这类方法包括一些针对给定时间序列的历史数据拟合出一条适当曲线的基本方法，如单指数平滑法（single exponential smoothing）、霍尔特线性法（Holt's linear method）、霍尔特-温特斯方法（Holt-Winters' method）及其各种变形。尽管这类方法在商业和经济预测等领域仍在使用，但已被前面提到的其他四种方法所补充（取代）。为了不离题太远，我们在本章就不再讨论它。

单方程回归模型

本书的绝大部分内容都在讨论单方程回归模型。作为单方程回归模型的一个例子，考虑对汽车的需求函数。根据经济理论，我们假定汽车需求是汽车价格、广告费、消费者收入、利率（作为借款成本的一个衡量）以及其他有关变量（如家庭规模、到工作地点的距离）的函数。我们从时间序列数据估计一个适当的汽车需求模型（线性、线性到对数或者非线性），以期能用于预测将来对汽车的需求。当然，如第5章所指出的，如果我们眺望过于遥远的将来，预测误差会迅速增大。

联立方程模型[②]

在第 22、23、24 章里，我们曾考虑过联立方程模型。在这种模型全盛时期的20世纪六七十年代里，基于它而精心制作的美国经济模型曾支配着经济预测的整个领域。但近年来，由于1973年和1979年的油价冲击（因为OPEC的石油禁运），也由于卢卡斯批判[③]，联立方程预测的昔日辉煌已转入低潮。卢卡斯批判的锋芒在于：所估计的计量经济模型的参数仍依赖于模型被估时所奉行的政策。若政策有所改变，参数亦将随之改变。简言之，当政策改变时，所估参数并非不变。

例如，1979年10月美联储突然改变其货币政策，宣布今后政策不再瞄准利率，而是监控货币供给的增长率。由于这种明显的变化，根据以前数据估计的计量经济模型在新的制度下就不会有什么预测价值。现如今，美联储又把重点从控制货币供给转向了控制短期利率（联邦基金利率）。

ARIMA 模型

博克斯与詹金斯所著《时间序列分析：预测与控制》（*Time Series Analysis*：

---

① 对这些方法相对简单的说明，参见 Spyros Makridakis，Steven C. Wheelwright，and Rob J. Hyndman，*Forcasting Methods and Applications*，3d ed.，John Wiley &. Sons，New York，1998。

② 作为联立方程模型用于预测的教材，参见 Robert S. Pindyck and Daniel L. Rubinfeld，*Econometric Models &. Economic Forecasts*，4th ed.，McGraw-Hill，New York，1998，Part Ⅲ。

③ Robert E. Lucas，"Econometric Policy Evaluation：A Critique," in Carnegie-Rochester Conference Series，*The Phillips Curve*，North-Hollend，Amsterdam，1976，pp. 19-46. 此文与其他论文一起使卢卡斯获得诺贝尔经济学奖。

Forecasting and Control）一书的问世，带来了新一代预测工具。这种普遍被称为博克斯-詹金斯方法论或被技术性地称为 ARIMA 方法论的新预测方法，在"让数据自己说话"的哲理的指引下，着重分析经济时间序列本身的概率或随机性质，而不在意构造单一方程抑或联立方程模型。在博克斯-詹金斯时间序列模型中，Y_t 可由其自身的过去或滞后值以及随机误差项来解释，而不像回归模型那样，用 k 个回归元 X_1，X_2，$\cdots$，X_k 去解释 Y_t。正因为这样，ARIMA 模型不是从任何经济理论推演出来的，所以有时被称为乏理论（atheoretic）模型，而联立方程模型却常常以经济理论为基础。

顺便提一句，注意，我们在本章中强调单变量 ARIMA 模型，即只包含一个时间序列的 ARIMA 模型。但这一分析可推广到多变量 ARIMA 模型。

VAR 模型

VAR 方法论同时考虑几个内生变量，就此而言，它看起来类似于联立方程模型。但是，在 VAR 模型中，每个内生变量都由它的过去或滞后值以及模型中所有的其他内生变量的过去或滞后值来解释。通常，模型中没有任何外生变量。

在本章的其余部分里，我们讨论经济预测的博克斯-詹金斯方法论以及 VAR 方法论的基本内容。我们的讨论是初等的和直觉的。想进一步探讨这些问题的读者可以阅读参考文献。[1]

26.2 时间序列数据的 AR、MA 和 ARIMA 建模

我们通过上一章 25.1 节中提及的美国 GDP 时间序列数据（在本书网站上有实际数据）介绍几个概念。其中有一些是旧的，另一些则是新的。该时间序列的图形已由图 25 - 1（未经差分的 LGDP）和图 25 - 9（一阶差分后的 LGDP）给出；记得水平值形式的 LGDP 是非平稳的，但其（一阶）差分形式则是平稳的。

如果一个时间序列是平稳的，则有多种方法建立它的模型。

自回归过程

令 Y_t 代表 t 时期的 LGDP。如果我们把 Y_t 的模型写为：

$$Y_t - \delta = \alpha_1(Y_{t-1} - \delta) + u_t \tag{26.2.1}$$

---

[1] 参见 Pindyck and Rubinfeld, op. cit., Part 3；Alan Pankratz, *Forecasting with Dynamic Regression Models*, John Wiley & Sons, New York, 1991（这是一本应用方面的书）；Andrew Harvey, *The Econometric Analysis of Time Series*, The MIT Press, 2d ed., Cambridge, Mass., 1990（这是一本较高深的书）；读物还见 Terence C. Mills, *Time Series Techniques for Economists*, Cambridge University Press, New York, 1990（这是一本讨论透彻而易读的书）。

其中 δ 是 Y 的均值，而 u_t 是有零均值和恒定方差 σ^2 的不相关随机误差项（即 u_t 是白噪音），则我们说 Y_t 遵循一个一阶自回归或 AR(1) 随机过程。这个过程我们曾在第 12 章遇见过。这里，Y 在时期 t 的值依赖于它在前一时期的值和一个随机项，并且将 Y 值表示为对其均值的离差。换句话说，此模型表明 Y 在 t 时期的预测值，不外是它在 $t-1$ 时期的值的一个比例部分加上在 t 时期的一个随机冲击或干扰；Y 仍然被表示为对其均值的离差。

但如果我们考虑这样的模型：

$$Y_t - \delta = \alpha_1(Y_{t-1} - \delta) + \alpha_2(Y_{t-2} - \delta) + u_t \tag{26.2.2}$$

我们就说 Y_t 遵循一个二阶自回归或 AR(2) 过程。也就是说，t 时期的 Y 值依赖于它在先前两个时期的值，Y 仍被表示为对其均值的离差。

一般地，我们有：

$$Y_t - \delta = \alpha_1(Y_{t-1} - \delta) + \alpha_2(Y_{t-2} - \delta) + \cdots + \alpha_p(Y_{t-p} - \delta) + u_t \tag{26.2.3}$$

这时 Y_t 是一个 p 阶自回归或 AR(p) 过程。

注意，所有上述模型都仅涉及现期和前期的 Y 值，再没有其他回归元。在这个意义上，我们说"让数据自己说话"。它们是我们讨论联立方程模型时遇到过的一种约简型模型。

移动平均过程

刚才讨论的 AR 过程并非产生 Y 的唯一可能机制。假令我们把 Y 的模型描述为：

$$Y_t = \mu + \beta_0 u_t + \beta_1 u_{t-1} \tag{26.2.4}$$

其中 μ 是常数，并且 u 和前面一样，是白噪音随机误差项。t 时期的 Y 等于一个常数加上现在和过去误差项的一个移动平均值。因此，像这种情形，我们就说 Y 遵循一个一阶移动平均或 MA(1) 过程。

但如果 Y 的表达式为：

$$Y_t = \mu + \beta_0 u_t + \beta_1 u_{t-1} + \beta_2 u_{t-2} \tag{26.2.5}$$

则它是一个 MA(2) 过程，更一般地，

$$Y_t = \mu + \beta_0 u_t + \beta_1 u_{t-1} + \beta_2 u_{t-2} + \cdots + \beta_q u_{t-q} \tag{26.2.6}$$

是一个 MA(q) 过程。总之，移动平均过程不外是一些白噪音误差项的一个线性组合。

自回归移动平均过程

当然，Y 很可能兼有 AR 和 MA 的特性，从而它是自回归移动平均（ARMA）。比如说，如果 Y_t 可以写为：

$$Y_t = \theta + \alpha_1 Y_{t-1} + \beta_0 u_t + \beta_1 u_{t-1} \tag{26.2.7}$$

其中有一个自回归项和一个移动平均项，那么它就是一个 ARMA(1，1) 过程。方

程（26.2.7）中的 θ 代表一个常数项。

一般地，在一个 ARMA(p，q) 过程中将有 p 个自回归和 q 个移动平均项。

自回归求积移动平均过程

以上所讨论的时间序列模型建立在如下假定的基础上：所考虑的时间序列是在第 25 章的定义下（弱）平稳的。简单地说，一个弱平稳时间序列的均值和方差都是常数，并且它的协方差有时间上的不变性。但是我们知道许多经济时间序列是非平稳的，即它们是单积的。例如，25.1 节中提及的经济时间序列就是单积的。

但我们也在第 25 章中看到，如果一个时间序列是 1 阶单积的 [即它是 $I(1)$]，那么它的 1 阶差分就是 $I(0)$，即平稳的。类似地，如果一个时间序列是 $I(2)$，那么它的 2 阶差分就是 $I(0)$。一般地，如果一个时间序列是 $I(d)$，那么将它差分 d 次就得到一个 $I(0)$ 序列。

因此，如果我们必须将一个时间序列差分 d 次，把它变为平稳的，然后用 ARMA(p，q) 作为它的模型，那么，我们就说那个原始的时间序列是 ARIMA(p，d，q)，也就是说它是一个自回归求积移动平均时间序列。其中 p 指自回归项数，d 指序列变为平稳的之前必须取其差分的次数，而 q 指移动平均项。例如，一个 ARIMA(2，1，2) 时间序列在它成为平稳序列之前必先差分一次（$d=1$），然后方可用一个 ARMA(2，2) 过程作为这个（1 阶差分）平稳时间序列的模型，使它有两个 AR 和两个 MA 项。当然，如果 $d=0$（即开始便有一个平稳序列），则有 ARIMA(p，$d=0$，q)＝ARMA(p，q)。注意，一个 ARIMA(p，0，0) 过程意味着一个纯 AR(p) 平稳过程；一个 ARIMA(0，0，q) 过程则意味着一个纯 MA(q) 平稳过程。给定 p、d 和 q 的值，我们就能说出模型是怎样一个过程。

应用博克斯-詹金斯方法论时，要注意的一个重要问题是，我们必须有一个平稳的时间序列，或者是经过一次或多次差分而变为平稳的时间序列。假定平稳性的原因可解释如下：

> 博克斯-詹金斯方法论的目的，是要辨别并估计一个可解释为产生了现有样本数据的统计模型。如果现在要把所估计的模型用于预测，我们就必须假定该模型的特征在不同时期，特别是在将来的时期里保持不变。因此，要求有平稳的数据的简单理由是，从这些数据推测出来的任何模型本身就可解释为平稳的或稳定的，从而为预测奠定有效的基础。[1]

---

[1]　Michael Pokorny，*An Introduction to Econometrics*，Basil Blackwell，New York，1987，p. 343.

26.3 博克斯-詹金斯方法论

一个一问值万金的显然问题是：面对一个时间序列，例如图 25－1 中的美国 LGDP 序列，我们怎样知道它是遵循纯 AR 过程（若然，p 取什么值）、纯 MA 过程（若然，q 又取什么值）、ARMA 过程（若然，p 和 q 各取什么值）还是 ARIMA 过程（这时我们必须知道 p、d 和 q 的值）？在回答上述问题时，博克斯-詹金斯方法论是迟早要用到的。此方法有四个步骤：

步骤 1 识别。就是找出适当的 p、d 和 q 值。我们即将说明相关图和偏相关图怎样能帮助解决此问题。

步骤 2 估计。一旦辨识了适当的 p 和 q 值，下一步便是估计模型中所含自回归项和移动平均项的参数。有时可用简单的最小二乘法完成这一计算，但有时则有必要寻求（对参数的）非线性估计方法。由于当今的一些统计软件包都能按例行程序做好这一工作，我们就不必为估计中所遇到的数学问题而烦恼，有兴趣的读者可查询有关参考文献。

步骤 3 诊断。选定了 ARIMA 模型并估计了其参数之后，下一步就要看所选的模型对数据拟合得是否足够好，因为有可能另外一个 ARIMA 模型也会拟合得同样好。这就是为什么博克斯-詹金斯 ARIMA 建模方法与其说是一门科学，毋宁说是一门艺术；为了选取正确的 ARIMA 模型，需要有高超的技巧。对所选模型的一个简单检验是看从该模型估计出来的残差是不是白噪音，如果是，就可接受这个具体的拟合；如果不是，就必须重新拟合。由此可见，博克斯-詹金斯方法论是一个反复过程（见图 26－1）。

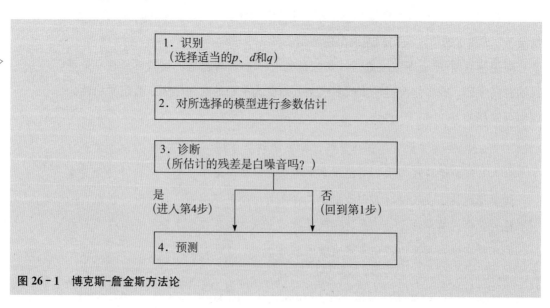

图 26－1 博克斯-詹金斯方法论

步骤 4　预测。ARIMA 建模方法之所以得以普及，理由之一是它在预测方面的成功。有许多事例用这个方法做出的预测比用传统的计量经济建模方法做出的预测更为可靠，特别是在短期预测方面。当然，每一事例都必须加以核实。

有了这些一般性讨论在前，我们再来看每一步骤中的一些细节。我们仍将利用 25.1 节提及的 GDP 时间序列数据去说明种种问题。

26.4　识　别

识别的主要工具是自相关函数、偏自相关函数（partial autocorrelation function，PACF）以及由此而得的相关图。后者只不过是将 ACF 和 PACF 相对于滞后长度描图而已。

在前一章中，我们曾定义（总体）$ACF(\rho_k)$ 和样本 $ACF(\dot\rho_k)$。偏自相关的概念可类比于偏回归系数的概念。在 k 变量多回归模型中，第 k 个回归系数 β_k 度量了当所有其他回归元的影响保持不变时第 k 个回归 X_k 的每单位变化所引起的回归子的平均变化率。

类似地，偏自相关 ρ_{kk} 度量在控制了中间滞后小于 k 的相关性之后，相隔 k 个时期的（时间序列）观测值之间的相关。换言之，偏自相关就是 Y_t 和 Y_{t-k} 之间的、除去中间的诸 Y（即 Y_{t-1}，Y_{t-2}，$\cdots$，Y_{t-k+1}）的影响后的相关。[①] 在 7.11 节中，我们曾在回归的论述中介绍过偏相关的概念，并且表明了它与简单相关的关系。现在大多数统计软件包都把这种偏相关作为一种例行程序来计算。

在图 26-2 中，我们给出了 LGDP 序列的相关图［(a) 图］和偏相关［(b) 图］。该图有两个明显的事实：第一，ACF 非常缓慢地下降；如图 25-8 所示，ACF 直至 22 阶滞后都是各自统计显著异于零的；因为它们都处在 95% 的置信区间之外。第二，PACF 在 2 阶滞后之后便急剧下降，而且，可能除了第 13 阶滞后之外，在 2 阶滞后之后的全部 PACF 在统计上都是不显著的。

由于美国 LGDP 时间序列不是平稳的，故我们在应用博克斯-詹金斯方法论之前，必须把它变为平稳的。在图 25-9 中，我们画出 LGDP 的一阶差分图。与图 25-1不同，我们没有看到序列中的任何趋势，这也许表明，取一阶差分后的LGDP 时间序列是平稳的。[②] 正式的迪基-富勒单位根检验表明，情况的确如此。我们还可从图 26-3 的 (a) 图和 (b) 图所估计的 ACF 和 PACF 自相关图中看到这一点。

26

---

①　对时间序列数据来说，Y_t 和 Y_{t-k} 之间的相关大部分源于它们与介于 t 和 $t-k$ 之间的滞后值 Y_{t-1}，Y_{t-2}，$\cdots$，Y_{t-k+1} 的相关。偏相关 ρ_{kk} 除掉了这些中介变量的影响。

②　要说清楚这个序列的方差是否平稳，特别是在 1979—1980 年前后，是不容易的。1979 年石油禁运以及 1979 年联邦储备银行的货币政策的显著变化也许和这种困难有关。

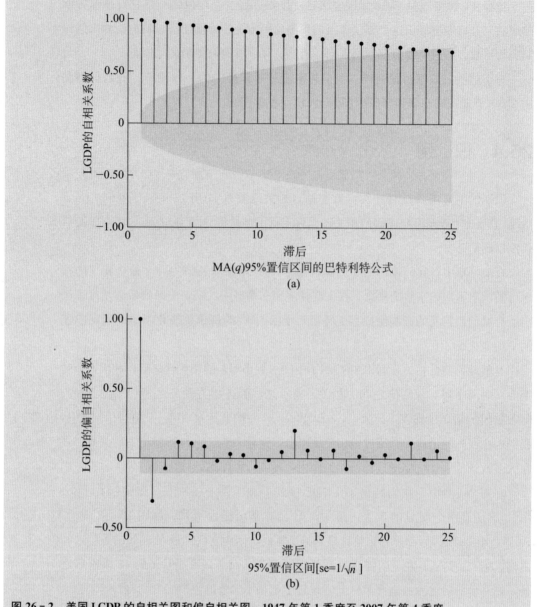

图 26 - 2　美国 LGDP 的自相关图和偏自相关图：1947 年第 1 季度至 2007 年第 4 季度

现在我们有一个非常不同的 ACF 和 PACF 模式。ACF 的 1 阶、2 阶和 5 阶滞后在统计上都异于零；回顾第 25 章，ρ_k 的 95% 置信区间约为 $[-0.125\,4，+0.125\,4]$。（注：如在第 25 章中所讨论的，这些置信区间是渐近性质的，所以可把它们看作近似的。）但在其他所有滞后处，ρ_k 都不是统计上异于零的。对偏自相关而言，只有 1 阶和 12 阶滞后在统计上是异于 0 的。

现在，图 26 - 3 所给的相关图又能怎样帮助我们找出 LGDP 时间序列的 ARMA 模式呢？（注：因取一阶差分后的 LGDP 序列是平稳的，故我们仅考虑它。）为达到

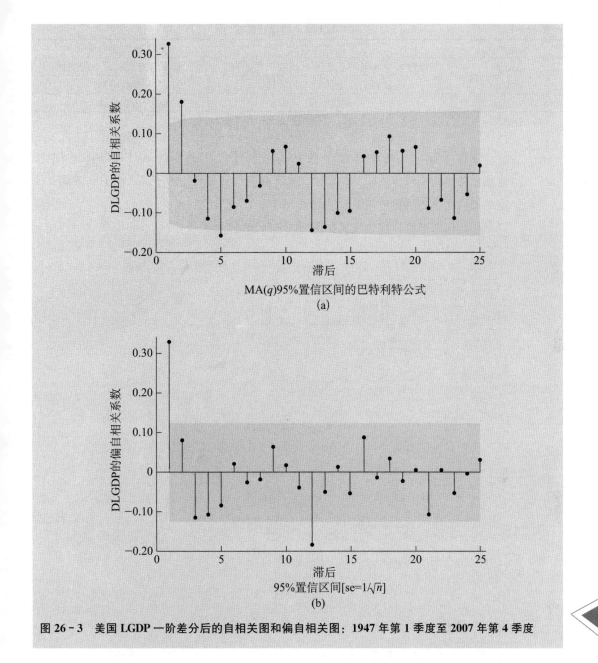

图 26-3　美国 LGDP 一阶差分后的自相关图和偏自相关图：1947 年第 1 季度至 2007 年第 4 季度

这一目的，方法之一就是考虑 ACF 和 PACF 以及与一些选定的 ARMA 过程［如 AR(1)、AR(2)、MA(1)、MA(2)、ARMA(1, 1)、ARMA(2, 2) 等］相对应的相关图。因为每一随机过程都有它典型的 ACF 模式和 PACF 模式，如果所研究的时间序列适合其中一个模式，我们就能辨识该时间序列符合这个过程。当然，我们仍有必要利用诊断检验，以判明所选的 ARMA 模型是否足够精确。

为了研究各种标准的 ARIMA 过程的性质，要花费大量的篇幅。我们只打算提供一般性的指引（参见表 26-1）；有关参考文献能给出各种随机过程的细节。

表 26 - 1   **ACF 与 PACF 的理论模式**

模型种类	ACF 的典型模式	PACF 的典型模式
AR(p)	指数衰减或阻尼正弦波形式或二者兼有	显著的直至滞后 p 的尖柱
MA(q)	显著的直至滞后 q 的尖柱	指数衰减
ARMA(p, q)	指数衰减	指数衰减

注：指数衰减和几何衰减两个名词的意义相同（回顾我们对考伊克分布滞后的讨论）。

　　注意，AR(p) 过程的 ACF 和 PACF 与 MA(q) 过程的 ACF 和 PACF 相比，有相反的模式；对于 AR(p) 情形，ACF 按几何或指数规律下降，而 PACF 则在一定的滞后次数之后忽然截断。但对于 MA(q)，情形恰好相反。

　　从几何图形看，这些模式如图 26 - 4 所示。

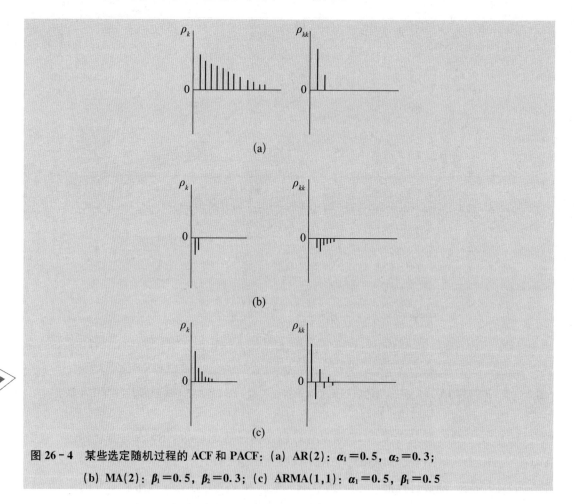

图 26 - 4　某些选定随机过程的 ACF 和 PACF：(a) AR(2)：$\alpha_1 = 0.5$，$\alpha_2 = 0.3$；
(b) MA(2)：$\beta_1 = 0.5$，$\beta_2 = 0.3$；(c) ARMA(1,1)：$\alpha_1 = 0.5$，$\beta_1 = 0.5$

　　一点告诫。 实际上我们无从观测理论（即总体）ACF 和 PACF，只能依赖于它们的样本函数，故所估计的 ACF 和 PACF 将不会和理论函数恰好一致。我们所寻求的是理论与样本 ACF 和 PACF 之间的类似性，以便指引我们朝着正确的方向建立 ARIMA 模型。这就是为什么 ARIMA 的应用要求高超技巧，而这种技巧只能来自实践。

美国 GDP 的 ARIMA 辨识。 回到图 26-3 所给的 1947 年第 1 季度至 2007 年第 4 季度美国 LGDP（取一阶差分后的）平稳序列的自相关图和偏自相关图，我们有什么发现？

须知图中所示的 ACF 和 PACF 是一些样本数量，并不是像表 26-1 所示的那种干净利落的模式。自相关图一直到滞后 5 阶都是下降的，然后，除了在滞后 1 阶和 12 阶两处之外，其余的自相关都不是统计上异于零的（图中所示的阴影区域就给出了近似 95% 的置信区间）。偏自相关图在滞后 1 阶和 12 阶处似乎冒出了统计上显著的尖柱，而在其余地方则均不显著。假如偏相关系数只在滞后 1 阶处是显著的，我们就可认定这是一个 AR(1) 模型。因此，让我们假定生成这个（一阶差分后的）LGDP 的模型是 MA(2) 过程。记住，除非 ACF 和 PACF 非常完美，否则很难选择一个完全没有错误的模型。读者可以对一阶差分后的 LGDP 序列尝试其他 ARIMA 模型。

26.5 ARIMA 模型的估计

用 Y_t^* 表示美国 LGDP 的一阶差分。那么，我们所辨识的一个尝试性的 MA 模型是：

$$Y_t^* = \mu + \beta_1 u_{t-1} + \beta_2 u_{t-2} \tag{26.5.1}$$

利用 MINITAB，我们得到如下结果：

$$\hat{Y}_t^* = 0.008\,22 + 0.291\,8\,u_{t-1} + 0.202\,4\,u_{t-2}$$
$$\text{se} = (0.000\,88)\,(0.063\,3)\quad\ (0.063\,4) \tag{26.5.2}$$
$$t = (9.32)\quad\ (4.61)\quad\quad (3.20)$$
$$R^2 = 0.121\,7 \quad d = 1.970\,5$$

作为习题，请读者估计 LGDP 一阶差分的其他 ARIMA 模型。

26.6 诊断检查

我们怎样知道模型（26.5.2）对数据的拟合是合理的呢？一种简单的诊断是求出方程（26.5.2）中的残差并计算这些残差（比方说）直至 25 阶滞后的 ACF 和 PACF。图 26-5 给出了所估计的 ACF 和 PACF。如图所示，没有任何自相关［(a)图］和偏自相关［(b)图］是个别统计显著的。而且按照 Q 统计量和 LB 统计量（见第 25 章），25 个自回归平方和也不是统计显著的。换句话说，自相关和偏自相关的相关图给我们的印象都表明，从方程（26.5.2）估计出来的残差是纯随机的。因此，似无必要再去寻觅其他的 ARIMA 模型了。

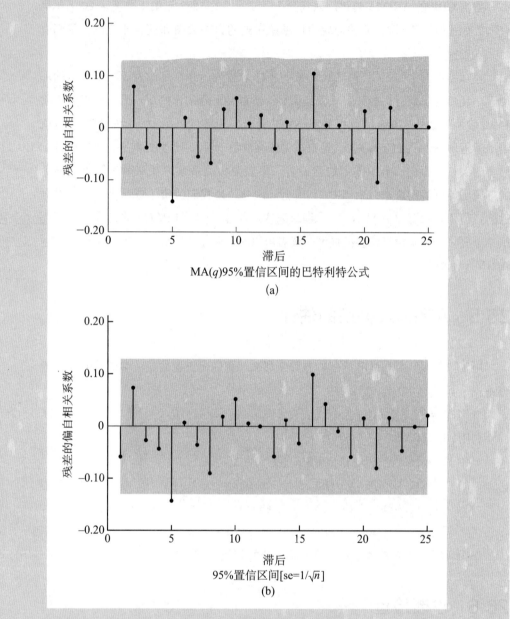

图 26-5　美国 LGDP 取一阶差分后 MA(2) 模型残差的自相关图和偏自相关图：1947 年第 1 季度至 2007 年第 4 季度

26.7　预　测

　　记住 GDP 数据是从 1947 年第 1 季度到 2007 年第 4 季度的数据。假使我们想根据模型（26.5.2）预测 2008 年四个季度的 LGDP。但在方程（26.5.2）中，因变量是 LGDP 相对于前一季度的变化。因此，我们若使用方程（26.5.2），则我们所能得到的预测是 2008 年第 1 季度相对于 2007 年第 4 季度的 LGDP 变化，2008 年第 2 季度相对于 2008 年第 1 季度的 LGDP 变化，等等。

为了得到 LGDP 的水平值而不是它的变化的预测值，我们可以做曾经用来获得变化值的一阶差分变换的反变换。说得更技术性些，我们对一阶差分序列单积（或求积）。这样，为了得到 2008 年第 1 季度的 LGDP（而不是 ΔLGDP），我们将模型 (26.5.1) 重写为：

$$Y_{2008\text{-}I} - Y_{2007\text{-}IV} = \mu + \beta_1 u_{2007\text{-}IV} + \beta_2 u_{2007\text{-}III} + u_{2008\text{-}I} \qquad (26.7.1)$$

即：

$$Y_{2008\text{-}I} = \mu + \beta_1 u_{2007\text{-}IV} + \beta_2 u_{2007\text{-}III} + u_{2008\text{-}I} + Y_{2007\text{-}IV} \qquad (26.7.2)$$

从所估计的回归 (26.5.1) 中已经获知 μ、β_1 和 β_2 的值。假定 $u_{2008\text{-}I}$ 为零。（为什么？）我们便容易获得 $Y_{2008\text{-}I}$ 的预测值。此预测值的数值估计是[1]：

$$Y_{2008\text{-}I} = 0.008\ 22 + 0.291\ 8u_{2007\text{-}IV} + 0.202\ 4u_{2007\text{-}III} + Y_{2007\text{-}IV}$$
$$= 0.008\ 22 + 0.291\ 8 \times 0.008\ 53 + 0.202\ 4 \times (-0.003\ 99) + 9.365\ 3$$
$$= 9.375\ 2(近似值)$$

这就是说，2008 年第 1 季度的 LGDP 的预测值约为 9.375 2，即约 117 804 亿美元（以 2000 年不变美元计）。顺便指出，2008 年第 1 季度真实 GDP 的实际值是 116 930.9 亿美元；预测误差是高估了 873 亿美元。

26.8 博克斯-詹金斯方法论的其他方面

在前几节中我们仅对博克斯-詹金斯建模做了简略的介绍。这一方法论还有许多方面的问题，例如季节性，由于篇幅所限而未能考虑。有许多时间序列展现出季节性。百货商店主要节日中的销售量就是个例子。还有季节性的雪糕消费和公共节假日的旅游等。如果我们拥有百货商店的季度销售数据，则这些数据必定在第 4 季度冒出尖柱。这时，可取销售数字的四季度差分，消除季节性影响，再决定用哪一种 ARIMA 模型进行拟合。

以上我们限于每次分析一个时间序列，但并不妨碍我们把博克斯-詹金斯方法论加以推广，同时研究两个或多个时间序列。对这个问题展开讨论会使我们走得太远，有兴趣的读者可参阅有关文献。[2] 然而，在下一节中，我们将在向量自回归的名义下讨论这个问题。

26.9 向量自回归

在第 22～24 章里，我们曾考虑联立或结构方程模型。在这些模型中，我们把

---

[1] 虽然标准的计算机软件包都把这些计算作为例行程序，但我们通过这些详细的计算得以说明所涉及的操作步骤。

[2] 关于这个问题的一个易读的论述，参见 Terence C. Mills, op. cit., Part III。

一些变量看作内生的，而把另一些变量看作外生的或前定的（外生的和滞后内生的）。在估计这些模型之前，还必须确定方程组中的方程是可识别的（恰好或过度）。而为达到识别的目的，常常要假定某些前定变量仅出现在某些方程之中。这种决定往往是主观的，并且受到西姆斯的严厉批判。[1]

根据西姆斯的看法，如果在一组变量之中有真实的联立性，那么，就应平等地对待这些变量，而不应该事先区分内生和外生变量。正是本着这一精神，西姆斯提出了他的 VAR 模型。

第 19 章中讨论的格兰杰因果关系检验，就已播下了这种模型的种子。在用滞后货币供给和滞后 LGDP 解释当前 LGDP 的方程（19.14.1）以及当前货币供给的方程（19.14.2）时，我们实质上是把 LGDP 和货币供给看作一对内生变量。在这个方程组中没有外生变量。

类似地，在例 19.13 所讨论的加拿大货币供给和利率间的因果关系中，在货币方程中只出现了货币的滞后值和利率，而在利率方程中也只出现了利率的滞后值和货币供给。

这两个例子都是向量自回归模型的例子；"自回归"一词的使用是因为方程的右端出现了因变量的滞后值，而"向量"一词的使用是因为我们分析的是含有两个（或多个）变量的一个向量。

VAR 的估计

回到加拿大货币供给和利率间的因果关系的例子。我们在那里看到，当我们引进每一变量的 6 阶滞后作为回归元时，我们无法拒绝货币（M_1）与利率 R（90 天公司债券利率）之间有双向因果关系的假设。这就是说，M_1 影响 R，而 R 反过来又影响 M_1。这种情况是应用 VAR 的理想情形。

为了说明怎样估计一个 VAR 模型，我们仍以这个模型为例。为简单起见，假定每个方程都有 M（以 M_1 来度量）和 R 的 k 个滞后值作为回归元，这时，每个方程都可用 OLS 去估计。[2] 我们所估计的实际模型是：

$$M_{1t} = \alpha + \sum_{j=1}^{k} \beta_j M_{t-j} + \sum_{j=1}^{k} \gamma_j R_{t-j} + u_{1t} \tag{26.9.1}$$

$$R_t = \alpha' + \sum_{j=1}^{k} \theta_j M_{t-j} + \sum_{j=1}^{k} \gamma_j R_{t-j} + u_{2t} \tag{26.9.2}$$

其中 u 是随机误差项，在 VAR 术语中称之为脉冲值（impulses）或革新值（innovations）或冲击值（shocks）。

---

[1] C. A. Sims, "Macroeconomics and Reality," *Econometrica*, vol. 48, 1980, pp. 1–48.

[2] 可以利用似无关回归技术同时估计两方程。然而，由于每个回归都含有同样多个滞后内生变量，每个方程的 OLS 估计将各自产生相同且有效的估计。

我们在估计方程（26.9.1）和方程（26.9.2）之前，必须先决定最大滞后长度 k。这是一个经验问题。我们共有 40 个观测。包含过多的滞后项将消耗自由度，更不用说会引入多重共线性的可能性。而包含过少的滞后项将导致设定误差。解决这个问题的办法之一，就是使用赤池、施瓦茨或诸如此类的某个信息准则，并选择给出这些准则最低值的模型。无疑，某些试错法就不可避免。

为了说明这个机制，我们首先使用每个变量的 4 阶滞后（$k=4$），我们使用 EViews6 得到上述两个方程中参数的估计值，见表 26-2。注意，尽管我们的样本期为 1979 年第 1 季度至 1988 年第 4 季度，但我们只以 1980 年第 1 季度至 1987 第 4 季度为样本期间，而把最后 4 个观测留待检查所拟合 VAR 的预测准确性。

表 26-2   **基于 4 阶滞后的向量自回归估计值**

Sample (adjusted): 1980–I to 1987–IV
Included observations: 32 after adjusting endpoints
Standard errors in ( ) and t statistics in [ ]

	M_1	R
$M_1(-1)$	1.076737 (0.20174) [5.33733]	0.001282 (0.00067) [1.90083]
$M_1(-2)$	0.173433 (0.31444) [0.55157]	−0.002140 (0.00105) [−2.03584]
$M_1(-3)$	−0.366465 (0.34687) [−1.05648]	0.002176 (0.00116) [1.87699]
$M_1(-4)$	0.077602 (0.20789) [0.37329]	−0.001479 (0.00069) [−2.12855]
$R(-1)$	−275.0293 (57.2174) [−4.80675]	1.139310 (0.19127) [5.95670]
$R(-2)$	227.1750 (95.3947) [2.38142]	−0.309053 (0.31888) [−0.96917]
$R(-3)$	8.511851 (96.9176) [0.08783]	0.052361 (0.32397) [0.16162]
$R(-4)$	−50.19926 (64.7554) [−0.77521]	0.001076 (0.21646) [0.00497]
C	2413.827 (1622.65) [1.48759]	4.919000 (5.42416) [0.90687]
R^2	0.988154	0.852890
Adj. R^2	0.984034	0.801721
Sum square residuals	4820241.	53.86233
SE equation	457.7944	1.530307
F statistic	239.8315	16.66815
Log likelihood	−236.1676	−53.73716
Akaike A/C	15.32298	3.921073
Schwarz SC	15.73521	4.333311
Mean dependent	28514.53	11.67292
SD dependent	3623.058	3.436688
Determinant residual covariance	490782.3	
Log likelihood (df adjusted)	−300.4722	
Akaike information criterion	19.90451	
Schwarz criterion	20.72899	

26

由于上述方程都是 OLS 方程，所以表 26-2 给出的回归结果可如平常一样解释。当然，同时引入同一变量的几个滞后项可能会因多重共线性而使每个估计系数在统计上都不显著。但基于标准的 F 检验，它们可能是联合显著的。

让我们检查一下表 26-2 中给出的结果。首先考虑 M_1 回归。个别地看，只有 M_1 的 1 阶滞后、R 的 1 阶和 2 阶滞后是统计显著的。但由于 F 值很高，所以我们不能拒绝所有滞后项联合统计显著的假设。转而从利率回归来看，我们发现四个货币滞后项都是统计显著的（在 10% 或更好的显著性水平上），而利率变量只有 1 期滞后项才是显著的。

为便于比较，我们在表 26-3 中仅基于每个内生变量的 2 阶滞后给出 VAR 结果。你将会看到，在货币回归中，货币变量的 1 阶滞后和利率变量的 1 阶和 2 阶滞后都是个别统计显著的。而在利率回归中，两个货币变量的滞后项（约在 5% 的显著性水平上）都是个别统计显著的，利率滞后项则只有一个是统计显著的。

表 26-3　　　　　　　　　　**基于 2 阶滞后的向量自回归估计值**

Sample (adjusted): 1979–III to 1987–IV
Included observations: 34 after adjusting endpoints
Standard errors in ( ) and t statistics in [ ]

	M_1	R
$M_1(-1)$	1.037537 (0.16048) [6.46509]	0.001091 (0.00059) [1.85825]
$M_1(-2)$	−0.044661 (0.15591) [−0.28646]	−0.001255 (0.00057) [−2.19871]
$R(-1)$	−234.8850 (45.5224) [−5.15977]	1.069081 (0.16660) [6.41708]
$R(-2)$	160.1560 (48.5283) [3.30026]	−0.223364 (0.17760) [−1.25768]
C	1451.977 (1185.59) [1.22468]	5.796434 (4.33894) [1.33591]
R^2	0.988198	0.806660
Adj. R^2	0.986571	0.779993
Sum square residuals	5373510.	71.97054
SE equation	430.4573	1.575355
F statistic	607.0720	30.24878
Log likelihood	−251.7446	−60.99215
Akaike A/C	15.10263	3.881891
Schwarz SC	15.32709	4.106356
Mean dependent	28216.26	11.75049
SD dependent	3714.506	3.358613
Determinant residual covariance	458485.4	
Log likelihood (df adjusted)	−318.0944	
Akaike information criterion	19.29967	
Schwarz criterion	19.74860	

如果我们必须在表 26-2 和表 26-3 所给出的模型之间做出选择，我们会选择哪一个呢？表 26-2 中模型的赤池统计量和施瓦茨统计量分别是 15.32 和 15.74，而表 26-3 中模型的对应统计量分别为 15.10 和 15.33。由于赤池统计量和施瓦茨统计量的值越低，模型就越好，由此看来，表 26-3 中给出的较节省的模型更好。我们还考虑了每个内生变量的 6 阶滞后，发现其赤池统计量和施瓦茨统计量分别为 15.37 和 15.98。同样，表 26-3 中只含有每个内生变量 2 阶滞后的模型看来才是正确的选择。

用 VAR 做预测

假设我们选择了表 26-3 中给出的模型，我们就可以用它预测 M_1 和 R 的值。记住，尽管我们的数据涵盖了 1979 年第 1 季度至 1988 年第 4 季度整个期间，但我们在估计 VAR 模型时并没有使用 1988 年的数据。现在假设我们想预测 1988 年第 1 季度 M_1 的值，可得到预测值如下：

$$\hat{M}_{1988-\mathrm{I}} = 1\,451.977 + 1.037\,5M_{1987-\mathrm{IV}} - 0.044\,6M_{1987-\mathrm{III}}$$
$$- 234.885\,0R_{1987-\mathrm{IV}} + 160.156\,0R_{1987-\mathrm{III}}$$

其中的系数值都是从表 26-3 中得到的。现在代入表 19-5 中 M_1（即 M1）的相应值，可以看出 1988 年第 1 季度货币的预测值为 36 996（百万加元）。1988 年第 1 季度 M_1 的实际值为 36 480，这就意味着我们的模型预测值比实际值高 516（百万加元），约占 1988 年第 1 季度 M_1 实际值的 1.4%。当然，这些估计值将随着我们在模型中考虑滞后项的多少而改变。作为一个练习，请读者预测 1988 年第 1 季度的 R 值并与其实际值相比较。

VAR 与因果性

你或许记得，我们在第 19 章讨论过因果性的话题。我们在那里讨论了格兰杰因果关系检验和西姆斯因果关系检验。VAR 与因果性之间有什么联系吗？我们在第 19 章（19.14 节）看到，直至 2 阶、4 阶和 6 阶滞后，M_1 和 R 之间还有双向因果关系，但到 8 阶滞后时，这两个变量之间就没有因果关系了。因此，结论是含糊的。你现在或许还记得第 25 章的格兰杰表述定理。这个定理的引申含义之一便是，若两个变量（X_t 和 Y_t）是协整的，而且每个都是一阶单积序列 $I(1)$（即都是不平稳的），那么，要么 X_t 一定是 Y_t 的格兰杰原因，要么 Y_t 一定是 X_t 的格兰杰原因。

在说明性例子中，这就意味着，若 M_1 和 R 都是单积序列 $I(1)$，且是协整的，则 M_1 一定是 R 的格兰杰原因或 R 一定是 M_1 的格兰杰原因。这就要求我们必须首先弄清楚这两个变量是不是 $I(1)$，并看它们是否协整。如果不是这样，那么整个因果性问题也就变成纯学术上的讨论，没有任何实际意义了。习题 26.22 要求读者弄清楚其中的两个变量是否非平稳但协整。你若做此题，你会发现 M_1 和 R 之间存在着协整的弱证据，这正是 19.14 节中讨论因果关系检验时模棱两可的原因。

VAR 建模的一些问题

VAR 建模的倡导者强调此法有如下优点：（1）方法简单：无须决定哪些变量是内生的，哪些变量是外生的。VAR 中的全部变量都是内生的。[1]（2）估计简单：

26

---

[1]　有时考虑到趋势和季节因素而包含一些纯外生的变量。

常用的 OLS 方法可用于逐个地估计每一个方程。（3）在许多案例中，用此法得到的预测优于用更复杂的联立方程模型得到的预测。[①]

但 VAR 建模的批评者指出了如下一些问题：

（1）不同于联立方程模型，VAR 利用的先验信息较少，所以是缺乏理论的。须知在联立方程中排除或包含某些变量，对模型的识别起到关键性作用。

（2）由于重点在于预测，VAR 模型不适合政策分析。

（3）实际上，VAR 建模最大的挑战在于选择适当的滞后长度。假令你有一个三变量 VAR 模型，并且你决定每个方程含有每个变量的 8 个滞后值，你在每一方程中将有 24 个滞后参数，加上一个常数共有 25 个参数。除非样本很大，否则估计如此多的参数将消耗大量自由度并带来种种问题。[②]

（4）严格地说，在一个 m 变量 VAR 模型中，所有的 m 个变量都应该是（联合地）平稳的。如果不是这样，则有必要适当变换数据（例如，通过一阶差分）。如哈维所指出的，自变换数据得到的结果未必令人满意。他进一步指出："因此，VAR 狂热者通常的策略是利用水平值进行工作，即使其中一些序列是非平稳的。似此情形，认识到单位根对估计量分布的影响就是重要的。"[③]更糟糕的情形则是，模型中掺杂有 $I(0)$ 和 $I(1)$ 变量，也就是它是一个平稳和非平稳变量的混合体，如何变换数据将不是容易的事。

不过，卡思伯森（Cuthbertson）指出："……协整分析表明，如果在 $I(1)$ 序列中出现一些协整向量，那么仅进行一阶差分的 VAR 是错误的设定。换言之，仅进行一阶差分的 VAR 遗漏了那些潜在重要的平稳变量（即误差纠正协整变量），因而参数估计值可能存在遗漏变量偏误的问题。"[④]

（5）由于所估计的模型中的系数往往难以逐一地加以解释，VAR 技术的操作人员常估计一种所谓的脉冲响应函数（impulse response function，IRF）。脉冲响应函数描绘 VAR 系数中的因变量如何对诸如方程（26.9.1）和方程（26.9.2）中的误差项 u_1 和 u_2 的冲击做出响应。假使给 M_1 方程中的 u_1 增加一个标准差，这样的一个冲击或变化将会改变现期以及今后时期里的 M_1。但因 M_1 出现在 R 的回归中，u_1 的变化将影响到 R。类似地，R 方程中的 u_2 的一个标准差变化将影响到 M_1，脉冲响应函数跟踪这种冲击在将来若干个时期里所产生的影响。尽管这种脉

[①] 例如，参见 T. Kinal and J. B. Ratner，"Regional Forecasting Models with Vector Autoregression：The Case of New York State," Discussion Paper ＃155，Department of Economics，State University of New York at Albany，1982。

[②] 对于一个有 m 个变量 p 个滞后值的 m 方程 VAR 模型，总共有 $m+pm^2$ 个参数有待估计。

[③] Andrew Harvey，*The Econometric Analysis of Time Series*，The MIT Press，2d ed.，Cambridge，Mass.，1990，p. 83.

[④] Keith Cuthbertson，*Quantitative Financial Economics：Stocks，Bonds and Foreign Exchange*，John Wiley & Sons，New York，2002，p. 436.

冲响应函数分析的效用已受到研究人员的质疑，但它仍是 VAR 分析的代表作。[1]

为了比较 VAR 和其他预测技术的优缺点，可参考有关文献。[2]

VAR 的一个应用：得克萨斯经济的一个 VAR 模型

为了检验谚语"油业兴旺，得克萨斯经济也就兴旺"，冯拜（Fomby）和赫希伯格（Hirschberg）对 1974 年第 1 季度至 1988 年第 1 季度的得克萨斯经济研制了一个三变量 VAR 模型。[3] 所考虑的三个变量是：(1) 实际油价的百分率变化，(2) 得克萨斯非农业（部门）就业的百分率变化和 (3) 美国其他地区非农业就业的百分率变化。作者们在每个方程中引进一个常数项和每一变量的两个滞后项。因此，每个方程有 7 个待估的参数。表 26 - 4 给出了此 VAR 模型的 OLS 估计结果。表中所给的 F 统计量用以检验各种滞后系数集为零的（联立）假设。于是，对 x 变量（实际油价的百分率变化）的 F 检验表明，x 的两个滞后项都在统计上异于零；在它们同时为零的虚拟假设下，得到一个等于 12.553 6 的 F 统计量的概率是很低的，约为 0.000 04。另外，用以解释 x 的两个滞后 y 值（得克萨斯非农业就业的百分率变化），集体地看，则不是显著地异于零；其 F 统计量仅为 1.36。对其余的 F 统计量可作类似的解释。

表 26 - 4　2 阶* 得克萨斯 VAR 模型的估计结果：1974 年第 1 季度至 1988 年第 1 季度

Dependent variable: x (percentage change in real price of oil)

Variable	Lag	Coefficient	Standard error	Significance level
x	1	0.7054	0.1409	0.8305E−5
x	2	−0.3351	0.1500	0.3027E−1
y	1	−1.3525	2.7013	0.6189
y	2	3.4371	2.4344	0.1645
z	1	3.4566	2.8048	0.2239
z	2	−4.8703	2.7500	0.8304E−1
Constant	0	−0.9983E−2	0.1696E−1	0.5589

$\bar{R}^2 = 0.2982$; $Q(21) = 8.2618$ ($P = 0.9939$)

Tests for joint significance, dependent variable = x

Variable	F-statistic	Significance level
x	12.5536	0.4283E−4
y	1.3646	0.2654
z	1.5693	0.2188

26

---

① D. E. Runkle, "Vector Autoregression Reality," *Journal of Business and Economic Statistics*, vol. 5, 1987, pp. 437 - 454.

② S. McNees, "Forecasting Accuracy of Alternative Techniques: A Comparison of U. S. Macroeconomic Forecasts," *Journal of Business and Economic Statistics*, vol. 4, 1986, pp. 5 - 15; E. Mahmoud, "Accuracy in Forcasting: A Survey," *Journal of Forecasting*, vol. 3, 1984, pp. 139 - 159.

③ Thomas B. Fomby and Joseph G. Hirschberg, "Texas in Transition: Dependence on Oil and the National Economy," *Economic Review*, Federal Reserve Bank of Dallas, January 1989, pp. 11 - 28.

续表

Dependent variable: *y* (percentage change in Texas nonagricultural employment)

Variable	Lag	Coefficient	Standard error	Significance level
x	1	0.2228E−1	0.8759E−2	0.1430E−1
x	2	−0.1883E−2	0.9322E−2	0.8407
y	1	0.6462	0.1678	0.3554E−3
y	2	0.4234E−1	0.1512	0.7807
z	1	0.2655	0.1742	0.1342
z	2	−0.1715	0.1708	0.3205
Constant	0	−0.1602E−2	0.1053E−1	0.1351

$\bar{R}^2 = 0.6316$; $Q(21) = 21.5900$ $(P = 0.4234)$

Tests for joint significance, dependent variable = *y*

Variable	*F*-statistic	Significance level
x	3.6283	0.3424E−4
y	19.1440	0.8287E−6
z	1.1684	0.3197

Dependent variable: *z* (percentage change in nonagricultural employment in rest of United States)

Variable	Lag	Coefficient	Standard error	Significance level
x	1	−0.8330E−2	0.6849E−2	0.2299
x	2	0.3635E−2	0.7289E−2	0.6202
y	1	0.3849	0.1312	0.5170E−2
y	2	−0.4805	0.1182	0.1828E−2
z	1	0.7226	0.1362	0.3004E−5
z	2	−0.1366E−1	0.1336	0.9190
Constant	0	−0.2387E−2	0.8241E−3	0.5701E−2

$\bar{R}^2 = 0.6503$; $Q(21) = 15.6182$ $(P = 0.7907)$

Tests for joint significance, dependent variable = *z*

Variable	*F*-statistic	Significance level
x	0.7396	0.4827
y	8.2714	0.8360E−3
z	27.9609	0.1000E−7

注：∗指每个变量各有两个滞后项。
资料来源：*Economic Review*，Federal Reserve Bank of Dallas，January 1989，p. 21.

26

　　冯拜和赫希伯格根据以上结果和他们论文中的其他结果，得到的结论是：上述关于得克萨斯经济的谚语并没有很准确的意义。因为在经历了 OPEC 的石油禁运冲击所造成的初始不稳定之后，得克萨斯经济现在已较少地依赖于油价的波动。

　　本章主要讨论如今应用广泛的一类现代时间序列分析模型——向量自回归模型，将单个时间序列自回归模型扩展到多个时间序列，即构成向量自回归模型。由于经济理论常常不能为现实经济活动变量之间的关系提供严格的解释，使得在经济预测领域经典的计量经济学结构模型几乎为向量自回归模型所取代，因此研究生在学习计量经济学的过程中加强对向量自回归模型的掌握是相当有必要的。向量自回归模型作为一种非结构化模型，主要是通过实际数据而非经济理论来确定经济系统的动态结构，建模时无须提出先验理论假设。但正因为向量自回归模型没有揭示经济系统中变量的直接因果关系，其也存在应用上的局限性，其主要应用的领域局限于经济预测。即使在经济预测方面，应用向量自回归模型也要考虑是否存在结构约束。所以，人们应用向量自回归模型，更多的是将其作为一个动态平衡系统，进而分析该系统受到某种冲击时各个变量的动态变化，以及每个冲击对内生变量变化的贡献度，即本章中的脉冲响应分析和方差分解分析。最后，随着向量自回归模型的广泛运用，对它的发展也为众多计量经济学家所重视，因此下一章还会介绍更多向量自回归模型的内容。

26.10 度量金融时间序列中的波动性：ARCH和GARCH 模型

本章引言曾指出，诸如股票价格、汇率、通货膨胀率等金融时间序列通常表现出群集波动的现象，即在相当长一段时期内，其价格表现出大幅波动，然后又会在下一段时期内保持相对稳定。菲利普·弗兰西斯（Philip Franses）指出：

> 由于这种（金融时间序列）数据反映了（比方说）股票市场上买卖双方交易的结果，各种信息来源及其他外生经济事件都有可能对资产价格的时间序列模式产生影响。因为对信息有各种不同的解释，而且诸如石油冲击等特定经济事件可能持续一段时间，所以我们通常会观察到，金融时间序列中较大的正观测值和负观测值都倾向于以群集的形式出现。[1]

波动性方面的知识在许多领域都至关重要。比如，在研究通货膨胀随时间的变化方面，已经有大量的宏观计量工作。对某些决策者而言，通货膨胀本身或许不是一件坏事，但其波动性使得金融计划很难做好，从而对决策者不利。

外汇市场上的进口商、出口商和交易者也是一样，因为汇率的波动性意味着巨大的损失或利润。股票市场上的投资者显然对股票市场上的波动性很感兴趣，因为很大的波动性就意味着很大的损失或收益，也就意味着很大的不确定性。在波动的市场上，公司很难通过资本市场来筹集资本。

我们如何模型化可能存在这种波动性的金融时间序列呢？比如，我们如何模型化股票价格、汇率和通货膨胀等序列呢？这些金融时间序列多数都具有这样一个特征：它们的水平值为随机游走即非平稳的，但它们的一阶差分形式通常都是平稳的，比如上一章中的 GDP 序列便是如此，尽管 GDP 并非严格的金融时间序列。

因此，为什么不去模型化金融时间序列的一阶差分而要去模型化其水平值呢？这些一阶差分通常都表现出大幅摆动或波动，说明金融时间序列的方差也在随着时间而变化。我们也能模型化这种"变化的方差"吗？这就使得最早由恩格尔提出的

---

[1] Philip Hans Franses, *Time Series Models for Business and Economic Forecasting*, Cambridge University Press, New York, 1998, p. 155.

所谓自回归条件异方差模型派上了用场。[1]

顾名思义，由于不同时期所观测到的异方差（或者不相等的方差）也可能自相关，所以这种异方差便可能具有自回归的结构。为看出其全部含义，我们先考虑两个简明的例子。

例 26.1　美国和英国汇率：一个例子

图 26-6 给出了美英汇率（美元/英镑）1971—2007 年共 444 个月度数据的对数。从图中可以看出，汇率在样本期间有大幅波动。为了更清楚地看到这一点，图 26-7 给出了汇率对数的变化图。注意，一个变量对数的变化表示相对变化，乘以 100% 便得到变化的百分数。你可以看到，美英汇率的相对变化在某些时期表现出大幅摆动，而在其他时期则只有适度的变化，从而为群集波动提供了例证。

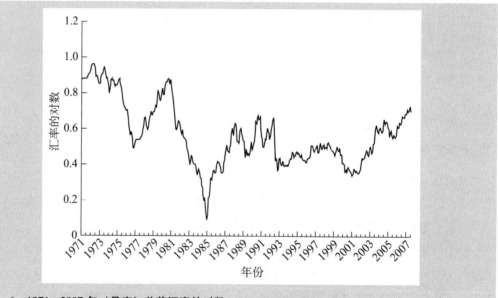

图 26-6　1971—2007 年（月度）美英汇率的对数

现在的实际问题是：我们如何在统计上度量波动性？让我们用汇率的例子来说明。

令 Y_t＝英美汇率；

Y_t^*＝Y_t 的对数；

$\mathrm{d}Y_t^*＝Y_t^*－Y_{t-1}^*$；

$\mathrm{d}\bar{Y}_t^*＝\mathrm{d}Y_t^*$ 的均值；

$X_t＝\mathrm{d}Y_t^*－\mathrm{d}\bar{Y}_t^*$。

---

[1]　R. Engle, "Autoregressive Conditional Heteroscedasticity with Estimates of the Variance of United Kingdom Inflation," *Econometrica*, vol. 50, no. 1, 1982, pp. 987-1007, 以及 A. Bera and M. Higgins, "ARCH Models: Properties, Estimation and Testing," *Journal of Economic Surveys*, vol. 7, 1993, pp. 305-366。

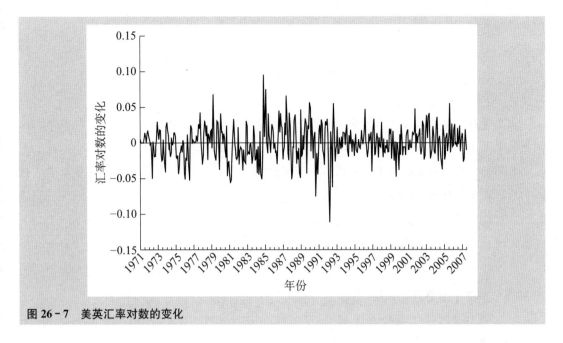

图 26-7　美英汇率对数的变化

因此，X_1 为进行均值调整后的汇率相对变化。现在，我们可以用 X_t^2 作为一个度量波动性的工具。作为一个平方量，当金融资产价格变化大时，它的值就大；而当金融资产价格变化小时，它的值就小。[①]

接受 X_t^2 作为对波动性的一个度量之后，我们如何知道它是否随时间而变化呢？假设我们考虑如下 AR(1) 或 ARIMA(1, 0, 0) 模型：

$$X_t^2 = \beta_0 + \beta_1 X_{t-1}^2 + u_t \tag{26.10.1}$$

此模型表明，当期波动性与上一期波动性和白噪音误差项有关。若 β_1 为正，则表明上一期较高的波动性将导致下一期的波动性仍然较高，即标志着群集波动。若 β_1 为 0，则表明不存在群集波动的情况。用通常的 t 检验即可判断所估计的 β_1 的统计显著性。

我们自然想到考虑波动性的 AR(p) 模型：

$$X_t^2 = \beta_0 + \beta_1 X_{t-1}^2 + \beta_2 X_{t-2}^2 + \cdots + \beta_p X_{t-p}^2 + u_t \tag{26.10.2}$$

此模型表明任意一期的波动性与其前面 p 期的波动性相关，p 值只是一个经验问题。这个经验可用我们在第 13 章讨论的那些模型选择准则中的一个或多个来解决（比如赤池信息准则）。我们可以用 t 检验来检验任何一个 β 系数的显著性，或用通常的 F 检验来检验两个或多个系数的联合显著性。

模型 (26.10.1) 是 ARCH(1) 模型的一个例子，模型 (26.10.2) 称为一个 ARCH(p) 模型，其中 p 表示模型中自回归项的数目。

在做进一步解释之前，让我们先用美英汇率数据来说明 ARCH 模型。ARCH(1) 模型

[①]　你可能想知道我们为什么不用 X_t 的方差 $\sum X_t^2 / n$ 来度量波动性。这是因为我们想考虑资产价格波动性随着时间的变化。如果我们使用 X_t 的方差，那么它对每个给定的数据集都只有一个值。

的估计结果如下：

$$X_t^2 = 0.000\ 43 + 0.230\ 36 X_{t-1}^2 \qquad (26.10.3)$$

$$t = (7.71) \qquad (4.97) \quad R^2 = 0.053\ 1 \quad d = 1.993\ 3$$

其中 X_t^2 的定义如前。

由于滞后项系数的高度显著性（p 值约为 0.000），在本例中出现了群集波动的特征。我们也试了更高阶的 ARCH 模型，但最终只有 AR(1) 模型是显著的。

我们如何检验基于时间序列数据的一般回归模型中的 ARCH 模型呢？更具体而言，让我们考虑 k 变量线性回归模型：

$$Y_t = \beta_1 + \beta_2 X_{2t} + \cdots + \beta_k X_{kt} + u_t \qquad (26.10.4)$$

并假定以 $t-1$ 期可利用的信息为条件，误差项服从如下正态分布：

$$u_t \sim N[0, (\alpha_0 + \alpha_1 u_{t-1}^2)] \qquad (26.10.5)$$

而 u_t 服从的分布均值为 0，方差为

$$\mathrm{var}(u_t) = \alpha_0 + \alpha_1 u_{t-1}^2 \qquad (26.10.6)$$

即 u_t 的方差服从一个 ARCH(1) 过程。

u_t 的正态性质对我们而言并不新鲜。新鲜的是，u 在 t 时期的方差取决于 $t-1$ 期干扰项的平方，从而产生序列相关的现象。[①] 当然，误差方差可能不仅取决于误差方差项的 1 阶滞后，还取决于几个滞后平方项：

$$\mathrm{var}(u_t) = \sigma_t^2 = \alpha_0 + \alpha_1 u_{t-1}^2 + \alpha_2 u_{t-2}^2 + \cdots + \alpha_p u_{t-p}^2 \qquad (26.10.7)$$

若误差方差不存在自相关，我们有

$$H_0 : \alpha_1 = \alpha_2 = \cdots = \alpha_p = 0 \qquad (26.10.8)$$

在这种情况下，$\mathrm{var}(u_t) = \alpha_0$，即不具有 ARCH 效应。

由于我们不能直接观测到 σ_t^2，所以恩格尔证明了做如下回归很容易检验上述虚拟假设：

$$\hat{u}_t^2 = \hat{\rho}_0 + \hat{\rho}_1 \hat{u}_{t-1}^2 + \hat{\rho}_2 \hat{u}_{t-2}^2 + \cdots + \hat{\rho}_p \hat{u}_{t-p}^2 \qquad (26.10.9)$$

其中 $\hat{u}_t$ 和平常一样表示从原回归模型 (26.10.4) 中得到的 OLS 残差。

你可以使用通常的 F 检验来检验虚拟假设 H_0，也可以通过计算 nR^2 来检验，其中 R^2 为辅助回归 (26.10.9) 的判定系数。可以证明

$$nR_{asy}^2 = \chi_p^2 \qquad (26.10.10)$$

即在大样本中，nR^2 服从自由度等于辅助回归中自相关回归元个数的 χ^2 分布。

在继续讲解之前，确保你没有混淆第 12 章中讨论的误差项的自相关和 ARCH 模型。在 ARCH 模型中，是 u_t 的（条件）方差取决于先前误差项的平方，所以给你留下了自相关的印象。

---

① 一个技术性注解：记得对经典线性回归模型而言，u_t 的方差假定为 σ^2，在目前的背景下，它是无条件方差，若 $\alpha < 1$，则稳定性条件可以写成 $\sigma^2 = \alpha_0 + \alpha_1 \sigma^2$，即 $\sigma^2 = \alpha_0 / (1 - \alpha_1)$。这就表明，$u$ 的无条件方差并不取决于 t，而取决于 ARCH 参数 α_1。

例 26.2 纽约证券交易所的价格变化

作为对 ARCH 效应的进一步说明，图 26 - 8 给出了纽约证券交易所（NYSE）价格指数在 1966—2002 年的月度百分比变化。[①] 此图表明 NYSE 价格指数的百分比变化有相当可观的波动性。特别注意在 1987 年股市暴跌附近的大幅摆动。

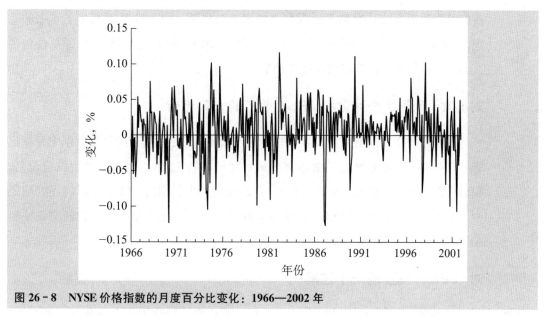

图 26 - 8 NYSE 价格指数的月度百分比变化：1966—2002 年

为了刻画图中所见股票收益的波动性，让我们考虑一个十分简单的模型：

$$Y_t = \beta_1 + u_t \tag{26.10.11}$$

其中 Y_t＝NYSE 股票价格指数的百分比变化，u_t＝随机误差项。

注意，除了截距项外，模型中没有其他的解释变量。我们从数据中得到如下 OLS 回归：

$$\dot{Y}_t = 0.005\,74$$
$$t = (3.36) \tag{26.10.12}$$
$$d = 1.491\,5$$

这个截距项表示什么？它是 NYSE 指数的平均百分比回报率或 Y_t 的均值。（你能验证吗？）因此，在整个样本期间，NYSE 指数的月平均回报率约为 0.005 74%。

我们现在从上述回归得到残差，并估计 ARCH(1) 模型，结果如下：

$$\widehat{u_t^2} = 0.000\,007 + 0.254\,06\hat{u}_{t-1}^2 \tag{26.10.13}$$
$$t = (0.000) \qquad (5.52) \quad R^2 = 0.064\,5 \quad d = 1.946\,4$$

其中 $\hat{u}_t^2$ 为从回归（26.10.12）中估计的残差。

由于滞后误差项的平方在统计上是显著的（p 值约为 0.000），所以误差方差看来是相关的，即存在 ARCH 效应。我们也试了更高阶的 ARCH 模型，但只有 ARCH(1) 才是统计显著的。

① 此图和下面给出的回归结果所采用的数据都来自 Gary Koop, *Analysis of Economic Data*, John Wiley & Sons, New York, 2000。股票价格指数的月度百分比变化可视为指数的回报率。

26

出现 ARCH 时怎么办？

记得我们讨论过几种纠正异方差性的方法，基本上都是应用 OLS 去变换数据。记住，对变换后的数据应用 OLS 就是广义最小二乘法。若发现存在 ARCH 效应，我们就要使用 GLS。我们不再深究其技术上的细节，因为这些都超出了本书的范围。[①] 幸运的是，诸如 EViews，SHAZAM，MICROFIT 和 PC-GIVE 等软件包现在都为了方便读者而例行估计这种模型。

对德宾-沃森 d 统计量和 ARCH 效应的一句忠告

我们已经几次提醒读者，显著的 d 统计量并不总是意味着所处理数据中存在显著的自相关。一个显著的 d 值通常预示着我们在第 13 章中讨论的模型设定误差。我们现在又有了一种由 ARCH 效应导致的设定误差。因此，在一个时间序列回归中，若得到一个显著的 d 值，在以其面值接受这个 d 统计量之前，我们应该检验 ARCH 效应。习题 26.23 给出了一个例子。

对 GARCH 模型的一个注解

自 1982 年"发现"ARCH 以来，ARCH 建模已经成为一个蒸蒸日上的产业，对原模型提出了各种各样的变形。其中广为流传的一个便是由波勒斯列夫（Bollerslev）最早提出的 GARCH 模型。[②] 最简单的 GARCH 模型便是 GARCH（1，1），可写作：

$$\sigma_t^2 = \alpha_0 + \alpha_1 u_{t-1}^2 + \alpha_2 \sigma_{t-1}^2 \tag{26.10.14}$$

即 t 时期 u 的条件方差不仅取决于上一时期的误差平方项［和在 ARCH(1) 中一样］，还取决于上一时期的条件方差。这个模型可以推广至 GARCH(p, q)，即模型中有误差平方项的 p 阶滞后和条件方差的 q 阶滞后。

因为这些模型太复杂，所以我们仍不深究其技术上的细节，只是指出一个 GARCH(1，1) 模型就等价于一个 ARCH(2) 模型，而一个 GARCH(p, q) 模型就等价于一个 ARCH($p+q$) 模型。[③]

就我们的美英汇率和 NYSE 指数回报率的例子来看，一个 ARCH(2) 模型并不显著，这表明一个 GARCH(1，1) 模型在这些例子中可能也不适合。

---

① 参见 Russell Davidson and James G. MacKinnon，*Estimation and Inference in Econometrics*，Oxford University Press，New York，1993，Section 16.4 和 William H. Greene，*Econometric Analysis*，4th ed，Prentice Hall，Englewood Cliffs，NJ，2000，Section 18.5。

② T. Bollerslev，"Generalized Autogressive Conditional Heteroscedasticity," *Journal of Econometrics*，vol. 31，1986，pp. 307－326。

③ 详细情况参见 Davidson and MacKinnon，op. cit.，pp. 558－560。

26.11　总结性例子

我们再给出几个例子来结束本章，以解说我们在本章中已经得到的一些要点。

例 26.3　1969 年 1 月—2000 年 1 月招聘指数（HWI）和失业率（UN）之间的关系

为了研究美国的两个劳动力市场情况指标 HWI 和 UN 之间的因果关系，贾马泰奥（Marc A. Giammatteo）考虑了如下回归模型[①]：

$$HWI_t = \alpha_0 + \sum_{i=1}^{25} \alpha_i UN_{t-i} + \sum_{j=1}^{25} \beta_j HWI_{t-i} \tag{26.11.1}$$

$$UN_t = \alpha_0 + \sum_{i=1}^{25} \lambda_i UN_{t-i} + \sum_{j=1}^{25} \delta_j HWI_{t-i} \tag{26.11.2}$$

为节省篇幅，我们不再给出实际回归结果，但此研究所突显的主要结论是：这两个劳动力市场指标之间有双向因果关系，而且这个结论不随滞后长度的变化而改变。HWI 和 UN 的数据在本书网站上的表 26 - 5 中给出。

例 26.4　日美汇率的 ARIMA 建模：1971 年 1 月—2008 年 4 月

日美汇率是一个关键汇率，从日元/美元月度数据的对数发现，这个汇率的水平值表现为典型的非平稳时间序列。但考察一阶差分则发现，它们是平稳的；这里的图与图 26 - 8 极其相似。

单位根检验证实了日元/美元月度数据的对数的一阶差分是平稳的。在考察了汇率对数的一阶差分相关图之后，我们估计了如下 MA(1) 模型：

$$\dot{Y}_t = -0.002\,8 - 0.330\,0 u_{t-1}$$
$$t = (-1.71) \qquad (-7.32) \tag{26.11.3}$$
$$R^2 = 0.101\,2 \qquad d = 1.980\,8$$

其中 Y_t 表示日元/美元月度数据的对数的一阶差分，u 表示一个白噪音误差项。

为节省篇幅，我们把上述分析背后的数据放到本书网站上的表 26 - 6 中。我们鼓励读者利用这些数据去尝试其他模型，并比较它们的预测表现。

例 26.5　美国通货膨胀率的 ARCH 模型：1947 年 1 月—2008 年 3 月

为了看出以 CPI 度量的美国通货膨胀率是否存在 ARCH 效应，我们得到了 1947 年 1 月—2008 年 3 月的 CPI 数据。CPI 对数的描点图表明，这个时间序列是非平稳的。但图 26 - 9 所示的 CPI 对数的一阶差分描点图则表明，尽管一阶差分是平稳的，但也出现了可观的波动性。

26

[①]　Marc A. Giammatteo（West Point，Class of 2000），"The Relationship between the Help Wanted Index and the Unemployment Rate," unpublished term paper.（为了与我们的符号保持一致而对原来的符号做了改变。）

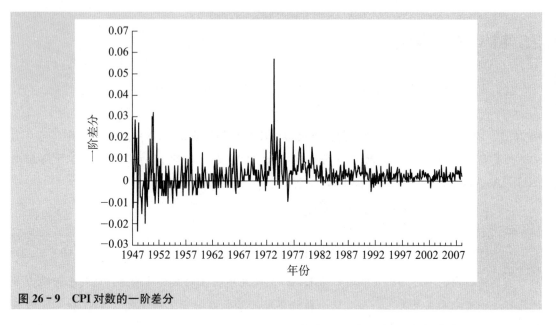

图 26-9 CPI 对数的一阶差分

根据回归（26.10.12）和回归（26.10.13）所勾勒的程序，我们首先估计 CPI 一阶差分的对数对一个常数项的回归，并得到此方程的残差。将这些残差平方，我们得到如下 ARCH(2) 模型：

$$\widehat{\hat{u}_t^2} = 0.000\ 028 + 0.121\ 25\hat{u}_{t-1}^2 + 0.087\ 18\hat{u}_{t-2}^2$$

$$t = (5.42) \qquad (3.34) \qquad (2.41) \qquad\qquad (26.11.4)$$

$$R^2 = 0.026 \qquad d = 2.021\ 4$$

如你所见，由于当月的波动性取决于前 2 个月的波动性，所以通货膨胀率的变动有相当强的持久性。建议读者从政府资源中获得 CPI 的数据，并看看是否有其他更好的模型，特别是 GARCH 模型。

要点与结论

（1）博克斯-詹金斯方法论和 VAR 预测方法是和传统的单方程回归模型及联立方程模型相对立的。

（2）对于一个时间序列的预测，基本的博克斯-詹金斯方法论如下：

a. 首先检验序列的平稳性。可通过 ACF 和 PACF 的计算或者通过正式的单位根分析来完成这一步骤。对应于 ACF 和 PACF 的相关图往往是一种良好的视觉诊断工具。

b. 如果时间序列不是平稳的，则将它差分一次或多次，以获得平稳序列。

c. 然后计算此平稳时间序列的 ACF 和 PACF，以判明序列是纯自回归的或纯移动平均类型的，或两者的一种混合体。根据表 26-1 所提供的概略性指引，我们将能决定有待拟合的 ARMA 过程中的 p 值和 q 值。在此阶段中所选的 ARMA(p, q)

模型是尝试性的。

d. 然后估计此尝试性模型。

e. 分析尝试性模型的残差，看这些残差是不是白噪音。如果是，则此尝试性模型也许是所依据的随机过程的一个良好逼近；如果不是，则整个程序要从头做起，因此，博克斯-詹金斯方法论是一个反复过程。

f. 最后选定的模型便可用于预测。

(3) VAR 预测方法同时考虑多个时间序列，其特点如下：

a. 所有的变量都被看作内生的，在这个意义上 VAR 是一个真正的联立方程组。

b. 在 VAR 建模中，一个变量的值被表达为该变量和模型中所含有的全部其他变量的过去或滞后值的一个线性函数。

c. 如果每一方程都含有同样个数的系统中的滞后变量，它就可以用 OLS 来估计，而无须求助于诸如 2SLS 或 SURE 等系统方法。

d. VAR 建模的简单性也许就是它的欠缺性。鉴于在大多数经济分析中一般能获得的观测值的个数是有限的，引进每一变量的多个滞后会耗费大量的自由度。[①]

e. 如果每一方程都有多个滞后，要解释每一个系数，特别是当系数的符号正负交替时，就不是容易的事。正因为这个缘故，人们转而分析 VAR 建模中的脉冲响应函数，观察因变量在系统中的一个或多个方程受到冲击时是怎样做出响应的。

f. 关于各种预测方法的优越性有大量的争执和辩论。单方程、联立方程、博克斯-詹金斯方法论和 VAR 预测方法各有其仰慕者和诋毁者。我们所能说的是，没有哪一个方法能适应所有情形。如果真有这样一种方法，我们就没有必要讨论各种不同的方法了。有一点是肯定的：现在，博克斯-詹金斯方法论和 VAR 预测方法已成为经济学的一个组成部分。

(4) 我们在本章还考虑一类特殊的模型，即 ARCH 模型和 GARCH 模型，它们在分析诸如股票价格、通货膨胀率和汇率等金融时间序列时特别有用。这些模型的一个明显特征是，由于群集波动现象，不同时间的误差方差可能相关。我们还指出，在许多情况下，一个显著的德宾-沃森 d 值可能事实上起因于 ARCH 或 GARCH 效应。

(5) 虽然 ARCH 模型和 GARCH 模型还有各种各样的形式，但由于篇幅所限，本章没有考虑这些模型。其中包括 GARCH-M（均值 GARCH）模型、TGARCH（门限 GARCH）模型和 EGARCH（指数 GARCH）模型。对这些模型的讨论，可在参考文献中找到。[②]

---

① 贝叶斯统计学的信徒相信这个问题可大大缓解。参见 R. Litterman, "A Statistical Approach to Economic Forecasting," *Journal of Business and Economic Statistics*, vol. 4, 1986, pp. 1-4。

② 参见 Walter Enders, *Applied Econometric Time Series*, 2d ed., John Wiley & Sons, New York, 2004。以应用为取向的讨论，参见 Dimitrios Asterious and Stephen Hall, *Applied Econometrics: A Modern Approach*, revised edition, Palgrave/Macmillan, New York, 2007, Chapter 14。

习 题

问答题

26.1 什么是经济预测的主要方法？

26.2 联立方程模型和博克斯-詹金斯方法论这两种经济预测方法的主要差别何在？

26.3 略述应用博克斯-詹金斯方法论的主要步骤。

26.4 如果把博克斯-詹金斯方法论应用于非平稳时间序列，会出现什么情况？

26.5 博克斯-詹金斯方法论和 VAR 这两种经济预测方法的差别何在？

26.6 在什么意义下 VAR 是缺乏理论的？

26.7 "如果主要目的在于预测，则 VAR 是足够好的。"从严评议这一陈述。

26.8 既然在 VAR 中引进滞后的个数可以是一个主观问题，那么在一个具体的应用中，怎样决定引进多少个滞后呢？

26.9 "博克斯-詹金斯方法论和 VAR 是凭测量而无理论的典范。"试加以评论。

26.10 如果格兰杰因果关系检验和 VAR 建模有关系，是什么关系？

实证分析题

26.11 考虑 25.1 节介绍的 LDPI 数据（实际数据可参见本书网站），假如你要对这些数据拟合一个适当的 ARIMA 模型。略述完成这一工作的步骤。

26.12 使用 25.1 节介绍的 LPCE 数据重做习题 12.11（实际数据同样可参见本书网站）。

26.13 对 LCP 重做习题 12.11。

26.14 对 LDIVIDENDS 重做习题 12.11。

26.15 在 13.9 节中，我们向你介绍了决定滞后长度的施瓦茨信息准则，你怎样利用这个准则去决定一个 VAR 模型中的适当滞后长度？

26.16 利用 25.1 节介绍的 LPCE 和 LDPI 数据（实际数据可参见本书网站），构造 1970 年第 1 季度至 2006 年第 4 季度这个时期的一个二维 VAR 模型。利用此模型预测这两个变量在 2007 年四个季度里的值，并将预测值同数据库中的实际值进行比较。

26.17 利用 LCP 和 LDIVIDENDS 数据，重做习题 26.16。

26.18 利用任意一个统计软件包，对你在习题 26.16 中构造的 VAR 模型估计一个直至 8 阶滞后的脉冲响应函数。

26.19 使用你在习题 26.18 中构造的 VAR 模型重做习题 26.17。

26.20 参照表 26-4 所给的 VAR 回归结果。根据那里报告的三个回归的 F 检验，你能对三个变量的因果性质说些什么？

26.21 继续考虑习题 24.20，你能猜测论文的作者们选择百分比变化的形式，而不是选择水平值的形式来表达模型中的三个变量的原因吗？（提示：平稳性。）

26.22 利用表 19-5 给出的加拿大数据，看 M_1 是否为平稳的随机变量？若不是，它们是否协整？给出必要的计算。

26.23 继续使用表 19-5 中的数据。现在考虑加拿大货币需求的如下简单模型：

$$\ln M_{1t} = \beta_1 + \beta_2 \ln GDP_t + \beta_3 \ln R_t + u_t$$

a. 你如何解释此模型的参数？

b. 从模型中得到残差，并看看是否存在 ARCH 效应。

26.24 参照方程（26.11.4）中给出的 ARCH(2) 模型。利用同样的数据，我们估计了如下 ARCH(1) 模型：

$$\widehat{u_t^2} = 0.000\,000\,78 + 0.373\,7\widehat{u}_{t-1}^2$$

$$t = (7.584\,3) \qquad (10.235\,1)$$

$$R^2 = 0.139\,7 \qquad d = 1.989\,6$$

你如何在这两个模型之间做出选择？给出必要的计算。

26.25　表 26 - 7 给出了 1982 年 1 月—2008 年 3 月三月期（TB3M）和六月期（TB6M）国债利率数据，共 315 个月度观测。在本书网站上可找到这些数据。

a. 在同一个图上描出这两个序列的趋势图，你看出什么特征了吗？

b. 做一个正式的单位根分析，看这些时间序列是否平稳。

c. 这两个时间序列协整吗？你是如何知道的？给出必要的计算。

d. 在现在的背景下，协整有何经济含义？如果这两个序列不是协整的，其经济意义何在？

e. 如果你想估计一个使用每个变量 4 阶滞后的 VAR 模型，你必须使用这两个序列的一阶差分数据吗？或者说，你能够用这两个序列的水平值进行分析吗？给出你的理由。

26.26　**课堂练习。**挑选一个股票市场指数，搜集所选指数价值连续 5 年时间的日数据，看 ARCH 效应能否刻画这个股票指数。

26.27　**课堂练习。**搜集美国 1980—2007 年通货膨胀率和失业率的季度数据，构造并估计这两个变量的 VAR 模型。用 CPI 计算通货膨胀率，用城市失业率表示总失业率。注意这些变量的稳定性。再分析一个变量是不是另一个变量的格兰杰原因。给出全部计算过程。

26

第 27 章　向量自回归模型

本章讨论一类应用广泛的现代时间序列分析模型——向量自回归模型，首先对该类模型的性质和特征进行必要的探讨；然后介绍模型的估计，将重点放在模型的应用方面，包括格兰杰因果关系检验、脉冲响应分析和方差分解分析；最后介绍了门限向量自回归模型。

27.1　向量自回归模型概述

经典计量经济模型是基于经济学理论和经济行为关系而构建的结构模型，这是它最重要的一个特征。20 世纪 70 年代，卢卡斯、萨金特、西姆斯等人对经典计量经济学进行了批判，其后果之一是计量经济模型由经济理论导向转向了数据关系导向。西姆斯等人将向量自回归模型引入宏观经济分析，使之成为现代时间序列分析的主要模型之一。在经济预测领域，特别是宏观经济预测领域，经典的计量经济结构模型（包括联立方程结构模型）几乎为向量自回归模型所替代。原因在于经典的计量经济结构模型是以经济理论为导向构建的，特别是凯恩斯宏观经济理论，而经济理论并不能为现实经济活动中变量之间的关系提供严格的解释。而向量自回归模型是一种非结构化模型，它主要通过实际经济数据而非经济理论来确定经济系统的动态结构，建模时无须提出先验理论假设，或者说它不排除任何假设，而是通过时间序列提供的信息将这些假设区分开来。

VAR 模型每个方程的左边是内生变量，右边是自身的滞后项和其他内生变量的滞后项。西姆斯、布兰查德（Q. J. Blanchard）和匡赫（D. Quah）发展了 VAR，提出了结构向量自回归（structural vector autoregression，SVAR）模型。SVAR 模型中包含了变量之间的当期关系，而这些当期关系在 VAR 模型中是隐含在随机误差项中的。变量之间的当期关系揭示了变量之间的相互影响，实际上是对 VAR 模型施加了基于经济理论的限制性条件，从而识别变量之间的结构关系。所以，SVAR 也被称为 VAR 的结构式。这样，SVAR 模型每个方程的左边是内生变量，右边是自身的滞后项和其他内生变量的当期和滞后项。西姆斯认为 VAR 模型中的全部变量都是内生变量，近年来也有学者认为具有单向因果关系的变量，也可以作为外生变量加入 VAR 模型。或者，有时为了考虑趋势或季节因素需要引入纯外生变量。所以在实际应用中，人们根据对经济行为的分析，在模型方程的右边引入必要的外生变量，为了加以区别，不妨称之为修正的 VAR 或 CVAR。在协整的概念提出以后，人们将协整向量引入 VAR 模型或 SVAR 模型，使其扩展成为向量误差修正模型（vector error correction model，VECM）和结构向量误差修正模型（structural VECM）。可以将以上 VAR、SVAR、CVAR、VECM 统称为"VAR 类模型"。

VAR 模型自提出以来，已经成为分析与预测多个相关经济指标的最易操作的模型之一，常用于预测相互联系的时间序列系统及分析随机扰动对变量系统的动态冲击，从而解释各种经济冲击对经济变量的影响。

例如，石油价格和汇率是最受国际社会关注的两大焦点。石油价格的波动对于全球经济的影响不言而喻。同时在全球经济一体化的背景下，汇率对国际贸易、国际金融的影响也可谓是牵一发而动全身。随着经济的增长，我国对石油的消费需求也与日俱增，我国已经成为世界第二大石油消费国，而近年来石油价格的大幅波动也必将影响我国实际汇率的变化。在构建石油价格和汇率的结构模型时，由于影响因素和传导路径十分复杂，难以收到好的成效。而采用向量自回归模型，可以方便地分析石油价格上涨对实际汇率波动的影响，以及需求、供给、货币这些宏观因素对汇率波动的影响。

VAR 类模型由于没有揭示经济系统中变量之间的直接因果关系，因此也具有应用上的局限性。首先，VAR 类模型主要应用于经济预测，在经济结构分析和政策评价等应用领域的应用存在方法论障碍；其次，即使在经济预测方面，该类模型的应用也是有条件的。例如，如果 VAR 类模型避免了结构约束问题，是否就可以成功地进行宏观经济预测？显然不是。关键在于宏观经济运行中是否存在结构约束。所谓结构约束，实际上就是政府干预。对于那些没有政府干预、完全按照市场规律运行的经济体，VAR 类模型可以成功预测。相反，对于存在政府干预的经济体，VAR 类模型很难成功预测。所以，人们应用 VAR 类模型，更多地是将它作为一个动态平衡系统，分析该系统受到某种冲击时系统中各个变量的动态变化，以及每一种冲击对内生变量变化的贡献度，即脉冲响应分析和方差分解分析。

27.2　向量自回归模型及其估计

VAR 类模型表达式

含有 k 个变量的 $\text{VAR}(p)$ 模型表示如下：

$$Y_t = \mu + A_1 Y_{t-1} + \cdots + A_p Y_{t-p} + \varepsilon_t, \quad t = 1, 2, \cdots, T \tag{27.2.1}$$

其中，

$$Y_{t-i} = \begin{pmatrix} Y_{1t-i} \\ Y_{2t-i} \\ \vdots \\ Y_{kt-i} \end{pmatrix}, i = 1, 2, \cdots, p; \quad A_j = \begin{bmatrix} \alpha_{11.j} & \alpha_{12.j} & \cdots & \alpha_{1k.j} \\ \alpha_{21.j} & \alpha_{22.j} & \cdots & \alpha_{2k.j} \\ \vdots & \vdots & & \vdots \\ \alpha_{k1.j} & \alpha_{k2.j} & \cdots & \alpha_{kk.j} \end{bmatrix}, j = 1, \cdots, p$$

$$\mu = (\mu_1, \cdots, \mu_k)'; \quad \varepsilon_t = (\varepsilon_{1t}, \varepsilon_{2t}, \cdots, \varepsilon_{kt})'$$

其中 Y_t 是 k 维内生变量向量，p 是滞后阶数，样本数量为 T。$A_1, \cdots, A_p$ 是 $k \times k$ 维系数矩阵。$\varepsilon_t \sim N(0, \Sigma)$ 是 k 维扰动向量，它们之间可以同期相关，但不与自己的滞后值相关，也不与方程（27.2.1）右边的变量相关。Σ 是 ε_t 的协方差矩阵，是一个 $k \times k$ 的正定矩阵。

VAR 模型的建立不以严格的经济理论为依据。在建模过程中只需明确两个量。一个是所含变量个数 k，即共有哪些变量是相互有关系的，并且需要把这些变量包括在 VAR 模型中；另一个是自回归的最大滞后阶数 p，通过选择合理的 p 来使模型反映出变量间相互影响的关系并使得模型的随机误差项是白噪音。

含有 k 个变量的 SVAR(p) 模型表示如下：

$$Y_t = \mu + A_0 Y_t + A_1 Y_{t-1} + \cdots + A_p Y_{t-p} + \varepsilon_t, \quad t = 1, 2, \cdots, T$$

$$(27.2.2)$$

含有 k 个内生变量和 g 个外生变量的 CVAR(p) 模型表示如下：

$$Y_t = \mu + A_0 Y_t + A_1 Y_{t-1} + \cdots + A_p Y_{t-p} + \beta X_t + \varepsilon_t, \quad t = 1, 2, \cdots, T$$

$$(27.2.3)$$

其中，

$$X_t = \begin{pmatrix} X_{1t} \\ X_{2t} \\ \vdots \\ X_{gt} \end{pmatrix}, \quad \beta = \begin{bmatrix} \beta_{11} & \beta_{12} & \cdots & \beta_{1g} \\ \beta_{21} & \beta_{22} & \cdots & \beta_{2g} \\ \vdots & \vdots & & \vdots \\ \beta_{k1} & \beta_{k2} & \cdots & \beta_{kg} \end{bmatrix}$$

27

VAR 模型的估计

首先对 VAR 模型的估计进行讨论。VAR 模型是一个由 k 个方程构成的联立方程模型，但是，由于 VAR 模型的解释变量不包括任何当期变量，所以，所有与联立方程模型有关的问题，诸如识别问题和内生解释变量问题，在 VAR 模型中都不存在。于是，VAR 模型的每个方程都可看作独立的方程，因此 VAR 模型的估计很简单，常用的 OLS 方法可用于逐一估计每个方程。得到的参数估计量 $\hat{A}_1, \hat{A}_2, \cdots, \hat{A}_p$ 都具有一致性。另外，随机干扰协方差矩阵 Σ 可以用 OLS 残差的平方和交叉乘积项的平均值估计，即

$$\hat{\Sigma} = \frac{1}{T} \sum \hat{\varepsilon}_t \hat{\varepsilon}_t' \qquad (27.2.4)$$

其中：$\hat{\varepsilon}_t = y_t - \hat{A}_1 y_{t-1} - \hat{A}_2 y_{t-2} - \cdots - \hat{A}_p y_{t-p}$。这些最小二乘估计量还是最大似然估计量。

估计 VAR 模型的一个重要问题就是模型最优滞后阶数的确定。在选择滞后阶数 p 时，一方面，想使滞后阶数足够大，以便能充分利用所构造模型的变量信息。但是另一方面，滞后阶数不能过大，因为滞后阶数越大，需要估计的参数也就越多，模型的自由度就越少，而通常数据有限，可能不足以估计模型。所以在进行选择时，需要综合考虑，以下几种原则可供参考。一些计量软件，如 EViews 软件会给出这些原则的估计值。

（1）用似然比 LR 统计量选择 p 值。

$$\text{LR} = -2(\ln L_{(p)} - \ln L_{(p+1)})$$

其中 $\ln L_{(p)}$ 和 $\ln L_{(p+1)}$ 分别是 VAR(p) 和 VAR($p+1$) 模型的对数似然函数值。选择 p 值的原则是在增加 p 值的过程中使 LR 的值达到最大。

（2）用赤池信息准则选择 p 值。

$$\text{AIC} = -2\left(\frac{\ln L}{T}\right) + \frac{2k}{T}$$

其中 L 表示模型的似然函数值，T 表示样本容量。选择 p 值的原则是在增加 p 值的过程中使 AIC 的值达到最小。

（3）用施瓦茨信息准则选择 p 值。

$$\text{SC} = -2\left(\frac{\ln L}{T}\right) + \frac{p \ln T}{T}$$

其中 L 表示模型的似然估计值，T 表示样本容量。选择最佳 p 值的原则是在增加 p 值的过程中使 SC 值达到最小。

此外，还有其他一些选择原则。

单变量时间序列自回归模型中序列平稳的充分必要条件是模型特征方程的所有特征值都在单位圆以外。类似地，VAR 模型稳定的充分必要条件是模型特征方程的所有特征值都在单位圆以外。

SVAR 模型的估计

由于 SVAR 模型的解释变量包括当期变量，所有与联立方程模型有关的问题，诸如识别问题和内生解释变量问题，统统被提了出来。于是，经典联立方程模型的识别理论和估计理论完全适用于 SVAR 模型中的每个方程。例如，当某个方程恰好识别时，可以首先估计简化式模型（为 VAR 模型），然后或者根据参数关系计算该方程的参数，或者采用 2SLS 估计该方程的参数。

27.3 格兰杰因果关系检验

VAR 模型的一个重要应用是检验经济时间序列变量之间的因果关系。VAR 模型中的每一个方程都旨在揭示某变量的变化受其自身及其他变量过去行为的影响。然而，许多经济变量有着相互的影响关系，如 GDP 的增长能够促进消费的增长，而反过来，消费的变化又是 GDP 变化的一个组成部分，因此，消费的增长又能促进 GDP 的增长。现在的问题是：当两个变量在时间上有先导-滞后关系时，能否从统计上考察这种关系是单向的还是双向的。即主要是一个变量过去的行为在影响另一个变量的当前行为呢？还是双方的过去行为在相互影响着对方的当前行为？格兰杰于 1969 年提出了一个简单的包括两个变量的 VAR 模型检验方法，习惯上称之为格兰杰因果关系检验。

格兰杰因果关系的表述

在时间序列情形下，两个经济变量 X、Y 之间的格兰杰因果关系定义为：若在包含了变量 X、Y 的过去信息的条件下，对变量 Y 的预测效果要优于只单独由 Y 的过去信息对 Y 进行预测的效果，即变量 X 有助于解释变量 Y 的将来变化，则认为变量 X 是引致变量 Y 的格兰杰原因。

考察 X 是否影响 Y 的问题，主要看当期的 Y 能够在多大程度上被过去的 X 解释，在 Y_t 方程中加入 X 的滞后值是否使解释程度显著提高。如果 X 在 Y 的预测中有帮助，或者 X 与 Y 的相关系数在统计上显著时，就可以说"X 是 Y 的格兰杰原因"。人们一般称 X 和 Y 之间的关系为"格兰杰因果关系"，而不直接称之为因果关系。其原因是：这种关系并非一种物理上或结构上的定义，而是一种预测关系，它表明了 X 是否有助于解释对 Y 的预测，即使 X 不是引起 Y 的根源。

用数学语言来描述格兰杰因果关系为：如果由 Y_t 和 X_t 滞后值所决定的 Y_t 的条件分布与仅由 Y_t 滞后值所决定的条件分布相同，即

$$f(Y_t \mid Y_{t-1}, \cdots, X_{t-1}, \cdots) = f(Y_t \mid Y_{t-1}, \cdots) \tag{27.3.1}$$

则称 X 对 Y 存在格兰杰因果关系。

格兰杰因果关系的另一种表述是：其他条件不变，如果加入 X_t 的滞后变量后对 Y_t 的预测精度不存在显著性改善，即如果关于所有的 $s > 0$，基于 $(Y_t, Y_{t-1}, \cdots)$ 预测 Y_{t+s} 得到的均方误差，与基于 $(Y_t, Y_{t-1}, \cdots)$ 和 $(X_t, X_{t-1}, \cdots)$ 两者得到的 Y_{t+s} 的均方误差相同，则称 X 对 Y 存在格兰杰因果关系。

格兰杰因果关系检验的内容

对于一个包含多个变量的 VAR 模型系统，考虑利用从 $(t-1)$ 期至 $(t-p)$

期的所有信息，得到 Y_t 的最优预测如下：

$$\hat{Y}_t = \hat{A}_1 Y_{t-1} + \cdots + \hat{A}_p Y_{t-p} \qquad t = 1, 2, \cdots, T \qquad (27.3.2)$$

VAR(p) 模型中格兰杰因果关系可以根据系数矩阵的如下约束条件来判断：在多变量 VAR(p) 模型中存在 Y_j 对 Y_i 的格兰杰因果关系的必要条件是：

$$a_{ij}^{(q)} = 0, \quad q = 1, 2, \cdots, p$$

其中 $a_{ij}^{(q)}$ 是 A_q 的第 i 行第 j 列元素。

为简单起见，以二元 p 阶 VAR 模型为例。

$$\begin{bmatrix} Y_t \\ X_t \end{bmatrix} = \begin{bmatrix} \mu_{10} \\ \mu_{20} \end{bmatrix} + \begin{bmatrix} a_{11}^{(1)} & a_{12}^{(1)} \\ a_{21}^{(1)} & a_{22}^{(1)} \end{bmatrix} \begin{bmatrix} Y_{t-1} \\ X_{t-1} \end{bmatrix} + \begin{bmatrix} a_{11}^{(2)} & a_{12}^{(2)} \\ a_{21}^{(2)} & a_{22}^{(2)} \end{bmatrix} \begin{bmatrix} Y_{t-2} \\ X_{t-2} \end{bmatrix}$$

$$+ \cdots + \begin{bmatrix} a_{11}^{(p)} & a_{12}^{(p)} \\ a_{21}^{(p)} & a_{22}^{(p)} \end{bmatrix} \begin{bmatrix} Y_{t-p} \\ X_{t-p} \end{bmatrix} + \begin{bmatrix} \varepsilon_{1t} \\ \varepsilon_{2t} \end{bmatrix} \qquad (27.3.3)$$

若 X 对 Y 存在格兰杰因果关系，则该 VAR 系数矩阵的第 1 行第 2 列的元素 $a_{12}^{(q)}$（ $q = 1, 2, \cdots, p$）的值均为 0。为了检验该二元 VAR 模型反映的 X 对 Y 存在格兰杰因果关系，可以利用 F 检验来检验如下联合假设：

$$H_0 : a_{12}^{(q)} = 0, q = 1, 2, \cdots, p$$

$$H_1 : 至少存在一个 q 使得 a_{12}^{(q)} \neq 0$$

若 $\varepsilon_t \sim N(0, \Sigma)$ 是 k 维扰动向量，它们相互之间可以同期相关，但不与自己的滞后值相关，也不与等式右边的变量相关，且变量都平稳，则检验的统计量为

$$S = \frac{(\text{RSS}_0 - \text{RSS}_1)/p}{\text{RSS}_1/(T - 2p - 1)} \sim F(p, T - 2p - 1) \qquad (27.3.4)$$

其中：$\text{RSS}_0 = \sum_{t=1}^{T} \tilde{\varepsilon}_t^2$ 是 Y_t 方程受约束（即 $a_{12}^{(q)} = 0$, $q = 1, 2, \cdots, p$）时所计算得到的 Y_t 方程的残差平方和，$\text{RSS}_1 = \sum_{t=1}^{T} \hat{\varepsilon}_t^2$ 则是 Y_t 方程不受约束时所计算得到的 Y_t 方程的残差平方和。如果 S 大于 F 的临界值，则拒绝原假设；否则接受原假设：X 对 Y 存在格兰杰因果关系。

格兰杰因果关系检验的前提条件是：$\varepsilon_t \sim N(0, \Sigma)$ 是 k 维扰动向量，它们相互之间可以同期相关，但不与自己的滞后值相关，也不与等式右边的变量相关，并且变量都平稳。否则，格兰杰因果检验失效。此外，检验两个变量的格兰杰因果关系，还要考虑是否存在其他变量也相互影响，否则，如果存在相互影响的其他变量，却只使用二元 VAR 模型进行格兰杰因果关系检验，则会遗漏重要的解释变量，导致随机误差项不可能满足 $\varepsilon_t \sim N(0, \Sigma)$，且它们不与自己的滞后值相关，也不与等式右边的变量相关。此时，格兰杰因果检验失效。

分四种情形讨论格兰杰因果关系：

（1）X 是引起 Y 变化的原因，即存在由 X 到 Y 的单向格兰杰因果关系。若 Y 方程中滞后的 X 的系数估计值在统计上整体显著不为零，同时 X 方程中滞后的

Y 的系数估计值在统计上整体显著为零，则称 X 是引起 Y 变化的格兰杰原因。

（2）Y 是引起 X 变化的原因，即存在由 Y 到 X 的单向格兰杰因果关系。若 X 方程中滞后的 Y 的系数估计值在统计上整体显著不为零，同时 Y 方程中滞后的 X 的系数估计值在统计上整体显著为零，则称 Y 是引起 X 变化的格兰杰原因。

（3）X 和 Y 互为因果关系，即存在由 X 到 Y 的单向因果关系，同时也存在由 Y 到 X 的单向因果关系。若 Y 方程中滞后的 X 的系数估计值在统计上整体显著不为零，同时 X 方程中滞后的 Y 的系数估计值在统计上整体显著不为零，则称 X 和 Y 之间存在反馈关系或双向格兰杰因果关系。

（4）X 和 Y 是独立的。若 Y 方程中滞后的 X 的系数估计值在统计上整体显著为零，同时 X 方程中滞后的 Y 的系数估计值在统计上整体显著为零，则称 X 和 Y 之间不存在格兰杰因果关系。

几个应用中的实际问题

需要指出的是，在实际应用格兰杰因果关系检验时，需要注意以下几个问题：

（1）滞后长度的选择问题。检验结果对于滞后长度的选择比较敏感，不同的滞后长度可能会得到不同的检验结果。因此，一般而言，需要进行不同滞后长度下的检验，观察其敏感程度；并且根据模型中随机误差项不存在序列相关时的滞后长度来选取滞后。

（2）时间序列的平稳性问题。如上所述，从理论上讲，格兰杰因果关系检验是针对平稳时间序列的。对于同阶单整的非平稳时间序列，理论上不能直接采用该检验。但是，如果经过差分以后再采用，经济意义就发生了变化。模拟试验表明，当两个序列逐渐由平稳过程向非平稳过程过渡时，检验存在因果关系的概率出现一定程度的上升，但上升幅度远小于两个序列之间因果关系的显著性增强所引起的上升幅度。所以，同阶单整非平稳时间序列的格兰杰因果关系检验结果具有一定程度的可靠性。

（3）样本容量问题。时间序列的样本容量对检验结果具有影响，模拟试验表明，对于两个平稳时间序列，随着样本容量的增大，判断出存在格兰杰因果关系的概率显著增大。

（4）格兰杰因果关系检验是必要性条件检验，而不是充分性条件检验。在经济行为上存在因果关系的时间序列，应该能够通过格兰杰因果关系检验；而在统计上通过格兰杰因果关系检验的时间序列，在经济行为上并不一定存在因果关系。模拟试验表明，在经济行为上不存在格兰杰因果关系的平稳时间序列之间也可能存在统计上的格兰杰因果关系。

27.4 脉冲响应分析和方差分解分析

脉冲响应分析

在实际应用中，由于 VAR 模型是一种非理论性的模型，且 VAR 模型参数的 OLS 估计量只具有一致性，单个参数估计值的经济解释是很困难的，因此在应用 VAR 模型时，往往不分析一个变量的变化对另一个变量的影响，而是观察系统的脉冲响应函数和方差分解。

脉冲响应函数可用于分析 VAR 模型受到某种冲击时对系统的动态影响。具体地说，该函数描述的是在某个内生变量的随机误差项上施加一个标准差大小的冲击后对所有内生变量的当期值和未来值所产生的影响。

为方便说明，考虑如下形式的 VAR(p) 模型：

$$Y_t = A_1 Y_{t-1} + \cdots + A_p Y_{t-p} + \varepsilon_t, \quad t = 1, 2, \cdots, T \qquad (27.4.1)$$

其中 $\varepsilon_t \sim N(0, \Sigma)$ 是 k 维扰动向量，它们相互之间可以同期相关，但不与自己的滞后值相关，也不与方程右边的变量相关。记 L 为滞后算子，$LY_t = Y_{t-1}$。由式 (27.4.1) 可得：

$$
\begin{aligned}
Y_t &= (I - A_1 L - \cdots - A_p L^p)^{-1} \varepsilon_t \\
&= (I + C_1 L + C_2 L^2 + \cdots C_q L^q + \cdots) \varepsilon_t \quad t = 1, 2, \cdots, T \\
&= \varepsilon_t + C_1 \varepsilon_{t-1} + C_2 \varepsilon_{t-2} + \cdots + C_q \varepsilon_{t-q} + \cdots
\end{aligned}
\qquad (27.4.2)
$$

显然，由式 (27.4.2) 有下式成立：

$$C_q = \frac{\partial Y_{t+q}}{\partial \varepsilon_t}, \quad q = 1, 2, \cdots \qquad (27.4.3)$$

由式 (27.4.3) 可得：

$$c_{ij}^{(q)} = \frac{\partial Y_{i, t+q}}{\partial \varepsilon_{jt}}, \quad q = 1, 2, \cdots \qquad (27.4.4)$$

$c_{ij}^{(q)}$ 即为 C_q 中第 i 行第 j 列元素，将其看作滞后 q 期的函数，这就是所谓的脉冲响应函数。该函数表示的是：令其他误差项在任何时期都不变，当第 j 个内生变量对应的误差项 ε_{jt} 在 t 期受到一个单位的冲击后，对第 i 个内生变量在 $t+q$ 期造成的影响。

利用式 (27.4.4) 可依次求出由 Y_j 的脉冲引起的 $Y_{i, t+q}$ 的响应函数如下：

$$c_{ij}^{(0)}, c_{ij}^{(1)}, c_{ij}^{(2)}, \cdots, c_{ij}^{(q)}, \cdots$$

且由 Y_j 的脉冲引起的 Y_i 的累积响应函数可表示为 $\sum\limits_{q=0}^{\infty} c_{ij}^{(q)}$。

由于随机误差项从来都不是完全不相关的，所以对脉冲响应函数的解释出现了困难。当误差项相关时，也就是存在交叉的干扰源，不能被任何特定的变量所识别。为处理这一问题，常会利用 Cholesky 分解法，将交叉的干扰源分解为独立的干扰源。正交化过程如下：以 VAR 模型第 1 个方程的随机误差项为基础，将第 2 个方程的随机误差项除掉与第 1 个方程的随机误差项相关的部分，得到正交化后的随机误差项。将第 3 个方程的随机误差项除掉与第 1 个和第 2 个方程的随机误差项相关的部分，得到正交化后的随机误差项。以此类推，将第 k 个方程的随机误差项除掉与前（$k-1$）个方程的随机误差项相关的部分，得到正交化后的随机误差项。若记正交化后的随机误差项为 $\tilde{\varepsilon}_t$，则存在下三角可逆矩阵 P，使得 $\tilde{\varepsilon}_t = P\varepsilon_t$。于是，

$$
\begin{aligned}
Y_t &= (I + C_1 L + C_2 L^2 + \cdots C_q L^q + \cdots) P^{-1} \tilde{\varepsilon}_t \\
&= P^{-1} \tilde{\varepsilon}_t + C_1 P^{-1} \tilde{\varepsilon}_{t-1} + C_2 P^{-1} \tilde{\varepsilon}_{t-2} + \cdots + C_q P^{-1} \tilde{\varepsilon}_{t-q} + \cdots \\
&= \widetilde{C}_0 \tilde{\varepsilon}_t + \widetilde{C}_1 \tilde{\varepsilon}_{t-1} + \widetilde{C}_2 \tilde{\varepsilon}_{t-2} + \cdots + \widetilde{C}_q \tilde{\varepsilon}_{t-q} + \cdots
\end{aligned} \tag{27.4.5}
$$

其中 $\widetilde{C}_q = C_q P^{-1}$，$C_0 = I$。由式（27.4.5）得到：

$$
\widetilde{C}_q = \frac{\partial Y_{t+q}}{\partial \tilde{\varepsilon}_t}, \quad q = 1, 2, \cdots \tag{27.4.6}
$$

由式（27.4.6）可得：

$$
\widetilde{C}_{ij}^{(q)} = \frac{\partial Y_{i,t+q}}{\partial \tilde{\varepsilon}_{jt}}, \quad q = 1, 2, \cdots \tag{27.4.7}
$$

其中 $\widetilde{C}_{ij}^{(q)}$ 是 $\widetilde{C}_q$ 中第 i 行第 j 列元素，上式被称为 Cholesky 正交化的脉冲响应函数。

虽然 Cholesky 分解法被广泛应用，但是对于交叉的干扰源的归属来说，它还是一种很随意的方法。而且 VAR 模型变量顺序的改变将会影响到脉冲响应函数。因此，在应用正交化脉冲响应函数反映变量之间的动态关系时，必须对变量的顺序进行充分的考虑。通常，按照变量的外生性强弱进行排序，例如，对于居民消费和居民收入两个变量，应该将居民收入排在居民消费的前面，因为收入是消费的前提。另外，不能只对关注的变量建立 VAR 模型，在实际应用时应将所有相互影响的变量都包含在向量中。若只将要研究的几个相互影响的变量考虑进来，而忽略其他也与这几个变量相互影响的变量，如此构建的 VAR 模型的正交化脉冲响应函数就是没有应用价值的。

当向量非平稳时，向量自回归模型的正交化脉冲响应函数不收敛。只有当向量平稳时，向量自回归模型的正交化脉冲响应函数才收敛。所以，要应用正交化脉冲响应函数反映变量间的动态关系，向量必须平稳。向量平稳除了要求向量的每个分量平稳外，VAR 模型特征方程的所有特征值都要在单位圆以外。

方差分解分析

另一种评价 VAR 模型的方法是方差分解（variance decomposition）分析，通常利用相对方差贡献率（relative variance contribution，RVC）来衡量。VAR 模型的方差分解能够给出随机信息的相对重要性信息。

根据式（27.4.5）：

$$Y_{it} = \sum_{j=1}^{k} (\tilde{c}_{ij}^{(0)} \tilde{\varepsilon}_{jt} + \tilde{c}_{ij}^{(1)} \tilde{\varepsilon}_{jt-1} + \cdots + \tilde{c}_{ij}^{(q)} \tilde{\varepsilon}_{jt-q} + \cdots)$$

记 $\mathrm{var}(\tilde{\varepsilon}_{it}) = \tilde{\sigma}_i^2$，则

$$\mathrm{var}(Y_{it}) = \sum_{j=1}^{k} \tilde{\sigma}_j^2 \sum_{q=0}^{\infty} (\tilde{c}_{ij}^{(q)})^2 \tag{27.4.8}$$

则相对方差贡献率定义为：

$$\mathrm{RVC}_{j \to i}(\infty) = \frac{\tilde{\sigma}_j^2 \sum\limits_{q=0}^{\infty} (\tilde{c}_{ij}^{(q)})^2}{\mathrm{var}(Y_{it})} \tag{27.4.9}$$

它度量了第 j 个变量基于正交化冲击的方差对 Y_i 的方差的相对贡献度，反映了第 j 个变量对第 i 个变量的影响。实际应用时，不可能用无穷项之和来评价，通常只需取有限项来计算。

应用方差分解分析的注意事项同脉冲响应函数。

27.5　向量误差修正模型

由 27.2 节可知，向量误差修正模型是协整关系的一种重要表示形式，VECM 多应用于具有协整关系的一阶单整非平稳时间序列建模，用以描述经济变量序列之间的长期表现和短期特征。

为简便起见，不妨忽略外生变量 X_t 的情形，则 VAR(p) 模型可写为：

$$\Delta Y_t = \Pi Y_{t-1} + \sum_{i=1}^{p-1} \Gamma_i \Delta Y_{t-i} + \varepsilon_t \tag{27.5.1}$$

其中每个方程的误差项 $\varepsilon_t(i=1, 2, \cdots, k)$ 都具有平稳性。

当 k 个 $I(1)$ 过程存在 $r(1 < r < k)$ 个协整组合，其余 $(k-r)$ 个关系仍为 $I(1)$ 关系时，Π 可以分解成两个 $(k \times r)$ 阶矩阵 α 和 β 的乘积：

$$\Pi = \alpha \beta'$$

其中秩(α)$=r$，秩(β)$=r$。矩阵 α 为调整参数矩阵，它的每一行 α_i 是出现在第 i 个方程中的 r 个协整组合的一组权重。矩阵 β 为协整向量矩阵，它的每一行决定了 $Y_{1,t-1}$，$Y_{2,t-1}$，$\cdots$，$Y_{k,t-1}$ 之间协整向量的数目与形式，r 为协整向量的数目。因此，误差修正项是 $\beta' Y_{t-1}$，令 $\mathrm{ecm}_{t-1} = \beta' y_{t-1}$，则 (27.5.1) 可表示为如下向量误差修正模型形式：

$$\Delta Y_t = \alpha \cdot \mathrm{ecm}_{t-1} + \sum_{i=1}^{p-1} \Gamma_i \Delta Y_{t-i} + \varepsilon_t \tag{27.5.2}$$

其中的每一个方程都是一个向量误差修正模型。

27.6　实　例

下面是一个较为完整的研究实例，试图说明向量自回归模型如何通过脉冲响应

分析和方差分解分析实现它的应用价值。

例 27.1 影响中美贸易量的决定因素是什么？人民币汇率是影响中美贸易量的决定因素吗？下面考虑到人民币兑日元和人民币兑欧元的汇率对中美贸易的影响，建立向量自回归模型，并应用广义脉冲响应函数和方差分解研究中美贸易相关变量的动态关系，以期回答这些问题。

1. 变量的选择

为充分考虑影响中美进出口贸易量的因素，在经济体方面，将日本与欧盟的因素考虑进来；在宏观经济数据方面，考虑 GDP、CPI、汇率等因素的影响。VAR 模型中的变量包括：中国 GDP、美国 GDP、日本 GDP、欧盟 GDP、人民币兑美元汇率、人民币兑日元汇率、人民币兑欧元汇率、中国 CPI、美国 CPI、中国对美国进口总额、中国对美国出口总额共 11 个变量，样本区间为 2005 年 7 月—2010 年 12 月，采用 66 个月度数据。

2. 数据的处理

由于进出口贸易额和 GDP 存在明显的季节趋势，因此采用 TRAMO/SEATS 方法对中美日欧的 GDP 及中美进出口贸易量进行季节调整。同时，为了避免模型出现"伪回归"现象，要求各时间序列的变量具有同阶平稳性，因此首先应对模型所涉及的时间序列变量进行季节调整和在一次差分后进行 ADF 单位根检验。ADF 单位根检验结果表明 11 个变量都是 $I(1)$ 序列，进一步的 JJ 协整检验表明 11 个变量协整。具体操作为：双击序列名→"Proc"→"Seasonal Adjustment"→"TRAMO/SEATS"。

3. VAR 模型滞后阶数的确定

由于上述 11 个变量都是 $I(1)$ 序列，若直接建立 VAR 模型，则模型不稳定且脉冲响应函数不收敛，因而 VAR 模型的脉冲响应函数会失去应用价值。为此，采用各变量的一阶差分建立 VAR 模型。为了简洁起见，约定下文中在不影响理解的情况下，变量的差分仍然用同样的变量名表示。按照各经济体在国际上的重要性和影响力，设定向量变量的顺序为美国 gdp（americagdp）、中国 gdp（chinesegdp）、欧盟 gdp（eurgdp）、日本 gdp（japanesegdp）、人民币兑美元汇率（dollar）、人民币兑欧元汇率（eur）、人民币兑日元汇率（yen）、美国 cpi（americacpi）、中国 cpi（chinesecpi）、中国对美国出口总额（export）、中国对美国进口总额（import）。利用上述数据构建 VAR 模型时，滞后阶数的确定尤为重要。因为滞后阶数太多会导致需要估计的参数过多，模型的自由度减少，而滞后阶数太少则无法完整反映所构造模型的动态特征。因此，在确定滞后阶数时应综合考虑 AIC 信息准则、SC 信息准则、LR 统计量、最终预测误差（FPE）、HQ 信息准则。运用 EViews8.0 建立 VAR 模型并考察滞后阶数，根据 AIC 信息准则、SC 信息准则确定滞后阶数为 2。

4. 模型稳定性检验

基于 VAR 模型的脉冲响应函数是用来度量随机扰动项在受到一个标准差冲击后，对各变量当前和将来取值的影响，并分析 VAR 模型中变量的扰动如何通过模型影响到其他变量，最终又反馈到自身。首先应对 VAR 模型进行稳定性检验，以确保其脉冲响应函数的收敛性。检验结果表明 VAR 模型的 AR 根的模均小于 1 且位于单位圆内，这说明所构建的 VAR 模型是稳定的。具体操作为：选择需要分析的变量→"Open as VAR"→"View"→"Lag structure"→"AR Roots Graph"。

5. 方差分解

由于变量较多，首先对模型进行方差分解以观察各变量的贡献程度，然后重点分析贡献程度较大的变量的脉冲响应图。方差分解是分析每一个结构冲击对内生变量变化的贡献度，通常用方差来度量，以此来评价不同结构冲击的重要性。采用方差分解的方法着重考察各变量变化对中美进出口贸易量的影响。具体操作为：选择需要分析的变量→"Open as VAR"→"View"→"Variance Decomposition"。

(1) 各变量变化量对进口变化量的贡献程度如图 27-1 所示，分析结果如下：

① 汇率因素。人民币兑欧元汇率变化量对中美贸易量变化量的贡献度（10%），超过了人民币兑美元汇率变化量的贡献度（8%）。反映出在全球经济一体化的背景下，各国经济联系日趋紧密。美欧两大经济体对华出口在很大程度上存在相似性，因此具有很强的竞争性。此外，人民币兑日元汇率变化量的贡献度也达到了 4%，这些也印证了本节开头所提出的观点，即中美贸易变化量与中日、中欧贸易变化量有很大的相似性，美国公司在这些领域通常要与欧盟及日本的公司竞争，而不是与中国的公司竞争。因此，要研究中国对美国的进口与出口，如果不考虑美元兑欧元、美元兑日元汇率的替代效应，也是不合理的。也就是说，单靠人民币对美元汇率升值，而不考虑人民币兑欧元、人民币兑日元汇率，也许是达不到预期效果的。不过，需要注意的是，三币种汇率都不是影响中国对美进口的最重要因素。

② GDP 影响。美国 GDP 变化量是影响中国对美进口变化量的最重要因素，在第一个月，甚至达到了 98.31%，几乎成为唯一的影响因素。此后，虽然影响程度有所下降，但始终保持在 50% 以上。因此基本可以认为，只要美国 GDP 变化量增加，中国对美进口变化量就一定会增加。与此同时，中国 GDP 变化量的贡献率一直不大，始终保持在 5% 左右。这也反映出了一个令人费解却不争的事实，即中国经济近年来强劲的增长势头并没有为中国对美进口做出多少贡献。因此，要真正改善中美贸易逆差问题，美国一直奉行的"限制高科技对华出口、对华武器禁运"等政策也许都需要重新审视。

(2) 各变量变化量对出口变化量的贡献程度如图 27-2 所示，分析结果如下：

① 汇率方面，人民币兑欧元汇率变化量的贡献度最大，达到了 10%，再次证明了第三国汇率相对于人民币兑美元汇率而言，对中美贸易的巨大影响。这可能和中国对美欧出口的相似性、竞争性有关，同时也再次印证了前面的分析，即要研究中国对美国的进口与出口，如果不考虑美元兑欧元、美元兑日元汇率的替代效应，也是不合理的。

② 美国 GDP 变化量依然是影响中国对美出口变化量的最重要因素（44%），但贡献度相

27

较于进口时的贡献度已大为下降。而中国 GDP 变化量对出口变化量的贡献度仍然不大，最大时达到 5.19%，且滞后 10 个月。同时，上一期出口变化量成为影响出口变化量的第二大因素（30%），存在黏滞性，这也许从侧面反映了在中国对美出口中，中国的话语权不足，美国国内需求是影响中国对美出口的决定因素。不过，依然需要注意的是，三币种汇率都不是影响中国对美出口的最重要因素。

由方差分解大致可以得出两个结论：一是 GDP 变化量特别是美国 GDP 变化量对进出口贸易变化量的影响最大；二是各币种汇率变化量对中美贸易的影响程度几近相同，在研究中美贸易时如果只盯着人民币兑美元的汇率，是不合理的。

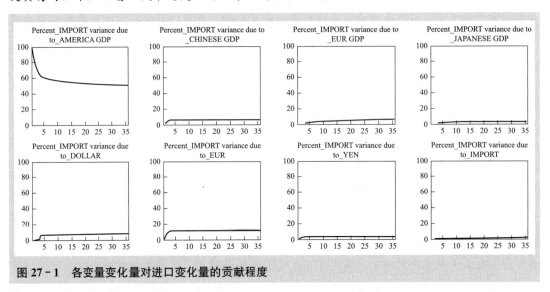

图 27-1　各变量变化量对进口变化量的贡献程度

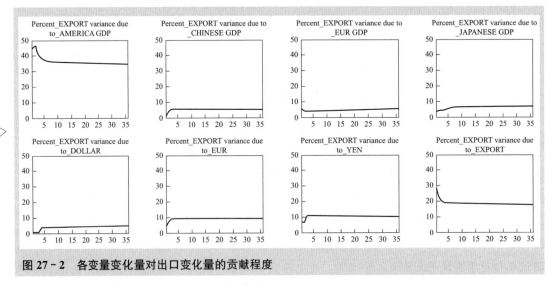

图 27-2　各变量变化量对出口变化量的贡献程度

6. 脉冲响应函数

如果模型中随机扰动项是相关的，它们将包含一个不与任何特定变量相联系的共同成分。通常将共同成分的效应归属于 VAR 系统中第一个出现的变量。这就需要根据经济理论对变量进行排序，虽然之前按照各经济体在国际上的重要性和影响力设定了向量变量的顺序，但 GDP、汇率、CPI 等经济变量之间往往会相互作用，很难进行排序。因此，这里采用广义脉冲响应（generalized impulse responses）分析，避免排序不当导致的偏差。具体操作为：选择需要分析的变量→"Open as VAR"→"View"→"Impulse Response"。

下面，按重要程度依次分析中美 GDP、三币种汇率对中美贸易的影响。

（1）中美 GDP 变化量对进出口变化量的影响。

分别给各经济体 GDP 变化量和人民币兑各币种汇率变化量一个正的冲击，采用广义脉冲响应得到关于中国对美国进出口变化量的脉冲响应函数图（见图 27-3）。在各图中，横轴表示冲击作用的滞后期间数（单位：月度），纵轴表示中国对美国进出口变化量的响应，实线表示脉冲响应函数，代表了中国对美国进出口变化量受到其他变量变化量的冲击后的反应，虚线表示正负两倍标准差偏离带。从图 27-3 可以看出：

① 两国 GDP 变化量的变化对进出口变化量的影响路径几乎完全相同，从侧面反映出中美贸易的传导机制已日趋成熟稳定。

② 给美国 GDP 变化量一个正冲击后，中国对美国的进出口变化量在前两期上下波动幅度剧烈，在冲击开始即达到最高点，对中国对美国进口和出口变化量的当期冲击分别为 1.30 和 4.99。在下一期，进出口变化量又迅速回落到负值最低点，下一期冲击分别为 -0.95 和 -3.16。此后只有小幅波动，在 12 期（即一年）以后趋于平稳。基于美国 GDP 对中美贸易量的巨大影响程度，基本可以认为，当美国经济增长时，对中国市场的需求远大于其对中国的出口能力，这是中美贸易长期逆差的主要原因。中国对美国出口总额中，加工贸易出口占比达到 59%（人民币汇率变动对中美贸易差影响的实证检验）。相对于一般贸易而言，汇率变动对加工贸易出口的影响要小于对一般贸易的影响。这是因为加工贸易的特点一般是"两头在外""以进养出"。由于人民币升值首先降低了我国企业采购进口机器设备和原材料的人民币成本，然后在加工贸易出口收汇时抵消了人民币收入的减少。随着进出口规模扩大，中国对美国贸易顺差不断增加。

③ 中美比较：相较而言，美国 GDP 变化量的变化对于中国对美国进口变化量的影响更大，作用时间更快（美国当期，中国下一期），且波动较为剧烈，存在超调现象。以上情况反映出当美国 GDP 增加时，传导机制畅通，能迅速转化为扩大对华出口，而且这一冲击在一年内都具有较大的作用。而超调现象也从某一侧面反映出，在中国对美国进口贸易中，中国独立自主性较弱，谈判博弈能力有限。

（2）各币种汇率变化量对进口量变化量的影响。

从图 27-4 左图可以看出，当在本期给人民币兑欧元汇率一个正冲击后，中国对美国的进口变化量在一段时期内受到正的影响，在下一期达到最高点 0.78；从第 12 期开始影响一直为负。这表明，人民币兑欧元汇率变化量的增大（即人民币兑欧元贬值）在一年时间内能够提高中国对美国的进口量，但是长期来看影响为负。从图 27-4 中图可以看出，当在本期给人民币兑美元汇率变化量一个正冲击后，对中国对美国的进口变化量的影响在前 7 期为负，并且在第 4 期达到负的最大值（-0.598 710），在第 8 期以后转正，有较为持续的正的影响。从图 27-4 右图可以看出，当在本期给人民币兑日元汇率变化量一个正冲击后，在一开始有正的影响，并且在当期达到最高点 0.386 097，在前 8 期内有小幅波动。

（3）各币种汇率变化量对出口变化量的影响。

从图 27-5 左图可以看出，当在本期给人民币兑欧元汇率变化量一个正冲击后，一开始对中国对美国的出口变化量的影响为负（－2.788 876），在下一期后便转为正的影响，并且在下一期达到最高点 2.371 575。这表明，人民币兑欧元汇率变化量的正冲击对中国对美国出口的变化量基本具有长期的同向影响。从图 27-5 中图可以看出，当在本期给人民币兑美元汇率变化量一个正冲击后，对中国对美国的进口变化量的影响基本为负，并且在第 4 期达到负的最大值（－1.923 264），在第 12 期以后逐渐趋于平稳。从图 27-5 右图可以看出，当在本期给人民币兑日元汇率变化量一个正冲击后，一开始有正的影响 1.848 245，在前 8 期内有小幅的波动，且在第 3 期达到负的最大值（－2.050 993）。这表明，人民币兑日元汇率变化量在短期内对中国对美国出口量有较大的冲击。

总体来说，人民币兑欧元汇率变化量对中国对美国进口变化量的影响较大，而人民币兑日元汇率变化量对中国对美国出口变化量的影响甚至要稍大于人民币兑美元汇率变化量，以上这些结论都说明经典马歇尔-勒纳条件在研究两国贸易量时只考虑这两国汇率的不合理性。从图 27-6、图 27-7 累积的脉冲响应函数图也可以看出人民币兑欧元、日元汇率变化量对中美进出口变化量的影响完全不逊于人民币兑美元汇率变化量。

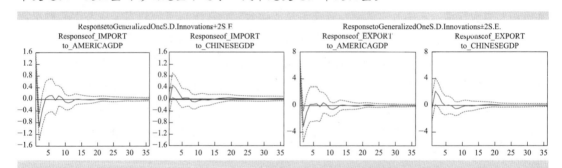

图 27-3　中美两国 GDP 变化量对中国对美国进出口变化量影响的脉冲响应函数

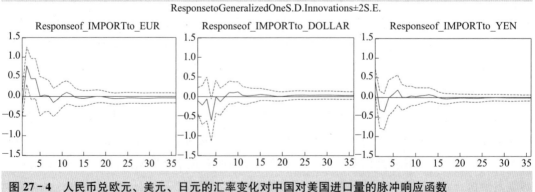

图 27-4　人民币兑欧元、美元、日元的汇率变化对中国对美国进口量的脉冲响应函数

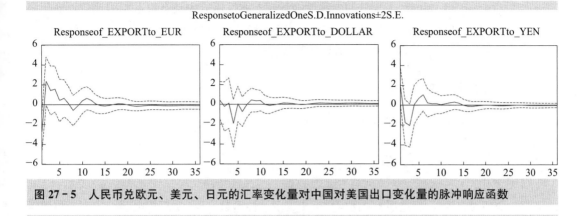

图 27-5　人民币兑欧元、美元、日元的汇率变化量对中国对美国出口变化量的脉冲响应函数

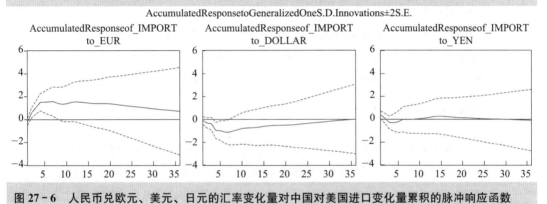

图 27-6　人民币兑欧元、美元、日元的汇率变化量对中国对美国进口变化量累积的脉冲响应函数

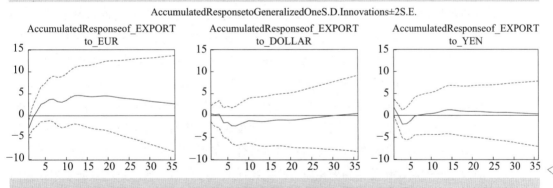

图 27-7　人民币兑欧元、美元、日元的汇率变化量对中国对美国出口变化量累积的脉冲响应函数

27.7　门限向量自回归模型

门限向量自回归模型是对线性 VAR 模型的扩展，可以刻画非线性关系，融合了 TAR 模型和 VAR 模型的优点。门限向量自回归模型于 1983 年提出，此后基于TAR 模型的表征时间序列的非线性特征的各类模型得到长足发展。门限向量自回归模型成为目前研究变量间非线性关系的重要方法。这种方法把全局时间序列变量分为若干机制，对不同的机制采用不同的线性逼近，其中机制就是根据门限值

（threshold value）来划分的。线性逼近在非线性研究中具有很重要的地位，而门限向量自回归（TVAR）模型由于刻画出了时间序列在不同机制中呈现的不同动态特征，在时间序列分析中也具有很大的作用。

一般表达式

门限向量自回归模型的一般表示式为：

$$Y_t = \sum_{i=1}^{q} \left(\mu_i + \sum_{j=1}^{p} \Phi_{ij} Y_{t-j} \right) I(\gamma_{i-1} < z_{t-d} \leqslant \gamma_i) + \varepsilon_t \tag{27.7.1}$$

其中，Y_t 与 ε_t 是 $m \times 1$ 向量，μ_i 表示 $m \times 1$ 阶截距向量，$i = 1, \cdots, q$。Φ_{ij} 表示 $m \times m$ 阶系数矩阵，误差项 ε_t 均值为 0，I 表示示性函数，z_{t-d} 为门限变量，d 为门限变量的延迟参数，γ_i 为门限值，p 表示滞后阶数。

早期的 TVAR 模型假设门限 VAR 模型中所有方程的门限变量均为 z_t。Tena 和 Tremayne（2009）放松了这一假设，并表示 TVAR 模型中每一方程可以有不同的门限变量，而且个别方程可以是线性的，进一步拓展了 TVAR 模型的应用范围。

模型估计与检验

本节采用的是门限检验及其估计方法——重排自回归法。重排自回归法是在 1989 年针对单方程 TAR(p) 模型提出来的，在 1998 年又被扩展到多方程情形，即所谓 TVAR(p) 模型门限自回归检验。该方法的基本思想是：首先基于转换变量对数据序列进行重新排列。根据所有可能门限把整个样本数据分成两个数据集（为简单起见，假设序列只存在一个门限点，即时间序列数据是具有两机制的 TAR 模型），每个数据集的样本个数取决于潜在门限的取值。在重新排列数据的过程中，只是把数据简单地分成两个机制，而在每个机制中，数据之间的自回归关系保持不变，这是重排自回归的核心思想。然后对第一个数据集进行 VAR(p) 的 OLS 估计，利用已估计回归参数求得预期残差序列。这样根据门限的不同取值，每次回归增加一个样本，就可以递归地得到一系列预期残差序列，再利用标准化预期残差序列对 VAR(p) 模型的回归元进行 OLS 拟合。最后对该回归进行所有偏斜率系数同时等于 0 的假设检验。如果相应检验在统计上是显著的，则说明该数据序列存在门限自回归；如果不显著，则说明该模型是线性自回归模型。在线性自回归模型中，标准化预期残差序列和自回归模型的回归元之间应该是不相关的；如果存在门限自回归时，标准化预期残差序列与回归元是相关的，这是因为残差是由不同机制生成的。

关于 TVAR 模型参数估计，Tsay（1998）把单方程方法扩展到多方程 TAR 模型系统，为了说明，特设计以下两机制 TVAR 模型：

$$X_t = \begin{cases} Y_t' \Phi_1 + \varepsilon_{1t}' & Z_{t-d} \leqslant \gamma_1 \\ Y_t' \Phi_2 + \varepsilon_{2t}' & Z_{t-d} > \gamma_1 \end{cases} \tag{27.7.2}$$

在模型（27.7.2）中，X_t 是所有被解释变量所构成的 k 维列向量，Y_t 是所有解释变量所构成的列向量，自回归参数 Φ_i 可以通过 OLS 估计法求得，随机干扰项方差-协方差矩阵也通过 OLS 估计相应得到，门限 γ_1 和滞后参数 d 可以通过下式计算：

$$\gamma_1 \& d = \underset{\gamma_i \in \mathrm{T}, d \in D}{\mathrm{argmin}}(S_1(\gamma_1, d) + S_2(\gamma_1, d)) \tag{27.7.3}$$

在式（27.7.3）中，$S_1(\gamma_1, d)$、$S_2(\gamma_1, d)$ 分别是 ε_1、ε_2 的估计方差-协方差矩阵迹（trace）。Tsay（1998）也证明在一些正则条件下这种估计方法可以得到所有参数的强一致估计量（strongly consistent estimator），并且自回归参数 OLS 估计量在大样本条件下服从多元联合正态分布，因此在大样本下可以对 TVAR 模型的自回归参数进行标准的显著性检验。

由于 Tsay（1998）方法用 OLS 来估计未知参数，且建立的检验统计量具有标准 χ^2 分布，所以估计和检验 TVAR 相对容易，计算量也不大。但是该方法的未知门限潜在范围与 Andrews（1993）所设定的潜在门限范围不同，如在样本容量为 100 的模型检验中，在 Tsay（1998）方法中门限范围是 $30\sim100 (m_0 \approx 3\sqrt{n} = 30)$，而 Andrews（1993）设定的门限范围是 $15\sim85$，所以在门限处于 $15\sim30$ 样本点时，Tsay（1998）方法可能无法检验出来，只有在样本容量充分大时才能避免这种情况，这就是只有在大样本情况下该方法才具有较高检验势的原因所在。

关于门限效应的检验采用 LR 检验，这个检验正是对线性检验的多元扩展。与单变量情况一样，第一个门限参数用 CLS 进行估计，第二个门限参数进行一次迭代的条件搜索。在单变量的情况下，用似然比来比较每个模型的协方差矩阵，而不是用 F 检验来比较 SSR。

$$\mathrm{LR}_{ij} = T(\ln(\det\hat{\Sigma}_i) - \ln(\det\hat{\Sigma}_j)) \tag{27.7.4}$$

在式（27.7.4）中，LR 是具有 i 个机制的模型的估计协方差矩阵。

广义脉冲响应函数

在门限向量自回归的基础上，本节采用脉冲响应与方差分解进一步分析变量间的动态关系。在非线性的 TVAR 模型中，用传统的脉冲响应分析冲击是有偏差的。因为在计算过程中外生的冲击可能导致机制的转换，不仅脉冲响应的对称性、线性、历史独立性以及具有独立跨期信息等优良性质不会存在，在非线性的情况下模型的方差-协方差矩阵不再保持不变，进而无法进行全局分解，同时非线性模型的脉冲响应也受到初始值的影响，因此，库普（Koop）等人建议采用广义脉冲响应函数进行分析：

$$\mathrm{GIRF}_y(n, v_i, w_{t-1}^s) = E[Y_{t+k} \mid v_i, w_{t-1}^s] - E[Y_{t+n} \mid w_{t-1}^s], \ n = 0, 1, 2, \cdots \tag{27.7.5}$$

其中，v_i 表示产生响应的冲击变量，i 表示冲击的种类，w_{t-1}^s 表示模型 $t-1$ 时期的历史信息机制，s 表示冲击达到系统的时刻，n 表示预测水平，$E[\cdot]$ 则表示期望算子。我们可以按照机制把矩阵 w_{t-1}^s 分为两个部分以分别计算广义脉冲响应函数。根据库普等人的描述，我们可知 $\mathrm{GIRF}_y(n, v_i, w_{t-1}^s)$ 的计算方法如下：

（1）向量 v_i 应为取协方差矩阵的对角线元素组成的对角阵开方的第 i 列，本节中一单位冲击，即 v_i 中第 i 个元素为协方差矩阵第 i 个方差的开方，即标准误差，v_i 中其他元素为 0，这就是第 i 行冲击；

（2）从 w_{t-1}^s 中选取一行；

（3）采用前面两个步骤中选取的向量计算冲击 v_i 所引起的反应，其中 θ 是模型中估计参数构成的向量：$y_t^{si,m} = f(w_{t-1}^s, \theta) + v_i$；

（4）采用自助法（bootstrap），从 TVAR 模型的残差 ε 中提取一个大小为 $n \times 1$ 的子样本 ε^*；

（5）用 ε^* 和估计的 TVAR 模型计算 $y_t^{ns,m}$，…，$y_{t+n}^{ns,m}$，这是冲击不存在时的系统动态；

（6）用 $y_t^{ns,m}$ 和 ε^* 的前 n 个观测值和估计的 TVAR 模型计算 $y_t^{ns,m}$，…，$y_{t+n}^{ns,m}$，这是冲击存在时的系统动态；

（7）将步骤（3）～（6）重复 M（$M=1\,000$）次，就可以得到条件期望：

$$E[Y_{t+n} \mid v_t, w_{i,t-1}^s] = 1/M \sum_{m=1}^{M} y_{t+n}^{ss,m} \ \text{和} \ E[Y_{t+n} \mid w_{i,t-1}^s] = 1/M \sum_{m=1}^{M} y_{t+n}^{ns,m}$$

（8）从 $w_{i,t-1}^s$ 中再选取一行重复步骤（3）～（7），直到所有的行向量都被选取；

（9）通过条件期望平均得到 $E[Y_{t+k} \mid v_i, w_{t-1}^s]$ 和 $E[Y_{t+n} \mid w_{t-1}^s]$。然后根据（27.7.5）可以得到 $\mathrm{GIRF}_y(n, v_i, w_{t-1}^s)$；

（10）选取冲击 v_i 和 w_{t-1}^s 子集的另一个组合，然后重复步骤（6）～（9），一直到选取完所有的可能途径。

通过上述 10 个步骤，我们分别得到了两种不同机制下，经济波动对于各冲击变量一单位和两单位正负冲击的反应。

广义方差分解

理论上，传统正交化的基于 Cholesky 分解法的预测误差方差对变量的顺序十分敏感，所以本节考虑不受变量顺序影响的广义方差分解。正如 Pesaran 和 Shin（1998）所展示的向量 $Z_t = \sum_{i=0}^{\infty} C_i \varepsilon_{t-i}$，其中 $Z_t = (X_t, Y_t)$。广义预测误差方差分解为：

$$\theta_{ij}^g(n) = \frac{\sigma_{ii}^{-1} \sum\limits_{t=0}^{n} (e_i' C_t \sum e_j)^2}{\sum\limits_{t=0}^{n} (e_i' C_t \sum C_t' e_j)^2}, \quad i,j = 1, 2, \cdots, p \tag{27.7.6}$$

模型（27.7.6）中，σ_{ii} 为方差-协方差矩阵中第 ii 个元素。e_i 为 $P \times 1$ 向量，其中第 i 列为 1，其余为 0，C_t 为 Z_t 中移动平均项的系数。

实证模型

实证模型如下：

$$Y_t = \sum_{i=1}^{q} (\alpha_i + \sum_{j=1}^{p} \Phi_{ij} Y_{t-j} + u_t) I(\gamma_{i-1} < z_{t-d} \leqslant \gamma_i) \tag{27.7.7}$$

其中，$Y_t = \begin{bmatrix} PCE \\ EP \end{bmatrix}$，PCE 表示居民消费支出，EP 表示能源价格，$\alpha_i$ 是固定效应截距项，u_t 是随机扰动项，$I(\cdot)$ 是示性函数，γ_i 是门限值。门限变量 z_{t-d} 用实际能源价格的通胀计算。

具体操作

门限向量自回归模型的具体操作如下：

第一步：利用 Stata 确定滞后阶数。将数据导入 Stata 后，设置成时间序列格式，代码如下，结果如图 27 - 8 所示：

rename time monthdate　//重命名 time 为 monthdate

gen monthdate2 = monthly(monthdate,"ym")　//生成月度数据

tsset monthdate2　//设置时间序列

	time	ppi	ep
1	2001m01	101.4	-.290095
2	2001m02	100.9	5.61097
3	2001m03	100.2	-6.72963
4	2001m04	99.9	2.8692
5	2001m05	99.8	7.67022
6	2001m06	99.4	-.571429
7	2001m07	98.7	-9.08046
8	2001m08	98	3.07627
9	2001m09	97.1	-.695012
10	2001m10	96.9	-19.1437

	monthdate	ppi	ep	monthdate2
1	2001m01	101.4	-.290095	492
2	2001m02	100.9	5.61097	493
3	2001m03	100.2	-6.72963	494
4	2001m04	99.9	2.8692	495
5	2001m05	99.8	7.67022	496
6	2001m06	99.4	-.571429	497
7	2001m07	98.7	-9.08046	498
8	2001m08	98	3.07627	499
9	2001m09	97.1	-.695012	500

图 27 - 8　设置时间序列 monthdate

注：左边为原始数据，右边设置 monthdate2 为时间序列。

然后计算时间滞后阶数，将最大滞后阶数设置为 12，利用 AIC 与 BIC 信息准

则判断滞后阶数为 10，代码如下，结果如图 27 – 9 所示：

varsoc ppi ep,max(12)//max 为最大滞后阶数

```
varsoc ppi ep ,max(12)      //确定滞后阶数为10

Selection-order criteria
Sample:  504 - 749                        Number of obs      =      246
```

lag	LL	LR	df	p	FPE	AIC	HQIC	SBIC
0	-1640.13				2153.55	13.3506	13.3621	13.3791
1	-1217.95	844.36	4	0.000	71.8834	9.9508	9.98522	10.0363
2	-1118.26	199.37	4	0.000	33.0202	9.17286	9.23024	9.31535*
3	-1108.44	19.638	4	0.001	31.495	9.12555	9.20588	9.32504
4	-1103.06	10.769	4	0.029	31.1435	9.11429	9.21757	9.37078
5	-1099.78	6.5596	4	0.161	31.3281	9.12015	9.24638	9.43363
6	-1095.13	9.3056	4	0.054	31.1647	9.11484	9.26402	9.48532
7	-1090.96	8.3348	4	0.080	31.1256	9.11348	9.28561	9.54096
8	-1084.79	12.338	4	0.015	30.5857	9.09585	9.29092	9.58032
9	-1069.8	29.97	4	0.000	27.9775	9.00654	9.22456	9.54801
10	-1058.86	21.896*	4	0.000	26.4467*	8.95005*	9.19103*	9.54852
11	-1056.39	4.9341	4	0.294	26.7854	8.96251	9.22644	9.61798
12	-1052.4	7.9707	4	0.093	26.7969	8.96263	9.24951	9.6751

图 27 – 9　计算滞后阶数

第二步：利用 R 软件，下载 tsDyn 包与 tvarGIRF 包。在 R 软件"程序包"里选择"安装软件包"，选择任意中国的 CRAN 镜像，然后找到 tsDyn，即可安装。而 tvarGIRF 包需要利用代码下载，具体如下（需要说明的是，由于软件包来自外国编程网站 github，在网络不好时很难下载，故推荐尝试多种网络进行下载）：

library(remotes)

install _ github("angusmoore/tvarGIRF",ref = "v0. 1. 4")

或者代码：

library(remotes)

install _ github("angusmoore/tvarGIRF")

第三步：在 R 软件默认读取的文件夹下创建 rdata. csv 文件，将数据存入文件。一般默认读取的文件位于"我的电脑"的"文档"文件夹。数据保存的形式如下，第一列为序列，第二列为变量 1 的数据，第三列为变量 2 的数据，如图 27 – 10 所示。

第四步：调用 tsDyn 软件包进行估计。在 tsDyn 包中，门限 VAR 模型回归的函数是 TVAR() 函数，需要我们设定的参数包括：data 是数据集，必须为多变量矩阵，类型为 ts 时间序列，这里令 data 为 rdata 的第 2 列和第 3 列；lag 是滞后期，滞后期可以使用时不变的 VAR 模型进行识别，门限 VAR 模型本身就是多个时不

	A	B	C
1	1	101.4	-0.2901
2	2	100.9	5.610973
3	3	100.2	-6.72963
4	4	99.9	2.869198
5	5	99.8	7.670221
6	6	99.4	-0.57143
7	7	98.7	-9.08046
8	8	98	3.076275
9	9	97.1	-0.69501
10	10	96.9	-19.1437
11	11	96.3	-10.1324
12	12	96	-0.67989
13	13	96	4.563605

图 27-10 保存为 R 软件可读数据形式

变 VAR 估计结果；include 是确定项的类型，none 为不包含确定项，const 为截距项，trend 为趋势项，both 为同时包含趋势项和截距项；model 是门限变量的设定形式，TAR 为以变量水平值作为门限变量，MTAR 为以变量差分作为门限变量；mTh 是门限变量代号，在 data 数据集中，如果第一个变量为门限变量，则 mTh=1，如果第二个变量为门限变量，则 mTh=2，以此类推，门限变量只能设置 1 个，不能设置多个；nthresh 是门限值个数，最小设置为 1，最大设置为 2，分别对应两个区间以及 3 个区间；trim 是修剪比例，剔除序列两端的离群值的比例，建议设置在 0.1，trim 过大将导致样本量过小；max. iter 是估计值的最大迭代次数，一般不需要迭代，因为门限变量用作“分段”，因而实际回归时依然采取的是 CLS 回归。代码如下，结果如图 27-11 所示：

```
library(tsDyn)
rdata<-read.csv("rdata.csv",stringsAsFactors = FALSE,header = F)
rdata<-as.matrix(rdata)
tv<-TVAR(data = rdata[,c(2,3)],lag = 10,include = "both",model = "TAR",
nthresh = 2,mTh = 2,trim = 0.1,max.iter = 5)
```

也可用 summary 函数调用全部估计结果。

```
> tv <- TVAR(data=rdata[,c(2,3)],lag=10,include="both",model="TAR",
+ nthresh=2,mTh=2,trim=0.1,max.iter=5)
Best unique threshold -10.13238
Second best: 9.893993 (conditionnal on th= -10.13238 and Delay= 1 )        SSR/AIC: 11586.03
Second best: -9.998339 (conditionnal on th= 9.893993 and Delay= 1 )        SSR/AIC: 11597.59

Second step best thresholds -10.13238 9.893993              SSR: 11586.03
```

图 27-11 TVAR 门限值估计

第五步：对门限效应进行检验。这里用 R 软件自带的数据进行举例，data 是时间序列数据；lag 是时间滞后；thDelay 是门限变量的时间延迟；mTh 是门限变量；nboot 是自助法的重采样数；plot 是显示网格搜索结果的绘图；test 是假设的类型，具体指 Test 1vs2：线性 VAR vs 单门限 TVAR，Test 1vs3：线性 VAR vs 双门限 TVAR，Test 2vs3：单门限 TVAR vs 双门限 TVAR。代码如下，结果如图 27 - 12 所示：

```
data(zeroyld)
data< - zeroyld
TVAR. LRtest(data, lag = 2, mTh = 1, thDelay = 1:2, nboot = 3, plot = FALSE, trim = 0.1, test = "1vs")
```

```
> TVAR.LRtest(data, lag=2, mTh=1,thDelay=1:2, nboot=3, plot=FALSE, trim=0.1, test="1vs")
Warning: the thDelay values do not correspond to the univariate implementation in tsdyn
$bestDelay
Var1
    1

$LRtest.val
    1vs2    1vs3
30.27935 42.97058

$Pvalueboot
     1vs2      1vs3
0.0000000 0.3333333

$CriticalValBoot
         90%      95%     97.5%      99%
1vs2 18.77418 18.79793 18.80980 18.81692
1vs3 43.89947 44.64991 45.02513 45.25026

$type
[1] "1vs"

attr(,"class")
[1] "TVARtest"
```

图 27 - 12　TVAR 门限检验结果

第六步：计算广义脉冲响应。这里用 R 软件自带的数据进行举例（由于计算量大，运行速度较慢），广义脉冲响应函数是 GIRF 函数；GIRF 给出了一个简化形式的冲击，在下面的例子中只有第二个变量 $c(0，1)$ 的冲击。如果你想使用正交化冲击，就应该自己计算正交化，并提供与你选择的结构冲击相对应的简化形式冲击；如果需要计算某个机制内的脉冲响应，利用 restrict. to 设定机制。代码如下，结果如图 27 - 13 所示：

```
library(tsDyn)
library(tvarGIRF)
data(zeroyld)
exampleTVAR< - TVAR (zeroyld, lag = 2, nthresh = 1, thDelay = 1, mTh = 1, plot = FALSE)
girfs< - GIRF(exampleTVAR, c(0, 1))
conditional _ girf _ bdown< - GIRF(exampleTVAR, c(0, 1), restrict. to = 1)
```

```
> summary(girfs)
GIRF of tvar exampleTVAR (2 variables)
Calculated over 200 horizons (each history replicated 500 times)

# A tibble: 20 x 2
   short.run long.run
       <dbl>    <dbl>
 1  0.000728     1.00
 2  0.0226       0.952
 3  0.0453       0.907
 4  0.0701       0.874
 5  0.0909       0.840
 6  0.109        0.812
 7  0.126        0.781
 8  0.141        0.750
 9  0.153        0.721
10  0.165        0.694
11  0.177        0.670
12  0.188        0.647
13  0.199        0.629
14  0.205        0.610
15  0.213        0.588
16  0.220        0.570
17  0.224        0.547
18  0.232        0.533
19  0.237        0.520
20  0.242        0.505
```

图 27 - 13　广义脉冲响应结果

要点与结论

（1）格兰杰因果关系检验中向量自回归应选择使随机误差项不相关的滞后期。否则，检验结果可能无效。

（2）为了满足应用时脉冲收敛于零的需要，向量的每个分量都必须是平稳的，且向量自回归模型的特征方程的特征根在单位圆外。

（3）建立向量误差修正模型应将所有的协整向量都用上，不能只用部分协整向量。

习　题

27.1　为什么说"向量自回归模型是一种非结构化模型"？

27.2　向量自回归模型的主要应用功能是什么？如果将向量自回归模型用于宏观经济预测，其应用前提是什么？

27.3　格兰杰因果关系检验的功能与局限是什么？

27.4　脉冲响应分析的原理是什么？为什么它具有较大的应用价值？

27.5　选择你感兴趣的若干宏观经济时间序列，采用年度统计数据，建立并估计向量自回归模型，并利用该向量自回归模型进行脉冲响应分析和方差分解分析。

27.6　选择你感兴趣的若干宏观经济时间序列，建立并估计门限向量自回归模型，并利用该门限向量自回归模型进行广义脉冲响应分析和广义方差分解分析。

27

统计学中的若干概念复习

本附录对本书中遇到的一些统计学概念做一个非常简略的介绍。讨论是非严格的，而且不加证明，原因是已有多种统计学书籍出色地完成了这一工作。本附录末列出了这些书籍中的一部分。

A.1 总和与乘积运算子

希腊大写字母 $\sum$ （sigma）表示总和。例如，

$$\sum_{i=1}^{n} x_i = x_1 + x_2 + \cdots + x_n$$

总和运算子 $\sum$ 的一些重要性质是：

(1) $\sum_{i=k}^{n} k = nk$，其中 k 是常数。例如，$\sum_{i=1}^{4} 3 = 4 \times 3 = 12$。

(2) $\sum_{i=k}^{n} kx_i = k \sum_{i=k}^{n} x_i$，其中 k 是常数。

(3) $\sum_{i=1}^{n} (a+bx_i) = na+b \sum_{i=1}^{n} x_i$，其中 a 和 b 是常数，并且这里利用了上面的性质 1 和性质 2。

(4) $\sum_{i=1}^{n} (x_i + y_i) = \sum_{i=1}^{n} x_i + \sum_{i=1}^{n} y_i$。

总和运算子还可推广到多重总和。例如，双重总和运算子 $\sum \sum$ 的定义是：

$$\sum_{i=1}^{n} \sum_{j=1}^{m} x_{ij} = \sum_{i=1}^{n} (x_{i1} + x_{i2} + \cdots + x_{im})$$
$$= (x_{11} + x_{21} + \cdots + x_{n1}) + (x_{12} + x_{22} + \cdots + x_{n2}) + \cdots + (x_{1m} + x_{2m} + \cdots + x_{nm})$$

$\sum \sum$ 的一些性质是：

(1) $\sum_{i=1}^{n} \sum_{j=1}^{m} x_{ij} = \sum_{j=1}^{m} \sum_{i=1}^{n} x_{ij}$；也就是说，双重总和的运算次序是可交换的。

(2) $\sum\limits_{i=1}^{n}\sum\limits_{j=1}^{m}(x_iy_j)=\sum\limits_{i=1}^{n}x_i\sum\limits_{j=1}^{m}y_j$。

(3) $\sum\limits_{i=1}^{n}\sum\limits_{j=1}^{m}(x_{ij}+y_{ij})=\sum\limits_{i=1}^{n}\sum\limits_{j=1}^{m}x_{ij}+\sum\limits_{i=1}^{n}\sum\limits_{j=1}^{m}y_{ij}$。

(4) $\left[\sum\limits_{i=1}^{n}x_i\right]^2=\sum\limits_{i=1}^{n}x_i^2+2\sum\limits_{i=1}^{n-1}\sum\limits_{j=i+1}^{n}x_ix_j=\sum\limits_{i=1}^{n}x_i^2+2\sum\limits_{i<j}x_ix_j$。

乘积运算子 $\prod$ 定义为：

$$\prod_{i=1}^{n}x_i=x_1\cdot x_2\cdots\cdot x_n$$

因此，

$$\prod_{i=1}^{3}x_i=x_1\cdot x_2\cdot x_3$$

A.2 样本空间、样本点与事件

一个随机或机遇试验的所有可能结果的集合叫作总体（population）或样本空间（sample space），而此样本空间的每一元素都被叫作一个样本点（sample point）。例如，在抛掷两枚硬币的试验中，样本空间由 HH、HT、TH 和 TT 四个可能结果构成。其中 HH 表示第一次抛掷出现正面，第二次抛掷也出现正面；HT 表示第一次抛掷出现正面，第二次抛掷出现反面，等等。上述每一种结果构成一个样本点。

一个事件（event）就是样本空间的一个子集。例如，令 A 表示出现一个正面和一个反面，那么，在上述可能结果中，只有 HT 和 TH 两个结果属于 A，而 A 就是一个事件。类似地，在抛掷两枚硬币的试验中，出现两个正面也是一个事件。如果一个事件的出现排斥另一个事件的出现，我们就说这两个事件是互斥的（mutually exclusive），在上述试验中，如果 HH 出现，HT 就不可能同时出现。如果事件举尽了一个试验的全部可能结果，我们就说事件是（集体地）穷举的（exhaustive）。例如，在这个例子中，事件（a）两个正面、（b）两个反面和（c）一正一反就举尽了试验的全部可能结果，因而它们是（集体地）穷举事件。

A.3 概率与随机变量

概 率

令 A 为样本空间中的一个事件。事件 A 的概率记为 $P(A)$，是指在重复试验中事件 A 将出现的次数比例。换一种说法，在总共 n 个等可能的试验结果中，如果有 m 个有利于事件 A 的结果出现，我们就定义比率 m/n 为 A 的相对频率（relative frequency）。当 n 很大时，这个相对频率就是 A 的概率的一个很好的近似值。[*]

概率 $P(A)$ 是一个实值函数[①]，并且有如下性质：

（1）对每个 A 都有 $0 \leqslant P(A) \leqslant 1$。

（2）如果 A，B，C，…构成事件的一个穷举集，则 $P(A+B+C+\cdots)=1$，其中 $A+B+C$ 表示 A 或 B 或 C，如此等等。

（3）如果 A、B、C…是互斥事件，则 $P(A+B+C+\cdots) = P(A)+P(B)+P(C)+\cdots$

例 1

考虑投掷一颗有 1～6 点的骰子的试验，样本空间由结果 1、2、3、4、5 和 6 构成。这 6 个事件因此穷举了整个样本空间。因为共有 6 个等可能结果，而任意结果都有同等的机会出现，故出现任意结果的概率都是 1/6。既然 1、2、3、4、5 和 6 构成事件的穷举集，故 $P(1+2+3+4+5+6)=1$，其中 1，2，3…指点 1 或点 2 或点 3 等等的概率。又因任何两点都不能同时出现，即 1，2，…，6 是互斥事件，故 $P(1+2+3+4+5+6)=P(1)+P(2)+\cdots+P(6)=1$。

随机变量

如果一个变量的值由随机试验的结果决定，我们就称之为随机变量（random variable，rv）。随机变量通常用大写字母 X、Y、Z 等表示，而它的值由小写字母 x、y、z 等表示。

随机变量可以是离散的（discrete）或连续的（continuous）。一个离散随机变量只取有限（或可数无穷）多个值。[②] 例如，投掷两颗骰子，各有数字 1～6，如果我们定义随机变量 X 为两骰子出现的数字之和，则 x 将取如下数字之一：2、3、4、5、6、7、8、9、10、11 或 12，从而 X 是一个离散随机变量。另外，一个连续随机变量可以取某一区间的任何值。例如，个人的身高是一个连续变量，它可以取某个范围内，比方说 60～65 英寸之间的任何值，这个值的读数还有赖于测量的精度。

A.4 概率密度函数

离散随机变量的概率密度函数

令 X 为取相异值 x_1，x_2，…，x_n，…的一个离散随机变量，则函数：

---

[*] 在等可能的前提下，这个相对频率就可理解为概率。——译者注

① 如果一个函数的定义域和值域都是实数集的子集，则通常称之为实值函数。关于细节，参见 Alpha C. Chiang，*Fundamental Methods of Mathematical Economics*，3d. ed.，McGraw-Hill，1984，Chapter 2。

② 对可数无穷集概念的一个简单讨论，参见 R. G. D. Allen，*Basic Mathematics*，Macmillan，London，1964，p. 104。

$$f(x) = P(X = x_i) \qquad 对于 \ i = 1,2,\cdots,n,\cdots$$
$$= 0 \qquad 对于 \ x \neq x_i$$

叫作 X 的离散概率密度函数（probability density function，PDF），其中 $P(X = x_i)$ 表示离散随机变量 X 取值 x_i 的概率。

例 2

在两颗骰子的投掷中，两骰子所出现的数字之和，即随机变量 X，可取如下所示的 11 个数值之一。此变量的 PDF 可表示如下（还可参见图 A-1）：

$$x = \quad 2 \quad 3 \quad 4 \quad 5 \quad 6 \quad 7 \quad 8 \quad 9 \quad 10 \quad 11 \quad 12$$

$$f(x) = \left(\frac{1}{36}\right)\left(\frac{2}{36}\right)\left(\frac{3}{36}\right)\left(\frac{4}{36}\right)\left(\frac{5}{36}\right)\left(\frac{6}{36}\right)\left(\frac{5}{36}\right)\left(\frac{4}{36}\right)\left(\frac{3}{36}\right)\left(\frac{2}{36}\right)\left(\frac{1}{36}\right)$$

很容易验证这些概率。在全部 36 个可能结果中，有一个有利于数 2，有两个有利于数 3（总和 3 的出现或者因为第一个骰子出现 1，第二个骰子出现 2，或者因为第一个骰子出现 2，第二个骰子出现 1），以此类推。

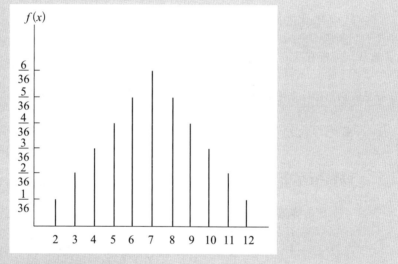

图 A-1　例 2 中离散随机变量的概率密度函数

连续随机变量的概率密度函数

令 X 为一个连续随机变量。如果满足下述条件：

$$f(x) \geqslant 0$$

$$\int_{-\infty}^{\infty} f(x)\mathrm{d}x = 1$$

$$\int_{a}^{b} f(x)\mathrm{d}x = P(a \leqslant x \leqslant b)$$

我们就说 $f(x)$ 是 X 的 PDF。其中 $f(x)\mathrm{d}x$ 称为概率元素（与一个连续变量的一个微小区间相对应的概率），而 $P(a \leqslant x \leqslant b)$ 指 x 落在 a 至 b 区间上的概率，用几何图形表示，我们有图 A-2。

与离散随机变量相对照，一个连续随机变量 X 取某一特定值的概率为零[①]；对于这样一个变量，概率仅对一个给定的范围或区间才是可测的，比如图 A-2 的 (a, b)。

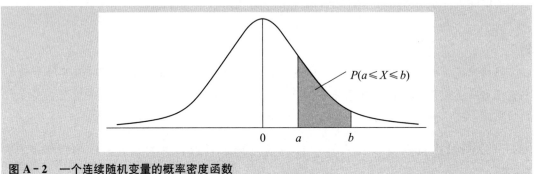

图 A-2　一个连续随机变量的概率密度函数

例 3

考虑如下概率密度函数：

$$f(x) = \frac{1}{9}x^2 \quad 0 \leqslant x \leqslant 3$$

容易验证，对所有从 0 到 3 的 x，$f(x) \geqslant 0$，并且 $\int_0^3 \frac{1}{9}x^2 \mathrm{d}x = 1$。〔注：积分是 $\left(\frac{1}{27}x^3 \Big|_0^3\right) = 1$。〕如果我们想估计上述 PDF，比方说在 0 与 1 之间的值，我们就得到 $\int_0^1 \frac{1}{9}x^2 \mathrm{d}x = \left(\frac{1}{27}x^3 \Big|_0^1\right) = \frac{1}{27}$；也就是说，$x$ 落在 0 和 1 之间的概率是 1/27。

联合概率密度函数

离散变量的联合概率密度函数。令 X 和 Y 为两个离散随机变量，则函数

$$f(x, y) = P(X = x, \text{对于} Y = y)$$
$$= 0 \quad \text{对于} X \neq x \text{和} Y \neq y$$

被称为离散变量的联合概率密度函数，并给出 X 取值 x 和 Y 取值 y 的概率。

例 4

下表给出了离散随机变量 X 和 Y 的联合 PDF。

		X			
		-2	0	2	3
Y	3	0.27	0.08	0.16	0
	6	0	0.04	0.10	0.35

① 注：$\int_a^a f(x)\mathrm{d}x = 0$。

此表告诉我们 X 取值 -2 的同时 Y 取值 3 的概率是 0.27；X 取值 3 的同时 Y 取值 6 的概率是 0.35；等等。

边缘概率密度函数

相对于 $f(x,y)$ 来说，$f(x)$ 和 $f(y)$ 被称为个别（individual）或边缘（marginal）概率密度函数。这些边缘 PDF 的推导如下：

$$f(x) = \sum_y f(x,y) \qquad X \text{ 的边缘 PDF}$$

$$f(y) = \sum_x f(x,y) \qquad Y \text{ 的边缘 PDF}$$

其中，比如说，$\sum_y$ 表示对所有的 Y 值求和，而 $\sum_x$ 表示对所有的 X 值求和。

例 5

考虑例 4 中的数据，求得 X 的边缘 PDF 如下：

$$f(x = -2) = \sum_y f(x,y) = 0.27 + 0 = 0.27$$

$$f(x = 0) = \sum_y f(x,y) = 0.08 + 0.04 = 0.12$$

$$f(x = 2) = \sum_y f(x,y) = 0.16 + 0.10 = 0.26$$

$$f(x = 3) = \sum_y f(x,y) = 0 + 0.35 = 0.35$$

同理，求得 Y 的边缘 PDF 如下：

$$f(y = 3) = \sum_x f(x,y) = 0.27 + 0.08 + 0.16 + 0 = 0.51$$

$$f(y = 6) = \sum_x f(x,y) = 0 + 0.04 + 0.10 + 0.35 = 0.49$$

如本例所示，我们把列的数值相加得到 X 的边缘 PDF，把行的数值相加得到 Y 的边缘 PDF。注意，对所有的 X 值取 $\sum_x f(x)$ 就等于 1，对所有的 Y 值取 $\sum_y f(y)$ 也等于 1。（为什么？）

条件 PDF。 如第 2 章所述，在回归分析中我们感兴趣的常常是，研究一个变量在另一（些）变量给定值的条件下的行为。这可通过条件 PDF 来做到。函数

$$f(x \mid y) = P(X = x \mid Y = y)$$

被称为 X 的条件 PDF。它给出 Y 取给定值 y 的条件下 X 取值 x 的概率。类似地，

$$f(y \mid x) = P(Y = y \mid X = x)$$

给出了 Y 的条件 PDF。

可求得这些条件 PDF 如下：

$$f(x \mid y) = \frac{f(x,y)}{f(y)} \qquad X \text{ 的条件 PDF}$$

$$f(y \mid x) = \frac{f(x,y)}{f(x)} \qquad Y \text{ 的条件 PDF}$$

以上表达式表明，一个变量的条件 PDF 可表达为联合 PDF 和另一变量的边缘 PDF 之比。

例 6

继续用例 4 和例 5 计算条件概率：

$$f(X=-2 \mid Y=3) = \frac{f(X=-2, Y=3)}{f(Y=3)} = 0.27/0.51 = 0.53$$

注意，无条件概率 $f(X=-2)$ 是 0.27，但若 Y 已取定 3，则 X 取值 -2 的概率是 0.53。

$$f(X=2 \mid Y=6) = \frac{f(X=2, Y=6)}{f(Y=6)} = 0.10/0.49 = 0.20$$

再次注意 X 取值 2 的无条件概率是 0.26，而不同于在 Y 取定 6 的条件下的概率 0.20。

统计独立性

两个随机变量 X 和 Y 统计独立的充分必要条件是

$$f(x, y) = f(x)f(y)$$

也就是说，联合 PDF 可表达为两个边缘 PDF 的乘积。

例 7

袋中装有编号为 1、2 和 3 的三个球，从中有放回地随机抽取两个（即第一次抽出的球被放回去以后再抽取第二次）。令 X 表示第一次抽出的球的编号，而 Y 表示第二次抽出的球的编号，下表给出了 X 和 Y 的联合 PDF：

		X		
		1	2	3
Y	1	$\frac{1}{9}$	$\frac{1}{9}$	$\frac{1}{9}$
	2	$\frac{1}{9}$	$\frac{1}{9}$	$\frac{1}{9}$
	3	$\frac{1}{9}$	$\frac{1}{9}$	$\frac{1}{9}$

现在 $f(X=1, Y=1) = \frac{1}{9}$，$f(X=1) = \frac{1}{3}$（将第 1 列相加得到），并且 $f(Y=1) = \frac{1}{3}$（将第 1 行相加得到）。因为 $f(X, Y) = f(X)f(Y)$，所以在本例中我们说两个变量在统计上独立。容易验证，对上表所给 X 值和 Y 值的任意其他组合，联合 PDF 都可分解为边缘 PDF 的乘积。

可以证明，例 4 中所给的 X 和 Y 变量由于两边缘 PDF 的乘积不等于联合 PDF，所以不是统计独立的。[注：如果两变量是统计独立的，则必须对 X 和 Y 的一切组合都有 $f(X, Y) = f(X)f(Y)$。]

连续变量的联合概率密度函数。 两个连续变量 X 和 Y 的概率密度函数 $f(x, y)$ 是指

$$f(x,y) \geqslant 0$$

$$\int_{-\infty}^{\infty} \int_{-\infty}^{\infty} f(x,y) \mathrm{d}x \mathrm{d}y = 1$$

$$\int_{c}^{d} \int_{a}^{b} f(x,y) \mathrm{d}x \mathrm{d}y = P(a \leqslant x \leqslant b, c \leqslant y \leqslant d)$$

例 8

考虑如下 PDF：

$$f(x,y) = 2 - x - y \qquad 0 \leqslant x \leqslant 1; 0 \leqslant y \leqslant 1$$

显然，$f(x,y) \geqslant 0$，此外[①]

$$\int_{0}^{1} \int_{0}^{1} (2 - x - y) \mathrm{d}x \mathrm{d}y = 1$$

X 和 Y 的边缘 PDF 如下：

$$f(x) = \int_{-\infty}^{\infty} f(x,y) \mathrm{d}y \qquad X \text{ 的边缘 PDF}$$

$$f(y) = \int_{-\infty}^{\infty} f(x,y) \mathrm{d}x \qquad Y \text{ 的边缘 PDF}$$

例 9

例 8 所给的联合 PDF 的两个边缘 PDF 如下：

$$f(x) = \int_{0}^{1} f(x,y) \mathrm{d}y = \int_{0}^{1} (2 - x - y) \mathrm{d}y$$

$$= \left(2y - xy - \frac{y^2}{2} \right) \Big|_{0}^{1} = \frac{3}{2} - x \qquad 0 \leqslant x \leqslant 1$$

$$f(y) = \int_{0}^{1} (2 - x - y) \mathrm{d}x$$

$$= \left(2x - xy - \frac{x^2}{2} \right) \Big|_{0}^{1} = \frac{3}{2} - y \qquad 0 \leqslant y \leqslant 1$$

为了看出例 8 的两个变量是否统计独立，我们需要弄清楚 $f(x,y) = f(x)f(y)$ 是否成立。由于 $(2 - x - y) \neq \left(\frac{3}{2} - x \right) \left(\frac{3}{2} - y \right)$，所以我们可以说这两个变量不是统计独立的。

---

① $\int_{0}^{1} \left[\int_{0}^{1} (2 - x - y) \mathrm{d}x \right] \mathrm{d}y = \int_{0}^{1} \left[\left(2x - \frac{x^2}{2} - xy \right) \Big|_{0}^{1} \right] \mathrm{d}y$

$= \int_{0}^{1} \left(\frac{3}{2} - y \right) \mathrm{d}y$

$= \left(\frac{3}{2} y - \frac{y^2}{2} \right) \Big|_{0}^{1} = 1$

注：表达式 $\left(\frac{3}{2} y - \frac{y^2}{2} \right) \Big|_{0}^{1}$ 表示在上限值 1 和下限值 0 处估算括号中的表达式；然后用前一估算值减去后一估算值以获得积分值。例如，在上例中，在 $y=1$ 处的上限值是 1，而在 $y=0$ 处的下限值是 0，从而得出积分值为 1。

A.5　概率分布的特征

一个概率分布常常能用它的少数几个特征值［被称为分布的矩（moments）］来概括，用得最多的一些矩是均值即期望值和方差。

期望值

一个离散随机变量 X 的期望值记为 $E(X)$，定义如下：

$$E(X) = \sum_x x f(x)$$

其中 $\sum_x$ 表示对所有的 X 值求和，而 $f(x)$ 为（离散）变量 X 的 PDF。

例 10

考虑例 2 中投掷两颗骰子出现的两个数字之和的概率分布（参见图 A-1）。将那里给出的各个 X 值乘以它们的概率并对所有观测求和，便得到：

$$E(X) = 2 \times \frac{1}{36} + 3 \times \frac{2}{36} + 4 \times \frac{3}{36} + \cdots + 12 \times \frac{1}{36} = 7$$

这就是一次投掷两颗骰子所观测的数字和平均值。

例 11

估计例 4 所给数据的 $E(X)$ 和 $E(Y)$。我们曾看到：

x	-2	0	2	3
$f(x)$	0.27	0.12	0.26	0.35

因此，

$$
\begin{aligned}
E(X) &= \sum_x x f(x) \\
&= (-2) \times 0.27 + 0 \times 0.12 + 2 \times 0.26 + 3 \times 0.35 \\
&= 1.03
\end{aligned}
$$

类似地，

y	3	6
$f(y)$	0.51	0.49

因此，

$$
\begin{aligned}
E(Y) &= \sum_y y f(y) \\
&= 3 \times 0.51 + 6 \times 0.49 = 4.47
\end{aligned}
$$

一个连续随机变量的期望值被定义为：

$$E(X) = \int_{-\infty}^{\infty} x f(x) \mathrm{d}x$$

它和离散随机变量的期望值的唯一差别在于，这里我们用积分符号代替了总和符号。

例 12

让我们求例 3 中所给连续 PDF 的期望值：

$$
\begin{aligned}
E(X) &= \int_0^3 x\left(\frac{x^2}{9}\right) \mathrm{d}x \\
&= \frac{1}{9}\left(\frac{x^4}{4}\right)\Big|_0^3 \\
&= \frac{9}{4} \\
&= 2.25
\end{aligned}
$$

期望值的性质

（1）一个常数的期望值是该常数本身。例如，若 b 是一常数，则 $E(b)=b$。

（2）如果 a 和 b 是常数，则：

$$
E(aX+b) = aE(X)+b
$$

这可加以推广，如果 X_1，X_2，$\cdots$，X_N 是 N 个随机变量，并且 a_1，a_2，$\cdots$，a_N 和 b 是常数，则：

$$
E(a_1X_1+a_2X_2+\cdots+a_NX_N+b) = a_1E(X_1)+a_2E(X_2)+\cdots+a_NE(X_N)+b
$$

（3）如果 X 和 Y 是独立随机变量，则：

$$
E(XY) = E(X)E(Y)
$$

即乘积 XY 的期望值等于 X 和 Y 的各自期望值的乘积。

不过，应该注意，就算 X 和 Y 相互独立，也有

$$
E\left(\frac{X}{Y}\right) \neq \frac{E(X)}{E(Y)}
$$

（4）如果 X 是一个概率密度函数为 $f(x)$ 的随机变量，而 $g(X)$ 是 X 的任意函数，则：

$$
\begin{aligned}
E[g(X)] &= \sum_x g(X)f(x) \qquad \text{如果 } X \text{ 是离散的} \\
&= \int_{-\infty}^{\infty} g(X)f(x)\mathrm{d}x \qquad \text{如果 } X \text{ 是连续的}
\end{aligned}
$$

例如，如果 $g(X)=X^2$，则：

$$
\begin{aligned}
E(X^2) &= \sum_x x^2 f(X) \qquad \text{如果 } X \text{ 是离散的} \\
&= \int_{-\infty}^{\infty} x^2 f(X)\mathrm{d}x \qquad \text{如果 } X \text{ 是连续的}
\end{aligned}
$$

例 13

考虑如下 PDF：

x	-2	1	2
$f(x)$	$\dfrac{5}{8}$	$\dfrac{1}{8}$	$\dfrac{2}{8}$

于是：

$$E(X) = -2 \times \frac{5}{8} + 1 \times \frac{1}{8} + 2 \times \frac{2}{8} = -\frac{5}{8}$$

以及

$$E(X^2) = 4 \times \frac{5}{8} + 1 \times \frac{1}{8} + 4 \times \frac{2}{8} = \frac{29}{8}$$

方　差

令 X 为一随机变量并令 $E(X) = \mu$，X 值围绕期望值的分布或散布可由方差来度量，方差的定义为：

$$\text{var}(X) = \sigma_X^2 = E(X - \mu)^2$$

σ_X^2 的正平方根 σ_X 被定义为 X 的标准差（standard deviation），方差或标准差标志着各个 X 值围绕其均值的分布有多近或多远。

上面定义的方差可计算如下：

$$\text{var}(X) = \sum_x (X - \mu)^2 f(x) \qquad \text{如果 } X \text{ 是一离散随机变量}$$

$$= \int_{-\infty}^{\infty} (X - \mu)^2 f(x) \mathrm{d}x \qquad \text{如果 } X \text{ 是一连续随机变量}$$

为了方便计算，上面给出的方差公式还可表达成：

$$\text{var}(X) = \sigma_x^2 = E(X - \mu)^2 = E(X^2) - \mu^2 = E(X^2) - [E(X)]^2$$

利用这一公式，可以看到例 13 所给随机变量的方差是：

$$\frac{29}{8} - \left(-\frac{5}{8}\right)^2 = \frac{207}{64} = 3.23$$

A

例 14

让我们求例 3 所给随机变量的方差：

$$\text{var}(X) = E(X^2) - [E(X)]^2$$

现在

$$E(X^2) = \int_0^3 x^2 \left(\frac{x^2}{9}\right) \mathrm{d}x$$

$$= \int_0^3 \frac{x^4}{9} \mathrm{d}x$$

$$= \frac{1}{9} \left[\frac{x^5}{5}\right] \Big|_0^3$$

$$= 243/45$$

$$= 27/5$$

由于 $E(X) = \dfrac{9}{4}$（见例 12），我们最后得到：

$$\text{var}(X) = 243/45 - \left(\dfrac{9}{4}\right)^2$$

$$= 243/720$$

$$= 0.34$$

方差的性质

(1) 如上面所提到的，$E(X - \mu)^2 = E(X^2) - \mu^2$。

(2) 一个常数的方差是零。

(3) 若 a 和 b 是常数，则：

$$\text{var}(aX + b) = a^2 \text{var}(X)$$

(4) 若 X 和 Y 是独立随机变量，则：

$$\text{var}(X + Y) = \text{var}(X) + \text{var}(Y)$$

$$\text{var}(X - Y) = \text{var}(X) + \text{var}(Y)$$

这可推广到多于两个变量的情形。

(5) 若 X 和 Y 是独立随机变量，且 a 和 b 是常数，则：

$$\text{var}(aX + bY) = a^2 \text{var}(X) + b^2 \text{var}(Y)$$

协方差

令 X 和 Y 为两个随机变量，其均值分别为 μ_x 和 μ_y。于是这两个变量的协方差（covariance）就被定义为：

$$\text{cov}(X, Y) = E\{(X - \mu_x)(Y - \mu_y)\} = E(XY) - \mu_x \mu_y$$

显然，一个变量的方差就是这个变量和它自身的协方差。

协方差可计算如下：若 X 和 Y 是离散随机变量，则

$$\text{cov}(X, Y) = \sum_y \sum_x (X - \mu_x)(Y - \mu_y) f(x, y)$$

$$= \sum_y \sum_x XY f(x, y) - \mu_x \mu_y$$

若 X 和 Y 是连续随机变量，则：

$$\text{cov}(X, Y) = \int_{-\infty}^{\infty} \int_{-\infty}^{\infty} (X - \mu_x)(Y - \mu_y) f(x, y) \mathrm{d}x \mathrm{d}y$$

$$= \int_{-\infty}^{\infty} \int_{-\infty}^{\infty} XY f(x, y) \mathrm{d}x \mathrm{d}y - \mu_x \mu_y$$

协方差的性质

（1）如果 X 和 Y 是独立的，则它们的协方差是零。因为，

$$\text{cov}(X,Y) = E(XY) - \mu_x\mu_y$$

$$= \mu_x\mu_y - \mu_x\mu_y \quad \text{由于若 } X \text{ 和 } Y \text{ 独立，则 } E(XY) = E(X)E(Y) = \mu_x\mu_y$$

$$= 0$$

（2）$\text{cov}(a+bX, c+dY) = bd\,\text{cov}(X,Y)$

其中 a、b、c 和 d 是常数。

例 15

例 4 给出了离散随机变量 X 和 Y 的一个联合 PDF，让我们来求 X 和 Y 的协方差，由例 11 我们已知 $\mu_x = E(X) = 1.03$ 以及 $\mu_y = E(Y) = 4.47$。

$$E(XY) = \sum_y \sum_x XY f(x,y)$$

$$= -2 \times 3 \times 0.27 + 0 \times 3 \times 0.08 + 2 \times 3 \times 0.16 + 3 \times 3 \times 0$$

$$+ (-2) \times 6 \times 0 + 0 \times 6 \times 0.04 + 2 \times 6 \times 0.10 + 3 \times 6 \times 0.35$$

$$= 6.84$$

因此，

$$\text{cov}(X,Y) = E(XY) - \mu_x\mu_y$$

$$= 6.84 - 1.03 \times 4.47$$

$$= 2.24$$

相关系数

（总体）相关系数 ρ 的定义是：

$$\rho = \frac{\text{cov}(X,Y)}{\sqrt{\{\text{var}(X)\text{var}(Y)\}}} = \frac{\text{cov}(X,Y)}{\sigma_x\sigma_y}$$

如此定义的 ρ 是两个变量之间线性关联的一个度量，它落在 -1 与 $+1$ 之间，-1 表示完全负相关，而 $+1$ 表示完全正相关。

由上述公式可见：

$$\text{cov}(X,Y) = \rho\sigma_x\sigma_y$$

例 16

估计例 4 中数据的相关系数。从例 11 给出的 PDF 容易算出 $\sigma_x = 2.05$ 和 $\sigma_y = 1.50$。我们曾经得出 $\text{cov}(X,Y) = 2.24$。因此，应用上述公式，我们估计 ρ 为 $2.24/(2.05 \times 1.50) = 0.73$。

相关变量的方差。 令 X 和 Y 为两个随机变量，于是有：

$$\text{var}(X+Y) = \text{var}(X) + \text{var}(Y) + 2\text{cov}(X,Y)$$
$$= \text{var}(X) + \text{var}(Y) + 2\rho\sigma_x\sigma_y$$
$$\text{var}(X-Y) = \text{var}(X) + \text{var}(Y) - 2\text{cov}(X,Y)$$
$$= \text{var}(X) + \text{var}(Y) - 2\rho\sigma_x\sigma_y$$

然而，如果 X 和 Y 独立，则 $\text{cov}(X, Y)$ 为零。这时，如前所述，$\text{var}(X+Y)$ 和 $\text{var}(X-Y)$ 两者都等于 $\text{var}(X)+\text{var}(Y)$。

上述结果可推广如下，令 $\sum\limits_{i=1}^{n} X_i = X_1 + X_2 + \cdots + X_n$，则线性组合 $\sum X_i$ 的方差是

$$\text{var}\left(\sum_{i=1}^{n} X_i\right) = \sum_{i=1}^{n} \text{var}X_i + 2\sum_{i<j}\sum \text{cov}(X_i,Y_j)$$
$$= \sum_{i=1}^{n} \text{var}X_i + 2\sum_{i<j}\sum \rho_{ij}\sigma_i\sigma_j$$

其中 ρ_{ij} 是 X_i 和 X_j 的相关系数，而 σ_i 和 σ_j 是 X_i 和 X_j 的标准差。

于是，

$$\text{var}(X_1 + X_2 + X_3) = \text{var}X_1 + \text{var}X_2 + \text{var}X_3 + 2\text{cov}(X_1,X_2)$$
$$+ 2\text{cov}(X_1,X_3) + 2\text{cov}(X_2,X_3)$$
$$= \text{var}X_1 + \text{var}X_2 + \text{var}X_3 + 2\rho_{12}\sigma_1\sigma_2$$
$$+ 2\rho_{13}\sigma_1\sigma_3 + 2\rho_{23}\sigma_2\sigma_3$$

其中 σ_1、σ_2 和 σ_3 分别是 X_1、X_2 和 X_3 的标准差，而 ρ_{12} 是 X_1 和 X_2 之间的相关系数，ρ_{13} 是 X_1 和 X_3 之间的相关系数，ρ_{23} 是 X_2 和 X_3 之间的相关系数。

条件期望与条件方差

1. 条件期望

令 $f(x,y)$ 为随机变量 X 和 Y 的联合 PDF。那么，给定 $Y = y$，X 的条件期望（值）被定义为

$$E(X \mid Y = y) = \sum_x x f(x \mid Y = y) \qquad \text{如果 } X \text{ 是离散的}$$
$$= \int_{-\infty}^{\infty} x f(x \mid Y = y)\mathrm{d}x \qquad \text{如果 } X \text{ 是连续的}$$

其中 $E(X \mid Y = y)$ 表示给定 $Y = y$ 下 X 的条件期望，而 $f(x \mid Y = y)$ 为 X 的条件 PDF。Y 的条件期望 $E(Y \mid X = x)$ 可类似定义。

注意，$E(X \mid Y)$ 是条件变量 Y 的一个函数，所以它是一个随机变量。然而，在 $E(X \mid Y=y)$ 中的 y 是 Y 的一个特定值，所以 $E(X \mid Y=y)$ 是一个常数。

2. 条件方差

给定 $Y = y$ 下 X 的条件方差被定义为：

$$\text{var}(X \mid Y = y) = E\{[X - E(X \mid Y = y)]^2 \mid Y = y\}$$
$$= \sum_x [X - E(X \mid Y = y)]^2 f(x \mid Y = y) \quad \text{如果 } X \text{ 是离散的}$$

$$= \int_{-\infty}^{\infty} [X - E(X \mid Y = y)]^2 f(x \mid Y = y) \mathrm{d}x \quad \text{如果 } X \text{ 是连续的}$$

例 17

对例 4 的数据计算 $E(Y \mid X = 2)$ 和 $\mathrm{var}(Y \mid X = 2)$：

$$
\begin{aligned}
E(Y \mid X = 2) &= \sum_y y f(Y = y \mid X = 2) \\
&= 3 f(Y = 3 \mid X = 2) + 6 f(Y = 6 \mid X = 2) \\
&= 3 \times (0.16/0.26) + 6 \times (0.10/0.26) \\
&= 4.15
\end{aligned}
$$

注：$f(Y = 3 \mid X = 2) = f(Y = 3, X = 2)/f(X = 2) = 0.16/0.26$，而 $f(Y = 6 \mid X = 2) = f(Y = 6, X = 2)/f(X = 2) = 0.10/0.26$，所以：

$$
\begin{aligned}
\mathrm{var}(Y \mid X = 2) &= \sum_y [Y - E(Y \mid X = 2)]^2 f(Y \mid X = 2) \\
&= (3 - 4.15)^2 \times (0.16/0.26) + (6 - 4.15)^2 \times (0.10/0.26) \\
&= 2.13
\end{aligned}
$$

条件期望和条件方差的性质

（1）若 $f(X)$ 是 X 的函数，则 $E(f(X) \mid X) = f(X)$，即在以 X 为条件计算 $f(X)$ 的期望时，$f(X)$ 就像一个常数一样。因此 $[E(X^3 \mid X)] = E(X^3)$，因为若知道了 X，也就知道了 X^3。

（2）若 $f(X)$ 和 $g(X)$ 为 X 的函数，则

$$E[f(X)Y + g(X) \mid X] = f(X)E(Y \mid X) + g(X)$$

比如，$E(XY + cX^2 \mid X) = XE(Y \mid X) + cX^2$，其中 c 为常数。

（3）若 X 和 Y 独立，则 $E(Y \mid X) = E(Y)$。也就是说，若 X 和 Y 为独立随机变量，则给定 X 下 Y 的条件期望等同于 Y 的无条件期望。

（4）迭代期望法则（the law of iterated expectations）。一个随机变量 Y 的无条件期望 $E(Y)$ 与其基于另一个随机变量 X 的条件期望 $E(Y \mid X)$ 之间的关系是：

$$E(Y) = E_X[E(Y \mid X)]$$

注意到这种关系很有意思，这就是迭代期望法则，它说明 Y 的边缘或无条件分布等于其条件期望的期望，符号 E_X 表示对 X 的值求期望。简言之，这一法则说明，如果我们首先得到作为 X 函数的 $E(Y \mid X)$，然后对 X 值的分布求期望，最终就会得到 Y 的无条件期望 $E(Y)$。读者可以用例 4 给出的数据来验证这一关系。

迭代期望法则有如下含义：若给定 X 下 Y 的条件均值（即 $E[Y \mid X]$）为零，则 Y 的（无条件）均值也为零。这是因为

$$E[E(Y \mid X)] = E(0) = 0$$

（5）若 X 和 Y 独立，则 $\mathrm{var}(Y \mid X) = \mathrm{var}(Y)$。

（6）$\mathrm{var}(Y) = E[\mathrm{var}(Y \mid X)] + \mathrm{var}[E(Y \mid X)]$；即 Y 的（无条件）方差等于 Y 的条件方差的期望与 Y 的条件期望的方差之和。

概率分布的高阶矩

虽然均值、方差和协方差是一元和多元 PDF 最常用的摘要度量，但有时我们仍常要考虑 PDF 的高阶矩，比如 3 阶矩和 4 阶矩。一元概率分布函数 $f(x)$ 围绕其均值(μ)的 3 阶矩和 4 阶矩被定义为：

3 阶矩：$E(X-\mu)^3$

4 阶矩：$E(X-\mu)^4$

一般地，围绕均值的 r 阶矩定义为：

r 阶矩：$E(X-\mu)^r$

一个分布的 3 阶矩和 4 阶矩常用来研究一个概率分布的形状，特别是它的偏态（skewness）S（指不对称性）和峰态（kurtosis）K（指高尖或平扁），如图 A-3 所示。

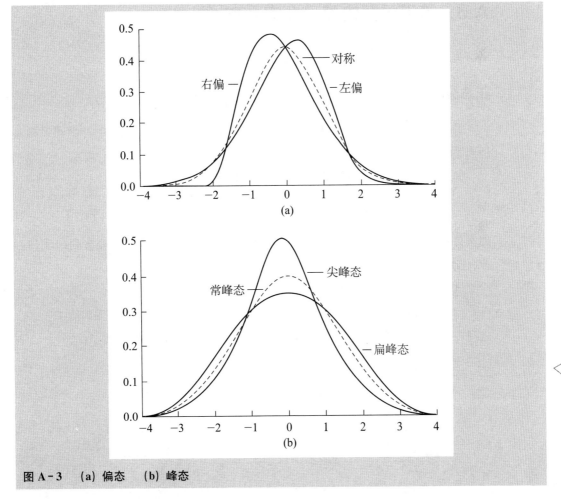

图 A-3 (a) 偏态 (b) 峰态

偏态的一个度量指标被定义为：

$$S = \frac{E(X-\mu)^3}{\sigma^3} = \frac{\text{围绕均值的 3 阶矩}}{\text{标准差的立方}}$$

常用的一个峰态度量指标是：

$$K = \frac{E(X-\mu)^4}{[E(X-\mu)^2]^2} = \frac{\text{围绕均值的 4 阶矩}}{\text{2 阶矩的平方}}$$

K 值小于 3 的 PDF 叫作扁峰态（platykurtic），有肥而短的尾部；K 值大于 3 的 PDF 叫作尖峰态（leptokurtic），有细而长的尾部；K 值为 3 的 PDF 则叫作常峰态（mesokurtic）。正态分布是常峰态的典型例子，见图 A-3。（参见 A.6 节中关于正态分布的讨论。）

我们即将证明，如何用偏态和峰态这两个指标来一起决定一个随机变量是否服从正态分布。回想一下我们的假设检验程序，比如 t 检验和 F 检验，都基于如下假定（至少对小样本或有限样本是如此）：我们分析的变量（或样本统计量）是正态分布的，因此，在具体应用中明确这一假定是否成立就非常重要。

A.6 若干重要的理论概率分布

本书广泛地利用了如下概率分布。

正态分布

最著名的理论概率分布莫过于正态分布，其钟形图像已为稍具统计学知识的人所熟悉。

如果一个（连续）随机变量的 PDF 有如下形式：

$$f(x) = \frac{1}{\sigma\sqrt{2\pi}}\exp\left(-\frac{1}{2}\frac{(x-\mu)^2}{\sigma^2}\right), \quad -\infty < x < \infty$$

那么，它就是正态分布的，其中 μ 和 σ^2 被称为分布参数，分别是分布的均值和方差。此分布具有以下性质：

（1）它围绕其均值对称分布。

（2）正态曲线下的面积约有 68% 位于 $\mu \pm \sigma$ 之间；约有 95% 的面积位于 $\mu \pm 2\sigma$ 之间；而约有 99.7% 的面积位于 $\mu \pm 3\sigma$ 之间，如图 A-4 所示。

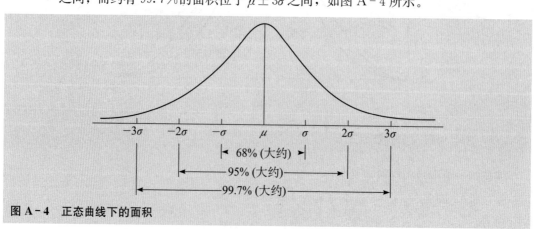

图 A-4 正态曲线下的面积

（3）正态分布依赖于 μ 和 σ^2 两个参数，一旦给定了这两个参数值，就可利用正态分布的 PDF 找出 X 落入某一区间的概率。这一任务因附录 D 中的表 D‑1 而大为减轻。为了使用此表，我们通过下列变换把给定均值 μ 和方差 σ^2 的正态分布变量 X 转换成标准（化）正态变量 Z：

$$Z = \frac{x - \mu}{\sigma}$$

任何标准正态变量都有均值为 0 和方差为 1 的重要性质。例如 Z 有零均值和单位方差，将 Z 代入前面的正态 PDF，我们得到：

$$f(Z) = \frac{1}{\sqrt{2\pi}} \exp\left(-\frac{1}{2} Z^2\right)$$

这就是标准正态变量的 PDF。附录 D 中表 D‑1 所给的概率就是根据这个标准正态变量计算的。

按照惯例，我们把一个正态分布的变量表示为：

$$X \sim N(\mu, \sigma^2)$$

其中 ~ 表示"分布服从"，N 代表正态分布，而括号中的量为正态分布的两个参数，即均值与方差，按此惯例，

$$X \sim N(0, 1)$$

即 X 是一个有零均值和单位方差的正态分布变量。换言之，它是一个标准正态变量 Z。

例 18

假定 $X \sim N(8, 4)$，问 X 的取值落在 $X_1 = 4$ 和 $X_2 = 12$ 之间的概率是多少？为了计算所求的概率，我们把 Z 值计算为：

$$Z_1 = \frac{X_1 - \mu}{\sigma} = \frac{4 - 8}{2} = -2$$

$$Z_2 = \frac{X_2 - \mu}{\sigma} = \frac{12 - 8}{2} = +2$$

现在从表 D‑1 我们查出 $\Pr(0 \leqslant Z \leqslant 2) = 0.477\,2$。于是，根据对称性我们有 $\Pr(-2 \leqslant Z \leqslant 0) = 0.477\,2$。因此，所求概率是 $0.477\,2 + 0.477\,2 = 0.954\,4$。（参见图 A‑4。）

例 19

在上例中，X 超过 12 的概率是多少？

X 超过 12 就是 Z 超过 2，其概率根据表 D‑1 显然是 $0.5 - 0.477\,2$ 或 $0.022\,8$。

（4）令 $X_1 \sim N(\mu_1, \sigma_1^2)$ 和 $X_2 \sim N(\mu_2, \sigma_2^2)$，并假定它们是独立的。现考虑线性组合：

$$Y = aX_1 + bX_2$$

其中 a 和 b 是常数。可以证明

$$Y \sim N\big[(a\mu_1 + b\mu_2),(a^2\sigma_1^2 + b^2\sigma_2^2)\big]$$

这个结果是说，正态分布变量的线性组合仍是正态分布的。这一结果容易推广到多于两个正态分布变量的线性组合上。

（5）中心极限定理（central limit theorem）。令 $X_1, X_2, \cdots, X_n$ 为 n 个独立的、均值为 μ 和方差为 σ^2 的相同 PDF 的随机变量。令 $\overline{X} = \sum X_i/n$（即样本均值），那么随着 n 无限增大（即 $n \to \infty$），

$$\overline{X} \underset{n \to \infty}{\sim} N\Big(\mu, \frac{\sigma^2}{n}\Big)$$

这就是说，$\overline{X}$ 趋于均值为 μ、方差为 σ^2/n 的正态分布。注意，这一结果的成立与 PDF 的形式无关。从而推知：

$$z = \frac{\overline{X} - \mu}{\sigma/\sqrt{n}} = \frac{\sqrt{n}(\overline{X} - u)}{\sigma} \sim N(0,1)$$

也就是说，Z 是一个标准正态变量。

（6）正态分布围绕其均值的 3 阶矩和 4 阶矩分别是：

3 阶矩：$E(X - \mu)^3 = 0$

4 阶矩：$E(X - \mu)^4 = 3\sigma^4$

注：正态分布变量围绕其均值的所有奇数阶矩都等于零。

（7）于是，按照前面讨论的偏态和峰态度量指标，对于一个正态 PDF，偏态＝0，而峰态＝3，即正态分布是对称的和常峰态的。因此，正态性的一个简单检验就是判断其偏态和峰态的计算值是否不同于标准的 0 和 3。事实上，这就是本书讨论的雅克-贝拉（JB）正态检验（Jarque-Bera test of normality）的逻辑基础：

$$\text{JB} = n\Big[\frac{S^2}{6} + \frac{(K-3)^2}{24}\Big] \tag{5.12.1}$$

其中 S 代表偏态值而 K 代表峰态值。在正态性的虚拟假设下，JB 服从自由度（df）为 2 的 χ^2 分布。

（8）一个正态分布变量的均值和方差相互独立，因为它们都不是对方的函数。

（9）若 X 和 Y 是联合正态分布的，则它们相互独立的充分必要条件是它们之间的协方差［即 $\text{cov}(X,Y)$］为零。（参见习题 4.1。）

χ^2 分布

令 $Z_1, Z_2, \cdots, Z_k$ 为独立的标准正态变量（即有零均值、单位方差的正态变量），则量

$$Z = \sum_{i=1}^{k} Z_i^2$$

服从自由度为 k 的 χ^2 分布，这里自由度一词指上述总和中独立量的个数。一个 χ^2 分布变量用 χ_k^2 来表示，其中下标 k 指自由度，其几何图形见图 A-5。

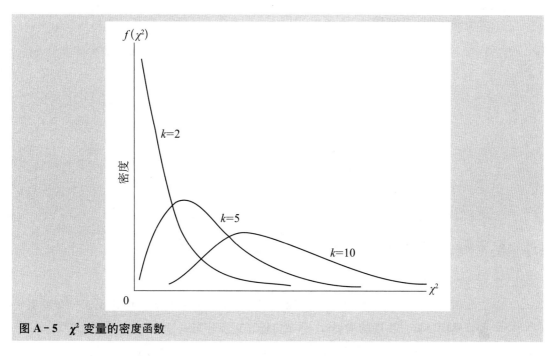

图 A-5 χ^2 变量的密度函数

χ^2 分布有如下性质：

（1）如图 A-5 所示，χ^2 分布是一有偏斜的分布，其偏斜程度与自由度有关。当自由度较小时，该分布高度向右偏斜；但随着自由度增加，分布变得越来越对称。事实上，当自由度超过 100 时，变量

$$\sqrt{2\chi^2} - \sqrt{(2k-1)}$$

可视同标准正态变量，其中 k 是自由度。

（2）χ^2 分布的均值为 k，而其方差为 $2k$，其中 k 是自由度。

（3）如果 Z_1 和 Z_2 是自由度为 k_1 和 k_2 的两个独立 χ^2 变量，则 $Z_1 + Z_2$ 也是 χ^2 变量，其自由度 $df = k_1 + k_2$。

例 20

给定自由度为 20，问获得 40 或更大的一个 χ^2 值的概率是多少？

查表 D-4，获得一个（大于）39.9968 的 χ^2 值的概率（20 个自由度）是 0.005。因此，获得一个（大于）40 的 χ^2 值的概率小于 0.005，这是一个相当小的概率。

t 分布

如果 Z_1 是一个标准正态变量[即 $Z_1 \sim N(0,1)$]，而另一变量 Z_2 服从自由度为 k 的 χ^2 分布且独立于 Z_1，则如下定义的变量：

$$t = \frac{Z_1}{\sqrt{(Z_2/k)}} = \frac{Z_1\sqrt{k}}{\sqrt{Z_2}}$$

服从自由度为 k 的 t 分布，一个 t 分布变量常记为 t_k，其中下标用来表明自由度。t

分布的几何形状如图 A-6 所示。

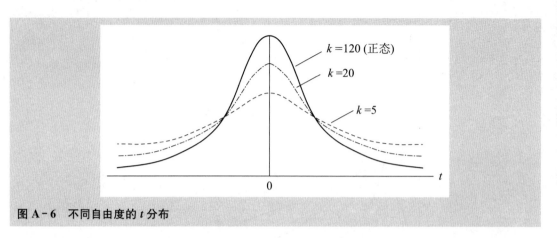

图 A-6　不同自由度的 t 分布

t 分布有如下性质：

（1）如图 A-6 所示，t 分布像正态分布那样是对称的，但比正态分布要扁平些，然而随着自由度的增加，t 分布迫近于正态分布。

（2）t 分布的均值为零，方差为 $k/(k-2)$。表 D-2 给出了 t 分布表。

例 21

给定 df=13，求以下概率：（a）获得约为 3 或更大的一个 t 值，（b）获得约为 -3 或更小的一个 t 值，以及（c）获得约为 3 或更大的 $|t|$，这里 $|t|$ 表示 t 的绝对值（即不含符号的 t 值）。

根据表 D-2，答案是（a）约为 0.005；（b）约为 0.005，因为 t 分布是对称的；（c）约为 0.01（$=2\times0.005$）。

F 分布

如果 Z_1 和 Z_2 是自由度为 k_1 和 k_2 的独立的 χ^2 变量，则变量：

$$F = \frac{Z_1/k_1}{Z_2/k_2}$$

服从（费希尔的）自由度为 k_1 和 k_2 的 F 分布，一个 F 分布变量记为 F_{k_1,k_2}，其中下标表明与这两个 Z 变量相对应的自由度，k_1 被称为分子自由度，而 k_2 被称为分母自由度，F 分布的几何形状见图 A-7。

F 分布有如下性质：

（1）像 χ^2 分布一样，F 分布向右偏斜。但可以证明，随着 k_1 和 k_2 的增大，F 分布趋向于正态分布。

（2）F 分布变量的均值是 $k_2/(k_2-2)$，其定义域是 $k_2>2$，而它的方差是：

$$\frac{2k_2^2(k_1+k_2-2)}{k_1(k_2-2)^2(k_2-4)}$$

其定义域是 $k_2>4$。

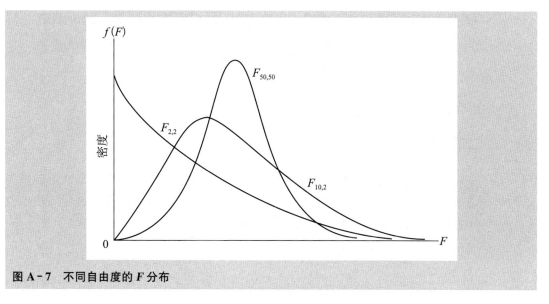

图 A-7 不同自由度的 F 分布

（3）一个自由度为 k 的 t 分布随机变量的平方服从自由度为 1 和 k 的 F 分布，用符号表示为：

$$t_k^2 = F_{1,k}$$

例 22

给定 $k_1 = 10$ 和 $k_2 = 8$，分别求 F 值（a）大于或等于 3.4，以及（b）大于或等于 5.8 的概率。

查表 D-3，这些概率近似为（a）0.05 以及（b）0.01。

（4）如果分母自由度 k_2 相当大，则 F 分布和 χ^2 分布之间有如下关系：

$$k_1 F \sim \chi_{k_1}^2$$

这就是说，对于较大的分母自由度，F 值乘以分子自由度 k_1 近似等于一个以分子自由度 k_1 为自由度的 χ^2 值。

例 23

令 $k_1 = 20$ 和 $k_2 = 120$。对这些自由度的 5% 临界 F 值是 1.48。因此，$k_1 F = 20 \times 1.48 = 29.6$。而根据自由度为 20 的 χ^2 分布，5% 临界 χ^2 值约为 31.41。

顺便指出，因为在自由度较大的情况下，t 分布、χ^2 分布和 F 分布都趋于正态分布，所以把这三个分布都称作正态分布的相关分布。

贝努利二项式分布

如果一个随机变量 X 的概率密度（或质量）函数为：

$$P(X = 0) = 1 - p$$
$$P(X = 1) = p$$

其中 p $(0 \leqslant p \leqslant 1)$ 为某一事件"成功"的概率（如掷硬币时得到正面的概率），那么，就称它服从以（瑞士数学家）贝努利命名的分布。对于这样的变量，

$$E(X) = [1 \times p(X = 1) + 0 \times p(X = 0)] = p$$
$$\mathrm{var}(X) = pq$$

其中 $q = 1 - p$，即"失败"的概率。

二项式分布

二项式分布是贝努利分布的推广。令 n 表示独立试验的次数，每次试验结果"成功"的概率都是 p，而"失败"的概率都是 $q[=(1-p)]$。若 X 表示 n 次试验中成功的次数，则 X 服从二项式分布，其 PDF 为：

$$f(X) = \begin{bmatrix} n \\ x \end{bmatrix} p^x (1-p)^{n-x}$$

其中 x 表示 n 次试验中成功的次数，而且，

$$\begin{bmatrix} n \\ x \end{bmatrix} = \frac{n!}{x!(n-x)!}$$

其中 $n!$ 读作"n 的阶乘"，意味着 $n(n-1)(n-2)\cdots 1$。

二项式分布是有两个参数 n 和 p 的分布，对于这个分布，

$$E(X) = np$$
$$\mathrm{var}(X) = np(1-p) = npq$$

比如你掷 100 次硬币，想求出得到 60 次正面的概率，那你就将 $p = 0.5$，$n = 100$ 和 $x = 60$ 代入上式，有计算机例行程序给出计算结果。

你可以看出二项式分布如何推广了贝努利二项式分布。

泊松分布

如果一个随机变量 X 的 PDF 为：

$$f(X) = \frac{\mathrm{e}^{-\lambda} \lambda^x}{x!} \qquad \text{对于} \lambda > 0, x = 0, 1, 2, \cdots$$

那么它就服从泊松分布。泊松分布只取决于一个参数 λ。泊松分布的一个明显特征是，其方差等于其期望值 λ，即：

$$E(X) = \mathrm{var}(X) = \lambda$$

如我们在非线性回归模型那一章所见，泊松模型只用于极少见或不经常发生的现象，例如一个时间段（比方说 5 分钟）内收到来电的次数，或者一小时内收到违章超速驾驶传票的次数，或者一个企业一年内申请的专利个数。

A.7 统计推断：估计

在 A.6 节中，我们考虑了若干理论概率分布。往往我们知道或愿意假定一个

随机变量 X 服从某一概率分布，但不知道该分布的参数值。例如，假定 X 服从正态分布，而想知道它的两个参数值，即均值和方差。为了估计这些未知数，通常的程序是假定我们有一个来自已知概率分布且容量为 n 的随机样本（random sample），并用这些样本数据去估计未知的参数。① 这就是所谓的估计问题。在本节中我们对这个问题进行更详尽的探讨。估计问题可划分为两类：点估计和区间估计。

点估计

为便于考虑，令 X 是概率密度为 $f(x;\theta)$ 的一个随机变量，其中 θ 是分布的参数（为讨论上简单起见，暂且假定只有一个未知参数；我们的讨论是容易加以推广的）。假定我们知道了函数形式，即我们知道理论 PDF，比如说 t 分布，但不知道 θ 值，于是，我们从这个已知的 PDF 中抽取一个容量为 n 的随机样本，并做出这样一个样本值函数：

$$\hat{\theta} = f(x_1, x_2, \cdots, x_n)$$

以提供真实 θ 的一个估计值。$\hat{\theta}$ 被称为一个统计量或估计量，而此估计量所取的一个特殊或具体的数值则被称为一个估计值。注意，因为 $\hat{\theta}$ 是样本数据的一个函数，故可把它看作一个随机变量。$\hat{\theta}$ 为我们提供了一个规则或公式，告诉我们怎样去估计真实的 θ。比如说，如果令：

$$\hat{\theta} = \frac{1}{n}(x_1 + x_2 + \cdots + x_n) = \overline{X}$$

其中 $\overline{X}$ 是样本均值，那么 $\overline{X}$ 就是真实均值 μ（比方说）的一个估计量。如果在一具体例子里 $\overline{X}=50$，这就为 μ 提供了一个估计值，以上述方式获得的 $\hat{\theta}$ 估计量由于仅提供了 θ 的单个（一点）估计值，故被称为点估计量（point estimator）。

区间估计

假如我们不仅获得 θ 的单个估计值，而且通过构造两个估计量 $\hat{\theta}_1(x_1, x_2, \cdots, x_n)$ 和 $\hat{\theta}_2(x_1, x_2, \cdots, x_n)$ 而获得 θ 的两个估计值，并且声称在 $\hat{\theta}_1$ 和 $\hat{\theta}_2$ 之间的这个区间里包含着真实 θ 有一定的可信度（即概率）。可见，与点估计相对照，在区间估计中，我们提供真实 θ 将落入其间的一个可能值域。

区间估计所依据的主要概念是估计量的抽样或概率分布。例如，可以证明，如果变量 X 是正态分布的，则样本均值 $\overline{X}$ 也是正态分布的，并且有均值 $=\mu$（真实均值）和方差 $=\sigma^2/n$，其中 n 是样本容量。换句话说，估计量 $\overline{X}$ 的抽样或概率分布是

---

① 令 $X_1, X_2, \cdots, X_n$ 为 n 个随机变量，其联合 PDF 为 $f(x_1, x_2, \cdots, x_n)$。如果我们能够写成

$$f(x_1, x_2, \cdots, x_n) = f(x_1)f(x_2)\cdots f(x_n)$$

其中 $f(x)$ 是每个 X 的共同 PDF，则说 $x_1, x_2, \cdots, x_n$ 构成一个容量为 n 的随机样本，它来自概率密度函数为 $f(x_n)$ 的总体。

$\overline{X} \sim N(\mu, \sigma^2/n)$。因此，如果我们构造区间

$$\overline{X} \pm 2 \frac{\sigma}{\sqrt{n}}$$

并声称类似这样的许多区间包含着真实 μ 的概率近似等于 0.95 或 95%，那么我们事实上正在构造 μ 的一个区间估计。注意上面所给的区间基于随样本的变化而变化的 $\overline{X}$，所以它也是随机的。

更一般地，在区间估计中，我们构造两个估计量 $\hat{\theta}_1$ 和 $\hat{\theta}_2$，两者都是样本 X 值的函数，使得

$$\Pr(\hat{\theta}_1 \leqslant \theta \leqslant \hat{\theta}_2) = 1 - \alpha \qquad 0 < \alpha < 1$$

这就是说，我们可以断言，从 $\hat{\theta}_1$ 到 $\hat{\theta}_2$ 的区间里含有真实 θ 的概率是 $1 - \alpha$。此区间被称为 θ 的置信区间（confidence interval），$1 - \alpha$ 被称为置信系数（confidence coefficient）。例如 $\alpha = 0.05$，则 $1 - \alpha = 0.95$，指如果我们构造一个置信系数为 0.95 的置信区间，则在从重复抽样中重复构造这种区间的过程中，当我们坚持认为所构造的区间含有真实 θ 时，我们在每 100 次中将有 95 次是正确的。当置信系数是 0.95 时，我们常说我们有了一个 95% 的置信区间。一般地，如果置信系数是 $1 - \alpha$，就说我们有了一个 $100(1 - \alpha)$% 置信区间，注意，α 就是我们所知的显著（性）水平或犯第 I 类错误的概率。A.8 节将讨论此问题。

例 24

假定总体中男子身高是正态分布的，其均值 $= \mu$ 英寸且 $\sigma = 2.5$ 英寸。从总体中取一个 100 人的随机样本，其平均身高为 67 英寸，求总体平均身高（$= \mu$）的一个 95% 置信区间。

根据以上描述，$\overline{X} \sim N(\mu, \sigma^2/n)$。在本例中将是 $\overline{X} \sim N(\mu, 2.5^2/100)$。查表 D-1 可见：

$$\overline{X} - 1.96 \left(\frac{\sigma}{\sqrt{n}}\right) \leqslant \mu \leqslant \overline{X} + 1.96 \left(\frac{\sigma}{\sqrt{n}}\right)$$

包含正态曲线下 95% 的面积。因此，这个区间给出了 μ 的一个 95% 置信区间。将给定的 $\overline{X}$，σ 和 n 值代入，就得到这个 95% 置信区间为：

$$66.51 \leqslant \mu \leqslant 67.49$$

在重复上述做法的过程中，如此构造出的区间将有 95% 的可信度包含有真实 μ，这里不妨指出一个技术性问题，即，虽然我们可以说随机区间 $[\overline{X} \pm 1.96(\sigma/\sqrt{n})]$ 包含 μ 的概率是 95%，却不可以说某一具体区间（66.51，67.49）包含 μ 的概率是 95%，一旦这个区间被固定了，它包含 μ 的概率不是 0 就是 1。我们所能说的只是对于如此构造的区间，每 100 个中将有 95 个含有真实 μ；我们不能保证某一区间必定含有 μ。

估计方法

宽泛地讲，有三种参数估计方法：（1）最小二乘法（LS），（2）极大似然法（ML）和（3）矩法（MOM）及其推广形式——广义矩法（GMM）。我们已经花了相当多的时间来说明最小二乘法。在第 4 章，我们又在回归的背景下介绍了极大似然法，而这种方法的应用要广泛得多。

极大似然法背后的关键思想是似然函数。为说明这一点，假设随机变量 X 的概率分布函数 $f(X, \theta)$ 只取决于一个参数 θ。我们知道 PDF（比如贝努利二项式分布或二项式分布），但我们不知道参数值。假设我们得到 n 个 X 值的一个随机样本。这 n 个值的联合 PDF 为：

$$g(x_1, x_2, \cdots, x_n; \theta)$$

由于它是一个随机样本，所以我们可以把前面的联合 PDF 写成各个 PDF 的乘积：

$$g(x_1, x_2, \cdots, x_n; \theta) = f(x_1; \theta) f(x_2; \theta) \cdots f(x_n; \theta)$$

这个联合 PDF 具有双重解释。若 θ 已知，则我们可以把它理解为观测到给定样本值的联合概率。若 θ 未知，则我们可以把它看成给定 $x_1, x_2, \cdots, x_n$ 时 θ 的一个函数。按后一种解释，我们称联合 PDF 为似然函数（LF）并记作：

$$L(\theta; x_1, x_2, \cdots, x_n) = f(x_1; \theta) f(x_2; \theta) \cdots f(x_n; \theta)$$

注意 θ 在联合概率密度函数和似然函数中的角色转换。

θ 的极大似然估计量是最大化（样本）似然函数 L 时的 θ 值。为了数学上的方便，我们通常将似然函数取对数，称为对数似然函数（log-likelihood function，$\log L$）。根据最大化的微积分法则，我们将对数似然函数对未知参数微分，并令导数等于零。由此得到的估计量的值被称为极大似然估计量（maximum-likelihood estimator），还可以用最大化的二阶条件来保证所得到的值确实是最大值。

在有不止一个未知参数的情况下，我们将对数似然函数分别对每个未知参数微分，并令由此得到的表达式等于零，然后联立求解，以得到未知参数的值。我们已对多元回归模型说明过这一点（见第 4 章的附录）。

例 25

假定随机变量 X 服从均值为 λ 的泊松分布。假设 x_1，x_2，$\cdots$，x_n 都是均值为 λ 的独立泊松随机变量。若我们想求出 λ 的极大似然估计量，似然函数就是

$$L(x_1, x_2, \cdots, x_n; \lambda) = \frac{e^{-\lambda}\lambda^{x_1}}{x_1!} \frac{e^{-\lambda}\lambda^{x_2}}{x_2!} \cdots \frac{e^{-\lambda}\lambda^{x_n}}{x_n!}$$

$$= \frac{e^{-n\lambda}\lambda^{\sum x_i}}{x_1! x_2! \cdots x_n!}$$

这是一个相当庞大的表达式，但若取对数，则变成

$$\log(x_1, x_2, \cdots, x_n; \lambda) = -n\lambda + \sum x_i \log\lambda - \log c$$

其中 $\log c = \prod x_i!$，将上述表达式对 λ 微分，我们得到 $\left[-n + (\sum x_i)/\lambda\right]$。通过令最后一个表达式为零，我们得到 $\lambda_{ml} = (\sum x_i)/n = \bar{X}$，这就是未知参数 λ 的极大似然估计量。

矩法。 在习题 3.4 中，在试图以样本矩得到总体矩特征的所谓类比原理（analogy principle）中，我们已经粗略地了解了矩法。作为矩法的推广，广义矩法目前越来越受到欢迎，但在初级教材中无法详细介绍，这里就不再深究。

理想的统计性质分为两类：小样本或有限样本性质和大样本或渐近性质。在这两组性质的背后，都有估计量具有抽样或概率分布的概念。

小样本性质

无偏性。 如果一个估计量 $\hat{\theta}$ 的期望值等于真实 θ，即

$$E(\hat{\theta}) = \theta$$

或者

$$E(\hat{\theta}) - \theta = 0$$

我们就说 $\hat{\theta}$ 是 θ 的一个无偏估计量，如果这个等式不成立，就说估计量是有偏误的，且偏误的计算如下：

$$\text{bias}(\hat{\theta}) = E(\hat{\theta}) - \theta$$

当然，如果 $E(\hat{\theta}) = \theta$ 即 $\hat{\theta}$ 是无偏的，则偏误为零。

在几何上，这种情形可描述为图 A-8，顺便指出，无偏性是一个重复抽样的性质，而不是任意给定样本的性质：固定样本容量，抽取多个样本，每次得到未知参数的一个估计值，如果估计量是无偏的，这些估计值的平均值就可望等于真值。

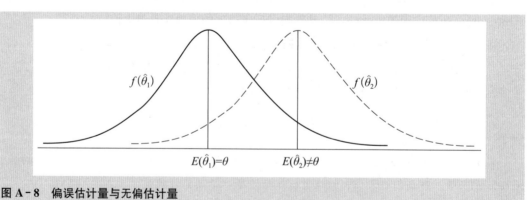

图 A-8 偏误估计量与无偏估计量

最小方差（性）。 如果 θ 的估计量 $\hat{\theta}_1$ 的方差比 θ 的任何一个其他估计量 $\hat{\theta}_2$ 的方差都小或最多相等，则说 $\hat{\theta}_1$ 是 θ 的最小方差估计量。图 A-9 从几何上展现了 θ 的三个估计量 $\hat{\theta}_1$、$\hat{\theta}_2$ 和 $\hat{\theta}_3$ 以及它们的概率分布。如图所示，$\hat{\theta}_3$ 的方差既小于 $\hat{\theta}_1$ 也小于 $\hat{\theta}_2$。因而，假定只有三个可能的估计量，$\hat{\theta}_3$ 就是最小方差的。但注意 $\hat{\theta}_3$ 却是有偏误的估计量。（为什么？）

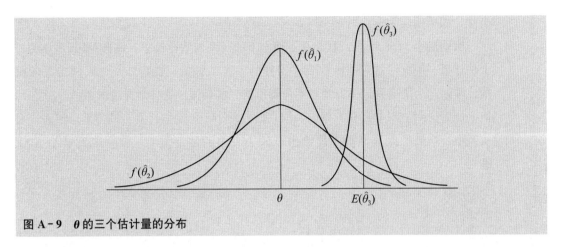

图 A-9 θ 的三个估计量的分布

最优无偏或有效估计量。 如果 $\hat{\theta}_1$ 和 $\hat{\theta}_2$ 是 θ 的两个无偏估计量，而且 $\hat{\theta}_1$ 的方差小于或最多等于 $\hat{\theta}_2$ 的方差，则 $\hat{\theta}_1$ 是最小方差无偏或最优无偏或有效估计量。这样，对于图 A-9 中的两个无偏估计量 $\hat{\theta}_1$ 和 $\hat{\theta}_2$，$\hat{\theta}_1$ 就是最优无偏的或有效的。

线性性质。 如果 θ 的一个估计量 $\hat{\theta}$ 是样本观测值的一个线性函数，就说它是 θ 的一个线性估计量。例如，如下定义的样本均值：

$$\overline{X} = \frac{1}{n}\sum X_i = \frac{1}{n}(X_1 + X_2 + \cdots + X_n)$$

由于它是 X 值的一个线性函数，因而它是一个线性估计量。

最优线性无偏估计量（BLUE）。 如果 θ 的估计量 $\hat{\theta}$ 是线性的和无偏的，并且在 θ 的所有线性无偏估计量中具有最小方差，就称它为最优线性无偏估计量（best linear unbiased estimator），或简记为 BLUE。

最小均方误（MSE）估计量。 一个估计量 $\hat{\theta}$ 的均方误（MSE）被定义为：

$$\text{MSE}(\hat{\theta}) = E(\hat{\theta} - \theta)^2$$

它不同于 $\hat{\theta}$ 的方差，后者的定义是：

$$\text{var}(\hat{\theta}) = E[\hat{\theta} - E(\hat{\theta})]^2$$

两者的差别在于：$\text{var}(\hat{\theta})$ 衡量 $\hat{\theta}$ 围绕其均值或期望值而分布的分散程度，而 $\text{MSE}(\hat{\theta})$ 则衡量 $\hat{\theta}$ 围绕参数的真值而分布的分散程度，两者的关系如下：

$$\begin{aligned}
\text{MSE}(\hat{\theta}) &= E(\hat{\theta} - \theta)^2 \\
&= E[\hat{\theta} - E(\hat{\theta}) + E(\hat{\theta}) - \theta]^2 \\
&= E[\hat{\theta} - E(\hat{\theta})]^2 + E[E(\hat{\theta}) - \theta]^2 + 2E[\hat{\theta} - E(\hat{\theta})][E(\hat{\theta}) - \theta] \\
&= E[\hat{\theta} - E(\hat{\theta})]^2 + E[E(\hat{\theta}) - \theta]^2 \qquad \text{因最后一项为零[①]} \\
&= \text{var}(\hat{\theta}) + \text{bias}(\hat{\theta})^2 \\
&= \hat{\theta} \text{ 的方差加偏误的平方}
\end{aligned}$$

[①] 最后一项可写为 $2\{[E(\hat{\theta})]^2 - [E(\hat{\theta})]^2 - \theta E(\hat{\theta}) + \theta E(\hat{\theta})\} = 0$。还注意到，由于一个常数的期望值就是该常数本身，故 $E[E(\hat{\theta}) - \theta]^2 = [E(\hat{\theta}) - \theta]^2$。

当然，如果偏误为零，则 $\text{MSE}(\hat{\theta}) = \text{var}(\hat{\theta})$。

所谓最小 MSE 准则，就是在不相上下的一系列估计量中，挑选 MSE 最小的一个估计量。但应注意，即使找到了这样的一个估计量，也将涉及得失两方面的权衡。须知：为了得到最小方差，不免要承受一些偏误。这种情况可由图 A-10 在几何上加以说明。图中 $\hat{\theta}_2$ 稍有偏误，但它的方差小于无偏估计量 $\hat{\theta}_1$ 的方差，然而，在实践中，当最优无偏准则不能给出有较小方差的估计量时，就会用到最小 MSE 准则。

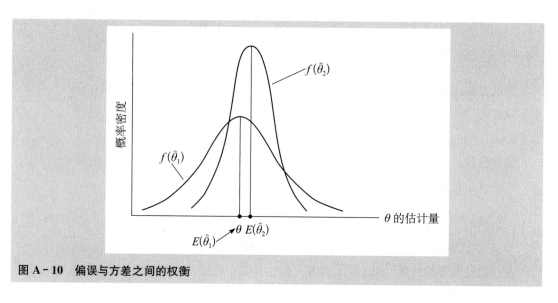

图 A-10 偏误与方差之间的权衡

大样本性质

一个估计量往往不具备小样本中的一种或多种优良统计性质，但随着样本无限增大，该估计量却具有一些被称为大样本（large-sample）或渐近性质（asymptotic properties）的优良统计性质。

渐近无偏性。 我们说估计量 $\hat{\theta}$ 是 θ 的渐近无偏估计量，如果

$$\lim_{n \to \infty} E(\hat{\theta}_n) = \theta$$

其中 $\hat{\theta}_n$ 表示估计量以样本容量 n 为基础，$\lim$ 表示极限，而 $n \to \infty$ 表示 n 无限增加。从字面上说，如果随着样本容量变得越来越大，$\hat{\theta}$ 的期望值或均值趋于真值，则它是 θ 的一个渐近无偏估计量。作为例子，考虑随机变量 X 的样本方差的如下度量：

$$S^2 = \frac{\sum (X_i - \overline{X})^2}{n}$$

可以证明：

$$E(S^2) = \sigma^2 \left(1 - \frac{1}{n}\right)$$

其中 σ^2 是真实方差。显然，在小样本中 S^2 是有偏误的，但随着 n 无限增大，$E(S^2)$ 趋向于真实 σ^2；从而它是渐近无偏的。

一致性。如果随着样本容量变得越来越大，$\hat{\theta}$ 趋于真实 θ，那么我们就说 $\hat{\theta}$ 是一个一致估计量。图 A-11 展示了这一性质。

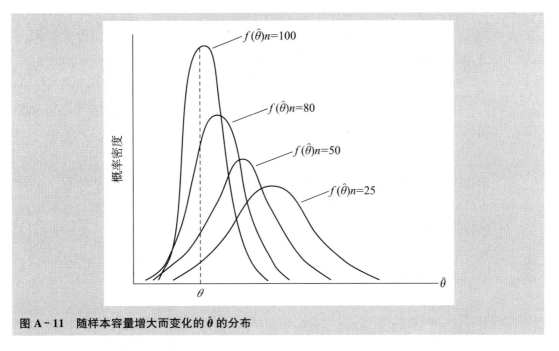

图 A-11 随样本容量增大而变化的 $\hat{\theta}$ 的分布

图 A-11 中我们有基于样本容量为 25、50、80 和 100 的 $\hat{\theta}$ 的分布。如图所示，基于 $n=25$ 的 $\hat{\theta}$ 由于它的抽样分布不以真实 θ 为中心，故而是偏误的。但随着 n 的增大，不仅 $\hat{\theta}$ 趋于更紧密地围绕 θ 而分布（即 $\hat{\theta}$ 的偏误在减少），而且它的方差也在变小。如果取极限（即当 n 无限增大时），$\hat{\theta}$ 的分布收缩到单个点 θ，即如果 $\hat{\theta}$ 分布的散度或方差为零，则我们说 $\hat{\theta}$ 是 θ 的一个一致估计量。

更正式地说，如果 $\hat{\theta}$ 与 θ 之差的绝对值小于一个任意小的正数 δ 的概率趋于 1，那么估计量 $\hat{\theta}$ 就是 θ 的一个一致估计量。用符号表示为：

$$\lim_{n \to \infty} P\{|\hat{\theta} - \theta| < \delta\} = 1 \quad \delta > 0$$

其中 P 代表概率。这个表达式又常写为：

$$\operatorname*{plim}_{n \to \infty} \hat{\theta} = \theta$$

其中 plim 表示概率极限。

注意渐近无偏性和一致性是两个概念迥异的性质。渐近无偏性可以对任何样本容量都成立，而一致性则仅仅是一个大样本性质。

一致性的一个充分条件是随着样本无限增大，偏误和方差都趋于零。[1] 一致性的另一个充分条件是随着 n 无限增大，$\text{MSE}(\hat{\theta})$ 趋于零。[关于 $\text{MSE}(\hat{\theta})$，参看前面的讨论。]

---

① 更有技术性的表述是 $\lim\limits_{n \to \infty} E(\hat{\theta}_n) = \theta$ 和 $\lim\limits_{n \to \infty} \operatorname{var}(\hat{\theta}_n) = 0$。

例 26

令 X_1，X_2，…，X_n 为来自有均值 μ 和方差 σ^2 的一个分布的随机样本。证明样本均值 $\overline{X}$ 是 μ 的一个一致估计量。

由初等统计学可知 $E(\overline{X}) = \mu$ 和 $\mathrm{var}(\overline{X}) = \sigma^2/n$。因为无论样本容量有多大，都有 $E(\overline{X}) = \mu$，故 $\overline{X}$ 是无偏的。再则，随着 n 无限增大，$\mathrm{var}(\overline{X})$ 趋于零，从而 $\overline{X}$ 是 μ 的一个一致估计量。

概率极限有值得注意的如下规则：

（1）不变性。如果 $\hat{\theta}$ 是 θ 的一个一致估计量，且 $h(\hat{\theta})$ 是 $\hat{\theta}$ 的任意一个连续函数，则：

$$\operatorname*{plim}_{n\to\infty} h(\hat{\theta}) = h(\theta)$$

据此，如果 $\hat{\theta}$ 是 θ 的一个一致估计量，则 $1/\hat{\theta}$ 也是 $1/\theta$ 的一个一致估计量；$\log(\hat{\theta})$ 也是 $\log(\theta)$ 的一个一致估计量。注意这个性质对期望算子 E 不成立；也就是说，如果 $\hat{\theta}$ 是 θ 的一个无偏估计量 [即 $E(\hat{\theta}) = \theta$]，那么说 $1/\hat{\theta}$ 是 $1/\theta$ 的一个无偏估计量并不正确；即 $E(1/\hat{\theta}) \neq 1/E(\hat{\theta}) \neq 1/\theta$。

（2）如果 b 是一常数，则：

$$\operatorname*{plim}_{n\to\infty} b = b$$

也就是说，一个常数的概率极限就是这个常数本身。

（3）如果 $\hat{\theta}_1$ 和 $\hat{\theta}_2$ 都是一致估计量，则：

$$\mathrm{plim}\,(\hat{\theta}_1 + \hat{\theta}_2) = \mathrm{plim}\,\hat{\theta}_1 + \mathrm{plim}\,\hat{\theta}_2$$

$$\mathrm{plim}\,(\hat{\theta}_1\hat{\theta}_2) = \mathrm{plim}\,\hat{\theta}_1\,\mathrm{plim}\,\hat{\theta}_2$$

$$\mathrm{plim}\left(\frac{\hat{\theta}_1}{\hat{\theta}_2}\right) = \frac{\mathrm{plim}\,\hat{\theta}_1}{\mathrm{plim}\,\hat{\theta}_2}$$

最后两个性质一般来说对期望算子 E 都不成立。例如，$E(\hat{\theta}_1/\hat{\theta}_2) \neq E(\hat{\theta}_1)/E(\hat{\theta}_2)$。类似地，$E(\hat{\theta}_1\hat{\theta}_2) \neq E(\hat{\theta}_1)E(\hat{\theta}_2)$，然而，如果 $\hat{\theta}_1$ 和 $\hat{\theta}_2$ 是独立分布的，则就像前面曾指出的那样，$E(\hat{\theta}_1\hat{\theta}_2) = E(\hat{\theta}_1)E(\hat{\theta}_2)$ 是成立的。

渐近有效性。 设 $\hat{\theta}$ 为 θ 的一个估计量。$\hat{\theta}$ 的渐近分布的方差叫作 $\hat{\theta}$ 的渐近方差（asymptotic variance）。如果 $\hat{\theta}$ 是一致的并且它的渐近方差小于 θ 的任何其他一致估计量的渐近方差，则称 $\hat{\theta}$ 为渐近有效的（asymptotically efficient）。

渐近正态性。 如果一个估计量 $\hat{\theta}$ 的抽样分布随着样本容量的无限增大而趋于正态分布，就说它是渐近正态分布的。例如，统计理论表明，如果 X_1，X_2，…，X_n 是有相同均值 μ 和相同方差 σ^2 的独立正态分布变量，则样本均值 $\overline{X}$ 无论在小样本或大样本中都是以 μ 为均值、以 σ^2/n 为方差的正态分布变量。但若 X_i 是以 μ 为均值，并以 σ^2 为方差的独立但不一定正态分布的变量，则样本均值 $\overline{X}$ 是以 μ 为均值、以 σ^2/n 为方差的渐近正态分布变量；也就是说，随着样本容量 n 无限增大，样本均值趋于以 μ 为均值、以 σ^2/n 为方差的正态分布。事实上，这就是前面讨论过的中心极限定理。

A.8 统计推断：假设检验

估计与假设检验是经典统计推断的一对孪生分支。既已分析过估计问题，现在我们就简要地探讨一下统计假设的检验问题。

假设检验的问题可叙述如下。假定已知随机变量 X 的概率密度函数 $f(x;\theta)$，其中 θ 是分布参数，在取得一个容量为 n 的随机样本之后，我们得到点估计量 $\hat{\theta}$，由于真实 θ 鲜为人知，所以我们提出这样一个问题：这个估计量 $\hat{\theta}$ 是否与某个假设的 θ 值"相符"？比方说，$\theta = \theta^*$？这里 θ^* 是一个特定的（假设的）θ 数值。换句话说，我们的样本会来自概率密度函数 $f(x;\theta = \theta^*)$ 吗？在假设检验的术语中，$\theta = \theta^*$ 被称为虚拟（或维持）假设 [null (or maintained) hypothesis] 并通常记为 H_0。虚拟假设是相对于一个记为 H_1 的对立假设（alternative hypothesis）而检验的。例如，H_1 可叙述为 $\theta \neq \theta^*$。（注：在某些教科书中把 H_0 和 H_1 分别记为 H_1 和 H_2。）

虚拟假设和对立假设都可以是简单的（simple）或复合的（composite）。如果一个假设确定了分布参数的一个值，则这个假设被称为简单假设；否则就称它为复合假设，例如，如果 $X \sim N(\mu, \sigma^2)$，并且我们声称

$$H_0: \mu = 15 \quad \text{和} \quad \sigma = 2$$

这就是一个简单假设；而

$$H_0: \mu = 15 \quad \text{和} \quad \sigma > 2$$

则因 σ 值未予确定而是一个复合假设。

为了检验虚拟假设（即检验其真实性），我们利用样本信息以获得所谓的检验统计量。这个检验统计量通常就是未知参数的点估计量。然后我们试图找出检验统计量的抽样或概率分布，并利用置信区间或显著性检验方法去检验虚拟假设。现将其操作步骤说明如下。

为便于分析，让我们回到例 24 所考虑的一个总体中的男子身高（X），我们被告知：

$$X_i \sim N(\mu, \sigma^2) = N(\mu, 2.5^2)$$
$$\overline{X} = 67 \quad n = 100$$

现假设

$$H_0: \mu = \mu^* = 69$$
$$H_1: \mu \neq 69$$

问题是这个检验统计量为 $\overline{X} = 67$ 的样本会来自均值为 69 的总体吗？直觉上，如果 $\overline{X}$"足够接近"μ^*，我们也许不会拒绝虚拟假设；否则我们宁可拒绝它而接受对立假设。但怎样决定 $\overline{X}$ 是否"足够接近"μ^* 呢？可以采取两种方法：置信区间法和显著性检验法。在任意具体应用中两种方法都将导致同一结论。

置信区间法

因为 $X_i \sim N(\mu, \sigma^2)$，所以我们知道检验统计量 $\overline{X}$ 的分布是：

$$\overline{X} \sim N(\mu, \sigma^2/n)$$

既然知道了 $\overline{X}$ 的概率分布，为什么不根据 $\overline{X}$ 构造 μ 的一个 $100(1-\alpha)\%$ 置信区间，然后看此置信区间是否包含 $\mu = \mu^*$ 呢？如果包含，我们就不拒绝虚拟假设；如果不包含，就可拒绝虚拟假设。例如，取 $\alpha = 0.05$，我们将有一个 95% 置信区间。如果此区间包含 μ^*，由于这样建立起来的区间每 100 个中有 095 个会含有 μ^*，我们就不拒绝虚拟假设。

实际操作步骤如下：因为 $\overline{X} \sim N(\mu, \sigma^2/n)$，从而

$$Z_i = \frac{\overline{X} - \mu}{\sigma/\sqrt{n}} \sim N(0, 1)$$

即，这是一个标准正态变量，于是由正态分布表知：

$$\mathrm{Pr}(-1.96 \leqslant Z_i \leqslant 1.96) = 0.95$$

即

$$\mathrm{Pr}\left(-1.96 \leqslant \frac{\overline{X} - \mu}{\sigma/\sqrt{n}} \leqslant 1.96\right) = 0.95$$

重新整理，得到

$$\mathrm{Pr}\left(\overline{X} - 1.96\frac{\sigma}{\sqrt{n}} \leqslant \mu \leqslant \overline{X} + 1.96\frac{\sigma}{\sqrt{n}}\right) = 0.95$$

这就是 μ 的一个 95% 置信区间。一旦构造了这个区间，虚拟假设的检验就很简单。我们所要做的无非就是看 $\mu = \mu^*$ 是否落入此区间而已。如果落入此区间，就不拒绝虚拟假设；如果不落入此区间，则拒绝虚拟假设。

回到我们的例子，我们已经构造了 μ 的一个 95% 置信区间，即

$$66.51 \leqslant \mu \leqslant 67.49$$

此区间显然不包含 $\mu = 69$，因此我们能以 95% 的置信系数拒绝真实 μ 是 69 的虚拟假设。图 A-12 用几何图形描绘了这一情况。

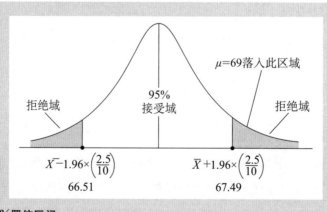

图 A-12　μ 的 95% 置信区间

用假设检验的语言说，我们所构造的置信区间叫作接受域（acceptance region）。接受域以外的区域叫作虚拟假设的临界域（critical region）或拒绝域（region of rejection）。接受域的上下限（与拒绝域的分界线）叫作临界值（critical values）。那么，用假设检验的语言说，如果假设值落入接受域，就不可拒绝虚拟假设；否则可以拒绝。

重要的是要看到，在决定拒绝或不拒绝 H_0 时，我们可能犯两类错误：（1）我们也许会拒绝一个事实上为真的 H_0，这叫作第 I 类错误。例如，在上例中 $\overline{X} = 67$ 有可能来自均值是 69 的总体。（2）我们也许没有拒绝一个事实上为假的 H_0，这叫作第 II 类错误。因此，假设检验并不能证明真正的 μ 值，而只能提供一种手段，以便决定可不可以按照 $\mu = \mu^*$ 行事。

第 I 类错误和第 II 类错误。 我们可将两类错误系统地表示为：

决策	自然状态	
	H_0 为真	H_0 为假
拒绝	第 I 类错误	没有错误
不拒绝	没有错误	第 II 类错误

在理想的情况下，我们希望第 I 类错误和第 II 类错误都能最小化。可是，对任意给定的样本容量，要同时最小化两类错误是不可能的。解决此问题的经典方法已体现于内曼（Neyman）和皮尔逊（Pearson）的著作中，即犯第 I 类错误实际上可能比犯第 II 类错误更为严重。因此，人们应把犯第 I 类错误的概率定在一个相当低的水平上，比如 0.01 或 0.05，然后试图使出现第 II 类错误的概率达到尽可能小。

文献中把犯第 I 类错误的概率记为 α，并称之为显著性水平，而把犯第 II 类错误的概率记为 β，并把不犯第 II 类错误的概率 $1 - \beta$ 称为检验功效。换句话说，检验功效就是拒绝一个错误假设的能力。假设检验的经典方法是把 α 固定在诸如 0.01 （1%）或 0.05（5%）的水平上，然后试图使检验功效最大化，也就是使 β 最小化。

重要的是，读者要理解检验功效的概念，最好用一个例子加以解释。[①]

令 $X \sim N(\mu, 100)$；即 X 服从均值为 μ 和方差为 100 的正态分布。假定 $\alpha = 0.05$。假设我们有一个含 25 次观测的样本，样本均值为 $\overline{X}$。进而假设我们对假设 $H_0 : \mu = 50$ 感兴趣。既然 X 服从正态分布，我们就知道样本均值也是正态分布的：$\overline{X} \sim N(\mu, 100/25)$。因此，在所述 $\mu = 50$ 的虚拟假设下，$\overline{X}$ 的 95% 置信区间是 $(\mu \pm 1.96\sqrt{100/25}) = \mu \pm 3.92$，即（46.08，53.92）。于是所有小于 46.08 或大于 53.92 的 $\overline{X}$ 就构成了临界域。也就是说，如果发现样本均值低于 46.08 或高于 53.92，我们就拒绝真实均值为 50 的虚拟假设。

但如果真实的 μ 不等于 50，$\overline{X}$ 落在上述临界域的概率是多少？假设有三个对

---

① 如下讨论和图表源自 Helen M. Walker and Joseph Lev，*Statistical Inference*，Holt，Rinehart and Winston，New York，1953，pp. 161 - 162。

立假设：$\mu=48$，$\mu=52$ 和 $\mu=56$。如果这些对立假设中有任何一个成立，那么它将是 $\bar{X}$ 分布的实际均值。由于仍假定 $\sigma^2=100$，所以标准误对这三个对立假设而言都是不变的。

图 A-13 中的阴影区域表明了当每个对立假设为真时 $\bar{X}$ 落入拒绝域的概率。如你可以验证的那样，这些概率分别是 0.17（对 $\mu=48$）、0.05（对 $\mu=50$）、0.17（对 $\mu=52$）和 0.85（对 $\mu=56$）。从数字可以看出，只要 μ 的真实值与考虑中的假设值（这里是 $\mu=50$）显著不同，那么拒绝这个假设的概率就很高；但如果真实值与虚拟假设的值相差不大，那么拒绝的概率就很低。从直觉上讲，如果虚拟假设和对立假设紧密地捆在一起，就会出现很难拒绝的情况。

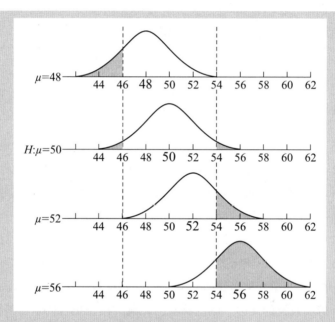

图 A-13　在 $N=25$，$\sigma=10$ 和 $\mu=48$，50，52 和 56 时 $\bar{X}$ 的分布

注：在 H：$\mu=50$ 下，$\alpha=0.05$ 的拒绝域是 $\bar{X}<46.1$ 或 $\bar{X}>53.9$。阴影区域表示 $\bar{X}$ 落入拒绝域的概率。这些概率分别是

$$0.17\,(\mu=48) \qquad 0.17\,(\mu=52)$$
$$0.05\,(\mu=50) \qquad 0.85\,(\mu=56)$$

考查被称为功效函数图（power function graph）的图 A-14 可以进一步看出这一点，图中所示的曲线被称为功效曲线（power curve）。

读者现在必定发觉，前面讨论的置信系数 $(1-\alpha)$ 无非就是 1 减去犯第 I 类错误的概率。例如，一个 95% 置信系数指的是，我们准备接受最多是 5% 的犯第 I 类错误的概率——我们不想在 100 次中有多于 5 次拒绝一个真实假设。

p 值或准确显著性水平。 除预先选定某个任意的 α 水平外，还可求出一个检验统计量的 p 值（概率值）或准确显著性水平。p 值被定义为虚拟假设可被拒绝时的最低显著性水平。

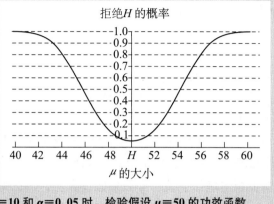

图 A-14　在 $N=25$，$\sigma=10$ 和 $\alpha=0.05$ 时，检验假设 $\mu=50$ 的功效函数

假使在一项应用中我们得到一个自由度为 20 的 t 值 3.552。从表 D-2 中我们能看到，获得一个等于或大于 3.552 的 t 值的 p 值或准确概率是 0.001（单侧）或 0.002（双侧）。我们说所观测的 t 值 3.552 是在 0.001 或 0.002 水平上统计显著的，究竟是 0.001 还是 0.002 视我们使用单侧检验还是双侧检验而定。

现在一些统计软件例行输出所估计的检验统计量的 p 值。因此，只要可能，读者最好给出 p 值。

样本容量与假设检验。在涉及成百上千个观测的调查数据中，虚拟假设看似比在小样本中更容易遭到拒绝。这里援引安格斯·迪顿（Angus Deaton）的话来说就是：

> 随着样本容量的扩大，并假定我们使用的是一个一致的估计程序，我们的估计值会越来越接近真值，而且在真值周围的分散程度越来越小，因而在小样本中无法发现的差异在大样本中会遭到拒绝。大样本容量就像显微镜一样具有更强的分辨能力；随着放大倍数的不断增加，从一定距离之外无法看到的特征会越来越清晰地表现出其轮廓。[1]

继里默和施瓦茨之后，迪顿建议对 F 检验和 χ^2 检验的标准临界值进行如下调整：当计算得到的 F 值超过样本容量的对数（即 ln），且在 q 个约束条件下计算出来的 χ^2 统计量超过 $q\ln$ 时，便拒绝虚拟假设，其中 n 为样本容量。这些临界值被称为里默-施瓦茨临界值。

利用迪顿的例子，如果 $n=100$，则只有在计算出来的 F 值大于 4.6 时，我们才拒绝虚拟假设，但如果 $n=10\ 000$，则只有在计算出来的 F 值大于 9.2 时，我们才拒绝虚拟假设。

① Angus Deaton，*The Analysis of Household Surveys：A Microeconometric Approach to Development Policy*，The Johns Hopkins University Press，Baltimore，2000，p.130.

显著性检验法

回顾

$$Z_i = \frac{\overline{X} - \mu}{\sigma/\sqrt{n}} \sim N(0,1)$$

在任意给定的应用中，$\overline{X}$ 和 n 是已知的（或可以估计的），而真实 μ 和 σ 是未知的。但如果我们规定 σ 并在 H_0 下假定 $\mu = \mu^*$，我们就能直接算出 Z_i，然后查正态分布表找出能够得到这个 Z 值的概率。如果这是一个小的概率，比方说小于 5% 或 1%，就可拒绝虚拟假设——如果假设真实，那么得到这个 Z 值的概率就应该很大，这是假设检验的显著性检验法所持的一般思想。这里的关键思想是检验统计量（即 Z 统计量）以及它在假设值 $\mu = \mu^*$ 下的概率分布。在本例中由于我们使用了 Z 标准正态变量，故称此检验为 Z 检验。

回到我们的例子，如果 $\mu = \mu^* = 69$，则 Z 统计量变为：

$$Z = \frac{\overline{X} - \mu^*}{\sigma/\sqrt{n}}$$
$$= \frac{67 - 69}{2.5/\sqrt{100}}$$
$$= -2/0.25 = -8$$

查正态分布表 D-1，便知得到这样一个 Z 值的概率是极其小的。（注：超出 3 或 -3 的 Z 值的概率约为 0.001。因此，绝对值超过 8 的 Z 值的概率就更小了。）因此，可拒绝 $\mu = 69$ 这个虚拟假设；给定此值而得到 $\overline{X}$ 为 67 的概率是微乎其微的。于是我们怀疑我们的样本是来自均值为 69 的一个总体。图 A-15 对这种情况做了一个图解。

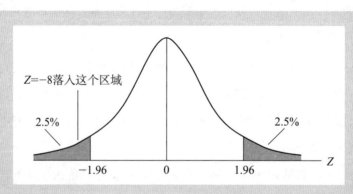

图 A-15　Z 统计量的分布

按照显著性检验的术语，当我们说一个检验（统计量）是显著的，我们通常的意思是可以拒绝虚拟假设。如果得到一个检验统计量的概率等于或小于犯第 I 类错误的概率 α，则它被认为是显著的。例如，取 $\alpha = 0.05$，我们知道得到一个

等于 -1.96 或 1.96 的 Z 值的概率是 5%（或标准正态分布每侧为 2.5%）。在我们的说明性例子中 Z 是 -8。由此可知，得到这样一个 Z 值的概率要比 2.5% 小得多，大大小于我们预先指定的犯第 I 类错误的概率。这就说明为什么算出来的 $Z=-8$ 这个值是统计上显著的；也就是为什么我们拒绝 μ^* 等于 69 这个虚拟假设。当然，我们得到了用假设检验的置信区间法得到的同样结论。

现在我们把检验统计假设的步骤归纳如下：

步骤 1 叙述虚拟假设 H_0 和对立假设 H_1（例如，H_0：$\mu=69$ 和 H_1：$\mu\neq69$）。

步骤 2 选择检验统计量（例如，$\overline{X}$）。

步骤 3 确定检验统计量的概率分布 [例如，$\overline{X} \sim N(\mu, \sigma^2/n)$]。

步骤 4 选定显著性水平（即犯第 I 类错误的概率）α。

步骤 5 利用检验统计量的概率分布，构造一个 $100(1-\alpha)\%$ 置信区间。如果虚拟假设下的参数值（例如 $\mu=\mu^*=69$）落入此置信区间即接受域，则不拒绝虚拟假设。但如果它落在此区间之外（即落入拒绝域），则可拒绝虚拟假设。记住，当你拒绝一个虚拟假设时，你犯错误的概率为 $\alpha\%$。

参考文献

关于本附录所含内容的细节，读者可参阅以下参考文献：

Hoel Paul G.，*Introduction to Mathematical Statistics*，4th ed.，John Wiley & Sons，New York，1974. 本书对数理统计的各个方面提供了一个较为简单的介绍。

Freund，John E.，and Ronald E. Walpole，*Mathematical Statistics*，3d ed.，Prentice Hall，Englewood Cliffs，N. J.，1980. 这是数理统计的另一本入门教材。

Mood，Alexander M.，Franklin A. Graybill，and Duane C. Bose，*Introduction to the Theory of Statistics*，3d ed.，McGraw-Hill，New York，1974. 这是对统计学理论的一个全面介绍，但比前两本书深入些。

Newbold，Paul，*Statistics for Business and Economics*，Prentice Hall，Englewood Cliffs，NJ，1984. 这是一本统计学的全面的非数学导引，含有大量问题解答的内容。

A

矩阵代数初步

本附录提供为读懂附录 C 以及第 22 章部分内容所需要的矩阵代数基本知识。讨论是非严格的，而且不加任何证明。关于证明和更多的细节，读者可阅读参考文献。

B.1 定 义

矩 阵

矩阵是把一些数或元素排成行和列的一个长方形阵列。说得准确些，一个阶（order）或维（dimension）为 M 乘 N（写成 $M \times N$）的矩阵是指排成 M 行和 N 列的一个 $M \times N$ 元素集。例如，一个（$M \times N$）矩阵 A 可表达为：

$$A = [a_{ij}] = \begin{bmatrix} a_{11} & a_{12} & a_{13} & \cdots & a_{1N} \\ a_{21} & a_{22} & a_{23} & \cdots & a_{2N} \\ \vdots & \vdots & \vdots & & \vdots \\ a_{M1} & a_{M2} & a_{M3} & \cdots & a_{MN} \end{bmatrix}$$

其中 a_{ij} 是出现在 A 的第 i 行和第 j 列的元素，而 $[a_{ij}]$ 是以 a_{ij} 为其典型元素的矩阵 A 的缩写表达式。一个矩阵的阶或维，也就是它的行数和列数，常常写在该矩阵的下方以便核对。

$$\underset{2\times 3}{A} = \begin{bmatrix} 2 & 3 & 5 \\ 6 & 1 & 3 \end{bmatrix} \qquad \underset{3\times 3}{B} = \begin{bmatrix} 1 & 5 & 7 \\ -1 & 0 & 4 \\ 8 & 9 & 11 \end{bmatrix}$$

标量。一个标量是指单个（实）数。换言之，一个标量就是一个 1×1 矩阵。

列向量

由 M 行和仅仅 1 列组成的矩阵叫作列向量（column vector）。列向量的一个例子是：

$$
\underset{4\times 1}{x}=\begin{bmatrix} 3 \\ 4 \\ 5 \\ 9 \end{bmatrix}
$$

行向量

由仅仅 1 行和 N 列组成的矩阵叫作行向量（row vector）。例子如下：

$$
\underset{1\times 4}{x}=\begin{bmatrix} 1 & 2 & 5 & -4 \end{bmatrix} \qquad \underset{1\times 5}{y}=\begin{bmatrix} 0 & 5 & -9 & 6 & 10 \end{bmatrix}
$$

转　置

一个 $M\times N$ 矩阵 A 的转置（transpose），记为 A'（读作 A 一撇或 A 转置），是将 A 的行和列交换后得到的一个 $N\times M$ 矩阵；也就是 A 的第 i 行变成了 A' 的第 i 列。例如，

$$
\underset{3\times 2}{A}=\begin{bmatrix} 4 & 5 \\ 3 & 1 \\ 5 & 0 \end{bmatrix} \qquad \underset{2\times 3}{A'}=\begin{bmatrix} 4 & 3 & 5 \\ 5 & 1 & 0 \end{bmatrix}
$$

由于向量是矩阵的一种特殊类型，故一个行向量的转置是一个列向量，而一个列向量的转置是一个行向量。例如：

$$
x=\begin{bmatrix} 4 \\ 5 \\ 6 \end{bmatrix} \qquad x'=\begin{bmatrix} 4 & 5 & 6 \end{bmatrix}
$$

我们按照惯例，用一撇来表示行向量。

子矩阵

给定任意 $M\times N$ 矩阵 A，如果除了 A 的 r 行和 s 列外，把其余的行和列全部删掉，则余下的 $r\times s$ 阶矩阵叫作 A 的一个子矩阵。例如，如果

$$
\underset{3\times 3}{A}=\begin{bmatrix} 3 & 5 & 7 \\ 8 & 2 & 1 \\ 3 & 2 & 1 \end{bmatrix}
$$

去掉 A 的第 3 行和第 3 列后则得到：

$$
\underset{2\times 2}{B}=\begin{bmatrix} 3 & 5 \\ 8 & 2 \end{bmatrix}
$$

这是 A 的一个 2×2 阶子矩阵。

B

B.2 矩阵的类型

方　阵

行数和列数相同的矩阵叫作方阵（square matrix）。例如：

$$A = \begin{bmatrix} 3 & 4 \\ 5 & 6 \end{bmatrix} \qquad B = \begin{bmatrix} 3 & 5 & 8 \\ 7 & 3 & 1 \\ 4 & 5 & 0 \end{bmatrix}$$

对角（矩）阵

主对角线（指从左上角到右下角的对角线）上至少有一个非零元素，而其余位置均是零的方阵叫作对角（矩）阵（diagonal matrix）。例如：

$$\underset{2 \times 2}{A} = \begin{bmatrix} 2 & 0 \\ 0 & 3 \end{bmatrix} \qquad \underset{3 \times 3}{B} = \begin{bmatrix} -2 & 0 & 0 \\ 0 & 5 & 0 \\ 0 & 0 & 1 \end{bmatrix}$$

标量（矩）阵

对角元素完全相等的对角（矩）阵叫作标量（矩）阵（scalar matrix）。方程（C.2.3）给出了经典线性回归模型的总体干扰的方差-协方差（矩）阵，即：

$$\text{var-cov}(u) = \begin{bmatrix} \sigma^2 & 0 & 0 & 0 & 0 \\ 0 & \sigma^2 & 0 & 0 & 0 \\ 0 & 0 & \sigma^2 & 0 & 0 \\ 0 & 0 & 0 & \sigma^2 & 0 \\ 0 & 0 & 0 & 0 & \sigma^2 \end{bmatrix}$$

就是一例。

恒等或单位矩阵

对角元素全是 1 的对角阵叫作恒等（identity）或单位矩阵，并记为 I。它是标量矩阵的一个特殊情形。

$$\underset{3 \times 3}{I} = \begin{bmatrix} 1 & 0 & 0 \\ 0 & 1 & 0 \\ 0 & 0 & 1 \end{bmatrix} \qquad \underset{4 \times 4}{I} = \begin{bmatrix} 1 & 0 & 0 & 0 \\ 0 & 1 & 0 & 0 \\ 0 & 0 & 1 & 0 \\ 0 & 0 & 0 & 1 \end{bmatrix}$$

对称矩阵

如果一个方阵主对角线上方的元素是其下方元素的映象，则称之为对称矩阵（symmetric matrix）。换言之，一个对称矩阵就是其转置等于其自身的矩阵；即 $A = A'$，也就是 A 的元素 a_{ij} 等于 A' 的元素 a_{ji}。一个例子是方程（C.2.2）所给的方差-协方差矩阵，另一个例子是方程（C.5.1）所给的相关矩阵。

零矩阵

元素全部为零的矩阵叫作零矩阵（null matrix），并记为 **0**。

零向量

元素全部为零的行或列向量叫作零向量（null vector），并且也记为 **0**。

相等矩阵

如果两个矩阵 A 和 B 具有相同的阶，并且它们的相应元素都相等；即对所有 i 和 j，都有 $a_{ij} = b_{ij}$，我们就说这两个矩阵是相等的。例如，两个矩阵：

$$\underset{3\times 3}{A} = \begin{bmatrix} 3 & 4 & 5 \\ 0 & -1 & 2 \\ 5 & 1 & 3 \end{bmatrix} \quad 和 \quad \underset{3\times 3}{B} = \begin{bmatrix} 3 & 4 & 5 \\ 0 & -1 & 2 \\ 5 & 1 & 3 \end{bmatrix}$$

就是相等的；也就是说，$A = B$。

B.3 矩阵运算

矩阵加法

令 $A = [a_{ij}]$ 和 $B = [b_{ij}]$。如果 A 和 B 是同阶的，我们就定义矩阵加法为：

$$A + B = C$$

其中 C 与 A 和 B 同阶，并且对所有 i 和 j 都有 $c_{ij} = a_{ij} + b_{ij}$，即 C 由 A 和 B 的对应元素相加而得。如果这种加法是可以做到的，则称 A 和 B 是可加的。例如，

$$A = \begin{bmatrix} 2 & 3 & 4 & 5 \\ 6 & 7 & 8 & 9 \end{bmatrix} \quad 和 \quad B = \begin{bmatrix} 1 & 0 & -1 & 3 \\ -2 & 0 & 1 & 5 \end{bmatrix}$$

并且 $C = A + B$，则

$$C = \begin{bmatrix} 3 & 3 & 3 & 8 \\ 4 & 7 & 9 & 14 \end{bmatrix}$$

矩阵减法

矩阵减法依照与矩阵加法同样的原理，只不过 $C = A - B$；即从 A 的对应元素

减去 B 的对应元素，这里假定 A 和 B 是同阶的。

标量乘法

矩阵 A 乘以标量 λ（一个实数），就是用 λ 去乘矩阵 A 的每一个元素：

$$\lambda A = [\lambda a_{ij}]$$

例如，取 $\lambda = 2$，并且

$$A = \begin{bmatrix} -3 & 5 \\ 8 & 7 \end{bmatrix}$$

那么

$$\lambda A = \begin{bmatrix} -6 & 10 \\ 16 & 14 \end{bmatrix}$$

矩阵乘法

设 A 是 $M \times N$ 矩阵，B 是 $N \times P$ 矩阵。那么乘积 AB（按照 A 乘 B 的顺序）按定义为一个新的 $M \times P$ 阶矩阵 C，其典型元素为：

$$c_{ij} = \sum_{k=1}^{N} a_{ik} b_{kj} \qquad \begin{aligned} i &= 1, 2, \cdots, M \\ j &= 1, 2, \cdots, P \end{aligned}$$

即将 A 的第 i 行元素乘以 B 的第 j 列相应元素后，对所有项求和便得到 C 的第 i 行第 j 列元素；这就是所谓行乘以列的乘法法则。例如，为了得到 c_{11}，即 C 的第 1 行第 1 列元素，我们将 A 的第 1 行元素乘以 B 的第 1 列相应元素，然后求所有这些乘积的和；类似地，为了得到 c_{12}，我们将 A 的第 1 行元素乘以 B 的第 2 列相应元素，然后求其总和，以此类推。

注意，为了使乘法可行，矩阵 A 和 B 必须是可乘的，也就是说，A 的列数必须等于 B 的行数。例如

$$\underset{2\times 3}{A} = \begin{bmatrix} 3 & 4 & 7 \\ 5 & 6 & 1 \end{bmatrix} \quad 和 \quad \underset{3\times 2}{B} = \begin{bmatrix} 2 & 1 \\ 3 & 5 \\ 6 & 2 \end{bmatrix}$$

$$AB = \underset{2\times 2}{C} = \begin{bmatrix} 3\times 2 + 4\times 3 + 7\times 6 & 3\times 1 + 4\times 5 + 7\times 2 \\ 5\times 2 + 6\times 3 + 1\times 6 & 5\times 1 + 6\times 5 + 1\times 2 \end{bmatrix}$$

$$= \begin{bmatrix} 60 & 37 \\ 34 & 37 \end{bmatrix}$$

但若

$$\underset{2\times 3}{A} = \begin{bmatrix} 3 & 4 & 7 \\ 5 & 6 & 1 \end{bmatrix} \quad 和 \quad \underset{2\times 2}{B} = \begin{bmatrix} 2 & 3 \\ 5 & 6 \end{bmatrix}$$

则因 A 和 B 不是可乘的，故乘积 AB 就是没有定义的。

B

矩阵乘法的性质

（1）矩阵乘法不一定满足交换率；一般地说，$AB \neq BA$，因此相乘矩阵的顺序非常重要。AB 是指 A 后乘以 B 或者 B 前乘以 A。

（2）即使 AB 和 BA 都存在，作为乘积的两个矩阵也可能是不同阶的。例如，A 为 $M \times N$ 矩阵而 B 为 $N \times M$ 矩阵，则 AB 为 $M \times M$ 矩阵，而 BA 为 $N \times N$ 矩阵，即各有不同的阶。

（3）即使 A 和 B 都是方阵，从而 AB 和 BA 都有定义，二者也不一定相等。例如，若

$$A = \begin{bmatrix} 4 & 7 \\ 3 & 2 \end{bmatrix} \quad 和 \quad B = \begin{bmatrix} 1 & 5 \\ 6 & 8 \end{bmatrix}$$

那么

$$AB = \begin{bmatrix} 46 & 76 \\ 15 & 31 \end{bmatrix} \quad 和 \quad BA = \begin{bmatrix} 19 & 17 \\ 48 & 58 \end{bmatrix}$$

从而 $AB \neq BA$。当 A 和 B 二者之一为同阶单位矩阵时，我们将看到有 $AB = BA$。

（4）一个行向量后乘以一个列向量是一个标量。例如，考虑普通最小二乘回归残差 $\hat{u}_1, \hat{u}_2, \cdots, \hat{u}_n$，令 u 为一列向量和 u' 为一行向量，我们有：

$$\hat{u}'\hat{u} = \begin{bmatrix} \hat{u}_1 & \hat{u}_2 & \hat{u}_3 \cdots & \hat{u}_n \end{bmatrix} \begin{bmatrix} \hat{u}_1 \\ \hat{u}_2 \\ \hat{u}_3 \\ \vdots \\ \hat{u}_n \end{bmatrix}$$

$$= \hat{u}_1^2 + \hat{u}_2^2 + \hat{u}_3^2 + \cdots + \hat{u}_n^2$$

$$= \sum \hat{u}_i^2 \quad 为一标量 [参见方程 (C.3.5)]$$

（5）一个列向量后乘以一个行向量是一个矩阵。作为例子，考虑经典线性回归模型的总体干扰，即 $u_1, u_2, \cdots, u_n$，令 u 为一列向量和 u' 为一行向量，我们得到：

$$uu' = \begin{bmatrix} u_1 \\ u_2 \\ u_3 \\ \vdots \\ u_n \end{bmatrix} \begin{bmatrix} u_1 & u_2 & u_3 & \cdots & u_n \end{bmatrix}$$

$$= \begin{bmatrix} u_1^2 & u_1 u_2 & u_1 u_3 & \cdots & u_1 u_n \\ u_2 u_1 & u_2^2 & u_2 u_3 & \cdots & u_2 u_n \\ \vdots & \vdots & \vdots & & \vdots \\ u_n u_1 & u_n u_2 & u_n u_3 & \cdots & u_n^2 \end{bmatrix}$$

这是一个 $n \times n$ 阶矩阵。注意上述矩阵是对称的。

（6）一个矩阵后乘以一个列向量是一个列向量。

（7）一个行向量后乘以一个矩阵是一个行向量。

（8）矩阵乘法满足结合律，即 $(AB)C = A(BC)$，其中 A 为 $M \times N$ 矩阵，B 为 $N \times P$ 矩阵，C 为 $P \times K$ 矩阵。

（9）矩阵乘法还满足加法分配律，即 $A(B+C) = AB + AC$ 和 $(B+C)A = BA + CA$。

矩阵转置

我们曾经定义矩阵转置过程为一个矩阵（或一个向量）的行和列的互换。现在我们来叙述转置的一些性质。

（1）转置矩阵的转置是原矩阵本身，即 $(A')' = A$。

（2）若 A 和 B 是可加的，且 $C = A + B$，则 $C' = (A+B)' = A' + B'$。这就是说，两矩阵之和的转置是它们的转置之和。

（3）若 AB 有定义，则 $(AB)' = B'A'$，也就是说，两矩阵之积的转置是它们顺序相反的转置之积。这可推广为 $(ABCD)' = D'C'B'A'$。

（4）单位矩阵 I 的转置是单位矩阵本身，即 $I' = I$。

（5）标量的转置是该标量本身。这就是说，若 λ 是一个标量，则 $\lambda' = \lambda$。

（6）$(\lambda A)'$ 的转置是 $\lambda A'$，其中 λ 是一标量。［注：$(\lambda A)' = A'\lambda' = A'\lambda = \lambda A'$。］

（7）若 A 是一个满足 $A = A'$ 的方阵，则 A 是一个对称矩阵。（参见 B.2 节中对称矩阵的定义。）

矩阵求逆

方阵 A 的逆（矩）阵记为 A^{-1}（读作 A 的逆），如果存在，是满足下式的唯一方阵：

$$AA^{-1} = A^{-1}A = I$$

其中 I 是一个与 A 同阶的单位矩阵。例如

$$A = \begin{bmatrix} 2 & 4 \\ 6 & 8 \end{bmatrix} \quad A^{-1} = \begin{bmatrix} -1 & 1/2 \\ 6/8 & -1/4 \end{bmatrix} \quad AA^{-1} = \begin{bmatrix} 1 & 0 \\ 0 & 1 \end{bmatrix} = I$$

在学习了行列式之后，我们就会看到 A^{-1} 是怎样计算的，这里注意逆矩阵的如下性质：

（1）$(AB)^{-1} = B^{-1}A^{-1}$；即两矩阵之积的逆矩阵是它们顺序相反的逆矩阵之积。

（2）$(A^{-1})' = (A')^{-1}$；即 A 的逆矩阵的转置是 A 转置的逆矩阵。

B.4 行列式

对应于每一个方阵 A，都有一个称为矩阵的行列式的数。这个数记为 $\det A$ 或

$|A|$，这里$|\ |$表示"行列式"，注意一个矩阵本身是没有数值的，但一个矩阵的行列式则是一个数。

$$A=\begin{bmatrix} 1 & 3 & -7 \\ 2 & 5 & 0 \\ 3 & 8 & 6 \end{bmatrix} \qquad |A|=\begin{vmatrix} 1 & 3 & -7 \\ 2 & 5 & 0 \\ 3 & 8 & 6 \end{vmatrix}$$

在本例中，$|A|$因为对应着一个 3×3 阶矩阵，所以它是一个 3 阶行列式。

行列式的计算

求行列式的值的过程叫作行列式计算（evaluation）、展开（expansion）或化简（reduction）。如何对矩阵中的元素进行操作以完成这一过程，有明确的方法。

2×2 行列式的计算。

如果

$$A=\begin{bmatrix} a_{11} & a_{12} \\ a_{21} & a_{22} \end{bmatrix}$$

则其行列式的计算如下：

$$|A|=\begin{vmatrix} a_{11} & a_{12} \\ a_{21} & a_{22} \end{vmatrix}=a_{11}a_{22}-a_{12}a_{21}$$

将 A 的主对角线上的元素乘积，减去另一对角线上的元素乘积，便得到结果。

3×3 行列式的计算。

如果

$$A=\begin{bmatrix} a_{11} & a_{12} & a_{13} \\ a_{21} & a_{22} & a_{23} \\ a_{31} & a_{32} & a_{33} \end{bmatrix}$$

那么

$$|A|=a_{11}a_{22}a_{33}-a_{11}a_{23}a_{32}+a_{12}a_{23}a_{31}-a_{12}a_{21}a_{33}+a_{13}a_{21}a_{32}-a_{13}a_{22}a_{31}$$

对 3×3 行列式的展开，经仔细分析表明：

(1) 行列式的展开式中每一项都包含每行和每列的一个而且仅一个元素。

(2) 每项的元素个数都与矩阵的行数（或列数）相同。例如，2×2 行列式在其展开式的每一项都有两个元素，3×3 行列式在其展开式的每一项中都有三个元素，以此类推。

(3) 展开式中各项的正负号轮流出现。

(4) 2×2 行列式的展开式有 2 项，而 3×3 行列式的展开式有 6 项。一般规律是：$N \times N$ 行列式的展开式有 $N!=N(N-1)(N-2)\cdots 3 \cdot 2 \cdot 1$ 项，其中 $N!$ 读作"N 的阶乘"。按照这一规律，一个 5×5 行列式的展开式就有 $5 \times 4 \times 3 \times 2 \times 1=$

120 项。[1]

行列式的性质

（1）行列式值为零的矩阵叫作退化（矩）阵（singular matrix），而有非零行列式的矩阵叫作非退化（矩）阵（nonsingular matrix）。前面定义的逆矩阵对退化阵来说是不存在的。

（2）如果 A 的任何一行元素全为零，则它的行列式为零。例如：

$$|A| = \begin{vmatrix} 0 & 0 & 0 \\ 3 & 4 & 5 \\ 6 & 7 & 8 \end{vmatrix} = 0$$

（3）$|A'| = |A|$；也就是说，A 和 A 转置有相同的行列式。

（4）交换矩阵 A 的任意两行或任意两列将改变 $|A|$ 的符号。

例 1

如果

$$A = \begin{bmatrix} 6 & 9 \\ -1 & 4 \end{bmatrix} \quad 和 \quad B = \begin{bmatrix} -1 & 4 \\ 6 & 9 \end{bmatrix}$$

其中 B 是由交换 A 的两行而得到的，则：

$$|A| = 24-(-9) = 33 \quad 和 \quad |B| = -9-24 = -33$$

（5）如果用标量 λ 乘 A 的某一行或某一列的每一元素，则 $|A|$ 就乘以 λ。

例 2

如果

$$\lambda = 5 \quad 和 \quad A = \begin{bmatrix} 5 & -8 \\ 2 & 4 \end{bmatrix}$$

并且用 5 乘 A 的第一行得：

$$B = \begin{bmatrix} 25 & -40 \\ 2 & 4 \end{bmatrix}$$

我们就能看到 $|A| = 36$，而 $|B| = 180 = 5|A|$。

（6）如果一个矩阵的两行或两列相同，则其行列式为零。

（7）如果一个矩阵的一行或一列是另一行或另一列的若干倍，则它的行列式也为零，例如，

---

[1] 关于 $N \times N$ 行列式的计算，请参阅参考文献。

$$A = \begin{bmatrix} 4 & 8 \\ 2 & 4 \end{bmatrix}$$

其中 A 的第 1 行是第 2 行的两倍，故 $|A|=0$。更一般地，若矩阵的任意一行（列）是其他行（列）的一个线性组合，则其行列式为零。

（8）$|AB|=|A||B|$；也就是说，两个矩阵之积的行列式等于它们（各自）的行列式之积。

矩阵的秩

一个矩阵的秩是其行列式不为零的最大子方阵的阶数。

例 3

$$A = \begin{bmatrix} 3 & 6 & 6 \\ 0 & 4 & 5 \\ 3 & 2 & 1 \end{bmatrix}$$

可以看出 $|A|=0$。换言之，A 是一个退化矩阵，因此，虽然它的阶是 3×3，但它的秩小于 3。实际上它的秩是 2，因为可以找到一个行列式不为零的 2×2 子方阵，例如去掉 A 的第 1 行和第 1 列，我们得到：

$$B = \begin{bmatrix} 4 & 5 \\ 2 & 1 \end{bmatrix}$$

它的行列式是 -6，这是个非零值，从而 A 的秩是 2。前面曾指出，一个退化矩阵不存在逆矩阵。因此，对于一个 $N \times N$ 矩阵 A，它的逆矩阵若存在，则它的秩必须是 N；如果它的秩小于 N，则 A 是退化的。

子　式

如果把 $N \times N$ 矩阵 A 的第 i 行和第 j 列去掉，余下的子矩阵的行列式就叫作元素 a_{ij}（第 i 行和第 j 列交叉处的元素）的子式（minor），并记作 $|M_{ij}|$。

例 4

$$A = \begin{bmatrix} a_{11} & a_{12} & a_{13} \\ a_{21} & a_{22} & a_{23} \\ a_{31} & a_{32} & a_{33} \end{bmatrix}$$

a_{11} 的子式是：

$$|M_{11}| = \begin{vmatrix} a_{22} & a_{23} \\ a_{32} & a_{33} \end{vmatrix} = a_{22}a_{33} - a_{23}a_{32}$$

类似地，a_{21} 的子式是：

$$|M_{21}| = \begin{vmatrix} a_{12} & a_{13} \\ a_{32} & a_{33} \end{vmatrix} = a_{12}a_{33} - a_{13}a_{32}$$

用同样方法可求出 A 其他元素的子式。

B

余子式

$N×N$ 矩阵 A 的元素 a_{ij} 的余子式（cofactor）记为 c_{ij}，定义为：

$$c_{ij} = (-1)^{i+j} |M_{ij}|$$

换句话说，余子式是带符号的子式，当 $i+j$ 为偶数时取正号，而当 $i+j$ 为奇数时取负号。例如，前面所给 $3×3$ 矩阵 A 的元素 a_{11} 的余子式是 $a_{22}a_{33} - a_{23}a_{32}$；而 a_{21} 的余子式是 $-(a_{12}a_{33} - a_{13}a_{32})$，因为下标 2 与 1 之和 3 是一个奇数。

余子式矩阵。 以其余子式代替矩阵 A 的元素 a_{ij}，即给出所谓 A 的余子式矩阵（cofactor matrix），记为（cof A）。

伴随矩阵。 伴随矩阵（adjoint matrix）记为（adj A），是余子式矩阵的转置；即（adj A）=（cof A）$'$。

B.5 求一个方阵的逆矩阵

若 A 是一个非退化方阵（即 $|A| \neq 0$），则其逆矩阵 A^{-1} 可按下式求得：

$$A^{-1} = \frac{1}{|A|}(\text{adj } A)$$

所涉及的计算步骤如下：

（1）求 A 的行列式，如果它不为零，就进行第 2 步。

（2）将 A 的每一元素 a_{ij} 以它的余子式代替，得到余子式矩阵。

（3）将余子式转置，得到伴随矩阵。

（4）用 $|A|$ 去除伴随矩阵中的每一元素。

例 5

求如下矩阵的逆矩阵

$$A = \begin{bmatrix} 1 & 2 & 3 \\ 5 & 7 & 4 \\ 2 & 1 & 3 \end{bmatrix}$$

第 1 步 先求矩阵的行列式，应用前面给的 $3×3$ 行列式的展开规则，我们求得 $|A| = -24$。

第 2 步 现在求余子式矩阵，且记为 C。

$$C = \begin{bmatrix} \begin{vmatrix} 7 & 4 \\ 1 & 3 \end{vmatrix} & -\begin{vmatrix} 5 & 4 \\ 2 & 3 \end{vmatrix} & \begin{vmatrix} 5 & 7 \\ 2 & 1 \end{vmatrix} \\ -\begin{vmatrix} 2 & 3 \\ 1 & 3 \end{vmatrix} & \begin{vmatrix} 1 & 3 \\ 2 & 3 \end{vmatrix} & -\begin{vmatrix} 1 & 2 \\ 2 & 1 \end{vmatrix} \\ \begin{vmatrix} 2 & 3 \\ 7 & 4 \end{vmatrix} & -\begin{vmatrix} 1 & 3 \\ 5 & 4 \end{vmatrix} & \begin{vmatrix} 1 & 2 \\ 5 & 7 \end{vmatrix} \end{bmatrix} = \begin{bmatrix} 17 & -7 & -9 \\ -3 & -3 & 3 \\ -13 & 11 & -3 \end{bmatrix}$$

第 3 步 将上述余子式矩阵转置，我们得到如下伴随矩阵：

$$(\text{adj } A) = \begin{bmatrix} 17 & -3 & -13 \\ -7 & -3 & 11 \\ -9 & 3 & -3 \end{bmatrix}$$

第 4 步 用行列式值 -24 除（adj A）的元素便得：

$$A^{-1} = \left(-\frac{1}{24}\right) \times \begin{bmatrix} 17 & -3 & -13 \\ -7 & -3 & 11 \\ -9 & 3 & -3 \end{bmatrix}$$

$$= \begin{bmatrix} -\dfrac{17}{24} & \dfrac{3}{24} & \dfrac{13}{24} \\[2mm] \dfrac{7}{24} & \dfrac{3}{24} & -\dfrac{11}{24} \\[2mm] \dfrac{9}{24} & -\dfrac{3}{24} & \dfrac{3}{24} \end{bmatrix}$$

容易验证：

$$AA^{-1} = \begin{bmatrix} 1 & 0 & 0 \\ 0 & 1 & 0 \\ 0 & 0 & 1 \end{bmatrix}$$

这是一个单位矩阵。读者应该能够验证，对于附录 C.10 中的说明性例子，$X'X$ 矩阵的逆矩阵恰如方程（C.10.5）所示。

B.6 矩阵微分法

要理解附录 CA 中 CA.2 节的内容，我们需要一些关于矩阵微分法的规则。

规则 1 如果 $a' = [a_1 \, a_2 \, \cdots \, a_n]$ 是一个数值行向量，而

$$x = \begin{bmatrix} x_1 \\ x_2 \\ \vdots \\ x_n \end{bmatrix}$$

是变量 $x_1, x_2, \cdots, x_n$ 的一个列向量，则

$$\frac{\partial (a'x)}{\partial x} = a = \begin{bmatrix} a_1 \\ a_2 \\ \vdots \\ a_n \end{bmatrix}$$

规则 2 考虑这样的矩阵 $x'Ax$：

B

$$x'Ax = \begin{bmatrix} x_1 & x_2 & \cdots & x_n \end{bmatrix} \begin{bmatrix} a_{11} & a_{12} & \cdots & a_{1n} \\ a_{21} & a_{22} & \cdots & a_{2n} \\ \vdots & \vdots & & \vdots \\ a_{n1} & a_{n2} & \cdots & a_{nn} \end{bmatrix} \begin{bmatrix} x_1 \\ x_2 \\ \vdots \\ x_n \end{bmatrix}$$

那么

$$\frac{\partial (x'Ax)}{\partial x} = 2Ax$$

这是一个 n 元素的列向量，或者

$$\frac{\partial (x'Ax)}{\partial x} = 2x'A$$

这是一个 n 元素的行向量。

参考文献

Chiang，Alpha C.，*Fundamental Methods of Mathematical Economics*，3d ed.，McGraw-Hill，New York，1984，Chapters 4 and 5. 这是一本初级读物。

Hadley G.，*Linear Algebra*，Addison-Wesley，Reading，Mass.，1961. 这是一本高级教材。

B

附录 C 线性回归模型的矩阵表述

本附录介绍用矩阵代数符号表示的 k 变量（Y 和 X_2，X_3，$\cdots$，X_k）经典线性回归模型。在概念上，k 变量模型是本书迄今讨论的双变量和三变量模型的逻辑推广。因此本附录除矩阵符号外不涉及新概念。[①]

和标量代数（处理标量或实数的初等代数）相比，矩阵代数最大的优越性在于，它为处理涉及任意多个变量的回归模型提供了一个简洁的方法；一旦用矩阵符号建立并求解了 k 变量模型，其求解结果就适用于一、二、三或任意多个变量的情形。

C.1 k 变量线性回归模型

如果我们把双变量和三变量线性回归模型加以推广，则含因变量 Y 和 $k-1$ 个解释变量 X_2，X_3，$\cdots$，X_k 的 k 变量总体回归模型（PRF）就可写为：

$$\text{PRF}: Y_i = \beta_1 + \beta_2 X_{2i} + \beta_3 X_{3i} + \cdots + \beta_k X_{ki} + u_i \quad i = 1,2,3,\cdots,n \tag{C.1.1}$$

其中 β_1＝截距，$\beta_2 \sim \beta_k$＝偏斜率系数，u＝随机干扰项，i＝第 i 次观测，而 n 为总体的大小。PRF 的方程（C.1.1）可按一般方式加以解释：它给出以 X_2，X_3，$\cdots$，X_k 的固定（在重复抽样中）值为条件的 Y 的均值或期望值，即 $E(Y \mid X_{2i}, X_{3i}, \cdots, X_{ki})$。

方程（C.1.1）是以下 n 个联立方程组的一个缩写表达式：

$$Y_1 = \beta_1 + \beta_2 X_{21} + \beta_3 X_{31} + \cdots + \beta_k X_{k1} + u_1$$
$$Y_2 = \beta_1 + \beta_2 X_{22} + \beta_3 X_{32} + \cdots + \beta_k X_{k2} + u_2$$
$$\cdots\cdots\cdots\cdots \tag{C.1.2}$$
$$Y_n = \beta_1 + \beta_2 X_{2n} + \beta_3 X_{3n} + \cdots + \beta_k X_{kn} + u_n$$

让我们把方程（C.1.2）写成另一种更有启发性的形式：

[①] 不熟悉矩阵代数的读者，在往下读之前应先复习附录 B。附录 B 提供了阅读本附录所需要的矩阵代数基本知识。

$$
\begin{bmatrix} Y_1 \\ Y_2 \\ \vdots \\ Y_n \end{bmatrix} = \begin{bmatrix} 1 & X_{21} & X_{31} & \cdots & X_{k1} \\ 1 & X_{22} & X_{32} & \cdots & X_{k2} \\ \vdots & \vdots & \vdots & & \vdots \\ 1 & X_{2n} & X_{3n} & \cdots & X_{kn} \end{bmatrix} \begin{bmatrix} \beta_1 \\ \beta_2 \\ \vdots \\ \beta_k \end{bmatrix} + \begin{bmatrix} u_1 \\ u_2 \\ \vdots \\ u_n \end{bmatrix} \tag{C.1.3}
$$
$$
\begin{array}{ccc} y & X & \beta + u \\ n\times 1 & n\times k & k\times 1 \quad n\times 1 \end{array}
$$

其中 $y=$ 对因变量 Y 的观测值的 $n\times1$ 列向量；

$X=$ 给出对 $k-1$ 个变量 $X_2\sim X_k$ 的 n 次观测值的 $n\times k$ 矩阵，其全为 1 的列代表截距项（此矩阵又名数据矩阵）；

$\beta=$ 未知参数 β_1，β_2，$\cdots$，β_k 的 $k\times1$ 列向量；

$u=n$ 个干扰项 u_i 的 $n\times1$ 列向量。

利用矩阵乘法和加法法则，读者应能证实方程组（C.1.2）和方程组（C.1.3）是等价的。

方程组（C.1.3）被称为一般（k 变量）线性回归模型的矩阵表述。可以更紧凑地把它写为：

$$
\begin{array}{ccccc} y & = & X & \beta & + & u \\ n\times 1 & & n\times k & k\times 1 & & n\times 1 \end{array} \tag{C.1.4}
$$

如果在矩阵 X 和向量 y，β 和 u 的维数或阶数上没有误解，方程（C.1.4）就可简单地写为：

$$
y=X\beta+u \tag{C.1.5}
$$

作为矩阵表述的一个具体说明，考虑第 3 章中讨论过的双变量消费-收入模型，即 $Y_i = \beta_1 + \beta_2 X_i + u_i$，其中 Y 是消费支出而 X 是收入。利用表 3-2 的数据，可将此矩阵公式写为：

$$
\begin{bmatrix} 70 \\ 65 \\ 90 \\ 95 \\ 110 \\ 115 \\ 120 \\ 140 \\ 155 \\ 150 \end{bmatrix} = \begin{bmatrix} 1 & 80 \\ 1 & 100 \\ 1 & 120 \\ 1 & 140 \\ 1 & 160 \\ 1 & 180 \\ 1 & 200 \\ 1 & 220 \\ 1 & 240 \\ 1 & 260 \end{bmatrix} \begin{bmatrix} \beta_1 \\ \beta_2 \end{bmatrix} + \begin{bmatrix} u_1 \\ u_2 \\ u_3 \\ u_4 \\ u_5 \\ u_6 \\ u_7 \\ u_8 \\ u_9 \\ u_{10} \end{bmatrix} \tag{C.1.6}
$$
$$
\begin{array}{cccc} y & = & X & \beta + u \\ 10\times 1 & & 10\times 2 & 2\times 1 \quad 10\times 1 \end{array}
$$

如同只有两个或三个变量的情形那样，我们的目的是估计多元回归方程

（C.1.1）的参数，并从所掌握的数据对它们做出推断。用矩阵符号表示，就是要估计 β 并对此 β 进行推断。为了估计，可用普通最小二乘法或极大似然法。但如前所述，这两种方法给出了回归系数的同样估计值。[①] 因此，我们将仅限于对 OLS 方法的讨论。

C.2　经典线性回归模型假定的矩阵表述

表 C-1 给出了经典线性回归模型的基本假定。由方程（C.2.1）给出的假定 1 是指干扰向量 u 的期望值为零，即其中每一元素的期望值为零。更明确地说，$E(u)=0$ 是指：

$$E\begin{bmatrix} u_1 \\ u_2 \\ \vdots \\ u_n \end{bmatrix} = \begin{bmatrix} E(u_1) \\ E(u_2) \\ \vdots \\ E(u_n) \end{bmatrix} = \begin{bmatrix} 0 \\ 0 \\ \vdots \\ 0 \end{bmatrix} \tag{C.2.1}$$

表 C-1　　　　　　　　　　　　关于经典回归模型的假定

标量符号		矩阵符号
1. $E(u_i)=0$，对每个 i	(3.2.1)	1. $E(u)=\mathbf{0}$，其中 u 和零向量 $\mathbf{0}$ 都是 $n \times 1$ 列向量
2. $E(u_i u_j)=0$, $i \neq j$	(3.2.5)	2. $E(uu')=\sigma^2 I$，其中 I 是 $n \times n$ 单位矩阵
$=\sigma^2$, $i=j$	(3.2.2)	
3. X_2, X_3, $\cdots$, X_k 是非随机的或固定的		3. $n \times k$ 矩阵 X 是非随机的，即它由一系列固定的数字构成
4. X 变量之间无准确的线性关系，即无多重共线性	(7.1.9)	4. X 的秩是 $\rho(X)=k$，其中 k 是 X 的列数，且 k 小于观测次数 n
5. 为了假设检验，$u_i \sim N(0, \sigma^2)$	(4.2.4)	5. 向量 u 服从多元正态分布，即 $u \sim N(\mathbf{0}, \sigma^2 I)$

假定 2〔方程（C.2.2）〕是方程（3.2.5）和方程（3.2.2）中用标量符号表述的两个假定的一种简洁表达式。为了看清楚这点，可把它写成：

$$E(uu')=E\begin{bmatrix} u_1 \\ u_2 \\ \vdots \\ u_n \end{bmatrix} \begin{bmatrix} u_1 & u_2 & \cdots & u_n \end{bmatrix}$$

其中 u' 是列向量 u 的转置或者是一个行向量。做向量乘法，我们得到：

$$E(uu')=E\begin{bmatrix} u_1^2 & u_1 u_2 & \cdots & u_1 u_n \\ u_2 u_1 & u_2^2 & \cdots & u_2 u_n \\ \vdots & \vdots & & \vdots \\ u_n u_1 & u_n u_2 & \cdots & u_n^2 \end{bmatrix}$$

把期望算子 E 应用于上述矩阵的每一元素便得到：

---

① 对 k 变量情形的证明，参见第 4 章注释中所给的参考文献。

$$E(uu')=\begin{bmatrix} E(u_1^2) & E(u_1u_2) & \cdots & E(u_1u_n) \\ E(u_2u_1) & E(u_2^2) & \cdots & E(u_2u_n) \\ \vdots & \vdots & & \vdots \\ E(u_nu_1) & E(u_nu_2) & \cdots & E(u_n^2) \end{bmatrix} \qquad (C.2.2)$$

根据同方差性及无序列相关性的假定，矩阵（C.2.2）可简化为：

$$E(uu')=\begin{bmatrix} \sigma^2 & 0 & 0 & \cdots & 0 \\ 0 & \sigma^2 & 0 & \cdots & 0 \\ \vdots & \vdots & \vdots & & \vdots \\ 0 & 0 & 0 & \cdots & \sigma^2 \end{bmatrix}$$

$$=\sigma^2\begin{bmatrix} 1 & 0 & 0 & \cdots & 0 \\ 0 & 1 & 0 & \cdots & 0 \\ \vdots & \vdots & \vdots & & \vdots \\ 0 & 0 & 0 & \cdots & 1 \end{bmatrix} \qquad (C.2.3)$$

$$=\sigma^2 I$$

其中 I 是 $n\times n$ 单位矩阵。

矩阵（C.2.2）[及其在方程（C.2.3）中的表述] 被称为干扰项 u_i 的方差-协方差矩阵；此矩阵的主对角线（由左上角到右下角）上的元素给出方差，而主对角线之外的元素则给出协方差。[①] 注意方差 协方差矩阵的对称性：主对角线上方和下方的元素以主对角线为轴对称分布。

假定 3 是说 $n\times k$ 矩阵 X 是非随机的；也就是说它由固定的数构成。如前所述，我们的回归分析是条件回归分析，以 X 变量的固定值作为条件。

假定 4 是说 X 矩阵是列满秩（full column rank）的，即其秩等于矩阵的列数。意思是，X 矩阵的列是线性独立的；也就是说，在 X 变量之间无准确的线性关系即无多重共线性。这就等于说，不存在非全为零的一组数 λ_1，λ_2，$\cdots$，λ_k，使得 [比较方程（7.1.8）]：

$$\lambda_1 X_{1i} + \lambda_2 X_{2i} + \cdots + \lambda_k X_{ki} = 0 \qquad (C.2.4)$$

其中对所有 i 都有 $X_{1i}=1$（即式中包括了 X 矩阵中全为 1 的一列）。方程（C.2.4）可用矩阵符号表述为：

$$\lambda' x = 0 \qquad (C.2.5)$$

其中 λ' 为 $1\times k$ 行向量，而 x 为 $k\times 1$ 列向量。

如果存在像方程（C.2.4）那样的一个准确线性关系式，则说变量是共线性的。反之，如果仅当 $\lambda_1=\lambda_2=\lambda_3=\cdots=0$ 时方程（C.2.4）才成立，则说 X 变量

---

① 按定义，u_i 的方差 $= E[u_i - E(u_i)]^2$ 并且 u_i 和 u_j 之间的协方差 $= E[u_i - E(u_i)][u_j - E(u_j)]$，但因对每个 i 都假定 $E(u_i) = 0$，故有方差-协方差矩阵（C.2.3）。

是线性独立的。无多重共线性假定的直觉理由已在第 7 章中陈述。在第 10 章中，我们又对此假定给出了进一步的探讨。

C.3 OLS 估计

为了求 β 的 OLS 估计值，首先让我们写出 k 变量的样本回归函数：

$$Y_i = \hat{\beta}_1 + \hat{\beta}_2 X_{2i} + \hat{\beta}_3 X_{3i} + \cdots + \hat{\beta}_k X_{ki} + \hat{u}_i \tag{C.3.1}$$

该式可用矩阵符号更简洁地表达为：

$$y = X\hat{\beta} + \hat{u} \tag{C.3.2}$$

其矩阵形式为：

$$\begin{bmatrix} Y_1 \\ Y_2 \\ \vdots \\ Y_n \end{bmatrix} = \begin{bmatrix} 1 & X_{21} & X_{31} & \cdots & X_{k1} \\ 1 & X_{22} & X_{32} & \cdots & X_{k2} \\ \vdots & \vdots & \vdots & & \vdots \\ 1 & X_{2n} & X_{3n} & \cdots & X_{kn} \end{bmatrix} \begin{bmatrix} \hat{\beta}_1 \\ \hat{\beta}_2 \\ \vdots \\ \hat{\beta}_k \end{bmatrix} + \begin{bmatrix} \hat{u}_1 \\ \hat{u}_2 \\ \vdots \\ \hat{u}_n \end{bmatrix} \tag{C.3.3}$$

$$\begin{array}{cccc} y & X & \hat{\beta} & \hat{u} \\ n \times 1 & n \times k & k \times 1 & n \times 1 \end{array}$$

其中 $\hat{\beta}$ 是一个回归系数 OLS 估计量的 k 元素列向量，而 $\hat{u}$ 是 n 个残差的 $n \times 1$ 列向量。

如同双变量和三变量模型，k 变量情形的 OLS 估计量也是通过最小化

$$\sum \hat{u}_i^2 = \sum (Y_i - \hat{\beta}_1 - \hat{\beta}_2 X_{2i} - \cdots - \hat{\beta}_k X_{ki})^2 \tag{C.3.4}$$

而得到，其中 $\sum \hat{u}_i^2$ 是残差平方和。用矩阵符号表示，这就等于最小化 $\hat{u}'\hat{u}$，因为：

$$\hat{u}'\hat{u} = \begin{bmatrix} \hat{u}_1 & \hat{u}_2 & \cdots & \hat{u}_n \end{bmatrix} \begin{bmatrix} \hat{u}_1 \\ \hat{u}_2 \\ \vdots \\ \hat{u}_n \end{bmatrix} = \hat{u}_1^2 + \hat{u}_2^2 + \cdots + \hat{u}_n^2 = \sum \hat{u}_i^2 \tag{C.3.5}$$

现在由方程（C.3.2）可得：

$$\hat{u} = y - X\hat{\beta} \tag{C.3.6}$$

因此，

$$\hat{u}'\hat{u} = (y - X\hat{\beta})'(y - X\hat{\beta}) = y'y - 2\hat{\beta}'X'y + \hat{\beta}'X'X\hat{\beta} \tag{C.3.7}$$

这里我们利用了矩阵转置的一些性质，即 $(X\hat{\beta})' = \hat{\beta}'X'$；以及由于 $\hat{\beta}'X'y$ 为一个标量（实数），它的转置 $y'X\hat{\beta}$ 就是它本身。

方程（C.3.7）是方程（C.3.4）的矩阵表述。用标量表述时，OLS 方法是对 β_1，β_2，$\cdots$，β_k 的估计能使 $\sum \hat{u}_i^2$ 尽可能小。要做到这一点，方法是将方程

（C.3.4）对 $\hat{\beta}_1, \hat{\beta}_2, \cdots, \hat{\beta}_k$ 微分并令微分的结果表达式为零，以产生最小二乘理论的正规方程——k 个未知数的 k 个联立方程。如附录 CA 中 CA.1 节证明的那样，这些方程是：

$$n\hat{\beta}_1 + \hat{\beta}_2 \sum X_{2i} + \hat{\beta}_3 \sum X_{3i} + \cdots + \hat{\beta}_k \sum X_{ki} = \sum Y_i$$

$$\hat{\beta}_1 \sum X_{2i} + \hat{\beta}_2 \sum X_{2i}^2 + \hat{\beta}_3 \sum X_{2i}X_{3i} + \cdots + \hat{\beta}_k \sum X_{2i}X_{ki} = \sum X_{2i}Y_i$$

$$\hat{\beta}_1 \sum X_{3i} + \hat{\beta}_2 \sum X_{3i}X_{2i} + \hat{\beta}_3 \sum X_{3i}^2 + \cdots + \hat{\beta}_k \sum X_{3i}X_{ki} = \sum X_{3i}Y_i \text{ [1]}$$

$$\cdots\cdots\cdots\cdots$$

$$\hat{\beta}_1 \sum X_{ki} + \hat{\beta}_2 \sum X_{ki}X_{2i} + \hat{\beta}_3 \sum X_{ki}X_{3i} + \cdots + \hat{\beta}_k \sum X_{ki}^2 = \sum X_{ki}Y_i$$

$$\text{(C.3.8)}$$

写成矩阵形式，方程（C.3.8）可表述为：

$$\underbrace{\begin{bmatrix} n & \sum X_{2i} & \sum X_{3i} & \cdots & \sum X_{ki} \\ \sum X_{2i} & \sum X_{2i}^2 & \sum X_{2i}X_{3i} & \cdots & \sum X_{2i}X_{ki} \\ \sum X_{3i} & \sum X_{3i}X_{2i} & \sum X_{3i}^2 & \cdots & \sum X_{3i}X_{ki} \\ \vdots & \vdots & \vdots & & \vdots \\ \sum X_{ki} & \sum X_{ki}X_{2i} & \sum X_{ki}X_{3i} & \cdots & \sum X_{ki}^2 \end{bmatrix}}_{(X'X)} \underbrace{\begin{bmatrix} \hat{\beta}_1 \\ \hat{\beta}_2 \\ \hat{\beta}_3 \\ \vdots \\ \hat{\beta}_k \end{bmatrix}}_{\hat{\beta}} = \underbrace{\begin{bmatrix} 1 & 1 & \cdots & 1 \\ X_{21} & X_{22} & \cdots & X_{2n} \\ X_{31} & X_{32} & \cdots & X_{3n} \\ \vdots & \vdots & & \vdots \\ X_{k1} & X_{k2} & \cdots & X_{kn} \end{bmatrix}}_{X'} \underbrace{\begin{bmatrix} Y_1 \\ Y_2 \\ Y_3 \\ \vdots \\ Y_n \end{bmatrix}}_{y}$$

$$\text{(C.3.9)}$$

或更简洁地写成：

$$(X'X)\hat{\beta} = X'y \tag{C.3.10}$$

注意矩阵 $(X'X)$ 的如下特点：（1）它给出了 X 变量的原始平方和与交叉乘积和，变量之一是每次观测都取值 1 的截距项。主对角线上的元素是原始平方和，而主对角线以外的元素则是原始交叉乘积和。（"原始"是指以原有度量单位计算的。）（2）因 X_{2i} 与 X_{3i} 之间的交叉乘积就是 X_{3i} 与 X_{2i} 之间的交叉乘积，故它是对称的。（3）它的阶数是 $(k \times k)$，就是 k 行与 k 列。

在方程（C.3.10）中，已知量是 $(X'X)$ 和 $(X'y)$（X 变量与 y 的交叉乘积），未知量是 $\hat{\beta}$。由矩阵代数可知，如果 $(X'X)$ 的逆（矩阵）存在，并记为 $(X'X)^{-1}$，则用此逆去前乘方程（C.3.10）的两边便得到：

$$(X'X)^{-1}(X'X)\hat{\beta} = (X'X)^{-1}X'y$$

但由于 $(X'X)^{-1}(X'X) = I$ 为 $k \times k$ 阶单位矩阵，故得：

---

[1] 这些方程很容易记住。从方程 $Y_i = \hat{\beta}_1 + \hat{\beta}_2 X_{2i} + \hat{\beta}_3 X_{3i} + \cdots + \hat{\beta}_k X_{ki}$ 开始，将此方程对 n 个 i 值求和，即得（C.3.8）的第一个方程；将它的两边同时乘以 X_2 后再对 n 个 i 值求和，即得第二个方程；将它的两边同时乘以 X_3 后再求和，即得第三个方程，以此类推。顺便指出，（C.3.8）的第一个方程立即给出 $\hat{\beta}_1 = \bar{Y} - \hat{\beta}_2\bar{X}_2 - \cdots - \hat{\beta}_2\bar{X}_k$［比较方程（7.4.6）］。

$$I\hat{\beta} = (X'X)^{-1}X'y$$

或者：

$$\underset{k \times 1}{\hat{\beta}} = \underset{k \times k}{(X'X)^{-1}} \quad \underset{(k \times n)}{X'} \quad \underset{(n \times 1)}{y} \tag{C.3.11}$$

方程（C.3.11）是用矩阵符号表述的 OLS 理论的一个基本结果。它表明 $\hat{\beta}$ 向量怎样能从给定的数据估计出来。虽然方程（C.3.11）是从方程（C.3.9）得来的，但它也能直接由方程（C.3.7）通过把 $a'a$ 对 $\hat{\beta}$ 进行微分而直接得到。证明见附录 CA 的 CA.2 节。

一个说明

作为对目前介绍的矩阵方法的一个说明，让我们重新计算第 3 章的消费-收入例子。它的数据已在方程（C.1.6）中重新给出。对这个双变量情形，我们有：

$$\hat{\beta} = \begin{bmatrix} \hat{\beta}_1 \\ \hat{\beta}_2 \end{bmatrix}$$

$$X'X = \begin{bmatrix} 1 & 1 & 1 & \cdots & 1 \\ X_1 & X_2 & X_3 & \cdots & X_n \end{bmatrix} \begin{bmatrix} 1 & X_1 \\ 1 & X_2 \\ 1 & X_3 \\ \vdots & \vdots \\ 1 & X_n \end{bmatrix} = \begin{bmatrix} n & \sum X_i \\ \sum X_i & \sum X_i^2 \end{bmatrix}$$

以及

$$X'y = \begin{bmatrix} 1 & 1 & 1 & \cdots & 1 \\ X_1 & X_2 & X_3 & \cdots & X_n \end{bmatrix} \begin{bmatrix} Y_1 \\ Y_2 \\ Y_3 \\ \vdots \\ Y_n \end{bmatrix} = \begin{bmatrix} \sum Y_i \\ \sum X_i Y_i \end{bmatrix}$$

使用方程（C.1.6）中的数据，我们得到：

$$X'X = \begin{bmatrix} 10 & 1\,700 \\ 1\,700 & 322\,000 \end{bmatrix}$$

以及

$$X'y = \begin{bmatrix} 1\,110 \\ 205\,500 \end{bmatrix}$$

利用附录 B 中 B.3 节给出的矩阵求逆法则，可以得到上面（$X'X$）矩阵的逆矩阵为：

$$(X'X)^{-1} = \begin{bmatrix} 0.975\,76 & -0.005\,152 \\ -0.005\,152 & 0.000\,030\,3 \end{bmatrix}$$

因此，

$$\hat{\beta}=\begin{bmatrix}\hat{\beta}_1\\\hat{\beta}_2\end{bmatrix}=\begin{bmatrix}0.975\ 76 & -0.005\ 152\\-0.005\ 152 & 0.000\ 030\ 3\end{bmatrix}\begin{bmatrix}1\ 110\\205\ 500\end{bmatrix}=\begin{bmatrix}24.454\ 5\\0.507\ 9\end{bmatrix}$$

先前我们曾用计算机程序得到 $\hat{\beta}_1=24.454\ 5$ 和 $\hat{\beta}_2=0.509\ 1$。两种估计的差异来自进位误差。顺便指出，如果用台式计算机计算，则必须保留许多位有效数字才能降低进位误差。

$\hat{\beta}$ 的方差-协方差矩阵

矩阵方法不仅使我们能够推导出 $\hat{\beta}$ 的任意元素 $\hat{\beta}_i$ 的方差公式，还能求出 $\hat{\beta}$ 的任意两个元素 $\hat{\beta}_i$ 和 $\hat{\beta}_j$ 的协方差公式。我们需要用这些方差和协方差来做统计推断。

按定义，$\hat{\beta}$ 的方差-协方差矩阵是 [比较 (C.2.2)]：

$$\text{var-cov}(\hat{\beta})=E\{[\hat{\beta}-E(\hat{\beta})][\hat{\beta}-E(\hat{\beta})]'\}$$

可更明确地把它写成：

$$\text{var-cov}(\hat{\beta})=\begin{bmatrix}\text{var}(\hat{\beta}_1) & \text{cov}(\hat{\beta}_1,\hat{\beta}_2) & \cdots & \text{cov}(\hat{\beta}_1,\hat{\beta}_k)\\\text{cov}(\hat{\beta}_2,\hat{\beta}_1) & \text{var}(\hat{\beta}_2) & \cdots & \text{cov}(\hat{\beta}_2,\hat{\beta}_k)\\\cdots & \cdots & \cdots & \cdots\\\text{cov}(\hat{\beta}_k,\hat{\beta}_1) & \text{cov}(\hat{\beta}_k,\hat{\beta}_2) & \cdots & \text{var}(\hat{\beta}_k)\end{bmatrix}\tag{C.3.12}$$

在附录 CA 的 CA.3 节中，我们看到上述方差-协方差矩阵可从下述公式算得：

$$\text{var-cov}(\hat{\beta})=\sigma^2(X'X)^{-1}\tag{C.3.13}$$

其中 σ^2 是 u_i 的共同方差，而 $(X'X)^{-1}$ 就是出现在给出 OLS 估计量 $\hat{\beta}$ 的方程 (C.3.11) 中的逆矩阵。

在双变量和三变量线性回归模型中，σ^2 的一个无偏估计量分别由 $\hat{\sigma}^2=\sum\hat{u}_i^2/(n-2)$ 和 $\hat{\sigma}^2=\sum\hat{u}_i^2/(n-3)$ 给出。在 k 变量情形中，相应的公式是：

$$\hat{\sigma}^2=\frac{\sum\hat{u}_i^2}{n-k}=\frac{\hat{u}'\hat{u}}{n-k}\tag{C.3.14}$$

其中 $n-k$ 代表自由度。（为什么？）

虽然原则上 $\hat{u}'\hat{u}$ 可从估计的残差中算出，但在实践中可按下述方法直接得到：回想 $\sum\hat{u}_i^2\ (=\text{RSS})=\text{TSS}-\text{ESS}$，在双变量情形中可得到：

$$\sum\hat{u}_i^2=\sum y_i^2-\hat{\beta}_2^2\sum x_i^2\tag{3.3.6}$$

在三变量情形中可得：

$$\sum\hat{u}_i^2=\sum y_i^2-\hat{\beta}_2\sum y_ix_{2i}-\hat{\beta}_3\sum y_ix_{3i}\tag{7.4.19}$$

可以看出，把这一原则加以推广，对于 k 变量模型则有：

$$\sum\hat{u}_i^2=\sum y_i^2-\hat{\beta}_2\sum y_ix_{2i}-\cdots-\hat{\beta}_k\sum y_ix_{ki}\tag{C.3.15}$$

用矩阵符号表示，就是

$$\text{TSS:} \sum y_i^2 = y'y - n\bar{Y}^2 \tag{C.3.16}$$

$$\text{ESS:} \hat{\beta}_2 \sum y_i x_{2i} + \cdots + \hat{\beta}_k \sum y_i x_{ki} = \hat{\beta}' X'y - n\bar{Y}^2 \tag{C.3.17}$$

其中 $n\bar{Y}^2$ 一项被称为均值修正项。[①] 因此，

$$\hat{u}'\hat{u} = y'y - \hat{\beta}' X'y \tag{C.3.18}$$

一旦得到 $\hat{u}'\hat{u}$，$\hat{\sigma}^2$ 便容易由方程（C.3.14）算出。这样就能估计方差-协方差矩阵（C.3.13）。

对于我们的说明性例子，

$$\hat{u}'\hat{u} = 132\,100 - \begin{bmatrix} 24.454\,5 & 0.509\,1 \end{bmatrix} \begin{bmatrix} 1\,110 \\ 205\,500 \end{bmatrix} = 337.373$$

因此，$\hat{\sigma}^2 = 337.273/8 = 42.159\,1$。

OLS 向量 $\hat{\beta}$ 的性质

我们知道，在双变量和三变量情形中，OLS 估计量是线性无偏的，并在所有线性无偏估计量中有最小方差（高斯-马尔可夫性质）。简言之，OLS 估计量是最优线性无偏估计量。此性质可推广到整个 $\hat{\beta}$ 向量，也就是说，$\hat{\beta}$ 是线性的（其每一元素都是因变量 Y 的线性函数）。$E(\hat{\beta}) = \beta$，即 $\hat{\beta}$ 的每一元素的期望值都等于真实 β 的相应元素，并且在 β 的所有线性无偏估计量中，OLS 估计量 $\hat{\beta}$ 有最小方差。

证明见附录 CA 的 CA.4 节。如在本附录引言中所说，k 变量情形大多是双变量和三变量情形的直接推广。

C.4　用矩阵表示的判定系数 R^2

判定系数 R^2 曾被定义为：

$$R^2 = \frac{\text{ESS}}{\text{TSS}}$$

在双变量情形中：

$$R^2 = \frac{\hat{\beta}_2^2 \sum x_i^2}{\sum y_i^2} \tag{3.5.6}$$

在三变量情形中：

$$R^2 = \frac{\hat{\beta}_2 \sum y_i x_{2i} + \hat{\beta}_3 \sum y_i x_{3i}}{\sum y_i^2} \tag{7.5.5}$$

---

① 注：$\sum y_i^2 = \sum (Y_i - \bar{Y})^2 = \sum Y_i^2 - n\bar{Y}^2 = y'y - n\bar{Y}^2$。因此，若无修正项，$y'y$ 将只给出初始的平方和，而不是离差平方和。

推广到 k 变量情形，我们得到：

$$R^2 = \frac{\hat{\beta}_2 \sum y_i x_{2i} + \hat{\beta}_3 \sum y_i x_{3i} + \cdots + \hat{\beta}_k \sum y_i x_{ki}}{\sum y_i^2} \tag{C.4.1}$$

利用方程（C.3.16）和方程（C.3.17），可把方程（C.4.1）写为：

$$R^2 = \frac{\hat{\beta}' X' y - n\overline{Y}^2}{y'y - n\overline{Y}^2} \tag{C.4.2}$$

这就是 R^2 的矩阵表述。

对于我们的说明性例子：

$$\hat{\beta}' X' y = \begin{bmatrix} 24.357\ 1 & 0.507\ 9 \end{bmatrix} \begin{bmatrix} 1\ 110 \\ 205\ 500 \end{bmatrix} = 131\ 409.831$$

$$y'y = 132\ 100$$

以及

$$n\overline{Y}^2 = 123\ 210$$

将这些值代入方程（C.4.2），即得 $R^2 = 0.922\ 4$，除进位误差外，这和前面得到的结果几乎相同。

C.5　相关矩阵

在前面几章里，我们遇到过零阶相关或简单相关系数 r_{12}, r_{13}, r_{23} 和偏相关或 1 阶相关系数 $r_{12.3}, r_{13.2}, r_{23.1}$ 及其相互关系。在 k 变量情形中，一共有 $k(k-1)/2$ 个零阶相关系数。（为什么？）这 $k(k-1)/2$ 个相关系数可排成一个矩阵（方阵），叫作相关矩阵 R（correlation matrix R），如下所示：

$$R = \begin{bmatrix} r_{11} & r_{12} & r_{13} & \cdots & r_{1k} \\ r_{21} & r_{22} & r_{23} & \cdots & r_{2k} \\ \vdots & \vdots & \vdots & & \vdots \\ r_{k1} & r_{k2} & r_{k3} & \cdots & r_{kk} \end{bmatrix} = \begin{bmatrix} 1 & r_{12} & r_{13} & \cdots & r_{1k} \\ r_{21} & 1 & r_{23} & \cdots & r_{2k} \\ \vdots & \vdots & \vdots & & \vdots \\ r_{k1} & r_{k2} & r_{k3} & \cdots & 1 \end{bmatrix} \tag{C.5.1}$$

其中下标 1 和前面一样表示因变量 Y（如 r_{12} 指 Y 与 X_2 的相关，等等），并且利用了一个变量同它自己的相关系数恒为 1 这一事实（$r_{11} = r_{22} = \cdots = r_{kk} = 1$）。

从相关矩阵 R 可求得 1 阶（见第 7 章）和高阶（诸如 $r_{12.34\cdots k}$）（见习题 C.4）相关系数。许多计算机程序都例行计算 R 矩阵。我们在第 10 章已经使用过相关矩阵。

C.6　对单个回归系数进行假设检验的矩阵表述

由于在前面章节中已经讲过的理由，如果我们的目的既是推断又是估计，那么我们有必要假定干扰项 u_i 遵循某种概率分布。还由于前面已经明确了的理由，在回归分析中，我们经常假定每个 u_i 都遵循零均值和不变方差 σ^2 的正态分布。用矩阵符号表示，我们有：

$$u \sim N(0, \sigma^2 I) \tag{C.6.1}$$

其中 u 和 0 都是 $n \times 1$ 列向量，I 是 $n \times n$ 单位矩阵，而 0 是虚拟假设中的零向量。

给定正态性假定，我们知道，在双变量和三变量线性回归模型中，(1) OLS 估计量 $\hat{\beta}_i$ 和 ML 估计量 $\tilde{\beta}_i$ 相同，但 ML 估计量 $\tilde{\sigma}^2$ 有偏误，尽管这一偏误可用无偏 OLS 估计量 $\hat{\sigma}^2$ 加以消除；以及 (2) OLS 估计量 $\hat{\beta}_i$ 也是正态分布的。推广而言，在 k 变量情形中，我们可以证明

$$\hat{\beta} \sim N[\beta, \sigma^2 (X'X)^{-1}] \tag{C.6.2}$$

即 $\hat{\beta}$ 的每个元素都是正态分布的，且其均值等于真实 β 的对应元素，而方差为逆矩阵 $(X'X)^{-1}$ 的主对角线上对应元素的 σ^2 倍。

由于在实践中 σ^2 未知，所以要用 $\hat{\sigma}^2$ 估计它，这就要用到从正态分布到 t 分布的通常转换，于是 $\hat{\beta}$ 的每个元素就服从自由度为 $n-k$ 的 t 分布，记为

$$t = \frac{\hat{\beta}_i - \beta_i}{\operatorname{se}(\hat{\beta}_i)} \tag{C.6.3}$$

自由度为 $n-k$，其中 $\hat{\beta}_i$ 是 $\hat{\beta}$ 中的任意元素。

因此，t 分布可用来检验关于真实 β_i 的假设并建立它的置信区间，其具体操作步骤已在第 5 章和第 8 章中说明。C.10 节将给出一个完整的例子。

C.7 检验回归的总体显著性：方差分析的矩阵表述

在第 8 章中，我们说明了方差分析（ANOVA）的方法，用以 (1) 检验回归估计的总体显著性，即检验全部真实（偏）斜率系数同时为零的虚拟假设，以及 (2) 评价一个解释变量的增量贡献。ANOVA 方法可以很容易地推广到 k 变量情形。回想一下，ANOVA 方法是要把 TSS 分解为 ESS 和 RSS。这三个平方和的矩阵表达式已分别由方程 (C.3.16)、方程 (C.3.17) 和方程 (C.3.18) 给出。对应于这些平方和的自由度依次是 $n-1$，$k-1$ 和 $n-k$。（为什么?）于是，仿效第 8 章的表 8-1，我们给出了表 C-2。

表 C-2　　　　　　　　k 变量线性回归模型的 ANOVA 矩阵表述

变异来源	平方和	自由度	均方和
来自回归（即来自 $X_2, X_3, \cdots, X_k$）	$\hat{\beta}'X'y - n\bar{Y}^2$	$k-1$	$\dfrac{\hat{\beta}'X'y - n\bar{Y}^2}{k-1}$
来自残差	$y'y - \hat{\beta}'X'y$	$n-k$	$\dfrac{y'y - \hat{\beta}'X'y}{n-k}$
总计	$y'y - n\bar{Y}^2$	$n-1$	

假定干扰项 u_i 是正态分布的，并且虚拟假设是 $\beta_2 = \beta_3 = \cdots = \beta_k = 0$，那么，仿照第 8 章，可以证明：

$$F = \frac{(\hat{\beta}'X'y - n\bar{Y}^2)/(k-1)}{(y'y - \hat{\beta}'X'y)/(n-k)} \tag{C.7.1}$$

服从自由度为 $k-1$ 和 $n-k$ 的 F 分布。

在第 8 章中我们看到，在前述假定下，F 与 R^2 之间有一紧密关系，即：

$$F = \frac{R^2/(k-1)}{(1-R^2)/(n-k)} \tag{8.4.11}$$

因此，ANOVA 表 C-2 又可表达为表 C-3。和表 C-2 相比，表 C-3 的一个优点是全部分析都能通过 R^2 来做，而无须考虑 F 比率中已被消掉的 $(y'y - n\bar{Y}^2)$。

表 C-3 　　　　　　　　　　由 R^2 表示的 k 变量 ANOVA 表的矩阵形式

变异来源	平方和	自由度	均方和
来自回归（即来自 $X_2, X_3, \cdots, X_k$）	$R^2(y'y - n\bar{Y}^2)$	$k-1$	$\dfrac{R^2(y'y - n\bar{Y}^2)}{k-1}$
来自残差	$(1-R^2)(y'y - n\bar{Y}^2)$	$n-k$	$\dfrac{(1-R^2)(y'y - n\bar{Y}^2)}{n-k}$
总计	$y'y - n\bar{Y}^2$	$n-1$	

C.8　检验线性约束：用矩阵表示的一般 F 检验法

我们在 8.6 节中介绍了怎样用 F 检验去检验施加在 k 变量线性回归模型的一个或多个参数上约束的真实性。适当的检验已由方程（8.6.9）[或与之等价的方程（8.6.10）]给出。方程（8.6.9）的矩阵表述也不难推导。

如果令：

$\hat{u}_R$ ＝受约束最小二乘回归的残差向量；

$\hat{u}_{UR}$ ＝无约束最小二乘回归的残差向量。

那么：

$\hat{u}'_R \hat{u}_R = \sum \hat{u}_R^2$ ＝受约束回归的 RSS；

$\hat{u}'_{UR} \hat{u}_{UR} = \sum \hat{u}_{UR}^2$ ＝无约束回归的 RSS；

m ＝线性约束的个数；

k ＝无约束回归中的参数个数（包括截距）；

n ＝观测次数。

于是方程（8.6.9）的矩阵表述就是：

$$F = \frac{(\hat{u}'_R \hat{u}_R - \hat{u}'_{UR} \hat{u}_{UR})/m}{(\hat{u}'_{UR} \hat{u}_{UR})/(n-k)} \tag{C.8.1}$$

它服从自由度为 $(m, n-k)$ 的 F 分布。按照平常的做法，如果由方程（C.8.1）算出的 F 值超过临界 F 值，就可拒绝受约束回归；否则不拒绝。

C.9　用多元回归做预测：矩阵表述

在 8.8 节中，我们用标量符号讨论怎样能通过多元回归的估计在给定回归元 X 值下，预测 Y 的均值和个值。本节中，我们说明怎样用矩阵形式表达这些预测。我们还要介绍估计这些预测值的方差和标准差的公式。在第 8 章中我们指出过最好用矩阵符号去处理这些公式，因为这些公式用标量符号表达会变得相当臃肿。

均值预测

我们令

$$X_0 = \begin{bmatrix} 1 \\ X_{02} \\ X_{03} \\ \vdots \\ X_{0k} \end{bmatrix} \tag{C.9.1}$$

为在预测 Y 的平均预测 $\hat{Y}_0$ 时所要取定的 X 变量的值向量。

现在，用标量表示的多元回归估计形式如下：

$$\hat{Y}_i = \hat{\beta}_1 + \hat{\beta}_2 X_{2i} + \hat{\beta}_3 X_{3i} + \cdots + \hat{\beta}_k X_{ki} + u_i \tag{C.9.2}$$

它可简洁地写成矩阵形式：

$$\hat{Y}_i = x_i' \hat{\beta} \tag{C.9.3}$$

其中 $x_i' = \begin{bmatrix} 1 & X_{2i} & X_{3i} & \cdots & X_{ki} \end{bmatrix}$，以及

$$\hat{\beta} = \begin{bmatrix} \hat{\beta}_1 \\ \hat{\beta}_2 \\ \vdots \\ \hat{\beta}_k \end{bmatrix}$$

方程（C.9.2）或方程（C.9.3）无疑是 Y_i 在给定 x_i' 下的平均预测值。

如果 x_i' 由方程（C.9.1）给出，则方程（C.9.3）就变成：

$$(\hat{Y}_i \mid x_0') = x_0' \hat{\beta} \tag{C.9.4}$$

其中 x_0 的值自然是预先设定的。注意，因为 $E(x_0' \hat{\beta}) = x_0' \hat{\beta}$，故方程（C.9.4）给出了 $E(Y_i \mid x_0')$ 的一个无偏预测。（为什么?）

均值预测的方差

估计 $(\hat{Y}_0 \mid x_0')$ 的方差的公式如下[①]：

①　公式推导见 J. Johnston, *Econometric Methods*, McGraw-Hill, 3d ed., New York, 1984, pp. 195-196.

$$\text{var}(\hat{Y}_0 \mid x_0') = \sigma^2 x_0' (X'X)^{-1} x_0 \qquad (C.9.5)$$

其中 σ^2 是 u_i 的方差，x_0' 是我们用来对 Y 做预测而给定的 X 变量的值向量。而 $(X'X)$ 就是方程（C.3.9）中的矩阵。实际上，我们用 σ^2 的无偏估计量 $\hat{\sigma}^2$ 代替了 σ^2。

我们在下一节将说明均值预测及其方差。

个值预测

如第 5 章和第 8 章所指出的那样，$Y(=Y_0)$ 的个值预测也由方程（C.9.3）给出，或更具体地由方程（C.9.4）给出。均值预测与个值预测的区别在于它们的方差。

个值预测的方差

计算个值预测的方差公式如下[①]：

$$\text{var}(Y_0 \mid x_0) = \sigma^2 [1 + x_0' (X'X)^{-1} x_0] \qquad (C.9.6)$$

其中 $\text{var}(Y_0 \mid x_0)$ 代表 $E[Y_0 - \hat{Y}_0 \mid X]^2$。实际上，我们用 σ^2 的无偏估计量 $\hat{\sigma}^2$ 取代了它。我们在下一节将对这个公式加以说明。

C.10 矩阵方法总结：一个说明性例子

考虑表 C-4 中给出的数据。这些数据涉及人均私人消费支出（PPCE）与人均可支配收入（PPDI）和时间或趋势变量之间的关系。通过在模型中包含趋势变量，我们试图发现 PPCE 与 PPDI 在消除趋势变量（可由技术和偏好变化等一系列其他因素来表示）影响之后的关系。

表 C-4　　　1956—1970 年美国人均私人消费支出（PPCE）与人均可支配收入（PPDI）

单位：1958 年美元

PPCE, Y	PPDI, X_2	时间, X_3	PPCE, Y	PPDI, X_2	时间, X_3
1 673	1 839	1（=1956 年）	1 948	2 126	9
1 688	1 844	2	2 048	2 239	10
1 666	1 831	3	2 128	2 336	11
1 735	1 881	4	2 165	2 404	12
1 749	1 883	5	2 257	2 487	13
1 756	1 910	6	2 316	2 535	14
1 815	1 969	7	2 324	2 595	15（=1970 年）
1 867	2 016	8			

资料来源：*Economic Report of the President*，January 1972，Table B-16.

因此，出于经验研究的目的，取回归模型为：

---

① 见 J. Johnston, op. cit.。

$$Y_i = \hat{\beta}_1 + \hat{\beta}_2 X_{2i} + \hat{\beta}_3 X_{3i} + \hat{u}_i \tag{C.10.1}$$

其中 Y＝人均私人消费支出，X_2＝人均可支配收入，X_3＝时间。表 C-4 给出了做回归（C.10.1）所需要的数据。

可用矩阵符号将我们的问题表述为：

$$
\begin{bmatrix} 1\,673 \\ 1\,688 \\ 1\,666 \\ 1\,735 \\ 1\,749 \\ 1\,756 \\ 1\,815 \\ 1\,867 \\ 1\,948 \\ 2\,048 \\ 2\,128 \\ 2\,165 \\ 2\,257 \\ 2\,316 \\ 2\,324 \end{bmatrix}
=
\begin{bmatrix} 1 & 1\,839 & 1 \\ 1 & 1\,844 & 2 \\ 1 & 1\,831 & 3 \\ 1 & 1\,881 & 4 \\ 1 & 1\,883 & 5 \\ 1 & 1\,910 & 6 \\ 1 & 1\,969 & 7 \\ 1 & 2\,016 & 8 \\ 1 & 2\,126 & 9 \\ 1 & 2\,239 & 10 \\ 1 & 2\,336 & 11 \\ 1 & 2\,404 & 12 \\ 1 & 2\,487 & 13 \\ 1 & 2\,535 & 14 \\ 1 & 2\,595 & 15 \end{bmatrix}
\begin{bmatrix} \hat{\beta}_1 \\ \hat{\beta}_2 \\ \hat{\beta}_3 \end{bmatrix}
+
\begin{bmatrix} \hat{u}_1 \\ \hat{u}_2 \\ \hat{u}_3 \\ \hat{u}_4 \\ \hat{u}_5 \\ \hat{u}_6 \\ \hat{u}_7 \\ \hat{u}_8 \\ \hat{u}_9 \\ \hat{u}_{10} \\ \hat{u}_{11} \\ \hat{u}_{12} \\ \hat{u}_{13} \\ \hat{u}_{14} \\ \hat{u}_{15} \end{bmatrix}
\tag{C.10.2}
$$

$$
\begin{array}{ccccc}
y & = & X & \hat{\beta} & + & \hat{u} \\
15 \times 1 & & 15 \times 3 & 3 \times 1 & & 15 \times 1
\end{array}
$$

由以上数据算得以下结果：

$$\overline{Y} = 1\,942.333 \quad \overline{X}_2 = 2\,126.333 \quad \overline{X}_3 = 8.0$$

$$\sum (Y_i - \overline{Y})^2 = 830\,121.333$$

$$\sum (X_{2i} - \overline{X}_2)^2 = 1\,103\,111.333 \quad \sum (X_{3i} - \overline{X}_3)^2 = 280.0$$

$$
X'X =
\begin{bmatrix} 1 & 1 & 1 \cdots 1 \\ X_{21} & X_{22} & X_{23} \cdots X_{2n} \\ X_{31} & X_{32} & X_{33} \cdots X_{3n} \end{bmatrix}
\begin{bmatrix} 1 & X_{21} & X_{31} \\ 1 & X_{22} & X_{32} \\ 1 & X_{23} & X_{33} \\ \vdots & \vdots & \vdots \\ 1 & X_{2n} & X_{3n} \end{bmatrix}
$$

$$
=
\begin{bmatrix}
n & \sum X_{2i} & \sum X_{3i} \\
\sum X_{2i} & \sum X_{2i}^2 & \sum X_{2i} X_{3i} \\
\sum X_{3i} & \sum X_{2i} X_{3i} & \sum X_{3i}^2
\end{bmatrix}
$$

C

$$= \begin{bmatrix} 15 & 31\,895 & 120 \\ 31\,895 & 68\,922.513 & 272\,144 \\ 120 & 272\,144 & 1\,240 \end{bmatrix} \tag{C.10.3}$$

$$X'y = \begin{bmatrix} 29\,135 \\ 62\,905\,821 \\ 247\,934 \end{bmatrix} \tag{C.10.4}$$

利用附录 B 的矩阵求逆规则，可得：

$$(X'X)^{-1} = \begin{bmatrix} 37.232\,491 & -0.022\,508\,2 & 1.336\,707 \\ -0.022\,508\,2 & 0.000\,013\,7 & -0.000\,831\,9 \\ 1.336\,707 & -0.000\,831\,9 & 0.054\,034 \end{bmatrix} \tag{C.10.5}$$

因此，

$$\hat{\beta} = (X'X)^{-1}X'y = \begin{bmatrix} 300.286\,25 \\ 0.741\,98 \\ 8.043\,56 \end{bmatrix} \tag{C.10.6}$$

现在可算出残差平方和为：

$$\sum \hat{u}_i^2 = \hat{u}'u = y'y - \hat{\beta}'X'y$$

$$= 57\,420\,003 - \begin{bmatrix} 300.286\,25 & 0.741\,98 & 8.043\,56 \end{bmatrix} \begin{bmatrix} 29\,135 \\ 62\,905\,821 \\ 247\,934 \end{bmatrix}$$

$$= 1\,976.855\,74 \tag{C.10.7}$$

由此可得：

$$\hat{\sigma}^2 = \frac{\hat{u}'\hat{u}}{12} = 164.737\,97 \tag{C.10.8}$$

因此，可得到 $\hat{\beta}$ 的方差-协方差矩阵为：

$$\text{var-cov}(\hat{\beta}) = \hat{\sigma}^2 (X'X)^{-1} = \begin{bmatrix} 6\,133.650 & -3.707\,94 & 220.206\,34 \\ -3.707\,94 & 0.002\,26 & -0.137\,05 \\ 220.206\,34 & -0.137\,05 & 8.901\,55 \end{bmatrix}$$

$$\tag{C.10.9}$$

此矩阵的主对角线元素分别给出 $\hat{\beta}_1$，$\hat{\beta}_2$ 和 $\hat{\beta}_3$ 的方差，而其正的平方根就是相应的标准误。

由上述数据容易验算：

ESS：$\hat{\beta}'X'y - n\overline{Y}^2 = 828\,144.477\,86$ (C.10.10)

TSS：$y'y - n\overline{Y}^2 = 830\,121.333$ (C.10.11)

于是得到：

$$R^2 = \frac{\hat{\beta}'X'y - n\overline{Y}^2}{y'y - n\overline{Y}^2}$$

$$= \frac{828\,144.\,477\,86}{830\,121.\,333}$$

$$= 0.\,997\,61 \tag{C.10.12}$$

利用方程（7.8.4）能看到调整后的判定系数（adjusted coefficient determination）$\overline{R}^2$ 是：

$$\overline{R}^2 = 0.\,997\,22 \tag{C.10.13}$$

将我们所得到的结果合并在一起，即有：

$$\hat{Y}_i = 300.\,286\,25 \quad + \quad 0.\,741\,98\,X_{2i} \quad + \quad 8.\,043\,56\,X_{3i}$$

$$(78.\,317\,63) \qquad (0.\,047\,53) \qquad (2.\,983\,54) \tag{C.10.14}$$

$$t = (3.\,834\,21) \qquad (15.\,609\,56) \qquad (2.\,695\,98)$$

$$R^2 = 0.\,997\,61 \qquad \overline{R}^2 = 0.\,997\,22 \qquad df = 12$$

对方程（C.10.14）的解释是：如果 X_2 和 X_3 都固定为零，则估计人均私人消费支出的均值约为 300 美元。按照常理，要接受对截距的这种机械式的解释实有难言之苦。偏回归系数 0.741 98 是指，保持所有其他变量不变，人均收入每增加 1 美元，平均地说，人均消费支出将随之增加约 74 美分。简言之，边际消费倾向估计约为 0.74 或 74%。同理，保持所有其他变量不变，在 1956—1970 年这个研究期间，人均私人消费支出的均值每年约增加 8 美元。R^2 值 0.997 6 表示这两个解释变量解释了 1956—1970 年美国人均私人消费支出变异的 99%以上。$\overline{R}^2$ 虽然低了一点，但仍然很高。

至于估计系数的统计显著性，从方程（C.10.14）我们看到，每个估计系数都在（比方说）5%的显著性水平上是个别显著的：估计的系数对它们标准误的比率（即 t 比率）分别是 3.834 21、15.609 56 和 2.695 98。使用 5%显著性水平的双侧 t 检验，我们查出自由度为 12 的临界 t 值是 2.179。现在计算得到的每个 t 值都超出了这个临界值，故可逐个拒绝真实的总体系数值为零的虚拟假设。

前面曾指出，我们不能把平常的 t 检验用在同时检验假设 $\beta_2 = \beta_3 = 0$ 上。因为 t 检验方法假定每次应用 t 检验时都用了一个独立抽取的样本，如果用同一样本同时检验关于 β_2 和 β_3 的假设，那么估计量 $\hat{\beta}_2$ 和 $\hat{\beta}_3$ 很可能是相关的，从而违反了 t 检验方法所依据的假定。[①] 事实上，看一看方程（C.10.9）中 $\hat{\beta}$ 的方差-协方差矩阵，就知道估计量 $\hat{\beta}_2$ 和 $\hat{\beta}_3$ 是负相关的。（两者的协方差是 $-0.137\,05$。）因此我们不能用 t 检验来检验 $\beta_2 = \beta_3 = 0$ 的虚拟假设。

然而，像 $\beta_2 = \beta_3 = 0$ 这样的联合虚拟假设，可通过第 8 章介绍的方差分析法及其伴随的 F 检验加以检验。对于我们的问题，ANOVA 表见表 C-5。在通常的

---

① 详见 8.4 节。

表 C - 5   **表 C - 4 中数据的 ANOVA 表**

变异来源	平方和	自由度	均方和
来自 X_2，X_3	828 144.477 86	2	414 072.389 3
来自残差	<u>1 976.855 74</u>	<u>12</u>	164.737 97
总计	830 121.333 60	14	

假设下，我们得到：

$$F = \frac{414\ 072.389\ 3}{164.737\ 97} = 2\ 513.52 \tag{C.10.15}$$

它服从自由度为 2 和 12 的 F 分布。显然 F 值是高度显著的；我们可以拒绝虚拟假设：$\beta_2 = \beta_3 = 0$，即人均私人消费支出与人均可支配收入以及时间均无线性关系。

在 C.9 节中，我们讨论了均值和个值预测方法的具体步骤。假定 1971 年 PPDI 数字是 2 610 美元，我们想知道对应于这一数字的 PPCE。那么，1971 年 PPCE 的均值和个值预测是相同的，并由下式给出：

$$(\text{PPCE}_{1971} \mid \text{PPDI}_{1971}, X_3 = 16) = x'_{1971}\hat{\beta}$$

$$= \begin{bmatrix} 1 & 2\ 610 & 16 \end{bmatrix} \begin{bmatrix} 300.286\ 25 \\ 0.741\ 98 \\ 8.043\ 56 \end{bmatrix} = 2\ 365.55 \tag{C.10.16}$$

其中利用了方程（C.9.3）。

根据 C.9 节可知，$\hat{Y}_{1971}$ 和 Y_{1971} 的方差是不同的。现分述如下：

$$\text{var}(\hat{Y}_{1971} \mid x'_{1971}) = \hat{\sigma}^2 [x'_{1971}(X'X)^{-1} x_{1971}]$$

$$= 164.737\ 97 \begin{bmatrix} 1 & 2\ 610 & 16 \end{bmatrix} (X'X)^{-1} \begin{bmatrix} 1 \\ 2\ 610 \\ 16 \end{bmatrix} \tag{C.10.17}$$

其中 $(X'X)^{-1}$ 已见于方程（C.10.5）。将它代入方程（C.10.17），即可证实：

$$\text{var}(\hat{Y}_{1971} \mid x'_{1971}) = 48.642\ 6 \tag{C.10.18}$$

并因而有：

$$\text{se}(\hat{Y}_{1971} \mid x'_{1971}) = 6.974\ 4$$

读者可以自己利用方程（C.9.6）证实：

$$\text{var}(Y_{1971} \mid x'_{1971}) = 213.380\ 6 \tag{C.10.19}$$

以及

$$\text{se}(Y_{1971} \mid x'_{1971}) = 14.607\ 6$$

注：$\text{var}(Y_{1971} \mid x'_{1971}) = E[Y_{1971} - \hat{Y}_{1971} \mid x'_{1971}]^2$。

在 C.5 节中，我们曾介绍了相关矩阵 R。对于我们的数据，相关矩阵是：

$$R = \begin{array}{c} \\ Y \\ X_2 \\ X_3 \end{array} \begin{array}{ccc} Y & X_2 & X_3 \\ \left[\begin{array}{ccc} 1 & 0.998\,0 & 0.974\,3 \\ 0.998\,0 & 1 & 0.966\,4 \\ 0.974\,3 & 0.966\,4 & 1 \end{array}\right] \end{array} \qquad (C.10.20)$$

注意在方程（C.10.20）中，我们用模型的变量来为相关矩阵加边，目的是使在相关系数的计算中所涉及的变量容易辨认。例如，矩阵（C.10.12）第一行中的系数 0.998 0 告诉我们它是 Y 与 X_2 之间的相关系数（即 r_{12}）。由相关矩阵（C.10.20）给出的零阶相关容易推出一阶相关系数（见习题 C.7）。

C.11 广义最小二乘法

我们曾几次偶尔提到 OLS 是 GLS 的特殊情形。为了看出这一点，回到方程（C.2.2）。为了考虑异方差性［方程（C.2.2）主对角线上的元素］和误差项的自相关关系［方程（C.2.2）主对角线外的元素］，假定：

$$E(uu') = \sigma^2 V \qquad (C.11.1)$$

其中 V 是一个已知的 $n \times n$ 矩阵。

因此，如果我们的模型是：

$$y = X\beta + u$$

其中 $E(u) = 0$ 和 var-cov$(u) = \sigma^2 V$，在 σ^2 未知的典型情形下，V 就表示随机误差项 u_t 之间的方差-协方差假定结构。

在明确了误差项的方差-协方差结构之后，可以证明：

$$\beta^{\text{gls}} = (X'V^{-1}X)^{-1}X'V^{-1}y \qquad (C.11.2)$$

β^{gls} 就被称为 β 的广义最小二乘估计量。

还可以证明：

$$\text{var-cov}(\beta^{\text{gls}}) = \sigma^2(X'V^{-1}X)^{-1} \qquad (C.11.3)$$

也可以证明 β^{gls} 是 β 的最优线性无偏估计量。

如果假定每个误差项的方差都是常量 σ^2，而且误差项彼此不相关，那么 V 矩阵就简化成方程（C.2.3）所示的单位矩阵。如果误差项彼此不相关但具有不同的方差（即异方差），那么 V 矩阵就是主对角线上具有不等方差的对角阵。当然，如果既存在异方差又存在自相关，那么 V 矩阵的主对角线上和主对角线外都有元素。

实践中真正的问题在于，我们并不知道 σ^2 和真实的方差-协方差（即 V 矩阵的结构）。作为一种解决办法，我们可以使用估计（或可行）的广义最小二乘法（estimated or feasible generalized least squares，EGLS）。我们在此先不考虑异方差和（或）自相关的问题，而直接用 OLS 估计我们的模型。我们从这个模型得到残差，并通过用估计的 u（即 $\hat{u}'$）取代方程（C.2.2）中的项以得到误差项的（估计）

方差-协方差矩阵。可以证明，EGLS 估计量是 GLS 估计量的一致估计量。用符号表示为：

$$\beta^{\text{egls}} = (X'\hat{V}^{-1}X)^{-1} \ (X'\hat{V}^{-1}y) \tag{C.11.4}$$

$$\text{var-cov}(\beta^{\text{egls}}) = \sigma^2 (X'\hat{V}^{-1}X)^{-1} \tag{C.11.5}$$

其中 $\hat{V}$ 是 V 的一个估计值。

要点与结论

本附录的主要目的是介绍经典线性回归模型的矩阵方法。虽然并未涉及多少回归分析的新概念，但矩阵符号为处理任意多个变量的线性回归模型提供了一种简洁的方法。

作为本附录的收尾，我们提请注意，如果 Y 和 X 变量都以离差（指对样本均值的离差）形式度量，则在上述公式中有少数变更。现将这些变更列成表 C-6。[1] 如该表所示，在离差形式中，均值校正项 $n\bar{Y}^2$ 将从 TSS 和 ESS 中消失。（为什么？）这一消失造成 R^2 计算公式中的一个变化。除此以外，大多数按原度量单位推导出来的公式，对离差形式来说，仍然是正确的。

表 C-6 原始单位和离差形式的 k 变量回归模型

原始单位		离差形式	
$y = X\hat{\beta} + \hat{u}$	(C.3.2)	$y = X\hat{\beta} + \hat{u}$ 全为 1 的那一列已从 X 矩阵中消失（为什么？）	
$\hat{\beta} = (X'X)^{-1}X'y$	(C.3.11)	相同	
$\text{var-cov}(\hat{\beta}) = \sigma^2 (X'X)^{-1}$	(C.3.13)	相同	
$\hat{u}'u = y'y - \hat{\beta}'X'y$	(C.3.18)	相同	
$\sum y_i^2 = y'y - n\bar{Y}^2$	(C.3.16)	$\sum y_i^2 = y'y$	(C.12.1)
$\text{ESS} = \hat{\beta}'X'y - n\bar{Y}^2$	(C.3.17)	$\text{ESS} = \hat{\beta}'X'y$	(C.12.2)
$R^2 = \dfrac{\hat{\beta}'X'y - n\bar{Y}^2}{y'y - n\bar{Y}^2}$	(C.4.2)	$R^2 = \dfrac{\hat{\beta}'X'y}{y'y}$	(C.12.3)

注：虽然在两种情形中矩阵和向量的符号都是一样的，但在离差形式中矩阵和向量中的元素都假定是离差而非原始数据。还要注意，离差形式中 $\hat{\beta}$ 的阶是 $k-1$，而 $\text{var-cov}(\hat{\beta})$ 的阶是 $(k-1) \times (k-1)$。

习 题

C.1 在 C.10 节的说明性例子中，按离差形式的数据算得 $X'X$ 和 $X'y$ 如下：

---

[1] 在拥有高速计算机的今天，也许用不着离差形式，但是当我们使用计算机并且处理大量数据时，离差形式将使公式及其计算得以简化。

$$X'X=\begin{bmatrix} 1\ 103\ 111.333 & 16\ 984 \\ 16\ 984 & 280 \end{bmatrix}$$

$$X'y=\begin{bmatrix} 955\ 099.333 \\ 14\ 854.000 \end{bmatrix}$$

a. 估计 β_2 和 β_3。

b. 你将怎样估计 β_1？

c. 估计 β_2 和 β_3 的方差及其协方差。

d. 求出 R^2 和 $\overline{R}^2$。

e. 将你的结果同 C.10 节所给出的结果相比较，你发现离差形式有什么好处？

C.2 参考习题 22.23。利用那里给出的数据，建立适当的 $(X'X)$ 矩阵和 $(X'y)$ 向量，并估计参数向量 β 及其方差-协方差矩阵。再求 R^2。你将如何检验如下虚拟假设：M1 对 GDP 和利率 R 的弹性在数值上相等？

C.3 **检验两个回归系数是否相等。**假如给定如下回归模型：

$$Y_i = \beta_1 + \beta_2 X_{2i} + \beta_3 X_{3i} + u_i$$

并且要检验假设 $\beta_2 = \beta_3$。如果 u_i 是正态分布的，则可证明：

$$t = \frac{\hat{\beta}_2 - \hat{\beta}_3}{\sqrt{\text{var}(\hat{\beta}_2) + \text{var}(\hat{\beta}_3) - 2\text{cov}(\hat{\beta}_2, \hat{\beta}_3)}}$$

服从自由度为 $n-3$ 的 t 分布（参见 8.5 节）。（一般地说，对 k 变量情形，自由度为 $n-k$。）从而上述 t 检验可用于检验虚拟假设：$\beta_2 = \beta_3$。

应用上述 t 检验去检验假设：回归（C.10.4）中的 β_2 和 β_3 有相同的真值。

提示：用方程（C.10.9）所给 β 的方差-协方差矩阵。

C.4 **用低阶相关表达高阶相关。**p 阶相关系数可通过下述降阶公式（reduction formula）用 $p-1$ 阶相关系数来表达：

$$r_{12.345\cdots p} = \frac{r_{12.345\cdots(p-1)} - [r_{1p.345\cdots(p-1)} r_{2p.345\cdots(p-1)}]}{\sqrt{[1-r_{1p.345\cdots(p-1)}^2]}\sqrt{[1-r_{2p.345\cdots(p-1)}^2]}}$$

因此，如第 7 章所见，

$$r_{12.3} = \frac{r_{12} - r_{13} r_{23}}{\sqrt{1-r_{13}^2}\sqrt{1-r_{23}^2}}$$

现给定如下相关矩阵：

$$R = \begin{matrix} & Y & X_2 & X_3 & X_4 & X_5 \\ Y & 1 & 0.44 & -0.34 & -0.31 & -0.14 \\ X_2 & & 1 & 0.25 & -0.19 & -0.35 \\ X_3 & & & 1 & 0.44 & 0.33 \\ X_4 & & & & 1 & 0.85 \\ X_5 & & & & & 1 \end{matrix}$$

求如下高阶相关系数：

a. $r_{12.345}$ b. $r_{12.34}$ c. $r_{12.3}$

d. $r_{13.245}$ e. $r_{13.24}$ f. $r_{13.2}$

C.5 **用低阶回归系数表达高阶回归系数。**p 阶回归系数可通过下述降阶公式用 $p-1$ 阶回归系数来表达：

$$\hat{\beta}_{12.345\cdots p} = \frac{\hat{\beta}_{12.345\cdots(p-1)} - [\hat{\beta}_{1p.345\cdots(p-1)}\hat{\beta}_{p2.345\cdots(p-1)}]}{1 - \hat{\beta}_{2p.345\cdots(p-1)}\hat{\beta}_{p2.345\cdots(p-1)}}$$

因而，

$$\hat{\beta}_{12.3} = \frac{\hat{\beta}_{12} - \hat{\beta}_{13}\hat{\beta}_{32}}{1 - \hat{\beta}_{23}\hat{\beta}_{32}}$$

其中 $\beta_{12.3}$ 是 Y 在保持 X_3 不变的情况下对 X_2 的回归中的斜率系数。类似地，$\beta_{12.34}$ 是在保持 X_3 和 X_4 不变的情况下，Y 对 X_2 的回归中的斜率系数，以此类推。

利用上述公式，求出用较低阶回归系数表达的如下回归系数的表达式：$\hat{\beta}_{12.3456}$，$\hat{\beta}_{12.345}$ 和 $\hat{\beta}_{12.34}$。

C.6 证明如下恒等式：

$$\hat{\beta}_{12.3}\hat{\beta}_{23.1}\hat{\beta}_{31.2} = r_{12.3} r_{23.1} r_{31.2}$$

C.7 对方程（C.10.20）所给的相关矩阵 R，求出所有的一阶偏相关系数。

C.8 在研究美国某些大城市犯罪率的变异时，奥格本（Ogburn）获得了以下数据[1]：

---

[1] W. F. Ogburn，"Factors in the Variation of Crime among Cities," *Journal of American Statistical Association*, vol. 30，1935，p. 12.

$$\bar{Y} = 19.9 \quad S_1 = 7.9$$
$$\bar{X}_2 = 49.2 \quad S_2 = 1.3$$
$$\bar{X}_3 = 10.2 \quad S_3 = 4.6$$
$$\bar{X}_4 = 481.4 \quad S_4 = 74.4$$
$$\bar{X}_5 = 41.6 \quad S_5 = 10.8$$

$$R = \begin{array}{c} Y \\ X_2 \\ X_3 \\ X_4 \\ X_5 \end{array} \begin{bmatrix} \begin{array}{ccccc} Y & X_2 & X_3 & X_4 & X_5 \end{array} \\ 1 & 0.44 & -0.34 & -0.31 & -0.14 \\ & 1 & 0.25 & -0.19 & -0.35 \\ & & 1 & 0.44 & 0.33 \\ & & & 1 & 0.85 \\ & & & & 1 \end{bmatrix}$$

其中 Y＝犯罪率，每千人的已知犯法次数；

X_2＝男性居民所占百分比；

X_3＝国外出生男性居民所占百分比；

X_4＝每一千个年龄在 15～44 岁的已婚妇女拥有的 5 岁以下儿童数；

X_5＝13 岁及以上的每百人教会会员数；

S_1 至 S_5 为变量 Y，X_2，…，X_5 的样本标准差，而 R 为相关矩阵。

a. 视 Y 为因变量，求 Y 对 4 个 X 变量的回归并解释所估计的回归。

b. 求 $r_{12.3}$，$r_{14.35}$ 和 $r_{15.34}$。

c. 求 R^2 并检验全部偏斜率系数都等于零的假设。

C.9 下表给出了短期内某商品的产出与总生产成本数据。（参见例 7.4。）

产出	总生产成本（美元）
1	193
2	226
3	240
4	244
5	257
6	260
7	274
8	297
9	350
10	420

为了检验以上数据是否适用于短期内经常看到的 U 形平均成本曲线和边际成本曲线，不妨利用如下模型：

$$Y_i = \beta_1 + \beta_2 X_i + \beta_3 X_i^2 + \beta_4 X_i^3 + u_i$$

其中 Y＝总成本，而 X＝产出。另加的解释变量 X^2 和 X^3 是从 X 派生出来的。

a. 把数据表达为离差形式，然后求 $(X'X)$，$(X'y)$ 和 $(X'X)^{-1}$。

b. 估计 β_2，β_3 和 β_4。

c. 估计 $\hat{\beta}$ 的方差-协方差矩阵。

d. 估计 β_1。根据题意解释 $\hat{\beta}_1$。

e. 求 R^2 和 $\bar{R}^2$。

f. 先验地，β_2，β_3 和 β_4 的符号是什么？为什么？

g. 根据前面给出的总成本函数，求边际成本函数和平均成本函数的表达式。

h. 对数据拟合平均成本函数和边际成本函数，并评论拟合的结果。

i. 如果 $\beta_3 = \beta_4 = 0$，边际成本函数将有什么性质？又怎样去检验假设：$\beta_3 = \beta_4 = 0$？

j. 你怎样从所给数据推导出总可变成本函数和平均可变成本函数？

C.10 为了研究城市贫困家庭（1969 年劳动收入少于 3 943 美元的家庭）的劳动参与人数，我们从 1970 年人口普查取得表 C-7 中的数据。

表 C-7　　城市贫困家庭的劳动参与经验：1970 年纽约市普查区

普查区编号	劳动人数百分比，Y^*	平均家庭收入，X_2[†]	平均家庭规模，X_3	失业率，X_4[‡]
137	64.3	1 998	2.95	4.4
139	45.4	1 114	3.40	3.4
141	26.6	1 942	3.72	1.1
142	87.5	1 998	4.43	3.1
143	71.3	2 026	3.82	7.7

续表

普查区编号	劳动人数百分比，Y^*	平均家庭收入，$X_2^{\dagger}$	平均家庭规模，X_3	失业率，$X_4^{\ddagger}$
145	82.4	1 853	3.90	5.0
147	26.3	1 666	3.32	6.2
149	61.6	1 434	3.80	5.4
151	52.9	1 513	3.49	12.2
153	64.7	2 008	3.85	4.8
155	64.9	1 704	4.69	2.9
157	70.5	1 525	3.89	4.8
159	87.2	1 842	3.53	3.9
161	81.2	1 735	4.96	7.2
163	67.9	1 639	3.68	3.6

注：＊劳动人数百分比 Y＝限于户主年龄在 65 岁以下的家庭；

†X_2 以美元计；

‡X_4＝城镇劳动失业率。

资料来源：Census Tracts：New York，Bureau of the Census，U. S. Department of Commerce，1970.

a. 用回归模型 $Y_i = \beta_1 + \beta_2 X_{2i} + \beta_3 X_{3i} + \beta_4 X_{4i} + u_i$ 求回归系数的估计值，并解释你的结果。

b. 先验地，以上模型中的回归系数有什么预期的符号？为什么？

c. 你怎样检验在附表给出的普查区中失业率对城市贫困家庭的劳动参与人数无影响的假设？

d. 有什么变量应从上述模型中剔除吗？为什么？

e. 你认为有什么其他的变量可以放进模型中？

C.11 在一项关于柯布-道格拉斯生产函数的应用中，得到了如下结果：

$$\widehat{\ln Y_i} = 2.354\ 2 + 0.957\ 6\ \ln X_{2i}$$
$$(0.302\ 2)$$
$$+ 0.824\ 2\ \ln X_{3i}$$
$$(0.357\ 1)$$

$$R^2 = 0.843\ 2 \quad df=12$$

其中 Y＝产出，X_2＝劳动投入，X_3＝资本投入。括号中的数字是估计的标准误。

a. 如第 7 章指出的那样，在上述方程中，劳动和资本投入的系数表示产出对劳动和资本的弹性。检验这些弹性分别等于 1 的假设。

b. 在劳动和资本系数估计值之间的协方差（1）是 0 和（2）是 $-0.097\ 2$ 的假定下，检验劳动弹性和资本弹性相同的假设。

c. 你怎样检验上述回归方程的总体显著性？

*C.12 用矩阵符号表示 k 变量回归模型的似然函数，并证明极大似然估计量的向量 $\tilde{\beta}$ 和 k 变量回归模型的 OLS 估计量向量 $\hat{\beta}$ 是一样的。

C.13 **用标准化变量做回归**。考虑以下样本回归函数：

$$Y_i = \hat{\beta}_1 + \hat{\beta}_2 X_{2i} + \hat{\beta}_3 X_{3i} + \hat{u}_i \tag{1}$$
$$Y_i^* = b_1 + b_2 X_{2i}^* + b_3 X_{3i}^* + \hat{u}_i^* \tag{2}$$

其中

$$Y_i^* = \frac{Y_i - \overline{Y}}{s_Y}$$

$$X_{2i}^* = \frac{X_{2i} - \overline{X}_2}{s_2}$$

$$X_{3i}^* = \frac{X_{3i} - \overline{X}_3}{s_3}$$

其中 s 均指样本标准差。如 6.3 节曾指出的那样，上面带有星号的变量均指标准化变量。这些变量都有零均值和单位标准差。把所有变量都表达成离差形式，然后证明对于模型（2），如下关系成立：

a. $X'X = \begin{bmatrix} 1 & r_{23} \\ r_{23} & 1 \end{bmatrix} n$

b. $X'y = \begin{bmatrix} r_{12} \\ r_{13} \end{bmatrix} n$

c. $(X'X)^{-1} = \dfrac{1}{n(1-r_{23}^2)} \begin{bmatrix} 1 & -r_{23} \\ -r_{23} & 1 \end{bmatrix}$

d. $\hat{\beta} = \begin{bmatrix} b_2 \\ b_3 \end{bmatrix} = \dfrac{1}{(1-r_{23}^2)} \begin{bmatrix} r_{12} - r_{23} r_{13} \\ r_{13} - r_{23} r_{12} \end{bmatrix}$

e. $b_1 = 0$

并建立 b 与 $\hat{\beta}$ 之间的关系。（注意，以上关系式中的 n 指样本容量；r_{12}，r_{13} 和 r_{23} 分别指 Y 与 X_2，Y 与 X_3 以及 X_2 与 X_3 之间的相关系数。）

C. 14　验证方程（C. 10. 18）和（C. 10. 19）。

*C. 15　**受约束最小二乘。**假定：

$$y = X\beta + u \tag{1}$$

我们要在下面的一组等式约束条件下估计上述模型：

$$R\beta = r \tag{2}$$

其中 R 为 $q \times k$ 阶已知矩阵（$q \leqslant k$），而 r 为含 q 个元素的已知向量。为便于说明，假使我们的模型是：

$$Y_i = \beta_1 + \beta_2 X_{2i} + \beta_3 X_{3i} + \beta_4 X_{4i} + \beta_5 X_{5i} + u_i \tag{3}$$

并且假设我们想在如下约束条件下估计这个模型：

$$\begin{aligned} \beta_2 - \beta_3 &= 0 \\ \beta_4 + \beta_5 &= 1 \end{aligned} \tag{4}$$

我们可以利用第 8 章讲过的一些技术把这些约束融入模型（例如，取 $\beta_2 = \beta_3$ 和 $\beta_4 = 1 - \beta_5$，就可把 β_2 和 β_4 从模型中消掉），然后用当时讲的 F 检验来检验这些约束的有效性。但是，有一个更为直接的方法，也能把约束条件（4）融入方程（3）的估计过程，那就是先把约束表达成方程（2）的形式，在本例中也就是将约束条件写成：

$$R = \begin{bmatrix} 0 & 1 & -1 & 0 & 0 \\ 0 & 0 & 0 & 1 & 1 \end{bmatrix} \qquad r = \begin{bmatrix} 0 \\ 1 \end{bmatrix} \tag{5}$$

令 β^* 表示受约束或受限制最小二乘估计量，可以证明 β^* 可由如下公式估计[①]：

$$\hat{\beta}^* = \hat{\beta} + (X'X)^{-1}R'[R(X'X)^{-1}R']^{-1}(r - R) \tag{6}$$

其中 $\hat{\beta}$ 是通常的（无约束）估计量，即由通常的公式 $(X'X)^{-1}X'y$ 来估计。

a. 方程（3）中的 β 向量是什么？

b. 验证对给定的 β 向量，方程（5）中的 R 矩阵和 r 向量确实包含（4）中的两个约束。

c. 对以下几种情形写出相应的 R 和 r：

(1) $\beta_2 = \beta_3 = \beta_4 = 2$

(2) $\beta_2 = \beta_3$ 且 $\beta_4 = \beta_5$

(3) $\beta_2 - 3\beta_3 = 5\beta_4$

(4) $\beta_2 + 3\beta_3 = 0$

d. 什么时候 $\hat{\beta}^* = \hat{\beta}$？

附录 CA

CA. 1　k 个正规或联立方程的推导

我们将

$$\sum \hat{u}_i^2 = \sum (Y_i - \hat{\beta}_1 - \hat{\beta}_2 X_{2i} - \cdots - \hat{\beta}_k X_{ki})^2$$

对 $\hat{\beta}_1$，$\hat{\beta}_2$，$\cdots$，$\hat{\beta}_k$ 求偏微分，得到：

$$\frac{\partial \sum \hat{u}_i^2}{\partial \hat{\beta}_1} = 2\sum (Y_i - \hat{\beta}_1 - \hat{\beta}_2 X_{2i} - \cdots - \hat{\beta}_k X_{ki})(-1)$$

$$\frac{\partial \sum \hat{u}_i^2}{\partial \hat{\beta}_2} = 2\sum (Y_i - \hat{\beta}_1 - \hat{\beta}_2 X_{2i} - \cdots - \hat{\beta}_k X_{ki})(-X_{2i})$$

$$\cdots\cdots\cdots\cdots$$

$$\frac{\partial \sum \hat{u}_i^2}{\partial \hat{\beta}_k} = 2\sum (Y_i - \hat{\beta}_1 - \hat{\beta}_2 X_{ki} - \cdots - \hat{\beta}_k X_{ki})(-X_{ki})$$

---

① 见 J. Johnston，op. cit.，p. 205。

令这些偏导数为零，整理后即得方程（C.3.8）中的 k 个正规方程。

CA. 2　正规方程的矩阵推导

由方程（C.3.7）得：

$$\hat{u}'\hat{u} = y'y - 2\hat{\beta}'X'y + \hat{\beta}'X'X\hat{\beta}$$

利用附录 B 中 B.6 节给出的矩阵微分法的规则，可得：

$$\frac{\partial(\hat{u}'\hat{u})}{\partial\hat{\beta}} = -2X'y + 2X'X\hat{\beta}$$

令上式等于零便有：

$$(X'X)\,\hat{\beta} = X'y$$

从而如果（$X'X$）存在逆矩阵，可得 $\hat{\beta} = (X'X)^{-1}X'y$。

CA. 3　$\hat{\beta}$ 的方差-协方差矩阵

由方程（C.3.11）得：

$$\hat{\beta} = (X'X)^{-1}X'y$$

将 $y = X\beta + u$ 代入上式，给出：

$$\begin{aligned}
\hat{\beta} &= (X'X)^{-1}X'(X\beta + u) \\
&= (X'X)^{-1}X'X\beta + (X'X)^{-1}X'u \\
&= \beta + (X'X)^{-1}X'u
\end{aligned} \tag{1}$$

因此，

$$\hat{\beta} - \beta = (X'X)^{-1}X'u \tag{2}$$

按定义，

$$\begin{aligned}
\text{var-cov}(\hat{\beta}) &= E\left[(\hat{\beta}-\beta)(\hat{\beta}-\beta)'\right] \\
&= E\{[(X'X)^{-1}X'u][(X'X)^{-1}X'u]'\} \\
&= E[(X'X)^{-1}X'uu'X(X'X)^{-1}]
\end{aligned} \tag{3}$$

这里的最后一步用到了转置规则 $(AB)' = B'A'$。

注意到 X 是非随机的，对方程（3）取期望值就有：

$$\begin{aligned}
\text{var-cov}(\hat{\beta}) &= (X'X)^{-1}X'E(uu')X(X'X)^{-1} \\
&= (X'X)^{-1}X'\sigma^2IX(X'X)^{-1} \\
&= \sigma^2(X'X)^{-1}
\end{aligned}$$

这就是方程（C.3.13）所给出的结果。注意在上述结果的推导过程中，我们利用了 $E(uu') = \sigma^2I$ 的假定。

CA. 4　OLS 估计量的 BLUE 性质

由方程（C.3.11）可得：

$$\hat{\beta} = (X'X)^{-1}X'y \tag{1}$$

因 $(X'X)^{-1}X'$ 是一固定数矩阵，故 $\hat{\beta}$ 是 Y 的线性函数，从而按定义它是一个线性估计量。

记得 PRF 是：

$$y = X\beta + u \tag{2}$$

将它代入方程（1）便得到

$$\hat{\beta} = (X'X)^{-1}X'(X\beta + u) \tag{3}$$

$$= \beta + (X'X)^{-1}X'u \tag{4}$$

这是因为 $(X'X)^{-1}X'X = I$。

取方程（4）的期望得到：

$$E(\hat{\beta}) = E(\beta) + (X'X)^{-1}X'E(u)$$

$$= \beta \tag{5}$$

这是因为 $E(\beta) = \beta$，（为什么？）并且根据假定有 $E(u) = 0$，从而说明 $\hat{\beta}$ 是 β 的一个无偏估计量。

令 $\hat{\beta}^*$ 为 β 的任意其他线性估计量，可以把它写为：

$$\beta^* = [(X'X)^{-1}X' + C]y \tag{6}$$

其中 C 为一常数矩阵。

将方程（2）中的 y 代入方程（6），可得：

$$\hat{\beta}^* = [(X'X)^{-1}X' + C](X\beta + u)$$

$$= \beta + CX\beta + (X'X)^{-1}X'u + Cu \tag{7}$$

现在，如果要求 $\hat{\beta}^*$ 是 β 的一个无偏估计量，则必须有

$$CX = 0 \quad（为什么？） \tag{8}$$

利用方程（8），就可把方程（7）写为：

$$\hat{\beta}^* - \beta = (X'X)^{-1}X'u + Cu \tag{9}$$

根据定义，var-cov$(\hat{\beta}^*)$ 是：

$$E(\hat{\beta}^* - \beta)(\hat{\beta}^* - \beta)' = E[(X'X)^{-1}X'u + Cu][(X'X)^{-1}X'u + Cu]' \tag{10}$$

利用矩阵求逆和转置的性质并经代数简化，我们得到：

$$\text{var-cov}(\hat{\beta}^*) = \sigma^2(X'X)^{-1} + \sigma^2 CC'$$

$$= \text{var-cov}(\hat{\beta}) + \sigma^2 CC' \tag{11}$$

这表明另一无偏线性估计量 $\hat{\beta}^*$ 的方差-协方差矩阵等于 OLS 估计量 $\hat{\beta}$ 的方差-协方差矩阵加 CC' 的 σ^2 倍，后者是一个半正定矩阵。[①] 由此知 $\hat{\beta}^*$ 的一个给定元素的方差必然大于或等于 $\hat{\beta}$ 的相应元素的方差，从而说明 $\hat{\beta}$ 是 BLUE。当然，如果 C 是一个零矩阵，即 $C = 0$，则 $\hat{\beta}^* = \hat{\beta}$。但这不外是用另一种方式说，如果我们找到了一个 BLUE 估计量，那么它必然是最小二乘估计量。

---

① 见附录 B 中的参考文献。

表 D-1 标准正态分布下的面积

例
$\Pr(0 \leqslant Z \leqslant 1.96) = 0.475\ 0$
$\Pr(Z \geqslant 1.96) = 0.5 - 0.475\ 0 = 0.025$

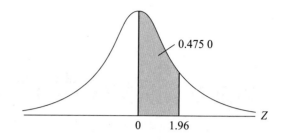

0.475 0

0   1.96 Z

Z	0.00	0.01	0.02	0.03	0.04	0.05	0.06	0.07	0.08	0.09
0.0	0.000 0	0.004 0	0.008 0	0.012 0	0.016 0	0.019 9	0.023 9	0.027 9	0.031 9	0.035 9
0.1	0.039 8	0.043 8	0.047 8	0.051 7	0.055 7	0.059 6	0.063 6	0.067 5	0.071 4	0.075 3
0.2	0.079 3	0.083 2	0.087 1	0.091 0	0.094 8	0.098 7	0.102 6	0.106 4	0.110 3	0.114 1
0.3	0.117 9	0.121 7	0.125 5	0.129 3	0.133 1	0.136 8	0.140 6	0.144 3	0.148 0	0.151 7
0.4	0.155 4	0.159 1	0.162 8	0.166 4	0.170 0	0.173 6	0.177 2	0.180 8	0.184 4	0.187 9
0.5	0.191 5	0.195 0	0.198 5	0.201 9	0.205 4	0.208 8	0.212 3	0.215 7	0.219 0	0.222 4
0.6	0.225 7	0.229 1	0.232 4	0.235 7	0.238 9	0.242 2	0.245 4	0.248 6	0.251 7	0.254 9
0.7	0.258 0	0.261 1	0.264 2	0.267 3	0.270 4	0.273 4	0.276 4	0.279 4	0.282 3	0.285 2
0.8	0.288 1	0.291 0	0.293 9	0.296 7	0.299 5	0.302 3	0.305 1	0.307 8	0.310 6	0.313 3
0.9	0.315 9	0.318 6	0.321 2	0.323 8	0.326 4	0.328 9	0.331 5	0.334 0	0.336 5	0.338 9
1.0	0.341 3	0.343 8	0.346 1	0.348 5	0.350 8	0.353 1	0.355 4	0.357 7	0.359 9	0.362 1
1.1	0.364 3	0.366 5	0.368 6	0.370 8	0.372 9	0.374 9	0.377 0	0.379 0	0.381 0	0.383 0
1.2	0.384 9	0.386 9	0.388 8	0.390 7	0.392 5	0.394 4	0.396 2	0.398 0	0.399 7	0.401 5
1.3	0.403 2	0.404 9	0.406 6	0.408 2	0.409 9	0.411 5	0.413 1	0.414 7	0.416 2	0.417 7
1.4	0.419 2	0.420 7	0.422 2	0.423 6	0.425 1	0.426 5	0.427 9	0.429 2	0.430 6	0.431 9
1.5	0.433 2	0.434 5	0.435 7	0.437 0	0.438 2	0.439 4	0.440 6	0.441 8	0.442 9	0.444 1
1.6	0.445 2	0.446 3	0.447 4	0.448 4	0.449 5	0.450 5	0.451 5	0.452 5	0.453 5	0.454 5
1.7	0.445 4	0.456 4	0.457 3	0.458 2	0.459 1	0.459 9	0.460 8	0.461 6	0.462 5	0.463 3
1.8	0.464 1	0.464 9	0.465 6	0.466 4	0.467 1	0.467 8	0.468 6	0.469 3	0.469 9	0.470 6
1.9	0.471 3	0.471 9	0.472 6	0.473 2	0.473 8	0.474 4	0.475 0	0.475 6	0.476 1	0.476 7
2.0	0.477 2	0.477 8	0.478 3	0.478 8	0.479 3	0.479 8	0.480 3	0.480 8	0.481 2	0.481 7
2.1	0.482 1	0.482 6	0.483 0	0.483 4	0.483 8	0.484 2	0.484 6	0.485 0	0.485 4	0.485 7
2.2	0.486 1	0.486 4	0.486 8	0.487 1	0.487 5	0.487 8	0.488 1	0.488 4	0.488 7	0.489 0
2.3	0.489 3	0.489 6	0.489 8	0.490 1	0.490 4	0.490 6	0.490 9	0.491 1	0.491 3	0.491 6
2.4	0.491 8	0.492 0	0.492 2	0.492 5	0.492 7	0.492 9	0.493 1	0.493 2	0.493 4	0.493 6
2.5	0.493 8	0.494 0	0.494 1	0.494 3	0.494 5	0.494 6	0.494 8	0.494 9	0.495 1	0.495 2
2.6	0.495 3	0.495 5	0.495 6	0.495 7	0.495 9	0.496 0	0.496 1	0.496 2	0.496 3	0.496 4
2.7	0.496 5	0.496 6	0.496 7	0.496 8	0.496 9	0.497 0	0.497 1	0.497 2	0.497 3	0.497 4
2.8	0.497 4	0.497 5	0.497 6	0.497 7	0.497 7	0.497 8	0.497 9	0.497 9	0.498 0	0.498 1
2.9	0.498 1	0.498 2	0.498 2	0.498 3	0.498 4	0.498 4	0.498 5	0.498 5	0.498 6	0.498 6
3.0	0.498 7	0.498 7	0.498 7	0.498 8	0.498 8	0.498 9	0.498 9	0.498 9	0.499 0	0.499 0

注：本表给出了该分布的右侧（即 $Z \geqslant 0$）面积。由于正态分布是围绕着 $Z=0$ 对称分布的，所以左侧面积与相应的右侧面积相等。例如，$P(-1.96 \leqslant Z \leqslant 0) = 0.475\ 0$，因此，$P(-1.96 \leqslant Z \leqslant 1.96) = 2 \times 0.475\ 0 = 0.95$。

D

表 D-2　　　　　　　　　　　　　　　　t 分布的百分点

例

$Pr(t>2.086)=0.025$

$Pr(t>1.725)=0.05$　对于 df=20

$Pr(|t|>1.725)=0.10$

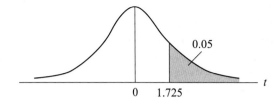

df	Pr						
	0.25	0.10	0.05	0.025	0.01	0.005	0.001
	0.50	0.20	0.10	0.05	0.02	0.010	0.002
1	1.000	3.078	6.314	12.706	31.821	63.657	318.31
2	0.816	1.886	2.920	4.303	6.965	9.925	22.327
3	0.765	1.638	2.353	3.182	4.541	5.841	10.214
4	0.741	1.533	2.132	2.776	3.747	4.604	7.173
5	0.727	1.476	2.015	2.571	3.365	4.032	5.893
6	0.718	1.440	1.943	2.447	3.143	3.707	5.208
7	0.711	1.415	1.895	2.365	2.998	3.499	4.785
8	0.706	1.397	1.860	2.306	2.896	3.355	4.501
9	0.703	1.383	1.833	2.262	2.821	3.250	4.297
10	0.700	1.372	1.812	2.228	2.764	3.169	4.144
11	0.697	1.363	1.796	2.201	2.718	3.106	4.025
12	0.695	1.356	1.782	2.179	2.681	3.055	3.930
13	0.694	1.350	1.771	2.160	2.650	3.012	3.852
14	0.692	1.345	1.761	2.145	2.624	2.977	3.787
15	0.691	1.341	1.753	2.131	2.602	2.947	3.733
16	0.690	1.337	1.746	2.120	2.583	2.921	3.686
17	0.689	1.333	1.740	2.110	2.567	2.898	3.646
18	0.688	1.330	1.734	2.101	2.552	2.878	3.610
19	0.688	1.328	1.729	2.093	2.539	2.861	3.579
20	0.687	1.325	1.725	2.086	2.528	2.845	3.552
21	0.686	1.323	1.721	2.080	2.518	2.831	3.527
22	0.686	1.321	1.717	2.074	2.508	2.819	3.505
23	0.685	1.319	1.714	2.069	2.500	2.807	3.485
24	0.685	1.318	1.711	2.064	2.492	2.797	3.467
25	0.684	1.316	1.708	2.060	2.485	2.787	3.450
26	0.684	1.315	1.706	2.056	2.479	2.779	3.435
27	0.684	1.314	1.703	2.052	2.473	2.771	3.421
28	0.683	1.313	1.701	2.048	2.467	2.763	3.408
29	0.683	1.311	1.699	2.045	2.462	2.756	3.396
30	0.683	1.310	1.697	2.042	2.457	2.750	3.385
40	0.681	1.303	1.684	2.021	2.423	2.704	3.307
60	0.679	1.296	1.671	2.000	2.390	2.660	3.232
120	0.677	1.289	1.658	1.980	2.358	2.617	3.160
∞	0.674	1.282	1.645	1.960	2.326	2.576	3.090

注：每列顶头的较小概率指单侧面积；而较大概率则指双侧面积。

资料来源：摘自 E. S. Pearson and H. O. Hartley, eds., *Biometrika Tables for Statisticians*, vol. 1, 3d ed., table 12, Cambridge University Press, New York, 1966。经过该书主编授权。

表 D-3 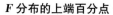 **F 分布的上端百分点**

例

$\Pr(F>1.59)=0.25$

$\Pr(F>2.42)=0.10$ 对于 df $N_1=10$

$\Pr(F>3.14)=0.05$ 和 $N_2=9$

$\Pr(F>5.26)=0.01$

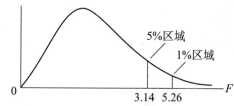

分母自由度 N_2		分子自由度 N_1											
	Pr	1	2	3	4	5	6	7	8	9	10	11	12
1	0.25	5.83	7.50	8.20	8.58	8.82	8.98	9.10	9.19	9.26	9.32	9.36	9.41
	0.10	39.9	49.5	53.6	55.8	57.2	58.2	58.9	59.4	59.9	60.2	60.5	60.7
	0.05	161	200	216	225	230	234	237	239	241	242	243	244
2	0.25	2.57	3.00	3.15	3.23	3.28	3.31	3.34	3.35	3.37	3.38	3.39	3.39
	0.10	8.53	9.00	9.16	9.24	9.29	9.33	9.35	9.37	9.38	9.39	9.40	9.41
	0.05	18.5	19.0	19.2	19.2	19.3	19.3	19.4	19.4	19.4	19.4	19.4	19.4
	0.01	98.5	99.0	99.2	99.2	99.3	99.3	99.4	99.4	99.4	99.4	99.4	99.4
3	0.25	2.02	2.28	2.36	2.39	2.41	2.42	2.43	2.44	2.44	2.44	2.45	2.45
	0.10	5.54	5.46	5.39	5.34	5.31	5.28	5.27	5.25	5.24	5.23	5.22	5.22
	0.05	10.1	9.55	9.28	9.12	9.01	8.94	8.89	8.85	8.81	8.79	8.76	8.74
	0.01	34.1	30.8	29.5	28.7	28.2	27.9	27.7	27.5	27.3	27.2	27.1	27.1
4	0.25	1.81	2.00	2.05	2.06	2.07	2.08	2.08	2.08	2.08	2.08	2.08	2.08
	0.10	4.54	4.32	4.19	4.11	4.05	4.01	3.98	3.95	3.94	3.92	3.91	3.90
	0.05	7.71	6.94	6.59	6.39	6.26	6.16	6.09	6.04	6.00	5.96	5.94	5.91
	0.01	21.2	18.0	16.7	16.0	15.5	15.2	15.0	14.8	14.7	14.5	14.4	14.4
5	0.25	1.69	1.85	1.88	1.89	1.89	1.89	1.89	1.89	1.89	1.89	1.89	1.89
	0.10	4.06	3.78	3.62	3.52	3.45	3.40	3.37	3.34	3.32	3.30	3.28	3.27
	0.05	6.61	5.79	5.41	5.19	5.05	4.95	4.88	4.82	4.77	4.74	4.71	4.68
	0.01	16.3	13.3	12.1	11.4	11.0	10.7	10.5	10.3	10.2	10.1	9.96	9.89
6	0.25	1.62	1.76	1.78	1.79	1.79	1.78	1.78	1.78	1.77	1.77	1.77	1.77
	0.10	3.78	3.46	3.29	3.18	3.11	3.05	3.01	2.98	2.96	2.94	2.92	2.90
	0.05	5.99	5.14	4.76	4.53	4.39	4.28	4.21	4.15	4.10	4.06	4.03	4.00
	0.01	13.7	10.9	9.78	9.15	8.75	8.47	8.26	8.10	7.98	7.87	7.79	7.72
7	0.25	1.57	1.70	1.72	1.72	1.71	1.71	1.70	1.70	1.69	1.69	1.69	1.68
	0.10	3.59	3.26	3.07	2.96	2.88	2.83	2.78	2.75	2.72	2.70	2.68	2.67
	0.05	5.59	4.74	4.35	4.12	3.97	3.87	3.79	3.73	3.68	3.64	3.60	3.57
	0.01	12.2	9.55	8.45	7.85	7.46	7.19	6.99	6.84	6.72	6.62	6.54	6.47
8	0.25	1.54	1.66	1.67	1.66	1.66	1.65	1.64	1.64	1.63	1.63	1.63	1.62
	0.10	3.46	3.11	2.92	2.81	2.73	2.67	2.62	2.59	2.56	2.54	2.52	2.50
	0.05	5.32	4.46	4.07	3.84	3.69	3.58	3.50	3.44	3.39	3.35	3.31	3.28
	0.01	11.3	8.65	7.59	7.01	6.63	6.37	6.18	6.03	5.91	5.81	5.73	5.67
9	0.25	1.51	1.62	1.63	1.63	1.62	1.61	1.60	1.60	1.59	1.59	1.58	1.58
	0.10	3.36	3.01	2.81	2.69	2.61	2.55	2.51	2.47	2.44	2.42	2.40	2.38
	0.05	5.12	4.26	3.86	3.63	3.48	3.37	3.29	3.23	3.18	3.14	3.10	3.07
	0.01	10.6	8.02	6.99	6.42	6.06	5.80	5.61	5.47	5.35	5.26	5.18	5.11

D

续表

分子自由度 N_1												Pr	分母自由度 N_2
15	20	24	30	40	50	60	100	120	200	500	∞		
9.49	9.58	9.63	9.67	9.71	9.74	9.76	9.78	9.80	9.82	9.84	9.85	0.25	1
61.2	61.7	62.0	62.3	62.5	62.7	62.8	63.0	63.1	63.2	63.3	63.3	0.10	
246	248	249	250	251	252	252	253	253	254	254	254	0.05	
3.41	3.43	3.43	3.44	3.45	3.45	3.46	3.47	3.47	3.48	3.48	3.48	0.25	2
9.42	9.44	9.45	9.46	9.47	9.47	9.47	9.48	9.48	9.49	9.49	9.49	0.10	
19.4	19.4	19.5	19.5	19.5	19.5	19.5	19.5	19.5	19.5	19.5	19.5	0.05	
99.4	99.4	99.5	99.5	99.5	99.5	99.5	99.5	99.5	99.5	99.5	99.5	0.01	
2.46	2.46	2.46	2.47	2.47	2.47	2.47	2.47	2.47	2.47	2.47	2.47	0.25	3
5.20	5.18	5.18	5.17	5.16	5.15	5.15	5.14	5.14	5.14	5.14	5.13	0.10	
8.70	8.66	8.64	8.62	8.59	8.58	8.57	8.55	8.55	8.54	8.53	8.53	0.05	
26.9	26.7	26.6	26.5	26.4	26.4	26.3	26.2	26.2	26.2	26.1	26.1	0.01	
2.08	2.08	2.08	2.08	2.08	2.08	2.08	2.08	2.08	2.08	2.08	2.08	0.25	4
3.87	3.84	3.83	3.82	3.80	3.80	3.79	3.78	3.78	3.77	3.76	3.76	0.10	
5.86	5.80	5.77	5.75	5.72	5.70	5.69	5.66	5.66	5.65	5.64	5.63	0.05	
14.2	14.0	13.9	13.8	13.7	13.7	13.7	13.6	13.6	13.5	13.5	13.5	0.01	
1.89	1.88	1.88	1.88	1.88	1.88	1.87	1.87	1.87	1.87	1.87	1.87	0.25	5
3.24	3.21	3.19	3.17	3.16	3.15	3.14	3.13	3.12	3.12	3.11	3.10	0.10	
4.62	4.56	4.53	4.50	4.46	4.44	4.43	4.41	4.40	4.39	4.37	4.36	0.05	
9.72	9.55	9.47	9.38	9.29	9.24	9.20	9.13	9.11	9.08	9.04	9.02	0.01	
1.76	1.76	1.75	1.75	1.75	1.75	1.74	1.74	1.74	1.74	1.74	1.74	0.25	6
2.87	2.84	2.82	2.80	2.78	2.77	2.76	2.75	2.74	2.73	2.73	2.72	0.10	
3.94	3.87	3.84	3.81	3.77	3.75	3.74	3.71	3.70	3.69	3.68	3.67	0.05	
7.56	7.40	7.31	7.23	7.14	7.09	7.06	6.99	6.97	6.93	6.90	6.88	0.01	
1.68	1.67	1.67	1.66	1.66	1.66	1.65	1.65	1.65	1.65	1.65	1.65	0.25	7
2.63	2.59	2.58	2.56	2.54	2.52	2.51	2.50	2.49	2.48	2.48	2.47	0.10	
3.51	3.44	3.41	3.38	3.34	3.32	3.30	3.27	3.27	3.25	3.24	3.23	0.05	
6.31	6.16	6.07	5.99	5.91	5.86	5.82	5.75	5.74	5.70	5.67	5.65	0.01	
1.62	1.61	1.60	1.60	1.59	1.59	1.59	1.58	1.58	1.58	1.58	1.58	0.25	8
2.46	2.42	2.40	2.38	2.36	2.35	2.34	2.32	2.32	2.31	2.30	2.29	0.10	
3.22	3.15	3.12	3.08	3.04	2.02	3.01	2.97	2.97	2.95	2.94	2.93	0.05	
5.52	5.36	5.28	5.20	5.12	5.07	5.03	4.96	4.95	4.91	4.88	4.86	0.01	
1.57	1.56	1.56	1.55	1.55	1.54	1.54	1.53	1.53	1.53	1.53	1.53	0.25	9
2.34	2.30	2.28	2.25	2.23	2.22	2.21	2.19	2.18	2.17	2.17	2.16	0.10	
3.01	2.94	2.90	2.86	2.83	2.80	2.79	2.76	2.75	2.73	2.72	2.71	0.05	
4.96	4.81	4.73	4.65	4.57	4.52	4.48	4.42	4.40	4.36	4.33	4.31	0.01	

D

续表

分母自由度 N_2	Pr	分子自由度 N_1											
		1	2	3	4	5	6	7	8	9	10	11	12
10	0.25	1.49	1.60	1.60	1.59	1.59	1.58	1.57	1.56	1.56	1.55	1.55	1.54
	0.10	3.29	2.92	2.73	2.61	2.52	2.46	2.41	2.38	2.35	2.32	2.30	2.28
	0.05	4.96	4.10	3.71	3.48	3.33	3.22	3.14	3.07	3.02	2.98	2.94	2.91
	0.01	10.0	7.56	6.55	5.99	5.64	5.39	5.20	5.06	4.94	4.85	4.77	4.71
11	0.25	1.47	1.58	1.58	1.57	1.56	1.55	1.54	1.53	1.53	1.52	1.52	1.51
	0.10	3.23	2.86	2.66	2.54	2.45	2.39	2.34	2.30	2.27	2.25	2.23	2.21
	0.05	4.84	3.98	3.59	3.36	3.20	3.09	3.01	2.95	2.90	2.85	2.82	2.79
	0.01	9.65	7.21	6.22	5.67	5.32	5.07	4.89	4.74	4.63	4.54	4.46	4.40
12	0.25	1.46	1.56	1.56	1.55	1.54	1.53	1.52	1.51	1.51	1.50	1.50	1.49
	0.10	3.18	2.81	2.61	2.48	2.39	2.33	2.28	2.24	2.21	2.19	2.17	2.15
	0.05	4.75	3.89	3.49	3.26	3.11	3.00	2.91	2.85	2.80	2.75	2.72	2.69
	0.01	9.33	6.93	5.95	5.41	5.06	4.82	4.64	4.50	4.39	4.30	4.22	4.16
13	0.25	1.45	1.55	1.55	1.53	1.52	1.51	1.50	1.49	1.49	1.48	1.47	1.47
	0.10	3.14	2.76	2.56	2.43	2.35	2.28	2.23	2.20	2.16	2.14	2.12	2.10
	0.05	4.67	3.81	3.41	3.18	3.03	2.92	2.83	2.77	2.71	2.67	2.63	2.60
	0.01	9.07	6.70	5.74	5.21	4.86	4.62	4.44	4.30	4.19	4.10	4.02	3.96
14	0.25	1.44	1.53	1.53	1.52	1.51	1.50	1.49	1.48	1.47	1.46	1.46	1.45
	0.10	3.10	2.73	2.52	2.39	2.31	2.24	2.19	2.15	2.12	2.10	2.08	2.05
	0.05	4.60	3.74	3.34	3.11	2.96	2.85	2.76	2.70	2.65	2.60	2.57	2.53
	0.01	8.86	6.51	5.56	5.04	4.69	4.46	4.28	4.14	4.03	3.94	3.86	3.80
15	0.25	1.43	1.52	1.52	1.51	1.49	1.48	1.47	1.46	1.46	1.45	1.44	1.44
	0.10	3.07	2.70	2.49	2.36	2.27	2.21	2.16	2.12	2.09	2.06	2.04	2.02
	0.05	4.54	3.68	3.29	3.06	2.90	2.79	2.71	2.64	2.59	2.54	2.51	2.48
	0.01	8.68	6.36	5.42	4.89	4.56	4.32	4.14	4.00	3.89	3.80	3.73	3.67
16	0.25	1.42	1.51	1.51	1.50	1.48	1.47	1.46	1.45	1.44	1.44	1.44	1.43
	0.10	3.05	2.67	2.46	2.33	2.24	2.18	2.13	2.09	2.06	2.03	2.01	1.99
	0.05	4.49	3.63	3.24	3.01	2.85	2.74	2.66	2.59	2.54	2.49	2.46	2.42
	0.01	8.53	6.23	5.29	4.77	4.44	4.20	4.03	3.89	3.78	3.69	3.62	3.55
17	0.25	1.42	1.51	1.50	1.49	1.47	1.46	1.45	1.44	1.43	1.43	1.42	1.41
	0.10	3.03	2.64	2.44	2.31	2.22	2.15	2.10	2.06	2.03	2.00	1.98	1.96
	0.05	4.45	3.59	3.20	2.96	2.81	2.70	2.61	2.55	2.49	2.45	2.41	2.38
	0.01	8.40	6.11	5.18	4.67	4.34	4.10	3.93	3.79	3.68	3.59	3.52	3.46
18	0.25	1.41	1.50	1.49	1.48	1.46	1.45	1.44	1.43	1.42	1.42	1.41	1.40
	0.10	3.01	2.62	2.42	2.29	2.20	2.13	2.08	2.04	2.00	1.98	1.96	1.93
	0.05	4.41	3.55	3.16	2.93	2.77	2.66	2.58	2.51	2.46	2.41	2.37	2.34
	0.01	8.29	6.01	5.09	4.58	4.25	4.01	3.84	3.71	3.60	3.51	3.43	3.37
19	0.25	1.41	1.49	1.49	1.47	1.46	1.44	1.43	1.42	1.41	1.41	1.40	1.40
	0.10	2.99	2.61	2.40	2.27	2.18	2.11	2.06	2.02	1.98	1.96	1.94	1.91
	0.05	4.38	3.52	3.13	2.90	2.74	2.63	2.54	2.48	2.42	2.38	2.34	2.31
	0.01	8.18	5.93	5.01	4.50	4.17	3.94	3.77	3.63	3.52	3.43	3.36	3.30
20	0.25	1.40	1.49	1.48	1.46	1.45	1.44	1.43	1.42	1.41	1.40	1.39	1.39
	0.10	2.97	2.59	2.38	2.25	2.16	2.09	2.04	2.00	1.96	1.94	1.92	1.89
	0.05	4.35	3.49	3.10	2.87	2.71	2.60	2.51	2.45	2.39	2.35	2.31	2.28
	0.01	8.10	5.85	4.94	4.43	4.10	3.87	3.70	3.56	3.46	3.37	3.29	3.23

D

续表

15	20	24	30	40	50	60	100	120	200	500	∞	Pr	分母自由度 N_2
1.53	1.52	1.52	1.51	1.51	1.50	1.50	1.49	1.49	1.49	1.48	1.48	0.25	10
2.24	2.20	2.18	2.16	2.13	2.12	2.11	2.09	2.08	2.07	2.06	2.06	0.10	
2.85	2.77	2.74	2.70	2.66	2.64	2.62	2.59	2.58	2.56	2.55	2.54	0.05	
4.56	4.41	4.33	4.25	4.17	4.12	4.08	4.01	4.00	3.96	3.93	3.91	0.01	
1.50	1.49	1.49	1.48	1.47	1.47	1.47	1.46	1.46	1.46	1.45	1.45	0.25	11
2.17	2.12	2.10	2.08	2.05	2.04	2.03	2.00	2.00	1.99	1.98	1.97	0.10	
2.72	2.65	2.61	2.57	2.53	2.51	2.49	2.46	2.45	2.43	2.42	2.40	0.05	
4.25	4.10	4.02	3.94	3.86	3.81	3.78	3.71	3.69	3.66	3.62	3.60	0.01	
1.48	1.47	1.46	1.45	1.45	1.44	1.44	1.43	1.43	1.43	1.42	1.42	0.25	12
2.10	2.06	2.04	2.01	1.99	1.97	1.96	1.94	1.93	1.92	1.91	1.90	0.10	
2.62	2.54	2.51	2.47	2.43	2.40	2.38	2.35	2.34	2.32	2.31	2.30	0.05	
4.01	3.86	3.78	3.70	3.62	3.57	3.54	3.47	3.45	3.41	3.38	3.36	0.01	
1.46	1.45	1.44	1.43	1.42	1.42	1.42	1.41	1.41	1.40	1.40	1.40	0.25	13
2.05	2.01	1.98	1.96	1.93	1.92	1.90	1.88	1.88	1.86	1.85	1.85	0.10	
2.53	2.46	2.42	2.38	2.34	2.31	2.30	2.26	2.25	2.23	2.22	2.21	0.05	
3.82	3.66	3.59	3.51	3.43	3.38	3.34	3.27	3.25	3.22	3.19	3.17	0.01	
1.44	1.43	1.42	1.41	1.41	1.40	1.40	1.39	1.39	1.39	1.38	1.38	0.25	14
2.01	1.96	1.94	1.91	1.89	1.87	1.86	1.83	1.83	1.82	1.80	1.80	0.10	
2.46	2.39	2.35	2.31	2.27	2.24	2.22	2.19	2.18	2.16	2.14	2.13	0.05	
3.66	3.51	3.43	3.35	3.27	3.22	3.18	3.11	3.09	3.06	3.03	3.00	0.01	
1.43	1.41	1.41	1.40	1.39	1.39	1.38	1.38	1.37	1.37	1.36	1.36	0.25	15
1.97	1.92	1.90	1.87	1.85	1.83	1.82	1.79	1.79	1.77	1.76	1.76	0.10	
2.40	2.33	2.29	2.25	2.20	2.18	2.16	2.12	2.11	2.10	2.08	2.07	0.05	
3.52	3.37	3.29	3.21	3.13	3.08	3.05	2.98	2.96	2.92	2.89	2.87	0.01	
1.41	1.40	1.39	1.38	1.37	1.37	1.36	1.36	1.35	1.35	1.34	1.34	0.25	16
1.94	1.89	1.87	1.84	1.81	1.79	1.78	1.76	1.75	1.74	1.73	1.72	0.10	
2.35	2.28	2.24	2.19	2.15	2.12	2.11	2.07	2.06	2.04	2.02	2.01	0.05	
3.41	3.26	3.18	3.10	3.02	2.97	2.93	2.86	2.84	2.81	2.78	2.75	0.01	
1.40	1.39	1.38	1.37	1.36	1.35	1.35	1.34	1.34	1.34	1.33	1.33	0.25	17
1.91	1.86	1.84	1.81	1.78	1.76	1.75	1.73	1.72	1.71	1.69	1.69	0.10	
2.31	2.23	2.19	2.15	2.10	2.08	2.06	2.02	2.01	1.99	1.97	1.96	0.05	
3.31	3.16	3.08	3.00	2.92	2.87	2.83	2.76	2.75	2.71	2.68	2.65	0.01	
1.39	1.38	1.37	1.36	1.35	1.34	1.34	1.33	1.33	1.32	1.32	1.32	0.25	18
1.89	1.84	1.81	1.78	1.75	1.74	1.72	1.70	1.69	1.68	1.67	1.66	0.10	
2.27	2.19	2.15	2.11	2.06	2.04	2.02	1.98	1.97	1.95	1.93	1.92	0.05	
3.23	3.08	3.00	2.92	2.84	2.78	2.75	2.68	2.66	2.62	2.59	2.57	0.01	
1.38	1.37	1.36	1.35	1.34	1.33	1.33	1.32	1.32	1.31	1.31	1.30	0.25	19
1.86	1.81	1.79	1.76	1.73	1.71	1.70	1.67	1.67	1.65	1.64	1.63	0.10	
2.23	2.16	2.11	2.07	2.03	2.00	1.98	1.94	1.93	1.91	1.89	1.88	0.05	
3.15	3.00	2.92	2.84	2.76	2.71	2.67	2.60	2.58	2.55	2.51	2.49	0.01	
1.37	1.36	1.35	1.34	1.33	1.33	1.32	1.31	1.31	1.30	1.30	1.29	0.25	20
1.84	1.79	1.77	1.74	1.71	1.69	1.68	1.65	1.64	1.63	1.62	1.61	0.10	
2.20	2.12	2.08	2.04	1.99	1.97	1.95	1.91	1.90	1.88	1.86	1.84	0.05	
3.09	2.94	2.86	2.78	2.69	2.64	2.61	2.54	2.52	2.48	2.44	2.42	0.01	

D

续表

分母自由度 N_2	Pr	分子自由度 N_1											
		1	2	3	4	5	6	7	8	9	10	11	12
22	0.25	1.40	1.48	1.47	1.45	1.44	1.42	1.41	1.40	1.39	1.39	1.38	1.37
	0.10	2.95	2.56	2.35	2.22	2.13	2.06	2.01	1.97	1.93	1.90	1.88	1.86
	0.05	4.30	3.44	3.05	2.82	2.66	2.55	2.46	2.40	2.34	2.30	2.26	2.23
	0.01	7.95	5.72	4.82	4.31	3.99	3.76	3.59	3.45	3.35	3.26	3.18	3.12
24	0.25	1.39	1.47	1.46	1.44	1.43	1.41	1.40	1.39	1.38	1.38	1.37	1.36
	0.10	2.93	2.54	2.33	2.19	2.10	2.04	1.98	1.94	1.91	1.88	1.85	1.83
	0.05	4.26	3.40	3.01	2.78	2.62	2.51	2.42	2.36	2.30	2.25	2.21	2.18
	0.01	7.82	5.61	4.72	4.22	3.90	3.67	3.50	3.36	3.26	3.17	3.09	3.03
26	0.25	1.38	1.46	1.45	1.44	1.42	1.41	1.39	1.38	1.37	1.37	1.36	1.35
	0.10	2.91	2.52	2.31	2.17	2.08	2.01	1.96	1.92	1.88	1.86	1.84	1.81
	0.05	4.23	3.37	2.98	2.74	2.59	2.47	2.39	2.32	2.27	2.22	2.18	2.15
	0.01	7.72	5.53	4.64	4.14	3.82	3.59	3.42	3.29	3.18	3.09	3.02	2.96
28	0.25	1.38	1.46	1.45	1.43	1.41	1.40	1.39	1.38	1.37	1.36	1.35	1.34
	0.10	2.89	2.50	2.29	2.16	2.06	2.00	1.94	1.90	1.87	1.84	1.81	1.79
	0.05	4.20	3.34	2.95	2.71	2.56	2.45	2.36	2.29	2.24	2.19	2.15	2.12
	0.01	7.64	5.45	4.57	4.07	3.75	3.53	3.36	3.23	3.12	3.03	2.96	2.90
30	0.25	1.38	1.45	1.44	1.42	1.41	1.39	1.38	1.37	1.36	1.35	1.35	1.34
	0.10	2.88	2.49	2.28	2.14	2.05	1.98	1.93	1.88	1.85	1.82	1.79	1.77
	0.05	4.17	3.32	2.92	2.69	2.53	2.42	2.33	2.27	2.21	2.16	2.13	2.09
	0.01	7.56	5.39	4.51	4.02	3.70	3.47	3.30	3.17	3.07	2.98	2.91	2.84
40	0.25	1.36	1.44	1.42	1.40	1.39	1.37	1.36	1.35	1.34	1.33	1.32	1.31
	0.10	2.84	2.44	2.23	2.09	2.00	1.93	1.87	1.83	1.79	1.76	1.73	1.71
	0.05	4.08	3.23	2.84	2.61	2.45	2.34	2.25	2.18	2.12	2.08	2.04	2.00
	0.01	7.31	5.18	4.31	3.83	3.51	3.29	3.12	2.99	2.89	2.80	2.73	2.66
60	0.25	1.35	1.42	1.41	1.38	1.37	1.35	1.33	1.32	1.31	1.30	1.29	1.29
	0.10	2.79	2.39	2.18	2.04	1.95	1.87	1.82	1.77	1.74	1.71	1.68	1.66
	0.05	4.00	3.15	2.76	2.53	2.37	2.25	2.17	2.10	2.04	1.99	1.95	1.92
	0.01	7.08	4.98	4.13	3.65	3.34	3.12	2.95	2.82	2.72	2.63	2.56	2.50
120	0.25	1.34	1.40	1.39	1.37	1.35	1.33	1.31	1.30	1.29	1.28	1.27	1.26
	0.10	2.75	2.35	2.13	1.99	1.90	1.82	1.77	1.72	1.68	1.65	1.62	1.60
	0.05	3.92	3.07	2.68	2.45	2.29	2.17	2.09	2.02	1.96	1.91	1.87	1.83
	0.01	6.85	4.79	3.95	3.48	3.17	2.96	2.79	2.66	2.56	2.47	2.40	2.34
200	0.25	1.33	1.39	1.38	1.36	1.34	1.32	1.31	1.29	1.28	1.27	1.26	1.25
	0.10	2.73	2.33	2.11	1.97	1.88	1.80	1.75	1.70	1.66	1.63	1.60	1.57
	0.05	3.89	3.04	2.65	2.42	2.26	2.14	2.06	1.98	1.93	1.88	1.84	1.80
	0.01	6.76	4.71	3.88	3.41	3.11	2.89	2.73	2.60	2.50	2.41	2.34	2.27
∞	0.25	1.32	1.39	1.37	1.35	1.33	1.31	1.29	1.28	1.27	1.25	1.24	1.24
	0.10	2.71	2.30	2.08	1.94	1.85	1.77	1.72	1.67	1.63	1.60	1.57	1.55
	0.05	3.84	3.00	2.60	2.37	2.21	2.10	2.01	1.94	1.88	1.83	1.79	1.75
	0.01	6.63	4.61	3.78	3.32	3.02	2.80	2.64	2.51	2.41	2.32	2.25	2.18

D

续表

分子自由度 N_1													分母自由度 N_2
15	20	24	30	40	50	60	100	120	200	500	∞	Pr	
11.36	1.34	1.33	1.32	1.31	1.31	1.30	1.30	1.30	1.29	1.29	1.28	0.25	22
1.81	1.76	1.73	1.70	1.67	1.65	1.64	1.61	1.60	1.59	1.58	1.57	0.10	
2.15	2.07	2.03	1.98	1.94	1.91	1.89	1.85	1.84	1.82	1.80	1.78	0.05	
2.98	2.83	2.75	2.67	2.58	2.53	2.50	2.42	2.40	2.36	2.33	2.31	0.01	
1.35	1.33	1.32	1.31	1.30	1.29	1.29	1.28	1.28	1.27	1.27	1.26	0.25	24
1.78	1.73	1.70	1.67	1.64	1.62	1.61	1.58	1.57	1.56	1.54	1.53	0.10	
2.11	2.03	1.98	1.94	1.89	1.86	1.84	1.80	1.79	1.77	1.75	1.73	0.05	
2.89	2.74	2.66	2.58	2.49	2.44	2.40.	2.33	2.31	2.27	2.24	2.21	0.01	
1.34	1.32	1.31	1.30	1.29	1.28	1.28	1.26	1.26	1.26	1.25	1.25	0.25	26
1.76	1.71	1.68	1.65	1.61	1.59	1.58	1.55	1.54	1.53	1.51	1.50	0.10	
2.07	1.99	1.95	1.90	1.85	1.82	1.80	1.76	1.75	1.73	1.71	1.69	0.05	
2.81	2.66	2.58	2.50	2.42	2.36	2.33	2.25	2.23	2.19	2.16	2.13	0.01	
1.33	1.31	1.30	1.29	1.28	1.27	1.27	1.26	1.25	1.25	1.24	1.24	0.25	28
1.74	1.69	1.66	1.63	1.59	1.57	1.56	1.53	1.52	1.50	1.49	1.48	0.10	
2.04	1.96	1.91	1.87	1.82	1.79	1.77	1.73	1.71	1.69	1.67	1.65	0.05	
2.75	2.60	2.52	2.44	2.35	2.30	2.26	2.19	2.17	2.13	2.09	2.06	0.01	
1.32	1.30	1.29	1.28	1.27	1.26	1.26	1.25	1.24	1.24	1.23	1.23	0.25	30
1.72	1.67	1.64	1.61	1.57	1.55	1.54	1.51	1.50	1.48	1.47	1.46	0.10	
2.01	1.93	1.89	1.84	1.79	1.76	1.74	1.70	1.68	1.66	1.64	1.62	0.05	
2.70	2.55	2.47	2.39	2.30	2.25	2.21	2.13	2.11	2.07	2.03	2.01	0.01	
1.30	1.28	1.26	1.25	1.24	1.23	1.22	1.21	1.21	1.20	1.19	1.19	0.25	40
1.66	1.61	1.57	1.54	1.51	1.48	1.47	1.43	1.42	1.41	1.39	1.38	0.10	
1.92	1.84	1.79	1.74	1.69	1.66	1.64	1.59	1.58	1.55	1.53	1.51	0.05	
2.52	2.37	2.29	2.20	2.11	2.06	2.02	1.94	1.92	1.87	1.83	1.80	0.01	
1.27	1.25	1.24	1.22	1.21	1.20	1.19	1.17	1.17	1.16	1.15	1.15	0.25	60
1.60	1.54	1.51	1.48	1.44	1.41	1.40	1.36	1.35	1.33	1.31	1.29	0.10	
1.84	1.75	1.70	1.65	1.59	1.56	1.53	1.48	1.47	1.44	1.41	1.39	0.05	
2.35	2.20	2.12	2.03	1.94	1.88	1.84	1.75	1.73	1.68	1.63	1.60	0.01	
1.24	1.22	1.21	1.19	1.18	1.17	1.16	1.14	1.13	1.12	1.11	1.10	0.25	120
1.55	1.48	1.45	1.41	1.37	1.34	1.32	1.27	1.26	1.24	1.21	1.19	0.10	
1.75	1.66	1.61	1.55	1.50	1.46	1.43	1.37	1.35	1.32	1.28	1.25	0.05	
2.19	2.03	1.95	1.86	1.76	1.70	1.66	1.56	1.53	1.48	1.42	1.38	0.01	
1.23	1.21	1.20	1.18	1.16	1.14	1.12	1.11	1.10	1.09	1.08	1.06	0.25	200
1.52	1.46	1.42	1.38	1.34	1.31	1.28	1.24	1.22	1.20	1.17	1.14	0.10	
1.72	1.62	1.57	1.52	1.46	1.41	1.39	1.32	1.29	1.26	1.22	1.19	0.05	
2.13	1.97	1.89	1.79	1.69	1.63	1.58	1.48	1.44	1.39	1.33	1.28	0.01	
1.22	1.19	1.18	1.16	1.14	1.13	1.12	1.09	1.08	1.07	1.04	1.00	0.25	∞
1.49	1.42	1.38	1.34	1.30	1.26	1.24	1.18	1.17	1.13	1.08	1.00	0.10	
1.67	1.57	1.52	1.46	1.39	1.35	1.32	1.24	1.22	1.17	1.11	1.00	0.05	
2.04	1.88	1.79	1.70	1.59	1.52	1.47	1.36	1.32	1.25	1.15	1.00	0.01	

资料来源：摘自 E. S. Pearson and H. O. Hartley, eds., *Biometrika Tables for Statisticians*, vol. 1, 3d ed., table 18, Cambridge University Press, New York, 1966。经过该书主编授权。

D

表 D - 4　　　　　　　　　　　　　　　χ^2 分布的上端百分点

例
$\Pr(\chi^2 > 10.85) = 0.95$
$\Pr(\chi^2 > 23.83) = 0.25$　对于 df$=20$
$\Pr(\chi^2 > 31.41) = 0.05$

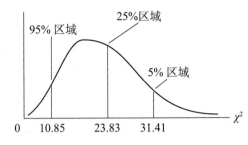

df	Pr				
	0.995	0.990	0.975	0.950	0.900
1	$392\,704 \times 10^{-10}$	$157\,088 \times 10^{-9}$	$982\,069 \times 10^{-9}$	$393\,214 \times 10^{-8}$	0.015 790 8
2	0.010 025 1	0.020 100 7	0.050 635 6	0.102 587	0.210 720
3	0.071 721 2	0.114 832	0.215 795	0.351 846	0.584 375
4	0.206 990	0.297 110	0.484 419	0.710 721	1.063 623
5	0.411 740	0.554 300	0.831 211	1.145 476	1.610 31
6	0.675 727	0.872 085	1.237 347	1.635 39	2.204 13
7	0.989 265	1.239 043	1.689 87	2.167 35	2.833 11
8	1.344 419	1.646 482	2.179 73	2.732 64	3.489 54
9	1.734 926	2.087 912	2.700 39	3.325 11	4.168 16
10	2.155 85	2.558 21	3.246 97	3.940 30	4.865 18
11	2.603 21	3.053 47	3.815 75	4.574 81	5.577 79
12	3.073 82	3.570 56	4.403 79	5.226 03	6.303 80
13	3.565 03	4.106 91	5.008 74	5.891 86	7.041 50
14	4.074 68	4.660 43	5.628 72	6.570 63	7.789 53
15	4.600 94	5.229 35	6.262 14	7.260 94	8.546 75
16	5.142 24	5.812 21	6.907 66	7.961 64	9.312 23
17	5.697 24	6.407 76	7.564 18	8.671 76	10.085 2
18	6.264 81	7.014 91	8.230 75	9.390 46	10.864 9
19	6.843 98	7.632 73	8.906 55	10.117 0	11.650 9
20	7.433 86	8.260 40	9.590 83	10.850 8	12.442 6
21	8.033 66	8.897 20	10.282 93	11.591 3	13.239 6
22	8.642 72	9.542 49	10.982 3	12.338 0	14.041 5
23	9.260 42	10.195 67	11.688 5	13.090 5	14.847 9
24	9.886 23	10.856 4	12.401 1	13.848 4	15.658 7
25	10.519 7	11.524 0	13.119 7	14.611 4	16.473 4
26	11.160 3	12.198 1	13.843 9	15.379 1	17.291 9
27	11.807 6	12.878 6	14.573 3	16.151 3	18.113 8
28	12.461 3	13.564 8	15.307 9	16.927 9	18.939 2
29	13.121 1	14.256 5	16.047 1	17.708 3	19.767 7
30	13.786 7	14.953 5	16.790 8	18.492 6	20.599 2
40	20.706 5	22.164 3	24.433 1	26.509 3	29.050 5
50	27.990 7	29.706 7	32.357 4	34.764 2	37.688 6
60	35.534 6	37.484 8	40.481 7	43.187 9	46.458 9
70	43.275 2	45.441 8	48.757 6	51.739 3	55.329 0
80	51.172 0	53.540 0	57.153 2	60.391 5	64.277 8
90	59.196 3	61.754 1	65.646 6	69.126 0	73.291 2
100*	67.327 6	70.064 8	74.221 9	77.929 5	82.358 1

注：自由度大于 100 时，表达式 $\sqrt{2\chi^2} - \sqrt{(2k-1)} = Z$ 服从标准正态分布，其中 k 表示自由度。

D

续表

df	Pr							
	0.750	0.500	0.250	0.100	0.050	0.025	0.010	0.005
1	0.101 530 8	0.454 937	1.323 30	2.705 54	3.841 46	5.023 89	6.634 90	7.879 44
2	0.575 364	1.386 29	2.772 59	4.605 17	5.991 47	7.377 76	9.210 34	10.596 6
3	1.212 534	2.365 97	4.108 35	6.251 39	7.814 73	9.348 40	11.344 9	12.838 1
4	1.922 55	3.356 70	5.385 27	7.779 44	9.487 73	11.143 3	13.276 7	14.860 2
5	2.674 60	4.351 46	6.625 68	9.236 35	11.070 5	12.832 5	15.086 3	16.749 6
6	3.454 60	5.348 12	7.840 80	10.644 6	12.591 6	14.449 4	16.811 9	18.547 6
7	4.254 85	6.345 81	9.037 15	12.017 0	14.067 1	16.012 8	18.475 3	20.277 7
8	5.070 64	7.344 12	10.218 8	13.361 6	15.507 3	17.534 6	20.090 2	21.955 0
9	5.898 83	8.342 83	11.388 7	14.683 7	16.919 0	19.022 8	21.666 0	23.589 3
10	6.737 20	9.341 82	12.548 9	15.987 1	18.307 0	20.483 1	23.209 3	25.188 2
11	7.584 12	10.341 0	13.700 7	17.275 0	19.675 1	21.920 0	24.725 0	26.756 9
12	8.438 42	11.340 3	14.845 4	18.549 4	21.026 1	23.336 7	26.217 0	28.299 5
13	9.299 06	12.339 8	15.983 9	19.811 9	22.362 1	24.735 6	27.688 3	29.819 4
14	10.165 3	13.339 3	17.117 0	21.064 2	23.684 8	26.119 0	29.141 3	31.319 3
15	11.036 5	14.338 9	18.245 1	22.307 2	24.995 8	27.488 4	30.577 9	32.801 3
16	11.912 2	15.338 5	19.368 8	23.541 8	26.296 2	28.845 4	31.999 9	34.267 2
17	12.791 9	16.338 1	20.488 7	24.769 0	27.587 1	30.191 0	33.408 7	35.718 5
18	13.675 3	17.337 9	21.604 9	25.989 4	28.869 3	31.526 4	34.805 3	37.156 4
19	14.562 0	18.337 6	22.717 8	27.203 6	30.143 5	32.852 3	36.190 8	38.582 2
20	15.451 8	19.337 4	23.827 7	28.412 0	31.410 4	34.169 6	37.566 2	39.996 8
21	16.344 4	20.337 2	24.934 8	29.615 1	32.670 5	35.478 9	38.932 1	41.401 0
22	17.239 6	21.337 0	26.039 3	30.813 3	33.924 4	36.780 7	40.289 4	42.795 6
23	18.137 3	22.336 9	27.141 3	32.006 9	35.172 5	38.075 7	41.638 4	44.181 3
24	19.037 2	23.336 7	28.241 2	33.196 3	36.415 1	39.364 1	42.979 8	45.558 5
25	19.939 3	24.336 6	29.338 9	34.381 6	37.652 5	40.646 5	44.314 1	46.927 8
26	20.843 4	25.336 4	30.434 5	35.563 1	38.885 2	41.923 2	45.641 7	48.289 9
27	21.749 4	26.336 3	31.528 4	36.741 2	40.113 3	43.194 4	46.963 0	49.644 9
28	22.657 2	27.336 3	32.620 5	37.915 9	41.337 2	44.460 7	48.278 2	50.993 3
29	23.566 6	28.336 2	33.710 9	39.087 5	42.556 9	45.722 2	49.587 9	52.335 6
30	24.477 6	29.336 0	34.799 8	40.256 0	43.772 9	46.979 2	50.892 2	53.672 0
40	33.660 3	39.335 4	45.616 0	51.805 0	55.758 5	59.341 7	63.690 7	66.765 9
50	42.942 1	49.334 9	56.333 6	63.167 1	67.504 8	71.420 2	76.153 9	79.490 0
60	52.293 8	59.334 7	66.981 4	74.397 0	79.081 9	83.297 6	88.379 4	91.951 7
70	61.698 3	69.334 4	77.576 6	85.527 1	90.531 2	95.023 1	100.425	104.215
80	71.144 5	79.334 3	88.130 3	96.578 2	101.879	106.629	112.329	116.321
90	80.624 7	89.334 2	98.649 9	107.565	113.145	118.136	124.116	128.299
100	90.133 2	99.334 1	109.141	118.498	124.342	129.561	135.807	140.169

资料来源：摘自 E. S. Pearson and H. O. Hartley, eds., *Biometrika Tables for Statisticians*, vol. 1, 3d ed., table 8, Cambridge University Press, New York, 1966。经过该书主编授权。

例 1

若 $n=40$ 和 $k'=4$，则 $d_L=1.285$ 和 $d_U=1.721$。如果计算出来的 d 值小于 1.285，即表明存在正的一阶序列相关；如果大于 1.721，则表明不存在一阶序列相关的迹象，但如果介于二者之间，则表明尚无迹象足以判定是否存在正的一阶序列相关。

表 D-5A

德宾-沃森 d 统计量：在 0.05 的显著性水平上 d_L 和 d_U 的显著点

n	$k'=1$		$k'=2$		$k'=3$		$k'=4$		$k'=5$		$k'=6$		$k'=7$		$k'=8$		$k'=9$		$k'=10$	
	d_L	d_U	d_L	d_U	d_L	d_U	d_L	d_U	d_L	d_U	d_L	d_U	d_L	d_U	d_L	d_U	d_L	d_U	d_L	d_U
6	0.610	1.400	—	—	—	—	—	—	—	—	—	—	—	—	—	—	—	—	—	—
7	0.700	1.356	0.467	1.896	—	—	—	—	—	—	—	—	—	—	—	—	—	—	—	—
8	0.763	1.332	0.559	1.777	0.368	2.287	—	—	—	—	—	—	—	—	—	—	—	—	—	—
9	0.824	1.320	0.629	1.699	0.455	2.128	0.296	2.588	—	—	—	—	—	—	—	—	—	—	—	—
10	0.879	1.320	0.697	1.641	0.525	2.016	0.376	2.414	0.243	2.822	—	—	—	—	—	—	—	—	—	—
11	0.927	1.324	0.658	1.604	0.595	1.928	0.444	2.283	0.316	2.645	0.203	3.005	—	—	—	—	—	—	—	—
12	0.971	1.331	0.812	1.579	0.658	1.864	0.512	2.177	0.379	2.506	0.268	2.832	0.171	3.149	—	—	—	—	—	—
13	1.010	1.340	0.861	1.562	0.715	1.816	0.574	2.094	0.445	2.390	0.328	2.692	0.230	2.985	0.147	3.266	—	—	—	—
14	1.045	1.350	0.905	1.551	0.767	1.779	0.632	2.030	0.505	2.296	0.389	2.572	0.286	2.848	0.200	3.111	0.127	3.360	—	—
15	1.077	1.361	0.946	1.543	0.814	1.750	0.685	1.977	0.562	2.220	0.447	2.472	0.343	2.727	0.251	2.979	0.175	3.216	0.111	3.438
16	1.106	1.371	0.982	1.539	0.857	1.728	0.734	1.935	0.615	2.157	0.502	2.388	0.398	2.624	0.304	2.860	0.222	3.090	0.155	3.304
17	1.133	1.381	1.015	1.536	0.897	1.710	0.779	1.900	0.664	2.104	0.554	2.318	0.451	2.537	0.356	2.757	0.272	2.975	0.198	3.184
18	1.158	1.391	1.046	1.535	0.933	1.696	0.820	1.872	0.710	2.060	0.603	2.257	0.502	2.461	0.407	2.667	0.321	2.873	0.244	3.073
19	1.180	1.401	1.074	1.536	0.967	1.685	0.859	1.848	0.752	2.023	0.649	2.206	0.549	2.396	0.456	2.589	0.369	2.783	0.290	2.974
20	1.201	1.411	1.100	1.537	0.998	1.676	0.894	1.828	0.792	1.991	0.692	2.162	0.595	2.339	0.502	2.521	0.416	2.704	0.336	2.885
21	1.221	1.420	1.125	1.538	1.026	1.669	0.927	1.812	0.829	1.964	0.732	2.124	0.637	2.290	0.547	2.460	0.461	2.633	0.380	2.806
22	1.239	1.429	1.147	1.541	1.053	1.664	0.958	1.797	0.863	1.940	0.769	2.090	0.677	2.246	0.588	2.407	0.504	2.571	0.424	2.734
23	1.257	1.437	1.168	1.543	1.078	1.660	0.986	1.785	0.895	1.920	0.804	2.061	0.715	2.208	0.628	2.360	0.545	2.514	0.465	2.670
24	1.273	1.446	1.188	1.546	1.101	1.656	1.013	1.775	0.925	1.902	0.837	2.035	0.751	2.174	0.666	2.318	0.584	2.464	0.506	2.613
25	1.288	1.454	1.206	1.550	1.123	1.654	1.038	1.767	0.953	1.886	0.868	2.012	0.784	2.144	0.702	2.280	0.621	2.419	0.544	2.560
26	1.302	1.461	1.224	1.553	1.143	1.652	1.062	1.759	0.979	1.873	0.897	1.992	0.816	2.117	0.735	2.246	0.657	2.379	0.581	2.513
27	1.316	1.469	1.240	1.556	1.162	1.651	1.084	1.753	1.004	1.861	0.925	1.974	0.845	2.093	0.767	2.216	0.691	2.342	0.616	2.470
28	1.328	1.476	1.255	1.560	1.181	1.650	1.104	1.747	1.028	1.850	0.951	1.958	0.874	2.071	0.798	2.188	0.723	2.309	0.650	2.431
29	1.341	1.483	1.270	1.563	1.198	1.650	1.124	1.743	1.050	1.841	0.975	1.944	0.900	2.052	0.826	2.164	0.753	2.278	0.682	2.396

D

续表

n	k'=1 d_L	k'=1 d_U	k'=2 d_L	k'=2 d_U	k'=3 d_L	k'=3 d_U	k'=4 d_L	k'=4 d_U	k'=5 d_L	k'=5 d_U	k'=6 d_L	k'=6 d_U	k'=7 d_L	k'=7 d_U	k'=8 d_L	k'=8 d_U	k'=9 d_L	k'=9 d_U	k'=10 d_L	k'=10 d_U
30	1.352	1.489	1.284	1.567	1.214	1.650	1.143	1.739	1.071	1.833	0.998	1.931	0.926	2.034	0.854	2.141	0.782	2.251	0.712	2.363
31	1.363	1.496	1.297	1.570	1.229	1.650	1.160	1.735	1.090	1.825	1.020	1.920	0.950	2.018	0.879	2.120	0.810	2.226	0.741	2.333
32	1.373	1.502	1.309	1.574	1.244	1.650	1.177	1.732	1.109	1.819	1.041	1.909	0.972	2.004	0.904	2.102	0.836	2.203	0.769	2.306
33	1.383	1.508	1.321	1.577	1.258	1.651	1.193	1.730	1.127	1.813	1.061	1.900	0.994	1.991	0.927	2.085	0.861	2.181	0.795	2.281
34	1.393	1.514	1.333	1.580	1.271	1.652	1.208	1.728	1.144	1.808	1.080	1.891	1.015	1.979	0.950	2.069	0.885	2.162	0.821	2.257
35	1.402	1.519	1.343	1.584	1.283	1.653	1.222	1.726	1.160	1.803	1.097	1.884	1.034	1.967	0.971	2.054	0.908	2.144	0.845	2.236
36	1.411	1.525	1.354	1.587	1.295	1.654	1.236	1.724	1.175	1.799	1.114	1.877	1.053	1.957	0.991	2.041	0.930	2.127	0.868	2.216
37	1.419	1.530	1.364	1.590	1.307	1.655	1.249	1.723	1.190	1.795	1.131	1.870	1.071	1.948	1.011	2.029	0.951	2.112	0.891	2.198
38	1.427	1.535	1.373	1.594	1.318	1.656	1.261	1.722	1.204	1.792	1.146	1.864	1.088	1.939	1.029	2.017	0.970	2.098	0.912	2.180
39	1.435	1.540	1.382	1.597	1.328	1.658	1.273	1.722	1.218	1.789	1.161	1.859	1.104	1.932	1.047	2.007	0.990	2.085	0.932	2.164
40	1.442	1.544	1.391	1.600	1.338	1.659	1.285	1.721	1.230	1.786	1.175	1.854	1.120	1.924	1.064	1.997	1.008	2.072	0.952	2.149
45	1.475	1.566	1.430	1.615	1.383	1.666	1.336	1.720	1.287	1.776	1.238	1.835	1.189	1.895	1.139	1.958	1.089	2.022	1.038	2.088
50	1.503	1.585	1.462	1.628	1.421	1.674	1.378	1.721	1.335	1.771	1.291	1.822	1.246	1.875	1.201	1.930	1.156	1.986	1.110	2.044
55	1.528	1.601	1.490	1.641	1.452	1.681	1.414	1.724	1.374	1.768	1.334	1.814	1.294	1.861	1.253	1.909	1.212	1.959	1.170	2.010
60	1.549	1.616	1.514	1.652	1.480	1.689	1.444	1.727	1.408	1.767	1.372	1.808	1.335	1.850	1.298	1.894	1.260	1.939	1.222	1.984
65	1.567	1.629	1.536	1.662	1.503	1.696	1.471	1.731	1.438	1.767	1.404	1.805	1.370	1.843	1.336	1.882	1.301	1.923	1.266	1.964
70	1.583	1.641	1.554	1.672	1.525	1.703	1.494	1.735	1.464	1.768	1.433	1.802	1.401	1.837	1.369	1.873	1.337	1.910	1.305	1.948
75	1.598	1.652	1.571	1.680	1.543	1.709	1.515	1.739	1.487	1.770	1.458	1.801	1.428	1.834	1.399	1.867	1.369	1.901	1.339	1.935
80	1.611	1.662	1.586	1.688	1.560	1.715	1.534	1.743	1.507	1.772	1.480	1.801	1.453	1.831	1.425	1.861	1.397	1.893	1.369	1.925
85	1.624	1.671	1.600	1.696	1.575	1.721	1.550	1.747	1.525	1.774	1.500	1.801	1.474	1.829	1.448	1.857	1.422	1.886	1.396	1.916
90	1.635	1.679	1.612	1.703	1.589	1.726	1.566	1.751	1.542	1.776	1.518	1.801	1.494	1.827	1.469	1.854	1.445	1.881	1.420	1.909
95	1.645	1.687	1.623	1.709	1.602	1.732	1.579	1.755	1.557	1.778	1.535	1.802	1.512	1.827	1.489	1.852	1.465	1.877	1.442	1.903
100	1.654	1.694	1.634	1.715	1.613	1.736	1.592	1.758	1.571	1.780	1.550	1.803	1.528	1.826	1.506	1.850	1.484	1.874	1.462	1.898
150	1.720	1.746	1.706	1.760	1.693	1.774	1.679	1.788	1.665	1.802	1.651	1.817	1.637	1.832	1.622	1.847	1.608	1.862	1.594	1.877
200	1.758	1.778	1.748	1.789	1.738	1.799	1.728	1.810	1.718	1.820	1.707	1.831	1.697	1.841	1.686	1.852	1.675	1.863	1.665	1.874

D

续表

n	$k'=11$ d_L	$k'=11$ d_U	$k'=12$ d_L	$k'=12$ d_U	$k'=13$ d_L	$k'=13$ d_U	$k'=14$ d_L	$k'=14$ d_U	$k'=15$ d_L	$k'=15$ d_U	$k'=16$ d_L	$k'=16$ d_U	$k'=17$ d_L	$k'=17$ d_U	$k'=18$ d_L	$k'=18$ d_U	$k'=19$ d_L	$k'=19$ d_U	$k'=20$ d_L	$k'=20$ d_U
16	0.098	3.503	—	—	—	—	—	—	—	—	—	—	—	—	—	—	—	—	—	—
17	0.138	3.378	0.087	3.557	—	—	—	—	—	—	—	—	—	—	—	—	—	—	—	—
18	0.177	3.265	0.123	3.441	0.078	3.603	—	—	—	—	—	—	—	—	—	—	—	—	—	—
19	0.220	3.159	0.160	3.335	0.111	3.496	0.070	3.642	—	—	—	—	—	—	—	—	—	—	—	—
20	0.263	3.063	0.200	3.234	0.145	3.395	0.100	3.542	0.063	3.676	—	—	—	—	—	—	—	—	—	—
21	0.307	2.976	0.240	3.141	0.182	3.300	0.132	3.448	0.091	3.583	0.058	3.705	—	—	—	—	—	—	—	—
22	0.349	2.897	0.281	3.057	0.220	3.211	0.166	3.358	0.120	3.495	0.083	3.619	0.052	3.731	—	—	—	—	—	—
23	0.391	2.826	0.322	2.979	0.259	3.128	0.202	3.272	0.153	3.409	0.110	3.535	0.076	3.650	0.048	3.753	—	—	—	—
24	0.431	2.761	0.362	2.908	0.297	3.053	0.239	3.193	0.186	3.327	0.141	3.454	0.101	3.572	0.070	3.678	0.044	3.773	—	—
25	0.470	2.702	0.400	2.844	0.335	2.983	0.275	3.119	0.221	3.251	0.172	3.376	0.130	3.494	0.094	3.604	0.065	3.702	0.041	3.790
26	0.508	2.649	0.438	2.784	0.373	2.919	0.312	3.051	0.256	3.179	0.205	3.303	0.160	3.420	0.120	3.531	0.087	3.632	0.060	3.724
27	0.544	2.600	0.475	2.730	0.409	2.859	0.348	2.987	0.291	3.112	0.238	3.233	0.191	3.349	0.149	3.460	0.112	3.563	0.081	3.658
28	0.578	2.555	0.510	2.680	0.445	2.805	0.383	2.928	0.325	3.050	0.271	3.168	0.222	3.283	0.178	3.392	0.138	3.495	0.104	3.592
29	0.612	2.515	0.544	2.634	0.479	2.755	0.418	2.874	0.359	2.992	0.305	3.107	0.254	3.219	0.208	3.327	0.166	3.431	0.129	3.528
30	0.643	2.477	0.577	2.592	0.512	2.708	0.451	2.823	0.392	2.937	0.337	3.050	0.286	3.160	0.238	3.266	0.195	3.368	0.156	3.465
31	0.674	2.443	0.608	2.553	0.545	2.665	0.484	2.776	0.425	2.887	0.370	2.996	0.317	3.103	0.269	3.208	0.224	3.309	0.183	3.406
32	0.703	2.411	0.638	2.517	0.576	2.625	0.515	2.733	0.457	2.840	0.401	2.946	0.349	3.050	0.299	3.153	0.253	3.252	0.211	3.348
33	0.731	2.382	0.668	2.484	0.606	2.588	0.546	2.692	0.488	2.796	0.432	2.899	0.379	3.000	0.329	3.100	0.283	3.198	0.239	3.293
34	0.758	2.355	0.695	2.454	0.634	2.554	0.575	2.654	0.518	2.754	0.462	2.854	0.409	2.954	0.359	3.051	0.312	3.147	0.267	3.240
35	0.783	2.330	0.722	2.425	0.662	2.521	0.604	2.619	0.547	2.716	0.492	2.813	0.439	2.910	0.388	3.005	0.340	3.099	0.295	3.190
36	0.808	2.306	0.748	2.398	0.689	2.492	0.631	2.586	0.575	2.680	0.520	2.774	0.467	2.868	0.417	2.961	0.369	3.053	0.323	3.142
37	0.831	2.285	0.772	2.374	0.714	2.464	0.657	2.555	0.602	2.646	0.548	2.738	0.495	2.829	0.445	2.920	0.397	3.009	0.351	3.097
38	0.854	2.265	0.796	2.351	0.739	2.438	0.683	2.526	0.628	2.614	0.575	2.703	0.522	2.792	0.472	2.880	0.424	2.968	0.378	3.054

D

续表

n	$k'=11$ d_L	d_U	$k'=12$ d_L	d_U	$k'=13$ d_L	d_U	$k'=14$ d_L	d_U	$k'=15$ d_L	d_U	$k'=16$ d_L	d_U	$k'=17$ d_L	d_U	$k'=18$ d_L	d_U	$k'=19$ d_L	d_U	$k'=20$ d_L	d_U
39	0.875	2.246	0.819	2.329	0.763	2.413	0.707	2.499	0.653	2.585	0.600	2.671	0.549	2.757	0.499	2.843	0.451	2.929	0.404	3.013
40	0.896	2.228	0.840	2.309	0.785	2.391	0.731	2.473	0.678	2.557	0.626	2.641	0.575	2.724	0.525	2.808	0.477	2.892	0.430	2.974
45	0.988	2.156	0.938	2.225	0.887	2.296	0.838	2.367	0.788	2.439	0.740	2.512	0.692	2.586	0.644	2.659	0.598	2.733	0.553	2.807
50	1.064	2.103	1.019	2.163	0.973	2.225	0.927	2.287	0.882	2.350	0.836	2.414	0.792	2.479	0.747	2.544	0.703	2.610	0.660	2.675
55	1.129	2.062	1.087	2.116	1.045	2.170	1.003	2.225	0.961	2.281	0.919	2.338	0.877	2.396	0.836	2.454	0.795	2.512	0.754	2.571
60	1.184	2.031	1.145	2.079	1.106	2.127	1.068	2.177	1.029	2.227	0.990	2.278	0.951	2.330	0.913	2.382	0.874	2.434	0.836	2.487
65	1.231	2.006	1.195	2.049	1.160	2.093	1.124	2.138	1.088	2.183	1.052	2.229	1.016	2.276	0.980	2.323	0.944	2.371	0.908	2.419
70	1.272	1.986	1.239	2.026	1.206	2.066	1.172	2.106	1.139	2.148	1.105	2.189	1.072	2.232	1.038	2.275	1.005	2.318	0.971	2.362
75	1.308	1.970	1.277	2.006	1.247	2.043	1.215	2.080	1.184	2.118	1.153	2.156	1.121	2.195	1.090	2.235	1.058	2.275	1.027	2.315
80	1.340	1.957	1.311	1.991	1.283	2.024	1.253	2.059	1.224	2.093	1.195	2.129	1.165	2.165	1.136	2.201	1.106	2.238	1.076	2.275
85	1.369	1.946	1.342	1.977	1.315	2.009	1.287	2.040	1.260	2.073	1.232	2.105	1.205	2.139	1.177	2.172	1.149	2.206	1.121	2.241
90	1.395	1.937	1.369	1.966	1.344	1.995	1.318	2.025	1.292	2.055	1.266	2.085	1.240	2.116	1.213	2.148	1.187	2.179	1.160	2.211
95	1.418	1.929	1.394	1.956	1.370	1.984	1.345	2.012	1.321	2.040	1.296	2.068	1.271	2.097	1.247	2.126	1.222	2.156	1.197	2.186
100	1.439	1.923	1.416	1.948	1.393	1.974	1.371	2.000	1.347	2.026	1.324	2.053	1.301	2.080	1.277	2.108	1.253	2.135	1.229	2.164
150	1.579	1.892	1.564	1.908	1.550	1.924	1.535	1.940	1.519	1.956	1.504	1.972	1.489	1.989	1.474	2.006	1.458	2.023	1.443	2.040
200	1.654	1.885	1.643	1.896	1.632	1.908	1.621	1.919	1.610	1.931	1.599	1.943	1.588	1.955	1.576	1.967	1.565	1.979	1.554	1.991

注：n＝观测次数，k'＝不含常数项的解释变量个数。

资料来源：该表是原始质帕德宾—沃森表的扩展，摘自 N. E. Savin and K. J. White, "The Dubin-Watson Test for Serial Correlation with Extreme Small Samples or Many Regressors," *Econometrica*, vol. 45, November 1977, pp. 1989-96, and as corrected by R. W. Farebrother, *Econometrica*, vol. 48, September 1980, p. 1554。

D

表 D-5B

德宾-沃森 d 统计量：在 0.01 的显著性水平上 d_L 和 d_U 的显著点

n	$k'=1$ d_L	$k'=1$ d_U	$k'=2$ d_L	$k'=2$ d_U	$k'=3$ d_L	$k'=3$ d_U	$k'=4$ d_L	$k'=4$ d_U	$k'=5$ d_L	$k'=5$ d_U	$k'=6$ d_L	$k'=6$ d_U	$k'=7$ d_L	$k'=7$ d_U	$k'=8$ d_L	$k'=8$ d_U	$k'=9$ d_L	$k'=9$ d_U	$k'=10$ d_L	$k'=10$ d_U
6	0.390	1.142	—	—	—	—	—	—	—	—	—	—	—	—	—	—	—	—	—	—
7	0.435	1.036	0.294	1.676	—	—	—	—	—	—	—	—	—	—	—	—	—	—	—	—
8	0.497	1.003	0.345	1.489	0.229	2.102	—	—	—	—	—	—	—	—	—	—	—	—	—	—
9	0.554	0.998	0.408	1.389	0.279	1.875	0.183	2.433	—	—	—	—	—	—	—	—	—	—	—	—
10	0.604	1.001	0.466	1.333	0.340	1.733	0.230	2.193	0.150	2.690	—	—	—	—	—	—	—	—	—	—
11	0.653	1.010	0.519	1.297	0.396	1.640	0.286	2.030	0.193	2.453	0.124	2.892	—	—	—	—	—	—	—	—
12	0.697	1.023	0.569	1.274	0.449	1.575	0.339	1.913	0.244	2.280	0.164	2.665	0.105	3.053	—	—	—	—	—	—
13	0.738	1.038	0.616	1.261	0.499	1.526	0.391	1.826	0.294	2.150	0.211	2.490	0.140	2.838	0.090	3.182	—	—	—	—
14	0.776	1.054	0.660	1.254	0.547	1.490	0.441	1.757	0.343	2.049	0.257	2.354	0.183	2.667	0.122	2.981	0.078	3.287	—	—
15	0.811	1.070	0.700	1.252	0.591	1.464	0.488	1.704	0.391	1.967	0.303	2.244	0.226	2.530	0.161	2.817	0.107	3.101	0.068	3.374
16	0.844	1.086	0.737	1.252	0.633	1.446	0.532	1.663	0.437	1.900	0.349	2.153	0.269	2.416	0.200	2.681	0.142	2.944	0.094	3.201
17	0.874	1.102	0.772	1.255	0.672	1.432	0.574	1.630	0.480	1.847	0.393	2.078	0.313	2.319	0.241	2.566	0.179	2.811	0.127	3.053
18	0.902	1.118	0.805	1.259	0.708	1.422	0.613	1.604	0.522	1.803	0.435	2.015	0.355	2.238	0.282	2.467	0.216	2.697	0.160	2.925
19	0.928	1.132	0.835	1.265	0.742	1.415	0.650	1.584	0.561	1.767	0.476	1.963	0.396	2.169	0.322	2.381	0.255	2.597	0.196	2.813
20	0.952	1.147	0.863	1.271	0.773	1.411	0.685	1.567	0.598	1.737	0.515	1.918	0.436	2.110	0.362	2.308	0.294	2.510	0.232	2.714
21	0.975	1.161	0.890	1.277	0.803	1.408	0.718	1.554	0.633	1.712	0.552	1.881	0.474	2.059	0.400	2.244	0.331	2.434	0.268	2.625
22	0.997	1.174	0.914	1.284	0.831	1.407	0.748	1.543	0.667	1.691	0.587	1.849	0.510	2.015	0.437	2.188	0.368	2.367	0.304	2.548
23	1.018	1.187	0.938	1.291	0.858	1.407	0.777	1.534	0.698	1.673	0.620	1.821	0.545	1.977	0.473	2.140	0.404	2.308	0.340	2.479
24	1.037	1.199	0.960	1.298	0.882	1.407	0.805	1.528	0.728	1.658	0.652	1.797	0.578	1.944	0.507	2.097	0.439	2.255	0.375	2.417
25	1.055	1.211	0.981	1.305	0.906	1.409	0.831	1.523	0.756	1.645	0.682	1.776	0.610	1.915	0.540	2.059	0.473	2.209	0.409	2.362
26	1.072	1.222	1.001	1.312	0.928	1.411	0.855	1.518	0.783	1.635	0.711	1.759	0.640	1.889	0.572	2.026	0.505	2.168	0.441	2.313
27	1.089	1.233	1.019	1.319	0.949	1.413	0.878	1.515	0.808	1.626	0.738	1.743	0.669	1.867	0.602	1.997	0.536	2.131	0.473	2.269
28	1.104	1.244	1.037	1.325	0.969	1.415	0.900	1.513	0.832	1.618	0.764	1.729	0.696	1.847	0.630	1.970	0.566	2.098	0.504	2.229
29	1.119	1.254	1.054	1.332	0.988	1.418	0.921	1.512	0.855	1.611	0.788	1.718	0.723	1.830	0.658	1.947	0.595	2.068	0.533	2.193
30	1.133	1.263	1.070	1.339	1.006	1.421	0.941	1.511	0.877	1.606	0.812	1.707	0.748	1.814	0.684	1.925	0.622	2.041	0.562	2.160

D

续表

n	$k'=1$		$k'=2$		$k'=3$		$k'=4$		$k'=5$		$k'=6$		$k'=7$		$k'=8$		$k'=9$		$k'=10$	
	d_L	d_U	d_L	d_U	d_L	d_U	d_L	d_U	d_L	d_U	d_L	d_U	d_L	d_U	d_L	d_U	d_L	d_U	d_L	d_U
31	1.147	1.273	1.085	1.345	1.023	1.425	0.960	1.510	0.897	1.601	0.834	1.698	0.772	1.800	0.710	1.906	0.649	2.017	0.589	2.131
32	1.160	1.282	1.100	1.352	1.040	1.428	0.979	1.510	0.917	1.597	0.856	1.690	0.794	1.788	0.734	1.889	0.674	1.995	0.615	2.104
33	1.172	1.291	1.114	1.358	1.055	1.432	0.996	1.510	0.936	1.594	0.876	1.683	0.816	1.776	0.757	1.874	0.698	1.975	0.641	2.080
34	1.184	1.299	1.128	1.364	1.070	1.435	1.012	1.511	0.954	1.591	0.896	1.677	0.837	1.766	0.779	1.860	0.722	1.957	0.665	2.057
35	1.195	1.307	1.140	1.370	1.085	1.439	1.028	1.512	0.971	1.589	0.914	1.671	0.857	1.757	0.800	1.847	0.744	1.940	0.689	2.037
36	1.206	1.315	1.153	1.376	1.098	1.442	1.043	1.513	0.988	1.588	0.932	1.666	0.877	1.749	0.821	1.836	0.766	1.925	0.711	2.018
37	1.217	1.323	1.165	1.382	1.112	1.446	1.058	1.514	1.004	1.586	0.950	1.662	0.895	1.742	0.841	1.825	0.787	1.911	0.733	2.001
38	1.227	1.330	1.176	1.388	1.124	1.449	1.072	1.515	1.019	1.585	0.966	1.658	0.913	1.735	0.860	1.816	0.807	1.899	0.754	1.985
39	1.237	1.337	1.187	1.393	1.137	1.453	1.085	1.517	1.034	1.584	0.982	1.655	0.930	1.729	0.878	1.807	0.826	1.887	0.774	1.970
40	1.246	1.344	1.198	1.398	1.148	1.457	1.098	1.518	1.048	1.584	0.997	1.652	0.946	1.724	0.895	1.799	0.844	1.876	0.749	1.956
45	1.288	1.376	1.245	1.423	1.201	1.474	1.156	1.528	1.111	1.584	1.065	1.643	1.019	1.704	0.974	1.768	0.927	1.834	0.881	1.902
50	1.324	1.403	1.285	1.446	1.245	1.491	1.205	1.538	1.164	1.587	1.123	1.639	1.081	1.692	1.039	1.748	0.997	1.805	0.955	1.864
55	1.356	1.427	1.320	1.466	1.284	1.506	1.247	1.548	1.209	1.592	1.172	1.638	1.134	1.685	1.095	1.734	1.057	1.785	1.018	1.837
60	1.383	1.449	1.350	1.484	1.317	1.520	1.283	1.558	1.249	1.598	1.214	1.639	1.179	1.682	1.144	1.726	1.108	1.771	1.072	1.817
65	1.407	1.468	1.377	1.500	1.346	1.534	1.315	1.568	1.283	1.604	1.251	1.642	1.218	1.680	1.186	1.720	1.153	1.761	1.120	1.802
70	1.429	1.485	1.400	1.515	1.372	1.546	1.343	1.578	1.313	1.611	1.283	1.645	1.253	1.680	1.223	1.716	1.192	1.754	1.162	1.792
75	1.448	1.501	1.422	1.529	1.395	1.557	1.368	1.587	1.340	1.617	1.313	1.649	1.284	1.682	1.256	1.714	1.227	1.748	1.199	1.783
80	1.466	1.515	1.441	1.541	1.416	1.568	1.390	1.595	1.364	1.624	1.338	1.653	1.312	1.683	1.285	1.714	1.259	1.745	1.232	1.777
85	1.482	1.528	1.458	1.553	1.435	1.578	1.411	1.603	1.386	1.630	1.362	1.657	1.337	1.685	1.312	1.714	1.287	1.743	1.262	1.773
90	1.496	1.540	1.474	1.563	1.452	1.587	1.429	1.611	1.406	1.636	1.383	1.661	1.360	1.687	1.336	1.714	1.312	1.741	1.288	1.769
95	1.510	1.552	1.489	1.573	1.468	1.596	1.446	1.618	1.425	1.642	1.403	1.666	1.381	1.690	1.358	1.715	1.336	1.741	1.313	1.767
100	1.522	1.562	1.503	1.583	1.482	1.604	1.462	1.625	1.441	1.647	1.421	1.670	1.400	1.693	1.378	1.717	1.357	1.741	1.335	1.765
150	1.611	1.637	1.598	1.651	1.584	1.665	1.571	1.679	1.557	1.693	1.543	1.708	1.530	1.722	1.515	1.737	1.501	1.752	1.486	1.767
200	1.664	1.684	1.653	1.693	1.643	1.704	1.633	1.715	1.623	1.725	1.613	1.735	1.603	1.746	1.592	1.757	1.582	1.768	1.571	1.779

D

续表

n	$k'=11$ d_L	d_U	$k'=12$ d_L	d_U	$k'=13$ d_L	d_U	$k'=14$ d_L	d_U	$k'=15$ d_L	d_U	$k'=16$ d_L	d_U	$k'=17$ d_L	d_U	$k'=18$ d_L	d_U	$k'=19$ d_L	d_U	$k'=20$ d_L	d_U
16	0.060	3.446	—	—																
17	0.084	3.286	0.053	3.506	—	—														
18	0.113	3.146	0.075	3.358	0.047	3.557	—	—												
19	0.145	3.023	0.102	3.227	0.067	3.420	0.043	3.601	—	—										
20	0.178	2.914	0.131	3.109	0.092	3.297	0.061	3.474	0.038	3.639	—	—								
21	0.212	2.817	0.162	3.004	0.119	3.185	0.084	3.358	0.055	3.521	0.035	3.671	—	—						
22	0.246	2.729	0.194	2.909	0.148	3.084	0.109	3.252	0.077	3.412	0.050	3.562	0.032	3.700	—	—				
23	0.281	2.651	0.227	2.822	0.178	2.991	0.136	3.155	0.100	3.311	0.070	3.459	0.046	3.597	0.029	3.725	—	—		
24	0.315	2.580	0.260	2.744	0.209	2.906	0.165	3.065	0.125	3.218	0.092	3.363	0.065	3.501	0.043	3.629	0.027	3.747	—	—
25	0.348	2.517	0.292	2.674	0.240	2.829	0.194	2.982	0.152	3.131	0.116	3.274	0.085	3.410	0.060	3.538	0.039	3.657	0.025	3.766
26	0.381	2.460	0.324	2.610	0.272	2.758	0.224	2.906	0.180	3.050	0.141	3.191	0.107	3.325	0.079	3.452	0.055	3.572	0.036	3.682
27	0.413	2.409	0.356	2.552	0.303	2.694	0.253	2.836	0.208	2.976	0.167	3.113	0.131	3.245	0.100	3.371	0.073	3.490	0.051	3.602
28	0.444	2.363	0.387	2.499	0.333	2.635	0.283	2.772	0.237	2.907	0.194	3.040	0.156	3.169	0.122	3.294	0.093	3.412	0.068	3.524
29	0.474	2.321	0.417	2.451	0.363	2.582	0.313	2.713	0.266	2.843	0.222	2.972	0.182	3.098	0.146	3.220	0.114	3.338	0.087	3.450
30	0.503	2.283	0.447	2.407	0.393	2.533	0.342	2.659	0.294	2.785	0.249	2.909	0.208	3.032	0.171	3.152	0.137	3.267	0.107	3.379
31	0.531	2.248	0.475	2.367	0.422	2.487	0.371	2.609	0.322	2.730	0.277	2.851	0.234	2.970	0.196	3.087	0.160	3.201	0.128	3.311
32	0.558	2.216	0.503	2.330	0.450	2.446	0.399	2.563	0.350	2.680	0.304	2.797	0.261	2.912	0.221	3.026	0.184	3.137	0.151	3.246
33	0.585	2.187	0.530	2.296	0.477	2.408	0.426	2.520	0.377	2.633	0.331	2.746	0.287	2.858	0.246	2.969	0.209	3.078	0.174	3.184
34	0.610	2.160	0.556	2.266	0.503	2.373	0.452	2.481	0.404	2.590	0.357	2.699	0.313	2.808	0.272	2.915	0.233	3.022	0.197	3.126
35	0.634	2.136	0.581	2.237	0.529	2.340	0.478	2.444	0.430	2.550	0.383	2.655	0.339	2.761	0.297	2.865	0.257	2.969	0.221	3.071

续表

n	$k'=11$ d_L	d_U	$k'=12$ d_L	d_U	$k'=13$ d_L	d_U	$k'=14$ d_L	d_U	$k'=15$ d_L	d_U	$k'=16$ d_L	d_U	$k'=17$ d_L	d_U	$k'=18$ d_L	d_U	$k'=19$ d_L	d_U	$k'=20$ d_L	d_U
36	0.658	2.113	0.605	2.210	0.554	2.310	0.504	2.410	0.455	2.512	0.409	2.614	0.364	2.717	0.322	2.818	0.282	2.919	0.244	3.019
37	0.680	2.092	0.628	2.186	0.578	2.282	0.528	2.379	0.480	2.477	0.434	2.576	0.389	2.675	0.347	2.774	0.306	2.872	0.268	2.969
38	0.702	2.073	0.651	2.164	0.601	2.256	0.552	2.350	0.504	2.445	0.458	2.540	0.414	2.637	0.371	2.733	0.330	2.828	0.291	2.923
39	0.723	2.055	0.673	2.143	0.623	2.232	0.575	2.323	0.528	2.414	0.482	2.507	0.438	2.600	0.395	2.694	0.354	2.787	0.315	2.879
40	0.744	2.039	0.694	2.123	0.645	2.210	0.597	2.297	0.551	2.386	0.505	2.476	0.461	2.566	0.418	2.657	0.377	2.748	0.338	2.838
45	0.835	1.972	0.790	2.044	0.744	2.118	0.700	2.193	0.655	2.269	0.612	2.346	0.570	2.424	0.528	2.503	0.488	2.582	0.448	2.661
50	0.913	1.925	0.871	1.987	0.829	2.051	0.787	2.116	0.746	2.182	0.705	2.250	0.665	2.318	0.625	2.387	0.586	2.456	0.548	2.526
55	0.979	1.891	0.940	1.945	0.902	2.002	0.863	2.059	0.825	2.117	0.786	2.176	0.748	2.237	0.711	2.298	0.674	2.359	0.637	2.421
60	1.037	1.865	1.001	1.914	0.965	1.964	0.929	2.015	0.893	2.067	0.857	2.120	0.822	2.173	0.786	2.227	0.751	2.283	0.716	2.338
65	1.087	1.845	1.053	1.889	1.020	1.934	0.986	1.980	0.953	2.027	0.919	2.075	0.886	2.123	0.852	2.172	0.819	2.221	0.786	2.272
70	1.131	1.831	1.099	1.870	1.068	1.911	1.037	1.953	1.005	1.995	0.974	2.038	0.943	2.082	0.911	2.127	0.880	2.172	0.849	2.217
75	1.170	1.819	1.141	1.856	1.111	1.893	1.082	1.931	1.052	1.970	1.023	2.009	0.993	2.049	0.964	2.090	0.934	2.131	0.905	2.172
80	1.205	1.810	1.177	1.844	1.150	1.878	1.122	1.913	1.094	1.949	1.066	1.984	1.039	2.022	1.011	2.059	0.983	2.097	0.955	2.135
85	1.236	1.803	1.210	1.834	1.184	1.866	1.158	1.898	1.132	1.931	1.106	1.965	1.080	1.999	1.053	2.033	1.027	2.068	1.000	2.104
90	1.264	1.798	1.240	1.827	1.215	1.856	1.191	1.886	1.166	1.917	1.141	1.948	1.116	1.979	1.091	2.012	1.066	2.044	1.041	2.077
95	1.290	1.793	1.267	1.821	1.244	1.848	1.221	1.876	1.197	1.905	1.174	1.934	1.150	1.963	1.126	1.993	1.102	2.023	1.079	2.054
100	1.314	1.790	1.292	1.816	1.270	1.841	1.248	1.868	1.225	1.895	1.203	1.922	1.181	1.949	1.158	1.977	1.136	2.006	1.113	2.034
150	1.473	1.783	1.458	1.799	1.444	1.814	1.429	1.830	1.414	1.847	1.400	1.863	1.385	1.880	1.370	1.897	1.355	1.913	1.340	1.931
200	1.561	1.791	1.550	1.801	1.539	1.813	1.528	1.824	1.518	1.836	1.507	1.847	1.495	1.860	1.484	1.871	1.474	1.883	1.462	1.896

注：$n=$观测次数，$k'=$不含常数项的解释变量个数。

资料来源：Savin and White, op. cit.，经过授权。

D

表 D-6A 游程检验中的游程临界值

N_1	N_2																		
	2	3	4	5	6	7	8	9	10	11	12	13	14	15	16	17	18	19	20
2											2	2	2	2	2	2	2	2	2
3				2	2	2	2	2	2	2	2	2	3	3	3	3	3	3	3
4			2	2	2	3	3	3	3	3	3	3	3	4	4	4	4	4
5			2	2	3	3	3	3	3	4	4	4	4	4	4	4	5	5	5
6		2	2	3	3	3	3	4	4	4	4	5	5	5	5	5	5	6	6
7		2	2	3	3	3	4	4	5	5	5	5	5	6	6	6	6	6	6
8		2	3	3	3	4	4	5	5	5	6	6	6	6	6	7	7	7	7
9		2	3	3	4	4	5	5	5	6	6	6	7	7	7	7	8	8	8
10		2	3	3	4	5	5	5	6	6	7	7	7	7	8	8	8	8	9
11		2	3	4	4	5	5	6	6	7	7	7	8	8	8	9	9	9	9
12	2	2	3	4	4	5	6	6	7	7	7	8	8	8	9	9	10	10	10
13	2	2	3	4	5	5	6	6	7	7	8	8	9	9	9	10	10	10	10
14	2	2	3	4	5	5	6	7	7	8	8	9	9	9	10	10	10	11	11
15	2	3	3	4	5	6	6	7	7	8	8	9	9	10	10	11	11	11	12
16	2	3	4	4	5	6	6	7	8	8	9	9	10	10	11	11	11	12	12
17	2	3	4	4	5	6	7	7	8	9	9	10	10	11	11	11	12	12	13
18	2	3	4	5	5	6	7	8	8	9	9	10	10	11	11	12	12	13	13
19	2	3	4	5	6	6	7	8	8	9	10	10	11	11	12	12	13	13	13
20	2	3	4	5	6	6	7	8	9	9	10	10	11	12	12	13	13	13	14

表 D-6B 游程检验中的游程临界值

N_1	N_2																		
	2	3	4	5	6	7	8	9	10	11	12	13	14	15	16	17	18	19	20
2																			
3																			
4				9	9														
5			9	10	10	11	11												
6			9	10	11	12	12	13	13	13	13								
7				11	12	13	13	14	14	14	14	15	15	15					
8				11	12	13	14	14	15	15	16	16	16	16	17	17	17	17	17
9					13	14	14	15	16	16	16	17	17	18	18	18	18	18	18
10					13	14	15	16	16	17	17	18	18	18	19	19	19	20	20
11					13	14	15	16	17	17	18	19	19	19	20	20	20	21	21
12					13	14	16	16	17	18	19	19	20	20	21	21	21	22	22
13						15	16	17	18	19	19	20	20	21	21	22	22	23	23
14						15	16	17	18	19	20	20	21	22	22	23	23	23	24
15						15	16	18	18	19	20	21	22	22	23	23	24	24	25
16							17	18	19	20	21	21	22	23	23	24	25	25	25
17							17	18	19	20	21	22	23	23	24	25	25	26	26
18							17	18	19	20	21	22	23	24	25	25	26	26	27
19							17	18	20	21	22	23	23	24	25	26	26	27	27
20							17	18	20	21	22	23	24	25	25	26	27	27	28

D

注：表 D-6A 和表 D-6B 针对各种 N_1（正号）和 N_2（负号）值给出了游程 n 的临界值。对于一个样本的游程检验，任何小于等于表 D-6A 所示的 n 值或大于等于表 D-6B 所示的 n 值在 0.05 的显著性水平上都是统计显著的。

资料来源：Sidney Siegel，*Nonparametric Statistics for the Behavioral Sciences*，McGraw-Hill Book Company，New York，1956，table F，pp. 252-253. 摘自 Frieda S. Swed and C. Eisenhart，"Tables for Testing Randomness of Grouping in a Sequence of Alternatives," *Annals of Mathematical Statistics*，vol. 14，1943. 经麦格劳-希尔公司和《数学统计年鉴》（*Annals of Mathematical Statistics*）授权。

例 2

在一个由 20 个 "＋" 号（＝ N_1）和 10 个 "－" 号（＝ N_2）组成的 30 次观测序列中，在 0.05 的显著性水平上，游程临界值是 9 和 20，分别如表 D-6A 和表 D-6B 所示。因此，如果在一个应用研究中发现游程数小于等于 9 或大于等于 20，我们就可以（在 0.05 的显著性水平上）拒绝观测序列是随机序列的假设。

表 D-7   单位根检验的 1% 和 5% 临界迪基-富勒 $t(=\tau)$ 值和 F 值

样本容量	t_{nc}^*		t_c^*		t_{ct}^*		$F^\dagger$		$F^\ddagger$	
	1%	5%	1%	5%	1%	5%	1%	5%	1%	5%
25	−2.66	−1.95	−3.75	−3.00	−4.38	−3.60	10.61	7.24	8.21	5.68
50	−2.62	−1.95	−3.58	−2.93	−4.15	−3.50	9.31	6.73	7.02	5.13
100	−2.60	−1.95	−3.51	−2.89	−4.04	−3.45	8.73	6.49	6.50	4.88
250	−2.58	−1.95	−3.46	−2.88	−3.99	−3.43	8.43	6.34	6.22	4.75
500	−2.58	−1.95	−3.44	−2.87	−3.98	−3.42	8.34	6.30	6.15	4.71
∞	−2.58	−1.95	−3.43	−2.86	−3.96	−3.41	8.27	6.25	6.09	4.68

注：＊下脚标 nc、c 和 ct 分别表示在回归方程（21.9.5）中无常数项、有常数项和同时含有常数项和趋势项。

‡方程（21.9.5）中常数项和 δ 项同时为零的联合假设的临界 F 值。

†方程（21.9.5）中常数项、趋势项和 δ 项同时为零的联合假设的临界 F 值。

资料来源：摘自 W. A. Fuller, *Introduction to Statistical Time Series*, John Wiley & Sons, New York, 1976, p. 373（for the τ test）和 D. A. Dickey and W. A. Fuller, "Likelihood Ratio Statistics for Autoregressive Time Series with a Unit Root," *Econometrica*, vol. 49, 1981, p. 1063。

D

附录 E

EViews、MINITAB、Excel 和 Stata 的计算机输出结果

我们在本附录中给出 EViews、MINITAB、Excel 和 Stata 等回归和相关统计分析常用统计软件的一些计算机输出结果。我们利用本书网站上表 E-1 中给出的数据来解释这些软件的输出结果。表 E-1 给出了美国 1980—2002 年的城镇劳动参与率（CLFPR）、城镇失业率（CUNR）和以 1982 年美元度量的真实平均小时工资（AHE82）数据。

尽管在所有这些软件中，基本回归结果在许多方面都是相似的，但它们给出结果的方式还是各有差异。有些软件给出的结果直至小数点后好几位，而有些软件则只给出小数点后四位或五位的近似结果。有些软件直接给出方差分析表，而有些软件则需要推导方差分析表。各种软件给出的部分统计量也存在差别。详细说明这些统计软件的所有差别超出了本书的范围。关于进一步的信息，可查阅这些软件的网站。

E.1 EViews

利用 EViews 第 6 版，我们将 CLFPR 对 CUNR 和 AHE82 进行回归并得到如图 E-1 所示的结果。

这是 EViews 给出结果的标准格式。此图的第一部分给出了回归系数、系数的估计标准误、这些系数对应总体值为 0 的虚拟假设下的 t 值，以及得到这些 t 值的 p 值。接下来给出 R^2 和调整后的 R^2。第一部分中的其他输出结果有回归标准误、残差平方和以及检验所有斜率系数（值）同时等于 0 的虚拟假设的 F 值。赤池信息准则和施瓦茨信息准则常用于在备选模型之间做出选择。这些准则的值越低，模型就越好。极大似然法是最小二乘法的替代方法。正如我们在 OLS 中求最小化误差平方和的估计量一样，在使用极大似然法时，我们找那些能使得观察到我们手头样本的可能性尽可能最大的估计量。在误差项的正态假定下，OLS 和 ML 得到回归系数的同样估计值。德宾-沃森统计量被用于查明误差项是否存在一阶序列相关。

Dependent Variable: CLFPR
Method: Least Squares
Sample: 1980−2002
Included observations: 23

Variable	Coefficient	Std. Error	t-Statistic	Prob.
C	80.90133	4.756195	17.00967	0.0000
CUNR	−0.671348	0.082720	−8.115928	0.0000
AHE82	−1.404244	0.608615	−2.307278	0.0319

R-squared	0.772765	Mean dependent var	65.89565
Adjusted R-squared	0.750042	S.D. dependent var	1.168713
S.E. of regression	0.584308	Akaike info criterion	1.884330
Sum squared resid	6.828312	Schwarz criterion	2.032438
Log likelihood	−18.66979	F-statistic	34.00731
Durbin–Watson stat	0.787625	Prob(F-statistic)	0.000000

Obs	Actual	Fitted	Residual	Residual Plot
1980	63.8000	65.2097	−1.40974	
1981	63.9000	65.0004	−1.10044	
1982	64.0000	63.6047	0.39535	
1983	64.0000	63.5173	0.48268	
1984	64.4000	64.9131	−0.51311	
1985	64.8000	65.1566	−0.35664	
1986	65.3000	65.2347	0.06526	
1987	65.6000	65.8842	−0.28416	
1988	65.9000	66.4103	−0.51027	
1989	66.5000	66.6148	−0.11476	
1990	66.5000	66.5819	−0.08186	
1991	66.2000	65.8745	0.32546	
1992	66.4000	65.4608	0.93923	
1993	66.3000	65.8917	0.40834	
1994	66.6000	66.4147	0.18530	
1995	66.6000	66.7644	−0.16441	
1996	66.8000	66.8425	−0.04251	
1997	67.1000	67.0097	0.09032	
1998	67.1000	66.9974	0.10263	
1999	67.1000	67.0443	0.05569	
2000	67.2000	67.1364	0.06355	
2001	56.9000	66.4589	0.44105	
2002	66.6000	65.5770	1.02304	

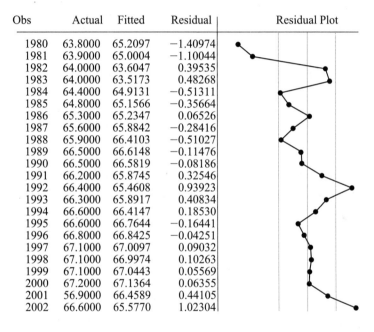

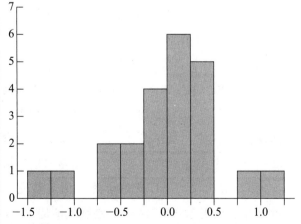

Series: Residuals
Sample 1980−2002
Observations 23

Mean	−1.39e-14
Median	0.063552
Maximum	1.023040
Minimum	−1.409735
Std. Dev.	0.557116
Skewness	−0.593013
Kurtosis	3.752631
Jarque–Bera	1.890898
Probability	0.388505

图 E-1　城镇劳动参与率回归的 EViews 输出结果

E

EViews 的输出结果中的第二部分给出了因变量的实际值、拟合值和二者之差即残差。这些残差沿着表示 0 的一条垂直线绘制于图上。线右边的点表示正残差，左边的点表示负残差。

输出结果的第三部分给出了残差直方图及其他统计量。它给出了检验误差正态性的雅克-贝拉统计量，并给出了获得对应统计量的概率。得到所观测雅克-贝拉统计量的概率越高，支持误差正态分布这一虚拟假设的证据就越强。

注意，虽然 EViews 不直接给出方差分析表，但很容易从残差平方和、总平方和（必须从因变量的标准差推导出来）及其相应的自由度数据构造出这个表格。这里给出的 F 值应该与此表第一部分中报告的 F 值相等。

E.2 MINITAB

利用 MINITAB 第 15 版和同样的数据，我们得到如图 E-2 所示的回归结果。

MINITAB 首先报告估计的多元回归。接下来是预测元（即解释变量）、回归系数估计值及其标准误、$T(=t)$ 值和 p 值。在这个输出结果中，S 代表估计值的标准误，R^2 和调整后的 R^2 以百分比的形式给出。

再接下来是通常的 ANOVA 表。ANOVA 表的特征之一是：它把回归平方和（或解释平方和）在预测元之间进行了分解。因此，在总回归平方和 23.226 中，CUNR 为 21.404，而 AHE82 为 1.822，这就表明 CUNR 比 AHE82 对 CLFPR 的影响大。

MINITAB 回归输出结果的独到之处在于，它报告"异常"观测，即那些与样本中的其余观测多少有些不同的观测。我们在 EViews 输出结果给出的残差图中对此已经有所感觉，它表明第 1 个观测和第 23 个观测明显远离 0 垂直线。MINITAB 还给出了一幅残差图，类似于 EViews 所给出的残差图。这个输出结果中的 St Resid 表示标准化残差，即将残差除以估计值的标准误 S。

与 EViews 一样，MINITAB 还报告了德宾-沃森统计量，并给出了残差直方图。直方图只是一个视觉判断。如果它的形状类似于正态分布，残差可能就是正态分布的。出于同样的目的，MINITAB 同时还给出了正态概率图。如果残差估计值近似位于一条直线上，我们就可以说它们是正态分布的。正态概率图附属的安德森-达琳（Anderson-Darling，AD）统计量就检验了所考虑变量（这里指残差）服从正态分布的虚拟假设。如果计算出来的 AD 统计量的 p 值足够高，比如超过 0.10，我们就可以得出这个变量服从正态分布的结论。在我们的例子中，AD 统计量的值为 0.481，其 p 值约为 0.21 或 21%。所以，我们可以得出从回归模型得到的残差服从正态分布的结论。

Regression Analysis: CLFPR versus CUNR, AHE82

The regression equation is
CLFPR = 81.0 − 0.672 CUNR − 1.41 AHE82

Predictor	Coef	SE Coef	T	P
Constant	80.951	4.770	16.97	0.000
CUNR	−0.67163	0.08270	−8.12	0.000
AHE82	−1.4104	0.6103	−2.31	0.032

$S = 0.584117$　　$R\text{-Sq} = 77.3\%$　　$R\text{-Sq(adj)} = 75.0\%$

Analysis of Variance

Source	DF	SS	MS	F	P
Regression	2	23.226	11.613	34.04	0.000
Residual Error	20	6.824	0.341		
Total	22	30.050			

Source	DF	Seq SS
CUNR	1	21.404
AHE82	1	1.822

Unusual Observations

Obs	CUNR	CLFPR	Fit	SE Fit	Residual	St Resid
1	7.10	63.800	65.209	0.155	−1.409	−2.50R
23	5.80	66.600	65.575	0.307	1.025	2.06R

R denotes an observation with a large standardized residual.

Durbin–Watson statistic = 0.787065

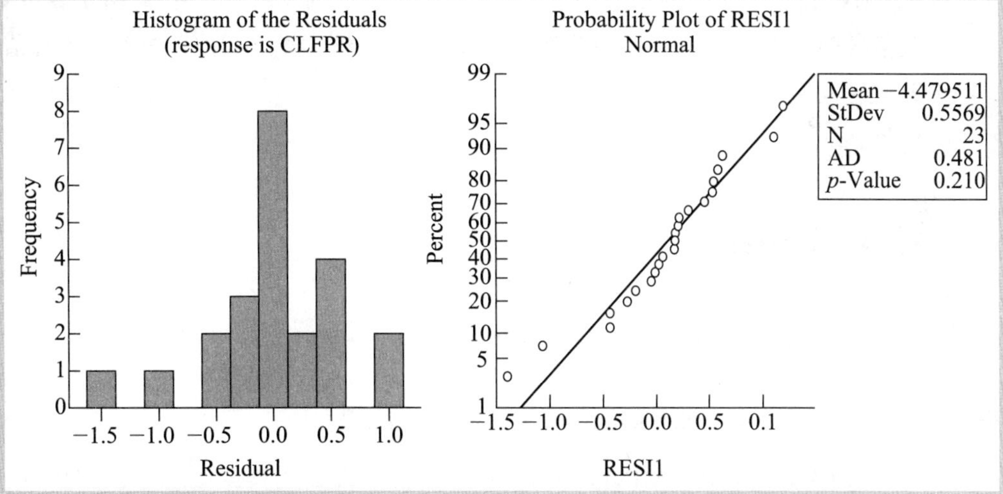

图 E-2　城镇劳动参与率回归的 MINITAB 输出结果

E.3　Excel

利用微软的 Excel 软件，我们得到回归的输出结果如表 E-1 所示。

Excel 首先给出统计量，如 R^2、R（即 R^2 的正平方根）、调整后的 R^2，以及估计值的标准误。然后给出方差分析表。接下来给出系数估计值及其标准误、t 值和 p 值。它还给出了因变量的实际值和估计值，以及残差图和正态概率图。

表 E-1 城镇劳动参与率回归的 Excel 输出结果

Summary Output

Regression Statistics

Multiple R	0.879155
R Square	0.772914
Adjusted R	0.750205
Standard E	0.584117
Observation	23

ANOVA

	df	SS	MS	F	Significance F
Regression	2	23.22572	11.61286	34.03611	3.65E-07
Residual	20	6.823846	0.341192		
Total	22	30.04957			

	Coefficient	Standard Err	t Stat	p-value	Lower 95%	Upper 95%
Intercept	80.95122	4.770337	16.96971	2.42E-13	71.00047	90.90196
CUNR	−0.671631	0.082705	−8.120845	9.24E-08	−0.84415	−0.499112
AHE82	−1.410432	0.610348	−2.310867	0.031626	−2.683594	−0.13727

　　Excel 的独特之处在于，它给出估计系数真值的 95％（或任意指定百分数）置信区间。因此，CUNR 的系数估计值是－0.671 631，而 CUNR 系数真值的置信区间就是（－0.844 15，－0.499 112）。这一信息对假设检验非常有价值。

E.4　Stata

　　利用 Stata，我们得到回归的输出结果如表 E-2 所示。

表 E-2 城镇劳动参与率回归的 Stata 输出结果

Statistics/Data Analysis

Project: Data of Table E.1

Statistics/Data Analysis

8.0 Copyright 1984–2003
Stata Corporation
4905 Lakeway Drive
College Station, Texas 77845 USA
800-STATA-PC　http://www.stata.com
979-696-4600　stata@stata.com
979-696-4601 (fax)

E

续表

gress clfpr cunr ahe82

Source	SS	df	MS
Model	23.2256929	2	11.6128465
Residual	6.82384072	20	.341192036
Total	30.0495337	22	1.36588789

Number of obs = 23
$F(2, 20)$ = 34.04
Prob > F = 0.0000
R-squared = 0.7729
Adj R-squared = 0.7502
Root MSE = .58412

clfpr	Coef.	Std. Err.	t	p > |t|	[95% Conf. Interval]	
cunr	−.6716305	.0827045	−8.12	0.000	−.8441491	−.4991119
ahe82	−1.410433	.6103473	−2.31	0.032	−2.683595	−.1372707
_cons	80.95122	4.770334	16.97	0.000	71.00048	90.90197

Stata 首先给出方差分析表及 R^2、调整后的 R^2 和根均方误（MSE 的正平方根，它就是回归标准误）等统计量。

然后它又给出系数估计值及其标准误、t 值、p 值和每个回归系数的 95％ 置信区间，这类似于 Excel 的输出结果。

E.5　结束性评论

我们刚刚针对例子给出了这些软件的输出结果。或许应该指出，像 EViews 和 Stata 这样的软件是综合性很强的软件，它们包含了本书中讨论过的许多计量经济学方法。一旦你知道如何使用这些软件，运行各种子例行程序就只是实践问题。如果你想进一步学习计量经济学，你或许想购买这些软件中的一个或几个。

参考文献

www. eviews. com

www. stata. com

www. minitab. com

Microsoft Excel

R. Carter Hill，William E. Griffiths，George G. Judge，*Using Excel for Undergraduate Econometrics*，John Wiley & Sons，New York，2001.

附录 F 互联网上的经济数据[①]

经济统计简报：这是一个优秀的数据来源，包括产出、收入、就业、失业、工资、生产和商业活动、价格与货币、信贷与证券市场、国际统计等方面的数据。

http：//www. whitehouse. gov/fsbr/esbr. html

美联储米色书：简要介绍 12 个联邦储备区域当前的经济状况。

http：//www. federalreserve. gov/FOMC/BEIGEBOOK

国民经济研究局（NBER）主页：这个受同行高度评价的私人研究机构搜集了资产价格、劳动就业、生产、货币供给、商业周期指标等方面的大量数据，而且建立了许多与其他网站的链接。

http：//www. nber. org

面板研究：提供了对美国个人和家庭代表样本纵向调查的数据，这些数据自 1968 年开始搜集。

http://psidonline. isr. umich. edu/

经济学家的网上资源：包含经济活动信息方面十分宽泛的数据，并建立了与许多网站的链接。对学术性和非学术性的经济学家而言都是十分有价值的资源。

http://rfe. org/

美国股票交易数据网：包含约 700 家在第二大股票市场上挂牌的公司信息。

http：//www. amex. com

经济分析局（BEA）主页：经济分析局是美国商务部的一个机构，出版《当代商业调查》（*Survey of Current Business*），这个网站是各种经济活动数据的优秀来源。

http：//www. bea. gov/

CIA 出版物：你将找到每年定期出版的《世界各国浏览》（*World Fact Book*）和《国际统计手册》（*Handbook of International Statistics*）。

[①] 摘自 *Annual Editions*：*Microeconomics* 98/99，ed. Don Cole，Dushkin/McGraw-Hill，Connecticut，1998。应该指出，这里所列出的网址绝非全部，这些来源仍在不断地更新。

http：//www. cia. gov/library/publications

能源信息署（DOE）：包含每个能源细类的经济信息和数据。

http：//www. eia. doe. gov/

联邦储备银行经济数据库：圣路易斯联邦储备银行发布历史上的一些经济与社会数据，包括利率、货币和商业指标、汇率等。

http：//research. stlouisfed. org/fred2/

国际贸易署：提供与许多贸易统计、跨国项目等网站的链接。

http：//trade. gov/index. asp

美国统计数据库：美国统计数据库是国际贸易数据和鼓励出口等方面信息最全面的来源。还包括部分国家人口、政治和社会经济状况方面的大量数据。

http：//www. stat-usa. gov/

网上统计资料来源/经济学：从各联邦机构、经济指标、联邦储备委员会、消费价格数据等整理出来的优秀统计资源，并建立与其他统计资源的链接。

http：//www. lib. umich. edu/govdocs/stats. html

劳工统计局：其主页提供涉及就业、失业和工资等各方面的数据，并建立与其他统计网站的链接。

http：//www. stats. bls. gov/

美国人口普查局主页：提供关于收入、就业、收入分配和贫困等社会、人口和经济数据的基本来源。

http：//www. census. gov/

一般社会调查数据：从 1972 年开始每年对美国家庭进行个人采访所得到的调查数据。超过 35 000 人对约 2 500 个不同的问题做出了回答，从而形成了大量数据。

http：//www. norc. org/GSS＋website/

贫困状况研究所：以无党派、非营利的大学为基础的研究中心通过一系列有关贫困状况和社会不平等状况的问题搜集到的数据。

http：//www. irp. wisc. edu/

社会保障总署：提供社会保障事务方面大量数据的官方网站。

http：//www. ssa. gov/

F

主要参考书目

初级

Frank, C. R. Jr., *Statistics and Econometrics*, Holt, Rinehart and Winston, New York, 1971.

Goldberger, Arthur S., *Introductory Econometrics*, Harvard University Press, 1998.

Gujarati, Damodar N., *Essentials of Econometrics*, 3d ed., McGraw-Hill, New York, 2006.

Halcoussis, Dennis, *Understanding Econometrics*, Thomson, 2005.

Hill, Carter, William Griffiths, and George Judge, *Undergraduate Econometrics*, John Wiley & Sons, New York, 2001.

Hu, Teh-Wei, *Econometrics: An Introductory Analysis*, University Park Press, Baltimore, 1973.

Katz, David A., *Econometric Theory and Applications*, Prentice Hall, Englewood Cliffs, NJ, 1982.

Klein, Lawrence R., *An Introduction to Econometrics*, Prentice Hall, Englewood Cliffs, NJ, 1962.

Koop, Gary, *Analysis of Economic Data*, John Wiley & Sons, New York, 2000.

Schmidt, Stephen J., *Econometrics*, McGraw-Hill, New York, 2005.

Walters, A. A., *An Introduction to Econometrics*, Macmillan, London, 1968.

中级

Aigner, D. J., *Basic Econometrics*, Prentice Hall, Englewood Cliffs, NJ, 1971.

Dhrymes, Phoebus J., *Introductory Econometrics*, Springer-Verlag, New York, 1978.

Dielman, Terry E., *Applied Regression Analysis for Business and Economics*, PWS-Kent, Boston, 1991.

Dougherty, Christopher, *Introduction to Econometrics*, 3d ed., Oxford University Press, Oxford, 2007.

Draper, N. R., and H. Smith, *Applied Regression Analysis*, 3d ed., John Wiley & Sons, New York, 1998.

Dutta, M., *Econometric Methods*, South-Western Publishing Company, Cincinnati, 1975.

Goldberger, A. S., *Topics in Regres-*

sion Analysis, Macmillan, New York, 1968.

Griffiths, William E., R. Carter Hill, and George G. Judge, *Learning and Practicing Econometrics*, John Wiley & Sons, New York, 1993.

Harris, Richard, and Robert Sollis, *Applied Time Series Modelling and Forecasting*, John Wiley & Sons, England, 2003.

Heji, Christiaan, Paul deBoer, Philip Hans Franses, Teun Kloek, and Herman K. van Djik, *Econometric Methods with Applications in Business and Economics*, Oxford University Press, New York, 2004.

Huang, D. S., *Regression and Econometric Methods*, John Wiley & Sons, New York, 1970.

Judge, George G., R. Carter Hill, William E. Griffiths, Helmut Lütkepohl, and Tsoung-Chao Lee, *Introduction to the Theory and Practice of Econometrics*, John Wiley & Sons, New York, 1982.

Kelejian, H. A., and W. E. Oates, *Introduction to Econometrics: Principles and Applications*, 2d ed., Harper & Row, New York, 1981.

Koutsoyiannis, A., *Theory of Econometrics*, Harper & Row, New York, 1973.

Maddala, G. S., *Introduction to Econometrics*, 3d ed., John Wiley & Sons, New York, 2001.

Mark, Stewart B., and Kenneth F. Wallis, *Introductory Econometrics*, 2d ed., John Wiley & Sons, New York, 1981. A Halsted Press Book.

Murphy, James L., *Introductory Econometrics*, Richard D. Irwin, Homewood, IL., 1973.

Nachane, Dilip M., *Econometrics: Theoretical Foundations and Empirical Perspectives*, Oxford University Press, New Delhi, 2006.

Netter, J., and W. Wasserman, *Applied Linear Statistical Models*, Richard D. Irwin, Homewood, IL., 1974.

Pindyck, R. S., and D. L. Rubinfeld, *Econometric Models and Econometric Forecasts*, 4th ed., McGraw-Hill, New York, 1990.

Sprent Peter, *Models in Regression and Related Topics*, Methuen, London, 1969.

Stock, James H., and Mark W. Watson, *Introduction to Econometrics*, 2d ed., Pearson/Addison-Wesley, Boston, 2007.

Tintner, Gerhard, *Econometrics*, John Wiley & Sons (science ed.), New York, 1965.

Valavanis, Stefan, *Econometrics: An Introduction to Maximum-Likelihood Methods*, McGraw-Hill, New York, 1959.

Verbeek, Marno, *A Guide to Modern Econometrics*, John Wiley & Sons, New York, 2000.

Wonnacott, R. J., and T. H. Wonnacott, *Econometrics*, 2d ed., John Wiley & Sons, New York, 1979.

Wooldridge, Jeffrey M., *Introductory Econometrics*, 3d ed., South-Western College Publishing, 2006.

高铁梅. 计量经济分析方法与建模:

EViews 应用及实例：中高级 . 4 版 . 北京：清华大学出版社，2020.

李子奈，潘文卿 . 计量经济学 . 5 版 . 北京：高等教育出版社，2020.

王少平，杨继生，欧阳志刚 . 计量经济学 . 2 版 . 北京：高等教育出版社，2020.

叶阿忠，吴相波 . 计量经济学：数字教材版 . 北京：中国人民大学出版社，2021.

张晓峒 . 计量经济学基础 . 天津：南开大学出版社，2021.

高级

Cameron, A. Colin, and Pravin K. Trivedi, *Microeconometrics: Methods and Applications*, Cambridge University Press, New York, 2005.

Chow, Gregory C., *Econometric Methods*, McGraw-Hill, New York, 1983.

Christ, C. F., *Econometric Models and Methods*, John Wiley & Sons, New York, 1966.

Davidson, James, *Econometric Theory*, Blackwell Publishers, Oxford, U. K., 2000.

Dhrymes, P. J., *Econometrics: Statistical Foundations and Applications*, Harper & Row, New York, 1970.

Fomby, Thomas B., Carter R. Hill, and Stanley R. Johnson, *Advanced Econometric Methods*, Springer-Verlag, New York, 1984.

Goldberger, A. S., *Econometric Theory*, John Wiley & Sons, New York, 1964.

Goldberger, A. S., *A Course in Econometrics*, Harvard University Press, Cambridge, MA, 1991.

Greene, William H., *Econometric Analysis*, 4th ed., Prentice Hall, Englewood Cliffs, NJ, 2000.

Harvey, A. C., *The Econometric Analysis of Time Series*, 2d ed., MIT Press, Cambridge, MA., 1990.

Hayashi, Fumio, *Econometrics*, Princeton University Press, Princeton, NJ, 2000.

Johnston, J., *Econometric Methods*, 3d ed., McGraw-Hill, New York, 1984.

Judge, George G., Carter R. Hill, William E. Griffiths, Helmut Lütkepohl, and Tsoung-Chao Lee, *Theory and Practice of Econometrics*, John Wiley & Sons, New York, 1980.

Klein, Lawrence R., *A Textbook of Econometrics*, 2d ed., Prentice Hall, Englewood Cliffs, NJ, 1974.

Kmenta, Jan, *Elements of Econometrics*, 2d ed., Macmillan, New York, 1986.

Madansky, A., *Foundations of Econometrics*, North-Holland, Amsterdam, 1976.

Maddala, G. S., *Econometrics*, McGraw-Hill, New York, 1977.

Malinvaud, E., *Statistical Methods of Econometrics*, 2d ed., North-Holland, Amsterdam, 1976.

Mills, Terence C., and Kerry Patterson, *Palgrave Handbook of Econometrics*, *Vol. 1: Econometric Theory*, Palgrave/Macmillan, New York, 2006.

Mittelhammer, Ron C., George G. Judge, and Douglas J. Miller, *Econometric Foundations*, Cambridge University Press, New York, 2000.

Peracchi, Franco, *Econometrics*, John Wiley & Sons, New York, 2001.

Theil, Henry, *Principles of Econometrics*, John Wiley & Sons, New York, 1971.

陈强. 高级计量经济学及 Stata 应用. 2 版. 北京：高等教育出版社，2014.

洪永森. 高级计量经济学. 北京：高等教育出版社，2011.

李子奈，叶阿忠. 高等计量经济学. 北京：清华大学出版社，2000.

李子奈，叶阿忠. 高级应用计量经济学. 北京：清华大学出版社，2012.

叶阿忠，等. 高级计量经济学. 厦门：厦门大学出版社，2020.

专论

Andrews, D. W. K. Tests for parameter instability and structural change with unknown change point. *Econometrica: Journal of the Econometric Society*, 1993 (4): 821 – 856.

Anselin, L., Florax, R. J. G. M. New directions in spatial econometrics: Introduction// *New directions in spatial econometrics*. Berlin, Heidelberg: Springer Berlin Heidelberg, 1995: 3 – 18.

Anselin, L. *Spatial Econometrics: Methods and Models*, Dordrecht: Kluwer Academic Press, 1988.

Belsley, David A., Edwin Kuh, and Roy E. Welsh, *Regression Diagnostics: Identifying Influential Data and Sources of Collinearity*, John Wiley & Sons, New York, 1980.

De Dios Tena, J., Tremayne, A. R. Modelling monetary transmission in UK manufacturing industry. *Economic Modelling*, 2009 (5): 1053 – 1066.

Dhrymes, P. J., *Distributed Lags: Problems of Estimation and Formulation*, Holden-Day, San Francisco, 1971.

Diebold, Francis X., *Elements of Forecasting*, 2d ed., South-Western Publishing, 2001.

Goldfeld, S. M., and R. E. Quandt, *Nonlinear Methods of Econometrics*, North-Holland, Amsterdam, 1972.

Goodchild, M. F. Geographical information science. *International Journal of Geographical Information Systems*, 1992 (1): 31 – 45.

Gourieroux, Christian, *Econometrics of Qualitative Dependent Variables*, Cambridge University Press, New York, 2000.

Graybill, F. A., *An Introduction to Linear Statistical Models*, vol. 1, McGraw-Hill, New York, 1961.

Hamilton, James D., *Time Series Analysis*, Princeton University Press, Princeton, NJ, 1994.

Maddala, G. S., and Kim In-Moo, *Unit Roots, Cointegration, and Structural Change*, Cambridge University Press, New York, 1998.

McFadden, D., Puig, C., Kirschner, D. Determinants of the long-run demand for electricity//Proceedings of the American Statistical Association. sn, 1977, 1 (1): 109 – 19.

Mills, T. C., *Time Series Techniques for Economists*, Cambridge University Press, 1990.

Pesaran, H. H., Shin, Y. Generalized impulse response analysis in linear multivariate models. *Economics Letters*，1998（1）：17 - 29.

Rao，C. R.，*Linear Statistical Inference and Its Applications*，2d ed.，John Wiley & Sons，New York，1975.

Rey，S. J.，Boarnet，M. G.，A taxonomy of spatial econometric models for simultaneous equations systems//*Advances in Spatial Econometrics*：*Methodology*，*Tools and Applications*，Berlin，Heidelberg：Springer Berlin Heidelberg，2004：99 - 119.

Tsay，R. S. Testing and modeling multivariate threshold models. *Journal of the American Statistical Association*，1998（443）：1188 - 1202.

Zellner，A.，*An Introduction to Bayesian Inference in Econometrics*，John Wiley & Sons，New York，1971.

陈娟，林龙，叶阿忠. 基于分位数回归的中国居民消费研究. 数量经济技术经济研究，2008（2）：16 - 27.

叶阿忠，等. 空间计量经济学. 厦门：厦门大学出版社，2015.

叶阿忠，吴相波，郑万吉，等. 向量自回归模型及其应用. 北京：经济科学出版社，2017.

叶阿忠，等. 应用空间计量经济学：软件操作和建模实例. 北京：清华大学出版社，2020.

应用

Berndt，Ernst R.，*The Practice of Econometrics*：*Classic and Contemporary*，Addison-Wesley，1991.

Bridge，J. I.，*Applied Econometrics*，North-Holland，Amsterdam，1971.

Charemza，Wojciech W.，and Derek F. Deadman，*New Directions in Econometric Practice*：*General to Specific Modelling*，*Cointegration and Vector Autoregression*，2d ed.，Edward Elgar Publisher，New York，1997.

Cramer，J. S.，*Empirical Econometrics*，North-Holland，Amsterdam，1969.

Desai，Meghnad，*Applied Econometrics*，McGraw-Hill，New York，1976.

Kennedy，Peter，*A Guide to Econometrics*，4th ed.，MIT Press，Cambridge，MA.，1998.

Leser，C. E. V.，*Econometric Techniques and Problems*，2d ed.，Hafner，London，1974.

Mills，T. C.，*The Econometric Modelling of Financial Time Series*，Cambridge University Press，1993.

Mukherjee，Chandan，Howard White，and Marc Wuyts，*Econometrics and Data Analysis for Developing Countries*，Routledge，New York，1998.

Patterson，Kerry，*An Introduction to Applied Econometrics*：*A Time Series Approach*，St. Martin's Press，New York，2000.

Rao，Potluri，and Roger LeRoy Miller，*Applied Econometrics*，Wadsworth，Belmont，CA.，1971.

（注：与本书所讨论各专题有关的经典论文，除上引文献外，还可以参考各章后面的扩充文献。）

麦格劳-希尔教育教师服务表

尊敬的老师：您好！

感谢您对麦格劳-希尔教育的关注和支持！我们将尽力为您提供高效、周到的服务。与此同时，为帮助您及时了解~~的优秀图书，便捷地选择适合您课程的教材并获得相应的免费教学课件，请您协助填写此表，并欢迎您对我们的工作~~宝贵的建议和意见！

麦格劳-希尔教育 教师服务~~

★ 基本信息

姓		名		性别	
学校		院系			
职称		职务			
办公电话		家庭电话			
手机		电子邮箱			
省份		城市		邮编	
通信地址					

★ 课程信息

主讲课程-1		课程性质	
学生年级		学生人数	
授课语言		学时数	
开课日期		学期数	
教材决策日期		教材决策者	
教材购买方式		共同授课教师	
现用教材 书名/作者/出版社			

主讲课程-2		课程性质	
学生年级		学生人数	
授课语言		学时数	
开课日期		学期数	
教材决策日期		教材决策者	
教材购买方式		共同授课教师	
现用教材 书名/作者/出版社			

★ 教师需求及建议

提供配套教学课件 （请注明作者 / 书名 / 版次）	
推荐教材 （请注明感兴趣的领域或其他相关信息）	
其他需求	
意见和建议（图书和服务）	
是否需要最新图书信息	是/否	感兴趣领域	
是否有翻译意愿	是/否	感兴趣领域或 意向图书	

填妥后请选择电邮或传真的方式将此表返回，谢谢！
地址：北京市东城区北三环东路36号环球贸易中心A座702室, 教师服务中心, 100013
电话：010-5799 7618/7600 传真：010-5957 5582
邮箱：instructorchina@mheducation.com
网址：www.mheducation.com, www.mhhe.com

欢迎关注我们
的微信公众号：
MHHE0102